贵州省住房和城乡建设厅 编

贵州传统村落

第三册

GUIZHOU TRADITIONAL
VILLAGES Ⅲ

GUIZHOU PROVINCIAL
DEPARTMENT OF HOUSING
AND URBAN-RURAL DEVELOPMENT

中国建筑工业出版社
CHINA ARCHITECTURE & BUILDING PRESS

图书在版编目（CIP）数据

贵州传统村落 = GUIZHOU TRADITIONAL VILLAGES
III 第三册 / 贵州省住房和城乡建设厅编 . —北京：
中国建筑工业出版社，2021.12
    ISBN 978-7-112-26483-4

    Ⅰ.①贵… Ⅱ.①贵… Ⅲ.①村落—介绍—贵州
Ⅳ.① K928.5

    中国版本图书馆 CIP 数据核字 (2021) 第 169455 号

我国传统文化的根基在农村，传统村落保留着丰富多彩的文化遗产，是承载和体现中华民族传统文明的重要载体。由于保护体系不完善，同时随着工业化、城镇化和农业现代化的快速发展，一些传统村落消失或遭到破坏，保护传统村落迫在眉睫。《贵州传统村落 第三册》由贵州省住房和城乡建设厅组织编写，是开展传统村落调查的成果，从总体概况、村落特色、人文史迹、传统建筑、民族文化、保护价值六个方面系统地介绍第四批、第五批入选中国传统村落名录的 298 个贵州传统村落的现状、价值及其生存状态，为构建科学有效的保护体系提供重要的依据。

本书适用于城乡规划、建筑专业师生、研究者、行业从业者，以及对传统村落感兴趣的人士阅读。

章前插图：许剑龙
责任编辑：唐　旭　吴　绫
文字编辑：李东禧　孙　硕
责任校对：王　烨

贵州传统村落　第三册

GUIZHOU TRADITIONAL VILLAGES Ⅲ

贵州省住房和城乡建设厅　编
＊
中国建筑工业出版社出版、发行（北京海淀三里河路 9 号）
各地新华书店、建筑书店经销
北京雅昌艺术印刷有限公司制版、印刷
＊
开本：965 毫米 ×635 毫米　1/8　印张：82 $\frac{1}{2}$　字数：2093 千字
2022 年 6 月第一版　　2022 年 6 月第一次印刷
定价：768.00 元
ISBN 978-7-112-26483-4
　　　　（38045）

《贵州传统村落　第三册》
编委会

主　　任：周宏文

副 主 任：曹鸣凤

秘 书 长：莫志刚　鲁长亮

执行主编：罗德启　单晓刚

副 主 编：黄文淑　张廷刚　廖人珑

编写单位：贵州省城乡规划设计研究院

编写人员：（以姓氏笔画排序）

丁海伟	于　鑫	邓　超	王　刚	王　倩	王镜舫
白程予	白永彬	付文豪	龙　定	叶　希	叶　茜
刘　娟	刘　恬	刘　翼	刘宁波	刘俊娟	吕兆灵
向元洪	陈　浩	陈传炳	陈隆诗	陈婷婷	陈乙娇
陈永铨	陈清孝	陆显莉	何成诚	旷　辛	时　泳
吴缘缘	肖立红	严　毅	余奥杰	张井洪	张　奕
季星辰	罗永洋	周安然	杨　涵	杨　硕	杨　晓
杨　洋	杨巧梅	杨出林	周　怡	姚　嵩	段世得
段世凯	赵　倩	郭　进	莫军强	钱雪瑶	袁棕瑛
谌　妍	黄　丹	黄文淑	董文侻	曾宏光	曾杰钰
谭艳华	谯乾龙	熊彬淯	潘秋梅		

序言

贵州位于中国西南部，属亚热带湿润季风气候区。境内地势西高东低。自中部向北、东、南三面倾斜，平均海拔在1100米左右，且岩溶地貌发育完全，是典型的喀斯特山区省份，全省面积约17.6万平方公里，山地和丘陵占全省总面积的92.5%，素有"九山半水半分田"之说。我省传统村落分布点多面广、民族文化突出、山地特色鲜明、传统建筑丰富。全省共有56个民族，其中世居民族18个，具有十分典型的多元民族文化差异性，被誉为"多彩贵州"。

多样的地形地貌和多彩的民族文化孕育了丰富的村落文化资源，贵州省共有724个村落列入中国传统村落名录，数量居全国第一，是我省贯彻落实习近平总书记"让居民望得见山、看得见水、记得住乡愁"重要指示的首要载体。

2012年住房和城乡建设部、文化部、财政部出台《关于加强传统村落保护发展工作的指导意见》。结合实际，2015年5月，贵州省人民政府出台《关于加强传统村落保护发展的指导意见》，专门就加强我省传统村落保护发展工作进行安排部署。2017年10月，《贵州传统村落保护和发展条例》颁布施行，贵州成为全国第一个传统村落保护发展立法的省份，标志我省传统村落保护发展进入法治化轨道。2018～2020年，我省组织开展了3批次41个省级示范村"一主题四提升"示范打造，共同缔造、项目资金整合、一村一品、文化传承保护等示范取得积极成效。

2021年春节前夕，习近平总书记在视察贵州时，提出贵州要"在乡村振兴上开新局"的重要指示。为贯彻落实习近平总书记的重要指示精神，2021年9月，贵州省人民政府印发《贵州省传统村落高质量发展五年行动计划（2021-2025年）》，提出实施传统文化保护、传统文化传承、乡村风貌保护、环境质量提升、公共设施建设、特色农业培育、旅游产业提升、保护示范试点等8项行动。明确到2023年，按照经营村庄、差异化发展思路，集中培育一批各具特色的传统农耕型、生态景观型、特色加工型、教育科普型、精品民宿型传统村落，逐步建立共谋、共建、共管、共评、共享的传统村落保护发展长效机制。到2025年，集中力量创建10个以上传统村落集中连片保护利用示范集聚区，形成在全国具有较高认知度和影响力的传统村落品牌。

传统村落是乡村振兴的重要组成部分，是优秀传统文化的重要载体。2014年底，贵州省住房和城乡建设厅决定组织编写"贵州传统村落"丛书，旨在系统梳理和思考已列入中国传统村落名录的村庄资源和保护价值，探索传统村落对我省经济社会发展的重要意义，进一步认识传统村落保护发展的重要性、必要性和迫切性。希望此书能起到抛砖引玉的作用，引起国内外专家、学者、社会团体的共鸣，为社会大众关注研究传统村落多元价值及其发展起到积极的引导作用。

2019年6月国家公布第五批中国传统村落名录前，我省已出版《贵州传统村落》两册，共收录了我省第一、二、三批426个中国传统村落，第四、五批298个中国传统村落计划于2021年末以《贵州传统村落 第三册》出版。借此机会，我想感谢所有参与编写"贵州传统村落"丛书的单位和编写人员，他们不辞辛劳，认真工作，体现了优秀的专业精神以及强烈的社会责任感。我还要特别感谢我省有关单位对本书的有力支持和帮助，以及各位审稿专家对本书的审查和指导。我相信大家的共同关心努力，必将成为我省传统村落保护发展工作不断前行的动力和源泉。

周宏文

贵州省住房和城乡建设厅厅长

前言

从发展的眼光看，村落的存在远早于都市，以生产的先后程序而言，一般说村落先于城镇。村落是人类聚落的童年，因为自古以来，它一直是人类精神家园和物质家园的体现。村落又是民俗文化空间和实体的体现，因为村落为人们提供了接近自然和生态的居住场所，传统建筑及其环境传递了直观的物质形态信息，承载着丰富的历史文化，因此传统村落具有重要历史、艺术、科学价值。

贵州传统村落主要是以农业为主，是分散在广阔山间、盆地，或河谷地区的物质空间组团，而且大部分是以血缘关系为纽带聚族而居。今天存在贵州大地上的一个个村落，是时间的积淀，是文化的积淀，是先人劳动创造的结晶。

村落中的传统建筑，是居民生产与生活最为重要的物质空间载体，是不可再生资源。贵州传统村落建筑形态的形成与发展，是与历史、社会、文化等因素的共同作用分不开的，它通过建筑物、建造技术，以及各种建造材料，通过与自然环境相互作用，采取因地制宜的建造方式，以其简洁的造型，自由多变的布局，向人们展示人工与自然、建筑与风景、已塑造和未塑造因素之间的和谐。延续至今的中华文明告诉我们，传统村落已经形成了一个相对和谐的体系，它将自然、文化、审美、生活、行为等已经结合成一个完美的生存模式。村落不仅仅是物质生活的载体，也是精神审美的寄托，是村民心理归属的空间场所。

乡土文化是中华文化的根，但传统村落在以往历史文化遗产保护中，由于长期得不到重视，阻碍了人们对这些远离都市文明的山乡村落的了解、认知和体会，更是很少有人把它作为文化基因的源与根，把它作为传统文化发展的本质力量。历经沧桑洗礼的贵州传统村落，今天应该进入到人们关注的视野，因为它是贵州一笔宝贵的文化财富和遗产。

研究传统文化从村落入手顺理成章。在贵州这片土地上，民族大体分布为四种基本的经济文化类型。濮人以耕田为业，定居而成土著，住"干阑"式房屋。氐羌中的彝族，是"随畜迁徙"，逐渐转化为"且耕且牧"。苗瑶长期沿袭"刀耕火种"的农耕方式，是典型的"山地民族"。百越民族惯居平坝，常住水滨，耕种水田，称为"稻作民族"。这些不同经济文化类型的民族，进入贵州以后，都找到了他们生存发展的土壤，"山地民族"有广阔的天地，"稻作民族"以"坝子"为中心扩展，而"且耕且牧"的民族则在黔西高原上驰骋。不同的生计方式，支撑着不同的文化类型，并形成着不同文化风貌和文化传统，因而贵州传统村落充分体现了文化的"多元性"。

贵州传统村落多受地理、历史和社会等多种因素影响，各地区、各民族的村落格局，既有共性又有个性。贵州传统村落能够形成个性特质的一个重要方面，在于它对环境和文化特殊性的重视，其个性反映在功能与类型的特征之上，表现在特有的与山地环境相结合的建筑形态之中。

贵州的地理环境和民族"大杂居、小聚居"的特点，决定了民居体系的复杂性，它集中反映在村落选址、聚落结构、平面布局、建筑风格、建筑技术等方面。同时，不同民族在特定地域创造自己居住方式的同时，也受到各自观念形态、行为方式和民族习俗的影响。因此，贵州民居既保留有丰富多彩和极具个性的民族和地域文化特点同时，又有大山粗犷的内涵，蕴含着高山峻岭的锐气，体现着特殊震撼的山地特色。

经过五批评审，列入国家优秀名录的贵州724个传统村落，既是贵州各族人民古老神秘的家园，亦是古朴多姿的传统文化传承的载体。贵州传统村落在建筑环境、村寨布局、建筑造型、建筑材料、营造技艺、建筑功能以及民族习俗、文化传承等诸多方面，对研究人与自然、研究人与人之间的社会关系、研究人对自然的认识等方面，都显现出各民族的环境生态智慧，人本主义精神，以人及其家庭为本，天、地、人三者合一的思想，展现和延续着千百年的古老文明。它既成为各族人民的精神家园，也是他们的生态家园。在当代的今天，人们还可以将它作为感受淳朴文化、憩息疲惫心灵的最后净土，当作构建和谐社会的文化源泉。

从这个意义上讲，贵州传统村落是千百年农耕文化和文明的结晶，凝聚着中华民族的精神和性格。它是一笔宝贵的文化财富，是独特的文化资源，也是世界文化遗产重要的组成部分。当前，更紧迫的是将这些传统村落纳入保护渠道，使传统村落和有价值的传统文化得以传承和延续。

在社会发展进程中，变化不可避免，但如何变化值得深思。纵观世界上任何一种文化，都是在历史长河中不断演变发展的，传统文化也是在发展中形成的一种独特的历史轨迹。然而，变不是"推倒重来"的"变"，而是在先前基础上的"变"。况且，传统村落还有许多不变的东西，包括自然环境、生态资源，人们的文化心理、风俗背景，它们往往随时代的变化保留一些有益的特征与个性。因此传统村落的保护，可以超出保存历史遗迹的范畴，其前提是：认同文化的差异与个性，宽容人们拥有多样化的生存与选择。

保护传统村落能否取得成效，首先要对保护意义有清醒的认识，传统村落保护，一方面要控制不合理的建设行为；另一方面又要考虑原居民的实际需求，改善其生产、生活条件，促成文化遗产的保护与可持续利用。特别是当前，包括历史文化在内的传统社会文化现象，有的被改变了，有的正在改变，有的已经消逝，建设性破坏给传统文化带来巨大损失的时候，保护和抢救就显得尤为重要。实践证明，传统村落保护必须建立在历史文化价值和经济利益之间的最佳平衡点上，保护才能向前推进。因此，在城镇化快速发展的今天，如何提高全社会的保护意识，加大对传统村落的保护力度就显得更加重要。

《贵州传统村落》的编写，我们组织了包括规划、设计、高等院校等五个单位的专业人士将其汇编成册，并力求体现本书的编辑特色：

1.力求反映贵州高原村落的山寨特色，典型的村落案例包括山上、山腰、山下、水边……类型多样、群体风貌特色显著、在传统村落中体现有自身的个性特色。

2.以图文并茂的编辑形式，简明扼要地介绍了每个村落的情况、以总体概况、村落特色、传统建筑、民族文化、人文史迹、保护价值六方面的内容，突出贵州传统村落的重点和特点。

3.体现浓郁的民族性。贵州传统村落，是贵州各族人民传统文化传承的载体，希望通过本书，将贵州千百年古代文明的神秘家园展现在世人面前。

关于本书的编排，为避免项目前后雷同，又考虑文化区域特性，编排顺序原则是：①一级目录按市州编排，市州次序以入选全国名录数量多少为先后，入围数量多的排在前；②二级排序是村落，以村名第一个字的笔画多少为原则，笔画少者排在前，反之排后。入选国家一～三批名录的426个传统村落编排在一、二册出版，入选国家四～五批名录的298个传统村落编排在三册出版，每个村落占两个版面。

贵州传统村落是一笔宝贵的文化财富和遗产，它不仅属于贵州，也属于中华民族，是全人类的文化遗产。其出版意义：一是这套书籍是贵州前、后五批入选国家"中国传统村落名录"的阶段性总结，是我省村镇建设工作的历史记录，也是反映我省不同地区、不同民族传统村落特色的一份文献史料；二是它对我省传统村落和传统民居的保护、传承、发展、利用、提供了一套图文并茂、印刷精美、有价值的基础资料；三是这套书可以向社会各界宣传、推动和树立保护我省传统文化的历史使命感，从深度和广度上营造保护历史传统文化的社会氛围。

因此，希望这套书的出版，有助于人们认识贵州的传统村落，认识传统村落的沧桑和美丽，认识本土文化的价值。更希望这套书有助于提醒人们关注对传统村落的保护，关注自己脚下宝贵的传统文化资源。

罗德启

执行主编

目录

黔东南苗族侗族自治州

黔南布依族苗族自治州

铜仁市

安顺市

遵义市

黔西南布依族苗族自治州

六盘水市

贵阳市

毕节市

黔东南苗族侗族自治州

QIAN DONG NAN MIAO ZU DONG ZU ZI ZHI ZHOU

黔东南苗族侗族自治州剑河县南哨镇九虎村

九虎村全貌

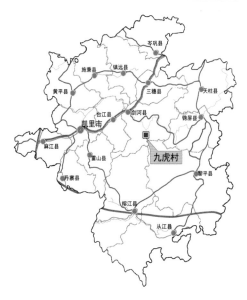

九虎村区位示意图

总体概况

九虎村位于黔东南苗族自治州剑河县南哨镇中部，村寨总面积约16.14平方公里，九虎村东接大坪村，西临南哨村、远通村、九当村，南连黎平县，北侧与乌沙村相邻。九虎村是苗族聚居的行政村寨，该村辖3个自然寨，7个村民小组。

2019年九虎村列入第五批中国传统村落名录。

村落特色

九虎村落主要以山地为主，四面环山，发源于九虎大山脚的九虎溪向西流入南哨河，全长约7.1公里。总体地形是西南、东南稍高，东北、西北略低。九虎两大山脉在境内山峰海拔均为千米以上。

九虎村坐落在老山界山脉向西北伸延的保岭坡山峦脚下，四面环山，掩映于林海中，村边护寨林古木参天，像一层层高墙护卫着村子。整个村寨140余栋民居依山而建，组成一个完整的传统民居群，掩映在古树林中，整体风貌协调统一，环境优美。

居民建筑形成阶梯形，每一排阶梯房屋由5～6户组成，独特的苗族传统建筑，

村寨环境

每一排阶梯房屋有着自己的串户道路，串户道路形成"丰"字形。

传统建筑

寨内民居完好地传承着农耕手工木建筑技艺及建筑理念，以吊脚楼群最为著名。苗族传统民居，多利用山坡的自然地势，吊脚楼一般分上、中、下三层，上层通风、干燥防潮作为居室，于下方竖较长的木柱，上方竖较短的木柱支撑，上铺楼板。剖面为排柱穿枋，中柱最高，两面倒水，每排为五柱四瓜，

传统民居

二楼以上大多挑出60～80厘米，用以增加房屋的宽度。立面为过间穿枋，柱顶上檩子过间而架，托起椽皮，椽皮上盖瓦。都是靠山而建，因是在斜坡上建房，外面柱子常常吊脚。一楼是堂屋和火堂，二楼住人。门口安有楼梯，卧室外设火铺，四面用木板做成框，里面用土填实，中间烧火，火上吊鼎罐，平时用于烧水。火铺周围摆若干草凳，供家人或客人围坐之用。

传统民居

民族文化

苗族春节：是以清新的环境敬老的形式过大年。除夕的这天，全家将室内外清扫干净，然后贴春联和年画，以清新的环境迎接新年的到来。春节期间，要在堂屋上方祖先灵位前燃香点烛，让祖先们与家人共度佳节。大年三十晚上，称"旧年饭"，置备丰盛的酒菜，合家聚食。春节

九虎村平面图

苗年期间活动

村寨环境

石板桥

期间的一切食物，都要先祭过祖先后，全家人才能享用。年饭在开席前，摆好菜和碗筷，在堂屋点香烧纸，所有的人都到屋外回避，由长者首先敬请祖宗先"吃"，长者一边口念祭词和招引列祖列宗的名字，一边倒酒，意思是请诸位祖人回来过年，一同享用。苗族的春节气氛一直要延续到正月十五，称正月初一为"大年"，十五为"小年"，对十五仍十分看重。女儿一般都回娘家过十五，与家人团聚。

苗年：九虎村的又一重要节日，九虎苗族称之为"能酿"，直译为汉语是"吃年"，时间是在每年的农历十月的第一个丑日，节期持续两三天。过苗年的头几天，家家户户都要把房子打扫干净，积极准备年货，如打糯米粑、酿米酒、打豆腐、发豆芽、猪肉、香肠、血豆腐等，并为家人缝做新衣服等。过苗年时，家家都杀只公鸡，煮熟后看眼睛，预卜来年，祈求来年全家万事如意。"苗年"的晚上，要"忌年"，不准扫地，不准挑水、泼水，洗脸洗脚水只能泼在自家屋内地下或拿到猪、牛圈里去泼。女人不准拿针线，男人不准拿柴刀、镰刀和斧头，也不许到同寨别人家去，不准去"踩"人家的"年"。在苗年三十的晚上，全家都要在家吃年饭，守岁到午夜才打开大门放鞭炮，表示迎接龙进家。在天刚拂晓时，每家都由长辈在家主持祭祖。早餐后，中青年男子便上邻居家拜年，苗语称为"对仰"，表示祝贺新年快乐。

人文史迹

九虎溪：发源于九虎山林中，自然条件和生态环境条件较为优越，为村里发展生态农业提供了有利条件。河水清澈见底，村民可利用空闲时间下河打鱼，改善生活条件。

清代古石碑：虽年代久远，碑面风化，但字迹还依稀可见，碑质为青石。石碑均为光绪年间所立。

古井：周边长满青苔，地面石板松动脱落，井内水流量小，几乎枯竭，但水质清甜。

石板桥：整座桥身由一块青石板构成，桥面刻有简单图案及文字。

古树：村内有古树多达70余棵，在芦笙坪北侧长有1棵古糙叶树，其余多为枫树、杉木，长势良好，也有的具有上百年历史。

九虎溪

清代古石碑

古树

保护价值

九虎传统村落作为黔东南州剑河县中国第五批传统村落之一，距今近200多年的历史，仍保存了相对完整的、真实的历史遗存和文化遗产，体现了较为浓厚的苗族文化特色，同时反映出苗族的历史文化和发展轨迹。另外，九虎村丰富的传统建筑，独特的苗族干阑式民居，是研究和传承苗族文化及苗族干阑式建筑的重要平台，由于地势较陡及用地有限，为创造更多使用空间，建筑巧妙地与地形结合，手法独具匠心，值得现代建筑借鉴学习。丰富的苗族非物质文化遗产，完整再现着古代农耕社会各家庭自给自足的情景，是研究农耕文明演进和苗族早期生活状态的活资料，具有珍贵的史学价值和较强的旅游观赏性。

余奥杰 编

春节活动

古井

黔东南苗族侗族自治州丹寨县南皋乡九门村

九门村鸟瞰图

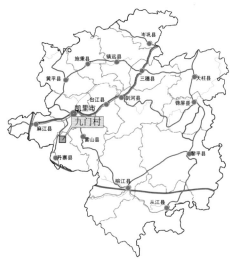

九门村区位示意图

总体概况

九门村紧邻丹寨县南皋乡集镇，距南皋乡政府驻地约3公里，是南皋乡最大的村寨。东接排寨村，南靠大寨村，北邻南皋乡集镇，西面与石桥景区及兴仁镇毗邻，目前，九门村的交通主要依靠849乡道以及通村路，交通条件较好。

九门村国土面积11.2平方公里，全村共506户，2240人，苗族人口占总人口的80%。九门村共有12个村民小组，7个自然村寨。九门村为明代战乱时期迁徙至此，建村至今约有500多年的历史。

2019年，九门村入选第五批中国传统村落名录。

村落特色

九门村处在背山面水的谷地，村落在选址中充分体现了苗族聚落选址的传统风水思想——"依山傍水"的选址模式。九门村寨坐落在半山腰上，南皋河从村寨中部穿过，河岸两侧为大片的良田好土，村寨隔水相望，寨内古树参天，河水潺潺，村落周边青山怀抱，碧水中流，田地相依，民居建筑沿着山势布局，层层叠叠，形成自然且富有节奏感的肌理，建筑体量、色彩、风格等高度统一，与环境融合，造就了协调一致的村寨风貌。从九门村的选址可看出先民以农为本的选址思想，注重了生存、发展、环境等因素。

村寨环境

九门村平面图

传统建筑

九门村建筑以苗族传统民居建筑风格为主，因地形坡度显得错落有致，质朴沧桑，古风浓郁。住房多为干阑式杉木楼房，二楼一底，少数一楼一底，均以木板作围壁。有的依山就势建造吊脚楼或"半边楼"，均为悬山式屋顶，中华人民共和国成立前多盖以杉木皮或草，中华人民共和国成立后基本上盖小青瓦。

房屋构造多为五柱四瓜或七柱六瓜，三间一幢，中间为堂屋。有的在正房两头搭建偏厦或厢房，形成"三高一矮"或"凹"形结构。房屋空间布局一般为上层作粮仓和堆放杂物，中层分隔为堂屋间、火堂间、卧室、外廊，供人饮食起居，底层作灶房、关牲畜、放柴草、安锥磨。

堂屋是庆典、宴客和祭祀的中心场所，内壁多设香火神龛（有的设在堂屋角），只供祖神。住房讲究宽敞，不讲究采光，每间房间只开一两孔小窗，内有活动推板可供开关。

苗族民居建筑还有另外一个突出的特点，那就是依形就势。建筑依山附水，凭山而成势，据水而构奇，不完全是风水思想的长期影响所致。这种成局的主要原因是，历史上苗族长期处于不能安居的险恶环境中，因为生命旦夕有危，将房屋依靠大山大岭而建，一有利于逃避军事突袭，二可以依托大山作必要的抵抗，三可以在异族军事辐射能力较弱的居所前后进行生产，以图生存。依形就势，依托大山的建筑构局，是一种机智生存思想的积淀。

传统民居

传统民居

民族文化

苗族刺绣：刺绣在中国历史悠久，而苗族刺绣究竟起源于何时，历史并无定论。从《后汉书》中对苗族先民服饰的记载推算，苗族刺绣至少应产生于战国。苗族没有自己的文字，故刺绣在某种程度上承担了重要的文化传承作用，苗族刺绣图案包含诸多神秘古老的纹样，记载了苗族的历史、宗教信仰、道德伦理、社会变迁，也体现了苗族人民的世界观、价值观、审美意识，是苗族文化的重要载体。

九门村绣楼保存完好，并建有专业合作社一处。苗族服饰有便装与盛装之分，平日着便装，节日或姑娘出嫁时着盛装。苗族刺绣的题材选择虽然丰富，但较为固定，有龙、鸟、鱼、铜鼓、花卉、蝴蝶，还有反映苗族历史的画面。主要的苗绣技法大概有20多种，包括平绣、挑花、堆绣、锁绣、贴布绣、打籽绣、破线绣、钉线绣、绉绣、辫绣等，这些技法中又分若干的针法，如锁绣就有双针锁和单针锁。

苗族刺绣围腰，以白色为底色，上面满绣有蝴蝶、蜈蚣龙，造型飞舞张扬。绣品以蜈蚣和龙为主纹样，下面三层另有蝴蝶、小蜈蚣、龙等，为苗族绣品的传统典型纹样。苗族刺绣另一特色是借助色彩的运用、图案的搭配，达到视觉上的多维空间。挑花也称数纱绣，是苗族特有的技艺，不事先取样，利用布的经纬线挑绣，反挑正取，形成各种几何纹样。挑花就是借助色彩和不规则几何纹样的搭配，形成多视角的图案，从而达到"侧看成岭近成峰"的立体与平面统一的视觉效果。苗族刺绣具有传承历史文化的作用。几乎每一个刺绣图案纹样都有一个来历或传说，都深含民族的文化，是民族情感的表达，是苗族历史与生活的展示。

刺绣作品

芦笙节：芦笙节是苗族地区最普遍、最盛大的传统节日，苗族芦笙节文化历史悠久，对苗族人民的生活有很大意义，其节日的举办意义既有祭祀需求，也有凝聚民族意识的功能，苗族所居之地大多交通不便，隔山隔水的自然条件之下族中之人不同地域少有往来交互，而这一节日可以每年让四面八方的同胞聚集，大家一同欢庆佳节之余更能互诉衷肠，节日以芦笙踩堂、赛芦笙为主要活动。各地芦笙节的时间不尽相同，各村各寨的姑娘穿着盛装，佩戴银花银饰，各村的男子青年都各自围成圆圈，吹笙跳舞，持续四五天，气氛十分热烈，民族节日气息浓厚，载歌载舞。

苗族芦笙节

斗牛："斗牛"在九门村这里通常称为"牛打架"，是一种民间自发组织的活动，它源于苗族远古时期，据说最初是牧童放牧，闲着无聊，用各自的牛相斗取乐，后逐渐发展成固定的用来取乐的打斗模式，最后就演变成了"斗牛节"。斗牛是九门村最喜爱的娱乐活动之一，每年的斗牛活动都与邻近的村寨共同举行。九门村斗牛更是保持原汁原味的古老气息，他们以斗牛为媒在斗牛中娱乐，在斗牛中交往，在斗牛中谈情说爱。每月逢"亥"日，苗族同胞就会组织周边的苗寨聚集来斗牛，共同欢庆他们的节日。

斗牛场景

爬坡节：苗族的爬坡节，苗语称"纪波"，是苗族青年男女们醉心向往翘首以待的一年一度特有的择偶恋爱的欢聚盛会，但各地自有各地不同程度的规模和日期。地点多半在女方寨子某一风光绮旎的地方，或传统的地点。

每当爬坡季节来临，青年男女们借赶集相遇，或由男方请求，或由女方邀请，决定某日在女方寨子某个地点举行爬坡。商定后，被邀请的男青年再通知附近村寨的青年们一起参加。爬坡那天，邻近村寨的青年男女们精心打扮，如彩色般的人流，从四面八方汇集于山坡上。

爬坡节

人文史迹

九门村历史环境要素是指反映村落历史风貌、构成村落特征的要素，主要包括村寨的山体、河流、田园、古树、古井、古桥、跳坡场及绣楼等。

其中，古树有70棵，年代较久远，均分布在村内；古井有8处，年代较久远，均分布在村内；古井均有200年以上历史，以简易的青石板盖面，至今仍涓流不息，哺育着九门村一方百姓；古桥有1处，位于下乌必；跳坡场有1处，位于上乌必；绣楼有1处，位于东寨。

古桥

跳坡场

保护价值

村落是国家和社会最基本的构成单元，是以聚落民族群体、血缘延续为需求而诞生的产物。九门村的历史文化遗存载述了不同历史时期村落发生的真实情况，传递了民族生息繁衍的信息，九门村原始风貌及整体格局保存完整，村寨内历史环境要素丰富，周边群山环抱、梯田风光优美，古树参天，河流清澈见底。苗族风情浓郁，非物质文化传承较好，体现了社会和历史的演变，具有较高的社会、科学研究价值。

刘 娟 袁棕瑛 编

黔东南苗族侗族自治州从江县秀塘乡下敖村

下敖村全貌

下敖村区位示意图

总体概况

下敖村位于从江县秀塘壮族乡西部，距秀塘壮族乡政府8公里，下辖4个自然寨，6个村民小组，共113户，498人，为壮、苗两个民族混居的少数民族村寨。整个村子地势西高东低，境内有肯站山、雨安山、玉石岭山等山脉。下敖村壮族梁姓祖先原居于广西壮族自治区环江毛南族自治县龙岩乡，明隆庆年间梁姓两兄弟中的弟弟因路经此地，见山清水秀，便不愿离开，于是举家搬到现下敖村开垦建寨。

2019年下敖村列入第五批中国传统村落名录。

村落特色

下敖村位于山谷中的一块坡势较缓的山谷地带，一条通村路在村中分成两条，顺山势向村西南、村北蔓延，将4个主要的生活组团串联，民居建筑依山而建，主要分布在公路两边，整体呈西高东低，形成错落有致的独特风貌。

传统建筑

下敖壮族传统民居建筑多为二层干阑建筑，至今完好地保留了上层住人、下层养牲畜和存放农具的住房形式。民居屋顶多为歇山式青瓦屋顶，正脊两端为青瓦堆砌的鳌尖，正脊中部为青瓦堆砌的脊花，窗户为木格窗或木板推拉窗。有一幢两间，一幢三间，以及一幢四间，视其家人口多少和富裕情况而定，一般为一幢三间较普遍。中屋正中间为厅堂，前后左右，分设房间，房间开窗，通风明亮，居住舒适。厅后为火塘，以泥筑成，煮食取暖用。

传统民居

传统民居

下敖村平面图

民族文化

新年：下敖村壮族新年在农历十二月初一，比传统春节提前一个月。下敖村壮族新年有其独特的过年方式，当天壮族群众会载歌载舞、杀年猪、吃年饭、走亲戚，举行以壮歌对歌会友等活动。

下敖民歌：下敖村民歌主要包括壮族酒歌和情歌。下敖壮族新年期间村民会欢聚一堂，一起唱壮族酒歌和情歌，通过唱壮族酒歌继承与弘扬壮族文化，同时也能增加节日气氛、增强村民感情。而唱情歌是村里年轻人交往恋爱的传统方式。

服饰特色：下敖村男女服饰都保持着传统壮族服饰特色，外衣大多为褐色花边，右衽圆领，斜襟开口，袖口亦镶花边。从服饰上来看，下敖壮族女装比较华丽。平时，下敖年轻女子右侧盘发，老年妇女外搭青布巾。女装上衣多为褐色大低领对襟式单组扣短衣，衣袖宽大，袖口绣花。下穿齐膝褐色百褶裙，外栓自织彩条格子宽布带或刺绣围腰，腰间布织彩带，膝下拴绑腿。在结婚或节庆时，下敖女子发髻插银梳、银簪，颈上、手腕上戴着白晃晃的银项圈、手圈。整套服饰绚丽

下敖村年夜饭

唱壮族酒歌

村落环境

古石碑

服饰

人文史迹

古石碑：古石碑位于下敖村西部"下敖神杉"旁，是下敖村人为感恩大自然的馈赠、感谢神树庇佑、祈求子孙平安的石碑。

巷道石板：一号古巷道位于下敖村西部，由青石板、石块铺设而成，由于保护不周，局部青石被水泥覆盖。二号古巷道位于下敖村西部，始建于清代，是由青石板组成的阶梯。古巷道极好地解决了下敖村地形高低不平、建筑密度高带来的交通难题，同时也见证了一代代下敖村人的生活场景，承载了下敖村村民的历史记忆。

一号古巷

夺目，把女子打扮得如花似玉。

婚俗：下敖村婚俗主要包括接亲、抢亲、宴请三个环节，最热闹的当属抢亲。婚礼当天，女方提前请亲朋好友来家做客，等男方来接亲。接亲队伍快到新娘家时，会有女方亲友摆下队形护卫新娘，阻挠新郎接亲，与新郎一同前来接亲的亲友们要设法前去破阵迎新娘，双方簇拥、欢呼，新郎要想尽办法直到新娘被抢到新郎家的楼梯旁，由新郎抱或背新娘进屋才算接亲成功。而后，大家一起享用婚宴。

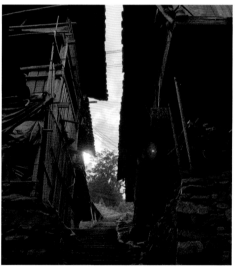

二号古巷

保护价值

下敖村传统村落保存了贵州从江古村落相对完整的、真实的历史遗存，同时附带了大量的历史文化信息，完整地体现了当地传统民风民俗，见证了自清代以来该地区的生活方式和文化特色，具有较高的历史价值。

下敖村传统村落拥有丰富的物质文化和非物质文化遗存，并且有大量文化遗产被列入历史文化遗产名录，是从江历史文化的重要载体，应该对古建筑群形成的空间格局、精湛的民居建筑艺术技艺、民族饮食文化进行深入研究，进行科学整合，将其发扬光大，使其迸发出从江下敖村聚落文化耀眼的光芒。

余奥杰 编

接亲

抢亲

下敖村环境风貌全景

黔东南苗族侗族自治州从江县丙妹镇大歹村

大歹村全貌

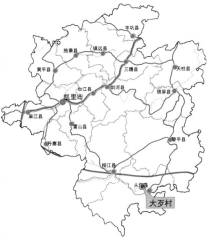

大歹村区位示意图

总体概况

大歹村位于贵州从江县西北方向，村寨南北有两条主要干道贯穿整个大歹村，距离县城25公里，距镇政府所在地25公里，东临老或村，南接小融村，西接上歹村，北与谷坪乡高坡三岗相邻，大歹村辖3个自然寨，5个村民小组，共计227户，1950人。大歹村村民于元朝时期躲避战乱迁徙至此，建村至今约有700多年历史，是一个以苗族为主的聚居村寨。

2019年大歹村列入第五批中国传统村落名录中。

村落特色

大歹村坐落于都柳江畔海拔600米的坡顶，村落选址上依山就势，顺应自然，因天时，就地利。

自然风貌上，村寨周边有青山环抱、寨内古木苍翠，风光旖旎，寨子后山森林茂密，风景秀丽，因此形成了浓郁的农耕文化与优美的田园风光。其间有石阶路将村寨不同区域串联起来，最具独特韵味和神秘的是苗族民间文化。

大歹村是从江县保存较好的苗族村寨之一。

传统建筑

大歹村的历史传统建筑群数量较多，保存完整，有着独特的文化价值。大歹村为苗族人口的聚集地，村落内的建筑多为"干阑式"砖木结构建筑，建筑风貌具有鲜明的苗族地方特色。居民充分利用地形，沿山地等高线，依山就势，尽量少挖、填土方，将一栋栋建筑落地而成，充分体现出苗族人民的智慧。

村落内建筑主要为村民住宅，建筑风貌具有鲜明的苗族地方特色，建筑年代至今已有上百年历史。距今较久远建筑为木结构两层建筑，底层多为圈养牲畜、堆放杂物。二层为居民生活空间，进深呈"三段式"布局，最前段为宽约3米的宽廊，是居民会客、晾晒衣物、手工生产等日常活动空间；最里段为卧室；中段为起居室，内设火塘，是家人团聚、娱乐、休息空间。在建筑构造上，采用传统营造方法，在屋顶，栏杆、门窗等构造方面均具较强的实用性，颇具地方特色。

禾仓：是当地村民来晾晒糯禾和储存粮食的一种建筑物。禾仓均为木质打造，下层空间架空，上层存放粮食，这种方法主要起到防潮、防虫咬的作用。每到秋收时节，禾仓上挂满金灿灿的糯禾，呈现的不仅是农民一年的劳动成果，也是一道亮丽的景观。村落内较为集中的禾仓群有3处。

传统建筑

禾仓

大歹村平面图

群山环绕

民族文化

大歹村是一个具有古老文明、讲究礼仪的村落，岁时节庆独特鲜明。大歹村民族文化主要由节庆、歌舞、技艺等为代表。

芦笙节：是苗族地区最普遍、最盛大的传统节日，该节日以芦笙踩堂、赛芦笙为主要活动。一般在节日之前要举行仪式，先由本村德高望重的老人主持祭祖，与此同时，各家各户都在自家自行祭祖，随后各村各寨的姑娘穿着盛装，佩戴银花银饰，变化多端，小伙子和芦笙手们都各自带着芦笙，从四方八面向芦笙场地涌来，各村的男子青年都各自围成圆圈，吹笙跳舞，持续四五天，气氛十分热烈，是一种融歌、舞、乐于一体的群众性的文艺活动！

苗笛：苗笛为竖吹管形乐器，即"四孔萧"，在从江苗族地区广为流传。大歹苗笛一般为竹制，声音清脆，曲调低沉委婉，大多在"守脑"（大歹村青年男女情感交流俗称）、"节日讨饭逗乐"时吹奏。它能表现丰富细腻的情感，寄托宁静悠远的遐思，幽静典雅，回味无穷。

新禾节：又称新米节。农耕文化是大歹村村民长期与自然抗争的艺术，是他们用勤劳与智慧同大自然和谐发展的结果，现在仍然保持着原始的耕作方式。"新米节"是该村最隆重的节日。届时周边村寨村民约齐在芦笙场吹芦笙。过节期间，村民以粽粑、鸡鸭鱼、甜酒等招待亲朋好友。过节的当天，大摆宴席，村民们挨家轮户饮酒，席间畅谈一年的丰收，一年来风调雨顺。过节期间活动还有斗鸡、游方等。

人文史迹

古树：村寨旁都有一片高大的百年古树，这些树被称作保寨树。村民认为这些树关系到村寨的龙脉，是全寨的命根子，任何人不得随意砍伐，否则会破坏"龙脉"，给全寨带来灾难。保寨树多为枫树、樟树、柏树、荷树等树种，树龄都在百年以上，有的达数百年甚至上千年。

祭祀坛：大歹老村委会旁有一处古老的祭坛。祭祀坛自大歹村建村以来就一直存在，是大歹村民祭祀祈福的集中场所。

石板路：分布于各寨子之间，古时为防晴日飞尘雨天泥陷之苦，人们普遍都用石板铺路。石板路既洁净防水，又具有很高的强度和耐久性，所以很受那时候人们的青睐。以前，石板路在很长时间内，都是各个村寨巷子的标配。很多村寨巷子从明清开始，石板路一直伴随着村子成长，走过了漫长的岁月，见证了岁月风云，见证了沧桑巨变。

石板路

芦笙节

苗笛

新米节

祭祀坛

保护价值

大歹村历史悠久，是蚩尤后人，蚩尤、皇帝大战，蚩尤败退南归，从而开始了漫长的迁徙，苗族的一支去了广西、湖南；一支去了贵州、云南；另一支留在了湘鄂川黔边区，大歹村就是其中一支。整个村落保存着传统苗族吊脚楼群的风貌。村中有神秘的祭祀坛、古树，寨边有梯田，树房相映的是美丽特色的村寨。几百年的生息繁衍，勤劳的大歹村村民和肥沃的土地共同造就了大歹村的历史文明，具有较高的历史价值。

大歹村自古传承的传统舞蹈、传统节庆、传统民间技艺等，均具有较高的保护传承价值。其中，大歹村的苗笛源远流长、神秘莫测、多彩多姿，它汇聚了苗族文化的精髓，被誉为苗族文化的魁宝，具有较高的研究价值。

王 刚 黄 丹 编

古树

大歹村远景

黔东南苗族侗族自治州台江县排羊乡下南刀村

下南刀村全貌

下南刀村区位示意图

总体概况

下南刀村位于台江县西南部、排羊乡南部，坐落于雷公山脚、翁你河畔，主要依托通村公路进行对外交通联系，距县城38公里，距乡集镇18公里。辖3个村民小组，共166户，692人，以苗族居民为主。

相传明朝时，杨姓始祖便来到下南刀村开辟田地、繁衍生息。下南刀村地处北亚热带季风湿润气候区，属中切割中山地貌，成因类型属构造侵蚀地形及侵蚀堆积地形。村落植被茂密、类型多样，是翁你河水源地。

2019年下南刀村列入第五批中国传统村落名录。

村落特色

下南刀村地处苗岭主峰雷公山腹地，区域山体切割较深，相对高差较大。村落四面群山环绕，翁你河自南向北流经村落中部，村落民居依山傍水相对集中分布，形成了"依山而上，面水而居"的村落格局特征。

下南刀村是传统的苗族村寨，原住居民均为苗族。村落植被茂密，郁郁葱葱，山间植被与传统木质建筑吊脚楼相互映衬，宛如一幅自然山水画卷，是人居聚落与自然环境和谐共生的典范，充分体现了苗族先民利用自然、尊重自然的发展理念和高超的营造技艺。

传统建筑

下南刀村的传统建筑为苗族吊脚楼，是由干阑式建筑演化形成的半干阑式建筑，建筑结构为木质构架，用榫卯连接，屋顶盖小青瓦。吊脚楼是苗族文化的物质载体，其本身就是独特的人文景观，反映了当地苗族群众的生产生活方式。村内吊脚楼正屋多建在实地上，厢房一边靠在实地上与正房相连，其余三边皆悬空，依托木柱支撑。这样的建造方式既利用高差节约土地，又能使建筑通风干燥，还可以避免毒蛇、野兽等野生动物侵袭。村内传统民居建筑造型因地制宜，以多变的建筑处理手法适应不同的地形环境。在节约用地面积的同时，与周边粮仓、圈棚、厕所等附属建筑空间形态产生了高低错落的层次变化，呈现出鳞次栉比、层叠而上的外部形态特征。

传统建筑

传统建筑（在建）

传统建筑

传统建筑

村落自然环境

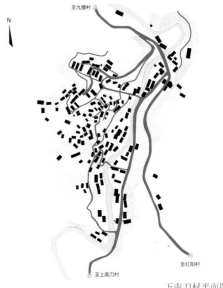

下南刀村平面图

民族文化

下南刀村苗族风情浓郁，民俗文化活动丰富多彩。民族节日有鼓藏节、苗年节（过苗年）、吃新节等，其中数鼓藏节最为隆重，筹备程序和节日礼节也最为繁复。鼓藏节又叫祭鼓节，是苗族属一鼓（即一个支系）的支族祭祀本支族列祖列宗神灵的大典，俗称"吃鼓藏"。鼓藏节每十三年举办一次，一次节日的系列活动要持续三年才完成。一般从埋鼓（送鼓）后的那一年算起，第十一年开始"开鼓"（醒鼓），第十二年"转鼓"，第十三年"送鼓"，如此反复，十三年一个循环。村内除祭祖外，还有祭树、祭桥、祭庙等祭祀活动，充分体现了苗族先民信奉自然崇拜和祖先崇拜的文化特征。

鼓藏节及其他民族节日期间，村内通常会举行跳芦笙、唱苗歌（古歌、飞歌、酒歌）、斗牛、斗鸟等民俗活动。根据节日的不同，村民会筹备（打）糍粑、糯米饭、鼓藏肉、酸汤鱼、腊肉、米酒等传统特色食品，邀亲友相聚，共度佳节。

吃新节

鼓藏肉

打糍粑

稻田鱼

人文史迹

杨公受古桥：杨公受古桥原本是一个木桥，为明清时期所建。后因年久失修，桥木腐化，不再满足通行条件，于2013年重建。

碾米房：碾米房巧借水流动力，推动碾石碾米，是劳动人民智慧的结晶，现村内碾米房已闲置不用。

土地庙：土地庙是民间供奉土地菩萨的庙宇，为民众自发修建的小型构筑物。既有为菩萨遮风挡雨之敬意，又便于民众祭祀祈福。

风雨桥：风雨桥是苗族传统公共建筑，因为过往行人遮风避雨而得名。下南刀风雨桥位于村落中部，桥面铺板，桥上筑木质榫卯框架，两旁设栏杆、长凳，桥顶盖瓦。

青色石碑：村落内有一块青色石碑，局部文字由于长时间风化已经模糊不清，主要记录了当地人生产生活的历史信息。

古井：下南刀村古井位于村落西部，至今仍在使用。村内自来水供给不足时，以古井井水作为补充水源。

杨公受古桥

碾米房

土地庙

风雨桥

青色石碑

古井

保护价值

下南刀村较为完整地保护和传承了苗族文化、民俗活动和历史信息，苗族吊脚木楼依山而上、面水而建，是苗族传统聚落与自然环境和谐共生、镶嵌营造的典范，具有较高的历史价值和科学艺术价值。

下南刀村是传统的苗族村寨，因地处雷公山腹地，至今仍然保留着真实的农耕文化和多彩的民族文化，其构成内容丰富，表现形式多样，具有较高的文化价值和社会价值。

白永彬 刘俊娟 陈 浩 编

黔东南苗族侗族自治州从江县洛香镇大桥村

大桥村全貌

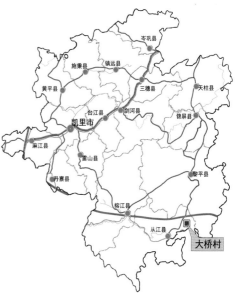

大桥村区位示意图

总体概况

洛香镇位于从江县东北部，靠近黔桂边界，距县城45公里，是从江通往广西、湖南的东大门，素有"从江门面"之称。大桥村位于镇驻地东南面4.5公里。全村土地面积2.38平方公里，辖5个村民小组，有4个自然寨，共134户，户籍人口565人，常住人口565人，侗族人口占98%以上。

2019年大桥村被列入第五批中国传统村落名录。

村落特色

大桥村村落选址于深山密林中，因地形起伏较大，通村及通组路建设尊重地形，蜿蜒曲折，周边林木和田地交错，将村落围于林田之间，乡野如画。村落布局依山就势，背山面田，房屋建造则沿山体等高线逐级而上，充分体现了仙地建筑布局特点，村落内街巷主要沿等高线布局，曲折蜿蜒。

传统建筑

大桥村的建筑为侗族干阑民居，建于20世纪80年代，整体保存较好，单栋三层木楼，面阔四间，一层建筑主要用于堆放杂物，墙体为砖墙饰白灰，二、三层建筑结构为穿斗式木结构，主要用于生活居住，墙体主要为木板墙，青瓦悬山式双坡屋顶，两端设置鳌尖，正中设置脊花。

大桥村的区域范围气候温和，水热条件优越，空气相对湿度大，土地有机质积累较多，适宜林木生长。因此，大桥村传统村落的传统民居一般选择木料作为主要建筑材料，用木柱支托、凿木穿枋、衔接拍合、立架为屋、四壁横板、两端做偏厦，屋面材料为当地小青瓦。

传统民居

传统民居

大桥村平面图

建筑细部

民族文化

蓝靛靛染工艺：侗族蓝靛靛染是省级非物质文化遗产。侗族擅长纺纱织布，她们自纺自染的"侗布"是侗家男女最喜爱的衣料。"侗布"就是用织好的布，经蓝靛、白酒、牛皮汁、鸡蛋清等混合成的染液反复浸染、蒸晒、槌打而成。

侗戏：侗戏是我国民间戏曲中的戏种之一，是侗族人民在长期的劳动生活中创造并喜闻乐见的艺术形式，它具有独特的民族风格，从学术上看，它是有发展前途

侗族服装

服饰

村寨梯田

古松树

的民族民间剧种之一。最早形成于贵州的黎平、榕江、从江一带，后流传到广西的三江和湖南的通道等侗族聚居地区。侗剧是在侗族民间说唱艺术"嘎锦"（叙事歌）和"嘎琵琶"（琵琶歌）基础上，受汉族戏曲的影响而形成。

侗族服饰：侗族男子的上衣有对襟、左衽和右衽三种，下着长裤，裹绑腿。头帕为3米长的亮布，两端用红绿丝线绣着一排锯齿形图案。盛装时戴"银帽"，并佩戴其他银饰物。女子穿裙时，上身以开襟紧身衣相配，胸部围青色刺绣的剪刀口状的"兜领"。裹绑腿穿裤时，以右衽短衣相配。盛装时，妇女多穿鸡毛裙。也有穿右衽无领上衣，以银珠为扣，环肩镶，脚穿翘尖绣花鞋。妇女喜欢佩戴银花、银帽、项圈、手镯等银质饰物。小孩喜戴罗汉帽。帽子上镶缀有十八罗汉、八仙过海、福禄寿禧等形象银饰。有的罗汉帽檐上层镶嵌十八罗汉，下层镶十八朵梅花。两鬓处分别装饰一个月亮，正中嵌有丹凤朝阳、双龙抢宝或吴刚伐桂、嫦娥奔月，周围是彩云和水波环绕，下面各嵌一只雄狮。

人文史迹

鼓楼：位于大桥村寨内，始建于清朝末年。鼓楼通体全是木质结构，不用一钉一铆，由于结构严密坚固，可达数百年不朽不斜。侗族鼓楼建筑是侗族特有的民族文化象征和标志。在侗族日常生活中，鼓楼主要为侗族居民提供休憩和节日活动的场所。

古桥：现状有古桥1座，始建于清朝时期，青石板材质，是大桥寨村民去田间耕作的重要交通空间。

古松树：现状大桥寨中部有一处古松树群，共4棵，枝繁叶茂，根茎高大，多年来见证着村寨的发展与变迁。

古桥

鼓楼

保护价值

在意蕴深厚的大桥村，院落布局严谨，用材考究，装饰精美，历史久远的民居掩映在成群古树之间，具有很高的艺术价值。

大桥村传统建筑历史悠久、结构独特、建筑材料及建筑装饰物差异独特，村落布局结合当地的地形地貌，从建筑形制、村落选址与布局等方面具有较高的科学探究价值。

张　奕　余奥杰 编

蓝靛靛染现场

侗戏

村寨环境

黔东南苗族侗族自治州榕江县乐里镇大瑞村

大瑞村全貌

大瑞村区位示意图

总体概况

大瑞村隶属榕江县乐里镇，位于榕江县城西北，乐里镇东部，距乐里镇区约12公里，距榕江县城约60公里，主要依托880县道和通村路进行对外交通联系，村域国土面积19.67平方公里。

大瑞村形成于清朝以前，村内有16个姓氏居民居住。辖5个自然寨、15个村民小组，共846户，3146人，以侗族、苗族居民为主。大瑞村属亚热带季风气候，年平均气温17～18摄氏度，适合农作物和林木生长。粮食作物以水稻为主，经济作物以油菜、棉花为主，林业以松、杉为主，亦产楠木、榉木、香樟木、红豆杉等珍贵林木。

2019年大瑞村列入第五批中国传统村落名录。

村落特色

大瑞村依山傍水，建筑错落有致，寨旁青山衬映，古木参天，一条清澈见底的河流由寨脚缓缓流过，风景秀丽。

村落选址于山体半坡相对平坦地带，为南北向沿路分布，村落布局在历史上有利于防御匪患，同时提升了村落的隐秘性。村落与周边自然环境有机融合，寨旁梯田层层，周围山林郁郁葱葱，村寨与自然相互交融，浑然一体。瑞里河流经村内，大瑞村依山沿河而居，田园周边群山矗立，田土肥沃。南北面是村落的主要入口，东面为村落的主要景观区，民居建筑多为东西向依山形台地逐层向下修筑，即展示了民居建筑的景观界面，又形成了良好的景观视廊。大瑞村村落格局特征主要体现在构成其既富有变化又和谐统一的传统格局的边界要素和层次丰富的内部空间上。

传统建筑

大瑞村的传统建筑为穿斗式木房，屋顶为歇山顶，铺盖小青瓦，多为二层。

村落内整体建筑风貌较为规整，多依山就势和沿道路而建，建筑布局紧密，讲究朝向，或坐西向东，或坐东向西。呈团状布局，整个村庄形成轴状结构形式。

大瑞村民族风情古朴、浓郁，建筑风貌极具民族文化特色，其中建筑构建窗花最具代表。村落传统建筑窗户为木质格窗，其开启方式为平开窗，分左右两扇，扇叶大小和材质以屋主的喜好及木材而定，窗户棂格的装饰图案以侗族传统喜好的花草鸟兽为主，丰富多样，各户不同，极具地域特征和民族特色。

传统建筑

传统建筑

传统建筑

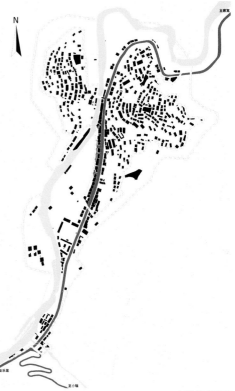
大瑞村平面图

民族文化

侗年： 侗年是侗族人民最隆重的传统节日。各家各户都会杀猪宰羊（牛）筹备丰盛的年宴饭，并用最好的糯米打"年粑"（糍粑），作为亲朋好友相互宴请的馈赠礼品，多饮自酿的糯米酒。侗年的民俗活动非富多彩，以祭祀祖先为主，系列节庆活动通常持续一周左右。

牛腿琴： 牛腿琴是侗族弓拉弦鸣乐器。因琴体细长形似牛大腿而得名。侗语称郭各、郭各依斯等，是以两条空弦发音之谐音，又称彦巴森。该乐器传承历史悠久，规格多样，音色柔细，主要用于侗族民歌和侗戏伴奏。同时根据民间传说形成了现在流传悠久的牛腿琴歌。

吃新节： 吃新节也叫"新禾节"。是侗族重要节日之一。吃新节是贵州省黔东南侗族人民的传统节日，在每年的农历七、八月举行。当日，村寨的侗族同胞身着节日盛装，齐聚大瑞村，多以载歌载舞的活动形式共庆佳节。

端午节： 村内侗族民众在每年五月初五这天，第一件事情就是包粽子，敬蛇神和创业艰辛的祖先。这一民俗节庆和祭祀习俗既体现了侗族人的自然崇拜，又充分表露了侗族人对先祖的敬畏和感激之情。

侗年

侗族大歌

牛腿琴

人文史迹

药王庙： 药王庙为四榀三间木结构歇山顶两层建筑，屋顶铺盖小青瓦，一层无隔板，开敞通透；二层同村落传统建筑，作功能用房。药王庙是村落少见的公共建筑，历史上是村落能人杨正敏为破除封建迷信，集资修建给乡邻治病就医的场所。

杨正敏古墓： 杨正敏是七十二寨中的大瑞寨侗族人，其墓位于大瑞寨乐里河西岸，据传系杨正敏自己生前亲手所筑。墓坐西北朝东南，用青石垒砌而成。墓呈圆形，高2.34米，直径3米。墓前有门楼式墓碑，通高2米，周长1.2米。庑殿顶，八字门。上刻"双龙抢宝""丹凤朝阳"等图案。两个精雕细刻、小巧玲珑的石狮子踩着绣球立在门旁。杨正敏墓现保存基本完好，1987年列为榕江县县级文物保护单位。

古树： 大瑞村共有10余棵古树，其中村寨内有6棵，形态奇特，给人以饱经风霜、苍劲古拙之感。

梯田及田坝： 村落先祖定居现址后，开荒扩土，向山要地，勤恳耕读，造就了如今大瑞美丽的梯田风光。山脚充分利用乐里河流经的水源优势，开坑田坝，因水源充足，连年丰收。

风雨桥与风雨亭： 风雨桥、风雨亭与鼓楼是侗族的标志性建筑，风雨桥因桥上建有长廊式可遮蔽风雨的桥屋而得名，风雨亭体量虽然没有风雨桥大，但建造工艺及难度却不减，廊、亭结构不用一根铁钉，只在柱子上凿穿洞眼衔接，斜穿直套，结构精巧，十分坚固，令人叹为观止，是村民乘凉讲古、行歌坐夜的主要公共活动空间。

古井： 村内有4处古井，常年流水，未曾干涸，至今仍供村民饮用。

药王庙

杨正敏古墓

古树

梯田

风雨亭

保护价值

村内现状大部分传统民居和公共建筑大多建于20世纪50～70年代，保存相对完好，村寨的形态反映了其形成初期的防御、生存需求，村寨保留了自建寨以来发展至今吸引了16个姓氏在这的居住特色，是研究我国传统村落演化历史和村落文化史的鲜活史料，在文化史上具有重要的历史价值。

尽管年代久远，但寨内仍保留了传统的建筑形态及格局，保留了较为完整的历史环境要素，以及侗族人民传统的非物质文化元素；同时，村寨延续着原有的传统村落风貌、传统格局，展现了匠师和当时寨民的审美理念、心理特征和价值取向，为研究当时社会的民俗、风水、环境学等提供了重要的历史依据，具有较高的文化价值。村落建筑布局集聚传统侗族风水理念，其所蕴含的侗家人居环境营造理论与方法具有重要的艺术价值。

叶　希　刘俊娟　白永彬　编

黔东南苗族侗族自治州从江县丙妹镇大塘村

大塘村全貌

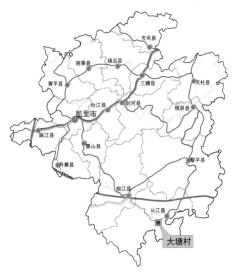

大塘村区位示意图

总体概况

大塘村位于黔东南苗族侗族自治州从江县丙妹镇政府西南面，现行政区划属于丙妹镇，距镇政府驻地14公里。与丙妹镇的岜沙村、长寨村接壤，交通便利。全村面积15.9平方公里，辖村6个自然寨，10个村民小组，615户，3071人。大塘村的苗族属于迁徙苗族，曾居住在今洞庭湖、鄱阳湖一带，汉代以后逐渐移居湘、黔边界地区。大塘村是从江县最大的苗族村寨，也是感动中国人物李春燕的家乡。

2016年大塘村列入第四批中国传统村落名录。

村落特色

大塘村整个村域内环境山峦重叠，梯田盘山如带，村庄东侧一条清溪从南向北绕村而去，晶莹澄沏，常年水源充足，从高处看去，蜿蜒流淌，形似游龙。而位于村域中部的大寨组俯瞰宛若一只翱翔天际的凤凰，村庄格局龙凤呈祥，村内山水如画。

大寨组西部有一大片百年古树，这片高大的古树被称作保寨树，有柏树、荷树、银杉、红豆杉等树种。村民认为这些树关系到村寨的龙脉，任何人不得随意砍伐，否则会破坏"龙脉"，给全寨带来灾难。

传统建筑

由于大塘的地理环境和苗族建房传统，大塘建成了一个典型依山而建的、以杉木吊脚楼为主要建筑形式的苗族村寨。遵循传统的选址模式，民居大多修建在山高坡陡上。

村内典型传统风貌建筑多为穿斗式木结构吊脚楼。楼的外部造型、内部装修、民俗陈设等方面都极具地方特色。从外部看建筑大多为四榀三间，上下两层。底层进深最

浅，一般用于圈养牲口或堆放货物；二层半虚半实、半坐半吊，即所谓的半边楼，一般一到二面带廊，经过廊道进入堂屋，虚空部位铺上楼板，与实地部分平齐，该层是全家的活动中心；少数有三层的基本为卧室，进深相对较大。此外还有三开间带一耳房、三开间带一迭落、三开间带两迭落、四开间吊脚楼等，屋面多为歇山顶。

传统民居建筑

民族文化

大塘村民风淳朴，苗族文化保存较为完好，民族节日众多，主要有"怒噶"（即芦笙节）、"怒累镀"（即六月节）、"怒鸭夯"（即新米节）、"怒鸭锅"（即农历三月映山红节）、"怒拧"（即鼓藏节，农历九月，五年一次）等，鼓藏节最为隆重，当地苗语叫"怒拧"，俗称又叫"吃牯脏"。

牯脏，顾名思义是吃牯牛的内脏，即杀牯牛祭祖。相传古时，大塘农历九月没有节日过，为此，寨老们集中商议决定，每五年农历九月十六"怒拧"（即过"牯脏节"）。节前，农历九月十四，将牯脏牛（一般为水牯牛）放到"嘎刀"牯脏斗牛堂进行打斗比赛，全寨男女老幼着民族盛装前来观看；农历九月十五下午杀牛准备佳肴，迎接宾客，并留下牛头，待节后集中烹饪，祭祀祖宗；农历九月十六正式过节，家家户户准备牛瘪、牛红肉、牛

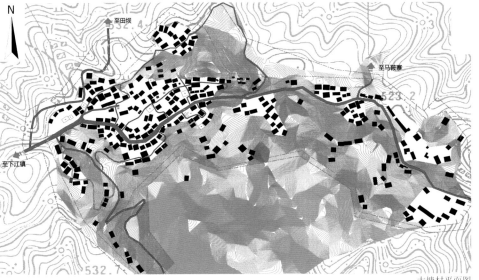

大塘村平面图

鼓藏节

吃牯脏

保寨树

古巷道

瑶族药浴：大塘村有80%的村民都是苗族，其余则多为瑶族，大塘五里坡瑶寨有着国家级非物质文化遗产之一——瑶族药浴传统。大塘村五里坡瑶寨的人均寿命比周边村寨的百姓都高，村民赵万田92岁高龄了仍在劳作。瑶寨距离县城十余公里，共15户人家，世世代代都保持着古老的药浴习俗。寨子里，家家户户都备有一个直径1.2米、高1.5米左右由杉树加工而成的大木桶，专供洗药浴用。药浴材料主要为当地深山的特产，如追风藤、半边枫、九龙盘、血藤、狗舌藤、鸭儿芹、节节草、枫树寄生、党参和何首乌等新鲜的中草药。瑶族药浴是村民世代相传、古老神奇的洗浴保健方式。

民国《从江县志概况》记载："板瑶好清洁，家必备一浴桶，劳作回家必药浴一次，因处深箐，又好清洁，故长寿者居多。"据悉，每当有贵客来，乡亲们都会用油茶和药浴款待客人，这是瑶族同胞接待嘉宾的最高礼仪。

骨头汤招待宾客，唱苗歌饮酒作乐；农历九月十七，寨老们将牛头集中到"堆"即社堂烹煮，进行祭祀，祈求祖宗神灵，保佑村寨平安，村民安居乐业，幸福安康。随后，分食牛头肉，正式宣布本次牯脏节结束。

芦笙舞

吹芦笙

吹芦笙：相传芦笙在苗族的祖先神告且和告当的远古时代就出现了。相传告且和告当造出日月后，又从天公那里盗来谷种撒到地里，可惜播种的谷子收成很差。为了解忧，一次告且和告当从山上砍了六根白苦竹扎成一束，放在口中一吹，发出了乐声。奇怪的是，地里的稻谷在竹管吹出的乐声中，长得十分茂盛，当年获得了大丰收。从此以后，苗家每逢喜庆的日子就吹芦笙。大塘村的苗族居民们除了传统的芦笙曲以外，还写出了自己地域的传说故事，并将其融入了芦笙歌舞里。

木桶药浴

芦笙场

人文史迹

芦笙场：大塘芦笙场位于大塘村大寨西部，成半圆形，周围分布百年以上的古树4颗，成半围合的态势，位于村庄通往下江镇道路的北侧，村庄凤形格局的眼睛位置。村民集会、吹奏芦笙、节庆活动都会在芦笙场举行。

古井：古井位于大寨西北部，井上一半的空间盖有青石板，占地3平方米左右，周边地面水泥硬化。井水清甜，仍在使用中。

保护价值

黔东南州从江县丙妹镇大塘村是典型的苗族村寨，其文化既有自己独立发展、不断丰富的历程，也有传统文化的遗存，兼具了地域文化的一些特点。大塘村的苗族民俗文化是一个庞大的载体，为当地的文化传承和经济发展产生无形的动力。村落的芦笙艺术是苗族艺术的精髓，是大塘苗寨艺术文化、宗教文化、民俗文化的综合载体。

张 奕 刘 翼 编

大塘村环境

黔东南苗族侗族自治州从江县斗里镇马安村

马安村全貌

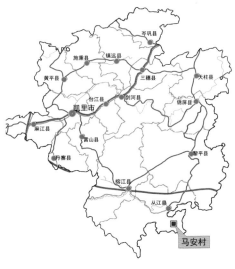

马安村区位示意图

总体概况

马安村位于斗里镇北面，距镇政府驻地12公里，距从江县城40公里，距黔东南州府凯里约300公里，884县道穿村而过。村庄东与根里村相邻，南临牙拱村，西与翠里乡摆翁村接壤，北临西山镇小丑村。村辖12个村民小组，4个自然寨，398户，1980人，是一个苗族村寨。全村国土面积12.64平方公里，耕地面积1776.1亩，海拔410米，森林覆盖率64%。马安村现苗语称"引用"，古侗语称"用"。马安村始建于清代，由苗族部落迁徙至此而逐渐形成村落。至今未发现书面历史文献，村寨历史口口相传。

2016年马安村列入中国第四批传统村落名录。

传统建筑

村寨坐落于乌育河岸的青山台地之上，建筑背山面水，村内建筑多采用木材，依山而建，傍林而居，周围有层层的梯田和山林。寨内数条溪水环绕，清泉莹澈，溪流潺潺，植被覆盖率较高，空气清新，环境优美，景色宜人，是难得的山区小水乡。

马安村内传统建筑均为苗族传统建筑，建筑形式以苗族吊脚楼为主，材质均为木质或一层砖石、二层以上为木质的材质结构。村寨内建筑形式淳朴、建筑结构匀称结实，具有典型的民族特色。目前马安村内传统建筑保存较为完好，具有重要的历史和保护价值。

民族文化

苗族擅长纺织、蜡染。蜡染是我国古老的民间传统纺织印染手工艺，古称蜡染，与扎染、夹镂空印花并称为我国古代三大印花技艺。蜡染是用蜡刀蘸熔蜡绘花于布后以蓝靛浸染，既染去蜡，布面就呈现出蓝底白花或白底蓝花的多种图案，同时，在浸染中，作为防染剂的蜡自然龟裂，使布面呈现特殊的"冰纹"，尤具魅力。由于蜡染图案丰富，色调素雅，风格独特，用于制作服装服饰和各种生活实用品，显得朴实大方、清新悦目，富有民族特色。住在马安村的苗家女儿们也喜爱蜡染，她们制作出来的蜡染图案精美、线条细腻，色彩以靛青色和白色为主。

村落特色

马安村属云贵高原梯级余脉诸山，四周重峦叠嶂，地势呈西高东低，北高南低。村寨坐落在一个长形的高山坝子上，一条小溪从寨子中穿过，寨子四周青山环抱，传统民居望山傍水。寨中沟渠交错，流水潺潺，池塘星罗棋布。寨子四周有著名的万亩原始森林，誉称"马安大山"，村寨山林、水体、田园风光融于一体，山中有寨，寨中有水，自然景观十分秀美。

民居建筑

村落建筑

吊脚楼

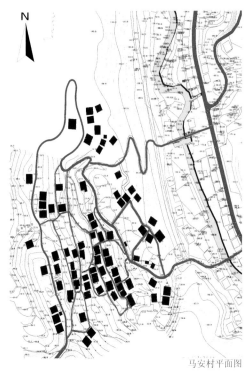

马安村平面图

蜡染

苗族刺绣　　　苗族绣娘

潘培辉，贵州省黔东南州从江县斗里镇马安村花甲寨的一位苗族刺绣手艺人，她是非遗文化苗绣的传承人。曾获得第二届黔东南州"百佳绣娘"现场刺绣大赛一等奖，马安村"百佳绣娘"一等奖，被从江县妇女联合会授予"最美女性乡土人才"称号。苗族破线绣，工艺复杂，需要极度的耐心和细心，潘培辉的破线绣作品不仅拉线平滑，针脚整齐、细密，而且颜色多彩、高雅，具有独特的风格和艺术欣赏性。

苗族手工绣花披肩

闹鱼节，流传在贵州省从江县斗里镇、西山镇，从明朝万历年间创办流传至今已有450多年历史，是苗族一个古老的民族节日。它以闹鱼为载体，聚众行乐，广大群众在河中争抢组织者抛起的活鱼，抢的鱼越多，寓意福气就越多，此节也有预祝丰收之意。

闹鱼开始前，须先祭祀河神，由寨里有威望的族老主持。祈求河神护佑村民平安健康，风调雨顺，年年大丰收。仪式结束，身着盛装的男女青年们便用木棒捶打草药放进捉鱼的河段中。抢到鱼的尽情欢跃，捉不到鱼的也跟着凑热闹，笑声、欢呼声响彻山谷。

芦笙节：苗族自古喜爱吹芦笙，善跳芦笙舞。芦笙节是从江县苗族地区最普遍、最盛大的传统节日，是以芦笙踩堂、赛芦笙为主要活动的传统节日，也是苗族青年互诉衷情、沟通心灵的浪漫节日，有庆祝丰收、喜迎新年之意。

芦笙节那天，全寨男女老幼身穿民族盛装，按照祖传的规矩大家来到大寨的古芦笙坪汇集，合奏三曲芦笙。各寨在芦笙师的吹奏带领下，芦笙列队面向太阳升起的方向，然后用倒退行走的方式缓缓从山下往山上移动，退到山顶后，由一支鸟枪队伍对空鸣放九响或十三响，仪式结束。

苗族女子盛装

芦笙节

乌育河闹鱼节

人文史迹

古河道：村寨的乌育河位于马安村花甲老寨与花甲新村之间，是联系老寨与新村的一条纽带。乌育河道为古河道，河水流量平缓，水平面较低，水质清澈，作为村寨清洁水源和消防水源同时，乌育河还作为特殊节庆（闹鱼节）的欢庆场所。

芦笙坪：马安村芦笙坪位于花甲老寨北部，占地面积约1000平方米，是村寨里苗族同胞欢庆节日、举行传统苗族祭祀活动的重要场所，同时也是花甲老寨内村民日常活动、休闲、议事的公共空间。

乌育古河道

芦笙坪活动

保护价值

马安村广泛展现了古苗寨为主的综合文化体系，完整地展现了苗族族居乡村生活。苗族建筑形式、布局保存完好、古村落规模适度、建筑类型丰富、完整度高，是研究苗族村落形成发展、社会组织形成的活范本。古村具有鲜明的民族特色与地方特色，有较高的艺术价值、社会价值和经济价值。

张　奕陈　硕编

建筑群落

黔东南苗族侗族自治州从江县谷坪乡山岗村燕窝寨

山岗村燕窝寨全貌

山岗村燕窝寨区位示意图

总体概况

山岗村燕窝寨位于谷坪乡西南面，距乡政府驻地17.5公里，距县城37.5公里。村内地形复杂，以山地丘陵地貌为主。山岗燕窝寨是纯苗族村寨，共61户，328人。村庄占地面积约为70亩。从明代时期开始为了躲避战乱，族长从江西—黎平—从江—山岗领寨—燕窝寨，一直迁徙到燕窝寨定居，此后所有寨子事务都由族长滚党东掌管。

2019年山岗村燕窝寨列入第五批中国传统村落名录。

村落特色

整个村寨依山而建，寨子中心下凹，形成燕窝状态，因此得名燕窝寨。周围为农田和山林环绕，其中后山较为突出和雄伟，北部和西部分布有大量古树。吊脚楼依山而建，错落有致，农户一律用灰瓦盖房。

村寨中部建设有一处公共建筑——塔楼，是整个寨子商讨重要事宜和男女老少休闲的主要场所。村寨周边有农田山林环绕，寨子后侧和西部森林茂密，林木高大。这里风景秀丽，民风淳朴，传统村寨风格明显，是从江县保存较好的苗族村寨之一。

传统建筑

山岗村燕窝寨内建筑多为全木吊脚楼，半干阑式建筑结构，建筑风貌具有鲜明的地方苗族特色。建筑分两层或三层。最上层很矮，只放粮食不住人，楼下堆放杂物或作牲口圈，两层者不盖顶层，有的苗家还在侧间设有火坑，冬天就在此烧火取暖。整个房屋基本是木结构，木材料全部是杉木，房顶是斜三角，用小青瓦和木皮覆盖。每家每户的禾仓基本独立，

传统民居

整个禾仓只有一个出口，没有窗户，顶上是斜三角木皮覆盖，与普通吊脚楼建造不一样。

民族文化

苗年：是苗族地区最普遍、最盛大的传统节日，该节日以芦笙踩堂、赛芦笙为主要活动。时间是每年农历十一月二十七～二十九日（实际上"芦笙节"就是过苗年）。燕窝寨过苗年由来已久，相传在远

村寨环境

传统民居

燕窝寨平面图

苗年活动场景

古歌演奏

古树林

古时候，苗族祖先很久没有得到子孙后代的安抚和饮食了，逝去的祖先们就来到家里寻找吃喝。于是，家人的个别成员开始生病，经过就医、看病、吃药都没有用，反而病情越来越重，无法自拔，在无法救治的情况下，病人家中就组织寨老、中年人、鬼师等到家里来协商能否还有救治，是否是先人们来找吃的了，是否是苗年来临了导致此人病情未好。此时就开始协商讨论，经寨老及鬼师傅们用煮熟后去掉内层蛋黄的鸡蛋查证，如果没有污点便不是苗年来临，如有污点，说明是祖先们需要安抚和饮食了。这时，就必须酿好泡酒、定夺日期进行苗年仪式给祖先们以安抚和饮食，这样，病人就会慢慢恢复好转，由此而形成了今天的燕窝寨苗族苗年。

苗族古歌：燕窝寨苗族古歌唱时用真声，略带朗诵形式，也有的采取边唱边讲述的形式。歌的曲调分古歌、情歌、飞歌（或大歌）、丧歌及祭祀歌，各具特点。古歌浑厚、拍节分明；情歌旋律优美，一般低声对唱、重唱或混声合唱；丧歌曲调悲戚，多独唱；祭祀歌曲调庄重、严肃。有些曲调相传至今，无伴奏或少伴奏。

山岗村百鸟裙制作：每个女孩从小时候受母亲手艺的熏陶，祖祖辈辈一直流传至今。百鸟裙制作工艺十分烦琐，每一块图案都是由千针万线、串珠、羽毛、银圈等穿刺而成，精心制作大概用1～3个月才能完成一套百鸟裙。百鸟裙还有男女之分，女装服饰要求制作难度更高。作为具有标准性的民族服饰，也是隆重节日、女孩婚嫁的必需品。

人文史迹

古井：有古井两处，一处位于山岗村燕窝寨西部，另外一处位于村寨中部，现两处古井均还在使用，是村寨的主要水源地。

寨门：山岗村燕窝寨有两处寨门，一处位于村寨北部，是以前北部进入村寨的一个主要入口，是防御外敌入侵的重要寨门，现寨门损坏较为严重，只留下主体结构；另外一处寨门位于村寨中部。

椅子石：位于寨子东南侧党德山上，由三块岩石组合而成，形似椅子，故称椅子石。椅子石是平日寨民休息聚会畅谈的地方，同时也是青年男女谈情说爱、互相交流的场所。

椅子石

古井

村寨北部寨门

古树林：山岗村燕窝寨分布有两片古树林，一片位于村寨北部，一片位于村寨西部，两片古树林长势良好，枝叶茂密，树干粗大。

保护价值

山岗村燕窝寨是古老的迁徙村落，是一个由苗族祖先迁徙至此地形成的传统苗族聚居区，传统民俗文化延续较好，是贵州省苗族文化比较深厚的村寨之一。村寨民俗文化多样，有苗歌、祭祀活动、节庆活动等民俗活动，具有独特的地域特色。村落内无论是生活环境还是村民生活习惯习俗都保持良好的苗族传统，从传承农耕文明、延续民族文化方面，山岗村燕窝寨都具有较高的社会价值。

余奥杰 编

寨内田园景观

百鸟裙

村寨中部寨门

村寨环境

黔东南苗族侗族自治州黎平县中潮镇上黄村兰洞寨

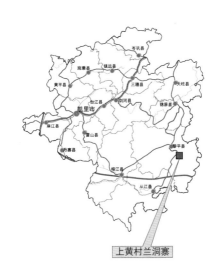

上黄村兰洞寨全貌

上黄村兰洞寨区位示意图

总体概况

上黄村兰洞寨地处中潮镇西北部，距镇政府驻地20公里，距县城35公里，上黄村东与本镇潘家寨村、长春村相依，南和永从乡为邻，西与岩洞乡相接，北和县城所在地德凤镇接壤，交通便利，距黎洛高速仅3公里。村寨建于明朝，面积8.8平方公里，自然村户数228户，户籍人口851，是以侗族聚居的村寨。大部分村民为吴姓，主要民族为侗族。

2019年上黄村兰洞寨列入第五批中国传统村落名录。

村落特色

山水之间，风景隽秀，背山靠田，临水而居。

上黄村兰洞寨地处典型的喀斯特地貌地区，自然环境优美，地形起伏较大，下兰寨群山环抱，一水中流，太极图上的侗乡古村——上兰寨和中兰寨，村落选址背山靠田，临水而居。

三寨相邻，一水相连。

上黄村兰洞寨由上兰、中兰、下兰三寨组成，三寨相邻，由通村路相连。兰洞河发源于上兰寨东边山林，流经上兰、中兰、下兰三寨，流至中潮镇集镇方向，河水清澈、水流湍急。

传统建筑

上黄村兰洞寨内传统建筑数量较多，规模较大，保存较完整，是具有独特价值的历史遗产。上黄村兰洞寨的历史传统建筑按其功能可分为公共建筑和民居住宅两大类。公共建筑有祭祀性建筑、议事及娱乐性建筑等，如鼓楼、风雨桥、寨门等。这些公共建筑保存基本完整，周边环境良好。传统民居多为一般民宅建筑。这些建筑最早建于明代，少量建于民国时期，所有建筑均具有侗族传统建筑特色，体现了兰洞寨的历史风貌。

侗族民居一般是一家一栋，也有将同一房族各家的房子连在一起，廊檐相接，可以互通。凡喜庆佳节，全房族的人聚集于此，宴请宾客。兰洞寨侗族，大多住两层楼房，堂屋中设有神龛，两侧为卧室。厨房、猪牛圈等皆设于屋侧房后。位于沿江河畔或陡坡陡坎的民居，则依其地

鼓楼

传统民居

兰洞河

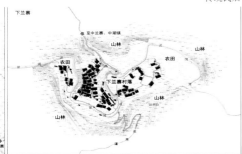

上黄村兰洞寨平面图

形而建，以干阑吊脚木楼为多，屋檐柱脚有的高达数尺以至丈许，屋内陈设大同小异。侗族建房，一般都要请有经验的老人查看屋基，以地势平缓、群山环抱、坐北朝南、通风向阳的地点为最理想，东西向的房屋很少。传统的建筑材料有杉木、松木、竹子、茅草或土砖、土瓦、石灰等。

民族文化

侗族大歌：侗族大歌是侗族的传统音乐，是侗族多声部民间歌曲的统称，侗语称"嘎老"。兰洞寨侗族大歌传承良好，每逢重大节日、节庆活动、祭萨等都会唱响侗族大歌。

侗族大歌

勉王歌节：每年农历十月二十一日，是兰洞人举行最为隆重的节日，全村男女老少穿着盛装，在村内固定地点祭祀英雄祖先吴勉。

勉王歌节

祭树节：每年阳历1月1日，兰洞人举行祭祀活动，村寨男女老少穿着盛装祭拜上兰寨前年红豆杉，祈祷古树庇佑村寨。

祭树节

侗族婚俗：侗族婚俗是一个独具地域性和民族性的传统文化婚嫁活动，举办婚俗期间村寨就会沸腾起来，放鞭炮、唱琵琶歌、蒸糯米、杀猪消夜等，活动持续三天。传承古老的民族婚俗，独具特色。

人文史迹

吴勉故居：吴勉因领导了反抗明朝暴政和抵御外族入侵性质的吴勉起义，被侗族人民尊称为勉王，其故居明洪武年间毁于战事，经后世村民原址修复后保存至今，供兰洞人民一年一度最隆重的节日——勉王诞辰节祭祀之用。

吴勉故居

吴勉诞辰祭祀

塔桥亭阁：建于20世纪50年代，由桥、塔、亭组成，全用木料筑成，塔、亭建在石桥墩上，有多层，顶有宝葫芦等装饰，被誉为侗族特色建筑之典范。

古树：百年古树共9株，其中200年以上2株，600年以上1株。

侗族婚俗

保护价值

上黄村兰洞寨传统村落保存了贵州黔东南古村落相对完整的、真实的历史遗存，同时附带了大量的历史文化信息，完整地体现了当地传统民风民俗，见证了自清代以来该地区的生活方式和文化特色，具有较高的历史价值。

在意蕴深厚的兰洞寨，历史久远的民居掩映在成群古树之下，具有很高的艺术价值。随着政府的关注力度增加，借助网络平台的宣传，兰洞寨传统村落受到越来越多的传统文化和艺术爱好者的青睐。

杨　硕　谭艳华　编

塔桥亭阁

古树

下兰寨远景

黔东南苗族侗族自治州雷山县永乐镇小开屯村

小开屯村全貌

小开屯村区位示意图

总体概况

小开屯村为苗族村寨，位于贵州省黔东南苗族侗族自治州雷山县永乐镇境内，距永乐镇人民政府所在地约7公里，车程16分钟。南与岩寨、也牛、排告村相邻，西临桃江乡，北靠冷竹山山脉，四周梯田怀抱，拥有"开屯梯田"之称。308省道从村寨旁过境，向南通往榕江、黎平、从江等县，向西通往雷山县城、凯里市，过往车辆频繁，是泸、榕主要交通公路。全村辖2个村民小组，分布在1个自然寨，共109户，户籍人口450人，常住人口165人。

小开屯村有杨、吴、张、李、韦、况、郎、高、陆等9个姓氏。康熙年间，小开屯村中的韦姓从江西省迁到台江县，再迁到乔洛村后又到小开屯村，而杨、高、李姓因为江西人多地少，而小开屯村土地多，所以从江西迁到乔洛村后，他们选择迁到小开屯村，至今到这已有400多年的历史。"开屯"寨名是因建寨于大枫香树下得名，苗语原称"皆兔干兑"，"皆兔"即枫香树脚，"皆兑"即平地，简称"皆兑"，汉字写成"开屯"。

2019年小开屯村列入第五批中国传统村落名录。

村落特色

小开屯村地势自东北向西南呈台阶式降低，背山面田，依山就势。村落静谧依偎于半山腰，西部、南部梯田跌宕层叠如链似带，犹如巨幅五线谱，奏响在山间田野，高低错落的田埂与水田构成了行云流水的线条。西部、北部山林郁郁葱葱，对村落呈合抱之势。村落街巷沿地形之曲势，建筑布局顺山势逐级排列，密集有序，铜鼓闻街巷，锦绣裹山林。

传统建筑

小开屯村以传统民居建筑为主，村内现有107栋建筑，其中83栋为传统建筑，占建筑总数的78%。传统民居建筑最早的建于民国时期，极具苗族传统建筑特色，是珍贵的历史遗产。

小开屯村的传统民居建筑为木质结构，青瓦坡屋顶。苗族的能工巧匠建成一栋吊脚楼不需要一钉一铆，用框架系榫卯衔接，建筑细部做工精细、雕刻精美。建筑依山就势而建，与山水呼应，与古树相伴，构成了一个典型的传统村落文化空间载体。

传统建筑

小开屯村平面图

民族文化

小开屯村的民族文化包括苗年、苗族飞歌、铜鼓舞、苗族芦笙舞、苗寨吊脚楼营造技艺、苗族鼓藏节、苗绣、苗族服饰文化、苗族米酒酿制技艺、雷山苗族婚俗、保寨祭祀文化以及苗族丧葬文化等，与村落的物质文化共同构成了村落的文化特色，其中，以保寨祭祀文化最为特色。小开屯的保寨祭祀文化主要是依托于村内的古树和木龙，村民们每逢节日都会对其进行祭拜以求村寨平安祥和，久而久之就形成了小开屯独特的保寨祭祀文化。村内现有7棵上百年的参天古树，古树作为小开屯村的保寨树，村民称为风景树。

铜鼓舞

苗族婚俗

人文史迹

古井：现存共有古井1口，位于村口，名为甘冬楠井，呈"口"字形开口，两侧用整齐石块支撑，顶部被一长型石板覆盖，中间架空便于村民取水，水源清澈，甘甜可口。

古水杉树：现有5颗古水杉树位于小开屯村中东部，枝叶繁茂，古树参天，并且树龄都达到了400～500年。村民们认为古树一直守护着村子的平安，将这5颗古树视为村子的守护神。

古枫香树：现存的2颗古枫香树位于村口，见证了小开屯村的发展变迁。古枫香树，枝繁叶茂，高耸入云。

龙洞：位于小开屯、岩寨和丛木三个村之间，形成于清代年间。

木龙：村寨后山有两个木龙，是用红色的木头雕刻而成，据说这个木龙在很久以前就有，人们会在过年过节时候祭拜，

祈求保佑村寨祥和安乐。

祈福石：是村民们为家人或者来年庄稼能够大丰收而祈福的地方，村民们每逢佳节都会不约而同地带上自己最诚挚的心意去祈福。

木龙

祈福石

古树

保护价值

小开屯村是一个古老的苗族村落，保存了贵州黔东南传统村落相对完整的、真实的历史遗存，同时附带了大量的历史文化信息，完整地展现了当地的传统民风民俗，见证了该地区的生活方式和文化特色，具有较高的历史价值。再加上长久以来村民对苗族特有的苗族刺绣、银饰锻造技艺以及苗族歌舞等非物质文化遗产进行了较好地保护和传承，为人们展示了苗族文化的魅力，具有较高的社会价值。

潘秋梅 何成诚 罗永洋 编

小开屯村

小开屯村

黔东南苗族侗族自治州雷山县西江镇小龙村

小龙村全貌

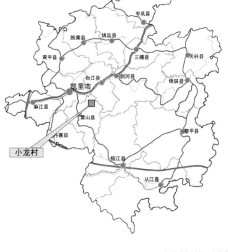

小龙村区位示意图

总体概况

小龙村隶属贵州省黔东南苗族侗族自治州雷山县西江镇，位于西江镇西南部，距镇政府所在地19公里，距雷山县城18公里，东临脚尧村，西接羊吾村，南抵大龙村，北靠乌尧村。小龙村只有一条通村公路，向北通往乌尧村。

小龙村村域面积6.2平方公里，全村共辖8个村民小组，148户，户籍人口628人，常住人口526人。

小龙村主要是迁居形成的苗族村寨，其风俗习惯、传统节日、饮食文化、手工技艺等方面仍保留苗族特色。据村民相传，小龙苗寨于1690年（康熙二十九年）从凯里市三棵树镇开怀迁居建寨，繁衍至今到14代人，也有部分房族于清初由西江控拜村迁入。

2019年6月小龙村列入第五批中国传统村落名录。

村落特色

"雷山苗寨游小龙，古井溢水古木荣。"小龙村四面群山环绕，地处山腰，点状聚落。村落依山而建，坡度较缓，适宜居住。村前梯田层叠，村落周边茂密的树林、古树如同绿色围墙，将村寨紧围其中。古色古香的村落与翡翠的群山合为一体，与自然有机地结合在一起，形成独具魅力的村落空间。

此外，小龙村村内古井众多，传统风貌良好，以保存完好的苗族吊脚楼建筑群、禾仓群为风貌特色，以苗族刺绣、古歌、地鼓舞为文化特色，生活、生态、生产空间相生相融，形成具有黔东南苗族文化特征的中国传统村落。

传统建筑

小龙村至今保留了98栋传统建筑，占古村庄建筑总数的67.6%，现有96%的传统建筑仍在使用。

小龙村传统建筑多为"一"字形布局的苗族吊脚楼，材料就地取材，多为杉木，干燥舒适，用木柱支托、凿木穿枋、衔接扣合、立架为屋、四壁横板，屋面材料为当地小青瓦。

吊脚楼常以一家一栋的传统居住方式为主，一般分为三层，一层为猪牛栏圈或用来堆放农具等杂物，二层为人居住的生活层，三层储存粮食谷物。中层的堂屋宽敞明亮，堂前外廊有长条靠背木凳俗称"美人靠"，配以曲形木条或花格栏杆，供乘凉或会客用，也是观景、绣花的地方。

传统建筑

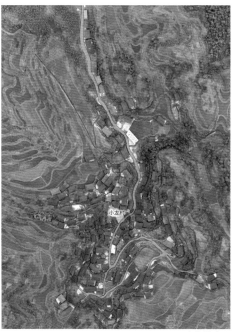

小龙村全景

小龙村平面图

苗族鼓藏节

苗族芦笙文化

地鼓场遗址

苗族招龙

苗族板凳舞

凉亭

民族文化

苗族铜鼓舞（省级非物质文化遗产）：苗族铜鼓舞以胯部的扭动和上身的摆动为主要特点，舞步豪放，舞蹈幅度大、难度高，时而如蜻蜓点水，时而如猛虎下山，独具风格。雷山苗族铜鼓舞相传有12种，现还能收集到11种。每种舞均有鼓点鼓曲，舞姿也各不相同，每种舞姿都包含一定的内容。

苗族鼓藏节（国家级非物质文化遗产）：鼓藏节每十二年举办一次，每次持续达四年之久，现在改为持续三年。苗族鼓藏节具有鲜明的民族传统文化内涵，是苗族人生价值观的展现，怀念祖先、尊老爱幼、和睦相处、勤劳俭朴、富裕安康等是鼓藏节的祷告主题。小龙村内有地鼓场，因此鼓藏节极为盛大。

苗族招龙（省级非物质文化遗产）：也称接龙，是一个古老而传统的习俗。苗族招龙是苗族祭天祀地、娱祖乐神的一种原始宗教活动，时间在农历二月初二日或者申猴日。苗族同胞把龙视为兴风降雨的神灵，作为消灾免难、祈祷来年吉祥如意、风调雨顺、五谷丰登、幸福安康、发富发贵之意。

板凳舞：苗族板凳舞发源于原始社会，是一种原汁原味的古代舞，是苗族妇女酒后自娱性的一种舞蹈。它因酒而兴起，它的动作粗犷、激越，表情热情奔放，表现了苗族人民不屈不挠的性格，吸引远乡近邻、亲朋好友或喝酒或跳舞，使亲情更加融洽。因此，它是增进民族团结、建设农村和谐人际关系的纽带。

苗族芦笙文化：芦笙是苗族文化的一种象征，苗族芦笙在表演吹奏方面把词、曲、舞三者融为一体，保持了苗族历史文化艺术的原始性、古朴性。

人文史迹

地鼓场：形成于清朝时期，是小龙村村民鼓藏节中地弦鼓的仪式场地。鼓藏节是村民人生价值观的展现，怀念祖先、尊老爱幼、和睦相处、勤劳俭朴、富裕安康等是鼓藏节的祷告主题，作用为集结村民、凝聚团结力、教育子孙后代。

凉亭：小龙村凉亭坳现存凉亭一座，形成于民国时期，是村民饭后茶余休憩集中之地。凉亭可供人们通行、乘凉休息，售卖小吃和青年男女对歌谈情说爱之地。

古井：小龙村现有10口古井，分布在寨子内，多位于古树底下，日常作为人畜生活用水，亦可著蓄水消防，也是当地稻田的重要水源出处。

碾米房遗址：位于村落东南角，主要由碓、碾槽主体构成。在打米机未传入之前，当地村民都是用传统的方式碾米，还可以用来舂米、榨辣椒等。

保护价值

古色古香的小龙村矗立在山腰之上，鳞次栉比，与山为邻，与田相伴，是苗族村落的典型代表，体现了苗族同胞天人合一的哲学建造思想与极高的艺术价值。此外，小龙村保存了贵州雷山苗族相对完整的、真实的历史遗存，同时附带了大量的苗族吊脚楼建筑群、禾仓群等历史信息以及苗族古歌、地鼓舞、鼓藏节、吃新节等风俗文化，完整地体现了当地传统民风民俗，见证了自清代以来该地区的政治、经济、文化及社会发展，是后人研究苗族文化的历史实物载体。

潘秋梅 何成诚 罗永洋 编

小龙村建筑群

小龙村梯田风光

黔东南苗族侗族自治州天柱县坌处镇三门塘村

三门塘村全貌

三门塘村区位示意图

总体概况

三门塘村位于天柱县坌处镇，距天柱县城63公里，距坌处镇2公里，村庄占地面积130亩，全村共398户，1766人。省道公路过境，水陆交通十分便利，清水江穿境而过，上可达锦屏、剑河、凯里，下可通洞庭湖、长江，南面与湖南会同、靖州两县接壤。明永乐二年（1404年）谢氏祖先由河南迁徙到三门塘村，明成化十五年（1479年）刘氏祖先迁徙于三门塘村，明弘治十六年（1504年）王氏祖先因躲避战乱迁居三门塘村，世代居住于此，至今已600余年。

2019年三门塘村列入第五批中国传统村落名录。

村落特色

三门塘村聚居着侗、苗两个民族，地处典型的低山丘陵地带，村落建于清水江一畔，北边群山逶迤而来，南侧奔涌的江水冲击山脚，造就出历史上外三江的主要木材商埠，世人称为"总三江九溪之门户，扼内江外埠之咽喉"。村寨三面环水，溪流纵横，是典型的近水利而避水患的选址布局，使得村落形成了与"水"密切相关联的丰富聚落景观和独特的临水景观空间。

传统建筑

三门塘村的传统建筑多为传统木结构民居，总体呈坐北朝南，木构传统建筑多为四列三间、一正两厢或一正一厢，墙体主要为木板墙，屋顶为悬山式青瓦双坡顶，正脊正中脊花，窗户为镂空雕花窗、木格窗及木窗。

三门塘村侗族民居由可以满足生产活动和生活居住基本要求的各功能空间组成。三门塘窨子屋多为富商居所及宗祠，又称印子屋，形似四合院，多为两进两层，也有两进三层或三进三层的，其他传统建筑多为二层。一层是主要的生产活动场所，二、三层为生活居住空间，设置垂直交通联系功能的楼梯空间、寝卧休息空间、储物空间，及其他辅助空间等。

民族文化

三门塘村存在的非物质文化有百年之久，主要包括语言、传统表演艺术、民俗活动、礼仪、节庆、传统手工艺技能等。

四十八寨歌节：四十八寨历史上有四大歌场，三门塘村的歌场尤其具有民族特色。为继承、弘扬四十八寨歌节，村内开设有民歌培训班，有1支村文艺队，活跃在乡村的文艺舞台上，丰富了群众文化生活，培养民族文化后继人才，确保了侗族民歌得以传承和发扬。

宗祠文化习俗：三门塘宗祠文化内涵广泛，宗祠是各姓人民团体祭祀祖先、缅怀祖宗、晒谱议事、教育族人、传承文明、继承家风和进行文化演出活动的重要场所。其中，家谱在宗祠文化习俗中的地位尤为重要，家谱是记录家族历史与家族世系的重要文献。

传统民居

村寨中部环境

刘氏宗祠

三门塘村平面图

四十八寨歌节

六月六"晒族谱"　　　　南岳庙

人文史迹

大坪井：又名"博溥渊泉"井，位于三门塘村大坪组，三门塘村南部。建于清乾隆三十六年（1771年），青石板围砌，旁边立碑1通和土地祠1座。该井是大坪村民的重要饮水井。

喇赖桥：位于三门塘村东北喇赖组，南临清水江。始建于清嘉庆十五年（1810年），东西走向，跨喇赖溪。桥为单棋石桥，铺青石板，两侧无栏杆。桥西立1座土地庙，桥东竖立5通石碑，记修桥事宜。

杨公庙遗址：位于三门塘西南部，复兴桥东侧码头上，原建筑始建于明代，清咸同兵燹毁，1993年在原址重建砖木结构庙宇，庙内供奉河神杨公，庙门外竖立碑3通，记述重修杨公庙诸事及捐资情况。

南岳庙：是以南岳庙为中心展开的人缘文化空间，是三门塘村民祭神拜佛的重要场所。

侗族北部方言歌会：侗族北部方言歌会是黔、湘边区各族人民群众业余文化生活的缩影。三门塘歌会以唱山歌为主，分为一般山歌和玩山山歌两大类。一般山歌主要反映侗族劳动生产、生活知识、历史知识的歌谣。

石栏伴嫁：三门塘的婚嫁习俗，具有浓郁的侗族特色，进入妙龄时期的青年男女以歌传情、以歌为媒，产生了玩山、游花园、初相会、架桥、换把凭、相思相恋、追求成双、求婚定亲、喜结良缘等阶段，形成一整套原生态民族风情。

唢呐：由于三门塘村唢呐的调子、曲牌较多，根据不同的礼议，吹奏不同的曲牌是吹奏唢呐的规则，总的来讲有喜曲、哀曲和祝贺三大类。在婚姻、嫁娶、住新房、祝寿等时吹喜曲，这类曲牌吹起来明快、活跃、典雅、婉转。

端午赛龙舟：端午节赛龙舟是坌处沿江一带的传统民族风俗。三门塘龙舟竞赛由来已久，首先要准备的就是龙舟，船身要比一般船长三分之一左右。

天柱宗祠浮雕彩绘技艺：是贵州省第四批省级非物质文化遗产代表性项目之一。三门塘宗祠浮雕彩绘工艺博大精深，宗祠修饰完美。

大坪井

喇赖桥

侗族北部方言歌会

杨公庙遗址

石栏伴嫁

保护价值

三门塘村古色古香，以刘氏宗祠、太原祠为代表的宗祠建筑修饰精美，所衍生的浮雕彩绘工艺，集建筑、绘画、雕塑艺术于一身，充分展示了北侗宗祠文化的历史积淀和地域文化特色。有极为重要的人类学、文化学、建筑史学和建筑艺术价值。

三门塘村古建筑群历史悠久、结构独特、建筑材料及建筑装饰物各具特色，文化内涵丰富，以多姿多彩的树文化、历史悠久的木商文化、蔚为壮观的石文化、别具一格的水文化和经久不衰的宗祠文化著称。也是黔东南地区北侗民族文化的活载体，是人们了解和体验北侗民族传统文化的最佳场所，有极高的文化艺术价值。

刘　翼　编

吹唢呐

端午赛龙舟

三门塘村环境

黔东南苗族侗族自治州榕江县古州镇三盘村

三盘村局部

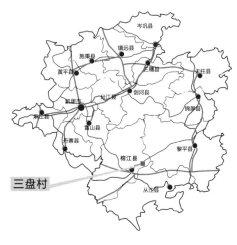

三盘村区位示意图

总体概况

三盘村位于榕江县城东面距县城15公里，由县城东南方向公路经吴家寨可达。全村以盘羊大寨、中寨、小盘羊为中心形成了历史以来的三盘村。三盘村是榕江县古州镇的一个苗族村寨，依山就势而建的村寨建筑保留了原生态的苗族传统特色，村落处在接近土地和水源的地方，周围环境不仅适宜居住耕种，村寨周围群山峻岭，树林密布，植被完好，自然风光优美。整个村落建筑群依山体而建，顺应地势，逐级而升，整个村落完全融入周边自然环境之中，如一幅淡雅山水画般静寂、清幽。村域面积23平方公里，共有337户，居民1662人。

2019年三盘村列入第五批中国传统村落名录。

村落特色

三盘村中盘羊大寨、中寨、小盘羊依山蜿蜒而建，自然环境优美。森林密布、古树参天，具有朴实厚重的苗族文化内涵。村寨传统风貌民居独具特色，带有苗族各个时代的文化印记。村寨建筑充分利用地势，依山就势，高低错落，形成了灵活多变又有机统一的建筑群。众多民居看似随意布局，通过街巷、山石、绿化相互组合、曲折蜿蜒，整体呈现出极富变化的空间。整个村落掩映在群山之中，若隐若现，由西北山体高处远眺，可观村落传统建筑群的整体风貌，建筑群与周边环境和谐一体，安静祥和。村落的天际线柔和，顺应山体走势，展现了人与环境的和谐共生，凸显了山区古村落独特的景观风貌。

传统建筑

传统建筑

三盘村传统建筑的平面布局和空间序列与其使用性质有着密切的关系，这些使用空间彼此又是相互关联、脉脉相通的。苗居吊脚楼竖向空间为三段式分区，即吊脚层为牲畜杂物层，二层为生活层，三层为粮食贮藏层。

黔东南地区的苗族木结构吊脚楼源于干阑建筑。所谓吊脚楼，即悬空式建筑。它是利用倾斜的地形，平整土地后再依势架平台构成"半干阑"式的构架，从构架可看出，干阑吊脚楼是在倾斜山地上建房，并采用穿斗式结构。吊脚楼中生活层中间的堂屋宽敞明亮，摆一张木制花边长桌作宴客之用，厅前"美人靠"配以曲形木条栏杆，供乘凉或会客用，也是观景、绣花的地方。建筑屋基多以大青石垒砌而成，窗棂雕刻有各种花鸟图案或空格，大门上方有一对造型别致的木槌，俗称"大门桄"。

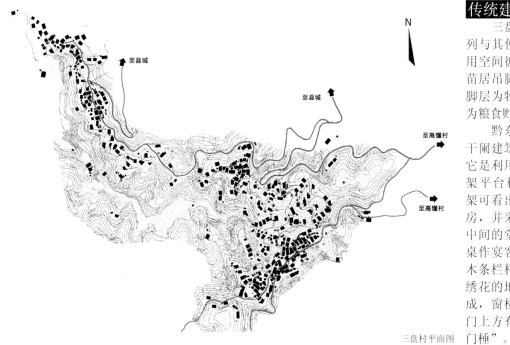

三盘村平面图

民族文化

印染、织布：印染和织布是苗族妇女世代传承的民间传统工艺，主要用于背带、勾鞋、盛装等，苗族妇女用较硬的纸剪成花、鸟图案后，将图案粘贴于布料，用各种颜色的绒线经过手工制作而成，具有三盘本土特色。成品用于各类着装，色彩鲜艳，图像美观。三盘村目前还有很多妇女用有梭织布机，自己种植棉花，自己纺纱织出土布。

芦笙唢呐演奏：三盘寨子的唢呐声调悠扬、动听，声调类型和内容都比周围寨子多，通常是在有大型活动和丧事的时候才会演奏。

木雕：木匠是三盘本土的一大特色，寨上懂木作技艺的人较多，大部分男人均掌握一至二门木工技术，有的精通大型木制品如吊脚楼房的修造技术。

服饰：三盘寨的服饰穿着是随着时代的变化而改变。旧时男女均穿长袍土布料，随着时代的变迁，现在男性着装基本上与汉族同化，女性仍穿右襟无领长衣，并在衣边沿及袖口镶花边和拦干花，头包花格巾，身围蓝色围腰，系飘带，脚穿自绣船型花布鞋。节日、婚嫁还穿戴耳环、银项圈项链，有的还戴金耳环、金项链，仍保持着原本土苗族妇女的特征。

苗族服饰

木雕匠人

传统布艺

木雕

传统印染

传统纺织

芦笙演奏

保护价值

三盘村成片的梯田展现了这里久远的农耕生活历程，当地独特的婚丧嫁娶形式、独特的苗族舞蹈、刺绣、织布、染布、唢呐芦笙演奏都反映了这一方水土苗族独特的传统文化传承。

村民口口相传的民间故事、神话传说等也反映了农耕时期人们的思想特征，对研究村落形制、民俗信仰、农耕文化等文化意识的影响意义深远。苗族先祖从黄河流域长途跋涉来到此处繁衍生息，体现出苗族居民拓土开荒朴实勤劳的性格。三盘村现有民居环境成为研究当时建筑风水、建筑工艺和建筑文化的重要依据，具有较高的艺术和科学价值。

陈 浩 刘俊娟 刘 恬 编

芦笙歌舞表演

黔东南苗族侗族自治州榕江县平阳乡丹江村

丹江村全貌

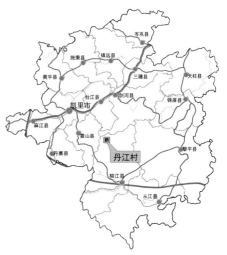

丹江村区位示意图

总体概况

丹江村位于黔东南州榕江县平阳乡北部，距榕江县城103公里，到州府凯里120公里，内有雷乐三级旅游公路穿境而过，交通十分便利。目前丹江村共辖小丹江、南丹、新寨3个自然寨，共有村民小组9个，人口1672人，主要为苗族（属清江苗）。丹江村的苗名叫作"昂切"，苗语的意思为"沙子寨"。

2016年丹江村列入第四批中国传统村落名录中。

村落特色

丹江村坐落在雷公山腹地国家自然保护区国家级森林公园的山脚小坝上，寨子依山而坐，傍水而落，四面环山，青山竹林苍翠环抱村寨，寨后原始森林郁郁葱葱，景色秀丽。生态旅游资源丰富，是榕江的北部旅游集散地和民族旅游村寨。

丹江村区域春夏秋冬四季景色各异，春天百花竞艳，夏季万木争荣，秋来堆金积玉，冬到雪孕丰年，是个令人魂牵梦萦的地方。

传统建筑

丹江村的民居建筑至今保存着传统的建筑风貌，多为榫卯结合的木构建筑，依山顺势而建，错落有致。民居建筑为典型的苗族干阑式建筑，以二楼一底、三开间的木质穿斗式建筑为主，屋顶为歇山式小青瓦盖顶，材料均为杉木和松木，建筑形态与山体形态一致，较好地满足了山体形态的原生态。村寨内建筑属苗族特色吊脚楼，其中有传统民居吊脚楼133座。

吊脚楼：吊脚楼一般为三层五开间以上，柱用材质好的杉木建造。其中底层多为用于圈养牲畜和家禽，堆放柴草、农具和储存肥料等；第二层为全家人活动的中心，有堂屋、卧室、退堂、火塘间等空间，堂屋又是迎客厅，嘉宾亲朋到来，常在此摆上长桌，设宴款待；第三层一般用作存放粮食、杂物等。

招龙桥：位于村北横跨昂英河的招龙桥，原为一座木桥，但常被洪水冲走，阻碍村民生产生活，因此于2001年新建了一座下石上木的石拱花桥。该桥于2003年竣工，全长71米，其中正桥长41米，引桥长30米，桥高25米，桥体包括水泥拱桥1座、门楼2座、中楼1座、彩色藻井、彩色封檐板、美人靠等，桥顶上双龙抢宝，彩色飞檐，与两旁的青山绿水相映，十分壮观。因丹江村苗族传承着"招龙"文化活动习俗，因此起名为"招龙桥"。

吊脚楼建筑

招龙桥

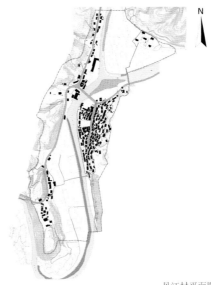

丹江村平面图

河流

民族文化

小丹江苗族"招龙节"，作为苗族的远古遗风，有着特定的含义，其形其式，古朴原始。

招龙节：每年举行一次，时间指定由招龙大师，选择好天好日，一般在农历二月份的"龙场天"。在节日前龙师们选用最好的木料，雕刻成两条龙，再用红纸和绿纸，剪成99个小纸人儿，这样将象征着神龙统领的兵卒。然后将小纸人夹在竹签尖上，在选定的节日深夜，全寨出动将小纸人儿从寨子周围，分东南西北，每条路相距在5～10米插上小纸人，近为1公里，远则2公里。次日凌晨，由13名祭师（其中一名为主祭师）主持"招龙节"仪式在祭师的带领下，20名苗家男子赤上身、披蓑衣、戴斗笠、扛鸟枪、打着火把组成护卫队，护送21名衣着盛装的苗家少女，在祭师带领下挑着八对木桶，"八"象征八面玲珑之意，随祭师到1公里外的"龙塘"取水引龙到寨中祭坛。在祭坛上分别摆上各种畜、禽祭品，其中有5坛上好的醇香的米酒，象征五谷丰登，全寨人畜兴旺，主祭师两旁分别站立6位副祭师，然后由主祭师念祭文一个时辰。招龙进寨后，全寨男女老少在祭坪上举行跳芦笙、跳鼓舞，随之按苗族习俗摆长街龙宴，其长街龙宴摆设在丹江寨街心。布面上再摆些洒、饭、鱼虾，邀请亲朋好友入席。节日期间，还有游方、斗鸡、斗牛、斗鸟、歌舞表演等活动。

招龙节

招龙节

人文史迹

古井：新桥村一共有古井5个，分布在寨子周边，在没有自来水以前，村民们一直在这几个井里喝水。现如今遇到停水，村民还仍然使用。

七姊妹打岩：据传，小丹江村一户家庭有七个姊妹，能歌善舞，才华横溢。依据苗族习俗，女孩嫁人需嫁给舅舅的儿子，然而七姊妹心中早有所属，不愿趋于苗族旧俗，在与寨老等村民争论后，指出若能将山凿穿，则尊重她们的选择，因此七姊妹带着工具上山凿山，一直穿凿至死都未完成。七姊妹打岩则流传成一首古歌，表达着七姊妹为破除旧害、争取自由、可歌可泣的故事。

埋鼓遗址：牯脏节（另称鼓藏节）为苗族最重大的节日，也是丹江原来必过的大节日，然而今日的丹江已不过牯脏节，缘由来源于一次庆祝牯脏节的事件。据村里老人回忆，小丹江在一次庆祝牯脏节时，村内突然死了很多人，缘由不清，寨老们认为是铜鼓成精了，于是将铜鼓埋藏起来，杀牛议榔，发布至此不再过牯脏节，并立下诅咒，不许将铜鼓挖出，违背者将受到惩罚。铜鼓埋藏地位于村北乌梭柒口山脚下。

埋鼓遗址

古井

七姊妹打岩

保护价值

历史价值：据苗族古歌史及苗族父子联名推算，苗族居住在小丹江已有2000多年的历史。据《苗族古歌》记载，苗族为九黎首领蚩尤的后裔，蚩尤部落在涿鹿之战打败后被逐出中原，开始向长江中下游武陵山区等地迁徙，达到湖南、湖北、江西等地，再沿南岭山脉西行，达到广西，其中一部分沿都柳江进入嘎良（榕江城），分布于全县各地。丹江先祖就是在这样的背景下披荆斩棘、跋山涉水，跨过都柳江，经过平永河，来到雷公山脚下这片风光秀丽的地方定居，可以说，丹江村是苗族在黔东南州迁徙的一个重要聚居地和中转站。

文化艺术价值：丹江村为苗族村寨，其古老淳朴的装束、神秘的民俗习惯、原生的生活状态等，都独具特色，有很高的研究、保护价值。

王　刚　黄　丹　王　倩　编

丹江村远景

黔东南苗族侗族自治州台江县方召镇方召村

方召村全貌

方召村区位示意图

总体概况

方召村位于黔东南自治州台江县东南面，方召村北与基甲、西与歹忙、南与展苫、东与交汪接壤，台南公路横穿境内，长达30公里，方召村驻地距县城12公里。全村辖4个自然寨，是以苗族为主的少数民族聚居山区。地形以山地为主，山高谷深，坡陡岭峭，是典型的喀斯特地貌。

2016年方召村列入第四批中国传统村落名录。

村落特色

方召村形成于明末清初，最早来此定居的为徐氏家族，定居于方召大寨后山，后又陆续有杨姓、万姓、田姓等家族迁入，各家族在此生根发芽，村落逐渐壮大。绝大多数为苗族人，少量汉族人均为苗汉通婚而居住在村内。

村寨从明末形成距今已有三四百年历史，由于位于台江县东南面雷公山向清水江过渡的苗岭山麓上，地形以山地为主，山高谷深，坡陡岭峭，因此寨子在空间组织上根据地形特点，因地制宜，不会强行改变自然环境，村落建设依山就势，传统民居顺应地形等高线布局，各传统建筑布局杂而不乱，屋顶均采用传统青瓦坡屋顶形式，整齐而富有层次感，传统村落格局特色明显。村寨坐落在山水之间，体现了古人"择水而居"选址理念，背山面水，坐西南朝东北，周边的大山又恰好起到天然御寒风的屏障作用。

寨内交通通达方便，建筑随道路有序排列，与山、水、田等自然格局相融合。村落建筑保存比较完整，以枝繁叶茂的巨树为护寨树，尤其以红豆杉、枫树居多，建筑全部为木质吊脚楼结构，以小青瓦盖顶或杉木皮盖顶，寨中小道以青石或河卵石铺砌，村寨四周梯田层层、绿树环绕，苗寨与自然环境和谐共处。

全寨由大寨和小寨组成，山谷成为两个寨子的自然分割。每个寨子在入口处都形成一个开阔的公共空间，成为寨子的门户节点。

传统民居

传统民居

梯田

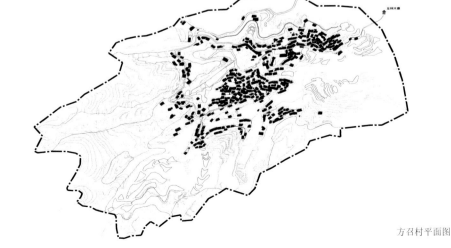

方召村平面图

传统民居

传统民居

传统建筑

方召村村寨建设顺应山地地形，建筑体现了传统苗寨村落特征，建筑整体上统一协调而富有层次感，整体风貌独具特色。整个村子的传统建筑保存得很好，全部传统建筑物占村庄建筑总面积的比例达到了83%。

方召村现状房屋建筑层数主要为1~3层，平面形式主要为正方形、长方形等，全村房屋外墙建筑形式较为统一，主要为木质结构，有少量砖结构房屋，建筑多上漆，保护得较好。从方召村整体建筑风貌来看，大部分建筑仍保留了传统苗族建筑风貌特色，传统村落风貌突出，均为具有地方特色的吊脚楼，一排排木楼，依山就势，巍峨参差，鳞次栉比，构成了一个庞大的木建筑楼群。木楼错落有致，形成了一条条幽深曲折的巷道，并铺设有青石板路通向各家各户，传统村落建筑风貌特色非常明显。

传统民居

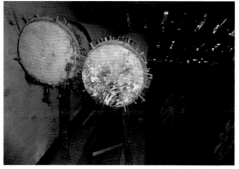

鼓藏节公母藏鼓

河流

古树

人文史迹

古树：有苦楝树、青枫、枫树、红豆杉等多种类，这些古树均在300年以上，树形优美，树干高大，枝繁叶茂。方召村村域以山地地形地貌为主，村落依山而建，周边山体保留有较多的古树（古树群），形成方召村传统村落特色的重要绿色屏障，成为方召村的绿色保护神。

古井：方召村周边高山林地密布，空气清新，村内山泉资源丰富。村民自建寨始接引山泉水作为村寨的饮用水源，修建的古井均为青石围砌而成，井水口感清甜。

古墓：王牛羊讲墓为碑幢刻石古墓，位于村头岭嘴处，绿树环合，蒿草丛生。四周用青石围砌，墓门翼角高翘，斗栱飞檐，据说连墓碑都是王牛羊讲本人生前所刻，后人在安碑时，只需填上他死亡日期。由于墓室高大，这里就成了他的休息场所，常独自躺在里面抽大烟。从碑文上得知，王牛羊讲生于乾隆年间，距今已两百多年。由于坟茔高大豪华，曾经几度被盗墓贼"光顾"。

徐氏石桥：相传为徐氏先祖故乜钰（苗译汉）所建，距今约300年，桥身全为石头所垒砌。

男女对唱苗族古歌

苗族服饰

民族文化

方召村苗族多声部情歌（苗族古歌）：不管是在田间干农活，还是有宾客临门，热情的方召村人都喜欢唱苗歌来表达心情，村民自编自唱的苗歌，音律曲调包含着很高的艺术内涵，是方召村苗族文化的沉淀。方召村作为台江县苗族古歌传承基地于2013年被授予"国家级古歌传承基地"。

鼓藏节：鼓藏节又叫祭鼓节，是苗族属一鼓（即一个支系）的支族，每隔13年祭祀本支族列祖列宗神灵的大典，俗称吃鼓藏。方召村为台江县苗族鼓藏节传承基地，同时被授予贵州省鼓藏节传承基地。

苗族服饰：黔东南州境内的苗族服饰为中国苗族服饰中最为雍容华贵，工艺最为精湛，造型最为独特，文化积淀最为深厚的服饰系统，是苗族人民的一部"无字的史书"，也被专家学者称为"穿在身上的史诗"。

保护价值

方召村形成于明末清初，绝大多数为苗族人，少量汉族人均为苗汉通婚而居住在村内，因此很好地保留了苗族的生活习性和风俗习惯，现今村内仍有集场元素的遗留。

村寨选址于坡上，梯田四周围绕，吊脚楼层叠交错，寨旁植被茂盛，古树参天、四季常青。潺潺溪流隐身于山谷之中，只听其音，未见其身。村落较好地融入地形发展，与周边山水田园自然地融合在一起，鸡鸣狗吠，回音绵荡，使整个村寨散发着自然、宁静、和谐、舒适的氛围，俨然一幅充满鸟语花香的山水田园村居图。

谭艳华 黄 丹 编

黔东南苗族侗族自治州榕江县定威乡计水村

计水村全貌

计水村区位示意图

总体概况

计水村地处榕江县定威乡西南部，距离县城约46公里，距离乡政府所在地11公里。东、南至计划乡，西至摆头村，北至亚勇村，国土面积19.5平方公里，传统村落核心保护区面积3.57公顷。

计水村辖4个村民组，村域总人口1076人，以苗族为主。少数民族1030人，占全村人口的97%。

计水村是迁徙形成的村寨，元代徐姓老人从江西省上都江逃难至此，原居住于此的朱姓老人以为有外敌入侵，带领家族迁移，后徐姓老人请其搬回此居住，以兄弟相称，共同生活。

2019年计水村列入第五批中国传统村落名录。

村落特色

计水村属于山区地形，村内山体雄伟高大，沟谷切割深长，异石林立，山峦层叠，平均海拔778米。计水村属亚热带湿润季风气候区，光照充分，雨量充沛，天气常年温润、凉爽。

村落选址位于深山之中，四周山原丘陵峰峦起伏、林木繁茂，建筑沿进寨道路两侧带状分布，逐步延至周边山脚，与周边环境融为一体。建筑依山而建、随坡就势，巧妙地与地势相结合，手法独具匠心，空间结构灵活，体现了依山就势、聚族而居的特点，是一个典型的山地型村寨。

村落属于月亮山自然保护区，四周群山环抱，森林覆盖率达70%以上，村落内沟壑众多，异石林立，山峦层叠，植被茂密，除有十余处古枫和懦栗树外，更有百年红豆杉、楠木等名贵古木，价值极高。

传统建筑

村内传统民居建筑为二层，一般底层作为居住使用，下面用大的木柱子框架支撑，上面架上木房框架，柱子落于大柱子上。楼上存放粮食或杂物。堂屋中设有神龛，两侧为卧室。厨房、猪牛圈等皆设于屋侧房后。小青瓦坡屋顶高低错落，檐口伸缩不一，建筑立面多为褐色木制墙面，建筑二层凸出的木质阳台与垂下的青瓦坡屋顶檐口相结合，阳台上多配有木质栏杆或木质隔板。

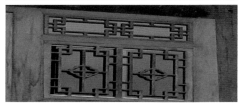

窗花

建筑背面

传统建筑

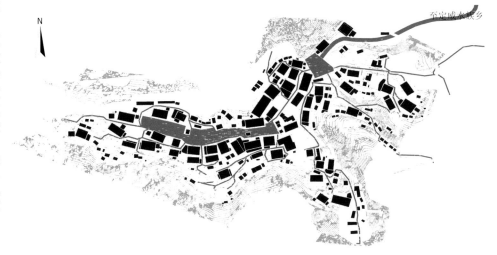

计水村平面图

民族文化

秋收节（苗年）：秋收节（苗年）是每年收好稻谷时，村民为了庆贺丰收而过的节日。苗族中分为撒秧节、插秧节、镐秧节和秋收节四个季节，所以秋收后就是新的一年，和现在的春节一样。各家各户都要备丰盛的年食，除杀猪、宰羊（牛）外，还要备足糯米酒。年饭丰盛，讲究"七色皆备，五味俱全"，并用最好的糯米打"年粑"互相宴请馈赠。

粽粑（端午）节：粽粑（端午）节是每年五月份，村民为了庆贺一个农忙季节而过的节日。粽粑（端午）节当天，村民唱歌、跳月，杀猪宰牛，是当地苗族村民极为隆重的节日。

鼓藏节：鼓藏节是一种祭神祭祖活动，极为隆重，在古历九至十一月的卯（兔）日或丑（牛）日举行，有踩鼓、跳芦笙等活动。此外，对自然物（大树、怪石）或人造物（水井、板凳）的崇拜和祭献，以酒、肉、鱼、鸡、鸭、糯米等作祭品。

民族服饰：村民所着传统服饰均由自纺、自织、自染的苗布全手工制作而成，苗布的制作工艺极其复杂，主要有种棉、纺纱、织布、染色等环节。

民间艺术：计水村的民间艺术包括苗绣、芦笙等。苗族刺绣具有传承历史文化的作用，主要表现在刺绣的图案上。几乎每一个刺绣图案纹样都有一个来历或传说，都深含民族的文化，都是民族情感的表达，主要有蝴蝶、龙、飞鸟、鱼、圆点花、浮萍花等图案。苗族芦笙在表演吹奏方面把词、曲、舞三者融为一体，保持了苗族历史文化艺术的原始性、古朴性。

粽粑节

鼓藏节

鼓藏节

鼓藏节

芦笙节

人文史迹

古树：村落周边山林植被茂密，古树名木众多，古树以单株形式分布，共7棵，其中楠木4棵、杉树2棵、枫树1棵。古树均有上百年历史，其中2棵楠木有上千年历史，树高达30米以上，树干通直，枝叶繁茂。

古河道：乌介溪沿村贯穿于两山之间，溪水像是一根根银线，汇拢似玉带，盘旋于寨子，溪流给寨子增添了灵性，给整个寨子带来了生机，造福着村里世代居民。

粮仓：村落内有粮仓50余处，其中古粮仓1处，建于明代，占地约42平方米，共两层，面阔两间，树皮坡屋顶，考虑到防潮和安全性，一层架空用于装杂物，二楼用于储存粮食。

古树

粮仓建筑

保护价值

计水传统村落历史悠久，在长期的历史过程中，传承了苗族民居建筑、苗族语言、苗族歌曲、苗族服饰、苗族祭祀与节庆等丰富多彩的苗族文化。

计水村保持着传统农耕方式，随坡就势的梯田更能体现出当时村落以农业为主的景象。村落内各类木结构住房，均保留了当地的建造风格，穿斗式木结构青瓦房，具有独特的工艺水平和建造技艺。

刘俊娟 王镜舫 刘 恬 编

村庄一角

黔东南苗族侗族自治州凯里市炉山镇六个鸡村

六个鸡村全貌

六个鸡村区位示意图

总体概况

六个鸡村位于凯里市炉山镇南部,距凯里城区21公里,距镇政府驻地9公里。其东邻凯里万潮镇,西与角冲村毗邻,南与下司镇接壤,北接后山村与甘坝村。六个鸡村交通便利,境内公路有炉下路经过,铁路有湘黔铁路和株六复线穿过,设有六个鸡火车站。全村面积8.27平方公里,现状总人口为542人,共126户,是一个畲族聚居村,大部分以金姓为主。

2019年六个鸡村列入第五批中国传统村落名录。

古树

传统建筑

村落特色

六个鸡村在选址上遵循了我国传统村落选址的风水理念,面水靠山,水绕山环,注重景观视线的通透性。

村庄坐落于沟谷坡地上,谷底清澈的灵鸽河穿村而过,给村庄增添了一丝灵气。灵鸽河给村民提供了便利的生产生活条件,孕育了六个鸡的发展生息。

村庄与自然景观完美融合,建筑沿坡地顺势布局,寨子两侧及周边山体夹峙,山林郁郁葱葱,古树参天,与自然浑然一体。

传统建筑

六个鸡村传统民居多建于20世纪六七十年代,集中连片,多为榫卯结合的木构建筑,依沟谷坡地顺势而建,鳞次栉比。建筑形态与地貌形态一致,较好地满足了山体沟谷形态的原生态,保持了建筑与自然环境的有机融合,建筑群体轮廓充分体现了与自然地貌形态的一致性。六个鸡村大部分传统建筑保存较好,主要以畲族传统民居为主。

六个鸡村的畲族传统民居主要为木

六个鸡村村寨环境

传统建筑院落

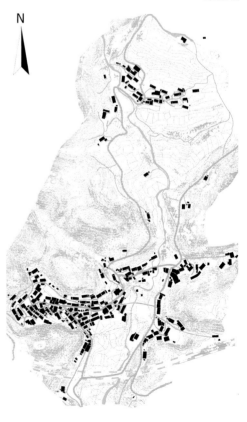

六个鸡村平面图

传统建筑

粑槽舞

仙人桥

结构坡屋面，上盖小青瓦，窗户为木质格窗。层数以一层为主，局部两层，一层主要是居住、生活，二层主要是粮食储藏和堆放杂物，两侧房间正立面外一般有廊道，互不连通。平面上主要是三开间，中间堂屋，两头居住，一般在主屋一侧修建偏房，作为厨房。

传统建筑

民族文化

畲族民歌：六个鸡村的民歌并没有什么特别的名字，全用畲语所唱，传承良好，歌曲的形式多彩多样，内容也都有所不同，有的是唱村中原来的生活疾苦，有的则是表达欢快的兄弟姐妹之情，在迎接来客时，又会唱欢迎、祝福的歌曲。一般来说，唱民歌的时间不定，内容不定，村子里的村民过节时会唱，平日里开心时也会唱民歌。

粑槽舞：畲族人民在祭奠逝去的亲人时的"冲粑槽"，一人击鼓，三人冲杵，据说鼓声引领，逝去亲人的灵魂才能被引入天堂。

人文史迹

六个鸡建寨于明朝弘治年间，距今已有600多年。六个鸡金氏家族原居住于福泉洋佬棉花土，当年，县衙为修建一座石桥，要金氏家族献出十斗"糯米面"（实为石灰粉），由于金氏家族无文化而不知实情，又无力拿出十斗"糯米面"，只得外逃。兄弟六人逃到此地，因天气炎热而又无水可喝，奄奄一息，此时发现狗去找水回来时身上粘有浮漂，六兄弟惊喜相望，于是沿着狗找水的方向找到了水井，于是就在此地定居下来，将此地命名为"水冲"。

1996年6月，贵州省人民政府分别以黔府函（1996）143号和144号两个文件认定黔南布依族苗族自治州之都匀市、福泉县

古城墙

（后改为市）和黔东南苗族侗族自治州之凯里市、麻江县共4个县（市）的东家人为畲族。

保护价值

六个鸡村的形成展现了在此居住过的村民们的生活理念、心理特征和价值取向。村落保持了相对完整的、真实的历史遗存和文化遗产，不管是村落选址还是空间格局，均见证了该地区村民的传统生活方式和文化特色。错落有致的空间格局是顺应着山形地势逐步发展起来的，沿着沟谷坡地布局的传统民居，立面空间与山体坡面相融合，村民这种借助地形修建房屋的方法，为现代建筑提供了可借鉴之处，古人高超的建筑技术具有重要的科学价值。

六个鸡村刺绣、竹艺编制等生活手工艺品不仅具有观赏性还具有较高的收藏价值，从不同侧面反映了当时村民们的审美观、价值观和人生观。

六个鸡村的发展反映了该村落当时的处境，格局顺应着时代的变迁，一代一代地将这种简单而古朴又原始的生活方式一直传承下去。村民保留了大量畲族传统的生活方式、生活习惯，以及传统耕作方式等。传统的畲族文化特别是畲族村寨聚居的自然格局特色有较好的历史、文化和艺术价值。

吴缘缘 严 毅 编

畲族民歌

村落一角

黔东南苗族侗族自治州从江县丙妹镇龙江村

龙江村全貌

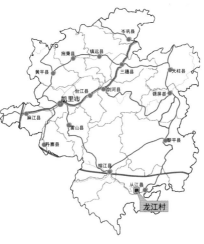

龙江村区位示意图

总体概况

龙江村民于明代时期从江西搬迁丙妹镇大融村，后迁徙至此。龙江村位于从江县西北部，在丙妹镇西南部，距镇政府约31公里，是丙妹镇雍里片区唯一的侗族村寨。有8个村民小组，全村550户，2225人。因民族生活习惯，村落呈块状聚落于山坡脚，沿河边聚居，寨内侗族风俗纯朴、浓郁，是反映侗族文化的代表。

2019年龙江村被列入中国第五批中国传统村落名录中。

村落特色

龙江村依山傍水，整个寨子呈南北走向，沿宰章河而居。从居住特点上看，村民尽量依山而居，不占用农田，四周种植竹林，不砍伐古树。村落四周环绕分布着农田、旱地及林地，自然风光优良，环境宜人，民族文化浓郁，村落内还分布有古桥、古树、古井等多种历史环境要素，传统侗族气息浓厚。

自然风貌上，村落选址依山傍水，生态体系完善、植被茂密。

传统建筑

龙江村落内建筑多为传统砖木结构建筑，建筑风貌具有鲜明的侗族地方特色，受汉族影响，民居建筑含有大量汉元素，人们居住的房子以半楼居式为主，建筑基础和围护材料以木头为主。

村落内的建筑主要为村民住宅，距今较久远的建筑为木结构两层建筑，楼下安置石碓，堆放柴草、杂物，饲养牲畜；楼上住人。前半部为全家休息或从事手工劳动之场所；后半部为内室，其中设有火塘，这是人们在家中取暖、照明、做饭、睡卧乃至进行人际交往、聚会议事、祭祀神灵的重要场所。火塘两侧或第三层楼上是卧室。在建筑构造上，采用传统营造方法，在屋顶、栏杆、门窗等构造方面均具较强的实用性，颇具地方特色。

鼓楼：侗乡鼓楼，是侗族居民团结拼搏精神的象征，记载着侗民族历史上的艰辛和今日的幸福美满；是侗乡具有独特风格的建筑物，龙江村鼓楼高耸于寨中，巍然挺立，气势雄伟，飞阁垂檐，层层而上呈宝塔形。瓦檐上彩绘或雕塑着山水、花卉、龙凤、飞鸟和古装人物，云腾雾绕，五彩缤纷。鼓楼中间的四根主柱，象征四季；十二根环柱，象征十二个月；合起来象征岁岁平安，四季祥和。侗乡的鼓楼很有讲究，结构严谨，雄伟壮观，技艺精湛。它的立面为单鼓重檐结构，少则三层，多则十多层，平面是偶数边形，或正方形，或六边形，或八边形。鼓楼全用合抱杉树凿榫而成，不用一钉一铆，最上头为如意头攒尖顶，顶上复压空葫芦。

传统建筑

鼓楼

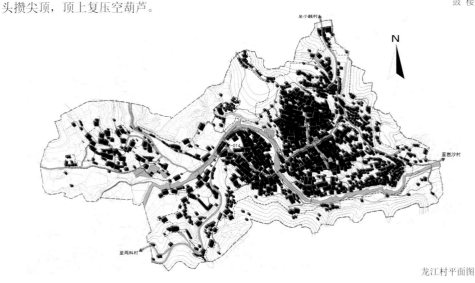

龙江村平面图

民族文化

龙江村的民族文化，从以下几个风俗来看，都富含有浓烈的祭祀、祈愿之意。有的活动不仅是一次物质交流活动，更是一次精神活动的传承。

六月六：即每年的农历六月初六，在寨子里杀猪宰牛，杀鸡杀鸭，开田捕鱼，家家蒸糯米饭。在吃饭之前，全家人都围坐在火塘边，由家长举行。"斗煞苟妹"仪式，即在火炉正面摆放纸钱、酒杯，把已煮熟的食材各取一部分放在纸钱上，接着，烧香化纸，插在火塘边和神龛上；念《祭祖吉利词》，大意是："尊敬的祖先，今天是吉日，我们家过六月六，已备有酒、猪肉、鱼和糯米饭，请你们先来尝，我们再后尝。晚辈喊你们，听到喊声后，你们要互相邀约，互相转告，老小都要来，一起到我们家过节。并望你们保佑我们全家安康，人丁兴旺，富贵发财，保佑我们种粮丰收，种棉成球，五谷丰登，六畜兴旺"。祭祖词有长有短，念完后，摆桌上菜，招待请来过节的亲朋好友，吃饭喝酒直至深夜。除了祭祖祈祷丰收、招待亲朋好友外，还要开展丰富多彩的娱乐活动，一般以斗牛、斗鸟、鼓楼对歌、演侗戏等形式。龙江寨的六月六，既是一次物质交流活动，又是一次广泛的精神文明活动。

烧鱼节：对于侗家人来说，既是传承民族文化的方式，又有祈求好年景的寓意，寓示着侗家人团结、吉祥、丰收和喜庆。每年秋收时节，待侗家人放养在稻田的鱼长大以后，当地侗族民众就带上糯米饭、米酒，邀请亲朋好友聚集在田间地头，开田放水捉鱼。并用柴火烧烤稻田鲤鱼，祭祀鱼神，祈求鱼粮丰收，年年有余。

踩歌堂：踩歌堂是一种专门性的纪念节庆。是侗族人用民间歌舞来悼念莎岁这位古代女英雄的祭奠方式。侗族的"踩歌堂"（亦称"多耶"），是他们祭祀神灵，祈求人畜兴旺、五谷丰收的盛大节日。

烧鱼节

踩歌堂

人文史迹

龙江村历史环境要素较为丰富，有古树、古井、古桥等。

古树：村落内分布有5棵古树，平寨分布有3棵，大寨、上寨各分布有1棵。

古井：龙江村共有4个古井，规模约为1平方米，分布于村落周围，在没有自来水以前，村民们一直在这几个井里喝水。现如今遇到停水，部分村民仍然还在使用。

古桥：于龙江村中部，长25米、宽3米，建于1987年。这座古桥自修建以来一直是联系村寨河流南北两岸的主要通道，也是连接宰章河两岸大寨和平寨的主要桥梁，至今仍在使用当中。

古井

古桥

保护价值

历史价值：民族历史悠久，龙江村是古老的迁徙村落，是一个由侗族祖先迁徙至此地形成的传统侗族聚居区，传统民俗文化延续较好，是贵州省侗族文化比较深厚的村寨之一。

文化研究价值：具有地域文化特色的山水田园村落，村寨民俗文化多样，有寨歌、祭祀活动、节庆活动等民俗活动，特别是村寨周边的祭祀台举行的祭祀活动具有独特的地域特色。

艺术价值：是侗族民俗文化村落的代表，龙江村为典型的侗族村落，侗族民族特征明显，无论是建筑、服饰、乡风民俗等方面都具有较高的艺术研究价值。

社会价值：侗族传统文化的传承，村落内无论是生活环境还是村民生活习惯习俗都保持良好的侗族传统，从传承农耕文明、延续民族文化方面，龙江村都具有较高的社会价值。

王 刚 黄 丹 编

六月六

宰章河两岸

黔东南苗族侗族自治州黎平县洪州镇六爽村

六爽村全貌

六爽村区位示意图

总体概况

六爽村位于洪州镇所在地南18.5公里，曾称高山村，交通便利，距厦榕高速20公里。全村辖1个自然寨，5个村民小组，共1525人，300多户，侗族聚居。地处三省坡西南侧的半山腰，东南面与广西三江县独峒乡接壤，东北面与湖南通道县独坡乡交界。

2019年六爽村列入第五批中国传统村落名录。

村落特色

"千田拥寨，古木迎门。五楼构心，五溪共存。"

六爽村传统村落是一个古老的侗族村落，地理条件独特，山势险峻，具有民族特色传承的发展特点，村内基本全部为侗族人，拥有奇特的喀斯特风光和古朴的民族风情。

村寨建于山坡之上，以村寨为中心，四周均是稻田，形成对村落的包围之势。地理条件独特，寨内木楼依山而建，鳞次栉比，石板路相连。

村寨入口林立着古树群，沿入寨道路布置分布。寨外山势险峻，山上多雾，梯田层叠，郁郁葱葱，风光绮丽。

六爽村共有5个组构成，每个组至少有一座鼓楼，五座鼓楼环绕形成一个中心，村落以五座鼓楼为中心向四周扩散，形成了如今的村寨格局。

传统建筑

六爽村内传统建筑数量较多，共252栋，占村庄建筑总数的71.5%。保存较完整，是具有特色价值的历史遗产。传统建筑按其功能可分为公共建筑和民居两大类。公共建筑有祭祀性建筑、议事及娱乐性建筑等，如鼓楼、风雨桥、凉亭等。

村落环境

六爽村平面图

风雨桥

传统民居最早的建于民国，极具侗族传统建筑特色，厨房、猪牛圈等皆设于屋侧房后或设置在一层。房屋一般分正屋、厢房、前厅、偏厦等。正屋是主要部分，有三柱屋、五柱屋、七柱屋、八柱屋等。侗族的民居，大部分均为木质结构。平屋为单檐结构，开口屋为双檐结构。凡柱、梁、枋、瓜、串、椽、檩等，均以榫卯穿合斗作，其中有鱼尾榫、巴掌榫、扣榫、斧脑榫、全榫、半榫等。

传统民居

六爽村传统村落的传统民居一般选择木料作为主要建筑材料，用木柱支托、凿木穿枋、衔接扣合、立架为屋、四壁横板、两端做偏厦。屋面材料为当地小青瓦。

传统民居

民族文化

侗族大歌：侗族大歌是我国目前保存的优秀古代艺术遗产之一，是最具特色的中国民间音乐艺术，2005年进入国家级第一批非物质文化遗产代表作名录。侗族大歌不仅仅是一种音乐艺术，而且是了解侗族的社会结构、婚恋关系、文化传承和精神生活的重要组成部分，具有社会史、思想史、教育史、婚姻史等多方面的研究价值。

侗族大歌

侗族琵琶歌：侗族小琵琶称"比巴拉"，琴身用杉木或硬杂木挖制。琵琶歌是侗族文化的瑰宝，据说它的曲调在百种以上，有大调与小调之分，除有传统的曲调外，每逢节日和劳动之余，全寨的男女老少都会尽情地欢乐，弹起琵琶，传歌、对歌。

侗族琵琶歌

侗族米酒酿制工艺：侗族文化里最著名的有六件宝，米酒就是其中之一。《高山流水》米酒便产自三省坡脚下的原生态侗族村落，酒味香甜，历史悠久。侗族民族风情浓郁，人们热情好客，米酒作为当地少数民族日常生活的重要组成部分，形成了独特丰富的少数民族酒文化，自古就有"无酒不成礼，无酒不成席"的规矩。

人文史迹

鼓楼：在侗族日常生活中，鼓楼主要为侗族居民提供休憩和节日活动的场所。目前六爽村全寨有5座鼓楼，村民介绍说，五座鼓楼于20世纪80年代建设，是全寨祖先最早定居的地方。为四重歇山式屋顶，木结构建筑，覆盖小青瓦，一层为四方形围合的开敞空间。这充分表现了侗族人民高超的建筑技艺，侗族鼓楼建筑是侗族特有的民族文化象征和标志。

凉亭：最早的凉亭始建于民国末期，建筑无墙体，四周设置木制围栏；歇山顶，四角设置鳌尖。内部四周设置长凳，现也作为六爽公交招呼站，也用作休憩乘凉，属于公共交流空间；后建的凉亭类似鼓楼的外观，内部空间更富有侗族色彩。

凉亭

古井：现状共有古井4口，古井由石块砌筑而成，井水清澈、水流源源不断从井内流出。现状保存较好，至今仍在使用。

祭祀石：祭祀石分左右两块，男性祭祀左侧石头，女性祭祀右侧石头。祭祀石承载了村民祈福的行为印记。

祭祀石

寨门：寨门是正式进入村落的标志性构筑物，寨门及寨墙仍然保留着历史风貌。六爽村共有3处寨门，其中轮槁寨门和务银寨门是两处古寨门（都位于村寨东面），六霜寨门是一处新寨门（位于古树群之后）。

轮槁寨门

保护价值

六爽村传统村落保存了贵州黔东南古村落相对完整的、真实的历史遗存，同时附带了大量的历史文化信息，完整地体现了当地传统民风民俗，六爽明末清初设寨，自建寨以来该地区的生活方式和文化特色具有较高的历史价值。

在意蕴深厚的六爽村，建筑布局严谨、用材考究、装饰精美，历史久远的民居掩映在成群古树之下，具有很高的艺术价值。随着政府的关注力度增加，借助网络平台的宣传，六爽村传统村落受到越来越多的传统文化和艺术爱好者的青睐。

杨　硕　谭艳华编

古树

寨门

黔东南苗族侗族自治州天柱县高酿镇木杉村

木杉村全貌

木杉村区位示意图

总体概况

木杉村位于天柱县南部高酿镇，距镇政府所在地7公里，距县城20公里，距州府凯里117公里，距省城贵阳246公里，距三黎高速高酿镇入口12公里，交通十分便利。全村共605户，2325人，村庄占地面积110亩。洪武十年（1377年）由湖南靖州迁至天柱县蓝田重鳌寨开基，此后，明朝万历年间，罗家、吴家等姓始从湖南等地迁来木杉。

2019年木杉村列入第五批中国传统村落名录。

村落特色

木杉村村庄周围峦山围绕，层峦叠嶂，林木葱郁，山清水秀，鬼斧神工的沟涧、瀑布，堪称人间奇观。木杉溪由两条小溪汇合而成，分别发源于岑细坡和登麻坡，全长10公里，这条溪水灌溉了上千亩的良田，养育了世世代代的儿女，给山寨增添了和谐的气息，故称生命之水。木杉村景色迷人、古树参天，这里有几百年的枫树、红豆杉，还有上千年的岩金杠。木杉村森林繁茂，从纳溪坝脚至岑提宜佑是几十里的峡谷，是天柱县自然生态最具特色的地方。特别是位于白鹭坡山脚下的"一线天"集奇、险、美等特点而闻名于世。出名的景点还有白龙潭、老龙潭瀑布、狮子潭、渡船漱玉银花、撮箕潭瀑布等形态各异的美景。

传统建筑

木杉大寨是天柱县境内侗民居保持最完好的自然寨之一，村落建设较为集中，建筑多以木质结构为主。在建筑的结构上，传统的两厢式房屋结构分为里外两部分，外面为堂屋、火房，里面为厢房。左侧为堂屋，一般为一间，右侧为火房（即厨房）一间；与堂屋和火房垂直，在明屋、火房后面的两间为厢房。而吊脚楼是干阑式建筑的演变形式，它的结构仍以穿斗式木结构为主。楼层结构分为里外两部分，靠里为实，屋面为地；靠外为虚，屋面为楼。楼底架空，底层圈畜。外一部分，面阔三间明堂为堂屋，次间为卧室。木杉村的建筑特点有木墙青瓦、各种木窗腰门、司檐悬空，建筑工艺精美，整体协调，风貌独具一格。

传统建筑

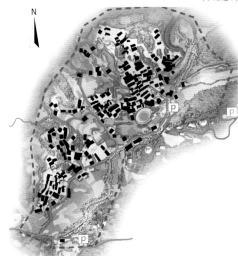

木杉村平面图

民族文化

侗族银饰制作技艺：侗族银饰繁多，造型独特。侗族银饰在结构上有对称式、均衡式、连接式和放射式等，制作精巧，花样古朴，富有想象力。从人体部位区分来看，侗族银饰有头饰银饰、项饰银饰、首饰银饰和盛装银饰。

侗族手工艺品："竹编"工艺大体可分起底、编织、锁口三道工序。在编织过程中，以经纬编织法为主。而侗族人所用的斗笠、雨帽、箩筐、菜篮、花篮、镰篓等，都是用竹篾编的。"木雕"在侗族中比较盛行，且形象逼真，生动可爱，做工精致。现存比较古老的房屋、门窗、庙宇、神龛、家具及摊戏面具等都有不少木雕的精湛图案。它们大多就地取材，以当地动植物、山水等内容为主。

侗族木构建筑技艺

侗族银饰、服饰

芦笙歌舞

侗族手工艺—竹编

侗族手工艺—木雕

芦笙歌舞：侗族芦笙是木杉侗族的主要乐器之一，是侗族文化的符号和象征，是表达侗族人民思想感情的纽带，是侗族人民奋进向上的精神支柱。

侗族木构建筑技艺：侗族人民无论是劳作还是建房，所使用的工具基本上都是传统的木作工具，这些木作工具种类繁多，最主要的有锯、斧、刨、钻、墨斗、曲尺等。侗族木匠还将自制的墨斗雕成桃形、鱼形、龙形等造型各异的图案，既为自娱，也为展示木工手艺。

侗族服饰：侗族服饰十分精美，妇女善织绣，侗锦、侗布、挑花、刺绣等手工艺极富特色。女子穿无领大襟衣，衣襟和袖口镶有精细的马尾绣片，图案以龙凤为主，间以水云纹、花草纹。下着短式百褶裙，脚登翘头花鞋。发髻上饰环簪、银钗或戴盘龙舞凤的银冠，佩挂多层银项圈和耳坠、手镯、腰坠等银饰。

巫师：侗族人认为一些自然现象或自然物具有神性或鬼性，大多数侗族人虔信巫术。巫术活动由巫师主持，巫师大多是非职业化的。他们在各种原生性崇拜和巫术活动中起着主持者的角色，有的地方巫师还兼任寨老。巫师除了熟悉祭祀方法外，大多还能讲述本宗支的谱系、本民族重大历史事件和迁徙来源的路线，熟悉各种神话传说、古歌古词和民间故事，有的

巫师还兼有歌师和舞师的职能。

侗族年俗：侗乡有"百节之乡"的美称，尤以过年最为隆重，民俗民风更为独特。过年前，大家选择吉日杀猪宰羊，房族和乡邻互相请吃"泡汤"。大年三十，每家每户会"除旧"，即进行大扫除。

人文史迹

刘氏宗祠：木杉村刘、龙、粟为主要大姓。刘氏家祠是族人祭祀祖先或先贤的场所，正因为这样，祠堂建筑比民宅规模大、质量好，祠堂往往很有讲究，高大的厅堂、精致的雕饰、上等的用材，成为这个家族光宗耀祖的一种象征。

古树：即千年岩青杠，矗立于奇凤山脚下路口，寨子坝头小石拱桥右侧，有40多米高，四、五人合抱大，是国家二级保护植物。像这样大、这样高的岩青杠，可以说在贵州乃至全国都是罕见的。

清朝文武贡生刘光汉故居：木杉村人杰地灵，物华天宝，民风淳朴，文化底蕴深厚。清朝晚期，曾出现文武贡生刘光汉，中华人民共和国成立后又出现翻译家、国家级作家粟周熊。刘光汉故居为传统的侗族建筑，年代久远，具有较高的历史价值。

德烂三姓石拱桥：用天然石料作为主要建筑材料的拱桥，具有悠久的历史，建于清嘉庆二十一年（1797年），拱桥为单跨式桥梁，横架于小溪之上。德烂三姓石拱桥见证了历史的变迁。

德烂三姓石拱桥

刘氏家祠

千年岩青杠古树

刘光汉故居

保护价值

木杉村大寨有着悠久的历史，是重要的传统村落，建筑极具侗族村落特色，具有木结构建筑、石板铺地等众多的极具当地特色的建（构）筑物元素，同时村落的建筑顺应地势而建，村落景观良好，且具有非常丰富的艺术特色，拥有丰富而珍贵的物质与非物质文化遗产，体现出了极高的历史价值和较高的艺术价值。

刘 翼 张 奕 编

侗族年俗

木杉村"一线天瀑布"

黔东南苗族侗族自治州从江县贯洞镇潘今滚村

潘今滚村全貌

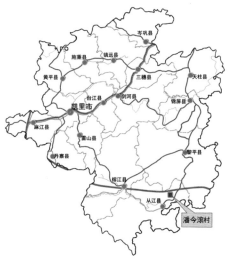

潘今滚村区位示意图

总体概况

潘今滚村坐落于从江县贯洞镇西部，距镇政府7.5公里，全村国土面积为7.2平方公里。坐标为东经109°7′7″、北纬25°49′47″，全村共有6个自然寨，21个村民小组，344户，1584人，主要为侗族，是贯洞镇第四大的村寨。潘今滚村祖先清朝时期，从江西搬迁到贯洞镇腊阳村今娥寨落脚，雍正年间，由于人口众多，粮食缺少，为方便耕种，从今娥寨迁到山上的潘里坡（现潘今滚村）居住，开垦农田耕种，觉得每年耕种有收获，牲畜又兴旺，于是决定定居此处，建造房屋，组建村寨，至今已有200多年。

2016年潘今滚村列入中国第四批传统村落名录。

村落特色

潘今滚村坐落在半山腰上，体现古人"择山而居"的选址理念。村庄位于山体主体延伸出的一条东西向山脊上，房屋依山而建分布在山脊两侧，村貌总体成"金字塔"形，坐东北朝向西南，位于西南方的原始森林，又恰好起到天然挡风的屏障作用。房屋依山而建，建造形态成"Z"字形，由于地形限制，大多居民住在半山腰，个别人家住山脚，体现出原始侗家建筑风格。村寨对面山体似一条自然围寨山脉，目望千里。后山似一条长龙进山寨间，两旁交通公路聚集进入村寨，像是双龙抢宝。村前村后有两条小溪流过，常年流水，景色优美，小溪绕着山脚流去，加之秋冬季的山峰云雾妖娆，仿佛众仙云游，更是一道独特的景观。山脚小溪流水，村寨人家，给人一种走进仙境般的感觉。借自然之山水、森林，配合自身的村居建设，构筑了一个原始村落的格局。

传统建筑

潘今滚村的建筑中，95%以上都是传统侗族民居，仅有近两年来修建的10余栋砖混结构建筑穿插其中。潘今滚村1966年经历过一次严重的火灾，全村建筑基本都有损毁，现状村内传统建筑多建于20世纪七八十年代。

村内房屋依山而建，建造形态成"Z"字形，大多是木质和砖木结构，由于地势陡峭，大多居民住在半山腰，个别人家住山脚，山间建房必先将基础地基开挖成"Z"字形，在基础上建立木质房架，用横梁穿枋严椎斗合不用铁钉，结构严密牢固，有些第一层砌砖或用木板围严，第二、三层全是木板围严，上盖杉树皮或土瓦，完成整个木质结构房屋建造。侗族民居一般是两间两厦、一间两厦或两间一厦等形状，分上下两层，下层是接待客人的客厅、厨房、饭厅及堆放杂物的地方。上层是住房和储仓，房屋都是以杉木为主要材料。

传统民居建筑

民族文化

潘今滚村保留了众多民族文化传承，其中国家级非物质文化遗产两个，分别为侗族大歌，以及侗族刺绣。

侗族大歌：侗族大歌起源于春秋战国时期，技艺、演唱方式和演唱场合都与一般民间歌曲不同，它是一领唱和分高低音多声部谐唱的合唱种类，侗族大歌不仅仅是一种音乐艺术形式，对于侗族人民文化及其精神的传承和凝聚都起着非常重大的作用。

侗族刺绣：侗族刺绣是一种用引针穿刺，将各种彩色丝线或棉线附着在织物表

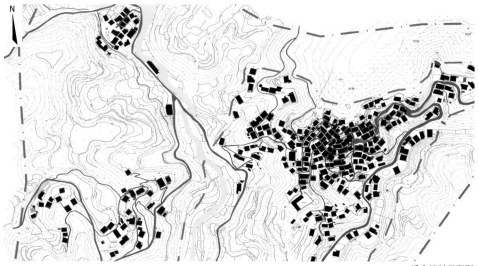

潘今滚村平面图

侗族大歌

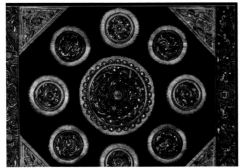

侗族刺绣

古城墙

红军桥

红军桥：位于潘今滚村龙辽寨，1949年农历十一月中国人民解放军在潘里境内与国民党从江保安队交战3个多小时，打败了国民党部队，为纪念解放军便称之为红军桥，也叫解放石板桥。

芦笙堂：位于潘今滚村牙漏寨，原村民吹芦笙、跳芦笙舞的场所，后被改造为农田。

百年松树林：位于潘今滚村大寨北侧，古城墙附近，有上百年历史，但具体年代不详，松树林规模较大，有10余亩。

陆奔娘侗歌侗戏：乾隆年间，有一位名叫陆奔娘的女子，自小喜爱自编自唱民间侗歌侗戏等，村民发现她唱得非常动听，于是叫她带动寨里人每天晚饭后到鼓楼学唱侗歌侗戏，全村穿着漂亮的民族服装，聚集在一起欢天喜地地载歌载舞。

侗族服饰

保护价值

潘今滚村传统村落作为黔东南州代表性的侗族文化村寨之一，保存了相对完整的、真实的历史遗存和文化遗产，同时附带了大量的历史文化信息，体现了很高的文化水准，见证了清朝时期该地区的生活方式和文化特色，有较高的历史价值、艺术价值和科学价值。

历史文化价值：潘今滚村是侗族文化风情非常浓郁的村寨之一，依山而建的侗族建筑群巧夺天工，是侗族人民与自然和谐共生的大智慧，也是侗族文化的最佳写照与缩影。

科学艺术价值：潘今滚村侗族大歌、多耶、琵琶歌等具有鲜明的民族、地域特色和重要的艺术价值。而传统建筑依山而建，属于山顶（腰）顺势分层筑台型村庄，为研究侗族村落的生活空间、生态空间提供了真实依据。

付文豪 叶茜 编

面之上，构成各种图案纹样的工艺技法，是中国少数民族刺绣中的重要分支。这种工艺技法不受底布经纬组织的限制，可以较为自由地发挥作者的构思和艺术才能。由于绣制技法的不同，刺绣服饰表现出不同的特色，其种类丰富、造型新颖、色彩绚丽。

芦笙对抗：每年正月间，从江县贯洞镇的侗族同胞们会自发组织一次芦笙比赛。比赛当天，侗族同胞从四面八方盛装前来观看，赛场上，人山人海，热闹非凡。每个参赛队进场后先吹三曲，以示向大家打招呼。芦笙对抗重在交流，赛后本村的少女打花伞挑上自己家酿造的甜酒摆设长桌来招待远道而来的客人。

人文史迹

潘今滚村拥有丰富悠久的人文史迹，包括石板古道、古城墙、石板古井、鼓楼等历史所遗留下来的瑰宝。

石板古道：位于潘今滚村大寨中北部，由村委会前活动广场延伸至北部村后河流附近。石是用手工打造的石板，从山脚到山顶构筑一条八百阶梯的青石板天梯。顶端铺盖卵石，真像龙头盘山。石板古道2010年5月28日被从江县人民政府认定为县级文物保护单位。

古城墙：位于村庄北侧，长1～2公里，是嘉庆年间村民为防御强盗土匪修建的围寨古城墙，城墙旁有民国时期村民为抗粮挖建的战壕。

石板古井：一座位于大寨南部广场旁，一座位于大寨东部。作为部分村民的饮用水源，井口覆盖青石板，水质清甜可口。

鼓楼：鼓楼是侗族村寨的标志性建筑，潘今滚村的鼓楼1966年遭受严重火灾毁掉，后新建鼓楼两层高。

芦笙对抗

潘今滚村一角

黔东南苗族侗族自治州台江县台盘乡水寨村

水寨村全貌

水寨村区位示意图

总体概况

水寨村位于台江县城西部台盘乡东部，辖大寨和新村两个自然寨，国土面积2.51平方公里，截至2018年底，共有144户，569人，以苗族居民为主。村内有320国道和860县道过境，距台盘乡集镇10公里，距台江县城18.3公里，距州府凯里34公里。

据村内老人口述和史料记载，水寨村始祖于600多年前由江西迁入，清雍正十一年（1733年），水寨村隶属镇远府台拱厅，后经系列历史沿革属台江县台盘乡下辖行政村，2013年在台江县实施"合村并组"工作过程中并入台江县台盘乡南瓦村。水寨村属中亚热带湿润气候，以山地丘陵地貌为主。巴拉河自西向东流经村域北部，新村是受巴拉河下游水库蓄水影响迁居而形成的居民点。

2019年水寨村列入第五批中国传统村落名录。

村落特色

水寨村坐落于雷公山山脉西北巴拉河下游地段一处河湾南岸，村寨靠山面水而建、坐南朝北而居。山麓林木茂盛，巴拉河自西向东环绕村寨流经，形成了"寨立南山·三面环水"的自然景观格局。下游水库大坝蓄水期内，区域巴拉河水位上升，在村寨周边形成"姊妹湖"的水体景观。

水寨村姊妹湖景观

水寨村地处苗疆腹地台江县，是传统的苗族村寨，原住居民均为苗族。苗族先民就地取材，通过高超的营造技艺，向山要地建造吊脚楼和不断开垦梯田，充分利用地形和自然资源，最大限度地保障耕地资源用于种植农作物，得以世代繁衍生息。故形成了村寨依山面水、木楼鳞次栉比、山脚良田阡陌、山坡梯田层层的村落格局特征。

传统建筑

水寨村传统建筑主要为苗族吊脚楼，是中国南方特有的古老建筑形式，属半干阑式建筑。村内现存传统建筑多以石块砌基，圆木为柱，木方为梁，木板铺地和拼接为墙，顶以木条成椽，原屋顶多用树皮和茅草铺盖，后随着生活水平的提升和交通条件的改善，改用抗风、避雨排水、隔热保温效果更佳的泥瓦（小青瓦）铺盖。

传统建筑规模多为四排扇三间屋或六排扇五间屋，房屋中间为堂屋，左右两边为饶间，作居住、做饭之用。饶间以中柱为界，前面作火炕，后面作卧室。两层以上民居建筑通过木梯上下联系，上层通风、干燥、防潮，主要作居室用，下层养牲口或堆放杂物。

传统建筑

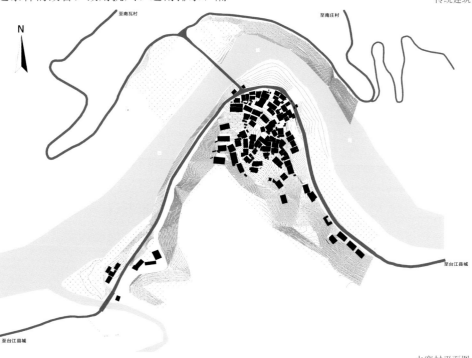

水寨村平面图

民族文化

水寨村苗族文化厚重、苗族风情浓郁、民俗活动丰富多彩，通过保护和传承，留存有列入国家级非物质文化遗产名录的项目7项，分别为苗绣、苗寨吊脚楼营造技艺、苗族古歌、苗族服饰、苗年、苗族飞歌、苗族芦笙舞；列入贵州省省级非物质文化遗产名录的项目4项，分别为苗族吃新节、苗族板凳舞、苗族婚俗、苗族酒礼歌。

苗族是信奉自然崇拜和祖先崇拜的民族，村内祭祀活动多为祭祖、祭树、祭桥、祭庙等。民族节日有苗年节（过苗年）、吃新节等，节日期间通常会举行跳芦笙、唱苗歌（古歌、飞歌、酒歌）、斗牛、斗鸟等民俗活动。根据节日的不同，村民会筹备（打）糍粑、糯米饭、酸汤鱼、腊肉、米酒等传统特色食品，邀亲友相聚，共度佳节。

苗绣

苗族服饰

苗族古歌

酸汤鱼

人文史迹

寨门：水寨村寨门为八柱双顶榫卯结构木质框架门楼，寨门两侧构造形同两处亭子，亭子类似风雨亭布局，三面设美人靠，一面为亭子出入口，寨门中间主跨木梁下有挂落，双层顶均为歇山顶，铺盖小青瓦。寨门中线双层顶之间横一矩形木板，上书"南瓦"二字（因水寨村行政区划调整后隶属南瓦行政村）。

拱桥：水寨拱桥位于南瓦小学北侧，横跨汇入巴拉河的一条支流，连通860县道。是由天然石料修砌的单孔坦弧敞肩石拱桥，桥身为单拱，两侧各建两个敞肩拱。

古树：村内有5棵古树。苗族是信奉自然崇拜和祖先崇拜的民族，村委会办公楼南侧的两棵古树被村民奉为镇守进寨入口的神树，而位于村落所在山体山顶的三棵古树则被奉为护佑全村的神树，当地称"守寨树"，村内村民每逢节庆都会到古树下进行祭祀。

土高炉：村内有四座土高炉，位于大寨东北面860县道西侧巴拉河东岸，是20世纪50年代末特定历史时期大炼钢铁而形成的产物。现存的四座土高炉呈南北纵向排列，炉高约4米，炉体由黄土堆砌而成，风化严重。

古井：水寨村古井位于大寨西南周迅民居西侧60米处，是村内世代饮用的一口水井，水源为山泉水。古井天然形成，后为饮水卫生加建了拱形井顶。现村内已通自来水，村民不再饮用井水。

寨门

拱桥

土高炉

古井

保护价值

历史价值：水寨村依山傍水，民居与村落周边山水田园和谐共生，山、水、村、田形成了一个有机的整体，完整地展现了苗族居民的生活方式和生活状态，村内留存有特定历史时期的文化产物以及极具民族特色的村落格局和建筑风貌，具有较高的历史价值。

文化价值：水寨村是一个传统的苗族村寨，在历史的长河中，苗族群众创造、发展和保存了丰富的民族文化，形成了以农耕文化、节庆文化、歌舞文化、婚丧文化、服饰文化、饮食文化等为主要内容的民族民俗文化体系，文化价值极高。

艺术价值：村落吊脚楼层叠而上、鳞次栉比，木质榫卯结构半干阑式建筑极具民族艺术特色，加之苗族服饰刺绣、民族歌舞及民族乐器等多元化艺术形式将村落构成了一个丰富的艺术共同体，具有较高的科学与艺术价值。

社会价值：水寨村是传统苗族村寨，曾是凯里至台江交通要道上的节点村寨，有着完整的社会形态和治理体系，而随着经济社会的不断发展，其社会形态也不断发展演变，具有较高的社会研究价值。

白永彬 刘俊娟 陈 浩 编

黔东南苗族侗族自治州榕江县寨蒿镇乌公村

乌公村全貌

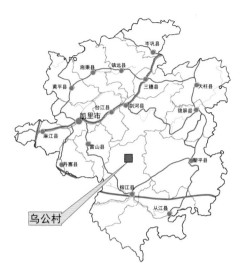

乌公村区位示意图

总体概况

乌公侗寨，位于榕江县寨蒿镇乌公村境内，距县城60公里。凯里至黎平的州级旅游公路从寨对面经过，交通便利。目前乌公村有老寨和新寨两个自然寨，村域面积16平方公里。乌公村历史悠久，至今有300多年的历史，乌公全寨140多户，共650多人。居住有杨、龙、李、吴、姜、赵六姓，均为侗族。

2016年乌公村列入第四批中国传统村落名录。

村落特色

乌公村选址于寨蒿河畔青山脚下，老寨背依乌龙山发展，村落南有营盘脑山，北有后龙山，东有登高山，村落建筑坐坡朝河，八瑞河（八妹河）自南向北环绕老寨沿村落流过，地势得天独厚，新寨位于老寨东北侧，隔河而建。乌公村选址"坐龙嘴"，形成山环水绕的格局。村口寨头上有百年古榕树一棵，遮天蔽日，蔚为壮观。乌公村森林资源丰富，生物种类也相当繁多。

传统建筑

侗族在地域分布上有南侗、北侗之分，乌公村的侗族属于南侗。村寨多依山傍水而建，溪流绕过寨前或穿寨而过，风雨桥横跨其间，鼓楼耸立寨中，重檐叠阁屹立蓝天。由于用地有限，为创造更多使用空间，建筑巧妙地与地形结合，手法独具匠心。由于所处的地理条件及独特的自然环境以及某些传统生活习惯的特异个性，使侗族建筑具有极其丰富的平面空间，主要包括传统民居建筑和公共建筑。

民居建筑：乌公村众多民居建筑至今保存着传统的建筑风貌，多为榫卯结合的木构建筑，依山顺势而建，错落有致。民居建筑为典型的侗族干阑式建筑，以二楼一底、三开间的木质穿斗式建筑为主，屋顶为歇山式小青瓦盖顶，材料均为杉木和松木，建筑形态与山体形态一致，较好地满足了山体形态的原生态，保持了建筑与自然环境的有机融合。

公共建筑：村口有一座风雨桥，桥梁由巨大的石墩、木结构的桥身、长廊和亭阁组成，是一种集桥、廊、亭三者为一体的桥梁建筑，是侗族桥梁建筑艺术的结晶。由下、中、上三部分组成，下部是桥墩，用大青石围砌，以料石填心，呈六面形柱体，上下游均为锐角，以减少洪水的冲击，除石墩外，全部为木结构，用榫卯嵌合；中部为桥面，采用密布式悬臂托架简支梁体系，全为木质结构；上部为桥面廊亭，采用榫卯结合的梁柱体系联成整体。廊亭木柱间设有座凳栏杆，栏外挑出一层风雨檐，既增强桥的整体美感，又保护桥面和托架。

传统建筑

风雨桥

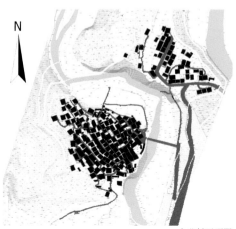

乌公村平面图

乌公村建筑风貌

民族文化

乌公村民风民俗、传统节日等丰富多彩，乌公村的传统节日原汁原味，如乌公竹米节、端午节、二月二、三月三、四月八、六月六等。

乌公竹米节也叫吃竹笋饭，即在每年竹笋生长时节（谷雨至立夏期间），侗民采摘斑竹笋，把糯米灌进笋筒，煮熟，便可食。乌公人每到春夏之交的农耕时节，都过竹米节，杀猪宰羊祭祀侗族祖先，唱歌跳舞祈求五谷丰登，寓意当年农作物大丰收，如雨后春笋，节节攀升。

乌公端午节，与汉族端午节略同，每年农历五月初五都要吃粽子、喝米酒。独特的是乌公的端午节每次都要举行隆重而热闹的踩歌堂活动，请有名的歌师来唱琵琶歌，邀请邻近村寨亲戚朋友来观赏、聚会，全寨的后生和姑娘着盛装绕歌堂翩翩起舞，全寨男女老少集中河边沙坝，烧烤鲤鱼，再加上粽子和米酒，琵琶歌舞，共庆端午。人们吃得津津有味，乐不思归，酒至半酣，琵琶歌舞，共庆丰收。

人文史迹

乌公村历史环境要素丰富多样，有古粮仓群、古井、古道、古墓、古树等，这些历史环境要素丰富了乌公村的景观层次和文化底蕴。

古井：乌公村目前共有2处古井，为方形，且为了保证水质清洁，都在古井外侧修筑水泥墙，有封闭式和半封闭式两种。2处古井均在使用中，为村民日常用水的主要来源之一。

古道：乌公村目前有3条古道，有清道光年间石板古道2条和清道光年间花街古道1条。古朴的石板古道、花街大多保存良好，光滑的路面、绿油油的青苔都诉说着这里的历史，也是侗寨历史的见证和追溯。

古树：老寨和新寨周围山林植被茂密，植物品种多样，村寨内有古树榕树2棵，以及古枫禾木群3处。

竹米节踩歌堂

侗族琵琶

端午节对歌

烤鲤鱼

古树

八瑞河

榕树

古井

古道

保护价值

乌公村的侗家木屋吊脚楼依山而建，建筑工艺精益求精、工艺精湛，保存下的古老建筑、木雕等工艺，成为研究当地建筑工艺和建筑文化的重要依据，具有较高的艺术和科学价值。

明末，杨、龙二姓先祖到乌公建寨，杨、龙式家族作为乌公村的第一姓氏家族，通过对其族谱和历史活动的研究，对挖掘迁徙文化和宗族文化特征具有重要意义。乌公村的发展历史也是杨、龙氏宗族发展的历史见证，为研究民族迁徙史提供了实证。

黄 丹 王 倩 周安然 编

乌公村远景

黔东南苗族侗族自治州雷山县望丰乡乌江村

乌江村全貌

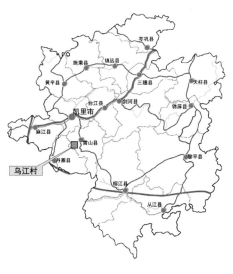

乌江村区位示意图

总体概况

乌江村位于贵州省雷山县西面，雷公山东南麓，望丰乡西南面，距离雷山县城12公里。乌江村内有一条4米宽的通村路贯穿寨子，直通县、乡，连接周边村寨。乌江村域面积为5.72平方公里，全村共有2个自然寨，5个村民小组，常住人口693人。

乌江村大部分村民由乌迭苗寨迁出，最初在拍谊落脚，后因地势所限和交通不便，遂搬到对面的半山腰党他落寨。之后陆续有人搬迁到山脚的尧脚以及尧脚对面的山腰羊堪（苗语，意为火烧寨）居住，因羊堪经常发生火灾，为长久之计，最后都搬到尧脚旁边的也宜，形成了现在的乌江村。

2019年乌江村列入第五批中国传统村落名录。

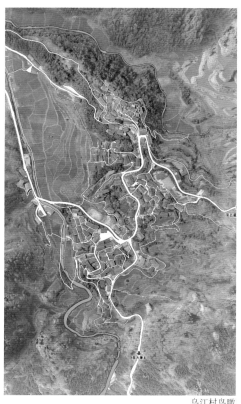

乌江村鸟瞰

村落特色

神山余脉翠山岭，阡陌纵横清泉流。村落选址在乌江村域内党欧神山一条余脉山岭之上，山上古树、慈竹翠绿成荫，山下稻田阡陌纵横，乌江河、北侧小溪穿田绕山于寨外山头下交汇。村落由大寨和也宜两个自然寨构成，整个村庄呈飞鸟投林形状。村中房屋依山而建，寨脚稻田环绕，溪流穿越，古树成群，以苗族特色的凉亭、干阑民居建筑群等为风貌特色，以苗族芦笙舞、苗族斗牛等为文化特色，是具有黔东南地区雷山苗族文化特征的传统农耕型中国传统村落。

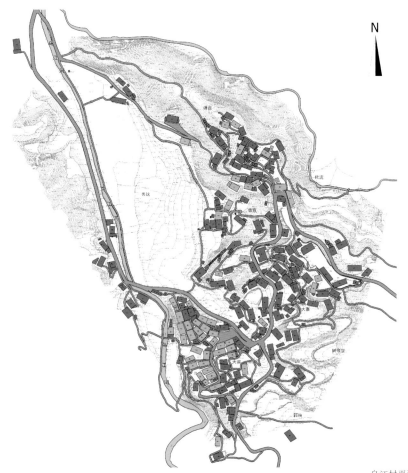

乌江村平面图

传统建筑

乌江村选址独特，村落与山水呼应，与古树相伴。建筑修建在形如潜龙探头饮水的山岭之上，民居退龙首分层修建，寨头（火烧岭）上民居建筑群、凉亭、长廊顺应地势修建，形态如鲤鱼脊背次第升高，建筑风格独特，建筑细部做工精细、雕刻精美。

传统建筑风貌

传统建筑

民族文化

乌江村主要民族为苗族，有传统节日苗族鼓藏节、苗年节（国家级非遗）、苗族吃新节（省级非遗）、苗族三月坡（省级非遗）；民间舞蹈和曲艺苗族芦笙舞（国家级非遗）、苗族古歌（州级非遗）、苗族飞歌（国家级非遗）；传统美术苗绣（国家级非遗）；民间手工技艺吊脚楼营造技艺（国家级非遗）、苗族服饰文化（省级非遗）、苗族植物彩色染技艺（省级非遗）；民俗雷山苗族婚俗（州级非遗）以及民间故事。其中，最为出名的是乌江村的传说"党欧神"。"党欧神"是一位为追求自由婚姻付出生命代价的美丽苗族姑娘，故称其去世的山称为党欧神山。乌江村对党欧神特别崇拜，每年三月附近的苗寨青年男女都会前来爬上纪念党欧神。

苗族三月坡"爬坡节"

人文史迹

长廊（寨门）：依照地势分为5个梯段，每个地段都设有"美人靠"座椅，提供人们休息，且第一个梯段为寨门，剩余的为长廊。长廊（寨门）上刻有精美的雕花和柱瓜。屋顶形式是歇山顶，屋面覆盖小青瓦，层层叠叠，错落有致，青瓦飞檐，翠阁流丹，显现了乌江村神韵和风采。长廊（寨门）在乌江人民心中具有很高的地位，有着步步高声、飞黄腾达的美誉。

芦笙场：位于乌江村村落中部，村委会旁边，现状是一块约770平方米的泥土坝子，村内的传统文化活动芦笙舞、苗族古歌和古藏节等文化活动都在此举行。

古树：乌江村村落内分布有5株，一、二号古树位于村落南部，为大叶青冈，已有200多年的历史；三号古树位于村落南部，为红豆杉，已有100多年的历史；四号古树位于村落北部，为朴树，已有100多年历史；五号古树位于村落北部，为香樟树，也有100多年历史。

排卡览解放战争遗址：排卡览解放战争遗址是雷山县人民解放战争的缩影。

300年前迁徙遗址：是乌江村及其周边苗族迁徙过程及建寨渊源的依据，具有较高的历史价值和文化价值。

凉亭：村落中共有3座凉亭，全是底面为六方形的木结构建筑，下部四面设有木质"美人靠"，顶部为小青瓦覆盖的悬山式坡屋顶，正脊中间设脊花，现状保存良好。凉亭供人乘凉、休息、避雨等。

长廊"步步高升"（寨门）

凉亭

保护价值

乌江村保留了排卡览解放战争遗址、300年前迁徙遗址等重要的历史遗存，具有较高的历史价值。此外，乌江村苗族干阑式建筑群修建在地形高差较大的山脊上，采用吊脚、架空、依山跌落等手法保持建筑形态与山体自然形态协调统一，建筑的木构架体系整体性好、建筑外部形象活泼丰富、建筑装饰细节质朴考究，对建筑学、美术学、生态学等具有较高的科学研究价值。

潘秋梅 何成诚 罗永洋 编

乌江村村落与梯田

黔东南苗族侗族自治州雷山县达地乡乌空村

乌空村全貌

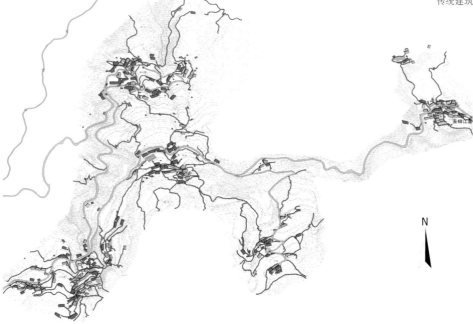

乌空村区位示意图

总体概况

乌空村是坐落在雷山县最南端的水族、瑶族混居聚落。村落距乡人民政府所在地23公里，是距离达地水族乡政府驻地最远的村庄，该村直接与三都水族自治县乌不乡接壤。乌空村村域面积8平方公里，辖8个自然村寨，共288户，1237人，村内以水族、瑶族为主，有王、盘、潘、杨、韦、邓6个姓氏。

据祖辈流传，乌空村祖先因战乱而贫穷，不得不从江西迁徙而来，迁徙中曾途经今丹寨、三都等地，并最终定居于雷山。至乌孔（原名乌孔，因不识字，上报村名时弄错成了乌空村）建村建寨。乌空村以前叫乌空村大队，到1984年恢复建制村，村落各自然寨居住较为分散。

2019年6月乌空村列入第五批中国传统村落名录。

村落特色

乌空村建于山腰，背倚青山，多条溪流自山顶倾落而下流经村庄汇入山脚河流，流水潺潺，坐山望水，山水相合。村落地下水丰富，凿地而出，冬暖夏凉，甘甜可口。

乌空村梯田绵延，在空中俯瞰，似一条条绿色锦带翩翩舞动，与山体绿林相呼应，宛如古代舞女的绿色纱衣。梯田高低错落、阡陌纵横，风景美不可言。

乌空村的内部道路呈带状，盘山公路穿村而过，蜿蜒曲折。村民聚成一个个寨子居住，寨内道路斗折蛇行，盘综复杂。寨内建筑顺山应势，攀沿而上，参差不齐，错落有致，颇具特色。

此外，乌空村更有妙景，雾起时，村落仿佛坐落云端，如人间仙境，远看有虚无缥缈之感，令人神往。

传统建筑

乌空村的传统建筑保存状况良好，至今仍保留了174栋传统建筑，占村庄建筑总数的58%，现有96%的传统建筑仍在使用。乌空村的传统建筑多为传统木结构民居，总体布局坐北朝南，木构传统建筑多为四列三间、一正两厢或一正一厢，墙体主要为木板墙，屋顶为歇山式青瓦双坡顶，正脊正中脊花，窗户为镂空雕花窗、木窗。大部分民居修建于清末民国初，其中部分民居绘彩绘，内容有"福、禄、寿"、花草、人物等。

传统建筑

传统建筑

乌空村平面图

民族文化

水族马尾绣： 被称为刺绣的"活化石"，是研究水族民俗、民风、图腾崇拜及民族文化的珍贵艺术资料。其刺绣技法的种类很多，有平绣、马尾绣、空心绣、挑绣、结线绣及螺形绣等，充分体现了乌空村水族人民对生活的感受，以及对美好事物的向往追求。

水族端节： 水族端节是秋收以后农历九月过节，又称"瓜年节"，是水族辞旧迎新、祭祀祖先、庆祝丰收、走亲访友的节日，水族人称之为"借端"，"借"在水语中是"吃"的意思，水族端节是绝大多数水族地区的传统节日，也是乌空村水族一年中最重要的节日。

水书： 水书是水族的古文字，水语称其为"泐睢"（意为"讲水话"），又称"鬼书""反书"。乌空村水书古文字的结构大致分为三种类型：一是象形字，字类似甲骨文、金文；二是仿汉字，即汉字的反写、倒写或改变汉字形体的写法；三是宗教文字，即表示水族原始宗教的各种密码符号。

苏宁喜节： 乌空村水族民间节日，意为"水历四月丑日"，时间在水历的四月丑日，即农历十二月丑日。据乌空村水族先人传说，这一天是"生母娘娘"向人间送子嗣的日子，所以又叫"娘娘节"，节日的主要内容就是祭祀生母娘娘。

敬霞节： "霞"在水语中是"水神"的意思，敬霞又叫"拜霞"，也就是敬拜水神，是乌空村水族人原始崇拜的一种体现。敬霞节并非每年都过，相隔两年、六年、十二年不等，具体时间由水书先生根据《水书》推算。

人文史迹

婚姻桥： 古桥形成于清末，后改建于1976年，是乌空村通往达地的必经之路，也是人们去达地赶集的交通要道。在过去，寨子里的姑娘出嫁都会经过这座桥，或者小伙子迎娶其他寨子的女孩也会从这里去迎亲，所以这桥便成了乌空村的婚姻桥。

凉亭： 位于阶力寨的南部，小学的旁边，为歇山屋顶木构建筑，青瓦覆盖。凉亭设长木枋供村民休憩，是村中重要的公共活动空间。

龙凤井（公和母）： 乌空村上排兄寨有两口古井，名叫龙凤井（一公一母），形成于明末清初，位于上排兄寨的西部山林里。过去村里规定家里人男性用公井水，女性用母井水，相互不可以越界，不然就会被井神惩罚，井水冬暖夏凉，非常甘甜。

扫寨坪： 待到祭祀活动时，人们会在扫寨坪汇合，备上三牲五畜，请上法师主持相关祛邪，祈祷禳解，法事时间为一天，法事做完当天下午，法师带着协助作法之人，抬着用竹篾扎的小船，打着响器，逐家逐户清扫。如此依次全寨每户扫完后，将小船之物抬到村寨下游河边，在法师念说送神词后烧掉。

唱歌坪： 唱歌坪占地200平方米左右，已有上百年历史。乌空村富裕家庭的水族青年男女会到唱歌坪以歌舞会友，结交朋友。在鼎盛时期吸引了很多周边村庄乃至其他乡镇的青年男女过来对歌。

休息坪： 位于三岔口处，形成于明朝，坪中有两张小木凳，供人们闲坐。

凉亭

龙凤井

保护价值

乌空村位于达地水族乡最南端，属于较为古老的村落，最早迁徙到这里居住的盘姓瑶族祖先，可追溯到约500年前。村落历史悠久，有丰富的民族文化。

乌空村为水族和瑶族混居村寨，其特有的婚嫁、吹唢呐、水族端节、苏宁喜节、敬霞节、水语、瑶语等民族风俗得以传承发扬，为人们展示了水族和瑶族传统民族文化的魅力，具有较高的社会价值。

在古色古香的乌空村，以水族马尾绣为代表的刺绣艺术源远流长，是水族独特的民间技艺，被称为刺绣中的"活化石"，是研究水族民俗、民风、图腾崇拜及民族文化的珍贵艺术资料，充分体现了水族人民对生活的感受以及对美好事物的向往追求，价值极高。

潘秋梅 何成诚 罗永洋 编

水族马尾绣

水族端节

乌空村一角

黔东南苗族侗族自治州雷山县朗德镇乌肖村

乌肖村全貌

乌肖村区位示意图

总体概况

乌肖村是雷山县郎德镇西部的一个苗族聚居聚落，距镇政府32公里，距县城31公里，东与乌瓦村、也利村相邻，南与乌吉明村相邻，西与望丰乡的丰塘村、甘益村接壤，北与凯里市侗族村毗邻。乌肖村沿乌肖河分布，一条南北向的通村路穿村而过，北至丹溪镇，南至望丰乡。乌肖村村域面积6.4平方公里，全村共有116户，480人。全村为龙、杨姓两姓，龙姓人口占总人口的80%以上。

乌肖村人先祖文天昌于明洪武年期迁入贵州，由江西迁徙至凯里市开怀党果村，因不断繁衍生息，人口增多，清雍正时期为生活所迫迁徙至丹寨四方山住留，乾隆时期又迁徙至乌肖羊脚定居，经长期繁衍生息，绵延至今，已有近五六百年的历史。

2019年6月，乌肖村列入第五批中国传统村落名录。

村落特色

乌肖村坐落于乌肖河河谷地带，村落位于山坡靠近河流处的斜坡上，村前河水潺潺而流，青山为屏，南北两侧斜坡上盘山如带的梯田，春如水镜、夏似绿浪、秋像金带。村落坐东朝西，依山而建，逐水而居，雄奇庄肃。寨前河边有斗牛场，村落南侧梯田里建有芦笙场，寨内棕墙黛瓦的苗族干阑民居建筑群顺应等高线分布在斜坡之上，寨内道路、街巷主要是南北向顺应等高线延伸的青石板道，垂直分布少量拾阶而上的青石台阶。

传统建筑

乌肖村选址独特，传统民居布局考究。青瓦吊脚楼错落有致、依山就势地建在山坳斜坡上，沿河次第升高，平面空间多样，建筑风格独特，细节雕刻精美，是黔东南聚居古村落的典型代表。乌肖村内保留了大量的传统建筑，共84栋，占村内建筑总数的73%，现有95%的传统建筑仍在使用。

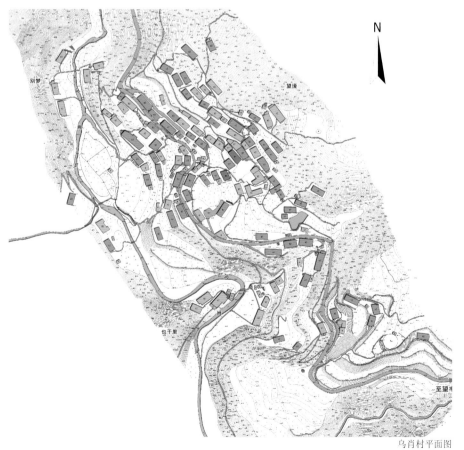

乌肖村平面图

建筑布局

传统建筑   苗族节日

传统建筑   苗族木叶演奏   芦笙场

距今至少也有500年的历史。每年吃新、过苗年起鼓，村民都会带上祭品，由祭师主持敬祭后，告知喜获丰收，祈求来年保佑风调雨顺，方能踏鼓跳舞，吹奏芦笙。

芦笙场：位于村落东南部，是乌肖村苗族鼓藏节、苗年、苗族芦笙舞等重要活动举行场所。

民族文化

村内传统节日、手工技艺、民俗、传统艺术等具有浓郁的苗族特色。有传统节日如苗族鼓藏节、苗年、苗族吃新节，传统技艺如苗族米酒酿制技艺、苗寨吊脚楼营造技艺、苗族服饰文化，民俗如苗族扫寨、苗族婚俗，传统艺术如苗族芦笙舞、苗绣、苗族木叶演奏等。

苗族踩鼓舞：乌肖村踩鼓舞是苗族群众大型社交场合礼仪交流、情感表达的最好方式，而且是苗族年节非常重要的保留节目之一。踩鼓舞伴奏的乐器为木鼓，舞者一般围成圈，内圈女性，中心放置一个大鼓，由一至二人手持鼓棒击鼓，舞者面向圈内，随鼓点节奏缓慢、变换不同的舞步，双手自然摆动，闻鼓而舞。鼓点节奏欢快、轻松、活泼，表现了苗族人民节日祭祀祖先和丰收后的喜悦心情。

苗寨吊脚楼营造技艺：乌肖村人民历来喜于山川秀丽的河滨或平坝傍水地带为寨，聚族而居。乌肖村农舍建筑艺术是独具匠心的，村民背山面水落寨，依山势建房。乌肖村苗族吊脚楼建造技艺传承得比较好，能工巧匠比较多，能熟练独立建造吊脚楼的不少于五六人，掌握一般技艺的不计其数。

斗牛："斗牛"俗称放牛打架，是乌肖村苗族牛图腾崇拜的遗迹。乌肖村的斗牛文化可上溯到村落建立之初，一般在吃新节、过苗年等节日举办斗牛比赛，周边苗族村寨甘益、也利、乌瓦等前来参加。斗牛是苗族庆祝喜获丰收、欢度苗年的一项重要传统文化。

苗族木叶演奏：吹木叶歌是原生态的吹奏方式，以前在苗族青年人中比较流行，在节庆日中常会举行吹木叶比赛等活动。

人文史迹

乌肖村现存人文古迹有凉亭1座、古井1口、芦笙场1处、斗牛场1处、古踩鼓场1处、土地庙1处、古树5棵。

凉亭：位于东南部入村口处，是乌肖村举行重大节日活动盛装拦路唱酒礼歌、敬酒的地方。

芦笙场：位于村落东南部，是乌肖村苗族鼓藏节、苗年、苗族芦笙舞等重要活动举行场所。

斗牛场：位于村落西边乌肖河河滩。是苗族同胞在重大节日如鼓藏节、苗年等时举行斗牛比赛的场所。乌肖村的斗牛活动是跟周边苗族村寨一起举行，斗牛是苗族崇拜牛图腾直接的体现形式。

古踩鼓场：位于乌肖、也开肖、羊脚三个自然寨交界，是议榔的重要集会地，

保护价值

乌肖村历史格局、民居建筑群、斗牛等苗族文化是贵州黔东南苗族聚落相对完整的、真实的历史遗存，体现了雷山苗族的历史渊源、迁徙过程等民族历史，对苗族大迁徙的历史研究等具有较高的历史价值。

乌肖村的物质文化和非物质文化遗存，如苗族民居建筑群、斗牛场、芦笙场等具有雷山苗族物质文化的典型特征，影响力极强的苗族斗牛、乡情味浓郁的鼓藏节等是乌肖村苗族文化的重要文化特色，在苗族文化研究领域具有较高的文化价值。

乌肖村传统民居布局严谨、用材考究、装饰精美，充分展示了苗族文化的历史积淀和地域文化特色，具有极为重要的人类学、文化学、建筑史学和建筑艺术价值。

潘秋梅 何成诚 罗永洋 编

乌肖村自然环境

黔东南苗族侗族自治州丹寨县兴仁镇乌佐村

乌佐村全貌

乌佐村区位示意图

总体概况

乌佐村位于丹寨县兴仁镇东部，距镇镇府驻地21公里，村域面积4.59平方公里，全村仅有1个自然寨，2个村民小组，常住人口275人，全村主要为"龙、余、王"三个姓氏，20世纪50～60年代由雷山县大塘镇移居于此，为苗族支系锦鸡苗族。乌佐村历史悠久，村落格局保存完好。

乌佐村只有一个自然村寨，毗邻兴仁镇排夫村及排佐村。村民现状建设用地较为集中，全村目前主要有一条4.5米宽道路作为对外交通，村内道路主要以步行为主，位于群山环抱之中，都柳江上游小支流从村脚流向东方。

2019年乌佐村列入中国第五批传统村落。

村落特色

传统苗族民居顺应地形自由伸展，绕田而建，形成一种富有节奏感的自然肌理，造就"山—水—田—村"自然协调的村落风貌，全面展现人与自然和谐相处的生态环境。

乌佐村传统节日有着自己独特的文化风情，丰富多彩。

传统建筑

乌佐村建筑中，基本为传统苗族民居——吊脚楼，分为两类，一类为穿斗式石木结构，另一类为穿斗式木结构。

建筑以传统民居建筑风格为主，因地形坡度显得错落有致，质朴沧桑，古风浓郁；建房前须先将基础开挖成"Z"形状，再在基础上修建木结构的吊脚楼住房，用木柱撑起分上下两层，节约土地，造价较

传统民居

乌佐村禾仓群也是用杉树作材料建造的，悬山屋顶，上盖杉树皮或小青瓦，四柱落地，多呈方形或是长方形。

传统民居

低廉，上层通风、干燥、防潮，是居室；下层是猪牛栏圈或用来堆放杂物。有些房屋第一层为砌砖，大部分用木板围严，第二、三层全是木板围严，上盖杉树皮或土瓦，完成整个木质结构房屋建造。房屋大多是两排一间两厦和三排两间两厦，建筑材料为杉木，屋顶为歇山式，用小青瓦覆盖。

大部分建筑仍以杉木为主要材料，采用青瓦坡屋顶建筑形式，部分建筑墙体采用一楼为砖墙，二楼为木墙的形式，部分建筑采用全木墙面。

民族文化

岩英村传统村落的非物质文化遗产主要是依托苗族人民日常生活习俗而衍生的。

苗年：苗语称"能酿"，是苗族人民最隆重的传统节日。到了苗年，村民将芦

村寨环境

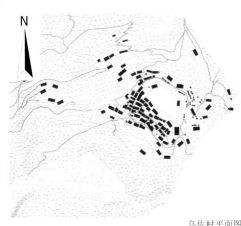

乌佐村平面图

服饰

锦鸡舞

古井

笙和铜鼓搬出来尽情歌舞。从这天开始，苗族群众便开始了一个又一个的节日，走村串寨，你迎我往，一直欢乐到春天二月的"翻鼓节"，主要活动有杀年猪、打糯米粑、祭祖、跳芦笙、跳铜鼓舞、斗牛等。

芦笙节：是乌佐村以芦笙踩堂、赛芦笙为主要活动的节日。在每年的农历十二月二十九日开始，持续3天。

芦笙节期间，姑娘们穿着盛装，佩戴银花银饰，小伙子和芦笙手们各自带着芦笙，从四面八方向广场涌来，各村的男子青年都各自围成圆圈，吹笙跳舞，持续两三天，气氛十分热烈。芦笙节期间，同时还开展赛苗歌会等民族民间文体活动。

端午祭祀：民谚说"清明插柳，端午插艾"。在端午节，人们把插艾草和菖蒲作为重要内容之一。艾草所产生的奇特芳香，可驱蚊蝇、虫蚁，净化空气；菖蒲可提神通窍、健骨消滞、杀虫灭菌。

祭祖：乌佐村苗族祭祖没有特定的香火台，而是用牛角放在房间的一角，作为祭祖时用。传说苗族的先祖蚩尤就是头有角的，据《述异记》记载，苗族认为，水牛是具有神性的动物。

人文史迹

乌佐村生活的苗族是锦鸡苗，是苗族上百支系中的一支。相传，锦鸡苗族的祖先在迁徙的历史进程中，是美丽的锦鸡帮助先祖们找到了最后定居的地方，也是她为先祖们带来了稻谷的种子和创造了欢乐的飞歌。

他们的房子从先民最初的茅棚草屋到现在规模庞大、结构复杂、功能齐全的吊脚木楼，锦鸡苗族经过了漫长的岁月，经历了无数次水与火、风与雨的考验，虽然山寨在崇山之中显得有些偏僻、封闭，但封闭的只是地域，而不是人的心灵。

乌佐村是至今仍然保留了传统的耕作方式及传统文化，频繁的交往极大地丰富了苗族的民间文化。

保护价值

乌佐村20世纪50～60年代因生存生活困难，从今天的贵州省黔东南州雷山县大塘镇移居于此，建立乌桌村，后来镇政府改编为乌佐村。村落依山而建，聚族而居，周边梯田环绕，古树参天，是典型的苗族古村落。村落建筑均为传统建筑，时间和空间环境均体现了乌佐村具备较高的历史价值。

乌佐村是一个苗族村，至今仍然保留了传统的耕作方式及传统文化。特别是苗年、芦笙节等节庆习俗，这种频繁的交往极大地丰富了苗族的民间文化，形成了杀年猪、跳芦笙、赛马、斗鸡、斗牛等民间活动。在历史的长河中，乌佐村人民很好地创造、保存和发展了自成体系的民族文化，代代传递并不断丰富其内容，形成了以节庆文化、歌舞文化、婚嫁文化、丧葬文化、服饰文化等为内容的民俗文化，展现了乌佐苗家文化的迷人魅力，文化价值极高。

乌佐村建寨依山坡分层设计，逐层升高，用悬挑挑起吊脚的构造手法设计建造了舒适防潮"吊脚楼"居所，一直传承至今。以其独特的建筑样式反映了苗族特有的文化背景，蕴涵着丰富的审美元素，是自然景观和人文创造力的完美结合，具有无与伦比的艺术及美学价值。

邓 超 刘 娟 编

芦笙节

村寨环境

村寨环境

祭祀牛角

禾仓群

黔东南苗族侗族自治州天柱县远口镇元田村

元田村全貌

元田村区位示意图

总体概况

元田村位于天柱县远口镇东北部11公里处，距天柱县城约39公里，靠近湘西西部边缘，为武陵山脉向西延伸之余脉。全村361户，共1612人。《吴氏族谱》记载：吴次子——吴盛，因言事忤权贵，于1241年遂弃官偕妻子迁至远口居住，成为远口吴姓开基始祖。长子大制后裔吴尚隆、三子权县后裔吴之胤先后迁徙元田开基创业，繁衍后代，距今约500年历史。

2019年元田村列入第五批中国传统村落名录。

村落特色

元田村地处中部低山丘陵宽谷盆地，境内最高为八十沙峰顶，有高大挺拔、遮天蔽日的古树；有满山遍岭、郁郁葱葱的油茶林；有一望无际、四季常青的杉木林；有婀娜多姿、苍翠碧绿的楠竹林。素有"杉木、油茶之乡"的美誉。元田村是典型的苗族村落，村寨聚族而居，依山傍水，寨前有河，寨后有山，四周群山环绕，植被丰富，生态环境良好。村域环境山峦重叠，梯田错落有致，一条清溪穿村而过，晶莹澄沏，常年水源充足。山体景观，田园景观，河流景观等自然风光优美秀丽，村落几百年来生生不息。

传统建筑

元田村传统建筑多为穿斗式木结构传统民居，少数为吊脚楼，建筑多属"上栋下宇"式的木房，前后两檐滴水，一般用三根、五根或七根主柱穿斗成排，将三扇、四扇或五扇相对竖立，再以穿枋连成构架。上端架梁、铺椽，呈中高、前后低的两檐。左右两边分别竖矮柱并架上横梁覆盖，称"偏厦"。

大部分民居已从简单的一层发展为两层或三层。一层中部为堂屋，中堂正壁设祖宗神位左右间的卧室，内侧为火炉间，当中以砖石，泥土垒成烧火处称"火塘"，火塘高出地面数尺，尾数带"六"，三面嵌楼板形成"火塘台"，锅、鼎、桶、水缸（水池）等均摆于台下靠板壁处，橱柜嵌于壁内，火炉间为炊事和冬季烤火取暖之处。

传统民居

民族文化

元田阳戏：起源于民国19年（1930年），创始人吴述德，主要内容为祈祷祖先神灵保佑，祝愿村寨吉祥昌盛，重在娱人，感化、教育后人。演出时间多在春节，长则十天半月，短则三到四天。

苗族服饰：元田村女装服饰最为华丽，未婚女子均用红头绳编扎独辫盘于头上。已婚生育妇女挽髻别簪于脑后，左右鬓耳，包红色布头帕。年轻女子佩短绣花围腰，白色带子飘后。中年、老年妇女系青色或蓝色围腰，长过膝，穿布鞋或草鞋。童装多穿右衽花衣、花裤，戴银铃绣花帽，下身围花裙片，穿鞋袜。帽配银

元田村平面图

元田村村落一角

传统民居

人文史迹

桥头湾石拱桥：桥位于元田村北部，横跨大溪，始建于民国时期，后于中华人民共和国成立后修缮。该桥长13.5米，两侧修建栏杆，是连接大溪两边寨子的交通要道。

古井：位于村寨东部，始建于清朝，世代为全寨村民提供甘甜、不断的水源。古井坐东朝西，为防止古井被污染，井身四周用石板围绕。

土地庙："桥头土地庙"位于元田村北部石桥旁，始建于清道光十六年二月，现保存完整。"南方土地庙"位于元田村南部道路旁，始建于清朝，现保存完整。

自生桥：大桥始建于清朝，后于1984年重修。自生桥横跨大溪，相传石桥竣工时，桥头栽种杉木和枫树各1株，久经风雨，树身数人方可合抱，枫树一根系通过桥身，达到对岸，延伸1华里远，天然护卫石桥，世人故称"自生桥"。

倒壳树：两棵古树位于村寨西部龙塘旁，约400多年的历史，树干弯曲像龙身，树皮像龙鳞翘起悬挂在树上，当地人称"倒壳树"。

元田阳戏

元田服饰

饰，前沿多佩佛像（十八罗汉、弥勒等）或吉祥字样，帽后吊银牌，颈戴银项圈，手戴银圈，脚穿花鞋。

宗教：元正山顶，庙内供奉诸神，每逢初一、十五或观音诞辰，这里便热闹非凡，远近善男信女烧化香纸，跪拜神灵，祈求人丁兴旺，财源滚滚。"敬奉洪坛老爷"更为虔诚、隆重。三年两头的新春之际，吴姓牵头，杨姓参与，集中数百人，杀猪宰羊，演唱大戏，祭祀洪坛老爷，谓之"还愿"。

传统节日："苗年节"是在过苗年的头几天，家家户户都要把房子打扫干净，积极准备年货，如打糯米粑、酿米酒、打豆腐、发豆芽，一般还要杀猪或买猪肉等等。在苗年三十的晚上，全家都要在家吃年饭，守岁到午夜才打开大门放鞭炮，表示迎接龙进家。在天刚拂晓时，每家都由长辈在家主持祭祖。早餐后，中青年男子便上邻居家拜年，苗语称为"对仰"，表示祝贺新年快乐。"农历四月初八"节期间，苗族同胞要蒸制花糯米饭，聚集到固定的地方跳舞或对唱情歌。"吃新节"是在每年农历六、七月间，当田里稻谷抽穗的时候，苗族村寨家家户户在卯日（有的在午日或辰日）欢度"吃新节"。

土地庙

自生桥

桥头湾石拱桥

古井

古树倒壳树

保护价值

元田村村落在选址上依山就势，很好地利用山体地形、环境要素。对山体的利用，对水系的依托，产业围绕生活布局，都显示出古人建寨的智慧。作为人口众多的苗族村寨，具有典型苗族文化。且元田村的自然地理、语言、宗教文化、民俗节庆、民族服饰，以及重要历史人物、事件等的认知，可以得出在文化上的接纳包容思想和繁盛的发展景象，各种地方文化孕育着村落的发展，因此，元田村具有较好的历史文化内涵和历史价值。

刘 翼 编

宗教：敬奉洪坛老爷　　　　　　元田村环境

黔东南苗族侗族自治州从江县谷坪乡五一村党苟寨

五一村党苟寨南侧全景

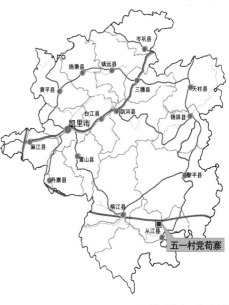

五一村党苟寨区位示意图

总体概况

五一村党苟寨位于谷坪乡东南部，四寨河水库边上，海拔660米，老321国道沿山脊穿寨而过。全村辖2个自然寨，3个村民小组，198户，890人，居住着侗、苗族两个民族。古时是在河边大田处，党苟寨属于当时周边唯一的苗寨，由于害怕被侗族村寨欺负，后发生了火灾就搬迁到现在地址，全村村民都姓氏"孟"，而后来的"潘"姓氏等都是外来的。

2019年党苟寨列入第五批中国传统村落名录。

村落特色

五一村党苟寨坐落在山脊上，寨西不远处有四寨河流过，党苟寨东侧有一条乡道，寨子分为三个居住组团，党苟寨建筑以木制建筑为主，大都依山而建，鳞次栉比，层层而上，其间有石阶路将村寨不同区域串联起来。

村寨周边有农田环绕、寨子两侧森林茂密，寨子中生长有两棵古枫树，寨子前面东北侧有两片古树林，林木高大。

党苟寨北侧

传统建筑

五一村党苟寨村落内建筑多为"干阑式"砖木结构建筑，建筑风貌具有鲜明的地方苗族特色。村落内建筑主要为村民住宅，建筑年代从民国至今均有所保留。传统民居建筑，多为木结构两层住宅，一层为会客饮食等生活空间，二层为居住空间，进深呈"三段式"布局，最前段为宽约3米的宽廊，是居民会客、晾晒衣物、手工生产等日常活动空间；最里段为卧室；中段为起居室，内设火塘，是家人团聚、娱乐、休息空间。在建筑构造上，采用传统营造方法，在屋顶、栏杆、门窗等构造方面均具较强的实用性，颇具地方特色。

民族文化

服饰：苗族妇女有织棉纺纱的习惯，纺纱、织布、染布是一项家庭手工业。用自种自纺的棉纱织出来的布称为"家机"，精厚、质实、耐磨，然后染成蓝、黑或棕色。用大青（一种草本植物），可染成蓝或青色布，用鱼塘深可染成黑布，用薯莨可染成棕色布。苗族服饰各有不同，男子、女子的服饰，男子、妇女、未婚女子的头饰，各具特色。

鼓藏节：是寨子最隆重的祭祖仪式。又称"吃牯脏"节日由苗族各姓牯脏头组织，党苟寨由黎平双江四寨牵头，鼓藏节有小牯大牯之分。党苟寨每五年举行一次，时间多在初春与秋后农闲季节，吃牯村寨杀猪宰牛邀请亲友聚会，其间举行斗牛、吹芦笙活动。"鼓藏节"的重要内容是杀牛祭祖。

党苟寨一角

传统居民

五一村党苟寨平面图

新米节活动盛装

新米节：每年的7月7日，村内男女老幼就会身着他们的民族服装，男女服饰，大多都是妇女自纺、自织、自染、自缝而成。服饰分为便装和盛装两种。便装比较简约，是在家时，或干活时的穿戴。男女服饰除上述制式以外，着盛装时多着新衣，佩戴银质耳环和颈圈、颈链等银饰，有的多到三、四根，小腿套着有刺绣或蜡染的花布筒。全寨在一起，载歌载舞，侗族大歌是他们的特色，不论你是何处的远方客人，他们都会热情款待。

人文史迹

古树群：位于党苟寨东北部，多为枫树，数量较多，分布较广，是村寨的生态屏障。

祭祀地：位于村寨中部，每年农历的二月七日，寨子群众都要杀狗、猪、牛等牲畜去祭祀，保人安康。

鼓楼：位于村寨中部，是苗族传统鼓楼，与寨子同步兴建，与寨同龄，是寨子内年代最久远的建筑，见证了村寨的变迁与历史。

祭祀地

古树群

鼓楼

保护价值

党苟寨是古老的迁徙村落，是一个由苗族祖先迁徙至此地形成的传统苗族聚居区，传统民俗文化延续较好，是贵州省苗族文化比较深厚的村寨之一。

党苟寨作为从江县少有的苗族村寨，其规模宏大，整个村寨气势恢宏，村寨建筑为典型的干阑式建筑群，具有苗族建筑的代表性，整个村寨苗族文化民俗浓郁，具有发展文化旅游的潜力。

旧鼓楼是村内典型的苗族建筑，为纯木结构，年代久远，具有较高的保护价值。村寨民俗文化多样，有山歌、祭祀活动、节庆活动等民俗活动，特别是村寨内的祭祀地举行的祭祀活动具有独特的地域特色。

余奥杰 编

鼓藏节

村寨东侧环境

苗绣服饰

五一村党苟寨环境风貌

黔东南苗族侗族自治州榕江县乐里镇本里村

本里村全貌

本里村区位示意图

总体概况

本里村隶属榕江县乐里镇，榕江县乐里镇东北面，主要依托通村路进行对外交通联系，距乐里镇区约5公里，距榕江县城约70公里，村域国土面积19.67平方公里。

本里村是一个侗族村寨，辖5个自然寨，共690户，2710人。村庄内部有河流穿过，流入瑞里河，为都柳江支流，最终在榕江县城汇入都柳江。境内大部分是原始森林。夏长冬短，春秋分明，气候属于中亚热带湿润季风气候类型，年平均气温为18℃，平均海拔287米。全村经济产业以传统种植业为主，村民多依托外出务工获得劳动报酬。

本里村历史悠久，明代中期，江西第二次农民大迁徙，由于湖广平原落户困难，只能远走云贵高原和湘鄂西部山区，由江西吉安府搬迁到朗洞，再搬迁至乐里镇，最后才到本里村定居建寨。初为杨氏、吴氏由江西吉安府搬迁到此，清朝年间又有龙氏、聂氏搬迁至此落居，共同建成部落，发展成村落至今。

2019年本里村列入第五批中国传统村落名录。

村落特色

村落根据地形，避开山谷汇水位置，以"小分散、大聚集"为特征，四面环山，中部有河流贯穿。从南面村口由乡道进村，村委会所在寨子为旧寨，旧寨东面为酉寨，西面为王寨。村落内部有多条疏密有度的步道连接通村路。沿等高线修建的步道把民居建筑群分隔开来，空间序列别致有序，层次丰富，有平缓的坡道，幽深的巷道，极具侗寨人居特征。

传统建筑

本里村侗族传统建筑多为干阑式建筑，屋柱用大杉木凿眼，柱与柱之间用大小不一的方形木条开榫衔接。建筑框架由高矮不一的柱子构成，以大小不等的木枋斜穿直套。建筑檐角上翻，如大鹏展翅。楼房四壁及各层楼板，均以木板开槽密镶。木楼两端，一般都搭有偏厦使之呈四面流水。木楼通常有三层，底层堆放柴草，关养牲畜，设置石碓；二层设堂屋和卧房，宽敞明亮，是休息和从事手工劳动的主要场所；三层多贮存粮食或堆放杂物。建筑屋顶为歇山顶，铺盖小青瓦。

本里村村落风貌和传统建筑总体保存较为完整，现有传统民居建筑690余栋，且少有闲置。

传统建筑

传统建筑

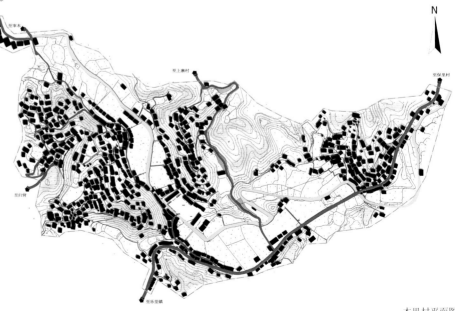

本里村平面图

民族文化

侗族服饰：侗族服饰十分精美，妇女善织绣，侗锦、侗布、挑花、刺绣等手工艺极富特色。女子穿无领大襟衣，衣襟和袖口镶有精细的马尾绣片，图案以龙凤为主，间以水云纹、花草纹。下着短式百褶裙，脚登翘头花鞋。发髻上饰环簪、银钗或戴盘龙舞凤的银冠，佩挂多层银项圈和耳坠、手镯、腰坠等银饰。

然萨：萨玛是侗族祖先神灵的化身，侗族认为祖先神威巨大，至高无上，能赋予人们力量去战胜敌人、战胜自然、战胜灾害，赢得村寨安乐、五谷丰登、人畜兴旺，因而对之虔诚崇拜，奉为侗族的社稷神。同时，萨玛又是传说中的古代女英雄，在侗族古代社会的政治、军事、文化等方面占有重要地位。祭萨是侗族萨玛节期间为了祭祀萨玛而举行的盛大祭典，祭祀场所为萨玛坛，即然萨。

吃新节：侗族"吃新节"旨在庆贺五谷丰收，通常在六月中旬举办。为了感怀祖先之恩，各户杀猪宰牛，杀鸡杀鸭，开田捕鱼，准备烟酒糖等节日所需的东西，邀亲友相聚。节日期间会举办踩歌堂、斗鸟、斗牛等民俗文化活动。

侗族服饰

萨玛坛

人文史迹

石龙：石龙是村落先祖雕刻的祭台，是侗族民众图腾崇拜的物质体现，因村民信奉石龙可以召唤神龙，护佑村寨风调雨顺，故作为祭祀神龙的祭台。

瀑布群：瀑布群主要由两处瀑布组成，两处瀑布分别位于孖生自然寨和酉寨东北。两处瀑布规模相近，宽约5～10米，高约10～20米，常年水流不断，飞流倾泻。

古树：寨中古树共有13棵，保存完好，同时周边还有古枫树、红豆杉、柏杉等古树。

古井：建于明代，顶部由石块雕刻成，中间为葫芦，两边似螭吻尾巴形状，现还在供村民使用，保存完好，村落内有5处古井。

古墓：建于明末清初，墓身雕刻有花、题字刻诗，墓碑占地约2平方米。

石龙

瀑布

古树

古井

古墓

保护价值

本里村历史悠久，历经时代变迁，村落依旧保持原有的历史风貌和自然格局，将侗族人民对于村落的选址、建筑的建造技艺体现得淋漓尽致。时间和空间环境均体现了其较高的历史价值。

本里村拥有丰富的物质文化和非物质文化遗产，村民的饮食、衣着、建筑等都保持着独特的民族特色和地方特色，至今依然延续着黔东南侗族人民传统的生活方式。

本里村的选址依山就势，坐落于山脚，依山而建，生态环境良好，距离耕地较近，选址上科学价值较高；空间上采用依山就势，重重叠叠，具有视线好、采光好等优点；建筑就地取材，依山就势，减少了对山体的破坏。侗族建筑的建造技艺，具有较高的科学艺术价值和科学研究价值。村落内传统民居保留较好，只有少部分传统民居更新为现代砖房。古村落整体山水环境非常优美，村落内历史传统（服饰、风俗）仍然随处可见，传统生产生活方式保存至今。

叶　希　刘俊娟　白永彬　编

黔东南苗族侗族自治州从江县加鸠镇白岩村

白岩村全貌

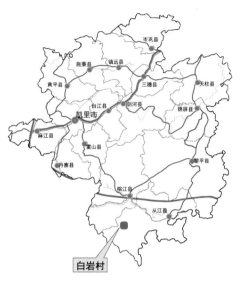

白岩村区位示意图

总体概况

村落坐落在从江县西部的月亮山腹地，位于镇驻地南面约8公里处，村委会驻白岩寨，海拔930米，因住地多白岩，故得名白岩村。全村共有5个村民小组，111户，448人，国土面积5.37平方公里，耕地面积371亩。

2019年白岩村列入第五批中国传统村落名录。

村落特色

白岩村是坐落在高山陡坡之上高低错落的苗族聚居村落，梯田层叠，古树成群，保存了自清代以来该地区的苗族生活方式和文化特色，完整地体现了苗族传统干阑建筑建造技艺及祭祀、服饰、饮食文化，同时拥有芦笙坪、禾仓、禾晾等众多物质文化和非物质文化遗存，是具有黔东南苗族文化特征的中国传统村落。

自然景观——斜坡垭口，顺山而立，背山面田，带状绵延：白岩村地处山势陡峭的垭口，在斜坡上顺山势起伏层叠分布，依山建寨，周边群山围绕，气候宜人；背靠别旦山，民居建筑面向梯田，随山势高低错落，层层排排。寨旁梯田垂挂至山脚，袅袅炊烟，如诗如画。村庄与梯田沿等高线分布，绵延如带，舒展如河。

传统格局——山舞银蛇、笔走游龙，青瓦参差、交错成章，绿野绵延、梯田成锦：白岩村坐落于青山之间，盘山公路穿村而过，如银蛇盘山而舞。村内步行道路蜿蜒曲折，相互交错，如游龙嬉戏相争，颇有观赏感。

传统建筑

白岩村是一个典型的苗族村寨，村内建筑以苗族吊脚楼为主，至今保留了传统建筑115栋，占村庄建筑总数的85%，现有92%的传统建筑仍在使用。传统建筑多为穿斗式木结构干阑建筑，木柱支托、凿木穿枋、衔接扣合、立架为屋，多为二层。

白岩村聚居的区域范围气候温和，水热条件优越，空气相对湿度大，以及土地有机质积累较多，适宜林木生长。白岩村传统民居一般选择木料作为主要建筑材料，用木柱支托，凿木穿枋，衔接扣合，立架为屋，四壁横板，两端做偏厦，屋面材料为当地小青瓦。

村内建筑顺山势起伏，村内最原始的六、七栋"一"字形建筑围合成芦笙堂，后逐渐繁衍，建筑朝向各有不同，可见青瓦参差不齐，形成错落有致的风貌。传统民居背山面田，四周郁郁葱葱，梯田顺山盘旋而上，如泼墨成绿色锦缎，景色美不胜收。

传统民居

传统民居

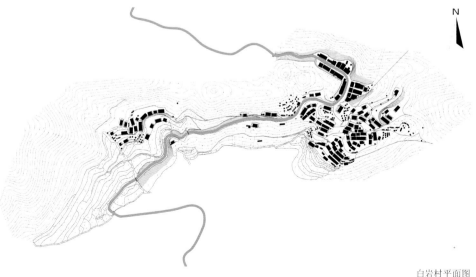

白岩村平面图

民族文化

吃鼓藏：吃鼓，苗语称为"努纽"（nongx niel），在苗语里，"nongx"是"吃"，"niel"是鼓的意思，一般译为"吃鼓藏""吃牯脏"。苗家人认为，祖先居住在遥远的东方，需敲击木鼓才能把他们召唤回来。因此，在吃鼓藏中，木鼓自始至终贯穿活动的全程，包括"接鼓""醒鼓"（也叫翻鼓）"凿鼓""换鼓""送鼓"等仪式。因活动周期长，投入的人力之多、物力之大，可以说是所有民族祭祖中最盛大、最隆重、最庄严、最神圣、最悲壮的民俗活动。

吃鼓藏

芦笙节（贵州省第四批省级非物质文化遗产）：芦笙舞是白岩村苗族村民在逢年过节、重要日子、农闲时节、茶余饭后重要的娱乐活动。在白岩，跳芦笙舞都是男吹笙，女随笙而舞。

竹编：竹编是以竹为原料，剖篾编为背篓、箩篼、包篼、撮箕、种子篼、烟篼、筛子、簸箕、炕篼、围席、斗笠及苗族妇女专用的头冠圈等生产生活用具，以扎实、美观为特点。在白岩竹编工艺中，最精致的是花篮和饭盒。花篮的造型有圆形和方形两种，方的一种带有梯状，上宽下窄，两头花纹密集，中间织成"米"字形，用拇指宽的篾片结成"8"字状的半圆形耳朵，就成一个漂亮的花篮。白岩村苗族姑娘特别喜欢装绣花针线用。出嫁时，也少不了带上这样一个花篮。编织饭盒从底部织起，同时织成里外两层，并在饭盒的各个部位上织出各式各样的花纹图案来。竹编饭盒，美观大方，经久耐用，防水防虫，携带方便，还可以使糯米饭保持柔软，特别适用于村民生产带饭上山的需

要。饭盒有正方形和长方形两种。

苗歌：白岩村苗歌唱时用真声，略带朗诵形式，也有采取边唱边讲述的形式。歌的曲调分古歌、情歌、丧歌及祭祀歌，各具特点，古歌浑厚，节拍分明。

唱苗歌

人文史迹

凉亭：白岩村东部现有一座凉亭，是白岩村居民休憩、交流的场所，整体风貌良好。

芦笙坪：位于白岩村大寨东南部，由一片规模为46.28平方米的空地组成，是白岩村民集会、过节、庆祝的活动场所，是白岩苗族文化传承与表达的主要场所。

禾晾：村内现有禾晾两处，均位于大寨梯田旁，禾晾顶部两边盖上1尺宽的"人"字形杉木皮挡雨。晚秋稻谷成熟，白岩村苗民将稻穗剪摘，剥去外叶留下1尺多长的禾秆，约5公斤捆成一把，放在禾晾上风干后入仓。

禾仓群：禾仓是白岩苗民存放粮食的重要场所，白岩现有禾仓群9处，大寨有7处、安温寨有2处。

芦笙坪

保护价值

村落历史价值：白岩村保存了黔东南苗族村落相对完整的、真实的历史遗存，同时附带了大量的苗族吊脚楼建筑群、禾仓群等历史信息，见证了自清代以来该地区传统苗族的生活方式和文化特色，具有较高的历史价值。

村落文化价值：白岩村以苗族吃鼓藏（省级非遗）、苗族芦笙舞（省级非遗）、苗歌为文化特色，完整地体现了当地传统民风民俗，是黔东南地区苗族文化的活载体，是人们了解和体验苗族传统文化的最佳场所，有较高的文化价值。

村落艺术价值：白岩村矗立在山脊之上，梯田环绕、树林做伴，具有良好的景观视线，苗族吊脚楼民居层层叠叠，与群山融为一体，极具苗族村落特色，具有较高的艺术价值。

村落科学价值：白岩村干阑民居建筑历史悠久、结构独特、建筑材料及建筑装饰物独特，村落布局结合当地的气候、地形，从建筑形制、村落选址与布局等方面具有较高的科学性。

村落社会价值：白岩村是一个传统村落，为纯苗族村寨，其特有的苗族吃鼓藏（省级非遗）、芦笙舞（省级非遗）、苗歌等民族风俗，得以传承发扬，为人们展示了苗族文化的魅力，具有较高的社会价值。

谭艳华 黄 丹 编

村寨环境

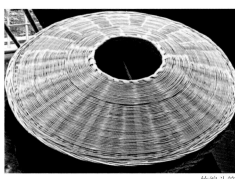
竹编斗笠

禾仓群

禾晾

黔东南苗族侗族自治州从江县秀塘乡打格村

打格村鸟瞰全貌

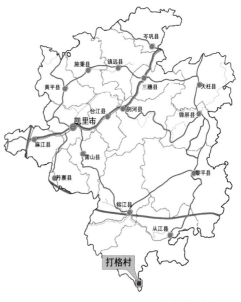

打格村区位示意图

总体概况

打格村位于从江县秀塘壮族乡最南端，距秀塘壮族乡政府驻地40公里，打格村有10个村民小组，共172户，712人，居住有瑶、汉、侗三个民族。其中瑶族人口占全村总人口的51%，全村国土面积43.95平方公里。打格村冷水寨，因在小溪边，此处水冷，故名冷水寨，位于村西北，有廖、李、陆3姓人家，廖姓从荔波迁来定居，至今约150年。

2019年打格村被列入第五批中国传统村落名录。

村落特色

打格村坐落在一个群山围绕的山谷地带，村东、村北是连绵不绝的大山，一片片茂密的树林犹如绿色围墙，将村寨紧紧地围在其中。打格村选址顺应地势，依山傍水延绵布局，一方面方便生活生产用水，另一方面有火灾时可取用，房屋建造则沿山脉建设，顺应地势。建寨时期聚族而居，一则便于生产上的协作，二则便于团结御敌，充分体现了瑶族社会的适应性。

传统建筑

打格村传统民居具有瑶族传统民居建设特点，堂屋两侧为卧室，厨房、猪牛圈等皆设于屋侧房后。建筑多为二至三层，墙体主要为木板墙，屋顶多为歇山式青瓦屋顶，两侧有木质封檐板，正脊两端为青瓦堆砌的鳌尖，正脊中部有青瓦堆砌的脊花，窗户为木质窗及木板推拉窗。由于用地有限，为创造更多的使用空间，建筑巧妙地与地势相结合，手法独具匠心。

传统民居

禾仓

打格村平面图

禾仓多建于清代，风貌良好且保存完整，平面呈矩形，底部架空，有利于防虫防潮，上部仓身由四棵杉木支撑，仓顶由杉树皮或青瓦覆盖。于檐下，堆放整齐，打扫干净，旨在存粮。多数粮仓建于中华人民共和国成立以后。

民族文化

盘王节：又叫盘王还愿，是打格瑶族人民纪念其始祖盘王的盛大节日，节日定为每年农历十月十六日（盘王诞日），迄今已有1700多年历史。在古朴庄重的公祭盘王大典仪式上，打格瑶族男女老少都穿上自己民族的节日盛装，脸上绽放着灿烂的笑容，用吟唱、祭酒、舞蹈、上香等形式来祭祀盘王先祖，追溯历史。

瑶族药浴：打格瑶族人民千百年以来，就喜欢选择居于深山老林之中，由于与外界接触较少，生病求医难，于是他们在与疾病做长期斗争中，发展了一套自己的医学理论——瑶族医学，形成了自己独特的诊疗和用药方式。"上医治未病之病，中医治欲病之病，下医治已病之病"，打格瑶族医学有一个显著的特点，就是他们善于养生保健，防患于未然，如何让身体不生病成为瑶族医学的重中之重。打格人在长期探索中总结出一套行之有效的让身体不生病的不二法门，这就是瑶族药浴。通过采撷十万大山中的天然草药，煎熬成药水，配以热水洗浴，以达到防病治病的目的。2008年6月，瑶族医药(药浴疗法)被列入第二批国家级非物质文化遗产名录。

长鼓舞：打格瑶族长鼓舞的历史悠久，在瑶族传统的祭盘王仪典中和在一些

打格瑶族女装　　打格瑶族男装

盘王节

药浴

度戒

驱鬼逐邪、治病占卜的巫术活动中常跳此舞。现在瑶族长鼓舞已经成为打格人日常文娱活动。2009年9月，瑶族长鼓舞被列入第三批省级非物质文化遗产名录。

　　度戒：度戒即打格瑶族少年的成人礼，在打格，凡年龄满十三四岁的男孩，都要经过一次受戒仪式，举行过仪式的男孩表示已经成人。

　　蓝靛印染：在蓝靛布上染花，有蜡染、针线折染两种方式。瑶族人民有娴熟的蓝靛印染和印花技术。打格妇女善于刺绣，在衣襟、袖口、裤脚镶边处都绣有精美的图案花纹。发结细辫绕于头顶，围以五色细珠，衣襟的颈部至胸前绣有花彩纹饰。男子则喜欢蓄发盘髻，并以红布或青布包头，穿无领对襟长袖衣，衣外斜挎白布"坎肩"，下着大裤脚长裤。

瑶族长鼓舞

人文史迹

　　古桥：始建于清代，由圆木搭设而成，仅存五根圆木，受损部位由竹竿搭设。古桥至今仍是打格村民日常生产活动的必经之路。

古桥

保护价值

　　在古色古香的打格村，历史久远的民居矗立在山脊之上，层层而上，其窗户形式独特，具有很高的艺术价值。

　　打格村干阑民居建筑历史悠久、结构独特、建筑材料及建筑装饰物独特，村落布局结合当地的气候、地形，从建筑形制、村落选址与布局等方面具有较高的科学性。

　　打格村是一个传统村落，居民全部为瑶族，其特有的以瑶族盘王节、瑶浴、长鼓为文化特色等民族风俗，得以保存及发展，为人们展示了瑶族文化的魅力，具有较高的社会价值。现状产业主要是种、养殖业和外出务工，村寨整体经济水平较差。

　　通过对村落的保护，向人民展示别具一格的瑶族长鼓、盘王祭祀、瑶族服饰，提供瑶浴体验等瑶族风情，吸引外来游客了解以及体验当地风俗，从而带来相应的经济相应，从而更好地作为村落的保护资金来源，地方经济的收益与地方传统村落的保护相辅相成。

余奥杰 编

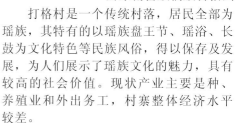

古树群

打格村梯田

打格村周围环境风貌

黔东南苗族侗族自治州从江县高增乡付中村

付中村全貌

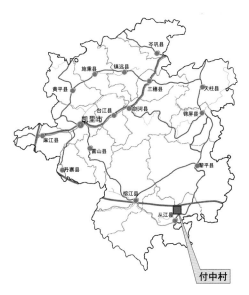

付中村区位示意图

总体概况

付中村地处高增乡西部，距从江县城15公里，西北与谷坪乡接壤，南与丙妹镇接壤，东与占里村、托里村相接。付中村的得名来源于其祖先在开荒耕地的过程中，将本属于自己的土地分给临近的兄弟村寨，在"付出之中"而得名为付中村。

2019年6月付中村列入第五批中国传统村落名录。

村落特色

付中村地处山顶，中部有一条村道贯穿整个付中村，建筑以木制建筑为主，大都依山而建，鳞次栉比，层层而上，其间有石阶路将村寨不同区域串联起来。村寨周边有农田环绕、寨子后山森林茂密，风景秀丽，民风淳朴，山脚下有四寨河及占里溪流过，是从江县保存较好的苗族村寨之一。

传统建筑

付中村内的建筑多为"吊脚楼"结构式建筑，建筑风貌具有十分鲜明的地方苗族特色，建筑大都保存完好，具有较高的科学文化价值。

付中村内的建筑主要为村民住宅建筑，建筑年代从近两年至20世纪四五十年代皆有。距今较久远的建筑为木结构两层建筑，底层多用来圈养牲畜、堆放杂物。二层为居民生活空间，进深呈"三段式"布局，内设火塘，是家人团聚、娱乐、休息空间。在建筑构造上，采用传统营造方法，在屋顶、栏杆、门窗等构造方面均具有较强的实用性，颇具地方特色。近年

来，付中村内新建民居建筑，底层多为砖石结构，上层为木质结构，内部布局也与老式建筑有所不同。

鼓楼：在付中村内用苗语称之为"咋牛"（Zaid Niel），是苗族人民吃鼓藏节时祭祀活动的场所，同时也是村内苗族人们议事和文化娱乐的中心。寨内鼓楼属阁楼式鼓楼，为苗族罕见。鼓楼梁架结点以落地长柱与瓜柱相间穿结，利用逐层内收的梁、柱、瓜柱、檐柱支撑挑出屋檐。结构无一钉一铆，木榫横穿斜插，衔接紧密牢固。鼓楼前后留进出通道，楼中地面有小洞，叫"地鼓"，吃鼓藏起鼓时，先在这里举行仪式，用杉木皮盖住洞口，由鼓主敲击几下，以示追祭，之后大家才可以在踩鼓场踩鼓。

禾晾：禾晾是付中村当地村民用来晾晒糯禾和储存粮食的一种建筑构筑物。秋收时节，禾晾上挂满金灿灿的糯禾，呈现的不仅是农民一年的劳动成果，也是一道独特亮丽的风景。

民居建筑

民居建筑

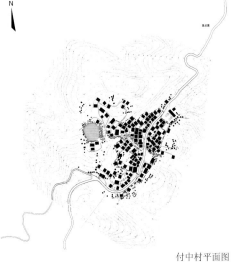

付中村平面图

鼓楼

民族文化

鼓舞：付中村是文化之乡，这里人人能歌善舞，仅苗族"鼓舞"一项，就近十种之多。且它的支系繁多而分布广泛，形成了数量众多、内容丰富的歌舞品种，体现着苗族"鼓舞"历史的悠久。《宋史·南蛮曲南蛮传》载："一人吹瓢笙，如蚊蚋声，效十人联袂宛转而舞，以足顿地为节。"事实上，苗族的舞蹈起源很早，从它那原始、古朴的风貌即可看出，许多舞蹈都与丧葬祭祀、恋爱婚姻和生产、生活有关。

燕子节：付中村的苗族岁时节庆十分独特鲜明。"燕子节"是付中村传统的民族节日，为了感恩燕子为付中人民带来了树木花种而过的节日。每年的二月初一，付中村民以最隆重的欢迎方式"拦路敬酒"招待远方的客人，全村各户都准备好美食美酒，只要到了付中村就让客人进屋共度佳节。欢歌载舞的感谢燕子带来的一切，吹芦笙、跳舞、唱山歌，希望燕子明年还到付中村来。

传统饮食：付中村的一日三餐，均以大米为主食。油炸食品以油炸粑粑最为常见，如再加一些鲜肉和酸菜做馅，味道更为鲜美。肉食多来自家畜、家禽饲养，喜吃腌肉、狗肉，有"苗族的狗，彝族的酒"之说。苗家的食用油除动物油外，多是茶油和菜油。以辣椒为主要调味品，有的地区甚至有"无辣不成菜"的传统。

人文史迹

古井：在村寨东、西两侧各有古井1口，水源为山泉水，井水水质较好，为村落重要的水源之一。

石狮：在村寨中部鼓楼前门处有两座石狮，因年代久远，石狮有所损毁，相传石狮能让村寨风调雨顺。

付中塘（水池）：村寨内部，村民住宅之间有较多水塘或水池，这些水塘或水池主要为防火需求。因村寨大多数为木结构房屋，易发生火灾，故村民或依托凹地蓄水成塘或砖石堆砌成池，满足消防应急需求。从现场调研来看，村内池塘还兼顾村民养鸭养鱼等生产需求，但水质较差，对环境影响较大。

石狮

燕子节—吹苗笛

拦路敬酒

腌肉

禾晾

占里溪

保护价值

付中村是古老的迁徙村落，是一个由苗族祖先迁徙至此地形成的传统苗族聚居区。传统民俗文化延续较好，是贵州省苗族文化比较深厚的村寨之一。

其村落选址于大山之中，后山山脊清晰，菁高莽深如传说的"九龙归巢"之地，是苗族传统村落选址的典型实例。村内建筑依山就势，顺应自然，呈阶梯状布置，传统木建筑占整个村落80%以上，建筑户型格局、庭院布局、外立面风貌、建筑构件等有其独特的地域特色和民族风格。付中寨木建筑群的保存具有一定的研究价值，其巧妙的建筑空间组合、建筑形式对于现代建筑具有一定的借鉴学习作用。

付中村的文化氛围浓厚，还保持省级非物质文化遗产苗笛吹奏，以及山歌对唱、芦笙舞蹈、苗族婚俗等传统民间习俗和刺绣等传统手工技艺。

总体来说，付中村有着较高的历史价值、艺术价值和科学价值。

周安然 黄 丹 编

古井

付中村远景

黔东南苗族侗族自治州天柱县渡马镇共和村甘溪寨

共和村甘溪寨全貌

共和村甘溪寨区位示意图

总体概况

共和村甘溪寨位于天柱县城东面，离县城24公里，距集镇6公里，在共和村东南方向，陵山村东北方向，多条村道贯穿于甘溪寨，交通便利。寨内共112户，538人。明朝洪武年间，战乱不断，江西民众为躲战乱，千人结伴，跋山涉水，迁入此地。开荒种地，男耕女织，繁衍生息，世代居住于此，已逾20余世。

2019年共和村甘溪寨村列入第五批中国传统村落名录。

村落特色

甘溪寨地形似桃花瓣，四面青山环绕，小溪穿寨而过，将甘溪盆地按照太极"S"形状划分，寨口落于山腰，由外入内，有"柳暗花明又一村"的世外桃源之感。甘溪辖区自然景点纷呈，有保存完整的古朴侗寨、秀丽的塘车瀑布和羊跳塘瀑布、神秘莫测的龙王洞峡谷、镶嵌在松林中的阳幼盆地、幽静的盘岺峡谷、碧波荡漾的生态渔业养殖基地等。

甘溪寨的选址与中华太极文化相契合，周边围绕的山体为太极圈，至南向北的小溪为太极的"S"曲线。由此可以看出，500多年前，甘溪先祖们选址绝非轻率而定，而是大有讲究，是经过仔细推演而确定的，小溪自然形成的曲线弯道与两岸的山体组合成的就是一个太极图。这个太极图在自南向北的溪流的"动力"作用下顺时旋转，意即太极生两仪，两仪生四象，四象生八卦，及后是八八六十四卦，始终生生不息。甘溪寨交通便利，环境优美，河流清澈透底，非常适合人居住，是天柱县境内侗族民居保持最完好的自然寨之一。

传统建筑

甘溪寨具有典型的北侗民居特点。在建筑的结构上，传统的两厢式房屋结构分为里外两部分，外面为堂屋、火房，里面为厢房。左侧堂屋一般为一间，右侧一间为火房（即厨房），在明屋、火房后面有两间房间为厢房。而吊脚楼是干阑式建筑的演变形式，它的结构仍以穿斗式木结构为主。楼层结构分为里外两部分，靠里为实，屋面为地；靠外为虚，屋面为楼。楼底架空，底层圈畜。

共和村甘溪寨吊脚楼

甘溪寨村落一角

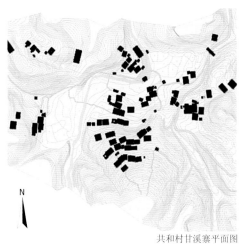

共和村甘溪寨平面图

民族文化

侗族大歌：甘溪侗家是一个好客的民族，民歌无处不在，无处不有，只要有人的地方就有歌，例如山歌、酒歌、婚庆歌、堂子歌等。"酒歌"亦称好事歌，侗语称"阿煞"，在喜庆宴席时唱，曲调丰富，内容广泛，除有历史题材的古歌外，还有赞颂、感谢主人的歌，互相问答斗智的盘歌等。"山歌"韵律严谨，题材广泛，情调健康明朗，生动活泼。侗家人以歌会友、以歌传情。迎客进寨有迎宾歌、端茶奉客有敬茶歌、吃饭饮酒有敬酒歌、送客出寨有送行歌。青年男女谈恋爱也是以对山歌的独特方式来表达爱意，有相会歌、定情歌、相思歌。姑娘出嫁时有哭嫁歌、伴嫁歌。还有财神歌、风物歌等。"堂子歌"是用于接待远到的客人而唱的歌。

侗家武术：甘溪侗家武术世世代代延续了几百年，现在仍然保持完好，主要体现形式是舞打龙，还有棍、拳、铜、镗、铁尺等，是人们强身健体和自卫的主要形式。

侗族木构建筑技艺：侗族人民无论是劳作还是建房，所使用的工具基本上都是传统的木作工具，这些木作工具种

侗族对山歌

石器皿

人文史迹

石器皿：在过去，研磨用石器皿是日常生活中必不可少的生活必需品。共和村在传统节日里制作一些民俗物品和食物时也还是使用石器皿，经过长时间的使用，原本有些凹凸不平的内部已经在使用过程中逐渐磨平，成为一件精美的艺术品。

竹篓：用竹片和竹丝制作而成的不规则背篓，有大大小小不同尺寸，小的可用于装稻田里养的鱼，大的可以用来盛装谷物和鸡蛋等去赶集，是侗族人家的常见随身工具。

木锯：在电锯没有大规模普及的时候，木匠工坊的主要锯木工具就是木锯和斧头，而木锯主要用于较为精细的操作步骤，例如，家具需要表面比较平整的地方和截面相对完整的地方，木锯就派上大用场了。

千年古树：宋朝末期，祖先迁徙而来时这棵树已经有十几米的高度了，经过千百年的风吹雨打和历史变故，它都"昂首挺胸"，是村寨最著名的树木。

石板桥：这条青石板所铺设的古道是1850年间完成的，当时是用来满足通商所用，而目前确是寨内最有文化气息和历史厚重感的古遗址。

竹篓

石板桥

木构件技艺：墨斗　　木构件技艺：木锯

类繁多，最主要的有锯、斧、刨、钻、墨斗、曲尺等。侗族木工在建造村落时从来不需要图纸，仅凭一把尺、一个斗就能准确地进行定位测量，几个匠人交流一番之后就有了建造方案，村民一起动手，自制的锯、斧、刨、钻等粉墨登场，一块块木料变得方正浑圆，一个个木条变得大小均匀，一件件木架变得结实牢固。闲暇之余，侗族木匠还将自制的墨斗雕成桃形、鱼形、龙形等造型各异的图案，既为自娱，也为展示木工手艺。

侗族婚俗：甘溪寨民间艺术丰富多彩，民族风俗淳朴自然，具有原生态的婚俗，青年男女以地良"玩山"歌相识，但有几道传统民俗必不可少，如"过来唐问讯父母""过篮子""放炮""订婚取八字""迎亲嫁娶"。

保护价值

甘溪寨有着悠久的历史，拥有丰富而珍贵的物质与非物质文化遗产，如古桥、古井、古墓、服饰等，有着独特的历史风貌、丰富的文化。村落的建筑顺应地势而建，具有木结构建筑、石板铺地等众多的极具当地特色的建筑物元素。社会交往模式传承有序，传统节日和风俗保存完好，具有较高艺术价值和社会研究价值。

刘　翼　张　奕　编

甘溪寨千年古树

侗家武术

婚嫁习俗

共和村甘溪寨环境

黔东南苗族侗族自治州从江县庆云镇广力村归料寨

广力村归料寨全貌

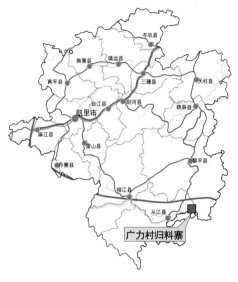

广力村归料寨区位示意图

总体概述

广力村归料寨位于贵州省黔东南州从江县庆云镇，东至广力村两党寨，西面、南面、北面与广西三江县富禄乡接壤。村域境内G321国道通过，交通便利，距离富禄乡政府4公里，庆云镇政府8.2公里，从江县27公里，从江高铁站19公里。归料寨村域面积270公顷，辖1个自然寨，2个村民小组，共67户，246人，村落民族组成以侗族为主。产业以种植水稻为主，养殖业为辅。主要经济作物有水稻、中草药种植。土特产有魔芋、稻田鱼。

200多年前在先人的带领下，从贯洞镇腊阳村领来四户人家到归料搭棚种田，因为路途远，来回不便就在此定居，逐渐形成了由三个寨子组成的归料寨，民国时期为了抵御土匪的侵略，三个村寨商议组合成为今天的归料寨。

2019年归料寨列入第五批中国传统村落名录。

村落特色

广力村归料寨地处典型的喀斯特地貌地区，梯田层叠，小河蜿蜒，古树成群。村落群山环绕，北部、西部、南部被山体包围，东部有水体围绕，河流从山谷中汇集，在村落内穿流而过，往南汇入都柳江。村落东北视野开阔，为层层叠叠的梯田，用于耕种。

归料寨环境

传统建筑

村落以鼓楼及其公共空间为中心向外辐射，民居建筑围绕鼓楼而建，逐步发散生长形成居住组团，形成了以鼓楼为中心的向心聚落空间格局。村落中民居建筑位于道路两旁，村落周围耕地层叠，村庄自然景观秀美宜人。

传统建筑

广力村归料寨选址独特，传统民居呈带状分布，建筑风格独特，细节雕刻精美，是黔东南聚居古村落的典型代表。建筑采用木质结构，与山水呼应，与古树相伴，构成一个典型的传统古村落文化空间载体。归料寨内保留了大量的传统建筑，共65栋，占寨子内建筑总数的92%。

传统民居多为"干阑"式楼房，楼下安置石碓，堆放柴草、杂物，饲养牲畜；楼上住人。前半部为廊，宽敞明亮，光线充足，为全家休息或从事手工劳动之场所；后半部为内室，其中设有火塘，这既是"祖宗"安坐之位，也是全家取暖、为炊的地方。火塘两侧或第三层楼上是卧

归料寨平面图

萨玛节活动

"百色起义"红色文化

戏台

室。侗族民居一般是一家一栋，也有将同一房族各家的房子连在一起，廊檐相接，可以互通。平时，本房族的妇女们在此纺纱织布；凡喜庆佳节，全房族的人聚集于此，宴请宾客。

鼓楼：鼓楼是八边三层重檐八角攒尖顶的木结构塔式建筑，建于2012年，长、宽均为12米，至今保存完整，鼓楼是村寨或族人祭祖，举行仪式、迎宾、娱乐之所。底层开敞，中间设有火塘，中部密檐间通透，顶盖之下设菱格棂窗，檐下如意斗栱层层出挑，形如叠涩封檐，顶盖为八角伞形，瓦檐上彩绘或雕塑着山水、花卉、龙凤、飞鸟和古装人物，云腾雾绕，五彩缤纷，上部有五节细长的葫芦状宝顶；鼓楼以杉木凿榫衔接，顶梁柱拔地凌空，排枋纵横交错，上下吻合，采用杠杆原理，层层支撑而上。

戏台：戏台为单栋两层木楼，一层镂空，二层左右两边设置房间供村民休憩，中央为主戏台，屋顶为三层歇山屋顶，四面为白色锯齿形瓦檐，正脊两端及四角为白色翘角。建于2018年，戏台作为侗寨人民表演的场所，是侗族村寨重要的公共建筑物之一。

鼓楼

民族文化

侗族大歌：《侗族大歌》是一种多声部、无指挥、无伴奏、自然和声的民间合唱。1986年，在法国巴黎金秋艺术节上，被认为是"清泉般闪光的音乐，掠过古梦边缘的旋律"，2009年，侗族大歌被列入世界人类非物质文化遗产代表作名录。侗族大歌无论是音律结构、演唱技艺、演唱方式和演唱场合均与一般民间歌曲不同，它是一领众和，分高低音多声部谐唱的合唱种类，属于民间支声复调音乐歌曲，在中外民间音乐中极为罕见，侗族大歌不仅是一种音乐艺术形式，对于侗族人民文化及其精神的传承和凝聚都起着非常重大的作用，是侗族文化的直接体现。每逢有重大的节日或者农忙闲暇时，归料寨人民都组织村民在本寨或者其他寨子举行活动，活动中就有侗族大歌等的表演项目。

侗族萨玛节："萨玛节"是侗族现存最古老的传统节日，被人们称之为"侗族的妇女节"，是侗族母系氏族社会时期风俗的遗留。"萨玛"是侗语的音译，"萨"即是祖母，"玛"意为大，"萨玛"即大祖母。一般只允许已婚的妇女和少数德高望重的寨老参加。

侗戏：广力归料寨有着最具特色的《金汉》侗戏，《金汉》侗戏属于侗戏中的一种，全部用侗语对白演唱，语言生动，比喻形象，与音乐紧紧吻合，朗朗上口，清晰明快，为群众所喜闻乐见。侗戏由于植根于侗乡，具有浓郁的侗族特色，而且声情并茂，歌舞结合，很能引起侗族观众的共鸣。

"百色起义"红色文化：广力村归料寨是革命老区，1929年12月11日，中共中央代表邓斌（邓小平）和张云逸等发动百色起义建立了中国工农红军第七军和右江革命根据地。1930年3月，红七军按照中共中央"向外发展，扩大影响"的指示精神穿越月亮山区，于1930年4月30日攻下古州城（今榕江县），然后沿都柳江而下进驻下江县（今下江镇），途径丙妹、八洛、贵料、富禄，后返回右江革命根据地，留下革命足迹，播下了革命火种。归料寨设立了两处革命老区功德碑，记录"百色起义"的大致过程及剿匪事件，并一直传承表演《金汉》侗戏。

人文史迹

风雨桥遗址：风雨桥始建于清朝时期，都是以杉木为主要建筑材料，整座建筑不用一钉一铆，全系木料凿榫衔接，横穿竖插。横跨溪河，久经风雨，洪水冲击以被毁坏现状只剩下石蹬存在。据村民所说古桥建在溪河上，不仅给人们交通提供便利，而且还有镇邪和留财之意。

萨坛：祭萨仪式是侗族传统祭祀中一个最为重要的祭祀活动，属于侗族民间信仰的重要内容。它是侗族许多其他传统文化的载体，也是侗族思维方式、价值取向等集中体现的文化事象。萨坛是祭萨仪式的主要承载地方，广力村归料寨东北部有萨坛一处，修建在传统民居旁，与传统民居形成一种独特的空间格局。

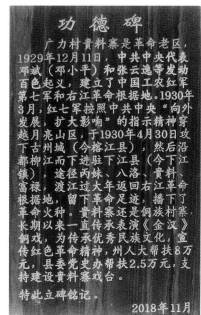
功德碑

保护价值

广力村归料寨是一个古老的传统村落，拥有丰富的物质文化和非物质文化遗存，保存了贵州黔东南古村落中相对完整的、真实的历史遗存，同时附带了大量的历史文化信息，完整地体现了当地传统民风民俗，见证了自清代以来该地区的侗族生活方式和文化特色。作为1929年广西"百色起义"右江革命根据地"向外发展，扩大影响"行动中的主要途经地，见证了红色革命发展历程。

归料寨的传统民居建筑沿道路分布，包含清代古民居建筑、鼓楼、戏台等传统建筑，传统民居布局严谨、用材考究，具有很高的保护价值。

陈乙娇 黄　丹 编

黔东南苗族侗族自治州从江县停洞镇归奶村

归奶村全貌

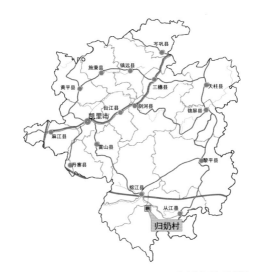

归奶村区位示意图

总体概况

归奶村隶属于从江县停洞镇，归奶村民于元朝时期从江西省吉府搬迁至此，建村至今约有700多年历史，是停洞镇最大的村，距停洞镇约8公里，国土面积13.01平方公里。归奶村东接田坝村，南靠九日村，北接传洞村，西面与榕江县界及东朗乡相接壤。

2019年归奶村列入第五批中国传统村落名录。

村落特色

归奶村苗族文化浓郁、自然风光优美，村内绿荫环绕、花鸟成群。归奶村地势陡峭，三面环山，植被茂盛，古树参天，村民房屋依山而建，从远处望去像一只雄鹰展翅，由于地势陡峭，也造成了该地区的梯田成片环绕景象。归奶村梯田位于岩寨附近，梯田以寨为中心四周环绕，春种碧波无限，秋收万里黄金，蔚为壮观。

整体而言，归奶村村落具有典型的苗族"一山、一岭、一村落"的自然特征。村寨建筑依山而建，错落有致，与山水田园融为一体，美不胜收。

传统建筑

归奶村建筑以传统民居建筑风格为主，因地形坡度而错落有致，质朴沧桑，古风浓郁。

归奶村曾经因为一场大火导致大部分的建筑损毁，现状建筑主要为20世纪70年代或80年代重新修建，大部分建筑仍以杉木为主要材料，采用青瓦坡屋顶建筑形式，部分建筑墙体采用一楼为砖墙，二楼为木墙的形式，部分建筑采用全木墙面。

传统民居：归奶村苗族的建筑均以杉木为主要材料，用横梁穿枋严椎斗合，不用铁钉，结构严密牢固，上盖杉树皮，但现在屋顶已基本全部改为青瓦坡屋顶。部分建筑二层出挑，在出挑之处加装了具有当地特色的苗族建筑挂饰。建筑利用坡地，依坡筑屋，创造出更多的使用空间。村寨民居通常为二三层古香古色的苗族穿斗式干阑建筑，体现了苗寨民族文化。

一般中、上层住人或储物，下层圈养牲畜或放置农具，墙体主要为木板墙。

传统民居

传统民居

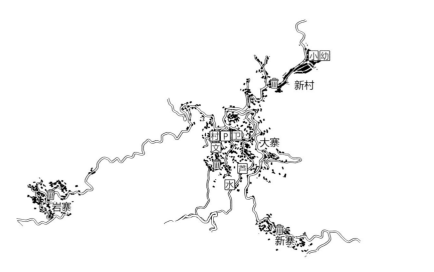

归奶村平面图

民族文化

归奶村主要是以斗牛、芦笙舞、苗歌娱乐为主。而芦笙舞、低调深沉的苗族酒令歌和缠绵婉转的苗族情歌为歌舞文化的灵魂。

芦笙舞：又名"踩芦笙""踩歌堂"。芦笙是苗族古老的吹奏乐器，苗家人吹奏芦笙，因用芦笙为舞蹈伴奏和自吹自舞而得名。从已出土的西汉铜芦笙乐舞俑分析，芦笙舞至少已有两千多年的历史，是苗族人民珍贵的艺术财富。芦笙舞大多在年节、集会、庆贺等喜庆时刻表演，主要有自娱、竞技、礼仪三种类型。芦笙舞由十几甚至几十人盛装打扮的芦笙手围成圆圈，边吹边跳。智慧的苗家人在传承中不断丰富和发展了芦笙的内涵。随着非物质文化遗产保护意识的逐渐加强，这一古老的艺术形式不断焕发出新的生机。

斗牛：斗牛是苗族同胞最喜爱的一项娱乐活动之一。归奶村斗牛更是保持原汁原味的古老气息，他们以斗牛为媒，在斗牛中娱乐，在斗牛中交往，在斗牛中谈情说爱。"斗牛"在归奶村这里通常称为"牛打架"，是一种民间自发组织的活动，它源于苗族远古时期，据说最初是牧童放牧，闲着无聊，用各自的牛相斗取乐，后逐渐发展成固定的用来取乐的打斗模式，最后就演变成了"斗牛节"。而用来相斗的牛就叫"打牛"或"斗牛"，它代表了一个寨子的荣誉和精神风貌，因此，"打牛"是一个寨子、一个房族的精神支柱，也是他们心中敬仰的"神"。在每月逢"亥"日，苗族同胞们就会组织周边的苗寨聚集来斗牛，共同欢庆他们的节日。

苗歌：归奶村是从江地区苗歌传承地之一，其村民王老校是从江地区苗族歌师的代表。苗歌演唱艺术以质朴、爽朗著称；苗歌演唱几乎不需要伴奏，它是歌手面对天地、面对自己、面对劳动、面对心上人用本嗓歌唱，心中所想即是口中所唱，毫不隐瞒，是来自大自然的歌唱，具有较高的艺术价值。

芦笙舞

土地庙

斗牛场

人文史迹

古井：归奶村共有两口古井，均位于大寨，两口古井约有200多年历史，其中靠近斗牛场的古井井边雕刻着花鸟、斗牛活动等精花细图。古井至今仍涓流不息，哺育着归奶村一方百姓。

芦笙堂：芦笙堂位于大寨山顶，已有200多年历史，是归奶村男女老少聚会娱乐的地点，逢年过节大家都会欢聚于此唱歌弹琴、男女相会，是归奶群众娱乐和交流的重要场所。芦笙场位于岩寨西面山坡上，芦笙场周边古树林立，环境优美。

土地庙：土地神为苗族所崇拜和祭祀神祇，土地庙采用杉木搭建，木屋内为土地神神像。

斗牛场：斗牛节日是苗族最大的喜庆节日，大寨斗牛场规模较小，主要用于本村举行小型的斗牛活动。

古井

保护价值

村落依山而建，聚族而居，周边梯田环绕，古树参天，是典型的苗族古村落。村落97%的建筑为传统建筑，村寨整体格局完整，民俗文化浓郁，保存完好，具有较高的历史价值。

归奶村人的衣、食、住、行、娱所折射出的文化现象均反映着苗族人民曲折的生活历程、朴素的审美情趣和纯真的情感，同时，苗族人民善于通过民歌来抒情表意，其内容丰富多彩，蕴含着苗族人民对自然、社会与人生的审美评价。归奶村非物质文化传承较好，是苗族先民迁徙过程中的重要遗存，为研究苗族人民的民族文化提供了鲜活例证，具有极高的科学研究价值。

王 刚 黄 丹 编

斗牛

周边梯田

黔东南苗族侗族自治州榕江县栽麻镇归柳村

归柳村全貌

归柳村区位示意图

总体概况

归柳侗寨位于榕江县栽麻镇归柳村，距县城东北13.1公里，三条公路分别连接着榕江、八匡、栽麻，交通便利。村域面积14平方公里。归柳村历史悠久，至今有300多年的历史，明初，苗家龙姓、兰姓从江西吉安逃荒而来，居于归柳村。全村均为侗族，共473户，2214人。

2016年归柳村列入第四批中国传统村落名录。

村落特色

山体是大地的骨架，水域是万物生机之源泉，没有水，人就不能生存。因此有山有水是人们选择居住环境的重要标准。侗族古村落大多分布于地势较为平坦的盆地和谷地，在山地丘陵相对平缓的环山河谷、溪流和近水坪坝处建房筑屋设村寨，很少直接建在山上。归柳村地处贵州高原向广西丘陵过度的斜坡地段，所在区域属低中山地貌；村寨南、北、西北均有山脉环绕；寨中连片吊脚楼屋依山傍水，得天独厚，随地形弯曲延伸；村内有清澈小溪穿寨而过，周围林木葱郁，竹林片片，环境非常优美，形成山环水绕的格局。

传统建筑

归柳村均为侗族，侗族同胞多为聚族而居，建筑主要为干阑式建筑，主要包括传统民居建筑和公共建筑。这些建筑均为木质结构建筑，且不用一钉一铆，框架由榫卯连接，依山就势而建，展现着木匠工人的高超技艺。

民居建筑：主要是木楼，居住方式摆脱了地面居住的束缚，采取在架空层面上生活的离地居住习惯，将楼层作为日常生活的主要场地。木楼凭空而起，具有"干阑式"建筑的典型特征；其特点"占天不占地"，上大而下小，木楼层层出挑，每层楼上都有挑廊，檐水抛得很远，其形制及功用都缘起于原始时期的树屋。

公共建筑：在公共建筑中，鼓楼建造最为独特，除此以外戏台、萨坛也充分体现了侗族的民族特色。目前，归柳村内有鼓楼2座，戏台1个，古萨坛1处。

鼓楼：归柳村有显著标志性建筑的鼓楼2座，分布在上寨和下寨。上寨鼓楼建于明末，样式别具一格，为三层四角攒尖顶木结构建筑，通高13米，内有金柱四根，平面分布呈正方形，柱距3米，属阁楼式鼓楼，为榕江侗族罕见。下寨鼓楼清乾隆年间（1736—1795年），为七层六角攒尖顶木结构建筑，属密檐式塔状鼓楼。通高20米，雄伟壮观，极显气派，而且古韵十足。鼓楼彩塑彩绘内容丰富，形象生动，多是反映侗族古代生产、生活情景。二层翼角上塑山鸟。三层翼角上塑游龙，每个檐角上的彩绘内容各不相同。

传统建筑

上寨鼓楼

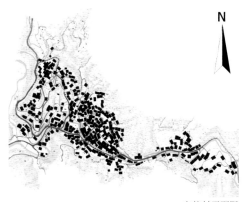

归柳村平面图

下寨鼓楼

民族文化

悠久的历史铸就了归柳深厚的文化内涵，非物质文化遗产较为丰富。侗族大歌、侗戏、竹编、藤编、木雕花窗，民族节日有三月三（吃甜藤粑）、四月八（吃乌米饭）、六月六（吃粽子）、七月半（吃扁米）等，原始古朴，原汁原味。

侗族大歌：归柳村被誉为"侗族大歌传承基地"，其境内的侗族大歌在周边地区独具特色。侗族大歌来源于大自然，来源于生活与生产劳动。归柳侗戏队每年均到邻寨、邻县演出，观看侗戏成为全寨人的生活享受，牛把腿、琵琶的乐音让人痴迷。侗族大歌是侗族民歌中最出类拔萃的歌种，以优美的曲调和多声部以及模拟自然界声音的演唱方式而为广大群众所喜闻乐见，被誉为"清泉闪光的音乐""掠过古梦边缘的旋律"。

侗戏：侗戏是侗族人民在长期的劳动生活中创造并喜闻乐见的艺术形式，是在侗族民间说唱艺术"嘎锦"（叙事歌）和"嘎琵琶"（琵琶歌）基础上，受汉族戏曲影响而形成，具有独特的民族风格，被赞为"一朵夺目的民间艺术奇葩"。

竹编、藤编、木雕花窗：归柳的竹编、藤编（有罗筐、篓子、鸟笼）、纺纱和木雕花窗精美异常，闻名遐迩。

人文史迹

古萨坛：归柳现存明代古萨坛1处，"萨"是侗族的偶像，因"萨"代表一位女性，所以又称之为"萨玛"。相传"萨"为了抵御外族的入侵，保卫侗族，带领侗族同胞进行英勇抵抗，虽然最终赶走了侵略者，但不幸战死，英魂永守侗族。所以侗民世代相传"萨"的事迹，并通过设立祖母堂或萨坛来哀悼"萨"的忠魂。

寨门：归柳设有寨门1处，修建于村口，是进入村寨的标志性建筑，同时也是侗族建筑的代表。

古井：归柳村目前有古井多处，其中一处为清乾隆年间石板古井。古井分散在村落内，现在井水仍在使用，井水四季不枯，水清甘甜，孕育着在这里生根的侗族同胞们。

古树：寨内古枫树众多，枝繁叶茂，古木参天。

侗族大歌

竹编

纺纱

寨门

古井

古树

保护价值

归柳人勤劳勇敢，充满智慧。他们在继承传统文化的基础上，形成独具魅力的特色民俗文化，流传至今，生生不息。民族民间文化尚保留原生状态，民居及建筑艺术独特，生态景观、人文景观互相映衬，传统文化具有浓郁的多样性、完整性、地域性。勤劳的归柳人，在与大自然和谐相处的千百年中，创造物质财富的同时，也创造了优秀的传统文化。侗族传统节庆文化、传统民间技艺文化、民族特色美食文化等，均具有较高的保护传承价值。

归柳村的侗家木屋吊脚楼依山而建，建筑工艺精益求精、工艺精湛，保存下的古老建筑、木雕等工艺，成为研究当地建筑技艺和建筑文化的重要依据，具有较高的艺术和科学价值。

王 倩 黄 丹 编

古萨坛

归柳村远景

黔东南苗族侗族自治州雷山县望丰乡甘益村

甘益村全貌

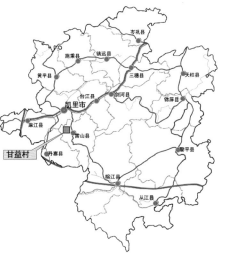

甘益村区位示意图

总体概况

甘益村隶属于雷山县望丰乡,地处望丰乡北面,距望丰乡政府所在地13公里,距雷山县城30公里,与公统村、丰塘村、排肖村、三角田村毗邻,东面与郎德镇乌吉明村和乌肖村接壤。甘益村村域面积为9.23平方公里,辖4个自然寨,共502户,总人口1980人,主要有文、王、余、杨四姓,其中王姓人口最多,约占全村人口的70%。

甘益村为苗族村寨,据《雷山县志》记载:丰塘、公统、甘益一带苗族文、王、余、杨诸君的祖先定居当地已有50代人,最早定居时间大约为南北朝初年,今都匀、独山等地仍有祖坟。《凯里市志》记录了这支王姓宗支的迁徙路线大致为:元泰定年间,王氏从八寨迁入舟溪,后分居石猛(石青)、青曼情郎、鸭塘青虎。

2019年6月甘益村列入第五批中国传统村落名录。

村落特色

村落选址坐落于杂不多山(海拔1259米)西侧朝阳的陡坡之上,死马坡山和杂不多山从北至东南为半环形连续山脉,对村落形成三面环围之势,西侧山脚下是自北向南蜿蜒而下的甘益河,东面与公统村连绵高山隔河相望。村落呈东高西低之势,四周被层叠壮观的人工梯田包围。丛木、石板、甘益和青杠四寨在山体向阳面的陡坡之上呈横向分散、相对独立的传统格局,每个寨子周围紧密包围着层叠的人工梯田,再外层由微微凸起、树木葱茏的山冈分隔。丛木、石板、甘益三寨居住身着中裙苗族服饰的族群,青杠居住身着苗族长裙服饰的族群,四寨两族群其居住方式、民族文化特征、生活习惯等相互融合。甘益村最早发源于石板寨,石板寨修建在一块倾斜30度的石板之上,至今仍可见部分裸露的青石板,棕墙黛瓦的民居建筑群顺应青石板的倾斜角度分层筑台修建。

传统建筑

甘益村气候温和,水热条件优越,空气相对湿度大,土地有机质积累较多,适宜林木生长。因此,甘益村传统民居以木材作为主要建筑材料,形成木柱支托、凿木穿枋、衔接扣合、立架为屋、四壁竖板、上覆小青瓦、两端做偏厦的苗族干阑吊脚民居建筑。其传统建筑多为"一"字形苗族木结构吊脚楼民居,依山而建,鳞次栉比,次第升高,是黔东南苗族聚落民居的典型代表。甘益村现保留了大量的传统建筑,共286栋,占村内建筑总数的69%。

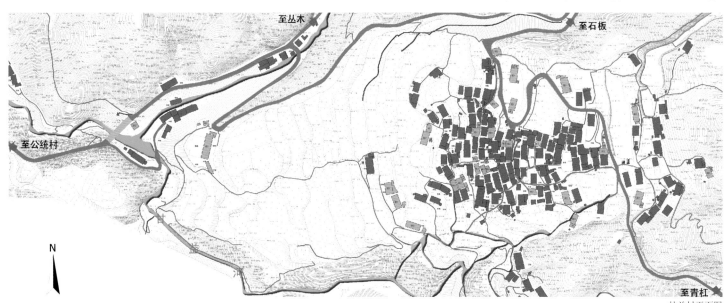

甘益村平面图

传统建筑

传统建筑群

传统建筑

苗寨吊脚楼营造技艺

芦笙场

民族文化

甘益村传统村落的主要民族为苗族，村内传统节日、手工技艺、民俗、传统艺术等方面仍保留着浓郁的苗族特色，如传统节日苗族鼓藏节、苗年、苗族吃新节，传统技艺如苗族织锦技艺、苗寨吊脚楼营造技艺、苗族服饰文化、鱼酱酸制作技艺、雷山酸汤鱼制作技术，民俗如苗族扫寨、苗族祭岩妈岩爹、雷山苗族婚俗，传统艺术如苗族芦笙舞、苗绣（雷山苗绣）、板凳舞等文化遗产均体现了雷山苗族人民的特色民族文化。

人文史迹

芦笙场：芦笙场位于石板和甘益之间村委会门前，现甘益村的公共文化活动、芦笙舞、扫寨等都在此处举行。

土地庙：土地庙位于甘益村南部，为木结构坡屋顶建筑，内供奉岩石。

古树：甘益村分布着16棵大大小小的古树，有古枫树、木荷树、冬青树、梨树、榕树、古松树、皂角树、银杏树、雪松等。

粮仓：甘益村现有11栋以一开间为主的干阑式粮仓，梁柱结构的禾仓采取横梁与纵梁上下交错穿入柱子的方式固定，梁的前后左右都出挑与垂花柱连接，支撑屋檐。壁板穿过立柱两侧的板槽，横向插入，形成箱式的贮藏空间，屋顶的阁楼类似于住宅的形式，即立柱支撑横梁，横梁上立短柱，凛木搁在短柱上。短柱及柱子的顶部扣槽与凛木相接，凛木上再设置椽条，椽条上面盖小青瓦。

保护价值

最初甘益村选址主要考虑的是防御功能，修筑人工梯田是甘益苗族得以在此繁衍后代、逐渐壮大的根本所在。大石板上的苗族民居、人工梯田的历史，是甘益苗族从不断迁徙到安居乐业的发展史的重要载体，具有较高的历史价值。

甘益村石板、甘益、丛木三个自然寨为同一苗族支系，身着中裙系苗族服饰，青杠苗寨为另一苗族支系，身着长裙系苗族服饰。村落是服饰、苗族扫寨、苗族武术、苗族箫笛曲等非物质文化的重要载体，对研究苗族不同支系之间的共融性、差异性等具有较高的文化价值。

甘益村苗族民居建筑群布局巧妙、装饰精美，梯田规模大、视觉冲击力强，苗族文化等形式多样、内涵丰富，是融森林生态景观、苗族民居建筑群、梯田景观和丰富多彩的苗族风情文化于一体的综合景观，展示了人与自然相融合的山地景观艺术，是自然景观和人文创造力的完美结合，具有无与伦比的景观艺术价值。

潘秋梅 何成诚 罗永洋 编

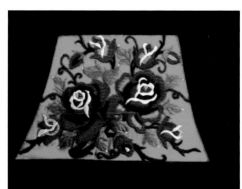

苗绣

苗族织锦技艺

甘益村风光

黔东南苗族侗族自治州锦屏县平秋镇圭叶村

圭叶村全貌

圭叶村区位示意图

总体概况

圭叶村位于平秋镇西北部，东抵平秋、富库村，南界石引村，西邻高坝村，北抵皮所村。交通便利，平秋至剑河磻溪旅游公路穿村而过，东距镇政府11公里、县城32公里。全村共148户，609人。圭叶村分为孟伯组和圭叶组，孟伯组是在清代时期迁入，圭叶组则是在清嘉庆十四年（1809年）迁入，后有龙姓人从天柱县登敖迁入。清代至民国，孟伯属黄门寨管辖，距今已有200多年的历史。

2019年圭叶村列入第五批中国传统村落名录。

村落特色

圭叶村坐落在山谷里，是一个山环水绕的侗族村寨，这与古村落先人们的理念有关，他们讲究风水，选择的都是依山傍水的地方，叫作前有福后有靠。水就是福，山就是靠，有水就是有财运，有山就是有依靠。村寨依山而建，高低错落；平秋至剑河磻溪旅游公路穿村而过，一条清澈见底的小河蜿蜒从村前潺潺流过，两岸青山倒映水中，与蓝天碧水交相辉映；一栋栋侗家吊脚楼鳞次栉比，古色古香。距离村寨不远处，一栋漂亮的侗族风格吊脚楼矗立在一片树林里，点缀在山水间，形成了集山水风光与民族文化融为一体的魅力侗寨。

传统建筑

圭叶村传统建筑多为单体二、三层建筑，建筑主要为"砖木结构"，柱、枋、板均为杉木，吊脚木楼，青石砌坎奠基，木墙青瓦。民居房屋的布局，中间较大的是堂屋，这是全家人的活动中心，是吃饭、

待客、休憩的地方。两侧的房屋是卧室、厨房。堂屋正中设有神龛供奉祖先，左右两侧分隔成灶房、寝室、客房。建筑前半部分设置廊，利用良好的采光方便侗族妇女做手工，部分在建筑二层、三层侧面设置廊，用于堆放杂物、农具等。在窗户的前檐，悬挂竹竿来晾晒衣物。民居建筑依山而建，错落有致，三五成群建设在一个平面上，依据地势的高低形成阶梯状空间形式。

传统民居

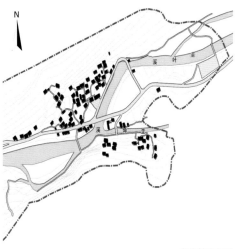

圭叶村平面图

民族文化

侗族大歌：侗族大歌分为独唱、对唱、群唱三种形式。演唱时要求歌词押韵，每一句的词尾均有独特的音调要求，同一句歌词的不同部分所要求的声调也不尽相同。大型节日或丰收时节，村寨里的男女老少都穿戴着精美的服饰，聚集到中心建筑鼓楼处，先唱序曲，再贺丰收，男男女女三两对歌，载歌载舞，通宵达旦。时有其他村落的歌队往来交流，非常热烈，数天方休，可谓至情至性。

侗族舞蹈：它不像其他民族的舞蹈那样，有其强烈、奔放的快节奏，步幅很大的跳跃，速度很快地旋转，以及难度较高的动颈、拍脚等动作，而是突出表现舞蹈的抒情性、韵律感和群众性特质，以及对日常劳作和自然万物的模拟性内

侗族大歌

侗族舞蹈

婚嫁敬酒

踩高跷比赛

婚俗：在圭叶侗族的婚姻习俗中，男女双方父母若是同意婚事，男方就下聘礼定亲，称为见面酒。婚俗内容有"伴嫁歌、哭嫁歌"、"拦门歌、炒茶歌、姊妹歌"、"迎亲歌、敬酒歌、送客歌"，仪式丰富多样。

五瓣章：圭叶村村民由谭、杨、彭几个姓氏家族组成，上百年间各姓氏之间通婚走动，为解决民主理财，没有任何隔阂，提出实行五瓣章，目的就是让村民代表执行监督，行使村务公开、财务管理的职权。

人文史迹

孟伯石阶：位于圭叶村孟伯组寨子中部，石板古道由石头铺设，宽约1.2米，有防滑、美观的作用，具有古村落的气息。

灌溉沟渠：位于圭叶村寨子内，水源点为山体的山泉水，主要用途是对村寨内的农田进行灌溉，是村落内重要的生产设施，总共有4条沟渠。

古树：圭叶村古树有古青杠树、松树、皂荚树、大阔叶树、枫树、麻栎、古红豆杉树等。

容。更为重要的是侗族的舞蹈总要伴之以侗歌，其舞蹈本身并未分离成一个独立的艺术形式，或者可以说，侗舞在很大程度上是侗歌的陪衬，是侗歌的形体语言的延伸，是为了更完美地表达歌声的另一种物化方式。

斗木牛：侗家孩子们模仿大人的一种体育竞技活动。由于斗木牛场面激烈，刺激性强，锻炼度大，深受少年儿童的喜爱。寒冷的冬天，少年儿童们集中在土坪子里斗起木牛来，往往全身淌汗，人群中一片热气腾腾。斗木牛是圭叶村特有的青少年传统体育活动。

踩高跷：侗族中的民俗体育形式，是青少年喜爱的一种骑木马活动。传统的木马制作十分简易，主杆是两根与人身高接近、大小与锄头把相当的圆棍。在每根木棍距底部一尺的地方，夹上与脚掌长度相当的木板，并用藤子捆扎结实，这就是一幅完整的木马了。骑木马时，手持木棍上端，脚踩木板，脚趾夹住棍子，手提木棍脚随之抬起向前跨步。骑术熟练的，可边使两木棍相击发出响声，犹如骑真马一般。侗乡民间的踩高脚比赛，多在寨中鼓楼边的石板坪举行。比赛的形式包括比速度、比格斗等，看谁先到目的地为胜。

孟伯石阶

五瓣章　　　　　　　灌溉沟渠

保护价值

圭叶村作为黔东南州最具代表性的侗族文化村寨之一，侗族吊脚楼具有独特的建筑特点，勤劳勇敢的侗族人民采用穿斗式结构，每一栋吊脚楼随山形灵活多变，因地制宜，就地取材，通过各部分的比例、平衡、对比、韵律、节奏、色彩、材质等来体现它的艺术效果，结构完整、做工精致、变化灵活，是非常罕见的，在满足居住功能的同时，还具有它的朴实美、生态美、结构合理、最大限度地利用自然，达到与自然的高度协调统一等科学性及艺术价值。

圭叶村保存了相对完整的、真实的历史遗存和文化遗产，见证了清代时期该地区的生活方式和文化特色，比较全面地反映出侗族的历史文化和发展轨迹。不仅具有乡土特色建筑、人文民俗文化和传统艺术等文化方面的价值，同时也具有自然风光美景、传统美食与特产等经济方面的价值。

刘 翼 张 奕 编

古树

斗木牛

圭叶村环境

黔东南苗族侗族自治州从江县加鸠镇加能村

加能村全貌

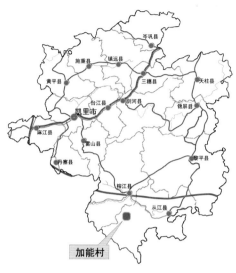

加能村区位示意图

总体概况

加能村位于镇驻地东北面约3公里处，村委会驻中寨，海拔750米。加能村因地处山坡，苗语称"加能"得名。

全村共有6个村民小组，171户，627人，国土面积4.91平方公里，耕地面积146亩。

村落坐落于高山陡坡之上高低错落的苗族聚居村落，梯田层叠，古树成群，以保存完好的苗族吊脚楼建筑群、清代禾仓群为风貌特色，以苗族吃鼓藏、苗族芦笙节、斗牛为文化特色，生活、生态、生产空间相生相融，是具有黔东南苗族文化特征的中国传统村落。

2019年加能村列入第五批中国传统村落名录。

村落特色

芦笙黛瓦斗篷丘·青山古树伴苗家。

自然景观——群山环绕，茂林丛生，依山而建，梯田层叠：加能村群山环绕，背靠加能山，前有加雪坡，左依定公山，山下有污茂河蜿蜒而去。村落周边茂密的竹林、古树如同绿色围墙，将村寨紧围其中。村落房屋沿山体逐步抬高建设，村东、村西为大片梯田，从山顶垂挂下来，直到山脚。

传统格局——山脊为基、梯田作翼，排屋参差、环抱成团，蛇形斗折、阡陌如海：加能村的内部道路呈网络状，一条通村公路环山顶而过，寨内街巷蜿蜒曲折，寨旁梯田高低错落、阡陌纵横，与传统民居构成了一幅幅美丽的布景。

传统建筑

加能村的传统建筑多为穿斗式木结构干阑建筑，木柱支托，凿木穿枋，衔接扣合，立架为屋，多为二层。村内保留了传统建筑150栋，占村庄建筑总数的80%，现有95%传统建筑仍在使用。

加能村传统村落的传统民居一般选择木料作为主要建筑材料。

村内居民采用苗族传统生活方式，底层以堆放杂物、饲养牲畜为主；二层是主要生活面层，包括宽廊、火塘、小卧室等单元；顶层通常为堆放粮食或杂物的阁楼，局部设置隔间作卧室。

加能村传统民居将居住层由底层移至楼面，最大限度地适应聚居区域内起伏变化的地形地貌；在不用改变地形的情况下获得平整的居住层面，适应于炎热多雨气候的通风避潮；可以避开各种凶恶的野兽虫蛇，居住质量相对提高。

加能村苗族民居平面基本单元由可以满足生产活动和生活居住基本要求的各功能空间组成，包括垂直交通联系功能的楼梯空间，具有满足休息和家庭手工劳作功能的走廊半开敞空间，具有接待来宾及炊烤兼备的生活起居功能的火塘间，必不可少的家人寝卧休息空间，以及其他辅助空间。

传统民居

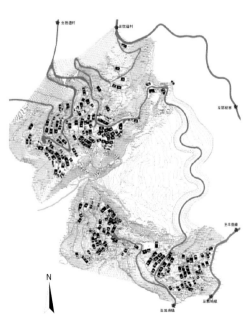

加能村平面图

传统民居

传统民居

民族文化

苗族吃鼓藏（贵州省第二批省级非物质文化遗产）：苗族吃鼓藏是以"鼓社"为单位最隆重的祭祖仪式。加能村不定期吃水牛鼓藏，吃鼓藏看破蛋，苗族称为"果改纽"。一般选在"子"日进行，有时要举行多次。

苗族服饰（贵州省第三批省级非物质文化遗产）：加能村苗族服饰有盛装、便装等，男女服饰都保持着传统特色，外衣大多为褐色花边，右衽圆领，斜襟开口，袖口亦镶花边。

新米节："新米节"是加能村村民为庆祝每年的农业丰收而举行的节日活动，一般为每年农历七月的第二个卯日。节日当天，加能苗民会到田间摘取一些谷穗携回家中用锅炒干，将米舂出，煮成新米饭（俗称火米饭），连同菜肴，先敬奉祖先尝新，意即感谢祖先开荒辟草，惠及后人。然后大家一起尝新，享受一年劳动的果实。饭后跳芦笙舞，热闹非凡。

新米节

斗牛（黔东南州第三批州级非物质文化遗产）：加能村斗牛是指人们让两头水牛以角相抵以争胜负的活动，牛是苗家人生产生活当中重要的一部分。加能村人喜爱斗牛，一是为了娱乐，让人们过个快乐节日；二是看谁饲养的牛身肥体壮；三是祈祷吉祥，如果牛肯打，打得凶，预兆年景风调雨顺、五谷丰登。

苗族芦笙节（贵州省第三批省级非物质文化遗产）：苗族芦笙节是加能村苗族村民在逢年过节、重要日子、农闲时节、茶余饭后重要的娱乐活动，即踩歌堂。在加能村，跳芦笙舞都是男吹笙，女随笙而舞。加能村芦笙分为特大号、大号、中号、小号等不同规格，芦笙曲调类别繁多：有感恩自然、赞美山水、谈情说爱、大调、小调、追忆调、走亲访友、迁徙调等门类，每一支芦笙曲调都隐藏着一支美妙感人的苗歌。

苗语：加能村的通用语言为苗语，当下仍为村里主要使用的语言。村里老人能听懂汉语，但不会说，所以村民交流时多用苗语。而对于年轻一代，他们同时会用苗话和汉语交流。

人文史迹

古井：加能村现有"乌搞摆"井、"乌搞"井、"加香机能"井、"乌呆"井、"加香摆"井，共5口古井，作为饮水、洗衣、灌溉的重要水源。

踩歌堂：位于村委会旁，由广场、戏台组成，是加能村民集会、过节、庆祝的活动场所，是加能苗族文化传承与表达的主要场所。

斗牛场：是加能村苗族过节斗牛的场所，加能村斗牛场自村寨形成之初就存在，现斗牛场位于村西北一处稻田上，四周高低不平的梯田作观众席。斗牛场节日时斗牛，闲时依然作为农田耕种。

古树名木：村内现有樟树9棵，枫香树1棵，水杉1棵，柏木1棵，榉树2棵，龙柏1棵，幌伞枫1棵，樟树群1处。

禾仓群：禾仓群由众多单仓木质禾仓组成，禾仓平面均为矩形，由4棵杉木或松木支撑上部仓身，底部架空，有利于防虫防潮，仓顶由青瓦或杉树皮覆盖。

踩歌堂

斗牛

建筑群

禾仓群

"乌搞"井

保护价值

加能村为纯苗族村寨，以王姓为主，其特有的苗族吃鼓藏、苗族芦笙节、斗牛等民族风俗，得到很好的传承发扬，为人们展示了苗族文化的魅力。

传统村落格局与整体风貌相对完整，传统建筑和历史环境要素集中成片，同时附带了大量的苗族吊脚楼建筑群、清代禾仓群等历史信息，见证了自清代以来该地区传统苗族的生活方式和文化特色。

加能村矗立于山脊之上，梯田环绕，竹林做伴，具有良好的景观视线。苗族吊脚楼民居层层叠叠，与群山融为一体，极具苗族村落特色。

加能村干阑民居建筑历史悠久，结构独特，村落布局结合当地的气候，布局独特，从建筑形制、村落选址与布局等方面具有较高的科学性。

加能村的历史、文化、艺术、科学、社会等价值都很高，故非常有必要最大限度地保护好加能村传统村落的整体风貌，以及村落生活、生产、生态空间的系统性和完整性，与村落周边的山川河流、田园林地，维持景观视野的延续性。

谭艳华 黄 丹 编

加能山脉

黔东南苗族侗族自治州从江县加勉乡加坡村

加坡村全貌

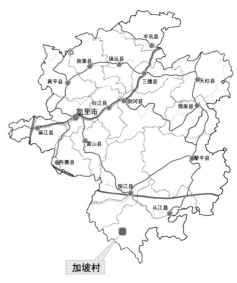

加坡村区位示意图

总体概况

加坡村老寨传统村落位于加勉乡最西侧，与加鸠镇紧邻，距乡政府驻地30公里，距离从江县城200公里，海拔1000米，全村国土面积16.28平方公里，辖3个村民小组，3个自然村，95户，412人。

加坡村属亚热带气候区，年降水量1300毫米，分布在4～7月份，无霜期230天左右，年平均气温15.2℃。整个地势东北高西南低，境内有养刚山、龙德山、污黑山等山脉。

据村里老人口述，加坡村韦姓祖先清末时期由湖南避战乱逃至勉乡别鸠村，而后迁往羊大村寻找落脚之地，因打猎偶然来到加坡村，发现这里气候宜人，便于开垦田地，能够自给自足地生活，遂率族人建村于此。

2019年加坡村列入第五批中国传统村落名录。

村落特色

加坡村位于山谷中的一块坡势较缓的山岭地带，一条通村路在村北进村前分成两条，顺山势向东部、南部蔓延，将村寨南、北两个生活组团串联，中间有巷道相连，传统建筑顺山势起伏，形成寨内错落有致的独特风貌，四周为山脉与梯田，整体空间东高西低，形成上下错落有致的独特风貌。村落北部有两处近千年古树群，古树群落与东部山林形成天然绿色屏障，其独特的自然景观和传统格局表现了苗族村民在严峻条件下的智慧与勤劳。

寨内传统街巷形成网状，与通村道路交叉相织。村寨绝大多数建筑为吊脚木楼，杉木装修，青瓦铺顶，屋檐统一瓦

脚，装饰白色封檐板。传统建筑整体保存较好，与村寨整体风貌相得益彰。

背山面田，左右维护，依山就势延冲顺岭的加坡村传统村落群山环绕，寨内民居建筑位于通村路东侧的缓坡地带，传统建筑群的布局与梯田隔路相望，使整个寨子坐落在三面环山、一面向田的青山良田之间，一方面营造了相对安宁的生活环境，另一方面也方便生产活动。加坡村选址顺应山势，寨东山体较高，南、北两边山坡顺势而下，就像一把座椅将整个寨子保护其中。加坡村这种依山就势、延冲顺岭的村落选址不仅巧妙地借用大自然的地形地势对村落形成一个保护，同时也利用丰富的自然资源满足了日常生活需求。

传统建筑

加坡村传统建筑依山而建，鳞次栉比，整体呈东高西低，错落有致，视野开阔，体现出古村寨选址时抵御外界侵犯的选址要求。

加坡村的传统建筑多为穿斗结构干阑式建筑，木柱支托、凿木穿枋、衔接扣合、立架为屋，多为二层，总体呈坐东北朝西南，由于用地有限，为创造更多的使用空间，建筑巧妙地与地势相结合，手法独具匠心。

加坡村是一个典型的苗族村寨，村内保留了传统建筑57栋，平面形式主要为正方形、长方形等。建筑墙体为原木色木板墙，门为传统木门，窗户为木板推拉窗。

传统民居

传统民居

加坡村平面图

建筑屋顶为歇山式青瓦屋顶。两侧有封檐板，正脊两端为青瓦堆砌的鳌尖，正脊中部为青瓦堆砌的腰花。

从加坡村整体建筑风貌来看，大部分建筑仍保留了传统苗族建筑风貌特色，传统村落风貌突出，均为具有地方特色的吊脚楼，一排排木楼，依山就势，巍峨参差，鳞次栉比，构成了一个庞大的木建筑楼群。木楼错落有致，形成了一条条幽深曲折的巷道，并铺设有青石板路通向各家各户，传统村落建筑风貌特色非常明显。建筑整体上统一协调而富有层次感。

传统木结构建筑多为四列三间，一正两厢或一正一厢，墙体主要为木板墙，屋顶为歇山式青瓦屋顶，两侧有封檐板，正脊两端为青瓦堆砌的鳌尖，正脊中部为青瓦堆砌的腰花，窗户为木格窗及木板推拉窗，建筑内部形成"人处其上，畜产居下"的空间布局。

民族文化

开秧门：是一种农业生产风俗，通常在每年农历四月上中旬，择吉日插秧，预祝秋季水稻丰收。加坡村村民会拿三根楷禾放在田坝上祈祷来年农作物长得好，当天就是开秧门，每年必须过了开秧门才能种农作物。开秧门一般3～7天。

开秧门

栽秧节：五月左右，栽秧节过一天，加坡村每家每户都会请自己家的两边亲人来家里吃饭，每户人家都必须杀一只鸭子。家人吃完饭后都要去自己的田里从一边取出三根秧苗移到另一侧的田坎上插入，然后把鸭头吃掉，剩下的鸭骨放在三根秧苗的土里，来祈祷来年丰收。

栽秧节

新米节：每年八月份左右，稻谷成熟后加坡村村民要吃新米，当天还要买肉吃，吃完饭每户人家都会去田里摘三根谷子放在家里，寓意丰收。

打谷子节：每年农历十月三十日是加坡村的打谷子节，农户会在打谷子节前把谷子晒完，打谷子节当天要在田里留下谷子底下一部分来祭拜土地，以祈求来年丰收。

打谷子节

苞谷新节：每年六月份左右，加坡村村民都吃新苞谷，吃新苞谷代表来年吃苞谷不会拉肚子，苞谷新节的前一天会以节气来祭拜天气，每家都会杀一只公鸡来祭拜，诉求风调雨顺。

苗年：每年农历十一月三十日是加坡村的苗年，每家都会打几个糍粑，大家会用糍粑来摸一下小朋友的头，寓意小朋友来年幸福。

苗年

村寨环境

人文史迹

凉亭：位于村落南部通村公路西侧，结构为穿斗式木结构。凉亭为八柱长方形建筑，整体保存良好，共一层，南、西、北三侧设长凳供村民休憩。屋顶为二层歇山屋顶，四面为白色锯齿形瓦檐，正脊两端及四角为白色翘角，正脊中部为青瓦堆砌的腰花。

古井：位于加坡村中部，井身由当地石块堆砌，井水甘甜可口，清澈见底。始建于清朝年间，井口呈矩形，井水由村民自行引水入户。

古树：村落北部有两处千年古树群，古树群落与东部山林形成天然绿色屏障，世代护佑村落。

古井

古树（木荷）

保护价值

加坡村风景秀丽，气候宜人，民居建筑多为传统木结构，小青瓦、脊花、吊瓜等具有浓厚苗族特征的建筑元素融入其中，形成具有苗族特色、人与自然和谐共存的少数民族村寨。

加坡村建立至今几百年的历史，无论是生活环境还是风俗习惯都保留了很好的少数民族传统，承载了丰富的历史文化。传统文化的绵长根脉深植于这个村落中，积累了特征鲜明的乡土文化、传统民俗等非物质文化遗产，构成了传统文化的现实根基，具有很高的保护价值。

谭艳华 黄 丹 编

黔东南苗族侗族自治州从江县加榜乡加页村

加页村全貌

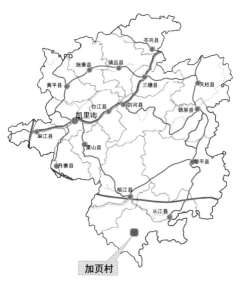

加页村区位示意图

总体概况

加页村位于加榜乡东南面，距乡政府所在地18公里，距321国道18公里。村辖面积12.98平方公里。全村辖4个村民小组，3个自然寨，132户，519人。

加页村坐落在月亮山腹地从江加榜梯田保护范围内的苗族聚居聚落，山林环绕，河流蜿蜒，是具有黔东南典型苗族文化特征的中国传统村落。

2019年加页村列入第五批中国传统村落名录。

村落特色

四面环山，梯田围绕，山中有寨、寨中有水的优美自然景观：村落位于从江加榜梯田范围内，整个村落被群山包围，梯田相依，气候宜人，一条污岁河从村西流过，是典型的近水利而避水患的选址布局，一方面方便生活生产用水，另一方面有火灾时可取用，整个寨子坐落在四面环山的青山绿水间，自然风光优美。

山脊之中，梯田环绕，排屋层叠，带状绵延，小桥流水，依山而居的传统村落格局：村落建于山脊之中，四周群山环抱。西南和东北部是延绵不断的梯田，山明田绿，如诗如画；村内建筑靠山面田，按照等高线逐步生长为一层层的排屋，同时用台阶相连，呈组团状紧凑簇拥。各组团间呈带状分布，形成错落有致的景观风貌；寨内街巷蜿蜒曲折，寨旁梯田高低错落、阡陌纵横，与传统民居构成了一幅幅美丽的布景。

传统建筑

加页村是一个典型的苗族村寨，村内建筑以苗族吊脚楼为主，至今保留了传统建筑208栋，占村庄建筑总数的87%，现有95%的传统建筑仍在使用。传统建筑多为穿斗式木结构干阑建筑，木柱支托、凿木穿枋、衔接扣合、立架为屋，多为二层。

加页村聚居的区域范围气候温和，水热条件优越，空气相对湿度大，土地有机质积累较多，适宜林木生长。加页村传统村落的传统民居一般选择木料作为主要建筑材料，用木柱支托、凿木穿枋、衔接扣合、立架为屋、四壁横板、两端做偏厦，屋面材料为当地小青瓦。

加页村传统民居将居住层由底层移至楼面，最大限度地适应聚居区域内起伏变化的地形地貌。

传统民居

禾仓群

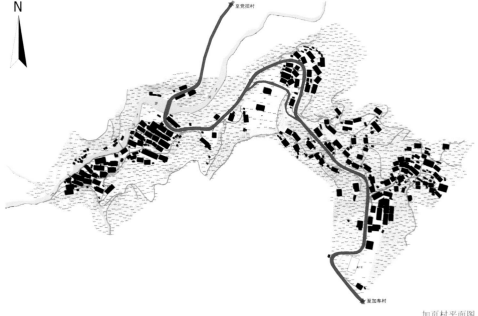

加页村平面图

民族文化

苗族服饰：苗语叫"呕欠"，加页村苗族服饰主要由童装、便装、盛装组成，外衣大多为褐色花边，右衽圆领，斜襟开口，袖口亦镶花边。从服饰上来看，加页苗族比较重视女孩，所以女孩的盛装比较华丽。平时，加页年轻女子额前盘发，老年妇女外搭青布巾，上穿青、蓝色大低领对襟式单纽扣短衣，衣袖宽大（约24厘米）且仅长至肘部，裸露的手臂套上素色或绣花的袖筒。下穿齐膝青色百褶裙，外栓自织彩条格子宽布带或刺绣围腰，膝下拴绑腿。在结婚或节庆时，加页女子头戴银牛角，发髻插银梳、银簪、银花、缠绕银丝链。上装或是华丽的缎质面料绣花衣，或是土布缝制的缀满彩绣并镶钉有数百颗银泡、银铃、银花和彩珠的银花衣。崭新的百褶裙外围，披着满是刺绣、贴花图案加彩色吊须的护裙片。颈上、手腕上戴着白晃晃的银项圈、银手圈。整套服饰绚丽夺目，把女子打扮得如花似玉。

苗族服饰

苗族芦笙节（贵州省第三批省级非物质文化遗产）：苗族芦笙节是苗族在节庆日进行的活动。芦笙舞，又名"踩芦笙""踩歌堂"等，因用芦笙为舞蹈伴奏和自吹自舞而得名。加页村苗族村民跳芦笙舞已有百年历史。芦笙舞大多在年节、集会、庆贺等喜庆时刻表演，主要有自娱、竞技、礼仪三种类型。加页芦笙分为特大号、大号、中号、小号等不同规格，芦笙曲调类别繁多：有感恩自然、赞美山水、谈情说爱，分大调、小调、追忆调、走亲访友、迁徙调等门类，每一支芦笙曲调都隐藏着一支美妙感人的苗歌。

芦笙舞

蓝靛染织：加页苗族擅长纺纱织布，她们自纺自染的"苗布"是苗家男女最喜爱的衣料。

过苗年：苗年是加页村一年中最隆重的节日。"苗年"是苗族人庆祝丰收的日子，是一年里劳作的结束与欢乐的开始，一般持续5～12天，在这段时间里，串寨喝酒、跳芦笙舞是必不可少的活动。加页村苗年为每年十月的"申"日或相近生肖日，节日当天外村的男子与村中姑娘在晚上对歌"游方"，如此数天，至子日或丑日结束。年轻人们又聚拢到下一个过"苗年"的村寨，继续庆祝。

长桌宴：长桌宴是加页苗族宴席的最高形式与隆重礼仪，已有几百年的历史。通常用于接亲嫁女、满月酒以及村寨联谊宴饮活动。桌上会摆满刨汤、腊拼、苗王鱼、白切鸡、韭菜根等苗族传统佳肴，左边是主人座位，右边是客人座位。主客相对，敬酒劝饮并对酒高歌，美味飘香，令人陶醉。

织锦

长桌宴

人文史迹

木桥：现有木桥3座，一座位于两整寨西北部，一座位于污岁寨西部，一座位于两整寨南部，结构较简单，由村内粗壮的木头搭建而成，用于通行。

芦笙堂：芦笙堂是加页村苗族村民在逢年过节、重要日子、农闲时节、茶余饭后重要的娱乐活动，即跳芦笙舞。在加页村，跳芦笙舞都是男吹笙，女随笙而舞。加页村芦笙堂有两处，一处位于羊德寨东北部，较为常用；一处位于雾偷寨东北部，平时很少使用，在重要节日会清理场地，布置活动。

石板路：穿插在民居建筑中，为人们提供交通的便利，默默记录着加页村的历史，经历了风风雨雨，见证了人世间的悲欢离合。现状的青石板经过岁月的洗礼，已经被打磨得十分光滑。

保护价值

村落历史价值：加页村保存了黔东南苗族村落相对完整的、真实的历史遗存，同时附带了大量的苗族吊脚楼建筑群、禾仓群等历史信息，见证了自清代以来该地区传统苗族的生活方式和文化特色，具有较高的历史价值。

村落文化价值：加页村以过苗年、长桌宴、苗族芦笙节、煨酒酿造技艺、蓝靛染织为文化特色，完整地体现了当地传统民风民俗，是黔东南地区苗族文化的活载体，是人们了解和体验苗族传统文化的最佳场所，有较高的文化价值。

村落艺术价值：在古色古香的加页村，历史久远的传统民居矗立在山脊之上，与梯田相依，与群山相融，极具苗族村落特色，具有较高的艺术价值。

村落科学价值：加页村干阑民居建筑历史悠久，结构独特，建筑材料及建筑装饰物独特，村落布局结合当地的气候、地形，从建筑形制、村落选址与布局等方面具有较高的科学性，也具有极高的科学探究价值。

村落社会价值：加页村是一个传统村落，为纯苗族村寨，以潘姓为主，其特有的过苗年、长桌宴、苗族芦笙节、煨酒酿造技艺、蓝靛染织等民族风俗，得以传承发扬，为人们展示了苗族文化的魅力。

谭艳华 黄 丹 编

梯田

凉亭

石板路

黔东南苗族侗族自治州从江县加鸠镇加学村

加学村全貌

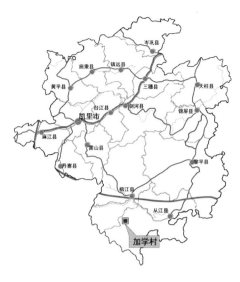

加学村区位示意图

总体概况

加学村位于加鸠镇西部，距镇人民政府驻地28公里，距从江县城104公里，距州府凯里218公里。南与加能村毗邻，北接裕民村，东与加鲁村接壤，西和榕江县计划乡九秋村交界，是进出加鸠镇的西大门。全村辖6个村民小组，170户，715人，是个苗族村寨。一千多年前，苗族先民们为躲避战乱分别从湖南、江西、广西等地迁入此地。

2016年加学村列入第四批中国传统村落名录。

村落特色

加学村位于从江县西部月亮山腹地。月亮山区的苗族先民为避战乱，一千多年前从湖南、江西、广西等地寻江而上，寻找新的居所，其中一支来到月亮山地区，在污牛河一带定居。村寨与具有重要历史考究价值的孔明山（据说因诸葛亮曾带兵到过此山与蛮夷首领孟获作战而得名）隔峰呼应，苗族群众世代居住于此。山脚下清澈的污牛河蜿蜒淌过，山顶是茂密的森林，半山以下常有雄伟壮观的梯田，村寨建在半山腰上，依山傍水。

加学村周边，层层叠叠的梯田挂满山坡，农耕文明在此绵延不绝，富饶的梯田是村民生产生活的中心。这里沿袭着古老的农耕方式，在荒山上开垦出层层梯田，以种植水稻为生，保存了中国古老的稻作文化。寨脚的污牛河，历史悠久，千百年来串联起沿河苗族村寨，举行民族活动。

传统建筑

加学村的建筑中96%以上都是苗族干阑式传统民居，多建于20世纪七八十年代，集中连片，其中部分为90年代一场大火后重建，村口还有部分2000年后新建民居，也保持了传统民居的风貌、结构和功能布局。民居多为苗族吊脚楼，依山顺势而建，鳞次栉比。建筑形态与山体形态一致，较好地满足了山体形态的原生态，保持了建筑与自然环境的有机融合，建筑群体轮廓的走势充分体现了与自然山体坡度形态的一致性。

吊脚楼建在斜坡之上，房屋朝外的一面是吊脚。把地基削成一个"厂"字形的土台，用石头装饰，土台之下用长木柱支撑，按土台高度取其一段装上穿枋和横梁，与土台取平，横梁上垫上楼板，作为房屋的前厅，其下作牛栏、猪圈，或存放柴火等杂物。长柱的前厅上面，又用穿枋与台上的主房相连，构成主房的一部分。

吊脚楼

粮仓

台上主房又分两层，开间与平房相同，旁有木梯与上下层相接，在大门前设有一个约1米宽的走廊，走廊的外沿有供人坐的木板和数十根弯曲的木条栏杆。

苗族传统的粮仓，木结构，树皮坡屋顶，一层架空，二层储粮。粮仓有的紧邻住处，但大多数成群整齐排列在村寨周围的半山坡上。

民族文化

加学村民族节日有牯脏节、苗年、吃新节、开秧节、斗牛节、踩歌堂等，其中尤以神秘而闻名的牯脏节最为隆重壮观，一般10～60年过一次。

吃牯脏是苗族祭祀祖先节日，是苗族最隆重的传统节日集会。

苗年：苗年是苗族祭祀祖先和庆祝丰收传统节日。在过年期间，要举行芦笙会、斗牛等活动。

加学村平面图

梯田

牯脏节宰牛

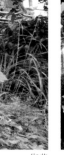

街巷

吃新节：吃新是加鸠地区盛夏初秋之交最为隆重、最盛大的节日，各村过的时间不统一。

还有开秧节、五月五等隆重节日，在此期间也举行跳芦笙、斗牛、斗鸟等体育活动。

斗牛节：加学斗牛每年一次，一般在农历新年后，农闲时节开展。苗族斗牛节是苗族传统的民俗活动，是指人们让两头水牯牛以角相抵斗以争胜论负的活动，被称为"东方式斗牛"。典籍、诗词、舞蹈、传说、鼓社记载斗牛；传统斗牛自由组合，不决胜负，现代斗牛分组、拈阄、淘汰制决胜负；苗族斗牛区别于其他民族的斗牛，就在于苗族斗牛是苗族牛图腾崇拜的遗迹。

苗族节日

跳芦笙

苗族祭祀

斗牛

人文史迹

为了解决不安定的社会问题，由摆拉村的女寨老务本，联合加学村的故红和秀摆村的故九等寨老，召集污牛河流域所有村寨有威望的寨老到加学村脚的能秋坡开会，商讨苗族社会秩序"整治"的问题。他们制定了一部以盟约方式的无字"山规"。为了使大家自觉遵守，寨老们决定在污牛河中上游加学村寨脚的能秋坡"栽岩"（栽石头），召集父老乡亲前来盟誓，这就是著名的"能秋埋岩"来历。

能秋埋岩遗址："埋岩"苗语称之为"额骚""骚耶""耶直""耶己"，千百年来一直是苗族社会特有的社会组织，"埋岩"分为总岩、方岩、小岩三级。从江县境内共有3个总埋岩组织，即"能秋囊尝""古冬整榜""依直松雠"。其职能和作用过去对外主要是抵御外侮和侵扰；对内是管理族内社会秩序、解决纠纷、制定和执行俗定规约、维护本族的生存和发展。

"能秋囊尝"总岩位于加学寨脚，污牛河、污秋河汇合处，苗语称此地为"松该你"，埋在一块约1500平方米的草坪之中，四周有苍莽古树和浓茂的森林护卫。其岩露出地表有65厘米，宽14厘米，年代久远。它领辖的村寨是从江县的加鸠、加勉、加榜、光辉、东朗、停洞等乡镇，下江镇的孖温村，榕江的计划、加宜、大友等部分村寨。总辖50个方岩，400余个自然寨，7万余人口（从江县境有320个村寨，6万多人，苗族占95%以上）。中华人民共和国成立后，分别于1986年和2009年举行了两次聚会决议。

能秋埋岩遗址

保护价值

加学村是苗族文化风情最浓郁、最古朴的月亮山地区的典型苗寨之一。村落中苗族干阑式传统建筑有吊脚母楼、连廊木楼、回廊楼屋等，村落依山就势，顺应地形，组团布局，结构完整。整体景观良好，古朴静谧，是传统可持续人居发展模式的体现，从整体格局到建筑风貌，具有较高的科学与艺术价值。

张　奕　余奥杰　编

加学村环境

黔东南苗族侗族自治州榕江县计划乡加宜村

加宜村全貌

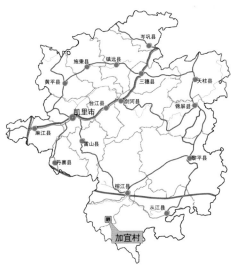

加宜村区位示意图

总体概况

加宜村位于榕江县计划乡，坐落于孔明山下大山山脊，四周高山重叠，谷壑幽深，野林莽莽，梯田（腰带田）层层。加宜村距县城西南约50公里，有油路直通寨侧，交通较为方便。加宜村已经有600多年的历史，全寨142户，720人，均为苗族，寨内蒙、辛二姓居多。

2016年加宜村列入第四批中国传统村落名录中。

村落特色

加宜村背山而落，山后为大片的山地林地，民居建筑掩映林间，阡陌交通，鸡鸣狗吠，好一处世外桃源。在村寨西侧有乌松溪流过，寨中分布有300年以上树龄的榉木和红豆杉，寨东侧有古枫林和楠木，西侧有猴栗等古木，风景独好。

寨中民居依山而建，层层叠起，蔚为壮观。民居多为吊脚半边楼，建于清末民初，至今保存完好。寨中有芦笙坪、寨东有芦笙坪，在加宜南侧现在依然有保存完好的栽岩遗址、土地庙，依稀可见当初村寨红火时的热闹景象。

传统建筑

加宜村的历史传统建筑群数量较多，保存完整，有着加宜的文化价值。加宜村的传统建筑，主要有吊脚楼、粮仓等。加宜村是榕江县境内苗族风情保存完好、规模较大、数量较多，建筑工艺独具特色，具有特色价值的物质文化遗产，主要有传统吊脚楼建筑群、粮仓群等。

吊脚楼：在加宜村的所有建筑中，最有代表性的就是传统民居吊脚楼，加宜村吊脚楼以木质杆栏建筑为主。由于村寨大多建在山区，山高坡陡，平整、开挖地

基时极不容易，加上天气阴雨多变，潮湿多雾，砖屋的底层地气很重，不宜起居。因而，勤劳的加宜村人民，构筑一种通风性能好的干爽的木楼。苗族的吊脚楼通常建造在斜坡上，分两层或三层。最上层很矮，只放粮食不住人。楼下堆放杂物或作牲口圈。两层者则不盖顶层。一般以竹编糊泥作墙，以草盖顶。占地十二三个平方米。屋顶除少数用杉木皮盖之外，大多盖青瓦，平顺严密，大方整齐。

粮仓：粮仓群分布在村寨中的上上下下，在村寨生产生活中具有重要作用。粮仓为木质吊脚楼结构，六个木柱支撑，仓高约3.5～4米。在距离地面1.5米处，用横穿枋将六个柱子连起来，再横装楼板及板壁，屋顶用小青瓦加盖。每仓面积约25平方米，可储粮5000公斤，这种粮仓具有防火、防鼠、防虫蚁三大功用。仓顶设有通风楼，这些古粮仓冬暖夏凉，粮食存放其中可防霉变。

吊脚楼

粮仓群

加宜村平面图

木桥

民族文化

加宜村风俗浓郁，人们热情好客，每年春节总是热闹非凡，举行各种具有民族特色的娱乐活动项目，其中最为盛行和历史悠久的就是芦笙舞。

芦笙舞：每逢年节，邻近各村寨以百十人为队同时举行吹跳比赛，参加比赛的芦笙队以能吹奏乐曲的多寡、声音是否优美、和谐，以及动作和步法是否丰富、舞蹈的时间是否持久定优胜。芦笙舞的动作以矮步、蹲踢、旋转、腾跃等为多。芦笙舞内容十分丰富，有"巧喝酒""蚯蚓滚沙""滚山珠"和"芦笙拳、牛打架""斗鸡"等多种。此外每年过"花山节"时跳，这是男女青年联欢和选择配偶的佳期，这天所跳的芦笙舞，古时就称为"跳花"或"跳月"，多在月明风清之夜进行。加宜村的芦笙文化发达，村内有传承人蒙全林、蒙老乔。

男女情歌：苗族情歌具有鲜明的历史时代特征和浓郁的少数民族特色，苗族情歌传唱是有场合的，称为"游方坡"或"游方场"，别具地方风格，在苗族地区的村寨才有这样的场地，而且都是固定，是苗族青年男女婚恋的媒介，男女双方缘于爱慕而互相对唱的苗歌称为情歌或"游方歌"，苗族情歌是榕江地区苗族人民最古老的歌曲之一，它与苗族人民生活并生并传，是嘴边"活着的历史"，谱写了千百年来美妙的"爱情故事"。

径，千百年来，斗牛文化对于苗民的生产生活影响深远。

古井：村内现有两口古井，古井始建于明代，分别位于村寨的北部和东部。古井水质优良，依然在使用。

芦笙坪：芦笙坪是每个苗族村寨必不可少的集体活动场所，逢年过节，苗族人民都会在芦笙场上举办丰富多彩的庆祝活动。芦笙坪用石板铺砌而成，每到重大的节日，村民们都会在芦笙场上载歌载舞，男人们在芦笙场上吹响芦笙，女人们穿上苗族盛装，在芦笙场上跳起苗族的传统舞蹈。

斗牛

古井

古树

保护价值

文化艺术价值：加宜村作为一个苗族聚居地，历史悠久，民族风情浓郁，村寨都保存着苗建筑、服饰、习俗、歌舞、乐器工艺等传统古老和原汁原味的古朴内涵，是实现民族文化交流的重要场所。

加宜村自古传承的传统舞蹈、传统节庆、传统民间技艺、民族特色美食等，均具有较高的保护传承价值。加宜人勤劳勇敢，充满智慧。他们在继承传统文化的基础上，形成独具魅力的特色民俗文化，流传至今，生生不息。民族民间文化尚保留原生状态，民居及建筑艺术独特，生态景观、人文景观互相映衬，传统文化具有浓郁的多样性、完整性、地域性。勤劳的加宜人，在与大自然和谐相处的千百年中，创造物质财富的同时，也创造了优秀的传统文化。苗族传统节庆文化、传统民间技艺文化、民族特色美食文化等，均具有较高的保护传承价值。

王 刚 黄 丹 王 倩 编

芦笙坪

芦笙舞

男女情歌

人文史迹

红色文化：1930年4月，由张逸和李明瑞等人领导的红七军一、二纵队3000多名官兵，从广西进入贵州月亮山区，准备攻打榕江县城——古州城。途径月亮山区时就住在加宜苗寨，临别时，红军把一把战刀、一本书和一匹战马赠给当时为红军带路的钟德丘作纪念。而今那匹战马早已不在，那本书也已丢失，只有这把战刀被当作"传家宝"，留给子孙，代代相传。

斗牛场：苗族人崇拜牛，牛元素体现在生产生活的方方面面，甚至已经成为苗族的宗族图腾。而斗牛也成为村民迎节日、庆丰收的重要娱乐方式。斗牛活动也成为男女之间相互沟通交流示爱的重要途

加宜村远景

黔东南苗族侗族自治州从江县西山镇卡翁村

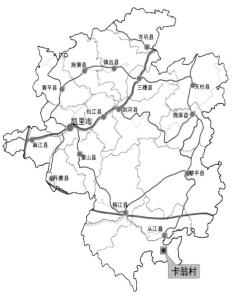

卡翁村全貌

卡翁村区位示意图

总体概况

卡翁村位于贵州省黔东南苗族侗族自治州从江县西山镇西部，距西山镇政府驻地约7公里。卡翁村分为卡翁、卡架、卡尾和包文，共4个自然寨，5个村民小组。谢、龙为卡翁村大姓，谢姓主要居于卡翁、卡尾自然寨，龙姓分布于卡架、包文自然寨居多。全村人口共282户，1258人，以侗族为主。村域境内河段长24公里，水资源比较丰富。

2019年卡翁村列入第五批中国传统村落名录。

村落特色

卡翁村坐落于卡翁河河畔，穿流而过的河流让卡翁村"因水而活"，给村寨增添了一丝灵气，给村民的生产提供了相对便利灌溉的用水条件。整个村域范围内有着茂密的树林，作为村寨的靠山不仅可以给村寨提供一层安全屏障，在一定程度上还起到了调节气候的作用。

流淌而过的卡翁河、四周环绕延绵的山脉、层层叠叠的梯田、蜿蜒曲折的田间小道，以及古树群等诸多要素相互穿插构成卡翁村各自然寨村落的边界。各边界要素承担自己的功能之外，相互融合、相互映衬，构成良好的景观模式。

传统建筑

由于卡翁村传统民居多建于20世纪七八十年代以后，集中连片，多为榫卯结合的木结构建筑，一层墙体为砖墙，依山顺势而建，鳞次栉比。建筑形态与山体形态一致，保持了建筑与自然环境的有机融合，建筑群体轮廓的走势充分体现了与自然山体坡度形态的一致性。卡翁村的传统民居主要为木结构，上盖小青瓦，二层四周安装木板作为墙体，一层垒砌土坯墙，窗户为木质格窗，由侧边"偏厦"架梯上二层。一般在二层前半部会有挑廊，挑廊上安装栏杆或栏板，为一家休息或从事手工劳动之所。前檐下悬一横竿晾晒衣物，后半部为室，室中为"火塘"，放置一个铁质"撑架"，终年烟火不息，顶上吊一方平面木格，侗语称之为"昂"，汉语叫"火炕"，专供烘烤谷物，又是取暖、用餐和接待客人的地方，两边皆为卧室，独具侗族民居特色。除利用檐下晾晒谷物外，侗族还在住房附近利用杉杆搭建梯形禾晾，利用杉木修建吊脚粮仓，有利于防火、防盗、防鼠、防潮。

民族文化

卡翁村民族风情古朴浓郁。侗族婚俗是侗族的一个很重要的风俗，传承了侗族古老的婚俗文化，也反映出侗族是一个团结友爱、可亲好客的民族。传统的侗族年轻女孩，喜欢在晚上三五成群地聚在家里纺纱、织布、唱歌。年轻的小伙子听着歌声就能找到女孩们，然后一起行歌坐月。如果互相喜欢，就回家跟家人说，若家人都不反对，男方母亲就去找个家族里有威望的长辈（必须已经成为奶奶）到女方家里说亲，如果女方家人同意，就送一只鸭子给说媒奶奶带回家，如果不同意就送一只鸡带回去。女方同意了，媒人就去跟男方家人说，然后男方家人会和女方一起商量，按照侗族的古老习俗来举行婚礼。而卡翁村有一个特别的婚嫁习俗，订婚或者结婚三年媳妇才过门。

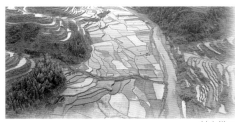

村内梯田

传统风貌建筑

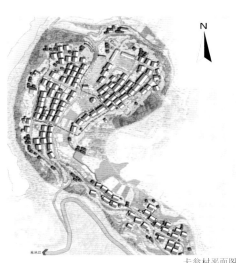

卡翁村平面图

侗族"踩歌堂"

侗族婚俗

古树

古树

上又保持着一贯的真实与粗犷，一代一代地将这种简单而古朴又原始的生活方式一直传承下去。

错落有致的空间格局是顺应山形地势逐步发展起来的，沿着山腰顺势分层，民居以干阑式建筑为主，立面空间与山体坡面相融合，村民这种借助地形修建房屋的方法，为现代建筑提供了可借鉴之处，古人高超的建筑技术具有重要的科学价值。芦笙作为民族乐器不仅具有观赏性，还具有较高的收藏价值，从不同侧面反映了当时村民们的审美观、价值观和人生观。

村寨所具有的历史、文化、科学、艺术等价值，可以在保护的前提下通过适当的开发利用展现出来，对基础设施和公共设施进行改造提升，完善村落的人居环境，吸引外界的关注，让更多的人了解学习我国传统村落文化的同时，提高村民的经济水平。

张　奕　余奥杰　编

相傍清河

村落一角

卡翁村的"踩歌堂"民族风俗活动大都以芦笙为主要的庆典乐器，以曲调为引线，吹奏抒情激昂的芦笙调，阵阵笙歌吸引着全村老少情不自禁地加入笙歌乐舞的行列，形成宏大热闹的芦笙歌舞场面，把节日的浓烈气氛推向更加欢乐的高潮。芦笙在卡翁村侗族民俗活动中充分显示了其特有的社会功能，形成了一种民间文化现象，在民间文化活动中占有相当突出的位置，构成了一道靓丽的民间文化风采。

侗族大歌是侗族地区一种多声部、无指挥、无伴奏、自然和声的民间合唱形式，被誉为"清泉般闪光的音乐，掠过古梦边缘的旋律"，2009年侗族大歌被列入世界人类非物质文化遗产代表作名录。卡翁村逢年过节的时候侗族大歌必不可少，白天"踩歌堂"，晚上就唱起侗族大歌。

保护价值

卡翁村历史悠久，村民保留了大量传统的生活方式。最早在20世纪初期逐渐形成村落，大部分村民仍然保留了传统耕作方式与风俗习惯，现有的街巷空间、公共空间和建筑形式，均是在各时代自然生长而成，体现了时代的延续性。

卡翁村的形成展现了在此居住过的村民们的生活理念、心理特征和价值取向，不管是村落选址还是空间格局，村落保持了相对完整的、真实的历史遗存和文化遗产，见证了该地区村民的传统生活方式和文化特色，为深入研究从江侗族文化发展提供了重要的历史依据，具有较高的文化价值。

卡翁村地势反映了该村落当时的处境，格局顺应着时代的变迁，但是在风俗

侗族大歌表演

人文史迹

古树：卡翁村村域范围内有不少古树群，主要有针叶松树、樟树、榕树等，形态各异，给人以饱经风霜、苍劲之感。

卡翁村落环境风貌

115

黔东南苗族侗族自治州榕江县朗洞镇卡寨村

卡寨村全貌

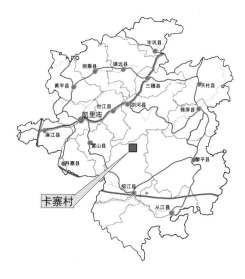

卡寨村区位示意图

总体概况

卡寨村位于榕江县北部，距朗洞镇镇政府所在地15公里，距榕江县城97公里，有通村公路通入寨中。据村内老人讲述，在明代时龙姓家族为避免战争迁居于此，目前卡寨村共辖上寨、下寨、新寨、赧望和下半溪5个自然寨，11个村民组，人口2048人，共507户，村民以苗族为主，属于黑苗支系。

2016年卡寨村列入第四批中国传统村落名录。

村落特色

卡寨村的主要村寨为上寨和下寨，将"上"与"下"合为"卡"，因此称之为"卡寨"。村寨北面和南面有两片农田平坦宽阔，农历三、四月份打田栽秧的时候，一片片亮水汪汪的农田映着青山、苗寨，一切都是那么舒缓惬意；到八、九月份当太阳升起时，农田里的稻禾露珠纯洁冰莹，还有蓝蓝的天空、白白的云朵、绿绿的青山，静静地绽放着五颜六色的野花，把整个村寨点缀得分外妖娆。村寨春、夏、秋、冬四季景色各异，春天百花竞艳，夏季万木争荣，秋来堆金积玉，冬到雪孕丰年，是个令人魂牵梦萦的地方。

因受耕地资源的限制，生活在这里的居民充分利用地形特点，在半山或田坝略陡的地方建造吊脚楼，一栋栋吊脚楼随着地形的起伏变化，层峦叠翠，鳞次栉比，卡寨村呈现出山—水—田—寨交相辉映、自然和谐的景观。

传统建筑

卡寨村的传统建筑群数量较多，保存完整，有着独特的文化价值。卡寨村的建筑工艺独具特色，它的传统建筑主要有吊脚楼、风雨桥、粮仓等，其中吊脚楼183座，古粮仓群3处。

吊脚楼：卡寨苗族吊脚楼多为"一"字形，以三间和三间带偏厦居多，也有两间和两间带偏厦的。偏厦多为半个开间大小，设于端部，上部屋顶接正面屋坡转至山面，因而得名。正房可以带一个偏厦，也可两山均带偏厦，构成较大体量的房屋。屋顶多采用歇山式和悬山式，坡度不大，出檐深远。屋顶样式较为灵活，有的吊脚楼一山面作歇山顶，另一山面作悬山顶，形成混合式屋顶，皆因具体情况而定。

传统建筑

风雨桥：卡寨村广河上共有四座风雨桥，上寨北侧有两座，一座底为石拱桥，上为木制风雨桥，一座正在修建，下底石拱桥已完成。下寨西侧一座，连接宰岑村。南侧一座，该风雨桥始建于清代，底为石拱桥，上为木质桥身，因洪水将一半桥身冲毁，现在仅剩一半桥身。

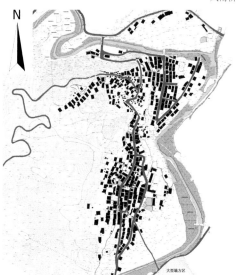

风雨桥

粮仓：卡寨村共有3处粮仓群，粮仓集中建于20世纪60年代，以二层居多，为全木干阑式建筑，目前粮仓仍在使用中，为村民储存粮食之用。

粮仓

卡寨村平面图

民族文化

芦笙舞：卡寨村苗民每遇节日庆典均会穿着盛装在芦笙坪上跳芦笙舞，以娱乐为主，表达苗民的喜悦之感。芦笙舞又称之为"踩芦笙""踩歌堂"等，因用芦笙为舞蹈伴奏和自吹自舞而得名。

苗族服饰：卡寨服饰在榕江苗族服饰文化中具有独特的文化形式，特别是女性服饰，雍容华贵，被有关专家称为"汉唐"样式和"战袍似的八卦衣裙"。目前，在卡寨村仍然传承着纺织制作服饰的一整套古老而完整的工艺流程，从采棉、摘棉、轧花、弹花、纺纱、浆花、纺线、织布，到刷浆、画蜡、浸染、脱蜡、漂洗，然后刺绣、挑花、缝制，最终成为一套完美的服装，无一不遵循古老的遗制，为此，有人曾形象将其称之为"民间纺织工艺流程的盛典"。2008年，卡寨村因其独特的民族服饰和民间歌舞，加上深厚的民族文化底蕴，被国家文化部授予"卡寨苗族服饰歌舞文化艺术之乡"。

苗年：卡寨苗年设于每年的农历十月。过苗年这天，家家户户杀猪、打粑粑，即开始过年。过年前，全寨所有人家必须要完成秋收秋种，否则不准过年。

人文史迹

芦笙坪：芦笙坪位于上寨东北部高于田坝约2米的小丘坡上，该芦笙坪始建于清代初期，为椭圆形，面积大约400平方米，中间立有石杆，地面青石铺满。芦笙坪为村民集会的主要场所，每逢节日庆典，村民们着盛装在芦笙坪上载歌载舞，彰显苗族民族文化。

哨卡：哨卡地处进出上寨的要道边，始建于清初，原为察守整个村寨的防火、防盗等安全问题而设。整个建筑为穿斗结构的单层木构建筑，高约6米，有木梯可以上下，中间设有火塘，三面围有悬挑座椅，冬天值班人员会自己从家中带来柴火放在火塘上烧火取暖。

土司衙门遗址：卡寨村土司衙门，又称平江衙门，始建于清乾隆年间（1736—1795年）。建筑坐西朝东，系清将仕郎杨胜模所建。民国以后就逐渐被拆，仅剩一小块围墙，遗址上已建有几栋民居建筑。

古树：卡寨村群山环抱，古木参天，有楠木、杉木、松木等古树，其中上寨和下寨分别有一棵楠木，树龄均有上百年，村后树木郁郁葱葱，拥有众多古树林。

芦笙坪

芦笙舞

苗族服饰

哨卡

土司门遗址

古树

保护价值

卡寨村的建筑工匠巧妙运用力学原理，运用长方形、三角形、菱形等多重结构的组合，柱柱相连，枋枋相接，构成了三维空间的网络体系。这种建筑看似上实下虚，但牢实坚固，非常实用，成为研究当地建筑工艺和建筑文化的重要依据，在建筑学方面具有较高的科学价值。与此同时，民居建筑的细部装饰构件，如"美人靠"、木梯、青瓦屋顶、木质栏杆、雕花等，精美别致，整个村寨古朴自然，使得村寨具有很高的美学价值。

黄 丹 周安然 编

村落景色

黔东南苗族侗族自治州锦屏县平略镇平敖村

平敖村全貌

平敖村区位示意图

总体概况

平敖村位于锦屏县平略镇的西部，距锦屏县城公路里程24公里，距黎平机场30公里，距镇政府所在地6.5公里。平敖村辖11个村民小组，共266户，1238人。传说姜承德于洪武五年（1372年）从江西进入平鳌开辟居住，后有杨姓于嘉庆初期相继迁入。

2019年平敖村列入第五批中国传统村落名录。

村落特色

平敖村地势险要壮观，人们称之为平略镇的"西藏高原"。村寨水资源丰富，寨内古井、坑塘较多，水源皆来自于周边山体，寨中有一条小溪，小溪两侧全是水田。村落呈"凹"字地形，南北侧及上东侧高、西侧低，平敖民居坐落在一个盘地上，盘地中有一条长岭穿梭于寨中，形像一条鳌鱼，是典型的山地苗族村落。

平敖南面有气势磅礴的965米高的满天星大山，北面有一夫当关万夫莫开的锁口山，东面有三板溪水电站坝边高耸的鸡冠坡，西面有去文斗的关山口，得天独厚的地理优势造就了平敖人能在此生活近千年而不受战乱威胁。

传统建筑

平敖村传统建筑主要为苗族吊脚楼。从内部结构构造看，吊脚楼一般以四排三间为一幢，有的除了正房外，还搭了一两个"偏厦"。每排木柱一般9根，即五柱四瓜。每幢木楼，一般分三层，上层储谷，中层住人，下层楼脚围栏成圈，作堆放杂物或关养牲畜。住人的一层，旁有木梯与

传统建筑—姜氏宗祠

楼上层和下层相接，该层设有走廊通道，约1米宽。堂屋是迎客间，两侧各间则隔为二、三小间为卧室或厨房。房间宽敞明亮，门窗左右对称。有的苗家还在侧间设有火坑，冬天就在此烧火取暖。中堂前有大门，门为两扇，两边各有一窗。

苗族吊脚楼是干阑式建筑在山地条件下富有特色的创造，属于歇山式穿斗挑梁木架干阑式楼房。根据地貌的不同，其建筑形式也就分为了斜坡吊脚楼和平地吊脚楼两种。楼上住人，楼下架空，被现代建筑学家认为是最佳的生态建筑形式，它依山傍水，鳞次栉比，层叠而上。

传统民居

民族文化

尝新节：尝新节亦叫尝鲜节，大都为农历六月初六日。节日到来时，谷物已初具孕穗，各种蔬菜正蓬勃成熟，摘来新鲜瓜豆，采下几根新禾苞，剪断放在糯米饭上一起食用，以示成熟将至，丰收在望。该节日期间平敖村民以吃糯米饭的方式庆祝，同时还举行隆重的斗牛比赛活动。

四月八：平敖人四月八吃乌米饭、山歌对唱。山歌对唱主要为村民用民间的山歌传递着当地人民厚重的情谊，山歌对唱，没有伴奏，没有配乐，只有最淳朴而具感染力的清唱，只有少数民族人民那充满生活气息，自编自排的乡土舞蹈。

锦屏文书：每年农历六月初六，平鳌苗寨有晒家谱、族谱、契约文书及锦屏文书的

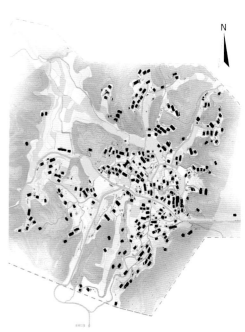

平敖村平面图

尝新节活动

苗族吊脚楼建房技术

人文史迹

刻字石碑群：村寨内较好地保存着11块石碑，这些古碑记载着平鳌村前人建设发展纪实，是历史的见证。有康熙三十六年（1697年）的"附籍碑"、乾隆四十七年（1782年）的"培植风水碑"、嘉庆十七年（1812年）的"修路碑"、光绪十四年（1888年）的"建凉亭碑"等碑刻，有的记录着平鳌人修桥、铺路等建设家园的义举，弘扬"人人为我，我为人人"的互助共进精神。也有讲述苗民纳粮入籍，接受户籍编制，主动内地化过程的碑刻。

议事长廊：是苗侗传统村落自治的体现，目前在原址上修建了风雨桥，是村级领袖对村级矛盾的处理和村级事务的民主协商的地方，不让矛盾出村。

老凉亭：在村寨西南侧有凉亭1座，杉木建造，由一条古老的石板路连接至村寨，是曾经平鳌通往文斗及下山的主要通道。

议事长廊

老凉亭

吹唢呐

刻字石碑群

习俗，并在晾晒过程中向村里的小孩传授族规家训，传承传统文化，让民族文化薪火相传。这一天，平鳌苗寨寨老姜承模会给村里的孩子讲解族规家训，讲述地点一般集中在广场宗祠前或村寨其他公共场所。

唢呐：是民间的一种乐器，长约1.5市尺，木杆钻空制成，开7孔，最下面一孔供放气、调音，上面6孔供吹奏。木管下端装一个铜质喇叭，能使声音洪亮、圆滑、悦耳，上端插一个根笔筒似的喉管，管头安上用芦苇制成的哨子，用嘴衔着吹奏即可发音。

苗寨吊脚楼营造技术：传统建筑的建造过程较为复杂，需经历选址、定格、伐木备料、发墨、绘丈竿、请匠饭、发撮、排扇、竖柱、上梁、安大门等工序才算完成建筑的修建。苗族木匠是苗族人民幸福生活的设计师，是苗族传统木楼的建造者，是苗族传统木制建筑文化的继承人。作为苗族木匠，他们的社会职责，就是要设计苗族人民幸福生活的现实空间，创造苗族人民快乐人生的坚实世界，满足苗族人民正常生产生活对建筑文化的特殊需要，同时还要履行苗族传统建筑文化传承与发展的责任与义务。

民族服饰

保护价值

平鳌苗族村落孕育着苗族文化，也是苗族文化蓬勃发展的见证，它的巷道、吊脚楼、斗牛场、服饰等都已经转换成苗族文化的自然语言，承载着苗族原生态的信息。山地陡坡改造成为生产生活所用的梯田，利用山泉溪水进行灌溉，无论是梯田还是苗族吊脚楼的营造，均具有特殊的历史文化价值。

刘　翼　张　奕　编

晒文书、族谱

平鳌村环境

黔东南苗族侗族自治州从江县洛香镇平乐村

平乐村全貌

平乐村区位示意图

总体概况

平乐村地处洛香镇东南部，距镇政府驻地10公里，距县城55公里。全村辖2个村民小组，分布在2个自然寨，共73户，侗族人口为303人，占全村总人口的98%。全村耕地面积为329亩，其中田地面积为279亩。元朝末年时期就在此建寨，至今已有近500年的历史。相传侗族祖先原生活在珠江下游岭南的水乡泽国，秦汉时期为了逃避战乱，溯江而上，几经迁徙来到平乐村定居。

2019年平乐村列入第五批中国传统村落名录。

村落特色

平乐村的选址特征为背山面水，传统格局以沿山坡等高线布局、地基层升高的排屋建筑为中心特征。建筑群具有明显生长痕迹，从寨底可以清晰看出建筑与地形等高线的呼应关系。多数排屋建筑前后均为道路，道路和建筑之间形成环绕关系，呈现排屋层叠、路绕人家的独特格局。

村寨环境

传统建筑

平乐村传统民居具有侗族传统民居建筑特征。厨房、猪牛圈等皆设于屋侧、房后或设置在一层。房屋一般分正屋、厢房、前厅、偏厦等。正屋是主要部分，有三柱屋、五柱屋、七柱屋、八柱屋等。侗族的民居大部分均为木质结构。

平乐村的历史传统建筑按其功能可分为公共建筑和宅居两大类。公共建筑有祭祀性建筑、议事及娱乐性建筑等，如鼓楼、风雨桥、寨门等，这些公共建筑保存基本完整，周边环境良好。传统民居有大户建筑和一般民宅建筑。这些建筑最早建

传统民居

传统民居

于清代，少量建于民国时期，所有建筑均具有侗族传统建筑特色。分布于寨内其他的公共建筑和古民居大多相对保存完整，基本体现了平乐的历史风貌。侗族的传统建筑建造时从来不用图纸，哪怕是三四十米的鼓楼也是如此。村内的工匠们只用半边竹竿和棍签作为标尺，俗称"丈杆"和"鲁班尺"。精明的木匠师傅，就凭这根"丈杆"和一捆"鲁班尺"建造出许许多多雄伟、秀丽的建筑物。

民族文化

吹芦笙：侗族的芦笙大多装有2～3个共鸣筒，起到扩大音量的作用。共鸣筒的音响频率同竹管的音响频率必须同等才能产生共鸣。一般说，共鸣筒的长度为竹管

平乐村平面图

吹芦笙

萨玛节现场

风雨桥

长度的四分之一左右，侗族工匠能够制作出倍低音、低音、次中音、中音、高音和特高音的芦笙。倍低音芦笙最长者可达两三丈，特高音芦笙最短者只有两三寸，一般以三四尺的中音为众。侗族民间以吹芦笙为乐，逢年过节、红白喜事、丰收庆典，都少不了吹芦笙。有时当地民间还举办吹芦笙比赛活动，数十支甚至成百上千支芦笙齐鸣，场面十分壮观。

弹琵琶：侗族小琵琶称"比巴拉"，琴伴奏的歌曲叫作"琵琶歌"。在广大的侗族地区，人人会弹琵琶，个个会唱琵琶歌。琵琶歌是侗族文化的瑰宝，据说它的曲调在百种以上，有大调与小调之分，除有传统的曲调外，多为歌唱爱情的抒情歌，歌词也多是根据曲调临时自编的。每逢节日和劳动之余，全寨的男女老少都会尽情欢乐，弹起琵琶，传歌、对歌。侗族歌手在唱琵琶歌时，也常常用它伴奏，自弹自唱。

萨玛节：侗语"萨"是祖母，"玛"是大，"萨玛"即是大祖母的意思。相传在母系氏族阶段，侗族有一位叫"莎岁"的女英雄，她在抵御外敌入侵的战斗中不幸牺牲，族人为纪念她，将其奉为能给侗族同胞带来平安和幸福的神灵，尊称她为"萨玛"。因此，在侗寨都建有祭祀坛或"圣母祠"，以供奉她的英灵。并于每年春节举行一次演习性的军事活动以示缅怀。祭祀那天，人们举刀舞枪，鸣锣吹笙，在"炮火"中高呼着冲出村外，归来时还用标枪穿着用稻草扎成的敌人"首级"表示获胜。

人文史迹

古井：位于村寨西部通村道路主干路旁边的石坎底部，古井由石块砌筑而成，古井顶部设置一个小空间放置盛水工具，为路人提供饮水环境。

土地庙：位于村寨北山脚，庙宇用青砖砌成，屋顶为青瓦坡屋顶，庙宇只有三面墙体，正面为开敞空间，内部放置土地公和土地庙雕像。

风雨桥：始建于清光绪二十年（1894年），都是以杉木为主要建筑材料，整座建筑不用一钉一铆，全系木料凿榫衔接，横穿竖插。棚顶都盖有坚硬严实的瓦片，凡外露的木质表面都涂有防腐桐油，所以这一座精致的建筑物，横跨溪河，傲立苍穹，久经风雨，仍然坚不可摧。风雨桥结构严谨，造型独特，极富民族气质。壁上或雕或画有雄狮、蝙蝠、凤凰、麒麟等吉祥之物图案，形象诙谐洒脱，古香古色，栩栩如生。据传，风雨桥建在溪河上不仅给人们交通提供便利，而且还有镇邪和留财之意。

风雨桥壁画

古井

保护价值

平乐村传统村落拥有丰富的物质文化和非物质文化遗存，村落保存了贵州黔东南古村落相对完整的、真实的历史遗存，同时附带了大量的历史文化信息，完整地体现了当地传统民风民俗，是从江历史文化的重要载体。其作为萨岁文化发源地，是侗族萨岁文化的重要纪念地，具有较高的社会价值。

余奥杰 编

土地庙

琵琶教学

平乐村梯田环境

黔东南苗族侗族自治州从江县斗里镇台里村

台里村全貌

台里村区位示意图

台里村

总体概况

台里村位于从江县斗里镇，距镇政府驻地6公里，距从江县城58公里，距黔东南州府318公里。东部有242国道自北向南经过，对外交通主要依靠通组路。据台里村老人叙述，台里村第一代人"潘老厂"，从北方迁来此地，距今已有13代人，有300多年历史，全村行政区域国土面积16.06平方公里，辖13个村民小组，7个自然村寨，共359户，1435人，为苗族村落。

2019年台里村列入第五批中国传统村落名录。

村落特色

台里村地处山区，地势起伏较大，东南高、西北低。村落选址于高山半坡，这是军事和村际交往的需要。村落四面环山，耕地环抱。村寨坐落在一个高山坝子上，一条小溪从寨子中穿过。村寨周边山体林地与耕地交织，寨中沟渠交错，流水潺潺，池塘星罗棋布。寨内山泉丰富，适宜居住。村落建筑依山就势，呈线形梯状，建筑层叠错落布局。

台里村自然生态保护良好，山清水秀，空气新鲜。台里村的旅游资源也十分丰富，是体验民族文化与生态旅游的胜地。

传统建筑

寨中房屋为干阑式吊脚楼，鳞次栉比，错落有致，多为杉木建造，歇山顶覆小青瓦，台里村全部传统建筑物占村庄建筑总面积的比例92%，99%的传统建筑物仍在使用。台里村民风淳朴，风情浓郁，村寨建筑风格独特。现以苗族建筑风格木结构建筑为主，建筑形式以苗族吊脚楼为

主，建筑的形制一般是上、中、下三层，上层房间作储藏，中层是生活层，下层为牲畜与杂物层。一层用砖石，二层以上为木质的材质结构。寨内建筑形式淳朴，建筑结构匀称结实，具有典型的民族特色。

在建筑风格上，有独具特色的吊脚楼，长廊相连，短梯相接，错落有致。建筑外墙和楼板均为木质材料，局部加以镂空图案装饰，屋面承重采用木质穿榫古式屋架（进深不同而异），基层为檩木、椽皮，屋面采用小青瓦，多建于20世纪四五十年代以后，房屋集中连片，多为榫卯结合的木构建筑，依山顺势而建，建筑形态与山体形态一致，较好地保留了山体形态的原生态，保持了建筑与自然环境的有机融合，建筑群体轮廓的走势充分体现了与自然山体坡度形态的一致性。

传统建筑

传统建筑

N

台里村平面图

村落一隅

民族文化

台里村寨民风淳朴，民族风情浓郁。台里村人民在精神生活上独具创造力，其民间艺术历史悠久、内容丰富。

芦笙表演：每年正月初三、初四是一年一度的苗族芦笙节，芦笙节在台里村非常隆重，节日当天人山人海，盛装打扮的苗族姑娘成帮结队地跳芦笙舞，男汉壮丁赛芦笙，好一片欢天喜地的景象。台里村年年在芦笙堂吹芦笙，庆祝自己的节日，也向上天祈福保佑着村寨平安，风调雨顺，收成满满。

苗年：台里村苗年是每年农历十月，一般历时三五天或15天。年前，各家各户都要准备丰盛的年食，除杀猪、宰羊（牛）外，还要备足糯米酒。年饭丰盛，讲究"七色皆备""五味俱全"，并用最好的糯米打"年粑"，互相宴请馈赠。2008年6月7日，"苗年"被列入第二批国家级非物质文化遗产保护名录。

吃新节：每年农历七月，台里村的苗族人民都欢度一年一次吃新节，昼歌夜舞，人山人海，重视程度不亚于过苗年。

苗歌吹笛：男女对唱，女性外加吹笛。

苗族祭祀：一年开展一次，以寨老牵头，组织刚满18岁的未婚男女青年，到寨子公墓进行祭拜，用公鸡和黑猪祭祀，永保寨子平安。

织布：织布是一种手工艺，在当地被视为衡量女性是否灵巧、能干的重要标志。

芦笙场

人文历迹

古井：寨内共有6处古井，每处古井都由井池及洗涤池组成，井池作为村民生活用水的直接取水处。寨内古井洗涤池或古井旁的溪流水域上一般都架有木条，是村民保平安、求子等祈福的表现，木条越多，也代表着此处古井对村民的祈福应验得也多，在村民心中圣地地位也越重。

古树：台里村的房前屋后依然保有独立或成片的古枫树，以及榉木等大量的古树名木，在制造氧气、调节温度和阻滞尘埃、降低噪音等方面有生态价值。寨内有被国家列为一级保护的濒危植物，有"活化石"之称的桫椤树一棵，古树是村民的一种精神寄托，被尊称为"保寨树"。

村志：记录传承村庄的山川地貌、风土人情和人文历史。

古树

保护价值

台里村形成于清朝时期，村落选址和空间格局科学考究，延续了中国民间的风水格局理想的观念，村落保持了相对完整的、真实的历史遗存和文化遗产，见证了该地区居民传统生活方式和文化特色。村落主要承载了该地区苗族文化，对于研究贵州省黔东南区域的苗族文化具有一定价值。台里村木建筑群的保存具有一定的研究价值，其巧妙的建筑空间组合、建筑形式对于现代建筑具有一定的借鉴学习作用。

陆显莉 黄 丹 编

芦笙节

古井

村志

吹笛

村寨环境

黔东南苗族侗族自治州从江县往洞镇往洞村平楼寨

往洞村平楼寨全貌

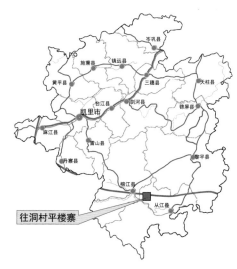

往洞村平楼寨区位示意图

总体概况

往洞村平楼寨位于从江县西北部。明朝洪武年间，江西、湖南一带难民逃到这里定居，形成侗族村寨，距今已有600多年历史。距从江县城51公里，距榕江县城31公里。平楼自古以来就是九洞地区民族文化活动的中心，是著名的九洞款堂所在地，斗牛堂在黎平、从江、榕江三县远近闻名。全寨国土面积为4.46平方公里。

2019年6月德桥村列入第五批中国传统村落名录。

村落特色

平楼寨坐西朝东，平楼河蜿蜒穿过。民居沿缓坡而建，顺山势而行，鳞次栉比，布局错落有致。寨内巷道自然分布、纵横交错，呈现出一种自然状态的肌理，村外古树群及村落整体风貌保存完好。平楼寨与周边的自然山体、水系、农田共同形成了"远山苍翠，近村烟火，河水清幽，农田顷顷"的美好田园生活风貌。

传统建筑

平楼寨的建筑体量虽大小各异，但在色彩、用材、风格上却高度统一，造就了协调一致的村寨风貌。

平楼寨侗族民居一般是一家一栋，也有将同一族各家的房子连在一起，廊檐相接，可以互通。寨内民居群体布局常组合成团，围绕一水池布置住宅。水池功能有二，其一是为了排积污水，其二是为了设置公共厕所。侗族民居宅内无厕所，厕所公用，设在水池中间，架独木桥入厕。

民居建筑：平楼寨传统建筑多在楼下安置石碓，堆放柴草、杂物，饲养牲畜；楼上住人。前半部为全家休息或从事手工劳动之场所；后半部为内室，其中设有火塘，这既是"祖宗"安坐之位，也是全家取暖、烧饭的地方。火塘两侧或第三层楼上是卧室。大门居中而内凹，体现了中国传统"中庸"与"收敛"的处世思想。

鼓楼：鼓楼是侗乡具有独特风格的建筑物，平楼寨鼓楼高耸于寨中，巍然挺立，气概雄伟。飞阁垂檐，层层而上呈宝塔形。瓦檐上彩绘或雕塑着山水、花卉、龙凤、飞鸟和古装人物，云腾雾绕，五彩缤纷。

风雨桥：风雨桥又称花桥，平楼寨风雨桥建于2013年，按传统风雨桥结构形式修建，结构严谨，造型独特，整桥不用一钉一铆和其他铁件，皆以质地耐力的杉木凿榫衔接。这座横跨溪流的木石结构大桥，长69米，桥道宽2.5米，桥面高5.5米。长廊重檐式风雨桥，桥两端及正中抬为重檐，共建有3个宝顶，23间桥廊。桥上两旁还设有长凳供人憩息。

民居建筑

风雨桥侧立面

平楼寨平面图

鼓楼

斗牛活动

斗牛堂

民族文化

侗族芦笙：芦笙制作工艺没有纸质纪录，技艺的传承主要是以师带徒，言传心授为主。侗族民间的能工巧匠，利用竹、木和铜片等三种材料即可制造出各式各样的芦笙，吹出的声音清脆、响亮、浑厚、悦耳。白竹是制作芦笙的最佳材料，制作芦笙一般都采用三年以上的老竹，多在每年立秋以后和立春以前采竹，在这个季节里采伐的竹子比较坚硬，而且不会生虫。

九洞款堂："六洞""九洞"这些叫法不是特指某些侗寨，而是历史上对某些侗族居住区域的泛称。自古以来，九洞地区的侗族人民为了团结一心抵御外来侵略、在民族自治管理和风俗上达成某些一致意见、确定统一的思想和文化等观念，由地区德高望重的人带头组织各村寨代表集中最中心的地方进行议事（民间叫"议款"），位于平楼的九洞款堂由此而来。

斗牛堂：九洞地区侗族人民的斗牛堂，称"平楼斗牛堂"，平楼斗牛堂为当时各地斗牛堂中规模最大，在黎、从、榕三县最有名。民间流传的《斗牛古词》中曾这样写道："孔明天相号召娱乐，苗、侗祖先凑银买牛，吹笙斗牛，乐而忘返"。

吃新节这天，人们身着民族盛装，全寨男女老少来到斗牛堂，观看斗牛活动。

节庆活动

古井

人文史迹

平楼寨的发展历史可追溯到明朝洪武年间，受战乱影响，当时有江西、湖南一带难民逃到这里定居，当时大部分在平楼寨大寨，一小部分到平楼这里。当时平楼寨不过是十几户人家，后因生产生活需要，于清朝乾隆时期一小部分往洞大寨的人分散到来建房居住，于是相应的侗族特色建筑——鼓楼、风雨桥、寨门等随之兴建起来，主要分布在平楼、几秀、便因几个坝子上，后几经搬迁最终于清朝同治年间集中于此。

古树：平楼寨自建以来，先人们就在寨子周边种下树木，并对这些树进行保护，这些古树年龄均在100～300年不等，古树集中在寨子西侧山头，构成平楼的护寨林。

石碑：在村寨内河对面立有九洞款堂的碑，是县级文保单位。

鼓楼：平楼飞阁垂檐，层层而上呈宝塔形，高10米，5层次。

古井：在寨中有1口古井，位于村寨上游200米处的公路旁。

九洞款堂石碑

古树

保护价值

平楼寨自古以来就是九洞地区民族文化活动的中心，森林资源丰富，种类繁多。村寨四周古树参天，与村落民居交融在一起，反映侗族人民与自然和谐统一，达到天人合一的境界。

平楼寨传统民居体现了当地民间传统的建筑艺术水准，其建筑细部工艺高超；其非物质文化如国家级的侗族大歌、六月六、吃新节、斗牛活动都极具参与氛围和观赏价值。织绣、侗锦、侗布、挑花、刺绣等传统手工艺极富特色，经历了几百年的演变，代表不同时期的这个民族特有的文化。

平楼寨传统村落作为黔东南州最具代表性的侗族文化村寨之一，历经时代变迁村落却依旧保持原有的传统风貌，并保存了相对完整的、真实的历史遗存和文化遗产，同时附带了大量的历史文化信息，体现了很高的文化水准，见证了该地区的生活方式和文化特色，有较高的历史价值、艺术价值和科学价值。

周安然　黄　丹　编

平楼寨远景

黔东南苗族侗族自治州黄平县一碗水乡印地坝村

印地坝村全貌

印地坝村区位示意图

总体概况

印地坝村地处一碗水乡南部，与施秉县牛大场镇金坑村和新州镇良田村接壤，西面与旧州镇船坡村和巢虎屯村为邻，北边是代章村和杨龙坪村，南面与新州镇柿花村和旧州镇巢虎屯村相连，距离县城约39公里，距离乡政府所在地13.5公里，国土面积13.1平方公里。

2019年印地坝村列入第五批中国传统村落名录。

村落特色

印地坝村是一个位于群山之中以苗族和汉族为主体的村寨，㵲阳河在印地坝转了个大弯形成河谷盆地，村落选址于一块相对平坦的山腰上，依山傍水而建。建筑多与地势相结合，房屋布局密集，纵横交错，疏密有致，坐西北朝东南。形成了高低错落、内聚有力的传统聚落空间特点。

印地坝寨西高东低，俯瞰整个村落，呈"国"字形分布，中间一条主道贯通整个寨子，横着有几条道路连接主道，房屋90%是木质结构，部分还有200年以上的历史。村内巷道宽度多在1.5～3米之间，中间主要巷道宽约3米，台阶和村落角落的巷道仍保留了传统土质、碎石、石板等路面形式。

传统建筑

印地坝村传统村落内的民居以一层为主，一般为四榀三间或七榀五间的木结构楼房，正房是坐北朝南，房子按南方具有特色的一层楼木房建设，每个房间都带有雕刻花窗，以原木的颜色呈现，屋顶都是当地烧制的黑色土瓦，以"人"字形按南北向或东西向分布，四周安装木板壁。中间是正房，用以存放祖先的牌位以及祭祀时所用，同时也是用于正式的接待客人、族人、过节等的聚餐地。

传统民居

屋面结构四榀三间为主，呈"凹"字形，中间为堂屋，两侧为卧室，堂屋前设置两道木门，由一高一低两道紧挨在一起的门组成，外面为半米高的矮门，里面为到顶的大门，大门两侧为木质雕花窗，正门上方顶楼开一方形木质花窗，侧间各开一扇门于堂屋外两侧，各房间设置一扇木质雕花窗，建成年代较早的窗户花格图案相对复杂，多为几何图案。屋檐多雕刻有地方花纹装饰。

坡屋顶是当地民居的一大特点，屋顶形式为悬山顶，坡度不大，但出檐较深，屋面屋脊有举折、生起向心、落腰等做法，曲线十分流畅，而且彼此相互呼应，使屋顶成为建筑造型最富有表现力的部分。同时屋脊也非常具有特色，屋脊大多是以黑色土瓦垒脊，两端楼檐翘角上翻如展翅欲飞，其中花多以瓦片垒砌。檐口用有锯齿状花纹木板装饰，起滴水、防风防火等功能。

村寨环境

印地坝村平面图

民族文化

祭祀习俗

古歌表演

巷道

祭祀:农历二月初二,大家都要煮熟一些鸡蛋并染红,带上酒水食物、香烛等,到自家自建或者本家筹建的桥梁祭祀龙神,祈求能够多子多孙,这就是龙头节时印地坝村的龙头节祭祀;而清明期间,村民带上酒水食物、香蜡纸烛、烟花爆竹等,到祖先坟墓前祭祀,悼念先人,这属于清明祭祀。每年农历七月十三晚上,印地坝村的村民准备好香蜡纸烛,到户外路边插香接龙,祭祀先人,也称中元节祭祀。

苗族刺绣:苗族刺绣具有传承历史文化的作用,主要表现在刺绣的图案上。几乎每一个刺绣图案纹样都有一个来历或传说,都深含民族的文化,都是民族情感的表达,也是苗族历史与生活的展示。蝴蝶、龙、飞鸟、鱼、圆点花、浮萍花等图案都是《苗族古歌》传唱的内容,色彩鲜艳,构图明朗,朴实大方,反映苗族历史的画面。

苗族古歌:印地坝苗族酒歌、大歌等苗族古歌产生于人们的劳动生产生活当中,一般在婚丧嫁娶、喜庆节日、劳动生产等欢庆与交流中产生和流传,特别是喜庆佳节,大家载歌载舞,相互祝福。

人文史迹

古树:村落周边山林植被茂密,古树名木众多,以单株形式分布,共13棵,其中金弹子8棵、朴树2棵、柏香树1棵、檀木3棵。古树均有几百年历史,其中5棵金弹子树有400年左右历史,树高达30米以上,树干通直,枝叶繁茂。

古井:村落内有古井1口,出水量大,水质好,井前修有洗菜池,目前是村落主要的生活用水水源之一。

传统巷道:村落内还局部保留传统特色的巷道,是村落形成以来村民的重要生活、生产,以及聚会的必经之路,尺度空间形式依旧未改,与两侧民居建筑相映成趣,是村寨发展至今的历史脉络,承载着发展至今的历史画面。

粮仓:村落内有粮仓19余处,建于清代和民国时期,每处占地约6平方米,共一层,面阔一间,黑色土瓦坡屋顶,考虑到防潮和安全性,下面有50厘米左右架空,上面用于储存粮食,现保存良好,仍在使用。

土地庙:在进村路口和古井往上50米处各有一处土地庙,属于微型建筑,高度不到2米;面积2平方米左右。土地能生五

谷,是人类的"衣食父母",因而人们祭祀土地,土地庙是人们集中祭祀土地神的地方。

保护价值

印地坝传统村落保持着传统农耕方式,随坡就势的梯田更能体现出当时村落以农业为主的景象。村落内各类木结构住房,均保留了当地的建造风格,穿斗式木结构黑色土瓦房,具有独特的工艺水平和建造技艺。村落的选址、民居建设、民族节庆、生活习俗等都保存良好,使得传统文化在现代的社会中得以延续和发展。

张 奕 余奥杰 编

粮仓

苗族刺绣

檀木

村寨飞瀑景象

苗族刺绣

古井

印地坝风光

黔东南苗族侗族自治州丹寨县雅灰乡夺鸟村

夺鸟村鸟瞰图

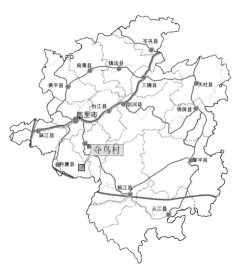

夺鸟村区位示意图

总体概况

夺鸟村位于贵州省黔东南苗族侗族自治州丹寨县雅灰乡东部，距乡政府驻地19公里，据县政府驻地84公里，东与雷山县达地乡大竹村接壤，南与雅灰乡上丛村毗邻，西与雅灰乡杀益村隔河相望，北抵雅灰乡杀高村。村落的对外交通主要依托896县道和通村通组路。夺鸟村全村总人口648人，共146户，辖5个自然寨，80%的人口为苗族。建寨至今已有400多年历史，最早祖先可追溯至明末。

2019年夺鸟村列入中国第五批传统村落名录。

村落特色

夺鸟村在整体选址上讲究依山而建，临水而居，村落建于半山地势较高处，村子生态环境优美，风景秀丽，一条河流自东向西贯穿村落，村落沿河流两旁聚集，外围是梯田和山林，整体形成"山—寨—水—田"的自然格局和形态。

建筑层叠错落，成组成团，形成了生态宜人、环境优美、民风淳朴的独特人居环境。随着村落经济社会的发展，逐渐在地势较低的临河、临路区域新建了民居，但仍保持着上下层叠的空间肌理。青山、绿水、田园、村寨景观穿插交替，景观资源较为丰富。

村寨环境

山水之间，村民循水而居，村落依山就势，负阴抱阳，因与山水、田园高度相融而富有意趣。村落内良田与建筑相互依存，既便于生产，也利于生活，整个村形成了山水相互映衬，良田村落相辅相成的空间格局，交相辉映，浑然一体。

村寨环境

传统建筑

黔东南州的传统建筑不仅种类繁多，而且造型美观、结构巧妙、工艺精湛、风格独特，古朴典雅的重檐吊脚干阑、风雨桥、鼓楼、戏台等是黔东南苗侗地区传统建筑的典型代表，它们构成了苗侗人民传统建筑及其文化体系。其建筑的最大特点是建材以杉木和松木为主，建筑不论规模大小，都不用"一钉一铆"，结构合理，紧密坚固，建造工艺精湛。

夺鸟村的民居大都传承着苗族传统民居的特色和风格，村落内建筑多依山地斜坡向上而建，建筑多以木质结构为主，高度从三、四米至七、八米不等，充分体现了苗族人民因地制宜、因地取材的建筑智慧。

夺鸟村传统村落内民居多为单体二层建筑，人居于中层，上层可居住或用于存储谷物等（一般建筑的顶层很矮，只放粮食不住人），而下层围上圈栏主要用于存放杂物等，经过村庄环境的整治，已实现人畜分离，下层原有的饲养牲畜的功能已经取消，通过木质楼梯将上、下相互接通，部分建筑木质楼梯位于室内直接进入上层，部分建筑木质楼梯位于建筑侧面通过二楼廊道进入建筑。中间层大都设有约1米宽左右的走廊通道，堂屋用于接待客人，而两侧则常常隔为2～3小间作为卧室或厨房使用，侧间有时还会设有供冬天烧火取暖的"火坑"。

建筑空间分配既在通风、除湿等方面体现着有效的功能性，也充分考虑了山中居民生活饮食起居的实际需要，将舒适性与实用性相结合。此外，有的木质建筑会在"正房"外搭一两个"偏厦"，搭建时每排木柱都以"五柱四瓜"的形式排列，中间一层房间往往左右对称并宽敞明亮，

传统民居

夺鸟村平面图

中堂正面设有大门，大门两边各有一窗并分别对称，窗高约为50厘米、宽为60厘米，中堂前檐下走廊设有栏杆和美人靠，美人靠居中。屋顶大多盖以大方整齐、平顺严密的青瓦也充分体现了对称的秩序感与随机变化性的统一，体现了实用性与艺术性的完美融合。

传统建筑以木结构为主，立柱、穿枋、楼板、檀椽、内外墙板等都是木制构建，从民居装修的细节看，精致些的苗家"木质建筑"三面走廊环绕之上又配以飞檐翘角，更有喜字格、万字格、亚字格等象征吉祥如意的图案作为窗户花样；八方形、八棱形的栏杆悬柱底端也常雕饰绣球、金瓜等；更有苗族民居突出的美人靠栏杆；屋顶居中位置利用小青瓦盖"铜钱式"的宝顶，山墙面屋檐下檐板处加以装饰，多以鱼的形式为主。富裕人家还在大门上刻有龙凤浮雕，以示吉祥。大门上方，两头安装有两个门当木雕，门当的另一头成牛角，俗称"打门锤"。

传统民居

民族文化

苗族古歌：苗族古歌在2006年就入选了国家级非物质文化遗产。生活在贵州黔东南大地上的苗族，勤劳勇敢、能歌善舞，在长期的劳动与生活中，创造了光辉灿烂的民族文化艺术。在夺鸟村，唱苗歌是村民非常喜爱的交流活动，演唱时，声音此起彼伏，多声部特点明显。在多声部苗歌中，高、低声部先后进入，两个声部相互交替流动，有时再加上"拉腔"和"领歌"，同时可唱出三至四个声部来。苗歌曲调朴实，旋律发展多为平稳，线条流畅。

苗族古歌

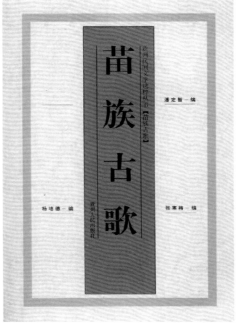
《苗族古歌》书籍

苗族芒筒芦笙祭祀乐：苗族芒筒芦笙祭祀乐属于国家级非物质文化遗产。夺鸟村是一个典型的少数民族聚居村寨，吹奏表演芒筒芦笙的历史悠久，它的芦笙的不同之处在于有四种不同的吹奏方式。一种是芒筒芦笙，即将芒筒与芦笙一同吹奏，声音高亢激昂，颇具震撼力；第二种是芦笙组合"四滴水"，以特大、大、中、小四支不同规格的芦笙组合吹奏，音质低、中、高、尖相互配合，声音悠扬缠绵；第三种是"对芦笙"，即用两支相同音质的芦笙吹奏；第四种是多管芦笙，用来吹奏现代乐曲。

现如今，丹寨县芒筒芦笙祭祀乐舞被搬上了舞台，并在多彩贵州的舞台上绽放光彩，以其独特的文化承载力和舞蹈形式获得观众认可。

苗族芒筒芦笙祭祀

斗牛：苗族斗牛是重要的传统民俗活动，苗族是蚩尤的后代，传说蚩尤帝为铜头铁额、牛首人身，苗族是一个敬牛、爱牛、崇拜牛的民族，他们把牛视为健康、力量、勤劳、搏击、勇猛、英雄的象征。苗族斗牛区别于其他民族的斗牛，就在于苗族斗牛是苗族牛图腾崇拜的遗迹，是长久以来的文化传统，斗牛在以前都是在庄家收获后，用以庆丰收，放松一下人民的心情。夺鸟村斗牛，体现的是家族凝聚力、社会凝聚力、家庭荣誉感。

苗族斗牛

苗族苗年：自古以来，这一地区的苗族就使用着与汉族"农历"不同的历法——苗历。苗历的岁首，即为苗年。过"苗年"的日子，有经协商按顺序进行的习惯。时间在农历的十月、十一月期间，这种习惯也使得这些不同的苗寨在各自不同的"苗年"日子里，轮流成为该苗族区域的狂欢中心。

苗族苗年

人文史迹

夺鸟村1930年为都柳江县第2区文明镇驻地；1941年（民国30年）属雅灰乡第6保；1951年属排路村；1953年属排路乡人民政府；1956年属高苏高级社；1958年属排路大队；1968年改建夺鸟大队革命生产委员会，属排路人民公社革委会；1969年属雅灰乡人民公社革委会；1981年改称夺鸟大队管委会，属排路人民公社管委会；1984年改建夺鸟村民委员会，属雅灰乡人民政府；1992年"建、并、撤"属雅灰乡人民政府。

保护价值

夺鸟村有"丹寨西藏"之称，至今还保留着淳朴的民族风情。人们依山而居，放眼望去是一层层错落有致的梯田和大片的绿色植被，非物质文化传承较好，村落的发展见证了苗族文化的发展并传承了悠久的苗族文明，同时也见证了村落从明代以来形成的惬意的生活方式以及沉淀的独特文化，具有极高的科学研究价值。

刘 娟 袁棕瑛 编

村落环境

黔东南苗族侗族自治州台江县台拱街道红阳村

红阳村全貌

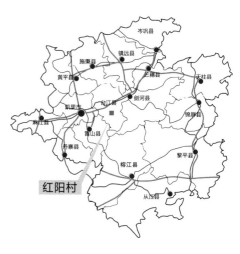

红阳村区位示意图

总体概况

红阳村是台江县台拱街道下辖村，位于台江县东南部、台拱街道南部。台江县城至南宫旅游公路穿境而过，交通便利，距台江县城17公里。红阳村是一个传统的苗族村寨，下辖6个村民小组，共256户，1153人，以苗族居民为主。

相传张姓始祖游猎到此后，安身定居、开荒耕作、繁衍生息。红阳村地处苗岭山区，山体走向总体呈西南向东北倾斜，土壤为富含石砾的砂性红壤和黄壤，呈微酸性，土质疏松，透气性好。村内自然环境优美，气候宜人，属亚热带季风湿润气候区。

2019年红阳村列入第五批中国传统村落名录。

村落特色

红阳村四面环山，村内有小溪穿寨流淌。传统民居建筑木质吊脚楼依山而建，傍水而居，错落有致，鳞次栉比。寨内古树参天，植被茂密，自然林面积大，房前屋后绿树成荫，串户巷道纵横交错；寨旁梯田层叠，环绕山间、阡陌纵横，呈现出山、水、村、田交织融汇的村落景观格局特征。红阳村村民遵循自然规律、敬畏始祖神灵、身着民族服饰，延续着传统的农耕生活，其民族文化和民俗活动丰富多彩。

传统建筑

红阳村传统民居为苗族木质吊脚楼建筑，建筑巧用地势，依山而建，顺应自然，各户房前屋后铺有青石板小台阶，建筑相对集中分布，与周边自然环境有机融为一体。

传统建筑多选用当地盛产的杉木建成，建筑主体有部分檐脚伸出屋基之外，悬空用木柱支撑，后半部分则坐落于山地之上。屋柱凿眼，柱与柱之间用大小不一的木梁斜穿直套连在一起，十分牢固，屋顶多为歇山顶，用青瓦铺盖。建筑规模多为四榀三间，通常有两到三层，底层进深最浅，一般用于圈养牲口或堆放货物，二层多为半坐半吊的半边楼，通常设连廊，住户经过廊道进入堂屋，虚空部位铺上楼板，与实地部分平齐，该层是全家的活动中心，多为客厅、主卧室，少数有三层的通常为贮藏室以及客卧。

传统建筑

传统建筑

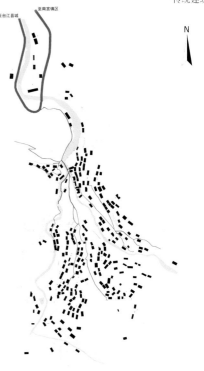

红阳村平面图

村落自然环境

传统建筑

民族文化

红阳村民族文化在保留和传承传统文化的同时，在长期的生活和岁月演变中呈现出了民族文化的地域特性，以非物质文化为代表。

非物质文化是红阳村民众在长期的观察自然、改造自然、社交活动、宗教活动、口头文艺创作等多方面活动中积累的人文成果，具有娱乐性、技术性、固定性、特定环境性等特点。红阳村非物质文化以苗族传统文化为核心，涵盖了民风民俗、社交礼仪、民族节庆、表演艺术及手工技艺等内容，因根植苗族传统文化而得以广泛流传，村落非物质文化遗产得到了有效保护和活态传承。其中，心灵手巧的苗族女性，通过精湛的刺绣技艺，拼装、裁剪出了绚丽多彩的民族服饰。

红阳村苗族服饰分为"方南型"（施洞型）和"方纠型"（雷山型）两种类型。男装有对襟或大襟右衽上衣两大类。中青年男子多着对襟上衣，老年男子多穿右衽长衫，包青布头帕。女装有右衽大襟和胸前交叉圆领两类，每类又有众多的样式和盛装、便装之分。便装时，包一块用浅蓝色方格布制成的方形头帕，耳戴圆形牛鼻或梅花形大耳环。盛装时，头包一块较硬的藏青色长方形头帕。着银饰时，不包头帕，头戴银冠，前插银钗、银角（呈牛角状），右插银簪，后插银梳，头髻插满各种形状的凤鸟、花果等银花及珠链；颈带两三只项圈和项链。胸前佩戴腰子形锁式"压领"、浮雕龙凤等图案。老年妇女的便装，喜用平挑花。老年妇女盛装喜着数幅小粗花和数纱平挑有几何图案的新装。

村落民族节日主要有苗年节（过苗年）、招龙节、祭桥节等，节日期间村内通常会举行跳芦笙、唱苗歌等民俗活动。根据节日的不同，村民会筹备（打）糍粑、糯米饭、米酒等传统特色食品，邀亲友相聚，共度佳节。

跳芦笙

苗绣

人文史迹

寨门：红阳村寨门位于村落北部，始建于清朝时期，后因年代久远，残缺破败，于2004年重建。现红阳村寨门形如"楼牌"，状如"凉亭"，上盖青瓦，两边设门房和回廊，全木质结构。

风雨桥：红阳村风雨桥始建于清朝年间，于2004年改建。跨于红阳村翁向沟、翁纠沟、翁细沟三条溪流的交汇处，桥身由石块垒砌，桥上盖有木质回廊，两边设美人靠，供休息闲坐，中间通行，上盖青瓦。

五步桥：五步桥又名"五节桥"，因桥身由五组排木对接架设而得名。每组排木由五根杉木组成，每排木下面由两根杉木打孔穿枋做桥墩支持排木桥。相传建于建寨初，是红阳村历史最悠久的古桥。

芦笙场：芦笙场顾名思义就是村民吹芦笙、跳芦笙舞的地方，红阳村芦笙场旧址位于村落中部，因原芦笙场地势狭窄，容量有限，村落2008年于风雨桥旁修建了新芦笙场，占地面积1000多平方米。芦笙场地面铺装石板和鹅卵石，北侧建有木质长廊。

千年古樟：千年古樟树位于风雨桥东北侧，树干粗壮，枝叶茂盛。相传是建村始祖亲手所栽，村民视为神树祭祀，许愿祈福。古樟旁有一巨石，上书"老樟枝不老亦老，保你活到九十九"，反映了人们对如古樟般健康长寿的美好愿望。

包利王墓：包利王墓位于红阳村南面山坡，2004年清明节，红阳村村民自发组织为包利墓"垒坟"、立石碑。包利生于1688年，红阳村人。曾被推选为反清起义组织首领，人称"包利王"，后因起义失败，在被押往贵阳途中因伤去世，葬于红阳村。

水碾坊：村落内水碾坊位于风雨桥北侧，借助水流动力，带动石磨给稻粒脱壳。电能未普及的历史时期内水碾坊被广为使用，体现了苗族历史悠久的农耕文化和广大劳动人民的聪明才智。

姜央睡石：姜央是苗族传说中人类的始祖，村内有一石块，石上有三洞，形如双眼一口，远观似人头，红阳村民故尊称该石为姜央睡石。

长寿泉：村落西侧溪边，有一股清泉从石缝间流出，泉水清冽甘甜，冬暖夏凉。三尺青石雕凿的水槽已有几百年，村民称为"长寿泉"。

天龙塘：红阳村寨顶一山坳上，有一处水塘，水深约2米，水面约200平方米。水塘四周古树环抱，因塘内"四季蓄水，从未干涸"，村民们相信是有天龙护佑，水源才源源不断，故谓之"天龙塘"。

绒嘎陡瀑布：位于村落西北，瀑布高约20米，沿着峭立的岩壁飞泻而下，顺着河沟流入寨中。瀑布两边苍林葱翠，绿草繁盛，瀑布旁有一座古老的水碾房。

寨门

五步桥

千年古樟

包利王墓

保护价值

红阳村是一个苗族传统村落，保存了苗族村落相对完整的、真实的历史遗存，如包利王墓、五步桥等。村落民族风情古朴浓郁，民俗活动丰富多彩，是研究地域苗族历史不可多得的活资料，具有较高的历史价值和文化研究价值。

红阳村青山环抱，绿树成荫，自然环境优美，清澈的小溪穿寨而过，苗家吊脚楼依山而建，鳞次栉比，错落有致。村落空间肌理井然有序，村寨民居、梯田在群山的环抱中，构建出秀美恬静、绿荫环绕的田园风光，村落与周围山水自然环境有机融合，其形成、建造及发展都具有较高的科学艺术价值。

白永彬 刘俊娟 刘 恬 编

黔东南苗族侗族自治州台江县南宫镇交宫村

交宫村全貌

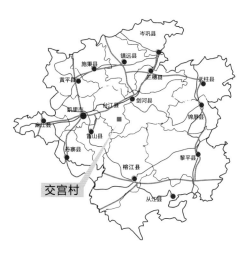
交宫村区位示意图

总体概况

交宫村是台江县南宫镇下辖村，位于台江县城东南部、南宫镇北部，红阳至汪江油路穿村而过，距台江县城29公里，距南宫镇区14公里。交宫村是一个苗族传统村落，下辖4个村民小组，共210户，872人。

相传村落始祖由今江西迁徙至此后，通过改造和利用自然，几经兴衰繁衍至今。交宫村境内植被茂密，交宫河流经寨脚山谷，气候温和湿润，属亚热带湿润季风气候，以侵蚀低中山和河谷盆地地貌为主。

2019年交宫村列入第五批中国传统村落名录。

村落特色

交宫村坐落于一处山谷内，村落西北侧和东南侧为连绵山体，两条溪水自东北向西南流经寨脚谷底，村落与农田沿溪流呈"Y"形带状分布。吊脚木楼疏密有致、依山临河而建，与山川河流融为一体。村落周边古树参天，两侧山坡上梯田层层。村落内部道路多为依山就势的自然步道组成的环路，两岸民居通过4座小桥进行步行交通联系，步道将各建筑空间串联成一个有机的整体，呈现出村落生产、生活、生态空间相互交织又有机融汇的村落布局特征。

传统建筑

交宫村传统民居为苗族木质吊脚楼建筑，建筑因地制宜，依山而建，逐水而居，与村落周边自然环境和谐共生，融为一体。村内现存两栋清代时期的代表性传统民居建筑，建筑外部造型、内部装饰及家具器具陈设都保留着交宫传统民居建筑原始的状态。传统建筑规模多为四榀三间，屋面多为歇山顶，通常有两到三层，底层进深最浅，一般用于圈养牲口或堆放货物，二层是半坐半吊的半边楼，通常设连廊，住户经过廊道进入堂屋，虚空部位铺上楼板，与实地部分平齐，该层是全家的活动中心，多为客厅、主卧室，少数有三层的通常为贮藏室以及客卧。

传统建筑

传统建筑

交宫村平面图

民族文化

交宫村是一个依山傍水、民族风情古朴浓郁、民族文化丰富多彩的传统苗族村寨。苗绣技艺巧夺天工，苗族服饰绚丽多彩。民族乐器原生多样，有芦笙、铜鼓、木鼓等。

村落民族节日主要有苗年节（过苗年）、姊妹节、祭桥节等，节日期间村内通常会举行跳芦笙、唱苗歌等民俗活动。根据节日的不同，村民会筹备（打）糍粑、糯米饭、米酒等传统特色食品，邀亲友相聚，共度佳节。

跳芦笙

苗绣

苗族服饰

踩鼓

人文史迹

交宫村不仅保留着古朴浓郁、丰富多彩的苗族文化和民俗风情，还有招龙山、古井、水碾坊等人文史迹留存。

村落古遗址：交宫村落原址位于村内荣上大坡，由于失火村寨损毁严重，后迁至现址，现村落原址仍有石砌宅基地和部分建筑朽木残存。

祭祀古井：村落东南侧有一口古井，相传是建村之初修建的，井水"冬暖夏凉"，古井不仅供村民取水饮用，还承载祭祀功能。

祭祀古树：村内古树参天，其中位于村落中部的一颗古樟树被村民敬为神树祭拜，祈求风调雨顺、福寿安康、子孙兴旺等。

千年红豆杉：红豆杉位于村落北部，树高约30米，胸径约12米，树冠葱郁，是村民祭祀祈福的古树之一。

招龙山：招龙山位于村落东北部，招龙又称接龙，是一个古老而传统的习俗，每13年举行一次，祈祷吉祥如意、风调雨顺、五谷丰登、幸福安康、发富发贵等。

招龙潭：招龙潭位于招龙山北侧，与招龙山融为一体是"招龙"的主要祭祀活动场所。

水碾坊：交宫村仍然完整保存有以水利为动力的石碾，水碾坊主要分布在村落东北部，河流上游。

交宫瀑布群：由山间泉水沿林间小溪形成的山涧瀑布，水质清凉，形态壮美。

祭祀古井

千年红豆杉

祭祀古树

招龙山

水碾坊

保护价值

交宫村现存人文史迹真实、完整，民族风情古朴浓郁，民俗活动丰富多彩，具有较高的历史价值和文化研究价值。

村落"Y"字形的布局特征，充分体现了苗族始祖遵循人与自然和谐共生的发展理念，具有较高的社会价值。因地制宜、依山而建、逐水而居的传统吊脚木楼及其建造技艺以及绚丽多彩的民族服饰都具有较高的科学艺术价值。

白永彬 刘俊娟 刘 恬 编

黔东南苗族侗族自治州从江县丙妹镇老或村

老或村全貌

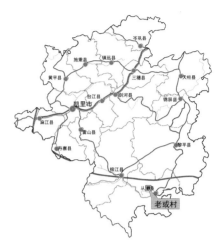

老或村区位示意图

总体概况

老或村距从江县城15公里，属于从江县丙妹镇管辖，有通村公路直通村寨内部，交通较为便利。老或村位于丙妹镇西北部，有2个村民小组，共113户，全村总人口553人。老或村地处高坡深处，是个典型的侗族聚集村寨。

2019年老或村被列入第五批中国传统村落名录中。

村落特色

老或村侗寨深藏在群山之中，村寨周边古树环绕，沿河依山而居。在高处眺望，整个村寨像"一柄汤勺"坐落在群山之间。

老或村依山傍水，房屋沿河依山而建，其中大门居中而内凹，体现了中国传统"中庸"与"收敛"的处世思想。梯田重叠，层层而上；寨中鼓楼，重檐叠阁，刺向蓝空；干阑式木质房屋，鳞次栉比；鱼塘四布，禾晾排立于寨间，具有典型的侗乡风情。

传统建筑

老或村的历史传统建筑群数量较多，保存完整，有着独特的文化价值。全村多为木质结构房屋，建筑风貌具有鲜明的侗族地方特色。全村有一座鼓楼，是侗家议事的重要场所。

村寨居民充分利用地形，沿山地等高线，依山就势，尽量少挖、填土方，将一栋栋建筑落地而成，充分体现出侗族人民合理利用地形的智慧。

村落内建筑主要为村民住宅，为木结构两层建筑，底层多为圈养牲畜、堆放杂物，二层为居民生活空间，进深呈"三段式"布局，最前段为宽约3米的宽廊，是居民会客、晾晒衣物、手工生产等日常活动空间；最里段为卧室；中段为起居室，内设火塘，是家人团聚、娱乐、休息空间。在建筑构造上，采用传统营造方法，在屋顶、栏杆、门窗等构造方面均具较强的实用性，颇具地方特色。

鼓楼：外形像个多面体的宝塔。高约为15米，从一层至顶，全靠8根杉木柱支撑。楼心宽阔平整。楼的尖顶处，筑有宝葫芦或千年鹤，象征寨子吉祥平安。鼓楼的屋面形式为三重檐歇山顶，整体均为木结构搭建，屋面覆盖小青瓦。整体利用逐层内收的梁、枋、瓜柱、檐柱支撑挑出屋檐。结构无一钉一铆，撑横穿斜插，衔接紧密牢固。前后留进出通道，左右柱外，设置美人靠坐栏，供人坐息。其用料粗大、结构严谨、工艺精湛，经风雨数百年，岿然不动。

村落建筑群

传统建筑

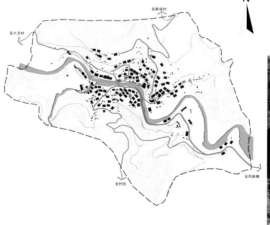

老或村平面图

鼓楼

民族文化

侗族民间文化艺术丰富多彩，侗族地区被人们称为"诗的家乡，歌的海洋"。在老或村，侗族大歌、琵琶歌、拦路歌等具有较好传唱基础，在村寨内仍有侗族大歌传习基地一处。

侗族大歌：侗语称"嘎玛"或"嘎老"，"嘎"指汉语里的"歌"，"老"和"玛"在侗语里是同义词，即汉译为"大"，还有"长"和"古老"之意。它是土生土长的无伴奏、无指挥、多声部合唱的原生态民族复调式歌曲，是参加演唱人数众多、历史渊源久远的民间音乐艺术，通俗和优雅并存，是侗族人民智慧的结晶。它的内容主要是歌唱自然、歌唱劳动、歌唱友谊和爱情。如《春蝉歌》《父母恩情歌》等，反映出人与自然、人与人之间的和谐共存。"汉人有字传书本、侗家无字传歌声"，侗族人用有韵律的歌唱，传承了百年来他们的生活方式和习俗文化，侗族大歌作为侗歌最精华的组成部分不仅是一种音乐艺术，也是对侗族历史的真实记载，还是侗族文化的生动直接表现，表达着侗族社会结构、生产生活、婚姻家庭、习俗文化的传承和精神生活等方方面面。

老或村侗族大歌的形成和侗族人的居住环境有着密切的关系，村民常年居住在大山里，山脚、田畔都是一展歌喉的地方，侗族人没有文字记载，自古以来，侗族大歌代代传唱，口口相传，将村寨的历史、大事一件件传唱下来，是侗族重要的民俗文化。

新米节：以敞门待祖习俗为特征。在七月上旬或中旬前一天，由妇女们到河边将炊具洗净，席上的菜肴以鱼为主，筷子全是以山上刚砍来的实心竹所制，并以未出穗禾苞或用笋壳叶包成的糯米饭表示新米饭祭祖先。房屋门一律敞开，以让祖先英灵同来吃新，为纪念其祖上迁徙的辛酸，于半夜里打着火把，背着行李离开家，模仿爬山水，感受先民们历经的磨难和艰辛，秉承先民们的勤劳和勇敢。凌晨天未亮时，全家设晨宴祭祖。

侗族大歌

古井

人文史迹

老或村历史环境要素有2处古树、1处古井、1处老或河等。

古树名木：村内共有古树2棵，主要为古榕树和马尾松。其中古榕树枝繁叶茂，为几百年的古树，传说建寨之初就已存在，被村民称作保寨树。村民认为这些树关系到村寨的龙脉，是全寨的命根子，任何人不得随意砍伐，否则会破坏"龙脉"，给全寨带来灾难。

古井：在村寨南侧有古井1口，水源为山泉水，井水水质较好，为村落重要的水源之一。

老或河：老或河东西向穿寨子而过，是村寨前一道优质的景观元素，更是兼顾村民养鸭养鱼等生产需求。

古树

老或河

保护价值

文化价值：老或村是侗族文化特征的典型村落，具有地域文化特色的山水田园，群山环绕，古树开道，沿河依山而居，从村寨的自然选址、建筑特色和人文传说都具有较高的文化研究价值。

艺术价值：老或村侗族民族特征明显，无论是建筑、服饰、乡风民俗等方面都具有较高的艺术研究价值。

科学价值：老或村落内的传统建筑民族特征明显，从建筑建造技艺方面具有较高的科学研究价值。

社会价值：村落内无论是生活环境还是村民生活习惯习俗都保持良好的侗族传统，具有一定的社会研究价值。

王　刚　黄　丹　编

新米节

老或寨远景

黔东南苗族侗族自治州丹寨县排调镇刘家寨村

刘家寨村全景

刘家寨村区位示意图

总体概况

刘家寨村位于排调镇政府驻地西面11公里,距县城32公里,州府凯里101公里。村东、南面与本镇孔庆村相连,西面靠国营林场,北面与排晒村接壤。全村辖1个自然寨,包括7个村民小组,共229户,923人,其中少数民族占98.91%,以苗族为主,村落总面积为9.224平方公里。村寨与外界的联系主要依靠县道和通村路来实现。刘家寨村历史悠久,建寨至今已有400多年历史,最早祖先可追溯至明末,在后期村落的发展过程中又逐步有汉族等民族驻入。

2019年刘家寨村入选中国第五批传统村落名录。

村落特色

刘家寨村在整体选址上讲究背靠山林、面对河流、聚族而居的传统。村落建于半山地势较高处,沿河流两旁聚集,良田相依,外围是竹林和树林,建筑层叠错落,由西南向东北延伸,形成了生态宜人、环境优美、民风淳朴的独特人居环境。

整体来看,刘家寨村外围青山环绕,竹林、树林等山林植被生长茂盛,河流蜿蜒。村落内良田与建筑相互依存,既便于生产,也利于生活。整个村落形成了山水相互映衬、良田、村落相辅相成的空间格局,交相辉映,浑然一体。

刘家寨村传统村落主要由一条通村路由东北向西南贯穿村落,形成了村落内部以及对外的主要联系通道。村落依山而建,内部并未形成街道,主要以传统的串户巷道为主。随着村落的发展演变,形成了依托通村通组路沿民居房前屋后联系各户的枝状巷道网络。村落内巷道宽度在1~2米之间,蜿蜒曲折,宽窄不一,随地势起伏,甚至需要从民居的木质建筑下穿过,变化丰富。总体来讲,村落整体格局相对协调,但空间尺寸不一,且路面水泥硬化的材质、质量参差不齐,部分路面与传统村落风貌有一定的冲突。

传统建筑

刘家寨村传统村落民居大都传承着苗族传统民居的特色和风格,村落内建筑多依山地斜坡向上而建,建筑多以木质吊脚楼建筑为主,高度从3~4米到7~8米不等,充分体现了苗族人民因地制宜的智慧。村寨的传统建筑以木结构为主,立柱、穿枋、楼板、檩椽、内外墙板等都是木质构建,从民居装修的细节看,精致些的苗家"木质吊脚楼建筑"三面走廊环绕之上又配以飞檐翘角,更有喜字格、万字格、亚字格等象征吉祥如意的图案作为窗户花样;八方形、八棱形的栏杆悬柱底端也常雕饰绣球、金瓜等。

更有苗族民居突出的美人靠栏杆,苗族美人靠是各家人口盘桓最多之处,也是苗族吊脚楼的灵秀之地,在吊脚楼二楼正中堂屋外侧宽敞明亮的悬空走廊上,安装有独特的"S"形的长长的靠背栏杆,这些靠背栏杆的设置十分讲究,它由几十根向外隆出的弯月形小木条等距离排列而成。木条上端固定在一根长长的方形横木上,下端固定在一条宽宽的坐凳上,坐凳之下,由平板精装与楼板连接,形成一个木制阳台,精致美观,巧夺天工,这里宽敞明亮、舒适,可凭高远眺。

村寨环境

N

刘家寨村平面图

美人靠

吊脚楼

传统民居

民族文化

苗绣：苗绣的来源是与传说里的苗民南迁连在一起的，传说有位叫兰娟的女首领为了记住迁徙跋涉的路途经历，想出了用彩线记事的办法，过黄河绣条黄线，过长江绣条蓝线，翻山越岭也绣个符号标记，待最后抵达可以落脚的聚居地时，从衣领到裤脚已全部绣满，从此，苗家姑娘出嫁都要穿上一身亲手绣制的盛装，为的是缅怀离去的故土，纪念英勇聪慧的前辈，同时也为了承继前辈流传下的这份美丽，不忘祖业，激励后人。苗绣与苏绣、蜀绣、湘绣等绣品不同，不仅是工艺品，而且是日用品。苗族姑娘从小学习刺绣，从小的绣品直到成衣，最光彩的就是出嫁时候的盛装。上一辈口耳相传的刺绣技法和传统纹样逐代传承，延续着苗族的历史和文明。

苗族刺绣

苗族刺绣

苗族芒筒芦笙祭祀乐：芦笙是我国南方少数民族民间文化的一种载体，苗族芒筒芦笙祭祀乐属于国家级非物质文化遗产，乐队由3支芦笙、13支芒筒组成，每支芦笙和芒筒需一个人吹奏，全乐队为16人组成。吹奏时，芦笙领于前，芒筒随于后，且吹且舞，沿着顺逆时针方向围成圆圈，缓缓向前。吹奏中，众人以脚蹬地，发出整齐的舞步声以和之，所以苗族称为"齐心集鼓社，齐步踩笙堂"。

从历史的角度考察，芒筒芦笙文化是芦笙文化的重要组成部分。芒筒芦笙从诞生时候起，就根植于苗、水等族的民间，成为苗族民间不可或缺的重要文化载体，也构成了典型的民间文化现象。

苗族芒筒芦笙祭祀

锦鸡舞：锦鸡舞是苗族舞蹈中别具一格的一种舞蹈形式，丹寨县排调镇是锦鸡舞的发源地，在方圆50多平方公里2万多人口的苗族村寨中流传，有"天下第一锦鸡舞"之称。传说，在当地苗族人民迁徙进程中，是锦鸡帮助先祖们找到了最后定居的地方，也是锦鸡为先祖们带来了稻谷、小米的种子和创造欢乐的飞歌，所以锦鸡就成了他们的命运吉星。在丹寨定居后，苗族的祖先们一边开田，一边打猎充饥度日。于是这里的苗族同胞在每年的盛大节日里举行隆重的吹笙跳月活动，敲击铜鼓，欢跳锦鸡舞，放牯子牛斗角，以纪念先祖和怀念锦鸡。锦鸡舞是苗族人民每十二年举行一次的祭祖活动中主要的舞蹈形式。

锦鸡舞

吃新节：吃新节是贵州省黔东南苗族侗族自治州人民的传统节日，吃新节也叫"新禾节"。当日，来自周边村寨的苗族同胞身着节日盛装，以跳芦笙舞、唱苗歌、斗牛等文娱活动共庆佳节，在每年的农历七八月举行。过节这天，被邀请的客人们穿上盛装，挑着糯米饭、肉、鱼、鸡、鸭等礼品，赶着斗牛来到主人村寨过吃新节。次日开展斗牛、赛马、跳芦笙、斗雀等活动。夜幕降临，芦笙场上还荡漾着青春的笑语和优美的芦笙舞曲，姑娘们随着芦笙的旋律翩翩起舞，或在树林边飞歌逗趣，把苗家吃新的月夜变成歌舞的海洋。

吃新节

人文史迹

刘家寨于何时建寨由于没有汉文献资料记载而无考证，但据刘家寨苗族的子连父名制记载，雷、刘二姓共同的始祖定居刘家寨已有23代，按20年一代推算有460多年，按25年一代推算有570多年。

根据记载，刘家寨居民有刘、雷、杨、潘四姓，其中，刘、雷二姓不能开亲，原因是刘、雷二姓原本是一家，始祖名"告农"。传说清咸丰同治年间，清军围剿三都苗民义军罗光明、罗天明部，过孔庆时提出"见罗不留"口号，刘家寨、刘雷二姓始祖误听成"见农不留"，去找当时在孔庆韩家寨任师执教师的刘先生和雷先生"讨主意"。雷先生说，既然是这样，那大房就跟刘先生姓刘，二房就跟我姓雷算了，刘家寨的刘、雷二姓就是这样来的。按这个传说，刘家寨建寨至少已有150多年了。

保护价值

刘家寨村四季山清水秀、静谧幽深、冬无严寒、夏无酷暑、风光秀丽、民风古朴，传统建筑数量较多，保存完整。民居建筑与自然生态环境的融合性较高，村寨规模适中，拥有丰富而珍贵的物质与非物质文化等诸多元素。

当地苗族人民热情好客的生活态度展现了贵州人多姿多彩的民族文化和魅力，正是这些智慧淳朴勤劳的民族共同开辟耕耘了这块美丽的土地，创造了富有浓郁特色的黔东南民族文化，具有较高的历史价值。

刘 娟 袁棕瑛 编

村寨环境

黔东南苗族侗族自治州雷山县达地乡里勇村

里勇村全貌

里勇村区位示意图

总体概况

里勇村为雷山县达地水族乡最西部的一个苗族村寨，距乡政府所在地10.7公里，其东部与小乌村接壤，南部、西部与三都县相连，北部与丹寨县紧靠。村内道路纵横交错，直通县、乡及周边村寨。里勇村村域面积1.87平方公里，全村现有557人。

里勇村苗族最初是因为饥荒迁徙至丹寨，祖先打猎时发现里勇土壤肥沃、资源丰富，随后带领家人搬迁至此并居住至今。里勇村内分布着大大小小多条小河，小河周边形成了大面积带状水田，水田串联着里龙潭的龙头和龙尾，传说很久以前在这片田里卧着一条龙，村民称之为田龙，村名"里勇"也由此而来，"里"即是"田"，"勇"即是"龙"。

2019年里勇村传统村落列入第五批中国传统村落名录。

村落特色

里勇村选址于大山深处，位于群山围合的盆地中，周边层峦叠嶂，数岭集结，寨子便是处在山体余脉的低处。村落背山面田，负阴抱阳。村中的大多数建筑顺应山势，或坐西朝东，或坐南朝西北，错落

传统建筑

有致，有机地分布于山坳之中，或散落于山坡之上，与山体合一。村内道路、河流纵横交错，大面积水田穿插其中，根据地形依山就势而生，造就了既聚集又分散的古寨格局特征。里勇村一条小溪从村寨中心穿流而过，为村寨提供生活用水，也因此形成了一片片良田。村寨正前传说卧着一条龙守护村寨安全，以及保佑村寨四季丰收。

传统建筑

里勇村传统建筑具有传统苗族建筑特色，包括干阑民居建筑、原村委会等共计99栋，占总建筑数量的87%。里勇村的传统建筑依山就势，以河为界，两面相对，一面坐北向南，一面坐南向北。现状传统建筑以木材作为主要建筑材料，形成木柱支托、凿木穿枋、衔接扣合、立架为屋、四壁竖板、上覆小青瓦、两端做偏厦的苗族干阑吊脚民居建筑。建筑一般分正屋、厢房、前厅、偏厦等，正屋是建筑的主要部分，建筑的厨房、猪牛圈等设于屋侧、

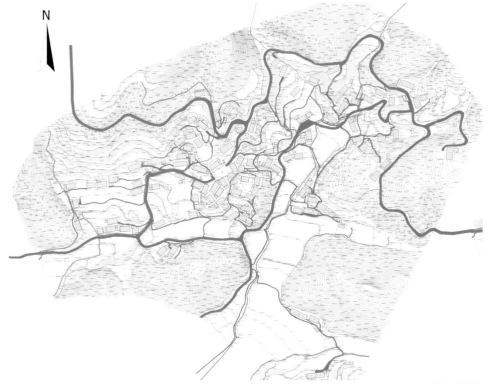

里勇村平面图

传统建筑

传统建筑

人文史迹

里龙潭（龙头、龙尾）：里龙潭共有两处，分"龙头、龙尾"两处，分别位于村落东南、西南两处，现状是两处水塘。里勇村村名来源于里龙潭，里龙潭原名"里龙田"，相传里面有一条龙潜伏着，有一个猎户来到这里打龙，龙没打着，猎枪反而断了，之后潜伏的龙跑出来，地下的水也涌出来形成现在的水塘。

古树名木：村内分布有3棵古树，分别是位于西北侧入村道路旁的古杨梅树、西南角的古杉树、寨中的红豆杉。

祭祀设施：村内有土地公、土地母两处土地庙，分别是分布在村落北侧边缘的两块石头，在分布位置上土地母矮于土地公，庙宇由青石块堆砌而成，内置一个香炉，供人们祭祀所用。

吹芦笙

吹唢呐

房后或设于底层。建筑的外围均有走廊栏杆，宽敞明亮，为家庭成员休息的场所，也是苗家姑娘纺纱织布的好地方。里勇村现状传统建筑的风貌、质量较好，较好地保存了传统民居的历史信息。

民族文化

里勇村传统村落的主要民族为苗族，村内风俗习惯、传统节日、饮食文化、手工技艺等方面仍保留苗族特色，如特有的苗族刺绣、苗族古歌、芦笙舞等，其他节日也有苗年、苗族飞歌、苗族芦笙舞、苗绣、苗族服饰、苗族米酒酿制技艺、雷山苗族婚俗、祭祀祈福文化、苗族唢呐文化、苗族丧葬文化等。

里龙潭（龙尾）

里龙潭（龙头）

保护价值

在意蕴深厚的里勇村，传统建筑布局严谨，用材考究，雕刻技艺精湛，装饰精美。历史久远的民居掩映在树荫之下，具有很高的艺术价值。此外，里勇村因水而生，因水而兴，对于里勇村人而言，水不仅仅是日常生活的重要资源，更是里勇村建寨的起源，是精神与物质的文化财产。里勇村现状产业以养殖业和种植业为主，村寨整体经济水平相对较好。通过对村落的保护，向人民展示了别具一格的苗族文化习俗、苗族舞、吹唢呐、吹芦笙、苗语、酿酒等苗族风情，吸引外来游客了解以及体验当地风俗，从而带来相应的经济效益，为村落的保护带来资金，提高地方经济收益与地方传统村落保护力度。

潘秋梅 何成诚 罗永洋 编

苗族服饰

苗绣

里勇村一角

黔东南苗族侗族自治州榕江县乐里镇乔勒村

乔勒村全貌

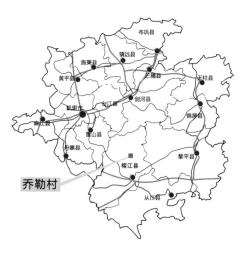

乔勒村区位示意图

总体概况

乔勒村隶属榕江县乐里镇，位于榕江县乐里镇东面，距乐里镇区约9公里，距榕江县城约70公里，主要依托880县道和通村路进行对外交通联系，村域国土面积10.4平方公里。

相传乔勒村由杨氏、吴氏先祖从江西吉安府搬迁到此建寨，后不断繁衍生息，发展壮大，向东部扩展形成新寨。

乔勒村下辖1个自然寨，7个村民小组，共365户，1288人，主要民族为侗族。村落属于中亚热带湿润季风气候类型，夏长冬短，春秋分明，雨量充沛，日照时间少，气温的垂直变化十分明显。村内周边多为原始森林。

2019年乔勒村列入第五批中国传统村落名录。

村落特色

村落四面环山，坐落于半山腰上。村落周围地形整体呈南高北低，东高西低。村落南侧和西侧为山地，植被覆盖较好，东侧和北侧为耕地，主要为梯田。村落在风水上，满足了山泉交汇，负山抱阳，阴阳相济。整体呈小分散、大聚集，纵向、横向沿等高线修建。

村落格局整体分为新寨和老寨，两个寨子集中连片。老寨建筑以东西向为主，新寨建筑以南北向为主，建筑整体处于相近水平高程上，两个寨子由通村路相连。建筑组团均位于山脊线上，避开了山谷的汇水线。

传统建筑

乔勒村侗族干阑式民居，屋柱用大杉木凿眼，柱与柱之间用大小不一的方形木条开榫衔接。整座房子由高矮不一的柱子纵横成行，以大小不等的木枋斜穿直套。木楼四周设有"吊脚楼"，楼的檐角上翻，如大鹏展翅。楼房四壁及各层楼板，均以木板开槽密镶。木楼两端，一般都搭有偏厦使之呈四面流水。木楼通常有三层：底层堆放柴草，关养牲畜，设置石碓；二层设火塘和住房，前半部为廊，宽敞明亮，光线充足，为全家休息或从事手工劳动之场所，后半部为内室，其中设有火塘，这既是"祖宗"安坐之位，也是全家取暖、为炊的地方；三层贮存粮食或堆放杂物。楼房外围宽敞明亮，空气流通。

传统建筑

传统建筑

村落自然环境

传统建筑

乔勒村平面图

民族文化

吃相思："吃相思"在侗语中叫作"越嘿"，时间多在正月、二月或秋后，是侗族地区村与村、寨与寨之间为拓宽社交、加深友谊而举行的一种民间交往活动，活动时间较长，每次通常需要进行3～5天。主要包括拦路、抬官人、鼓楼唱大歌、唱侗戏、踩歌堂、封桌对歌、行歌坐月、赠送分别礼物等环节，充满浓郁的民族风情，许多青年男女还在"吃相思"中喜结良缘。

侗族刺绣：侗族刺绣是侗族的非物质文化遗产，集纺织、印染、剪纸、刺绣于一体的传统工艺为当地许多妇女所熟练掌握。自古以来，侗族人民穿着很有特色，特别是侗族妇女，头上包着自织的白头巾，上身穿着对襟花衣，两边袖口镶有宽幅花边，衣脚衣叉都配有花边，分层次，胸前另配一块胸兜，花样繁多，有的绣上双龙抢宝，有的绣上金钱葫芦，有的绣上牡丹富贵，有的绣上孔雀开屏等图案。

吃新节：侗族吃新节旨在庆贺五谷丰收。乔勒村先祖勤勤恳恳开荒造田，繁衍生息。为了感谢祖先恩德，吃新节期间，乔勒村村民杀猪宰牛，献祭鸡鸭，开田捕鱼，准备烟酒糖等物品，邀亲友相聚。节日期间通常会举办踩歌堂、斗鸟、斗牛等民俗活动。

吃相思

侗族刺绣

人文史迹

乔勒瀑布：乔勒瀑布位于村庄脚，从进入乔勒村的公路上直流下进入瑞里的公路旁，宽约15～20米，高约30～35米，常年水流不断，飞流倾下。

杨氏族谱碑：村落现存1处石碑，为杨氏族谱碑，保存较好，碑上字迹仍清晰可见。

火灶：村落现存有火灶3处，原为各生产队炊事所用，现多为村落红白喜事炊事用。

丰乳泉：位于乔勒寨后山脚下，相传这股泉水有助产妇产奶之功效而得名。

古树：村落内保存有古树两处，树种为鼠杉，长势良好。

古巷道：村落内两处古巷道，为石砌台阶步道。

古井：村落内有4处古井，古井见证了乔勒的发展与变迁，养育了世世代代的乔勒人，沿用至今。

古墓：村内现有1处古墓，留存完好，墓碑约1.5平方米。

乔勒瀑布

杨氏族谱碑

火灶

丰乳泉

古树

保护价值

乔勒传统村落依山而建，沿山坡鳞次栉比，层级而上，建筑随地形自由伸展。建筑组合灵活多变，布局因地制宜，形态各异，不拘一格，但整体随等高线而建，协调一致。整体布局饱含着人与自然、社会和谐共生的哲学思想，形成人与自然和谐共存的生态人文环境大格局，具有一定的科学研究价值。

同时，乔勒村传统建筑承载了侗族人民的历史与文化，展现了侗族村寨先进的技术以及较高的艺术成果。工匠们通过艺术手段在木构建筑的各个部分，构成不同的花纹图案。这些图案构图严谨，组合规整，均衡对称，造型生动。

叶　希　刘俊娟　白永彬　编

黔东南苗族侗族自治州雷山县永乐镇乔配村

乔配村全貌

乔配村区位示意图

总体概况

乔配村有苗、洞等民族，是一个苗侗融合的少数民族村寨，全村常住人口637人。村落位于贵州省雷山县东南面，永乐镇西南面，与雷山县的和平、长坡村接壤，毗邻本镇高庄、草坪、柳乌等村。村落距雷山县城65公里，距永乐镇政府所在地14公里，交通便捷。

乔配村大约是在清朝时期建立，至今将近有十代人在村内繁衍。相传，乔配村李姓村民是由雷山乌江因受到强盗和土匪的打压而搬迁至此，开垦田地，修路建寨，然后在此地安居乐业。乔配村历史悠久，民风淳朴，如今还保留了丰富的物质与非物质文化遗产。其物质文化遗产包括村寨的整体风貌、传统建筑、历史环境要素和承载上述要素的农耕生态景观格局，非物质文化遗产则包括依托苗族人民日常生活而衍生的风俗习惯、传统节日、饮食文化、手工技艺等。

2019年6月乔配村列入第五批中国传统村落名录。

村落特色

"甘泉灌养茶田里，牛蜂引瑞苗侗家。"乔配村坐落于大山深处，村寨房屋依山而建，梯次排列，内部地形总体呈峡谷状，村寨建筑分布在河流两端，形成相望的局面，河流两边是良田，建筑分布在两侧山腰。木结构房、青瓦屋顶与村寨周边的山体形成一幅美妙的画卷，古朴典雅，幽静自然。

乔配村具有苗侗融合的民族文化特色以及苗族吊脚楼和美人靠建筑特色，同时拥有风雨桥、古井等历史环境要素及苗族服饰、芦笙舞等非物质文化遗存，为生活、生态、生产空间相生相融的具有黔东南苗侗民族文化相融合特征的传统农耕型中国传统村落。

传统建筑

乔配村是一个苗侗融合的少数民族村寨，村内传统建筑兼具苗族和侗族的建筑特色风格，传统建筑包括干阑民居建筑、风雨桥等，至今保留传统建筑91栋，占村落建筑总数的74%，现有95%的传统建筑仍在使用。传统建筑保存状况良好，其平面基本单元由可以满足生产活动和生活居住习俗基本要求的各功能空间组成，在竖向上呈二段式布局：一层为家畜圈舍及储物的吊脚层，二层为生活层。二层为乔配村苗族民居的主要生活面层，以堂屋为中心布置卧室、火塘间、厨房等房间，在进行平面组合时，强调左—中—右横向的空间序列关系，平面多在三个开间内布置完成。

传统建筑

传统建筑

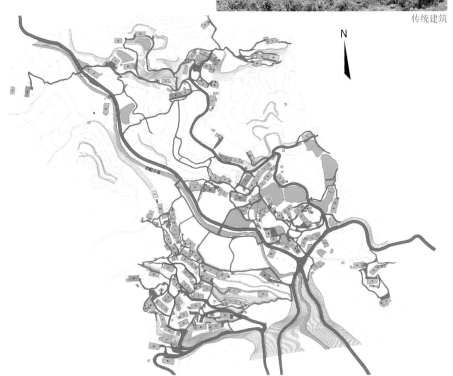

乔配村平面图

传统建筑

苗族米酒酿制技艺

风雨桥

传统建筑

苗年

古树

民族文化

苗族米酒酿制技艺（州级非物质文化遗产）：乔配村的苗族米酒是大米或糯米发酵而成的原汁水酒，含糖量高，酒精度低，是解除疲劳、清心提神的最佳饮料。米酒酿造第一步是采集草药，到八月，山上的野菜、树叶成熟后于鸡场天或者虎场天去山上采药草共10斤，将其洗净捣碎；第二步是浸泡，取5斤大米用水浸泡，磨成米面待用；第三步是制作酒曲，取5斤干燥的细谷糠，与备好的药草和米面，加水搅拌混合，密封待其发酵；第四步是伴酒曲酿酒，将其放在温暖的地方静置一段时间，等待发酵成为米酒。

苗年：乔配村的苗年分为初年、大年（岁月交替年）、末年（新岁年）。阴历九月末十月初过初年，在初年以后25天左右过大年，时长9天，末年是十月历新年的第一个节日。"苗年"于2008年被列入第二批国家级非物质文化遗产名录。

祭祀祈福文化：苗族人家常见的传统祭祀活动包括节日祭祀、农事祈福等。每逢苗族传统节日，人们在自家祭香台上烧香化纸念祭语，祈求祖先给予平安和祝愿；苗年过后，各家自择吉日，用一只撮箕盛满牛粪，在天未亮前抬到自家田里施放并举行相应的祈福仪式。

苗族唢呐文化：苗族唢呐由管身、芯子、管哨和喇叭口组成，管身多采用当地出产的桐木制作，上小下大、两端通透，呈中空圆锥体，管身开有8个（前7后1）圆形按音孔，管身表面修削成波浪形，以便于按孔。

人文史迹

风雨桥：风雨桥位于乔配村大寨中部，横跨在乔配村小溪上，始建于民国末期，曾翻修过，其结构严谨，造型独特，极富民族气质。桥长6米，宽2米，桥身为全木结构，桥面铺青石板，两侧设置长凳，屋顶为青瓦坡屋顶。

古井：现状共有古井3口，一号古井四周由青石板围合形成方形布局，二号古井和三号古井为青石板镶嵌的方形露天窖口井，古井周边被杂草覆盖。

古树名木：村落内分布有4棵古树，包括1棵古白榉树和3棵名木红豆杉，其中白榉树位于村寨中部，年代古老，村民用于祭祀祈求平安无灾。

保护价值

乔配村传统村落是一个古老的苗族村落，保存了贵州黔东南传统村落相对完整的、真实的历史遗存，同时附带了大量的历史文化信息，完整体现了当地传统民风民俗，见证了自清代以来该地区的生活方式和文化特色，具有较高的历史价值。此外，乔配村传统村落拥有丰富的物质文化和非物质文化遗存，是历史文化的重要载体，可对古建筑群形成的空间格局、精湛的民居建造及雕刻技艺、苗族民族文化、服饰及饮食文化进行深入研究，进行科学整合，将其传承发扬，迸发出雷山乔配村聚落文化耀眼的光芒。

潘秋梅 何成诚 罗永洋 编

乔配村稻田风光

黔东南苗族侗族自治州榕江县塔石乡同流村

同流村全貌

同流村区位示意图

总体概况

同流村位于榕江县塔石乡东部，距塔石乡集镇7.3公里，距县城约32.4公里。同流村下辖12个村民小组，9个自然寨，全村437户，1661人，是一个水族占92%以上的民族村寨，该民族源于三都水族自治县，村落在中华人民共和国成立以后形成，以"水族瓜节"、芦笙舞、铜鼓舞等著称。村域面积8.86平方公里，核心保护区面积12.02公顷。

同流村属山区地形，坐落在深山峡谷之中，属都柳江源头，境内沟壑纵横、重峦叠嶂，梯田依山势而上，连接云天。平均海拔800米以上，属于中亚热带湿润季风气候。年平均气温18摄氏度左右，无霜期长达300天以上，年降水量1920.5毫米。

2019年同流村列入第五批中国传统村落名录。

村落特色

同流村依山而建，背山面田，有茂密的山林和参天的古树，以杉树为主，与民居相互融合，与山脉相互呼应，环境优美，气候宜人，整个村庄地势西高东低，民居建筑呈阶梯状层层叠叠依山而建，从山顶眺望，一幢幢石板房鳞次栉比，形成开合相宜、错落有致、层次丰富的景观界面。

该村选址于山腰，建筑依山势布置，高高低低，起起落落，富于变化，呈现出多样的格局。强调"天人合一"，顺应自然的思想。村落坐北朝南，四面环山，将环境与村落民居有机地结合在一起。

四周环绕延绵的山脉、辽阔壮观的梯田和田坝或是蜿蜒曲折的田间小道等诸多要素相互穿插间隔构成同流村村落的边界。各边界要素除承担自己的功能之外，相互融合、相互映衬，构成良好的景观模式。

在内部空间上，民居建筑以活动广场为中心按一定的秩序聚集形成一个团状聚落，穿寨而过的通村路和枝状发散的巷道将村寨分隔成不同形态结构却又相互联系的两个组团，西部村寨建筑布局紧密，呈方块团状布局，东部村寨分布较为散落。

传统建筑

同流村传统建筑物占村庄建筑总面积的95%。

该村传统民居为传统木质结构悬山顶和歇山顶穿斗式木房，一般高约6～7.5米。大部分建筑坐北朝南而建，窗户为木质格窗，其开启方式为平开窗，分左右两扇，扇叶大小和材质以屋主的喜好及木材而定，窗户棂格的装饰图案以水族传统元素装饰为主，丰富多样，各户不同。屋面盖灰色小青瓦，楼檐翘角上翻如展翅欲飞，屋檐多雕刻有地方花纹装饰。四周安装原色木板壁，民族风情古朴、浓郁。

传统建筑

传统建筑

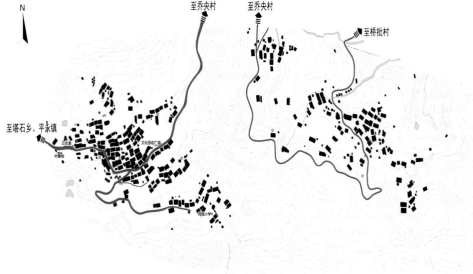

同流村平面图

民族文化

端节：端节又称水族瓜节，是水族最悠久、最隆重的传统节日。每年金秋是丰收的季节，农作物收割归仓后，水族同胞选择吉日杀猪宰羊，开田捉鱼，用南瓜、自酿的米酒、糯米饭等祭祀祖先，祈祷来年风调雨顺，六畜兴旺，幸福安康。

铜鼓舞：水族居民过"端"节、过"卯"节以庆丰收，以及婚娶、丧葬期间都要跳铜鼓舞。这种舞蹈把撒秧、栽秧、薅秧、打谷等大田耕作活动的种种动作融入其中，表演者随着鼓声的节奏，踏着雄壮的步伐，旋转起舞，鼓点从慢到快，从低沉到高昂，直到急密如雨，戛然而止，舞步也跟着由缓而急，由快而密，到马上收步，使观众既兴奋又愉悦。

水书：水族的文字，水族语言称其为"泐睢"。主要用来记载水族天文、地理、宗教、民俗、伦理、哲学等文化信息。至今水族人民丧葬、祭祀、婚嫁、营建、出行、占卜、节令、生产等，仍都受水书的制约。因此，在水族的社会生活中，水书具有广泛的作用和举足轻重的地位。

端节

端节

水书

铜鼓舞

人文史迹

粮仓：村民用于存储粮食的建筑。这种古朴的建筑、精妙的设计，既是水族农耕文化的一个重要标志，也是历史与现实及自然生态的一种完美结合，成为中华农耕建筑史上的一大景观。

古墓：村内从清朝时期留下来的古墓有约10处。

风雨亭：风雨亭位于村内活动广场附近，建于20世纪50～70年代。建筑采用水族建筑风格，是村民休息、游乐、观景的重要地点，承载了同流村的历史故事和文化内涵。

古井：同流村内有5处古井，散布在村内各个地方，常年流水。

古井

古井

粮仓

古墓

风雨亭

保护价值

同流村梯田环绕，青山耸立，寨后青山茂密，林木葱郁，古树参天，与自然融合得惟妙惟肖，构成一幅高低错落、宁静唯美的乡村自然生态风貌图。

同流村历史悠久，人文环境要素丰富多彩，形成具有水族典型文化特征的人文环境特色，许多民俗文化保留至今，具有一定的民俗价值、文化价值和人类学研究价值。

同流村村落建筑布局集聚传统水族风水理念，其所蕴含的华夏人居环境营造理论与方法具有重要的艺术价值。同时村寨的传统民居工艺及手法从不同侧面反映了当时寨民的审美观、价值观和人生观。

刘俊娟 王镜舫 刘 恬 编

黔东南苗族侗族自治州从江县加勉乡污俄村

污俄村全貌

污俄村区位示意图

总体概况

污俄村位于从江县加勉乡南部，距加勉乡政府驻地13公里，平均海拔1080米。东与摆格村相邻，南与加榜乡相接，西与广西壮族自治区接壤，北与污生村毗邻。下辖3个村民小组，共206户，783人，为纯苗族村寨。全村村域面积17.87平方公里，村落形成于清代，别具一格的苗族跳月、刺绣蜡染、苗歌等苗族风情构成了污俄村这样一个典型的苗族村寨。

2019年污俄村列入第五批中国传统村落名录。

村落特色

污俄村传统村落历史悠久，资源丰富，人文景观资源众多，自然景观资源优美。污俄村的苗族婚俗、新米节、斗牛、芦笙舞、民居建筑艺术技艺等塑造出"溪水静巷宁古寨·群山沃野说人家"的村落名片。

村落选址：背山面田，青山维护——历史上污俄村的祖先因避战乱逃至此处，良好的自然环境是村落形成的重要原因。村内民居建筑多位于通村路西侧的缓坡地段，传统建筑群的布局与良田隔路相望，使整个寨子坐落在三面环山、一面向田的青山良田之间，一方面营造相对安宁的生活环境，另一方面方便生产活动。

依山就势，延冲顺岭——污俄村选址顺应山势，寨西山体较高，南、北两侧山坡顺势而下，村寨坐落其中犹如坐上一把座椅。传统建筑错落有致，视野开阔，在四周山体的天然屏障下与良田形成一体，体现出古村寨选址时抵御外界侵犯的选址要求。

村落格局：带状蔓延，高低错落——通村路从村东而来，将村寨南、北两个生活组团串联，传统建筑顺山势起伏，沿主要道路呈线性布局，村寨四周延绵不断的山脉将传统民居与良田包围，一番人与自然和谐共存的美好景象。

鳞次栉比，东高西低——污俄村整体顺应山势而建，传统民居依山而建，鳞次栉比，整体空间西高东低，形成错落有致的独特风貌，犹如给大自然雕刻出的一幅精美壁画。

污俄村青山环抱，面朝良田，村内及后山古树名木参天。传统干阑民居建筑顺山势而建、沿道路蔓延，与传统街巷融为一体，形成了完整的村落肌理。

山脉

良田

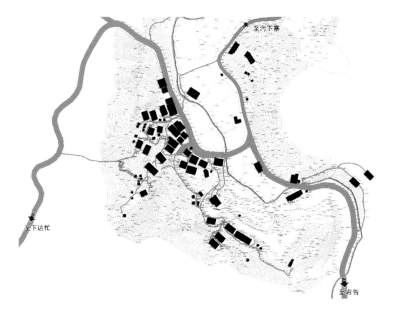

污俄村平面图

传统建筑

污俄村是一个典型的苗族村寨，村内保留了传统建筑51栋，包括35栋传统民居和16栋木质禾仓，占村庄建筑总数的85%，现有92%传统建筑仍在使用。

污俄村民居建筑大部分是民国时期至20世纪80年代修建的，底层有砖混结构和木结构两种体系，人居环境比过去的居住条件大有改善。

污俄村传统民居建筑多为二层干阑民居，建筑建于毛石堆砌的台地之上，总体呈坐东北朝西南。木结构民居多为四列三间、一正两厢或一正一厢，墙体主要为木板墙，屋顶多为歇山式青瓦屋顶，两侧有木质封檐板，正脊两端为青瓦堆砌的鳌尖，正脊中部有青瓦堆砌的脊花，窗户为木格窗及木板推拉窗。

传统建筑

传统建筑

民族文化

苗族服饰：从服饰上来看，污俄村苗族女装比较华丽。平时，污俄村年轻女子额前盘发，老年妇女外搭青布巾。女装上衣多为褐色大低领对襟式单组扣短衣，衣袖宽大（约12厘米）且仅长至肘部裸露的手臂，套上绿色或绣花的袖筒。下穿齐膝青色百褶裙，外栓自织彩条格子宽布带或刺绣围腰，膝下拴绑腿。在结婚或节庆时，污俄女子头戴银牛角，发髻插银梳、银簪，颈上、手腕上戴着白晃晃的银项圈、银手圈。

污俄村苗族男装较为简单，一般头戴褐色布条缠成的圆帽，上衣多为褐色对襟式单组扣长衣，衣领多为绿色，下穿黑色长裤。在结婚或节庆时，污俄村男子喜欢在圆帽正面中部插两根鸡毛装饰。

吃鼓藏：污俄村人吃鼓藏不定期，吃鼓藏有12个执事人员，苗语分别叫作"神东""该纽""神机九""神榜"

"说机九"（2人）"瓦榜""瓦栋""窝借""窝独""姐耶纽"（2人）"得纽"。执事人员必须具备的条件和产生的办法："神东"即鼓藏师，吃鼓藏中的祭词均由他念诵，精通三年六次活动的祭词，顺颂如流，不能颠倒错乱。"神机九"或称"刀娃"，须选择有自然滑稽神态，能引起别人欢笑而自己能忍笑者充任，每次吹芦笙时由他口念芦笙调，手执白锦鸡尾毛，仿效吹芦笙的手势在前面走。"神榜"，其职责是跟随神东念诵祭祖词，当神东的助手。每次活动中，该纽均应到场参加，神东在右，该纽立中，神榜在左，三人平行齐立，不能缺一。"说机九"由两人充任，司职吹芦笙。"瓦榜""瓦栋"，司职相同，凡属于吃鼓藏应做的事，均须由他两人先动手。当神东、神榜念诵祭词需要用鱼、麻等供品时，均须由瓦榜手送，瓦栋手接，再给神东、神榜。"得纽"其司职是拉木鼓进寨时，由他化装并盘问木鼓。他的条件须面容丑陋，又能忍笑，并在盘问木鼓时表情天真。

吃鼓藏

污俄苗族女装

污俄苗族男装

人文史迹

古井：位于污俄村中部，由出水井、井池组成，井身为当地青石砌筑，现井水依旧清澈，整体风貌良好。

古树：种类3种，数量总共4棵。120年树龄的红豆杉1棵，180年树龄的红豆杉1棵，150年树龄的木荷1棵，150年树龄的栾树1棵。

古井

古树（红豆杉）

保护价值

污俄村是坐落在山坡之上高低错落的苗族聚居聚落，梯田层叠，古树成群，以保存完好的干阑民居建筑群、民国时期传统建筑和禾仓群为风貌特色，以苗族吃鼓藏、踩歌堂、斗牛为文化特色，生活、生态、生产空间相生相融，是具有黔东南苗族文化特征的中国传统村落。

污俄村传统村落的民族为苗族，其风俗习惯、传统节日、饮食文化、手工技艺等方面仍保留苗族特色。如苗族芦笙舞、踩歌堂、新米节（过苗年）、刺绣蜡染的传统制作工艺、民居建筑木雕艺术技艺等文化遗产均体现了从江苗族人民的特色民族文化。

污俄村传统村落崇尚文风的传统是其最为独特的、最具影响力的民族文化。

污俄村的民族文化使其具有很大的保护价值。

谭艳华 黄 丹 编

黔东南苗族侗族自治州从江县翠里乡污牙村

污牙村全貌

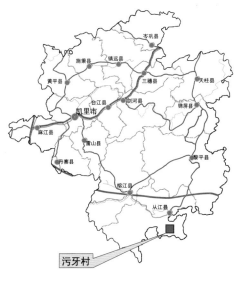

污牙村区位示意图

总体概况

污牙村东接高武村，西连宰转村，北与高文村相望。距乡政府所在地6公里，东部有242国道，自北向南经过，对外交通主要依靠通组路。村落形成于清代，污牙村有4个村民组，124户，576人，为苗族村落。

2019年污牙村列入第五批中国传统村落名录。

村落特色

村寨位于海拔高约580米的山上，平均气温为16~18℃，年平均降雨量1100毫米，坡间分布大大小小的田地，郁郁葱葱，气候怡人。村落依山而建，主要集中于山腰，呈带状布局，以吊脚楼为主。村落四面群山环绕，保留较多珍惜名贵树木，环境优美。村落形成背山向阳、青山环绕、聚居山腰、视野开阔、日照充足、生产方便的选址与格局。

污牙村有丰富的旅游资源，山清水秀，溪水潺潺，寨子下的梯田如画，春季禾苗争先成长，梯田里绿油油一片。秋季稻谷金灿灿，当微风吹过，稻海随风波动，溢出浓浓稻谷香味，夕阳西下，整个村子都映射在田间，成为一幅美丽的乡村油画。

传统建筑

污牙村历史悠久，拥有极具特色的民族文化，传统建筑、村落布局保存完好。污牙村建筑95%为传统苗族吊脚楼，使用传统工艺，整栋房屋无一钉一卯。

污牙村的传统建筑集中连片，房屋为全木结构，依山傍水，鳞次栉比，并保存良好。由于用地有限，为创造更多使用空间，建筑巧妙地与地形结合，手法独具匠心，建筑为上下两层，第一层用作堆放杂物、圈养家畜等，一般住在第二层，上层则是人的居室，依据功能分为不同的隔间，体现了当地苗族独特的居住风格和建筑工艺，通风性较好，冬暖夏凉，干爽舒适。污牙村的木构架建筑主要以坡屋顶二层楼为主，也有部分为三层楼一坡屋顶，建筑的檐口和门窗均采用传统的工艺制造。

污牙村苗族风格木结构建筑，正房为一列三间，中间为堂屋，堂屋是迎客间，两侧则隔为二或三小间为卧室或厨房，厨房设有火坑，供日常做饭、烧水。堂屋前有两扇大门设有门当，窗户为木质推拉窗户和传统花纹样式，左右对称。

传统建筑

传统建筑

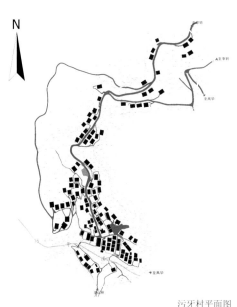

污牙村平面图

建筑风貌

民族文化

悠久的历史铸就了污牙村深厚的文化内涵，留下了非常丰富的文化遗产。

苗族古歌：苗族古歌内容包罗万象，从宇宙的诞生、人类和物种的起源、开天辟地、初民时期的滔天洪水，到苗族的大迁徙、苗族的古代社会制度和日常生产生活等，无所不包，成为苗族古代神话的总汇。古歌大多在苗族社祭、婚庆活动、亲友聚会、节日等场合演唱，演唱者多为老年人、巫师、歌手等。

苗族服饰：苗族服饰以夺目的色彩、繁复的装饰和耐人寻味的文化内涵著称于世，污牙村苗族服饰图案承载了传承本民族文化的历史重任。污牙村男女衣着朴实，色彩鲜艳，服装制作工艺有挑织、蜡染、平绣壮等技术，男女盛装均为传统"连衣裙"式样，服装以绚丽多彩的刺绣和鸟的羽毛作装饰，头顶银冠，颈套银圈。苗族服饰是我国所有民族服饰中最为华丽的服饰，既是中华文化中的一朵奇葩，也是历史文化的瑰宝。

芦笙歌舞：芦笙舞，又名"踩芦笙""踩歌堂"等，因用芦笙为舞蹈伴奏和自吹自舞而得名。

人文史迹

古树：村内共有古树6棵，古树名木生长较好，特点鲜明，是村落历史环境要素之一。

古巷道：古巷道是村庄肌理形成的主要要素，目前巷道已经基本硬化，仍然保留交通功能。

护寨婆墓：是建村初期一位伟大母亲为了保护村民生存环境，带领村民反抗外来入侵者，保护村民的生命财产安全而建的。如今每年大年初一吃早饭后全村前往祭拜。

乌牙桥：由水泥和石头砌成，是村庄的主要通道。

兄弟石：建村初期有兄弟两人从河边把石头送到村脚，形成门柱状，用来保护村庄防止外敌入侵。如今每年大年初一6点钟全村前往鸣枪祭拜。

苗族古歌传承人

苗族服饰

护寨婆墓

保护价值

污牙村传统建筑工艺非常精巧，集中体现了翠里地区苗族木构架建筑风格，具有较高的历史、科学和艺术价值。

污牙村丰富的历史资源对苗族历史文化的研究具有较高的历史价值。

陆显莉 黄 丹 编

芦笙歌舞

污牙桥

古巷道

兄弟石

古树

污牙村梯田

黔东南苗族侗族自治州雷山县望丰乡羊卡村

羊卡村全貌

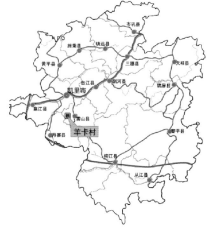

羊卡村区位示意图

总体概况

羊卡传统村落隶属黔东南州雷山县望丰乡，位于贵州省东部山区，距雷山县6.5公里，东接五星村，南抵乌局村，西靠三角田村，北邻乌迭村。羊卡村成村有史明确记载的时期为清雍正时期，辖大寨、甘随（原称干席）2个自然寨、10个村民小组。羊卡村居民以苗族为主，兼有少量侗族、汉族，以淳姓为主。

2016年羊卡村列入第四批中国传统村落名录中。

村落特色

羊卡村地处云贵高原向湘桂丘陵过渡的斜坡地带，位于苗岭山系东段雷公山的西部地区，山体将村落环抱，成为天然的屏障。该村资源丰富，目前尚存"芦笙坪""风雨桥""禾仓群"等自然与文化景观。民居建筑依山而建，层峦叠翠，鳞次栉比，别有风味。古树名木、古井等历史环境要素遍布村域。建筑形态与山体形态一致，保持了建筑与自然环境的有机融合。整体而言，羊卡村呈现出山—水—田—寨交相辉映、自然和谐的景观。

传统建筑

羊卡村的历史传统建筑群数量较多，保存完整。

吊脚楼：羊卡村吊脚楼以木质干阑建筑为主。每幢木楼，一般分三层，上层储谷，中层住人，下层楼脚围栏成圈，作堆放杂物或关养牲畜。羊卡村苗族吊脚楼多为"一"字形，以三间和三间带偏厦者居多，也有两间和两间带偏厦的。偏厦多为半个开间大小，设于端部，上部屋顶接正

面屋坡转至山面，因而得名。正房可以带一个偏厦，也可两山均带偏厦，构成较大体量的房屋。屋顶多采用歇山式和悬山式，坡度不大，出檐深远。屋顶样式较为灵活，有的吊脚楼一山面作歇山顶，另一山面作悬山顶，形成混合式屋顶，皆因具体情况而定。吊脚楼是苗族传统建筑，是中国南方特有的古老建筑形式，楼上住人，楼下架空，被现代建筑学家认为是最佳的生态建筑形式。

禾仓：羊卡村还存留有苗族禾仓若干座。苗族粮仓具有防火、防鼠、防蚁虫、防潮等功能。羊卡村谷仓的主体建筑等基本保存完好，与周围环境无冲突，这些粮仓依旧展示着它们的古老。

禾仓是苗家人用来存放粮食的专用建筑，即使房屋被火烧成了灰烬，独立存在的禾仓也能够让灾民免除饥馑之虞。

吊脚楼

禾仓群

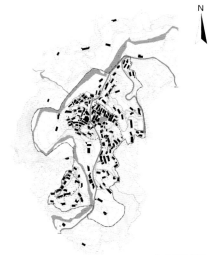

羊卡村平面图

寨内一角

民族文化

羊卡村主要由短裙苗组成，羊卡苗民聚族而居，创造了独特的苗族风情，蕴藏了丰富的民族文化资源，三月爬坡节、七月吃新节、十月苗年节和13年一轮的鼓藏节，场面盛大，仪式隆重、节目丰富，突出地体现了羊卡苗族丰厚的民族文化。

"鼓藏节"，也称"吃牯脏""刺牛"，是黔东南、桂西北苗族最隆重的祭祖仪式。节日由苗族各姓牯脏头组织。一般在历史上关系较密切的村寨间进行，牯脏节有小牯大牯之分。小牯每年一次，时间多在农闲季节，吃牯村寨杀猪宰牛邀请亲友聚会，其间举行斗牛、吹芦笙活动；大牯一般13年举行一次，轮到之寨为东道。"鼓藏节"的重要内容是杀牛祭祖。在苗族众多的节日中，鼓藏节不仅规模宏大，历史悠久，参与人数众多，气氛隆重，而且内涵丰厚，其内容涉及苗族社会、经济、政治、哲学、思想等诸多学科，是研究历史与文化的百科全书，具有重要的价值。

随着非物质文化遗产保护意识的逐渐加强，这一古老的艺术形式将不断焕发出新的生机。

人文史迹

古宝藏穴：寨民在动乱时期为躲避土匪强盗而挖建的用于全寨寨民保存粮食的洞穴。在抗日战争时期还做过临时的军火库。

防火塘：防火塘位于大寨，是村中最大的防火用水池塘，已有百年的历史，始终肩负着保卫一方百姓安全的艰巨使命。

古树：古柏树位于羊卡村中间，世世代代守护着这个依山傍水的美丽村寨，千年古树枝繁叶茂，树干需要至少四人才能完全环抱。

古井：羊卡村目前共有两处古井，该古井为建村之始挖置的。因村寨已全部通自来水，古井较少被使用，已被废弃。

地窖：地窖主要是村民在古代利用自然条件可以长时间保存食物的地洞，多为储藏红薯，需要时则从中取出，在村寨内随处可见。

古墓：羊卡村内有清代古墓两座，因年代久远，碑面风化，碑质为青石，大约高1.5米，宽1米。

防火塘

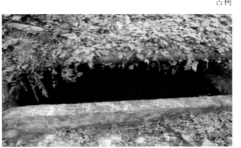

古树

古井

地窖

古宝藏穴

古墓

吊脚楼建筑群

保护价值

文化价值：羊卡村人勤劳勇敢，充满智慧。他们在继承传统文化的基础上，形成独具魅力的特色民俗文化，流传至今，生生不息。民族民间文化尚保留原生状态，民居及建筑艺术独特，生态景观、人文景观互相映衬，传统文化具有浓郁的多样性、完整性、地域性。勤劳的羊卡村人，在与大自然和谐相处的千百年中，创造物质财富的同时，也创造了优秀的传统文化。苗族传统节庆文化、传统民间技艺文化、民族特色美食文化等，均具有较高的保护传承价值。

历史价值：作为一个苗族聚居地，历史久远、民族风情浓郁，村寨都保存着苗族建筑、服饰、习俗、歌舞、乐器工艺等传统古老和原汁原味的古朴内涵。几百年的生息繁衍，勤劳的羊卡村民和肥沃的土地共同造就了羊卡村的历史文明，具有较高的历史价值。

王 刚 黄 丹 王 倩 编

羊卡村远景

黔东南苗族侗族自治州天柱县高酿镇邦寨村

邦寨村全貌

邦寨村区位示意图

总体概况

邦寨村位于天柱县高酿镇中部，距县城18公里，距高酿镇区6公里。全村825户，共3328人，全寨辖区面积3500亩。对外交通主要依托202省道以及三黎高速，可便捷快速抵达高酿镇区和天柱县城。明朝洪武二年（1369年），先祖因战乱及躲避兵役搬至邦寨，村民世代居住于此，已有600多年历史。

2019年邦寨村列入第五批中国传统村落名录。

村落特色

邦寨村是一个典型的侗族村寨，其选址充分体现了邦寨祖先的智慧，依山面田，择水而居，村落形态神似月牙，民居建筑多分布在群山环抱的中部三座山丘上，山丘相守相望成"三足鼎立"之态，四面青山环绕，宛如群山朝贺，田间小溪纵横，呈万水归一之态，生态环境优越，风光秀美，实为不可多得的风水宝地。村寨从寨脚开始呈梯田状分布，形成层层叠叠、丛林掩映、绿荫环绕的传统格局。寨内树木林立，枝繁叶茂，森林覆盖率高，山体景观、田园景观、河流景观等自然风光与环境自然融合，烟雨时节，朦胧的山水映衬着朴实厚重的传统村落，宛若一幅幅灵动的山水画卷。

传统建筑

邦寨村传统建筑多为穿斗式木结构，木柱支托、凿木穿枋、衔接扣合、立架为四壁横板、两端偏厦，屋面为小青瓦硬山坡屋顶。大部分民居已从简单的一层发展为两层或三层。楼的外部造型、内部装修、民俗陈设等方面都极具地方特色。从外部看建筑大多为四榀三间，上下两层楼房，楼下住人，楼上存放粮食或杂物。堂屋中设有神龛，内侧小间为"火房"。

建筑细部

建筑细部

民族文化

邦寨村的非物质文化包括歌舞及乐曲、宗教传统祭祀活动、节庆和民间娱乐形式、传统建筑技艺等。

北侗侗歌：北侗文化的代表之一。是一种简单的、淳朴的、原生态、无指挥、无伴奏、无乐器的演唱形式。在风雨桥（花桥）里、山间、田野间、大树下都可以尽情对唱，没有空间的束缚，体现侗歌文化的原生态和侗族洒脱自由率真的性情。在侗歌对唱过程中，起到交流沟通的作用，使村寨居民群体以一种共同体的和谐关系生存着，充分显露出少数民族群体的团结精神及民族文化的巨大向心力。

村寨梯田

传统建筑

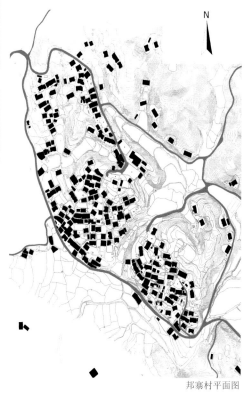

邦寨村平面图

侗歌

侗族服饰

侗族服饰：侗族人民大多自己种植棉花、麻等作物，以此自纺自织作为侗布的材料。北侗侗族服饰外观简洁，但样式、款式、搭配、颜色种类形制各异、各具特色。基本色系以藏青、蓝、白、黑等颜色为主，不同季节不同场合穿戴也不同，日常穿戴服装比较相似，节日盛装装饰精巧华丽，颜色也更丰富。天柱地区女子节日穿着盛装时配有银扣，体现出侗族姑娘的审美观念和古朴的工艺痕迹。男子则喜欢穿着青色、蓝色、白色的衣服。

宗教：相传明永乐十年(1412年)从黄哨山的白云庵来了一个大胖和尚，法号道明，化缘来到邦寨，当他看到这里山环水绕、钟灵毓秀、物华天宝之时，顿生善缘，遂决定在大响溪出水口处修造一座大庵堂。因庵堂建在永乐年间遂取名永乐庵。邦寨村落信奉佛教文化的传统一直延续至今。

每逢节日，邦寨寨民们就会相聚庵堂，焚香烧纸、祭祀祈福。

吃新节

传统节日："三月节"是邦寨人自己的节日，农历三月初三外嫁妇女回娘家，以"三月粑"作为节日礼品赠送亲友，孝敬老人。"吃新节"俗称尝新，在每年农历六月初六的早上，准备油桐树叶等，供在神龛之上，12份供品表示一个月一份。由寨老选派两人绕寨追跑一圈，结束之后，各家取下供品，准备酒菜过节。

人文史迹

龙氏族谱碑：位于寨西墓地，始建于清嘉庆二十四年（1819年），历经200余年仍旧保存完整，此碑主要记录邦寨龙氏始祖龙占庠迁入邦寨后各分支及其部署。族谱碑右侧另有一块民国29年（1942年）立的续谱碑。

盘贡简支石板桥：始建于明隆庆三年（1569年），横跨盘贡溪，是邦寨村与外界连接的交通要道。明嘉靖三十二年（1553年），邦寨村住户达到1000多人，来往商人络绎不绝，为改变邦寨村的通商道路，重修此桥。桥的中间有一个石墩，桥两头各有一块正方形石头，作为镇桥之石。

杨七寨头门：始建于明朝隆庆年间，为穿斗式木构寨门，主要用于护寨御敌。寨门由8根柱子构成，门前、门后均有七级石阶，两侧装板壁，顶为人字屋檐。

古井：始建于清乾隆五十三年（1788年），位于村寨南部，古井四角有石柱连接，世代为全寨村民提供甘甜、不断的水源。

杨七寨头门

土地庙

龙氏族谱碑

盘贡简支石板桥

古井

保护价值

邦寨村保存了贵州北侗地区侗族村落相对完整的、真实的历史遗存，而且邦寨的历史遗存如永乐庵、族谱碑、古寨门、古桥等释放大量真实而有力的历史文化证据，见证邦寨村形成初期至繁荣时期、再到战乱时期的衰败，一直至今的生存方式和历史文化。同时，物质文化和非物质文化共同交织，演绎着村寨的文化内涵，因此，邦寨村具有较高的历史价值。

刘 翼 张 奕 编

邦寨村环境

黔东南苗族侗族自治州榕江县崇义乡纯厚村

纯厚村全貌

纯厚村区位示意图

总体概况

纯厚村位于榕江县城西北方向的崇义乡境内，距崇义乡集镇1.9公里，由集镇区向北沿塘冷五里桥公路可达。纯厚村历史可追溯至清乾隆年间，始称淳厚堡，后改为纯厚堡。清乾隆二年（1737年），实行屯兵设堡，右卫设18堡，纯厚村属其中之一，屯兵40户。村域面积为8.5平方公里，2018年全村共计337户，1260人，全村有汉族、侗族、水族等多个民族混居一起。

2019年纯厚村列入第五批中国传统村落名录。

村落特色

纯厚村是一个传统风貌保持比较完整的村寨，整个村寨沿山梁形成一条500米长的带状布局，犹如自然生长的树木，虽然无序，但暗合肌理。村落选址具有典型的黔东南州民居建寨特色，在平坝或者半山腰以及山顶建村寨，尽可能选择接近的土地耕种，而且利于防御。村寨沿坡地阶梯分布，但不成排列，择其适地而建房，房屋疏密相间，随坡就势。建筑顺山就势，在山区利用坡地，依坡筑屋，创造出更多的使用空间，建筑群体高低错落，玲珑有致，与自然环境和谐共存。周围环境不仅适宜居住耕种，而且群山峻岭，树林密布，自然风光优美。

村落环境

传统建筑

纯厚村的建筑由台地、正房、厢房构成，房屋随山川地形而建，呈阶梯状排列。村寨传统建筑多以五柱四瓜房为正房，两侧或一侧建有厢楼，厢楼多为翘角式的吊脚楼，楼上住人，楼下作猪、牛圈、厕所，堆放农具、杂物等。

民居的平面布局是围绕堂屋布置其他空间，形成以堂屋为中心的放射形平面空间布局特征。传统侗族民居的平面空间多样，但就其类型而言，归于干阑建筑，用柱子把下部托起，使其下部架空。通常二层为生活的楼层，也是最主要的楼层，一般为三开间，平面包括堂屋、退堂、卧室、火塘间、厨房等主要部分，以及贮藏、杂物、副业、挑廊等辅助部分。

传统建筑

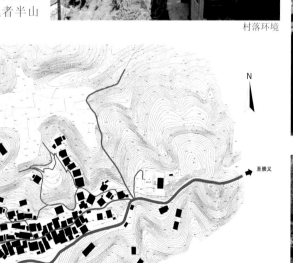

纯厚村平面图

传统建筑

民族文化

山歌：纯厚村山歌的内容涵盖广泛，分为劝世歌、节令歌、时政歌、盘歌、对歌、情歌等。山歌中最精彩的部分是情歌，男女间采取以歌会友、以歌传情的方式进行交往，最终成为相互的伴侣。山歌的对唱可以在野外，也可以在家中，唱山歌切记粗野，最讲礼仪。若在家里开场对唱，事先必须先向房主人请求，在得到主人许可后方可对唱。

刺绣：纯厚村寨一带的刺绣，自古以来是民间传承手工艺术之一，大多以穿戴的装饰为主，如背带、布鞋帮子、鞋垫、花带、枕头、被面、香布袋、小孩花帽等。

服饰：纯厚村寨传统服饰中，男成年人服饰用土织布料，上装量身缝制，有衣领，下装一律为青蓝或浅蓝色土织布料。成年妇女服饰，土织布料，上装有一寸宽衣领，上内托肩的右衽襟衣，上装颜色为青蓝或浅蓝。

刺绣背带

绣鞋

山歌传承人

人文史迹

古墓：整个古墓群坐落在纯厚村寨东部，距离村寨300米外，处于山林半山腰葱郁树木之中，修建时间在一百年以上。该墓占地200多平方米，全用质地坚硬的青石打磨修砌。

古树：村落内古树名木26株，古树品种为枫香树、豆沙，其中3棵红豆沙，23棵枫香树，是村民信奉和保护的对象。

古井：村落内现有古水井1处，具有近百年历史，水质清澈，井水冬暖夏凉，全年水量充沛，是村民用水的主要来源。

古树

古井

民族服饰

古墓群

古树

保护价值

纯厚村建置历史久远，形成了浓厚的历史文化积淀，在村落选址、民俗文化、人文环境等方面都得以展现。

村寨周围有着独特的群山环绕景象，山体秀美、重峦叠嶂，成为村落与自然和谐一体的独特风景。村内成片的梯田展现了这里久远的农耕文明，同时也体现了纯厚村民拓土开荒的朴实勤劳的性格。当地独特的婚丧嫁娶形式、独特的山歌、刺绣、婚姻习俗都反映了纯厚村寨独特的地域文化；村民口口相传的民间故事、山歌、神话传说等也反映了农耕时期人们的思想特征。

保存完好的传统建筑是研究当地建筑工艺和建筑文化的重要依据，具有较高的艺术和科学价值，对研究村落形制、民俗信仰、农耕文化等意义深远。

刘 恬 陈 浩 白永彬 编

155

黔东南苗族侗族自治州从江县刚边乡鸡脸村

鸡脸村全貌

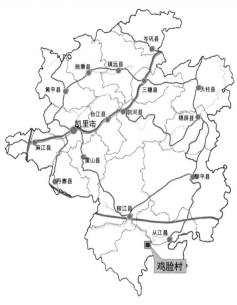

鸡脸村区位示意图

总体概况

鸡脸村位于从江县刚边壮族乡北部，距乡政府所在地12公里，东邻归江村，西与平中村毗邻，南与加扒村接壤，北抵平正村，鸡脸村下辖2个自然寨，4个村民小组，共123户，606人，为纯壮族聚居的少数民族村寨。

全村国土面积为6.71平方公里。鸡脸村于2002年通公路，2014年进行水泥硬化，村内串户路主要为水泥路面，局部有石阶踏步。据村里老人们讲，清嘉庆年间，原居于广西南丹的黄氏公和韦氏公，为避战乱逃至此处，因这里气候宜人，地势较平坦，水源丰富，便于开垦田地，能自给自足地生活，而立足于此，距今约200年。

2019年鸡脸村列入第五批中国传统村落名录。

村落特色

负阴抱阳，山明水秀：壮族及其先民历来注重村落环境的选择。鸡脸村建在河流大转弯处，地面较宽广，河面宽阔，水流缓慢，体现了壮族选择优秀环境建立村落的文化观念。村落整体顺应山势，靠山傍水延绵布局，传统民居则背阴朝阳，沿河流、街巷的走向延展。房屋的前面或后面，建有晒台，以晾晒物品和纳凉。从地面进入中层住人的大门，用方块石条砌成一级一级而上的阶梯。壮族的这种房屋建筑，建在村寨的山腰，层层叠叠，十分壮观。

阡陌纵横，鳞次栉比：鸡脸村村民以水稻耕种为主要的生产方式，民居建筑错落有序，层层叠叠的梯田围绕在村子周边，当阳光透过云层撒在田间之上，梯田景观随云雾变幻，犹如缀满金色的碎片，流光溢彩。

传统建筑

鸡脸村传统建筑多为二层干阑民居，这种住房形式，宜于当地潮湿多雨、夏日酷热的气候。民居建筑有一幢两间、一幢三四间。主屋的两旁，还附设仓房，这不仅增宽了房屋的面积，而且还能起防风挡雨的作用，使主屋建筑不受风雨的侵袭，一般底层圈放牲畜家禽或堆放农具，二层住人。二层正中间为厅堂，前后左右，

传统民居

分设房间，房间开窗，通风明亮，居住舒适。厅后为火塘，以泥筑成，煮食取暖用。正厅两则，无论三间五间，均以木板或竹片为壁隔离，木板还雕刻着花鸟虫鱼之类的画图；木板竹片，是活动的，遇上喜庆婚嫁，可以撤开，摆桌设席。

建筑侧立面

民族文化

壮族芦笙会：鸡脸壮族芦笙会于壮年初二（即农历十二月初二）举行，邀请附近村寨芦笙队参赛。当天，周边村寨的各族人民着节日盛装出席，场面热闹非凡。

祭河神：鸡脸村依河而建，为求河神保佑，全村男女老少到河边请神，然后回家供奉神灵，保佑来年风调雨顺，

鸡脸村平面图

壮族芦笙会

鸡脸壮族服饰

一号古井

二号古井

身体健康。

婚俗：在鸡脸倘若某一小伙子爱上某一姑娘，集体对唱阶段便可竭力向她投送秋波，若姑娘也有爱慕之意，双方即以山歌一问一答，自成一对。对唱完毕，可坐下，互赠随身携带的小件物品以示信物，以后逢节日可邀约定期相会。通过唱山歌结交的情友，日后即便情投意合，男方也要聘请媒人作形式上的求婚。

壮族服饰：鸡脸村男女服饰都保持着传统壮族服饰特色，外衣大多为褐色花边，右衽圆领，钭襟开口，袖口镶蓝色。从服饰上来看，鸡脸村壮族女装比较华丽。平时，鸡脸村年轻女子后侧盘发，老年妇女外搭青布巾。女装上衣多为褐色无领对襟式单纽扣短衣，衣袖宽大，袖口有绣花。下穿齐膝褐色百褶裙，外栓自织彩条格子宽布带或刺绣围腰，腰间有布织彩带，膝下拴绑腿。在结婚或节庆时，鸡脸女子发髻插银梳、银簪，颈上、手腕上戴着白晃晃的银项圈、银手圈。整套服饰绚丽夺目，把女子打扮得如花似玉。

人文史迹

花桥：位于鸡脸村北部河边，由东、西两座建筑物组成，整体保存良好。东部为八柱菱形建筑，东、西、北三侧设长凳供村民休憩，屋顶为重檐六角攒尖，四面为白色锯齿形瓦檐。西部为十四柱长方形建筑，四周设长凳供村民休憩，屋顶为二层歇山屋顶，四面为白色锯齿形瓦檐，正脊两端及四角为白色翘角，正脊中部为青瓦堆砌的腰花。花桥既能满足村里民俗活动，又能供村民休憩纳凉。

古井：一号古井位于鸡脸村东部梯田，井身由当地青石砌筑。二号古井位于鸡脸村东部，始建于清代，原由青石板组成。

古巷：位于鸡脸村西部，始建于清代，道由石块铺设。古巷道解决了鸡脸村地形高低不平、建筑密度高带来的交通难题，同时也见证了一代代鸡脸人的生活场景，承载了鸡脸村民的历史记忆。

土地庙：位于鸡脸村西部，是鸡脸人为感恩大自然的馈赠、谢土地滋养、祈求子孙平安的场所。土地庙由石块垒成。

花桥

保护价值

在古色古香的鸡脸村，历史久远的民居矗立在山脊之上，与山相拥、屋田相伴，层层而上，其窗户形式独特，具有很高的历史价值。

鸡脸村是一个典型的壮族村寨，村内非物质文化遗产包括芦笙会、祭祀习俗、踩歌堂、壮族服饰、刺绣蜡染、传统建筑技艺和文化空间等，与村落物质文化一样，具有较高的文化艺术价值。

余奥杰 编

祭河神

土地庙

鸡脸村环境

婚嫁聘礼

古道

村寨河流

黔东南苗族侗族自治州从江县往洞镇贡寨村

贡寨村全貌

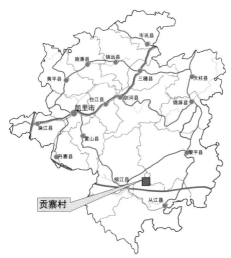

贡寨村区位示意图

总体概况

贡寨村地处往洞镇的东北7.5公里处，毗邻九朝、平江、栽麻，是黎平、榕江、从江三县的接壤地带。贡寨村属汉语地名。侗语称"贡寨"为"贡"，译成汉语为"棕树"。据传此地原有很多棕树，落寨后侗家取名为"贡寨"得名。全村国土面积8.063平方公里，海拔500米，是往洞镇最小的一个村寨，共有72户，380人。

2019年6月贡寨村列入第五批中国传统村落名录。

村落特色

贡寨村村民均为吴姓侗族，又分为腊够、腊醒、腊蓄、腊蓄大邓（侗语）四个大家族。村寨坐落在一个方形山坳的盆地上，北面有源于榕江、黎平两县的两条溪流汇入贡寨，寨中沟渠交错，池塘星罗棋布。寨子四周有誉称"贡寨大山"的原始森林，南面和东面为层层梯田，传统民居望山傍水，整体形成"山环水绕，田园相接"的自然格局。

贡寨村建寨历史悠久，民风民俗古朴，其风俗习惯、传统节日、饮食文化、手工技艺等方面仍保留侗族特色。如吃新节、祭萨习俗、行歌坐月、侗族大歌、侗族芦笙舞、民居建筑木雕艺术技艺等文化遗产均体现了从江侗族人民的特色民族文化。贡寨村传统村落崇尚文风的传统是其最为独特的、最具影响力的民族文化。

传统建筑

贡寨村聚居的区域范围气候温和，水热条件优越，适宜林木生长。贡寨村一般选择木料作为主要建筑材料。

民居建筑：贡寨村采用侗族干阑式木楼的传统生活方式，底层以堆放杂物、饲养牲畜为主；二层主要是生活面层，包括宽廊、火塘、小卧室等单元；顶层通常为堆放粮食或杂物的阁楼，局部设置隔间作卧室。村寨内建筑共105栋，其中传统建筑共98栋，占总建筑数量的93.3%。当地民居建筑沿等高线层叠分布，用木柱支托、凿木穿枋、衔接扣合、立架为屋、四壁横板、两端做偏厦，屋面材料为当地小青瓦。

传统民居

鼓楼：在村落中心建有侗族鼓楼1座，属县级文物保护单位。始建于民国中期，历经百余年的风雨仍岿然不动，见证了贡寨的历史兴衰和发展演变。鼓楼是侗寨特有的一种民俗建筑物，在寨民心目中拥有至高无上的地位。每逢大事，寨中村民皆聚此商议，或是逢年过节，村民身着盛装，在此吹笙踩堂，对歌唱戏，通宵达旦，热闹非凡。

禾仓群：禾仓是存放粮食的仓库，村内家家户户都有禾仓，有些建在自家周围，一些集中建在一起。

禾仓群

贡寨村平面图

贡寨鼓楼

民族文化

新米节：新米节又称"吃新节"，是侗族庆丰收感恩苍天眷顾的节日。贡寨"吃新节"以农历七月的第一个"巳"日举行"尝新"仪式。过节之前，由家族中的妇女依年龄的顺序排列到河边将食材等物洗净，回家准备菜品，并用刚从井里担来的"新水"泡糯米蒸熟酿制甜酒。饭前祭供祖先，先由年龄最大者烧香化纸祈祷祖先英灵。品尝各种饭菜，接着，按各房长次的顺序入席吃祭供的新食，共同祭祖宗。贡寨吃新节，除了祭祖祈祷丰收外，还要开展丰富多彩的娱乐活动，以斗牛、演侗戏等形式为主。

祭萨节：为了降福消灾，保寨安民，祈求来年风调雨顺。贡寨每年均要举行隆重的祭萨仪式，每年开年的初一晚上，寨中敲锣打鼓，通知全寨男女老少都要拿着酒菜聚集烧香拜萨，敬供"萨坛"，祭毕，众人围坐萨坛就餐，表示与萨共进晚餐。这时，鸣锣燃炮，男的吹笙前导，女的随后边歌边舞。

吃相思：俗称"为客"，侗语叫"越嘿"，时间多在正月、二月或秋后，通常是村落的男女老少全部到另一个村落做客，有时也是周边几个村落的人邀约着同时到贡寨村来做客。每次活动时间较长，一般需3～5天。

侗族大歌：大歌，侗语称"嘎老"（GalLaox），"嘎"就是歌，"老"具有宏大和古老的意思。侗族大歌以"众低独高"，复调式多声部合唱为主要演唱方式。侗族大歌需要3人以上的歌班才能演唱，参加演唱的人越多，效果越好。歌师在当地是被社会所公认的最有知识、最懂道理的人，因而很受侗人的尊重。大歌是对侗族历史的真实记录，是侗族文化的直接表现。

吃相思

侗族大歌表演迎春

新米节

人文历迹

贡寨村最先落居的是吴家的祖先，后由于战乱和历史原因，村内的汉族和苗族均全部迁走，流传到现在的贡寨村，村中村民均为吴姓侗族，现有四个大家族，每个家族均为几十户。为加强村民团结，各家族发生的大屋小事，均由本族的众兄弟共同处理。为管理好各家族，每个家族都有一个房族领袖，现称为"头长"。

古树群：村落外北部有两处古树群，多为棕树、枫树和木荷等当地树种组成，其中1号古树群约有古树10棵，2号古树群约有8棵。

古井：现有古井1口，建于清朝雍正年间，位于村落中部，古井现保存完好，井水冬暖夏凉，甘甜可口，可供村民们每日正常使用。

古墓：村落外围西侧有古墓1座，年代为清代，墓主为吴氏先祖，现保存完好。

萨坛：贡寨在村落内西北面鼓楼附近建有萨坛，又称为"萨堂"。贡寨内的"萨坛"是一个半圆形的土堆，四周砌石块。外建一座小木房，守坛者由卜测产生。萨是寨子最大的保护神，建寨时就要考虑萨的存在，建立萨坛是寨中大事，称为安殿。建萨坛时，举行隆重的安殿仪式。全寨男女身穿盛装，在萨坛前踩歌堂，吟唱《萨之歌》，歌颂萨的功德，祈求萨的保佑。

古河道：位于贡寨村内，从村落自南向北流淌，自然而然地将贡寨村划分为一东一西两个部分。河水流量平缓，水平面较低，水质清澈。

古河道

保护价值

贡寨村最早始建于明代，从古村落的整体风貌到单个民居，表现出一个完整的侗族文化体系，包括物质文化、民俗文化、精神文化等多个方面，较为完整和广泛地展现了当时侗族独特的物质生产、生活方式、思想观念、风俗习惯和社会风尚。其特有的侗族大歌、侗族行歌坐月、侗族吹芦笙、祭萨、新米节、吃相思等传统民族风俗得以保存及发展，为人们展示了侗族文化的魅力，具有较高的社会价值。

综观贡寨古村落建筑群，从院落民居到公共生活空间，从鼓楼的单体建筑到公众议事举办大事的芦笙场、庭院、水井、古树、池塘、田园等，保存了一个完整的社会生活网络，体现了侗族人民与自然和谐共生的大智慧。

周安然 黄 丹 编

古井

贡寨村远景

黔东南苗族侗族自治州凯里市炉山镇角冲村

角冲村全貌

角冲村区位示意图

总体概况

角冲村位于黔东南州凯里市炉山镇最南面，距镇区约15公里。与下司镇、福泉市兴隆乡交界。东临六个鸡村，西抵福泉市兴隆乡，南界下司镇翁港村，北连翁早村。角冲村坐落于半山腰上，坐北朝南，分角冲大寨、小寨、水井寨和平寨，是一个畲族聚居村落，也称之为"东家"。角冲村辖1个自然村，6个村名小组，约180户，700多人。

2019年角冲村列入第五批中国传统村落名录。

传统建筑

角冲村民居建筑依山而建，上百年的木质结构住房，在长期的历史长河中形成了自己独特的个性，并有独具习俗的独姓潘氏村寨。1972年，湘黔铁路通车后角冲村修通简易毛坯马路。从古至今，依然保存着本村古朴的风俗和团结的优良传统。

村落内建筑布局按山体的自然肌理布置，建筑形态与山体形态一致。村落内民居建筑基本上为木质结构建筑，占全村落建筑95%以上。这些木建筑体现了炉山镇角冲村地方典型的畲族特色木质结构建筑形

传统建筑院落

村落特色

角冲村属于畲族聚居村寨，坐落于高山的半山腰上，建筑布局按山体的自然肌理分布，相对集中，后靠大山，前有农田。周围植被保护较好，山上森林茂盛，郁郁葱葱。建筑因地制宜、顺应地形依山布置而建，顺山势而行，鳞次栉比，注重与山体的灵巧结合。民居群体布局灵活多变，多沿等高线布局，形成高低错落、内聚有力的传统聚落空间特点。建筑群体轮廓的走势充分体现了与自然山体坡度形态的一致性。

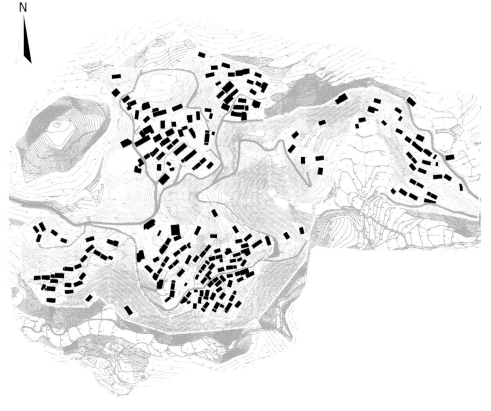

N

角冲村平面图

角冲村西侧山体景观

式，为全木结构，分为上下两层，建筑质量尚好。由于这种性质的房屋在结构、通风、采光、日照、占地诸多方面都具有一定的优越性，因而在广大畲族地区得以长期沿袭下来。

传统建筑

民居群体布局灵活多变，形成高低错落、内聚有力的传统聚落空间特点。民居建筑以典型木质建筑的民族特色建筑形式为主，为全木结构，具有地方民族特色的畲族民居，无论是在平地或是斜坡上，房基都要修成高出地面地台，地台以块石筑成。木制墙板，木制花窗，木制大门，非常漂亮，门槛较高。屋顶为双坡悬山顶，均为小青瓦屋面。

传统民居

民族文化

古井

传统武术：角冲村传统武术是当年为了报仇所学，现在的传统武术主要是作为强身健体也可以作为传统体育运动，至今都没有被人们所忘记，传统武术仍是角冲村传承传统文化重要的一部分。

板凳舞

板凳舞：板凳舞是纯自娱性、寓体育运动于舞蹈的形式之一。由一人或数人持板凳相击为鼓点，众人围于外而舞。显得粗犷、豪放、激扬，表现了苗族人民豪放、热情好客的气质。

人文史迹

畲族是由"东边"来的，故以东家命名，其自称"哈萌"。"哈"意为"客"，"萌"意为"人"，也就是说畲族是"客人"。据记载：潘复兴作为明朝初期东家人（现畲族）的一位家族历史人物，英雄豪杰，独刀能报全族冤，单刀能争先人气，复原故土，重振族纲，造福桑梓，培育人才，教育子孙，不靠祖阴，自强自立，开拓创业的看家元老，是角冲后世子孙不可遗忘的祖恩，也是复兴老人的家族脉络一代又一代地发展下去的后裔华夏龙的传人。在民国25年次丙子腊壬辰朔日初四立祭。

角冲村的祖先原来住在"刷把坳"。从此安居乐业发家致富，子子孙孙兴旺发展30余户。路为中街，分上下两排，老老幼幼、男男女女、非常热闹。男人耕种犁田、砍柴、割草，女人在家纺花织布，烧茶煮饭。

祖先来此地发达兴旺，流传万古，世代兴隆，上有岩上孙家田寨，下有六个鸡寨，左有窝函某油寨，右有地上瓮港寨。上邻下寨称兄道弟，开亲喊戚，常来常往，从不间断。

仙牛石

角冲原名叫"各种"，祖先原是少数民族。大的地方不敢落住，选住在边远地区，人烟稀少，交通不便。这里条件不好，生产落后，官府来看，不收皇粮，叫农民各种各吃，所以叫"各种"。后来人口增加，多起来。但这地方山高峻岭，沟深低洼，边远偏僻。在管辖的一个角落又改名为"角冲"。

保护价值

角冲村是一个畲族聚居村落，畲族民间文化保存完整，村内古树参天，村边绿树成荫，农田环绕。村落承载着丰富多彩的非物质文化遗产，传统文化保存完整。

角冲村建设和发展历史的形成展现了在此居住过的村民们的生活理念、心理特征和价值取向，村落保持了相对完整的、真实的历史遗存和文化遗产，不管是村落选址还是空间格局，保持着特有粗犷、真实、原始的品质，具有神秘古朴、原汁原味的民族原生态文化特点，特别是畲族村寨聚居的自然格局特色有较好的历史、艺术、科学和价值。

吴缘缘 严 毅 编

村落一角

黔东南苗族侗族自治州从江县丙妹镇銮里村岑报寨

銮里村岑报寨全貌

銮里村岑报寨区位示意图

总体概况

銮里村岑报寨位于从江县县城东北方，丙妹镇东南部，距县城3.5公里，距銮里村大寨1.6公里，东与高增乡东歹村相邻，南与县城隔都柳江相望。清朝年间，就有人到这里定居，至今已有200多年的历史。岑报寨是銮里村第六村民小组，全寨61户，共246人，是一个苗族聚居的自然村寨。

2019年岑报寨列入第五批中国传统村落名录。

村落特色

岑报寨坐落于山脊上，海拔370～500米，整体依托山形，依山脊顺势展开，寨子往南有一条通往外界的村道，是寨子的主要对外连接道路，建筑布局结合地形呈阶梯状展开，全寨依山而建，傍水而息，寨西不远处就有都柳江流过。

銮里村岑报寨自然风光优良，环境宜人，民族文化浓郁，村寨气势恢宏，建筑传统特征明显，寨内苗族风俗纯朴、浓郁，是反映苗族文化的代表。

传统建筑

岑报寨内建筑多为"干阑式"砖木结构建筑，部分建筑依山势而布置，建筑风貌具有鲜明的苗族地方特色。

村落内建筑主要为村民住宅，距今较久远的为木结构二层建筑，为村寨内传统苗族民居。其他年代建筑，在建筑构造上，采用传统营造方法，在屋顶、栏杆、门窗等构造方面均具较强的实用性，颇具地方特色。

传统建筑：干阑式楼房与普通的楼房有着较大的不同，房屋的地基多是石头，楼房依石头地基而建，梁柱用石头支撑，以防雨水冲毁土墙，积水侵蚀梁柱。为了防止雨水灌入室内，采用了高门槛、高台基的建筑样式，房顶一般用瓦片铺设，传统干阑式房屋的样式，分上、中、下三层，上层堆放谷物等，中层住人，置农具，设春碓、磨坊等生产用具，下层多养牛马等牲畜。

传统建筑

鼓楼：位于村寨中部，高24米，共13层。鼓楼形似宝塔，最早是为了便于人们有一个集会的场所以及击鼓传信息而建。所以在村寨中，人们常常环绕鼓楼建造房屋。它是村民举行重大活动的聚集地，是村民遇重大事件聚众、议事的地方，平时是村民社交娱乐和节日聚会的场所。鼓楼是具有独特风格的建筑物，岑报寨鼓楼高耸于寨中，气概雄伟，层层而上呈宝塔形。瓦檐上彩绘或雕塑着山水、花卉、龙凤、飞鸟和古装人物，云腾雾绕。

鼓楼

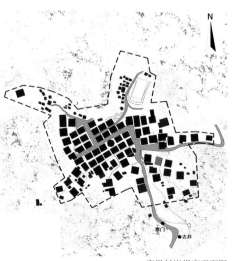

銮里村岑报寨平面图

局部环境

民族文化

服饰：苗族服饰主要有蓝、黑、棕三种颜色。男装有右襟与对襟两种，右襟衫反膊无领，衣纽从右腋下开至腰部又转向正中，再开出三、四寸而止，衣襟镶嵌一寸多宽的色布边，用铜扣纽，再束上长腰带；对襟开胸，长仅及脐的紧身衫，这是在劳作时穿着的。而女装为无领右襟，只是衣袖比男装大些，宽大近尺，长至膝盖，镶嵌绲边，边条有宽细，一般在二、三道以上。肩内贴布反衬在外，起缝三线，名叫"反膊衫"。男女衫的扣钮均为铜纽或布纽。男女裤子式样基本相同，裤脚有绲边，俗称"牛头裤"。已婚妇女有绲花边的肚兜，腰裤左边悬挂一个穗形筒，与锁匙连在一起，走动时发出"沙啦沙啦"的响声。男子礼服惯穿长袍，外面套上一件短褂，通称"长衫配马褂"，原来是头戴顶圆帽，后来改戴礼帽。

吃新节：每年的农历七月十三，苗族人民都会迎来属于他们庆丰收的节日——吃新节。吃新节其实也是苗族青年们谈情说爱的节日——姑娘和小伙子们三五成群地邀约，不是去赶集就是去看斗牛比赛。一大早，寨子里的姑娘们都陆续走出家门，赶到附近的芦笙场上跳起芦笙舞。苗家人有一句谚语"芦笙一响，脚就发痒"。苗家人认为芦笙是始祖母创造出来的，芦笙发出的声音就是母亲的声音。芦笙场上，哪个小伙子的芦笙吹得好，就会赢得姑娘们的欢心。反复对唱开怀畅饮一番后，斗牛场开始热闹起来。

服饰

吃新节

人文史迹

岑报寨历史环境要素较为丰富，有古树、古井、鼓楼、望城亭等。

古树：岑报寨先民信奉自然，崇拜树木。苗寨周围一般都生长着几百年甚至上千年的古树，这些古树称为"风水树"或"护寨树"。

苗族人特别崇拜的是枫木，他们认为天地万物起源于枫木。在苗族人们的心目中，古树就是他们的护寨树，保佑村民一生平安。因此在岑报寨入口处和北侧中部有两颗高大的枫树，树龄250年左右，树高40米，冠幅20米，这两颗古树见证了岑报寨几代人的繁衍生息。

古井：位于村落入口处，在没有自来水以前，村民们一直喝井里的水。现如今遇到停水，村民还仍然使用。现已被改造过，整体水量不大，供应一部分村民生活用水。

望城亭：位于岑报寨西部山坡上，至今已十年有余，它是岑报寨眺望县城及都柳江的主要景点，也是眺望县城及都柳江的最佳观景位置。

古树

古井

望城亭

保护价值

岑报寨形成了依山而建、与自然环境和谐相融的聚落形态格局。寨内街巷系统及大量的民居建筑保存完好，民居建筑以"干阑式"楼房为主，村落四周农田环绕，寨角、寨边古树相映，显得幽静、安谧，颇具山区乡村的传统韵味。岑报寨作为一个传统村落，保存了苗族村落相对完整的、真实的历史遗迹，同时附带了较多的历史文化信息，完整地体现了当地传统民风民俗，见证了自清朝以来该地区的生活方式和文化特色。

銮里村岑报寨是一个苗族聚居的自然村寨，其古老纯朴的装束、神秘的民俗习惯、原生的生活状态、传统的民居建筑等都独具特色，有很高的研究意义和保护价值。

王 刚 黄 丹 编

村寨环境

黔东南苗族侗族自治州榕江县寨蒿镇寿洞村

寿洞村全貌

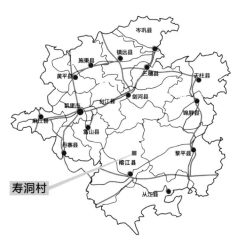

寿洞村区位示意图

总体概况

寿洞村地处榕江县寨蒿镇南部，距寨蒿镇区约8公里，由寨蒿镇向南经乐乡五里桥公路可达。该村是迁徙形成的村寨，是清代年间古人搬迁至此，沿河居住。吴氏最先由江西迁徙至此定居，而后顾氏迁入，陆续有杨、石、张、黄等姓氏搬迁至此居住。寿洞村作为侗族传统村落，其村寨格局、空间肌理、传统民居建筑形式和民族文化在当地都具有较强的代表性。村落选址于山脚溪畔，依山而建，择水而居。吊脚楼屋和木构地屋分布溪岸，掩映于山林之中，创造了优美静谧的人居环境。全村村域面积约65.2平方公里，分别为上寿洞、下寿洞、江边寨和聘令4个自然寨。寿洞村少数民族占总人口数的90%以上，主要为侗族。居民户数为490户，总人口为2138人。

2019年寿洞村列入第五批中国传统村落名录。

村落特色

寿洞村选址于山脚溪畔，村落背靠高山形成了良好的天然屏障，左右小山环抱，中部为溪流，溪流两侧分布了大片农田，凸显了村落浓郁的传统乡村气息。村落选址体现了先人逐水而居的选址理念，与周边的山体、水系和农田共同构成了典型的"山、水、田、村"的村庄聚落形态，从地理环境上看是一个沿河谷布局的村寨。

村内大部分建筑都是坐东向西，注重与山体的灵巧结合，沿着山体等高线拾阶而上，建筑群体布局灵活多变，形成了高低错落、内聚有力的传统聚落空间。吊脚楼屋和木构地屋分布溪岸，与自然水体有着绝妙联系，建筑掩映于山林水田之中，营造出优美静谧的自然人居环境。古树、古井等重要历史印记得以留存，具有突出的传统村落综合特征，整体保护和传承价值较高。

传统建筑

传统建筑

寿洞村居民为创造更多的使用空间，建筑巧妙地结合地形，采用架空的形式，形成了离地而居的居住习惯。建筑内部采取人口轴线方向为导向的平面布置形式，强调从活动区到安静区、外向到封闭纵深轴线方向的空间序列，光线由明亮到暗淡。整体上概括为宽廊—火塘间—寝卧空间的布局形式，其空间序列充分体现侗族人民自身居住习惯的物质需求和精神需求。

侗族建筑的装饰主要反应侗族人民的日常生活、民风民俗和精神信仰等。窗棂花心与栏板装饰，以"亚"字纹、"田"字纹、冰裂纹、菱花纹等最为多见。门头上的"门簪"上都刻有"八卦"等式样，廊道、阳台栏杆多为竖向木条设置，或作弓形成美人靠。栏杆扶手常刻花草，线脚丰满洗练，质地朴实无华。吊脚雕花是侗族民居的典型装饰，雕刻内容来源于侗族人居住环境、自然风光等，大都采用简洁化手法进行雕刻装饰。

寿洞村平面图　　　　村寨景观

民族文化

六月六： 六月六是寿洞村侗族最为隆重的节日，相当于汉族的春节。主要以祭祖、芦笙舞踩歌堂等民俗特殊活动，以牛肉为主菜招待各方客人，如今已经成为寿洞村最具特色的节日。这一天人们着盛装，全村人一起唱琵琶歌，表演侗戏，欢度佳节。

吃新节： "吃新"是个农事节日，侗族"吃新"寓意跟苗族一样，多是为了庆贺丰收并希望来年丰收而过的节日，都是在庄稼成熟时节过，每年一次，在农历六月中由寨老选择某天吉日。节日期间，男女老少都身着节日盛装，特别是姑娘要穿银带花，除了不带银角外，项圈、手镯、耳环等各种银饰凡有的都戴上。有的还在百褶裙外套上条裙，全身银饰叮当，鲜艳夺目，烘托出节日的热烈氛围。

琵琶歌： 琵琶歌是一种自弹自唱歌曲，可分为抒情琵琶歌和叙事琵琶歌两大类。歌唱内容涵盖了侗族历史、神话、传说、故事、生产经验、婚恋情爱、古规古理、风尚习俗、社会交往等各个方面，是研究侗族社会人类学、民族学、民俗学的重要资源。村民尊崇"饭养身，歌养心"的古训，以歌会友、以歌传情、以歌明理，琵琶歌是侗族生活生产中不可或缺的一部分。琵琶弹唱有两种场合，一种是青年们在月堂行歌坐夜、谈情说爱时弹唱，简称"坐夜歌"，内容都是比较短小的抒情歌；另一种是在节日或喜庆时弹唱，内容主要为叙事歌，也有喻世歌、赞美歌等长歌，歌声、琴声低沉柔和，浑厚感人。

侗族琵琶歌被列入国家级非物质文化遗产名录，侗族琵琶歌不仅是侗族音乐文化的一个瑰宝，也是整个中华民族音乐文化的一个瑰宝。

牛瘪： 又被称为"百草汤"，是黔东南非常奇特的一种食品，有健胃、祛热和助消化的功效，被黔东南少数民族视为待客上品。不少外地人难以接受，实际是卫生、科学、可口的菜肴。烹制好的牛瘪和羊瘪是黄绿色，入口微苦。"牛瘪"的制作工序复杂，将牛羊宰杀后取其胃及小肠里未完全消化的内容物，挤出其中的液体，加入牛胆汁及佐料等，放入锅内煮沸，文火慢熬，过滤后加入食盐、葱蒜、辣椒即成。

人文史迹

十里百瀑： 有一条弯曲秀美的山溪，名为高赧溪，上游是高赧村，下游为寿洞村，此溪在6公里长的溪谷里共有108个瀑布，人称"十里百瀑溪"。全溪悬崖层叠，景象诡谲，草木蓊荣，万树千花。大溪源头名"高寅弄"，山头以下是大起大落的高山峡谷，而山顶却是一个九曲六弯的长湖，蓝天白云静静地沉在水底。长湖在山顶静如处女，出口处绿树掩映，且极狭窄，而且一出口就是百米绝壁。已在湖中蕴藏巨大能量的一湖碧水，到此突然跌落而不可收拾。一路狂奔而去的大溪水，撞悬崖、碰绝壁、翻高岩、跌枝头，前呼后拥，叶翻树摇。银瀑叠浪处，气象万千，春夏雷鸣山崩，珠散玉碎，飞沫喷涌，百鸟惊鸣。高赧溪中段有一处瀑布群，其间有一块奇石，形似卧榻，石块上有数个自然凹陷的形状似脚印，比正常人的脚大许多，传说有仙人居住于此，此奇石既是仙人的床，而那些凹陷便是仙人留下的脚印。

古井： 村落有古井3处，均修建于道光年间，主要用于生活取水。古井周边采用石块堆砌，保存良好，现状井水连年不断，水质较好，清凉可口。

石板古道： 村落内还局部保留传统特色的巷道，巷道由石板铺设，顺势而上，有石台阶，部分石板上还刻有精美的花纹，与两侧民居建筑相映成趣。

古粮仓： 村内有古粮仓1处，据传至今约有200年历史，占地约12平方米，四角各一根柱子，共三层，其中上两层为粮食存放空间，底层为架层，可有效避免粮食受潮。

飞瀑

粮仓

古井

石板古道

保护价值

寿洞村历史悠久，从清代建寨至今，在长期的历史过程中，传承了侗族民居建筑、侗族语言、侗族歌曲、侗族服饰、侗族祭祀与节庆等丰富多彩的侗族文化。村落选址依山而建，择水而居，是中国风水学上典型的"山环水抱说"选址格局。村落的选址、民居建设、民族节庆、生活习俗等都已经转换成侗族文化的自然语言，成为侗族原生态文化的载体，使得侗族文化在现代的社会中得以延续和发展。

村落作为这些历史文化的实质载体，是历史遗留下来的不可再生的重要文化遗产，是中华民族的宝贵财富。

陈 浩 刘 恬 叶 希 编

吃新节

琵琶歌

黔东南苗族侗族自治州剑河县久仰镇巫溜村

巫溜村全貌

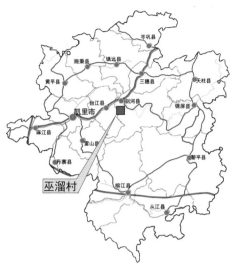

巫溜村区位示意图

总体概况

巫溜村位于剑河县久仰镇西北，中都溪上游，距县城25公里。下寨主路是全村的主要对外交通通道，是村民进出巫溜村的必经之路，连接了村庄与外部村镇，该路呈东西向贯穿巫溜村，路面宽约5～7米。巫溜村最晚形成于清代，据巫溜村老人口传，巫溜村的先民大部分是由江西、四川等地为逃避战乱纷飞的乱世和躲避瘟疫等于清朝落居该地。全村面积约14.9平方公里，由巫溜和光纪两个村寨组成，共2057人，以苗族为主。

2016年巫溜村列入第四批中国传统村落名录。

村落特色

村寨坐落于巫溜河畔，四周古树参天，与寨内苗家吊脚楼互为映衬，绿色与黑色小青瓦互为补充，显现出苗族的古老纯朴。山上是千亩梯田，下游河边是百亩大坝。大寨坐南朝北，小寨坐北朝南。

民居以苗家吊脚楼为主，房屋错落有致，瓦檐相接，良田散布其间，青石板、古井依然存留寨内，记录着人世间的历史沧桑。古树繁茂，山岭苍翠。河流清澈，鱼米不焦，四季入寨，景色不同。巫溜河穿寨而过，缓缓流淌，与横卧河上的一座小桥，与周边古树及苗家吊脚楼构成一幅"小桥流水人家"的完美画卷。

传统建筑

巫溜村为苗族人口的聚集地，村寨内建筑属苗族特色吊脚楼。居民充分利用地形，沿山地等高线依山就势，尽量少挖、填土方，将一栋栋吊脚楼落地而成，充分体现出苗族人民的智慧。巫溜村苗居建筑多为一至三层，一层建筑多为附属用房，民居建筑以二、三层居多。苗族吊脚楼在巫溜村被建成全楼居和半楼居两种，或者称为全干阑式与半干阑式，当地俗称"楼房"和"半边楼"。巫溜村众多民居建筑至今保存着传统的建筑风貌，多为榫卯结合的木构建筑，依山顺势而建，错落有致。民居建筑为典型的苗族干阑式建筑，以二楼一底、三开间的木质穿斗式建筑为主，屋顶为悬山式小青瓦盖顶，材料均为杉木和松木，建筑形态与山体形态一致，较好地满足了山体形态的原生态，保持了建筑与自然环境的有机融合。

此外，巫溜村还存留有苗族谷仓若干座，形成谷仓群，每座谷仓的建筑面积约30平方米。苗族谷仓具有防火、防鼠、防潮等功能。谷仓是苗家人用来存放粮食的专用建筑。即使房屋被火烧成了灰烬，独立存在的禾仓也能够让灾民免除饥馑之虞。

传统民居

粮仓

巫溜村平面图

敬桥节

红军桥

民族文化

巫溜村保存着许多苗族传统的民族文化，特别是敬桥节、苗年及苗族斗牛节，在苗族文化活动中被完整地传承。

敬桥节："敬桥节"又称"娃娃节"，苗语称"滔久"（TobJux）。时间是在农历的二月初二，节日期间所敬的桥的种类很多，有全寨共有的"寨桥"，或同房家族其有的"家族桥"，以及各户为求子求财富所架设的"家桥"，埋在进大门脚下的"阴桥"；此外，有些还祭设在自家屋内中柱下的长命凳、保爷岩，山坳上的木凳、石凳，或水井、大岩石、古树等，人们祭的这些桥和木制或石制的凳子，苗语称为"GhoLjiuxghotdangk"，意为"桥爷凳爷"。

苗年：苗年是巫溜村的又一重要节日，巫溜苗族称之为"能酿"，直译汉语为"吃年"，时间是在农历十月的第一个丑日，节期持续两三天。过苗年的头几天，家家户户都要把房子打扫干净，积极准备年货，如打糯米粑、酿米酒、打豆腐等，苗年期间还有吹芦笙跳舞、斗牛、游方等活动。

苗族斗牛节：苗族斗牛节是苗族传统的民俗活动，是指人们让两头水牯牛以角相抵斗以争胜论负的活动，被称为"东方式斗牛"。苗族斗牛与其他民族斗牛的区别在于，苗族斗牛是苗族牛图腾崇拜的遗迹。每年正月初五、十五、二十五三天举行，苗族儿女披金戴银，盛装前往观战。

土布制作工艺：巫溜苗族土布制作历史久远，用料特殊。其制作需经过搓棉条、纺纱、排沙、织布、制染料、染色、上胶、赋彩锤制等十多道复杂的工艺流程。

人文史迹

古墓：村内有清代古墓两座，虽年代久远，碑面风化，但字迹还依稀可见，此碑质为青石，二碑均为道光十三年（1833年）所立，其一为严会包之墓，墓高约1.2米，宽约2米；其二为严乜包之墓，墓高约1.2米，宽约1米。

红军桥：红军桥是1934年红军长征路过该桥而得名，当年红军经过时是木桥，2005年为了纪念红军，国家出物资，巫溜光纪群众投工投劳，那时村里没有通公路，该桥的钢筋水泥是全寨人民肩挑背托从7公里外的摆伟村挑来的，体现了新时代的长征精神。

古战场遗址：清乾隆《清江志》载，雍正年间，巫溜与奉党等寨与清军鏖战，毫不屈服，遭清军"前后斩首百八十余级，生擒男、妇百七十余口"屠杀。20世纪90年代，于村子附近一处几百米深的天然洞穴中发现铠甲战袍等反清遗物。

古河道：巫溜河发源于台江县反排境内，流经反排、巫交、巫溜等地，最后在柳川中都汇入清水江，气候条件、自然条件和生态环境条件较为优越，为村内发展生态农业提供了有利条件。

古战场遗址

保护价值

巫溜苗族村寨与山水融合一体，以山作为其天然屏障，将农业生产条件较好的平地用于耕作，反映了苗族居民珍惜土地、节约用地的民族心理。同时，建筑结构严谨，苗族在建房时，对发墨、中柱、正梁有一套讲究和禁忌，特别是上梁的祝词和立房歌，具有浓厚的苗族宗教文化色彩。建筑工匠巧妙运用力学原理，运用长方形、三角形、菱形等多重结构的组合，柱柱相连，枋枋相接，构成了三维空间的网络体系。这种建筑看似上实下虚，但牢实坚固，非常实用，在建筑学方面具有较高的科学价值。与此同时，民居建筑的细部装饰构件，如"美人靠"、木梯、青瓦屋顶、木质栏杆、雕花等，精美别致，整个村寨古朴自然，使得村寨具有很高的美学价值。

陆显莉 杨 硕 编

巫溜河

斗牛

土布制作工艺

巫溜村一隅

黔东南苗族侗族自治州雷山县丹江镇阳苟村

阳苟村全貌

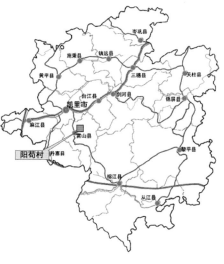

阳苟村区位示意图

总体概况

阳苟村位于雷公山西脉斜坡下，雷山县城东面，属丹江镇人民政府管辖，距镇政府驻地9公里。村落东靠大山，并与黄鸟旅游公路相接，南接乌东村和响水岩风景区，西与排卡村隔河相望，北面与干皎村相邻。阳苟村分为阳苟大寨（上）与阳苟小寨（下），为点状聚落，共有762人，186户。

阳苟村是侗族后裔的村落，阳苟系苗语，为"侗寨"之意。先人于清朝由榕江县平阳一带迁入，由于迁入雷山后长期和苗族聚居而改成了苗族并用苗语交流，但村里的祭祀、婚嫁、节庆等风俗还沿袭侗族的习惯，侗家风俗在苗乡进行，苗侗风俗融为一体，在雷山县独具特色。

2019年阳苟村列入第五批中国传统村落名录。

传统建筑

阳苟村传统民居建筑布局与山水呼应，与古树相伴，沿等高线层叠分布，坐北向南，构成一个典型的传统村落文化空间载体。村内传统建筑群及建筑风貌保存较好，至今还保留了121栋传统民居建筑，98%的传统建筑仍在使用。

传统民居建筑坐落于半山腰上，以木材作为主要建筑材料，形成木柱支托、凿木穿枋、衔接扣合、立架为屋、四壁竖板、上覆小青瓦、两端做偏厦的苗族干阑吊脚民居建筑。建筑一般为三层，底层架空，二层和三层用于居住，最大限度地适应了聚居区域内起伏变化的地形地貌，在不改变地形的情况下获得平整的居住层面，并适应于炎热多雨气候的通风避潮及可以避开野兽虫蛇，居住质量相对提高。

传统民居

传统民居

村落特色

阳苟村建于雷公山脚下，以山为屏，藏风聚气。村落三面是延绵不断的群山，古木参天。寨子前面是蜿蜒流淌的河流，视线开阔。寨子后面是层层叠叠依山而上的梯田，高低错落，阡陌纵横。寨内是沿着等高线一排排逐渐增高的极具特色的苗族吊脚楼建筑，紧凑簇拥，鳞次栉比，形成了寨内错落有致的景观风貌。整个村落山明水绿，如诗如画。

"雷公山下出阳苟，古木参天溪水流；梯田层叠村寨后，三面环山画中游。"是阳苟村村落特色的写照。

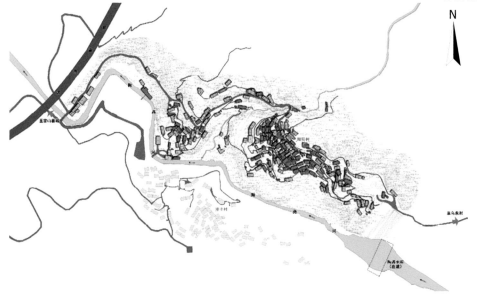

阳苟村平面图

民族文化

苗绣（雷山苗绣）（国家级非物质文化遗产）：苗绣是指苗族民间传承的刺绣技艺。雷山苗族刺绣的图案在形制和造型方面，大量运用各种变形和夸张手法，并大胆使用多维立体造型和型中型的复合手段及比喻、暗喻、借喻、象征等表达技巧，体现出别具民族风格的审美情趣。

苗族鼓藏节（国家级非物质文化遗产）：鼓藏节十二年举办一次，每次持续达四年之久，现在改为持续三年。苗族鼓藏节具有鲜明的民族传统文化内涵，是苗族人生价值观的展现，怀念祖先、尊老爱幼、和睦相处、勤劳俭朴、富裕安康等是鼓藏节的祷告主题。

苗族民歌（苗族飞歌）（国家级非物质文化遗产）：飞歌是雷山苗族流行歌曲中音色最嘹亮的音乐，它的内容一般是邀约亲朋、赞美对方、抒发胸臆、以陶冶情怀的抒情诗文为主。苗族飞歌非常盛行，每当过年过节，阳苟村和周围一些村寨都会举办飞歌比赛，阳苟村民积极参加比赛，观看的人可以现场学习。

苗族扫寨（省级非物质文化遗产）：扫寨是雷山县苗族人民的一种集体防火保寨的民间习俗活动。苗族吊脚楼因易燃烧难救，一旦一房发生火灾，便殃及全寨。苗族各寨的族老寨老们为保全寨平安，便议定在每年冬月间进行一次扫寨，即扫火星逐火魔，行防火保寨事宜，警示各家各户男女老少注意防火，谨慎用火，避免发生火灾。

苗寨吊脚楼营造技艺（国家级非物质文化遗产）：苗寨吊脚楼的营造技艺远承7000年前河姆渡文化中"南人巢居"的干阑式建筑，一般有三层，四榀三间、五榀四间、六榀五间成座，依山错落，鳞次栉比。

苗年（国家级非物质文化遗产）：苗年即苗族新年，一般在秋收完毕、一年农活基本结束时举行，过苗年一是为了悼念五千多年前在部落大战中罹难的苗族始祖蚩尤；二是庆祝一年劳作的收获；三是祭祀祖宗神灵及苗族视为保护神的枫木、竹木、岩妈、水井等。

苗族服饰文化（省级非物质文化遗产）：雷山苗族服饰多姿多彩，是当今世界上最美丽、最漂亮的服饰之一。苗族服饰以夺目的色彩、繁复的装饰和耐人寻味的文化内涵著称于世。苗族服饰图案承载了传承本民族文化的历史重任，从而具有文字部分的表达功能。

吃新节（省级非物质文化遗产）：苗族人民以跳芦笙舞、唱苗歌、斗牛等文娱活动共庆佳节。每年古历六月二十五日或七月十三日，雷公山区一带的苗族人民都欢度一年一度的"脑夏列"或"脑夏先"。

苗族服饰

苗族服饰

人文史迹

古井：阳苟村现有古井2口，最早的古井可以追溯到清代。井水为阳苟村饮用、洗衣、灌溉的重要水源，井水由山体岩石中流出，长年不断，冬暖夏凉。

菩萨庙：位于村委会南边小路旁，简单地由几块石头堆砌组成，是阳苟村民祭祀的活动场所，是阳苟苗族文化传承与表达的重要场所。

古墓：古墓位于阳苟村中部，芦笙广场旁。古墓由小块的石头堆砌，墓门由青石搭建形成。

斗牛场：是阳苟苗族过节斗牛的场所，现状斗牛场位于村入口西部沿河流约700米处，斗牛场位于河道内，沿河两岸堤坝作为观众席。

古树名木：村内现有黄樟树4棵、枫香树2棵、木荷2棵。

禾仓：禾仓是阳苟村民存放粮食的重要场所，村内家家户户都有禾仓，有些建在自家住房周围，有些集中建在一起。阳苟村现有禾仓13栋，均以单仓形式存在。

古树

禾仓

保护价值

阳苟村的选址体现象天法地的原则，尊重自然，因天时就地利，建筑布局依山而建，充分展示山地文化特色，建筑建造工艺、建筑细节精美，具有极为重要的人类学、文化学、建筑史学和建筑艺术价值。

此外，阳苟村保留有大量的吊脚楼建筑群、清代禾仓群，以及民俗风情文化，见证了该地区集苗侗风俗为一体的独特的生活方式和文化特色，对研究民族文化具有不可估量的价值。

潘秋梅 何成诚 罗永洋 编

阳苟村村落风貌一角

黔东南苗族侗族自治州天柱县高酿镇坐寨村

坐寨村全貌

坐寨村区位示意图

总体概况

坐寨村位于高酿镇东部，距镇政府所在地8公里。东邻圭大村，南接锦屏县，西为口洞村，北连皎环村。对外交通主要依托乡道连接202省道以及三黎高速，相对便捷到达高酿镇区和天柱县城。坐寨村为纯侗族村寨，全村共228户，854人，主要为龙姓。村民淳朴儒雅，世代沿袭侗族浓厚的民风民俗文化，使坐寨村成为文化底蕴厚重的传统古寨。

2019年坐寨村列入第五批中国传统村落名录。

村落特色

坐寨村的选址充分体现了坐寨祖先的智慧，坐寨村传统格局以沿山势依次由山脚向上层层升高布局。建筑排列靠山面田，其选址充分利用了山、水、林、田的有利关系。生活空间、生产空间、生态环境和谐共生，孕育着坐寨村民世代的繁衍更替。山体景观、田园景观、河流景观等自然风光优美秀丽。坐寨村传统格局以沿山坡等高线布局、地基层层升高的排屋建筑为特征，从对面山坡，可以清晰地看出建筑与地形等高线的呼应关系。

传统建筑

坐寨村典型传统风貌建筑多为穿斗式木结构传统民居，木柱支托、凿木穿枋、衔接扣合，立架为四壁横板、两端偏厦。建筑大多为四榀三间、上下两层楼房，楼下住人，楼上存放粮食或杂物。在温暖多雨的坐寨村，民居屋顶采用传统的硬山坡屋顶形式，屋面覆小青瓦，考虑避阳、避雨、散热、通风、防潮等功能。房屋的柱头一般会雕刻成竹子的形式，木楼一般配有走廊和雕花栏杆，使用多样化装饰构件和具有极强雕刻艺术的材料。在传统建筑的内部与外部结构装修上，主要以杉木作为房屋建筑材料，形成全杉木的梁柱、墙身、楼板、房屋构件等。不仅村寨整体风貌统一，房屋稳定性也较好。

传统民居

坐寨村平面图

民族文化

北侗民歌：北侗侗歌是北侗侗族特殊的群体维系方式，是一种简单的淳朴的原生态无指挥、无伴奏、无乐器的演唱形式。其中山歌、玩山歌、婚俗歌、酒歌、哭丧歌以及情歌等，均拥有特殊的魅力与风格特色。北侗地区主要以"歌节""歌会"的形式来联系促进各个侗族村寨侗歌交流。主要的有"好事歌"仪式、"赶歌场"、"赶坳"仪式、四十八寨歌节仪式、侗族北部方言歌会仪式、天柱侗族婚姻习俗仪式等。

侗族服饰：北侗侗族服饰外观简洁，但样式、款式、搭配、颜色种类形制各异、各具特色。基本色系以藏青、蓝、白、黑等颜色为主，不同季节不同场合穿戴也不同，日常穿戴服装比较相似，节日盛装装饰精巧华丽，颜色也更丰富。女子节日盛装时配有缀银扣练，男子则喜欢穿着青色、蓝色、白色的衣服。

坐寨村建筑格局

建筑细部

侗族对歌

侗族服饰

打三月粑

人文史迹

石板桥：位于坐寨村西南面，有一小溪流过，该石板桥建于清嘉庆年间，建桥之初主要用于田间劳作时方便通行，后有村民将其作为祭祀用，祷告为过世的先人引路过桥，祈求保佑生人顺利渡过难关。

古庙：位于坐寨村西南部，是全寨人祭拜神明最大的庙宇，建于清嘉庆年间，始建时到现在约200年来一直保存良好，传统木构穿斗式建筑，屋顶盖青瓦，传统风貌良好。

大井口：位于坐寨村中心田坝处，井旁有一池塘，良田围绕。古井由石板砌成，井中养有小鱼，以保证水质安全，保存较好。

风雨桥：位于坐寨村西面，作为进入坐寨的景观门户，现在可以通行车辆，亦可作为田间劳作后的临时休息场所。

古树：古树分别位于村寨内西部、南部和北部，包括古木荷树、青冈树和梧桐树，古树陪伴着坐寨人很多年，是坐寨村历史文化的重要见证者。

侗族歌会

石板桥

大井口

风雨桥

宗教：清代开始，佛道两教已开始在北侗地区流传，并被侗民所接受。北侗侗族主要信奉佛教，每逢节日，坐寨寨民们就会祭拜神明，烧香祈福。佛教文化增添了北侗侗族的文化内涵，是其不可或缺的部分。每逢节日，全寨人都会于古庙祭拜神明。

特色传统节日：坐寨村保留着民族节日如侗年、三月三、四月八、吃新节等，同时也过端午、中秋、春节等中国传统节日。节日氛围浓厚，节日特色传承非常完好。坐寨村民为纪念祖先创业的艰辛岁月，世代传承隆重的传统节日。过节时全村做美味食物以庆祝，并邻里相邀共进晚餐。

"打三月粑"是个热闹且充满幸福喜气的活动，全村壮力青年均参与这一活动，女性蒸米和团粑，男性则主要出力。节日那几天家家户户相邀聚餐，谈论着族中的大小事务，农历四月初八这一天相传是牛的节日，当天要让牛休息，然后由主人摆贡品于牛栏祭祀，用米饭喂牛，对牛表示感谢。"吃新节"俗称尝新，在每年农历六月初六的早上，寨中都要准备食材包粽子，还有酰菜、干厥、干笋等各12份，供在神龛之上，12份供品表示一个月一份。由寨老选派俩人绕寨追跑一圈，结束之后，各家取下供品，准备酒菜过节。

古庙

保护价值

坐寨村是古老的侗族村寨，始建于清代，历经多代繁衍，是天柱历史的重要组成部分。物质文化和非物质文化共同交织演绎着村寨的文化内涵。坐寨村保存完好的村寨格局和建筑风貌肌理等是悠久历史的良好传承和延续，见证了坐寨形成初期至繁盛时期，再到战乱时期的衰败，一直至今的生存方式和历史文化，保留着较好的历史文化内涵和历史价值。

刘 翼 张 奕 编

坐寨村环境

黔东南苗族侗族自治州天柱县坌处镇抱塘村

抱塘村全貌

抱塘村区位示意图

总体概况

抱塘村位于坌处镇东南部，距集镇5.5公里，离天柱县城67公里，全村共158户，628人，以苗族为主。村东与湖南省靖州县相接，西出6公里便是清水江航道，对外交通十分便利。村落布局按粟、吴两姓组成家族聚居聚落，整个村落形态犹如鲍鱼戏水，因此抱塘又称"鲍塘"。元末明初战乱不断，抱塘吴氏祖先由远口镇避难而来。

2019年抱塘村列入第五批中国传统村落名录。

村落特色

抱塘村坐落在山环水绕的低山谷地带，清水江支流抱塘河自东向西潺潺流过，形成坐山望水的传统格局。村寨选址完全符合"高毋近阜而水用足，下毋近水而沟防省"的传统选址观念。抱塘村还盛产优质林木，祖上以农业为基础，靠做木材生意逐渐发家致富。

村中良田将抱塘村分为东、西两部分，村西民居依山而建、层层叠叠，村东建筑建在平坦之处，鳞次栉比，村南有青翠绵延的山林依靠，构成了一个天然的防御系统。村内巷道多呈"丁"字交叉，与蜿蜒曲折的田间小路形成良好的道路网系统。

村寨良田

传统建筑

抱塘村村内传统建筑形式多样，包括窨子屋、宗祠和其他传统民居，至今保留了传统建筑116栋。传统民居一般选择木料作为主要建筑材料，用木柱支托、凿木穿枋、衔接扣合、立架为屋、四壁横板。屋面材料为传统小青瓦。居民采取入口轴线方向为导向的平面布置形式，强调纵深轴线方向的空间序列，这种强调纵深方向的空间序列，从外向到封闭，光线由明亮到暗淡，也符合居住建筑的渐进层次。

建筑细部脊花

传统民居

苗族祠堂（粟氏宗祠）

民族文化

依托抱塘村存在的非物质文化有百年之久，主要包括语言、传统表演艺术、民俗活动、礼仪、节庆、传统手工艺技能等。

四十八寨歌节：四十八寨历史上有四大歌场，抱塘村就是其中之一。在长期的民族民歌交流活动中，"四十八寨歌节"形成了根据活动地点进行不同唱腔的特征。为继承、弘扬四十八寨歌节，每年农历七月十五，抱塘村都要举办歌会，以歌会友、以歌待客。举办活动时村中人山人海，歌声此起彼伏，所唱的歌曲有高坡调、河边调，抱塘苗族飞歌更是唱响山里

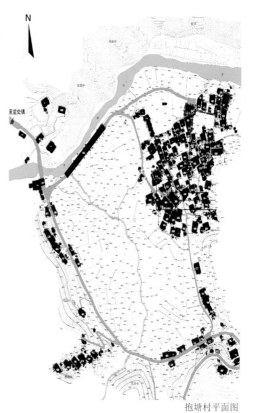

抱塘村平面图

四十八寨歌节

浮雕彩绘

人文史迹

风鸣馆遗址：据《坌处镇志》记载，早在清乾隆元年（1736年）村民父老筹资于村南，择其山明水秀、峰峦排列之处创办学馆，称"凤鸣馆"，寓意凤鸟鸣于高岗，出人头之地。"凤鸣馆碑记"碑立于清乾隆二十一年（1756年），为青石质矩形石碑，高2.32米，宽0.93米，厚0.06米。抱塘凤鸣馆的设馆施教，对周边地区汉文化传播有着深远的历史影响。

风雨桥：又称"银锁桥"，位于村东，始建于清嘉庆年间，桥身呈东西向，横跨抱塘河，左右单檐滴水，桥两侧各16柱落脚，木栏杆内置长枋板作座凳，是连接湖南省靖州县大堡子镇古驿道的重要桥梁。

虹桥：位于村西入口，始建于清光绪年间，桥长23米，宽5米，高出水面5米，左右两边砌0.6米石栏，是连接抱塘村与外界的必经之路。

"凤鸣馆记"古石碑

银锁桥

山外，场面尤为壮观。

天柱宗祠浮雕彩绘：抱塘村宗祠浮雕彩绘工艺博大精深，宗祠修饰完美，其中粟氏宗祠和吴氏宗祠最为精美，其浮雕或塑浮雕，或绘彩画，构思奇巧，工艺超群，是集建筑、绘画、雕塑艺术于一身的艺术瑰宝。

抱塘服饰：抱塘村民族服饰按照性别和年龄分为男装、女装和童装。男装，上穿蓝色或青色对襟短衣，内衬白色汗衫，下穿青蓝色便裤，布带束腰。女装服饰最为华丽，未婚女子均用红头绳编扎独辫盘于头上。

竹编：抱塘村的竹编制品由来已久，竹编方式多样，以"四维一体"的竹编方法为主。一是仿制编织，二是随机编织，三是坐标编织。主要有竹制扁担、撮箕、背篓、晒策、竹席、箩筐等农具，尤以箩筐闻名遐迩。

服饰

竹编制品

抱塘婚俗：先是求婚，由男方在本房族中请两名健康男子择吉日带定亲礼物去女方家求婚。女方家邀请母舅等主要亲戚本房族聚集吃"过礼酒"。再是按男女双方共同约定的迎娶吉日，女方家在吉日前一天办"嫁女酒"，并在中堂摆出嫁妆。男方家请两个族中的中年妇女，拿着竹编火把和一只猪潲桶，引新娘入室。

婚俗

保护价值

在古色古香的抱塘村，以粟氏宗祠、吴氏宗祠为代表的宗祠建筑修饰精美，所衍生的浮雕彩绘工艺，集建筑、绘画、雕塑艺术于一身，充分展示了天柱宗祠文化的历史积淀和地域文化特色，具有极为重要的文化学、建筑史学和建筑艺术价值。抱塘村古建筑群历史悠久、结构独特、建筑材料及建筑装饰物各有差异，村落布局结合当地的地形地貌，从建筑形制、村落选址与布局等方面具有较高的科学探究价值。

刘 翼 张 奕 编

抱塘村环境

黔东南苗族侗族自治州天柱县蓝田镇碧雅村和当寨

碧雅村和当寨全貌

碧雅村和当寨区位示意图

总体概况

碧雅村位于贵州省黔东南苗族侗族自治州天柱县蓝田镇的北部，距离集镇14公里，东出湖南的捷径天芷公路穿镇而过。和当寨全寨约120户，常住人口约450人。溪水穿古寨，良田布雅村，元末明初时期始建村寨，中途历代翻新翻建，村落大约经历了近600多年的历史。

2019年碧雅村和当寨列入第五批中国传统村落名录。

村落特色

碧雅村和当寨是一个侗族聚居的村寨，村寨坐落于东南和西北群山之间的平缓地带，寨子选址于狭长地带上，东北和西南均为大片良田，寨中有一小溪穿过，溪水浇灌良田，可谓"群山环绕，依山傍水"，宛若一处世外桃源。和当寨的选址十分讲究，进则可攻，退则可守，一河两岸，融为一体。以西南—东北走向的主街为分界，聚落主要向东南方向延伸，西北方向分布少量居民住宅。东侧逐步向后山缓坡地带延伸，南侧向农耕区延伸，街道沿河流发展延伸，在街道雏形的发展演变下，和当寨形成沿公路东南方向半包围式的聚落。

传统民居

传统建筑

和当寨保留了大量的传统建筑，其所占村落建筑的比例较高。传统建筑主要为木结构建筑，墙体由木料修筑而成。传统北侗民居巧妙地与地势相结合，手法独具匠心，平面空间多样，屋面覆小青瓦，因地制宜，利于排水，富有韵味。有些民居在正房前二楼下，横腰加建一披檐，增加了檐下使用空间，形成宽敞前廊，便于小憩纳凉，反映了侗族人民朴素、简洁的日常生活。

寨内所建木架构建筑接缝紧密，线条层次匀称，工艺精湛，房屋造型美观大方，其中，传统建筑中具有代表意义的有土司衙门遗址、范家大院、大佛寺庙，以及其他百年历史建筑。

三月三活动

民族文化

语言：和当寨人说的语言主要为侗语。侗语分成南北两个方言区。和当寨属于北侗方言区，侗语方言的形成明显带有受汉语影响的印记，相对而言，北部方言区的侗族人民和汉族人民交往较密切，懂汉语的人较多，汉文化水平的程度也较高。

歌舞乐曲：和当寨主要的民间歌舞文化为大歌，即侗族地区的一种具有广泛群众性的民间歌舞艺术形式和略具雏形的表演艺术形式。会唱传统民歌的人在侗族人民的社会生活中具有崇高的地位。年长者教歌，年轻者唱歌，年幼者学歌，歌师传歌，代代相传，成为社会风习。大歌的主要特点是载歌载舞，唱跳紧密结合，内容丰富，表演形式多样。侗族大歌的韵律严谨，题材广泛，情调健康明朗，生动活

碧雅村和当寨平面图

村民制作三月粑

北侗民族服饰

北侗民族服饰

泼，情感优美细腻、意味深长，是侗族珍贵的文化遗产。

民族服饰：碧雅村北侗民族服饰色彩鲜艳。未婚女子用红头绳编扎独辫盘于头上或拖于背上，前额梳刘海。已婚妇女挽发于脑后，改刘海为鬓发垂于耳际，头包青色或蓝色头巾。穿矮领右衽大襟衣，长至膝，镶另色大团肩，绕襟边至摆脚亦镶另色布条，袖口镶另色布料并饰花边一道。布扣五颗，袖齐腕。下着长筒便裤，裤脚七、八寸，齐踝，裤脚配色布，花边一道。腰束扁带，年轻女子佩短绣花围腰，白色带子飘后；中年、老年妇女系青色或蓝色围腰，过膝，过去穿勾尖布鞋，鞋尖饰钩云图案或绣花，后改穿平口布鞋，年轻女子鞋上多绣花作装饰。

传统节日："三月三"是侗族的传统节日，传说很多，后人也称为"播种节"。其一，农历三月将开始农时播种，为庆贺播种顺利，秧苗易长，秋天丰收，村民们举办农忙前的播种节，痛痛快快地玩儿天。过了"三月三"节，寨上将停止一切娱乐活动，他们不再吹芦笙、跳舞、走村串寨，专心一意地搞好农业生产。其二，三月春暖花开，是男女青年播种爱情的好时光。男女青年借此机会互相认识、了解、沟通感情。如今的"三月三"节已成全

寨人请客会友，广交亲朋，年轻人相爱定情的节日。节日期间，村民们制作"三月粑"相互赠送，表达春季播种来临的喜悦以及期望未来风调雨顺、庄稼茁壮成长。

葬礼：碧雅村和当寨作为典型的侗族村寨，沿袭着侗族葬礼传统。其中许多的礼仪是由异姓人完成，不得由同姓人操持，殉葬品禁忌铜铁器具，葬礼结束后，每到固定节日及忌日，后辈需上香祭拜。

人文史迹

石拱桥：建于明代，位于寨子东北部，为单孔石墩块垒砌而成，建桥工艺讲究。建桥之初主要方便通行，后新修车行道时绕过古桥，使其较完好地保留下来。

古碑：古碑又称"石帏子"，位于寨子西南部田野中。清道光年间寨中人袁献廷考取贡生时清政府所立，为树立读书人考取功名的权威性，朝廷颁文表彰，过古碑时需文官下轿，武官下马。

木板桥：位于寨子西南面，有一小溪流过，该木板桥建于清道光年间，建桥之初主要用于田间劳作时方便通行，后有村民将其作为祭祀用，祷告为过世的先人引路过桥，祈求保佑生人顺利渡过难关。

古枫树：古枫树位于寨子南面的坡上，树龄约有150年历史，古枫树旁多为旱地，此树为村民的"望乡树"，即含义是为归家的村民们指引方向。

石拱桥

古碑

木板桥

古枫树

保护价值

通过对碧雅村和当寨三月三、尝新节、文化信仰、丧嫁礼仪等的认知，可以得出和当寨在文化上的包容思想，反映了村落在技术经济的先驱性。村落在选址上，结合山体地形，环境要素，对山体的利用，对水系的依托，以及村落的民居建造，山水相融，线条细腻而简洁，充分表现出传统特色。因此，村落的形成、建造及发展都具有较好的艺术价值。

刘 翼 张 奕 编

碧雅葬礼

碧雅村和当寨环境

黔东南苗族侗族自治州榕江县忠诚镇定弄村

定弄村全貌

定弄村区位示意图

总体概况

定弄侗寨位于榕江县忠诚镇定弄村境，坐落于大箐山山腰，距县城北20公里，有通村公路直通寨中，村域面积7.28平方公里。明末清初，定弄吴氏先祖从江西吉安府太和县迁往贵州黎平，后又辗转迁往高硐，至今已有近300年的历史。户籍人口1015人，全村均为侗族。村内有吴、石、谢、匡、杨五姓，其中吴姓人口最多，占总人口的90%。

2016年定弄村列入第四批中国传统村落名录。

村落特色

村落坐落在大箐山的半山腰，青山环绕，寨后的大箐山上有植被茂盛的1000亩原始大森林，树木葱葱，最适合人居。南面有"鸡冠山"一座，高耸入云；四条溪流穿寨而过，常阴雨连绵，白雾缭绕，仿佛人间仙境。村落布局错落有致、完美和谐。村中以吊脚楼为主，村内的土路、石道、门楼原始韵味十足，与古树交相辉映，使得整个村庄安详宁静，别有一番风味。高低错落的吊脚楼建筑，与水系、农田及山林形成一幅安静祥和的山水田园村居图。

传统建筑

定弄村为侗族村落，侗族同胞多为聚族而居，建筑主要为干阑式建筑，主要包括传统公共建筑和民居建筑。

公共建筑：在公共建筑中，鼓楼和风雨桥建造最为独特，除此以外戏台也充分体现了侗族的民族特色。这些建筑均为木质结构建筑，且不用一钉一铆，框架由榫卯连接，依山就势而建，展现着木匠工人的高超技艺。目前，定弄村内现存公共建筑有鼓楼、戏台、风雨桥等。

民居建筑：民居建筑主要是木楼，居住方式摆脱了地面居住的束缚，采取在架空层面上生活的离地居住习惯，将楼层作为日常生活的主要场地。定弄村的传统民居通常为二三层，两端有偏厦，四面逐层悬挑，由底层至顶层做一层层的悬挑，形成下小上大的外观形态。建筑底层多架空，不住人，只用来饲养家禽，安置柴草，放置农具和重物等；二层是主体使用层，是侗家人饮食起居的地方，由堂屋、宽廊、卧室等构成。内设卧室，外人一般都不入内。卧室的外面为堂屋，设有火塘，全家人炊饮、烤火取暖之处；三层为阁楼层主要贮存粮食或堆放杂物等。

传统建筑

传统建筑框架

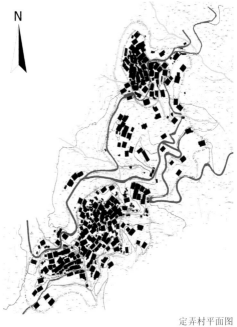

定弄村平面图

定弄村建筑风貌

祭萨

古碑

古瓢井

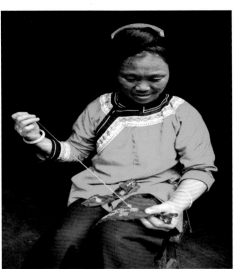
斗牛

民族文化

定弄村民与其他侗族同胞一样，都是热情好客、朴实憨厚。民族风情浓郁，且独具特色，保留了原生态的侗族文化。主要节日有"六月六""斗牛节"等。还有很多优秀的手工艺，如刺绣、织布、纺纱等，流传至今，对我国的文化发展有重要意义。

侗族大歌：自村落定居于此，多是男女老少聚集于鼓楼唱侗族大歌，久而久之鼓楼对歌成为侗寨逢年过节或是村寨与村寨之间作客开展的全民性的对歌活动。

祭萨：侗族对侗族女神"萨"的崇拜非常虔诚，逢年过节人们都会到萨坛去祭奠。定弄村的祭祀时间是每年春节大年初一举行一次祭萨仪式，全村寨老及男女青年人均着民族盛装抬着猪头参与祭祀"萨"的活动。

刺绣：定弄村的侗族刺绣是一种用引针穿刺，刺绣是将各种彩色丝线或棉线附着在织物表面之上，构成各种图案纹样的工艺技法。图案纹样的工艺技法，是中国少数民族刺绣中的重要分支。

人文史迹

古树：定弄村古树种类丰富，百年以上古树有4棵红豆杉，还有古枫树、缠藤古树，枝繁叶茂，傲然挺立，村民在节日会祭祀参拜古树。

古碑：定弄村现有清中期古碑1通。立下此石碑，使芳名流传后世，勉励后代不断弘扬先辈精神。

萨玛祠：定弄村现有修建于1940年的萨玛祠1座，约有4平方米。逢年过节人们都会到萨玛祠去祭奠，全村寨老及男女青年人均着民族盛装抬着猪头参与祭祀"萨"的活动。

古井：定弄村有古井3口，是建村以来就有的古井。水井是定弄村不可缺少的水资源，村民将古井保护得非常好。

石碓：一种古老原始的舂米工具，后改手舂为脚踏，由石臼、踏板、大木体及装在木体上的舂头，还有扶手架、拨米棍组成，一人或二人脚踏踏板，使舂头上下起落舂轧，拨米棍不时翻动臼内谷物。

保护价值

定弄村的侗家木结构吊脚楼依山而建，建筑工艺精湛，保存下的古老建筑、木雕等工艺，成为研究当时建筑工艺和建筑文化的重要依据，具有较高的艺术和科学价值。现有的村落格局、公共空间、建筑形制，均是在各时代自然生长形成，体现了时代的延续性，具有较高的历史价值。同时，建筑结构严谨，侗族在建房时，特别考虑生产生活与自然山水相协调，建筑工匠巧妙运用力学原理，运用空间进行功能分区，柱柱相连，枋枋相接。这种建筑看似上实下虚，但牢实坚固，非常实用，在建筑学方面具有较高的科学价值。

村落的非物质文化遗产如侗戏、侗族大歌、斗牛、侗绣产品的展示和研发，侗族文化、传统民间技艺文化、民族特色美食文化等，村寨内资源所具有的历史、文化、科学、艺术等均具有较高的保护传承价值。

黄 丹 王 倩 编

古枫树

石碓

刺绣

建筑群落

黔东南苗族侗族自治州岑巩县凯本镇凯府村

凯府村全貌

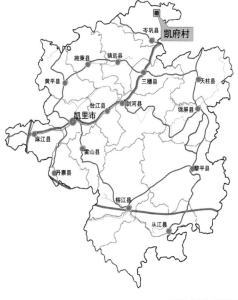

凯府村区位示意图

总体概况

凯府村是多民族聚居的行政村。该村约35户，140人，耕地面积610亩，村庄面积118亩。对外交通主要为东西向的通村公路，交通便利。凯府村形成年约有200余年。凯府有一条河从凯府寨前自南向北穿过，名叫凯府河，发源于凯本将军山，这条河把凯府寨分成了南北两半。中华人民共和国成立初期凯府和凯阳同属于一个生产大队，到1976年凯府从凯阳生产大队中分离出来成了一个独立的生产大队，1979年改大队为村。

2019年凯府村列入第五批中国传统村落名录。

村落特色

凯府村东有"孝天龙"山，南北为悬崖，西靠草龙。西边有一座像伏地虎的地形，是个建寨建府的好地方。村落建于群山环绕脚下一处开阔的地带，凯府河蜿蜒穿寨而过，村落民居沿河边坐南朝北而居。这里气候宜人、自然条件和生态环境条件较为优越，寨周围都是大片梯田，形成了浓郁的农耕文化与优美的田园风光。

村落居民房屋都是靠山而建，形成

阶梯形耸起，具有独特的传统建筑分布格局，每一排阶梯房屋有着自己的串户道路，串户道路形成网格型。

传统建筑

凯府村传统民居有全楼居和半楼居两种，或者称为全干阑式与半干阑式，当地俗称"楼房"和"半边楼"，最常见的是七柱六瓜或五柱六瓜屋架。凯府村村寨内传统建筑多为纯木结构，木质材料就地取材。建筑装饰构件丰富，木门、木窗、悬柱、飞檐翘脚、木梯、小青瓦盖顶、木质栏杆、雕花等均是村落建筑装饰特征。屋脊上喜用青瓦堆

传统民居

成四瓣的花形，放置成"品"字形。整体建筑风格为黔东南少数民族地区特有。

民族文化

凯府茶灯节：从正月初三到正月十五，村里选取茶婆、采茶女、花旦、小丑、商家等大约50人。茶灯道具主要以纸糊灯笼，主灯上部有飞檐翘角的牌楼三层，内供"三元三品三官大帝神位"；下排开三门，侧门门额横书"普天同庆""国泰民安"字样，彩坛上燃明蜡烛，照得通体透亮，放置在堂

传统民居

村寨环境

传统民居

凯府村平面图

踩堂表演

石桥

古石阶

屋右侧起到布景作用。由茶女提灯，灯型各异，有牌灯、宫灯、鱼灯、鼓灯、虾灯和十二生肖灯等。

开秧门：在小满前一天，举行栽秧开秧门活动，要敬伏羲，邀请寨邻同时栽秧的人共同参加开秧门活动，把家里自酿米酒和最好的茶拿出来供能栽秧的能手吃。小孩盼过年，大人望栽秧，这时栽秧能手或德高望重的人先栽上第一排秧，然后其他人才可以跟上一起栽，寓意着秋季大丰收，望每年风调雨顺。

踩堂：在苗族青年男女中，最常见也是他们最喜爱的集体舞蹈叫《踩堂》，每逢年节举行踩堂时，由英俊男子组成的芦笙队，人人手把芦笙边吹边晃动着躯体绕坪而来。

古井：凯府村村内仅存1口古井，水井水源均为地表水，可一定程度上缓解枯水期的生活生产用水问题。

菩萨庙：凯府村村寨尾有1处菩萨庙，是村落节日的一个祭祀处。

石桥：寨尾菩萨庙旁有1座石拱桥，也是村落唯一保存的一座石拱桥。

古井

茶灯表演

保护价值

凯府村聚族而居的村落空间形态诠释着乡情、宗亲、人际等社会关系，是中国传统文化的重要组成部分。有别于现代社会的"原子化"、松散化的人与社会关系，凯府村以血缘、亲缘为纽带的家庭及家族是社会的基本单位，其和谐性、稳定性奠定了整个村寨社会和谐稳定，具有很高的社会借鉴价值。

凯府村依山傍水而建，干阑民居依山就势、高低错落，使村寨风貌和建筑景观让人应接不暇，极具观赏性。丰富的当地非物质文化遗产，完整再现着古代农耕社会家庭自给自足的情景，是研究农耕文明演进和当地早期生活状态的活资料，具有珍贵的史学价值和较强的旅游观赏性。

凯府村传统村落作为岑巩县具有代表性传统村寨之一，距今近200多年的历史，仍保存了相对完整的、真实的历史遗存和文化遗产，同时附带了大量的历史文化信息，体现了很高的文化水准，见证了民国、中华人民共和国成立时期该地区的生活方式和文化特色，比较全面地反映出当地的历史文化和发展轨迹。

余奥杰 编

村寨环境

开秧门

人文史迹

古树：凯府村村内有枫树、柏树、白果树、银杏树等古树，多达100余棵。

古枫树

古银杏

凯府村农田

黔东南苗族侗族自治州从江县高增乡美德村

美德村全貌

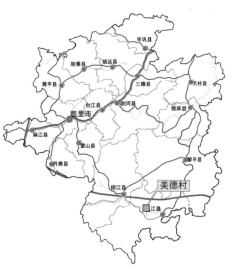
美德村区位示意图

总体概况

美德村位于从江县高增乡东北部，距乡政府所在地8公里，与本乡高增村、银良村及岜扒村为邻。G242国道穿乡而过，全村辖1个自然寨，263户，1351人，是一个具有300年历史和浓郁的传统民族文化的古老侗寨。

2016年美德村列入中国第四批传统村落名录。

传统民居

（右上缺省）

戏台：戏台建筑保存完好，造型及雕刻极为精致，采用优质杉木建成，是一种干阑式木结构的建筑，台侧有楼梯，台面后有木板墙，两面各有一个拱门。台前额枋上有木雕彩绘。戏台顶面采用本地小青瓦。

寨门：呈"干阑式"，美德寨门为二层，屋顶为歇山式。第一层为进出寨的过道，第二层有楼板，可堆放柴草、农具。

村落特色

美德村位于高山的山巅，需经过一条盘山公路才能到达。半山腰坐落着一栋栋干阑式吊脚楼，鳞次栉比，极具特色，寨中间鼓楼巍然耸立，蔚为壮观，民居、鼓楼、寨门、戏台构成了一幅幅独特的"民族风情画"。美德村的寨子属于典型的高山侗寨，视野开阔，晴天可以看到纵横沟壑和叠嶂层峦，阴天则云雾缭绕，犹如生活在云端，美德云海景观已成为从江县自然风光的代表之一。

传统建筑

民居建筑：美德村以木质干阑建筑为主，一般为2～3层，多建于20世纪六七十年代。与其他侗寨民居建筑有所不同，美德村侗寨民居没有层层出挑，但功能上又与侗族民居没有差别，形成汉侗文化相融的形式。堂屋居中，堂屋两侧为卧室，厨房、猪牛圈等皆设于屋侧房后。房屋一般分正屋、厢房、前厅、偏厦等。正屋是主要部分，有三柱屋、五柱屋、七柱屋、八柱屋等。

粮仓：用杉木皮做屋面，共上下两层，下层架空堆放杂物，上层封闭储存粮食谷物，出檐深远，粮草多放于檐下，堆放整齐，打扫干净，旨在存粮。多数粮仓建于中华人民共和国成立以后。

梯田及堤坝

美德村平面图

村寨一角

村寨一角

祭祀台

芦笙笛表演

鼓楼

民族文化

萨玛节："萨玛"是侗语译音，"萨"即祖母，"玛"意为大，萨玛可汉译为"大祖母"，她是整个侗族（特别是南部方言地区）共同的祖先神灵的化身。萨玛节活动一般在春、秋两季进行，现存最古老而盛大的传统节日，保留着很浓郁的母系氏族社会遗风。祭坛一般由村里一名德高望重的老妇管理，而祭萨仪式，通常只有中老年妇女和年长的男性有权参加。侗族人民以此来祈求村寨平安兴旺，人人幸福吉祥。萨玛节里，多数侗族男性心甘情愿地在家带孩子、做家务，所以当地人说，萨玛节也是侗族的妇女节。

侗戏：侗戏最初之时，曲调单纯，形式简单，动作朴实，只是演员分列两排，坐着对唱，且限于男子扮演，墨守于说唱形式，保持"叙事歌"特点。侗戏在其形成社会发展过程中也不断地受到其他戏曲的影响，使之逐渐得到提高和完善，以至变成今日有男女演员参加，有说有唱，曲调丰富多彩，别具一格。侗戏没有专门班子，全由群众自由结合，且可时合时离，纯属业余。在演员中没有严格行当，唯小丑独特。剧中曲调分为两种：一是"平板"，或称"普通板""胡琴板"；一是"哀调"，或称"哭调"。还有"仙腔"和"戏曲大歌"。

新米节：每年的农历七月侗族部分地区过"新米节"。"新米节"亦称"吃新节"，"新米节"是侗族古老的传统节日。侗族"新米节"，祭祖是一项重要内容，这天早上，过新米节的寨子，杀猪宰牛，杀鸡杀鸭，开田捕鱼，家家蒸糯米饭，在吃饭之前，全家人都围坐在火塘边，由家长举行"斗煞荀妹"仪式；除了

侗戏

祭祖祈祷丰收外，还要开展丰富多彩的民俗表演活动。

芦笙笛：芦笙笛是当地古老乐器，同时兼备芦笙洪亮的声音和笛子悠扬的声音，主要在以从江县高增乡美德村为中心的方圆一二十公里的十几个村寨流传，是过去一直没被学界发现的侗族器乐的新乐种。芦笙笛是一种竹制吹奏乐器，介于芦笙与竹笛之间，其形体小巧、吹奏容易、韵律悠扬，是一种流行于当地侗族同胞特有的原生态民族乐器。每逢节日或有重要客人到本村来做客，村民们就用芦笙笛表演来迎接远方的客人或喜庆自己的节日。

人文史迹

鼓楼：两座鼓楼分别位于村内东西两侧，美德鼓楼被称为"美德"之根、建寨之源。鼓楼为正方形，长宽均为12米，15层。全木质结构，至今保存完整。每年春节、斗牛、端午、新米节日期间，侗家人都会在鼓楼唱歌、叙旧、议事等。

鼓楼高耸于村寨中，巍然挺立。飞阁垂檐层层而上呈宝塔形。瓦檐上彩绘或雕塑着山水、花卉、龙凤、飞鸟和古装人物，云腾雾绕，五彩缤纷。鼓楼以杉木凿榫衔接，顶梁柱拔地凌空，排枋纵横交错，上下吻合，采用杠杆原理，层层支撑而上。鼓楼通体全是本质结构，不用一钉一铆，由于结构严密坚固，可达数百年不朽不斜，这充分表现了侗族人民建筑技艺的高超。

保护价值

美德侗寨依山就势，顺应地形，村落呈条状的组团布局，结构完整。其建筑极具侗族村落特色，具有木结构建筑、石板道地面等众多的极具当地特色的建（构）筑物元素。村落整体景观良好，自然协调，古朴静谧，是传统可持续人居发展模式的体现，从整体格局到建筑风貌，美德村都具有较高的科学与艺术价值。

陈婷婷 编

美德村环境

芦笙笛

黔东南苗族侗族自治州从江县停洞镇苗朋村

苗朋村全貌

苗朋村区位示意图

总体概况

苗朋村地处停洞镇西南面，通过G321国道可达72公里外的从江县。全村总面积3.8平方公里，有苗朋和溪边寨两个自然寨，共326户，1337人。苗朋老寨原是耕作区牛棚，后来住进苗族，因此得名"苗朋"。

2019年6月苗朋村列入第五批中国传统村落名录。

村落特色

苗朋村位于风景宜人的螺蛳山，以螺蛳山为载体，以梯田及古枫树群为衬托，传统的苗族矮吊脚楼嵌入梯田中，形成苗朋"山脉之巅、梯田簇拥"的独特村寨格局。该村是黔东南州典型的苗族聚居村落，充分利用地势依山而建，民居多建在半山腰或深山脚，苗家人特有的民俗文化，具有浓郁民族特色的村落格局和民居建筑，干净整洁的乡村道路，优美宜人的自然环境，梯田等特色产业的发展，都深深地吸引着各地游客，旅游业也成为村寨发展的重点产业之一。

传统建筑

苗朋村民居依山就势而建，85%以上都是传统苗族民居——吊脚楼，其中保留的传统苗族民居中约60%为纯木建筑，40%第一层为砌砖，第二、三层为木质房架，少量纯木建筑因火灾受到损毁。

民居建筑分为两类，一类为沿街的传统建筑，最基本的特点是正屋建在实地上，厢房除一边靠在实地和正房相连，其余三边皆悬空，靠柱子支撑。吊脚楼高悬地面既通风干燥，又能防毒蛇、野兽，有较鲜明的民族特色，优雅的"丝檐"和宽绰的"走栏"使吊脚楼自成一格。这类吊脚楼成功地摆脱了原始性，被称为巴楚建筑文化的"活化石"。另一类为半山而建的传统建筑，依山吊脚楼建房前须先将基础开挖成"Z"形，再在基础上修建木结构的吊脚楼住房，用木柱撑起，分上、下两层，节约土地，造价较低廉，上层通风、干燥、防潮，是居室；下层是猪牛栏圈或用来堆放杂物。房屋都是以杉木为主要材料。

禾仓：苗朋禾仓也是用杉树作材料建造的，悬山屋顶，上盖杉树皮或小青瓦，四柱落地，多呈方形或是长方形。苗朋的禾仓有偏厦，偏厦是供人们进出仓门和放置楼梯的地方。取放禾把，用独木梯上下。独木梯一般放在家中或进出禾仓的过道上。

传统民居

禾仓

苗朋村平面图

巷道空间格局

芦笙节

吃相思

古枫树群

民族文化

《椰规》：苗族文字随着迁徙丢失，人们用语言和歌唱的形式记录自己的历史。那时的苗朋村地处偏远，为了约束族人，维护民族团结，防止族人之间相互争斗，当地苗族同胞支系部落首领按照《贾礼》咒词，在苗朋村以"埋岩"的方式制定《椰规》共同盟誓，自觉按照《椰规》各项条款来规范族人的社会行为。从此《椰规》一直延续至今，被誉为"无字法典"。近年来，苗朋村将《椰规》刻于石碑作为村民公约，以此规范和约束村民的行为。

芦笙节：芦笙节是苗朋村以芦笙踩堂、赛芦笙为主要活动的节日，从每年的农历十二月二十九日开始持续3天，喜庆丰收和期望来年是个丰收年。节日当天，姑娘们穿着盛装，佩戴银花银饰，小伙子和芦笙手们各自带着芦笙，在芦笙场大家围成圆圈，吹笙跳舞，气氛热烈。同时还会开展赛苗歌会等民族民间文体活动。

吃相思：吃相思是促进情谊的一种社交活动，时间多在正月、二月或秋后。好客的苗寨常与周边的村子"结盟"形成良好的关系，在农闲时节常常邀请盟友过来作客，盟友村子全村出动到请客的村寨作客，这就是"吃相思"。

斗牛：斗牛是苗朋村最为盛大的活动，至今苗族群众仍按祖先传承下来的老规矩斗牛，保留着原生态的习俗。在农闲季节，各村寨的苗族群众牵牛到斗牛堂打架，场内人山人海。斗牛这种传统竞技活动是苗族文化娱乐和沟通交流的主要形式。

人文史迹

古树：古枫树群主要集中在螺蛳山苗朋大寨西部，错落有致地分布在以樟树、荷树的天然阔叶林之中，古树长势良好，呈现出勃勃生机。据当地老人介绍，最大的树龄约在500年以上，其他的都在百年以上。有两株古树被古藤缠绕，古藤与古树同龄，秋天红的枫叶与绿的藤叶交汇，像满树的红花，是当地的一大奇景，吸引了不少游客前来观看。

古井：苗朋村共有3口古井，一处位于苗朋大寨西侧的石板古道旁，为一口古井；另一处位于北部通村路旁，为两口古井，这三口水井是苗朋村不可缺少的水资源。

石板古道：1处，位于大寨西部，仅存一小段路段，其余石板路在村民修建机耕道时埋于下方，目前机耕道还未硬化地面，仅存的路段用于通往古井。

梯田：苗朋村有着"山脉之巅、梯田簇拥"的选址格局。沿着公路旁放眼望去，云雾缭绕中连绵起伏的梯田让人如痴如醉，仿佛置身仙境。

梯田

保护价值

纵观苗朋两个自然村寨，一个依山一个傍水，由于当地有水源，土地肥沃而选址定居于此，当时发现的古井至今仍然保留完好。民居与村落周边的梯田水系和谐共生，共同构成了"一山、一寨、一梯田"的有机整体。寨在田中，田在寨中，人在田中，完整和生动地展现了苗族居民的生活状态，具有鲜明的民族特色和地方特色，以及独特的历史风貌和自然格局。综上可见，时间和空间环境均体现了苗朋村较高的历史价值。

在历史的长河中，苗朋人民很好地创造、保存和发展了自成体系的民族文化，代代传递并不断丰富其内容，形成了以节庆文化、歌舞文化、婚嫁文化、丧葬文化、服饰文化等为内容的民俗文化，展现了苗家文化的迷人魅力，文化价值极高。

苗朋村建筑风貌和文化极具地域与民族特色，承载的历史文化信息厚重，传递了民族生息繁衍的信息，伦理与道德秩序的构建，文化的固守及包容，体现了社会和历史的演变，具有很高的社会研究价值。

周安然 黄 丹 编

古井

《椰规》立碑仪式

苗朋村远景

黔东南苗族侗族自治州锦屏县茅坪镇茅坪村

茅坪村全貌

茅坪村区位示意图

总体概况

茅坪村位于茅坪镇中部，南临清水江，背靠黄哨山，距离县城7.5公里。茅坪村村域面积25.45平方公里，下辖上寨、下寨、宰大溪3个自然村和1个居委会，25个村民小组，共计808户，3150人。全村苗、侗等少数民族占总人口的97%。

2016年茅坪村列入中国第四批传统村落名录。

村落特色

"茅坪"一名始于明洪武年间，传说因地势平坦且茅草繁多而得名。茅坪村背依高耸的黄哨山，前滨清水江，风景独好，旅游资源丰富。黄哨山气势雄浑，山间有古朴蜿蜒的古青石板驿道、半山腰葱翠的楠竹林场和奇险并称的白水洞五级瀑布、神奇的姊妹岩等自然景观颇有开发价值，清水江清澈见底的江水、两岸绿色可掬的青山和奇形怪状的岩石值得游览，村寨间纯朴而错落有致的木房、随风缥缈的炊烟、隐约于林间的侗歌令人忘返。

茅坪村整体空间格局以木商文化为纽带，以街巷为线索，从水边到山边蔓延生长，充分体现着我国传统山水景观和天人合一的思想，"山—村—水"空间格局完整延续。

同时以血缘为基础，以祠堂、庙宇为村落中心，组团发展的空间格局、整体结构充分反映了村落在宗族礼教影响下的等级秩序及木商发展的结合。茅坪村街巷从水到山纵向延伸，逐渐增高，空间变化丰富。由于受洪灾、道路修建、水库的影响，街巷空间格局受到一定的影响。东西街巷以商业串联各个组团，沿江蔓延，南北街巷多与各院落相通，依山就势，联系每家每户，起着生活串联作用。

传统建筑

茅坪村的传统建筑分为三类。第一类是现存的20幢徽派风格的"窨子房"，包括武陵堂、龙氏宗祠等，基本保存了原有布局和形态，它们虚实相生，尽显出古民居的动态美；第二类为传统的苗侗吊脚楼民居，以龙大道故居（省级文物保护单位，已于1991年修缮后对外开放）为代表，在民居中数量最大，约100多栋，建筑面积20000多平方米；第三类为20世纪70年代水运局建筑，因建设水运局，形成了一批体现当时规划建设理念的近代风格建筑。

苗侗吊脚楼

窨子房

民族文化

茅坪村保留了众多民俗文化传承，拥有丰富的非物质文化遗产，如赛龙舟、木商文化、放木排等。

"赛龙舟"：端午节赛龙舟是茅坪群众喜爱的节日文化活动项目，20世纪80年代曾代表贵州省参加全国比赛获得好成绩。

农历四月八传统歌会：各家的妇女都在家里为牛煮白米饭，炒油茶，条件好的还要煮鸡蛋供牛食用，以示在春耕大忙之前，人们对它的深情慰问和热情奖赏。农历四月八传统歌会，又称"赶坡""赶坳"等。

木商文化：随着杉木商品化，大量浙

茅坪村平面图

四月八

赛龙舟

商、湖商、徽商、福商等的涌入，带动了清水江沿岸经济的同时，也带来了文化的落地和生长。

放木排：在木商文化的影响下，以及得天独厚的水上运输的优势，形成了放木排的传统，通过把晾干杉木按大小、长短分类过后，根据大小在水中摆齐，然后在前面、中间和尾部横上几道硬杂木棍，再用扭成麻花状的杉木绞索或竹篾索捆绑扎紧，形成一节木排，然后通过若干木排连接一体，并在前方安装一支可以活动的舵杆木棹用来控制方向。

人文史迹

茅坪村拥有丰富悠久的人文史迹。全村共有古树名木420棵，庙宇1座，祠堂2座，古道1处，古井4座，石碑2座，古钟4处，古石表1座。其中杨公庙在1966年被焚烧，只存有遗址。

龙大道故居：龙大道是早期中国工人运动的先驱者。龙大道故居位于茅坪村上寨，坐西北向东南。故居始建于光绪二十九年（1903年），平面呈"凹"字形，为三间两层一正两厢一檐悬山顶木构楼房，通面阔三间13米，通进深10米，占地面积418.4平方米，建筑面积270平方米，由正屋、后屋、二厢、天井、花园组成，是一座具有侗族特色的木构建筑。

石碑：村内两座古石碑，分别为合龙桥碑以及黄哨山修路碑。

黄哨山古道：位于茅坪村上寨，高削陡峭，险峻难行，茅坪段长3.5公里，最宽处4米、最窄处0.8米。1942年桂穗公路通车后，黄哨山古驿道不在作为交通要道。

武陵堂：亦即茅坪龙氏宗祠，位于茅坪村下寨街道里侧。此祠建于清光绪时期，"文化大革命"初期被破坏，20世纪80年代族人集资重修。设围墙，开有大门，门上书"龙氏宗祠"，两侧立方形石柱，柱镌有联："脉发江南喜昭移崇德报功，亘古箕裘绵世泽；祠辉黎郡愿子孙攀龙附凤，千秋甲弟振家声"。墙内有一小院。宗祠四面围以砖墙，墙四角皆飞翘。前面墙正中竖书"武陵堂"。

合龙桥：合龙桥位于锦屏县茅坪村上寨，建于清乾隆四十八年（1783年），桥呈东西走向，横跨于乌桕溪，将东西两岸的寨子连为一体，桥长8.7米、宽2.8米、净跨4.6米、矢高2.7米，单拱，全用石料砌筑，平顶，桥面青石板铺就。

古井：分别有上寨古井和下寨古井，上寨古井位于上寨中码头，下寨古井位于水运局背后公路里侧。井水甘甜可口，至今仍为生活用水之源。

龙大道故居

武陵堂

合龙桥

放木排

保护价值

茅坪村是贵州地区木商文化的典型代表，是现今木商文化的重要载体，是贵州东部地区多元文化融合的突出代表。茅坪村历史文化资源丰富多样，传统生活方式保存完好，资源特色突出，具有历史文化、科学与艺术、社会等价值。

历史文化价值：茅坪村是研究我国木商文化发展演变的重要物质载体，各个年代木商文化都有体现且完整的延续，是我国木商文化的活态遗产。

科学与艺术价值：茅坪村选址与格局营建反映了我国传统乡村天人合一思想与特色建造技术。同时窨子屋反映了两种文化的融合，是木商文化的核心支柱和重要载体。

社会价值：茅坪村是浙商、湖商、徽商、福商的情感归属和乡土自豪感的重要依托，是苗族、侗族少数民族的生活家园。

付文豪 叶 茜 编

茅坪村

黔东南苗族侗族自治州锦屏县三江镇瓮寨村

瓮寨村全貌

瓮寨村区位示意图

总体概况

瓮寨村是黔东南苗族侗族自治州锦屏县三江镇的传统村落，东临六硐河，北面接天柱县高酿镇，东南面接三江镇集镇，距县城13公里。地势绵延，六硐河自西向东从镇境中部穿过。全村有150户，585人，主要为侗族。

2016年瓮寨村列入中国第四批传统村落名录。

村落特色

瓮寨龙氏的始迁祖锦公于宋末元初自湖南迁至贵州天柱县；瓮寨龙氏与天柱龙氏有相承血缘关系，瓮寨村形成于明末清初。回溯两段历史时期，无论始迁祖迁居天柱，还是瓮寨聚落的形成都与当时社会的动荡有关联。黔东南地区山高路险，是逃难避世的最优选择。

根据族谱，瓮寨村的选址非常讲究。对照实际山川溪流，可以清楚看到整个瓮寨村明晰的山水脉络和特征。瓮寨村落东西各有两脉主山，分别是寨岑山和后龙山。村前江水盘桓而过，从而两山与一江形成了瓮形的平坝，瓮寨祠堂即选址于此。最早的村落建筑主要沿河依山势层叠展开，而"瓮川"则开垦为水田，世代供养着瓮寨的原住民繁衍生息。

传统建筑

瓮寨传统建筑均为坐北朝南的合院式建筑，是典型的传统民居。

民居多为单进的三合院或四合院，少数并联或串联形成二进、三进院落，规模较大。院落一般由正房、倒座、厢房组成，正房和倒座三开间或五开间，大门或位于倒座、厢房次间，或于巽位尽间或次间设屋字式大门，大门正对厢房山墙设照壁，另一侧厢房一般与猪圈相毗连，厢房靠近猪圈一间为厕所。

单体建筑一般为密檩三角梁架，屋面为单层仰瓦，檐口挑檐多为青石板，少数砖砌叠涩。建筑腰线以下为白石或青石块砌面，腰线以上为青砖。门窗多用过梁木作门窗楣，少数倒座沿街窗户窗楔为砖砌。大门是装饰重点，门前设上马石，大门门簪和檐檩下挂落的木雕彩绘精美，檐檩多绘木纹，大门两侧挑檐石一般做成鹰嘴石。

传统民居建筑

民族文化

瓮寨村保留了众多民俗文化传承，时至今日仍然与村庄密切联系与发展。

"三月三"：每年初春之时三月三日，为瓮寨村当地传统民俗节日，俗称"三月三"，又称"腾粑节"。这一天的传统民俗活动包括雄鸡斗勇、稻田捕鱼、山歌对唱、喜对白话、趣打粑粑。

冬至节：每年冬至，不仅是中国重要的节气，也是整个村里重要的民族节日。冬至之时，整个家族都会集中一起祭拜祖先、严传家训以及家族惩戒。

村落一角

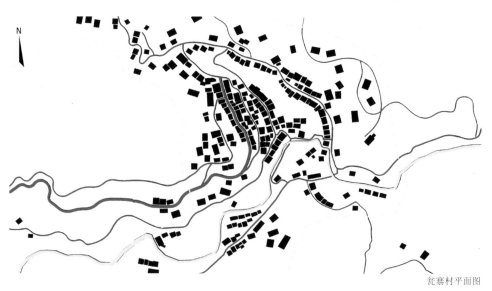

瓮寨村平面图

侗族山歌

千年楠木

古战壕：在龙首山顶，当地人相传为清代抵御清军进攻修建。现状农耕活动已经毁掉大部分战壕的遗址。现存局部战壕为土质，深度为80厘米。

龙氏宗祠：始建于清代，用途为祭祖、婚嫁、议事等。宗祠遗址占地约400平方米，原有建筑仅剩立面山墙，现如今正在根据原有规模和形式复建。

龙氏家谱：瓮寨龙氏的始迁祖锦公于宋末元初自湖南迁至贵州天柱县，而后分支为瓮寨龙氏，瓮寨龙氏与天柱龙氏有相承血缘关系，家谱代表着瓮寨龙氏的传承与历史。

耕读第遗址：始建于清代，原为瓮寨大户人家私宅。原建筑占地约500平方米，现仅剩正门山墙上有"耕读第"石刻牌匾一块。

鼓楼遗址：始建于清代，为聚落民俗活动重要场所，毁于火灾，占地约300平方米。

耕读第遗址

龙氏宗祠

保护价值

历史价值：瓮寨传统村落历史悠久，是瓮侗族聚落的典型代表，是侗族自中原地区迁往贵州建设家园的历史见证。瓮寨村形成于明末清初。回溯历史时期，瓮寨聚落的形成与当时社会的动荡有关联。黔东南地区山高路险，是逃难避世的最优选择。这段历史从瓮寨村龙首山顶的古代战壕遗址可以得到一定证实。

艺术价值：瓮寨村沿山势而建，整体呈层叠错落之势。聚落之外又有小江环绕，三面隔绝，如同江中半岛，村落整体风貌和自然质朴、简单灵巧的侗族民居建筑都具有较高的艺术审美价值。

科学价值：瓮寨传统村落具有高度智慧的村落选址和规划，从规划学科角度具有较高的科学价值。瓮寨选址在江流和溪水的交界处。村落的周边平缓处留下大面积平坝用于耕作。

付文豪 叶 茜 编

侗族服饰

龙氏家谱

恋爱民俗：翁寨男女相恋在当地有个很好听的名字，男当山，女映月，于是谈恋爱便叫作"玩山""玩月亮"。在恋爱期间男女会相互对歌求爱，表达自己的爱慕之情，一般会在大树边和山冈上，而三月三是最多的一天。

庆春耕民俗：侗家的妇女都在家里为牛煮白米饭，炒油茶，庆祝春耕的开始。条件好的还要煮鸡蛋供牛食用，以示在春耕大忙之前，人们对它的深情慰问和热情奖赏。

木商文化：杉木商品化，大量浙商、湖商、徽商、福商等的涌入，带动了沿岸经济的同时，也带来了文化的落地和生长。

稻田捕鱼的农耕文化：与贵州很多地区类似，瓮寨村的水田里也会专门引入野生的鱼类，到重要的节庆，"稻田捕鱼"成了最为生动的活动环节。

人文史迹

翁寨村拥有丰富悠久的人文史迹。全村共有土地公祠3处，战壕遗址1处，寨门遗址1处，鼓楼遗址1处，耕读第（遗址）1处，有千年古楠木1棵，百年古枫树1棵，至今仍保存完好。

土地公祠：地公祠是当地侗族的地域性神祇信仰，瓮寨村有土地公祠3处。通常设于交通路口等重要节点空间。村内有两处，其中一座位于大桥南侧，一座位于村寨中部。

"沙马"寨门遗址："沙马"寨门遗址位于村落小河的南岸，瓮寨村最东侧，是原来进村道路上的寨门。寨门旁还有一口古井。来回过往的老乡会在这里休憩。

瓮寨村

黔东南苗族侗族自治州黄平县谷陇镇岩门司村

岩门司村全貌

岩门司村区位示意图

总体概况

　　岩门司村位于贵州黔东南苗族侗族自治州黄平县谷陇镇东部，距镇政府所在地17公里，距施秉火车站25公里，交通较便利。全村辖5个自然寨，5个村民小组，包括岩门司、石家寨和红兴堡三个寨子，户籍人口共计约827人，常住人口785人，人口主要姓氏为潘姓，以苗族为主。

　　2016年岩门司村列入第四批中国传统村落名录。

村落特色

　　岩门司村西、北、东有山体环抱，南临清水江，并与清水江南岸山体相望。清水江横亘于岩门长官司城南侧，自西南向东北流淌。岩门长官司城的南门，即是濒临清水江而建。南侧城墙紧邻清水江北岸，隔江与南侧的山体相望。城墙依山形、水势而建，形成"城在山中、依水而生"的山、城、水相互交融的总体格局。村落周围有百年以上的古树名木十余株，景色秀丽，风景怡人。

　　岩门司村主要格局依托着军事格局，在清水江上沿岸各有分工，根据本村人介绍岩门司是当时重要的码头及府邸所在，马海村原为当时水军的练兵场，石家寨是主要屯平所在地，红兴堡原为将军府驻地。围绕村庄周边还设有瞭望塔、烽火台、营地和练兵场等重要军事据点。

传统建筑

　　岩门司村是典型的河谷地区村落，历史上几经战乱，现存有百余幢传统建筑，全部传统建筑物占村庄建筑总面积比例的83.1%。岩门长官司城建筑保存较为完整，古街道两侧20余栋民居建筑为清咸丰七年至光绪年间修建，已有一百年以上历史，

至今仍为当地居民使用。

　　平面形态：岩门司村苗族的建筑平面形态为"凹"字形，凹字形民居多为中华人民共和国成立后到20世纪80年代的"一"字形苗居的变形形式，在建筑的开间进深的比例大小与"一"字形趋同，主要村落是临近清水江附近的村落，建筑形式的产生多受汉族文化的影响。

　　苗族民居：主要采用歇山式或悬山式屋顶，坡屋不大，出檐较深，一般在80～100厘米。屋脊大多是以小青瓦垒脊，两端加厚微翘，中花多以瓦垒砌，在中花及两侧饰以灰泥塑雀鸟，或者涂以白色，点缀在屋面；窗主要为直棂窗和花窗，花窗的变化比较多有平纹、井字形、水裂纹和斜纹等图案，有时也会有一些飞禽、走兽、植物花草等；垂花柱以六角形、八角形和莲花状等样式为主。

传统建筑

传统建筑

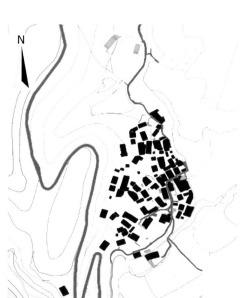

岩门司村平面图

岩门司村建筑风貌

民族文化

苗族"古歌古词"神话：苗族聚居区普遍流传着一种以创世为主体内容的诗体神话，俗称"古歌"或"古歌古词"。苗族古歌流传区域很广，几乎遍及所有苗族聚居区，因传承的方式是师徒传承，所以各地流传下来的古歌从形式到内容，都有一定的区别，且内容包罗万象，从宇宙的诞生、人类和物种的起源、开天辟地，到苗族的大迁徙、苗族的古代社会制度和日常生产生活等，成为苗族古代神话的总汇。

苗族独木龙舟节：中国贵州黔东南地区清水江施秉台江流域苗族人每年在端午节后农历五月二十五举行传统的民俗活动，苗族群众会在当天以划龙舟来庆祝插秧成功，并带有五谷丰登、驱旱求雨、袚邪厌胜、祈子求嗣等意义。苗族群众把参加龙舟竞赛视为一件光荣的事。

苗族银饰：苗族银饰作为一种文化现象在历史上曾被许多民族青睐，成为多元文化交流的重要载体之一。

苗族银饰制作：苗族银饰的加工，全是以家庭作坊内的手工操作完成。根据需要，银匠先把熔炼过的白银制成薄片、银条或银丝，利用压、寥、刻、镂等工艺，制出精美纹样，然后再焊接或编织成型。

板凳舞：发源于原始社会，生长在民间，是岩门司村妇女在走访亲友时，随兴而起的一种原汁原味的古代舞。舞蹈场地不限，或在某个家里，或在寨坝上。这种舞蹈伴奏乐器主要为板凳，因而得名板凳舞，其动作粗狂、激越、热情奔放，表现了苗族人民不屈不挠、坚韧不拔的性格和对生活充满热情、积极向上的态度。

银饰制作

苗族银饰

板凳舞

人文史迹

岩门司：岩门司设司始于明代成化六年（1470年），隶属凯里安抚司。岩门司村呈狭长布局，村内有一条东西向古街道为清乾隆六（1741年）年以来铺墁的鹅卵石，基本贯通古城。目前仍为岩门司村二组居民作为主要交通道路使用。古街道两侧分布20余栋古民居及长官司衙门遗址、黄平卫千总署遗址、岩门汛把总署遗址3处遗址。岩门司城城墙、城楼沿着山地坡坎建造，环古城一周。

古道

炮台

古树

保护价值

银饰作为一种文化现象在历史上曾被许多民族青睐，成为多元文化的重要载体之一。银饰的样式融合了南北方少数民族的多种元素以及中国传统的龙、凤、鳞纹等。银饰的加工全是以家庭作坊内的手工制作并经过一二十道工序才能完成，展现了苗族人精湛的手艺，目前作为非物质文化遗产进行传承。

古建筑、古道在使用的基础上应加以保护；炮台、古城墙已不能使用，作为历史遗迹保存；纤夫道、古树见证着人文和历史，具有持续性的保护价值。

岩门长官司城建筑保存较完整，工艺精湛，在西南地区具有典型性，在研究我国西南少数民族石材打磨、墙体砌筑、城墙规划、传统民居建造方式、材料特性等方面具有较高的艺术价值。

杨　硕　陆显莉 编

古城墙

黔东南苗族侗族自治州凯里市湾水镇岩寨村

岩寨村全貌

岩寨村区位示意图

总体概况

岩寨村是一个传统的苗族自然村寨，位于凯里市湾水镇政府驻地西2.5公里"包丢舍"山腰，地跨重安江两岸，村内有一条小溪流入重安江，西、北靠黄平县，南连江口村，东与洪溪村为邻，总面积4.06平方公里，耕地面积1370亩，村寨占地面积1000余亩，苗族聚居，有张、杨、吴、潘、冯、姜等姓，全寨共531户，2456余人。

2019年岩寨村入选第五批中国传统村落名录。

传统建筑

岩寨村是一个苗族村寨，村落建筑95%为传统苗族木结构建筑，由地方木匠建造，使用传统工艺，整栋房屋无一钉一卯。

岩寨的木构架建筑主要为一层楼一坡屋顶和二层楼一坡屋顶为主，建筑的檐口和门窗均采用传统的工艺制造，村落依山而建，主要集中于山腰，成带状布局，村落依山傍水，保留自然山体景观。岩寨村内主要以传统建筑为主，传统建筑多为两层，一层建筑主要是居住附属建筑也占一定的比例，还有少量的清代建筑、民国时

传统民居

村落特色

岩寨，寨名缘于寨后岩壁陡绝，因岩得名。海拔690米，较好地保留着村落自然山水格局，传统建筑特色突出，村落物资文化遗产和非物质文化遗产丰富，是集自然和人文景观为一体的文化生态性传统村落。岩寨村自然格局和人文景观，围绕"红石"文化，突出岩寨特色的红色文化内涵，以居住格局和民俗文化为特色、传统生态农业为依托，结合乡村旅游把岩寨村打造成生活富裕、生态怡人的传统村落。

岩寨村有丰富的旅游资源，山清水秀，溪水潺潺，寨子的梯田如画，春季禾苗争先成长，梯田里绿油油一片。

岩寨村自然山体

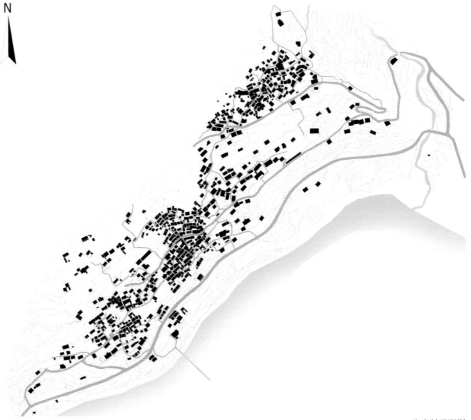

岩寨村平面图

传统民居

民族服饰

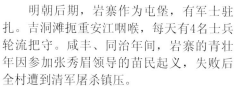

明朝后期，岩寨作为屯堡，有军士驻扎。吉洞滩扼重安江咽喉，每天有4名士兵轮流把守。咸丰、同治年间，岩寨的青壮年因参加张秀眉领导的苗民起义，失败后全村遭到清军屠杀镇压。

1935年，红二方面军长征时，曾从湾水经岩寨至重安，播下革命的种子。1950年，旁海地区土匪暴动时，刚成立的旁海、湾水新生政权退到岩寨，岩寨以坚固的寨墙和独特的地理环境，同仇敌忾，多次打退土匪的进攻，为湾水保卫战做出了贡献。

村落巷道

芦笙舞

凯里市志

期建筑及中华人民共和国成立初期到20世纪70年代末建筑，建筑格局、风貌和主体结构保存较好。这些建筑共同构成了岩寨村村落历史环境的格局基质，保持了岩寨村原有格局、结构和传统风貌。

人文史迹

据《凯里市志》记载，岩寨村在春秋属南蛮牂牁国，战国属夜郎且兰国。明嘉靖八年（1529年）入清平县；光绪三十一年（1904年）划归黄平县管理；民国2年（1913年），岩寨属炉山县第三大区第三分区；民国19年（1930年）设"岩屯乡"；民国21年（1932年）属湾水镇；民国25年（1936年）属湾水联保；民国29年（1940年）由乡改为保；1950年改保为村，岩寨为湾水乡第七村；1953年设岩寨乡；1956年并入湾水乡，建明安、硐千、明星、元星4个初级社；1957年4个初级社合并为岩寨高级社；1959年建岩寨生产大队，属湾水公社；1990年改为行政村，属湾水镇；1942年由黄平县划入凯里市；民国21年曾设署为岩屯乡。

保护价值

岩寨建筑由红岩石加木质楼房屋紧密建成。这里的梯田、田埂、寨墙、进寨的路，都是成块的红岩石铺垫，连修房屋的基脚、楼墙都用岩石而建，石墙上有的雕龙画凤，至今已有上千年的历史，走进寨中，宛如走进了一座历史的宫殿。

岩寨村核心区传统建筑占整个村落80%以上，建筑户型格局、庭院布局、外立面风貌、建筑构件等有其独特的地域特色和风格。

岩寨村传统建筑工艺非常精巧。集中体现了湾水地区苗族木构架建筑风格，具有较高的历史、科学和艺术价值。

岩寨村核心区有保存较完整的传统空间格局和丰富的历史文化遗存，值得保护。

吴缘缘 严 毅 编

传统民居

民族文化

苗族服饰：岩寨村苗族服饰图案承载了传承本民族文化的历史重任，从而具有文字部分的表达功能。由于历史的久远，这些图案所代表的文字功能和传达的特定含义也蒙上了神秘的色彩，无法完全解读，这也是苗族服饰图案所具有的独特魅力。

芦笙舞：芦笙舞又名"踩芦笙""踩歌堂"等，因用芦笙为舞蹈伴奏和自吹自舞而得名。关于芦笙舞的起源，苗族有朴素和美妙的传说。这类传说与现今仍流传着众多模拟鸟兽鸣叫和形态的芦笙曲调及舞蹈动作的现象相吻合。

岩寨村梯田

黔东南苗族侗族自治州丹寨县兴仁镇岩英村

岩英村全貌

岩英村区位示意图

总体概况

岩英村隶属贵州省黔东南侗族苗族自治州丹寨县兴仁镇，位于兴仁镇驻地东7.5公里处。

"岩英"属汉语地名。岩英苗族由明朝末期战乱迁徙到此地，祖辈在此耕种作息，经长时间聚居，逐渐形成了现有的村落。清朝年间，苗民为反抗清廷的苛捐杂税，曾在高炸努八（地名）建立营地，反抗清廷，直至清廷答应条件。岩英村内村民均为苗族，主要以龙姓宗族为主，龙姓宗族分布在岩英村大寨，约180户，700余人。岩英村同时混居有王姓、李姓、莫姓、牛姓等。

2019年岩英村列入中国第五批传统村落。

村落特色

岩英村村寨坐落于大山深处的梯田盆地处，房屋选择地势较平坦处建设，排列相对较为集中，村寨以组团式的布局，四周分布着60余株树龄在300年以上国家二级

村寨环境

保护植物楠木群。楠木枝叶茂盛，郁郁葱葱，吸引了许多游客前来观光、摄影，素有"楠木之乡"美誉。

传统建筑

岩英村传统村落是一个典型的苗族村落。村内保留了传统建筑105栋，现有97%传统建筑仍在使用。

岩英村聚居的区域范围气候温和，水热条件优越，空气相对湿度大，土地有机质积累较多，适宜林木生长。

岩英村的传统民居一般选择木料作为主要建筑材料，用木柱支托、凿木穿枋、

传统民居

衔接扣合、立架为屋、四壁横板、两端做偏厦。屋面材料为当地小青瓦，底层以堆放杂物、饲养牲畜为主；二层是主要生活面层，包括宽廊、火塘、小卧室等单元；顶层通常为堆放粮食或杂物的阁楼，局部设置隔间作卧室。适应于不易清理的场区环境，以及对虫蛇、猛兽的防御。

从居住质量的观点看，提高生活居住层面后，居住环境质量也相对提高。干阑

传统民居

式的木结构房屋，传统的苗族服饰，枝繁叶茂的古树，诉说着寨子的历史变迁。

民族文化

岩英村传统村落的非物质文化遗产主要是依托苗族人民日常生活习俗而衍生的，现今依然传承的风俗习惯、传统节日、手工技艺等，部分被评为非物质文化遗产名录。

吹跳芦笙：就是芦笙舞蹈，在逢年过节、重要日子、农闲时节、茶余饭后成为

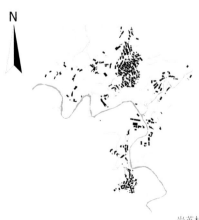

岩英村平面图

芦笙舞

欢度苗年

岩英村民生活的必需。吹芦笙是春秋战国时期盛行起来的舞蹈，在岩英村，都是男吹笙，女随笙而舞。他们用舞蹈踩响生活的节拍，用芦笙奏出生命的旋律，用服饰记载历史的辉煌，用歌声唱出大自然的和谐。

唱苗歌：歌曲采取边唱边讲述的形式。歌的曲调分古歌、情歌、飞歌（或大歌）、丧歌及祭祀歌，各具特点。古歌浑厚，拍节分明。情歌旋律优美，一般分低声对唱、重唱或混声合唱。

苗族刺绣：是苗族传统手工艺的瑰宝，飞针走线，绽放的花朵跃然于织布上；纤细的银丝几经翻转变成展翅欲飞的银蝴蝶；随处可见的一花一叶与古老造纸工艺碰撞出带有艺术气息的精美收藏品。兴仁镇的苗族有着千年流传的苗族刺绣技艺，它们通过一代代民间艺人们娴熟的手法变成了一件件具象的产品，搭乘上"产业快车"，走出深山，收获财富果实。

苗族芦笙舞：苗族民间舞蹈有芦笙舞、铜鼓舞、木鼓舞、湘西鼓舞、板凳舞和古瓢舞等。苗族民间舞蹈尤以芦笙舞流传最广。每年正月十五、三月三、九月九等传统节日，以及过年、祭祖、造房、丰收、迎亲、嫁娶等喜庆节日，都要举行芦笙舞会。舞姿以四步为多，也有二步、三步、六步、蹭步、跳步、点步，以及左右旋转等跳法。苗族一级演员金欧领舞的"苗族青年舞"，1963年已摄成舞蹈艺术影片《彩蝶纷飞》。

苗族服饰

人文史迹

"岩英"属汉语地名。岩英苗族由明朝末期战乱迁徙到此地，祖辈在此耕种作息，经长时间聚居，逐渐形成了现有的村落。清朝年间，苗民为反抗清廷的苛捐杂税，曾在高炸努八（地名）建立营地，反抗清廷，直至清廷答应条件。

岩英村村落依山而建、半山而居，村寨呈块状分布。岩英村村寨建筑都是木质吊脚楼，保持了古雅的建筑风格。建筑在半山呈梯级块状分布，巷道纵横交错。村寨四周古树环绕，生态环境优美。岩英村村寨建设过程中，因地形条件等限制，建房较为困难，都是通过大量岩石垒砌堡坎而建，堡坎垒砌技艺精湛。

岩英村传统村落的民族为苗族，其风俗习惯、传统节日、饮食文化、手工技艺等方面仍保留苗族特色。民居建筑技艺等文化遗产均体现了丹寨苗族人民的特色民族文化。岩英村对村落选址、格局有重要影响的历史环境要素，包括了岩英村里的禾仓群、古井、古河道、古桥、跳鼓场（芦笙坪）等。

苗族元宵节

保护价值

岩英村最早始建于明代，从古村落的整体风貌到单个民居，表现出一个完整的苗族文化体系，包括物质文化、民俗文化、精神文化等多个侧面，较为完整和广泛地展现了当时苗族独特的物质生产、生活方式、思想观念、风俗习惯和社会风尚。

岩英侗寨坐落在一个两边环山、一面临水、一面与稻田相依的平坦盆地里。民居建筑层层叠叠，一条小溪从寨子南北穿过，寨子四周青山环抱，传统民居望山傍水。岩英村干阑式民居建筑历史悠久，结构、建筑材料及建筑装饰物独特，村落布局结合当地的气候、地形，从建筑形制、村落选址与布局等方面具有较高的科学性。村落内分布的1口古井、5处古树群、1处禾仓群，也具有极高的科学探究价值。

岩英村是一个传统村落，居民全部为苗族，其特有的苗族刺绣、苗族服饰制作、苗族飞歌、苗族吹芦笙、苗年节、爬坡节、斗鸟等传统民族风俗，得以保存及发展，为人们展示了苗族文化的魅力，具有较高的社会价值。

古村落布局构思的独特性、合理性及各种景观意象，在视觉上给参观访问者带来强烈的震撼和感染力。

邓 超 刘 娟 编

斗牛节

村寨环境

村寨环境

黔东南苗族侗族自治州从江县庆云镇转珠村

转珠村全貌

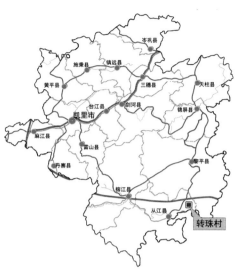

转珠村区位示意图

总体概况

转珠村位于从江县庆云镇东北部，距庆云镇政府5.2公里，东临单阳萨岁旅游区，南与浮里村接壤，西与登彭水库相邻，北与洛香镇新平村相接。全村共247户，1237人，主要为侗族。

2016年转珠村列入中国第四批传统村落名录。

村落特色

转珠村已有近800年历史，由侗族先人迁入形成。村庄北部有仙女湖泊，环境优美。自然形成的山谷地带孕育了转珠村，山谷内拥有农田、村寨、梯田等多种人文自然景观风貌，村寨建筑顺谷布置，山谷两边，山峰夹峙，植被茂密，繁花似锦，野果满坡。

转珠村身处自然保护区，村落内的水资源较为丰富，植被茂盛，森林覆盖率达82.6%。山上盛产杉、松、构树等重要木材，村域森林茂密，寨周古树苍劲。

传统建筑

转珠村民居建筑一大特点是半山腰坐落着一栋栋干阑式吊脚楼，鳞次栉比，极具特色，寨中间鼓楼巍然耸立，蔚为壮观。独具特色的民居、鼓楼、寨门、戏台构成了一幅幅独特的"民族风情画"，使侗寨充满了诗情画意。

转珠村历史传统建筑群是从江县内保存较完整、特色价值独特的历史遗产。主要有鼓楼、传统民居、萨堂等，其中鼓楼共有4座，寨门1座，传统民居210座。房屋的构造主要以砖木结构为主体特点，村寨都是以连片分布在一起。转珠村的传统建筑按其功能可分为公共建筑和民居两大类。

公共建筑有祭祀性建筑、议事及娱乐性建筑等，如萨堂、鼓楼、寨门等。4座鼓楼高耸于村寨之中，巍然挺立，气概雄伟。这些公共建筑保存基本完整，周边环境良好。

传统民居有大户建筑和一般民宅建筑。这些建筑最早建于明代，少量建于民国时期，所有建筑均具有侗族传统建筑特色。

传统民居的堂屋两侧为卧室。厨房、猪牛圈等皆设于屋侧房后。房屋一般分正屋、厢房、前厅、偏厦等。正屋是主要部分，有三柱屋、五柱屋、七柱屋、八柱屋等。侗族的民居，大部分均为木质结构。平屋为单檐结构，开口屋为双檐结构。凡柱、梁、枋、瓜、串、椽、檩等，均以榫卯穿合斗作，其中有鱼尾榫、巴掌榫、扣榫、斧脑榫、全榫、半榫等，这种建筑工艺在侗族民间由来已久。

传统民居

民族文化

萨玛节：萨玛节是侗族现存最古老而盛大的传统节日，起源于母系氏族社会。萨玛系侗语，"萨"即祖母，"玛"即大，萨玛即大祖母的意思。萨玛是侗族人民信奉、崇拜的至高无上的女神，她代表了整个侗族共同的祖先神灵的化身。同时萨玛又是古代侗族女英雄，在侗族古代社会的政治、军事、文化等方面占有重要地位。侗家人认为萨玛能赋予他们力量去战

鼓楼

转珠村平面图

寨老"祭萨"

迎萨仪式

人文史迹

鼓楼：转珠村内现存有5座鼓楼，位于转珠村的四个角。这些鼓楼被称为"转珠"之根、建寨之源。鼓楼高耸，巍然挺立，气势雄伟。飞阁垂檐层层而上呈宝塔形。瓦檐上彩绘或雕塑着山水、花卉、龙凤、飞鸟和古装人物，云腾雾绕，五彩缤纷。鼓楼通体全是本质结构，不用一钉一铆，由于结构严密坚固，可达数百年不朽不斜。

古墓：古墓位于村庄内部的北部，历史久远。墓碑雕刻精美，文字记述清楚。

古井：古井保存完好，造型及雕刻极为精致，采用优质石材建成，用于村民夏季休息避暑、饮水。

榨油房：在村落的西部留存一处古榨油房，为一层建筑，坡屋顶木结构，现在仍处于使用中。传统的榨油技术，由水车带动榨油的磨盘，用水蒸的方式提取油分，这种榨油技术一直被转珠村村民使用。

水车

古井

榨油房

胜敌人、战胜自然、战胜灾难，赢得村寨安乐、人畜兴旺。"萨"文化在庆云镇影响深远，传说庆云单阳村是"萨玛"就义之地。每年正月初二，黎平、榕江等地的侗族人民也会到此处取"萨玛"的圣土、圣水。庆云境内的各村逢年过节也要举行"祭萨"仪式，寨老主持祭拜和隆重的迎萨仪式。祭萨的供品必须有黑毛猪和绿头鸭。参加活动的人们迎"萨"出门，跟随"萨"踩路绕寨一周，最后到达耶坪，大家齐声高唱赞颂萨的耶歌，唱耶跳耶，与萨同乐。

"冻鱼"节："冻鱼"节是庆云独有的民族节日。节前一天侗家人从稻田里捉回鲤鱼，农历十月十二，家家户户准备丰盛的全鱼宴迎接亲朋好友。"冻鱼"节还有一个奇特之处，节日前一天尽管艳阳高照，节日当天风寒料峭，将每家每户的鱼汤冻结起来，节日因此而得名。

稻田捉鱼

"冻鱼"节

仙女湖

保护价值

转珠村坐落在山水之中，周围植被丰富，植物种群繁多，古树参天，拥有丰富而珍贵的物质与非物质文化遗产，有着独特的历史风貌和自然格局，是传统古村落选址营建的典范，侗族歌舞及传统节日等民风民俗在转珠村沿袭至今，在时间和空间环境上，转珠村均体现了较高的历史和文化价值。

张 奕 刘宁波 编

祭坛

萨坛

建筑群落

黔东南苗族侗族自治州从江县庆云镇佰你村迫面寨

佰你村迫面寨全貌

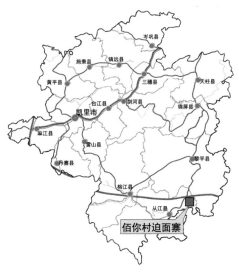

佰你村迫面寨区位示意图

总体概述

迫面寨原名"亚习寨"，位于贵州省黔东南苗族侗族自治州从江县庆云镇佰你村的西南面，距离庆云镇政府6公里，从江县城29公里。庆云镇至贯洞镇的乡道经过迫面寨北部，迫面寨至从江县29公里，距从江高铁站15公里。村寨共46户，210人，主要民族为侗族。村寨历史上以种植水稻为生，沿水渠下部分布大片梯田，种植业的兴盛是村落形成的重要原因，故村寨以种植业为主，旅游业为辅，是庆云镇传统民族文化展示的重要村寨之一。

清代时期有一位名叫银松的长辈为管理农业生产，带领7户人家到这里搭棚居住。因没有水源，在银松的带领下组织11人修了一条长达2公里的水渠，叫"十一水渠"。现在迫面寨居住的地方是水渠的尾端，故因此而得名"迫面"（侗语）。

2019年迫面寨列入第五批中国传统村落名录。

村落特色

迫面寨地处山势陡峭的垭口，在斜坡上顺山势起伏层叠分布，依山建寨，周边群山环绕，背靠平归，前有挖庭，山下有万九溪蜿蜒而去，颇有群山万壑赴迫面的气势。

迫面寨梯田层叠，地势起伏不定，九道沟壑形成扇形由村落向梯田聚拢。"十一水渠"从寨子底部穿过，将村寨与农田分开，生活空间与生产空间分工明确、分界清晰，沿路分为三个传统生活空间组团，三个组团朝向梯田聚拢，背山面田、

迫面寨环境

山明水绿、如诗如画。

村寨建筑顺山势起伏、结伴山腰，形成寨内错落有致的风貌，四周是延绵不断的山脉，炊烟袅袅，鸟鸣寨幽，形成人与自然和谐共存的美好景象。

传统建筑

迫面寨传统村落选址独特，布局考究，建筑风格独特，雕刻精美，是黔东南侗族聚居古村落的典型代表。建筑依山就势而建，沿等高线逐级提升。村内保留了大量的传统建筑有39栋，占村庄建筑总数的85%。

传统民居：平面布局形式多为五列四间。正房为两层木建筑，中间堂屋是会客、祭祖等的重要公共空间，两侧次间为日常起居空间，正房建筑结构为穿斗式木结构，墙体主要为木板墙，屋顶为悬山式青瓦双坡顶，正脊正中脊花，窗户为镂空雕花窗、木格窗及木窗；建筑楼上楼下设一处走廊，负一层喂养牲畜，厢房建筑结

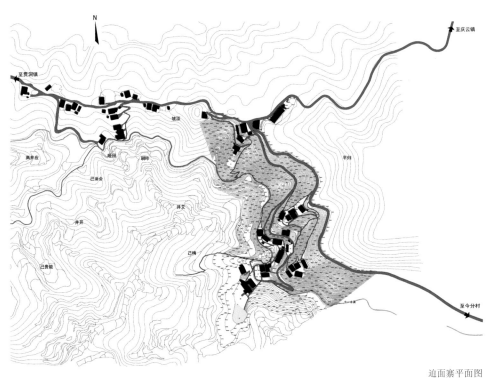

迫面寨平面图

传统建筑

戏台

十一水渠

构为穿斗式木结构，墙体主要为木板墙，屋顶为悬山式青瓦双坡顶，窗户为镂空雕花窗、木格窗及木窗。

民族文化

侗族琵琶歌：侗族琵琶歌是贵州南部侗族的一种单声部带说唱性民歌。侗语称"嘎琵琶"，因以侗族乐器琵琶伴奏而得名。从江县的侗族琵琶歌历史悠久，几乎人人会唱。演奏侗族琵琶时，多采用坐姿，将琴箱置于右腿上，琴头斜向左上方，左手持琴按弦，右手执竹或牛角制拨片弹奏，也可在行进中演奏。侗族琵琶可为叙事性琵琶歌伴奏，也用于独奏或为侗戏伴奏。

侗族冻鱼节：冻鱼节是侗族在每年农历十一月份左右举行的以鱼祭祖的传统节日。节日当天，有烧鱼、腌鱼、生鱼片等，如若有猪肉，也都称之为"鱼"，不能称为"肉"，否则会触犯天条。饭前还须将鱼、糯米、酒摆在神台上举行祭祀仪式，请祖宗回来过节。现在的冻鱼节由迎萨活动拉开序幕，许多穿着盛装的当地侗族群众齐聚在大街上，由寨老领头，迎"萨"队伍有七八十岁的老人，也有十四五岁的小伙、小姑娘，队伍浩浩荡荡，颇为壮观。

侗戏：侗戏全部用侗语对白演唱，语言生动，比喻形象，与音乐紧紧吻合，朗朗上口，清晰明快，为群众所喜闻乐见。侗戏具有浓郁的侗族特色，而且声情并茂，歌舞结合，能引起侗族观众的共鸣。侗戏乐器包括管弦乐和打击乐两个部分。管弦乐器包括二胡、牛腿琴等；打击乐器则有小鼓、小锣等，但一般不用于唱腔，只用于开台和人物的上下场。传统侗戏的伴奏乐器一般为二胡、铃等。

侗族吃相思：吃相思俗称"为客"，侗语叫"越嘿"，时间多在正月、二月或秋后，是侗族地区村寨之间为拓宽社交的一种形式。吃相思可以是一个村寨的男女老少全部到另一个村寨做客，也可以周边几个村寨的人邀约着同时到某一村寨做客。吃相思不仅仅是"吃"，主要是以此开展各种活动。吃相思活动一般是一个地区几个村寨之间轮流进行，每次活动时间较长，一般需3～5天。每年不定时与任何村寨"走相思"，两村寨之间互相切磋歌艺和相互之间的习俗交流等，一般欢庆3天左右，结束之日给来走相思的村寨人包糯米饭、红蛋等各自特色食品，男女之间还互相画花脸以表示喜庆。

人文史迹

鼓楼遗址：鼓楼遗址位于村落东南面，始建于清嘉庆年间。鼓楼原本为人们聚会、活动的场所，后因年久失修而坍塌，现状只有鼓楼的柱基石。

戏台：位于村落中部组团、村落入口处，重建于21世纪初，单栋两层建筑，面阔三间，分别用于表演及聚会。建筑结构为穿斗式木结构，墙体主要为木板墙和砖墙，屋顶主要为青瓦两重檐六角攒尖顶。

侗族吃相思（画花脸）

十一水渠：十一水渠自东向西穿过老寨，始建于清嘉庆年间。200多年前因没有水源，在银宋的带领下组织11人修一条长达2公里的水渠，叫"十一水渠"。水渠现在正常使用。

萨岁：萨岁位于南面建筑负一层，表现为一块怪异的整石，是村民们的祭祀之地，每逢重大的节日都会在萨岁举行隆重的祭祀活动，萨岁整体保存一般，整个氛围严肃庄重。

保护价值

迫面寨传统村落保存了贵州黔东南古村落相对完整的、真实的历史遗存，同时附带了大量的历史文化信息，完整地体现了当地传统民风民俗，见证了自清代以来该地区的生活方式和文化特色，具有较高的历史价值。

迫面寨传统村落拥有传统空间格局、侗族民居等丰富的物质文化遗产，以及侗族文化等非物质文化遗产，是从江侗族历史文化的重要载体。依山就势布局的清代侗族古建筑、祖先银松对迫面寨传统村落开山凿渠引进的"十一水渠"、意义独特的"萨岁"等，均具有十分重要的科学价值。传统民居布局严谨、用材考究、装饰精美，充分展示了侗族文化的历史积淀和地域文化特色，具有极为重要的人类学、文化学、建筑史学和建筑艺术价值。

陈乙娇 黄 丹 编

侗族琵琶歌

侗族冻鱼节

萨岁

黔东南苗族侗族自治州榕江县乐里镇保里村

保里村全貌

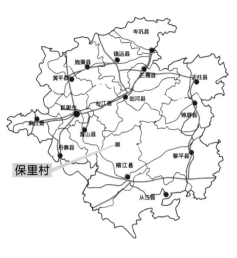

保里村区位示意图

总体概况

保里村隶属榕江县乐里镇，地处雷公山区，位于榕江县乐里镇北面，主要依托通村路进行对外交通联系，距乐里镇区约12公里，距榕江县城约80公里。村域国土面积为17平方公里。

保里村是一个侗族村寨，辖岩等、雷洛、计厦、平路、高料、彩瓮、岑盘、上寨8个自然寨，13个村民小组，共596户，2314人。

保里村地处云贵高原向广西丘陵过渡的边缘地带，地势自西北向东南倾斜，河流深切，中间地势低落，山地特色明显。气候温和，雨量充沛，无霜期长，年均气温16摄氏度。全村主要经济产业以传统种植业为主，村民多依托外出务工获得劳动报酬。

保里村历史悠久，明代中期，江西第二次农民大迁徙，由于湖广平原落户困难，只能远走云贵高原和湘鄂西部山区，由江西吉安府搬迁到朗洞，再搬迁至乐里镇，后由吴氏、杨氏从河南省开封府祥符县小东门诸子巷经过湖南，后到黎平，最后到保里定居发展至今。保里一直归属乐里管辖，无建制变迁史。

2019年保里村列入第五批中国传统村落名录。

村落特色

村落在沿小河两岸相对平缓的地方选址，周边自然环境良好，林木茂密，空气清新。村落格局因地势呈大寨和岭号两个居民点片状分布，村落建筑多沿等高线分布，处于相近水平高程上。两个居民点有通组路相连，建筑沿道路两侧依山分层而建，紧密相依，呈南北向分布，极具山地侗族民居建筑特征。

传统建筑

保里村传统建筑为侗族干阑式建筑，屋柱用大杉木凿眼，柱与柱之间用大小不一的方形木条开榫衔接。整座房子，由高矮不一的柱子纵横成行，以大小不等的木枋斜穿直套。建筑檐角上翻，如大鹏展翅。楼房四壁及各层楼板，均以木板开槽密镶。木楼两端，一般都搭有偏厦使之呈四面流水。木楼通常有三层，底层堆放柴草，关养牲畜，设置石碓；二层设火塘和住房，前半部为廊，宽敞明亮，为全家休息或从事手工劳动之场所，后半部为内室，其中设有火塘，这既是"祖宗"安坐之位，也是全家取暖、为炊的地方；三层贮存粮食或堆放杂物。楼房外围，均有走廊栏杆，宽敞明亮，通风较好。

传统建筑

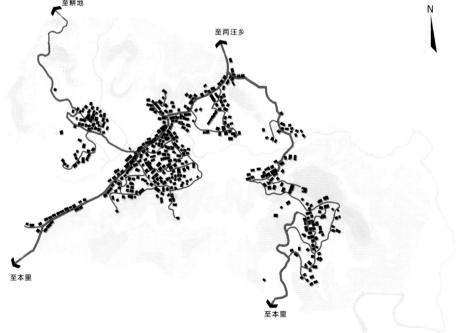

保里村平面图

民族文化

侗年：每年农历十一月初一至十一日是侗族人民最隆重的传统节日——侗年。节日期间，各家各户都会杀猪宰羊（牛）准备丰盛的年宴，侗年的民俗活动非常丰富，以祭祀先祖和齐唱侗族大歌最具特色。

烧鱼节：烧鱼节是榕江县一带侗寨一年一度的传统节日。在每年的秋收后，放养在稻田里的鲤鱼大而肥，当地侗族民众就带上糯米饭、米酒，邀请亲朋好友聚集在田间地头，开田放水捉鱼，用柴火烧烤稻田鲤鱼，祭祀鱼神，祈求鱼粮丰收，年年有余。节日期间还会举办歌舞表演等文化活动。

侗族萨玛节：萨玛节是侗族民众（特别是南部方言地区）祭祀共同的祖先神灵"萨玛"而形成的现存最古老的民族传统节日，是侗族母系氏族社会时期风俗的遗留。萨玛节通常在农历正月、二月举行，"祭萨"是最主要的节日活动。

吃新节：吃新节也叫"新禾节"，是侗族人民重要的节日之一。过节当日，村寨的侗族同胞身穿节日盛装，齐聚保里村，以唱古歌等文娱活动共庆佳节。

四月八：侗族人也称牛王节，节日当天侗族妇女们通常都会为家里饲养的耕牛准备白米饭、油茶、鸡蛋等食物供牛食用，以表达在春耕劳作之前，对耕牛的嘉奖和感激之情。

侗年

侗族大歌

烧鱼

人文史迹

聚仙泉与聚仙亭：聚仙泉始建于道光年间，形若长勺，柄长约半米，勺径约3寸，一股拇指大小的清水从石缝中流出。有一橄榄形泉池，池长约1米。据村民口述，此泉水冬暖夏凉。泉水旁有一凉亭，名为聚仙亭，引得不少文人墨客留字亭中。

古树：村内古树有古柏树、古杉树、古枫树，共12棵。一些古树被村民看作"神树"祭祀，祈求安康幸福。

古井：古井的井口宽约1米，高约1.2米。古井的背面和左右两侧用青石块堆砌；在井的顶部用青石板砌筑呈拱形形状；井底由一块大青石板铺砌而成，便于清洗。

芦笙坪：保里村芦笙坪是节日活动时吹芦笙的主要场地，平时用于公共娱乐和休闲场所。旁边的小鼓楼供村民空闲时乘凉聊天等休闲。芦笙坪由石板和鹅卵石铺地，石板内圈刻有十二生肖，鹅卵石铺成花纹。

古道：村落内部由多条古道串联，形成放射与闭环相结合的步行道路系统，将村落空间有机串联融为一体。极具传统侗族特色的数村内岩蹬寨的石砌台阶古道，现仍完好留存。

古树

芦笙坪

古井

古道

保护价值

保里村历经时代变迁，依旧较为完整地保持原有的历史风貌和自然格局，时间和空间环境均体现了其较高的历史价值。村落拥有丰富的物质文化和非物质文化遗产，村民的饮食、衣着、建筑等都保持着独特的民族特色和地方特色。村民至今依然延续着侗族人民传统的生活方式，烧鱼节、侗年、吃新节、侗族萨玛节等民族节庆丰富多彩，是民族文化和区域文化的杰出代表，具有极高的文化价值。

保里村选址于河流两侧、依山而居，生态环境良好，距离耕地较近，村落选址具有一定的科学价值。建筑依山就势，层叠而上，具有视线好、采光好等优点。建筑就地取材，建造方式巧妙，工艺精湛，建筑与自然环境和谐共生，具有较高的科学研究价值。

叶 希 刘俊娟 白永彬 编

黔东南苗族侗族自治州从江县谷坪乡留架村

留架村全貌

留架村区位示意图

总体概况

留架村位于从江县谷坪乡西北部，距乡政府所在地3公里，与本乡平友、高鱼及往洞乡则里、高增乡弄盆等村为邻。G76夏蓉高速穿乡而过，全村辖4个自然寨，188户，896人，是一个具有600年历史和浓郁的传统民族文化的古老侗寨。留架侗语为"兵架"，"兵"是"坪"，"架"是"茅草"，古时候是茅草地，建村后人们在村前的小溪上架设一座桥，后改名为"纠架"，"纠"是"桥"，后人将"纠架"写成汉语近音的"留架"。

2016年留架村列入中国第四批传统村落名录。

村落特色

留架村依山而建、聚族而居、自成一体，是受山地影响形成沿谷的组团式村寨。四面群山环绕，山清水秀，山上森林茂盛，郁郁葱葱。民居顺山势而行，鳞次栉比，注重与山体的灵巧结合。村中小路顺应或垂直山体等高线铺设，自然形成灵活多变的街巷。寨内巷道自然分布、纵横交错，呈现出一种自然状态的肌理，村外古树群及村落整体风貌保存完好。

传统民居

传统民居

传统建筑

民居建筑：留架村至今仍保留着古代越人的"干阑"式木楼。木楼四周设有"吊脚楼"，楼的檐角上翻，如大鹏展翅。坐落在平缓地带的住户大多是矮脚楼，矮脚楼不设置底楼，一般在柱子距地面1.5尺的地方穿枋铺枕镶楼板以隔地防潮。屋内结构与设置基本与楼房相同。楼房一般为二层，底层墙板横装，设火塘；二层设有长廊、卧室。民居大多是两排一间两厦和三排两间两厦，建筑材料为杉树，屋顶为歇山式，用杉树皮或小青瓦覆盖。

粮仓：粮仓不大，都是四脚立柱，悬山顶、小青瓦盖顶或杉木皮盖顶。中柱是两根短柱托起屋顶。粮仓有二层，第一层是架空的，仅用于放少量的杂物；第二层用横板密封，架上便梯，用于存储谷物。粮仓都是集中修建。

风雨桥：又名回龙桥，选址有调节寨子前山与后山的龙脉矛盾的讲究，称"风雨桥"有保人们风调雨顺、安居乐业的寓意。该桥始建于道光丙戌年（1826年），于道光辛丑年落成。横跨村南小溪上，上层为木质结构走道，建有木柱梁瓦顶，成六角古塔状，下层由青石板、留架砌成石拱桥。桥上绘有代表民族特征的各种图案，桥头的佛像及碑文是全寨人民祈祷许愿的地方。于2006年被列为省级重点文物保护单位。

留架村平面图

风雨桥

门饰

粮仓

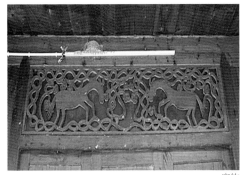
窗饰

男子服饰

琵琶制作

村寨一角

鼓楼

民族文化

祭祖先：祭祖先是为了"追养继孝、民德厚望"。追养是对亲恩的追思和缅怀，继孝是为了发扬孝道。

敬土地神：土地神分为桥头土地、寨头土地和山坳土地等几种，人们以为土地神执掌人畜兴旺、地方安宁，并震慑猛兽。

敬古树：古树是长寿、吉祥、根基稳、充满活力的象征。侗家人对古树极其崇拜，认为古树能坐守一方，能消灾避邪。

敬鬼神：敬鬼神一般由鬼师（亦称巫师）主持，大凡病痛、灾祸、家宅不宁及发生自然灾害时，要请鬼师驱鬼。

服饰：侗族男子的上衣有对襟、左衽和右衽三种，下着长裤，裹绑腿。缠头布为3米长的亮布，两端用红绿丝线绣着一排锯齿形的图案。盛装时戴"银帽"，并佩戴其他银质饰物。女子多穿鸡毛裙，上身以开襟紧身衣相配，胸部围青色刺绣的剪刀口状的"兜领"，裹绑腿；穿裤时，以右衽短衣相配。也有穿右衽无领上衣，以银珠为扣，环肩镶边，足蹬翘尖绣花鞋。侗族妇女喜欢佩带银花、银帽、项圈、手镯等银质饰物。

侗族琵琶：侗族人们在制作琵琶时，都会选一些轻的、有回音的树木来做，一般人们都会选春牙树来做琵琶，在做琵琶之前先选足够大的春牙树砍倒，然后把能用的木料拿回家晒干，晒干后，人们就叫师傅来制作，或者自己自行制作。琵琶是侗族青年男女在行歌坐月的时候所必需的工具，也是侗族青年男女谈情说爱的必须工具，在以前不会弹琵琶的男人不会有女人喜欢，不会唱侗歌的男人讨不到媳妇，所以青年男女必须要学会唱歌，无论男女老少在上山砍柴、下地耕种、茶余饭后的时候人们都在学歌，侗族就有"歌养心，饭养身"的传统，琵琶在侗族的歌声中起到了绿芽配鲜花的作用，侗族的青年男女在行歌坐月、谈情说爱的时候有云"无琵琶，不起歌"。

人文史迹

鼓楼：该楼始建于20世纪30年代，高16米，共9层重檐，六角形顶塔状，坐落于寨子中央，鼓楼前是可容纳30多人的芦笙坪，与鼓楼相对称的是戏台，鼓楼、芦笙坪、戏台是侗族人民娱乐活动的场所，也是当时工匠们修建鼓楼的用心所在。所以，每到佳节时，鼓楼里歌声阵阵，此起彼伏，青年男女们穿着盛装，对唱情歌，表演侗戏，颈奏芦笙，其乐融融。

保护价值

留架村的村民创作了多方面的人文成果，具有娱乐性、技术性、固定性、特定环境性等特点得以流传。留架村保存了相对完整的、真实的历史遗存，同时附带了大量的历史文化信息，完整地体现了当地的侗族传统民风民俗，见证了自清代以来该地区的生活方式和文化特色，有较高的历史价值与保护价值。

陈婷婷 编

土地祭祀

村寨环境

黔东南苗族侗族自治州凯里市三棵树镇南花村

南花村全貌

南花村区位示意图

总体概述

南花村位于贵州省凯里市三棵树镇东南部，地处美丽的巴拉河畔，现有308省道（凯里至雷山）过境，由通村路进入村寨，是一个依山傍水、自然风光秀丽、民族风情浓郁的苗族村寨，共有183户，824人，均为苗族，有耕地面积364亩，林地面积2010亩，森林覆盖率达83.2%，被誉为"巴拉河长裙苗的天然博物馆"，盛产水稻和辣椒等。住宅为木质结构，吊脚楼式，服饰多为巴拉河长苗群，银饰以大牛角为显著标志。

2016年南花村列入第四批中国传统村落名录。

南花村苗族服饰

村落特色

三棵树镇南花村位于凯里市东南部，属于黔东中低山丘陵地貌区，主要由石灰岩组成的岩溶低山，喀斯特地貌明显，以亚热带温和湿润气候为主。

村落是典型的黔东南山地村落，在苗语中"南花"意为"河水拐弯的地方"。四面环山，北面山高于其他山峰，阻挡冷气流，保持村内温和湿润。巴拉河环村而过，形成一种"四面环山当中坐，有情巴拉环包围"的典型格局。

村落分为下村和上村。下村在巴拉河湾处，以扇形的格局发展，建筑与构筑物形成的格局相对整齐。上村围绕芦笙广场，形成一个中心往外发散的环抱格局，建筑顺着山势，沿河分布。相比下村，上村传统格局较为自由松散，建筑布置灵活。

南花村保持着明清时期的传统格局。街巷体系完整，村中巷道遍布，见证了村民的交流，经过历史的沉淀，石板下的青苔，彰显着黔东南苗乡的特有韵味。

传统建筑

南花村历史悠久，现存有112幢传统建筑，占村庄建筑总面积比例的60%以上。

现存传统建筑具有黔东南苗乡民居地域特色，由于区域气候温和，水热条件优越，空气湿度大，以及土地有机质积累较多，分解缓慢，非常适宜林木生长。因而这一地区木材资源丰富，居住建筑形成了这种以木柱支托、凿木穿枋、衔接扣合、立架为屋、四壁横板、上覆杉皮、两端偏下的干阑木楼为主的建筑类型。其天然地

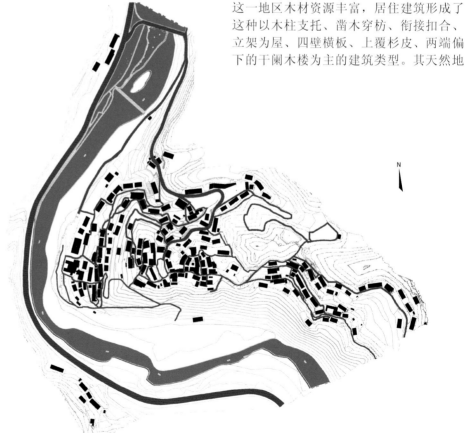

南花村平面图

域材料和传统建造方式形成的色彩、风貌极具地域特色，美学价值较高。

苗居的基本功能空间有退堂、堂屋、火塘间、卧室、厨房以及其他辅助功能用房等。苗居以堂屋为中心，在进行平面组合时，强调左—中—右横向空间的序列关系，平面一般多在三个开间内布置完成，随着居住要求的完善，在基本单元组合时，其他使用空间围绕堂屋为核心，取对称式平面布局并呈放射带状序列。

吊脚半边楼：在南花村，多为山地斜坡，吊脚半边楼是苗族人民为了解决建筑不占用田地而独有的一种建筑形式。吊脚半边楼是利用山区陡坎、陡坡等不可建设用地，在陡坡、岩坎、峭壁等地形复杂地段建造，体现利用地形、争取空间的思想。其建筑外形构成柱脚下吊、廊台上挑、屋宇重叠、因险凭高的独特建筑风格，以最经济的方法创造合理的居住空间。

民居

拦路酒

民族文化

苗族织锦：苗族织锦又称织花，即以编织形成的花纹织物。苗族妇女利用当地所产的蚕丝、苎麻、木棉等纤维染彩而织。《黔书》称这种织法为"通经回纬"。其使用的平纹木机，必须用长约10厘米的舟形小梭，装入花纹色彩需要的各色彩纬，依花纹图样轮廓色彩分块、分区，分段挖花缂织。彩纬充分覆盖在织物表面，正面色彩艳丽。2008年6月7日，苗族织锦技艺经国务院批准列入第二批国家级非物质文化遗产名录。

苗族芦笙制作技艺：芦笙，是苗族特别喜爱的一种古老乐器之一，逢年过节，他们都要举行各式各样、丰富多彩的芦笙会，吹起芦笙跳起舞，庆祝自己的民族节日。芦笙不仅是一种单纯的民族乐器，而且是苗族男女青年恋爱生活中的重要"媒介"。因此，芦笙在苗族人民心目中是神圣的、珍贵的，家家户户都离不开它。芦

芦笙节

笙更是苗族文化的一种象征，苗族芦笙在表演吹奏方面把词、曲、舞三者融为一体，保持了苗族历史文化艺术的原始性与古朴性。芦笙制作技艺历来都由师傅亲手教授，无文字资料留存，且技艺有所考究，传承比较困难。

芦笙节：苗族自古喜爱吹芦笙，善跳芦笙舞。芦笙节是苗族地区最普遍、最盛大的传统节日，以芦笙踩堂、赛芦笙为主要活动，于每年阴历正月十六至二十一日举行。

苗年：苗语称"能央"，是苗族人民最隆重的传统节日。苗年是苗族人民庆祝丰收的日子，也是一年里劳作的结束与欢乐的开始。按照苗族传统习俗，南花村各家各户杀年猪，做腊肉、香肠血豆腐等，欢欢喜喜过苗年。苗年的前三天，相当于汉族过腊月二十九、除夕和春节。苗年通常分大年、小年和尾年，其中以大年最隆重，相当于汉族的除夕夜。过苗年时间长短不一，一般会持续3~5天，较长的达10天之久。而在具有600年历史的南花苗寨，苗年要过27天。苗年期间，会举行民族特色活动。

拦路酒：苗家拦路酒是苗族酒文化的重要组成部分，是苗族欢迎贵宾的隆重仪式。主要以当地优质糯米、野果、山泉水为主要原料，用古老传统工艺，天然发酵，密封窖藏而成。具有入口醇厚、回香持久、补中益气、养颜驻容、驱寒除湿等优点，是苗族用来招待贵宾的佳酿。苗族勤劳勇敢、淳朴善良、热情好客。每当远方的亲友到访，即安排盛装苗族男女到村头寨口、设卡列队、夹道欢迎，吹笙击鼓、载歌载舞、坛装美酒、牛角为杯、拦路劝酒，少则设卡一至三道，多则12道，客未到主人家，而酒已半酣。盛情如斯，世所罕见。此种欢迎仪式具有悠久的历史，被称为"喝拦路酒"。

苗族织锦技艺

建筑群落

人文史迹

芦笙广场：在南花村村内古树林处有凯里市全国第三次文物普查未定级别文物一处——芦笙广场，村民传统节日活动大多在这个广场举行。

古井：在村东坡地及村北芦笙广场附近有两处古井，相传饮古井内的水有延年益寿的效果，故其中一口古井名为长寿井。古井的存在对研究当地的一些人文现象和历史发展提供了参考依据，具有一定的历史研究价值。

祭坛：在芦笙广场对面有一处用于祭拜的祭坛，是由古延续至今用来祭祀神灵、祈求庇佑的特有建筑。

教堂：目前村寨建有基督教教堂——福音堂一处，是周日教徒礼拜的场所，而每逢圣诞，附近村寨的信徒也会来此祈祷。

保护价值

南花村具有"四面环山当中坐，有情巴拉环包围"的典型格局，是典型的黔东南山地村落，历史悠久。

南花村保持着明清时期的传统格局。街巷体系完整，经过历史的沉淀，石板上的青苔，彰显着黔东南苗乡的特有韵味。其天然地域材料和传统建造方式形成的色彩、风貌极具地域特色，美学价值较高。

陈乙娇 黄 丹 编

基督教教堂

古井

黔东南苗族侗族自治州凯里市凯棠乡南江村

南江村全貌

南江村区位示意图

总体概况

南江村总人口2238人，主要民族为苗族，村域面积6.85平方公里。地处凯里市凯棠乡南部，距镇政府约3公里山路，位于旁海镇、三棵树镇和凯棠乡三镇交汇处，是贵州省传统的苗族村寨，整个南江村依山而建，主要以木房居多，传统木房冬暖夏凉，适合居住，建筑是吊脚楼居多，传承了贵州省悠久的苗族文化，具有苗族特色。

2016年南江村列入第四批中国传统村落名录。

村落特色

南江村民居主要以血缘宗亲为单位聚族而居。顾氏先祖最初选址在别道寨，王氏先祖后选在别闹寨，杨氏后也迁入位于村中的阳就寨。村庄围山而绕，各自然寨多是传统的木房结构，村庄自然景观基础较好，自然田园风貌，乡村特色浓，村庄山清水秀，鸟语花香。

南江村地处中低山区，位于清水江次级支流的河谷区域。南江村整体为河谷中低山地势，山上有溪水汇入南江河，位于南江村北侧有东西走向的山脉，阻隔了北方寒流入侵，使南江村大部区域更加温暖，形成舒适宜人的小气候。村落建成区基本集中建在北面的山坡上。农田主要位于溪水和南江河经过的周边区域，这样更方便农田灌溉，减少农耕的劳作。村内大多数以林地为主，已有百年之久。

因为其独特气候，村内进行特色种类葡萄种植，出产的葡萄口味香甜，远销各地，从而带动了全村的经济发展，帮助村民走向依靠葡萄产业致富之路。

依靠南江河和溪水清澈的水质，生态养殖业也成为南江村一大特色产业。

传统建筑

南江村现存传统建筑具有典型的黔东南苗乡民居地域特色，由于区域气候温和，水热条件优越，空气相对湿度大，以及土地有机质积累较多，分解缓慢，极为适宜林木生长。这种以木柱支托、凿木穿枋、衔接扣合、立架为屋、四壁横板、上覆杉皮、两端偏厦的干阑木楼为最主要的建筑类型。其天然地域材料和传统建造方式形成的色彩、风貌极具地域特色，美学价值较高。

传统建筑正立面，门上方有匾额，窗框有花纹雕刻。楼面层均有部分置于坡坎或与自然地表相连。

苗居平面布置是以堂屋为中心，并向两翼展开的干阑式吊脚半边楼，这种建筑形式充分体现出苗族同胞与土地之间的亲密感情，以及因势利导、倚坡筑屋、人与家畜兼顾的建筑特点，再加上芦笙场等传统场地，更突显了苗族民居建筑质朴、灵活的建筑风格。

吊脚半边楼：吊脚半边楼是利用山区陡坎陡坡等不可建用地的特定地貌，在陡坡、岩坎、峭壁等地形复杂地段建造，体现利用地形、争取空间的思想，建筑外形构成柱脚下吊、廊台上挑、屋宇重叠、因险凭高的独特建筑风格，以最经济的方法创造合理的居住空间。

南江村平面图

收获葡萄

生态养殖

传统民居

吊脚半边楼

吊脚半边楼

民族文化

芦笙舞：苗族舞中流传最广、最有代表性的舞蹈形式，大致可分为自娱性、竞技性、祭祀性3种，其中自娱性芦笙舞最为普遍。每当盛大节日，成百个芦笙，上千的人群，层层环绕跳芦笙舞，气势极为壮观。在"跳花""跳月""踩花山"等民族节日，青年男女还通过芦笙舞选择配偶，如"讨花带""牵羊"等均为表现男女青年相爱的舞蹈。

织锦：是苗族妇女利用当地所产的蚕丝、苎麻、木棉等纤维染彩而织。《黔书》称这种织法为"通经回纬"。其使用的平纹木机，必须用长约10厘米的舟形小梭，装入花纹色彩需要的各色彩纬，依花纹图样轮廓色彩分块、分区、分段挖花缂织，其特点是本色经细，彩色纬粗，以纬克经，只显影纬不露经线。苗族织锦又称织花，即以编织形成的花纹织物。彩纬充分覆盖在织物表面，正面色彩艳丽。2008年6月7日，苗族织锦技艺经国务院批准列入第二批国家级非物质文化遗产名录。

人文史迹

梯田：南江村地处中低山区，有梯田、果林共1215亩，盛产水稻、玉米、杉木等。各个村小组分别散落在半山腰上，村落与村落直接以农田作为连接，水稻田沿山坡层层而下，形成大片的自然梯田景观。

古树：南江村村庄入口有两棵百年古树，是村内保护最好的名木古树，而位于别道寨东侧保留着成片的古杉树林，林内环境幽静，景色秀丽，恬静怡人。

古井：南江村现有古井4口，古井古朴自然，井水清甜冰凉，是南江村村民自古赖以生存的生命源泉。

传统民居正立面

苗族芦笙舞

苗族织锦

村寨一角

拱桥

梯田

古墓

古井

保护价值

自然选址格局：典型的风水选址格局，也是清水江周边中低山脉的苗族村寨的选址典范。

保留完整的历史发展脉络：村庄条状轮廓的形态和沿等高线平行的建筑阶梯状布局对研究清水江大区域上的苗族村落发展有着较高的科学价值。

传统营造工艺传承良好：南江村至今的建筑仍然大量应用传统材料和传统工艺，仍以木材为主，全村的建筑均就地取材，因地制宜，全村现有老工匠十余名，对未来传统建筑工艺的创新和发展有着基奠的作用。

谭艳华 黄 丹 编

黔东南苗族侗族自治州从江县西山镇秋卡村

秋卡村全貌

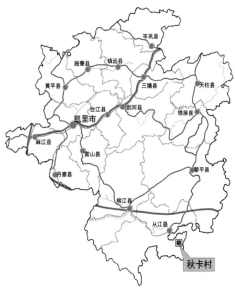

秋卡村区位示意图

总体概况

秋卡村隶属从江县西山镇辖区，是从江县最大最集中的瑶族聚居自然村寨，地处贵州与广西融水县交攘处，距西山镇区26公里。全村辖4个村民小组，164户，739人，全村共有4个宗族姓氏，分别为赵、杨、冯、李。秋卡村东面与广西大年乡相邻，南面与西山镇高脚村相接，西邻西山镇捞里村，北接西山镇务林村。村民原由"高脚山"中寨1830年搬迁而来定居，最初只有两兄弟，分别名为赵金胜、赵金财，他们刀耕火种，过山瑶，后来杨、李、冯氏跟随而至。

2019年秋卡村被列入第五批中国传统村落名录。

村落特色

秋卡村俗名"婢老"，瑶语音译为大山，村落选址背山面水，村寨背靠大山，寨旁都有一大片竹林和古树，因此有"竹林深处有瑶家"之称，非常具有中国传统文化内涵。全村三面被竹林环绕，以前家家用竹筒引水进家，还把竹子切成片用来围房子的下层；村子前面是一片古树林，寨中依然保留有古时候用的古井和用石头铺成的步道。寨子的

对面则是村里的田园。

传统建筑

秋卡村大部分建筑都是传统的吊脚楼，居民建筑沿村主干道两侧扩散分布，或沿山冲延伸，这样的结构布局有助于生活污水的排放，交通出行和防火防灾。

瑶族民居依山而靠，坐落山冲，地基两层，半吊脚楼式，一半夯实地基，一半是吊脚楼养牲口。两层砖木结构建筑，一楼为砖墙围护，二层木质围栏，半吊脚楼式，一半居实地基，一半是吊脚楼储藏粮食。屋面采用小青瓦，内有木质隔墙。

传统民居

传统民居

民族文化

"男嫁女娶"的习俗："嫁郎"是瑶族新郎落户新娘家的俗称，它与其他民族的"招婿上门"有所不同，瑶族男方到女方家落户后，要改跟女方姓，与女方家族不是外戚关系，而是宗族关系，是家族香火传承人。另外，"嫁郎"是建立在自由恋爱的基础上，女方多为独女或多女户家

秋卡村平面图

村寨梯田

"人"字形屋顶

婚嫁习俗

洗药用的半枫荷

石板步道

庭，男方到女方家要承担照顾家庭、赡养老人、维护家族的责任。瑶族"嫁郎"家庭夫妻和睦、家庭稳定，极少有离婚和不赡养老人现象发生。在瑶族传统文化里，是男女平等、忠孝仁义的道德典范。在瑶家，嫁郎被视为忠孝仁义、尊敬同族老人、顾及民族兴衰的美德，嫁郎的风俗也盛行至今。

古法造纸：千百年来，秋卡村的瑶家人始终坚持一种传统的手工造纸方法，他们用自己亲手生产出的纸张，记录下他们家族的风风雨雨、兴衰成败，可以放数百年而不腐朽，这种造纸工艺，已经成为当地瑶家文化的"活化石"。

传统手工织布和染布：织布在瑶族部落中流传已久，至今还有很多妇女在用传统的方法织布制衣。她们将织好的布再用传统的染布方法进行染色，最后将染好的布料用来制作自己民族服饰。

此外"瑶族药浴"是瑶族人民世代相传的一种独具特色的洗浴方式，瑶族药浴已列入国家级非物质文化遗产名录。

人文史迹

古树：村前古树林的形成已有上百年，面积大约有3～4亩左右，古树种类多，主要有柏木、锥栗树等，古树对当地居民来说是命根子，作保寨树，任何人不得随意砍伐，否则给村寨带来灾难。

古井：古井大约形成于19世纪前后，全村仅此一口，井水夏季清凉，冬季暖和。

石板步道：秋卡村内的石板步道大约形成于19世纪初，部分年代更久远，石板步道主要是入户路，大部分是古时人们从远处搬来的青石铺砌而成，由于南方经常下雨，且土质软，土路湿滑，用石板铺步道可以起到防滑的作用。

竹林：整个寨子三面被竹林环绕，竹子用途广泛，古时没有水管，寨里的老人把竹子破开用来引水，还可以破篾编织用具、竹篱等。冬春季节，用其笋可以做各种食品。

传统古法造纸术

古树

瑶族药浴

古井

竹林

保护价值

秋卡村有保存较完整的传统空间格局和丰富的历史文化遗存，值得保护。

秋卡村传统建筑工艺非常精巧，集中体现了从江地区瑶族木构架建筑风格，具有较高的历史、科学和艺术价值。

秋卡村瑶族药浴是瑶族人民生活的结晶，是不可多得的民间瑰宝，具有较高的保护价值。

余奥杰 编

村落自然环境

黔东南苗族侗族自治州黎平县水口镇胜利村

胜利村全貌

胜利村区位示意图

总体概况

胜利村位于水口镇西北部，距镇政府30公里，东与茨洞村相接，南与控洞村为邻，西面和北面均与顺化乡相接。总面积21.6平方公里，全村辖12个村民小组，5个自然寨，465户，2118人，以侗族聚居。村落形成于明末清初，祖先为躲避战乱从黎平迁徙至此，距今已有400年历史。

2019年胜利村列入第五批中国传统村落名录。

村落特色

胜利村位于陆背山以南，属长江水系，是长江水系与珠江水系的分水岭，地形地貌以山地为主，村内分布有2000多亩原始森林，有红豆杉和柔毛油杉等国家一、二级珍稀保护树种，村内高山和坝子交错，梯田、竹林分布广泛。

胜利村村寨沿河流狭长分布，村寨建有上寨和下寨两座鼓楼，上寨和下寨两座风雨桥，以鼓楼及公共空间为中心向外连续辐射，构成蜘蛛网状格局。

胜利村内建筑背山面田，根据等高线逐步生长为一层层的排屋，通过悠久的乡间小路连通，同时用台阶相连，呈组团状紧凑簇拥，形成寨内错落有致的风貌。

传统建筑

胜利村选址独特，传统民居布局考究，建筑风格独特，细节雕刻精美，是黔东南聚居古村落的典型代表。建筑依山就势而建，沿道路分布。

胜利村传统民居建筑多为"一"字形布局，山区侗族多为"干阑"楼房，一般选择木料作为主要建筑材料，用木柱支托、凿木穿枋、衔接扣合、立架为屋、四壁横板、两端做偏厦。屋面材料为当地小青瓦。传统民居平面基本单元由可以满足生产活动和生活居住习俗基本要求的各功能空间组成。正房以堂屋正中为中轴线，以对称方式布置两侧用房，一般以三开间为主，也可以随居住要求的完善，扩展成为两开间或多开间；厢房原则上以堂屋正中为轴线左右厢房对称，房间开间根据场地和居住需要可为单开间或多开间，对称原则也随着发展而呈现随意化。

侗族木构建筑建造技艺

干阑式民居

民居建筑群

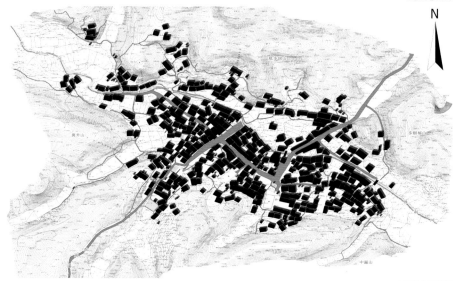

胜利村平面图

民族文化

侗族酿酒工艺：侗族酿酒是一项重大的技术发明，这项技术发明遵循的是自然规律。侗族在认识、掌控、消化、吸收、承接、换代这一系列过程中形成了其独特的酿酒工艺。而侗族在长期制酒、饮酒和用酒的过程当中，就形成了具有侗族特色的酿酒技术和富有趣味的酒俗、酒礼，创造出了具有侗族特色功能的"酒文化"，也为我国民族的文化宝库做出了自己应有的贡献。

侗族服饰：侗族女性的服饰千姿百态，或款式不同，或装饰部位不同，或图案和工艺不同，或色彩和发型、头帕不同，她们平时穿着便装，讲求实用，盛装时注重装饰审美，朴素与华贵相得益彰。根据整个侗族妇女服装特点，可将侗族服装分为三种款式，即紧束型裙装、宽松型裙装和裤装。2014年11月11日，侗族服饰经国务院批准列入第四批国家级非物质文化遗产名录。

人文史迹

土地庙：胜利村的土地庙共两座，是依托村寨内两座土地庙而形成的侗族文化空间，是胜利村侗族文化与汉文化融合的体现标志，是胜利村精神需求寄托的重要场所。

古井：全村古井5口，担任着村民洗衣做饭的重要功能，是体现侗族日常生活场景的重要场所。

古树：全村百年古树共6棵，见证着胜利村的发展历史，更是古村落的重要形成原因和传统格局的组成部分。

鼓楼：用千年原木建成，不用一钉一铆，层层如此，具有古老的民族民间特色，体现高度的侗族建筑艺术智慧，是人与自然和谐共处的典型民族村寨。

风雨桥：胜利村建设风雨桥共两座，是村民外出的交通便道，也是干农活遮风避雨的地方，亦是乘凉、休闲、娱乐的主要活动场所。

侗族酿酒

古树

侗族服饰

鼓楼

保护价值

胜利村干阑民居建筑历史悠久、结构独特、建筑材料及建筑装饰物独特，村落布局结合当地的气候、地形，从建筑形制、村落选址与布局等方面具有较高的科学性。

传统村落保存了贵州黔东南古村落相对完整的、真实的历史遗存，同时附带了大量的历史文化信息，完整地体现了当地传统民风民俗，具有较高的历史价值。

传统节日、侗戏、侗族大歌为文化特色，完整地体现了当地传统民风民俗，是黔东南地区侗族文化的活载体，是人们了解和体验侗族传统文化的最佳场所，有较高的文化价值。

杨　硕　谭艳华 编

古井

土地庙

自然风光

黔东南苗族侗族自治州从江县往洞镇信地村

信地村全貌

信地村区位示意图

总体概况

信地村位于从江县往洞镇北部，距镇政府所在地6公里，与本乡高传、增盈、吾架、增冲等村为邻。厦蓉高速和贵广铁路穿镇而过，全村辖4个自然寨，348户，1485人。全村侗族人口占总人数的99.9%，是一个具有悠久历史和浓郁的传统民族文化的古老侗寨。信地村鼓楼是历史上"九洞"地区平楼大款议事和歌舞的场地之一。

2016年信地村列入中国第四批传统村落名录。

村落特色

信地村依山而建，聚族而居。信地村四周绿树环绕，树木茂盛，小河潺潺，建筑与自然共生。建筑与自然共同营造一幅安静祥和的山水村居图。

信地侗寨被一条清澈的小河分隔为4个自然寨，寨子分别坐落在盆地和坝子上，小溪流或穿或绕4个村寨，村寨四周杉树、松树成林，侗寨风景优美。信地河发源于高传村大山，四个侗族村寨随河而居，向东北流入四寨河。

传统建筑

民居建筑：为典型的干阑式吊脚木楼，木楼四周设有"吊脚楼"，除屋面盖瓦之外，上上下下全部用杉木建造。屋柱用大杉木凿眼，柱与柱之间用大小不一的方形木条开榫衔接。整座房子，由高矮不一的柱子纵横成行，以大小不等的木枋斜穿直套。青石板的巷道通向各家各户，村寨的外围是植被茂盛的山林，高低错落的小青瓦坡屋面，与水塘、农田及山林共同构成一幅美丽祥和的山水图。

传统民居

传统民居

信地村平面图

风雨桥

风雨桥：又名花桥，村内5座花桥横卧在小河上，其中一座花桥始建于乾隆四十二年（1777年）3月，是全县最古老的侗族花桥。它是由12排11间组成的重檐式长廊组成，全长35.5米，通高8.5米。

寨门：信地寨门长18米，宽4米，高7米，为杉木结构，设计巧妙，造型独特，名为寨门，实为长廊式亭阁，融门楼、桥亭为一体，顶部有3个双层宝顶攒尖式小楼阁，相传为明末邓子龙到此斩龙脉所建。

花桥与民居

荣福寨风雨桥

侗寨蜡染

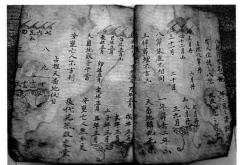

鼓楼

民族文化

侗族大歌：自村落定居于此，多是男女老少聚集于鼓楼唱侗族大歌，久而久之鼓楼对歌成为每年必须组织开展一次的全民性活动，形成了老年教歌、青年唱歌、少年学歌的侗族浓郁氛围，村落越大人数越多，鼓楼对歌越是激烈，鼓楼对歌一直对到对方没有歌曲对出方为胜出，每到逢年过节或重大节日时期举办侗族大歌比赛活动，从而促进侗族大歌更好地传承。侗族大歌是我国目前保存的优秀古代艺术遗产之一，是最具特色的中国民间音乐艺术。侗族大歌也是国际民间音乐艺苑中不可多得的一颗璀璨明珠，已唱出国门，惊动世界乐坛。作为多声部民间歌曲，侗族大歌在其多声思维、多声形态、合唱技艺、文化内涵等方面都属举世罕见。

关秧节：是侗族古老的节日，据传已有700多年的历史，当地族人每年第一次插秧叫"开秧门"，结束插秧那天叫"关秧门"。关秧门其核心的宗旨是祭天、祭山、祭田、祭谷神，是一种最原始、朴素的族群祭祀仪式。

侗族大歌

服饰

染，蓝白清新淡雅，多色绚丽高贵。纹样图案多起源于抽象的几何形铜鼓纹、图腾纹等，纹样图案丰富多彩，日月星辰、花鸟山水、龙凤兽鳞、楼宇房屋、生活用品等皆可入画，风格明丽活泼，图案多取材于自然花草鸟虫，对称中讲求灵动。蜡染制品可以用作衣料或床上用品，也可作为壁挂饰物或制成手巾、帽、包等生活用品，处处显示着少数民族的民情风俗和高超技艺，每一件都是精美的艺术品。

占卜：侗族是以草卜测约会，即以草梗的掐折形状判定与之谈情说爱的对方是否如期赴约。

服饰：女装服饰中发髻前方翻出，形成一宽面，便于插银角或罩头巾时成平面。平时裸头，古时包对角折叠的长方形青帕。约包后发髻和梳子露在外面，两个帕角把耳盖住。盛装花饰喜小幅小朵，便装为大襟左衽，并于襟的边缘和衣肩后部围钉一道栏杆花条，胸系花围腰，下着长裤，裤腿挑绣三道彩色花纹，工艺喜用十字挑花、贴花等。

清朝占卜书籍

人文史迹

鼓楼：寨中屹立6座鼓楼，其中一座鼓楼建于清道光十一年（1831年），于1983年被列为省级保护文物，在1988年被烧毁；另一座鼓楼建于中华民国元年腊月。

保护价值

信地村是一个具有悠久历史和浓郁的传统民族文化的古老侗寨，信地村的历史传统建筑群是从江县境内数量较多、规模较大、保存较完整、特色价值独特的历史遗产。信地村保存了相对完整的、真实的历史遗存，同时附带了大量的历史文化信息，完整地体现了当地的侗族传统民风民俗，见证了自清代以来该地区的生活方式和文化特色，有较高的历史价值与保护价值。

陈婷婷 编

侗族大歌歌词

蜡染：侗族蜡染在制作上，"用蜡绘于布而染之，既去蜡，则花纹如绘。"具体要经过布料处理、点蜡、染色、去蜡等几个步骤。以素雅清新为主要特色，颜色以蓝白为主，也有红、黄、绿等多色蜡

信地村环境

黔东南苗族侗族自治州镇远县金堡镇爱和村

爱和村全貌

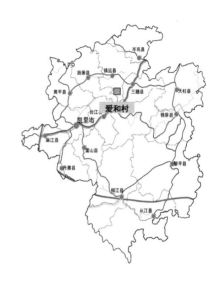

爱和村区位示意图

总体概况

爱和村位于贵州省黔东南苗族侗族自治州镇远县南部，地处镇远县、三穗县、施秉县三县的交界处，距镇远县城南31公里，接近沿榕高速（S25），且距三穗高铁站约23公里。全村共605户，3068人，以苗族为主，辖6个自然寨，全村面积约18平方公里。苗族聚居，是"贵州省民族民间文化艺术之乡——苗族木鼓舞"的所在地。

2016年爱和村列入第四批中国传统村落名录。

周围梯田

山林围绕

村落特色

爱和村地貌以山地丘陵为主，地势坡度较大，几百户人家坐落于地势平缓的山腰坡之上，村域内森林资源丰富，植被保护良好，水资源充沛。

村寨坐北向南，古树参天，气候宜人。木屋鳞次栉比，从河边沿着山势逐级抬升至山腰。坡中有雾，雾中有树，树中有屋，屋中有鸟，人与自然高度和谐。此外，由于爱和村保存浓郁的苗族风俗和传统的民族节日，许多中外游客、专家学者，纷至沓来，参观游览，科研考查。建筑以木式吊脚楼为主。房屋依山就势，鳞次栉比，次节升高，富有个性，具有特色。

传统建筑

爱和村大部分建筑保持较为古老的干阑建筑形式，当地人称为"半边楼"。

干阑式民居不大，一般三至五间，无院落，日常生活及生产活动皆在一幢房子内解决，对于平坝少、地形复杂的山地地区，尤能显示出其优越性。建筑以五开间者居多，采用木构的穿斗屋架。底层为架空空间，一部分靠柱子支撑，一半落在坡地上。下边架空的支柱层多围以简易的栅栏作为畜圈及杂用，也有用卵石垒砌在临路边一侧做墙体的，可以防止动物随意进入，楼梯上到二楼有一个阳台空间，进入大门即为堂屋，是日常起居、迎亲宴客、婚丧节日聚会之处。围绕堂屋一侧是卧室，另一侧则是厨房、会客厅和劳作空间。原本全是木制的地面，却有两处铺着石材：一处是厨房的炉灶，生火做饭都集中在这个2平方米左右的石块上；还有一处是在卧室旁边，靠近堂屋，是冬天烤火取暖的地方。

干阑式建筑

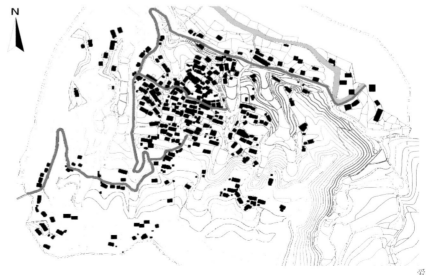

爱和村平面图

民族文化

爱和村的民族文化都富含有浓烈的欢庆、交流之意。有的活动不仅是一次交流活动，更是一次精神文明活动的传承。

踩鼓舞：是金堡镇苗族群众大型社交场合礼仪交流、情感表达的最好方式。其中很多苗族阿哥阿妹们就是通过跳踩鼓舞而相识、相知、相恋。爱和村踩鼓舞在2007年5月29日被公布为贵州省第二批非物质文化遗产代表作名录。

吃新节：苗族同胞为了庆贺丰收并祈福来年丰收而举行的传统农事节日，大多在农历六月至九月间农作物成熟或农作物即将丰收期间举行。吃新节来历有三：一是为纪念开发雷公山的苗族祖先；二是大忙季节已过，趁农事稍闲时，休息娱乐，调剂一下生活；三是稻秧已孕穗、抽穗，预兆丰收，祭祀天公赐福。吃新节苗族古称"脑莫"（nongsmol），每年一次。节日期间，男女老少身着节日盛装。特别是姑娘要穿银带花，除了不带银角外，项圈、手镯、耳环等各种银饰凡有的都戴上。有的还在百褶裙外套上条裙，全身银饰叮当，鲜艳夺目。

镇远道菜：相传其为贵州青龙洞庙内的道士所创，故名"道菜"，至今已有500多年历史。系贵州镇远县特产，深褐色，香味奇特，能久存且不易变质，在腌菜中别具一格。道菜的美誉也享誉四方，清代成为贡品，1980年被评为黔东南苗族侗族自治州优质产品。

踩鼓舞

人文史迹

爱和村的人文史迹主要包括芦笙场、马郎坡、古桥、古树、跑马道等。反映出传统农耕社会生产生活的情况，具有一定的历史文化价值。

芦笙场：芦笙场是每个苗族村寨必不可少的集体活动场所，逢年过节，苗族人民都会在芦笙场上举办丰富多彩的庆祝活动。每到重大节日，村民们都会在芦笙场上载歌载舞，男人们在芦笙场上吹响芦笙，女人们穿上苗族盛装，在芦笙场上跳起苗族传统舞蹈，共庆佳节。

跑马道：原为寨民用于马匹托运物质的小道，道路宽约1米，在村内仍保留了一段1公里左右的小道。现今道路泥泞、狭窄，一侧为陡坡，一侧靠着山。

古树：村内约有3棵挂牌古树，但仍有部分古树未挂牌保护。

古树

跑马道

保护价值

爱和村作为一个苗族聚居地，历史久远、民族风情浓郁，村寨都保存着苗族建筑、服饰、习俗、歌舞、乐器工艺等传统古老且原汁原味的古朴内涵。勤劳的爱和村民和肥沃的土地共同造就了独特的历史文明。

特别是具有五百年以上历史的镇远道菜及吃新节和踩鼓舞等传统习俗，使得村寨充满了苗家特有的生活气息和文化底蕴，具有极高的历史价值。

王　刚黄　丹编

苗族同胞欢庆吃新节

镇远道菜

芦笙场

山间小路

黔东南苗族侗族自治州从江县洛香镇登岜村

登岜村全貌

登岜村区位示意图

总体概况

登岜村位于从江县洛香镇东南部，距镇政府所在地3公里。经夏蓉高速到洛香镇后，通村路直达登岜村。与本镇的大团村为邻，全村辖4个自然寨，即登岜上寨、登岜下寨、卡其寨、红岩寨，212户，1049人，主要民族为侗族，是一个具有300多年历史和浓郁的传统民族文化的古老侗寨。

2016年登岜村列入中国第四批传统村落名录。

村落特色

据说，300多年以前，登岜的祖先从黎平县中潮镇佳所迁徙过来，来时是一对夫妇二人带着家眷举家到离现在的登岜寨不远处落脚扎寨（据说那个地方原来也叫登岜），一家人以打砖烧瓦为生。落住不久，有一天家中的狗下崽，但是其狗不在家生，却跑到离家约3公里的地方生崽，当时这对夫妇觉得狗有先天之灵，生崽地方注定是风水宝地、人丁兴旺的地方，因此夫妇俩就举家搬到狗生崽的地方。随着时间的流逝，经过几十年的发展，杨家人口越来越多，人丁也兴旺了起来，至今登岜村寨一直记有三个杨姓家族（三个祖公）。

传统建筑

民居建筑：登岜村的民居建筑保存较好，吊脚楼的分布较为集中，尤其是登岜下寨。侗族吊脚楼，厢房除一边靠在实地和正房相连，其余三边皆悬空，靠柱子支撑。高悬地面既通风干燥，又能防毒蛇、野兽，楼板下还可以放杂物。吊脚楼还有鲜明的民族特色，优雅的"丝檐"和宽绰的"走栏"使吊脚楼自成一格。

寨门：位于村北部、东南部，寨门是作为寨子的一种标识，寨门上会雕刻有村寨名字、修建时间以及负责人等信息，两侧还有对联书写登岜村分上寨门、下寨门两个寨门，分别代表着连接不同位置的村外部分，是一个重要的枢纽。

传统民居

登岜上寨寨门

村寨一角

传统民居

登岜村平面图

街巷

民族文化

侗族大歌：贵州侗族大歌在侗语中俗称"嘎老"，"嘎"就是歌，"老"具有宏大和古老之意。它是一种"众低独高"的音乐，必须由3人以上来进行演唱。多声部、无指挥、无伴奏是其主要特点。模拟鸟叫虫鸣、高山流水等大自然之音，是大歌编创的一大特色，是产生声音大歌的自然根源。侗族人民视歌为宝，认为歌就是知识，就是文化，谁掌握的歌多，谁就是有知识的人。在侗族地区，歌师是被社会所公认的最有知识、最懂道理的人，因而很受人的尊重。侗族人民素有"歌养心、饭养身"之说，由于以前没有自己的文字，侗族许多优秀的文化、生活习俗、社交礼仪等都靠优美的歌声代代相传。侗族大歌不仅仅是一种音乐艺术形式，对于侗族人民文化及其精神的传承和凝聚都起着非常重大的作用，是侗族文化的直接体现。

吃相思：村内保留着一直以来的传统，吃相思。吃相思，代表的是一种高度尊敬，以及赞扬年轻有为、具有声望、品学兼优的年轻人。这种仪式是村内村民十分看重的一种仪式，这不仅是一种赞扬品学兼优的年轻人，还是一种鼓励更多年轻人的方式。在举行仪式的时候，村民扮成小丑抬上轿子，让获得此荣誉的年轻人坐在上面，在村内游走，以此让众人谨记。

传统节庆吃相思

服饰：侗族妇女善织绣，侗锦、侗布、挑花、刺绣等手工艺极富特色。女子穿无领大襟衣，衣襟和袖口镶有精细的马尾绣片，以龙凤为主，间以水云纹、花草纹。下着短式百褶裙，脚登翘头花鞋。发髻上饰环簪、银钗或戴盘龙舞凤的银冠，佩挂多层银项圈和耳坠、手镯、腰坠等银饰。男子服饰为青布包头、立领对襟衣、系腰带，外罩无纽扣短坎肩，下着长裤，裹绑腿，衣襟等处有绣饰。

侗族传统服饰

人文史迹

鼓楼：鼓楼位于村寨中部，登岜村的鼓楼是县级文保单位，建于民国21年（1933年），高17.1米，为7层，全木制建构，不用一钉一铆，由于结构严密坚固，可达数百年不朽不斜。鼓楼主要用于侗族大歌的表演，以及有祭祀等集体活动时会

鼓楼

使用，平常也是一个乘凉避暑的好地方，至今保存较好。

古墓：登岜村有2座古墓，在清道光十四年（1834年）建造，两墓相邻，墓主人是母子关系，是当时有钱人的一种典型的墓葬方式，古墓碑文外有雕刻装饰。

古井：在村内部道路旁，分别位于东部与东南部，寨子的房屋建设也与此有一定的联系。古井因位置的不同，使用情况不同，现状水质也不同。

古墓

古井

保护价值

登岜村是一个地地道道的侗族村寨，有300多年的历史，侗族风俗极为浓厚，登岜村保存了相对完整的、真实的历史遗存，同时附带了大量的历史文化信息，完整地体现了当地的侗族传统民风民俗，见证了自明代以来该地区的生活方式和文化特色，有较高的历史价值与保护价值。

陈婷婷 余奥杰 编

登岜村环境

黔东南苗族侗族自治州从江县东郎镇党相村

党相村全貌

党相村区位示意图

总体概况

党相村位于黔东南苗族自治州从江县东郎镇西南部，距镇政府所在地13公里，村寨东接苗谷村、西靠龙早村和高沙村、北临刚边村、南接摆里村。全村人口108户，489人，村辖大寨、松闹、高沙3个自然村，7个村民小组，全村均为苗族。"党相"因居住在坡头上由苗语翻译而成。

2016年党相村列入中国第四批传统村落名录。

村落特色

从前有个名叫"够林"的人，放牛经过这里（现党相村），山腰上有一块平坦的土地和几个从不干涸的水潭，而牛也经常到这潭里睡泥，起身时牛总是用它的角和尾巴在潭边大树上刷画，画多少次这里就可以住多少户，画了一段时间也就停止了，后来他就在此定居了。"刷"苗语叫"向"，他把这里命名为"党向"，现在的党相村也就因此而得名。该村青山环抱，古木苍翠，风景十分优美，是一个具有独特韵味的原生态苗族村落。山、田、水是村落选址中不可缺少的元素，党相村的主要聚居地有上寨和下寨，村寨依山面水，靠林而聚，民居多沿等高线布局，形成了高低错落、内聚有力的传统聚落空间。

梯田

传统建筑

党相村民居多以两层高的木质穿斗式建筑、干阑式木结构传统建筑为主，材料均为杉木和松板，有五柱或七柱一排的，为歇山式小青瓦盖顶，建筑宝顶多为青瓦拼花。二楼以三间一栋常见，二层内有木梯连接上下层，上层居室，下层圈养牲畜。建筑采用木结构，外墙采用5厘米左右厚度的木板拼接，门头内屋等用木材建造，屋顶为木板坡屋顶。民居因地形坡度显得错落有致，质朴沧桑，古风浓郁。

建筑宝顶

传统民居

干阑建筑

民族文化

芦笙舞：又名"踩芦笙""踩歌堂"等，因用芦笙为舞蹈伴奏和自吹自舞而得名。它流传于贵州、广西、湖南、云南等地的苗、侗、布依、水、仡佬、壮、瑶等民族聚居区，是南方少数民族最喜爱、分布最广泛的一种民间舞蹈。从已出土的西汉铜芦笙乐舞俑分析，芦笙舞至少已有两千多年的历史。党相村的芦笙舞活动大多在年节、集会、庆贺等喜庆时刻表演，主要有自娱、竞技、礼仪三种类型。

斗牛：斗牛文化在苗族广为流传，也是苗族地区盛大的娱乐项目，斗牛文化被誉为党相村民族精神象征。

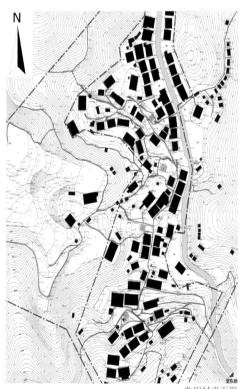

党相村平面图

苗族节日男子芦笙舞

苗族斗牛文化

布带。老年妇女衣长过膝。下装，内裤过膝，外围百褶裙，脚胫套绣花布筒。节日盛装的女青年，头戴银钗、银帽、银梳，项圈三五根，手镯五六对，银链两根，银牌一块，配有银珠、银砣、玛瑙、银针筒，着长短二领裙子，里面是一领黑布及脚长裙；外罩一领及膝的印花百褶裙，更显庄重。

村落自然环境

苗族女子盛装

人文史迹

服饰：从江县东郎乡苗族服饰，大多以自纺、自织、自染、自缝而成。一般喜青色，白布制夏装或内衣。县境内苗族由于居住环境不同，穿着各有差异，男性衣着有大襟、对襟之别，下装有一般裤脚与大裤脚之分。20世纪80年代后，有部分青年已着汉装，各地村寨女性装束悬殊不一，大体可分为花裙类、青白裙类、青黑裙类三种类型。一些居住地邻近侗族和汉族的苗民，如西山等地苗族妇女穿着较素雅，有的不戴银或少戴银饰，不插银钗、银梳，不包头帕，少穿裙。

古树：从江的每一个苗村侗寨旁都有一片或几株高大的百年古树，这些树被称作保寨树。保寨树多为枫树、樟树、柏树、荷树、银杉、红豆杉等树种，树龄都在百年以上，有的达数百年甚至上千年。党相村保寨树林有两处，均位于党相村上寨组内，如今保存完好。

古井：党相村有一处古井，位于上寨组内。存在年代久远，作为村民生活用水的取水井，至今仍在使用。

保寨树林

街巷　　　　古井

保护价值

党相村自民国时期形成至今已有近百年历史，村落依山就势，顺应地形，结构完整，其建筑极具苗族村落特色。村落整体布局自然协调，古朴静谧，环境优美，绿树成荫，空气清新，是传统可持续人居发展模式的体现，时间和空间环境均体现了其较高的历史价值，从整体格局到建筑风貌，都有较高的科学与艺术价值。

张　奕杨　涵编

苗族女子服装

男装：东朗等地村寨，一般衣着是无领左衽或右衽短上衣。包青布头帕，留发齐耳或剃光头。

女装：花裙类有东朗等地妇女平时装束是头发盘髻于顶，插银簪、木梳、戴耳环。未婚女子，发际缠一块黑白花格布。上装对襟无领，用三排9个铜扣连襟，襟边、袖口、衣脚用红、绿、黄花线缀成三行花边。贴身挂菱形胸兜，靠颈处有一小块彩绣花牌，两角伸出小布带系于颈后，中部精绣各种颜色的花草图案。冬装不穿棉衣，只穿三、五件单衣，以着衣多件为荣，以显富足，腰系一条5尺长的黑白花格

村落一角

建筑群落

黔东南苗族侗族自治州从江县往洞镇高传村

高传村全貌

高传村区位示意图

总体概况

高传村位于从江县往洞镇西北部，距镇政府所在地8.5公里，与本镇信地村、吾架村及沙往村为邻。厦蓉高速和贵广铁路穿镇而过，全村辖3个自然寨，363户，1765人，主要民族为侗族，是一个具有300年历史的古老侗寨。高传侗寨地处高山狭长谷地，形如船状，故名高船（高传）。

2016年高传村列入中国第四批传统村落名录。

村落特色

高传村有3个自然寨，全村居住的都是南方侗族典型的干阑式吊脚木楼。村寨坐落于两面靠山的河谷地带，高传河穿越其间，四周环境比较好，土地肥沃，水源丰富，村落整体环抱于群山翠绿之中，山、田、寨交相辉映。木楼沿地势高低逐级而建，以小青瓦盖顶，村寨四周梯田层层、绿树环绕，寨与寨之间由一条清澈的小河连起来，一条条幽深曲折的巷道，铺设有青石板通向各家各户。

四边环山的村落，空间分布在峡长的谷地上，形如一条船形，四周古树参天，建筑与自然交错相融，与水塘、农田及山林一起形成一幅安静祥和的山水村居图。

传统建筑

民居建筑：高传村的侗族民居多建在岩王溪的两岸，至今仍保留着古代越人的"干阑"式木楼。木楼四周设有"吊脚楼"，楼的檐角上翻，如大鹏展翅。楼房四壁及各层楼板，均以木板开槽密镶。木楼两端，一般都搭有偏厦使之呈四面流水。房屋多为三间两层，带偏厦，木柱架为穿枋结构，通过杉木板来分隔房间布局，每间在正面房开设有三至四个窗户。

社堂：村里的社堂，是侗族宗祠，建于光绪十年（1884年），每年正月初八，全村穿民族服装由社堂为起点，沿着村寨慢走一圈又回到起点，然后在社堂门口举行踩歌堂。

风雨桥：村落内现有3座风雨桥，由桥、塔、亭组成，全用木料筑成，桥面铺板，两旁设栏杆、长凳，桥顶盖瓦，形成长廊式走道。

传统民居

社堂

窗饰

村寨一角

高传村平面图

民族文化

芦笙：侗族芦笙没有文字纪录，技艺传承主要是以师带徒，言传心授。侗族芦笙是侗族民间普遍存在的乐器。侗族民间的能工巧匠，利用竹、木和铜片等材料即可制造出各式各样的芦笙，吹出的声音清脆、响亮、浑厚、悦耳。其建造过程复杂、结构严谨。设计者不但需要高超的技术，还要有很强的系统观、协调性。2006年，侗族芦笙入选第一批省级非物质文化遗产名录；2008年，入选第二批国家级非物质文化遗产名录。

芦笙表演

敬土地神：土地神分为桥头土地、寨头土地和山坳土地等。人们以为土地神执掌人畜兴旺、地方安宁，并震慑猛兽。

敬土地神

萨玛节：也叫祭祀莎岁，侗语"萨"是祖母，"玛"是大，"萨玛"即是大祖母的意思。相传在母系氏族阶段，侗族有一位叫"莎岁"的女英雄，她在抵御外敌入侵的战斗中不幸牺牲，族人为纪念她，将其奉为能给侗族同胞带来平安和幸福的神灵，尊称她为"萨玛"。因此，在侗寨都建有祭祀坛或"圣母祠"，以供奉她的英灵。并于每年春节举行一次演习性的军事活动以示缅怀。祭祀那天，人们举刀舞枪，鸣锣吹笙，在"炮火"中高呼着冲出村外，归来时还用标枪穿着用稻草扎成的敌人"首级"表示获胜。

人文史迹

鼓楼：现存鼓楼两座，一座始建于清道光年间；另一座建于光绪年间，毁于火灾事故，于1987年再次重建。寨中原有3座鼓楼，已拆除的第三座建于清道光年间，由于没有得到很好维修，在20世纪50年代已拆除。鼓楼以杉木凿榫衔接，顶梁柱拨地凌空，排枋纵横交错，上下吻合，采用杠杆原理，层层支撑而上。鼓楼通体全是本质结构，不用一钉一铆，由于结构严密坚固，可达数百年不朽不斜。

古墓：村寨一座被评为州级文物保护单位的古墓——骈体墓，是考究村寨历史的重要对象。

鼓楼

鼓楼

鼓楼内部结构

骈体墓

保护价值

高传村村民创作了多方面的人文成果，其具有娱乐性、技术性、固定性、特定环境性等特点得以流传。高传村保存了相对完整的、真实的历史遗存，同时附带了大量的历史文化信息，完整地体现了当地的侗族传统民风民俗，见证了自清代以来该地区的生活方式和文化特色，有较高的历史价值与保护价值。

陈婷婷　余奥杰　编

萨玛节

高传村环境

黔东南苗族侗族自治州从江县翠里乡高开村

高开村全貌

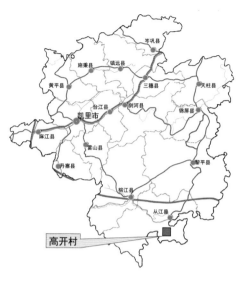

高开村区位示意图

总体概况

高开村位于翠里乡南面，距乡政府驻地15公里，距县城48公里。东部有G242国道自北向南经过，对外交通主要依靠通组路。清朝光绪年间，吴氏族人为躲避自然灾害和战乱，迁徙至此。据寨老说，高开先祖落户此地已有10多代人。全村辖2个自然寨，4个村民小组，114户，总人口520人，为侗族村寨。全村国土面积6.9平方公里。

2019年高开村列入第五批中国传统村落名录。

村落特色

高开村地处山坳，四面环山，房屋自半山而起，依山而建，寨中一条小溪潺潺流过，汇入寨脚的西翠河。高开村背靠祖山，左有青龙，右有白虎，二山相辅，前景开阔，远处有案山相对，形成一个四周有山环抱、负阴抱阳、青山环绕、排水通畅、聚居山腰、趋利避害、生产方便的良好地段。

传统建筑

村落建筑90%为传统侗族吊脚楼，由地方木匠建造，使用传统工艺，整栋房屋无一钉一卯。

高开村传统民居一般是两间两厦，占地面积大多是140～180平方米之间，均为吊脚楼，房屋的设计都是矮脚房，主要是防止房屋被大风吹歪或吹倒。吊脚楼通常设有底楼，一般在柱子距地面6～7尺的地方穿枋铺枕镶楼板以隔地防潮。屋内结构与设置基本与楼房相同。楼房一般为三层，底层墙板横装，主要用来关养牲口和堆放柴火、肥料。二层设火塘、客厅、长

廊、卧室。三层放置平时少用的杂物。设有火塘的这间房间既是厨房又是客厅、冷天烤火的地方。火塘的旁边一般放一口顶罐，存放淘米水，淘米水经过在火边烘烤，形成了味道可口的酸汤。节日祭祀活动也在火塘边进行，火塘又是祭祀的场所。火塘上方设有1米多见方的炕架一个，用来烘烤谷物。现因防火和卫生需要，火塘上的炕架大多也取消。吊脚楼二楼的长廊，可供人们乘凉、歇息、就餐、妇女做针线和纺纱织布。民居都只开很小的推拉式窗户，平时很少开启，有的民居甚至不开窗户。

风雨桥是传统建筑木构架，无钉、卯结构，小青瓦屋面，造型优美，是人们休憩、娱乐的公共活动场所。

禾仓是用杉树作材料建造的，悬山屋顶，上盖杉树皮或小青瓦，四柱落地，悬空架层，避免存放的谷物潮湿，形制多呈方形或是长方形。

高开村建筑工艺精湛，保存下来的古老建筑工艺，成为研究当时建筑工艺和建筑文化的重要依据。

传统建筑

风雨桥

高开村平面图

禾仓

民族文化

高开村民与其他侗族同胞一样，都非常热情好客、朴实憨厚。民族风情浓郁，且独具特色，保留了原生态的侗族文化，流传至今。

侗族踩歌堂、芦笙舞：侗族踩歌堂表演、芦笙舞不仅仅是一种音乐艺术，而且是了解侗族的社会结构、婚恋关系、文化传承和精神生活的重要组成部分，具有社会史、思想史、教育史、婚姻史等多方面的研究价值。

侗族银饰：侗族银饰在结构上有对称式、均衡式等，工艺方法有铸炼、编结、刻花等。常见的银饰有大花帽、响铃板项、扭丝项、银腰围、银衣、泡花手圈、空心耳环、银针及各种银片等。银饰的图纹多取材于花、鸟、草、虫和人与虚拟动物图腾，构图古朴简洁，形象粗犷明快，有浓厚的地方民族特色。从人体部位区分来看，侗族银饰共有头饰、项饰、首饰和盛装银饰。

木工工艺：高开村林木资源丰富，居住结构均为传统木质吊脚楼，长期以来，村里传承许多精湛的木工工艺。现存比较古老的房屋、门窗、庙宇、神龛、家具等都有不少木雕的精湛图案。

竹编：竹编工艺大体可分起底、编织、锁口三道工序。侗族人所用的斗笠、雨帽、箩筐、菜篮、花篮、镰篓等，都是用竹篾编的。

古井

石磨盘

人文史迹

古树：高开村共有3棵古树，两颗杉树都有300年和一颗200年的核桃树。古树名木生长较好，特点鲜明，是村落历史环境要素之一。

古井：村内现有古井3口，有300年以上的历史。虽然寨内已通自来水，但目前水井作为生活补充水源，还在发挥作用，主要为饮用水。

土地庙：村内现有土地庙3处，是过年过节祭祀的场地。

石磨盘：村寨早前的生产工具，是村庄发展的见证者，现在已经闲置。

古巷道：古巷道是村庄肌理形成的主要要素，目前巷道已基本硬化，仍然保留交通功能。

保护价值

高开村的侗家木结构吊脚楼依山而建，建筑工艺精湛，保存下来的古老建筑、木雕等工艺，具有较高的艺术和科学价值。现有的古巷道、公共活动空间、建筑形制，均是在各时代自然生长形成，体现了时代的延续性，具有较高的历史价值。同时，建筑结构严谨，侗族在建房时，特别考虑生产、生活与自然山水相协调，建筑工匠巧妙运用力学原理，运用空间进行功能分区，柱柱相连，枋枋相接。这种建筑看似上实下虚，但牢实坚固，非常实用，在建筑学方面具有较高的科学价值。

村寨内的非物质文化遗产如侗族踩歌堂、芦笙舞、侗族银饰、竹编、木雕以及历史文化、传统民间技艺文化、民族特色美食文化等，均具有较高的保护传承价值。

黄 丹 陆显莉 编

踩歌堂、芦笙舞

侗族银饰

古树

土地庙

高开村云海

黔东南苗族侗族自治州榕江县朗洞镇高略村

高略村全貌

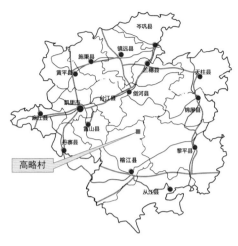

高略村区位示意图

总体概况

高略村是榕江县朗洞镇下辖村，位于榕江县朗洞镇东南面，距镇区约36公里，距县城约86公里，主要依托308省道以及朗洞镇的县乡道路和通村路进行对外交通联系，村域国土面积8.2平方公里。

高略村下辖大寨、小寨、党京、孖略、乌术、乌棒、塘腊、塘告8个自然寨，共341户，1567人，多为苗族。村内主要农作物有水稻、玉米、油菜花、马铃薯等，竹笋是高略村的一大特产。

高略村历史悠久，从建寨至今已有500多年历史，明末由杨、李氏族人最先入驻，依托大寨所在区域逐渐聚集形成村落，清朝有江氏族人迁徙而来，随着人口不断发展壮大，逐步向小寨拓展。

2019年高略村列入第五批中国传统村落名录。

村落特色

高略村环山而立，地势相对较高，周边群山环抱，形成良好的天然屏障，大寨、小寨分别依相邻的两个山头顺势而建，村落内民居建筑依山就势从低到高，高差较大，形成一大一小两个集中的村落。

村落西南侧有连片的梯田、耕地，秀美的梯田风光凸显了高略村浓郁的传统乡村气息，在农田西侧的山谷中有一条小溪蜿蜒而过。

村落内建筑、青山、农田、绿水相得益彰，共同构成了高略村传统村落靠山面水的空间布局形式。村内有一条通组路东西向贯穿村落，形成村落对外主要的联系通道，内部道路则多由依地势自然形成的步道串联，车行道路和步行道路将村落各空间连接为一个有机的整体。

传统建筑

高略村传统建筑多依山地斜坡向上而建，建筑以苗族吊脚楼为主，吊脚依地形高度从三、四米至七、八米不等，充分体现了苗族先民因地制宜、就地取材的建筑营造智慧。村落民居建筑以二、三层为主，就三层传统民居建筑而言，一层主要用于饲养牲畜或存放杂物；二层为生活面层，多作生活起居用；顶层阁楼常用于存放谷物，也有少数用作卧房。楼层间通过木质楼梯相互接通，配以木质窗花、木门，屋檐有雕刻装饰，屋顶为歇山顶，铺盖小青瓦。

苗族吊脚楼具有通风、除湿的优点，建筑主材均为当地盛产的杉木，充分体现了人与自然和谐共生的发展理念。高略村传统建筑总体保存较好，完整保留了村落的传统风貌。

传统建筑

传统建筑

高略村梯田风光

传统建筑

高略村平面图

民族文化

鼓藏节：鼓藏节又叫祭鼓节，是黔东南苗族最隆重的祭祖仪式。节日由苗族各姓鼓藏头组织，每13年举行一次。

吃新节：也叫"新禾节"。是每年农历七、八月稻谷抽穗时，村民为了庆贺丰收而举行的节庆活动。主要活动有苗族同胞身着节日盛装，吹跳芦笙舞、唱苗歌、斗牛等，同时村内各户杀猪宰鸡，开田捕鱼，祭祀先祖。

苗年：苗年是苗族人民最隆重的传统节日。苗年各地区过的时间并不相同，从农历九月至正月不等。过苗年的头几天，村内家家户户都要把房子打扫干净，积极准备年货，做香肠和血豆腐，为家人缝做新衣服，邀亲友相聚。

二月二：也称"龙抬头"，象征吉祥、好运。而在高略村，二月二又有特别的意义，又叫"新娘节""走亲节"。每年的"走亲节"，苗族人都会身着盛装，参加村内或邻村举办的各种民俗文化活动。

木匠：高略村现有江草雄、江三发、杨胜平等苗族吊脚楼营造技艺传承人，当地俗称"木匠"。他们既是传统建筑的修筑工匠，又是传统文化的活态传承者。

芦笙制作：芦笙是苗族的主要乐器，多为六管芦笙，制作工艺复杂，需几十道工序，耗时近20天才能制作出一件芦笙。高略村现有江超等芦笙制作工匠。

苗年

二月二

芦笙制作

人文史迹

石碑：高略村小寨东侧、通村公路南侧原有1处古碑，相传始建于清朝道光年间，后因碑体风化损毁，于2015年重立，碑名为"高略小寨江氏老人入寨立神宝碑"。

粮仓：高略村现有粮仓123处，其中有2处古粮仓始建于明代，现仍保存完好，粮仓采用全木结构，粮仓高度约为3.5～4米，由4根或6根仓柱支撑，仓顶用青瓦或杉木皮加盖，一层架空用于装杂物，二楼用于储存粮食。

古井：高略村水资源较为丰富，村落内共有3处古井，分别位于大寨西侧、小寨中部、小寨东侧。井口均由石块搭建而成，总体保存较为完好。井水连年不断，水质良好，清凉可口。

古树：高略村周围山林植被茂密，古树以单株和古树群的形式散布于村落内外，主要有国家一级保护植物红豆杉、水杉，国家二级保护植物金丝楠木，以及杉树、枫树等，古树长势良好。

鼓楼：高略村大寨南侧靠近通村路边建有一座苗族鼓楼，鼓楼为五重檐歇山顶屋面，木结构建筑，覆盖小青瓦，其平面呈六边形，屋顶飞檐制作精美。鼓楼是村落内居民休憩的主要场所之一。

寨廊：高略村小寨东侧结合古树群良好的环境以及村落中部靠近村委会附近各建有一座寨廊，寨廊为四重檐屋顶，木结构建筑，覆盖小青瓦，沿廊建有座椅、围栏，围栏为美人靠形式。

廊桥：高略村中部、学校活动场地南侧建有一座廊桥，廊桥为木结构建筑，其平面呈长方形，建筑对称，屋顶为五重檐和三重檐，沿廊桥四周建有座椅和围栏，廊桥飞檐、雕花等制作精美。该廊桥是目前村落内体量最大的公共休憩场所，廊桥与学校活动场地结合，成为村落公共活动举办的重要场地。

石碑

粮仓

古井

寨廊

保护价值

高略村村落格局、空间肌理、传统民居建筑形式和民族文化在黔东南具有较强的代表性。村落背山面水，群山环抱，其选址符合人居发展的需求。民居以木质吊脚楼建筑为主，木房依山势从低到高，层递而建，屋顶青瓦铺盖，色调统一协调。粮仓、古井、古树等历史环境要素和节日庆典等非物质环境要素内容丰富，保护和传承价值较高，传统村落文化特征突出。村落完整地保护和传承了苗族吊脚楼、苗族语言、苗族歌曲、苗族服饰、苗族配饰、苗族祭祀与节庆、苗族耕作方式等丰富多彩的苗族文化，具有较高的文化价值。而传统的苗族村落自身就是这一切历史文化的实质载体，承载着苗族古往今来的历史文化，是历史遗留下来的不可再生的重要文化遗产，是中华民族的宝贵财富。

叶　希　刘俊娟　白永彬　编

黔东南苗族侗族自治州榕江县平江镇高鸟村

高鸟村全貌

高鸟村区位示意图

总体概况

　　高鸟村位于榕江县平江镇西北部，距平江镇政府所在地约22公里，由平江镇区沿分众溪口公路向西经巴鲁村向北可达。高鸟村形成于中华人民共和国成立后，村域总面积18.45平方公里，全村共有197户，847人，全部为苗族。高鸟村现状产业为传统农业，农民收入主要来源于水稻和玉米种植，猪、牛养殖和外出务工。

　　高鸟村所属山区地形，大部分村庄都是建设在山腰上，建筑风貌大部分为传统民居建筑，少部分为现代建筑风格，建筑风貌主要传承苗族传统建筑文化。

　　2019年高鸟村列入第五批中国传统村落名录。

高鸟村平面图

村落特色

　　高鸟村选址于山体半坡相对平坦地带，唯一通道为东西向沿路通道，便于防守与村寨的安全隐秘。居民半山而居，村口对面相望，田园周边群山矗立，近水源，田土肥沃。村内建筑依山而建，有茂密的山林和参天的古树，以杉树为主，村内竹林较多，与民居相互融合，与山脉相互呼应，环境优美，气候宜人，犹如一座山体公园，置身其中，让人心旷神怡。村寨在选址过程中还注意了自然景观与村寨的自然融合，村寨周围有部分梯田，周围山林郁郁葱葱，古树参天，与自然相互融合，浑然一体。

　　高鸟村整体风貌较为规整，建筑沿道路而建，布局紧密，呈团状布局，整个村庄形成轴状结构形式。村内的民居均为东西向，面向山地逐步向下修建，留出了开阔的景观视界，为村寨整体景观视线创造了良好的条件。

传统建筑

　　高鸟村传统建筑物占村庄建筑总面积的95%。高鸟村的民居建筑多为二层木质歇山顶穿斗式结构木房，上盖小青瓦，设吞口燕窝门，建筑古朴、浓郁，是高鸟村建筑最具传统特色的风貌建筑。建筑多依山就势而建，讲究朝向，或坐西向东，或坐东向西。

　　高鸟村苗家风情浓郁，传统民俗继承良好，窗户为木质格窗，其开启方式为平开窗，分左右两扇，窗户棂格的装饰图案以苗族传统喜好的——花草鸟兽为主，丰富多样，各户不同，整体来说极具地域特征和民族特色。

村落环境

传统建筑

传统建筑

传统建筑

民族文化

吃新节：吃新节也叫"新禾节"。"吃新"是苗族节日之一。一般在每年的农历七、八月。节日当天，村寨的苗族同胞身着节日盛装，以跳芦笙舞、唱苗歌、斗牛等文娱活动共庆佳节。

苗年：是苗族人民最隆重的传统节日。节日当天各家各户都要备办丰盛的年食，除杀猪、宰羊（牛）外，还要备足糯米酒。年饭丰盛，讲究"七色皆备，五味俱全"，并用最好的糯米打"年粑"互相宴请馈赠。苗年的民俗活动很丰富，主要有祭祀祖先、吹芦笙踩堂、走寨结同年等活动。芦笙踩堂在本寨芦笙堂举行，男吹女踩，男女都参加。先由小芦笙手吹出一阵短促的笙曲，接着大小笙手一起吹奏，姑娘们则穿着百鸟衣，戴着银首饰、银花冠，翩翩起舞。

蜡染：本地苗族居民崇尚蜡染，衣、裙、围腰，以及其他棉织生活用品，几乎都是蜡染制品。苗族人以拥有多而精美的蜡染品为富为德为美，不仅在祭祖、婚丧、节日等重大场合都以蜡染为饰，而且生活中也离不开小巧精致的蜡染品。

苗族古歌：苗族古歌的内容包罗万象，成为苗族古代神话的总汇，酒席是演唱古歌的重要场合。苗族的古歌古词神话是苗族古代社会的百科全书和"经典"，具有史学、民族学、哲学、人类学等多方面价值。

芦笙演奏

蜡染

蜡染

人文史迹

粮仓：是当地村民用于存储粮食的建筑，一般为下层架空，二层储物可以防鼠、防虫蚁危害。这种古朴的建筑、精妙的设计，既是苗族农耕文化的一个重要标志，又是历史与现实及自然生态的一种完美结合，成为中华农耕建筑史上的一大景观。

街巷：村民用于人行的通道，地势高差大，采用台阶，有通行、排水、防护功能。

风雨亭：建筑采用苗族建筑风貌，供村民休憩使用，位于村寨中部广场旁。

古井：古井位于村寨东部，建于20世纪50～70年代，常年流水，未曾干涸，是村寨主要饮用水源。

竹林：村内竹林较多，与民居相互融合，与山脉相互呼应，环境优美，气候宜人，犹如一座山体公园，置身其中，让人心旷神怡。

风雨亭

古井

竹林

苗族古歌

粮仓

街巷

保护价值

高鸟村寨大部分建筑、环境要素、村落格局等保存良好，仍然延续原有的传统村落风貌。

高鸟村背山而建，寨子周围梯田环绕，青山耸立，寨后青山茂密，林木葱郁，古树参天，村寨沿山脊延伸与生长，与自然融合得惟妙惟肖，构成一幅高低错落、宁静唯美的苗寨乡村自然生态风貌图。高鸟村是一个古老纯朴、风景优美的山体公园式的苗族村落。

高鸟村历史悠久，苗族人文环境要素丰富多彩，形成具有苗族典型文化特征的人文环境特色，许多民俗文化保留至今，其中较有代表性的有苗年、吃新节、苗歌等歌舞文化，具有一定的民俗价值、文化价值和人类学研究价值。

刘　恬　陈　浩　白永彬 编

225

黔东南苗族侗族自治州从江县翠里乡高文村

高文村全貌

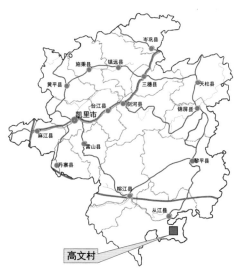

高文村区位示意图

总体概况

高文村位于从江县翠里乡东部，距乡政府约6公里，南抵宰垮村，西连宰转和污牙村，东靠摆翁村，北接西山镇。距今已有300多年的历史。东部有G242国道自北向南经过，对外交通主要依靠通组路。高文村辖2个自然寨，4个村民组，总人口616人，130户，以壮族为主。

2019年高文村列入第五批中国传统村落名录。

村落特色

高文村属山谷地带，是典型的喀斯特地貌环境，两侧是高耸大山，谷底一条小河蜿蜒穿过，小河名为"高文河"。村庄坐落于河流大转弯、地面较宽广的平地，村落背山面水，山上树木茂密、翠竹环抱，有"村前一曲水，村后万重山"之美。属亚热带湿润季风性气候，四季分明，冬无严寒，夏无酷暑，常年气候温和，湿度宜人，年均气温17.03℃，无霜期265天，年降水量1413毫米。

传统建筑

高文村拥有极具特色的民族文化，传统建筑、村落布局保存完好。村落建筑90%为传统壮族建筑，由地方木匠建造，使用传统工艺，整栋房屋无一钉一卯。村落由山顶自下连片修建，成阶梯形状布局，村落四面群山环绕。

高文村传统民居很大，占地面积大多在140～160平方米之间，建筑通常设有底楼，一般在柱子距地面6～7尺的地方穿枋铺枕镶楼板以隔地防潮。屋内结构与设置基本与楼房相同。楼房一般为三层，底层墙板横装，主要用来关养牲口、家禽和堆放柴火、肥料。二层设火塘、客厅、长廊、卧室。三层放置平时少用的杂物。设有火塘的这间房间既是厨房、又是客厅，是冷天烤火的地方。火塘的旁边一般放一口顶罐，存放淘米水，淘米水经过在火边烘烤，形成了味道可口的酸汤。节日祭祀活动也在火塘边进行，火塘又是祭祀的场所。火塘上方设有1米多见方的炕架一个，用来烘烤谷物。二楼的长廊，可供人们乘凉、歇息、就餐、妇女做针线和纺纱织布，房间都只开很小的推拉式窗户。

风雨桥位于村委会旁西北部的活动场地边上，造型古朴，是壮族特有的民族传统建筑，是村民的公共活动空间。寨门位于村寨的北部入口处，沿用了壮族传统建筑结构特征，是村寨比较有代表性的建筑。

传统建筑

风雨桥

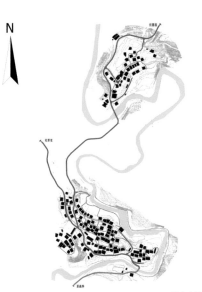

高文村平面图

高文村寨门

民族文化

悠久的历史铸就了高文村深厚的文化内涵，留下了非常丰富的文化遗产。

壮族服饰：高文村妇女善织绣，壮锦、壮布、刺绣等手工艺极富特色。女子穿无领大襟衣，领襟、袖口有精美刺绣，下着短式百褶裙和绣花裹腿，脚登纳底鞋。头上挽大髻，插饰鲜花、木梳、银钗等，佩挂多层银项圈、腰坠等银饰。男子服饰为立领对襟衣、系腰带，下着长裤，穿草鞋、传统手工制作布鞋。

壮年：是壮族最大的节日，过壮年从每年农历十一月二十九日至十二月十日。传说壮年从广西来，为了能回家与亲人团聚过年，每年提前过年，沿袭为壮年。

变婆节：是高文村壮族人民每年以祈求村寨平安、农业风调雨顺、五谷丰登为主要内容的节庆活动。由16男11女，身着破烂衣服、棕片、被单等物品，打着11把红、绿、蓝、紫等颜色的伞，全寨男女老少敲锣打鼓，放鞭炮的一种表演活动。

芦笙节：又称吃相思，是以芦笙舞会友的一种独具壮族特色的民族文化交流形式，大家在一起吹拉弹唱，交流各自的民族文化，有利于加深与周边村寨的交流和各村寨的和谐发展。

人文史迹

古树：村内共有10多棵古树名木，主要为榕树、枫树和楠木，树龄皆在400年以上，古树名木生长较好，特点鲜明，是村落历史环境要素之一。

古巷道：古巷道是村庄肌理形成的主要要素，目前巷道已经基本硬化，仍然保留交通功能。

水碾：村寨早前的生产工具，是村庄发展的见证者。

传统纺织机：早前村民用老式纺织机进行织布，制作平时穿着的衣物或者节日的盛装。

壮族服饰

水碾

过壮年

传统纺织机

变婆节

古巷道

保护价值

高文村历史悠久，村民保留了大量传统的生活方式，大部分村民仍然保留了传统耕作方式与生活习惯，现有的街巷、公共空间和建筑形式，均是在各时代自然生长而成，体现了时代的延续性。

高文村不管是村落选址还是空间格局，村落保持了相对完整的、真实的历史遗存和文化遗产，见证了该地区村民的传统生活方式和文化特色，为深入研究从江壮族文化发展提供了重要的历史依据，具有较高的文化价值。

芦笙、传统水碾、手工织布等不仅具有观赏性，还具有较高的收藏价值，从不同侧面反映了当时村民们的审美观、价值观和人生观。

陆显莉 黄 丹 编

古榕树

村落自然环境

黔东南苗族侗族自治州榕江县古州镇高兴村

高兴村全貌

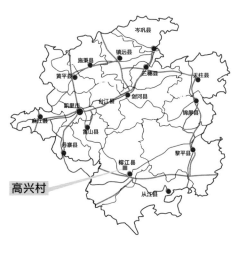

高兴村区位示意图

总体概况

高兴村位于榕江县城西北8公里，由县城向西北经盘正村乡道可到达。全村以高兴大寨为中心，包含高鲁、高台两个自然寨，全村绝大多数都是水族，是榕江县最大的水族村寨。高兴村正式形成于明朝时期，据"潘蒙故同禄纪念碑"记载，300多年前，有潘姓先人"故同"迁徙至密林之地高兴，开山种粟而居。次年，蒙姓先人"故禄"率宗族迁至此，清朝时，龙姓先人来此与潘、蒙姓后人在此共建家园，繁衍至今。全村面积20平方公里，现有总人口336户，1765人。

2019年高兴村列入第五批中国传统村落名录。

村落特色

村寨的选址具有典型的水族村寨特色，在平坝或者半山腰以及山顶建村寨，尽可能选择接近土地和水源的地方，周围环境不仅要适宜居住耕种，还更利于防御。依山傍水顺山就势，在山区利用坡地，依坡筑屋，创造出更多的使用空间，建筑群体高低错落，玲珑有致，与自然环境和谐共存，期间有纵横道路交错相通。在古代，有陆路、水路与外界联系，又有山、河相阻，不为外人所知，也便于自我保护。村外梯田连绵，由于山地特色，梯田也成为当地村民主要的农耕用地，依山而起的梯田，如同大地穿上了色彩斑斓的衣衫。

传统建筑

高兴村完整留存了村落原生态水族传统建筑的特色，村寨建设以横向并联为主，在斜坡上则以纵向阶梯式为主。建筑通过台地、正房、厢房构成，房屋随山川地形而建，呈梯形排列。建筑的平面布局和空间序列与其使用性质有着密切的关系。传统建筑的平面空间布局多样，这些使用空间彼此又是相互关联、脉脉相通的。

传统建筑多以五柱四瓜房为正房，"人处其上，畜产居下"。民居一般两层或三层，下层用作厨房、猪牛圈、杂物间等，上层为堂屋和卧室，堂屋用于会客、休息或吃饭。"干阑"木楼大多为六排五柱五空式，居民建房多就地取材，木质构件间连接不用铁钉，均以榫卯连接，两侧或一侧建厢楼，厢楼多为吊脚式。周围有栏杆走廊，明间廊前设"美人靠"。美人靠是特制的栏杆，可坐可倚，栏做成曲于檐外，十分美观，凭栏可观山望景。

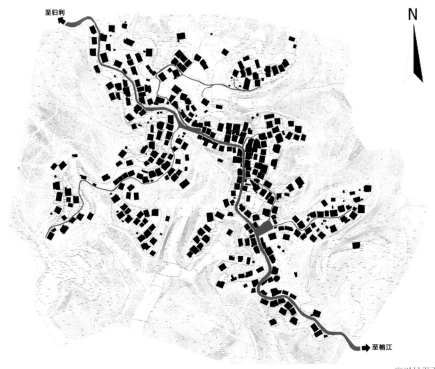

高兴村平面图

传统建筑

民族文化

水书：水书被高兴村水族人自称为"勒虽"，即为水族文字。它是根据水族语音以"图、形、意"结合的一种文体。其产生的年代久远，说法不一。以清代高兴寨的水书先生潘洪茂、蒙故袍、蒙故兴三人所整理、合编的水书，至今仍是高兴等榕江县境内诸多水族村寨社会生活中诸如婚丧嫁娶等择吉依据。水书是世界上除东巴文之外又一存活的象形文字，2006年水书被列为国家级非物质文化遗产。水书在水族群众的社会生活中，至今还起着很重要的作用。

马尾绣：马尾绣是水族妇女世代传承的以马尾作为重要原材料的一种特殊刺绣技艺，是民间传统工艺，被誉为刺绣的"活化石"，主要用于背带、勾鞋、盛装等。水族妇女用较硬的纸剪成花、鸟图案后，将图案粘贴于布料，用各种颜色的绒线经过手工制作而成，具有高兴村本土特色。用于各类着装，色彩鲜艳，图像美观。

水布：高兴村目前还有很多妇女用有梭织布机，有梭织布机是最古老的织布机，用自己种植的棉花，利用闲暇时间自己纺纱织出的土布，是水族居民鲜明的民族特色文化特征。

哦布："哦布"系水语，即唢呐演奏，方言称为"吹八仙"，水族"八仙"分为短号和长号，平时吹奏的为短号，重要祭祀活动才能见到长号，水族哦布声音高亢、穿透力强，曲子委婉动听，百听不厌。高兴寨子的唢呐声调悠扬、动听，声调类型和内容都比周围寨子多。一般大型活动和丧事才派上用场。

"哦布"表演

人文史迹

古墓：墓主为蒙开学，墓碑顶部为葫芦宝顶，翘角屋檐。正面墓碑雕刻分为上、中、下三部分：上部中间阳刻"垂裕后昆"四个大字，门楣上圆额两旁各雕一少年，手持银枪骑着骏马，威风凛凛地奔驰着；中部阳刻二龙抢宝图案，两条腾空巨龙，张牙舞爪，意欲夺取中间之宝，生动形象，呼之欲出；下部占整个墓碑的二分之一，正中阳刻一鼎状牌位，中间刻着"皇清侍赠恩深显考蒙公讳开学之坟墓"，下部为鼎足，上部刻一朵莲花周，围饰以卷云。

古井：该井有近百年历史，水质清澈，一年四季水量充沛，是村寨居民用水的主要来源。高兴村有古井4口（大小井、亚香井、亚古井、必了低井），井水冬暖夏凉，古井均有石刻封盖，封盖参照水族传统瓦房屋顶构造成型。

古墓

古井

保护价值

高兴村历史悠久，可追溯到明朝时期，村落传统格局是经过千百年保留下来的，体现了选址布局的基本思想，记录和反映了一个古村落格局的历史变迁，是当地居民与周围自然环境多年来融合的结果。水族山寨农耕民俗文化特征明显，成片的梯田展现了这里久远的农耕文明，当地独特的婚丧嫁娶形式、独特的水族文字、马尾绣、有梭织布、染布、唢呐演奏等都反映了水族独特的民俗文化。

高兴村现有的民居环境成为研究当时建筑风水、建筑工艺和建筑文化的重要依据，村落的发展记载了当时特定的历史，具有较高的历史文化和科学艺术价值。

潘、蒙、龙三大家族作为高兴村的大姓氏家族，对其族谱和历史活动的研究、对挖掘宗族文化和姓氏文化特征具有重要意义。村民口口相传的民间故事、神话传说等也反映了农耕时期人们的思想特征，对研究村落形制、民俗信仰、农耕文化等意义深远。

水书

马尾绣

传统纺织场景

传统纺织场景

陈 浩 叶 希 白永彬 编

黔东南苗族侗族自治州丹寨县龙泉镇高要村

高要村全貌

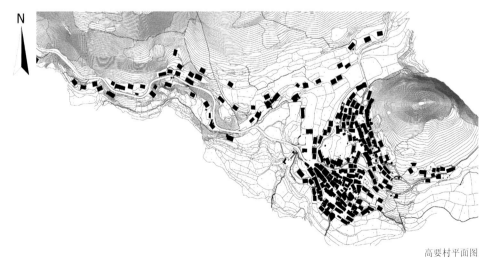

高要村区位示意图

总体概况

高要村位于贵州省黔东南苗族侗族自治州丹寨县龙泉镇南部，东与高排村接壤，南与羊甲村毗邻，西与金瓜洞村相连，北与五里村相望。距丹寨县城只有8公里，距州府凯里市65公里，距G321国道约2公里。目前，村寨的对外联系主要依靠G321国道，以及通村路。

高要村苗名为"排果"，意为"一个氏族部落"，说明该村历史悠久。高要村图腾部落相传在乾隆年间由江西迁徙到此地定居。全村国土面积4.4平方公里，辖1个自然寨，6个村民小组，276户，1285人，是一个苗族聚居的村落。

2019年高要村入选第五批中国传统村落名录。

村落特色

高要村选址具有典型的苗族"山脉之巅、梯田簇拥"的自然特征。高要村与地形地貌、生态环境、村落人文完美结合，使独特的梯田景观、村落景观、生态景观和丰富多彩的民族风情融为一体，全面展现了人与自然和谐相处的生态环境，是自然景观和人文创造力的完美结合，具有无与伦比的景观艺术价值。

村寨民居顺应地形自由伸展，沿着山势层层叠叠，形成一种自然的、富有节奏感的肌理。高要村内部并未形成街道，主要以传统的串户巷道为主。随着村落的发展演变，形成了依托通村通组路沿民居房前屋后联系各户的枝状巷道网络。村落内巷道蜿蜒曲折，宽窄不一，随地势起伏。建筑体量虽大小各异，但在色彩、用材、风格上却高度统一，造就了协调一致的村寨风貌。

贵州省丹寨县的高要村梯田被誉为全国十大最美梯田之一，占地1000多亩，层层叠叠，从山顶一直绵延至山脚，梯田也像一条条美丽的苗家腰带，装点着高要村梯田风光。高要村梯田是丹寨县高要村汪、刘两姓的先民，历经多代，依山开垦出的48级梯田，上下落差近500米，南北绵延2公里，总面积达到1008亩，是一处壮美的人文景观。高要村梯田已经哺育了

30多代村民，也成为丹寨县最著名的景点之一。

高要村梯田一年收获两季，秋冬种植蔬菜和油菜，白花是萝卜花，油菜是黄花。每年九月，丹寨县高要村苗寨1000余亩梯田的稻谷陆续成熟，层层叠叠，黄绿相间，秀美如画，优美的景色引来不少摄影爱好者摄影采风；放眼望去，梯田风光尽收眼底，层层错落，田水相间，尤其是

村寨环境

高要梯田

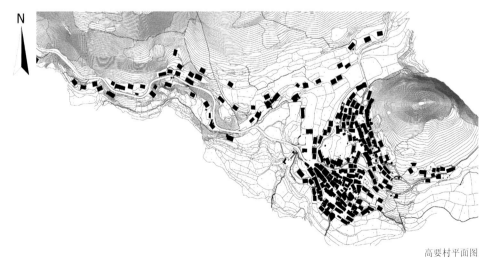

高要村平面图

日出和日落时，明亮的光穿透云层，清辉四散，日落，云彩霞光，流露出风情万种。

传统建筑

高要村传统民居多建于20世纪七八十年代，集中连片，多为苗族干阑式的木构建筑，依山顺势而建，建筑群体轮廓的走势充分体现了与自然山体坡度形态的一致性，南方地区多雨水，空气和地层湿度较大，干阑式民居具有通风、防潮、防兽等优点，村内大部分传统建筑保存完整，有少部分传统建筑因年久失修，破损较为严重。民居以两层高的木质穿斗式建筑为主，材料均为杉木和松板，有五柱或七柱一排的，结构为悬山式小青瓦盖顶，多为二楼一底，以三间一栋常见。

干阑式民居不大，一般房间数量为三至五间，无院落，日常生活及生产活动皆在一幢房子内解决，对于平坝少、地形复杂的山地地区，尤能显露出其优越性。这种建筑以五开间者居多，采用木构的穿斗屋架，底层为架空空间，一部分靠柱子支撑，一半落在坡地上。下边架空的支柱层多围以简易的栅栏作为畜圈及杂用，也有用卵石垒砌在临路边一侧做墙体的，可以防止动物随意进入。楼梯上到二楼一个阳台空间，进入大门即为堂屋，是日常起居、迎亲宴客、婚丧节日聚会之处。围绕堂屋一侧是卧室，另一侧则是厨房、会客

传统民居

传统民居

厅和劳作空间。三楼的空间很低矮，中间堂屋部分是中空的，建筑的屋顶是出檐很深的歇山顶，隔一定距离用玻璃代替瓦片，通过屋顶来直接采光。深深挑出的檐口下，留出大面积的空隙，光线可以进入三楼，隔绝雨水飞溅入室内。

民族文化

高要村的民族文化特色凸显，现状非物质文化遗产保存较好、特色鲜明，文化传承与发展的形式及内容丰富，且充分体现在村民的日常生活中，主要有开秧门、丰收庆典、粽粑节、新米节等民俗文化。

开秧门：是苗族水稻移栽时的重要仪式，一般在播种后的第四个"丑"日（牛天）进行。村民们开展祭祀仪式，祈求风调雨顺，五谷丰登、万事顺遂、平安喜乐。

开秧门

苗族粽粑节：传统端午节是祭拜祖先的日子。每年五月初，苗家儿女都要浸糯米、洗粽叶、包粽子。苗族的端午节，除包粽子吃粽子外，还祭拜屈原及苗族祖先"九黎蚩尤"。高要村的"粽粑节"为每年四、五月间。当天全村各家各户都要邀请亲戚朋友前来吃粽粑，庆祝栽秧结束，可谓热闹非凡。通过民俗活动展演，既能丰富群众精神文化生活，又能传承弘扬传统文化。

苗族粽粑节

人文史迹

根据史料记载，早在隋唐时期，黔东南境内就在丘陵、河谷和山区进行农业开发并具有相当的基础。随后在唐宋时期大量移民迁入，只能退避到条件更加恶劣的高山陡坡中，在崇山峻岭中开掘梯田就成了生存发展的必须选择，由此也开始了长达千年的黔东南梯田开发历史。直到宋代，梯田已经开拓成现在的基本格局，苗侗族先民也就结束了早期的游耕方式，转而进入了农耕社会。黔东南州的梯田也就在这漫长的历史长河中积累而成，历经千百年，依然分布在层层山田间。

高要梯田

保护价值

高要村历经时代变迁，村落依旧保持原有的风貌，有着独特的历史风貌和自然格局，高要村的建设选址、建造格局体现得淋漓尽致，时间和空间环境均体现了其较高的历史价值。

高要村在历史的长河中很好地创造、保存和发展了自成体系的民族文化，代代传递并不断丰富其特色，形成了以节庆文化、歌舞文化、婚嫁文化、丧葬文化、服饰文化等为特色的民俗文化，展现了苗族文化的迷人魅力，文化价值极高。

刘 娟 袁棕瑛 编

村落环境

黔东南苗族侗族自治州黎平县顺化瑶族乡高孖村

高孖村全貌

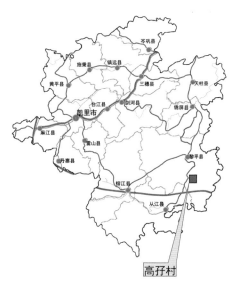

高孖村区位示意图

总体概况

高孖村传统村落位于贵州省东部山区，距顺化乡政府25公里，距黎平县54公里。交通较方便，距从江高铁站仅18公里，距黎洛高速10公里。高孖村历史悠久，于明代形成。村落为行政村，由5个村民小组组成，在村落的建设过程中已经簇团相连为一体。全村总人口为1051人，以瑶族为主，总面积为6.48平方公里。

2016年高孖村列入第四批中国传统村落名录。

村落特色

高孖村选址有着瑶族鲜明的民族共性特征。高孖村地处六背山麓（又称鹿背山），地势陡峭，四面环山，房屋依山而建，村落被树林竹海层层包裹住。村落分为上、下两寨，三条小溪从三面汇集，将村落划分得错落有致，这些小溪都源于高孖村寨境内的树林，水质极优，"高孖"在侗语里即为"水的源头"，高孖村借侗语而得名。

高孖村整体空间布局形如"人"字形，发源于此的溪流是珠江水系都柳江源头之一，常年水源充足。高孖村坐落于河流的上游，村寨的外围是植被茂盛的山林，寨后山上是良田百亩，在这里形成一个长条形的河谷地带。民居都依山势地形面水而建，高低错落的小青瓦坡屋面，与水系、农田及外围山林一起形成一幅安静祥和的山水村居图，形成具有浓郁民族特色及人与自然和谐共存的民族村寨。

传统建筑

高孖瑶族房屋依山傍水而建，大部分建在半山腰或深山脚，半山腰的住户建房还须先将宅基开挖成"Z"形。有的杉木皮当瓦，楠竹和杂木块作壁，房屋极为简陋。至清朝末年开始建造与当地瑶族差异不大的吊脚楼，但造型一般矮小，开窗不大，光线不足，白天亦靠点松柴（枞光）照明，室内烟雾缭绕。

民居建筑中，有新建两间三间，两层三层的木作吊脚楼房，房屋都是以杉木为主要材料，用横梁穿枋严椎斗合，不用铁钉，结构严密牢固，上盖杉树皮。装板壁用的材料有两种，楼下用树条竹片或木板围严，无窗口，仅留一门；楼上用木板刨光装成，有窗棂。窗棂用小木枋装成长方形，无装饰花纹。

房屋分上下两层，下层用来圈养家畜家禽，堆放杂物和肥料；上层住人，前部分是走廊，后部分是房间，用一间房建地火塘，是伙房和用缮的地方，也是供冬季取暖、接待客人的地方，其余是卧房。

传统建筑

传统建筑框架

高孖村平面图

寨门

民族文化

高孖村各个角落都充满着瑶族文化元素，特别是瑶家服饰、风俗习惯和传统节日等方面，都充分体现了高孖村悠久的民族文化传统。

花棍武：是瑶家祖传的踢、拍、追、摔、击、刺等十套路武术，是瑶家人从小习武、强身健体、自卫擒拿的习惯。众人展武，精彩极致。

琵琶歌：一种以琵琶伴奏，男弹女唱的叙事琵琶歌，曲调含蓄轻柔，多用小嗓演唱。传承瑶族大歌能对瑶族地区的文化建设和构建和谐社会产生重要的推动作用。

瑶族服饰：瑶族服饰基本布料为蛋浆布，其次是白布和黄布。男服上装外为大襟短褂，仅至臂上，内为便衣；下穿窄管扎腰裤，投头束青红色布头帕；女装上衣两袖与下肢部分和后襟两侧用蛋浆青布，左右两条狭长的交叉襟为大红色，衣襟内边又各有一道彩线绣成的花纹图案，白布襟直垂至大腿跟外，以彩线绣收捆，褶成长带，末端用线编成五爪狗脚形。下装为大褶围裙，裙下端缝有一圈瑶锦，末端绣有花纹图案。亦戴胸兜，小腿有裹脚。

瑶药沐浴：瑶族人民积累了丰富的中草药知识和医疗经验，经过上千年的传承，不断创新，瑶族医药名声远播。药物多数来自于山上，药浴过程会使得体验者大汗淋漓，似长跑5公里的运动量，约半小时后面色红润、神情怡然、脱胎换骨般舒坦。药浴养生、药浴洗浴，可起到疏通经络、活血化瘀、祛风散寒、清热解毒、消肿止痛、调整阴阳等养生功效。

传统节日：高孖瑶族节日众多，有自己特有的传统节日，如吃稀饭、团年饭、买年水等。最为隆重的是情人节，农历正月十四是高孖瑶族男女青年的情人节。这一天，村里将举行祭祀、吹芦笙，青年男女则借此机会寻找意中人。

瑶族服饰

花棍舞

琵琶歌

情人节

人文史迹

土地公祭坛：圆丘状，用水泥封住，坛上长出几棵小树，为村民祭祀土地神的场所，祈祷风调雨顺、土地丰收。

古树：高孖村有多处古树群，山林植被茂密，植物品种多样，古树主要分布在村西头的山上，多为杉树。

古溪：村落周围有3处溪流自山上顺流而下至村内民居旁，汇成河道注入洛香河后入都柳江。

土地公祭坛

古树

保护价值

瑶族在建房时，特别考虑生产生活与自然山水相协调，建筑工匠巧妙运用力学原理，运用空间进行功能分区，柱柱相连，枋枋相接，在建筑学方面具有较高的科学价值。与此同时，民居建筑的细部装饰构件如牛腿、榫卯、雕花等，精美别致，整个村寨古朴自然，使得村寨具有很高的美学价值。

瑶族特色的瑶药沐浴，对养生非常有益，对瑶族瑶浴的研究和发展有重要意义。同时独具特色的瑶族服饰、民族节庆等原生态的生活环境，可以让更多的人了解和学习我国传统村落文化。

陆显莉 杨 硕 编

高孖村建筑风貌

黔东南苗族侗族自治州凯里市三棵树镇朗利村

朗利村全貌

朗利村区位示意图

总体概况

朗利村总人口为3483人，苗族人口占98%，村域面积8.22平方公里。隶属凯里市三棵树镇，距离凯里市约20公里。朗利村地处山区，沪昆高速公路由西向东从村北通过，另有一条县道从村东侧通过，无公共交通，距离贵阳机场及贵阳火车站约3小时车程。

朗利村地处云贵高原向中部丘陵过渡地带，白水河由东南向西北蜿蜒流过。村落主要地貌类型有中山、低山、高丘、低丘和河谷阶地等。

2016年朗利村列入第四批中国传统村落名录。

村落特色

朗利村北邻巴拉河，地势较为平坦，村中又有朗利河北流出汇入巴拉河。整个朗利村处于东、西、南三面环山的盆地之中。境内东西山林环峙，中间及南北为坡地、丘陵、房屋、农田、滩涂形成若干个面盆形盆地和不规则狭长谷地，东有对门坡，西依连绵起伏的群山，北与上坝与小营村隔河对望。朗利村整体地势西高东低，四周群山环抱，北部地势开阔，腹地地势狭长。北部村落按照风水布局，基本上都建在溪流北部，坐北朝南，南部村落建筑随着狭长的地势走势朝向有所改变，大多坐西朝东，整个村子背山面水，将村落、水源、田地和山林紧密地联系在一起，利用自然环境及地形，形成舒适宜人的小气候，满足自给自足的农耕社会的生活，是一个以粮食、蔬菜、辣椒、莲藕、折耳根等农作物为主，农、林综合开发、生态资源丰富、环境优美、无工业污染的农业村庄。村域内植被保持良好，主要树

种为杉树、马尾松和枫树，由于四面环山，空气湿润，气候宜人。

聚落建成区的空间格局主要有两种类型，在北部为片连片分布，以及南部的带状分布，均保持有"上山建寨，望水而居"的格局特征。其中村落北部区域表现为典型的背山面水面田的格局，从西至东分别为山林、山脚坡地连片聚落、接近河滨的农田、白水河及河对岸的山体。其中山林为村寨的圣地，山上有村内特色民俗活动——招龙节的起点；山脚坡地上的民居聚落多沿山体高程层层分布，大多坐北朝南，形成了各高程上沿线分布，整体上集中居住的聚落形态，该区域民居聚落的南侧分布有全村最重要的公共空间——芦笙广场；东部临近白水河沿线地带地势平缓，成为村内重要的农业耕作区域。村落北部区域同为背山面水面田的格局，但与北部不同，朗利村保持着明清时期的传统格局。街巷体系完整，村中巷道遍布，传统公共设施土地庙、芦笙广场等仍与村民的生产生活关系密切。

村落环境

传统建筑

朗利村是典型的山地村落，历史上非常富庶，现存有126余幢传统建筑，全部传统建筑物占村庄建筑总面积比例的71%以上，现存传统建筑具有黔东南苗乡民居地域特色。

从朗利村现存的传统建筑群可见，最大的特点是楼面层均有部分置于坡坎或与自然地表相连。苗居平面布置是以堂屋为中心，并向两翼展开的干阑式吊脚半边楼，这种建筑形式充分体现出苗族同胞与土地之间的亲密感情，以及因势利导、倚坡筑屋、人与家畜兼顾的建筑特点，再加上芦笙场等传统场地，更突显出了苗族民居建筑质朴、灵活的建筑风格。

苗居的基本功能空间有退堂、堂屋、火塘间、卧室、厨房以及其他辅助功能用房等。苗居以堂屋为中心，在进行平面组合时，强调左—中—右横向间的空间序列关系，平面一般多在三个开间内布置完成，随居住要求的完善，在基本单元组合时，其他使用空间围绕堂屋为核心，取对称式平面布局并呈放射带状序列。

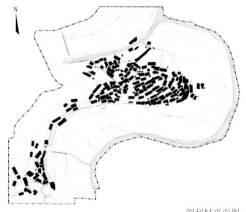

朗利村平面图

传统民居

传统民居

民族文化

鼓藏节："鼓藏节"，也称"吃牯藏""吃牯脏""刺牛"，是黔东南、桂西北苗族最隆重的祭祖仪式，节日由苗族各姓牯脏头组织，一般在历史上关系较密切的村寨间进行。牯脏节有小牯大牯之分，小牯每年一次，时间多在初春与秋后农闲季节，吃牯村寨杀猪宰牛邀请亲友聚会，其间举行斗牛、吹芦笙活动；大牯一般13年举行一次，轮到之寨为东道。

鼓藏节

苗族马尾斗笠：是苗族先民由箬叶、棕片铺就而逐渐创新，以马尾铺就的独特精品斗笠；斗笠的顶尖也由最早的竹篾转为铜丝包绾的极品斗笠。元末明初从江西入黔的吴氏苗族，在米薅、格种定居后，不但继承了先辈编制箬叶斗笠的工艺，而且结合当地地理特征和民族生活所需，遵循祖先"编制马尾斗笠戴，天神地神保平安；传承祖先的遗志，发家发户更发财"的口头遗训。在编制箬叶传统斗笠的基础上，利用当地盛产的水竹和马尾编制马尾斗笠，质地优良、美观和实用，受到苗族广大群众的青睐。上千年来，苗族人民把马尾斗笠当作神圣的无价之宝看待。

招龙节：苗族招龙节是苗族地区特有的一种民俗活动，和苗家牯藏节一样时隔13年过一次。

招龙节是苗岭区域的传统文化和传统习俗。主要是苗族同胞把龙视为兴风降雨的神灵，作为消灾免难、祈祷来年、吉祥如意、风调雨顺、五谷丰登、幸福安康、发富发贵之要意。招龙前，全寨各户主共同筹资，集中商议举办招龙事宜，选定日子，确定祭师、砍龙（水牯牛）人，筹备祭物，维修寨内、村头路尾道路、龙池等。

庆祝招龙节

马尾斗笠

人文史迹

芦笙广场：位于村北部，临近朗利河，用于举办芦笙节、牯藏节、招龙节等活动，周围有台阶。

土地庙：兴建于清朝，位于芦笙广场西北角，供村民祭祀供奉之用。

芦笙广场

土地庙

苗族堆花绣（简称堆绣）：是苗族服装上的主要饰品。花绣服饰系交襟型中的一种，因其呈藏青色、紫红色或黑色，在文献中把这种服饰的苗族人称黑苗。裙系中长百褶裙，苗语称"库里"，长60厘米，展宽1160厘米。花饰袖、领、襟及裙脚等部位。苗族堆花绣，用棉花、蚕丝、绸缎、绫子、染料、兰靛、白芨、魔芋、苦楝树、冬青树棉花用于纺纱织布；蚕丝用于织锦织绫、刺绣；白芨、魔芋因其有黏性、透明无色，锤烂熬水，用于浆布壳、绫片，使其硬化；兰靛用于泡染布和线，使其呈藏青色；苦楝树用根、茎，冬青树用叶，混合熬水，泡染藏青色布呈紫红色。

堆花绣

保护价值

完整地体现了黔东南巴拉河流域传统聚落的选址格局：整个聚落稳定而相连的风水格局，保持着"上山建寨，望水而居"的特征。

保存有完整的黔东南地区传统苗族干阑式民居建筑群：在长期的历史、社会、文化等因素影响下，既保持着传统特色，又接受了外来的先进文化，不断地自我发展，形成了具有强烈个性的山地民居群风景。

科学的传统建筑营造工艺传承良好：朗利村今天的建筑仍然大量应用传统材料、传统工艺建造，建筑以土木结构为主。

历史环境要素保存较好：反映了传统黔东南苗寨文化生活情况，具有一定的历史文化价值。

非物质文化遗产传承良好，传统习俗活态传承：对于研究苗族传统文化与地方风俗提供了优秀的研究内容。

谭艳华 黄 丹 编

梯田

黔东南苗族侗族自治州从江县刚边乡宰船村

宰船村全貌

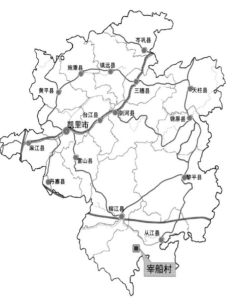

宰船村区位示意图

总体概况

宰船村位于刚边壮族乡北部，距镇政府所在地10公里，距离从江县城128公里。东与高麻村相邻，西与加么村相邻，南连平中村，北抵银平村，区位优势明显。全村共辖2个村民小组，共135户，525人，全村村域面积4.22平方公里，是一个少数民族聚居的村寨。

宰船村主要民族为壮族，相传很久以前，一些壮族先民从广西西南部迁徙南下，先后经环江、融水苗等地，其中一些留在现广西融水县三防乡境内居住，另一些人继续向西南方向迁徙，当他们来到贵州与广西接壤的孖榄河源头时，发现孖榄河由英洞河和秀塘河两条小河汇集而成，于是三百人留在了上游，三百六十人顺流而下，宰船村就是下游这三百六十人的后代所建立的。

2019年宰船村被列为第五批中国传统村落名录。

传统建筑

宰船村的传统建筑多为"一"字形民居，总体呈坐东北朝西南，木构传统建筑多为四列三间、一正两厢或一正一厢，墙体主要为木板墙，屋顶为悬山式青瓦双坡顶，正脊正中脊花，窗户木格窗及木窗。大部分修建于20世纪，部分修建于清末民国初。

宰船村是一个典型的壮族村寨，村内保留了传统建筑128栋，大多为二层，少数一层和三层，占村庄建筑总数的80%，现有95%传统建筑仍在使用。

传统民居

传统民居

民族文化

相传，壮族先民从桂西北南迁来到如今黔桂交界一个叫"三首坡"的地方，头人将这支队伍安排到不同的地方去生活，自己带着一部分人来到了刚边的宰船村。为祈求众人平安，头人便在宰船村脚的三百河岸边的一棵大枫树下搭建了"社王庙"。勤劳朴实的壮族先民们在每年的春耕农忙季节后的农历六月十四，亦即稻田里的水稻打苞、丰收在望的时候，举行隆重的"跳水活动"，以示

村落特色

宰船村建在三百河边的小山包之上。视线开阔，环绕着的是延绵不断的三百河，山明水绿，如诗如画。村寨背靠的山岭延伸至进寨入口，四周的河水将传统村落保护其中。建筑背山傍田，从河滩到山肩逐步生长为一层层的吊脚楼排屋，同时用台阶相连，呈组团状紧凑簇拥，形成寨内错落有致的风貌。宰船村脚下这条三百河时而文静时而活泼，蜿蜒盘走在村落四周，像是一笔书法一样生动洒脱，寨旁群山高低错落、阡陌纵横，农田与河流相互烘托着宰船寨的传统民居，构成了一幅幅美丽的布景。

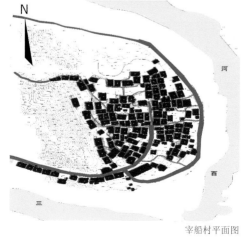

宰船村平面图

祭社

六月十四"跳水节"

寨门

二号古石——祭祖石

对当年即将取得大丰收进行提前庆祝。同时，壮族的青年男女们也借助热闹非凡的"跳水节"活动谈情说爱，寻找知音。跳水节那天，清晨各家各户先在家中祭拜祖宗，吃早饭后，全寨男女老少身着盛装，敲锣打鼓，排成长龙来到"社王庙"前"祭社"，巫师念念有词，乡亲们各自从家里包来腌肉腌鱼，不同颜色的糯米饭摆成长台，相互赠送尝尝。

宰船村壮族服饰有盛装、便装等，男女服饰都保持着传统特色，外衣大多为褐色花边，右衽圆领，斜襟开口，袖口亦镶花边。从壮族祖先流传下来的服饰上来看，壮族比较重视女孩，所以女孩的盛装比较华丽。平时，宰船年轻女子盘发簪，老年妇女外搭青布巾。上穿青、蓝色大低领对襟式单纽扣短衣，衣袖宽大（约24厘米）且仅长至肘部裸露的手臂套上素色或绣花的袖筒。下穿齐膝青色百褶裙，外栓自织彩条格子宽布带或刺绣围腰，膝下拴绑腿。上装或是华丽的缎质面料绣花衣，或是土布缝制的缀满彩绣。崭新的百褶裙外围，披着满是刺绣、贴花图案加彩色吊须的护裙片。颈上、手腕上戴着白晃晃的银项圈、银手圈。整套服饰绚丽夺目，把女子打扮得如花似玉。

人文史迹

寨门：寨门位于宰船村入口处，为穿斗式木结构，单栋一层木楼。屋顶为二层歇山屋顶，四面为白色锯齿形瓦檐，正脊两端及四角为鳌尖，正脊中部为青瓦堆砌的腰花。整体保存良好，面阔三间，平面呈梯形，左右两边设长木枋，既能满足村里民俗活动，又能供村民休憩。

古石：一号古石位于宰船寨西部，二号古石位于宰船寨东部，生成年代未知，是村民祈福祭拜的精神象征。

古寨门遗址：古寨门遗址位于宰船村北部。

芦笙场：芦笙场位于宰船寨北部，与一号古石相邻，周边村寨的寨民都会前来比赛吹芦笙。芦笙场是寨民逢年过节举行吹芦笙活动的场所，也是平时寨民制作芦笙、休憩娱乐的场所。

三角槭树：位于村寨北部。树高10米，冠幅4～5米。

三角槭树

保护价值

在古色古香的宰船村，历史久远的民居矗立在山脊之上，与山相拥、屋田相伴，层层而上，窗户形式独特，具有很高的艺术价值。

宰船村吊脚楼民居建筑历史悠久、结构独特、建筑材料及建筑装饰物独特，村落布局结合当地的气候、地形，从建筑形制、村落选址与布局等方面具有较高的科学性。村寨内分布的古井、古树、禾仓群，也具有极高的科学探究价值。

余奥杰 编

银项圈

古寨门遗址

村寨环境

宰船壮族盛装

一号古石

三百河及周边山体

黔东南苗族侗族自治州从江县加勉乡真由村

真由村全貌

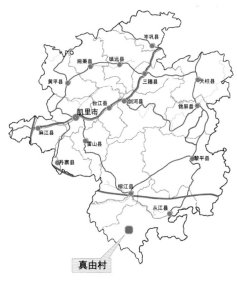

真由村区位示意图

总体概况

真由村位于从江县加勉乡东北部，距加勉乡政府28公里，平均海拔750米。东与加勉乡污俄村相接，南与广西壮族自治区驯乐苗族乡交界，西与荔波县佳荣镇接壤，北与加鸠镇党朗村毗邻。

真由村下辖3个村民小组，共120户，410人，为纯苗族村寨。核心保护村民小组，共55户，170人，总面积16.89平方公里。

真由村属亚热带气候区，年平均气温15.2℃。整个地势东北高、西南低，境内有养刚山、龙德山、污黑山等山脉。

据村里老人口述，真由村祖先原居于从江县下江镇下江村，清朝中期因人口增多，耕地不足，真由村潘姓祖先由下江搬到加鸠镇加翁村，而后因居住用地有限迁往现真由村开垦建寨。

2019年真由村列入第五批中国传统村落名录。

村落特色

溪涧梯田云缭绕·古屋老树伴人家。

真由村地处典型的高原丘陵地区，地势起伏较大，村落位于山谷中较平缓的小山岭，背山面田，整体坐东向西。村西梯田下有一条河流从南面山冲往北流去，形成和谐的山、水、田、林、村风貌。

真由村选址顺应山势，村东山体较高，南、北两边山坡顺势而下，村寨坐落其中犹如坐上一把座椅。传统建筑错落有致，视野开阔，体现出古村寨选址时抵御外界侵犯的选址要求。

真由村背面是延绵的高山，南、北两侧山势分开沿着村环绕，传统民居多建于通村道路西侧的山腰之上，村西有溪水穿过，滋润着这块沃土。村寨背靠的山岭延伸到寨脚，形成钳形，将传统村落保护其中，犹如寨门。在四周山体的天然屏障下与良田形成一体。

山体及河流

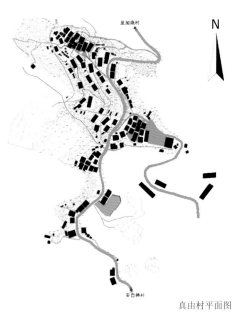

真由村平面图

传统建筑

真由村是一个典型的苗族村寨，村内保留了传统建筑104栋，包括87栋传统民居，16栋木质禾仓和1座凉亭，占村庄建筑总数的86%，现有91%传统建筑仍在使用。

建筑大多整体保存良好，一层设厨房及杂物间，东侧开门面向通村路；二层主要用于居住，东侧出挑，两端木窗雕为矩形交叉图案。建筑墙体主要为木板墙，门为木板门，入口上方开两扇窗，窗下有精美木雕。屋顶为歇山式青瓦屋顶，正脊两端设鳌尖。

村内民居采用苗族干阑式木楼的传统生活方式，底层以堆放杂物、饲养牲畜为主，二层是主要生活面层，包括宽廊、火塘、小卧室等单元。真由村传统民居将居住层由底层移至楼面，可以最大限度地适应聚居区域

传统民居

传统民居

内任何起伏变化的地形地貌；可以不用改变地形获得平整的居住层面，适应于不易清理的场区环境对虫蛇、猛兽的防御。从居住质量的观点看，提高了生活居住水平，使居住环境质量也相对提高。

传统民居

民族文化

开秧门：在春节前后，真由村村民会拿三根糯禾放在田坝上祈祷来年农作物长得好，按子丑寅卯中辛算吉日，辛日当天就是栽秧节。每年必须过了开秧门才能种农作物。开秧门一般3～7天，大家都会穿苗族服饰，戴银饰，吹芦笙，年轻人谈恋爱，隔壁村的年轻小伙和年轻女生会来本村相亲，如果双方都对上眼，白天可以吹芦笙表示爱意，晚上可以唱苗歌表达爱意。

开秧门

苗族服饰：男装多为青色土布衣裤，包青头帕。女装以交领上衣和百褶裙为基本款式，以青土布为料。"呕欠嘎给希"——升底绣花衣是白洗式苗族服饰中最具有代表性的图案，由"呕欠字"和"呕欠闪"两种类型组成，汉泽"红绣花花"和"暗底暗花衣"。二者背块均

真由苗族女装头饰

无刺绣，其他纹样与"呕欠嘎给希"相同。但服饰花纹图案变化最多的是"抛功拨"——袖花，其图案主要以各种几何图形布局，在不同的几何图形中，绣上各种花纹，组成许多不同名称的"抛功拨"——袖花。

苗族服饰图案承载了传承本民族文化的历史重任，从而具有文字部分的表达功能。由于历史久远，这些图案所代表的文字功能和传达的特定含义也蒙上了神秘的色彩，无法完全解读，这也是苗族服饰图案所具有的独特魅力。

真由苗族女装

人文史迹

凉亭：位于村落中部通村公路西侧，结构为穿斗式木结构。凉亭为八柱长方形建筑，整体保存良好，共一层，南、西、北三侧设长凳供村民休憩。屋顶为二层歇山屋顶，四面为白色锯齿形瓦檐，正脊两端及四角为白色翘角，正脊中部为青瓦堆砌的腰花。

古树：村子内分布有1棵110年树龄的柏树，位于村内中部，树高10米，冠幅4～6米；分布有2棵100多年树龄的木荷，位于村内东部和南部，高约9米，冠幅约8米。

禾仓群：禾仓群即是历史环境要素，也是传统建筑，村内广泛分布。

舂舂：位于村北部，用于节庆日捣糯米做糍粑之用。

古树

保护价值

真由村传统村落拥有丰富的物质文化和非物质文化遗存，并且有大量文化遗产被列入历史文化遗产名录，是从江历史文化的重要载体，应该对古建筑群形成的空间格局、精湛的民居建筑艺术技艺、民族饮食文化进行深入研究，进行科学整合，将其发扬光大，迸发出从江中国传统村落真由村聚落文化耀眼的光芒。

在古色古香的真由村，历史久远的民居矗立在山脊之上，与山相拥，屋田相伴，层层而上。

真由村干阑民居建筑历史悠久，结构独特，建筑材料及建筑装饰物独特，村落布局结合当地的气候、地形，从建筑形制、村落选址与布局等方面具有较高的科学性。村寨内分布的1口古井、3棵古树、3处禾仓群，具有极高的科学探究价值。

真由村是一个传统村落，居民全部为苗族，其特有的苗族吹芦笙、斗牛、踩歌堂、鼓藏节等民族风俗，得以保存及发展，为人们展示了苗族文化的魅力，具有较高的社会价值。

真由村传统村落保存了贵州从江古村落相对完整的、真实的历史遗存，同时附带了大量的历史文化信息，完整地体现了当地传统民风民俗，见证了自清代以来该地区的生活方式和文化特色，具有极高的保护价值。

谭艳华　黄　丹　编

村落一角

舂舂

黔东南苗族侗族自治州从江县翠里乡宰转村

宰转村全貌

宰转村区位示意图

总体概况

宰转村位于翠里乡东北部，北和东北与西山镇相连，东邻高文村，南抵乌牙村，西靠大田村。宰转村已有300多年的历史，开始先由吴家，然后到杨家，再到孟家，最后到韦家，是由这几大姓开启了宰转村的先河。东部有G242国道自北向南经过，从江至翠里公路从寨头通过。行政区划内国土总面积约为6.95平方公里，辖3个自然寨，9个村民小组，262户，1130人，是一个侗族聚居村。

2019年宰转村列入第五批中国传统村落名录。

村落特色

宰转村地处翠里大山，四面环山，位居半山腰，成犄角之势，远望又如展翅欲飞的雄鹰。层层梯田宛如条条彩带，紧紧环绕着村庄，房屋依山而建，村落坐落于树林竹海农耕梯田之中。寨内便道纵横，连接家家户户，村寨周围古树参天，条条小溪从三面汇集，将村落划分得错落有致，这些小溪都源于宰转村寨境内的树林，水质极优，环境十分优美。从居住的自然环境到房屋的形态来看，宰转村属于典型的侗族传统村落，村域范围内有美丽的西翠河和梯田，整个村域都是茂密的树林。

传统建筑

宰转村历史悠久，拥有极具特色的民族文化，传统建筑、村落布局保存完好。村落建筑90%为传统侗族吊脚楼，整栋房屋无一钉一卯，村落依山而建，由山顶自下连片修建，成阶梯形布局。宰转村传统

木建筑民居古老多样，集中连片，多建于20世纪50～70年代，全为木构建筑。由于用地有限，为创造更多使用空间，建筑巧妙地与地形结合，手法独具匠心。建筑均为木质结构，房屋楼层为一至二层，一般住在第二层，第一层用作堆放杂物、圈养家畜等。因为是木质结构，通风性较好，冬暖夏凉、干爽舒适。民居除了屋顶盖瓦以外，其余全部用杉木建造。屋柱用大杉木凿眼，柱与柱之间用大小不一的杉木斜穿直套连在一起，尽管不用一个铁钉也十分坚固。有的除正房外，还搭建了一两个"偏厦"作为厨房。建筑内部采取人口轴线方向为导向的平面布置形式，强调纵深轴线方向为导向的平面布置形式，强调从活动区到安静区、外向到封闭纵深轴线方向的空间序列，光线由明亮到暗淡。即由休息和手工劳作功能的宽廊——生活起居的火塘间——寝卧空间的布局形式，其空间序列关系是前—中—后的纵深格局，充分体现了侗族同胞自身居住习俗的物质与精神两个方面的生活需求。

传统建筑

传统建筑

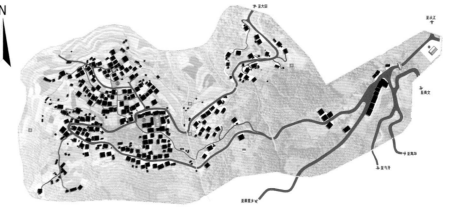

宰转村平面图

民族文化

宰转村寨民风淳朴，民族风情浓郁。宰转村人民在精神生活上独具创造力，其民间艺术历史悠久、内容丰富。

祭祖节：在一年一度的传统佳节春节后农历正月初八，全村姑娘、罗汉穿民族传统服装，举行最隆重的祭祖节，用香纸、茶、水果等给寨边的两棵枫香古树进行祭拜，保佑全寨人丁兴旺，五谷丰登，风调雨顺，并在六月初六用猪头、腌鱼、香纸、糯米饭等进行还愿，同时唱侗戏，敲锣打鼓。祭祖节开展的民俗传统活动有舞狮、吹芦笙、踩歌等。

收笙节：农历正月十五，全村男女老少及客人在村寨内举行吃团圆饭活动，同时在这一天由寨内德高望重的寨老、民俗传承师及村干部统一在鼓楼堂举行收笙仪式，直到当年年底的农历十二月份中旬才能重新启用。

忌牛节：四月初八，举办忌牛节。这一天各家各户的牛不准放出来，不准外出耕田、劳作。这一天，各家各户都吃黑糯米饭。

侗族服饰、银饰：侗族服饰色彩艳丽，银饰样式繁多，有大花帽、银腰围、银衣、泡花手圈、空心耳环、银针及各种银片等，构图古朴简洁、制作精巧、花样古朴。

人文史迹

古树：村寨内百年以上古树不少于20株，多数为枫树。在村寨西面田坎边分别有两颗大枫树是村里每年进行祭拜的神树。

古井：村落内有4处水井，内部底部及四周由石板铺筑或用现代建筑材料砖及水泥砌筑，顶部设有固定性井盖，立面留有取水口。

土地庙：是宰转村过年过节祭祀的场地。

孟显康：在宰转村有位德高望重的民间文化传承人——孟显康，1930年生，2000年去世。此人精通侗歌、侗戏，热爱琴棋书画，爱读史书，当过地理先生。他研究《传书》，后编出《薛仁贵征东》侗族大戏，据说要完整演完整套戏需要几天几夜，在当地及黔桂一带侗寨里家喻户晓。

祭祖节

土地庙

收笙节

古树

侗族银饰

古井

保护价值

宰转村的建设和发展历史的形成展现了在此居住的村民们的生活理念、心理特征和价值取向。村落保持了相对完整、真实的历史遗存和文化遗产，不管是村落选址还是空间格局，均见证了该地村民的传统生活方式和文化特色，为深入研究黔东南侗族文化发展提供了重要的历史依据，具有较高的文化价值。

宰转村为典型的侗族村落，侗族多数风俗在此基本上都能看到。侗族民俗节日、侗族服饰、传统吊脚楼建筑等，保持着特有的粗犷、真实、原始的品质，具有神秘古朴、原汁原味的民族原生态文化特点，侗寨人的生活方式在此世代相袭。

宰转村有丰富的民族艺术文化，传统文化保存完整，是侗族大歌、大戏研究的发源地，由本村非物质文化主要传承人孟显康编出的《薛仁贵征东》侗族大戏，在当地及黔桂一带侗寨里家喻户晓。

黄　丹　陆显莉 编

古树

村庄田野

黔东南苗族侗族自治州从江县往洞镇秧里村

秧里村全貌

秧里村区位示意图

总体概况

秧里村位于从江县往洞镇东南部，距镇政府所在地20公里，与本镇则里村、高仟村及下江镇的宰羊村、中华村等村为邻。厦蓉高速和贵广铁路穿镇而过，全村辖1个自然寨，168户，729人，是一个具有300年历史和浓郁的传统民族文化的古老侗寨。秧里村地处山坡林地，苗语称"故牙"，侗语称"秧里"而得名。

2016年秧里村列入为中国第四批传统村落名录。

村落特色

在历史上秧里村曾经出过一位将军，在方圆百里以内无人不晓，侗名叫作"洪可"，据说他力气大得惊人，能够提起两三百公斤的重物，直到现在，各个山头、岔路口等还放着他当时搬运的石头。

寨子坐落在绿水群山间的一个小盆地，海拔750米，盆地中间住着160多户人的村寨。这里不光有落差九层的瀑布，还有那诗歌一般美丽的孤柳梯田，让人不禁感叹深山之中竟有如此美景。秧里村依山傍水，村内群山环抱，清泉莹澈，溪流潺潺，民居与村落周边的田园和谐共生，共同构成了一个有机的整体。

瀑布

传统建筑

民居建筑：秧里的传统侗族民居为全木结构，其特点为干阑式建筑。民居大多数为穿斗式干阑木楼，左右连"偏厦"，楼下安置石碓，堆放柴草、杂物、饲养禽畜。侗居平面布置为"后寝，中堂，前为廊"的格局。走廊里边正间为堂屋，设神龛，左右侧为火塘。卧室设于两侧偏厦或第三层楼上。居民的生活居住在二层以上，以宽敞的通廊为起居活动的中心。

廊沿装饰

粮仓：共两处，分布在村寨中部及村寨东部。粮仓不大，都是四脚立柱，悬山顶、小青瓦盖顶或杉木皮盖顶。中柱是两根短柱托起屋顶。粮仓有两层，第一层是架空的，仅用于放少量的杂物；第二层用横板密封，架上便梯，用于存储谷物。粮仓都是集中修建。

孤柳梯田

传统民居

秧里村平面图

粮仓群

村寨一角

吃新节

斗牛

民族文化

七月半：即农历七月九日，是侗族民俗文化节，传承的是祭祖风俗。每逢此节，秧里村村民都要杀猪宰羊，举行当地传统的祭祖先、敬土地神、敬古树、敬鬼神等活动，彰显了独特的地域文化特征。

侗族大歌：侗族由于没有本民族文字，"记史"多依靠于"歌"。民族文化传承、生活习俗描述、社交礼仪、文治教化等都是通过口耳相传的吟唱。侗族大歌的音律结构、演唱技艺、演唱方式和演唱场合均与一般民间歌曲不同，它是一领众和，分高低音多声部谐唱的合唱种类，属于民间支声复调音乐歌曲，这在中外民间音乐中都极为罕见，侗族大歌不仅仅是一种音乐艺术形式，对于侗族人民文化及其精神的传承和凝聚都起着非常重大的作用，是侗族文化的直接体现。侗族大歌多声部、无指挥、无伴奏是其主要特点。模拟鸟叫虫鸣、高山流水等自然之音，是大歌编创的一大特色，也是产生声音大歌的自然根源。它的主要内容是歌唱自然、劳动、爱情以及人间友谊，是人与自然、歌手人与人之间的一种和谐之声，因此凡是有大歌流行的侗族村寨，很少出现打架骂人、偷盗等行为，人们甚至是"夜不闭户，路不拾遗"，如同陶渊明笔下的"桃花源"一般。

吃新节：为了庆贺丰收并祈福来年丰收而举行的传统农事节日。大多在农历六月至九月间农作物成熟或农作物即将丰收期间举行。节日那天，火塘边的方桌上摆着满盛糯米饭，饭上散有三节未出穗的禾苞，桌边置一长凳，凳上按一定距离各放一堆糯米饭和四尾鱼，两碗煮烂的瓜菜和两碗甜酒，以及干蕨菜拌和糯米、高粱制成的腌菜。旁边放上一双实心竹制的新筷子。摆放完毕，开始祭供祖先，先由年龄最大者烧香化纸祈祷祖先英灵。品尝各种饭菜，接着，按各房长次的顺序入席吃祭供的新食，共同祭祖宗祈福丰年。

斗牛节："斗牛节"是侗族同胞的传统节日。侗家喜欢斗牛，村村寨寨都饲养着善斗的"水牛王"。"斗牛节"是在每年农历二月或八月里逢"亥"的日子里举行。节前，各自约好对手，做好斗牛的准备。节日这天清晨，铁炮三响，"牛王"在锣鼓和芦笙的乐器声中进入斗牛场。这时一支支队伍，手持金瓜、月斧，举着各种旗帜，前呼后拥，绕场三周，算是"入场式"，也叫"踩场"。接着，各队牵着自己的"牛王"，举着火把，严阵以待。铁炮一响，他们便将火把往前一抛，参斗的两头牛从两端四蹄腾空，冲了上去斗作一团，一时难解难分。气氛紧张热烈，十分壮观。

人文史迹

鼓楼：共3处，位于村寨中部及村寨西侧。鼓楼以杉木凿榫衔接，顶梁柱拨地凌空，排枋纵横交错，上下吻合，采用杠杆原理，层层支撑而上。鼓楼通体全是本质结构，不用一钉一铆，由于结构严密坚固，可达数百年不朽不斜。

鼓楼

保护价值

秧里侗寨顺应地形，村落呈带状布局，结构完整。其建筑极具侗族村落特色，具有木结构干阑式建筑、石板地面等众多的极具当地特色的建（构）筑物元素。村落整体景观良好，自然协调，古朴静谧，是传统可持续人居发展模式的体现，从整体格局到建筑风貌，秧里都具有较高的科学与艺术价值。

陈婷婷 编

秧里村环境

黔东南苗族侗族自治州丹寨县兴仁镇排佐村

排佐村全貌

排佐村区位示意图

总体概况

排佐村历史悠久，至今已有600多年的历史。排佐在苗语中意为"山坡的尽头"。排佐村位于黔东南州丹寨县兴仁镇东部，距兴仁镇镇政府所在地约14公里，距丹寨县城25公里。该村共辖上寨、下寨、羊弯寨和宰佐寨4个自然寨。排佐村是由短裙苗组成，以苗族为主的少数民族聚集地。

2016年排佐村列入第四批中国传统村落名录。

村落特色

排佐村为苗族的超短裙之乡，民风淳朴，寨内古树参天，风光旖旎。寨内生态保持良好，民族文化厚重。排佐村资源丰富，目前尚存"芦笙堂""水塘""古石碑""古井"等文化遗迹。民居建筑依山而建，层峦叠翠，鳞次栉比，别有风味。古树名木、古井等历史环境要素遍布村域。

排佐村自然寨周围都是大片梯田，形成了浓郁的农耕文化与优美的田园风光，由于受耕地资源的限制，生活在这里的两个苗族支系的居民充分利用地形特点，在半山或田坝略陡的地方建造木楼，一栋栋木楼随着地形的起伏变化，层峦叠翠，鳞次栉比。

传统建筑

排佐村的历史传统建筑群数量较多，保存完整，有着独特的文化价值。排佐村为苗族人口的聚集地，村寨内建筑属苗族特色吊脚楼共108座。居民充分利用地形，沿山地等高线，依山就势，尽量少挖、填土方，将一栋栋吊脚楼落地而成，充分体现出苗族人民的智慧。

吊脚楼：排佐村苗族吊脚楼有全楼居和半楼居两种，或者称为全干阑式与半干阑式，当地俗称"楼房"和"半边楼"。全干阑和半干阑民居在形式、尺度、构造上基本相同，只是半干阑底层进深减半。排佐村上寨和下寨内苗居建筑多为一至三层，一层建筑多为附属用房，民居建筑以二、三层居多。在功能上，底层多为用于圈养牲畜和家禽，堆放柴草、农具和储存肥料等；空间低矮，层高2米左右；内部有的不加隔断，有的分间设以板壁；外墙处理方式多样，有通透敞开的，有加木条栅栏、芦苇等作维护的，还有采用现代砖砌筑围墙的。第二层为全家人活动的中心，有堂屋、卧室、退堂、火塘间等空间，堂屋又是迎客厅，嘉宾亲朋到来，常在此摆上长桌，设宴款待。第三层一般用作存放粮食、杂物，大户人家也用1～2间作客房或儿女的卧室。该层多用企口缝拼装，缝隙很小，便于直接堆放谷物，既减少单位面积的负荷，又利于自然风干。吊脚楼是苗乡的建筑一绝，它依山傍水，层叠而上。

吊脚楼

步道

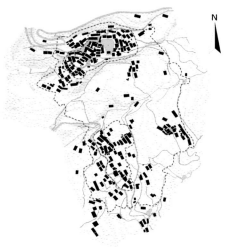

排佐村平面图

寨门

民族文化

排佐村是由短裙苗组成，以苗族为主的少数民族聚集地，排佐村有丰富的民族文化，主要的节日有翻鼓节、吃新节、苗年节等。

翻鼓节："翻鼓"节是由鼓藏节演变而来的，每年过两次，第一次为早春二月十三日后的猪场天，第二次为农历九月十三日后的龙场天，主要的节日内容为有祭祖宗、宴亲友，跳踩鼓舞、斗牛、唱歌、碴河比赛等。节日第一天清晨，各家蒸糯米饭、杀公鸡、煮鱼炒肉，在桌上或簸箕内摆上糯米饭、甜酒、鱼、鸡、肉等祭品，烧香纸，酹酒掐食进行祭祖仪式，仪式结束，接着各家与来客共同饮宴。下午在鼓头的带领下把木鼓抬到踩鼓场架起，咚咚嗒嗒地敲响起来。那些年轻姑娘们，一个个穿着彩绣与银饰满身、艳丽夺目的盛装，更显得美若山花。大家开始跳鼓，唱歌，放牛打架等。欢跳到天色黄昏，便收鼓回寨饮宴。二月"翻鼓"后不准再吹芦笙，理由是让广大苗族同胞集中精力做农活，才有吃有穿；九月"翻鼓"是庆祝丰收，预示来年风调雨顺，人畜兴旺，五谷丰登。

人文史迹

古石碑：碑立于芦笙堂北侧，碑上方刻有"利益往来"四个大字，碑面刻满苗名及数字，碑竖于清朝道光二十六年，主要内容为村民集资开展公益事业记载，虽年代久远，碑面风化，但字迹还依稀可见，此碑质为青石，高1.5米，宽1米。2011年，当地一位苗族寨老吴成阜老人（曾任丹寨县县长）在他83岁寿辰时出资在石碑旁再竖一碑，碑文为尊老爱幼、劝学为人之道。

古井：全村共有6口古井。其中一口古井位于村委斜后方，井口约5平方米，占地范围较大。

水塘：上寨水塘占地面积约1500平方米，由雨水及居民生活废水汇集而成，位于居民建筑聚集区之中，水塘两侧为青石板巷道和苗族建筑，水塘、木房和青石板巷道相互呼应，景观效果较好。该水塘面积较大，水塘内常年蓄水，为上寨防火起到一定作用，同时水塘内生长了多种水生植物，绿水荡漾，在蓝天映衬下水塘显得格外鲜绿、明亮。

水塘

芦笙堂：芦笙堂设于上寨中的自然水塘边，南北两侧是吊脚楼群，东为自然水塘，西有古木参天。芦笙堂原长20米，宽为10米，是村寨苗族同胞及来自四面八方的客人相聚跳芦笙和跳苗鼓舞的地方，同时也是苗族居民乘凉、交流的休闲场所。近年来，这里吸引着越来越多的中外游客，许多贵宾及旅游团也纷纷踏上这个神奇迷人的堂子，2013年6月，这里曾留下了贵州省时任省长陈敏尔的足迹。

翻鼓节

古石碑

古井

芦笙堂

保护价值

艺术价值：排佐村自古传承的传统舞蹈、传统节庆、传统民间技艺、民族特色美食等，均具有较高的保护传承价值。其中，排佐村的翻鼓节源远流长、神秘莫测、多彩多姿，它汇聚了苗族文化的精髓，被誉为苗族文化的瑰宝。

历史价值：排佐村历史悠久，元代随着苗族大迁徙迁居至今雷山县大塘乡渣多寨定居的刘磊（苗名、下同）、里磊、略磊、愁磊四兄弟最先迁入这片土地，先定居于现下寨的河沟边，后上山砍柴，发现一口山塘，搬至水塘边定居。整个村落保存着传统苗族吊脚楼群的风貌。村中有古井、古树，树为珍稀树种楠木，寨边有梯田、青山、绿水，美丽的自然环境与房屋相衬映处一幅美丽农村的特色村寨。几百年的生息繁衍、勤劳的排佐村民和肥沃的土地共同造就了排佐的历史文明，具有较高的历史价值。

王　刚　黄　丹　王　倩编

斗牛场

排佐村远景

黔东南苗族侗族自治州榕江县平阳乡硐里村

硐里村局部

硐里村区位示意图

总体概况

硐里村位于榕江县平阳乡南面，距乡政府所在地10公里，由平阳集镇向南经列辰村可达。村寨北连列辰村和领培村，南接平永镇的平由村，西邻俾友村和塘啥村，东抵乐里镇的兴龙村。硐里村形成于明朝时期，至今包含有巴略、亚猛、羊调、嘎晓4个自然寨，307户，共1335人，以侗族为主，村域面积11平方公里。农民收入主要来源于种植水稻、辣椒和稻花鱼养殖等。

硐里村境内属于长江水系和珠江水系分水岭，山高谷深，气候变化大，属亚热带季风性湿润气候。

2019年硐里村列入第五批中国传统村落名录。

村落特色

硐里村是个逐河而居的村落，村落盘踞于小河两岸，南北走向。整体布局沿小河两岸大致呈间断性分布，村寨周围山势高耸，沿小溪两岸土地肥沃，适合耕作。村寨选址依山傍水，山高水足，周边田园广阔，植被茂密，村寨、山、水、农田相得益彰，营造出优美静谧的人居环境。

村落环境

传统建筑

硐里村邻水依山发展，传统民居一般为四排三间的木构地屋或吊脚楼，建筑朝向根据地形地貌而定，充分体现着因地制宜、因地取材的建筑智慧。建筑屋顶形式有悬山顶和歇山顶，屋面盖小青瓦，楼檐翘角上翻如展翅欲飞；四周安装原木板壁，或者垒砌土坯墙的木结构楼房，留有小矩形窗口；建筑门窗以及装饰以木质窗花、木门为主，屋檐多雕刻有地方花纹。

三层吊脚楼一般底层不住人，用来饲养家禽和堆放农具和重物；二层为饮食起居，正中间为堂屋设有神龛，两边设"火塘"，烧火取暖；第三层为卧房。空间分配既在通风、除湿等方面体现着有效的功能性，也充分考虑了山中居民生活饮食起居的实际需要，融舒适性与实用性于一体。

传统建筑

传统建筑

传统建筑

硐里村平面图

民族文化

吃新节："吃新"是个农事节日，多是为了庆贺丰收并希望来年丰收而过的节。节日期间，男女老少都身着节日盛装，特别是姑娘要穿银带花、项圈、手镯、耳环等各种银饰凡有的都戴上，有的还在百褶裙外套上条裙，全身银饰叮当，鲜艳夺目。为了感谢祖先之恩，吃新节这天，每家每户到稻田里摘取谷穗3棵，象征当年的新谷，开田捕捉当年放养的鲜鲤鱼，并备好爱吃的糯米饭、鸡鸭肉以及蔬菜等，祈望当年粮食获得丰收。

禾兜节：其广义是为了庆祝一年的辛苦耕作得到了丰收，以及祈求来年有更好的丰收。在辰戌日这天，为了迎接禾兜节，硐里村的村民闻鸡而起，把房前屋后以及村内巷道打扫得干干净净，村寨焕然一新。家家户户都在准备着美食，桌上美食有糍粑、酸汤鱼、腌鱼、腌肉、糯米酒等。

四月八：硐里村族人管四月八为牛王节，侗语意为"为牛生日会餐"。这一天各家的妇女都在家里为牛煮白米饭，炒油茶，条件好的还要煮鸡蛋供牛食用，以示在春耕大忙之前，人们对它的深情慰问和热情奖赏。

人文史迹

古树：硐里村周围山林植被茂密，古树以单株和古树群的形式散布于村落内外，主要有枫树、麻栗两种，古树长势良好。单株分布的古树有11棵，古树群有1处，古树群约有古树15棵。村落内古树都已经有百年历史。

古井：村落内共有5处清代古井，其中硐里自然寨2处，羊调自然寨3处。古井均有石块搭建的井口，保护完整。现状井水连年不断，水质较好，部分古井村民仍然经常使用。早年古井作为村落的主要水源，滋润着村落内的世代居民。

此外村落内还保留有部分传统特色的巷道，巷道由石块铺设，石台阶与两侧民居建筑相映成趣。

古墓：硐里村硐里寨西侧山地中保留有1处古墓，该墓为清朝道光年间石氏老人坟墓，墓碑有石雕图案，从古至今都有后人每年清明扫墓祭奠，场面隆重。

风雨亭：位于巴略寨北侧靠近河边建有1座侗族风雨亭，亭廊为五重檐屋顶，木结构建筑，覆盖小青瓦，屋顶飞檐制作精美；其平面呈长方形，沿廊建有座椅、围栏，是村落内居民休憩的主要场所之一。

古枫树

古井

风雨亭

保护价值

硐里村的村寨格局、空间肌理、传统民居建筑形式和民族文化在当地都具有较强的代表性。硐里村选址于山脚溪畔，依山而建，择水而居。吊脚楼屋和木构地屋分布溪岸，掩映于山林之中，有着优美静谧的人居环境。古树、古井等历史环境要素和民族节庆等非物质环境要素内容丰富，保护和传承价值较高。

侗族传统村落是侗族文化的符号、象征与标志，也是侗族文化传承的载体，硐里侗寨依山而建，择水而居展现出负山带水、古风淳朴的特点。平缓地块开耕，坡地迎山建房，体现了侗族人民的建村智慧。侗族村落的选址、民居建设、民族节庆、生活习俗等都已经转换成侗族文化的自然语言，承载着侗族原生态的信息，成为侗族文化的载体，使得侗族文化在现代的社会中得以延续和发展。

陈　浩　刘俊娟　刘　恬　编

吃新节

吃新节五色糯米饭

四月八

古墓

古道

禾兜节

黔东南苗族侗族自治州锦屏县平秋镇魁胆村

魁胆村全貌

魁胆村区位示意图

总体概况

魁胆村位于锦屏县西北部，平秋镇东部，距县城16公里，距平秋镇政府驻地7.5公里，852县道自东向西穿过村域南部，全村共257户，1172人。传说元代前期，周姓先人最开始迁入魁胆，发展距今有700年历史。

2019年魁胆村列入第五批中国传统村落名录。

村落特色

魁胆村崇山峻岭，整体地势南高北低，村落位于山间盆坝之中，村内两畔田畴，溪水中流，于西北左右两处小山为屏障。建筑依山而建，负阴抱阳。东靠叩洪老山脉，南靠岑榜山，西靠高杰山，北面有突兀而立的小山如狮象护守，东北面有培力山作寨，全村古树名木众多，溪流密布，流域绵长，境内共有4条小溪，主要为魁胆溪、圭勇溪、便大溪、残耶溪，还有周家坡、世堂居、铜锣坡、格勒洞、杉王亭等多处景点。

传统建筑

魁胆村是以侗族聚居的村寨，传统建筑多为三间三层两檐杉木质结构楼房。正中一间比两侧间稍宽，有的还在正屋两侧配一间小屋。楼层用于防兽和防盗等安全考虑，一层大多用来关畜禽和安置春碓、厕所及堆放柴草等物。二楼前面有向外延30多厘米的一排吊脚方形柱，柱脚坐在延伸出来的"千斤"枋上，以扩大二、三楼的空间。三楼前半腰处加盖一层檐，俗称"二檐"，其作用是晾晒物品和遮挡二楼的阳光和雨水。二楼为家人主要的起居活动层。从一楼通过楼梯上到二楼，先通

过走廊进入堂屋，堂屋两侧前面一间为夫妻卧室或客房，后面一间为火塘间（若两兄弟共一幢则两间均为火塘），是家人平时饮食和冬天烤火取暖之处。堂屋前廊道上方比二楼楼板高（上抬）1米左右，以增加堂屋前部高度。走廊和堂屋外侧上方开有窗户，窗户有的为无格开口窗，有的则为方格窗。三楼中间为大通间，平时用于堆放杂物，有酒宴时则摆桌席，两侧前面光线较好房间用作未婚子女卧室或客房。

传统民居

魁胆村平面图

民族文化

六月尝新节：尝新节是魁胆村一年中仅次于除夕的重大节日。其时间为农历六月第一个卯日。此时，田里水稻有的已开始打苞。当天清早，妇女到园里采摘各种新鲜蔬菜，小孩到坡上砍箸竹削成筷子。家家户户都蒸糯米饭，备酒肉（以前多要备牛肉）、捉田鱼、杀鸡。在上午，先祭祀祖先，然后宴宾客。祭祖先要备12种鲜蔬菜、12尾鱼、12碗蒸糯饭、12杯酒、12张烧香纸，作长揖，口念祭词，追忆祖先迁徙到魁胆路途艰苦，感谢祖先恩德，祈求继续护佑，祭祖结束，便吃节宴。节前几天，每家都要通知自家姑妈、姊妹和朋友来过节，魁胆村过尝新节主要有文艺演出、唱侗歌、打篮球等。

尝新节活动

祭桥节

山歌对唱

斗鸡场

功德碑

祭桥节：祭桥节又称"七月半"，节日为农历七月十四。这天，每家都制作祭粑，由妇女们到家人经常走过的桥上和路边土地祠公祭祀神灵，有的还到村庙和家人寄拜的古树、水井边祭祀。祭祀时，若发现桥梁损坏，便予以修整。晚饭前，在家里祭家先人。晚饭后，到屋外给未能进屋受祭祀的先人烧香纸。

侗家油茶：侗家油茶是魁胆村里传统副食，可称侗族的第二主食，也是待客的重要食品。逢年过节，迎亲待客必做。其做法，先将适量大米放入锅里用文火炒至老黄微煳，加猪油（或茶油）炒香，再加水煮，然后放入油茶豆或红饭豆一起炖煮软熟，再放些老茶叶、骨节茶等香料同煮。待茶叶充分吸水有香气后，再加入冷饭、红薯片或嫩玉米等。逢节日喜庆，还要加入糍粑、米花等。油茶有助消化健胃，老少皆宜。

斗木牛：斗木牛是魁胆村特有的青少年传统体育活动。木牛也称作"松牛"。先上山寻找盘节上长有向四方伸展枝丫的松树，砍回家将两丫用火烧，烤弯成水牛角（长20厘米左右）的模样，另两丫作长1～1.2米的操纵柄，再晒干涂色。打斗时，体力差不多的双方各持一牛，手持把手，将牛角对攻。斗木牛仿照真牛打斗，有碰、挑、掰等动作，不许接触对方身体，以一方木牛损坏

或对方体力不支认输为止。观众在旁加油鼓励，裁判在一侧观察。若双方角斗时间太长而胜负未分，就由两队观众用绳子套住木牛角往后拉，以示"劝斗"。

十八杉栽培技术：魁胆村"十大杉木王"家喻户晓，王佑求等人总结出"一年三季栽杉、两季育苗"的经验。1979年王佑求被国务院授予"全国劳动模范"称号，1995年3月，魁胆村被全国绿化委员会授予"造林绿化千佳村"称号。

人文史迹

功德碑：用于记载、传承村民修建道路捐款明细，立于嘉庆九年（1804年）甲子岁冬月，至今已有200多年历史。

斗鸡场：主要用于村民举行斗鸡比赛，双方各自放一只斗鸡在场内进行搏斗，直至对方退缩。

南岳庙：南岳庙在村东北高捧半坡上。始建于清后期，民国中期重修，为纯杉木结构，三间，中间为神殿，供南岳帝君等像，两侧为厢房。村人还成立南岳会，置有会山和会田，由该会不定期主持举行打清醮等集体祈福消灾活动。

渡槽：20世纪60年代农民修建水渠灌溉农田，70年代修建圭勇水库，并不断完善灌溉水渠，90年代在东头高勇处将水渠改成"U"形铁质水管，后又将"U"形水管改成钢筋混凝土水泥渡槽，该渡槽反映了魁胆人70余年来对农业灌溉设施的进步与完善。

侗家油茶

十八杉栽培技术

南岳庙

渡槽

保护价值

魁胆侗族至今保留有传统的生产习俗与传统劳作方式，基于民族、地域、建筑、歌舞、宗教文化的载体，为侗族艺术文化提供了特殊的见证。是清水江木商文化与侗族古文明完美结合的"活化石"，如尝新节、祭桥节、婚丧嫁娶、节庆礼仪、饮食服饰等民间手工艺都带有浓重的地方民族色彩，这些不仅是当地侗族人民的生活也是具有宝贵价值的文化遗存。

刘　翼张　奕编

斗木牛

魁胆村环境

黔东南苗族侗族自治州凯里市下司镇清江村

清江村全貌

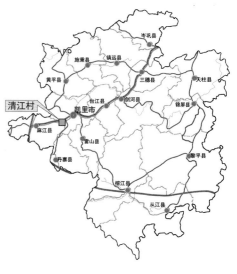

清江村区位示意图

总体概况

清江村地处下司中部，镇政府和下司古镇旅游景区所在地，是一个以苗、汉、仫佬等民族聚居的大村。秀丽的清水江、320国道、司晨公路、滨江大道、沪昆高铁和凯麻高速公路穿村而过，凯麻高速公路下司出口收费站距村委会0.5公里。清江村辖7个村民小组，12个自然寨，1088户，4670人。

2019年清江村列入第五批中国传统村落名录。

村落特色

清江村沿着清水江江畔而居，清水江自村域西南往东北方向穿流而过，两岸田园宽阔，水源丰富，田土肥沃，物产丰富。

清江村村落格局特征主要体现在构成其既富有变化又和谐统一的传统格局的边界要素和层次丰富的内部空间上。

流淌而过的清水江，四周环绕延绵的山脉、辽阔的田坝或是蜿蜒曲折的田间小道以及风雨桥等诸多要素相互穿插间隔构成清江村村落的边界。各边界要素承担自己的功能之外，相互融合相互映衬，构成

良好的景观模式。在内部空间上，沿清水江边，按一定的秩序聚集形成一个带状聚落，穿寨而过的串户路和枝状发散的步道将村寨分隔成不同形态结构却又相互联系的各个小组团，民居组团内部穿插的风雨桥、凉亭、小广场等营造的内部空间构成聚落的主要节点，整体空间点、线、面层次分明，传统格局形态凸显。

清江村的整体风貌主要由人工要素、自然要素、人文环境要素构成，因年代久远，多年来依靠群众自觉的保护意识，清江村部分建筑、环境要素、村落格局等保存较好，老街仍然延续原有的传统村落风貌。

传统建筑

传统建筑

山河风光

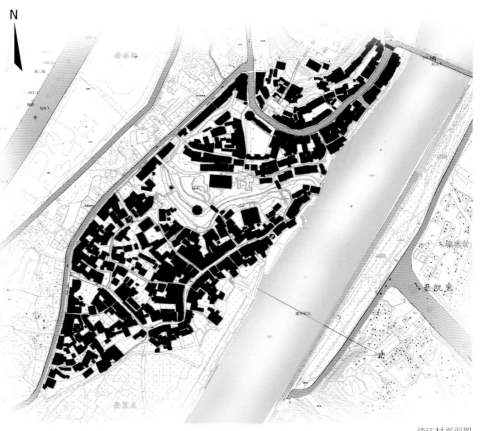

清江村平面图

清江村沿江传统建筑主要以干阑式传统民居吊脚楼为主，原始的传统建筑主要为木结构，上盖小青瓦，窗户为木质格

传统建筑

窗。吊脚楼竖向空间为三个功能区，即吊脚层为牲畜杂物层，二层为生活层，三层为粮食储藏层。其中二层为主要楼层，一般为三开间，一般在二层的中间屋子设"美人靠"，美人靠是特制的栏杆，可坐可倚，栏做成曲线形凸于檐外，十分美观，凭栏可观山望景，独具苗族民居特色。近年来村民为提高住房质量和安全防火等特性，多采用砖混结构建房，外墙整体进行贴木还原传统风貌，新建房屋的结构形式发生较大改变。

苗族民居包括堂屋、卧室、火塘间、厨房等主要部分，以及贮藏、杂务、挑廊等辅助部分。平面布局主要是围绕堂屋布置其他空间，形成以堂屋为中心的放射形平面空间布局特征。

民族文化

赛龙舟：清江村沿着清水江江畔而居，隶属下司古镇，下司古镇冠有"中国龙舟冠军之乡"之美誉，因此清江村也有着丰富的龙舟文化。

赛龙舟

土香制作：土香制作的产生并没有具体的记载，但至今发展盛行，尤其是以清江村，至今仍以活态方式传承。村落的发展离不开土香制作，同时也带动了整个村落经济的发展。

土香制作

二月二拜桥：所谓拜桥，是在农历二月初二举行，主要是针对小孩体弱多病、不听话的一种祈福仪式。需要准备糯米饭、红鸡蛋、酒等到当地桥边祭拜，拜桥为干爹，或者在桥上遇到的第一个人拜他为干爹，让他为孩子另起名字，保佑孩子快乐成长，幸福安康。

二月二拜桥

人文史迹

清雍正七年（1729年），云贵总督鄂尔泰和贵州巡抚张广泗令民工疏浚河道，后又经乾隆二年（1737年）、二十六年（1761年）和光绪八年（1882年）多次整治，航道畅通，下司逐渐发展成为水码头和物资集散地。

嘉庆十三年（1808年），下司被辟为商埠，当时镇上商贾云集，马帮成群结队，商号、货栈、会馆、餐馆遍布街巷，彻夜营业，被誉为"小上海"。现在两岸大街还保留着清乾隆四十四年（1779年）

古树

修建的条石铺砌成扇形的30余米的石级大码头和小码头，以及禹王宫、观音阁等古寺、古殿宇遗址、古居民、古巷道。位于清江村观音山半山腰上依山而建的观音阁至今保存完好，香火鼎盛。

清末至民国初年，这里的商业特别兴盛。有贵阳、安顺、兴义以及省外云南、四川、湖南、湖北、江西、福建的商帮长驻镇上，设有川滇会馆、江西会馆、两湖会馆、福建会馆等。各会馆的富商在镇上开设庄号，经营各种商品。据民国7年（1918年）统计，下司有商户197户，从业人员583人，资金21.75万银元。每逢场期前一天，省内外船只车马纷至沓来。停泊江上商船成百上千，船上灯火，倒映江里，灿若繁星。民国23年（1934年）公路通至下司后，下司商户自购汽车10辆运送货物，为当时黔东南拥有汽车最多的城镇，中华人民共和国成立后，这里的商贸仍很繁荣，是黔东南州较大的农村集市之一。

保护价值

清江村历史悠久，村民保留了大量传统的生活方式。最早是仫佬族人居住在此，后有苗族人西迁至此，逐渐形成村落，仫佬族人和苗族人共同合作，改良耕作方式，生活习惯相互融合。

错落有致的空间格局是顺应着地势逐步发展起来的，沿着江岸顺势分层，江岸民居以吊脚楼为主，立面空间与江面相融合，现有的街巷空间、公共空间和建筑形式，均是在各个时代自然生长而成，体现了时代的延续性。

吴缘缘 严 毅 编

村落一角

黔东南苗族侗族自治州丹寨县南皋乡清江村

清江村全貌

清江村区位示意图

总体概况

清江村位于丹寨县城北部，南皋乡政府所在地西部；东至石桥村，南抵兴仁镇窑货村，西接麻江县宣威镇的卡乌村，北与凯里市舟溪镇的情郎村接壤。村落背靠苗岭山、大登高山，整个村寨坐落在半山腰上，是一个典型的苗族聚居村。清江村原本是一个宗族村，明末清初时期，受到战争影响，迁徙至此。

村庄辖5个村民小组，4个自然寨和1个移民新村，共1042人。全村国土面积4.54平方公里，村庄如今主要依托石卡路进行对外联系。

2019年清江村入选第五批中国传统村落名录。

村落特色

清江村背山面水，前阔后高，村庄沿南皋河两侧展开。因受传统的"天人感应"影响，大部分村内房屋均坐山面水，古树则主要作为护寨林位于后山。清江村

的空间格局充分体现了山地村落与自然山水的密切关系，一方面，山水环境为村落形态的形成与发展提供了物质保障和有利条件，同时增强了其景观特色，村落的空间组织上充分体现着对山水的依存关系。另一方面，受到苗族传统"择山而居"的理念，村落整体布局上顺应山水环境，空间组织上顺应地形特点，与自然山水格局吻合，村落整体特色不拘一格。

传统建筑

清江村的建筑中，98%以上都是传统苗族民居，60%以上的建筑修建年代超过70年，近年来的新建建筑均经过提升改造，村寨整体呈现传统建筑风貌，属于山腰顺势分层筑台型村庄，错落有致的整体格局体现了苗族的典型风貌。

苗族民居的传统建筑大多都是纯木结构，并且多为两排一间两厦和三排两间两厦，建筑材料多用杉木，屋顶为歇山式，用小青瓦覆盖。而清江村由于地形和环境因素，寨貌总体成"金字塔"形，坐卧山间，体现出原始苗族建筑风格，村寨的传统建筑以吊脚楼为主，是苗乡的建筑一绝，整体建筑呈现依山傍水，鳞次栉比，层叠而上的特特点。

清江村的传统建筑为研究苗族村落的生活空间、生态空间提供了真实依据。

传统民居

村寨环境

传统民居

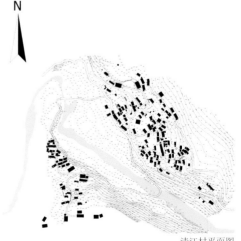

清江村平面图

民族文化

苗族刺绣：苗族刺绣在2011年入选我国第三批国家级非物质文化遗产名录，具有极高的艺术价值，在苗族村落中，刺绣是苗族妇女的特长，很多作品都具有技术高超、造型奇特、想象丰富、色调强烈、风格古朴的特点。苗族刺绣图案色调多种多样，黔东南地区多以龙、鱼、蝴蝶、石榴为图案，喜欢红、蓝、粉红、紫等颜色。艺术大师刘海粟对苗族的工艺给予很高的评价："缕云裁月，苗女巧夺天工"。古藏衣上刺绣的蝴蝶纹，是苗族纹饰中最常见和最重要的装饰文化，除了蝴蝶纹绚丽的因素外，还与苗族一个家喻户晓的神话传说"蝴蝶妈妈"相关。在苗族人的心目中蝴蝶妈妈、大宇鹊鸟是苗族的始祖，是创业者，把这些蝴蝶、鸟纹绣在衣服上用以表示对祖先的尊敬与崇拜。这些图案还有明显的阴阳结合、创造生命的寓意，表达了苗族祖先对自然、宇宙和对生命起源的理解和认识。

苗族刺绣

翻鼓节：清江苗寨翻鼓节是贵州省级非物质文化遗产，庆祝翻鼓节有定期和不定期两种；即便是定期，苗族各个分支中所定的时间也是不同的。有的地方每3年、7年、13年举行，也有的地方是按照5年、9年举行，而有的地方11年举行一次。每逢"翻鼓节"，复杂的祭祀仪式是它独有的特色之一。一般来说会分为接双鼓、制新单鼓、斗牛、宰牛、送饭等步骤。供族人祭祀用的神鼓，一般以整段楠木凿空而成，两端以牯牛皮蒙住。这种神秘的大鼓一般会有双鼓和单鼓之分。双鼓顾名思义是由两只大小相同的鼓组成，鼓身长约170厘米，直径约30厘米。苗族翻鼓节，是进入农忙前唯一的盛大活动，是本地苗族内部和各族人民大联欢的盛大节日。

清江村翻鼓节寨门迎客

清江村翻鼓节

木鼓舞：木鼓作为苗族人民文化传统和生活模式中的构成部分，其具有血缘认同、凝聚氏族精神、记录历史、教育后代、以武传情、传播民族文化等多重功能。人们随着木鼓鼓点，头、手、脚的大幅度摆动，动作随着鼓点变化而变化，动作粗犷豪放，洒脱和谐，潇洒刚劲，激越豪迈，热情奔放，体现了苗族顽强的气质和坚强的生命力。

苗族木鼓舞

芦笙舞：又名"踩芦笙""踩歌堂"等，因用芦笙为舞蹈伴奏和自吹自舞而得名。它流传分布于贵州、广西、湖南、云南等地的苗、侗、布依、水、亿佬、壮、瑶等民族聚居区，是南方少数民族最喜爱、分布最广泛的一种民间舞蹈之一。

芦笙舞是边吹"芦笙"同时以下肢（包括胯、膝、踝）的灵活舞动为特征的传统民间舞蹈。在苗族的集会活动中，无论悲喜，都要跳芦笙舞，该舞距今已有两千多年的历史，是苗族人民珍贵的艺术财富，智慧的苗家人在传承中不断丰富发展了芦笙的内涵。随着非物质文化遗产保护意识的逐渐加强，这种艺术形式不断焕发出新生机。

芦笙舞表演

芦笙舞集会

人文史迹

根据历史文献记载和苗族口碑资料，苗族先民最先居住于黄河中下游地区，其祖先是蚩尤，"三苗"时代又迁移至江汉平原，后又因战争等原因，逐渐向南、向西大迁徙，进入西南山区和云贵高原。

自明、清以后，有一部分苗族移居东南亚各国，近代又从这些地方远徙欧美。清江村原来是一个宗族村，为田姓家族聚落。明末清初，因受战乱影响，清江村祖先由江西迁徙至此。

保护价值

清江村四面环山，村寨点缀在山峦之间，清江村大寨和岩寨两个村寨坐在峡谷东西两岸，之间镶嵌着成片的耕地，自南向北的南皋河从峡谷蜿蜒而过，形成了幽静的天然环境，坐拥一方"桃花源"圣地。井然有序的传统民居整体顺应山势地形布局，在其建筑材料的使用上与村庄整体传统风貌协调统一，无不展现其村落的空间整体格局。

清江村具有丰富的物质文化和非物质文化遗存，是苗族文化的活载体。村寨传统文化相对完好地保存遗留下来。当地苗族人民丰富的节庆活动、独特的木构建筑、热情好客的生活态度，展现出贵州苗族多彩的民族文化和魅力。

刘　娟　袁棕瑛 编

村落环境

黔东南苗族侗族自治州丹寨县排调镇排结村

排结村全貌

排结村区位示意图

总体概况

排结村位于排调镇人民政府东南部，距镇人民政府驻地11公里。与麻鸟村，方胜村相连，南面与雅灰河相望，村域面积4.36平方公里，共5个村民组，共计152户，622人。

村落建于半山地势较高的半山腰，民居沿山体等高线及山脊线布置，高低错落，疏密有致。

据当地老人唱述的"苗族祭祖歌"描述，韦、莫两姓祖先沿都柳江而上，先住榕江大坝，后迁三都高硐，又经排倒、排莫，先居于河边的扬物一带，最后落居当地，从建寨至今至少有上千年历史。

排结村2019年被列入中国第五批传统村落。

村落特色

排结村是一个苗族聚居村落。在整体选址上讲究群山环绕、寨田相依、背靠山林。公路从寨中山脊穿过，山脊北侧的大寨南侧为小寨，成组成团，形成了宜人、

村寨环境

朴实、优美的独特人居环境。同时，形成了具有特色木结构落地楼民居建筑与田园山林风光互相辉映的和谐生态景观。

传统建筑

排结村传统村落内民居大都传承着苗族传统民居的特色和风格，村落内建筑多依山地斜坡向上而建木结构落地房，建筑基地一般是对斜坡挖方并用粗石块砌成直立的石壁作为保坎，经过填平加固处理后形成平坦牢固的地基层，没有吊脚，二层出挑走廊，装有美人靠，充分体现着因地

传统民居

制宜、因地取材的建筑智慧。

传统建筑以木结构为主，立柱、穿枋、楼板、檩椽、内外墙板等都是木制构建，房顶为人字形，房屋通常是三间正房(个别富裕人家修五间正房)，分上下两层，每间宽约4米，中间正房为堂屋。正中开大门，门的两侧各开一窗，与大门相对的板壁上安有祖先的香火、神龛。这是祭祀祖先、接待客人进餐和家人休息的场所。堂屋左右两大间，两旁的正房楼上作存放粮食及农具之用，有楼梯上下；厨房和舂米房一

传统民居

般设在正房以外的偏房里，其余牛栏、猪圈、鸡鸭窝和厕所都修在正房外的空地上。平房一般都是灰黑色瓦房，用青瓦盖顶，木板作壁。

民族文化

排结村保存了大量民族文化习俗，如苗年节、元宵节、苗族斗牛等传统节庆活动，纺织、印染、刺绣等传统工艺，芦笙舞、锦鸡舞、铜鼓舞等传统舞蹈。

锦鸡舞：锦鸡舞（芦笙舞）属于国家

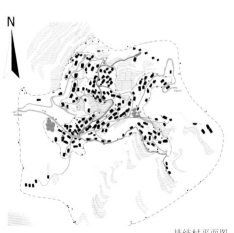

排结村平面图

芦笙舞

苗族元宵节

古树

级非物质文化遗产（2006年第一批），锦鸡舞发源于贵州省丹寨县排调镇境内，流传于苗族"嘎闹"支系中穿麻鸟型超短裙服饰的排调、排结、也改、加配、党早、麻鸟、羊先、羊告、也都、雅灰、送陇等苗族村寨。传说这支苗族的祖先住在东方大平原上，后来迁到一个叫"展坳对社"的沙滩边居住，又因洪灾而沿江上行来到丹寨县。在丹寨县定居后，苗族的祖先们一边开田，一边打猎充饥度日。由于锦鸡帮助他们获得了小米种，帮助他们度过饥荒，所以锦鸡就成了他们的命运吉星。于是，他们仿照锦鸡的模样打扮自己，并模拟锦鸡的求偶步态跳起了芦笙舞。

铜鼓舞：苗族铜鼓舞属于国家级非物质文化遗产（2008年第二批），排结村苗族铜鼓舞，就是以铜鼓敲奏作为伴奏而跳的苗族民间传统舞蹈，千百年来流传至今，为苗族逢年过节、喜庆日子、部分丧事等最为常见的舞蹈之一。

苗族元宵节：排结村的元宵节和中国传统的元宵节时间是一样的，每年农历正月十五，据当地寨佬介绍，元宵节是排结村寨最隆重的节日，因为元宵节的时间比较符合他们村寨的实际，全村人员都积极参与，它能够总结过去一年的收入与支出，平安与健康，失败与成功。对于新的一年应该如何部署，生产生活如何安排等。这个节日大家可以载歌载舞，热闹非凡。放烟花爆竹送去五谷丰登的旧一年，用悠扬的锦鸡舞、铜鼓舞来迎接新一年的开端。

人文史迹

排结村锦鸡苗族，是苗族的一个分支，属于亚族群，自称旮弄（又写嘎闹），因崇拜锦鸡（凤凰图腾）并在重要节日和祭祀活动中跳锦鸡舞而得名，聚居在贵州东南部。从建寨至今至少有上千年历史，他们的祖先来自古邦楚国，有自己的民族语言，远祖系蚩尤，在其祖先迁入当地后，开田拓土，繁育后代。锦鸡苗族的少女和妇女艳如锦鸡，风情万种，其中穿着的百褶裙较短，只有5～7寸之间，长不过膝，勉强盖住臀部，春光迷人，神秘美丽。

保护价值

排结村形成了依山就势、与自然环境和谐相融的聚落形态格局。寨内街巷系统及大量的居民建筑保存完好，民居建筑以吊脚楼为主，村落四周农田环绕，寨角、寨边古树相映，显得幽静、安谧，颇具山区乡村的传统韵味。寨内大部分民居建筑修建年代久远，虽历经沧桑，残破缺损，但依旧固守着传统风采。达荣村达洛寨作

为一个传统村落，保存了苗族村落相对完整的、真实的历史遗迹，同时附带了较多的历史文化信息，完整地体现了当地传统民风民俗，见证了该地区的生活方式和文化特色，具有较高的历史价值。

排结村具有丰富的物质文化和非物质文化遗存，是苗族文化的活载体。村寨传统文化相对完好地保存遗留下来。当地苗族人民丰富的节庆活动、独特的木构建筑、热情好客的生活态度，展现出贵州苗族多彩的民族文化和魅力，值得后人借鉴。

村落传统建筑以木料为材，以传统民居建筑、环境要素构成了独特的传统环境要素，采用梁、柱、檐、椽搭建而成。经济条件好的农家的民宅檐底层层叠叠，辅以多种多样的花、草、几何图样等木雕纹饰，其建筑细部工艺高超，大大增强了艺术的装饰效果，体现了村落的艺术价值。

邓　超　刘　娟编

苗族斗牛

粮仓

锦鸡舞

村寨环境

村寨环境

黔东南苗族侗族自治州雷山县丹江镇排翁村

排翁村全貌

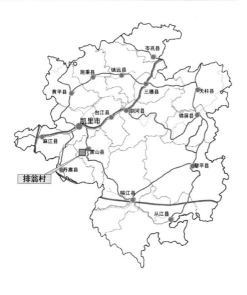

排翁村区位示意图

总体概况

排翁村位于丹江镇西南部，北邻乌开、掌排村，西面临望丰乡五星村，南临大塘镇新桥村、独南村。村域面积为7.8平方公里，距县人民政府所在地5公里，进村道路蜿蜒曲折。村落包括排翁大寨、排翁小寨、雄兰3个自然寨，共181户，727人，为苗族村寨。

排翁村起先为从江西迁徙而来的李姓家族，随后杨姓祖先杨保九携带家人从水电村中寨搬至排翁村排开，而莫姓是从外地逃荒到此，被杨氏家族所接纳，最早依附杨氏住在排开。1957年，受自然灾害的影响，杨、莫两姓搬迁至李姓家族居住的地方，即今天的排翁大寨。20世纪80年代，任姓的祖先随母亲改嫁到排翁的莫家。此后，排翁村李、杨、莫、任四个姓氏家族和谐相处，共同生活在这个山清水秀、古树环绕的"世外桃源"。

村落东南部的脚坝山海拔1200米，山顶可俯瞰雷山县城及其周边区域，山上大塘风力发电站风车群景观独特。

2019年排翁村传统村落列入第五批中国传统村落名录。

村落特色

排翁村位于县城沿乌坝溪一侧约5公里蜿蜒曲折的道路尽头，依傍在乌坝溪河谷地较矮的保岛羊西山两侧的山坳里。村落退出溪流两岸少量的水田，在陡坡上分层筑台而居，由排翁大寨、排翁小寨、雄兰3个自然寨组成，形成一个古寨、两处新寨的村落格局。排翁大寨是最早修建的村寨，棕墙黛瓦的苗族民居建筑退河靠山分布在排翁河两岸，多座小桥横跨在河上连接两岸民居。排翁小寨位于山下河边依山傍水而筑，雄兰在山上林间建寨。

"溪转路头见苗寨，群山连绵送青来。"排翁村自然环境优美，连绵青山如屏似画，潺潺碧溪穿田绕寨。

传统建筑

排翁村选址独特，传统民居建筑依山就势，以河为界，两面相对，一面坐北向南，一面坐南向北，建筑风格独特，细节雕刻精美。民居建筑多为"一"字形布局的苗族吊脚楼，常以一家一栋的传统居住方式为主，吊脚楼一般分为三层，下层为家畜圈舍吊脚层，二层为人居住的生活层，三层为客房或堆放杂物的储藏层。中层的堂屋宽敞明亮，外廊有"美人靠"，配以曲形木条或花格栏杆，供乘凉或会客用，也是观景、绣花的地方。此外，还保存有大量的凉亭、粮仓、碾米房等，至今保留下来的传统建筑共166栋，占村落建筑总数的69%，其中98%的传统建筑仍在使用，且保存状况良好。

排翁村平面图

排翁村传统建筑

排翁村传统建筑分布

苗族吃新节

凉亭

排翁村传统建筑分布

苗族酒礼歌

古桥

民族文化

依托排翁村存在的非物质文化遗产已有百年之久，主要包括传统表演艺术、民俗活动、礼仪、节庆、传统手工艺、民间故事等方面，如国家级非物质文化遗产苗族鼓藏节、苗年、苗族芦笙舞、苗绣（雷山苗绣）、苗寨吊脚楼营造工艺；省级非物质文化遗产苗族扫寨、苗族吃新节、苗族三月坡、苗族服饰文化、苗族酒礼歌、苗族植物彩色染技艺；州级非物质文化遗产苗族谷歌、雷山苗族婚俗、苗族祭桥节；其他文化表现形式如苗族板凳舞、苗族民间故事等。其中，较为有特色的是苗族三月坡，又称"游坡节""爬坡节"，是男女青年接触交往的节日。排翁村与附近村寨游坡时间不统一，而是采取循环举行的做法。每年农历三月至四月间，大地回春，万物复苏，这时节只要到苗家的山寨来夜宿，在夜深人静的睡梦中，就会听到音质纤细、旋律优美、婉转悦耳的歌声，除了邻寨的苗族同胞和其他民族的男女青年参与外，附近其他县的青年也来参加。在爬坡场上主要活动内容是"游方"，即男女谈恋爱。此外，还举行斗鸟、拔河等民间活动，人数可达上千人之多。2007年，苗族三月坡列入第二批省级非物质文化遗产名录。

人文史迹

芦笙场：芦笙场是位于排翁大寨西部、排翁河畔的村委会旁，排翁村的公共文化活动、芦笙舞、扫寨等都在芦笙场举行。

排翁凉亭：建于20世纪80年代，为长方形木结构建筑，三面设木质坐凳，顶部为小青瓦覆盖的悬山式坡屋顶，正脊中间设脊花，现状保存良好。

古桥：排翁村苗族有祭桥习俗，因此横跨在排翁河上的桥较多，其中规模较大、年代较久远，与村落传统格局关系密切的有5座。

瀑布：瀑布位于排翁大寨西北部排翁河上，瀑布与周边环境形成一道美丽的风景线。

保坛：保坛是埋在排翁大寨对岸山头上的一个水坛，是排翁村扫寨活动中的重要祭祀设施，每年扫寨祭祀的时候，由村内属龙和属蛇的两位男性到指定地方去挑水把埋在山里的坛子加满水并放进两条当地的"生态鱼"。

祭祀桥：祭祀桥位于排翁大寨对岸条翁组团内，是排翁人修建来作为祭祀的桥。

保坛

保护价值

排翁村是开寨始祖李姓家族在苗族大迁徙的历史背景下选择此处作为落脚之处发源而来的。苗族没有文字，人们反复吟唱关于祖先生活的地方、迁徙的路径、寻找居住地的过程等苗族歌曲，隐藏迁徙影子的苗族服饰、生活习俗等，是雷山山区苗族隐藏的历史记忆，具有较高的历史价值；排翁村苗族文化内涵丰富，是黔东南地区苗族文化的活载体，具有极高的文化价值；排翁村苗族干阑民居建筑的选址、造型、细部装饰等展示了雷山苗族文化的历史积淀和地域文化特色，具有建筑学、美术学等艺术价值。

潘秋梅 何成诚 罗永洋 编

苗族三月坡

村落东南部的大塘风力发电站风车群

黔东南苗族侗族自治州丹寨县龙泉镇排牙村

排牙村全貌

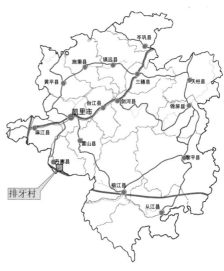

排牙村区位示意图

总体概况

排牙村位于丹寨县城东北面，距县城2.5公里，总面积1.3平方公里，村东面与本镇卡拉村隔河相望，西面与龙泉镇场口村相连，南面与富贵村毗邻，北面与马寨村交界。地处摆泥上游河段的乌圭河西岸半坡上，丹寨水库大坝西北面。

排牙村民系八寨苗支系，自称"方尤"，其先人与"蚩尤"部落有关。后来迁入黔东南地区，又经过战乱和迁移，明清时期进入现今的丹寨县龙泉镇境内。

全村国土面积1.304平方公里，包含3个自然寨，4个村民小组，共174户，733人，以苗族为主，占总人口的94%。

2019年排牙村列入第五批中国传统村落名录。

村落特色

排牙村的苗族以宗族或家族为单位定居，形成了今天"一山一岭一寨"的村落格局。排牙村依坡建寨，村寨群山环抱，古树参天，植被茂盛，景色宜人。森林覆

村寨环境

盖率60%以上，寨前有层叠的农田，寨后有墨绿的松林，寨中有排牙水库。整个寨子竹木掩映，农舍木房若隐若现。

传统建筑

排牙村所处的自然环境、村寨绿化风貌、村寨的空间聚落形式，以及由于地形限制组成了独特的传统街巷空间。排牙村最具特色的建筑格局就是民居空间聚落形式，家家户户均为一宅一院，宅基地较大，整体住宅布局稀疏，同时也体现了家庭私有化的意识较强。

排牙村传统建筑大都传承着苗族传

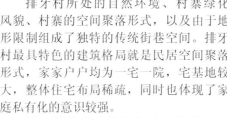

传统民居

统民居的特色和风格，村落内建筑多依山地斜坡向上而建木结构落地房，均为木质穿斗式建筑，材料均为杉木和松板，有五柱或七柱一排的，结构为歇山式小青瓦盖顶，多为二楼一底，以三间一栋常见，少数为五间、七间或搭有披厦吊脚楼。

现状房屋主体为木质二层，房顶用瓦所盖，能起到冬暖夏凉的作用。但木质房屋也有缺点，木质建造的经不起风吹雨打，房屋的构件容易腐朽变成危房。近几年来，为了使木质房屋能长久使用，大多

传统民居

数村民选择了主体为木质，一层用砖围建，二层木质装修，住起来更安全舒适。

民族文化

排牙村保存了大量民族文化习俗，如苗年节、芦笙节、苗族斗牛等传统节庆活动，纺织、印染、刺绣等传统工艺，芒筒芦笙祭祀乐舞等传统舞蹈。

芒筒芦笙祭祀乐舞：2007年，排牙村芒筒芦笙祭祀乐舞被国务院列入非物质文化遗产保护名录。

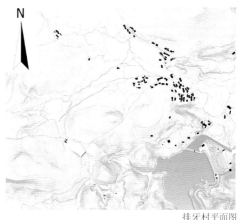

排牙村平面图

祭祀乐舞

婚事风俗

村规民约

2007年，排牙村被省文化厅命名为"芒筒芦笙艺术之乡"。

芦笙节：是排牙村以芦笙踩堂、赛芦笙为主要活动的节日。排牙芦笙节在每年的农历十二月二十九日开始持续三天，与相邻的南岑村共用一个芦笙堂。芦笙节那天，姑娘们穿着盛装，佩戴银花银饰，小伙子和芦笙手们都各自带着芦笙，从四面八方向芦笙场地涌来，各村的男子青年都各自围成圆圈，吹笙跳舞，持续两三天，气氛十分热烈。往往在芦笙节期间，同时开展赛苗歌会、斗鸟比赛等民族民间文体活动。

丧事风俗：老人过世通知亲朋好友相聚一堂，用爆竹、芦笙舞送别过世老人。时间都是定日子的头晚拢客第二天早上送上山安葬。每当一个老人过世在准备上山时，所有来参加送终老人的亲朋好友根据情况都会带着自己的芦笙队，在准备上山时按照主客从大到小顺序进行围棺演奏，表示对老人的怀念并送别老人一路走好。安葬满一个月后亲朋好友又相聚一堂给老人送水喝。

婚嫁风俗：苗族婚姻习俗历史久远，经过了原始社会的群婚制，古老的嫁男婚，再后的嫁女婚，过后的族外婚，再后的族内婚，并随着社会的发展而完善，如今已形成一套完整的习俗制度。苗族婚姻习俗有说媒、订婚、结婚、回门等几个基本内容。

人文史迹

排牙村非物质文化遗产主要包括芒筒芦笙制作、芒筒芦笙祭祀乐舞、苗族织布技艺、婚丧嫁娶等民俗文化。现状非物质文化遗产保存较好、特色鲜明，文化传承与发展的形式及内容丰富，且充分体现在村民的日常生活中。

据当地杨国亮老人回忆，排牙村至今已有9代人，约200年之久。排牙村民自古就有以芒筒芦笙器乐作为祭祀活动礼乐的习俗，以前的芒筒芦笙都是到麻鸟、羊先定制。如果损坏，也要到那里去修理，极不方便。后来杨国堂老人才到麻鸟去投师学艺，制作芦笙至今。他不但做六管芦笙，又在此基础上研制出多管芦笙，成为当地有名的芦笙工艺制作传承人。在杨国堂师傅芦笙制作作坊里，墙壁上挂着各种荣誉证书，门外还挂着"丹寨县龙泉镇排牙村手工艺制作协会"的竖扁。

据了解，这个协会在8年前成立，当时协会有村里老少共10名手艺人，但近几年，年轻人逐渐外出打工，所以现在仅剩下3名。

保护价值

排牙距今已有200余年历史，历经时代变迁村落依旧保持原有的风貌，有着独特的历史风貌和自然格局，苗族同胞对于村落的建设选址、建造格局体现得淋漓尽致，时间和空间环境均体现了其较高的历史价值。

排牙村在历史的长河中很好地创造、保存和发展了自成体系的民族文化，代代传递并不断丰富其内容，形成了以节庆文化、婚嫁文化、丧葬文化、服饰文化等为内容的民俗文化，展现了苗族文化的迷人魅力，文化价值极高。

排牙村村落选址和格局本身就具有科学研究价值，作为苗族人口聚集较多的地区，他们在自给自足、防御外敌、自存发展上都经历了长期的实践，可作为该地区村落选址深度科研考察。

传统民居体现了当地民间传统的建筑艺术水准，其建筑细部工艺高超；其非物质文化如芒筒芦笙制作、芒筒芦笙祭祀乐舞都集聚观赏价值，手工艺极富特色，经历几百年的演变，代表不同时期的这个民族特有的文化，有很高的艺术价值。

邓超 刘娟 编

芦笙舞

苗族斗牛

村寨环境

苗族乐器芦笙

村寨环境

黔东南苗族侗族自治州从江县停洞镇摆也村

摆也村

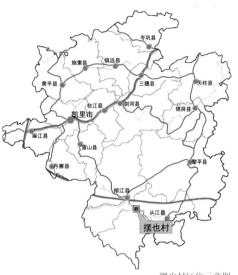

摆也村区位示意图

总体概况

摆也村位于从江县停洞镇东南部，东北部与苗朋村、九日村、九挂村相邻，西南部与东岑村、加哨村邻近，西北与新寨村连接，地势平坦，交通较为便利。摆也村距镇政府所在地13公里，距县政府70公里。全村共有1个自然寨，5个村民小组，337户，1605人，是一个苗族聚居的自然村寨。

2019年摆也村列入第五批中国传统村落名录中。

村落特色

摆也村位于群山之间，坐落在半山腰上，体现了古人"择山而居"的选址理念，村庄主要位于山体西北面的山坡台地上，沿山间谷地向北则是都柳江，背山面水；村庄的南面则是党作、党丢、上介三个村所在的三个山头，村庄北面则是大片的梯田，视野开阔。由于地形限制，大多居民住在半山腰，个别人家住山脚，体现出原始苗族村寨格局特点。

整体而言，摆也村呈现出山—水—田—寨交相辉映、自然和谐的景观。

传统建筑

摆也村寨内房屋多依山而建，成"一"字形形态分布，历史传统建筑群数量较多，其中以吊脚楼为主，保存较为完整。

摆也村的传统建筑中，80%左右为传统苗族民居。摆也村老寨、新村相连，新村建于南部相对较高的台地上，地势相对平坦，房屋为行列式布局，老寨房屋则依山而建，沿山坡梯田依次下降。

传统建筑：均为木质穿斗式建筑，依山而建，建造形态成"一"字形，均为纯木结构和砖木结构，由于地势陡峭，大多居民住在半山腰，个别人家住山脚。苗族传统建筑建房需先将基础地基开挖"一"字形，在基础上建立木质房架，用横梁穿枋严椎斗合，不用铁钉，结构严密牢固，有些第一层砌砖或用木板围严，第二、三层全是木板围严，上盖杉树皮或土瓦，完成整个木质结构房屋建造。苗族民居大多是两排一间两厦和三排两间两厦，建筑材料多为杉木，屋顶为歇山式，现多用小青瓦覆盖。

寨门：高高的寨门及寨门上的牛角装饰，体现了苗族对牛图腾的崇拜，别具特色。

传统建筑

传统建筑

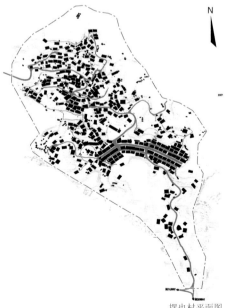

摆也村平面图

寨门

民族文化

摆也村主要是以斗牛、芦笙、苗歌娱乐为主，又以浑厚震天的男子芦笙组合、奔放原始的男子芦笙舞、低调深沉的苗族酒令歌和缠绵婉转的苗族情歌为歌舞文化的灵魂。

芦笙舞：又名"踩芦笙""踩歌堂"，因用芦笙为舞蹈伴奏和自吹自舞而得名。表演时表演者手挽手、身体前倾、顺圈往前跳，动作比较简单。参加舞蹈的人数常见为12人，队形呈三人一横排、四人一竖排的长方阵。芦笙舞以"探路步"为基本舞步。这种前行中又有向左右两侧横移的动律，有着自己浓烈的民族特色。除"探路步""双踏浪"等稍微简单点的动作外，还有如"跪地下腰""板凳下下腰""滚地笙""双腿蹬天""望家乡"等一些难度大、技巧高的动作和组合。芦笙舞曲一般都含引子（准备起舞）、主部（伴奏舞蹈）和结尾三个部分，主部做多次反复变奏。芦笙运用各种吹奏技巧，通过高低音芦笙不同音色的变化及特有的和声配置，使音乐更加活跃生动。分快舞曲与慢舞曲两种，快舞曲多用于节日的比赛，气氛甚为热烈，舞姿也较开朗活泼；慢舞曲在平时吹奏，音乐缓慢抒情，轻松愉快，舞姿柔戈而平稳。2006年，芦笙舞经中华人民共和国国务院批准列入第一批国家级非物质文化遗产名录。

斗牛：常称为"牛打架"，是一种民间自发组织的活动，它源于苗族远古时期。斗牛会场一般设在四周有茂密森林的平坦草地上，届时，各苗家山寨人民穿上节日盛装，唱着山歌，牵着条条斗牛蜂拥而来。数百名牛主牵着剽悍的牯牛分待四周，待对阵双方牛主牵着斗牛绕场一周"踩场"过后，斗牛即由主持人宣布开始。霎时，人群欢声雷动，唢呐喧嚣，鼓乐齐鸣。激战中，难解难分者有之，打翻在地者有之，仓皇败逃者有之。摆也村以崇尚斗牛、不惜千金从远方购买名牛提振寨子名声，除了出征寨外开斗，本寨历史以来就开有斗牛塘，逢节日就斗牛已成惯例。

斗牛

人文史迹

古井：相传古井为三国时期历经3年打造。千百年来古井荫护一方，被人们视为"神水"。

姑娘罗汉石：椰佰汉山是停洞当地一座名山，位于摆也寨门南侧，山上有一青石，名为姑娘罗汉石，摆也村自建寨以来便在这里举行对歌、跳舞等活动，一般在过年、中秋等节日时间进行，全村参与，十分热闹。

古树：3棵位于摆也村老寨中西部，篮球场旁，2棵位于摆也村新村南部寨门旁，寨门凉亭两侧，树龄400～500年。

古井

古树

保护价值

文化价值：摆也村人勤劳勇敢，充满智慧。他们在继承传统文化的基础上，形成了独具魅力的民俗文化，流传至今，生生不息。民族民间文化尚保留原生状态，民居及建筑艺术独特，生态景观、人文景观互相映衬，传统文化具有浓郁的多样性、完整性、地域性。勤劳的摆也人，在与大自然和谐相处的千百年中，创造物质财富的同时，也创造了优秀的传统文化。苗族传统节庆文化、传统民间技艺文化、民族特色美食文化等，均具有较高的保护传承价值。

历史价值：摆也村作为一个苗族聚居地，历史久远，民族风情浓郁，村寨都保存着苗族建筑、服饰、习俗、歌舞、乐器工艺等传统古老和原汁原味的古朴内涵，展现出贵州苗族多彩的民族文化和魅力，值得后人借鉴探究如何传承和弘扬少数民族文化。

王　刚黄　丹编

芦笙舞

农田景观

黔东南苗族侗族自治州黎平县口江乡朝坪村

朝坪村全貌

朝坪村区位示意图

总体概况

朝坪村寨位于贵州省东部山区，距离黎平县城60公里，靠近夏蓉高速，距从江高铁站35公里。村域面积18.48平方公里、村寨占地面积86亩。全村辖5个自然寨，10个村民小组，总户数为366户，户籍人口1610人，主要民族为侗族。

2016年朝坪村列入第四批中国传统村落名录。

村落特色

朝坪村侗寨，地处河谷，四面青山，河流绕寨而过。居民居住房95%均为木质结构吊脚楼，小青瓦屋面，房屋顺山顺洼而建，鳞次栉比，寨内步道纵横交错，风光秀丽。

朝坪村侗寨选址有着鲜明的侗族特征。都柳江支流之一曹坪江自西而东从村寨穿过，将村寨分为南北两部分，周围还有几条溪流从四面八方汇入其中，村东北有归韶河，山势较陡，将村落团团围住。整个村落便处于山岭脚下、江水河边，全村居住的都是侗族典型的干阑式木楼。朝坪村侗寨，地处河谷，村落坐落在河流转弯的两边平凹之地，河流绕寨而过，四面青山，村子背山面水，大寨坐北朝南，小寨坐西朝东，村子西、南、北三面为原始森林，古树茂密。塘四布，禾晾排立于寨间，具有典型的侗乡风情。

传统建筑

村寨居民充分利用地形，沿山地等高线，依山就势，尽量少挖，填土方，将一栋栋建筑落地而成，充分体现出侗族人民合理利用地形的智慧。

朝坪村河流两边分布着侗民族的传统建筑民居吊脚楼，房子布局依山依势而建，错落有致，鳞次栉比。民居建筑95%为木质结构吊脚楼，保留了完整的传统风貌，建筑的特点是木楼干燥、通风、舒适，采光较好。

朝坪侗寨，于高山地势较缓处而建。朝坪村的历史传统建筑按其功能可分为公共建筑和宅居两大类。

公共建筑有祭祀性建筑、议事及娱乐性建筑等，如社稷坛等，这些公共建筑保存基本完整，周边环境良好。

传统民居有大户建筑和一般民宅建筑。这些建筑最早建于清代，少量建于民国时期，所有建筑均具有侗族传统建筑特色。分布于寨内其他的公共建筑和古民居大多相对保存完整，基本体现了朝坪的历史风貌，由于民居建筑紧靠山脚，在南北两边都形成山—村—田—江的景色格局。整体空间内向凹进，背山面水，与山坡融为一体，不可分割，充分体现了人与自然的和谐相处。

传统民居

传统建筑

朝坪村平面图

自然风貌

民族文化

朝坪村的民族文化较丰富，尤其是侗族大歌，参与表演的人群有小孩、大人和老人，都颇具风采，令人赞不绝口。

侗戏：民间戏曲中的戏种之一，是侗族人民在长期的劳动生活中创造并喜闻乐见的艺术形式，它具有独特的民族风格。侗寨一般都有群众自己组织的业余侗戏班。侗戏班人数不定，十余人即可组成一个戏班。侗戏班里，有受人尊重的戏师，又有一批热心唱侗戏的年轻人。过去，侗族没有文字，戏师们有的用心记的办法，把数出戏都记在脑子里，然后传教给演员，也有的利用汉字记音，把传统的侗戏借用汉文字记录下来，成为侗家自己的侗戏本。侗戏产生于19世纪初叶的嘉庆至道光年间，至今已有600多年的历史。

侗族大歌：也是国际民间音乐艺苑中不可多得的一颗璀璨明珠，已唱出国门，惊动世界乐坛。作为多声部民间歌曲，侗族大歌在其多声思维、多声形态、合唱技艺、文化内涵等方面都属举世罕见。由于侗族大歌具备人类创作天才代表作的突出价值，2005年已进入国家级第一批非物质文化遗产代表作名录。

祭萨：侗民族对侗族女神"萨"的崇拜非常虔诚，逢年过节人们都会到萨坛去祭奠。朝坪的祭祀时间是每年春节大年初一举行一次祭萨仪式，全村寨老及男女青年人均着民族盛装抬着猪头参与祭祀"萨"的活动。

先由看管"萨"的人和寨老到萨坛摆放猪头、酒饭、水果、烧香，然后每人都到萨坛门口烧香祭拜，师傅请"萨"出坛。之后青年男女在萨坛边的坪子围成大圈，唱歌"多耶"。"多耶"内容多为歌颂"萨"功德以及历史、叙古论今、祭祀崇拜等，唱完歌，全体参与祭祀的群众在坪子燃放烟花爆竹，燃放完烟花鞭炮，则全体在萨坛坪子请"萨"吃饭，共进晚餐，最后请"萨"回坛。

祭萨"多耶"

人文史迹

社稷坛：又称为萨坛，为一处环形高台，建有台阶，逢年过节人们都会在此处祭奠，全村参与，祭祀侗族女神"萨"。

古路碑：古路碑有3处，一处碑文"曹平江修路碑，张某某，道光六年三月初六日立"，整体相对完好，碑身与基座散落；一处碑文"旧修路牌，张廷龙号，咸丰二年十一月立"，下有基座，上额稍有损坏；一处为指路碑，刻有"长命富贵，左走银潮，右走从江"等文字。

古树：村落周围山林植被茂密，植物品种多样，村寨内有古树约百棵，主要以枫树为主，有的树龄上千年。

古路碑

指路碑

保护价值

朝坪寨民族文化浓厚，民族风情保存完整，侗歌侗戏传承保护完好，村寨古朴原始。此外，村寨四周古木参天，青山绿水相互映衬，形成人与自然和谐共处的画面，具有较好的艺术价值和自然环境保护价值。

王 刚 黄 丹 编

侗戏

侗族大歌

古树

村寨自然景观

黔东南苗族侗族自治州从江县西山镇滚郎村

滚郎村全貌

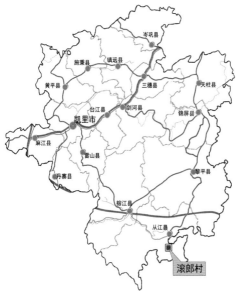

滚郎村区位示意图

总体概况

滚郎村位于西山镇西部，距镇政府驻地15公里，乡道穿村而过。全村国土面积8.27平方公里。滚郎村祖先是从江西一带迁移到广西，后来又从广西融水县大年乡转到滚郎村，当时分为两个自然寨，上寨30户，下寨60户，加起来90户，所以当时取名为九村。目前，上寨古楼上还写有鼓楼建造于光绪十五年（1889年）。再后来，全村一部分人分别到宰略、卡架、卡委、卡翁。由于过于分散，村庄又在山头，所以取名滚郎村，侗族语言是在山头很分散的意思。

2019年滚郎村列入第五批中国传统村落名录。

村落特色

滚郎村整体布局依山而建，依山就势，顺山势而行，建筑层层叠落，布置于山间坡地上。村庄沿公路呈局部集中、相对自由的布局形式，有明显的山区村庄特征。后靠大山，前有高山梯田，潺潺河水从村庄西流过。村落传统格局特征主要体现在构成既富有变化又和谐统一的传统格局的边界要素和层次丰富的空间。在空间上，民居群体布局灵活多变，多沿等高线布局，形成高低错落、内聚有力的传统聚落空间特点。

传统建筑

滚郎村的吊脚楼主要为木结构，上盖小青瓦，窗户为木质格窗。吊脚楼竖向空间为3个功能区，即吊脚层为牲畜杂物层，二层为生活层，三层为粮食储藏层，其中二层为侗居的主要楼层，有些住宅二、三层都会设置为生活层。一般为三开间，有时也会因为子女的多少来确定新屋盖（修）多少开间，但是新屋最多也只能盖五开间，比如家中子女有4个兄弟，新屋就是四开间，将来兄弟之间分家时就一人一间；一般在二层的中间屋子会有结构内廊道，可再次晾晒衣物或休憩观山望景，独具侗族民居特色。侗族民居包括堂屋、卧室、火塘间、厨房等主要部分，以及贮藏、杂务、挑廊等辅助部分。

传统民居

民族文化

滚郎村侗族新娘出嫁，非常讲究新娘乔装打扮，新娘从头到脚精心打扮，耗时4个小时以上。整装出来，银装素裹，嵌花戴朵，雍容华贵，富有艺术感染力。滚郎村侗族婚姻习俗活动程序繁多，风情古朴，别具特色，内容丰富，魅力迷人。

滚郎村民族风俗节日众多，大都以芦笙为主要的庆典乐器，芦笙具有"礼仪""礼品""引导""娱乐"等功用，

村寨环境

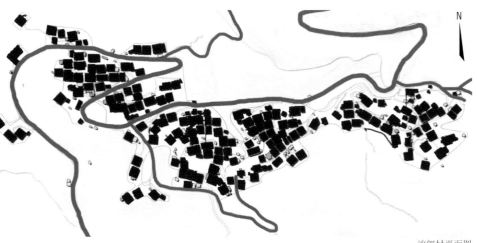

滚郎村平面图

婚嫁盛装

刺绣

凉亭

社堂

以曲调为引线，吹奏抒情激昂的芦笙调，配奏低沉浑厚的芒筒，阵阵笙歌吸引着全村老少情不自禁地加入笙歌乐舞的行列，形成宏大热闹的芦笙歌舞阵场面，把节日的浓烈气氛推向更加欢乐的高潮。芦笙在滚郎村侗族民俗活动中充分显示了其特有的社会功能，形成了一种民间文化现象，在民间文化活动中占有相当突出的位置，构成了一道靓丽的民间文化风采。

滚郎村刺绣历史久远而闻名，刺绣的每一个图案都深含民族的文化，都是民族情感的表达，是侗族历史生活的展示。刺绣主要用于手工绣片、侗族服饰、饰品、手提包等绣品。

蜡染是我国古老的少数民族民间传统纺织印染手工艺。蜡染是用蜡刀蘸熔蜡绘花于布后以蓝靛浸染，既染去蜡，布面就呈现出蓝底白花或白底蓝花的多种图案，同时，在浸染中，作为防染剂的蜡自然龟裂，使布面呈现特殊的"冰纹"，尤具魅力。由于蜡染图案丰富，色调素雅，风格独特，用于制作服装服饰和各种生活实用品，显得朴实大方、清新悦目，富有民族特色。

人文史迹

凉亭：侗族古建筑的一个组成部分，村庄内有两处，都位于村庄西部。凉亭在侗族人民心目中，不仅是遮阳避雨的场所，而且是互相交流生产经验的地方。亭边古木苍翠，雅静清爽，是过往行人小憩的理想地方。凉亭虽较为简陋，却总有地方达士文人为之撰写对联或画上山水、花鸟等，并时常用五颜六色的油漆粉刷一新，给人以舒畅的感觉。

社堂：位于村庄中部，每个姓氏和每个家族都会选一位德高望重的老人，每逢当月第一天，他们都到这里聚会议事。社堂建筑中间为中空，种有植物，周围步道呈环状围绕。

古井亭：位于村庄东部，是木结构体系建筑，由屋顶、柱、梁、凳和栏杆组成。古井亭采用双层坡屋顶，下方由六根木柱和五根木梁支撑整个屋顶和结构，并水水质较好，常年有水但水量不大。

风雨桥：位于村庄规划范围的西北部的小溪上。造型古朴，是侗族特有的民族传统建筑。

保护价值

滚郎村的形成展现了在此居住过的村民们的生活理念、心理特征和价值取向，不管是村落选址还是空间格局，村落保持了相对完整的、真实的历史遗存和文化遗产，见证了该地区村民的传统生活方式和文化特色，为深入研究从江侗族文化发展提供了重要的历史依据，具有较高的文化价值。

错落有致的空间格局是顺应山形地势逐步发展起来的，沿着山腰顺势分层，民居又以吊脚楼为主，立面空间与山体坡面相融合，村民这种借助地形修建房屋的方法，为现代建筑提供了可借鉴之处，古人高超的建筑技术具有重要的科学价值。芦笙、刺绣等生活手工艺品不仅具有观赏性，还具有较高的收藏价值，从不同侧面反映了当时村民们的审美观、价值观和人生观。

余奥杰　张　奕　编

滚郎村芦笙表演

风雨桥

蜡染制作

古井亭

村寨梯田

黔东南苗族侗族自治州黎平县茅贡镇腊洞村

腊洞村全貌

腊洞村区位示意图

总体概况

腊洞村位于贵州省黔东南苗族侗族自治州黎平县西部，是侗戏的发源地，侗戏鼻祖吴文彩的故乡。腊洞村距黎平县城约40公里，距黎平机场45公里，占地面积约150亩，全村300多户，户籍人口共1490人，以侗族聚居为主。

2016年腊洞村列入第四批中国传统村落名录。

村落特色

侗族的生活环境有着群山连绵、溪流纵横、九山半水半分田的特点，村寨大都选址于缓坡、山坳和谷地之中，其一是因为侗族人认为"寨前坪坝好插秧，寨后青山好栽树"，以侗族传统的农业生产技术而言，这样的地理环境是有利于生存和发展的，是一种生存的选择；其二，深受古

代风水观念的影响，选址讲求取势纳气，讲求形法，注重山、水等自然要素的形、势以及配置。所以侗族人认为，蜿蜒起伏的山脉可称为"龙脉"，山脉遇溪河、平坝而止可称为"龙头"，"龙头"面朝环绕的溪河和开阔的平坝，背靠起伏跌宕、来势汹涌的"龙脉"，侗家人认为在这里建寨就是"坐龙嘴"，同时后山古树和青竹形成风水林，以镇凶邪，在溪河上建造风雨桥，以锁财源，这些手法应对了"觅龙、点穴、察砂、观水"的选址手法。

据侗族古歌的口传，腊洞的总根在地扪，唐朝时期就在地扪建寨，至今已有近千年的历史。村子分为3个自然寨，上寨、堂寨、下寨，寨与寨之间几乎没有十分明显的界限。腊洞村整体空间布局形如船，腊洞河是长江水系清水江源头之一，常年水源充足。腊洞村坐落于河流的上游，村寨的外围是植被茂盛的山林，寨前是良田百亩，在这里形成一个长条形的河谷地带。民居都依山势地形面水而建，高低错落的小青瓦坡屋面，与水系、农田及外围山林一起形成一幅安静祥和的山水村居

图，形成具有浓郁侗族特色及人与自然和谐共存的民族村寨。

传统建筑

腊洞村的历史传统建筑按其功能可分为公共建筑和宅居两大类。公共建筑有祭祀性建筑、议事及娱乐性建筑等，如鼓楼、风雨桥等。这些公共建筑保存基本完整，周边环境良好。传统民居有大户建筑和一般民宅建筑。这些建筑最早建于清代，少量建于民国时期，所有建筑均具有侗族传统建筑特色，基本体现了腊洞的历史风貌。

村寨以鼓楼及其公共空间为中心向外辐射，建筑均为全木结构。小青瓦、吊脚楼等含有浓厚的侗族建筑均融入其中，形成具有浓郁侗族特色及人与自然和谐共存的民族村寨。腊洞村的历史传统建筑群是黎平县内数量较多、规模较大、保存较完整、特色价值独特的历史遗产。主要有鼓楼、风雨桥、凉亭、传统民居、禾仓、吴文彩故居、造纸小型作坊等，主要分布在寨中及寨子四周。

腊洞村平面图

传统建筑

选址与格局

侗族大歌表演

侗戏戏台

吴文彩墓葬

侗戏鼻祖吴文彩故居

蓝靛靛染技艺

造纸

民族文化

腊洞村的民族文化丰富多彩，各具特色，特别是侗戏、侗族大歌及古法造纸术等，在这种历史悠久的村落中被发扬光大。

侗戏：是我国民间戏曲中的戏种之一，是侗族人民在长期的劳动生活中创造并喜闻乐见的艺术形式，它具有独特的民族风格。在中国55个少数民族中，有9个民族有自己的戏剧，侗族列入其中。这份殊荣当归功于千山后裔吴文彩，是他在清嘉庆、道光年间创立了侗戏，使腊洞成为侗戏的起源地。此外，侗戏有深厚的群众基础，并且尚在发展之中，其内容丰富多彩，形式清新活泼，有浓郁的乡土气息。腊洞侗寨从古至今、从小到老每逢年过节，都身着民族盛装，表演侗戏，同时在上级政府及相关部门的支持下，村里精选了一批青年人组织成立"侗戏鼻祖吴文彩子弟艺术团"，以侗戏表演为主，传承侗族文化。

蓝靛靛染技艺：靛染工艺有两个程序，即蓝靛的制作和靛染工艺流程。侗族人擅长纺纱织布，她们自纺自染的"侗布"是侗家男女最喜爱的衣料。"侗布"就是用织好的布经蓝靛、白酒、牛皮汁、鸡蛋清等混合成的染液反复浸染、蒸晒槌打而成。

传统古法造纸技术：腊洞侗寨至今依然保存着传统的造纸技术。村寨几乎60岁以上的老人都掌握这门技术，它也是侗族先民借鉴汉民族而得到传承，历史悠久。腊洞无大型专业的作坊，只有简易的农家小作坊，投资小，易于操作，无污染；原料加工采用日晒雨淋、露练等方法，全凭手工制作，天然制成。距今已有1000多年的历史，其工艺保存完整。

人文史迹

历史人物：吴文彩（1798—1845年），侗戏祖师。从小入私塾读书，因家境清贫，13岁跟父干农活。秉性开朗，聪明好学，对侗族叙事歌、礼俗歌、情歌、酒歌有浓厚的兴趣，不仅爱唱、弹、跳、舞，而且爱编歌。编写的《开天辟地》《财主贪财》及情歌，有的已成为古今绝唱。

古井：村内总共有8口，多为方形，且为了保证水质清洁都在古井外侧修筑水泥墙，有封闭式和半封闭式两种。古井均在使用中，为村民日常用水的主要来源之一。

风雨桥：村落寨脚和寨尾处各有1座，为村落出入口处的标志性建筑，是村民休憩、出行的重要场地。

古树：村落周围山林植被茂密，植物品种多样，村寨内有古树10数棵，主要以红豆杉为主，有的树龄达千年之久。

保护价值

腊洞传统村落于清初形成，侗寨周围为侗族历经数百年修筑的梯田，青幽幽的楠竹林、参天的古树一年四季变换着不同的景象，清朝时代古树红豆杉群远近闻名，村头寨尾两座风雨桥映照出村庄田园美景。村内有吴文彩故居、文彩墓均属省级重点保护文物。无论从人文还是史迹都具有较高的保护价值。

王　刚　黄　丹　编

风雨桥

凉亭

巷道

黔东南苗族侗族自治州锦屏县启蒙镇腊洞村

腊洞村全貌

腊洞村区位示意图

总体概况

丁达、玉泉、山合三村合并统称腊洞村，腊洞村位于锦屏县西南部，距锦屏县城36公里，距隆里古城15公里，位于启蒙镇东部，距镇政府所在地8公里。全村共234户，883人，从镇政府经乡道到达。元代顺帝至正二十七年（1367年）十二月，欧氏浩贞人驻腊洞高翁，成为腊洞开基始祖。2008年1月，根据县人民政府村级合并的安排，丁达村、玉泉村、三合村合并为腊洞村。

2019年腊洞村列入第五批中国传统村落名录。

村落特色

腊洞村内自然景观丰富，类别多样，有瀑布、溪流、峡谷、森林等景观，境内主山脉有大山山脉和高孟山脉，村落靠山而坐，面坝而居，中部田坝有一条河流腊洞溪由东向西流经村寨，溪流雨水充沛、水质良好，是农田大坝灌溉的主要水源。腊溪河发源于境内高以、高孟，是境内最大的一条水流，流经归源，至高爱与高烧溪汇合，经玉泉、中寨、田坝、拱桥、高洪，在巴雪汇入巨寨河，下归稠经八洋注入清水江。侗寨古风景林、古石板街、古巷道、古井、吊脚木楼、鼓楼浑然一体，集灵山秀水于一身、蕴神秘文化于一炉。

村寨一角

传统建筑

腊洞村传统建筑均为侗族传统吊脚楼，它的特点在于正屋建在实地上，主体建筑多为二至三层建筑，附属建筑多为一至二层。厢房除一边靠在实地和正房相连，其余三边皆悬空，靠柱子支撑。优雅的"丝檐"和宽绰的"走栏"使吊脚楼自成一格，建筑依山而筑，采集青山绿水的灵气，与大自然浑然一体，古朴之中呈现出契合大自然的大美。

传统建筑

腊洞村平面图

民族文化

舞龙：舞龙又称玩龙灯，是中华民族的传统民俗文化活动，以舞龙的方式来祈求平安和吉祥。舞龙源自古人对龙的崇拜，早在很久以前，村寨的先祖们便以舞龙的方式来祈求老少平安吉祥和五谷丰收，每年春节都会舞龙。

腊洞民歌：是腊洞人民的口头诗歌创作，是腊洞先人们在生产生活中为表达情意、抒发情感而口头创作的一种歌曲形式，也是情感智慧的结晶。它源于生活，是侗族文化的精粹。腊洞民歌包括腊洞老腔、腊洞山歌及茶歌，其典调十分优美动听。

六月六节：是腊洞最隆重、最热闹的节目。芒种过后，秧苗已插，稍有闲暇。六月五日，全寨男女老少打扫卫生，家家户户清净居室院落，杀猪宰羊，包各种样式的粽粑，邀请外寨亲朋好友共同过节，节日一般为3天，村民在这几天斗牛、"上花山"、演戏、唱侗歌、商品交易，十分热闹。

腊洞古代文书：古代先民喜交朋结友，开展交易，与府内他乡、湖南、广西密

舞龙

腊洞民歌

六月六活动

切往来，在交往中学习他人经验，并移植乡里，用石刻、文书等形式留存下来，除较多碑刻留存外，尚有文书散存于村民手中。文书有田地、山林、房屋买卖、租赁以及家规村约、护林、护寨、护水公约、公产管理等诸多内容，从文书中可窥视腊洞远古村民生活、腊洞文化及文明。

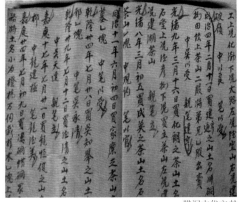

腊洞古代文书

人文史迹

古洪堤：古代水利建设工程，主体工程从高乐东海至高洪瀑布，全用块石砌成，辅助工程有归登溪、亚乐溪、中寨溪、果怒溪两岸。古防洪堤经受数百年历史洪水的考验，堵截了洪水对大坝的冲击，保护了两岸良田，是先民征服自然、战胜自然的历史见证。

古碑群：村中的石碑甚多，有墓碑、功德碑、记事碑、款约碑、指路碑等。墓碑结构完整，一般为"六合碑"，记述内容详细，正碑中书墓主名，右书墓主出生时间，右左书孝子孙名；左书墓主逝世和立碑时间，左右书孝侄子孙名。正碑两侧壁书墓志铭，多言墓主生前事迹情性；两侧前壁书对

联，并配有雕花，帽顶书横联。

古寨门：东、南、西、北四门构造相同，均为六柱落地，门开八字，门两端装有木板，顶盖青瓦。中门为门楼建筑，下部为门，两侧置长廊木凳，供人们乘凉、摆古、唱歌。上部为楼，楼设翘檐。中门建造风格特异，气势恢宏，楼柱雕龙刻凤，彩绘四季花木虫鱼，悬挂楹联多副。

石拱桥：位于亚乐北150米处，雄跨于腊溪上。清乾隆十七年（1752年），腊洞石拱桥始建，至乾隆十九年（1754年）建成，该桥是锦屏县境内最早由当地村民募捐修建的大型古老石桥之一，也是当今全县跨径最大、建造最早的单孔敞肩方形石料拱桥，至今已有269年的历史。

石桥镇龙：位于腊洞田坝西角，一座古老的石拱桥巍然横跨于岭岑和寨营之间，桥下顺水卧着一头龙驱化石。传说龙头镇住溪水，不让泛滥成灾；龙角直指苍天，观察雷电风云，以避天灾人祸。

石桥镇龙

古洪堤

古寨门

石拱桥

石碑群

保护价值

腊洞村侗族先民们建立村寨，开垦农田，发展生产。使侗族民俗继承了中华民族传统文化的内涵，又在漫长的历史长河中传承交融。在长期的历史过程中，创造了侗族吊脚楼、侗族语言、侗族歌曲、侗族服饰、侗族祭祀与节庆、侗族耕作方式，承载着侗族古往今来的历史文化。腊洞村，具有较高的乡土特色建筑、人文民俗文化和传统艺术等文化艺术价值。

刘 翼 张 奕 编

腊洞村环境

黔东南苗族侗族自治州黎平县洪州镇赏方村

赏方村全貌

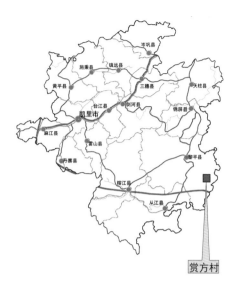

赏方村区位示意图

总体概况

赏方村位于镇政府所在地南23.6公里，村落形成于清朝，东邻阳平村，南与广西三江县独洞乡高弄村交界，西邻归欧村，北抵九江村，海拔580米。辖赏方1个自然寨，2个村民小组，户籍人口520人，常住人口312人，侗族、苗族杂居。

2019年赏方村列入第五批中国传统村落名录。

村落特色

赏方村的区域范围气候温和，水热条件优越，空气相对湿度大，以及土地有机质积累较多，适宜林木生长。处于大山深处的山谷地带，群山环绕，林木苍翠，临近赏方小溪，水源充足，气候宜人。

村落内部地形总体呈峡谷状，四面环山，西临平登山，东临烂通山，北临坳上山，南临四方山。建筑沿山坡等高线布局，一个接一个，并随山势逐级排列，密集有序，街巷蜿蜒，纵横分布，格局完整。沿山谷从村寨中部东西向穿过，留下一副万顷青山只一溪的优美画卷。

传统建筑

赏方村传统建筑一般选择木料作为主要材料，用木柱支托、凿木穿枋、衔接扣合、立架为屋、四壁横板、两端作偏厦。屋面材料为当地小青瓦。

传统民居建筑多为"一"字形布局，部分民居为三合院，包括正房及左右厢房。其功能可分为公共建筑和民居两大类。公共建筑有祭祀性建筑、议事及娱乐性建筑等，如鼓楼、风雨桥。这些公共建筑保存基本完整，周边环境良好。传统民居最早的建于清朝，部分建于民国时期，房屋一般分正屋、厢房、前厅、偏厦等。正屋是主要部分，有三柱屋、五柱屋等。厢房原则上以堂屋正中为轴线，左右厢房对称，房间开间根据场地和居住需要可为单开间或多开间，对称原则也随着发展而呈现随意化。

传统民居

传统民居

村域环境

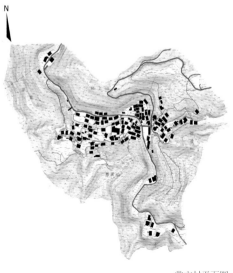

赏方村平面图

民族文化

侗族刺绣：侗族刺绣是一种用引针穿刺，将各种彩色丝线或棉线附着在织物表面之上、构成各种图案纹样的工艺技法，是中国少数民族刺绣中的重要分支。侗族刺绣是观赏与实用并举的工艺形式，绣品不仅图案精美，具有极高的装饰价值，其反复绣缀的工艺还能增加衣物的耐用度。侗族刺绣是农耕文化的产物。

侗族刺绣

侗族琵琶歌：琵琶歌流行于黎平县洪州河流域，涵盖洪州镇、德顺乡和水口镇的上百个侗寨。高音假嗓为这一歌种的主要特征，因用三弦小琵琶伴奏而得名。琵琶歌的演奏比较灵活，可边弹边唱，也可弹唱分开，独唱、合唱均可，一般要2人以上，多时可达10人。该歌种的内容非常丰富，以情歌为主，还包括孝敬老人歌、叙事歌等，代表作有《晚辈要把老人敬》等。2000年，洪州琵琶歌、尚重琵琶歌、六洞琵琶歌和车江琵琶歌一起，以"侗族琵琶歌"的统称列为国家级非物质文化遗产。

侗族服饰：侗族女性的服饰千姿百态，或款式不同，或装饰部位不同，或图案和工艺不同，或色彩和发型、头帕不同。他们平时着装讲求实用，盛装时注重服饰审美，朴素与华贵相得益彰。根据整个侗族妇女服装特点，可将侗族服饰分为三种款式：紧束型裙装、宽松型裙装和裤装。

侗族服饰

侗族木构建筑营造技艺：是侗族出色的民族民间传统文化表现形式，以风雨桥和鼓楼为代表，造型美观，榫卯链接，结构牢固，接合缜密，有极高的工艺和艺术价值。

人文史迹

风雨桥：赏方村的风雨桥建于20世纪80年代，是以杉木为主要建筑材料，整座建筑全系木料凿榫衔接，横穿竖插。风雨桥原名花桥，是侗族"三宝"之一，因为人们可以在桥上避风躲雨，所以花桥也被人们称为风雨桥，桥上长廊两侧有供过路人休息的长凳，是侗乡人重要的交通、交往空间，而且还有镇邪和留财之意。

风雨桥

古井：赏方村的古井形态相似，都呈"门"字形开口，两侧用整齐石块支撑，顶部被一长形石板覆盖，中间架空便于村民取水，水源清澈，最早的古井建于清朝时期，后经整修石板表面饰水泥敷面，目前仍在使用。

古树：现状赏方村古树以古枫香树为主，最早的古树距今已有千年历史，历经风雨，依旧郁郁葱葱，苍劲挺拔，千百年的岁月里，隐于山林，默默守护村寨。

古树

木构技艺

土地庙：村中土地庙，位于赏方村入口处，风雨桥旁。庙宇用石块砌成，屋顶为一块青石板，内部放置一鼎香炉。庙前旁边有溪水流过，有一定的祭拜空间。土地庙主要用于为村民提供祭祀以保平安顺遂。

鼓楼：赏方村现有鼓楼位于村落中部。始建于民国时期。鼓楼每层屋檐用青瓦盖顶。赏方村鼓楼为本质结构，一层后来改建为砖墙木窗，侗族鼓楼建筑是侗族特有的民族文化象征和标志。表现了侗族人民中能工巧匠建筑技艺的高超，侗族鼓楼建筑是侗族特有的民族文化象征和标志。在侗族日常生活中，鼓楼主要为侗族居民提供休憩和节日活动的场所。

土地庙

古井

保护价值

赏方村传统建筑历史悠久、结构独特、建筑材料及建筑装饰物各有差异，村落布局结合当地的地形地貌，从建筑形制、村落选址与布局等方面具有较高的科学探究价值。

赏方村传统村落是一个古老的侗族、苗族杂居的村落，具有民族特色传承的发展特点，作为三省交界处的少数民族文化具有较高的社会价值。

侗族大歌、侗族刺绣、琵琶歌等侗族风情，以及赏方村独有的自然资源，能吸引外来游客了解以及体验当地风俗与乡村风景，从而更好地作为村落的保护资金来源、地方经济的收益与地方传统村落的保护相辅相成。

杨　硕　陆显莉　编

黔东南苗族侗族自治州榕江县寨蒿镇晚寨村

晚寨村全貌

晚寨村区位示意图

总体概况

晚寨村位于贵州省榕江县寨蒿镇境内，距县城53公里，依靠通村公路连接对外交通。明朝年间，晚寨的祖先从黎平县的高寅迁徙而来，至今已有300多年的历史，经过几百年的发展，目前全村共270户，1248人，皆为侗族，村域面积16.7平方公里。居住有吴、石、滚等十个姓氏，其中吴姓人数占到了全村人口的90%。

2016年晚寨村列入第四批中国传统村落名录。

村落特色

晚寨村建于山脊，村落西面为独腊坡，东南面为细棒山和高要坡。晚寨四面环山，寨子坐落于大山山脊，一条小溪从寨脚穿过，跌入寨脚的悬崖，形成30余米高的瀑布奇观，在这里倾听瀑布的声音，观赏潭底的游鱼，让你远离世俗的纷争，享一份难得的清新；山路沿坡脚一直延伸到坡顶，路面皆为青石板铺就，至山顶共有千级石阶。村内雅致的吊脚木楼，自山脚向上沿着等高线分布，板壁在太阳的照射下金碧辉煌。晚寨寨头有一奇石，形态酷似一只天鹅，头朝上，尾朝下，与凤凰岭同向，就像一位神灵默默地保佑着晚寨人民。

寨中房屋为干阑式吊脚楼，鳞次栉比，错落有致，多为杉木建造，歇山顶覆小青瓦，古朴实用。晚寨村的自然生态旅游资源也十分丰富，风景迷人，是体验民族文化与生态旅游的胜地。

传统建筑

晚寨村为侗族村落，侗族多依山傍水而建，溪流绕过寨前或穿寨而过，风雨桥横跨其间，鼓楼耸立寨中，重檐叠阁屹立蓝天。由于用地有限，为创造更多使用空间，建筑巧妙地与地形结合，手法独具匠心，由于所处的地理条件及独特的自然环境以及某些传统生活习惯的特异个性，使侗族建筑具有极其丰富的平面空间。

在公共建筑中，鼓楼和风雨桥建造最为独特，除此以外戏台、萨堂也充分体现了侗族的民族特色。

风雨桥：晚寨村的寨脚处建有一座风雨桥，桥梁由巨大的石墩、木结构的桥身、长廊和亭阁组合而成，是一种集桥、廊、亭三者为一体的桥梁建筑，是侗族桥梁建筑艺术的结晶。

鼓楼：鼓楼是侗族村寨的标志，是象征族群的标志性建筑物，是侗寨社会、文化、政治生活的中心。鼓楼按房族修建并且与侗寨的社会结构紧密相连，是侗族人民的精神寄托。

民居建筑：侗族民居大多为穿斗式干阑木楼，村民基本上维持干阑木楼的习俗，底层以饲养或堆放杂物为主，二层是主要生活面层。宽廊、火塘、小卧室，构成侗族民居的主要特征。顶层通常为堆放粮食或杂物的阁楼，也有局部设置隔间做卧室。

传统建筑

晚寨村平面图

晚寨村建筑风貌

民族文化

晚寨村寨民风淳朴，民族风情浓郁。晚寨村人在精神生活上独具创造力，其民间艺术历史悠久、内容丰富，主要包括民间故事、民歌、民间舞蹈、民间工艺和民间剪纸艺术等，尤其擅长琵琶歌。

琵琶歌：晚寨以琵琶歌最为著名，至今已有170多年的历史，被誉为"侗族琵琶歌的故乡"。2006年包括晚寨村琵琶歌在内的侗族琵琶歌被列为国家级非物质文化遗产。1958年，晚寨8名女歌手应邀到北京参加全国少数民族文艺会演，在中南海受到国家领导人的亲切接见，为晚寨村琵琶歌文化的传承和发扬奠定了基础。

刺绣：晚寨村的侗族刺绣是一种用引针穿刺，将各种彩色丝线或棉线附着在织物表面之上，构成各种图案纹样的工艺技法，是中国少数民族刺绣中的重要分支。这种工艺技法不受底布经纬组织的限制，可以较为自由地发挥作者的构思和艺术才能，其种类丰富、造型新颖、色彩绚丽，观赏与实用价值并举。

侗戏：侗戏是侗族人民在长期的劳动生活中创造艺术形式，是在侗族民间说唱艺术"嘎锦"（叙事歌）和"嘎琵琶"（琵琶歌）基础上，接受汉族的戏曲影响而形成，具有独特的民族风格，被赞为"一朵夺目的民间艺术奇葩"。目前在侗族地区，多数村寨都有群众自己组织的业余侗戏班。

古墓

人文历迹

古井：晚寨村目前共有4处古井，多为方形，最早的为清乾隆年间建成。为了保证水质清洁，晚寨村民在古井外侧修筑水泥墙，有封闭式和半封闭式两种。4处古井均在使用中，为村民日常用水的主要来源之一。

古道：晚寨村目前有连接着两旁沿坡而上的"云梯"——千步坎。

古树：晚寨村周围山林植被茂密，植物品种多样，村寨内有古树榕树1棵，以及古树杉木群1处。

古墓：晚寨保存着清朝古墓数座，位于山林之中，造型独特，价值珍贵。

太阳石：形成于清代之前的太阳石，是晚寨人民祈福和寄托美好愿望的重要依托。

古树

保护价值

晚寨村的侗家木屋吊脚楼依山而建，建筑工艺精益求精、工艺精湛，保存下的古老建筑、木雕等工艺，成为研究当地建筑工艺和建筑文化的重要依据，具有较高的艺术和科学价值。

吴氏家族作为晚寨村的第一姓氏家族，通过对其家族和历史活动的研究，对挖掘迁徙文化和宗族文化特征具有重要意义。晚寨村的发展历史也是吴氏宗族发展的历史见证，为研究民族迁徙史提供了实证。

黄　丹　王　倩　周安然　编

琵琶歌

太阳石

古井

刺绣传承人——吴秀芝

晚寨村鸟瞰

黔东南苗族侗族自治州锦屏县新化乡新化寨村

新化寨村全貌

新化寨村区位示意图

总体概况

新化寨村位于锦屏县新化乡西部3公里处,距离锦屏县城41公里。全村520户,2098人,村庄占地面积1448亩。三黎高速穿村而过,且设有高速匝道口,交通便捷。相传明末清初年间,欧、杨始祖随军由江西、山东平蛮至湖耳,后由湖耳入新化,立寨定居于此,时隶新化长官司,从此后改为"新化寨"。

2019年新华寨村列入第五批中国传统村落名录。

村落特色

新化寨村是一个苗族聚居村落,选址背山面水,居高临下,山水结合是防御功能的天然屏障。有适宜耕种的土地,村寨四周是肥沃的良田,充足的水源,优美的环境,构成了"一山一水,一寨一田,依山而建、聚族而居"的整体格局。村域内有两片群山,中部由务形佬、对门坡、庙山等小山体组成,西北部则由连绵万里的群山组成,天晴时,在绿水青山、蓝天白云的映照下,整个村子显得十分清新;若遇雨天,木墙青瓦配以云雾美景,宛如传统山水画中般的仙境。在村东北部有一条小河蜿蜒曲折,流水潺潺,在万亩良田中画出了一道绿痕,丰富了农田景观,两者相互依衬,美不胜收。

新化寨村农田景观

传统民居

传统建筑

新化寨村传统建筑主要为"木结构",双坡歇山青瓦顶建筑。正房三开间,一层左侧储物、厢房;右侧厨房、卧室,中间是堂屋,作为迎客间。二层主要功能是卧室,左侧有木梯连接上下层。三楼用来储存粮食等农作物。苗族比较喜欢采用歇山式或悬山式的屋顶,坡屋不大,但出檐较深,屋面屋脊有举折、生落腰等做法,曲线十分流畅。

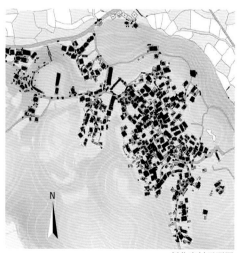

新化寨村平面图

传统牌坊

民族文化

新化舞狮:是贵州屯堡文化中的一枝奇葩,新化人的尚武精神在这一民俗文化中得到淋漓尽致的展现。新化舞狮与新化历史渊源是契合互融的。

新化舞狮属北派系列,以表演"武狮"为主,由双人舞,一人站立舞狮头,一人弯腰舞狮身和狮尾。舞狮人全身披包狮被,下穿和狮身相同毛色的绿狮裤和金爪蹄靴,人们无法辨认舞狮人的形体,它的外形和真狮极为相似。引狮人以古代武士装扮,手握旋转绣球,配以京锣、鼓钹、逗引瑞狮。狮子在"狮子郎"的引导下,表演腾翻、扑跌、跳跃、登高、朝拜等技巧,并有走梅花桩、窜桌子、踩滚球等高难度动作。

新化舞狮的造型为圆大的狮头,黑亮有神的眼睛,前伸而突出的鼻子,开合夸张的阔嘴,微微颤动的双耳,五官起伏有致,头顶用彩绸扎成彩球映衬,显得狮子威猛雄壮,憨态可掬。狮脖有响铃,摇头晃脑则叮当作响,煞是惹人喜爱。其表演动作主要有飞行旋角、雄狮敬礼、双狮抢宝、狮子拜案、抢登高楼、群狮嬉炮、腾空直立、旋背、舔毛、抖擞、采青等。

红军广场凉亭

人文史迹

古井房：传统苗族木结构建筑，正房一开间，该建筑建于玉泉古井上，泉水潺潺，后侧古树林立，门前良田万亩，景色宜人。

历史街巷：新化寨村历史街巷形成历史悠久，是整个新化寨村发源地，街巷两侧建筑保存完好，是自新化寨村形成以来村民的重要生活、生产，以及聚会的必经之路，是新化寨村发展至今的历史脉络。

红军广场凉亭：1934年9～12月，红一、六、九军团分别多次经过新化。战士们在路口凉亭与群众座谈，宣传党的路线、方针、政策，鼓励群众积极推进土地改革，发展生产，红军广场凉亭因此而得名。

古树：新化寨村有7种古树，有柏木、枫香树、桂花树等，共145株。主要分布在村寨东北部，郁郁葱葱。

杨氏宗祠：位于新化寨下街凉亭以西20米，宗祠始建于清朝同治年间，重修于民国4年（1913年）。宗祠由牌楼、厢房、天井、正厅、围墙等部分构成，整体有徽派风格。翘檐叠角，气宇轩昂，图文并茂，如画如诗。

大乌潭宗祠：位于新化寨三余巷东面，宗祠始建于清朝同治14年（1875年），民国时期第一次重修，宗祠坐北朝南，宗祠由正厅、天井、牌楼、围墙等部分构成，整座宗祠风格别致，龙脊兽檐，栩栩如生，壁画浮雕、艺术精湛。

历史街巷

欧氏宗祠　　　　　杨氏宗祠

新化寨舞狮于2007年被贵州省文化厅授予"舞狮文化艺术之乡"的称号。

玩水龙：水龙是新化民间祈雨的一项民俗活动，起源于明朝中期。过去人们认为下雨降水都是天神在指使"水龙"向人间洒水，而每逢天干旱灾，久不下雨，人们就以耍水龙这项活动来祈求"水龙"洒下及时雨，赐福人间。在水龙祭祀仪式上，四位德高望重的寨老手托净水杯在前面带路，身后紧跟着一对抬着天狗的"金童"和四个手提花灯的"玉女"，"龙宝"紧跟其后，十几条"水龙"跟着龙宝上下挥舞，穿梭在田间、河边、街头、巷尾之中。

保护价值

新化寨苗族村落坐落半山，利用周围的自然山体作为保护的天然屏障，把山地陡坡改造成为生产生活所用的农田，利用山泉溪水进行灌溉，科学地利用了现有的自然资源，使得苗族有了生存发展的保障；苗族人民高超的吊脚楼建造技术，可在半山陡坡处建设房屋，使得房屋的建设不受地形限制，让居民有了安居的场所。

新化寨苗族村落孕育着苗族文化，也是苗族文化蓬勃发展的见证，它的巷道、吊脚楼、文化活动广场、服饰都承载着苗族原生态的信息，成为苗族文化的载体，使得苗族文化在现代的社会中得以延续和发展。苗族吊脚楼运用点、线、面、体的表现，结构完整、做工精致、变化灵活，是非常罕见的，在满足居住功能的同时，还具有它的朴实美、生态美、结构合理、最大限度地利用自然，达到自然与科学协调统一及一定的艺术价值。

古树

玩水龙

刘翼张奕编

古井

新化寨村环境

黔东南苗族侗族自治州锦屏县河口乡韶霭村

韶霭村全貌

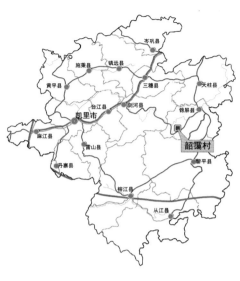

韶霭村区位示意图

总体概况

韶霭村位于锦屏县河口乡南部，乌下江东岸，距乡政府10公里，距县城52公里，对外交通由县道后经通村路到达。全村有8个村民小组，共1278人。韶霭村明代即有人居住，清时属开泰县管辖，民国时属瑶光乡。

2019年新华寨村列入第五批中国传统村落名录。

村落特色

韶霭村是苗族聚居地，依山势地形而建，属于高山盆地，村寨水源丰富，坑塘较多，水源来自周边山体，两条溪水至此交合，跌跌宕宕穿过村脚密林峡谷汇入乌下江。西北两面是一大片遮天蔽日的风景林和茂密的楠竹林，村寨四周有五条山梁在此聚首，人称之"五龙抢宝"或"五马归朝"。由选址可知，苗族把定居点建在山上看成是生存的需要，那里才是他们的安全环境，因此他们都十分自觉主动地据山结寨，在漫长的严酷条件下得以生存与发展。长期的生活实践还使他们认识到住居上山有不少优越性。这里苗族居民长期从事梯田种稻劳作，他们各项农事活动都遵循自己的传统习俗，有许多祭礼，形成了自己独特的农耕文化。

传统建筑

韶霭村的木楼大多是三间三楼一幢，偶有五间三楼一幢的。20世纪80年代前这里的木楼都是第二楼前檐柱吊桐。80年代后大部分是二楼前檐和三楼前檐柱两级吊柱。村民们习惯称"苏楼"。每栋楼的建筑材料都是杉木，枋榫对接，穿斗转角，整体结实，外形美观。韶霭村200多栋木吊脚楼构成一幅巨大的图案，由清水溪两岸排列的木楼，一排排一层层，被称为"贵州高原杉木文化的活字典"。

传统木建筑

木楼竹居

民族文化

花灯戏：在清乾隆三十年（1765年），由湖南麻阳刘厚培师父传入。第一代传人为吴锦坤，如今已是第八代传人。花灯来源于民间，服务于民间，她的演出场地不受限制。演出形式有花灯舞、花灯歌舞、花灯小品、花灯戏等，男女演员服装全为老式苗装。因演出形式短小精干、多样化、说唱结合，各种曲目唱调朗朗上口，经久耐听。

尝新节：人们用新收的糯米酿酒、打糍粑，杀猪宰牛，请外村亲友前来聚会。届时在村寨中心摆"百家饭"大席，即将几十张方桌连成一大圈，各家各户按自己口味凑酒菜，所有亲友集中饮宴，场面热闹非凡。饭后举行跳芦笙舞和斗黄牛活动。韶霭村过此节颇为隆重，往往组织盛大的斗牛活动，邀请外村的牛前来打斗，还举行文娱活动，尽显民族风情。

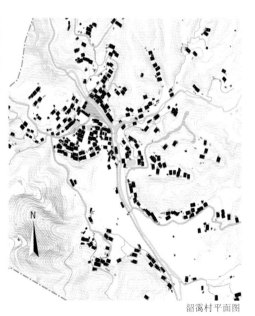

韶霭村平面图

古树群

传统民居

花灯戏表演

神仙井

古道

苗医：苗医源远流长，发展至今，苗家医药已经有三、四千年的历史。苗族的医药常常与神秘、神奇这样的词汇联系在一起，自成体系，尤以其内病外治的疗法闻名中外，成为民族医药的一枝奇葩。苗族民间还有"千年苗医，万年苗药"之说。

苗族河边腔：河边腔苗歌除了会运用起腔衬词来突出苗歌的特征以外，在歌曲的结尾也是运用衬词作为结束，这种苗家称为"绞腔"的运用使苗歌首尾统一，是当地人民在生活中表达情感的一种体裁。歌曲具有当地独特的演唱风格和当地人民的审美情趣，人民从生活各个不同的方面和角度用苗歌来反映当地苗族人民的思想感情和思想的愿望。苗歌会根据歌曲的形式会分为苗族古歌、苗族飞歌、苗族酒歌、苗族情歌和劳动歌等。

人文史迹

石塔：左塔为金童，右塔为玉女，双塔的建筑模式一样，材料都是青石砌就，塔底方形，宽3米，高4.5米；塔中部为八方形，高2.5米；塔尖2米，塔顶每层只有一块石头，塔外侧一步木桥横溪而架，村民们称这种步桥为子孙桥。

神仙井：是韶霭村开寨时四大寨老开

石塔

凿的，从古至今，每年的尝新节，家家户户都要去打神仙水来泡糯米蒸糯米饭，煮祭祖的鲤鱼。

保卦岩：此岩被视为神岩，位于村北面锁口山古道旁。此岩有神话传说故事，是韶露的风水保护岩。

古道：古道由石头铺设，宽约1米，是早期通到其他村寨的交通要道。石板路已有较长历史，经历了许许多多的风风雨雨，见证了人世间的悲欢离合。

古桥：位于韶霭村寨中部，是清乾隆三十年（1765年）先民建造的跨河古桥。

古桥

尝新节拦门酒

尝新节百家宴

保卦岩

尝新节祭祖

苗族河边腔对唱

保护价值

韶霭村坐落于高山盆地，利用周围的自然山体作为保护的天然屏障，把山地陡坡改造成为生产生活所用的梯田，利用山泉溪水进行灌溉，科学地利用了现有的自然资源。苗族人民高超的吊脚楼建造技术，可以在半山陡坡处建设房屋，使得房屋的建设不受地形限制，让村民有了安居的场所。韶霭村寨具备浓厚的苗族文化价值之外，也有较高的经济开发价值。

刘　翼　张　奕编

韶霭村环境

黔东南苗族侗族自治州黎平县茅贡镇寨母村

寨母村全貌

寨母村区位示意图

总体概况

寨母村位于茅贡乡东北部，建于元代以前，距黎平县城35公里，距乡镇府驻地7公里，距松从高速16公里，交通便利。全村237户，计1149人，侗族为主。寨母村由大寨母、小寨母和张家三个自然寨组成。

2019年寨母村列入第五批中国传统村落名录。

村落特色

寨母村区域范围气候温和，水热条件优越，空气相对湿度大，土地有机质积累较多，适宜林木生长。寨母村坐落在山谷地带的溪流旁，周边山脉绵延，常年清晨云雾缭绕，村中河流蜿蜒。

大寨母位于村内河流北侧，小寨母和张家位于河流南侧，三寨之间隔着广袤的稻田，稻田的布置方式形成了大寨母与小寨母、张家隔田相望的格局。民居建筑围绕鼓楼而建，形成了以鼓楼为中心的向心聚落空间格局。山上绿树成荫，山下良田成片，与侗族传统风格建筑构建出一幅美丽的田园风光画面。

传统建筑

寨母村选址独特，传统民居布局考究，建筑风格独特，细节雕刻精美，是黔东南聚居古村落的典型代表。建筑依山就势而建，沿道路分布，寨母村内保留了大量的传统建筑。

寨母村传统村落的传统民居一般选择木料作为主要建筑材料，用木柱支托、凿木穿枋、衔接扣合、立架为屋、四壁横板、两端做偏厦，屋面材料为当地小青瓦。

寨母村传统民居建筑多为"一"字形布局，风格主要是"干阑式"建筑，楼下安置石碓，堆放柴草、杂物。前半部为廊，宽敞明亮，光线充足，为全家休息或从事手工劳动之场所；后半部为内室，其中设有火塘，这既是祭祖之位，也是全家取暖、为炊的地方。火塘两侧或第三层楼上是卧室。

鼓楼：鼓楼是村寨或族人祭祖、仪式、迎宾、娱乐之所。小寨母鼓楼底层开敞，中间设有火塘，中部密檐间通透，顶盖之下设菱格棂窗，檐下如意斗栱层层出挑，形如叠涩封檐，顶盖为四角伞形，瓦檐上彩绘或雕塑着山水、涩封檐，顶盖为四角伞形，瓦檐上彩绘或雕塑着山水、花卉、龙凤、飞鸟和古装人物，云腾雾绕，五彩缤纷，上部有五节细长的葫芦状宝顶；鼓楼以杉木凿榫衔接，顶梁柱拨地凌空。

鼓楼

几重山山体

传统民居

寨母村平面图

风雨桥：古桥始建于清朝时期，以杉木为主要建筑材料，整座建筑不用一钉一铆，全系木料凿榫衔接，横穿竖插。棚顶都盖有坚硬严实的瓦片，凡外露的木质表面都涂有防腐桐油，所以这一座座庞大的建筑物，横跨溪河，傲立苍穹，久经风雨，仍然坚不可摧。这些古建筑，结构严谨，造型独特，极富民族气质。

风雨桥

民族文化

规约习俗：侗族规约民俗也叫侗款、理款，实质是侗族的民法，国家级非物质文化遗产。由于侗民族自古以来没有自己的文字，为了便于记忆，便将"法典"内容编成一首首歌词来讲唱，用以规范族人的行为，传颂优良的品德。讲款也是规约习俗之一，一般是在盛大集会前必须举行的一项仪式，由一名或几名德高望重的老者，将款词朗朗唱出，之后，这些款词就成为人们必须遵守的村规民约，违者必受民众的谴责和"款"的惩罚。

侗族木构建筑建造技艺：侗族的传统民居均为全木质结构，技艺精湛的师傅们凭借自己高超的技术，整个传统民居建筑从建造到完工只用短短两三个月时间，且不用一钉一铆便可完成整个安装，独具侗族特色。

侗族木构建筑建造工艺

侗族服饰制作技艺：侗族服饰按照生活场合分为日常服饰和盛装，其中女子盛装按照服装款式又分为对襟裙装式、交领左衽裙装式、交领右衽裙装式和交领右衽裤装式四种。因为侗族擅长纺纱织布，所以穿着的服饰都是自纺自染的"侗布"，也是侗家男女最喜爱的衣料。"侗布"就是用织好的布，经蓝靛、白酒、牛皮汁、鸡蛋清等混合成的染液反复浸染、蒸晒、槌打而成。

侗族蓝靛淀染

人文史迹

古粮仓：寨母村一共有12处禾仓群，是见证村寨发展、村民丰收的重要场所，在侗族文化里意义重大。

古粮仓

古井：现状分布有6口古井，类型有拱形石井、门字形开口石井等。井身上下左右皆用加工好的青石块镶成，井口与地面垂直，形似彩虹，两侧用整齐石块支撑，中间架空便于居民取水。

古井侧立面石雕

廻龙庵：始建于清朝光绪年间，于1998年复建，是一组整体布局呈四合院形式的建筑群，含庵门、前殿（关公殿）、大殿（佛祖殿、观音殿）及西厢房和围墙，其中前殿和大殿为木质结构的一层建筑，墙面涂红漆。

村约碑：村约碑位于大寨母中心区域，雕刻于道光二十五年（1845年），高约1.2米，宽0.8米。二号村约碑位于大寨母村口，碑刻内容明确对寨母村婚姻嫁娶、起房造屋、白事酒、送礼与回礼、客菜、餐数及违规处罚等都做了详细规定，是寨母村淳朴民风的直接见证。

款约

古树：寨母村村落内绿荫成群，已挂牌的百年古树共有14棵，红豆杉6棵，枫树8棵，其中有6棵古树最少有200年以上历史。

古树

保护价值

寨母村世代朴素而坚定地传承着地域特色文化，是一个古老的传统村落，展现出传统村落的原生民族风采，具有一定的村落社会价值。以侗族传统节日"六月六"、侗戏、侗族大歌为文化特色，完整地体现了当地传统民风民俗，是黔东南地区侗族文化的活载体，是人们了解和体验侗族传统文化的最佳场所，有较高的文化价值。

寨母村传统村落保存了贵州黔东南古村落相对完整的、真实的历史遗存，具有较高的历史价值。

杨 硕 陆显莉 编

廻龙庵

黔东南苗族侗族自治州从江县往洞镇德秋村

德秋村全貌

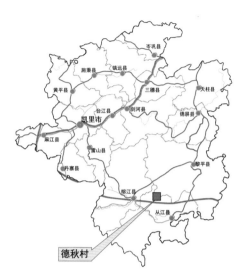

德秋村区位示意图

总体概况

德秋村地处从江县北部，距离从江县64公里，距离往洞镇政府约13公里，属丘陵地貌，因地处山坡，交通闭塞，苗语称"古畜"，侗语你"妙畜"，汉语称"德秋"。德秋村是聚居着龙家、王家、滚家、兰家、吴家五大家族的苗族村寨，以大杂居和小聚居分别在三个自然寨，全村有132户，共573人。

2019年6月德秋村列入第五批中国传统村落名录。

村落特色

德秋村地势陡峭，北高南低，坐落在半山腰上，体现古人"择山而居"的选址理念。德秋村傍山聚居，四面群山环绕，景色宜人，村寨周围植被保护较好，四面环绕的山上森林茂盛，郁郁葱葱。民居沿山而建，顺山势而行，鳞次栉比，布局错落有致。寨内巷道自然分布、纵横交错，呈现出一种自然状态的肌理，村内古树及村落整体风貌保存完好。

传统建筑

德秋村的建筑中，98%以上都是传统苗族干阑式的木结构建筑，现状传统建筑多建于2000年左右，大部分传统建筑保存完整。德秋村建筑形态与山体形态一致，保持了建筑与自然环境的有机融合，建筑群体轮廓的走势充分体现了与自然山体坡度形态的一致性。依山而建的苗族干阑式传统建筑巧夺天工，是苗族人民与自然和谐共生的大智慧。

民居建筑：德秋村民居建筑属于吊脚楼风格，总体以山行水向界定方向，楼层多为两楼一底。房屋屋顶以中柱为准向中间靠拢，门窗对称，完全为杉木拼制造成，空间适宜，整体高矮有序对照着瓦片盖加，犹如龙身之鳞，坐落于山水间，苗族民居一般是两间两厦、一间两厦或两间一厦等形状，分上、下两层，下层是接待客人的客厅、厨房、饭厅及堆放杂物的地方，上层是住房和储仓，以杉木为主要材料。

风雨桥：德秋村风雨桥分别位于村内三个自然寨，共3座，是德秋村新建文化设施，于2017年修建完成。此风雨桥外形美观、设计复杂、菱角多样，除了青瓦之外均为纯木制作打造，是立足于当地群众生活习惯，为提升群众精神文化生活质量而修建。村民利用忙闲时间聚集在此处聊天唱歌、交流思想，是群众重要的文化聚集地，对于美化村寨、促进村民沟通交流、宣传政策等方面发挥了极其重要的作用。

鼓楼：鼓楼是苗族村寨的标志性建筑，也是苗族人民的娱乐场地。德秋村鼓楼位于村寨建筑较集中的位置，属于公共活动空间。

传统民居

风雨桥

德秋村平面图

鼓楼

民族文化

苗歌：苗歌是当地人苗族的语言歌曲，有悠久的历史传承，采取边唱边讲述的形式。歌的曲调分古歌、情歌、丧歌及祭祀歌，各具特点。每当村里开展重大活动、有重要客人到来时，村里人会用苗歌欢迎客人的到来，向他们敬上美酒，以表达对客人的热情或感激。

刺绣：刺绣是苗族服饰主要的装饰手段，是苗族女性文化的代表。刺绣是德秋村妇女的必备绝活，女孩子从小就学习织布、染色、刺绣活儿，穿的苗族盛装均是由妇女运用传统的手动工具织成，并运用纯天然植物染料染成色，手工刺绣、刺绣工艺一直完整地保存至今，现在每家每户几乎都有织布、染色、刺绣工具，是在家的妇女们的日常手工活。

六月六：是当地的独特节日，时间为每年农历六月初六。当地的习俗，过完这个节日，妇女才能织布，织出的布品质才好，表示"六六大顺"。节日当天，会邀请亲戚朋友到家里做客，热情地款待客人。

芦笙节：芦笙节每五年举办一次，期限为农历正月初二至初五。节日当天，村里的男女老少均穿着苗族盛装，各寨芦笙队伍从各寨古楼开始吹起，而后吹往社堂，最后前往村踩歌堂。踩歌堂是芦笙活动进行的高潮地段，先由芦笙队进场吹响音乐，当音乐到某一旋律时，妇女们有序进入芦笙队周围，整个队伍呈圆形分布，女子踩歌时向前走五步又向后退三步。

人文史迹

古树：德秋村的古树主要有3处，位于村落中，均有一定年代。对古村落内50年以上的树木一律禁止砍伐。

古井：古井在古时的日常生活中有非常重要的作用，承载着传统村落生产生活的历史记忆。德秋村内有3口古井，分别位于三个自然寨。

古洞：古洞位于德秋村大寨，有上千年的历史。据说当时被外人抢夺地盘，几乎全部迁出逃命，只有几户人家躲进这个直径约2米、深度20多米的山洞中，后逐渐发展壮大成为德秋村。此古洞对于德秋村发展具有历史意义。

六月六节日

苗绣服饰

芦笙节

苗歌表演

古井

保护价值

德秋村村落坐落在群山之中，周围植被丰富，植物种类繁多，拥有丰富而珍贵的物质与非物质文化遗产，有着独特的历史风貌和自然格局，是传统古村落选址营建的典范，时间和空间环境均体现了其较高的历史价值。

德秋村村落整体布局自然协调，古朴静谧，是传统可持续人居发展模式的体现，从整体格局到建筑风貌，都具有较高的科学与艺术价值。

德秋村至今保留使用踩歌堂举行重大的集体文化活动。用社堂进行活动前的祭拜、祈愿。德秋人民很好地创造、保存和发展了自成体系的民族文化，形成了以节庆文化、歌舞文化、婚嫁文化、丧葬文化、服饰文化等为内容的民俗文化，展现了德秋苗家文化的迷人魅力，文化价值极高。

周安然 黄 丹 编

古洞

村寨空间格局

德秋村远景

黔东南苗族侗族自治州从江县往洞镇德桥村

德桥村大寨全貌

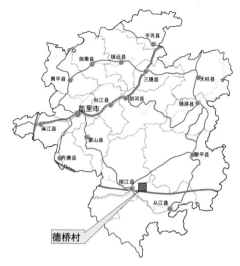

德桥村区位示意图

总体概况

德桥村地处从江县北端，东临增盈村，西接贡寨村，北与榕江县的栽麻乡接壤，距从江县城约53公里，通过321国道可达。德桥村行政村所辖面积约10.76平方公里，辖大寨、上寨、下寨3个自然寨，共有294户，1269人，全部为侗族。据传，在明朝中后期，就有先祖到此地定居，周边侗族村寨称该村寨为"得久"，后用汉语翻译为"德桥"得名。

2019年6月德桥村列入第五批中国传统村落名录。

村落特色

德桥村处在背山面水的谷地，坐北朝南，村落在选址中充分体现了中国侗族聚落选址"依山傍水"的传统思想。德桥村前阔后高，村庄沿便现河两侧扩展，鼓楼、戏台设置在村寨中部，古井分布在村寨中。村寨建筑顺应地形自由伸展，沿着山势、河道布局，层层叠叠，形成一种自然的、富有节奏感的肌理。村寨与周边的自然山体、水系、农田共同形成了"远山苍翠，近村烟火，河水清幽，农田顷顷"的美好田园生活风貌。

传统建筑

德桥村内95%以上都是传统侗族民居，现状村内传统建筑多建于20世纪七八十年代，但1966年发生过一次严重的火灾，全村大部分建筑都有不同程度的损毁。由于地形、地貌和环境因素，德桥村村貌总体成"金字塔"形，体现出传统的侗家建筑风格。房屋依山而建，建造布局形态成"Z"字形，大多数民居建筑是木质和砖木结构，由于地势陡峭，居民多居住在半山腰，少数人家住山脚。

民居建筑：德桥村传统侗族民居为全木结构的干阑式建筑。民居左右连"偏厦"，楼下安置石碓，堆放柴草、杂物、饲养禽畜。侗居平面布置为"后寝、中堂，前为廊"的格局。走廊里边正间为堂屋，设神龛，左右侧为火塘。卧室设于两侧偏厦或第三层楼上。居民的生活居住在二层以上，以宽敞的通廊为起居活动的中心。

粮仓："粮仓"为木质吊脚楼结构，是侗族农耕文化的一个重要标志，是历史与现实及自然生态的一种完美结合。

风雨桥：风雨桥又称花桥、福桥，整体由桥、塔、亭组成，全用木料筑成，桥面铺板，两旁设栏杆、长凳，桥顶盖瓦，形成长廊式走道。

鼓楼：鼓楼是德桥村的标志性建筑，也是侗族人娱乐的场地。

传统民居

风雨桥

德桥村大寨和上、下寨平面图

粮仓

鼓楼

民族文化

侗族大歌：侗族大歌以"众低独高"，是一领众和，分高低音多声部谐唱的合唱种类。对歌、赛歌一般在"侗年节""吃新节""春节"等节日。侗族大歌被认为是"一个民族的声音，一种人类的文化"。

吃新节：德桥吃新节多在七月上旬或中旬。节日前一天，由妇女们到河边将炊具洗净。席上的菜肴以鱼为主，筷子为山上刚砍来的实心竹所制，并以新米饭祭祖先。房屋门一律敞开，以让祖先英灵同来吃新，凌晨天未亮时，走廊上香烛灯光通明，全家晨宴祭祖。宴罢，男人们便去宰牛备为待客荤菜。敞门待祖习俗反映了古人在节后中的幻觉心理所产生的现象。

六月六：在农历六月六那天，本村会邀请邻村亲戚朋友来过节，邀请邻村歌队来唱歌，在鼓楼下唱歌、跳舞，增进村与村之间的感情。期间全村人会穿上侗族盛装、杀猪宰牛，大歌队在路边唱拦路歌迎接客人。节日期间还要与周边侗寨吃相思、演侗戏、对侗歌等活动。

侗族服饰：德桥至今仍保持着较为古老的裙装，女子穿无领大襟衣，衣襟和袖口镶有精细的马尾绣片。图案以龙凤为主，间以水云纹、花草纹，下着百褶裙，脚蹬翘头花鞋，髻上饰环簪、银钗，头戴盘龙舞凤的银冠，并佩戴多层银项圈和耳坠、手镯、系腰带、银腰萎；男子青布包头，下着宽大长裤，穿草鞋或赤脚。

人文史迹

德桥村发展至今已有400多年，承载了侗族文化、戏曲文化及农耕文明。

河道：村内有一条便现河，贯穿整个村寨。

古树：古树群，树龄都在百年以上。分别位于大寨、上寨北侧山上和下寨南侧山上。

古井：共有5处，分散在三个自然村寨中，大寨2处，上寨1处，下寨2处。

鼓楼：共有3处，位于三个自然村寨中部，大寨1处，上寨1处（县级文保单位），下寨1处。

风雨桥：共有4处，位于三个自然村寨中部，大寨2处，上寨1处，下寨1处。

古粮仓：零星散落在三个自然村寨中。

古树

侗族服饰

侗族大歌

吃新节对唱

便现河

保护价值

德桥村传统村落是黔东南州具有代表性的侗族文化村寨之一，共有三个自然村寨，依山傍水，寨在田中，田在寨中，人在田中，生动地展现了侗族居民的生活状态。德桥侗寨顺应地形，村落呈带状布局，结构完整。其木结构干阑式建筑、鼓楼、戏台、花桥等都极具侗族特色。村落整体景观良好，自然协调，古朴静谧，是传统可持续人居发展模式的体现，具有较高的科学与艺术价值。

德桥村的遗存，讲述了在不同历史时期在村落曾发生的真实故事，传递了民族生息繁衍的信息、伦理与道德秩序的构建、家国观念和亲孝礼仪的培育、文化的固守及包容、宗教的信仰膜拜、婚姻丧葬制度的形成与进化，体现了社会和历史的演变，具有很高的社会研究价值。侗寨人的生活方式也在此世代相袭。

周安然 黄 丹 编

德桥村上寨全景

古井

德桥村下寨全景

黔东南苗族侗族自治州从江县斗里镇潘里村八组

潘里村八组全貌

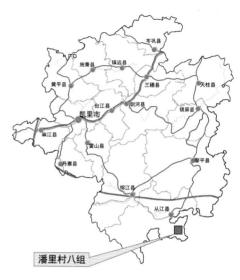

潘里村八组区位示意图

总体概况

潘里村八组位于从江县斗里镇北面，距镇政府驻地5公里，东部有242国道自北向南经过，884县道穿村而过，对外交通主要依靠通组路。东接根里村，南接高牛村，西与翠里乡相邻，北与牙拱村相连。潘里村八组于1938年从广西省融水县良寨乡安全村宝盖屯迁入此地。全村国土面积5.57平方公里，辖8个村民小组，2个自然村寨，总户数387户，1286人，居住着苗族、侗族、瑶族。其中，潘里村八组位于村委驻地西侧，形成于中华人民共和国成立之后，只有36户，181人，全为瑶族。

2019年潘里村八组列入第五批中国传统村落名录。

村落特色

潘里村八组属云贵高原梯级余脉诸山，居住点海拔600米左右，山体植被葱郁，竹林茂密。山体坡度较大，地势陡峭，少有开阔用地。村寨前是一片梯田，便于耕作，符合村落选址的需求。建筑依山就势，顺应自然，呈阶梯状布置。俗话说"南岭无山不有瑶"，由于历史战争原因，瑶族一路迁徙，选择高山密林为栖息地。

传统建筑

依深山密林而居的瑶族住房，多采用"人"字形棚居建筑式样，常用杉木条支撑屋架，屋顶盖草或杉皮，周围以小杂木或竹片围壁。在坡度较大的山岭地带，有"吊楼"式建筑，即房屋的一半建在坡地上，另一半则依山势坡度的大小建筑吊楼。

潘里村八组传统木建筑占整个村落99%以上，房舍建筑一般分住房、寮房，建筑大多为二至三层，建筑的形制一般是上、下二层木结构，一层是圈舍、杂物堆放，二层是生活空间，进深呈"三段式"布局，最前段为宽约2～3米的明廊，是会客、晾晒、手工生产等活动空间；最里段是卧室；中段为起居室，内设火塘，是吃饭、休息、团聚的生活空间。一层墙面多用竹条或木板围壁，屋顶采用瓦面坡屋顶。

瑶族干阑式房屋不仅非常具有代表性，同时也体现了瑶族文化的包容性，集大成。干阑式结构的雏形是上层居住、下层养殖或储物的双层房屋。这种结构对抗湿润天气所带来的潮湿以及保持空气流通、防治虫害、防野兽、防人为盗窃都起着很重要的作用。

建筑户型格局、庭院布局、外立面风貌、建筑构件等均为瑶族民族特色和风格，也存有民族文化交融后独特的地域特色。

传统建筑

传统建筑

潘里村八组平面图

村落一隅

民族文化

潘里村八组历史悠久，拥有极具特色的民族文化、少数民族活动，内容丰富。

瑶族药浴：从江县斗里镇瑶族药浴有着悠久的历史文化，无论迁居何处，都保留家传瑶浴配方至今，逐渐形成了今天具有养身健体功能的民族品牌——瑶族药浴。瑶族药浴可舒筋活血、驱风湿、治感冒、养颜护肤，长期泡浴可延年益寿。主要配方有半枫荷、香樟叶、钩藤等20多种药材。

长鼓舞：长鼓瑶语称"播公"，其历史悠久。南宋绍兴二年（1132年）5月3日颁发的《十二姓瑶人过山榜文》载："天子殿前，国王长衫大袖，长腰木鼓，斑衣赤领，琵琶吹唱。"据此，瑶族长鼓舞已有800多年历史。

瑶族手工造纸：村落内的老人都会手工造纸，除自用外其余则拿到集市上去卖。

瑶族服饰：潘里村八组的民族服饰服装都是自己刺绣，现在仅有几位老人仍有此技艺。

民俗节日：盘王节。盘王节可以一家一户进行，也可以联户或者同宗同族人集聚进行。

人文史迹

古井：寨内共有1处古井，为寨内村民公共使用，井池作为村民生活用水直接取水处，内部底及四周由石板铺筑或用现代建筑材料砖及水泥砌筑，顶设有固定性井盖，立面留有取水口。

竹林：寨前有一大片竹林，让寨子看起来像在竹海里，竹林与村寨相互依存，有"竹海人家"之称。

瑶浴传承：斗里镇登面瑶族药浴传习基地于2011年3月挂牌命名，该传习基地是民间药师邓贵秀师傅及本寨民间瑶医共同开展传习活动的场所。传习内容主要以学习传统的药浴保健配方，现有徒弟20人，瑶族药浴传习基地是药浴传习活动开展最持续、最具有特色的示范基地之一。

瑶族药浴——采药

瑶族药浴——选药

瑶族药浴——煮药

瑶族服饰

长鼓舞

手工造纸

瑶浴传习基地

保护价值

潘里村八组村落选址和空间格局传承了瑶族习俗，延续了中国民间的风水格局理想观念，村落保持了相对完整的、真实的历史遗存和文化遗产，见证了该地区居民传统生活方式和文化特色。村落主要承载了该地区瑶族文化、瑶族瑶浴、木建筑、木工技艺文化等，对于研究贵州省黔东南区域的瑶族文化具有一定价值。

村落内无论老少，每天都会药浴，村民们很少生病，身强体壮，80岁老人还下地干活的现象比比皆是，这是瑶族药浴的药用效果，对于瑶族药浴文化的传承发展和养身康体有非常高的研究价值。

陆显莉 黄 丹 编

瑶浴传承人——邓贵秀

古井

竹海人家

黔东南苗族侗族自治州丹寨县兴仁镇翻仰村

翻仰村全貌

翻仰村区位示意图

总体概况

翻仰村是丹寨县兴仁镇辖区域内的村落，位于丹寨县兴仁镇政府驻地东南部，东接新华村，西与岩英村毗邻，南邻王家村，北与脚开地接壤。距镇政府驻地约7公里，距丹寨县城约22公里。翻仰村行政村所辖面积约7.7平方公里，全村共辖石板寨、羊说寨、干果寨和水家寨4个自然寨，6个村民小组，户籍人口1640人，常住人口1449人，总户数329户。

2019年翻仰村入选第五批中国传统村落名录。

村落古巷道

成了村寨自身的防御功能。

翻仰村与地形地貌、生态环境、村落人文完美结合，使独特的农田景观、村落景观、生态景观和丰富多彩的民族风情融为一体，全面展现了人与自然和谐相处的生态环境，是自然景观和人文创造力的完美结合，具有无与伦比的景观艺术价值。居于山头和山脚的山村、小寨与周围环境交相辉映，青瓦白檐的矮吊脚楼与大自然融为一体，无不体现出人类与大自然的和谐之美，给人一种"人间仙境，世外桃源"的感觉。

村落特色

翻仰村是一个苗族聚居的村落。位于群山环抱中，地势东高西低，多为中低山，周围山体古树参天，翠绿盎然。石板寨选在群山围绕的一个小山头上，建筑顺应地形自由伸展、沿着山势、层层叠叠，形成一种自然的、富有节奏感的肌理，充满生活情趣和人情味；建筑体量虽大小各异，但在色彩、用材、风格上却高度统一，造就了协调一致的村寨风貌，从最高点放眼望去，周围的农田连接其余村寨风光尽收眼底，如是清晨时分，云雾缭绕，如同置身仙境。同时石板寨也依托自然地形地貌，结合村民的智慧依托道路围合形

文化长廊

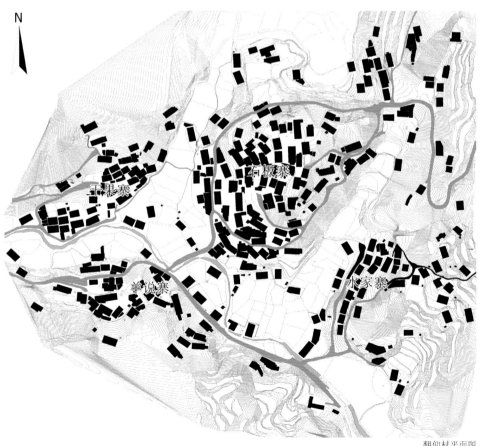

翻仰村平面图

传统建筑

翻仰村传统建筑多为依山而建，建房前须将基础修建牢固，再在基础上修建木结构的吊脚楼住房，用木柱撑起分上下两层，节约土地，造价较廉，上层通风、干燥、防潮，是居室；下层是猪牛栏圈或用来堆放杂物。房屋有些第一层砌砖，大部分用木板围严，第二、三层全是木板围严，上盖杉树皮或土瓦，完成整个木质结构房屋建造。大多是两排一间两厦和三排两间两厦，建筑材料为杉木，屋顶为歇山式，用小青瓦覆盖。

翻仰禾仓也是用杉树作材料建造的，悬山屋顶，上盖杉树皮或小青瓦，四柱落地，多呈方形或是长方形。翻仰的禾仓有偏厦，偏厦是供人们进出仓门和放置楼梯的地方。取放禾把，用独木梯上下。独木梯平时有的放在家中，有的放在进出禾仓的过道上。

传统建筑

传统建筑

传统建筑

民族文化

芦笙节：芦笙节是翻仰村以芦笙踩堂、赛芦笙为主要活动的节日。在每年的农历十二月二十九开始持续3天，来源于喜

芦笙节

庆丰收和期望来年是个丰收年。芦笙节那天，姑娘们穿着盛装，佩戴银花银饰，小伙子和芦笙手们都各自带着芦笙，从四方八面向广场涌来，各村的男子青年都各自围成圆圈，吹笙跳舞，持续三两天，气氛十分热烈。往往在芦笙节期间，同时开展赛苗歌会等民族民间文体活动。

翻鼓节：翻仰村翻鼓节是由苗族古代十三年一祭的祭祖节演变而来。过节时间为农历二月的头一个亥日。内容为祭鼓、宴亲友、跳鼓舞、斗牛、斗鸟、唱情歌等，时间3天。节日期间，本地和临近的乡及凯里市、麻江县的男女青年聚集一堂，共同庆贺这一盛大的民族传统节日。

翻鼓节，是进入农忙前唯一的盛大活动，是本地苗族内部和各族人民大联欢的盛大节日，民族盛装展示，谈情说爱、亲情友谊，人们尽情欢乐。

苗族服饰：翻仰苗族又称"短裙苗"。苗族服饰其特征是妇女在头顶绾云鬟，额前压发成半月形角棱状发檐。发鬟右侧插银簪，鬟后插木梳。穿盛装

翻鼓节

时插银梳。额发用银带压饰，银带两端束于脑后，并栓银饰飘带，鬟顶插银角。颈戴项圈3～7个。上装为青色布款半袖对襟衣，两襟订有3～5颗布扣、铜扣于胸。穿着时衣袖翻卷，戴袖筒。

苗族服饰

人文史迹

翻仰，原苗话是"fangb niangh"，意思是富有的地方，那么是哪个最先来这里居住呢？根据十二道贾礼"寻宗歌"的叙述，第一个在翻仰居住的人应该是"告启"和"告艄里"两哥弟。

传说，在很久很久以前，这哥弟俩在江西被汉族驱赶，流落贵州后，他们逃进夹岩躲难。那时候，岩英、翻仰、翻杠一带森林茂密，古树参天。当他们走进现在的翻仰寨脚时，发现这里有一大片的水草和竹林，四面青山环抱，更有潺潺流水，封闭又安全。哥弟俩激动地用双手捧着绿茵茵的浮漂仰天感慨："啊！Faob ningb，faob ningb！"意思是："啊，多么美丽而富饶的地方，这真是人类生存的好地方"。于是哥弟俩决定在现在的杨说寨那里搭一个木棚定居下来。

保护价值

翻仰村4个自然村寨独特的建寨格局，由于当地有田有水，封闭又安全而选址定居于此。村内群山环抱，清泉莹澈，溪流潺潺，民居与村落周边的农田水系和谐共生，共同构成了一个有机的整体。田围寨，寨围田，人在田中。

翻仰村全面地反映了苗族的历史文化和发展轨迹，完整的建寨格局和原真的苗族居民的生活状态，具有鲜明的民族特色和地方特色，有着独特的历史风貌和自然格局，具有较高的历史价值。

村寨保留了传统的耕作方式及传统文化和节庆习俗，展现了翻仰村苗家文化的迷人魅力，文化价值极高。

刘 娟 肖立红 编

黔南布依族苗族自治州

QIAN NAN BU YI ZU MIAO ZU ZI ZHI ZHOU

黔南布依族苗族自治州三都水族自治县都江镇大坝村风柳寨

大坝村风柳寨村貌

大坝村风柳寨区位示意图

总体概况

　　大坝村位于三都水族自治县城东北面，主要通过321国道与三都水族自治县县城连接，距县城42.2公里，距都江镇区5公里。大坝村共1267人，是一个水族聚居的村寨。大坝村风柳寨村落的形成是清代初期韦氏祖先从三都西南部的周覃镇水东村躲避官府抓丁迁徙而来；潘氏家族先从江西迁徙到三都南部的三洞乡，后迁居于此。韦、潘两个氏族迁来后，繁衍至今已共有18代人之久，村落历史已有300余年。

　　2019年风柳寨列入第五批中国传统村落名录。

村落特色

　　大坝村风柳寨属都柳江水系，地处都柳江与义河支流交汇处，321国道横穿而过。河流从村寨山脚下而过，寨后青山、寨旁梯田、峭石以及寨脚河流，构成了一幅美丽的江山画卷。

　　风柳寨主体位于半山台地，建筑顺势而建，错落有致，村落内主要串户巷道依托民居房前屋后顺地势而建，随着地形曲折迂回穿梭于民居建筑之间。

传统建筑

　　风柳寨内传统民居保存较为良好，全寨共保留传统民居建筑255栋，约占总建筑数量的80%。

　　风柳寨传统村落内民居大都传承着水族传统民居的特色和风格，建筑布局错落有致，形成立体的村巷、建筑空间，平面上与山形走势完美契合，别具一格，充分体现了水族先民的建筑智慧。

　　村落民居传统建筑主要为"干阑式"民居，其建造工艺为部分柱子上下连通，屋架有穿斗式、抬梁式以及混合式，设有外走廊和栏杆；建筑屋顶有歇山和悬山两种形式，大部分建筑采用悬山屋顶，部分建筑山墙面带披檐。传统民居主要以单体建筑为主，基本上不存在院落组合的形式。

传统民居

和立柱构建没有过多的设计痕迹，垂花柱和屋顶主要以简单的造型为主。建筑装饰重点在窗户、走廊等，窗户花样主要是各种几何图案，式样繁多，千姿百态。走廊布置有简朴的装饰栏杆，也有"美人靠"形式的栏杆。整体上形成门窗、楼梯与木墙的虚实对比，展现出简洁朴素、自由豪放的造型特点。

村寨环境

传统民居

　　传统建筑以木结构为主，立柱、穿枋、楼板、檀椽、内外墙板等都是木制构件，基础多以自然石基或人工砌筑石基为主，以适应山地地形。屋顶以小青瓦覆盖。墙壁的处理有竖装和横装两种，楼板是在楼枕上用较厚的木板铺成。建筑立面

风柳寨平面图

建筑细部

水书

村落韦氏先祖的墓地。在墓碑前立有一对石狮，石狮造型受损相对严重。村落内居民在清明时节都会到此扫墓、祭奠。

粮仓

民族文化

风柳寨保存了大量民族文化习俗，如水族独有的水书、唱双歌，贵州少数民族喜爱的芦笙舞，以及马尾绣编织技艺等。

水书："水书"是国家非物质文化遗产。"水书"是水族用本民族文字书写而成的书籍的通称。水文是水族创制的古老文字，水语称为"泐睢"。水书被誉为水族的百科全书。几千年来水书是靠一代又一代的水书先生通过口传、手抄的形式流传下来的，它是水族古文字抄本和口传心授文化传承的结合。通过手抄本记录下有关生活、祭祀、历法等内容，更重要的是要通过水书先生口传心授，来弥补因文字发展不完善而无法记录的大量要义、仪式、祝词等。

水族唱双歌

水族唱双歌：双歌，水语称为"旭早"，"旭"就是"歌"的意思，"早"就是"双、对"的意思。水族的双歌又分为两类，一类是敬酒、祝贺、叙事类双歌；另一类是寓言性双歌。第一类双歌在演唱时往往是一唱一和，即唱一首和一首，歌首的两句有固定的起歌和声，歌尾也有基本固定的两句颂扬性衬和；寓言性双歌通常语言含蓄、情趣幽默，它包括说白和吟唱两部分，其中说白部分主要是对吟唱部分的介绍。寓言性双歌以动植物的某种特点和人的某种活动为素材，用寓意式的手法，表达对忠贞不贰的爱情追

求，对坦诚真挚的友谊的赞颂等题材。

水族芦笙舞：水族芦笙舞是贵州省非物质文化遗产。这种古老的水族芦笙舞，曲调达36种之多，分别表达水族人民生产、生活、文化等不同内容。芦笙舞是欢度节庆时跳的一种喜庆舞蹈，脱胎于纯粹的祭祀舞。芦笙舞最大的特色是笙舞一体，密不可分。表演时，头戴银角、银花并插上五彩的雉尾、身着彩色古装的舞女，随着芦笙的节律翩翩起舞。排头吹小芦笙者负责换调门，队形随着调子的变换而异，跳完一圈，换一个调，每换新调子，都由小芦笙引吹，然后大、中芦笙齐鸣，最后加入大筒。舞者动作幅度较大，其舞姿充分展现了水族人民热情奔放和粗犷豪迈的性格。

人文史迹

风柳寨人文史迹较为丰富，有粮仓、古井和古墓，寨内史迹保存均较为完好。

粮仓：粮仓是寨内各家各户储藏粮食的主要场所。一般是独立于自己住宅的木构建筑，多以两层为主，由6根或8根立柱支撑，仓顶用青瓦或杉木皮加盖。粮仓多为单间，考虑到防潮和安全性，大部分一层架空用于装杂物，二楼用于储存粮食。风柳寨传统村落粮仓主要结合依托各民居附近分散布置，寨内现有粮仓40处，保存均较为完好，大部分目前依然为居民所使用。

古井：风柳寨村落东北侧农田中保留着1处古井，早年古井作为村落的主要水源，滋养着风柳寨的世代居民。现状井水连年不断，水质较好，清凉可口，但由于古井已不作为村落内的生活水源，且古井处于农田之中，现状仅靠水泥砌筑的拱形井口维护，周边完全被农田围绕，基本不再使用。

古墓：风柳寨传统村落东北侧地势较高处保留1处清代古墓，该古墓周边由土和石块砌筑，古墓前方立有墓碑，墓碑由三块组成，由石材所制，有立柱、墓顶、墓碑上有龙、人的雕花，墓碑和立柱上分别雕刻碑文和对联。从碑文上可清晰辨别该古墓是光绪二十二年（1896年）所立，是

清代古墓

保护价值

风柳寨作为水族传统村落之一，是水族历史文化的实质载体，既承载着风柳寨水族村落逐渐发展演变的历史，也展现了村落选址和布局将自然环境与人居环境相互交融一体的理念，保证人与自然的和谐共生，彰显民族特色。风柳寨是水族历史遗留下来的不可再生的重要文化遗产，具有较高的历史研究价值。

风柳寨坐落于半山，背靠大山能利用山体作为屏障抵御寒风，面田有利于农业生产的开展，科学地利用自然资源，保障了村落世代生存和发展；另外，具有自身特色的水族"干阑式"民居建筑，能合理利用地形地貌，保证建房不对原始地貌进行大挖大填。同时，利用"干阑式"建筑通风散热的效果，在满足居住功能的同时，还具有它的朴实美、生态美、合理结构，最大限度地利用自然，达到与自然的高度协调统一的科学性等艺术价值。

风柳寨保存了大量的水族传统文化，至今仍有水书先生通过口传手抄的方式保存和延续着水书这一古老文字，唱双歌活动也频繁地持续开展，作为水族独特的文化特征，这些活态传承的文化活动具有较高的文化价值。

莫军强 编

黔南布依族苗族自治州三都水族自治县都江镇小脑村

小脑村全景

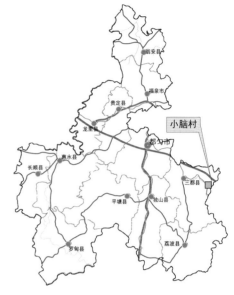

小脑村区位示意图

总体概况

小脑村位于三都水族自治县都江镇东部，距离都江镇政府15公里，从镇政府到沿东部通村公路可到达小脑村，距离三都水族自治县县城51公里。全村共291户，1523人，村域面积12.3平方公里。小脑村是一个以苗族为主的少数民族聚居村。其先辈因躲避战乱迁移到此定居，至今为25代人，约有400余年历史。

2016年小脑村列入第四批中国传统村落名录。

村落特色

"脑"在苗语中为"挪容"，意为"大树茂密、悬崖陡峭的高山上的寨子"。高山村落坐落在连绵的小脑大山高山深谷之中，上有蓝天白云，下有高山流水，当地群众依山而居，村寨房屋错落有致，村寨与田园交织，与青山辉映，形成了一幅美丽画卷。寨内外绿树成荫，有金丝楠木、红豆杉、榉木、红杉等众多名木古树。村寨后面是原始森林即小脑大山，海拔1400米，常年有大雾，自然植被保存完好，现有众多奇特树种，是非常难得的自然景观。村寨整体掩映于高山之中，当地群众过着原始休闲宁静的生活，是一个原始的苗族部落。

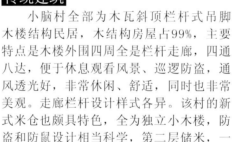

建设中的传统民居

传统建筑

小脑村全部为木瓦斜顶栏杆式吊脚木楼结构民居，木结构房屋占99%，主要特点是木楼外围四周全是栏杆走廊，四通八达，便于休息观看风景、巡逻防盗，通风透光好，非常休闲、舒适，同时也非常美观。走廊栏杆设计样式各异。该村的新式米仓也颇具特色，全为独立小木楼，防盗和防鼠设计相当科学，第二层储米，一层不装板，布局错落有致，米仓如今也成为该村民居一道风景线。尤其民宅体现了当地民间传统的建筑艺术水准，以木料为材，采用梁、柱、檐、椽搭建而成，经济条件好的农家民宅檐底层层叠叠辅以多种多样的花、草、几何图样等木雕纹饰，其建筑细部工艺高超，大大增强了艺术的装饰效果。

民居"宝顶"和"正吻"

村寨一角

小脑村平面图

牯藏节

禾仓群

民族文化

苗族鼓藏节：国家级非物质文化遗产，是苗族祭祀本宗族列祖列宗神灵的大典，13年过一次，过鼓藏节主要活动是屠牛、祭祀、跳月（芦笙舞）、斗牛、斗鸡、互相敬酒等，它是以血缘宗族为单位进行的祭鼓活动，是苗族最为隆重而神圣的节日，至今仍然延续。

苗族古瓢舞：市级非物质文化遗产，男女共舞，在农闲时或是节庆活动时，男的吹奏古瓢，女的穿上盛装进行伴舞，古瓢舞伴奏曲目有一百多首，该村有健全的古瓢舞文艺队，而全村男女都会跳古瓢舞。

苗族芦笙舞：省级非物质文化遗产，在农闲时或是节庆活动时，由男的负责吹奏，女的负责着盛装进行伴舞。

苗族刺绣：苗族刺绣具有传承历史文化的作用，主要表现在刺绣的图案上。几乎每一个刺绣图案纹样都有一个来历或传说，都深含民族的文化，都是民族情感的表达，是苗族历史与生活的展示。蝴蝶、龙、飞鸟、鱼、圆点花、浮萍花等图案都是《苗族古歌》传唱的内容，色彩鲜艳，构图明朗，朴实大方。

染布：原始古老的织布染布制衣。其

村落小巷

工艺流程主要有：搓棉条、纺纱、排纱、织布、制染料、染色、上胶、赋彩锤制等工艺。现在，小脑苗族同胞仍传习着原始古老的手工土布制作技艺，完整再现着古代农耕社会各家庭自给自足的情景，是研究农耕文明演进和苗族早期生活状态的活资料。

斗牛：一般在过鼓藏节、吃新节、端节和庆祝丰收的时候举行，是男女老少争相观看、大家非常重视的传统活动。数百名牛主牵着剽悍的牯牛分待四周。待对阵双方牛主牵着斗牛绕场一周"踩场"过后，斗牛即由主持人宣布开始。霎时，人群欢声雷动，唢呐喧嚣，鼓乐齐鸣。激战中，难解难分者有之，打翻在地者有之，

仓皇败逃者有之。斗牛结束，人们纷纷给胜者披红挂彩，并向其主人敬酒祝贺。

人文史迹

古井：位于村落东南部，据说该井同村落一同修建。井水清澈、甘甜，至今仍在使用。

苗族炕谷萝：传统容器，一般同碾坊同用。

古巷道：位于村落内，主道呈Y字形，将村落分为三个组团，每个组团的巷道又沿各自等高线设置。

禾仓群：小脑村的象征，每户人家至少有一个禾仓，多则两个三个。禾仓均为木质吊脚楼形式，禾仓防牲畜、仿鼠、防潮，在群山之中的小脑村显得尤为实用。

古碾坊：位于村落北部河道一侧，草木搭建，在历史上是作为碾米、面、谷

跳月坪（场）

等，现在由于机械的使用，古碾坊退出了历史舞台，但作坊尚在。

古树：位于村落北部河道旁和村落东侧的半山腰上，主要有楠木、柏树、古松、枫树等，且长势良好，其中的金丝楠木的观赏和经济价值极高。

跳月坪：位于村落中北部，村寨入口处，平常作为停车场使用，节假日作为小脑苗族同胞的节庆广场。

保护价值

小脑村距今已有400来年历史，历经风霜村落依旧保持原有的风貌，有着独特的历史风貌和自然格局，苗族同胞对于村落的建设、建造格局体现得淋漓尽致，体现了其较高的历史价值；作为水族地区的苗族村寨，村寨依旧保持了苗族同胞特有的风俗，但是在活动细节、衣着服饰上同其他苗族地区同胞有所区别，有着其独有的苗族文化；小脑村民自给自足、防御外敌、自存发展上都经历了长期的实践，可以作为该地区村落选址深度科研考察；小脑村民宅体现了当地民间传统的建筑艺术水准，其建筑细部工艺高超是典型的苗族村落，同时也是现代社会文明中对民族历史的补充和展示。

杨 洋 陈隆诗 编

芦笙舞

苗族刺绣

村落古树

黔南布依族苗族自治州三都水族自治县都江镇小昔村党虾组

小昔村党虾组全景

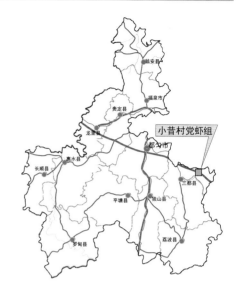

小昔村党虾组区位示意图

总体概况

小昔村党虾组位于黔南布依族苗族自治州三都水族自治县都江镇的北部，通过乡道连接321国道可到达都江镇及三都水族自治县县城。党虾组距离都江镇政府24公里，距离三都水族自治县县城59公里。党虾组均为水族，共有453人。据组中长者口述，他们潘氏家族先从江西迁徙到三洞乡，后迁居于此，已有18代人之久，由此推断，该村落形成于清中期，约300余年。小昔村村域国土面积为8.9平方公里。

2016年小昔村党虾组列入第四批中国传统村落名录。

村落特色

小昔村党虾组坐落于丛林之中的高山半坡，民居依山而建、择林而居，起初完全就是为了躲避战争，所以村落建设的位置完全是在原始森林之中开垦出来的。

小昔村四面环山，紧靠村寨是大片开阔的梯田，东侧也有少量梯田，村庄整体环抱于群山翠竹之中，山、田、寨交相辉映，自然和谐。民居基本沿山体等高线环形布局，道路呈现环状的肌理，村落的

中部地方相对平整，房屋布局呈围合状布局，在寨内形成几个围合空间，用于公共活动。古寨周边地势陡峭，具有较好的自然防护屏障。整个村落只有南部一条狭小通道，由此通道进入村寨，由于北部高差，产生一种"一夫当关万夫莫开"的气势；进入村寨有一种豁然开朗的感觉，犹如与世隔绝的世外桃源。沿着西面梯田旁的曲折小路，则可以到达猴子河取水。村中小路顺应或垂直山体等高线铺设，自然形成灵活多变的街巷。

传统民居

建筑细部装饰

传统建筑

党虾组为水族聚居的村寨，传统建筑木瓦斜顶栏杆式吊脚木楼结构民居，多为

两层建筑，少者为三层，建筑依山而建，起伏不同，形成立体空间，建筑主要以"干阑"建筑为主，内部上下层立柱连通，修建时，先建底层作为平台即框架结构，再在上面建房，这种工艺与其他木结构建筑比较相对稳固。建筑外部的柱子上下不通，垂下的柱头刻有几何图样的装饰纹样。

传统的民居建筑通常面阔三间，进深两间。在建筑的二层外部设置有栏杆及走廊，整栋建筑只有一个小窗及两道门对外。中间为堂屋，是主人接待贵客及家庭活动中心。梢间为卧室，正面设对开门，门一侧设一简易窗，窗下安置织布机。正中壁上设神龛，为祭祖等活动场所。中间偏右置火塘，火塘周围用石块框护，使其

村落布局

党虾组平面图

与木板隔开。底层设置有石碓间、杂物间及猪、牛圈等。楼梯设在房屋一侧，因地势而定左右，从底层上楼，开小门直进明间，楼梯上安置盖板，形成两道安全防护门，可防野兽及盗窃者的侵入。

党虾组粮仓的建筑形式也颇具特色，全为独立小木楼，防盗和防鼠设计相当科学，第二层储米，一层不装板，布局错落有致。

水族婚俗

民族文化

党虾组作为水族聚居地，因而保留了许多水族传统文化。

马尾绣：国家级非物质文化遗产。马尾绣是水族妇女世代传承的以马尾作为重要原材料的一种特殊刺绣技艺。它以马尾作材料，用白线缠绕马尾，通过绣、挑、补、梭等走线，挑绣出各种图案。以背带的图案最为精美，多为鸟、蝴、龙凤、石榴、蝙蝠等。

水族婚俗：省级非物质文化遗产。水族有自己独特的婚俗，按水族风俗，洞房花烛夜夫妻不能同房，新娘由伴娘相伴而睡，第二天新娘即回门去娘家住。婚期之后，新郎再去请新娘回来，真正的夫妻生活才开始。到回门第二天早上，新娘由新郎陪同去挑一担水回来，以示新娘已开始操持家务和在夫家生活。

水族双歌：省级非物质文化遗产。双歌，水语称为"旭早"，"旭"就是"歌"的意思，"早"就是"双、对"的意思。水族的双歌又分为两类，一是敬酒、祝贺、

水族双歌

叙事类的双歌，二是寓言性的双歌。第一类的双歌在演唱时往往是一唱一和，即唱一首，和一首；歌首的两句有固定的起歌和声，歌尾也有基本固定的两句颂扬性衬和；第二类的双歌，也就是寓言性双歌，则包括说白和吟唱两部分，说白部分主要是对吟唱部分的介绍。水族是一个充满歌声的民族，歌谣是水族文化的重要内容，而双歌在水族歌谣中算得上是独具特色的瑰宝。

水族剪纸：省级非物质文化遗产。水族的剪纸主要是作为刺绣花的底样。水族剪纸的内容非常丰富，题材绝大部分取材于生活，图案有人物、花鸟、瓜果、鱼虫、走兽以及几何纹样等。可以作为围腰花、衣袖花、衣肩花、背扇花、小孩帽花、鞋花等装饰。它们生活气息浓厚，风格朴实，具有鲜明的民族特色。

水族服饰

水族服饰：省级非物质文化遗产。水族男女衣服多以青、蓝两色为主。水族在服饰上禁忌红色和黄色，喜欢蓝、白、青三种冷调色彩。他们喜欢色彩浅淡素雅，认为朴素、大方、实用才是美丽的代表，这也充分地表达了水族独特的单一的服饰审美观。

马尾绣

人文史迹

古树：位于村落北部古驿道千家寨指路碑旁，有一棵千年古松，长势良好，需要四人才能环抱。

古井：村寨内还保存着两口水井，分别位于入寨口与北部寨内，依然作为水源使用。

议榔场：位于千家寨指路碑旁，作为火烧组苗族寨与党虾水族寨共同的祭祀与议事场所，至今仍保留寨子领袖带领下对犯错村民进行惩罚的风俗习惯，按寨老说法、如有作奸犯科等罪状，需上交一百斤肉、一百斤米和一百斤酒与村民百姓，以此赎罪。

古驿道：是古时都江至雷山达地通商必经之路，保存良好的一段属长岭坡古驿道，该驿道宽约80厘米，长约8公里，从猴子河边顺长岭坡一直延伸到千家寨。

古驿道

保护价值

小苗村党虾组距今已有300来年历史，历经时代变迁，然而村落依旧保持原有的风貌和格局。小苗村党虾组的传统民居建筑，充分体现了当地民间的传统建筑艺术水平，特别是百年前修建的大粮仓，其用料和技艺都相当讲究。党虾组淋漓尽致地体现出水族同胞对于村落的建设选址和建造格局的水准。在时间和空间环境上，均体现了其较高的历史价值。同时，村寨很好地保持了水族人民特有的民族风俗。建筑文化、水族服饰、水族文字、民间工艺、节庆文化等民族特色文化，都保留较为完整，有很强的代表性。

钱雪瑶 杨 洋 编

田园景观

黔南布依族苗族自治州三都水族自治县都江镇小昔村火烧组

小昔村火烧组全景

小昔村火烧组区位示意图

总体概况

小昔村火烧组位于三都水族自治县都江镇北部，距都江镇24公里，距三都水族自治县59公里，从镇政府经乡道到达。全村共300余户，人口1218人，村域面积8.9平方公里。火烧组是一个以苗族为主的少数民族聚居村。为躲避战争和免受统治者迫害，火烧组先祖由江西迁徙至此，距今已有400多年历史。

2016年小昔村火烧组列入第四批中国传统村落名录。

村落特色

村落位于丛林之中的高山半坡，这是军事和村际交往的需要。民居依山而建、凭高涉险、择林而居，此为小昔村火烧组建寨的特色。四面环山，紧靠村寨东面与西南面是大片开阔的梯田，村庄整体环抱于群山翠竹之中，村落吊脚楼民居建筑、山、田、寨交相辉映，自然和谐，形成了自然和谐的生态景观。村中小路顺应或垂直山体等高线铺设，自然形成灵活多变的街巷。从清朝至通公路前是都江连接雷山县的通商必经之路，一条茶马古石道从村寨经过。

村寨一角

民居构架

传统民居

传统建筑

火烧组传统建筑全为木瓦斜顶栏杆式吊脚木楼结构民居，木结构房屋占95%，主要特点是木楼外围四周全是栏杆走廊，传统的"干阑"建筑一般为四排三间，二楼一底。一底为楼下或为牲畜圈，或为厨房和堆放家具杂物；一楼为厅堂和卧室日常生活场所，楼梯从走廊一端处接地，房屋中间是客厅，两侧为卧室；二楼为织布房、杂物间或贮藏室。

围装所用全为木板，不用一钉一铆，栉风沐雨上百年仍不偏不斜，同时保持木的本色，非常贴近自然，具有很高的工艺水平。

民族文化

苗族蜡染：国家级非物质文化遗产。苗族蜡染服饰制作过程十分复杂，一般先自己织出土布，然后在白布上用铅笔画出花、鸟、蝴蝶等图案，再用蜂蜡涂在图案上防水，最后用靛蓝来染，制作一件苗族妇女的蜡染服饰需花5～6个月的时间。至今仍以世代相传的活态方式传承，与村落密切相关。

苗族芦笙舞：国家级非物质文化遗产。多在祭典节庆及丧葬时演出。为男女集体群舞，保持着原始的圆圈式队形，人数不限。舞者随着芦笙音调的变化而变换舞步，时而轻盈迈步前进，时而原地旋转360度，女舞者双手始终曲放在胸与腰间，并随芦笙舞音调的变化而上下左右摆动，

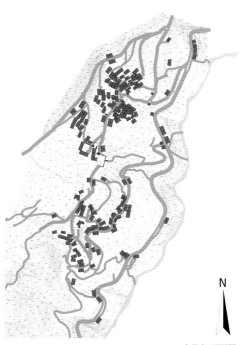

N

火烧组平面图

典雅古朴。至今仍以活态方式、以世代相传的方式传承。

吃新节：又称"关年""瓜年"，打米收谷之后进行，一般举行跳月、古瓢舞、斗牛、斗鸟、对歌等活动。每年农历九月上旬的卯场天，就是这里苗族一年一度的"新米节"，这天晚上，家家户户都举行着庄严而隆重的祭祖活动，因为在苗族心中，是祖先庇佑他们平安吉祥、繁荣昌盛、喜庆丰收，为感谢祖先的恩惠，苗族家家户户都在这天把祖先的神灵邀请到家来一起过节。

鼓藏节：国家级非物质文化遗产。13年过一次，是苗族祭祀本宗族列祖列宗神灵的大典，过鼓藏节主要活动是屠牛、祭祀、跳月（芦笙舞）、斗牛、斗鸡、互相敬酒等，它是以血缘宗族为单位进行的祭鼓活动，是苗族最为隆重而神圣的节日，至今仍然延续。

苗族传统农耕：火烧组苗族人民至今保持传统的农耕文化，自给自足，他们上山打猎、下河捕鱼，过着原生态的生活。

蜡染服饰

传统农具

吃新节节庆

鼓藏节节庆

斗牛：苗族斗牛一般在过鼓藏节、吃新节、端节和庆祝丰收的时候举行，是男女老少争相观看、大家非常重视的传统活动。"斗牛"也叫"牛打角"，一般选在专门的斗牛场进行。斗牛日，各族儿女披金戴银，盛装前往观战。数百名牛主牵着尽可剽悍的牯牛分待四周，待对阵双方牛主牵着斗牛绕场一周"踩场"过后，斗牛即由主持人宣布开始。霎时，人群欢声雷动，唢呐喧嚣，鼓乐齐鸣。激战中，难解难分者有之，打翻在地者有之，仓皇败逃者有之。斗牛结束，人们纷纷给胜者披红挂彩，并向其主人敬酒祝贺。

人文史迹

古驿道：是古时都江至雷山达地通商必经之路，共有3处，比较典型的属长岭坡古驿道，该驿道宽约80厘米，长约8公里，从猴子河边顺长岭坡一直延伸到"千家寨"（现"翁那"寨）。

古井：位于入寨口，现仍保留完好可以使用，水质清澈甘甜。

长堰沟：共有12公里长，古有"长堰沟渡得三板船，花腰鱼有三斤半"之说，是本村一大水利工程，建于明代晚期，至今仍是该村一大水利设施；

跳月坪：位于村落中小昔村小学旁，农时作为耕田使用，节假日作为火烧节苗族同胞的节庆广场。

古树：位于村落各处，共有8棵，主要有楠木、柏树、枫树等，有着极高观赏性。村落参天古树有上百年的树龄，树木郁郁葱葱，且长势良好。

保护价值

小昔村火烧组距今已有400来年历史，历经时代变迁，村落依旧保持原有的风貌，有着独特的历史风貌和自然格局。作为水族地区的苗族村寨，村寨依旧保持了苗族同胞特有的风俗，但是在活动细节、衣着服饰上与其他苗族地区同胞有所区别，有着其独有的苗族文化。民宅体现了当地民间传统的建筑艺术水准，其建筑细部工艺高超。

非物质文化如国家级的鼓藏节、省级芦笙舞、市级的古瓢舞都极具参与氛围和观赏价值，刺绣、染布上的花纹图案是经历几百年的演变，代表不同时期的民族特有的文化，有很高的艺术价值。

三都是水族自治县，火烧组是这个水族地区的苗族村落，也展示了我国民族之间的和谐共生、相互包容。

杨 洋 编

火烧寨侯子河

黔南布依族苗族自治州三都水族自治县三合街道下排正村下排正寨

下排正村下排正寨村寨全貌

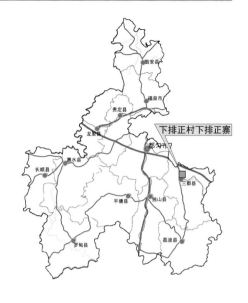

下排正村下排正寨区位示意图

总体概况

下排正村位于三都水族自治县三合街道的北部，距离三都水族自治县县城约7公里，位于321国道旁。下排正寨通过乡村道路连接321国道可到达三都水族自治县县城。下排正寨是一个苗族聚居的村寨，全寨共有160户，812人。相传下排正寨的祖先从江西一带迁徙至今三都塘州安塘一带，世代男耕女织，逐渐繁衍壮大，形成小支游牧民族。经多次迁徙，祖先到达今天的下排正村居住，世代繁衍，形成了今天的古寨。村域国土面积为17.82平方公里。

2019年下排正寨列入第五批中国传统村落名录。

村落特色

下排正村寨坐落在高山坡上，坡下为层层梯田，左右均为深浅不一的沟壑。民居随着山势起伏而建，巧妙地组成了一幅"入村不见山、进山不见寨"的村居图。村子周围绿树成荫，云雾环绕，环境优美，山、林、梯田与青瓦覆盖的传统民居建筑为衬托，交相辉映，浑然一体。下排正寨山高坡陡，山峰高耸入云。由于村寨沿着山体建设，每年进入秋冬季节后三分之二的时间大雾笼罩所有坡头，呈现出绝妙的观雾景点。村寨总体呈南北走向，坡地建

民居，平缓地带作为农耕使用，因而村寨建设对自然环境影响较小，形成民居建筑与田园风光互相辉映的和谐生态景观。村寨建设较为集中，近些年来新建建筑主要靠老寨周边而建，主要是以老寨为中心逐步向四周扩展建设，整体建筑都较为集中。户户紧靠，木楼群依山而建，层层相叠，鳞次栉比，独具特色，具有浓郁的民族风情。

传统民居

美人靠

传统建筑

下排正寨以苗族传统的木楼青瓦覆盖的民居建筑为主，采用穿斗式结构，每排房柱5至7根不等，在柱子之间用瓜或枋穿连，组成牢固的网络结构。大多数吊脚楼在二楼地基外架上悬空的走廊，作为进大门的通道。堂屋外的悬空走廊，安装有独特的"S"形曲栏靠椅，苗语叫"嘎息"，

汉语里则称之为"美人靠"。这是因为姑娘们常在此挑花刺绣，展示风姿，因此而得名。其实"嘎息"还用作一家人劳累过后休闲小憩、纳凉观景、讲述传承苗族神话和迁徙历史，以及演唱《苗族古歌》的多功能凉台。下排正寨的传统民居一般以三间四立帖或三间两偏厦为基础，一般分为三层，底层都用作家畜和家禽的栏圈，以及用来搁置农具杂物等东西；中层则是日常居住，正中间为堂屋，堂屋两侧的立帖要加柱，楼板加厚；因为这是家庭的主要活动空间，也是宴会宾客笙歌舞蹈的场所；三层为搭建出来的小阁楼，主要用于粮食的储存，以便防范蛇虫鼠蚁对粮食的破坏，体现人民群众的智慧。

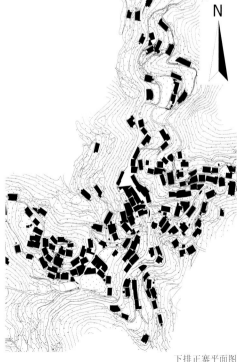

下排正寨平面图

村寨与农田

民族文化

下排正寨作为一个苗族村寨，保留着苗族的传统文化习俗和技艺。

蜡染：蜡染古称"蜡缬"，苗语称"务图"，意为"蜡染服"。采用靛蓝染色的蜡染花布，青底白花，具有浓郁的民族风情和乡土气息，是一朵独具一格的民族艺术之花。按苗族习俗，所有的女性都有义务传承蜡染技艺，每位母亲都必须教会自己的女儿制作蜡染。所以苗族女性自幼便学习这一技艺。她们自己种植靛植棉、纺纱织布、画蜡挑秀、浸染剪裁，代代传承。因此，这些苗族聚居区形成了以蜡染艺术为主导的衣饰装束、婚姻节日礼俗、社交方式、丧葬风习等习俗文化，至今仍以活态方式传承，需要依托村落存在。

蜡染

吃新节：分为小吃新节和大吃新节，小吃新节每年6月底7月初进行，意为把新米（刚抽米穗）带回家，许愿风调雨顺大丰收；大吃新节三到五年秋收完毕10月至11月进行一次，意为庆祝今年大丰收，期间进行斗牛、跳芦笙舞、对山歌等活动。

芦笙舞：又名"踩芦笙""踩歌堂"等，因用芦笙为舞蹈伴奏和自吹自舞而得名。芦笙舞以"探路步"为基本舞步。和苗族其他舞蹈如"笛子调""竹竿舞"等一样，有着独特的民族特色。

苗族服饰制作：苗族服饰的制作从

芦笙舞

种麻开始。麻是苗族穿着衣饰的主要原材料。苗族人自己种麻、收麻、绩麻，然后利用传统纺线机和织布机进行纺线、织布。再通过点蜡和染煮，缝制出精美、漂亮的苗族服饰。苗族的男子多着麻布大衫，妇女皆系麻布围腰。苗族人种麻织布最初是为了解决穿衣御寒问题。如今苗族人种麻织布已经不仅仅只是御寒，更是构建了苗族麻文化的传统。

制作苗族服饰

银饰加工：苗族姑娘会在重大节日以及婚姻嫁娶之时，从头到脚穿戴上白银饰品——项圈，项链，手镯等，因此在村寨内，也有银饰加工的手工匠人，制作苗族独具特色的银质饰品。

制作苗族银饰

人文史迹

古井：村庄中有五口古井，自村庄建成时就已存在，井水均由地下打出。古井既是居民备用水资源，也因为水井紧邻水田，所以也具有农田的灌溉作用。井口以石条垒砌，方便水资源的取用，至今保存完好。

古树：下排正寨内植被茂盛，还生长了7棵树龄超过百年的古树。古树长势良好，树干挺拔，枝叶繁茂，为村民提供了乘凉休憩的场所。

古道：下排正寨古道位于村中部，约有240米长。在村寨建成时开始修建，主要材料是毛石。石块筑成道路，木修成房屋，石

古井

与木相互衔接，巷道与建筑和谐统一。

古石碑：村庄西部立有一处石碑，立碑年代为民国时期。石碑雕刻风格简朴，主要用于对当时的基础设施建设和重大事件的记录。

护村石：护村石位于村寨南部，是一块巨大的石头，作为村民的一种信仰，每逢节日，村民们都会去祭拜，祈求保佑村落平安。这种习俗流传至今。

前料洞：位于村寨东部，始建于20世纪60年代，长度约有230米左右。早先的村民为了村庄能够更好地与外部交流，组织村民打通这条前料洞，方便村民与外界的联系，同时也可以促进村庄的发展进程。

前料洞

保护价值

下排正寨传统民居依山就势而建，形成了与自然环境和谐相融的聚落形态格局，其格局紧凑完整，从建筑、村落、田地及山体生活方式上充分体现了村落历史的真实性、村落社会生活的真实性和历史风貌的完整性。村寨内的民居还保持着古老的穿斗式木楼建筑的形态，建筑细部的雕刻古朴大方，为传统民居的研究提供了重要的实物材料。下排正寨的村民将苗族人民的生活习惯和文化传统在长期的生活中完好地保留了下来，浓缩了贵州苗族文化的精髓。作为村民社会生活、习俗、生活情趣、文化艺术和人文精神的载体，保留和延续了民族文化。

钱雪瑶 编

村寨环境

黔南布依族苗族自治州三都水族自治县中和镇下岳村

下岳村全景

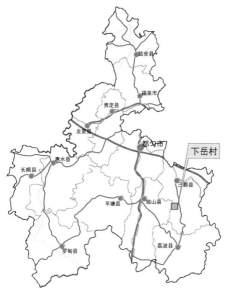

下岳村区位示意图

总体概况

下岳村位于三都水族自治县中和镇西部，距镇政府所在地13公里，距县城40公里，由县城向南经三都至荔波高速公路或206省道可达到下岳村。下岳村全村362户，共计1371人，是一个以水族为主的村落，村域总面积为10.57平方公里。村落形成最初是由韦氏祖先在明代时期，为避开战乱迁徙到此逐步发展形成村落，具今已有约400年的历史。

2019年下岳村列入第五批中国传统村落名录。

村落特色

下岳村位于高山河谷地带，最初村落主要是在河谷相对宽阔处，并背靠大山。后来，村民将村落建于坡度较缓的山脚，利用河谷中的河流和平缓地段的农田作为村落生存发展的支撑条件。村落民居掩映在山林之中，既能利用高大山体和茂密的植被形成较好的防御，又可利用地势方便排水。村落内部空间营造是非常讲究空间美学的，通过自然环境、建筑物和山地空间的视角转换，勾勒出质朴、和谐、安宁的村落景观意向。同时配合村落内枝

村落风光

传统民居

状巷道的肌理和成片成团的统一传统建筑布局，运用点、线、面的协调，体现出自身的艺术效果。从远望去，村落建筑群轮廓分明，布局严谨，充分结合地形地貌，错落有致，整体塑造了一个隐蔽在大山之中，山、水、田、人和谐共处的村落，是生产生活的理想人居环境。

传统建筑

传统村落内民居大都传承着水族传统民居的特色和风格。建筑布局错落有致，形成立体的村巷、建筑空间，平面上与山形走势完美契合，别具一格，充分体现水族先民的建筑智慧。传统民居高度以一层、二层为主，一般来说，建筑底层为杂物间及猪、牛、羊圈等，同时在建筑正面或侧面设置楼梯，作为民居的主入口，楼梯充分利用当地材料，一般先由石块砌筑最低处的楼梯台阶，然后以木质楼梯相接；二层为公共活动和起居空间，中部的三个开间为宽敞的堂屋，左右两间为卧室，堂屋的一端设火塘火灶，另一端的中柱部分是祭祀活动时神位之处，堂屋主要是作为接待客人、节日活动、生活起居和妇女纺织等多功能活动空间。

民居入口

建筑立面没有过多的设计痕迹，垂花柱和屋顶宝顶主要以简单的造型为主；下岳村的传统民居的窗户相对较小，适当配以各种几何图案的窗花。民居屋檐出挑较深，屋脊两边用瓦片堆砌成往上卷曲的翘脚，中间用瓦片堆砌成"鱼尾"、龙角抓、元宝等图案。民居展现出简洁朴素、自由豪放的造型特点。

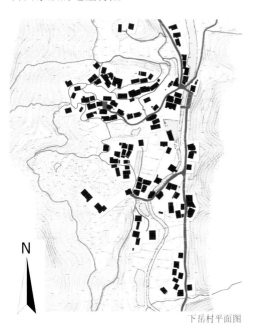

N

下岳村平面图

民族文化

水族端节：水族端节是国家非物质文化遗产。目前下岳村端节保留着水族古代氏族部落庆谷熟、过新年的遗风。临近端节，水乡山寨处处洋溢着节日的喜庆，到端节，家家户户打扫卫生，浆洗衣被，杀猪宰鸭，磨豆腐，开塘捉鱼等，一片繁忙，热闹非凡。

水书："水书"是国家非物质文化遗产。"水书"是水族用本民族文字书写而成的书籍的通称。水书是一种古老文字符号，有时一个水字符就能代表一个完整的意思，所以需要水书先生结合口传内容做出解释才能具有意义。

马尾绣：水族马尾绣是国家非物质文化遗产。马尾绣是水族妇女在长期的生产生活过程中，对自然界中的各种事物有着敏锐的观察力和审美能力，她们将自然

芦笙舞

马尾绣

水书

万物和民俗事项经过想象加工后，反映在马尾绣工艺上，绣品上的花鸟虫鱼造型别致，颇富民族韵味和艺术效果。

水族芦笙舞：水族芦笙舞是贵州省非物质文化遗产。芦笙舞最大的特色是笙舞一体，密不可分。表演时男子手捧芦笙边吹边跳，女子则随节奏起舞。下岳村七、

端节

八、九组（把银寨）主要是在节日庆典上表演芦笙舞。

水族铜鼓舞：水族铜鼓舞是贵州省非物质文化遗产。舞蹈因"以击铜鼓而舞"得名，源于古代祭典活动，它从祭坛演变为民间的日常舞蹈，据传至今已有几百年的历史。

铜鼓

人文史迹

古树（古树群）：下岳村传统村落周围山林植被茂密，古树长势良好。其中单株分布的古树有1棵，位于村落北侧；古树群有1处，古树群有古树约8棵，位于村落西北侧半山。村落内古树都已经有百年历史。

古墓：下岳村七、八、九组（把银寨）传统村落中部保留有1处清代古墓，该古墓周边由土和石块砌筑，古墓前方立有墓碑。墓碑由三块组成，由石材所制，有立柱，墓顶，墓碑。从碑文上可辨别该墓是光绪年间韦氏先人的墓地。

古井：传统村落中西部山势较高处保留1处古井，该古井是以山泉水自然流淌

古树

的形成。井水是岩山石洞口从地下涌出，井口以山石自然形态形成维护，没有人工刻意维护，与自然融为一体。

溪流：村落中部有一条自南向北流经村落的溪流。溪流宽窄不一，宽度在5～20米之间。四季水流不断，是河流两侧村落农田灌溉的主要水源。

保护价值

下岳村传统村落历史悠久，从村落形成至今已有400余年的历史。在长期的历史发展过程中，传承了水族传统民居、水族歌舞、传统技艺、水书习俗、生产生活以及节庆活动等独特的水族文化。村落建于高山河谷地带，民居靠山而建，面田临水而居，体现村落选址既能保证生产生活，又能有效避免洪水侵害，遵循着水族人民代代相传的选址理念。而村落与农田、山林的有机结合，生产生活融于大自然之中，更体现了"天人合一"的哲学思想。下岳村的建筑元素、民俗活动、传统技艺、语言文化等都已转化为水族文化的传播语言，承载着水族文化的信息，使得水族文化在不断地发展演化过程中得以延续和传承。

杨 洋 编

古墓

古井

黔南布依族苗族自治州三都水族自治县三合街道牛场村巴卯寨

牛场村巴卯寨全貌

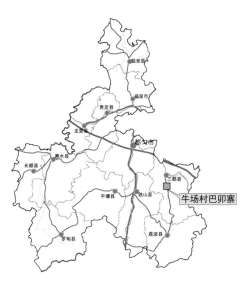

牛场村巴卯寨区位示意图

总体概况

牛场村位于三都水族自治县城南面，通过206省道10分钟可到达三都县城，距离县政府约7公里。牛场村巴卯寨共350人，是一个水族聚居的村寨，村民全部为水族，牛场村村域总面积为8平方公里。根据口述，约在清朝末期，由于江西一带发生战乱，家族迁居至现在的巴卯寨，距今约有100多年历史。

2016年巴卯寨被列入第四批中国传统村落名录。

村落特色

"青山碧水见巴卯，水书刺绣映四方"，牛场村巴卯寨碧水穿境，村内民居依山势蜿蜒错落。

牛场村巴卯寨选址于中低山丘陵地带，临近水源充足的牛场河畔。村落依水延绵布局，周围茂林环绕，花桥横跨其上，河边稻田青青，自然环境与人文景观交相呼应，形成一幅绝美的田园画卷。

在依山傍水、淳朴自然的牛场村巴卯寨里，水族人民过着勤劳朴素的日子，一栋栋木楼依山而建，一户户人家沿水而居，村寨映着苍翠的山色、错落有致的稻田，以及每个水寨不可或缺的土地庙、水井、花桥，河水流过寨子，水声山色仿佛能带人们走进梦里。

村寨环境

传统建筑

牛场村巴卯寨是一个典型的水族村寨，村内保留传统建筑71栋，占总建筑数量的68%。

巴卯寨水族传统民居大多为穿斗式干阑木楼，建筑内部一般划分为三层。楼板以下为"地层"，顶层很矮，只用作储存粮食，中间层为居住层，底层一般为牲畜圈及杂物间，也有将厨房及堆房设置在此间的。居住层包括明间和次间，明间为堂屋，是全家的主要共享空间，次间为家长及长子等的卧室。

巴卯寨传统民居平面基本单元由可以满足生产活动和生活居住习俗基本要求的各功能空间组成，包括：垂直交通联系功能的楼梯空间；具有满足休息和家庭手工劳作功能的走廊半开敞空间；具有接待来

民居建筑

巴卯寨水族传统民居一般因地制宜地选择建筑材料，以当地的木料、杉树皮作为主要建筑材料，用木柱支托、凿木穿枋、衔接扣合、立架为屋、四壁横板、两端做偏厦，建造房屋。

建筑群落

宾及炊烤兼备的生活起居功能的火塘间；必不可少的家人寝卧休息空间；其他辅助空间。

上述各基本单元在进行平面组合时，可以将其在一个开间柱网内，自走廊向进深方向穿套布置完成；也可以随居住要求的完善，扩展成为两开间或多开间，单元组合自由衍生。

巴卯寨平面图

民族文化

依托牛场村巴卯寨村落存在的非物质文化已有几百年之久，巴卯寨背景下的水族习俗包括：语言、节日、传统技艺及祭祀活动等。

水书：水书又称为"鬼书"、"反书"，其一是指其结构，有的字虽是仿汉字，但基本上是汉字的反写、倒写或改变汉字字型的写法。在古代，水族先民因受统治阶级所迫害，相传其祖先"陆铎公"创制"鬼书"以反对和报复统治者。水书和汉字是世界上正在使用的文字当中仅有的非拼音文字。但至今传承情况较差，仅有几户村民家中保存有水书，会写水书的人也屈指可数。2002年3月，"水书"被纳入首批"中国档案文献遗产名录"。

水书

水族端节：水语称为"借端"，意为"岁首"或者"新年"；"借"，意为"吃"。端节亦可直译为"吃年"，意为"过年"。又因水族的这个年节的日期以水历为准，水历把九月作岁首，岁首要过年，端节就定在九月初九日，通称"水年"。端节的形式和内容多样，若亲友居住分散，为方便互相走访，也有的按地域约定时日过端节。

水族婚俗：水族婚俗主要内容有：卯坡定情、媒妁介绍、相亲、请水书先生测算生辰八字、举行定亲酒（吃小酒）、恋爱、出嫁（出阁酒）、迎亲、结婚典礼等活动过程，所有过程缺一不可，是未婚青年男女组成家庭必须遵行的程序。

祭祖习俗：祭祖是水族过端节最重要的活动，分别在端节除夕夜和大年初

祭祖习俗

一清晨进行。祭祖所用祭品依例要戒荤食，唯独鱼不在禁用之列。水族祭祖的鱼叫"鱼包韭菜"，是将韭菜、栗仁等塞满鱼腹后，炖煮或清蒸而成，祭祖之后便可食用。

水族马尾绣：水族马尾绣是水族妇女世代传承的、最古老又最具民族特色的一项传统技艺，是以马尾作为重要原材料的一种特殊刺绣工艺。马尾绣的制作过程繁琐复杂，成品古色古香，华美精致，结实耐用。刺绣图案古朴、典雅、抽象并具有固定的框架和模式。2006年5月20日，该遗产经国务院批准列入第一批国家级非物质文化遗产名录。

人文史迹

牛场村巴卯寨传承着古老的传统文化，也保存着传统文化所依存的物质空间，巴卯寨主要的人文史迹有古墓群、花桥、寨门、土地庙、古井等。

古墓群：古墓群位于村寨中部，为清朝时期古墓，古墓雕刻精美，整体保存较好。

花桥：花桥设置在村寨南面，建筑为穿斗式木结构，屋顶为重檐式青瓦顶，屋脊两侧设脊兽，正中设宝顶。花桥是村民休憩的场所，是在桥身上建起的一个长廊式建筑，桥身完全被遮盖起来，长廊上有供过路人休息的长凳。因为人们可以在桥上避风躲雨，所以花桥也被人们称为风雨桥，也是村寨南部主要的社交活动场所。

寨门：寨门旧时作为防御功能建筑，现作为标识和引导接待功能，建筑为木结构，屋顶盖小青瓦，四角攒尖顶，中间高两侧低，屋脊正中设宝顶，边缘设脊兽。

古墓群

水族马尾绣

花桥

土地庙：土地庙作为水族人民自古以来重要的祭祀场所，在村民心中有着很高的地位，到祭萨的节日里，村民就会来到土地庙，对土地菩萨祈祷，希望能给他们带来好运。

古井：古井是自古以来村寨的重要水源，村民开井掘水，洗衣耕种，水井也逐渐成为村民生活中必不可少的生活节点，常常有妇孺在井边挑水洗衣、闲话家常里短，逐渐形成了以古井为中心的传统交往空间。

寨门

保护价值

牛场村巴卯寨保存了贵州水族村落相对完整的、真实的历史遗存，体现了自清代以来该地区的生活方式和文化特色，有较高的历史价值。

牛场村巴卯寨具有丰富的物质文化和非物质文化遗存，是水族文化的活载体，是古老习俗的活化石。由于历史上三都地区地处偏远山区，交通不便，与外部交流较少，文化相对封闭，这使得该地区保存的传统文化完整性较好，具有较高的文化价值。

牛场村巴卯寨水族干阑民居建筑历史悠久、结构独特、建筑材料及建筑装饰物也独具特色，村内的古墓群、祭祖习俗体现了水族人民对祖先的追忆，是了解水族历史、文化传承脉络的重要线索，具有十分重要的科学研究价值。

牛场村巴卯寨民居建筑错落有致、群山连绵、绿水环绕，多年来，各处的摄影家、画家和诗人都在这里获得了艺术的灵感，村寨也因此得到了他们高度的赞誉，具有很高的艺术价值。

莫军强 杨 洋 编

黔南布依族苗族自治州三都水族自治县都江镇孔荣村排引寨

孔荣村排引寨村貌

孔荣村排引寨区位示意图

总体概况

孔荣村位于三都水族自治县城东北面，通过通村路和321国道一个半小时可到达三都水族自治县县城，距离县政府约56公里。2016年，原达荣村、孔荣村合并为达荣村，孔荣村排引寨属达荣村管辖至今。达荣村东与雷山县相连，南与新合村毗邻，西与联兴村接壤，北与高新村连接。达荣村辖16个居民点，排引寨为16个居民点之一，全寨98%人口是水族，以韦、陆、潘、王、白、韩氏宗族形式定居，历史可追溯至清朝，祖先于清朝从雷山县西江逃荒流落孔荣村居住至今，已有280多年历史，全寨109户，452人。

2019年孔荣村排引寨列入第五批中国传统村落名录。

村落特色

排引寨坐落于一处半山腰上，村落依山而建，村寨坐东南朝西北，背山面水，近田而居，三面环山。整体呈现出山体环抱的态势，羊福河从寨脚蜿蜒流过，村寨前面是开阔的梯田，层层跌落，整个

村落环境俨然一幅山—田—水—村—山的阶梯式村居图，既形成层次感丰富的景观效果，也符合风水学中藏风纳气的选址要点。背后环绕的山脉满足人类潜意识中被拥抱的心理需求，使人充满了安全感。

排引寨寨内林木丛生、河流环绕、水资源丰富，山、林、梯田与青瓦覆盖的传统民居建筑互为衬托，浑然一体，环境优美。

排引寨建寨时期系聚族而居，有两个原因：一方面便于生产上的协作，开垦梯田；另一方面也便于团结御敌，保障村寨安全，充分体现了水族人民对当时社会的适应性。

传统民居

传统建筑

排引寨全寨共保留传统民居建筑81栋，占总建筑数量的90%。

排引寨传统民居极具水族传统民居建设特点，以水族穿斗式歇山顶"干阑式"古瓦吊脚木楼结构建筑为主，建筑分上下两层，部分也有三层建筑。通常为面阔三间，进深两间，梢间设置楼梯，建筑开窗

传统民居

大多在正屋的左右两侧，也有少部分建筑背面开有小窗，以作基本的自然采光。建筑大多在中间处开门，为牲口和人的共同通道。建筑下层为基础承重部件，以粗柱支撑，为适应各种地形条件，设置有石碓室、杂物间及牲口圈等。上层以居住为主，从使用功能上看，明间为公共活动场所，是接待客人和举行各种家庭活动的地方。梢间设卧室，一般设三四间卧室。

建筑屋顶多用青瓦盖顶，正脊两侧设鳌尖，正中设有脊花，屋檐下有波纹样式的屋檐板，屋檐下每排柱头有吊瓜，窗户有方格、直条式的装饰图案。

村寨环境

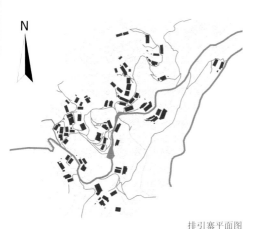

N

排引寨平面图

水族服饰

民族文化

排引寨的非物质文化遗产主要以传统节日、传统民间舞蹈、传统技艺和原始信仰组成。对于传统节日和较重大的活动均以全村参与的形式举行，传承活动规模大。

端节：孔荣村排引寨的端节和常规的水族端节大抵相似，是排引寨水族一年中最重大的节日，是以水书水历推算出来的，从头至尾长达49天，是世界上延时最长的节日，水语称"借端"，相当于汉族的春节。

水族服饰：水族在服饰上禁忌红色和黄色，特别禁忌大红、大黄的暖调色彩，而喜欢蓝、白、青三种冷调色彩。他们不喜欢色彩鲜艳的服装，相反，他们喜欢色彩浅淡素雅，认为这才是美的。这表达了排引寨的水族人民独特的单一的服饰审美观，那就是朴素、大方、实用。

水族铜鼓：面宽1.5尺到2尺之间，鼓面和鼓身多为云雷纹和几何图案，型制多属麻江型和石寨山型。铜鼓是一种比较笨重的打击乐器，演奏时，用绳索系住铜鼓的一耳或两耳，离地1尺左右悬吊起来，演奏者二人，一人右手执鼓槌弯腰敲击鼓面中心的太阳纹，左手执竹鞭敲打鼓腰作伴音，另一人双手用木桶，对着鼓腹一前一后地拍动，摇动空气，调节鼓的声音，使音按节奏要求，忽高忽低，时强时弱，增加演奏的效果。

古树

人文史迹

排引寨人文史迹有古井及古树，寨内史迹保存均较为完好。

古井：排引寨现存古井一口，井水曾经是排引寨的重要饮用水源，如今村民饮用高位水池所装的水，古井水现在大多是牲口饮用。

古树：寨内古树长势好，位于村寨中部和北部，为柏香树、杉树、楠木树，古树枝繁叶茂，预示着排引族人生生不息。

古树群

登荣瀑布：位于排引寨东南边约200米处，位于村寨对外道路穿过山体汇水线处的下方，落差约50米，平时水量不大。瀑布从悬崖流至山坡，从下方公路上往上看，瀑布从天而降、蜿蜒曲折，颇为壮观。登荣瀑布是排引寨周边的一处独特景观。

保护价值

排引寨选址注重以农为本，综合考虑了生存、发展、环境等因素。村寨建设对环境影响较小，整体建筑依山傍水，因地制宜，形成吊脚楼民居建筑与田园风光互相辉映的和谐生态景观。排引寨的选址体现了水族人民的建寨智慧，对于研究黔南地区水族传统村落选址特色而言具有极大价值。

排引寨具有丰富的物质文化和非物质文化遗存，是水族文化的活载体。村寨传统文化相对完好地保存遗留下来。当地水族人民丰富的节庆活动、独特的民居建筑、热情好客的生活态度，展现出贵州水族的民族文化和魅力，值得后人借鉴探究如何传承和弘扬少数民族文化。

莫军强 编

水族铜鼓演奏

建筑环境

登荣瀑布

梯田景观

黔南布依族苗族自治州三都水族自治县大河镇五星村者然大寨

五星村者然大寨全貌

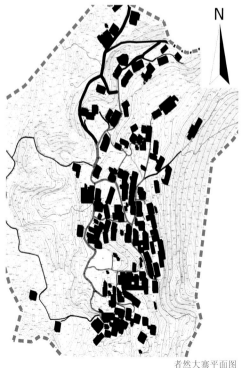

五星村者然大寨区位示意图

总体概况

五星村位于三都水族自治县大河镇的南部，者然大寨位于五星村西南面，距离大河镇15公里，三都水族自治县县城约27公里。者然大寨通过乡村道路连接996县道和901县道可到达三都水族自治县县城。者然大寨是一个布依族聚居的村寨，全寨共有120户，共计500人。根据村寨内的族谱记录，1681年已经有居民迁徙至此，繁衍生息至今。因此推算，者然大寨已经有300多年的历史。五星村村域国土面积为29.3平方公里。

2019年者然大寨列入第五批中国传统村落名录。

村落特色

村落选址于半山腰上，背靠大山，面向开阔的农田，既满足安全防御的需要，又满足生产生活之便利，同时也拥有开阔的景观视野。者然大寨的民居沿着山体等高线而建，顺山势而上，鳞次栉比，非常重视建筑与山体地势的灵巧结合。村寨内的巷道未经过特意规划，随着建筑的修建逐渐形成。青石铺成的道路，在村寨内顺势而成，阡陌交错，形成者然大寨独特的"迷宫"，呈现出一种自然状态的肌理，显得古朴而幽静。寨边古树相映，梯田环绕，颇具山区乡村的传统韵味。山、林、梯田与青瓦覆盖的传统建筑互为衬托，交相辉映，浑然一体。者然大寨紧密的民居建筑，背后高耸的山峰，村寨前广阔的良田，组成了一幅"疏密相间"的乡村画卷，极具艺术价值。

传统民居

四合院民居

传统建筑

者然大寨的民居是以布依族传统民居为基础，受到当地的自然条件影响，形成了者然大寨独特的布依族民居风貌。村寨内的民居大部分为悬山式穿斗挑梁木架结构的建筑，以青瓦为顶。平面组合形式有三合院、四合院以及独栋式。村寨内传统的民居建筑主要分为一层建筑和二层建筑，建筑依山势而建，起伏不同，形成村落特有的立体空间。一层的民居中间为堂屋，作为接待客人和祭拜祖先的场所；左右都为厢房，作为厨房、卧室等日常生活的场所。两层的民居建筑则是一层不做分隔，主要用作圈房、杂物间，二层为一列三间，中间是堂屋，外侧有围栏走廊，作为房屋外部通廊；左起第一间和右起第一间则隔为小间作卧室或厨房。空间利用合理，既满足了居住需要，同时又为生产生活提供了诸多方便。者然大寨的民居建筑，既保留着布依族传统民居的特点，又结合当地的地理环境和自然条件，在实用的基础上，建筑的细部增加了一些装饰和雕刻：如窗框上精美的雕花，为朴实的民居建筑增添了艺术价值。

村寨格局

者然大寨平面图

民族文化

者然大寨是一个布依族聚居的村寨，随着时代的变迁，村寨发展的同时，也仍然保留着民族特有的文化和技艺。

花灯舞：花灯流入布依族地区以后，吸收布依族民歌、情歌、山歌，用布依语演唱或叙述故事，演绎故事。在历史发展过程中，布依族人民从表演的故事、人物中，根据剧情的需要，从本民族生产劳动，生活习俗中，提炼、创造出表演身段，表演程式，形成具有浓郁地域特点和布依族特色的布依族花灯艺术。逢重大节庆，村寨内都会举办花灯舞进行活动氛围渲染，多年来形成了男女老幼皆舞的局面。花灯表演多为歌舞，其情节内容较为简单，舞蹈质朴生动，活泼诙谐，富于生活情趣和民族气息。在表演中，表演者一般持绸缎彩扇和绣花帕作为道具，扇帕动作极具浓郁的自然色彩和象征意味。

花灯舞

刺绣：布依族群众称刺绣为绣花。布依族刺绣的内容十分丰富，绣法多种多样，刺绣题材广泛。它不仅可以绣在衣裤、布鞋、围腰、手帕、挎包上，还可以绣在枕套、枕巾、被面、帐帘乃至桌布、靠垫上，就连节日里男女青年抛玩的小糠包、小手袋上也绣有十分精美的图案。一件件别具一格的手工艺品，展现了布依人的聪明智慧和心灵手巧，反映了布依女子追求美好生活，体现巧手做绣的快乐。

刺绣

布依族服饰：布依族服饰具有传承历史文化的作用，主要表现在刺绣的图案上。几乎每一个刺绣图案纹样都有一个来历或传说，都深含民族的文化，都是民族情感的表达。

祭祀崇礼：作为布依族原始古老的生活习惯，通过食物祭祀来表达当地居民对来年五谷丰登、风调雨顺的向往。

祭祀

纺纱织布：纺纱和织布作为布依族的传统技艺在村内传承下来。纺纱时，姑娘们坐在纺纱机前，右手摇转大竹架子，再以传动带传动左边"鸠纱"的轴，左手拿花条利用"鸠纱"的轴急速转动捻线，纺出棉线来。织布则是使用传统的织布机，由四条木质腿的长方形木架组成，后面有一条木座板，座板前面有一高木架悬着线扣和打布摆，下头脚蹬处有二至四个木踏板，并以绳索勾连在一起，踏板上下移动使之张开，通过4个踏板交叉变换进行穿梭织布，使得各色各样纬线进行交叉。

织布

人文史迹

土地庙：村寨内仍然供奉着土地庙，其中一座坐落于古桂花树下，砖块垒砌围合。村民常常去供奉土地，祈祷风调雨顺，来年丰收。

古树：村内有一棵90年树龄的月桂树，枝叶繁茂，每当八月桂花盛开的时候，香气四溢，弥漫在村寨之中。

清代门槛石、古石梯、屋檐：四合院宅子内有一处清代门槛石，其上纹理依稀可见；院内还有一处由石板砌筑而成的古石梯；还保存着清代民居的屋檐，制式形式保存较好。

古巷道：村寨内有一处古巷道，仍保持着传统风貌，为石板路面，两侧建筑围合。

古石凳：村寨清代四合院内有一古石凳，保存情况良好。

染布踩架：者然大寨传承着布依族传统的纺纱织布技能，至今在村寨内还保存着古时用于织染的石质踩架。踩架上的使用痕迹，记录了村寨走过的岁月。

染布踩架

保护价值

者然大寨距今已延续了20代人，历经时代变迁村落依旧保持原有的风貌。布依族同胞对于村落的建设选址、建造格局的智慧都在这里体现得淋漓尽致。时间和空间环境均体现了其较高的历史价值。作为以布依族为主的民族村寨，村落的饮食、建筑、生产工具上具有独特的民族特色和地方特性；其艺术、风俗和传统等精神文化也极具特色。它们承载民族独特的风俗和区域典型的文化，不同时期的遗存能够充分反映民族文化的发展历程，反映了民族历史发展的水平。村寨的选址，体现出布依族同胞在自给自足、防御外敌、自存发展上都经历了长期的实践，具有较高的科学研究价值。

钱雪瑶 编

古树

村寨鸟瞰

黔南布依族苗族自治州荔波县甲良镇甲良村金对组

甲良村金对组鸟瞰

甲良村金对组区位示意图

总体概况

甲良村位于荔波县甲良镇镇政府所在地，金对组位于甲良村东南面，通过乡村道路连接312省道可到达荔波县城。金对组距离甲良镇镇政府有5公里，距离荔波县城约37公里。民族以布依族为主，全组共有106户，620人。金对组村寨始建于明朝时期，距今约700年。历史悠久，文化底蕴丰厚。甲良村村域国土面积为3.5平方公里。

2019年甲良村金对组列入第五批中国传统村落名录。

村落特色

金对组整个村寨为同一个姓氏，以氏族而居。村寨依山傍水而建，寨内布依族"吊脚楼"建筑群保存完好，石墩堆砌的墙基层层叠叠，石板步道错落有致，斑驳楼群历经风雨，见证着时间的流逝；村寨内的民居主要集中在半山腰的树林间，连片的木瓦房被周围的森林树木环抱在中间，寨内树青竹翠，山青秀美，寨子下面有潺潺小溪流过，村落格局和自然环境自成一体。金对组整体建筑呈集中连片布局，在村寨中形成建筑群。在长年与自然相适应的过程中，由于村寨内建设土地的

村寨周边山林

有限，并且为了在战时集中全寨力量，提供有力的自我保护，金对组的民居在建设过程中，形成了民居内部空间的密集拥挤，屋挨屋、户户相连聚居的建筑风貌景观。

传统民居

民居院落

传统建筑

金对组的民居以布依族传统的干阑式木板楼房为主，青瓦盖顶、飞檐翘角、楼板隔层、板壁装修，底层主要用于喂养牲畜，二楼则是作为主人的居住场所。底层的圈舍围墙牢实坚固，一般都是采用石墙和砂土冲墙为壁；二层的墙壁则是由木板、木枋条(块)、篱笆以及土冲墙四种材质搭建而成。二层设置有窗户，一般为2～3扇，分为拉糟木板窗扇和简易枢轴窗扇两

种。一般在建筑中部设置楼梯，楼梯以木料和石料组合建造而成。由楼梯上到二层的大门，大门为两扇木门板，外边中间门上安一对铁环，主要用于日常锁门闭户。门内有闩门插销，夜晚关门的时候，将插销插上，即可以起到防范宵小的作用。大门进入房间为堂屋，设立有土灶、土火炕、水缸、水桶、舂碓、石磨、织布机、纺纱机、餐桌和简易炊具等家用器具。卧室、舂雄、粮仓等都安排在房屋两头的厢房内。卧室多以木板装修为壁，每家最少设有二至四个单间卧室，内空较小。门户内两个边角搁放薅锄、扁担等农用工具。门外侧面留有两处门楼，可供村民日常休闲聚集娱乐。

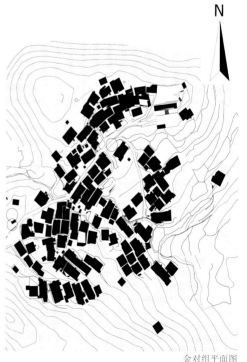

金对组平面图

民族文化

金对组是一个布依族聚居的村寨，至今仍然保留着布依族特有的服饰、布依族歌舞及饮食习惯等。

布依族傩戏：布依族的傩戏起源于明代"调北征南"时期，最早为原始社会的先民们戴着神和猛兽的面具舞蹈，旨在驱邪酬神、消灾祈神的祭祀歌舞仪式。布依族的傩戏最早用于"做桥""烧香""还愿"等的"傩坛祭祀"活动，如今的"傩戏"则更多取材于中国古代征战故事，揉进神话传奇，杂以乡间吉语，是集话剧、歌剧、舞剧为一体的民间艺术戏剧。傩面具均用木质雕刻成型，造型奇特、色彩神秘、栩栩如生，服装更是瑰丽多彩；其舞姿粗犷，娱人娱神，独具特色。

布依族傩戏

布依族土布制作：布依族的土布采用的是当地布依族人民自己种植的棉花、蓝靛和青杠树皮。土布制作从纺线到染布40多道工序全由手工完成。制作出来的土布布料厚实、牢固；其色泽蓝里带青、青中透红，具有独特的民族风格。布依族村民采用土布制作成各种衣、裤、裙子、围裙、飘带、系带、花鞋等，式样古朴典雅，落落大方；布料上的图案花样多，多以柳条、格子、斗纹、斜纹等图案，具有很高艺术水准。土布制作工艺水平随着农耕技术的发展而逐步提高，其工艺本身既记录了布依族纺织业的发展过程，又是一种农耕文化的表现形式，同时从另一个侧面反映了布依族各个历史时期的农耕状况。土布制作工艺流程复杂，每道工序均由手工完成，其细腻程度和要求之高，是其他类手工技艺劳动难以比拟的。这些手工技艺是布依族人民长期的智慧结晶，且

布依族土布

难以为现代技术所替代。它始终与布依族的生活、文化息息相关。用土布做成的各种民族服饰具有独特的风格和丰富的文化内涵，集中反映了古代布依人的生活、风俗习惯和宗教信仰。

布依族乐器：金对组的村民常用的乐器有唢呐、月琴、葫芦琴、竹琴、巴勒、洞箫、短箫、姊妹箫、铜鼓、牛骨胡等。其中铜鼓是布依族最古老、最具有民族特点的乐器。它全部用青铜铸成，鼓身铸有各种花纹图案。以前，在隆重节庆之时必敲击铜鼓为乐；而在举行丧葬、祭祀，则只有摩公才能按照仪式的程序敲击铜鼓。

布依族小年：金对组村传统的民族节日有小年、二月二、三月三、四月八、六月六节等，其中布依族的传统佳节——"小年"尤为隆重。根据布依族古历推算，为每年农历冬月最末一天为除夕，农历腊月就是布依族的正月，当地布依族群众会宰鸡杀鸭、制作糯米饭，准备好糯米酒、腊肉、扣肉等佳肴，款待亲友，除此之外，还会举办各种娱乐活动和比赛等，来欢迎各方来客前来参加。

布依族小年

人文史迹

古树：村寨内自然植被良好，拥有众多的古树。较为密集的古树群有一处，位于村寨入口，由五棵古树组成；另有一棵古树位于村寨的东南部。

古树

古井：金对组内共有两口方口水井，一个位于金对组村寨的东部，另一个位于村寨的西部。古井外采用石材铺制，整体保存良好，水质清冽。

粮仓：村寨内还存有一处旧式粮仓，主体是木质结构搭建而成。底层为架空层，二层则是用来储存粮食。架空层具有良好的防潮功能，使粮仓与地面有2～3米的距离，地面的雨水和潮气也不会给储存在仓内的粮食带来任何影响；其次，架空的粮仓还可以防虫蛀鼠咬；同时，架空的粮仓通风好，也可防止粮食霉变。由于上下通风，粮食在仓内也不会因焐热而发生霉变。因此粮仓是布依族人民智慧的结晶。

粮仓

保护价值

甲良村金对组有约700年的历史，较完整地保留了古朴的传统村落格局和优美的历史人文景观，现存的街巷空间、公共空间、建筑形制，均是在村寨发展的各个时代中自然生长而成，体现了时代的延续性。村寨坐落在山水之中，依山而建、错落有致，民居建筑与自然山体形成的立面空间与山体坡面融合，体现了该村寨独具特色的风貌；村寨周围植被丰富，植物种群繁多，古树参天，拥有丰富而珍贵的物质与非物质文化遗产，有着独特的历史风貌和自然格局，是传统古村落选址营建的典范。

钱雪瑶 编

村落一景

黔南布依族苗族自治州三都水族自治县都江镇甲雄村

甲雄村村貌

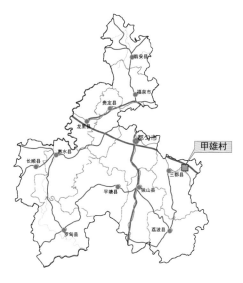

甲雄村区位示意图

总体概况

甲雄村位于三都水族自治县城东北面，距离县政府约48公里，通过通村路和321国道约一个小时可到达三都水族自治县县城。甲雄村行政区面积23.4平方公里，下辖四个村民组，共有225户、1129人。甲雄村传统村落遗存主要集中在甲雄大寨，甲雄大寨下辖两个村民组（中寨、下寨），共132户，625人，村寨95%的人口为水族，其余为苗族。据地方史志记载，甲雄村落形成的历史原因是都江镇在清朝时期的改土归流政策。当时战乱发生后，水族祖先从三都县南面迁徙至此定居，大约历经17代人，250年左右。

2019年甲雄村列入第五批中国传统村落名录。

村落特色

甲雄大寨（中、下寨）的选址颇具匠心，村寨位于半坡中，这是考虑村寨自身安全和村际交往的需要。村寨依梯田而居，四面环山，林寨相间。村寨西南一条通村路沿着曾经古道通向都江镇区，随着人口的增加，村寨空间也不断地扩大，过往的人们不再经过这条小道，它也慢慢地被荒草和树丛淹没在大山中。从甲雄大寨的选址可看出村寨人们以农为本、因地制宜、和谐共生的发展理念，充分注重了生存、发展、环境等要素关系。村寨建设对环境影响较小，形成吊脚楼民居建筑与梯田田园风光互相辉映的和谐生态景观。

传统建筑

甲雄大寨传统民居建筑朝向非常讲究，都要请"地理先生"（风水先生）进行实地考察后才能确定位置。

甲雄大寨建筑多为木瓦斜顶干阑式吊脚木楼，民居的主要特点是：木楼外围是栏杆走廊，便于休息观看风景，通风透光性好，走廊栏杆设计样式各异，非常休闲、舒适，同时也非常美观。建筑多为单体两层建筑，少数为三层。

民居建筑

一颗铁钉，全用木栅榫接合，但十分稳固。每座木房通常面阔三间，进深两间，面阔面通常设有走廊，梢间设置楼梯，整栋建筑设两道大门对外，上下两层各一道。正面设对开门，门两侧各设高约50厘米、宽70厘米的简易窗，楼梯设在房屋一侧，因地势而定左右。中层住人，外设长廊，主要作为居家手工劳作场所。中间一间为堂屋，是整栋建筑的核心部分，设有神龛祀奉祖先，两端为开间，各分为前后两间，均为卧室。底层设置有杂物间及猪、牛圈等。

民居建筑

甲雄大寨每栋楼房除了用青瓦片盖屋顶外，其他全为杉木结构，具有散湿性强，通风干爽的特点。屋柱用大杉木刨光后凿眼，柱和柱之间用一根根长方形木条开榫互相衔接，连成整体，纵横成行。房子四面及各个厢房全部用木板开槽密镶，楼面用宽厚木板平镶。整座楼身建筑不用

村寨环境

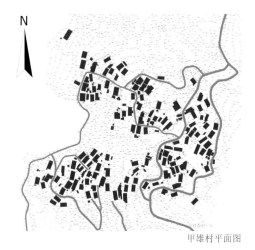

甲雄村平面图

祭石神

铜鼓

保护价值

甲雄大寨坐落在半山腰上，民居顺着山梁而建，分为两排，错落有致，远眺林中有寨、寨中有林，一片自然和谐之状。此外，甲雄大寨保存了水族村落相对完整的、真实的历史遗迹，具有较高的历史价值。

在文化价值方面，作为水族地区的典型水族、苗族杂居村寨，甲雄大寨很好地保持了水族和苗族同胞特有的风俗习惯。水族、苗族服饰、水族文字、民间工艺、节庆文化等保留完整，有着很强的代表性。

在艺术价值方面，甲雄大寨民居体现了当地民间传统的建筑艺术水准，其建筑细部工艺高超；其非物质文化遗产如国家级的水书习俗、省级水族端节、卯节、芦笙舞、苗族四月八、苗族吃新节、村寨祭石神活动、苗族服饰等极具参与性和观赏价值。

在社会价值方面，甲雄大寨中水族和苗族人民共同劳作、共同生活，文化习俗

民族文化

甲雄大寨保存了大量民族文化习俗，包含水族及苗族的两个民族的风俗文化，如水族端节、水族婚俗、水族铜鼓舞、苗族芦笙舞、祭石神等。

水族端节：水语称为"借端"。其中，"端"，意思为"岁首"或者"新年"；"借"，意为"吃"。因此，端节亦可直译为"吃年"，意为"过年"。端节定在九月初九，通称"水年"。端节是水族人民辞旧迎新、祭祀祖先、庆贺丰收和预祝新的一年幸福美满的传统节日。节日前夕，水族人民舂新米，酿新酒，缝新装，筹备各色食品、果品，以备祭祖待客之用。除夕夜，人们将铜鼓或大皮鼓悬于庭中，尽情敲击，以示辞旧迎新。初一凌晨，各家设素席，祭品有鱼（水族把鱼看作素菜）、新糯粑、新米饭、新米酒等。

水族婚俗：水族婚俗保留了较浓的传统色彩，讲究明媒正娶。婚礼包含"择日→嫁妆→迎亲→婚宴→回门"这五个过程。婚俗文化作为水族传统民族文化中的重要组成部分，反映了三都水族人民独具特色的文化底蕴和价值观念。

水族铜鼓舞：水族铜鼓舞的鼓乐有五十多种类别之多。无论是什么场合，必须是开天立地调开头，进而根据场合的不同，所敲奏的调子也各不相同。步伐也随着鼓乐的变化而变化，舞步矫健有力，舞姿粗犷灵活，动作幅度大，情绪饱满热烈。

苗族芦笙舞：苗族芦笙舞因用芦笙伴奏和自吹自舞得名，多在祭典节庆及丧葬时演出，主要有自娱、竞技、礼仪、祭祀四种类型。芦笙舞吹奏人是主舞，其他人是伴舞。一般分为吹笙伴舞、吹笙领舞与吹笙自舞。

祭石神：甲雄大寨东部有两个保寨石，位于村寨入口，是甲雄大寨的镇寨之宝，每到传统节日，村民们就会祭拜石神，以祈祷石神保佑村寨平平安安、风调雨顺。祭祀活动由专门人员主持，献祭酒等物品，参与祭祀的村民身着民族服饰，女性着盛装，并且吹奏芦笙，营造祭祀活动的氛围。

人文史迹

甲雄大寨人文史迹较为丰富，有古井、保寨石、百年粮仓、古树名木、古巷道等，寨内史迹保存均较为完好。

古井：位于村落中部，村寨内现有一处古井，古井形貌保存完好，现仍在使用中。

保寨石：又名镇寨石，位于村寨东端阶梯尽头的姊妹崖，为村寨村民节日祭祀之用，传说可保村寨永久平安。

百年粮仓：村寨内有两处近百年粮仓，为木质干阑结构，作为储存粮食用，保留较好，现仍在使用中。

古树名木：村寨内现存3棵古树，长势良好，是村寨人们夏天纳凉的好去处。

古巷道：村寨内拥有一定历史的入户巷道、条石路或小土路。

百年粮仓

相互影响，两种文化和谐共生，是民族团结、文化融合的典范。甲雄大寨的苗族人民和水族人民"像石榴籽那样紧紧抱在一起"，创造着苗族和水族友好交往、团结进步、共创幸福生活的美好故事。研究多个少数民族杂居村寨，对于探究少数民族地区的文化传承和演变具有重要价值。

在经济价值方面，甲雄大寨将成为该区典型的水族、苗族融合型旅游村寨的亮点，从而发挥旅游经济效益。随着甲雄大寨的配套设施的改造提升，将吸引更多来自省内国内甚至海外的大量游客，从而带来可观的旅游收益。

莫军强 编

苗族吃新节

古井

梯田

黔南布依族苗族自治州三都水族自治县大河镇甲照村甲照大寨

甲照村甲照大寨全貌

甲照村甲照大寨区位示意图

总体概况

甲照村甲照大寨位于三都水族自治县大河镇南部，户数80户，户籍人口465人，距镇政府驻地约20公里，距县城40公里，从镇政府出发，可经县道到达。甲照村是明末清初祖先韦光相率族人在此建寨，后分支到中甲照、打锄村、五甲村，发展至今已有300多年历史。

2016年甲照大寨列入第四批中国传统村落名录。

村落特色

甲照村甲照大寨坐落于群山之间的一个长长的凹槽里面，村落依犀牛望月、天鹅抱蛋两山而建，两座大山林木郁郁葱葱，如成千上万的士兵常年保佑着乡民。天鹅抱蛋山上沉睡着甲照村的祖先们，这便是甲照村的祖坟山。村寨是房屋和农田共生之地，凹槽中心部分房屋最为集中，四周有农田环绕，以此形成良田绕人家的村落格局。村中有一条弯曲的主要道路经过，道路顺山就势，村中小道根据人家的分布而延伸，发达的道路如同树脉一样联系着每户人家。

传统民居

村寨小巷

祖坟山

传统建筑

甲照大寨传统民居极具水族传统民居建设特点，以木质"干阑"建筑为主，建筑分上下两层，部分也有三层建筑。通常为面阔三间，进深两间，梢间置楼梯，建筑开窗大多在正屋面左右两侧，也有少部分建筑背面开有小窗，以作基本的自然采光。建筑大多在中间处开门，此门也是牲口和人的共同通道。

建筑下层为基础承重部件，以粗柱支撑，为适应各种地形条件，设置有石碓

室，一般作为杂物间及牲口圈等。上层则以居住为主，从使用功能上看，明间为公共活动场所，是主人家接待客人和举行各种家庭活动的唯一地方；梢间设卧室，一般设三到四间卧室。部分建筑有第三层，大多作为储藏室使用，用于堆放粮食和存放杂物。

建筑屋顶多用青瓦盖顶，正脊两侧设鳌尖，正中设有脊花，屋檐下有波纹样式的屋檐板，屋檐下每排柱头有吊瓜，窗户有方格、直条式的装饰图案。

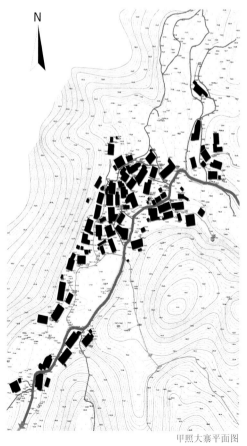

甲照大寨平面图

民族文化

水语：甲照村甲照大寨为纯水族村寨，村民以水语交流。水语是一种有声调的单音节语言，音节组成跟汉语、藏语、壮语、苗语基本一致，句子的格式也和汉语相仿，属汉藏语系壮侗语族侗台语支。

水族铜鼓：大多是未经入土的传世品，鼓面和鼓身多为云雷纹和几何图案，形制多属麻江型和石寨山型。水族传统多在节日期间演奏铜鼓，另外，在丧葬或祭祀时，也有击铜鼓的。

水族马尾绣：水族有养马赛马的习俗，马尾绣应运而生。马尾绣是水族地区一种现存最古老而又最具有生命力的原始艺术，被称为刺绣的"活化石"，是研究水族民俗、民风、图腾崇拜及民族文化的珍贵艺术资料。马尾绣的制作过程繁琐复杂，成品古香古色，华美精致，结实耐用。

端节：甲照村甲照大寨的端节和常规的水族端节大抵相似，是以水书水历推算出来的，从头至尾长达49天，是世界上延时最长的节日，又叫"瓜节"，水语称"借瓜"或"借端"，相当于汉族的春节。

水书：水族有一种古老的文字"水书"，水书在2006年被列为国家级非物质文化遗产。它是水族先民创制的一种独具一格的雏形文字，水族语言称其为"泐睢（lesui）"，"泐"即文字，"睢"即水家，"泐睢"意为水家的文字或水家的书。水书主要用来记载水族的天文、地理、宗教、民俗、伦理、哲学等文化信息。水书包括天干、地支、八卦、天象、时令节气、鸟兽鱼虫、身体五官、率属称

水族水书

古井

马尾绣

端节赛马

水族铜鼓

谓、数目方位等，这种文字在都匀和三都县的地方志中都有记载。形态十分古老，酷似殷商甲骨文，又似古籀小篆。

人文史迹

古井：古井山泉从石缝中流出，古井呈两台式，较高的一台主要用于饮用，第二台为牲口用水。第一台石缝里长出一棵好看的树，似乎专为古井配饰而生。古井用石材堆砌而成，井池的边缘部分用水泥浇筑，泉水冬暖夏凉，甘甜可口。

宗祠祠堂：祠堂为一座钢筋混凝土所建的六角亭，高约6米，长、宽均为2.5米，堂中有一块纪念碑，高约1.6米，宽0.6米。祭祀时，族长带领族人对纪念碑进行祭拜和做各种法事，祭祀完毕，族中长老一起围坐讨论族中事务。

古树：古树为枫香树种，生长在犀牛望月山和祖坟山上，枝繁叶茂，预示甲照的韦氏族人生生不息。古枫香树作为护寨树被村民们很好地保护着。

枫香树

祠堂

保护价值

甲照大寨保存了相对完整的、真实的历史遗迹，见证了自明清以来该地区的文化特色，有较高的历史价值。

甲照大寨一栋栋木楼依山而建，映着苍翠的山色、错落有致的稻田，以及不可或缺的石碑、水井、古树，梯田风光，多年来已得到了摄影家、画家和诗人的高度赞誉，具有很高的艺术价值。

甲照大寨传统建筑与山坡地形契合巧妙，与水的关系和谐，在历史记录、植物科学、建筑选址等方面具有较高的科学研究价值。

甲照大寨是水族村寨，其特有的水语、端节等民族风俗得以保存及发展，为人们展示了水文化的魅力，具有较高的文化价值。

谯乾龙　莫军强　杨　洋　编

黔南布依族苗族自治州三都水族自治县九阡镇石板村石板大寨

石板村石板大寨全景

石板村石板大寨区位示意图

总体概况

石板村大寨位于三都水族自治县九阡镇的中部区域，距镇政府所在地8公里，通过三荔高速、荔榕高速以及镇区至村庄的通村路可到达石板大寨。全村400余户，共计2048人，是一个以水族聚居为主的村落，村域面积25平方公里。村落建于元代，其家族祖先从广西迁徙到三洞地区而后分支迁至石板大寨，至今约700余年。

2019年石板寨列入第五批中国传统村落名录。

村落特色

石板大寨在选址上讲究"依山就势，择宜而居"，区域上来看大寨外部三面环山，而村落整体背山面田，村落背靠的大山山高林密，从水族的风水学来看，这给予村民足够的依靠感；而村落前有良田万顷，形成平坦开阔的坝子，田园中溪流贯穿，田埂小道曲折环绕，构成一幅充满诗意的田园画卷，同时也为村落的农业生产提供便利和保障；村落建于地势较低的地势相对平缓处，集中布局，随着村落逐渐发展而铺展开来，呈现南北延展的走向，村落四周绿树成荫，古木参天，把整个村

传统民居

传统民居

落掩蔽在丛林之中，是石板大寨安全防御意识的外在表现。居民秉承先民传统的生产生活方式，与环境有机共融，相互依存，形成与自然高度协调的天人合一的人居环境。

传统建筑

石板大寨传统村落内传统水族民居历经岁月和战争的洗礼，剥落后的原木色更加凸显沧桑的历史韵味。传统建筑主要为干阑式建筑，但在建造工艺上稍许不同。一种是先建底层作为平台，再于其上建房，上下柱子互不连通，不设走廊和栏杆；另一种为部分柱子上下连通，屋架有穿斗式、抬梁式以及混合式，设有走廊和

栏杆。民居以"间"为单位，常见平面是由3或5等单数的间所组成的长方形，每间开间约3至4米，进深约8至10米；高度以一层、二层为主，一般来说，建筑底层为杂物间及猪、牛、羊圈等；二层为公共活动和起居空间，中部的开间为宽敞的堂屋，左右两间为卧室，堂屋的一端设火塘火灶，另一端的中柱部分是祭祀活动时神位之处。

在建筑造型上，传统建筑以木结构为主，立柱、穿枋、楼板、檩椽、内外墙板等都是木制构建，基础多以自然石基或人工砌筑石基，屋顶以小青瓦覆盖。

村寨一角

石板大寨平面图

民族文化

石板大寨传统村落内民族文化遗产丰富，主要包括民间文学、民族节庆、传统技艺、传统舞蹈等类型。

水书：国家非物质文化遗产，是水族的百科全书，现存水文约有800多个单字。水书的内容包括天文历法、原始信仰、伦理道德、生产生活等方面，是靠一代又一代的水书先生通过口传、手抄的形式流传下来的，它是水族古文字抄本和口传心授文化传承的结合。

水族马尾绣：国家非物质文化遗产。水族特有的纺织技术，最出名的是马尾绣，是水族同胞手工进行布纺、蜡染、刺绣等为一体的纺织艺术品，其以马尾鬃毛为线在布匹上进行的刺绣就是最出名的水族马尾绣，这是一种现存最古老而又最具有生命力的原始艺术，被称为刺绣的"活化石"。

水族纺织技艺：工纺棉、织布等纺织品作为水族人民日常的生活用品，发挥着不可取代的作用。水族民间传统纺织技艺独具特色，织成一匹布至少要花十几道工序，织出的布匹图案古朴典雅，结实耐用，是水族人民裁剪服装、床单等生活用品的原材料。

水族铜鼓舞：贵州省非物质文化遗产。舞蹈因"以击铜鼓而舞"得名，是水族民间最原始、最古老的民间舞蹈，水语称为"丢压"，源于古代祭典活动，它从祭坛演变为民间的日常舞蹈，据传至少已有几百年的历史。

水书（祭祀）

人文史迹

粮仓：粮仓是石板大寨农耕文化的一个独特的标志，是粮食储藏的主要场所。石板大寨传统村落粮仓主要结合村落内的水塘成组的布置，少数建于水塘外，村落

铜鼓舞

马尾绣

内现保存有粮仓78处。

古井：村落西侧主入口处以及村落内分布着2口古井，古井年代久远，据说是村落建寨初期就已作为村落内的饮用水源。

祭祀点：村落内分布着3处祭祀点。祭祀点都是背靠山石而形成，依托山石脚形成小块坪地，靠山石处摆放各种祭祀品，在周边悬挂红色布带。主要是为村民祭祀石神所用。

古树：村落周围植被茂密，植物品种多样，古树以单株和古树群的形式散布于村落内外，主要有倒鳞树（黄连木）、栾树、枫树、鹅耳枥等，古树长势良好。村落内古树都已经有百年历史。

爱国主义教育基地：1944年末，日军为了巩固"打通大陆交通线"的战略，进犯黔南三都县九阡镇石板大寨。石板大寨的村民们自发组织抗击日军，打响了水族人民抗击日本侵略者的第一枪。1998年，黔南州人民政府把石板大寨作为爱国主义教育基地。

粮仓

保护价值

石板大寨的村落选址，布局格局、空间肌理、传统民居建筑形式和民族文化在当地都具有较强的代表性。村落背山面田，林木环绕，田园内溪沟纵横、外围三面环山的选址布局，使得山、水、林、田与木结构传统民居建筑有机结合、浑然一体，显现了村落的古朴与自然。同时，水上粮仓、古树、古井、祭祀点等历史环境要素和民族节庆、传统技艺、民间文学、传统歌舞等非物质文化遗产内容丰富，充分展现了水族人民传统生活、生产的场景、文化和习俗，体现了水族人民的智慧，水族传统村落综合特征突出。另外，村落内防御墙等历史遗迹反映了抗日战争中水族人民奋勇抗敌、保卫家园的决心和智慧，是抗日战争历史的见证。整体看，石板大寨村落保护和传承价值较高。

杨 洋 陈隆诗 编

祭祀点

古树

黔南布依族苗族自治州三都水族自治县三合街道龙台村王家寨

龙合村王家寨全貌

龙合村王家寨区位示意图

总体概况

龙台村王家寨坐落于三合街道南面，地处国家级生态公园尧人山脚下，距县城8公里，总人口362人，为水族村落，村域面积4.5平方公里。从县城出发，可沿206省道再经村道到达。王家寨约在清朝时期，由祖先自江西迁徙至临近现在的位置"梅居"生活，后因"梅居"发生火灾，故搬迁至现在的河边，因村落大多为王姓，故名王家寨，距今已有300年历史。

2016年王家寨列入第四批中国传统村落名录。

村落特色

龙台村王家寨位于三荔公路东侧，坐落在国家森林公园尧人山西南面，村落依水延绵布局，村寨上下均为梯田，背后重峦叠嶂，风清林翠，勤劳的水家人将村寨上下坡开垦为田地，背后远山种上经济林，并沿村寨左右顺势开垦山地，人垦田中，清风徐来，左右群山顺势而出，令人感到别样的心旷神怡。村内植被较好，村寨尚保存古树较多，如红豆杉、楠木、柞木等。其中王家寨南部的楠木已有千年树龄，自有寨子起，就是村寨的守护树，树干极粗，三人才能勉强抱住。

村寨一角

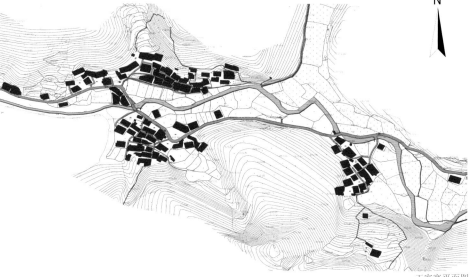

村寨一角

传统建筑

传统建筑多为单体二层建筑，少数为三层。

民居建筑依地势而建，先将坡地平整，再逐层修建。建筑结构主要形式是干阑建筑，穿斗与抬梁混合式悬山青瓦顶木结构。建筑屋顶分为四类主要形式：第一类，屋顶为重檐悬山顶，材质为小青瓦，屋顶正脊两侧设吻兽，正中设脊花，垂脊、戗脊分别安放有垂兽、戗兽，建筑两端的博风板下设悬鱼；第二类，屋顶为悬山式青瓦双坡顶，正脊两侧设鳌尖，正中设脊花；第三类，屋顶为悬山式青瓦双坡顶，屋顶下部、建筑二层走廊顶部设有青瓦披檐，屋顶正脊两侧设吻兽，正中设脊花，垂脊、戗脊分别安放有垂兽、戗兽，建筑两端的博风板下设悬鱼；第四类，屋顶为悬山式青瓦双坡顶，屋顶下部、建筑二层走廊顶部设有青瓦披檐，正脊两侧设鳌尖，正中设脊花。建筑一层中间为正厅，是主要的公共活动场所，也是主人家接待客人、举行各种家庭活动的地方。二层主要为主人的日常居住场所，一般是卧室、卫生间等，外围设置有走廊及栏杆，部分建筑还设置了"美人靠"。三层作为建筑的一个小阁楼，主要作为堆放粮食和杂物使用。

传统民居

王家寨平面图

民族文化

水书：又称"鬼书""反书"，水书就是靠一代又一代的鬼师通过口传、手抄的形式流传几千年至今。水族鬼神崇拜的一切活动，不论是判定事情的吉凶，认定鬼魅作祟，还是驱鬼送鬼、禳灾祈福的巫术仪式，均由鬼师从水书中查找依据。在水族巫文化的鬼神崇拜现象中，水书是一部教科书，鬼师则是教师。鬼师与水书的结合，是维系水族原始宗教信仰——鬼神世界的纽带。

水族织女织布

水书与鬼师

端节：水语又称为"借端"。"端"意为"岁首"或"新年"，"借"意为"吃"。因此，端节亦可直译为吃年，意为"过年"。端节（水年）是水族人民辞旧迎新、祭祀祖先、庆贺丰收和预祝新的一年幸福美满的传统节日。

水族马尾绣：马尾绣是水族妇女世代传承的、最古老又最具民族特色的、以马尾作为重要原材料的一种特殊刺绣技艺。马尾绣的制作过程烦琐复杂，成品古色古香，华美精致，结实耐用。

祭祖：祭祖是水族过端节最重要的活动，分别在端节除夕夜和大年初一清晨进行。水族端节祭祖所用祭品依例要戒荤食，唯独鱼不在禁用之列。水族祭祖的鱼叫"鱼包韭菜"，是将韭菜、栗仁等塞满鱼腹后，炖煮或清蒸而成，祭祖之后便可食用。祭祖仪式结束后，水族村民在长老指挥下敲起神圣的铜鼓，大家聚集在铜鼓周围互祝人寿年丰，然后随着铜鼓挨家挨户去贺新年，吃年酒、拜菩萨、土地神等活动，为祈求来年风调雨顺、五谷丰登。

水族织布：水族纺织与一般织布的设备有所不同，织布机为全木料手工制造，主要由综线控制水族的纺织技艺，织好一块布至少要花十几道工序。水族土布的制作一般是先用弹好的棉花纺成线，再把线挽成卷，用白芳浆加线果，把线果放到布线器上，布线、定格好后放到织布机上织。织出的土布有白土布、青蓝土布、大小花格土布等。除白土布外，其他土布可以直接剪裁服饰，制作棉被、垫单等。水族民间传统纺织技艺独具特色，织出的布匹图案古朴典雅，结实耐用，是水族人民裁剪服装、床单等生活用品的原材料。伴随着时代的发展依然保存着它"古老"的技艺，到目前已有近千年历史。

水族印染：水族豆浆印染工艺相传已有700年的悠久历史，豆浆印染顾名思义就是利用豆浆作为防染剂，在布料上印染出各种生动形象的图形。大豆浆干透后有隔绝颜料的特点，巧妙利用这一特点用大豆浆作为防染剂勾勒出美丽的图案。水族豆浆印染装饰图案的艺术形式丰富多彩、各式各样，纹样多以凤鸟、大自然的各种花卉和植物纹为主，描绘得形象细腻而自然，体现了水族人民独特的审美。

水族马尾绣工艺

人文史迹

土地庙：一共有三处，是用于供奉和祭祀的地方。土地庙有两种形式：一种是用一些石块垒成的祭坛；另一种是完整的堂舍，形同一座山庙。土地庙主体为砖木结构，后来以水泥或砖块对小庙进行修复。庙宇内部为土地神像，在横梁上系有红绳，用于祭祀祈福。土地庙还留有前厅，用作祈福场地，两侧留有侧门，意为扩散福气。

土地庙

古井：村寨里有三处古井，用于饮水水源，同时也作为祭拜的对象。

古墓：龙台村王家寨有古墓一处，位于村寨南部，据口述为清末时期古墓，墓碑保存完好，墓碑上有石刻，墓志铭清晰可见。

古树：王家寨村落环境保存较好，古树较多，现有一定树龄的古树就有5棵，种类有三种：红豆杉、柞木、楠木。古树都有上百年的历史，作为龙台村王家寨的护寨树被人们保护着。

保护价值

龙台村王家寨一栋栋木楼依山傍水，组团而建，土地庙、水井、古树零星点缀寨中；河流水声潺潺，两岸稻花芬芳。村落多年来已得到了摄影家、画家和诗人的高度赞誉，有很高的艺术价值。村寨内的干阑民居建筑结构、材料及装饰物独特，具有十分重要的科学价值，村寨内分布的历史文化遗存也具有相当高的科学探究价值。水书、马尾绣、端节、织布机印染等水族传统的民俗文化在王家寨内，至今保存得较为完整。这些传统的民俗文化是水族文化的活载体，也是水族延续传承的保障。王家寨保存了贵州水族村寨相对完整的、真实的历史遗存，见证了自清代以来该地区的生活方式和文化特色，其特有的水语、端节等民族风俗得以保存，为人们展示了水族文化的魅力。

钱雪瑶 雷 瑜 编

水族祭祀铜鼓

王家寨村寨格局

黔南布依族苗族自治州三都水族自治县中和镇灯光村

灯光村全景

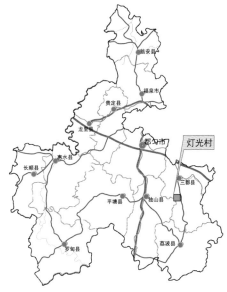

灯光村区位示意图

总体概况

灯光村位于三都水族自治县中和镇西北部，距镇政府所在地17公里，距县城32公里，由县城向南经243国道转999县道入乡道可到达灯光村。灯光村村落共计95户，321人，是一个以水族聚居为主的村落。村域总面积为2.6平方公里。村落的形成可考证的是在清朝雍正年间，距今已有约300年的历史。

2019年灯光村列入第五批中国传统村落名录。

村落特色

灯光村三面青山环抱、古树群拥，村寨坐落于山间谷地，民居依山势而建。良田围绕着村中人家，可看见日出而作、日落而息人间烟火。四周山上丰茂的树木和山体相结合形成了一道天然屏障，隐蔽的地势为躲避战乱提供了安全的天然地理条件。丰饶的田地为这个人数不多的古寨提供了粮食来源，代代相传的生活技艺为族人们自给自足提供了保障。在村落内部，

传统建筑

传统建筑

村落巷道纵横交织，院落、禾仓、菜地穿插其中，自然形成村寨内部公共空间。

前屋后形成狭窄巷弄，道路纵横交错，蜿蜒曲折。房前院坝、房后菜园穿插其间，再加上绿树相间，步入村落曲径幽通，随着小巷往前，开敞的田野又给人以豁然开朗的感受。

传统建筑

灯光传统民居极具水族传统民居建设特点，以木质"干阑"建筑为主，建筑分上下两层，部分也有三层建筑。通常为面阔三间，进深两间，梢间置楼梯，建筑大多在中间处开门，开窗大多在正屋面左右两侧，也有少部分建筑背面开有小窗，

以作基本的自然采光。建筑下层为基础承重部件，以粗柱支撑，为适应各种地形条件，设置有石碓室、杂物间及牲口圈等。上层以居住为主，从使用功能上看，明间为公共活动场所，是主人家接待客人和举行各种家庭活动的主要地方。梢间设卧室，一般设三四间卧室。部分建筑有第三层，大多用于堆放粮食和杂物。建筑屋顶多用青瓦盖顶，正脊两侧设鳌尖，正中设有脊花，屋檐下有波纹样式的屋檐板，屋檐下每排柱头有吊瓜，窗户有方格、直条式的装饰图案。

村落巷道

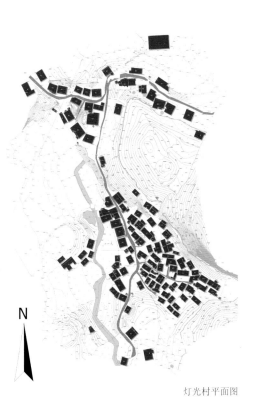

灯光村平面图

民族文化

端节：灯光村的端节和常规的水族端节大抵相似，是以水书水历推算出来的，从头至尾长达49天，是世界上延时最长的节日，又叫"瓜节"，水语称"借瓜"或"借端"，相当于汉族的春节。灯光的端节不仅有常规的活动外，还有盛大的赛马活动，在每年过端节时，德高望重的族中长老们和村委会一起组织这场盛大的活动，这代表着族人们后继有人，枝繁叶茂。

水语：水族有一种古老文字——"水书"。"水书"是水族先民创造的一种独具一格的雏形文字，水族语言称其为"泐睢（lesui）"，"泐"即文字，"睢"即水家，"泐睢"意为水家的文字或水家的书。水书形态十分古老，酷似殷商时期的甲骨文，又似古籀小篆。有的鬼师们还专写一些保密文字，被称为"反书"和"秘字"。

水族语言是水族的民族语言，简称水

马尾绣

水族铜鼓

语，水语是一种有声调的单音节语言，音节组成跟汉语、藏语、壮语、苗语基本一致，句子的格式也和汉语相仿，属汉藏语系壮侗语族侗台语支。

马尾绣：水族有养马赛马的习俗，马尾绣应运而生，马尾绣是水族地区一种现存最古老而又最具有生命力的原始艺术，被称为刺绣的"活化石"，是研究水族民俗、民风、图腾崇拜及民族文化的珍贵艺术资料。

服饰：水族在服饰上禁忌红色和黄色，特别禁忌大红、大黄的暖调色彩。而喜欢蓝、白、青三种冷调色彩。他们不喜欢色彩鲜艳的服装。相反，他们喜欢色彩浅淡素雅，认为这才是美的。这表达了水族独特的服饰审美观，那就是朴素、大

端节赛马

水书

方、实用。

水族铜鼓：水族的铜鼓，面宽1.5尺到2尺之间，大多是未经入土的传世品，鼓面和鼓身多为云雷纹和几何图案，形制多属麻江型和石寨山型。水族传统多在节日期间演奏铜鼓。另外，在丧葬或祭祀时，也有敲击铜鼓。

人文史迹

古墓群：古墓的建造也体现出了不同时期的水族文化变迁。墓群主要分布在村寨的四周，从可见的古墓碑文上记载，最早可追溯到清朝年间，水族墓葬形制奇特，类型多样，反映着丰富多彩的民族习俗和丧葬文化特点。

古井：村寨内保留一处古井，主要用于饮用。古井用石材堆砌而成，井池的边缘部分用水泥浇筑。泉水冬暖夏凉，甘甜可口。

古桥：灯光村古桥又名犀牛桥，始建于清代，有着一百多年的历史。该桥形式优美、结构坚固，到现在还在发挥着通

古桥

古墓群

行的巨大作用，古桥蕴涵着丰富的文化内涵，古桥的造型与石作艺术承载着灯光工匠的精湛技艺，有较高的历史、文化和科研价值。

古树：在村落的北部有一颗百年古树，是村寨的守护神，风水树和风景树郁郁葱葱，笔直挺拔。

保护价值

灯光村保存了三都水族自治县水族村落相对完整的、真实的历史遗迹，同时附带了大量的历史文化信息。完整地体现了当地传统民风民俗，见证了自清朝以来该地区的生活方式和文化特色，有较高的历史价值。灯光村具有丰富的物质文化和非物质文化遗存，是水族村寨文化的活载体。灯光村的思想和传统文化都相对完好地保存遗留下来。这里的水族人民过着悠闲而慵懒的日子，一栋栋木楼依山而建，映着苍翠的山色、错落有致的稻田，以及不可或缺的水井、古树，梯田风光、山色美景仿佛能走进人们的梦里。这样的水家传统聚落具有极高的艺术价值，多年来已得到了摄影家、画家和诗人的高度赞誉，具有很高的艺术价值。

杨　洋　编

古树

黔南布依族苗族自治州三都水族自治县普安镇合心村的刁大寨

合心村的刁大寨全貌

合心村的刁大寨区位示意图

总体概况

的刁大寨位于普安镇北部,北抵丹寨县龙泉镇塘中村,东至都匀市基场镇翁奇村,南接重阳村,西与丹寨县龙泉镇乌瑶村接壤。四面环山,东部有阳基河,与丹寨县为界,距321国道20公里,距普安高铁站9公里,距三都水族自治县县城32公里。的刁大寨是一个具有近千年的历史自然古寨,全寨共有133户,532人,苗族占人口95%以上,另居住着少数的水族。

2019年的刁大寨列入第五批中国传统村落名录。

村落特色

的刁大寨坐落在显多坡的坡顶上,下为层层梯田,左右均为深浅不一的沟壑。民居随着山势起伏,巧妙地组成了一幅"入村不见山、进山不见寨"的村居图,形成了"八龙抢宝、天人合一"的人居环境。一年四季无严寒酷暑,云雾环绕,是避暑的胜地。村寨总体呈东西走向,建设以东向坡为主,坡地建民居,平缓地带作为农耕使用;村寨建设对自然环境影响较小,形成干阑式民居建筑与田园风光互相辉映的和谐生态景观。

村寨环境

的刁大寨以苗族和水族传统民居为主,村民在村寨选址和布局上的两个重要特点是"择险而居"和"聚族而居"。依山势而建,坐西向东,南北相延,两侧梯田,环境优美。这类建筑对朝向特别讲究,都是请"苗语先生"择吉日破土建房,为此,全寨的民居建筑朝向基本一致。

传统建筑

的刁大寨是一个典型的苗族村寨,村内传统民居保存较为良好,全寨传统民居建筑面积占比70%。

传统民居建筑多为单体两层建筑,少数为三层。民居建筑依山而建、顺势而排,形成错落有致的建筑空间。建筑主要为"干阑"建筑。"干阑"建筑上、下

传统民居

两层立柱互不连通,修建时,先建底层框架结构,再在上面建房;通常面阔三间,进深两间,周围无栏杆及走廊,梢间置楼梯,整栋建筑只有一小窗及两道门对外。楼梯设在房屋一侧,因地势而定左右,从底层上楼,开小门直进明间,楼梯上安置

传统民居

盖板,形成两道安全防护门,可防野兽及盗窃者的侵入。

民族文化

的刁大寨保存了大量民族文化习俗,如吃新节、纺织织布、蜡染等传统工艺,芦笙舞、铜鼓、打糍粑、斗牛、扫寨等传统活动,原始婚俗、丧葬习俗等传统生活习俗。

吃新节:又分为小吃新节和大吃新节,小吃新节每年6月底7月初进行,意为把新米(刚抽米穗)带回家,许愿风调

的刁大寨平面图

节庆

雨顺大丰收；大吃新节三到五年秋收完毕10月至11月进行一次，意为庆祝今年大丰收，期间进行斗牛、跳芦笙舞、对山歌等活动，人员参加较多。

蜡染：蜡染古称"蜡缬"，苗语称"务图"，意为"蜡染服"。

扫寨：扫寨是苗族人民的一种集体防火保寨的民间习俗活动。扫寨的含义，一是灭旧火换新火；二是驱逐"火灾鬼"远离寨子，避免发生火灾。

打糍粑：苗族向来比较重视糍粑的制作和功用，逢年过节要打糍粑。

铜鼓：是我国古代西南少数民族一种具有特殊社会意义的铜器，原是一种打击乐器，以后又渲化为权力和财富的象征。

扫寨

打糍粑

铜鼓

蜡染

人文史迹

的刁大寨因祖先迁徙移居形成，相传的刁大寨祖先是从江西宜昌一带迁徙至今贵州丹寨，后溯河而上至今三都水族自治县县城下游湾滩一带，世代男耕女织，逐渐繁衍壮大，经多次迁徙，发现此处古树参天，水源充沛，更加适宜居住，便搬到此处，经过世代繁衍，形成了今天的的刁大寨。的刁大寨人文史迹较为丰富，有古井、古树、古祭祀石、古红薯窑等古迹均保存较为完好。

古红薯窑：地窖是利用土的热惰性而建成的，根据地下水层的深浅在地下挖个圆形的洞，用于储存红薯等农作物。

祭祀石：保存状况良好，始建于清代，以祭拜功能为主，每逢重要节日，人们都会来此祭拜，感谢神明保佑，祈祷来年的守护。

古树：寨子内有200年树龄的古枫香树2棵，180年树龄的古枫香树5棵，200年树龄的古樟树1棵，150年树龄的古黄连木1棵，分散在寨子周边，苍劲挺拔、高大耸立是古树的第一印象。

古红薯窑

祭祀石

古树

保护价值

的刁大寨是一个具有近千年的历史自然古寨，的刁大寨建筑与山势共生，依附山势、顺应地形与自然环境和谐相融的聚落形态格局。寨内街巷系统及大量的传统风貌建筑保存完好，民居建筑以吊脚楼为主，村落四周农田环绕，寨角、寨边古树相映，显得幽静、安谧，颇具山区乡村的传统韵味。

合心村的刁大寨作为一个传统村落，保存了苗族村落相对完整的、真实的历史遗迹，同时附带了较多的历史文化信息，生活方式上充分体现了村落历史的真实性、村落社会生活的真实性和历史风貌的完整性，保持着中国传统的原真性。居民95%为苗族，苗族人民的生活习惯和文化传统在长期的生活中完好地保留了下来，浓缩了贵州苗族文化的精髓，具有较高的历史价值。

的刁大寨具有丰富的物质文化和非物质文化遗存，是苗族文化的活载体。村寨内传统文化及传统生活习俗相对完好地保存遗留下来，结合当地独特的木构建筑、热情好客的生活态度，充分展现出贵州苗族多姿多彩的民族文化和原生态乡村生活的魅力，为当代少数民族文化研究及为后人及其他地区借鉴探究如何传承和弘扬少数民族文化提供了活字典。

时泳郭进编

村落一角

黔南布依族苗族自治州三都水族自治县都江镇交德村

交德村全景

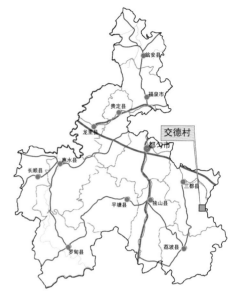

交德村区位示意图

总体概况

交德村位于三都水族自治县都江镇的西南方，距镇政府所在地10公里，距离县城45公里，由县城向东经356国道转321国道后经乡道可到达交德村。交德村全村978户，共计4480人，是一个以水族聚居为主的村落，村域面积69.9平方公里。交德村形成于明末清初，由于战乱其杨氏先辈迁居于此，至今已近400年历史。

2019年交德村列入第五批中国传统村落名录。

村落特色

村落坐落在五个山坡的怀抱中，地形像一朵盛开的鲜花，民居错落有致地分布在花瓣上，花瓣中间是一块很小的平台，巫怀小河从中间穿流而过。寨前和左右是层层梯田，蔚为壮观，形成自然的田园风光。大山成为天然的屏障，把此处的世外桃源与外界喧嚣阻隔起来，形成人与自然和谐共处的局面。

民居多为本地特色木结构房屋，散落于田园阡陌之间，依山而建，多为"一"字形，也有少数围合形，走势随等高线，

村寨一角

传统民居

传统民居

朝向不固定，远远望去，院落林林总总，错落有致，于青山梯田间，默契不突兀，自然成景。村落内主要串户巷道依托民居房前屋后顺地势而建，呈现枝状自然生长，曲折串联贯通的肌理，村落整体格局自然协调。

传统建筑

村落民居建筑高度以一层、二层为主，开间以"三间二厦""二间二厦""三间带廊"为主。一般来说，建筑底层为杂物间及猪、牛、羊圈等，同时在建筑侧面或背面设楼梯，作为民居的主入口，其建筑出入口形式不一，结合地形呈现凸式、凹式、平式等；二层为公共活动和起居空间，中部的三个开间为宽敞的堂屋，左右两间为卧室，堂屋的一端设火塘火灶，另一端的中柱部分是祭祀活动时神位之处，堂屋主要是作为接待客人、节日活动、生活起居和妇女纺织等多功能活动空间。也有部分民居，以正中一个开间作为堂屋，面积较小，此间左右纵向隔断，分别作为卧室、灶房、储藏之用，二层外部可设廊道；三层根据居民生活需求，可设置卧室、储物等功能。结合地形民居周边可与粮仓等连在一起，便于粮食储藏。水族民居具有简洁明快、自由豪放的风格，但也具有其独特的定式格局，各种空间功能的布置，都是以堂屋为中心向周围辐射的布局而形成一个完整的建筑空间。

交德村平面图

民族文化

水族端节：国家非物质文化遗产。村落的端节主要是在10月，每次过端节全寨群众都会积极地参与进来，穿戴水族服饰。活动结束后，还邀请亲朋好友回家用水族人民特有佳肴鱼包韭菜招待客人，这天晚上，各家饮酒通宵达旦，村村起舞，处处铜鼓声声。

水族马尾绣：国家非物质文化遗产。马尾绣的制作工艺是取马尾3～4根作芯，用手工将白色丝线紧密地缠绕在马尾上，以此作为预制绣花线，其余部分按通常的平绣、挑花、乱针、跳针等刺绣工艺进行。一件绣品一般需要经过52道工序。

水族芦笙舞：水族芦笙舞是贵州省非物质文化遗产。舞者常身着特制的彩色古装舞衣，腰系鸡毛彩裙，头缠红色或深灰色包头，上押银花和雉尾，在震撼的芦笙莽筒声伴奏下，舞者动作幅度较大，其舞姿充分展现了水族人民热情奔放和粗犷豪迈的性格。

水族剪纸：水族剪纸大多作为刺绣底纹（如背带花、围腰花、鞋花、鞋垫花）和宗教场合粉本。其题材、造型、装饰都有着浓郁的水族特色。

马尾绣

水族剪纸

芦笙舞

古桥

端节

人文史迹

古树：古树名木主要以单株的形式存在，长势良好，树龄均上百年，包括枫香树、红豆杉等，共计10株。古树名木作为村落内的风景树，极具观赏价值，同时也是村落的历史见证，具有重大的科研价值。

古井：村落内保留有4处古井，主要位于村落西北部和南部，古井井口均有石块搭建的拱门，保存相对完整。井水从地下涌出，长年不断，水质清甜。

古桥：村落西北部河边修建了一座古桥，为石拱桥，桥面宽约1米，跨度约4米，经过岁月的洗礼，古桥依然坚固供人通行。

古碑：村落内有石刻古碑一处，碑文清晰，刻有杨氏历代高祖之神位，记载了交德杨氏家族的历史。

保护价值

村落初建于明末清初，历史久远，物质遗产与非物质文化遗产集中，反映了明清时期的历史时代特征。村落仍然保存着聚族而居、组团集中建设的格局，在长期的历史发展过程中，传承了水族传统文化。

村落作为水族历史文化的实质载体，既承载着水族村落逐渐发展演变的历史，也展现了村落选址和布局将自然环境与人居环境相互交融一体的理念。在建筑的建造方面，虽然水族传统民居简洁朴素、自由豪放，但建筑形体以及与自然地形的结合、与气候的适应等方面有很高的造诣，在满足居住功能的同时，还具有朴实美、生态美、合理结构、最大限度地利用自然，达到与自然高度协调统一的科学性等艺术价值。

杨　洋　陈隆诗　编

石碑

村落景观

黔南布依族苗族自治州平塘县金盆街道吉古村吉古大寨、小米牙寨

吉古村吉古大寨、小米牙寨村貌

吉古村吉古大寨、小米牙寨区位示意图

总体概况

吉古村位于平塘县城南面，通过312省道和迎宾大道约10分钟可到达平塘县城，距离县政府约5.8公里。吉古村辖18个村民组，13个自然村寨，760户，3063人，少数民族3002人，是一个少数民族聚居的村寨，其中毛南族人口1929人，占全村人口的63%。全村村域总面积为16平方公里。两个村寨分别位于河道的两处河湾，相隔约1.5公里，中间由农田分割。

2019年吉古村吉古大寨、小米牙寨列入第五批中国传统村落名录。

村落特色

吉古大寨、小米牙寨选址于河岸山腰，分别位于两个河湾处，充分体现了"高毋近旱而水充足，低勿近水而沟防省"的选址理念。村寨前是连片的水田，便于耕作。建筑依山就势，顺应自然，与山水融为一体。

两个村寨的由来皆有其历史渊源。吉古大寨历史悠久，起源于明末清初时期，距今近400年，寨中居民以石姓为主，是毛南族集聚村寨之一。很久以前，从外面来的几户人家在这里居住，当时的生活条件特别艰苦，道路不通，生活困难，连居住地都没有名字。有一天，这几户人邀约在一起，商量所住地名称呼，其中有一人提出说，现在我们的生活这样艰苦，真是"七"（吃）也苦来穿也苦，道路不通，生活困难，建议寨名就叫作"七苦"罢了，最后大家都同意这样叫法，从此"七苦"寨名就诞生了。后来，不知过了多少年，由于人口逐渐多起来，加上大家的辛勤劳动，生活也越来越好，大家又邀约在一起，商量寨中事务，会中，有个年轻人提出寨名是否可以重新起名，并建议改为"吉古"寨，"吉"是"七"的谐音，表示生活逐渐好起来了，还有吉祥如意的寓意；"古"是"苦"的谐音，又有追古思源的意义，会议结果一致同意寨名"七

苦"更改为"吉古"。从此"吉古"寨就这样定名至今。

小米牙寨历史悠久，起源于明末清初，距今近400年，寨中居民以刘、石姓为主，也是毛南族等少数民族聚集村寨之一。

传统建筑

吉古大寨、小米牙寨是典型的毛南族村寨，村寨内传统建筑以毛南风格为主，多数传统建筑被破坏严重，现存20%左右建筑具有当地传统风貌，主要集中于吉古大寨河道东侧和小米牙老村。

村寨建筑大多为二～三层，建筑户型格局、庭院布局、外立面风貌、建筑构件等均为毛南族民族特色和风格，也存有民族文化交融后独特的地域特色和风格。在房屋平面布局上，民居强调中轴对称、主次分明，屋面覆盖的青瓦讲

村寨环境

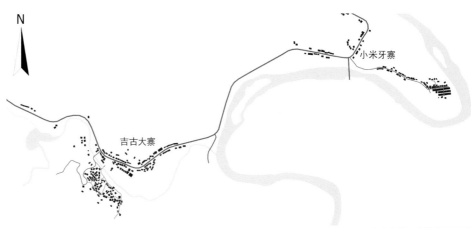

吉古大寨、小米牙寨平面图

传统民居

究美学的几何结构。

毛南人的村寨民居可以说是石头和木材的艺术，石材的运用在动荡的年代还起到了防御的作用。此外，屋内、屋外的陈设中有精美的雕刻，这些艺术品不仅承载了丰富的艺术、文化内涵，也表达了主人们对于生活的美好向往以及积极向上、乐观的生活态度。

民族文化

吉古大寨、小米牙寨保存了大量民族文化习俗，如四月八、七月半、六月六、三月三、端午节、舞火龙等传统节日，也保存着毛南族刺绣等传统工艺，打猴鼓舞等民间舞蹈，外家送花等传统文化仪式。

打猴鼓舞：是毛南族政治生活和经济的反映。古时由于生产落后，使毛南人认为向神献舞，就能保佑风调雨顺、五谷丰登、子孙发达、消灾祛病、纳吉降福。《打猴鼓舞》既起到娱神作用，又寄托毛南人渴望美好生活的愿望。

在祭祀活动中跳《打猴鼓舞》，肃穆气氛，躬拜虔诚，表示了对神灵祖先的怀念与尊敬。崇拜猴子，因为猴子聪明机灵，英武不屈，有较强的团队精神和凝聚力，展现了毛南人能战胜各种困难而顽强生存的品质，体现了可贵的民族精神。

《打猴鼓舞》保存了一些早已失传的猴子动作，是研究毛南族民族文化、民族习俗的活化石，反映了毛南族的民风民俗和图腾意识，能为研究地域文化和毛南族文化提供依据，为研究贵州移民史和屯军史提供了难得的资料。

毛南族刺绣：村落内毛南族刺绣主要用在小孩的背带、族人的鞋垫和布衣上。背带上绣花色彩鲜艳、图案对称，主打色系为红色、湖蓝、黑色、黄色，寓意小孩能够平安健康快乐自由成长。鞋垫刺绣干净素雅、白色打底、黄线镶边，把对赠物之人的心情表达出来。刺绣是毛南族人民在长期的生活中传承下来的手工传统技艺。

舞火龙活动：在平塘县毛南族传统村庄里，春节期间地方民间的喜庆娱乐活动总是让人记忆犹新、充满着向往，而最喜庆的则是在正月初三至十五的晚上进行的

打猴鼓舞

舞火龙

30～50人舞火龙活动。舞火龙是一项体育祭坛活动，具有悠久的历史，从古至今，每到春节期间，毛南族群众都用这项活动祈求来年风调雨顺、祛病平安。

外家送花：是毛南族人特有的民俗。"外家"是指女儿出嫁后的娘家人，"送花"则是指娘家人挑选好日子请亲戚朋友一大队人马挑着鸡蛋、红米饭等，一路走到女儿家。目的是希望女儿一家平平安安，财运亨通，小孩健健康康等。

外家送花

人文史迹

吉古大寨、小米牙寨人文史迹较为丰富，有古树、古碑、古井等，寨内史迹保存均较为完好。

古树：吉古大寨现存古树有3棵，为榉树及枫香树等。小米牙村寨内有古树1棵，位于小米牙北侧。古树除了美化环境外，也是村民的一种精神寄托，被尊称为"保寨树"。

古碑：小米牙村寨内有清朝时期古墓碑两处，位于小米牙北侧。每逢清明节的时候，全村的人都会赶来祭拜。

古井：位于吉古大寨西北侧，是满足村民日常生活所需的山泉水。

古碑

保护价值

吉古大寨、小米牙寨经典的村落布局反映了由传统风水理念及防护、农业生活实际需要相结合而产生的平塘地区的代表性的乡土景观。村寨古建筑群与周边环境一起构成了充满地域特色的人文景观，具有很高的审美价值。

吉古大寨、小米牙寨作为毛南族聚居村寨，"毛南人"的衣、食、住、行、娱所折射出的文化现象为研究人类文化学提供了鲜活例证，具有很高的文化学研究价值。

毛南文化是儒家文化下的亚文化，研究毛南族文化，对于探究儒家亚文化系统与主文化系统的关联、小传统与大传统的关系，以及中华文化生生不息的传承机制有着重要的意义。

莫军强 编

榉树

黔南布依族苗族自治州三都水族自治县三合街道行偿村姑八寨

行偿村姑八寨全貌

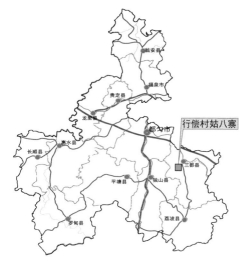

行偿村姑八寨区位示意图

总体概况

行偿村姑八寨位于三合街道西南面，距县城9.5公里，村域面积8平方公里，姑八寨属于行偿村6个自然寨其中一个，总户数75户，总人口375人。从县城出发，可沿着206省道后经通村路到达。姑八寨水族祖先在清代年间因战乱到行偿村，战争结束后觉得此处适合居住，于是定居于此，距今已有200多年历史。

2016年姑八寨列入第四批中国传统村落名录。

村落特色

姑八寨坐落于行偿村内一处较为开阔的河谷旁的一处山脚下，为水族村落。村寨随坡就势而建，呈向上生长之势，完美体现了人与自然和谐共处的美好景象。村落坐东朝西，建筑沿等高线层叠往上布局，远处对面是壮观的台地梯田，寨后是树林长势茂盛的山体，行偿河从村落南侧自东向西流经村落前的田坝中间，建筑以古井为中心形成向心型聚落组团，青石古巷向外辐射。偶然行走其间，耳闻水族古老神奇的水歌，眼看身着布衣的水家女子，细数石阶古巷肌理，犹如穿越千百年前的童话故事。

传统建筑

姑八寨地区的土地气候适宜林木生长，而且湿度较大，从而为水族民居在建筑材料选择方面提供了一个极为重要的前提。姑八寨民居大多依山而建，鳞次栉比，次第升高，别具特色。

姑八寨民居建筑内部划分一般为三层。底层为牲畜杂物层，二层为生活层，三层为粮食存储层，人口多的人家，也在此设置未婚儿女卧室。中间层是住宅的主要空间。在空间的划分上，虽然十分自由，但也有一定的格局，各种空间功能的布置都形成以堂屋为中心和向周围辐射的布局。这种布局基本上是一种圆形空间的模式，堂屋是圆心，是全家的主要空间，这样的布局是很有凝聚力的。

民族文化

姑八寨是以水族为主的传统村落，几百年来形成了自身传统的民族文化。

水语：行偿村姑八寨为水族，村民以水语交流。水语是一种有声调的单音节语言，音节组成跟汉语、拉萨藏语、壮语、苗语基本一致，句子的格式也和汉语相仿，属汉藏语系壮侗语族侗台语支。

水书：水族文化的传承密码，水族语言称其为"泐睢"，由水书先生代代相传，其形状类似甲骨文和金文，主要用来记载水族的天文、地理、宗教、民俗、伦理、哲学等文化信息。水书是世界上除东巴文之外又一存活的象形文字，2006年被列为国家级非物质文化遗产。水书在水族群众的社会生活中，至今还起着很重要的

姑八寨平面图

村寨一角

传统民居

作用，如婚丧嫁娶仍然按照水书记载的"水历"推算决定。

端节：水语称"借端"，过节的时间从水历年末的十二月到岁初的正月或二月（相当于农历八、九、十月份）逢亥日分批分期过，历时49天。是水族众多传统节日中规模最大、覆盖范围最广的节日，号称世界上最长的节日。

赛马：姑八人的祖先因战争迁徙于此，自古便善于骑马，传承至今，姑八人每年端节都要在"端坡"举行赛马比赛，姑八寨人赛马，人的骑马技术固然很重要，但要赢得比赛，马也是至关重要的，所以参加比赛的马都是自家养大的，在家庭里拥有重要的地位。

水族马尾绣：是水族妇女世代传承的、最古老又最具民族特色的、以马尾作为重要原材料的一种特殊刺绣技艺。马尾绣的制作过程繁琐复杂，成品古色古香，华美精致，结实耐用。刺绣图案古朴、典雅、抽象并具有固定的框架和模式。马尾绣是水族地区一种现存最古老而又最具有生命力的原始艺术，人称刺绣的"活化石"。

水族织布：水族纺织与一般织布的设备有所不同，织布机为全木料手工制造，主要由综线控制。水族的纺织技艺，伴随着时代的发展依然保存着它"古老"的技艺，到目前已有近千年的历史。

鱼包韭菜：水族人过端节的独特美食。相传，这道菜是水族祖先曾以九种草药和鱼虾做成的药驱除过百病，后九种草药再无法聚齐，于是便以韭菜取代，取其"jiu"的音。

端节

人文史迹

斗牛场：村内有斗牛场一处，位于村落南侧一处由几块较为平坦的稻田组成的宽2000米的平坝，四周高低不平的梯田则是观众席。该斗牛场节日时斗牛，闲时依然作为农田耕种。

端坡：有端坡一处，位于村前的一片稻田。端坡是水族人端节举行活动的文化空间，是水族赛马、唱水歌、抓鱼等活动的举行场所。

古井：寨内有古井一处，位于村寨南部，由大块的青石镶嵌而成，古井前面的场地为大块青石铺砌，井口上方立有功德碑一块，上面记录着民国时期姑八寨陆氏祖先对古井进行修建的详细过程，古井清泉四季长流，冬温夏凉，至今仍然哺育着姑八寨的村民。

古街巷：古街巷是陡峭的石头台阶串户路，古朴的青石巷道两侧是姑八寨的传统民居。古老的街巷空间是姑八寨历史演变的佐证，传承着古村寨千百年来的历史文脉。

岩菩萨：村内有岩菩萨一处，位于村

古枫香树

古井

保护价值

姑八寨将水书等水族文化继续传承下来，并保存着中国少数民族多彩的水寨文化，值得后人借鉴探究如何发展少数民族文化，具有极高的文化价值。

姑八寨水族干阑吊脚楼民居建筑历史悠久、结构独特、建筑材料及建筑装饰物独具特色，具有十分重要的科学价值。行偿村姑八寨历史悠久的古井、端坡以及岩菩萨也具有相当高的科学探究价值。

姑八寨后山分布着各种古树奇石，述说着水族人久远神秘千百年来的传奇故事，多年来已得到了摄影家、画家和诗人的高度赞誉，具有很高的艺术价值。

行偿村姑八寨保存了贵州水族村落相对完整的、真实的历史遗存，见证了自清代以来该地区的生活方式和文化特色，具有较高的历史价值，值得保护并延续下去。

谯乾龙　莫军强　杨　硕　编

水族赛马

功德碑

节日盛装

寨北侧。岩菩萨为姑八人祈福所用，每到农历九月初九、过年等，姑八人都要到此处烧香拜佛，以示诚意。岩菩萨为红砖砌筑、外贴白色瓷砖的单坡顶小建筑，内部供奉有水族人信奉的是"岩菩萨"这样一块具有特殊意义的石头。

功德碑：姑八寨古井上方立的一块碑，位于村寨南部，上面记录着民国时期姑八寨陆氏先辈对古井进行修建的详细过程。

村寨环境

黔南布依族苗族自治州三都水族自治县都江镇羊瓮村大中寨

羊瓮村大中寨全景

羊瓮村大中寨区位示意图

总体概况

羊瓮村大中寨位于三都水族自治县都江镇的中部，距镇政府所在地16公里，距离县城51公里，由县城经321国道向南转乡道可到达大中寨。大中寨核心保护区内有105户，共452人，是一个以水族聚居为主的村落，村域面积48.8平方公里。大中寨形成于清末年间，先辈由三都县其他村寨迁入逐步形成村寨，至今已有100多年历史。

2019年羊瓮村大中寨列入第五批中国传统村落名录。

村落特色

村落在选址上讲究"依山就势，择宜而居"，村落布局于半山，背山面田临水，山体植被茂密，农田依山形成层层梯田，都柳江从寨脚流过，它既能利用山体作为屏障抵御寒风，又可方便利用山泉作为生产生活取水，且可利用地势方便排水。同时，村落建筑群轮廓分明，布局严谨，充分结合地形地貌，错落有致，整体塑造了一个背山临水、阳光充足、注重空间布局和生产生活的理想人居环境。村落内依托民居房前屋后顺地势而建，呈现枝状自然生长、曲折串联贯通的肌理，时而

传统民居

传统民居

平缓，时而起伏，时而狭窄，时而宽敞。整体看，大中寨的选址和布局呈现着自然环境与人居环境相互交融的理念，在满足生产生活需求的基础上，保证人与自然的和谐共生。

传统建筑

村落民居传统建筑主要为干阑建筑，根据地形有两种建造方式，一种为先建底层作为平台，再于其上建房，上下柱子互不连通，不设走廊和栏杆；另一种为部分柱子上下连通，屋架有穿斗式、抬梁式以及混合式，设有走廊和栏杆；建筑屋顶有歇山和悬山两种形式，部分建筑山墙面带

披檐。单体建筑基本上不存在院落组合的形式。村落民居高度以一层、二层为主，开间以"三间二厦""二间二厦""三间带廊"为主。传统建筑以木结构为主，立柱、穿枋、楼板、檩椽、内外墙板等都是木制构建，基础多以自然石基或人工砌筑石基，屋顶以小青瓦覆盖。墙壁的处理有竖装和横装两种，楼板是在楼枕上用较厚的模板铺成。建筑立面和立柱构建没有过多的设计痕迹，垂花柱和屋顶宝顶主要以简单的造型为主，建筑装饰重点在窗户、走廊等，窗户花样主要是各种几何图案，式样繁多，千姿百态。走廊布置有简朴的装饰栏杆，也有"美人靠"形式的栏杆。整体上形成门窗、楼梯与木墙的虚实对比，展现出简洁朴素、自由豪放的造型特点。

村寨一角

大中寨平面图

民族文化

水书：国家非物质文化遗产，是水族的百科全书，就其性质而言，分为吉、凶两类。吉祥类有代旺、鸠高、鸠笨等40多个条目，凶祸类有棱项、鸠火、花消、都居等近600个条目。水族人民丧葬、祭祀、婚嫁、营建、出行、占卜、生产，均由水书先生从水书中查找出依据，然后严格按照其制约行事，并由此形成水书习俗。

水族端节：国家非物质文化遗产，水族有自己的历法，每年农历九月初一为岁首，次年八月为岁尾。大中寨水族传统村落的端节主要是在11月（农历的10月）。目前大中寨端节保留着水族古代氏族部落庆谷熟、过新年的遗风。

水族马尾绣：国家非物质文化遗产。马尾绣是水族妇女在长期的生产生活过程中，对自然界中的各种事物有着敏锐的观察力和审美能力，她们将自然万物和民俗事项经过想象加工后，反映在马尾绣工艺上，绣品上的花鸟虫鱼造型别致，颇富民族韵味和艺术效果。

水族芦笙舞：水族芦笙舞是贵州省非物质文化遗产。这种古老的水族芦笙舞，曲调达36种之多，分别表达水族人民生产、生活、文化等不同内容。

水族斗角舞：贵州省非物质文化遗产，流传于贵州三都水族自治县都柳江一带水族聚居区。角舞在过节、丧葬、祭祀

芦笙舞

铜鼓舞

马尾绣

斗角舞

水族端节

等活动中都可以跳。尤其是秧苗拔节抽穗后，由舞队有威望的头人摘一稻穗在芦笙上，表示"芦笙吹涨了谷穗"，用舞蹈迎接丰收年。

水族铜鼓舞：贵州省非物质文化遗产。舞蹈因"以击铜鼓而舞"得名，是水族民间最原始、最古老的民间舞蹈，舞蹈以古朴拙实的风貌、雄健粗犷的动作，反映出水族人民执戈保卫民族部落安全的英雄气概。

人文史迹

古树：大中寨传统村落周围山林植被茂密，生态环境优良，在位于半山的村组团内外分布着8棵古树，主要是榕树、枫香树、榉树、拐枣树，大部分古树已有百年历史，古树长势良好，枝繁叶茂，形成了村落特有的空间环境和景观环境，同时还将村落掩蔽在丛林之中，形成自然的掩体，创造了村落内幽静的空间。

古井：村落内共有3处古井，分别位于村落半山组团的北侧、东侧、南侧。古井井口均有石块搭建的拱门，保存相对完整。现状井水连年不断，水质较好，清凉可口，村民仍然经常使用。

古墓：大中寨传统村落西北山林内保留有1处古墓，该古墓周边由石块砌筑，古墓前方立有墓碑，墓碑由石材所制，有立柱、墓顶，石碑上雕有图案和碑文。村落内居民在清明时节都会到此扫墓、祭奠。

粮仓：粮仓是农耕文化的一个重要标志，是粮食储藏的主要场所。大中寨传统

古井

村落粮仓主要结合依托各民居附近分散布置，大部分现依然为居民所使用，村落内现有粮仓45处。粮仓采用全木结构，多以两层为主，由6根或8根仓柱支撑，仓顶用青瓦或杉木皮加盖，粮仓多为单间，考虑到防潮和安全性，大部分一层架空用于装杂物，二层用于储存粮食。

保护价值

大中寨传统村落依托半山台地建设，将自然环境和人居环境相互融入，保证人与自然的和谐共生，彰显民族特色，村落与农田、山林的相互辉映，生产生活融入大自然中，更体现了"天人合一"的哲学思想，其物质和非物质文化遗产在村落的发展中得到保护和传承，特别是在传统建筑的营造、民俗活动、传统技艺、语言文字等方面，都表现出了艺术性、原真性，是三都县水族文化的重要代表，村落作为这些文化要素的重要载体，有着极高的历史价值和科考研究价值。

杨　洋　陈隆诗　编

粮仓

古墓

黔南布依族苗族自治州三都水族自治县都江镇达荣村达洛寨

达荣村达洛寨村貌

达荣村达洛寨区位示意图

总体概况

达荣村位于三都水族自治县城东北面，达洛寨为达荣村的一个自然村寨，村寨紧邻都江镇羊福社区，距县政府约60公里。通过通村路和321国道一个半小时可到达三都水族自治县县城。达荣村共379人，是一个苗族聚居的村寨。达荣村村域总面积为2.2平方公里。该村落人口98%是苗族，主要有刘、王氏宗族，历史可追溯至明清，祖先于明朝之前从江西经贵阳都匀三都都江一路逃荒流落至羊福达荣，苗王理事时期都江地区发生叛乱，武力冲突，经过长时间的征战，原羊福苗人被迫迁出荣达，江西苗族驻入羊福达荣，居住至今已有280多年历史。

2019年达洛寨列入第五批中国传统村落名录。

村落特色

达洛寨坐落在半山坡上，背面靠骆驼峰山，坐西向东，东望原始森林同马山，与羊告组隔河相望，寨前河流东西走向，寨后梯田层叠，田埂顺应山势地形。村落周围古树成荫，环境优美。从达洛寨的选址可看出先民以农为本的选址思想，注重了生存、发展、环境等因素。

传统建筑

达荣村达洛寨是一个典型的苗族村寨，村内传统民居保存较为良好，全寨共保留传统民居建筑84栋，占总建筑数量的92%。

达洛寨的民居建筑大部分坐西朝东而建。寨内民居建筑分平地吊脚楼和斜坡吊脚楼两大类，一般为三层的四榀三间或五榀四间结构。底层用于存放生产工具、

传统民居

圈养家禽与牲畜、储存肥料或用作厕所。第二层用作客厅、堂屋、卧室和厨房，堂屋外侧建有带栏杆的外走廊，苗语称"灵廊"，主要用于乘凉、刺绣和休息，是苗族建筑的一大特色。第三层主要用于存放谷物、饲料等生产、生活物资，吊脚楼源于南方"干阑式"建筑，与周围的青山绿水和田园风光融为一体、和谐统一、相得益彰，是古代民居建筑的活化石，且具有较高的审美价值。

村民建房以苗书择日，立房建屋时祭

传统民居

奠"六铎公"，一家立房全寨帮忙，具有浓厚的宗教和民族文化色彩，也体现了村寨群众勤劳、团结的传统品质。

民族文化

达洛寨保存了大量民族文化习俗，如吃新节、烧鱼节等传统节庆活动，纺织、印染、刺绣等传统工艺，芦笙舞、铜鼓舞、古瓢舞等传统舞蹈，拦门敬酒的婚庆习俗，祭祀、祭祖等关于原始信仰的仪式习俗等。

芦笙舞：芦笙舞又名"踩芦笙""踩歌

村寨环境

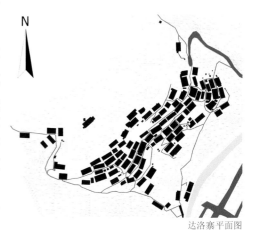

达洛寨平面图

芦笙舞

古崖墓

古寨门

堂"等，因用芦笙为舞蹈伴奏和自吹自舞而得名。达洛寨的芦笙舞大多在年节、集会、庆贺等喜庆时刻表演。

古瓢舞：古瓢舞是都江苗族特有的传统舞蹈。古瓢舞是以古瓢琴作伴奏乐器的舞蹈，古瓢琴用松木雕成舀水瓢似的琴身，安上有音孔一致的四个板面，再安一根音柱插入共鸣箱内与底壳相接，装上两根粗细相同的牛筋弦，另用细竹制琴弓，互相配合就能拉出优美的琴声。跳舞时男性操琴为前导，多穿青色对襟上衣、青色大口长裤，头包青帕；女性身着华丽盛装随后，两手弯曲放于腹前上下滑动，两膝盖稍微弯曲弹动缓缓起舞，形成独特的风格。

原始信仰：苗族原始信仰属于万物有灵的多鬼神原始宗教信仰，即一种自然崇拜。它有着苗族自己的文化特点，祭祀仪式原始而古朴。

吃新节（新米节）：吃新节是为了庆贺丰收并祈祷来年丰收而举行的传统农事节日。大多在农历六月至九月间农作物成熟或农作物即将丰收期间举行。

烧鱼节：达洛寨的烧鱼节是在吃新节开始的第一天举行。这一天村民直接去自己家田间捉鲜活1斤左右重的田鱼，放在盆里面用水清洗干净，用木姜树插好然后在现场用柴火烤约半个小时左右，鱼熟后拌上荤葱、大蒜、生姜、花椒、糟辣，加上少量食盐，然后再将洗干净的韭菜搅拌一下，即可食用。

人文史迹

达洛寨人文史迹较为丰富，有古寨门、羊福崖墓以及4个古树群，寨内史迹保存均较为完好。

羊福崖墓：羊福崖墓位于村落北部悬崖处，于1985年被列为省级文保单位。羊福崖墓系凿岩为圹之葬墓群，考属苗族墓葬。人工开凿，长约2.5米，进深1.2至1.8米，高约2米，单棺置葬，棺木为穿斗式栓棺和燕尾榫栓棺两种。该习俗历史悠久，现状保存完好，是研究少数民族史的珍贵实物资料。

古寨门：古寨门大约是清代时所建，古寨门由天然石块堆砌而成，是旧时村寨入寨标志及抵御外敌之构筑物，是村寨祭祀等重大活动的重要节点，现因河道架桥，入寨道路改为古寨门一侧，目前古寨门保存完好。

古树群：寨内主要有四处古树群，分别位于羊福崖墓附近、古寨门附近、入寨小路旁及西侧村寨内。主要树种为金丝楠木、杉树、枫香树、柏树等，高大挺拔、苍劲有力。

保护价值

达洛寨形成了依山就势、与自然环境和谐相融的聚落形态格局。寨内街巷系统及大量的民居建筑保存完好，民居建筑以吊脚楼为主，村落四周农田环绕，寨角、寨边古树相映，显得幽静、安谧，颇具山区乡村的传统韵味。寨内大部分民居建筑修建年代久远，虽历经沧桑，残破缺损，但依旧固守着传统风采。达荣村达洛寨作为一个传统村落，保存了苗族村落相对完整的、真实的历史遗迹，同时附带了较多的历史文化信息，完整地体现了当地传统民风民俗，见证了自明朝以来该地区的生活方式和文化特色，具有较高的历史价值。

达洛寨具有丰富的物质文化和非物质文化遗存，是苗族文化的活载体。村寨传统文化相对完好地保存遗留下来。当地苗族人民丰富的节庆活动、独特的木构建筑、热情好客的生活态度，展现出贵州苗族多彩的民族文化和魅力，值得后人借鉴探究如何传承和弘扬少数民族文化。

村落传统建筑以木料为材，采用梁、柱、檐、椽搭建而成。经济条件好的农家的民宅檐底层层叠叠辅以多种多样的花、草、几何图样等木雕纹饰，其建筑细部工艺高超，大大增强了艺术的装饰效果，体现了村落的艺术价值。

莫军强 谌 妍 编

烧鱼节

祭祀习俗

苗族乐器古瓢

村寨环境

村寨环境

黔南布依族苗族自治州三都水族自治县都江镇达荣村羊告组

达荣村羊告组全貌

达荣村羊告组区位示意图

总体概况

　　达荣村羊告组位于三都水族自治县都江镇北部的羊福社区，距县城60公里，距镇人民政府24公里，户籍人口870人，是苗族集聚地。从都江镇出发，可沿乡道到达。羊告组的历史可追溯到明代，因战争原因苗王从羊福总部的千家寨分家定居于羊告，其族人发展至今已有19代人近400年历史。

　　2016年羊告组列入第四批中国传统村落名录。

村落特色

　　羊告组位于半山腰上，整个寨子嵌于起伏变化的山体间，山间山坡中部及底部为梯田，村庄西面为河流，水流通向都柳江，整个寨子被树林环绕，呈现出山中有村、树中有村的景象，集自然山水、田园风光于一体。民居完全顺应自然地形而建，或临坎吊脚，或悬崖建屋，依山就势、顺应地形、层层跌落、自然相连，空间序列错落有致，有平缓的坡道，幽深的巷道，突出苗族人居特点，独具匠心。

传统民居

传统民居

传统建筑

　　羊告组的传统建筑，是以苗族干阑建筑为主。

　　建筑层数以二至三层建筑居多，双层建筑底层石砌平台，上下层立柱连通。开间五间，进深三间，周围无栏杆及走廊，中间为中堂，是主人接待贵客的场所及家庭活动中心。两侧为卧室，中堂中间立有长约1米长的神龛为祭祖之用。中堂前有大门，门是两扇，两边各有一窗。中堂的前檐下，都装有俗称"美人靠"的靠背栏杆。门窗是通风和监视外面的动静作用，民居一般一楼为生活区，二、三楼为卧室。

　　幽静、舒逸的生活环境与寨边古树相应，颇具山区乡村的传统韵味。村内大部分民居建筑修建年代久远，虽历经沧桑，残破缺损，但依旧固守着传统风采；村落内布局严谨，空间利用合理，既满足了居住需要，同时又为生活提供了诸多方便，体现了当地民间传统的建筑艺术水准。以木料为材，采用梁、柱、檐、椽搭建而成，经济条件好的农家民宅檐底层层叠叠辅以多种多样的花、草、几何图样等木雕纹饰，其建筑细部工艺高超，大大增强了艺术的装饰效果。

村寨整体布局

民族文化

　　铜鼓舞：以铜鼓敲奏作为伴奏而跳的苗族民间传统舞蹈，千百年来流传至今，为苗族逢年过节、喜庆日子、部分丧事等最为常见的舞蹈之一，他们视铜鼓为至高无上的权力象征。

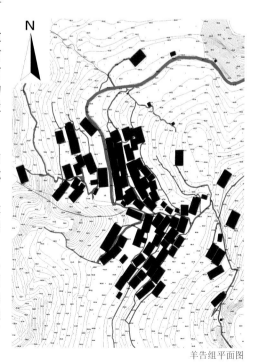

羊告组平面图

吃新节：也叫"新禾节"，"吃新"是居住在清水江和都柳江中上游的苗族节日之一。当日，来自周边村寨的近万名苗族同胞身着节日盛装，以跳芦笙舞、唱苗歌、斗牛等文娱活动共庆佳节。吃新节在每年的农历十月举行。

跳月舞：苗语叫"所告"，发源于明代，在业余时间男女老少听到芦笙声音就起动优美舞蹈，特别是在民族的重大节日和寨上有喜事时，都集中穿着民族服装，

铜鼓舞

整村都可以一起跳，根据场地而定人数。至今仍以活动方式传承，需要依托村落的存在传承。

鼓藏节：鼓藏节又叫祭鼓节，是苗族属一鼓（即一个支系）的支族祭祀本支族列祖列宗神灵的大典，俗称吃鼓藏。鼓藏节13年举办一次，每次持续达4年之久，现在改为持续3年。苗族聚寨而居，苗族以血统宗族形成的地域组织"鼓社"为单位维系其生存发展。"鼓"是祖先神灵的象征，所以鼓藏节的仪式活动都以"鼓"为核心来进行。

烧鱼节：每年10月中旬逢第一个戌日是羊福苗族同胞们最大的一个节庆——"烧鱼节"，那时硕果累累，粮食满仓，苗族同胞会汇集一堂庆祝丰收。节日一大早，苗民们穿着民族盛装，带着烧鱼用具到自己家的田间去烧鱼，还常常邀请亲朋好友一起共度佳节。

苗族刺绣：心灵手巧的苗家姑娘不仅会绣花，会纺纱织布，还能编织各种图案的花带。花带在苗族中是最为常见的手工

苗族刺绣

跳月舞

艺术品。苗族织花带相传是为防止被蛇咬伤而仿照蛇身上图案绣出来的，经代代相传，它由原来单一的为了防止蛇伤人事件发展到现在的许多种用途，如作为青年恋爱的信物，馈赠亲友的礼品，做提包的背带和家具的装饰等。

苗族竹编：苗族人民所用的雨帽、箩筐、菜篮、花篮、饭盒、镰篓等，都是用竹篾编的。在苗族的编织工艺中，最精致的是花篮和饭盒。

古枫树

人文史迹

古树：寨内有一棵古枫树，位于村域羊福社区中，古树枝繁叶茂，自成风景。

石巷道：寨内有一条用石头铺设的传统巷道，平均宽度为1.2米；

梯田：是羊告组自然环境要素的代表，自上而下层层叠叠，它记录了羊告组苗族同胞以农为本的农耕文化。

古河道：位于村寨西部，河水清澈，自北向南贯穿羊福社区。

羊福崖墓：省级文物保护单位，羊福崖墓系凿岩为圹，奇棺葬之墓群。考属苗族墓葬，元、明时期形成。本地有墓穴二百余个，分布溪流河道两岸的悬崖壁上。今存残棺两个。

石碑：村寨内有一块古石碑，为同治十三年（1875年）写立，上书"永远碑示"，石材为青石，至今保留完好。

活动广场：位于古寨中部，为村民日常活动和民俗节日活动等的场地，为不规则形状，碎石铺设。

石碑

羊福崖墓

保护价值

在物质文化方面：石碑、崖墓见证了羊告组延续至今的历史；特型山石、山地梯田景观和村寨等要素完美融合成一体，构成了羊告组村独特的生态自然景观；特色苗族干阑式建筑也体现了当地民间传统的建筑技术水准，其建筑细部工艺高超，羊告组的木匠在该地区尤为出名。

在非物质文化方面：跳月舞等传统节日经过上百年的演绎，形成羊告组独特的传统节日，已经成为一张苗族艺术名片，从明代至今逢喜事必定开展此活动，加上精美的苗族刺绣、精致的苗族竹编和独特的民俗活动，体现出了羊告组浓厚的民族文化风情。

羊告组历经时代变迁，村落依旧保持原有的风貌，有着独特的历史风貌和自然格局，时间和空间环境均体现了其较高的价值，值得延续和保护。

钱雪瑶　杨　洋　编

黔南布依族苗族自治州三都水族自治县普安镇鸡照村鸡照大寨

鸡照村鸡照大寨全貌

鸡照村鸡照大寨区位示意图

总体概况

鸡照村位于普安镇西北面，与相邻东北面丹寨塘中村及乌尧村接壤，西北面与光华村相邻。鸡照大寨2018年底有87户，352人，是多民族杂居、同时也是一个具有悠久历史且保持完好的一个原生态民族文化村寨。其中村寨内以苗族为主，约占总人口的95%，主要以刘、韦、王、杨姓氏为主。村寨距普安镇13公里，三都水族自治县县城35公里，距丹寨县县城20公里，是两县相邻的村。

2019年鸡照大寨列入第五批中国传统村落名录。

村落特色

鸡照大寨以水、梯田环绕、民居山湾相应，错落有致，民房周围高耸的四面环山相互依托，上下呈叠状，具有"山水相映、天人合一"的宜人、朴实、优美的人居环境。周围有古树怀抱，寨前是小桥流水人家，外围是壮观的梯田，茂盛的山林，青山云雾缭绕、环境优美。山、林、湾、梯田与传统式青瓦覆盖的民居，交叉相错，交相辉映，美不胜收。民居均为传统式的"干阑"或"美人靠"式的建筑，屋顶居中位置盖"铜钱式"的宝顶。

传统建筑

鸡照村鸡照大寨是一个典型的苗族村寨，村内传统民居保存较为良好，全寨传统民居建筑面积占比60%。

传统民居多为单体两层建筑，少为三层，民居建筑因山而建，均不在一个平面，呈梯叠状，建筑形式一种是"干阑式"建筑，一种是"美人靠式"建筑，上

传统民居

传统民居

下两层立柱相互连通，这种工艺与其他结构建筑比较相对稳固。鸡照古建筑群，不论是"干阑式"或"美人靠式"，通常是三间两头磨脚，前部为栏杆及走廊，梢间是楼梯，整栋民居有两个小窗，从使用功能上看，中间为公共活动场所，是主人接

村寨环境

鸡照大寨平面图

待客人、举行各种家庭活动的地方。正面设有大门，门的两侧设有高约为50厘米、宽为60厘米的小窗，窗下放置织布机，正中壁上设神龛，为祭祖等民间活动使用。房屋中间设一个方形火坑，直径约为50厘米的正方形火塘，内填泥土，使其与木板隔开，火坑其中一角放硬石头，作为长辈进堂坐歇取暖之用。底层设置卫生间、堆放杂物、牲畜圈等。

民族文化

鸡照大寨保存了大量民族文化习俗，如苗族盛装节等传统节庆活动，纺织、印染、刺绣等传统工艺，芦笙舞、苗族跳月等传统舞蹈，苗族酿酒等传统手艺，婚丧嫁娶等仪式习俗。同时鸡照苗族还保留着华夏大地上几乎消失的古老服饰白领苗装。

苗族刺绣：苗族刺绣代表了中国少数民族刺绣的最高水平，是苗族同胞世世代代传承下去的优秀文化。

蜡染：用蜡刀蘸熔蜡绘画于布后以蓝靛浸染，既染去蜡，布面就呈现出蓝底白花或白底蓝花的多种图案。

芦笙舞：用舞蹈、芦笙、服饰、歌声体现生活习俗。

婚丧嫁娶：苗族的嫁娶，一般是认识、过媒、定亲、迎娶方式，来找到美满的家庭生活。

苗族刺绣

蜡染

苗族盛装节

苗族盛装节：鸡照苗族盛装作为白领苗代表服饰之一，被很多中外专家、记者称为"天下最美丽的嫁妆"。

婚丧嫁娶

人文史迹

相传鸡照大寨水族自治县祖先是从江西宜昌一带迁徙至今贵州丹寨，后溯河而上至今三都水族自治县县城下游湾滩一带，世代男耕女织。逐渐繁衍壮大，经多次迁徙，发现此处古树参天，水源充沛，更加适宜居住，便搬到此处，经过世代繁衍，形成了今天的鸡照大寨。鸡照大寨人文史迹较为丰富，有古井、古树、古祭祀石、古墓碑等古迹均保存较为完好。

祭祀石：村南部、北部均有祭石，一颗守护山林土地的神石，至村落形成开始至今，每逢过年过节居民都会来此祭拜，祈祷山、水、土、地、人的平安。

古井：位于村子中部，为古时村民饮用水源点。

古树：寨子内有400年树龄的古枫香树、200年树龄的李子树、400年树龄的古楠木，分别位于村子的西部、中部、南部。

祭祀石

古井

古树

保护价值

鸡照村鸡照大寨是传统苗族文化的代表，从村落的选址、历史环境要素、功能格局和非物质文化遗产价值方面都是苗族传统村落的研究典型，在村落建筑价值方面更是传统苗族民居的典型代表。

鸡照大寨山环水绕，风景优美，结合地形条件形成"山水相映、天人合一"的形态格局。寨内街巷系统、山水格局及传统风貌保存完好，建筑依山势而建，坐西向东，南北相延，两侧梯田，环境优美。

鸡照大寨村作为一个传统村落，保存了苗族村落真实成片的历史文化信息，村寨内传统文化及传统生活习俗相对完好地保存遗留下来，特别是有着"天下最美的嫁妆"美誉的苗族盛装对于白苗文化的传承及对苗族文化的研究均具有非常重要的意义，这些留存下来的物质及非物质文化浓缩了贵州苗族文化的精髓，体现了古代、当代及未来苗族独特的文化魅力，用活的载体向世人诉说苗族文化的灿烂历程，具有较高的历史价值。

时 泳 郭 进编

村落一角

黔南布依族苗族自治州三都水族自治县都江镇坝辉村里捞寨

坝辉村里捞寨全景

坝辉村里捞寨区位示意图

总体概况

　　坝辉村里捞寨位于三都水族自治县都江镇的中部，距镇政府所在地16公里，距离县城51公里，由县城经321国道向南转乡道可到达里捞寨。里捞寨核心区内有60余户，共325人，是一个以水族聚居为主的村落，村域面积48.8平方公里。里捞寨是在民国时期，其祖辈为逃避战乱，由三都县其他村寨迁入逐步形成村寨，至今已有100余年历史。

　　2019年坝辉村里捞寨列入第五批中国传统村落名录。

村落特色

　　里捞寨建于山麓阶地，村落布局背山面田，村落位于山凹处，村落依山势高低而上下延展，建筑沿等高线布局，面向村落前开阔的层层梯田，在村落两侧有两条从山顶流下的山泉水穿过，周边山体植被茂密，展现了村落与自然和谐共存的景象，既满足水族人民将村落背靠大山，掩映与山林之间，从而有利于抵御外敌的要求，又能利用山地向外延伸的梯田获得耕地、农田，解决生计。后来随着村落人口的不断增长，在里捞大寨北侧逐步形成了小寨组团。整体看，里捞寨村落中村寨与

建筑外廊

传统民居

梯田交织，青山环绕，山泉穿流而过，同时，由于地势较高，常年云雾缭绕，更凸显村落的古朴和神秘。

传统建筑

　　里捞寨传统村落内民居依山就势，依等高线层层布置，高低错落；传统民居以"干阑式"建筑为主，既能适应多雨潮湿的气候，也能避免野兽的侵害，别具特色，充分体现了里捞寨先祖因地制宜的建寨选址和对民居建造的建筑智慧。建筑屋顶有歇山和悬山两种形式，屋顶铺盖小青

瓦，主要构件以原木色为主，配以木质窗花、木门、垂花柱、木栏杆等装饰。村落民居高度以二层、三层为主，底层为杂物间及猪、牛、羊圈等，同时在建筑侧面或背面设楼梯，作为民居的主入口；二层为公共活动和起居空间，中部的三个开间为宽敞的堂屋，左右两间为卧室，堂屋的一端设火塘火灶，另一端的中柱部分是祭祀活动时神位之处，堂屋主要是作为接待客人、节日活动、生活起居和妇女纺织等多功能活动空间，二层外部可设廊道；三层根据居民生活需求，可设置卧室、储物等功能。

村寨远眺

N

里捞寨平面图

民族文化

水族端节：国家非物质文化遗产。节日当天各家各户需忌荤吃素，还要进行庄重神秘的祭祖仪式。第二天，在农田中举办节庆活动，有芦笙舞、斗牛等传统活动，每次过端节全寨群众都会积极地参与进来，穿戴水族服饰。

水族马尾绣：国家非物质文化遗产。这是一种现存最古老而又最具有生命力的原始艺术，被称为刺绣的"活化石"，一件绣品一般需要经过52道工序。目前里捞村落内的妇女大部分都还传承着马尾绣的技艺。

水族芦笙舞：舞者常着特制的彩色古装舞衣，腰系鸡毛彩裙，头缠红色或深灰色包头，上押银花和雉尾，在震撼的芦笙莽筒声伴奏下，舞者动作幅度较大，其舞姿充分展现了水族人民热情奔放和粗犷豪迈的性格。

水族剪纸：水族剪纸和其他地区剪纸有所不同，其他地区剪纸主要作为窗花、装饰等用途，水族剪纸大多作为刺绣底纹（如背带花、围腰花、鞋花、鞋垫花）和集会等公共活动场所饰纹。其题材、造型、装饰都有着浓郁的水族特色。

水族剪纸

古枫树

端节

粮仓

水族芦笙

古墓

人文史迹

古树：里捞寨传统村落周围山林植被茂密，生态环境优良，目前在村落内靠近里捞小寨通村路附近有1棵枫树已有百年历史，古树长势良好，枝繁叶茂。

古墓：里捞寨传统村落大寨西北侧靠近民居处保留有1处古墓，该古墓周边由石块砌筑，古墓前方立有墓碑，墓碑由石材所制，有立柱、墓顶，石碑上雕有碑文，碑文依稀可见。

粮仓：里捞寨粮仓主要结合依托各民居附近分散布置，大部分现依然为居民所使用，村落内现有粮仓21处。粮仓采用全木结构，多以两层为主，由6根或8根仓柱支撑，仓顶用青瓦或杉木皮加盖，粮仓多为单间，考虑到防潮和安全性，大部分一层架空用于装杂物，二楼用于储存粮食。

保护价值

里捞寨是三都水族村落中民族文化遗产保护和传承都相对完整的村落，其村寨格局、空间肌理、传统民居建筑形式和民族文化在当地都具有较强的代表性。

村落背山面田，村落与梯田相间，隐匿于山林之间，山高云绕，好似世外桃源，充分展现了水族在山麓阶地村落选址既满足防御又满足生产生活的特点；民居以木质干阑式建筑为主，民居依山就势高低错落，屋顶铺盖小青瓦，远望村落层层叠叠，而在村落中远眺又不受前方建筑遮挡，村寨远景尽收眼底；粮仓、古树、古墓、山泉等历史环境要素和民族节庆、传统舞蹈、传统技艺等非物质文化遗产内容丰富，保护和传承价值较高，水族传统村落综合特征突出。

杨 洋　陈隆诗 编

寨内景观

黔南布依族苗族自治州三都水族自治县都江镇来术村

来术村全景

来术村区位示意图

总体概况

来术村位于三都水族自治县东北部，都江镇西北方，距三都水族自治县县城36.9公里，距都江镇约30.3公里，由县城向东经321国道至打鱼乡，往北经乡道可达来术村。来术村全村208户，共计942人，全部为苗族，村域总面积为14.9平方公里。村落形成在明末清初，系祖先为躲避战乱迁徙而来，距今已有100多年之久。

2016年来术村列入第四批中国传统村落名录。

村落特色

来术村坐落在半山坡上，有美丽的梯田环绕，民居错落有致。周围有古树的怀抱，外围是壮观的梯田，茂盛的竹林，青山云雾缭绕，环境优美。村落坐落在霍童溪转弯的"凸"处，体现了古人"择水而居"选址理念，靠山带水，坐西南朝向东南，位于东南方的原始森林，又恰好起到天然的屏障作用。布局上的两个重要特点是"择险而居"和"聚族而居"。这与苗族的民族习俗、观念分不开。在建房上体现了苗族文化讲究风水的观念，来术苗族

建筑细部

村分布于山区，靠山面水，屋后随山势层层升高，村寨前场地开阔有河流，这样的选址模式遵循我国的传统习惯，使得整个村寨都具有良好的通风和采光条件。

传统民居

传统建筑

现有民居393栋，均为传统式的"干阑"式的建筑，屋顶居中位置盖"铜钱式"的宝顶。传统建筑多为单体两层建筑，少为三层，居民的建筑因山而建，均不在一个平面，呈梯叠状。

建筑依山势而建，形成了立体的建筑空间。建造时，先建底层作为平台，再于其上建房，上下柱互不连通，做歇山式顶

村寨一角

N

来术村平面图

盖小青瓦，不设走廊和栏杆；屋架有穿斗、抬梁混合式和穿斗式两种，屋顶有歇山和悬山带山面披檐两种形式，设有走廊和栏杆。开间以"三间二厦""二间二厦""三间带廊"为主，进深九檩至十三檩，楼层大多为一楼一底，也偶有二楼一底的建筑。底层设石碓间、杂物间及猪、牛圈等。顺山面一侧设楼梯，二层为公共活动场所和卧室。建筑布局呈"小分散、大集中"的特点，错落有致，层次分明。

高脚禾仓：苗族高脚仓是苗族先民为保存粮食并防范鼠害而创造的干阑建筑杰作。在来术村拥有25个古禾仓，具有非常重要的历史文化价值，是研究传统民族干阑建筑的活标本，同时也是传统的农耕文化之一。

民族文化

来术村苗家人100多年来，不仅融合了都江地区苗族文化，同时也发展了自己独有的民族文化。

苗族语言：俗称苗语，属于汉藏语系苗瑶语族苗语支。苗语中的早期借词涉及生活、文化的各方面（如生产器具、生活制度、日常生活用品等）。

民间文学：苗族的民间故事很多，多为反映不同历史时期苗族社会生产生活、习惯风俗、婚姻恋情、战争以及歌颂能工巧匠、民族英雄等内容，内容积极，充

休息亭

古榕树

苗族纺织

芦笙舞

满"浪漫主义"色彩。

民间乐器：苗族的民间乐器主要有芦笙、铜鼓、木鼓、古瓢琴等，多在节日、婚庆、丧事中使用，以增强喜庆欢乐或悲伤的气氛。

民族舞蹈：苗族舞蹈主要是芦笙舞。芦笙舞体现了生活在贵州黔南大地上的白领苗族，是一个集崇拜祖先、崇拜月亮母性复合体于一身的民族，是一个歌舞的民族，一个艺术的民族：用舞蹈踩响生活的节拍、用芦笙奏出生命的旋律、用服饰记载历史的辉煌、用歌声唱出大自然的和谐。

民间工艺：这里的苗族还保留着非常古老的纺织工艺，也保留了传统的建造技术，主要是师傅带徒弟方式，代代相传。正是这种传承方式，使得这一古老的建筑工艺保持相对稳定，也得以世代相传。

传统民俗：这里继承了苗族同胞传统的习俗包括有"吃新节""鼓藏节"苗族婚礼以及对自然和祖先的崇拜等。

人文史迹

古树名木：来术村村落范围内有已挂牌名木古树8棵，有榕树、金丝楠木、枫香等，树龄均在百年以上。

亭廊和风雨桥：村落分布了两侧休息亭廊和一处风雨桥，建筑构造采用苗族常用的重檐，具有苗族建筑特色，平时也是村落游憩、聊天等交流感情的重要场所。

古河道：村寨前有一条南北向的古河道即排调河，村落位于河道凸出部分，有效避免河水冲击的同时也使得村民就近取水方便。河道最宽处有30米，最窄处有15米，是古村落存在的自然条件，孕育着来术村村民。

寨门：在村落入口处有一座寨门，是村落入口标志，是村寨重要的建筑。

吃新节

保护价值

来术村传统民居依山就势而建，形成了与自然环境和谐相融的聚落形态格局，其格局紧凑完整，从建筑、村落、田地及山体生活方式上充分体现了村落历史的真实性、村落社会生活的真实性和历史风貌的完整性。

民居保持着古老的干阑式建筑的特点，从建筑材料的选择和建筑施工都采用了传统工艺，对于传统建筑的保护不仅保护其风貌，同时也保护了这一技艺，使其能得到传承。

来术村中的居民全部都为苗族，苗族人民的生活习惯和文化传统在长期的生活中完好地保留了下来，浓缩了贵州苗族文化的精髓。村落作为村民社会生活、习俗、生活情趣、文化艺术和人文精神的载体，保留和延续了民族文化。

杨 洋 编

风雨桥内部

来术寨门

黔南布依族苗族自治州三都水族自治县中和镇板良村

板良村全貌

板良村区位示意图

总体概况

板良村位于三都水族自治县中和镇塘州社区南面，距塘州社区4公里，距中和镇约10公里，距离三都水族自治县县城约37公里。板良村通过乡村道路连接999县道和206省道可到达三都水族自治县县城。板良村是一个水族聚居的村寨，全村有290户，共计1350人。据记载，板良先祖380多年前从湖南新晃侗族自治县迁居到原阳乐村一带居住，阳乐村、阳猛村合称阳乐村，在行政区划调整后沿用板良村名至今，已经经历了19代人。板良村村域国土面积为17.82平方公里。

2019年板良村列入第五批中国传统村落名录。

村落特色

板良村整个村寨坐落在高卡山和高就山之间，姑孟河在寨脚蜿蜒流淌，河边分布着成片的水田。寨内参天的古树、青青的麻竹、苍翠松柏树镶嵌于木楼青瓦之间。村寨内分布着100多栋水族干阑式木楼，错落有致、层叠有序，绿树成荫、亭台轩榭。下雨天从村寨内走过，不用打伞雨水也不会掉落在身上。整个村寨俨然一幅自然、和谐、美丽的山水画。村寨背靠地势陡峭山体，串寨路呈树枝状联系各自

村寨格局

然小寨。村寨内传统建筑较为集中并以组团形式分布，大多数的民居建筑前都有用石块修砌的围墙，形成自家的小院落，院落中就坐落着自家的民居。外围房屋依山就势形成屏障，内部建筑形成围合。该格局主要是为了防御外敌，通过外围屏障的敌人即便是进入内部也会被几个围合空间扰乱方向从而迷路。板良村至今保留着水族完整的民族生活方式，民族习俗淳朴、民族风情浓郁，传承得较为完好。

传统民居

清代四合院民居

传统建筑

板良村的民居建筑多为单体二至三层传统水族木楼，结构为穿斗式歇山青瓦顶木质结构。房屋通常分为"五柱三间"，也有"七柱五间"。其中所谓的"五柱"或"七柱"之类，是指每个房屋的同一排

支柱的数量。一排有五根柱子，俗称为"五柱"。柱子连通上下两层，在当地，柱子数量的多寡代表了房屋的进深即宽度的多寡，柱子数量越多，进深度越大。两排柱子之间形成的空间称为"开间"，开间数量表示了房屋的长度，开间越多则表示房子越长。房屋的整体结构为三间或五间，以中间为轴线开设一个对开的大门，两边为两间或四间。每栋民居建筑均有楼梯，楼梯的结构主要分为两种，一是人工打造的木制楼梯；二是"马条"，即为长方体石块，是人工从一个比较大的石块中凿出来的一个整体。在过去，只有大户人家才能用得上"马条"，所以"马条"在过去代表了身份的象征。现在依旧能看到"马条"，这说明该户家庭以前也曾有过辉煌的历史。

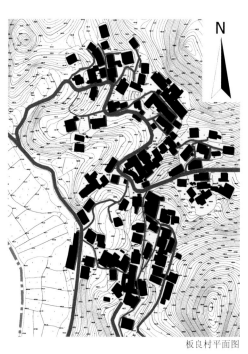

板良村平面图

民族文化

作为一个水族村寨，板良村还保留着水族特有的传统文化和民族技艺。

水书：是水族的独特文字，是世界上除东巴文之外又一存活的象形文字，也是一种类似甲骨文和金文的古老文字符号。水族语言称其为"泐睢"（音：lesui），其形状类似甲骨文和金文，主要用来记载水族的天文、历法、地理、宗教、民俗、伦理、哲学等文化信息。水族聚居地区，能看懂读通和会使用水书的水族人（全部为男性）被人们称作"鬼师"，他们在水族民间的地位很高，被人们所崇拜。水书结构多为象形文字，主要以花、鸟、虫、鱼等自然界中的事物以及一些图腾物如龙等的撰写和描绘，仍保留着远古文明的信息，在水族地区仍然被广泛使用，因而被专家、学者誉为世界象形文字的"活化石"，2006年经国务院批准列入第一批国家级非物质文化遗产名录。

水书先生

水族节日：水族重要的节日有端节和敬霞节。端节，是水族地区范围最广，人数最多且历时最长的隆重年节。水族有自己的历法，以农历八月为十二月，九月为正月。从每年水历十二月的第一个亥日开始过首端，至新年二月亥日为末端，可以说是世界上最长的节日。端节是水族最盛大的传统节日，相当于汉族的春节，端节也成为了辞旧迎新、庆贺丰收、祭祀祖先、聚会亲友的节日。敬霞节，"敬霞"是敬拜雨神，祈求天上雨神给人间降雨。敬霞节是以血缘家庭为单位，各村寨联合祈雨的原始宗教活动，以祈求风调雨顺。

水族端节

水族服饰：中青年多穿有领对襟衣，仍用青白布包头。年老者平时也穿有领对襟衣便服，节日或走亲仍穿布扣长衫。妇女大多把长发梳成一把盘绕于顶，外包青白布长条头巾；盛装时常绕结于顶并插上各种银饰品，脚穿翘尖鞋、穴花鞋、元宝盖鞋或绣花鞋。

水族服饰

打糍粑：是水族人民的传统糯米制作工艺。将糯米蒸到九分熟的时候起锅，将蒸好的糯米饭倒进石臼里。打糍粑是个技术活，讲究快、准、稳、狠。这样糯米才能打得均匀、瓷实、有韧性。糯米捣好以后，取出放在桌子上，乘热揪出拳头大的米团，压扁成饼，再用门板加重物压住，等糯米凉了就成型了。糍粑可以存放很长时间，如果放在大水缸里，用水浸泡，定时换水，可以吃到六七月份。

水族传统文化：水族宗教信仰属于万物有灵的多鬼神原始宗教信仰即自然崇拜，它有着水族自己的文化特点，其中最明显的就是鬼灵崇拜所形成的鬼文化氛围。有水族村寨的地方，都会看到人们世代供奉的石神、树神。

人文史迹

吴氏宗谱：是记叙吴氏家族发展历史的书籍，于2009年编制完成，主要记载族谱编制的缘由和经过，包括编修族谱的原因、目的及家族发展简介，同时也记载了吴氏家族的字辈情况、明贤录、家族文化等内容。

吴氏宗谱

清代建筑：村寨内还保留着清朝时期的四合院民居，其建筑形式仍完好地保留着。尤其是建筑窗框上的精致雕花，完好地保存下来。

古井：村寨内保存着3口古井，井口以石条垒砌，为方便水资源的取用，至今保存完好。

古树：板良村内植被茂密，生态环境良好。有5棵树龄过百年的古树，树干挺直，树枝茂盛。

古道：村内有两处古巷道，至今仍保持传统的风貌。石板铺成的阶梯，随着地势而上，蜿蜒在民居之间。

古巷道

保护价值

板良村历经时代变迁村落依旧保持原有的风貌，有着独特的历史风貌和自然格局。作为水族地区的水族村寨，村寨依旧保持了水族同胞特有的风俗，但是在活动细节、衣着服饰上又与其他水族地区同胞有所区别，是有着其独有的水族文化。板良村民宅体现了当地民间传统的建筑艺术水准，其建筑细部工艺高超，并且村寨中还保留着清代修建的民居。板良村的非物质文化也保存较好，如国家级的水族马尾绣、水族文字等，其中马尾绣上的花纹图案是经历几百年的演变，代表不同时期的这个民族特有的文化，更是具有很高的艺术价值。

钱雪瑶 编

村寨鸟瞰

黔南布依族苗族自治州三都水族自治县周覃镇和勇村和气寨

和勇村和气寨鸟瞰

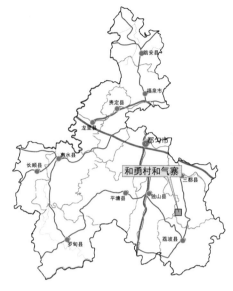

和勇村和气寨区位示意图

总体概况

和勇村位于三都水族自治县周覃镇西南部，距周覃镇镇政府驻地12公里，距三都水族自治县县城51公里，通过666县道和942县道可到达。和气寨位于和勇村西北面，村寨居住有64户，共计264人。据村中老人回忆，村落在乾隆年间搬迁至此，距今已有200多年历史。和气寨是一个水族的聚集地，水族特有的文化也延续至今。

2019年和气寨列入第五批中国传统村落名录。

村落特色

村寨依山顺势，沿等高线自然分布，自上而下延伸，鳞次栉比，高低错落，疏密有致。村寨周围高差较大，林山环绕。和气寨北靠黔南州第二大水库——芒勇水库，南临层层叠叠的梯田和小溪，民居随着山势起伏，山、水、人融为一体，形成了"天人合一"的人居环境。和气寨既有江南的小桥流水、又有山川大山的雄伟蜿蜒，整体风貌集生态、休闲、原始、古朴、幽静于一体，是一个民族风情浓郁，建筑风格独特，风光秀丽、空气清新、环境优美的绝佳之地。

传统民居

传统建筑

和气寨的建筑顺着山势而建，以干阑式建筑为主。由"依树为巢而居"演化而来，带着"人并楼居，登梯而上"的古越人茆榫"干阑式"建筑的遗风。传统的干阑式建筑，在平整地基后，先用2米高的粗大柱头修建稳重的承重平台，搭上厚实的楼板之后，才在其上架立高层的木排房架。和气寨的水族人民对建筑朝向等非常讲究，通常都要请"水书先生"进行实地考察后，才确定房屋具体位置和朝向，建房动工也需要"水书先生"择吉日动土。

在建造技术与工艺上，主要是师傅带徒弟方式，代代相传，无任何图纸。模型可供参考和借鉴。房屋建筑通常面阔三间，进深两间，梢间设置楼梯。从使用功能看，明间为公共活动场所，是主人家接待客人，举办各种家族活动的地方，正面设计开门，门两侧设窗，窗下设置织布机等。正中壁上设神龛，为祭祖等民俗活动场所。梢间为卧室，一般设三室四间卧室。底层则设置有杂物间及猪、牛圈等。

民族文化

和气寨是以水族为主的传统村落，几百年来也保留着自身传统的民族文化。

水书：水族的文字，水族语言称其为"泐睢"，由水书先生代代相传，其形状类似甲骨文和金文，主要用来记载水族的天文、历法、地理、宗教、民俗、伦理、哲学等文化信息。

水族马尾绣：水族马尾绣工艺十分复杂，采用这种工艺制作的绣品具有浅浮雕感，造型抽象、概括、夸张，是水族妇女世

村寨周边环境

民居建筑

和气寨平面图

代传承最具民族特色的一种特殊刺绣技艺。

端节：水族的端节又叫瓜节，水语称"借端"，是水族地区范围最广，人数最多且历时最长的隆重年节。和气寨的村民在端节，除了祭祀祖先，也会开展各种庆典活动。传统的庆典活动主要有家族祭祖、端坡赛马、文艺表演、体育竞技等。

水族端节赛马，是节日里具有吸引力的节目，端坡又叫跑马坡，在起点的地方一般比较平直，道面也宽，过了约50米，道面就狭窄了，而且还升高成斜坡，坡高可达四五十度，道路窄的地方只能容两匹马并行。赛马道路的距离是以端坡的地形而定，有长有短，一般200～300米。其竞赛方式是：开道仪式后，众骑手便纵马扬

端节赛马

鞭奋蹄驰骋，所有的骑手都循环往返地多次跑马，同时，是自由结伴陆续起跑。水族骑手一般是身着轻装，马匹只备缰绳，不配马鞍和脚套，骑手骑在溜光的马背上，两脚夹着马肚子进行比赛，优胜者将获得红绸冠冕首，以示荣耀。

苏宁喜节：水族民间节日"苏宁喜"节与端节、卯节、敬霞节一样，是水族四大传统佳节之一。时间在水历的四月丑日，即农历十二月丑日。据水族传说，这一天是"生母娘娘"向人间送人嗣的日子，所以又叫"娘娘节"，主要内容为祭祀生母娘娘。节日当天，全寨的小孩提着特制的小竹篓，结队挨家挨户去要象征长寿幸福的糯米饭、鸡蛋、肉片。家家都热情地接待他们，让他们快快乐乐。同时家家户户剪彩色纸人，缠竹条纸须，贴在祭

节日游乐

桌的墙头上。节日的祭祀仪式由家中年纪最大的女性主持，这一天妇女和儿童是餐桌上的主客，因此有人称苏宁喜节为水族的妇幼节。

水族剪纸：水族妇女剪纸是随着服装的装饰需要而产生的，主要用作刺绣花的底样，常见的有围腰花、衣袖花、衣肩花、背扇花、小孩帽花、鞋花等。它们生活气息浓厚，风格朴实，具有鲜明的民族特色。

水族剪纸

敬霞节：以血缘家庭为单位，各村寨联合祈雨的原始宗教活动。活动时间有十二地支子年轮过一次的，也有在地支子、午年六年轮一次的，或者在特大干旱之年祈雨过节。

苏宁喜节

人文史迹

古井：村寨内还保留着两口水井，分别位于村寨西侧和东侧。水井伴随着村寨经历了悠久的岁月，为村民提供着生活用水。

古树：村寨内还保留着不少古树，其中有两棵上百年的古枫树，在村寨内依然屹立不倒。

古巷道：寨内还有两条古巷道，依

然保持着它们原始的样貌。石板铺设的路面，在古朴的民居之间穿梭，为村寨增添了别样的韵味。

古树

保护价值

和气寨的古井古树见证了村寨200多年历史变迁。作为水族地区的水族村寨，和气寨保持着水族同胞特有的风俗。其传承着水族漫长历史留下的文化、技艺、节日和风俗习惯，为研究水族民族文化风俗提供了较好的科研对象。和气寨在漫长的历史发展中，自给自足、防御外敌，经历了长期的实践，因此其村落选址和格局都具有科学研究价值。

和气寨是典型的水族村落，水族同胞的生活方式在此世代相袭，一方面，它是现代社会文明中对民族历史的补充以及展示，另一方面，在一个水族地区的水族村落也展示了我国民族之间的和谐共生、相互包容。和气寨历经时代变迁村落依旧保持原有的风貌，有着独特的历史风貌和自然格局，时间和空间环境均体现了其较高的价值，值得延续。

钱雪瑶 编

寨门

黔南布依族苗族自治州三都水族自治县中和镇拉旦村

拉旦村老寨全景

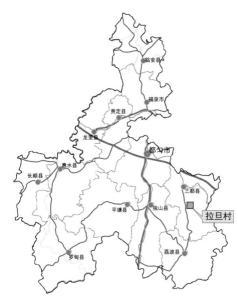

拉旦村区位示意图

总体概况

拉旦村位于三都水族自治县中和镇西南部，距镇政府所在地6公里，距县城30公里，由县城向南经三都至荔波高速公路或206省道可达到拉旦村。拉旦村全村96户，共计450人，是一个以水族为主的村落，村落面积为0.12平方公里。村落形成最初是由陆氏祖先在清朝晚期，为逃离原居住地的疾苦生活，背井离乡来到现拉旦村老寨，后来陆续有石氏、王氏、袁氏、尚氏等外来氏族到此定居。村寨距今有200年左右历史。

2019年拉旦村列入第五批中国传统村落名录。

村落特色

拉旦村位于连绵的群山当中，拉旦河蜿蜒环绕。最初村寨选址在拉旦河西岸的河湾平坦地带，建筑根据地形逐排建造，即为拉旦村老寨。老寨依山傍水，环境清幽，背后是青山掩映，利于防御，面前为河湾平地，便于耕种。村寨坐东朝西，拉旦河从老寨东边向北边绕寨而过。随着时间迁移，村寨的人口日渐增多，村民们随之在老寨的河对岸，就近选择了一处地势较为平缓的地方建立了新寨。至此，新老两寨隔河相望，由一座古桥相连，形成了

村落环境

传统民居

现在"一水两寨"的村寨格局，一直延续至今。

传统建筑

拉旦村的传统建筑主要分布在拉旦老寨，建筑多为水族传统民居，具有典型的"干阑式"建筑的特色和风格，村寨内仍保存有传统建筑共82栋。

村寨内传统建筑均为木质结构的南方干阑式建筑。一般分为上下两层，部分也有三层建筑。通常为面阔三间，进深两间，梢间设置楼梯，建筑开窗大多在正屋面左右两侧，也有少部分建筑背面开有小窗，以作为基本的自然采光。建筑大多在中间开门，作为牲口和人的共同通道。

下层主要功能为承重、隔湿、饲养牲口，下层基础承重部件用来适应不同的山地地形，承载上层的重量，利用其架空的空间饲养牲口和储存杂物。上层则作为人的起居空间，其中明间作为公共活动空间，梢间则设置卧室，一般可设三四间卧室。部分建筑有三层，第三层则多用于堆放杂物，如果人口较多的家庭，此层也可作为未婚儿女的卧室。

传统建筑采用木材作为主要结构材

传统民居

料，先以木桩搭造建筑基础，以穿斗式将柱和梁做成建筑构架，再以木板封住墙面，留出门、窗的洞口，最后用杉树皮遮盖作为屋面。现在小青瓦则逐步取代了原先的杉树皮，成了民居建筑屋顶的主要材质。民居建筑细部也有讲究，屋顶的脊花、屋檐板、屋檐下柱头的吊瓜、窗格都有着各不相同的图案和样式。

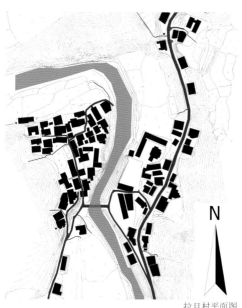

拉旦村平面图

民族文化

拉旦村作为三都水族自治县的水族传统村落，至今依然保存着诸多该地区水族特有的特色文化和风俗。例如水语、斗角舞、芦笙舞、水族婚俗、水族端节、赛马、传统服饰、马尾绣等。

斗角舞：水族斗角舞，又称"斗牛舞"，是一种受到周边苗族影响而产生的水族舞蹈。相传远在明朝初年，水族祖先看到苗族有斗牛"吃牯脏"祭祖的场面，既热闹又隆重。当时水族由于经济条件较差，没有水牛，于是用竹篾编成斗笠，用木头削成水牛角的样子，安在斗笠顶端两侧，做成牛头，两人各拿一个，模仿牛相斗的架势，跳起了"斗角舞"。其中，自己缝制的牛角是斗角舞最显眼，也是最关键的道具。舞者头顶牛角，穿上黑色的披风，伴着芦笙节奏，边舞边斗，犹如水牛在田中玩闹、打架，其动作刚健威武，颇有水牛打斗时的神韵。

铜鼓舞

人文史迹

拉旦河：南北向贯穿村寨的拉旦河，据史志记载已有数百年的历史。它既是村寨居民的重要水源，也是村寨维系村寨发展的一条历史文化水域景观线。在经历了数百年的发展和变迁，拉旦河已与村寨的生活密不可分，成了村寨文化记忆的重要组成部分。

斗角舞

赛马

赛马：拉旦村在一年一度的节日端节中经常会有盛大的赛马活动，在每年过端节期间，德高望重的族中长老们和村委会就会一起组织这场盛大的活动，这代表着族人们后继有人，枝繁叶茂。村中年轻的小伙子们把家中喂养得强壮矫健的马儿拉出来比赛。赛马时年轻小伙们策马奔腾、英姿飒爽，骑行过程中技巧高超、人马合一，甚是精彩。村民们则在道路两旁和山头夹道观看比赛，为小伙子们加油助威，现场气氛十分热烈。比赛获胜的年轻小伙和马儿就像英雄一样被村中人们爱戴，同时，这样的活动和比赛也是展现自己的好机会，成了小伙子们找到心仪姑娘的一种好方法。

古桥

古寨门

古桥：古桥位于拉旦村寨中部，长30米，宽2.5米，横跨拉旦河，从建造以来便是连接新寨和老寨的唯一通道。

古寨门：位于古桥东侧，是通往老寨的入口。

古墓：村落内有两座古墓，位于老寨南部，年代未知。其中一座古墓的墓碑造型独特，墓碑雕刻的文字十分简要，却刻有人物头像浮雕在其上，生动形象。

水碾坊：村寨北部河岸处有两个水碾坊，是从前村民们在没有通电的情况下，巧妙地利用水能推动石碾盘，碾磨、加工大米、小米、玉米等粮食的地方。曾经的碾房不仅是村民们劳动的地方，也是一个聚集人气、谈天说地的公共场所。随着社

古墓

会经济的发展，拉旦村通上了电，水碾坊也逐步废弃，成为了一处遗迹，现已不再使用。

水碾坊

保护价值

拉旦村传统村落历史悠久，从村落形成至今已有200余年的历史，村寨先民逐水而居，依山而建，逐步形成了拉旦村老寨。随着村寨发展、人口渐增，又跨河逐渐建设了新寨，形成了新老两寨隔河相望的独特村落格局。其村落格局顺应地形地貌，尊重了自然环境，其选址理念、村落营造方式，均体现了人与自然和谐共生的传统观念，具有一定的历史价值。

当前的拉旦村仍较好地保存了当初的街巷格局和大量的传统水族建筑，也基本完整地保存了水族特有的民俗活动、传统技艺、语言文字等。传统端节、赛马等节庆活动仍在开展和传承，水族文化在拉旦村不断地发展演化过程中得以延续和传承，村寨具有一定的文化价值。

莫军强 杨洋 编

拉旦河

黔南布依族苗族自治州荔波县瑶山瑶族乡拉片村一、二组

拉片村一、二组全景

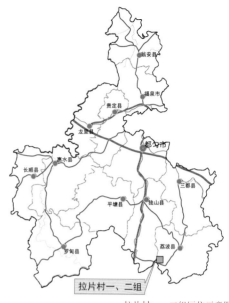

拉片村一、二组区位示意图

总体概况

拉片村位于荔波县瑶山乡，是瑶山乡乡政府驻地，拉片村一、二组（瑶山古寨）位于乡政府北部，距离荔波县县城30公里，由县城往南经206省道、乡道可到达古寨。拉片村一、二组共107户，345人，所在拉片村村域面积14.2平方公里。拉片村是一个以瑶族为主的少数民族聚居村，瑶族村民由广西迁徙至此，其历史可追溯到600年前的明朝。

2016年拉片村一、二组列入第四批中国传统村落名录。

村落特色

村寨外部主要被山、林、田围绕。古寨地处深山，周边山高谷深，村落处于凹槽山腰下，呈围合之势。寨子四周连绵起伏的群山植被良好，比例达90%，遍布大片保存良好的原始森林和次生林，村子周围的山坡上分布着大片的果林、树林、竹林，与村落相得益彰；寨前梯田呈放射状环抱村落，生产生活空间联系紧密，风景优美。村寨内部建筑沿山势呈带状组团分布，依周围山势呈台地布局，层层叠落，疏密有致，独具特色，体现了山地村落建

村寨一角

传统民居

筑布局的智慧，同时寨中有池塘两处，荷花池和神牛池，四季不干。拉片村一、二组古寨是典型山地聚落，从村落选址和山水环境分析来看，反映了一幅山、林、田、塘、寨组成的山地聚落文化景观，独特的风水格局显示着先辈们顺应自然和利用自然的智慧。

传统建筑

村落传统建筑为干阑式木结构传统建筑，大部分保护完好，其中不乏百年以上传统建筑。

建筑群：古寨民居建筑群体保存完好。建筑形态与山体形态一致，保持了建筑与自然环境的有机融合，建筑群体轮廓的走势充分体现了与自然山体坡度形态的一致性。

建筑空间：以"左—中—右"的横向间的空间序列关系，形成以堂屋为中心，三开间退堂式的居住平面，生活面置于二层，以"一"字屋为主的建筑类型。

结构形式：以木结构穿斗式为主。建筑层数多为两层，一层为主要的储藏、畜牧空间，二层为居住空间。

建筑材料：主要包括木材、石材、夯

传统民居

土、小青瓦等。屋顶为悬山顶和歇山顶两种，檐口装饰较为简单。清朝民居石木雕刻精细，每个建筑匠心独具，石柱子、石雕、石刻、房檐、窗花等雕工精细，栩栩如生。

拉片村一、二组平面图

民族文化

拉片村民族文化是村民在长期的观察自然、改造自然、社交活动、宗教活动、口头文艺创作等多方面的活动中积累的人文成果，具有娱乐性、技术性、固定性、特定环境性等特点并得以流传。

猴鼓舞：国家级非物质文化遗产。瑶族猴鼓舞蹈语称"玖格朗"，源于荔波县瑶山瑶族的先民从广西迁徙荔波经捞村时，途遇危难被一群山中神猴解危救难并一路保护的传说。后来，瑶民为纪念先祖的迁徙之苦和神猴护送之功，模仿着先祖跋山涉水的情景及神猴攀爬跳跃的神态起舞而形成的舞蹈。久而久之，这种祭祀先祖和纪念神猴的舞蹈演化为瑶族丧葬祭祀活动中的一个重要仪式。

打猎舞：省级非物质文化遗产。打猎舞是瑶族最为精彩且别具民族风格的舞蹈

陀螺竞技

猴鼓舞

之一。"打猎舞"在瑶族称为"熟九"，旧时用于丧葬椎牛祭祀和夜间守灵娱乐，模仿各种动物姿势。融舞蹈与棍术于一炉，动作刚健有力，紧张激烈，扣人心弦。中华人民共和国成立后加工改编成打猎舞，曾出席县、州、省以及全国民族体育、文艺会演，深受好评。

瑶族节庆：瑶族的传统节日，以过大年（春节）和七月半较为普遍。瑶山地区过大年以正月初一和十五这两天较隆重。节日期间村村寨寨广泛开展打陀螺玩年，因此，瑶山的年节，也称为"陀螺节"。节日里家家备酒办菜祭祀祖宗，家人团聚，或互相走访玩乐。

瑶族手工艺品：拉片村瑶族人民自己

纺线工艺

瑶王府

纺线、织布，自己印染，织出的料子可缝制衣裙。瑶族的蜡染刺绣是很古老的手工艺，一些纯手工做出来的民间布艺成了拉片村的一大特色手工艺品。

人文史迹

瑶王府：原瑶王府遗址，位于拉片村一、二组，始建于清朝年间，在政府大力支持下，村民按传统建筑风貌新建瑶王府一座，面向睡佛山，立于村落最高处。

禾仓群：储藏稻谷、玉米等农产品，底层架空，二层储物，柱子套上陶罐达到防潮防虫的效果。

太阳铜鼓：铜鼓是瑶族民族歌舞表演的重要乐器之一，村内一直保存有多个铜鼓，每逢佳节，拉片村都会举办歌舞表演活动庆贺节日。

瑶王印：即瑶王印章，伴随荔波县瑶族历史兴衰发展至今。现存于瑶山瑶族乡拉片村民族文化传承基地保存展览。

太阳神鼓

瑶王印

保护价值

村寨保留完好的村落形态、建筑风貌和民风民俗皆是当今研究和追溯荔波瑶族形成与发展的重要支撑，拉片村的村民从生活中积淀的生活方式、生产方式和娱乐方式发展至今成了瑶族丰富宝贵的民族文化，是先辈留传给我们的重要生活生产经验，对瑶族多元发展具有醇厚馨香的文化价值。

古寨发展至今，保留完整，形态优美，证明其选址、建筑形式、街巷空间和文化遗产颇具科学性，为我们更科学地选择居住地址，抵御各类灾害的建筑形式、风格等提供了科学参考依据。同时，也启示我们更应该顺应和尊重自然。

荔波县拉片村一、二组保存了相对完整的、真实的历史遗存，丰富的物质文化和非物质文化是瑶族先辈智慧和才智的结晶，是对拉片村瑶族文化的历史见证，亦是荔波县瑶族村落的典型代表。

杨　洋　杨　硕　编

禾仓群

黔南布依族苗族自治州三都水族自治县中和镇拉佑村鲁寨组

拉佑村鲁寨组全景

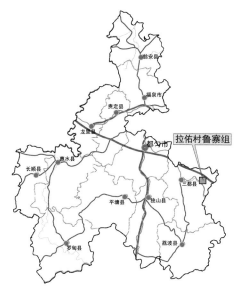

拉佑村鲁寨组区位示意图

总体概况

拉佑村位于三都水族自治县中和镇北部，距镇政府驻地6公里，距水龙社区3公里，距206省道2公里。鲁寨组位于拉佑村东北部，寨内共计有43户，301人。从中和镇可沿206省道和通村路到达鲁寨组。据记载，鲁寨组至今已有200多年历史，是水族聚集地，村落祖辈因避开战乱从江西迁徙于此，其文化延续至今。

2019年鲁寨组列入第五批中国传统村落名录。

村落特色

鲁寨组坐落在植被茂密的原始山林里，平均海拔680米。三面环山，绿树成荫，古木环绕，有良好的生态格局。村寨内的民居按照等高线联排建设，聚集在村寨中部；一条通组路贯穿村寨东西，同时多条疏密有致的步道连接在主路上，多为水泥台阶或坡道，局部为原始土路和青石路，连接每家每户。村寨内有平缓的坡道，幽深的巷道，地势高低起伏，形成错落有致的格局，非常丰富。呈现出"山中有村，树中有村"的景象。是集自然山水，田园风光于一体的村寨景观。

传统民居

传统建筑

鲁寨组民居建筑顺着山势而建，主要为传统的"干阑式"建筑。整个村寨民居建筑高低有序，错落有致。鲁寨组的民居多为单体两层建筑，有少部分为单体三层建筑。由于鲁寨组民居建筑为两至三层建筑，都设置有楼梯。楼梯形式主要分为两种：一种为木制楼梯，一种为石制楼梯。楼梯多设置在建筑物的正面或者侧面，木质楼梯多为木板搭建而成，原料都从本地

可以获得；石制的楼梯当地称之为"马条"，其为长方体石块，是由匠人们从石块中凿出来的一个没有断层整体。建筑的一层一般作为厨房、猪牛圈，堆放木柴、放置碓磨等农用具；二层外部设置走廊，正中是堂屋，内设神龛；堂屋一侧是卧室，另一侧设火堂，用于会客、休息或吃饭。建筑的窗户均与走廊同侧，窗子的大小并不固定，窗门均为向内开启。

民族文化

鲁寨组是以水族为主的传统村落，几百年来也形成了自身传统的民族文化。

水族马尾绣：水族马尾绣是水族妇女世代传承的、最古老、最具民族特色的，以马尾作为重要原材料的一种特殊刺绣技艺；制作过程烦琐复杂，成品古色古香，华美精致，结实耐用。刺绣图案古朴、典雅、抽象；工艺独特、独树一帜，堪称世界一绝。绣品上缀有铜饰，状似古代钱

村寨周边环境

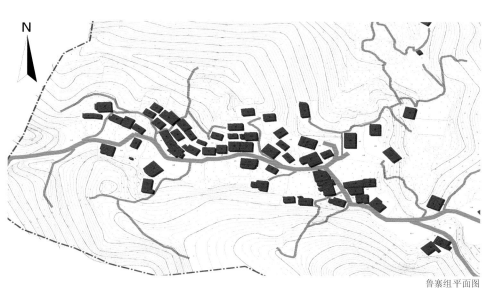

鲁寨组平面图

币，薄薄的直径只有黄豆大小，以红线穿贴于马尾绣片里，如星星点点的小花，除了作装饰外，水族同胞还认为铜有驱邪避凶的功能。水族马尾绣是研究水族民俗、民风、图腾崇拜及民族文化的珍贵艺术资料。马尾绣是水族地区一种现存最古老而又最具有生命力的原始艺术，被称为刺绣的"活化石"，是研究水族民俗、民风、图腾崇拜及民族文化的珍贵艺术资料。

水族马尾绣

水书：水族的文字是由水书先生代代相传，其形状类似甲骨文和金文，主要用来记载水族的天文、历法、地理、宗教、民俗、伦理、哲学等文化信息。从用途、使用功能方面把水书分为两大类，一类是"白书"，主要用于丧葬、祭祀、生产、经商、嫁娶、占卜、营建、出行、节令等方面；另一类是"黑书"，又称"水书秘籍"。

纺织：水族的纺织和印染技术有相当高的水平。百余年前就已闻名远近的"水家布"，其纱质细，织工精细均匀，染色深透，耐洗不褪色。水族的纺织除平纹布外，他们还能织出"人字纹""斜纹""花椒纹"和"方格纹"等多种纹样。

水族剪纸：水族妇女剪纸是随着服装的装饰需要而产生的，主要用作刺绣花的底样，常见的有围腰花、衣袖花、衣肩花、背扇花、小孩帽花、鞋花等。其生活气息浓厚，风格朴实，具有鲜明的民族特色。水族剪纸的内容非常丰富，题材绝大部分取于生活，主要以人物、花鸟、瓜果、鱼虫、走兽以及几何纹样等。

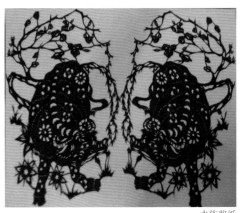
水族剪纸

水族婚嫁

水族嫁娶：水族嫁娶分为说媒、小酒（定亲）、大酒（结婚）等流程。说媒：男方请会说话、有威望的媒人到女方家说媒；小酒（定亲）：青年男女相爱之后，先托人告诉双方家长。若家长表示愿意，男方才请媒人去女家送礼定亲，并择定吉日，派人抬着猪仔去女家"吃小酒"，双方家庭及亲戚朋友聚在一起喝小酒，同时意味着这门亲事定下来了；正式迎亲时，再抬大猪到女家"吃大酒"。酒宴上要唱敬酒歌，女主人每唱一首歌，客人就得干一杯酒，以喝醉来表现主人的盛情。大酒（结婚）：水族结婚只有经过吃大酒（结婚），才算是真正的结婚。

迎亲时，一般是新娘于中午出娘家门，傍晚六七点钟进夫家门，吉时不到，不得进门。新郎家的亲人在新娘进门时，要外出回避，直到等新娘进屋后才能回家。新婚之夜，伴娘与新娘同宿，第二天新娘即回门去娘家住。婚期之后，新郎再去请新娘回来，开始夫妻的共同生活。

水族敬霞节

敬霞节：敬霞节水语称"敬霞"，是水族四大传统节日之一。"敬霞"是敬拜雨神，祈求天上雨神给人间降雨。敬霞节是以血缘家庭为单位，各村寨联合祈雨的原始宗教活动。敬霞这天，各支系由德高望重者领队，抬着猪肉、糯米饭、米酒等食品列队进入霞堂。一路上铜鼓、铜锣、钦、革鼓被敲得冬嚓冬嚓响，人们跟在后面吆喝着前进。祭典开始，由水书先生念读敬霞的祝词，内容多为祈福消灾、期冀风调雨顺、人寿年丰之类。之后由两个身穿白衣的小伙子抬一母猪到田坝中绕行，同时刺激猪的尾部，使它发出噪叫声。围观的人尽情地用竹片屏水和撮稀泥向抬猪者洒淋过去。种种逗趣结束之后，

水书先生再度念读咒词，等待霞神降雨来沐浴。当水书先生念了最后的咒词，祭典才在鼓乐声和欢呼声中结束。

水族端节：水族的端节又叫瓜节，水语称"借端"，是水族地区范围最广，人数最多且历时最长的隆重年节。

人文史迹

古井：村寨内有两口古井，分别位于村寨南面和村内中部。古井均修建于民国后期，相当长的一段时间主要作为寨子的生活用水取水点，随着自来水的建成，古井便成为老一辈的回忆及年轻一代在外的一种"乡愁"。

梯田：村民们利用自己的智慧，结合鲁寨组周边地势，在村寨周边开垦出一片片的梯田，春耕秋收，满足村民的日常生活需求，也为村寨提供了一年四季色彩缤纷的田园景观。

梯田

保护价值

拉佑村鲁寨组距今已有200来年历史，历经时代变迁村落依旧保持原有的风貌。其独特的历史风貌和自然格局，将水族同胞对于村落的建设选址、建造格局时的匠心体现得淋漓尽致，也体现了其较高的历史价值。作为水族地区的水族村寨，在活动细节、衣着服饰上有同其他水族地区同胞有所区别，有着其独有的水族文化。鲁寨组历史文化悠久，民俗活动丰富，民间工艺独特，享誉盛名。鲁寨组历经时代变迁村落依旧保持原有的风貌，有着独特的历史风貌和自然格局，时间和空间环境均体现了其较高的价值。

钱雪瑶 编

祭祀

黔南布依族苗族自治州平塘县金盆街道苗二河村甲乙寨

苗二河村甲乙寨村貌

苗二河村甲乙寨区位示意图

总体概况

苗二河村位于平塘县城东北面，距离县政府约6.8公里，通过906县道半小时可到达三都水族自治县县城。苗二河村甲乙寨共307人，是一个布依族聚居的村寨。苗二河村甲乙寨总面积为2.5平方公里。清代时期，有个打猎人来到此地，口渴之时就发现有一口井，饮过之后觉得此地非常适合居住，便安家在此，之后杨、谢、莫几大家族先后聚居此地，此寨子坐落在两座大山之间，称作甲乙寨。

2019年甲乙寨列入第五批中国传统村落名录。

村落特色

苗二河村甲乙寨传统村落选址遵循中国传统"负阴抱阳、背山面水"理念，选址在山体半坡，位置适中，满足"高毋近旱而水充足，低勿近水而沟防省"的传统选址原则。村寨前是一片水田，便于耕作，符合村落选址的需求。建筑依山就势，顺应自然，呈阶梯状布置，保护环境，节省投资。先辈们在家园选址和建造中始终贯彻顺应地势、人与自然和谐共生的思想。

村寨环境

传统建筑

苗二河村甲乙寨是一个典型的布依族村寨，村内保留传统建筑28栋，占总建筑数量的85%。

甲乙寨村内民居依山傍水而建，因地制宜，就地取材，利用当地木材和石材建造房子，房顶上盖小青瓦。甲乙寨传统民居的建筑结构为典型穿斗式木结构建筑，用穿枋把柱子串起来，形成一榀榀房架，檩条直接搁置在柱头，沿檩条方向，再用斗枋把柱子串联起来，由此而形成屋架。

房屋一般是一开三间，中间是堂屋，两边是卧房，按左大右小排序，左边住老人，右边住年轻人。右边床前不远处一般设有火堂，用于冬天取暖、烤茶、聊天、

传统民居

家庭议事。布依族不在正屋的火堂煮饭、炒菜，厨房在靠正房的旁边搭一偏屋，在正房的墙上打一个四方形洞口，用于传递酒饭、碗筷，极为方便。中堂是布依族敬奉祖先的地方。房屋平面布局上，传统民居强调中轴对称、主次分明。体现了儒家思想的平稳和谐、包容宽纳的审美观念。

其住房分配既讲究实用性又充分体现内外、长幼、主宾的儒家纲常伦理，从而制约和维系着家庭和社会的人际关系。

传统民居

民族文化

甲乙寨保存了大量民族文化习俗，如婚嫁习俗、坛子鱼传统美食、丧葬习俗、布依山歌和布依刺绣等。

婚嫁习俗：村民的传统婚嫁习俗，一般以"父母之命、媒妁之言"为主，但须经男女青年双方同意。订婚时，要杀鸡以确定关系，后由男家择定婚期吉日报给女家。举行婚礼前，男家将连头带尾的半边猪肉、衣服、财礼等送交女家，数量多少视男家财力状况并征求女家同意而定。有女无子之家，可招婿入赘，但需立字据，

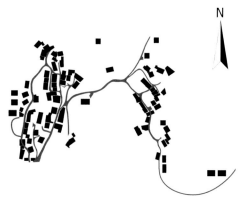

甲乙寨平面图

传统美食坛子鱼

入赘顶姓，继承产业，三代后是否还宗，由自己决定，不予强求。

传统美食坛子鱼：坛子鱼是平塘县一道著名的美食，因其使用坛子为锅进行烹饪而得名，然而坛子并非完整的坛子，而是坛子经过竖向切割后形成一个盘子形状的容器用来烹制和装盛。坛子鱼制作流程主要分为三步：第一步是将活鱼处理后，放油锅煎炸，炸至金黄捞出放入坛锅；第二步是在铁锅内制作好汤料；最后一步则是将制作好的汤料倒入盛鱼的坛锅中，加适量高汤文火烧开30分钟，待汤汁入味后，即可食用。烹饪坛子鱼讲究鱼肉的新鲜、汤料里独家熬制的酱料以及烹制用的木炭火，一坛美味地道的坛子鱼此三者缺一不可，布依族原生态的烹饪技艺在坛子鱼这道独特美食中体现得淋漓尽致。

布依山歌：无现成唱本，皆即兴抒发情感，陈述喜怒哀乐，表达相互爱慕，寻觅知音。山歌音调高扬，节奏悠长，比兴风趣，调侃诙谐。其唱法有独唱、对唱、盘歌等形式。

布依刺绣：布依族刺绣历史悠久，多姿多彩、独树一帜，是国家民间非物质文化遗产的重要组成部分之一。布依族刺绣技艺出神入化，包括了平绣、绉绣、缠绣、挑绣等多种手法。刺绣花纹栩栩如生，绣工严谨，技艺精巧，色调和谐。布依刺绣通常用于制作服饰、背带、围腰等

布依刺绣

帐檐、被面、枕套、头帕、荷包、鞋面、手帕等，是布依族姑娘心爱的工艺品，也是家家户户日常的生活用品。尤其是在图案创作上，布依族刺绣具有高度的自由性和原创性，刺绣图案没有固定的样式，绣娘们通常是见山绣山，见水绣水、见花绣花、见鸟绣鸟，在他们高超的手法下，每个刺绣作品都是独一无二的。

古巷道

古墓

人文史迹

苗二河村甲乙寨内有丰富的人文史迹，这些人文史迹充分地反映了甲乙寨一直以来的生活方式、生活特点，是甲乙寨布依族世界观、价值观的体现。

古井：村内现存两口古井，占地共10余平方米，泉水清冽，由地下喷涌而出百余年来从未中断，至今仍然作为村内饮用水的重要水源，保存完整。村内对其中一口古井有着崇拜与信仰，相传旧时民间，由于炊具的缺少，适逢村民家中红白喜事，可至井处打"欠条"烧香"借碗"，第二天便有碗出现在井旁。

古墓：村内现存13处古墓，最早的可追溯至清朝乾隆时期。

古巷道：苗二河村甲乙寨内至今保留着部分古巷道，至今仍为石板材质。古巷道的分布体现了传统村落的发展格局，展现着村落的传统风貌。

古树：村内现存5棵古树，树龄最长的

古井

逾数百年，人们除了对古树保护，也产生了崇拜的心理。人们潜意识的把古树当成心灵的寄托，视其为村里面的守护神，每当过年过节的时候都缠绕红布于其上。对于树木的崇拜自古就有，除了其树龄以外，更多寄托了一种故乡的情感。其中一棵古树下有一个"菩萨"，每逢重要庆典节日或村民家中有寄托之事都会到树下祭拜。

保护价值

苗二河村甲乙寨具有丰富的物质文化和非物质文化遗存，是布依寨文化的活载体。布依族由古代僚人演变而来，村落的历史古迹、家谱、传统民居、歌曲、传统技艺等不仅反映了清代至今布依族的生活习俗、民族信仰，更体现了一个族群在历史的变迁中不断演化、建构自身独特文化的过程。具有较高的历史价值。

村落布局反映了由传统风水理念及防护、农业生活实际需要相结合而产生的平塘地区的代表性的乡土景观。其古建筑群集技术与艺术于一体，是民居建筑的精品。村落内部的建筑和街巷的结构、材料和施工工艺代表了当时当地的建筑成就，整个村寨的营造是古代建筑技术与艺术融合的典范。整个村寨具有较高的艺术价值。

莫军强 陈隆诗 编

村寨环境

黔南布依族苗族自治州三都水族自治县三合街道姑挂村姑鲁寨

姑挂村姑鲁寨全貌

姑挂村姑鲁寨区位示意图

总体概况

姑挂村位于三都县城南面，通过206省道15分钟可到达三都县城，距离县政府约8公里。姑挂村姑鲁寨共325人，是一个苗族村寨，村域总面积为9平方公里。姑鲁寨苗族本来生活在姑鲁寨北侧的山上，以打猎为生，后来姑鲁祖先沿迁徙河两侧开垦水田，为了农业生产就近，生活用水方便，于是"逐田而居绿水旁"，清末年间举寨迁徙，形成了现今的姑鲁寨沿迁徙河两侧分布的村落格局，距今约有100多年历史。

2016年姑鲁寨列入第四批中国传统村落名录。

村落特色

姑鲁寨传统村落坐落于高山深谷之中，寨中有迁徙河穿寨而过。姑鲁寨传统村落由三个苗族自然寨组成，它们呈三寨鼎立之势分布在迁徙河的两侧，村寨最主要的活动空间斗牛场也临近水边，被寨子和河水所包围。村落建设依山就势，或隐于山坳，或坐落山脊，民居顺应等高线层叠分布在苍翠的山间，寨旁古树矗立其中，一直守护着寨内的祥和安宁。

传统民居之一

传统民居之二

传统建筑

姑鲁寨是个典型的苗族村寨，村内保留了大量的传统苗族民居建筑，主要是干阑木楼约有58栋，占村庄建筑总数的80%。现有98%传统建筑仍在使用。村寨内，用木柱支托、凿木穿枋、衔接扣合、立架为屋、四壁横板、两端偏厦的干阑木楼举目皆是。

村寨内的民居多为穿斗式干阑木楼，村民仍沿用半干阑吊脚楼的建造方式。建筑在空间的划分上十分自由，但也遵循着一定的布局模式，即各功能空间的布置以堂屋为中心，其他功能空间围绕堂屋进行布局，形成一组完整的功能空间，展现出堂屋作为全家核心空间的凝聚力。

粮仓：粮仓为纯木结构的四层阁楼，五层重檐攒尖顶。粮仓一层用来存放粮食，下面由四个大缸支撑，既可以架空建筑底层达到通风防潮的效果，又可以利用大缸的光滑表面防止老鼠偷食；上部采用阁楼式，便于通风和存取粮食。

村寨环境

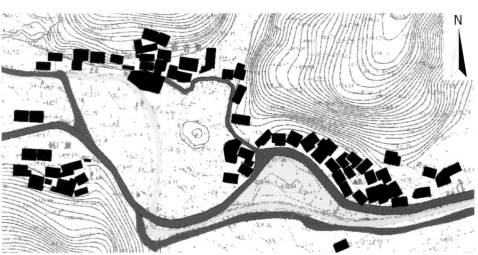

姑鲁寨平面图

粮仓

斗牛

产蛋崖

粽粑节

民族文化

依托姑鲁寨传统村落存在的非物质文化遗产在村落形成的过程中就一直存在，主要是依托姑鲁寨为物质载体形成的苗族文化习俗，包括苗族语言、苗族服饰、传统节日、传统技艺、传统歌舞等。

粽粑节：姑鲁寨有一个独特的传统节日——"粽粑节"，姑鲁苗族的"粽粑节"大概在每年的农历三月份左右。"粽粑节"来源于姑鲁苗族对祖先的纪念，相传姑鲁苗族的祖先掉在水井里面后，因水深没法打捞上来，姑鲁后人为了祭奠自己的祖先，便以粽子来纪念。

传统服饰：以苗家自己制作的亮布为原材料，后期手工蜡染，刺绣上精美的花样，加上华美流苏、银铃铛、彩色珠串等装饰，还配有各种做工精美且复杂的头饰、项圈、手镯手工银饰。

斗牛：苗族人民有牛图腾崇拜的文化，斗牛是其图腾崇拜的一种表现形式。姑鲁苗族斗牛一般在农历三月份的"粽粑节"及春节期间举行。

芦笙舞：跳芦笙舞又叫"跳月"，是苗族重要的传统文化娱乐项目。姑鲁人现在最为盛大的芦笙舞在"粽粑节"举行，参加跳芦笙舞的人们身着节日盛装，聚在一起，吹奏芦笙，配合着苗族特有的舞蹈动作，边吹边舞，每个类型每种音列的芦笙，又都有高、中、低音三种规格。

人文史迹

产蛋崖：姑鲁寨有一处陡峭的山崖，山崖崖壁上露出许多"石头蛋"，"石头蛋"质地坚硬光滑，表面布满如树木断面年轮般的纹路。被当地人称为石头下蛋。据当地老人讲30年才脱落一枚。至今村中保存着历代产下的"石蛋"68颗。目前有一颗"石蛋"已进入了预产区。三都县悬赏50万元破解这个自然之谜，但至今无人破谜获奖。这个奇特的自然现象，吸引着越来越多的科学研究者和游客。自2009年起，姑鲁寨凭借着"产蛋崖"这一神奇的自然资源，发展至今已经形成初具规模的姑鲁寨产蛋崖景区。

斗牛场：斗牛场是苗族过节斗牛的场所，姑鲁寨斗牛场自村寨形成之初就已存在。斗牛场在节日时作为斗牛活动场地，在平时依然作为农田耕种，体现了姑鲁苗族对土地的灵活使用和集约化利用。现状斗牛场为村落南侧一处几块较为平坦的稻田，面积大约2000平方米，四周高低不平的梯田则作为斗牛活动时的观众席。

岩菩萨：岩菩萨即"土地庙"，是苗族为感恩土地赐予他们赖以生存的粮食而修建的，村寨内岩菩萨一共有三处，分别位于三个组团内，它体现了苗族人对土地的感恩、敬畏之心。每到逢年过节时，人们为了感恩和祈福，都会在"土地庙"前烧上一叠纸钱、三炷香，以感谢土地的赐予和祈祷来年的丰收。

族谱碑：姑鲁吴氏族谱修建在姑鲁凉亭里，为长方形石碑。此碑立于20世纪50年代，上面记载了姑挂村姑鲁寨吴氏族谱。

寨门：寨门位于村寨的西北角、迁徙河岸边，靠近岩菩萨，一旁为古桂花树。寨门为木结构悬山形式，刻有苗文。

吴氏族谱碑

保护价值

姑鲁寨保存了贵州苗族村寨较为完整、真实的历史遗存，附带了大量历史文化信息，完整地体现了当地传统民风民俗，体现了自清代以来该地区的生活方式和文化特色，有较高的历史价值。

姑鲁寨的村寨环境、建筑格局和吊脚楼民居都相对完好地保留了下来，并保持了较高的原真性，能很好地体现当地传统苗族村落的整体格局和建造技艺，具有很高的科学研究价值和艺术价值。

莫军强 陈隆诗 编

苗族服饰

寨门

黔南布依族苗族自治州三都水族自治县都江镇岩捞村万响寨

岩捞村万响寨全景

岩捞村万响寨区位示意图

总体概况

　　岩捞村万响寨位于三都水族自治县都江镇西北部，距镇政府所在地16公里，距县城22公里，由县城向东沿356国道转乡道可达到万响寨。岩捞村全村458户，共计1909人，是一个以苗族为主的村落，村域总面积为29平方公里。村落形成最初是由其先祖在清初期从雷山县西江逃荒至此，距今已有近300年的历史。

　　2019年岩捞村万响寨列入第五批中国传统村落名录。

村落特色

　　万响寨虽地处地势险峻的丛山之中，但依山傍水，水资源十分丰富，周边环境绿意盎然。山、林、水田与青瓦覆盖的传统民居建筑互为衬托，交相辉映，浑然一体，环境优美，传统风貌保持情况良好。整体选址上讲究背靠山林、面对河流、聚族而居的传统。村落建于半山地势较高处，依山而建，背山面水，良田相依。村落内建筑东西错落、南北延展，成组成团，形成"天人合一"的宜人、朴实、优美的独特人居环境。整体看，万响寨外围青山环绕，树林、竹林等山林植被生长茂

传统民居

传统民居

盛，打鱼河蜿蜒而过；村落内良田与建筑紧密相连，既便于生产，也利于生活；整个村寨形成了山水相互映衬，寨、田浑然一体。

传统建筑

　　万响寨传统村落内民居大都传承着苗族传统民居的特色和风格，村落内建筑多依山地斜坡向上而建，建筑多以吊脚楼为主。吊脚高度从三～四米至七～八米不等，充分体现着因地制宜、因地取材的建筑智慧。传统建筑以木结构为主，立柱、穿枋、楼板、檩椽、内外墙板等都是木制构建，从民居装修的细节看，精致的苗家"吊脚楼"三面走廊环绕之上又配以飞檐翘角，更有喜字格、万字格、亚字格等象征吉祥如意的图案作为窗户花样；八方形、八棱形的栏杆悬柱底端也常雕饰绣球、金瓜等；更有苗族民居突出的美人靠栏杆；屋顶居中位置利用小青瓦盖"铜钱式"的宝顶，山墙面屋檐下檐板处会加以装饰，多以鱼的形状为主。吊脚楼正梁中央普遍存在一神秘象征符号，符泻呈圆形，分内外两层，外圈为朱红或墨汁绘就，中心则用红色，如一"卵"形，整个符号形状十分古拙。这种神秘古拙的符号乃是宇宙起源的象征符号，它包含着苗族人对天地开辟、人类发祥的古远追忆。

万响寨平面图

寨田景观

民族文化

苗族吃新节："吃新节"也叫"新米节"，是苗族继"粽粑节"之后的又一个极为隆重的节日。当天晚上，家家户户都举行着庄严而隆重的祭祖活动，因为在苗族人心中，是祖先庇佑他们平安吉祥、繁荣昌盛、喜庆丰收，为感谢祖先的恩惠，苗族家家户户都在这天把祖先的神灵邀请到家来一起过节。

苗族芦笙舞：芦笙舞体现了生活在贵州黔南大地上的白领苗，是个集崇拜祖先、崇拜月亮等复合体于一身的民族，是一个歌舞的民族，一个艺术的民族；用舞蹈跺响生活的节拍、用芦笙奏出生命的旋律、用服饰记载历史的辉煌、用歌声唱出大自然的和谐。

苗族铜鼓舞：万响寨苗族铜鼓舞，就是以铜鼓敲击作为伴奏而跳的苗族民间传

铜鼓舞

芦笙舞

斗牛

统舞蹈，千百年来流传至今，是苗族逢年过节、喜庆日子、部分丧事等最为常见的舞蹈之一。他们视铜鼓为至高无上的权力象征，舞蹈自然也就成为苗族同胞人人向往、个个追求的舞蹈了。

苗族斗牛：斗牛是苗族传统的民俗活动，是指人们让两头水牯牛以角相抵斗以争胜论负的活动，被称之为"东方式斗牛"。岩捞斗牛，体现的是家族凝聚力、社会凝聚力、家庭荣誉感的增强。

吃新节

寨后竹林

人文史迹

古树：万响寨传统村落周围山林植被茂密，生态环境优良，在村落内现保存着5棵古树。5棵古树都已经超过150年，甚至有的达到600年。目前，古树长势都良好，枝繁叶茂。

晾晒台：由于村落依山而建，地势相对陡峭，村落内难以形成较为平坦的晒场，民居主要结合房前屋后地形，以木材为柱子搭建长宽2～3米的简易晾晒台。晾晒台以木条或树皮铺装，需要晾晒谷物时先铺垫凉席。晾晒台建于房前屋后既有利于谷物晾晒，又便于农户收存。村落内现保存晾晒台9处。

竹林：以楠竹为主，长势茂密，竹径粗壮，排列错落有致。漫步在竹林里，微风轻轻吹来，清新淡雅的气息随之扑面而来，竹叶间轻轻地敲打着节拍，听着天然的轻音乐，使疲惫的身体得到彻底的放松。

打鱼河：都柳江的支流，河面宽阔，河水清澈，两岸河谷狭窄，风光优美。位于万响寨至打渔村的河段可满足通行木船和放木。历史上，万响寨的竹子砍伐后就通过打鱼河放木到原打鱼乡集镇进行交易。

粮仓：万响寨传统村落粮仓主要结合

粮仓

依托各民居分散布置，大部分现依然为居民所使用，村落内现存粮仓12处。

保护价值

万响寨传统村落历史悠久，他们在长期的历史过程中，传承了苗族吊脚楼、苗族语言、苗族歌曲、苗族习俗、苗族服饰、苗族祭祀与节庆、苗族耕作方式等丰富多彩的苗族文化。而传统的苗族村落则是这一切历史文化的实质载体，承载着苗族古往今来的历史文化。万响寨苗族传统村落是苗族文化的符号、象征与标志，他们遵循着代代相传的苗族风水学，聚族而居、依山傍水、背靠大山、寨前有水，这种方式体现了苗族传统村落的形态语言与

打鱼河

生活智慧。优美的田园、耸拔的高山、良好的生态植被、蜿蜒的村巷道路，无一不彰显苗族传统村落迷人的民族文化内涵。万响寨传统村落的吊脚楼、节日庆典、传统民俗等都已经转换成苗族文化的自然语言，承载着苗族原生态的信息，成为苗族文化的载体。

杨 洋 编

斗牛场

晾晒台

黔南布依族苗族自治州三都水族自治县大河镇敖寨村敖寨大寨

敖寨村敖寨大寨全貌

敖寨村敖寨大寨区位示意图

总体概况

敖寨村位于三都水族自治县大河镇丰乐片区西北面,敖寨大寨位于敖寨村的东面,距离大河镇政府有18公里,距离三都水族自治县县城约28公里。敖寨大寨通过乡村道路连接901县道可到达三都水族自治县县城。敖寨大寨是一个汇聚了多民族的村落,村寨内主要民族以布依族为主,还有少数水族和苗族的居民。全寨共有67户,324人。民国时期,该村落杨氏先辈从江西迁徙至丹寨杨家坡,后嫡系子孙迫于生存迁徙至敖寨村。敖寨村村域国土面积为33.71平方公里。

2019年敖寨大寨列入第五批中国传统村落名录。

村落特色

敖寨大寨位于半山腰上,四周山林环绕,具有布依族特色的干阑式建筑掩映在树林间;建筑与古树相互映衬,充满着自然和谐的气息。整个村庄显得古朴深幽,形成了"村在林中,林在村中,树在家中"的景象。在村落空间的布局方面,村寨内的建筑依山而建,村郊小道交错复杂,形成蜿蜒曲折的巷道。民居建筑较为集中,周边只有零星分布的几栋建筑。建筑的建造都以不破坏自然环境为前提,结

合民族特色,采用的处理手法非常丰富,形成了独具特色的传统民居建筑。整个村落形成了高低不同、错落有致的建筑群;有平缓的坡道,幽深的巷道,巷、弄、住宅等都较好地保留了布依族传统建筑风貌与历史格局,突出了村寨格局及建造的独具匠心。

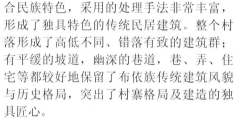

传统民居

传统建筑

敖寨大寨的民居以布依族的传统建筑风格为主,多为悬山式穿斗挑梁木架的建筑,屋顶以青瓦覆盖。大部分民居建筑为两层建筑,一层的内部一般不做分割,主要作为杂物间及圈房,用于堆放杂物及饲养家畜。在房屋外部设置楼梯连接一楼与二楼。楼梯一般为木梯或者石板阶梯。顺着楼梯上到二楼:二层外面设置外部走廊,宽度约为一米,走廊外设置有围栏,可供居民晾晒衣物、食物或者休憩使用;

传统民居

传统民居

中间为堂屋,左右两侧则隔为两间作卧室、餐厅。敖寨大寨的民居是典型的上面住人、下面圈养牲畜的西南地区少数民族建筑。这样的建筑形式,能够有效隔绝居住环境的潮湿,同时也能防止蛇虫鼠蚁进入居住的房间内。整个村寨的布依族建筑风貌,具有少数民族建筑特色以及一定的历史文化价值。

村寨与农田

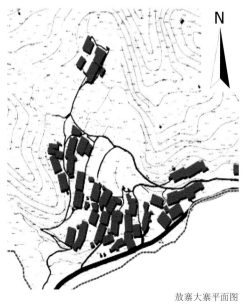

敖寨大寨平面图

民族文化

敖寨大寨作为一个以布依族为主的少数民族村寨，主要保留下的是布依族的民族文化和风情，有布依族唱酒歌、布依族唢呐、祭祀崇礼等民族风俗文化。

布依族唱酒歌：布依族是个很好客的民族，习惯性的以酒待客。在接待宾客、敬酒的时候，布依族人民都会用唱酒歌的形式，来表达对宾客的欢迎以及祝福。主人在歌中对宾客的来临表示热烈欢迎；客人也以歌相答，对主人的热情款待表示衷心感谢。歌词内容包含着团结互助，友好往来的精神，还带有一种农家淳厚、简朴、恬适的古风。布依族酒歌丰富多彩，各种场合都有各种不同的表现方式。酒歌的内容无所不包，诸如开天辟地，日月星辰，民族族源、历史，山川草木，乃至对村寨及主人的称赞等。唱酒歌作为节日庆典时热闹气氛而诞生，保留完好、反映了传统村落的精神信仰。每次节庆欢愉的时光都伴随着唱酒歌的响起，歌声里深含民族的文化，都是民族情感的表达，是布依族历史与生活的展示。

布依族唱酒歌

布依族唢呐：布依族的唢呐，曲调婉转、悠扬，村民们称之为会说话的工具。它能把人的意思表达得淋漓尽致，其作用超越了历史时空，超越了族群，甚至超越了国界，成为人类最为珍贵的文化遗产。唢呐发音高亢、嘹亮，过去多应用在民间的吹歌会、秧歌会、鼓乐班和地方曲艺、戏曲的伴奏中。经过不断发展，丰富了演奏技巧，提高了表现力，已成为一件具有特色的独奏乐器，多用于民族乐队合奏或戏曲、歌舞伴奏。

吹唢呐的村民

祭祀崇礼：布依族是一个自然崇拜、祖先崇拜和多神信仰的民族。祭祀活动起源极早，且内容丰富，独具民族特色。布依族先民的祭祀活动庄严神圣，除祭以猪、牛、羊之外，还要击鼓奏乐，仪式非常隆重。布依族的祭祀是一种群体的共同仪式，这种共同仪式体现出了一种"集体效忠"。这种文化情感的再现与再确定，人们通过聚集在一起举行祭祀仪式，是为了显示进一步加强他们彼此认同和凝聚。同时，这种祭祀仪式也作为一种原始古老的生活习惯，通过食物祭祀来表达当地居民对来年五谷丰登，风调雨顺的向往。

布依族祭祀

人文史迹

古树：敖寨大寨位于半山腰上，村寨周围丛林密布，植被茂密。村寨中还有近百年的古树，主要为红豆杉和松树。树干挺拔，树枝繁茂，为村民提供纳凉歇息的好去处。

土地庙：村寨内还保留着土地庙，坐落于村中的小溪旁，用砖块垒砌围合而成。村民日常会带着祭拜土地公的香烛和祭祀品前去土地庙中，祈求风调雨顺，年年丰收。

古树

古巷道：村寨内还保存着蜿蜒曲折的古巷道，石板铺成的路面，附着着时光留下青苔，漫步在巷道之上，穿过民居与山体之间，悠然自得。

古对窝：对窝是一种古老的农作器具，古人用于捣米，帮助米粒脱离谷壳。现在有了先进的现代农作器具后，对窝作为古老农耕时代的代表流传了下来。

土地庙

古对窝

保护价值

敖寨大寨历经时代变迁，村落依旧保持原有的风貌，有着独特的历史风貌和自然格局。布依族同胞对于村落的建设选址、建造格局体现得淋漓尽致。当地的民居建筑体现了民间传统的建筑艺术水准。作为以布依族为主的民族村寨，村落的饮食、建筑、生产工具上具有独特的民族特色和地方特性；其艺术、风俗和传统等精神文化也极具特色。它们承载着民族独特的风俗和区域典型的文化，反映了民族历史发展的水平。布依族同胞的生活方式在这里世代相袭，是现代社会文明中对民族历史的补充以及展示；同时也在一个水族地区的布依族村落展示了我国民族之间的和谐共生、相互包容。

钱雪瑶 编

临村小溪

黔南布依族苗族自治州三都水族自治县中和镇科寨村

科寨村全景

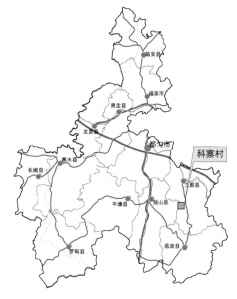

科寨村区位示意图

总体概况

科寨村位于三都水族自治县中和镇东南部，距社区服务中心7.5公里，距县城25公里，由县城向南经243国道转乡道可到达科寨村。科寨村核心保护区内有248户，共计1070人，是一个水族村落，村域面积为10平方公里。村落形成是由与其祖先因避开战乱迁徙，清初期从廷牌新仰至科寨，迁徙到此后繁衍生息，距今已有300余年。

2019年科寨村列入第五批中国传统村落名录。

村落特色

科寨村落的空间格局整体呈现"依山就势、大聚集、小分散"的格局。寨内建筑依山形就地势顺等高线延伸，自西北向东南的通村公路穿寨而过，结合科寨沟、田园、山体等自然资源要素将村寨分割构成大小形态不一、相对独立的三个片区。村落经长期自由发展逐渐形成，具有典型的"自然生长"的村寨布局特征。清澈见底的科寨沟将科寨紧紧环绕，沿河沟两岸及低洼地段为鱼塘和成片肥沃的水田；在坡度较缓的地方为居民的耕种土地；科寨民居沿河岸、依山就势、自下而上布置于低洼及缓坡地段，层次分明；浓郁的山林高高耸立在村落背面，形成了天然的保护屏障，世代守护着村落。

村寨风貌

传统民居

传统民居

传统建筑

村寨地处黔南水族聚居的区域，境内气候温和，水热条件优越，空气相对湿度大，以及土地有机质积累较多，适宜林木生长。因此，科寨水族传统民居一般选择木料作为主要建筑材料，用木柱支托、凿木穿枋、衔接扣合、立架为屋、四壁横板、两端做偏厦。科寨民居具有典型平面基本单元，包括有可以满足生产活动和生活居住习俗基本要求的各功能空间组成，它们是：（1）垂直交通联系功能的楼梯空间；（2）具有接待来宾及炊烤兼备的生活起居功能的火塘间；（3）必不可少的家人寝卧休息空间；（4）其他辅助空间。上述各基本功能空间在进行平面组合时，可以将其在一个开间柱网内，自宽廊向纵深方向穿套布置完成；也可以随居住要求的完善，扩展成为两开间或多开间，单元组合自由衍生。

民族文化

端节：是科寨水族一年中最重大的节日。是以水书水历推算出来的，水族的历法和端节，准确诠释了汉字"年"，"谷熟也"的本义。端节至今仍以活态方式世代传承，与村落密切相关。传承活动内容与形式主要有祭祀祖先、赛马、民歌对唱及敲铜鼓等。

水族服饰：水族在服饰色彩上的特殊审美观，一方面是与他们谦恭含蓄，感情内向的伦理道德规范有关；另一方面，他们欣赏的色调与他们生活的绿色自然环境

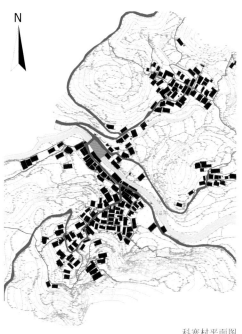

科寨村平面图

是和谐一致的。因为蓝色、青色是冷色，往往同浓荫、清泉等的清爽柔和相一致，在他们心理上产生安定和平之感。

水族铜鼓舞：铜鼓舞以击打铜鼓而舞为特征得名。水族铜鼓舞分男子铜鼓舞和女子铜鼓舞，来源于水族人民的古代祭典活动，原是一种古老的巫师舞，随着时代的发展和人民精神文化生活的需要，它从祭祀中搬到实际生活中，日渐成为水族人民自娱性的民间舞，舞蹈以古朴拙实的风

水书传承

科寨河

马尾绣制作

端节芦笙表演

貌、雄健粗犷的动作、场面既壮观热烈又不乏古朴。

水族马尾绣：马尾绣是水族地区一种现存最古老而又最具有生命力的原始艺术，人称刺绣的"活化石"，是研究水族民俗、民风、图腾崇拜及民族文化的珍贵艺术资料，被视为水族人民智慧的结晶。

水书：在我国56个民族中，有17个民族有自己传统的文字，水书即为其中一种。水书是水族的古文字、水族书籍的通称。它是一种类似于甲骨文和金文的古老文字符号，记载了水族古代天文、民俗、伦理、哲学、美学、法学等文化信息，被誉为象形文字的"活化石"，是象形文字未开发的最后领地。

水族剪纸：水族妇女剪纸是随着服装的装饰需要而产生的，主要用作刺绣花的底样，题材绝大部分取材于生活，图案有人物、花鸟、瓜果、鱼虫、走兽以及几何纹样等。这些都是水族人民生活所熟悉的东西，是劳动人民所喜闻乐见的，反映了水族人民对现实生活热爱和渴求生活美好和幸福的愿望。

人文史迹

古树：寨内古树为百年楠木，长势好，少有人为破坏。古树既是村寨的亮丽风景树，也是寨子的树神，保佑着村民身体健康、生活幸福、生生不息。

古墓：村寨古墓主要建于清朝乾隆和清光绪年间，是水龙村韦氏祖墓。水族古墓是珍贵的民族文化遗产，是展示水族丰

富多彩的民族文化的百科书。

古井：科寨现存古井一口，建于清代，井水曾经是科寨的重要饮用水源，如今村民饮用高位水池所装的水，古井水现在作为补充人饮水，多数时候用作牲口饮用。

科寨河：属珠江流域西江水系，是立场河中的一段。小河一年四季流水潺潺，清澈见底，两岸植被茂盛，期间虫鸣鸟叫，让人心旷神怡。

保护价值

科寨村是一个传统水寨村落，其特有的水语、端节等民族风俗得以保存及发展，为人们展示了水族文化的魅力，具有较高的社会价值。科寨传统建筑与山坡地形契合巧妙，建筑与山水的关系和谐，在历史记录、植物科学、建筑选址等方面具有较高的科学性。同时，一栋栋木楼依山而建，映着苍翠的山色、绿油油的稻田，以及不可或缺的石神、树神、水井、古树，山水风光、山色美景仿佛能走进人们的梦里。这样的水家传统聚落具有极高的艺术价值。

杨　洋　编

水族服饰

古井

古树

黔南布依族苗族自治州三都水族自治县普安镇总奖村总奖大寨

总奖村总奖大寨全貌

总奖村总奖大寨区位示意图

总体概况

总奖村总奖大寨位于普安镇西北面，与相邻东北面丹寨塘中村及乌尧村接壤，西北面与光华村相邻。总奖大寨2018年底有92户，332人，是一个以苗族聚居为主的民族村寨，同时也是一个具有悠久历史且保持完好的一个原生态民族文化村寨。村落环境优美、村容秀美，距普安镇13公里，距三都水族自治县县城35公里，距丹寨县县城20公里，是两县相邻的村。

2019年总奖大寨列入第五批中国传统村落名录。

村落特色

总奖大寨坐落在半山腰上，西和南面围着层层梯田，北面有座挡风山，寨边有条接泉水沟，一口冒水泉井，寨脚离都柳江源头河沟约有300米远，整个寨靠山而居，寨上有几棵上百年的古树，宜人居住。

大寨内全部以民居建筑为主，共有102余栋，建筑大小不一。坐西朝东，背山面水，均为传统的木干阑或干阑全封闭式

建筑。村庄整体环境优美，山、水、田、林、村交相辉映，充分地体现了古人"泽水而居、靠山面水"的选址理念。

传统建筑

总奖大寨是一个典型的苗族村寨，村内传统民居保存较为良好，全寨共保留传统民居建筑面积占比85%。

总奖大寨的民居多为单体两层建筑，主要为穿斗式歇山青瓦顶木构式，屋顶居中位置盖"铜钱式"的宝顶。在房屋的正面有走廊及栏杆，主要有"干阑式"建筑

传统民居

和"美人靠式"建筑，上下两层立柱相互连通，这种工艺与其他建筑结构比较相对稳固。建筑通常是三间两头磨脚，前为栏杆及走廊，梢间置楼梯，整栋民居有两个小窗，从使用功能上看，中间为公共活动场所，是主人接待客人、举行各种家庭活动的地方。正面设有大门，门的两侧设有高约为50厘米、宽为60厘米的小窗，窗下放置织布机，正中壁上设神龛，为祭祖等

传统民居

民间活动使用，房屋中间设一个方形火坑，直径约为50厘米的正方形火塘，内填泥土，使其与木板隔开，火坑其中一角放置硬石头，作为进堂歇息取暖之用。底层设置卫生间、堆放杂物、牲畜圈等。

民族文化

总奖大寨保存了大量民族文化习俗，如吃新节、烧鱼节等传统节庆活动，民族刺绣、纺织、银饰加工、春米手工技术、唢呐制作、烤酒、芦笙制作等传统工艺，风簸、木犁等传统生产方式，芦笙舞等传统舞蹈。

村寨环境

总奖大寨平面图

芦笙舞

纺织

将军石

　　苗族刺绣：是苗族服饰的主要修饰手段，是苗族女性文化的代表。

　　芦笙：芦笙是苗族最喜闻乐见的一种竹管和声吹奏乐器，其音色明亮浑厚，形式多样，已成为"苗族的符号乐器"。

　　苗族纺织：苗族手工织布平整细腻，不起坨，与机织布相当，但比机织布更结实耐用。

　　风簸：一般被苗族居民用于吹米和选米。

　　银饰加工：苗族银饰至今仍全手工制作，并形成锤炼、编结、洗涤等一整套制作过程。

　　唢呐制作：唢呐由管身、芯子、管哨和喇叭口组成。

人文史迹

　　总奖大寨人文史迹较为丰富，有金盆溶洞、古井、古石、祭石、古树及千亩杜鹃等历史遗迹及传统产业，寨内史迹保存均较为完好。

　　金盆溶洞：距总奖大寨700米远，距公路300米。洞内空间宽阔，有多种岩溶堆积物。洞外风景壮丽，洞内奇石各异。

　　古井：在农田边上，一股清泉冒出，刚好用于农作季节村民解渴使用，便在泉水处建水井，便于取用水。

　　古石：又名将军石，原名石将军。古时候，神仙张三丰率领石将军带兵打仗路过这里，由于将军迷恋这里的山水不愿走，鸡叫天亮就走不动了，神兵天降，石将军就化为雄伟的将军石，左有石奶，护卫，前有石兵，后有石围墙，其喂养的马和凤凰在对面街犁哑口变成了马鞍石和鸡打架，鸡打架山顶旁边还坐着打草鞋的老太婆。

　　古树：寨子内有150年树龄的杜仲，120年树龄的枫香树，均位于村子的北部。

保护价值

　　总奖大寨传统民居依山就势而建，形成了与自然环境和谐相融的聚落形态格局，其格局紧凑完整，从建筑、村落、田地、河流及山体生活方式上充分体现了村落历史的真实性、村落社会生活的真实性和历史风貌的完整性。

　　总奖大寨是一个多民族和谐相处的民族村寨，同时也是一个具有悠久历史、且保持完好的一个原生态民族文化的大寨，民居建筑以吊脚楼为主，村落四周梯田环绕，寨角、寨边古树相映，给人以宁静的田园生活状态。

　　总奖大寨具有丰富的物质文化和非物质文化遗存，村内有古井、古树、将军石、铜鼓、风车等文化遗产，众多文物古迹不仅显示了中华民族悠久的文化艺术传统，还极好地展现了当地民族特色。村落内民居保存相对完好，以穿斗木结构为主，且用几何图样等木雕纹饰，其建筑细部工艺高超，大大增强了艺术的装饰效果，建筑结构严谨，具有较高的艺术及研究价值。

　　　　　　　　　时　泳　郭　进　编

苗族刺绣

风簸

唢呐制作

古井

古溶洞

古树

村落一角

黔南布依族苗族自治州三都水族自治县都江镇高坪村西音寨

高坪村西音寨村貌

高坪村西音寨区位示意图

总体概况

高坪村位于三都水族自治县县城东南面，通过通村路和321国道驾车一个小时左右可到达三都水族自治县县城，距离县政府约54公里。高坪村村域总面积为40.9平方公里，辖34个村民小组，26个自然村寨。全村总户数为120户，总人口522人。高坪村的主体民族是水族，约占全村人口的99%左右。西音寨属于高坪村下辖的一个自然寨，位于高坪村的中部，距村委会驻地4公里，距都江镇镇区20公里。

2019年西音寨列入第五批中国传统村落名录。

村落特色

高坪村西音寨地处群山环抱的丘陵地区，村寨山、水、田、村相和，生活、生态、生产空间相融，民风淳朴、风景如画，是具有浓郁水族文化特征的中国传统村落。村庄建筑95%以上为水族传统建筑，农耕梯田与村庄建筑交相辉映，形成原生态民居与田园和谐共生的秀丽景观。自然寨周边山上丰茂的树木和山体相结合形成了一道天然屏障，丰饶的田地为这个人数不多的古寨提供了粮食来源，代代相传的生活技艺为族人们自给自足提供了保障。

村寨环境

传统建筑

高坪村西音寨是一个典型的水族村寨，村内传统建筑分布较多，共99栋建筑，其中传统建筑94栋，占总建筑数量约为95%。现状传统建筑的风貌较好，质量普遍也较好，较好保存了传统民居的历史信息，少数建筑因年久失修，仍需要进行修缮。

高坪村西音寨以木质"干阑"建筑为主，由于火灾、年久失修等因素，多于20世纪五六十年代在原来老建筑基础上翻建。西音寨传统民居具备水族传统民居建筑特点，建筑分上下两层，部分也有三层建筑。通常为面阔三间、进深两间，

传统民居之一

梢间置楼梯，建筑开窗大多在正屋面左右两侧，也有少部分建筑背面开有小窗，以作基本的自然采光。建筑大多在中间处开门，这道门也是牲口和人的共同通道。

建筑下层为基础承重部件，建筑屋顶多用青瓦盖顶，正脊两侧设鳌尖，正中设有脊花，屋檐下有波纹样式的屋檐板，屋檐下每排柱头有吊瓜，窗户有方格、直条式的装饰图案。

传统民居之二

民族文化

高坪村西音寨以水族文化为主，主要包括：水族端节、水族马尾绣、水族服饰和水族特有的语言、文字、铜鼓舞等。

水书习俗：水书是水族的古文字、水族书籍的通称。它记载了水族古代天文、民俗、伦理、哲学、美学、法学等文化信息，被誉为象形文字的"活化石"，是象形文字未开发的最后领地，是解读水族悠

西音寨平面图

民居建筑

端节

马尾绣

远、沧桑、苦涩历史的重要典籍。

水族端节：水族端节是水族一年中最重大的节日，以水书水历推算，从头至尾长达49天，是世界上延时最长的节日，水语称为"借端"，相当于汉族人民的春节。"端"，其意为"岁首"或者"新年"；"借"，意为"吃"。端节亦可直译为"吃年"，意为"过年"。水历把九月作岁首，岁首要过年，端节为九月初九，通称"水年"。

水族马尾绣：水族马尾绣是水族地区一种现存最古老而又最具有生命力的原始艺术，人称刺绣的"活化石"。水族马尾绣是研究水族民俗、民风、图腾崇拜及民族文化的珍贵艺术资料，被视为水族人民智慧的结晶。

马尾绣制作过程烦琐复杂，成品古香古色，华美精致，结实耐用。马尾绣的刺绣图案古朴、典雅、抽象并具有固定的框架和模式，马尾绣制品有"歹结"背带、背孩带、绣花鞋等。

水族服饰：水族在服饰上禁忌红色和黄色，特别是禁忌大红、大黄的暖色调色彩，而喜欢蓝、白、青三种冷色调的色彩。他们对美有着自己的定义，比较喜欢色彩浅淡素雅、样式朴素的服装，认为这才是美的。这体现了水族人民独特的服饰审美观，那就是朴素、淡雅、大方、实用。

水族铜鼓舞：铜鼓舞以击"打铜鼓而舞"为特征得名。水族铜鼓舞分男子铜鼓舞和女子铜鼓舞，来源于水族人民的古代祭典活动。铜鼓舞原是一种古老的巫师舞，随着时代的发展和人民精神文化生活的需要，它从祭祀中搬到实际生活中，日渐成为水族人民自娱性的民间舞。舞蹈以古朴拙实的风貌、雄健粗犷的动作，场面既壮观热烈，又不乏典雅古朴。

祭祀崇礼：水族的丧葬过程比较复杂纷繁，其主要程序包括报丧、入殓、出殡、安葬、立碑、除服等阶段。丧葬又分为火化、土葬两种形式。以土葬最为普遍。火化针对不正常亡者而言，有"开控"（二次葬）习俗，水语"立控"，其内容有"家祭"、"宾祭"仪式，场面十分壮观。

人文史迹

高坪村西音寨人文史迹有古井、古树，寨内史迹保存均较为完好。

古井：位于西音寨中部，为清代时所建，至今保存较好。

古树：寨内有古树一棵，大约有百年的树龄，主要作为村寨的风景树。

高坪村西音寨传统建筑与山坡地形契合巧妙，建筑与山水的关系和谐，在历史记录、植物科学、建筑选址等方面具有较高的科学性。在群山环绕，淳朴自然的高坪村西音寨里，水族人民过着悠闲而慵懒的日子，一栋栋木楼依山而建，映着苍翠的山色、错落有致的稻田以及不可或缺的水井、古树，梯田风光、山色美景仿佛能走进人们的梦里，这样的水家传统聚落具有极高的艺术价值。

建筑细部

高坪村西音寨作为一个水族传统村落，保存了三都水族自治县水族村落相对完整和真实的历史遗迹。村寨选址和整体布局依山就势，很好地反映了贵州传统村落的选址和布局特点。寨内传统建筑鳞次栉比、保存完好，建筑结构、内部格局和建筑细部都很好地反映了贵州水族传统民居的营造特点，体现了传统山区农耕家庭的生活习惯。村寨还保存了很多水族特有的文化习俗，有较高的历史价值。

高坪村西音寨是纯水寨村落，其特有的水书、端节、铜鼓舞等民族风俗，得以完好地保存及发展，为人们展示了水族文化的魅力，具有较高的社会价值。

此外，通过西音寨向人们展示了别具一格的水族风情，吸引外来游客了解和体验当地风俗，由此可带来相应的经济效益，具有一定经济价值。

莫军强 编

端节赛马

水族盛装头饰

水族男性服饰

黔南布依族苗族自治州三都水族自治县都江镇高尧村

高尧村村貌

高尧村区位示意图

总体概况

高尧村是仁和村下辖的自然村寨，位于三都水族自治县县城东面，通过通村路、211国道和厦蓉高速3小时可到达三都水族自治县县城，距离县政府约65公里。高尧村位于仁和村西南面，全寨居民共147户，800人，均为苗族。日常生活中主要说苗语、汉语，语言属汉藏语系苗瑶语族苗语支。村寨绿树环绕，森林覆盖率达70%。据寨老介绍，祖先于明末清初从江西省吉安市吉水县朱氏巷白米街11号迁移到此定居，已有300多年历史，至今历经15代人左右。

2019年高尧村列入第五批中国传统村落名录。

村落特色

高尧村坐落于都江镇东部群山的山腰上，厦蓉高速从村寨南侧山脚穿山而过，村寨总体朝向为坐东向西，通寨路由北至南从村寨中部穿过，通寨路两侧为民居，周围地带作为山林；村寨建设对自然环境影响力较小，依山就势，民居建筑层层相

叠鳞次栉比，与周围山林古树互相辉映，形成一幅和谐生态的山村景观。

传统建筑

高尧村是一个典型的苗族村寨，村内传统民居保存较为良好，全村共保留传统民居建筑176栋。

高尧村的民居建筑多为单体两层，主要为穿斗式歇山青瓦顶木结构建筑，柱子贯通上下楼层，在房屋的正面或背面均设有走廊及栏杆。房屋通常分为"五柱三间"，少数房屋为"七柱五间"，进深两间，均设有一个对开的大门。

传统民居

每栋民居建筑均有楼梯，主要是人工打造的木制楼梯。房屋的窗户大小不固定，有的设有窗门，窗门为内开，有的不设窗门。

每当建造新房子时，依靠邻里乡亲的帮忙，少则三十多人，多则上百人。在修建之时，还要对修建的人进行分组，多组人员分工合作，实现木建筑的快速建造。

民族文化

高尧村的非物质文化包括语言、歌舞及乐曲、传统节庆活动及手工技艺等。

招魂：在当地苗族人的生活中，当感到特别恐惧、担心或伤心，因此病重不起时，就以为是"落魂"了，需要进行一系列的"招魂"仪式，"招魂"的形式多样，是一种民间"巫术"活动。

高尧斗牛：高尧斗牛与其他地方大体一样，但是也有着自古流传下来的不一样的传统。例如"十三天一斗""斗牛不斗气""闹牛"等，体现着家族凝聚力、社会凝聚力、家庭荣誉感的增强。

吃新节："吃新节"也叫"新米节"，是苗族一个极为隆重的节日。每年农历九月上旬的卯场天，家家户户都举行着庄严而

村寨环境

高尧村平面图

招魂

隆重的祭祖活动。

鼓藏节：鼓藏节是苗族最大的节日，13年过一次，进行7天的芦笙舞、古瓢舞活动，第8天凌晨每家每户都杀一头水牛祭拜祖宗。

给哈舞："给哈舞"是苗族同胞们一种古老的渔猎生活真实遗留下来的舞蹈形式。有古瓢琴伴唱，所以给哈舞也称古瓢舞。

古瓢琴：古瓢琴似琴非琴、似吉他而非吉他，琴的面板有音孔，有的干脆在面板上留些空隙作音孔；一根音柱两根弦，音柱由板面直插入共鸣箱内；古瓢琴的弦用牛皮丝做成，弓丝用棕丝做成，为了增加摩擦力故在旁边加一些松油，古色古香，又因为谐苗音，所以叫古瓢。

跳月：高尧村每到中秋之夜，明亮亮的月光照遍了苗家山寨，苗族男男女女全家团聚后，都要到山林空地上，载歌载舞，举行"跳月"活动。

妇女服饰

古井

禾仓

人文史迹

高尧村人文史迹有古井、古树、禾仓，保存较为完好。

古井：高尧村现有古井一口，是村寨第一代祖先所建，水源至今已三百余年没有断过，孕育着高尧村的子子孙孙。

古树：村寨的两棵古树为清朝年间所植，至今约三百年历史，见证了村寨的繁荣昌盛、历史变迁，村民将其供奉为"树神"，每年都会由"寨老"选出黄道吉日，然后全村人集体参加祭祀，祈求来年风调雨顺，寨内子孙健健康康。

禾仓：禾仓是村里随处可见的极为

古树

独特的建筑，它主要用以存放粮食。禾仓离地面两米，仓下空旷通风，仓门虽然封闭得严严实实，仓内却通风透气，终年干燥，可使仓内粮食不易受潮霉变，体现出苗族先民的智慧。

保护价值

高尧村民居依山势而建，地势高低各不相同，古老的建筑错落有致。尤其是村寨内的禾仓群，风貌古朴、结构保存完好，并且仍然发挥着储存粮食的功能，很好地展现了传统木构建筑工艺的精湛技艺。村内建房仍采用村寨群众共同参与完成的形式，这对于保存木构建筑的建造技艺有着重要作用，使得村寨木构建筑建造技艺能够进行活态传承。作为典型苗族传统村落，高尧村也保存了相对完整的传统民居、历史遗迹，具有较高的历史价值。

在非物质文化方面，高尧村仍然沿袭着语言、歌舞乐曲、传统节日活动及传统手工技艺等具有浓郁苗族色彩的特点，有助于展示、传承贵州苗族文化，极具文化价值。高尧村村寨风貌、传统习俗保存完好，节庆活动别具一格、丰富多彩，可以吸引不少游客前来参观体验，具有一定的经济价值。

莫军强 编

斗牛

村寨环境

365

黔南布依族苗族自治州三都水族自治县大河镇轿山村轿山大寨

轿山村轿山大寨全景

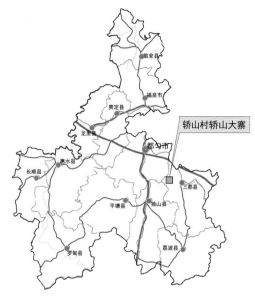

轿山村轿山大寨区位示意图

总体概况

轿山村轿山大寨位于三都水族自治县大河镇丰乐片区西北面，距大河镇政府驻地18公里，距三都水族自治县县城28公里。由县城向西经321国道、901县道至丰乐镇，往西经乡道可到达轿山村。轿山村全村1722户，共计6121人，是一个以布依族为主的村落，村域总面积为33.71平方公里。村落形成在清朝初期，江西李氏、姚氏等家族先祖到轿山驻居，距今已有300余年。

2019年轿山村轿山大寨列入第五批中国传统村落名录。

村落特色

轿山大寨村民的先祖为了躲避战争迁居至此，村落是村民在山林之中开垦出来的，具有很好的隐蔽作用。四周山林环绕，形成"村在林中，林在村中，树在家中"的景象。一幢幢布依族木结构建筑掩映在树林间，建筑与古树相互映衬，充满着自然和谐的气息，整个村庄显得古朴深幽。民居依山而建、凭高涉险、择林而居，此为轿山大寨选址建寨的特色。在其自然景观特征中，山、田、林是不可缺少的元素，村子周围的山坡上分布着大片的

寨内巷道

传统民居

果林、树林。林中散布着梯田，与村落相得益彰。古寨的建造与自然环境融为一体，因地制宜，注重环境，从而形成悠然恬静、宜居的村寨。村落建筑群巷道曲折蜿蜒，变化中存在统一，有着宁静、浓郁的生活气息。

传统建筑

村落大部分为悬山式穿斗挑梁木架民居，木结构房屋占62.1%。主要特点是以青瓦为顶，木楼外围四周全是栏杆走廊，四通八达，便于休息观看风景、巡逻防盗；同时，通风透光好，非常休闲、舒适、美观。传统建筑多为两层建筑，少数为一层，建筑依山而建，起伏不同，形成立体

空间。两层建筑的一层不做分隔，主要用作圈房、杂物间；二层为一列三间，中间是堂屋，外侧有围栏走廊，左起第一间和右起第一间则隔为二、三小间作卧室或厨房。空间利用合理，既满足了居住需要，同时又为生产生活提供了诸多方便。

传统建筑多以木料为材，采用梁、柱、檐、椽搭建而成，经济条件好的农家的民宅檐底层层叠叠辅以多种多样的花、草、几何图样等木雕纹饰，其建筑细部工艺高超，大大增强了艺术的装饰效果，体现了当地民间传统的建筑艺术水准。

建筑通常没有图纸，全靠传统木工师傅根据主人家要求，先在宅基地上用石灰或泥土绘制大致功能房，根据经验制定房屋的尺寸，建筑细部装饰以及门窗等，均以传统制式由师傅决定完成。

村寨一角

轿山村轿山大寨平面图

民族文化

历经300余年的历史，轿山大寨依旧保持了传统的民族文化和风俗，较多珍贵的布依族历史文化遗产在这个小村落得到延续并传承至今。

刺绣：布依族的刺绣历史悠久，刺绣题材广泛，方式多种多样，有平绣、双面绣、缠绣等，刺绣花纹栩栩如生，技艺精巧，色彩和谐。通常用作背带、服饰、斜面、鞋垫等。每个刺绣图案纹样都深含民族的文化，都是民族情感的表达，是布依族历史与生活的展示。

对酒歌：布依族酒歌丰富多彩，各种场合都有各种不同的表现方式。酒歌的内容无所不包，诸如开天辟地，日月星辰，民族族源、历史，山川草木，乃至对村寨及主人的称赞等。你唱一首，我答一曲，对答不了的则"罚"酒。这样一来二往，既对了歌，又传播了知识，真是别具民族风韵，令人兴趣盎然。按不同的场合与性

刺绣

祭祀崇礼

传统木工工具

对酒歌

嫁娶仪式

质，可以分为以下几种酒歌，婚礼酒歌、迎宾酒歌、节日酒歌、丧葬酒歌。

祭祀崇礼：每当到特殊节日，村民们都在自家堂屋中间的神龛处点上香烛，倒上美酒，烧着纸钱，用猪、牛、羊，或者鸡鸭等牲畜的头来先祭奠祖宗，表示对祖宗的感激和怀念之情，之后家人才能快快乐乐的上桌吃饭。

嫁娶习俗：村落小伙看上哪家闺女，让媒人准备点小礼物上门提亲；女方家同意后，双方确定好日子。结婚当日，男方到女方家喝喜酒，完后回家；新娘出门前，要兄弟姐妹背着出门，再交给新郎背回家。

人文史迹

传统劳动器具：在村落内，每几户就能看见传统的劳动器具，最具代表的就是石磨和谷风机。随着现代化农业机械的出现，这些传统器具已退出历史舞台，可作为村落传统农耕文化的展示。

传统木工工具：轿山大寨精致的传统民居得益于传统的能工巧匠，更离不开传统木工工具的使用。传统木工工具主要有锯、斧、刨、凿、锤、尺等，凡是木制工具大都由工匠自己做，刨子、锯子和凿子柄、斧头柄、墨斗、曲尺等均以硬木做成。本匠对工具是很讲究的，常言称"做活一半，人也一半"，这说明工具是必不可少的。另一方面，还可以从各自的工具上反映出本人的手艺如何。一套好的工具，用它做起活来才能得心应手，轻松自如。

古井：在村落中西部有1座古井，作为村落一直以来的生活用水，古井保护良好，水量常年充沛且味道甘甜，孕育着轿山大寨村民。

秧苗培育灶：村落内的秧苗培育灶，用于农作物的秧苗培育，是较为原始的一种培育方式。

保护价值

轿山大寨距今已有300余年历史，历经时代变迁村落依旧保持原有的风貌，有着独特的历史风貌和自然格局。布依族同胞对于村落的建设选址、建造格局体现得淋漓尽致。时间和空间环境均体现了其较高的历史价值。作为以布依族为主的民族村寨，村落的建筑、生产工具上具有独特的民族特色和地方特性；其艺术、风俗和传统等精神文化也极具特色。它们承载着民族独特的风俗和区域典型的文化，不同时期的遗存能够充分反映民族文化的发展历程。

轿山大寨的物质和非物质文化资源丰富、历史悠久、独具特色，文化内涵丰富，是民族文化和区域文化的杰出代表，具有极高的文化价值。轿山大寨的村落选址和格局本身就具有科学研究价值，他们在自给自足、防御外敌、自身发展上都经历了长期的实践，可进行该地区村落选址深度科研考察。

杨 洋 编

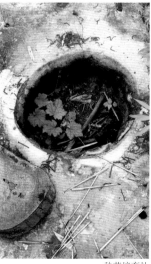

秧苗培育灶

传统劳动工具

古井

黔南布依族苗族自治州三都水族自治县三合街道高寨村大寨

高寨村大寨全景

高寨村大寨区位示意图

总体概况

高寨村位于三都县城东面，通过321国道20分钟可到达三都县城，距离县政府约12公里。高寨村大寨共1085人，是一个苗族、水族聚居的村寨，其中苗族900人，水族185人，村域总面积为18平方公里。据传，约在300年前，高寨村大寨的先人们住在百里寨，因有几户高姓汉人在此，大寨的祖先们不愿与汉族同居，沿山而上到达今高寨村大寨处定居，为纪念旧家，取名为"高寨"。

2016年大寨列入第四批中国传统村落名录。

村落特色

高寨村大寨地处中低山峡谷，前后两侧绵延有茂密的竹林如同绿色的围墙，将村寨紧围其中。村寨建筑依山而建，周围古树环绕。寨头、寨尾稻田青青，当地人将村寨格局解释为"坐龙嘴"，龙脉顺山脊到坝区戛然而止，所止之处称为"龙头"，龙头后是连绵起伏的山脉。村民还根据山脉的走势来确定建筑物的规模。村落房屋沿山体逐步抬高建设，以蜿蜒台阶

村寨环境

相连，村寨苗族特色的吊脚楼建筑层层叠叠，形成错落有致的风貌格局。村南为大片梯田，从山顶垂挂下来，直到山脚，与传统民居一起，构成了一幅美丽的画卷。

传统建筑

高寨村大寨是一个典型的苗族村寨，村内传统建筑分布较多，共有149栋建筑，其中传统建筑101栋，占总建筑数量约为68%，现有95%的传统建筑仍在使用。

高寨村大寨的传统建筑多为穿斗结

传统民居

构干阑式建筑，木柱支托、凿木穿枋、衔接扣合、立架为屋，多为二层，局部有三层。底层以堆放杂物、饲养牲畜为主，二层是主要生活面层，包括宽廊、火塘、小卧室等单元。顶层通常为堆放粮食或杂物的阁楼，局部设置隔间作卧室。

村内民居通常将居住层由底层移至楼面，可以最大限度地适应聚居区域内起伏变化的地形，可以不用改变地形获得平整的居住层，并且适应于炎热多雨气候的通风避潮，还能起到对虫蛇、猛兽的防御功能。

建筑材料因地制宜，由于大寨地处林区，木材、树皮成为得天独厚的建筑材

禾仓建筑

料。除了居住建筑，禾仓建筑也是村内常见的建筑类型，通常以禾仓群的形式出现。禾仓群修建在村寨主要道路两侧，方便村民储存粮食和杂物，禾仓群由6～10个禾仓组成。禾仓多为单仓，有一开间一栋和两开间一栋两种形式，采取横梁与纵梁交错穿柱的方式固定。梁枋的前后左右都出挑，支撑屋檐，壁板镶嵌在两个梁之间，竖向插入，形成箱式的贮藏空间。

N

大寨平面图

民族文化

大寨的传统民族文化一直延续至今，传统节日、重大活动定期举办，由寨老主持，传承良好。

吃新节：苗族古语叫"脑莫"，是大寨苗族一年中最重大的节日。每逢节日当天，来自本村及周边村寨的苗族同胞身着节日盛装，以跳芦笙舞、唱苗歌、斗牛等文娱活动共庆佳节，举行各种聚会，赶热闹场、跳芦笙，彻夜欢歌，热烈庆祝。

吃新节

跳月："跳月"就是芦笙舞蹈，在逢年过节、重要日子、农闲时节、茶余饭后成为大寨村民生活的必需。吹笙跳月是早在春秋战国时期就盛行起来的舞蹈，在高寨，"跳月"都是男吹笙，女随笙而舞。芦笙舞体现了生活在贵州黔南大地上的苗族，是个集崇拜祖先、崇拜月亮母性复合体于一身的民族，是一个歌舞的民族、艺术的民族。用舞蹈踩响生活的节拍，用芦笙奏出生命的旋律，用服饰记载历史的辉煌，用歌声唱出大自然的和谐。

高寨婚俗：高寨苗族婚嫁在白天的称为"大路婚"，男方的亲朋好友都会到场迎接新娘，而女方的弟弟则会手提着一个装盛糯米饭的饭兜随队伍亲自送姐姐到新郎家。在夜间嫁娶称为"偷情"，娘家父母及哥弟则不送亲。礼金女方家可到男方家谈，也可以由男方家到女方家谈，并设酒礼款待。嫁姑娘称为"喝喜酒"。前后有提亲酒、订婚酒、满寨酒、迎亲酒、进门酒、婚宴酒、闹寨酒、洗脚酒、新人酒等诸多酒俗，但如今已有所简略。

斗牛：高寨村大寨斗牛是指人们让两头水牯牛以角相抵以争胜负的活动，被称

跳月

为"东方式斗牛"。牛是苗家人生产生活当中重要的一部分。高寨人喜爱斗牛，一是为了娱乐，让人们过个快乐节日；二是看谁饲养的牛身肥体壮；三是祈祷吉祥，如果牛肯打，打得凶，预兆年景风调雨顺，五谷丰登。在高寨村，凡遇节日，基本上都有斗牛活动，有"逢节必斗"之说。

苗族蜡染：大寨的苗族人民至今还保持着纺纱、织布、绣花、蜡染的传统工艺技法。日常所用的衣、裙、帽帕、背扇、围腰、提蓝盖帕、包袱皮、口袋、手巾、窗帘、被面都可使用蜡染工艺制作。蜡染的图纹组合主要以线条、几何图形、民族信仰、图腾为主，更多的则是日常生活中接触的花、鸟、虫、鱼、兽，还有就是神话或民间传说，所有图纹都十分夸张，线条也极为古朴流畅。

苗族蜡染

人文史迹

古井：高寨村大寨现存古井3口，最早的古井可以追溯到清康熙年间。井水为高寨村大寨的重要生活用水水源，井水由山体岩石中流出，泉水甘甜，冬暖夏凉，至今仍流水不断，可以不经过任何处理直接饮用。

古树：寨内有古青枫树两棵，一棵位于寨子东北角主干道旁，长势好，树高12

斗牛

米，冠幅7.5米。一棵位于寨子东侧，树高15米，冠幅6.8米。

寨门遗址：大寨原有寨门两处，一处位于大寨西南部，一处位于大寨中部，两座寨门都始建于清康熙年间，是进寨的标志建筑，也是迎接宾客的地方。在古代，由于村寨常受战乱及民间绑匪和野兽的祸害，村里为了抵御敌匪，特修建寨门，以起到防卫的作用。如今社会和谐，治安稳定，这个功能也随之消失了。而寨门随着时间的流逝，也成了记忆，现仅存有寨门遗址。

保护价值

高寨村大寨少数民族风情浓郁，民族、民间文化尚保留原生状态，民居建筑艺术独特，生态景观、人文景观互相映衬，具有多样性、完整性、地方性和民族典型性兼备的特点。

古树

村寨的民居建筑保存完好，吊脚楼民居特色鲜明，建筑组合方式、建造方式、建筑材料都完整地保存了传统建筑特色，建筑空间体现了独特的民族文化。村寨禾仓建筑独具特色，也成为村寨一道独特的风景线。村寨整体格局、吊脚楼民居建筑和禾仓建筑具有很大的保护价值。

村寨的民族文化传承较好，吃新节、跳月、民族婚俗、斗牛等都传承至今，具有极大的历史传承价值。

莫军强 杨 硕 编

黔南布依族苗族自治州三都水族自治县都江镇摆鸟村

摆鸟村全貌

摆鸟村区位示意图

总体概况

摆鸟村位于三都水族自治县都江镇西面,通过321国道可到达都江镇,距离镇政府约13公里,靠近都柳江风景名胜区。摆鸟村共287户,1184人,其中90%为水族,村域总面积为32平方公里。摆鸟村村落形成是由于清朝都江改土归流,战乱后,祖先迁徙至此定居,大约历经19代人,有300年左右历史。

摆鸟村2016年列入第四批中国传统村落名录。

村落特色

摆鸟村的地形复杂,村落四面环山,村寨嵌于半山腰上,犹似大山上的一条小真龙,自西向东分布三个组团。寨脚下约500米处有一条小溪沟,自北向南流过,水流汇至都柳江。四面青山环抱,森林茂密,古树参天。建筑整体为"小分散、大聚集"的形式,顺应地形,村寨建筑下部山间地带为梯田,整个寨子被树林环绕,其中包含大部分竹林,静谧优美,呈现出山中有村、树中有村的景象,集自然山水、田园风光于一体。

传统民居

禾仓

传统建筑

摆鸟村的传统建筑主要为作为民居的水族木楼和作为粮仓的禾仓建筑。

水族木楼一般分上下两层。下层是整个上层房屋的承重部件,屋基只要求按地形用石块安稳柱脚即可,一般不需修整屋基平面。下层柱粗,直径一般在30厘米以上,柱身榫眼用穿枋纵横连接,每排底柱上端扣架粗大的原木作为横梁,梁与梁之间铺着垫木,俗称"楼枕",枕上铺着宽厚的楼板以形成平整的楼面,楼板多为松树或枫树解成的板子。上层屋架一般每排为五柱四瓜(或称十一檩水步),也有五柱六瓜(或称十五檩水步)。

木楼为穿斗式结构,柱与柱之间用穿枋组成网络。特别是上层屋架柱脚扣枋为鱼尾式的斗角衔接,是水族木工在干阑建筑中最出色的创造。柱脚扣枋的这种鱼尾式"斗角"结构,牢牢固定每根柱子的方位。顶上再用檩子卡住各排柱头和瓜头,各部衔接处都是齿榫卯紧,使建筑物整体性强,十分稳固。下层的抵柱和横梁与上层排架必须对应,俗称"柱顶柱",这使木材抗压的性能得到了充分的发挥。

建筑群落

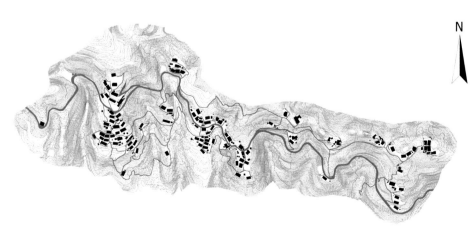
摆鸟村平面图

民族文化

摆鸟村是以水族为主的传统村落，几百年来延续了水族传统文化，也形成了自身特色。

水书：国家级非物质文化遗产。水族是一个崇尚鬼神的民族，水书就是各种鬼怪魂灵、各种禁忌事项及各种避邪驱鬼方法的集成，水族人民丧葬、祭祀、婚嫁、营建、出行、占卜、节令、生产等，一举一动都受水书的制约。因此，在水族的社会生活中，水书具有广泛的作用和举足轻重的地位。水书所记的，大多是原始宗教信仰方面的日期、方位、吉凶兆象及驱鬼避邪，为巫师施行法事的工具，因为水族笃信鬼神，故水书用途很广。水书这种特有的功能，反过来促进了水族鬼神崇拜的世代沿袭。

水族端节：国家级非物质文化遗产。水族端节，水语称为"借端"。"端"，意为"岁首"或"新年"；"借"，意为"吃"。因此，端节直译为"吃年"，意为"过年"。又因水族的这个年节的日期以水历为准，水历把九月作岁首，岁首

水书

过年，端节为九月初九，称"水年"。端节（水年）是水族人民辞旧迎新、祭祀祖先、庆贺丰收和预祝新的一年幸福美满的传统节日。节日前夕，水族人民舂新米，酿新酒，缝新装，筹备各色食品、果品，以备祭祖待客之用。除夕夜，人们将铜鼓或大皮鼓悬于庭中，尽情敲击，以示辞旧迎新。初一凌晨，各家设素席，祭品有鱼（水族把鱼看作素菜）、新糯粑、新米饭、新米酒、豆腐、笋干、南瓜、花生、水果、糖、青菜等。其中尤以清蒸或清

敬霞节

炖"鱼煲韭菜"和"炕（烤）鱼"为必不可少的祭品。

水族敬霞节：省级非物质文化遗产。水语称"敬霞"。"敬霞"是敬拜雨神，祈求天上雨神给人间降雨。敬霞节是以血缘家庭为单位，各村寨联合举行祈祷雨水的原始宗教活动。活动时间有十二地支子年十二年轮过一次的，也有在地支子、午年六年轮一次的，一般选择在插秧上坎之后的水历九月或十月，即农历五、六月的吉利西日举行敬霞仪式。祭坛设在霞井或霞潭的一定方位上，竖立一根木杆，杆顶悬一雄鸡。以各宗族为单位，结队挑猪肉、糯饭、米酒，一路敲打铜锣、皮鼓，有的携带象征房水工具，先后到祭坛供祭。先由水书先生念咒词祭天，祈祷下雨，念到木杆顶上雄鸡啼叫时为止。然后由各宗族的自然领袖携带米酒到指定地点，去把象征水神的"石霞"浇淋偏倒，最后收藏起来。他们认为这样才保证当地风调雨顺，庄稼丰收。

人文史迹

古墓：村中有3处古墓，其中一座为清朝道光年间遗留古墓，古墓保存完好。另有两座龛式古墓，墓碑占地约1平方米，碑石刻有卷云图案。

古井：村寨内有一处古井，为方形半封闭井口，长约0.8米，宽约0.5米，现已荒废。

传统坐凳：村寨现存有木质传统坐凳，沿用至今。

家规碑：村寨内部有一处家规碑，高约50厘米，宽约35厘米。为石氏祖先遗文记载碑，此碑是都江地区各处的石氏家族在摆鸟召开家族会议为整个家族拟定的道

家规碑

水族龛式古墓

德标准和行为规范，具体规定了道德、字辈、追悼会、通婚等内容。

古巷道：村寨内有一处古巷道，为连同各户的主要道路。

古树：村寨内保存有古树两棵，为朴树，长势良好。

古巷道

古井

保护价值

摆鸟村距今已有300年历史，历经时代变迁村落依旧保持原有的风貌，有着独特的历史风貌和自然格局，村内传统建筑林立，倚山而建，重重叠叠、错落有致，与环境十分协调。水族民居建筑和粮仓建筑保存完好，工艺精湛，很好地反映了水族人民高超的建筑技艺和与之对应的独特生活方式。村寨家规碑、古墓保存完好，展现了独特的村落文化。摆鸟村的自然环境、空间布局、巷道和建筑都具有较大的研究价值和保护价值。

村落的饮食、衣着、建筑、生产工具具有独特的民族特色和地方特性；其语言、艺术、风俗、宗教等精神文化也极具特色。它们承载民族独特的风俗和区域典型的文化，不同时期的遗存能够充分反映民族文化特性和发展历程，具有较高研究价值和保护价值。

莫军强 编

黔南布依族苗族自治州三都水族自治县都江镇摆鸟村水坳寨

摆鸟村水坳寨全貌

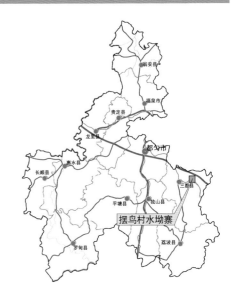

摆鸟村水坳寨区位示意图

总体概况

摆鸟村位于三都水族自治县都江镇西面，水坳寨位于摆鸟村的西南面。水坳寨距离都江镇12公里，距离三都水族自治县县城约47公里。水坳寨通过乡村道路连接321国道可到达三都水族自治县县城。水坳寨全寨共有87户，约有400人，村民基本都是水族，是一个水族聚居的村寨。根据村寨内一处清朝末期修建的古井可以推算出，水坳寨形成在清朝年间，至今村寨修建已经有200余年的历史。摆鸟村村域国土面积为69.9平方公里。

2019年水坳寨列入第五批中国传统村落名录。

村落特色

水坳寨周边地势为山高陡坡，坡峰高耸，坡与坡之间形成"V"形状；村寨建设较为集中，都位于半山腰上。村寨中的民居大都沿着山体等高线修建，形成层层叠叠的建筑排布。以通村路为界，路北面是村寨依山而上的建筑群，路南面为层层叠叠递退的梯田，寨子背后是郁郁葱葱的山林，云雾环绕。村寨整体朝向坐北朝南，民居的建设也是以南向坡为主；坡地多用于建设民居，平缓地带作为农耕使用。村寨建设对自然环境影响较小，依山就势形成干阑式民居建筑与田园风光相互辉映的和谐生态景观。"靠山而居，林间辉映"是对摆鸟村水坳寨传统村落格局的真实写照。木楼群依山而建，房前屋后形成狭窄巷弄，院坝、农田、禾仓、牲口棚穿插其间，更有绿树为伴，有着"曲径通幽处"的韵味。通过幽深的小径尽头看到开阔的田野里长势喜人的庄稼，为古寨人心中播下对未来向往的种子，让人们身心都有"柳暗花明"的感受。

传统建筑

水坳寨以木质"干阑"式建筑为主，一般分上下两层，部分也有三层建筑。通常为面阔三间，进深两间，梢间置楼梯。建筑开窗大多在正屋面左右两侧，也有少部分建筑背面开有小窗，作为基本的室内自然采光。建筑大多在中间处开门，这道门也是牲口和人的共同通道。建筑一层作为整栋房屋的基础承重部件，以粗柱支撑，为适应各种地形条件；设置有石碓室、杂物间及牲口圈等。一般在房屋右侧设置上二层的楼梯，楼梯顶部的横梁挂以牛角作为装饰。二层以居住为主，从使用功能上看，明间为公共活动场所，是主人家接待客人和举行各种家庭活动的地方；梢间设卧室，一般设三、四间。建筑屋顶多用青瓦盖顶，正脊两侧设鳌尖，屋檐下有波纹样式的屋檐板；建筑二层设有窗户，以方格的形式、直条式的装饰图案为主。水坳寨的民居以传统水族民居为基础，结合当地的自然环境修建而成，具有独特的民族特色。

传统民居

民居顺山势而建

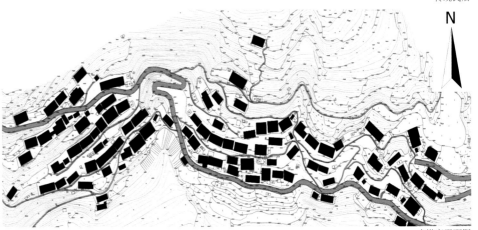

水坳寨平面图

民族文化

水坮寨是一个水族聚居的村寨，保留着其民族特有的文化和传统。主要有水语、端节、水族服饰、斗角舞、芦笙舞、水族马尾绣及水族婚俗等。

水族服饰：水族在服饰上禁忌红色和黄色，特别禁忌大红、大黄的暖调色彩，而喜欢蓝、白、青三种冷调色彩。他们不喜欢色彩鲜艳的服装，相反，喜欢色彩浅淡素雅，认为这才是美的。这表达了水坮寨的水族人民独特的服饰审美观，以朴素、大方、实用为主。水族在服饰色彩上的特殊审美观，一方面是与他们谦恭、含蓄，感情内向的伦理道德规范有关；另一方面，他们欣赏的色调与他们生活的绿色自然环境是和谐一致的。因为蓝色、青色是冷色，往往同浓荫、清泉等的清爽柔和相一致，在他们心理上产生安定和平之感。

水族男女衣服多以青、蓝两色为主。男子穿大襟无领蓝布衫，戴瓜皮小帽，或青布包头。老年人着长衫，头缠里布包头，脚裹绑腿。妇女穿青黑蓝色圆领立襟宽袖短衣，下着青布长裤，衣裤四周镶花边，系青色绿花围腰，穿绣青布鞋；节日穿裙子，将长发梳成一把斜绾头上；盛大节日或宴会时，戴各式各样的耳环、项圈、手镯等银饰。

水语：水族语言是水族的民族语言，

制作马尾绣

简称水语，水语是一种有声调的单音节语言，音节组成跟汉语、藏语、壮语、苗语基本一致，句子的格式也和汉语相仿，属汉藏语系壮侗语族侗台语支。水坮寨的通用语言为水语的三洞土语，当下仍为村里主要使用的语言。村里很多老人能听懂汉语，但是他们不会说汉语，所以水语是他们交流的时候用得最多的。

端节：端节水语称"借端"，是水族人民辞旧迎新、祭祀祖先、庆贺丰收和预祝新的一年幸福美满的传统节日。水族端节的主要内容是祭祖，通过对祖先的崇拜，求得祖先的保佑，能够通过祭祀赐福禳灾，诸事顺利，阖家健康。

斗角舞：水族斗角舞，又叫"斗牛舞"。相传远在明朝初年，水族祖先看到苗族有斗牛"吃牯藏"祭祖的场面，既热闹又隆重，于是想要效仿。但是由于过去水族因为穷没有水牛，于是水族的祖先想出用竹篾编成斗笠，用木头削成水牛角的样子，安在斗笠顶端两侧，做成牛头；两人各拿一个，模仿牛相斗的架势，伴着芦笙节奏，边舞边斗，犹如水牛在田中玩闹、打架，动作刚健英武。

芦笙舞：芦笙舞是欢度节庆时跳的

斗角舞

一种喜庆舞蹈，起源于水族的祭祀舞。芦笙舞最大的特色是笙舞一体，密不可分。表演时男子手捧芦笙边吹边跳，女子则随节奏起舞。女子头戴银角、银花，并插上五彩的雉尾，身着彩色的古装；男性在队伍前面引导，边吹边跳，女性则随着芦笙的节律翩翩起舞。排头的男性吹着小型芦笙，主要负责变换调门。跳舞的队形随调门的变换而改变。每当跳完一圈，便需要更换一个调门；每换新调门，都由小芦笙引吹，然后大中芦笙齐鸣，最后加入大筒，一起齐奏，表达了村民的喜悦心情。

芦笙舞

人文史迹

古井：水坮寨现存两口始建于清朝年间的水井。井水清澈，冬暖夏凉，水质较好甘甜可口，至今仍作为水坮寨村民的饮用水水源。古井不但作为饮用水源供村民日常需求，同时还作为村民的祭祀地点。每逢需要祭祀的时候，村民们都会来到古井旁，点上香烛，摆上祭祀用的供品，祈求风调雨顺，心想事成。

粮仓：村寨内还有保存较好的旧式粮仓，主体是木质结构搭建而成。底层为架空层，架空层不仅能够防潮，同时也能预防虫鼠对粮食的损坏；二层则是用来储存粮食。村民将收回来的粮食收入粮仓内，由于仓内四周和仓底有不少透风的缝隙，使储藏的粮食有良好的防潮功能；同时想偷吃粮食的虫鼠也没有办法越过这道天然的屏障，而且粮仓所在地与民房有一定的距离，也能减少火灾造成的危害。

粮仓

保护价值

水坮寨作为一个传统村落，保存了黔南布依族苗族自治州水族村落相对完整的、真实的历史遗迹，同时附带了大量的历史文化信息。完整地体现了当地传统的民风民俗，见证了自清末以来该地区的生活方式和文化特色。

目前水族语言、节庆、服饰、工艺、文化、习俗都在水坮寨较好地保存下来，其具有丰富的物质文化和非物质文化遗存，是水族文化的活载体。水坮寨的村寨格局保存较好，木楼依山而建，映着苍翠的山色、错落有致，以及不可或缺的水井、梯田风光、山色美景仿佛能走进人们的梦里。近年来较多的摄影家、画家、诗人等艺术家都纷纷前来采风寻找灵感，具有很高的艺术价值。水坮寨作为水族村寨，把老祖宗传承下来的语言、服饰、习俗、特色建筑等特有的民族文化保存至今，并且结合当地特色使其发扬光大。作为水族人民及文化的聚集地，水坮寨是一个值得后人借鉴与探究的村寨。

钱雪瑶 编

村寨周边环境

黔南布依族苗族自治州三都水族自治县都江镇盖赖村

盖赖村全貌

盖赖村区位示意图

总体概况

　　盖赖村位于三都水族自治县都江镇西北面，距离三都县县城35公里，距离都江镇18公里，由县城向东经321国道至打鱼乡、往北经乡道可达盖赖村。盖赖村全村328户，共计1761人，全为苗族，村域总面积为16平方公里。村落形成在明末清初，系祖先为躲避战乱由江西迁徙而来，距今已有400年之久。

　　2016年盖赖村列入第四批中国传统村落名录。

民居布局

村落特色

　　盖赖村属山区地貌，峰峦叠嶂，山高谷深，多梯田。境内属中亚热带湿润季风气候，气候温和，四季分明，雨量充沛，水热同季，具有"夏长冬短，春秋分明，冬无严寒，夏无酷暑"三大特点。村寨民居建筑建在半山腰上，陡峭的山崖，深深的峡谷，蔚为壮观。传统民居依山而建，南北相延，有美丽的梯田环绕，民居山湾相应，错落有致，民房周围高耸的楠竹相互依托，上下呈叠状，具有"天人合一"的怡人、朴实、优美的人居环境。周围有古树的环抱，外围是壮观的梯田，茂盛的

传统民居

竹林，青山云雾缭绕。"盖赖"是苗语，汉语翻译"盖"是富裕，"赖"是吉祥，整个村庄依托自然，形成一个富裕吉祥的村落。

传统建筑

　　现有民居393栋，均为传统式的"干阑式"式的建筑，屋顶居中位置盖"铜钱式"的宝顶。传统建筑多为单体两层建筑，少为三层，居民的建筑因山而建，均不在一个平面，呈梯叠状。

　　建筑依山势而建，形成了立体的建筑空间。建造时先建底层作为平台，再于其上建房，上下柱互不连通，作歇山式顶盖小青瓦，不设走廊和栏杆；屋架有穿斗、抬梁

混合式和穿斗式两种，屋顶有歇山和悬山带山面披檐两种形式，设有走廊和栏杆。开间以"三间二厦""二间二厦""三间带廊"为主，进深九檩至十三檩，楼层大多为一楼一底，也偶有二楼一底的建筑。底层设石碓间、杂物间及猪、牛圈等。顺山面一侧设楼梯，二层为公共活动场所和卧室。村落布局呈"小分散、大集中"的特点，错落有致，层次分明。

村寨一角

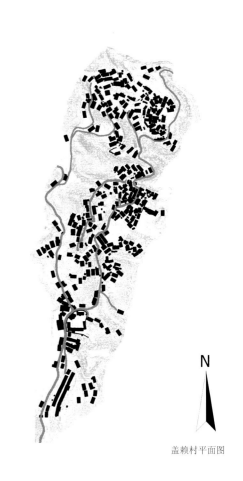

N

盖赖村平面图

民族文化

历经400余年的历史，盖赖村依旧保持了传统的民族文化，并有良好的传承。

吃新节：也叫"新米节"，是苗族继"粽粑节"和"尝新节"之后的又一个极为隆重的节日。每年农历九月上旬的卯场天，这天晚上，家家户户都举行着庄严而隆重的祭祖活动，饭后寨中一起跳起欢乐的芦笙舞；山寨里沉浸在一片欢乐的"吃新节"的氛围里。

苗族纺织：村落内还保留着非常古老的纺织工艺，是勤劳、智慧的苗族人民在长期的生产劳动中，为解决穿衣问题，而发明创造的一种纺纱的纺织用具——手摇纺织机。织布做工精细，色彩鲜艳，图纹明朗，图案美丽，朴实大方。

苗族服装：盖赖村苗族盛装作为白领苗代表服饰之一，被很多中外专家、记者称为"天下最美丽的嫁妆"。盛装用于节日或喜庆，设计和制作工艺都较为精美。其刻画了众多的历史、人物、动物、花鸟等图案，集历史、美学、纺织、刺绣、音乐、美术、哲学、几何学于一身。

苗族跳月亮舞：跳月亮被誉为"东方踢踏舞"。"跳月亮"芦笙舞蹈发源于贵州省三都县都江镇盖赖村，一个白领苗支系的传统苗族民间芦笙舞蹈。被誉为"民族的精品，黔南的骄傲"的《跳月亮》，跳响了大山，跳出了贵州，成了贵州苗族文化一张亮丽的名片。

苗族板凳舞：又叫"苗族狂欢舞"，是盖赖村保存得最为完好、步调最为丰富的板凳舞。板凳舞是苗族妇女特有的舞蹈，每当喜庆日子、逢年过节等，盖赖村苗族妇女们都在跳着这支古老而富有传奇色彩的舞蹈。

白领苗服饰

盖赖铜鼓

苗族芒筒

苗族古文字：

ℱℛℳℱ（苗族古文字，无法识别）

译：孝顺父母，尊敬长上，和睦乡里，勿作非为。

苗族芒筒：是苗族常用的单簧气鸣乐器。有人也称莽筒、芦笙筒。实际上就是由五至十个不等的芒筒与三支芦笙组合而成的套件器乐，单独芒筒是不能吹奏的，必须有芦笙曲子奏乐，芒筒是作为呼应的传统器乐。

人文史迹

苗族铜鼓：铜鼓在盖赖村是一种具有特殊社会意义的铜器，它不仅是一种打击乐器，而是一种权力和财富的象征，寨内流传下来最早的铜鼓可追溯到盛唐时期。苗歌曰："鼓在鼓村落，护鼓不护蜂，护鼓就护寨，鼓名天下传"。

高脚禾仓：苗族高脚仓是苗族先民为保存粮食并防范鼠害而创造的"干阑建筑"杰作，它具有以下四大特点。唐代樊绰《蛮书·云南风俗第八》就说："别置仓舍。有栏槛。脚高数丈。云避田鼠也。上阁如车盖状。"可见苗族高脚仓从见于史籍至今已有1200多年历史。在盖赖村拥有105个古禾仓，具有非常重要的历史文化价值，是研究传统民族"干阑建筑"的活标本，同时也是传统的农耕文化之一。

古树名木：盖赖村村落范围内已挂牌名木古树12棵，有金丝楠木、枫香、樟木等，最少有200年以上，其中三颗已有千年历史。

古井：村落内分散3座古井，作为村落一直以来的生活用水，古井保护良好，水量常年充沛且味道甘甜，孕育着盖赖村村民。

古墓：村落有两座百年以上古墓，墓碑清晰可见。

高脚禾仓

保护价值

盖赖村形成了依山就势并与自然环境和谐相融的聚落形态格局，村内街巷系统及大量的民居建筑保存完好，从村落与环境的协调关系、村落整体格局形态、街巷空间和建筑群落空间布局及尺度、公共设施布置等方方面面，充分体现了盖赖村落历史的真实性、村落社会生活的真实性和历史风貌的完整性；传统民居建筑艺术水平较高，并具有数量多、风格独特，体现了当地传统文化的特点；盖赖村有着厚重的历史文化内涵，人文环境特色浓郁。街巷中，不时有村民牵着牛、马走过，发出清脆悦耳的马蹄声。夏秋季节，村落周边是一望无垠、绿波荡漾的田野，与悠悠古巷中古朴的建筑相互辉映，相得益彰，远处是起伏绵延、墨色苍翠的山峦，一派生机盎然的田园风光。

杨 洋 陈隆诗 编

古墓墓碑

千年楠木

黔南布依族苗族自治州三都水族自治县都江镇控抗村

控抗村全貌

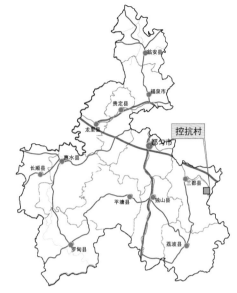

控抗村区位示意图

总体概况

控抗村位于三都水族自治县都江镇东南部，距离都江镇政府10公里，距离三都水族自治县县城42公里，从镇政府可沿321国道到达控抗村。全村共289户，1678人，村域面积10.8平方公里。控抗村是一个以苗族为主的少数民族聚居村，在明末清初，其先辈由江西省方向迁移到此定居，至今约有400余年历史。

2016年控抗村列入第四批中国传统村落名录。

村落特色

控抗村根据地形形成中间较为集中、四周逐步分散的建筑组团。组团的形成是由历史的演进而产生，在初期祖先来到控抗一带时因山腰地势较缓，建立村落于三个山脊的山腰中部。上为陡峭山坡，下为层层梯田，民居随着山势的起伏，巧妙形成"山"字形的村居图，形成了"天人合一"优美宜人的人居环境，周围古树成荫，云雾缭绕，环境优美，仿佛人间仙境。山、林、梯田与青瓦覆盖的传统民居建筑相互辉映，浑然一体。民居基本沿山体斜坡布局，中心建筑较为集中，四周建

民居布局

筑逐步稀疏分散，道路东西穿越整个村寨，串寨路呈树枝状联系各自然小寨，古寨背靠地势陡峭的山体，具有较好的自然防护屏障。

传统建筑

传统建筑多为单体两层建筑，少数为三层。民居建筑依山而建，均不在一个平面上，形成立体的建筑空间。建筑主要为穿斗歇山青瓦顶木构建筑，这类建筑大部分柱子上下相通。从使用功能来看，明间为公共活动场所，正中壁上设神龛，为祭祖等民俗活动场所；梢间为卧室，一般设四间卧室；底层设置有杂物间及猪、牛圈等。楼梯设在房屋一侧，因地势而定左右。民居以木料为材，采用梁、柱、檐、椽搭建而成，经济条件好的农家的民宅檐底层层叠叠辅以多种多样的花、草、几何图样等木雕纹饰。

传统民居

村寨一角

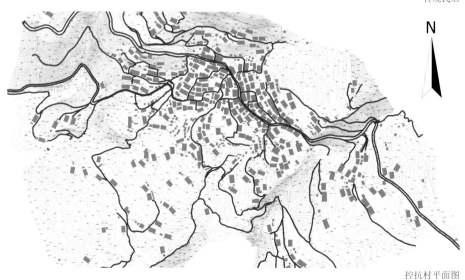

控抗村平面图

民族文化

苗族鼓藏节：国家级非物质文化遗产，是苗族祭祀本宗族列祖列宗神灵的大典，是苗族祈求上苍保佑苗子苗孙所进行的活动。在鼓藏节中，苗民们身穿盛装，请出寨老和巫师，进行传统的民族仪式，至今仍然延续。

苗族蜡染：苗族蜡染服饰制作过程十分复杂，需要花很长的时间。一般先自己织出土布，然后在白布上用铅笔画出花、鸟、蝴蝶等图案，再用蜂蜡涂在图案上防水，最后用靛蓝来染，制作一件苗族妇女的蜡染服饰需花5～6个月的时间。

苗族芦笙舞：芦笙舞，多在祭典节庆及丧葬时演出，主要为男女集体群舞，保持着原始的圆圈式队形，人数不限。舞者随着芦笙音调的变化而变换舞步，时而轻盈迈步前进，时而原地旋转360度，女舞者双手始终放在胸与腰间，并随芦笙舞音调

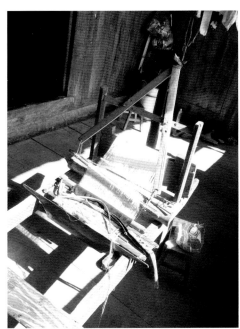

传统织布机

的变化而上下左右摆动，典雅古朴。

吃新节：每年农历九月上旬的卯场天，就是这里举行苗族一年一度的"新米节"。在节日中，村民之间佳话绵绵，或边唱歌边饮酒，或边吹笙边饮酒。

同时，各个活动场既是老年人谈论生活、抒发豪情、与友回忆当年的交流盛会，也是青年男女结交朋友、谈情说爱、施展绝活儿、学习交流的盛会。

木工技艺：木工技艺上，主要是师傅带徒弟的方式，代代相传，无任何图纸，模型可供参考和借鉴。一栋房子的结构形式，用料长短，在何处挖眼作椎全部都在木匠师傅的头脑中。正是这种传承方式，使得这种古老的建筑艺术保持相对稳定，也得以代代相传。

苗族吃新节

苗族芦笙

人文史迹

禾仓群：村落现拥有将近390间禾仓。禾仓均为木质吊脚楼形式，禾仓防牲畜、仿鼠、防潮，禾仓一般建在民居旁，作为农房附属用房。

古树：位于村落之中，共有4棵，为楠木、柏树、枫树等，且长势良好。

古井：分别位于村落西南部古桥旁与东南部村寨的围合空间之中，是建村以来两口最古老的井，历史悠久。

跳月坪：位于村落中控抗小学旁，农忙时作为耕田使用，节假日作为控抗苗族同胞的节庆广场。

古桥：位于村落西南部，桥面为石板搭建的平石桥，桥身为石砌的单拱。历经上百年历史，古桥依旧坚固美观，古桥与旁边古井相互呼应，二者相得益彰。

洗牛塘：洗牛塘位于村寨西南部，建村以来便一直存在，因其位处群寨之中，

不仅作为苗族人民斗牛洗澡的地方，也是古时的消防水池，保护了控抗村几百年的安全。

保护价值

控抗村建村至今已有400年历史，虽然村落建设规模逐步扩大，但其布局仍然沿用传统布局建房的习惯和风格。随着发展需要，村落由起初的防御和生产工厂变为单一农业生产功能，所以根据地形高差形成的层层错落的梯田成为村落主要景观，是控抗村苗族同胞改造自然、利用自然、融入自然的体现。同时传统民居、禾仓的传统木工建造工艺也延续至今，通过技术的不断进步，已经完全适应了当地的气温、湿度、风力等自然条件的影响，难得的是在现代新型材料的冲击下并未改变这一传统技艺。所以，村落在历史、科学、艺术等方面都有较高的保护价值。

杨 洋 向元洪 编

古桥

洗牛塘

梯田景观

黔南布依族苗族自治州三都水族自治县都江镇排抱村

排抱村全景

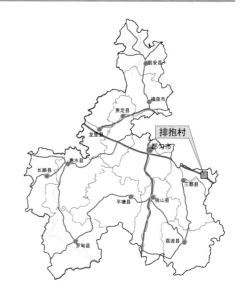

排抱村区位示意图

总体概况

排抱村位于黔南布依族苗族自治州三都水族自治县都江镇的北部，通过乡村道路连接321国道可到达都江镇以及三都县城。排抱村距离都江镇政府有31公里，距离三都水族自治县县城有38公里。全村辖八个村民小组，共有287户，总计1299人，全村包含苗族、水族和汉族三个民族的村民，主要以苗族为主。村落形成在明末清初，排抱村村民的祖先为躲避战乱迁徙而来，距今已有400年之久。排抱村村域国土面积为15平方公里。

2016年排抱村列入第四批中国传统村落名录。

村落特色

排抱村位于半山腰上，依山而上为陡峭的山崖，自下则为深深的峡谷，巫虾河从村脚穿过，蔚为壮观。村落周围分布着独具特色的梯田，古树成荫，竹林密布，云雾环绕，乡村田园与自然协调，风景优美；传统民居与土墙深巷，都保留着浓郁的民族传统特色。村落较为集中，以老寨为中心，往四周扩建，层层相叠，形成了"大集中小分散"的村落布局。民居建

村内竹林

筑大部分朝向为坐北朝南，依山而建，高低不同，呈现错落有致的形态。村寨内形成了平缓的坡道，幽深的巷道，层次丰富的民居。排抱村的村落充分地突出苗族同胞的居住特点，独具匠心。

传统民居

屋檐上的悬鱼

传统建筑

排抱村居住的有苗族、水族和汉族的居民，然而该村的传统民居建筑主要是以"干阑式"的苗族建筑为主。

"干阑式"建筑在修建时，先建底层作为平台，再于平台上修建房屋。上下层均有支柱，然而上下层的支柱却是互不连通。屋架主要分为穿斗、抬梁混合式和穿斗式两种，屋顶有歇山和悬山带山面披檐

两种形式，覆以当地自制的灰瓦。屋顶两端垂挂有用木板雕刻而成的悬鱼。

建筑开间以"三间二厦""二间二厦"和"三间带廊"为主，进深九檩至十三檩，楼层大多为一楼一底，也偶有二楼一底的建筑。底层用于存放生产工具、关养家禽与牲畜、储存肥料或作为厕所。第二层用作客厅、堂屋、卧室，堂屋两侧的立帖要加柱，楼板加厚，因为这里是家庭的主要活动空间，也是宴会宾客笙歌舞蹈的场所。堂屋外侧设有走廊和栏杆，走廊上建有独特的"美人靠"，苗语称"阶息"，主要用于乘凉、观景和休息，是苗族建筑的一大特色。每家每户还在居住的房屋旁修建一个禾仓，用以堆放粮食，同时也象征年年丰收。

苗族民居的空间分割组合，以祖宗圣

排抱村平面图

灵神龛所在的房间为核心，再向外延伸辐射。祖先崇拜的苗族传统宗教，在居住的民居建筑上被充分完美地体现出来。

村寨内几乎每家都修建有禾仓，禾仓是作为排抱村村民储存粮食的仓储式建筑，底层为木柱架空的吊脚楼形式，再于架空的吊脚楼上修建一层，用于作为储存粮食的仓库。

排抱村村寨内现在还存在古老的传统街巷格局，由村民的房屋围合，形成了狭窄的街巷，虽然路面已经做了水泥硬化，但是维持着原有的古老格局，仿佛还能窥见曾经的样子。

民族文化

排抱村作为水族、苗族、汉族共居的村寨，也保留着各民族相应的文化。

苗族芦笙舞：省级非物质文化遗产。芦笙舞蹈在当地，汉语里叫"跳月"舞蹈，苗语里叫"所告"。该舞蹈传承于元代以前，发展至今，排抱寨上的男女老少都会跳月舞蹈。特别是在民族的重大节日和寨上有喜事的时候，不管是否在农忙季节，村民都会集中在一起。男女均穿着民族盛装，在公共传统活动空间里，几个人或几十个人，保持着原始圆圈式队形，随着芦笙的声音，翩翩起舞，时而向左转，时而向右转，表达大家内心的喜悦。

苗族纺织：排抱村的苗族妇女还保留

苗族芦笙舞

着非常古老的纺织工艺——手摇纺织机。

苗族的纺织机为手摇式纺织机，是用绳子在数根竹条的两端绕着"Z"字形制成的轮子，轮中穿着一木轴作为手柄，轮子前端安装一根筷子长短、织毛衣针大小的铁条作为纺具。纺线时，苗族妇女坐在机子一边，右手摇着轮子转动、左手拽着棉

苗族纺织

花，边拽边放，通过轮子带动纺具的转动来完成纺线的过程。棉线就是这样一线一线地纺出来了。由于纺线机轻巧灵活，苗族妇女们在农闲时节，都喜欢集聚在一起纺线。所以，纺线活动也是这里苗族妇女主要的社交活动之一。

苗族古瓢舞：古瓢舞，因用古瓢琴伴奏而得名。古瓢大多是用空桐树雕琢而成，外形如水瓢而得名古瓢。每当芦笙禁忌的时节，苗族同胞们就把古瓢拉起来，跳起古瓢舞，因而成为统领春耕时节的特有舞蹈。千百年来，逢年过节、喜庆日子，排抱村男女老少的苗族同胞们都喜欢跳古瓢舞，古瓢舞不仅成为重大活动人们喜闻乐见的舞蹈，也是苗族男女青年谈情说爱的表达载体。

踩月亮舞：踩月亮被誉为"东方踢踏

苗族古瓢

苗族古瓢舞

苗族踩月亮舞

舞"和"苗家的Party"。《踩月亮》名称就是源于芦笙舞蹈的"踩步"，以及苗族对月亮的崇拜。《踩月亮》主要讲述的是，崇拜月亮的苗族先祖们在黑暗的夜里吹起了芦笙曲，踩响了脚，唤醒了月亮，是月亮的光芒给逃难的苗族人民带来了光明，获得了新生。

《踩月亮》是流传最久、参与人数最多、最热烈、最激荡人心的一种苗族民间传统舞蹈，体现了苗族儿女对人与自然和谐相处的精神境界和天人合一的思想内涵，显示出苗族人民古老而绚丽多彩的生活状态和向善向美的追求。

人文史迹

排抱梯田：排抱村的梯田分布于村子东北边和西边，这里一年四季景观各异，春来，水满田畴，如山间碧玉层层堆积；夏至，佳禾吐翠，似排排绿浪从天泻；金秋，稻穗沉甸，像座座金塔顶苍穹；隆冬，瑞雪兆丰年，若白色的棉被覆盖，美不胜收。

古树：村寨内现存九棵古树，分别为七棵古枫树，一棵杉树及一棵白继木，分布在村寨内，长势良好。他们伴随着排抱村寨走过悠久的历史，见证了排抱村村民经历的世代更迭。

古井：村寨内现有还存有一处古井，古井形貌保存完好，且水源充沛，至今仍然可以作为取水的水源点。

排抱梯田

保护价值

排抱村有苗、水、汉等民族居住，各民族的生活习惯和文化传统在长期的生活中得到充分的交流和借鉴，浓缩了贵州少数民族文化的精髓。因此作为一个多民族聚居的村寨，各个民族文化在排抱村相互融合与渗透，形成了排抱村独特的多民族风情。排抱村的传统居住建筑是以苗族的吊脚楼为主要建筑形式，依山势而建，形成了与自然环境和谐相融的聚落形态格局，其格局紧凑完整，街巷空间及民居建筑保存完好，从建筑、村落、田地及山体生活方式上充分体现了村落历史的真实性、村落社会生活的真实性和历史风貌的完整性。多民族文化的融合和田园文化是排抱村的灵魂，是维系村落居民精神归属的根基，是村落文化活生生的表现，是真正走向永续发展的内涵和动力，必须在整体保护的基础上，使其延续生长。

钱雪瑶 雷瑜 编

村落布局

黔南布依族苗族自治州三都水族自治县都江镇排怪村

排怪村全景

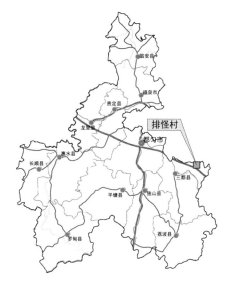
排怪村区位示意图

总体概况

排怪村位于黔南布依族苗族自治州三都水族自治县都江镇的西北部，通过乡村道路连接321国道可到达都江镇及三都水族自治县县城。排怪村距离都江镇政府12公里，距离三都水族自治县县城31公里。全村居民均为苗族，共有177户，总计726人。排怪村始建于清朝末年，距今已经有100余年历史，背靠麻密山面向排怪梯田，村落周围环境优美，梯田风光突出。排怪村村域国土面积为18平方公里。

2016年排怪村列入第四批中国传统村落名录。

村落特色

排怪村坐落在半山坡上，背山面水，东边是潺潺流淌的小河，有美丽的梯田环绕，民居依山而建，随着时间的流逝，逐渐形成了现在错落有致、独具一格的村落布局，整个大村至今仍然保持着传统建筑的特征。民居周围由高耸的楠竹相依托，整个村落有古树的怀抱，外围是壮观的梯田，茂盛的竹林，青山云雾缭绕，环境优美。排怪村村落周围还有6处大片的梯田，分别位于村寨的西北方和西南方，垂直高

度150米，横向伸延一公里。这里一年四季景观各异，美不胜收。山、林、湾、梯田与传统式青瓦覆盖的民居，构筑成交叉相错的村落格局，因而排怪村具有"天人合一"的宜人、朴实、优美的人居环境。

传统建筑

排怪村全村均为苗族，而干阑式建筑是苗族的传统建筑。在贵州由于地形高差较大且潮湿多雨，祖先为了防水、躲避野兽，所以干阑式建筑就成了居民最常用的建筑形式。建筑以木材为主要材料，多

为两层，少数三层，楼上住人，楼下架空以放养动物和堆放杂物，住人的一层，旁有木梯与楼上层和下层相接，该层设有走廊通道。堂屋是迎客间，两侧各间则隔成二三小间为卧室或厨房。房间宽敞明亮，门窗左右对称。屋顶以歇山顶为主，少部分为悬山顶，除少数用杉木皮盖之外，大多盖青瓦，平顺严密，大方整齐。屋脊中间用小青瓦做成圆形宝珠状，两侧摆成龙形，构成双龙戏珠的造型。

传统民居的结构一般为"六柱五瓜"或"五柱四瓜"的四排三间或五排四间的

传统民居

屋脊上的宝顶

村落布局

排怪村平面图

穿斗挑梁木架结构，中柱一定要用枫木，因为枫树是苗族的生命图腾树，是象征祖先灵魂的圣树。带吞口，最外一柱和第二柱之间空隙为走廊，每排的两棵悬柱间连接宽约尺许坐枋，坐枋上置外伸横梭柱，嵌数十条弯月形木条连接楼枕与坐枋，成靠背状座椅栏杆，俗称"美人靠"，作小憩等用。

村寨内有105个古禾仓，禾仓是苗族先民为保存粮食并防范鼠害而创造的干阑建筑杰作。禾仓的绝妙之处在于粮仓与高脚相接处所安的圆形光滑石板或者木板，从而将木柱与禾仓分隔，成功地防止了老鼠的侵袭，起到防鼠的作用；其次，圆仓底部用四根木柱支起，高离地面约2米，仓下空旷通风，可防止仓内粮食受潮霉变，起到防潮作用；禾仓集中安放，与居民区有一定距离，起防火的作用；最后由于禾仓小门不上锁，而是用一根横木拴住，必须用硬物（木槌）使劲敲打才能打开。

禾仓

民族文化

排怪村作为苗族聚居地，因而保留许多苗族传统文化。

苗族吃新节："吃新节"也叫"新米节"，每年农历九月上旬的卯场天，就是这里苗族一年一度的"新米节"。当天晚上，家家户户都举行着庄严而隆重的祭祖活动，为了感谢祖先的恩惠，摆上热腾腾的米饭、酒、鸡、鸭、鱼、肉等，祭过先人之后，宾客方可入席，进入大吃大唱的热烈场面。

苗族蜡染：排怪村苗族蜡染是中国传统蜡染家庭的一员，包涵着自己独特的民俗文化，体现着别具一格的地域文化与不同的民族支系特色，形成了苗族地区特

苗族吃新节

苗族蜡染

有的民俗风貌和人格精神。排怪村的蜡染分为"几何纹"样和"动植物图案"样两大类。几何纹比较抽象概括，最具代表性的有"涡妥"纹，传说是祖宗迁徙途中渡过的河流中旋涡，固定在女性盛装上的肩背、衣袖处，不能更改。动植物图案具有非常神秘的艺术表现力，将各类植物花草安排在同一空间组合，将各类飞禽走兽动物安排在同一空间组合，把鸟头连接上鱼身，还添上鱼鳞，创造出变形夸张的动植物

苗族盛装

形象，构图自由流畅、变化无穷，展现了稚拙浪漫的想象力和无限广阔的时空感。苗族蜡染浓缩了苗族妇女千百年来智慧，集中体现了历史学、美术学、几何学、音乐、科学、哲学等诸多学科的艺术。

苗族盛装：被称为"穿在身上的'史书'"，排怪村的苗族盛装为白领苗代表服饰之一。盛装主要用于节日或喜庆之时，设计和制作工艺都非常精美。排怪苗族的盛装不仅是日常生活物品，也是苗族历史的记录，更是白领苗区别于其他苗族支系的依据之一。特别是盛装衣领和衣袖的蜡染部分，图案都是太阳和月亮的复合体，印证了白领苗崇拜月亮的痕迹。

芒筒：是苗族常用的单簧气鸣乐器，有人也称莽筒、芦笙筒。实际上就是由五至十个不等的芒筒与三支芦笙组合而成的

套件器乐。单独芒筒是不能吹奏的，必须有芦笙曲子奏乐，芒筒才能作为呼应的传统器乐。芒筒管身为竹制，由簧管、共鸣筒两部分组成。簧管用一根细竹管制做，上端管口作吹口，打通中间竹节，下端留节封闭，节上开一长方孔，镶一枚铜制簧片而成，无按音孔，可发一个单音。根据乐曲套件的需要，有长达两米的，也有十几二十厘米的，长短不同，音质轻重也不相同。芒筒具有鲜明的地域性，有深厚的历史积淀，是苗族先民表现生活、奏抒歌怀的文化遗产。

芒筒演奏

人文史迹

古树：村寨内现存13棵古树，主要的品种为楠木和枫香树，均分布在村寨内，树龄都在百年以上，长势良好，陪伴村寨一起走过历史岁月。

古井：村寨内现还存有两处古井，一处古井由于年久失修，周围被杂草覆盖，已经干涸；另一处古井形貌保存完好，且水源充沛，至今仍然可以作为村寨内的一个水源点，为村民提供水源。

保护价值

排怪村传统民居依山就势而建，形成了与自然环境和谐相融的聚落形态格局，其格局紧凑完整，从建筑、村落、田地及山体生活方式上充分体现了村落历史的真实性、村落社会生活的真实性和历史风貌的完整性。作为苗族聚居的村落，排怪村把苗族人民的生活习惯和文化传统在长期的生活中完好地保留了下来，浓缩了贵州苗族文化的精髓。排怪村拥有贵州省最具特色及黔南州最美的苗族梯田景观，排怪村的梯田具有非常悠久的历史，体现了排怪村村民对大山的热爱。

钱雪瑶　雷　瑜编

梯田景观

黔南布依族苗族自治州三都水族自治县都江镇排外村

排外村全景

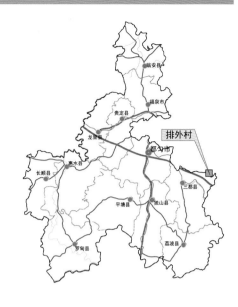

排外村区位示意图

总体概况

排外村位于黔南布依族苗族自治州三都水族自治县都江镇的东北部，通过乡村道路（原古驿道）可以到达都江镇，从都江镇通过321国道可以到达三都水族自治县县城。排外村距离都江镇政府29公里，距离三都水族自治县县城64公里。全村辖5个村民小组，共有226户，总计981人，全村村民均为水族。排外村村域国土面积为8.9平方公里。清朝都江镇改土归流，战乱后，大量苗族同胞往黔东南迁移，而水族祖先则从三都县南面迁徙至排外村，并且就此定居，距今约250年。

2016年排外村列入第四批中国传统村落名录。

村落特色

排外村位于丛林之中的高山半坡之中，村落四面环山，村寨依山而建，犹似大山上的"鳞甲"，寨脚下有一条清泉小溪由西向东流过，四面青山环抱，下为层层梯田，入境入画，民居随地势起伏而建，随坡就势，植被优良，农耕聚居于此，周边环境保持较好，创造出自然环境及人居环境相互交融的一体化的理念，具有明显地方或民族特色。从南面村口桥头，经下寨寨脚，循路而上，村寨建筑

民居错落分布

沿"之"字形道路呈现梯台式布置，每条小路把民居建筑群分隔开来，形成两三排建筑为一个小组团的空间布局模式，自北向南。整个建筑群轮廓分明、错落有致，非常丰富；院落内布局严谨，空间利用合理。排外村村落整体环抱于群山翠竹之中，山、田、寨交相辉映，自然和谐。

传统民居

百年粮仓

传统建筑

排外村为水族聚居的村寨，水族居住的房屋多是松杉木建造，用瓦片或杉木皮覆盖，这种住房建筑属于古代百越人的"干阑"式构造，是我国古代建筑遗产的一部分。水族木楼一般分上下两层。下层是整个上层房屋的承重部件，因此先修好基脚，根据木屋间架结构的性能，屋

基只要求按地形用块石安稳柱脚即可，一般不要修整屋基平面。下层柱粗，柱身榫眼用穿枋纵横连接，每排底柱上端扣架粗大的原木作为横梁，梁与梁之间铺着垫木，俗称"楼枕"，枕上铺着宽厚的楼板，形成平整的楼面。上层屋架，一般每排为五柱四瓜，也有五柱六瓜。

在柱与柱之间用穿枋组成网络。特别是上层屋架柱脚扣枋为鱼尾式的斗角衔接，是水族木工在干阑建筑中最出色的创

排外村平面图

造。柱脚扣枋的这种鱼尾式"斗角"结构，牢牢固定每根柱子的方位。顶上再用檩子卡住各排柱头和瓜头，各部衔接处都是齿榫卯紧，使建筑物整体性强，十分稳固。下层的砥柱和横梁与上层排架必须对应，俗称"柱顶柱"，这使木材抗压的性能得到了充分的发挥。

墙壁和楼板，用松木板或杉木板依次镶接而成，内外都不上漆，或只上点清漆，保留着木材的原色。

村寨内有一处粮仓，木质干阑结构，历经上百年的历史岁月，保存良好，现在依然作为村寨内粮食储存的建筑而使用。

民族文化

作为水族聚居的村寨，排外村依然保留着水族特有的民族文化。

水书：国家级非物质文化遗产。水族是一个崇尚鬼神的民族。水族人民认为：无论是祖先亡灵、动物、植物，还是一些自然物和自然现象，包括山、石、洞、水、风、雨、雷、电等，由于有某种"鬼"或"神"附体，都具有灵魂，水书就是记录各种鬼怪魂灵、各种禁忌事项及各种避邪驱鬼方法的集成，水族人民丧葬、祭祀、婚嫁、营建、出行、占卜、节令、生产等，一举一动都受水书的制约。

水书

水族端节

水族端节：省级非物质文化遗产。端节是水族人民辞旧迎新、祭祀祖先、庆贺丰收和预祝新的一年幸福美满的传统节日。水历把九月作岁首，岁首要过年，端节就定在九月初九，通称"水年"。节日前夕，水族人民舂新米，酿新酒，缝新装，筹备各色食品、果品，以备祭祖待客之用。到了水年除夕夜，人们将铜鼓或大皮鼓悬于庭中，尽情敲击，以示辞旧迎新。

水族铜鼓舞：省级非物质文化遗产。男女老少、各方宾客在鼓的四周或者一旁转圈、跳舞。舞蹈时，男女老少身着盛装随着鼓乐的波澜起伏，整齐划一。铜鼓舞充分体现了水族人民豪放、朴实的民族性格和纯洁快乐的思想感情，展现了水族人民勤劳善良、团结友爱、积极向上的品质，抒发了他们对自然的尊重、感恩大地的情怀。

水族敬霞节：省级非物质文化遗产。"敬霞"在水族语言中是敬拜雨神的意思，意为祈求天上雨神给人间降雨。这是水族的大多数地区以血缘家庭组成的宗族为单位、各村寨联合举行祈祷雨水的原始宗教活动。

水族铜鼓

铜鼓舞

水族敬霞节

人文史迹

古树：村寨内现存古树一棵，长势良好。

古井：村寨中部地区，现有一处古井，古井形貌保存完好，但由于年代久远，水源干涸，井内现在已无法取水，仅作为参观使用。

古驿道：现在是排外村连接外部的通村公路，古时候曾经作为村寨前往雷山的茶马驿道，从清朝至通公路前一直都是江连接雷山的通商必经之路。古道的石头见证着古道的兴衰，还在向走过的人们讲述之前繁荣的景象。如今则是作为羊福社区至排外村的交通要道。

古灶：村寨东部组团有一栋因为损毁已经被拆除的民居建筑，原厨房的位置仍然保留有一古灶，虽然不能使用，但是依旧保留有古灶的形式，对研究古代水族人民的日常生活有一定的科研价值。

石碑：村寨内有一处清朝年间的石碑，形制精细，雕刻有卷云花纹，雕工精美，现仍然保存良好。

石碑

保护价值

排外村距今已有250多年的历史，虽然历经时代变迁，然而村落依旧保持着原有的风貌，有着其独特的历史风貌和自然格局。作为水族地区典型的水族村寨，排外村有着上百年的历史，依然很好地保留了具有水族特色的建筑、服饰、文字、民间工艺、节庆等文化，有着很强的代表性。当地的传统民居建筑的细部工艺高超，体现了当地民间传统的建筑艺术水准；国家级非物质文化遗产——水书及其文字，有着很高的艺术价值和历史文化价值；省级非物质文化遗产如水族端节、铜鼓舞、敬霞节，都具有较高的观赏价值和艺术价值。水族同胞的生活方式在此世代相袭，是现代社会文明中对民族历史的补充以及展示，在三都水族自治县，极具民族文化的代表性。

钱雪瑶　陈隆诗 编

梯田风光

黔南布依族苗族自治州三都水族自治县三合街道排招村排招寨

排招村排招寨全貌

排招村排招寨区位示意图

总体概况

排招村位于三都水族自治县城北面，通过321国道30分钟可到达三都县城，距离县政府约11公里。排招村排招寨共967人，是一个苗族聚居的村寨。排招村村域总面积为10平方公里。清代时期，排招人的祖先打猎路过排招，见此处虽地处高山，却有水源，并且常年不干涸，遂觉此处是一处宝地，适合生活，于是便决定定居于此。

2016年排招寨列入第四批中国传统村落名录。

村落特色

排招寨坐落于崇山峻岭之中，位于山势陡峭、易于防守的山垭处。村寨因险凭高，绕山建寨。村寨四周围绕着葱茏的翠竹古树，自然环境优美。寨子以南北两个水塘为中心形成两个向心聚落式组团，组团之间以顺应等高线走向的横向道路网连接。寨内多古井古树，七口古井疏密有致地分布于寨内，几百年来源源不断哺育着排招人，古树矗立寨头，日夜守卫着寨内的安宁；石台木屋、青瓦古巷，在芦笙美妙的音乐中展开了一幅古老而传奇的苗家画卷。

村寨环境

传统建筑

排招村排招寨是一个典型的苗族村寨，村内保留传统建筑165栋，占总建筑数量的76%。

排招寨苗族传统民居大多为穿斗式干阑式木楼，建筑内部划分一般为三层，有的两层，有的四层。住宅规模多为三间，也有五间和七间的，一律忌双取单。起房时，先立下层。下层是整个上层房子的承重部件，必须修好屋基。根据木屋间架结构的性能，屋基只要求按地形用石块安稳住柱脚即可，不一定要求修正屋基平面。根据房屋规模大小，下层相应立着几排砥柱。每排砥柱上端扣架着粗大原木做的横梁。梁上担着垫木，俗称"楼枕"。枕上

民居建筑

镶铺着宽厚的楼板，形成平整的楼面。上层架屋一般为每排五柱四瓜或五柱六瓜。五柱八瓜的房子，算是规模最大的干阑木楼了。下层的砥柱和横梁与上层的排架必须对应，俗称"柱顶柱"。上下层屋架，都用木枋子连成一个整体。柱脚扣枋式"斗角"结构，牢牢固定在每根柱子的方位，顶上再用檩子卡住各排柱头和瓜头。各部位的衔接处都是齿榫卯紧，这就大大增加了房架的稳定性。

民居建筑

民族文化

排招寨保存了大量民族文化习俗，如芦笙舞、吃新节、传统服饰、苗锦工艺、祭祀和斗牛活动等。

排招寨平面图

芦笙舞

芦笙：排招芦笙按其活动内容和性质，可分为自娱性、习俗性、表演性、祭祀性以及礼仪性五种。最为常见的是自娱性芦笙舞。最为盛大的芦笙舞在吃新节举行，参加跳芦笙舞的村民们身着节日盛装，先后来到"跳月坡"，吹奏芦笙。

吃新节：吃新节是三都苗族特有的传统节日，每年农历七月份左右，约在农历"小暑"之间，以早稻成熟为标志，所以排招人的吃新节每一年过节的日期也不尽相同。"吃新"又叫"尝新"，节日当天，村民们早早来到田间，精心摘取颗粒饱满的稻穗，捆扎成稻束，悬挂在农舍门厅两旁，供奉在中堂的桌案上，祭拜谷神和祖先，祈求庄稼丰收，感念祖先给自己带来的福气，也赞美族人的勤劳。

苗族织锦：苗锦是排招寨苗族妇女利用当地所产的蚕丝、苎麻、木棉等纤维染彩而织，《黔书》称这种织法为"通经回纬"。排招织锦方法为通经断纬法，织锦可织出花手帕、头巾、围腰、衣背、甚至床单。织锦图案丰富，多为龙纹、舞人纹、鹭纹、鱼纹。

苗族服饰：排招苗族传统服饰从取材到最后成衣包括织布、染色、剪裁、缝制、绣花等复杂的流程。盛装大多为长款，日常生活装为短款；女装的盛装花样复杂，装饰华美，还配有头饰、项圈等精美的手工银饰。寨内随处可见身着传统服饰的苗族女子，衣服颜色以藏青色为主，样式朴实大方，在袖口、领口等地方绣有精致的图案，头上包有苗族织锦的头巾。

苗族服饰

祭祀：苗族人喜祭祀，排招寨的寨民对去世的家人以及祖先有着浓厚的缅怀心理，家里每去世一位亲人，就会杀一头牛用于葬礼，而牛角被保留在村民的房子里，代代相传，缅怀亲人，牛角数量代表着在所居住的房子里去世的亲人数量。排招寨民喜欢往房柱上插竹子，这是流传至今的一个传统，代表着寨民们对未来生活的期望与祝愿，希望它就像竹子一样节节升高，越过越好。

人文史迹

排招村排招寨内有丰富的人文史迹，这些人文史迹充分地反映了排招寨一直以来的生活方式、生活特点，是排招苗族世界观、价值观的体现。

寿愿碑：寿愿碑现立于寨子南侧水塘南边50米处的路边，寿愿碑由民国时期三都县县长亲自题词书写，是赠予排招村一大户人家老爷子贺寿的礼物，后来拿来铺路，2001年排招村修路时挖出以后，重新将其立于寨内。

水塘：村寨内的水塘不仅仅是村寨的水源，同时起到消防和预警的作用，并且还流传着关于水塘的传说。村寨共有两处

水塘，其中一个水塘位于南部寨子组团的中心位置；另一个水塘位于北部寨子组团的中心位置，两个水塘曾作为村内的鱼塘使用，现在已经被改造成消防塘。传说排招苗族祖先打猎来到此地，看见高山之上有水塘而不干涸，认为定是一处好地方，于是便定居于此。

寿愿碑

保护价值

排招村排招寨具有丰富的物质文化和非物质文化遗存，是苗寨文化的活载体。村落依山而居，充分尊重自然，村落选址和村落格局富有特色，充分体现了人与自然的和谐相生，具有较高的艺术价值。

村落保存的民族文化、传统风俗展现了当地苗族人民独特的生活方式，丰富的历史遗存蕴含了当地苗族人民的思想观念，具有较高的历史文化价值。

莫军强 编

织锦

村寨环境

黔南布依族苗族自治州三都水族自治县普安镇排月村排月寨

排月村排月寨全貌

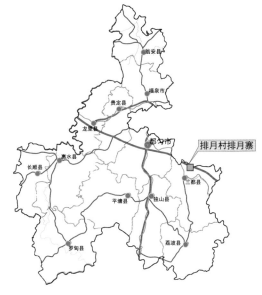

排月村排月寨区位示意图

总体概况

排月村排月寨地处三都水族自治县北大门交梨，位于普安镇北部，距镇政府驻地13公里，距厦蓉高速公路3.5公里，距县城14公里，有"高速、高铁、国道"经过，交通十分便利，土地总面积为5.5平方公里。排月村排月寨2018年底共1098人，常住人口910人，是多民族杂居、和谐相处的民族村寨，其中村寨内以苗族为主，约占总人口的95%。主要以平、罗、莫、韦姓氏为主。耕地面积530亩，土壤十分贫乏，气候高寒。种植农作物产量低，主要以种植水稻、玉米、黄桃为主。部分村民养殖黑毛猪，人均年纯收入2800元左右，全村主要以种养业和劳务输出作为主要经济来源。

2019年排月寨列入第五批中国传统村落名录。

排月寨平面图

村寨环境

传统建筑多为单体两层建筑，少为三层，民居建筑依山而建，均不在一个平面，呈吊脚楼的建筑形式，上下两层立柱相互连通，建筑结构相对稳固。建筑前部为栏杆及走廊，梢间是楼梯，从使用功能上看，中间为公共活动场所，是主人接待客人、举行各种家庭活动的地方。正面设有大门，门的两侧设有高约为50厘米、宽为60厘米的小窗，正中壁上设神龛，为祭祖等民间活动使用，房屋中间设一个方形火坑，底层设置卫生间、堆放杂物、牲畜圈等。工匠师傅带徒弟的方式代代相传，正是这种传承方式，使得这一传统建筑得以传承至今。

传统民居

村落特色

排月寨属于山区，地处群山之上，四面临山，由下至上依山势而建，坐北朝南，层层叠叠坐落在两山之间，村落整体传统风貌保存较好，人文地理总体格局没有被破坏，村寨建设对生态环境影响较少，四周青山环抱、风光秀丽、环境优美。平缓地带均为良田，沿峡谷河流带状分布，春绿秋黄，美景怡人。乃河由村中蜿蜒而过，水流充沛，滨河景观优美，形成依山傍水的岛上人家，充分体现了古人"泽水而居、靠山面水"的选址理念。整体上山、水、村、田相互辉映，美不胜收，是集自然景观、建筑风貌、民俗民风等为一体的"特色文化旅游村"。

传统建筑

排月寨以苗族传统民居为主，村落均为传统式青瓦覆盖的民居，构筑成交叉相错，传统式的"杆栏"或"美人靠"式的建筑，屋顶居中位置盖"铜钱式"的宝顶，亭台轩榭、气宇轩昂、错落有致，是苗族特色住宅的典型代表。

传统民居

传统民居

民族文化

苗族刺绣：苗族刺绣是中国少数民族特色刺绣的代表之一。刺绣是苗族源远流长的手工艺术，是苗族服饰的主要修饰手段，是苗族女性文化的代表，苗族刺绣造型独特、朴实、生动，构图饱满，色彩艳丽，对比强烈，体现了一种原始、纯真、古朴、大方的民族特色。至今，苗族姑娘嫁人依旧是穿着母亲为自己精心绣制的服装，是苗族同胞世世代代传承下去的优秀文化。

刺绣

蜡染：用蜡刀蘸熔蜡绘花于布后以蓝靛浸染，既染去蜡，布面就呈现出蓝底白花或白底蓝花的多种图案，蜡染图案丰富，色调素雅，风格独特，用于制作服装服饰和各种生活实用品，显得朴实大方，清新悦目，富有民族特色。按苗族习俗，所有的女性都有义务传承蜡染技艺，每位母亲都必须教会自己的女儿制作蜡染。所以苗族女性自幼便学习这一技艺，她们自己种植靛植棉，纺纱织布，画蜡挑秀，浸染剪裁，代代传承。在此状况下，这些苗族聚居区形成了以蜡染艺术为主导的衣饰装束，婚姻节日礼俗，社交方式，丧葬风习等习俗文化。蜡染作为苗族村民世代传承的传统技艺，至今仍以活态方式传承。

蜡染

芦笙舞：生活在贵州黔南大地上的苗族是个集崇拜祖先、崇拜月亮母性复合体于一身的民族，是一个能歌善舞的民族，一个艺术的民族：用舞蹈跺响生活的节拍，用芦笙奏出生命的旋律，用服饰记载历史的辉煌，用歌声唱出大自然的和谐。在排月寨，芦笙被视作生命一般的来呵护，会吹芦笙就是位大师，是迎得人们尊重的条件。所以跳月不仅仅是一个舞蹈，更是民族的精神支柱，是心灵回归的家园，是感情与技艺的交流载体，是心灵与心灵的碰撞，彰显着苗族古老而绚丽多彩生活状态，内敛文雅又豁达开朗、脚踏实地的品格，绿色生命的礼赞，人与自然和谐相处的精神境界和向善向美的追求。

此外，还有婚丧嫁娶、苗族盛装节、吃新节等民族文化习俗。

芦笙舞

吃新节

人文史迹

古墓：排月寨的古墓群主要分布在村寨的四周，建于光绪年间。墓碑为一个组合碑，在墓的正前方用一个平整的长方体石块作为铺垫，铺垫石块上架设主墓碑，主墓碑的左右两侧各立一个四面打磨得光滑的长方体石条作为副碑，在主墓碑和副墓碑上盖上一个扁长的长方体石块和一个"山"字形石块作为墓碑顶。

古墓

古井：距今已有百年历史，以前主要作为人、畜饮水点，为乡亲们提供着生命的泉水，还陶冶着乡亲们的品格，使他们懂得了应该怎样做人，它对人们的生活，发挥着难以估量的作用。

指路碑：主要给当地村民指路使用。

古井

指路碑

保护价值

排月寨传统民居依山就势而建，形成了与自然环境和谐相融的聚落形态格局，其格局紧凑完整，从建筑、村落、田地及山体生活方式上充分体现了村落历史的真实性、村落社会生活的真实性和历史风貌的完整性。民居建筑体现了传统干阑式建筑的特点，充分显示了房屋主人深厚的文化素养和殷实的家庭生活，为传统民居的研究提供了重要的实物材料。排月寨民族文化积淀深厚，人文环境特色浓郁，苗族人民的生活习惯和文化传统在长期的生活中完好地保留了下来，浓缩了贵州苗族文化的精髓，具有较高的保护价值。

郭 进 编

村寨风貌

黔南布依族苗族自治州三都水族自治县普安镇野记村

野记村全貌

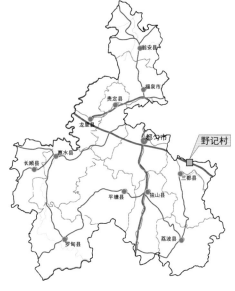

野记村区位示意图

总体概况

野记村地处云贵高原南部高山地带，东抵丹寨县扬武乡基加村，南接梁家沟村，西至高平村，北与丹寨县扬武乡乌湾村接壤。古寨距321国道10公里，距厦蓉高速三都水族自治县出口站6公里，村辖区内有锑、铅、锌、铀等矿产资源。古寨内古树林立，有山羊、九节狸、野猪、野鸡、守山豹等珍稀动物；有千年红豆杉、金丝楠木、枫树、倒鳞木等珍稀植物。全村共辖八个村民小组，有241户，1241人，是多民族杂居、和谐相处的民族村寨，村寨居民以苗族为主，约占总人口的95%，主要以罗、吴、莫姓氏为主。耕地总面积为888.9亩，主要种植水稻、玉米、花生、葡萄、黄桃、稻田养鱼、养牛、养猪、养鸡等。

2019年野记村列入第五批中国传统村落名录。

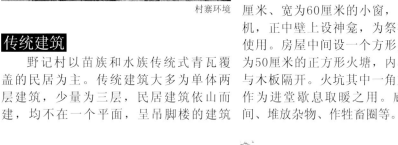

村寨环境

传统建筑

野记村以苗族和水族传统式青瓦覆盖的民居为主。传统建筑大多为单体两层建筑，少量为三层，民居建筑依山而建，均不在一个平面，呈吊脚楼的建筑形式，主要有"干阑式"建筑和"美人靠式"建筑，上下两层立柱相互连通，这种工艺与其他建筑结构比较相对稳固。建筑通常是三间两头磨脚，前为栏杆及走廊，梢间是楼梯，整栋民居有两个小窗，从使用功能上看，中间为公共活动场所，是主人接待客人、举行各种家庭活动的地方。正面设有大门，门的两侧设有高约为50厘米、宽为60厘米的小窗，窗下放置织布机，正中壁上设神龛，为祭祖等民间活动使用。房屋中间设一个方形火坑、直径约为50厘米的正方形火塘，内填泥土，使其与木板隔开。火坑其中一角放置硬石头，作为进堂歇息取暖之用。底层设置卫生间、堆放杂物、作牲畜圈等。

村落特色

野记村坐落在高山坡上，上为坡顶，下为层层梯田，左右均为深浅不一的沟壑。民居随着山势起伏，巧妙地组成了一幅"入村不见山、进山不见寨"的村居图，形成了"天人合一"佳美、宜人、质朴的人居环境。村落周围树林密布，云雾环绕，环境优美。山、林、梯田与青瓦覆盖的传统民居建筑为衬托，交相辉映，浑然一体。村寨建筑较为集中，近些年来新建建筑主要要靠老寨周边而建，主要是以老寨为中心逐步向四周扩展建设，民居较为集中，户户紧靠，木楼群依山而建，层层相叠，鳞次栉比，气势恢宏，独具特色，民族风情浓郁。

野记村平面图

传统民居

传统民居

民族文化

苗族刺绣：刺绣是苗族源远流长的手工艺术，是苗族服饰的主要修饰手段，是苗族女性文化的代表，苗族刺绣造型独特、朴实、生动，构图饱满，色彩艳丽，对比强烈，体现了一种原始、纯真、古朴、大方的民族特色。如今，苗族姑娘嫁人依旧是穿着母亲为自己精心绣制的服装，是苗族同胞世代代传承下去的优秀文化。

吃新节：吃新节，也就是庆丰收的节日，每年农历九月的第一个戊日，村寨举办斗牛赛马、跳月（芦笙舞）等各种竞赛与娱乐结合于一体的民间活动，活动井然有序，姑娘们穿着盛装，佩戴银器，翩翩起舞，争先赛艳；小伙子们摩肩接踵，场面相当壮观。周围村寨的爱好者和远到的贵宾可身临其境，一饱眼福，共享节日喜庆。

吃新节

打毽子："打毽子"是苗族男女谈情说爱的一种方式。逢年过节，苗族女孩就用公鸡尾巴扎成毽子，并用彩布、彩带以及野鸡毛把毽子修饰得非常漂亮，吃饭过后，她们就到寨子花场上打，等待前来玩的心仪小伙。看到中意的白马王子，他们会主动地把毽子仍给心仪的对象边打边谈心。

打苗毽

斗牛：正式斗牛的节日，整个古寨的青年来到斗牛场和跳月场有序地开始组织跳月和斗牛，同时周围各地的男女老幼纷纷赶来观看或参加。参加斗牛的牛主们把自家的牛打扮得干干净净，在牛角或身上捆上红绸缎，让整个节日氛围更加浓烈。主人拉牛也要身着新长袍装，拉牛进场要放铁炮，这样做一来既渲染了节日气氛，二来可以长长牛的气势，可谓一举两得。斗牛组织者们会吹着芦笙去牛主家迎接，起着造势的作用，让该牛更加有气势，让观众更加有激情，让节日更加热闹；斗牛结束后青年人就邀请各地青年到斗牛场上进行摔跤，摔跤显示了古寨青年的机智和勇敢，是斗牛民俗不可或缺的一部分。

斗牛

人文史迹

古墓：距村口1公里外有一古墓为吴氏古墓，吴氏古墓是野记大寨最早的祖先的坟墓，同时也是寨内吴氏村民祭祀先人祈求平安的吉祥之地。

古墓

古树名木：野记村野记大寨古树共计有4棵，第一棵红豆杉位于村庄东部，树龄800年。第二棵红豆杉位于村庄东部，树龄1100年。第三棵黄连木位于村庄东部，树龄300年。第四棵黄连木位于村庄东部，树龄300年，野记村野记大寨古树年代久远，历史感强，有很重要的保护价值。

古树名木

古集市、石板街：野记大寨古街建设于明朝年间，主要用于寨内及周边村寨交易使用，至今保留完好。

石板街

保护价值

野记村的发展反映了该村落格局顺应着时代的变迁，一代一代的将这种简单而古朴、原始的生活方式一直传承下来。村民保留了大量苗族传统的生活方式、生活习惯，以及传统耕作方式等。对研究苗族文化，特别是苗族村寨聚居的自然格局特色有重要的历史价值。

郭 进 编

黔南布依族苗族自治州三都水族自治县中和镇塘赖村二组、三组、四组

塘赖村全景

塘赖村区位示意图

总体概况

塘赖村位于三都水族自治县中和镇西部，距镇政府所在地13公里，距县城40公里，由三都至荔波高速公路和206省道可达到塘赖村。塘赖村传统村落核心区为二组、三组、四组，有155户，共计621人，是一个以布依族为主的村落，村域总面积为10.57平方公里。村寨形成是由于祖先避开战乱，清中期时其先祖迁徙并定于此，距今已有300余年。

2019年塘赖村列入第五批中国传统村落名录。

村落特色

"山、水、林、田"等要素构成了村落的自然景观环境。村落四面环山，多低山丘陵，重峦叠嶂，形态优美。山上植被茂密，种类繁多。小溪从村脚穿过，与村落内池塘构成了村落水系景观。四周梯田依山分布，层层叠叠，极具景观效果。

村落内房屋密集，依山而建，错落有致，秩序井然。山、水、寨、田相互依存，是一处有着天人合一意境的理想人居场所。随着村落人口的不断增长以及外部条件的改变，新增建筑主要建于村寨入口，逐步演变为"新老组团分片而居"的分布特点。

民居多为本地特色木结构房屋，散落

村寨一角

于田园阡陌之间；依山而建，多为"一"字形，也有少数围合形，走势随等高线，朝向不固定。远远望去，院落林林总总，错落有致，于青山梯田间，默契不突兀，自然成景。

传统民居

传统民居

传统建筑

村落内民居建筑与其他水族地区的民居建筑一样，都为青瓦覆盖的木质结构板房，是典型的"干阑式"建筑。塘赖村建筑建造工艺为先建底层作为平台，再于其上建房，上下柱子互不连通，不设走廊和栏杆；"干阑式"建造工艺为部分柱子上下连通，屋架有穿斗式、抬梁式以及混合式，设有走廊和栏杆。建筑屋顶有歇山和

悬山两种形式，部分建筑山墙面带披檐。

村落内的传统民居基本以"一"字形前院式布局。民居建筑多为单体两层，房屋的整体结构通常面阔三间，进深两间，均设有一个对开门，门的多寡要根据房屋所在地形及整体结构而定，周边均有走廊及栏杆。

民族文化

水书：国家非物质文化遗产。水文是水族创制的文字，水语称为"泐睢"，译成汉文为"水字"、"水文"，俗称"水书"。水书是一种古老文字符号，有时一个水字符就能代表一个完整的意思，所以需要水书先生结合口传内容做出解释才能具有意义。水书先生是能读懂和在民俗中运用水书的人，历史上全部为男性，目前

塘赖村平面图

村落内有四位水书传承人。

马尾绣：国家非物质文化遗产。是水族同胞手工进行布纺、蜡染、刺绣等为一体的纺织艺术品，马尾绣是水族妇女在长期的生产生活过程中，对自然界中的各种事物有着敏锐的观察力和审美能力，她们将自然万物和民俗事项经过想象加工后，反映在马尾绣工艺上，绣品上的花鸟虫鱼造型别致，颇富民族韵味和艺术效果。一件绣品一般需要经过52道工序。目前村落内

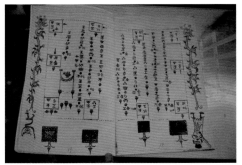
水书

马尾绣制作

的妇女大部分都还传承着马尾绣的技艺。

舞龙：俗称玩龙灯，是村落传统民俗文化活动之一。每逢喜庆节日，人们都会聚集在一起，以舞龙的方式来祈求平安和丰收。舞龙时，龙跟着绣球做各种动作，穿插，不断地展示扭、挥、仰、跪、跳、摇等多种姿势。塘赖村有自己的"舞龙"队，每逢过端节或其他重大活动，"舞龙"队会给全村乡亲父老一展风采，为节日增添喜庆。

水族芦笙舞：贵州省非物质文化遗产。这种古老的水族芦笙舞，曲调达36种

铜鼓舞

斗牛舞

之多，分别表达水族人民生产、生活、文化等不同内容。

水族铜鼓舞：贵州省非物质文化遗产。是水族民间最原始，最古老的民间舞蹈，源于古代祭典活动，它从祭坛演变为民间的日常舞蹈，据传至少已有几百年的历史。

水族斗牛舞：斗牛舞在水语称为"贵兜刀"，由五支芦笙、莽筒跟着，由二人佩代"牛头"道具，半蹲式边斗边舞。舞蹈伴笙调缓急展现各种舞姿，时而状如波涛，时而起伏翻卷，显示了水族人民热忱奔放、粗犷豪爽性格。

人文史迹

古树名木：村落周围山林植被茂密，古树名木主要以单株的形式存在。大多长势良好，树龄均上百年，包括枫香树、红豆杉等，共计12株。古树作为村落内的风景树，极具观赏价值。

古墓：水族墓葬形制奇特，类型多样，反映着丰富多彩的民族习俗和丧葬文化特点。村落最有名的为潘成墓，是八字门碑古墓。墓碑文完好，能清晰辨认该墓始建距今一百五十多年，是研究塘赖村族谱的重要文物之一。

古井：村落内保留有两处古井，始建于清代，距今已有一百多年历史，上百年来为寨内百姓的生活、生产提供方便。古井设有井盖，四周和井盖均采用石材砌成，井水从地下涌出，长年不断，水质清甜。

祭祀地（土地庙）：水族有自然崇拜的信仰民俗。自然崇拜，主要以大石头或

祭祀地

舞龙

大古树为对象，许愿还愿，可以得到它的庇佑。每月初一、十五日这一天，全家或全寨带上糯饭、米酒、小猪，或鸡鸭鱼肉等供品，在"缪"前焚香纸祭祀，念祈神心事，以求吉兆，供祭之后，分享供品。

古井

清代古墓

保护价值

村落初建于清代，历史久远，物质遗产与非物质文化遗产集中，反映了清朝时期的历史时代特征。村落仍然保存着聚族而居，组团集中建设的格局，在长期的历史发展过程中，传承了水族传统民居、水族歌舞、传统技艺、水书习俗、生产生活以及节庆活动等独特的水族文化。无论村落选址还是传统民居的营造，无一不体现水族先民的智慧，除此之外传统村落对于科学研究的价值也是多领域的，包括在经济、历史、民俗、风土、人情、文学、艺术、哲学、人类学及社会学等领域也有重要的科学研究价值，而且这些不同方面的研究通常是相互穿插、彼此关联的。

杨 洋 编

黔南布依族苗族自治州三都水族自治县大河镇蕊抹村

蕊抹村全貌

蕊抹村区位示意图

总体概况

蕊抹村位于三都水族自治县大河镇丰乐社区东北部，距县城45公里，距镇区17公里，从大河镇出发，可沿县道到达。村域面积3.7平方公里，现居206户，907人，村民以水族为主，属水族、布依族、苗族杂居村寨。蕊抹村在康熙二十一年（1682年）就已经有所记载，距今已有300多年历史。

2016年蕊抹村列入第四批中国传统村落名录。

村落特色

蕊抹村位于半山腰处，依山就势，延冲顺岭。村前寨后皆是延绵的高山，恰似一双合拢的手将坐落背面山腰上的蕊抹村这一轮"明月"高举一般，正是山峦起伏，双山捧"月"；蕊抹村背山面水，坐北朝南，后山高而陡，山脚溪水自东北向西南而流，形成了背山面水的格局。村前寨后梯田纵横交错，顺山而走，村庄处于梯田环绕之中，建筑排布紧密结合，纵横交错的小巷道遍布其中。北面马鞍坡与东面轿顶山山势绵延、环绕村寨，马鞍山山势陡峭，树木丛生，自然景观良好。

民居建筑

民居建筑

建筑细部

村寨格局

传统建筑

蕊抹村民居半干阑建筑一般为两层，下层为饲养家畜的圈舍，上层为居住和客房及堆放杂物之用。上层中堂屋摆一张长桌作宴客之用，厅前出挑的悬空外廊有长条靠背木凳"美人靠"，配以曲形木条栏杆，供乘凉或会客之用，也是观景、绣花的地方。窗棂雕刻有各种花鸟图案或空格，屋基多以大块毛石垒砌而成，屋顶为悬山式青瓦双坡顶，正脊两侧设鳌尖、正中设简单脊花。民居大多依山择险而建，鳞次栉比，次第升高，别具特色。传统民居虽平面样式多样，但就类型而言，属于半干阑式吊脚楼。干阑建筑为长江流域以南的主要居住方式，利用柱子将建筑托起，使其下部架空，实际上是对"人处楼上、畜产居下"的居住建筑类型的统称；吊脚楼是水族利用倾斜的地形，平整土地后再依势架平台构成的"半干阑"式的穿斗式木构架建筑，大多位于毛石垒砌的台基之上，呈前"悬崖"后"峭壁"之势。

蕊抹村平面图

民族文化

语言：蕊抹村是水族、布依族、苗族杂居的村寨，以水族居多，村中苗族被周边水族同化，甚至语言都被同化了，而布依族依旧保持了其自身的语言。因此蕊抹村中通用语言为水语和布依语。村里很多老人能听懂汉语，但是他们不会说汉语，所以水话、布依话是他们交流的时候用得最多的。而对于较为年轻的一代，他们会同时用水语、布依语和汉语交流。

水族古乐：蕊抹村民间古乐源远流长，声名远扬。据传从宋末元初开始形成，一直流传至今，历经不断革新、创造、吸取众长、千锤百炼、推陈出新，形成了独树一帜、精彩绝伦、长久不衰、远近闻名的这一古老民间艺术。该古乐之乐器自古精选苏杭产地的上乘响铜乐器，由几个人一起合奏，紧密配合。按照曲谱演奏出紧、慢、悠扬、抑扬顿挫的音乐，所演奏出的曲调清脆响亮、怡悦。时而如疾风暴雨，气势磅礴，时而如万马奔腾，催人奋进，激发斗志。

布依族芦笙舞：布依族芦笙舞是一种历史久远的舞蹈形式，在上古传说中，常常把人类的生存、繁衍和葫芦联系在一起，《诗经》中的："君子阳阳，左执簧"，是关于吹奏笙簧起舞的最早描述。蕊抹村芦笙舞源远流长，历经时代变迁，经过不断革新、完善，吸取他人之长，传承至今已形成长久不衰的民间艺术，也是当地布依族最有代表性的艺术文化。

布依族山歌：蕊抹村布依族山歌以生产生活知识、历史知识和天文地理知识为内容，谚语、格言也是其表现方式，山歌唱词每一句为5字以上，有曲调婉转、字词

布依族芦笙舞

布依族刺绣

水族古乐

押韵的特点，结尾使用假声唱法和颤音的方式，伴奏常用四弦琴和二胡，或用木叶吹奏。

布依族刺绣：蕊抹村传统刺绣是布依族妇女的一种手工艺术，该刺绣历史悠久，明弘治《贵州图经新志》有布依妇女"腹下系五彩挑花方幅，如绶"的记载，说明布依族刺绣在明代就已盛行，而且相当精致了。

水族服饰：蕊抹村传统水族女服多以水家布缝制，无领大襟半长衫或长衫妇女刺绣的背带似"T"形"帘子"，上端两边有带。背带美观实用，可包住幼儿，是母亲送给出嫁女儿的礼品。

古井

岩菩萨

人文史迹

古井：蕊抹村有3口古井，为饮水水源。古井一位于蕊抹村中部，始建于民国初期，由石块堆砌而成，保存较为良好，井水清洌甘甜，至今仍有村民在此取水。古井二始建于清末，位于蕊抹村中部。古井三也始建于清末，位于蕊抹村中部的小河边。

岩菩萨：岩菩萨即"土地庙"，是蕊抹人为感恩土地赐予他们粮食而建，体现

了村民对土地的感恩、敬畏之心。逢年过节，村民都会在"土地庙"前烧上一叠纸钱、三炷香，以求内心安宁。蕊抹村有岩菩萨两处，一处岩菩萨位于村庄西南，始建于清末，由石块堆砌而成。另一处岩菩萨位于村庄北部，始建于清朝中期。

水族服饰

保护价值

蕊抹村具有丰富的少数民族物质文化和非物质文化遗存，是人们了解和体验水族、布依族、苗族多民族民风民俗的最佳场所。蕊抹村芦笙、水族古乐、山歌被很好地传承下来，结合当地水族、布依族、苗族人民的热情好客以及传统独特的木制建筑，为人们展示了多民族文化交融相生的魅力，具有较高的社会价值和文化价值。

蕊抹村依山傍水，建筑多为"穿斗"结构。村落选址上有"近水而不亲水"的特点，能较好地用水之利而避水害。建筑与山坡地形契合巧妙，建筑与山水的和谐关系，在历史研究、植物科学、建筑选址等方面具有较高的研究价值。

蕊抹村保存了黔南布依族苗族自治州水族、布依族、苗族多民族村落相对完整地、真实的历史遗迹，同时附带了大量的历史文化信息，见证了自清代以来该地区的生活方式和文化特色，有较高的历史价值。

谯乾龙 莫军强 编

村落整体格局

铜仁市

TONG REN SHI

铜仁市石阡县五德镇大鸡公村

大鸡公村全貌

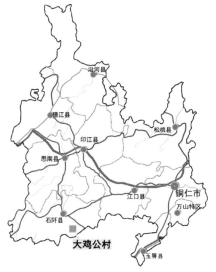

大鸡公村区位示意图

总体概况

大鸡公村位于铜仁市石阡县五德镇东南部，与黔东南州岑巩县三板桥等村寨为邻，距五德镇政府4公里。村域面积7.8平方公里，共4个村民组。该村传统村落核心区域为大石板、柏羊山两个村民组，面积5.19公顷，总计430人，以仡佬族为主。

洪武年间，该村村民曾是朱元璋后勤运盐的部队，因为一次运盐过程中，遇到海水涨潮，盐全部潮湿，故从江西被贬到贵州，在此居住。

该村属中亚热带季风湿润性气候区，年均降雨量为1295毫米，年平均温度14.5℃，最高气温28℃～35℃，最低气温-5℃，无霜期270～280天左右。

2019年大鸡公村列入第五批中国传统村落名录。

村落特色

大鸡公村以喀斯特熔岩地质地貌为主，属半高山丘陵地势。

该村选址有典型的少数民族村寨特色，村寨四周青山环抱，村前绿水萦绕，森林茂密，古树参天，植物种类繁多，自然环境保存较好，自然景观优美，景观特征明显，传统建筑融入整体的大自然中，风景宜人。

大鸡公村是一个典型的山地聚集型村寨，背山面水。村寨建筑集中连片，根据地形呈阶梯式分布，传统建筑整体保护完好，山脉对村落呈围合之势。村落周边分布大量农田，农田依地势逐渐升高，田与田之间有田坎。村落、山、水、农田相得益彰，共同构成了大鸡公村组团状的山水格局形式。

传统建筑

大鸡公村传统村落传统风貌建筑占总建筑的85%，建筑形式主要以"三合院"为主，其余有的建筑为"一"字型、"L"型、"院落式"干阑式建筑。有的建筑为吊脚楼，最基本的特点是正屋建在实地上，厢房除一边靠在实地和正房相连，其余三边皆悬空，靠柱子支撑，而干阑式建筑只有建筑主体，没有厢房。建筑主体为木质材质，院落用青石板铺装。屋顶为小青瓦坡屋顶，窗户花样主要有"王字格""步步紧""万字格"等样式。

村中百年以上老式古木屋有10多栋，由下正房、书房、偏吊脚楼、对天吊脚楼构成，至今还保存了较为完好的历史风貌，且部分有村民居住。

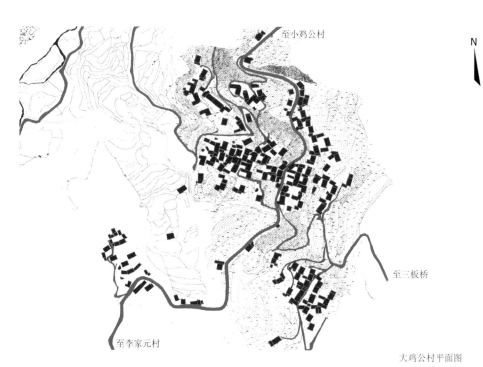

大鸡公村平面图

窗花及栏杆

传统建筑

民族文化

舞毛龙：毛龙编扎甚是讲究。先以竹篾数片扎紧为龙脊，再用蔑条将有色纸缠成"火草秆"，两端扎在龙脊上，形成连接圈。数圈紧连成为龙身，看上去全身皆毛。龙脊每隔两米固定一木棒"灯把"，用以支撑和舞动龙体，总长约15～25米。

毛龙的舞法一般为"单龙戏珠"或"二龙抢宝"。以龙宝带领龙头而牵动龙身，作上下左右翻滚状，头上尾下不停连动成为"滚子"。2006年石阡毛龙被国务院批准为非物质文化遗产。

傩堂戏：傩堂戏又名傩戏，大鸡公傩戏文化已有百余年历史，是仡佬族人民祈祷、驱鬼、逐疫、祭祀的一种表现形式，流传至今已经很成熟。演出时，各个角色穿上专制的服装、戴上面具，在锣、钵、鼓、小马锣和唢呐的交响声中进行表演，表演形式比较多，程序也比较复杂，一般演出约三天三夜才能完成。

五德镇境内傩堂戏、傩面、傩技等傩文化，与周围如坪山、尚寨等地的傩文化互相影响并不断发展成熟，成为仡佬族文化的"活化石"，是研究仡佬族民俗、经济、文化、艺术、宗教的珍贵活教材。

仡佬族技艺及传承：大鸡公村村民朴实，自力更生，掌握各项技能，如木雕、石雕、根雕、竹编等。

舞毛龙

傩堂戏

手工艺品

人文史迹

灵官阁：位于村寨北侧，是每年一次的朝拜祭祀活动场所，主要祈祷保佑子孙功成名就，收成风调雨顺，家庭和和睦睦。

魁星阁：在灵官阁东北侧100米左右，位于一个山顶平台上，是以前学子功成名就后回乡祭拜之处。

古树：现有百年古树40余棵，古树参差在整个村落，有红豆沙、栢香、檀木等。

古墓：位于村庄北部，古墓距今有150余年历史。

灵官阁

魁星阁遗址

古树

碓

古井

石磨

碓：用石头或木头制成，中间凹下，可将稻谷、苞谷、高粱、小米等原粮加工成米粒或米粉，也适宜于少量加工。

古井：村落内有一口古井，古井乃是用石板堆砌而成。

石磨：村落内保存着传统生活所用的石磨。

保护价值

该村寨有二三百年历史，有着自己的风水格局习惯，具有很高的历史价值。

村落世代民居依山而建，生产生活所用的梯田，村落内部有小溪流过，村民在建筑建造上对土地的利用极高，节约土地，使大鸡公村具有很高的科学价值。

村落有着丰富的仡佬族文化底蕴，其中有以歌舞为代表的"毛龙""傩戏"，以民族技艺为代表的木雕、根雕、石雕、竹编等。大鸡公村传统村落有着丰富的文化价值。

刘俊娟 王镜舫 编

农田及自然风光

铜仁市松桃苗族自治县盘信镇大湾村

大湾村全貌

大湾村区位示意图

总体概况

大湾古村寨位于国家自然保护区梵净山麓，毗邻苗王城，处于盘信镇西南5公里，距铜仁火车站42公里，距铜仁大兴飞机场10公里，约有600余年的历史。大湾村地处湘西丘陵与云贵高原过渡地带，地势落差较大，村落依山傍水，土地肥沃，形成一个"撮箕"状，"撮箕"中央有一座小山似一尾鲤鱼，寓意年年有余。

全村辖5个自然寨，7个村民组，总户数256户，总人口1329人，少数民族人口1063人，约占总人口的80％。是贵州省内滕姓集居最多的民俗村寨，也是目前保存最原始、最古朴的苗族村寨，被摄影人称之为"摄影创作基地"。2014年大湾村被评为中国少数民族特色村寨。

2016年大湾村列入第四批中国传统村落名录。

传统建筑

村落中保留了很多坐北朝南、依山而建的木结构苗族风格古建筑群落，一律清一色小青瓦，建筑造型奇特，飞檐翘角，错落有致，各式各样，相映成趣，和谐自然。村落内的吊脚楼为典型苗家特色。

村落建筑布局多为"L""凹"和"一"字型，吊脚楼（厢房）多为二层，高度略低于正房，装饰有栏杆和垂瓜，垂瓜样式多为南瓜型；一层多为生活辅助用房，如厕所、猪圈等，二层主要为卧室。

建筑屋顶为悬山顶，屋面有一条正脊和四条斜脊；柱础为方形，表面刻有神话故事。整个建筑结构不用一钉一铆，梁、柱、枋、板、椽、檩、榫均以木材加工而成，整个建筑采用穿斗式工艺进行构建。

传统民居

传统民居

村落特色

大湾村选址于四面环山的中部平整的盆地中，村落南北两侧山脉连成环状将村落包围。寨子周边植被完好，古木掩映，凉风洞古河道从村前像一条玉带环绕而下。村落周边群山环绕，可以避风，使"气"留下来，而溪水穿越，可以调节局部小气候。村落自然地镶嵌在一个簸箕状的山谷中，谷盆中有一山形似一尾硕大的"鲤鱼"游进簸箕里；寨子周边植被完好，古木掩映，绿树丛丛。

整个村寨房屋布局密集，纵横交错，疏密有致，其形制、结构、风格以及其蕴涵的民俗文化韵味独特。村落肌理清晰，格局完整，其轮廓与所在的地形、地貌、山水等自然风光和谐统一。

大湾村平面图

民族文化

上刀梯：又称上刀山、爬刀杆，苗语叫"Njoutndutndend"。是先在场地中央竖起一根16米高的柱子（木头或钢管），在柱子上等距离凿穿18个孔，安装36把两头尖的刀。刀梯顶端架着"山"字形钢叉，四方用绳索打桩固定。随着时代发展的演变，有的顶端还插着彩旗以烘托气氛。安装完毕，由师傅举行祭刀仪式。表演者吹响牛角号，场上鼓、锣、钹齐奏，用头发、布绸或木块试刀后，脱掉鞋袜，赤脚踏刀，攀缘而上，一边上一边展示各种姿势。表演一般在8人以上，上刀梯的2～4人不等，多者达5人，其余队员司鼓锣伴奏。

下火海：又称闯火海，俗称踩铧口或踩犁铧，苗语称"Zheagallix"（札嘎犁）。原本是苗族巫师驱鬼祛病的巫技，现已剥离出来作为绝技艺术表演供人们观赏。表演人数一般在8人以上，有男有女，下火海者3～4人不等，其余司鼓乐伴奏。最初的表现形式有三种：端铧口、套"三脚"、趟炭火，表演者是祭司。

舞龙：大湾村苗族每逢春节喜庆都由村寨组织舞龙活动，以龙舞迎神消灾，驱邪恶而祈平安，是对"五谷丰登"的期盼。早期的接龙是苗家请巫师祈福，求龙神保一方平安，五谷丰登、治虫防灾的法事。

打花脸：是松桃苗族婚俗中的有趣内容。接亲队伍到新娘家，新娘的父兄叔伯会陪"帕酉"喝酒吃饭。席间，突然一只涂了锅烟灰的黑手朝"帕酉"脸上抹来，留下黑黝黝的五道手指印，俗称——打花猫。瞧着"帕酉"的大花脸，众人一阵欢笑，笑声未了，几只黑手又劈头盖脸朝"帕酉"袭来。"帕酉"只能招架，不能逃走，更不能生气，苗家风俗认为，画"帕酉"是件吉利事。"帕酉"画得越黑越好，这样，新娘过门后，喂猪喂狗，养鸡养鸭，才会肥肥壮壮。此外还有苗绣传统织布等民族特色技艺。

上刀梯

人文史迹

古墓：村落现存两处清朝古墓，位于村落内部，一处为腾有德的墓，墓碑上刻有皇清诰赠和村落的迁徙沿革。

古井：村落内现有古水井两处，水质来源于天然的泉水，坐落于该村落中部位置，目前都还为百姓生活实用。

古道：由鹅卵石铺设而成的石阶路，宽度为1～2米不等，经过岁月的洗礼和风雨的侵蚀，石块局部被磨得光滑。

古塘：村落旁天然形成了一口水塘，和村落一直存在至今。其形状呈不规则圆形，面积约4000平方米，位于村落的入口处，鱼形山旁。

苗绣

古塘

踩铧口

舞龙

打花猫

古井

古道

古墓

保护价值

大湾村作为一个传统村落，保存了苗族村落相对完整的、真实的历史遗存，同时附带了大量的历史文化信息，完整地体现了当地传统民风民俗，见证了自明清以来该地区的生活方式和文化特色，有较高的历史价值。

大湾村的饮食、衣着、建筑、生产工具上具有独特的民族特色和地方特性。其语言、艺术、风俗、宗教和传统等精神文化也极具特色，如苗族语言、苗族习俗都是典型的非物质文化。物质文化包括苗族传统建筑、巷道、苗族传统服饰等。

大湾村祖祖辈辈在这里长期居住，留下了丰富的物质与非物质文化遗产。其传统生活、生产方式保留完好，社会交往模式传承有序，传统节日和风俗保存至今，有着典型的苗族文化，具有较高的社会历史价值。

刘恬 陈浩 熊彬涓 编

铜仁市印江土家族苗族自治县紫薇镇大园址村

大园址村全貌

大园址村区位示意图

总体概况

大园址村位于梵净山国家级自然保护区内，距镇人民政府所在地10公里，距杭瑞高速德旺出口20分钟车程，交通便利，是西上梵净山的必经之地。南面和东面均与梵净山自然保护区相连。全村森林覆盖率高达95%以上。大园址地处喀斯特地貌，层峦叠嶂，奇苑仙芭，是梵净山西线旅游胜地。有丰富的自然资源，是一个典型的农业村，主要经济以旅游、茶叶、药材为主。全村共3个村民组，144户，478人，少数民族占全村总人口的98%，是以土家族苗族为主体的少数民族村。

2016年大园址村列入第四批中国传统村落名录。

村落特色

大园址村坐落于梵净山山脚，村落中部的沟渠、茂密的植被、秀美的农田等自然环境共同组成了大园址村周边良好的环境。

"靠山而居，梯田相依"是对大园址传统村落自然格局的真实写照，其构成要素可概括为山、田、寨三要素。山体、梯田与大园址传统村落互相依托，衬托出了大园址传统村落的特色，村寨依山靠水，沿等高线布局，房屋高低错落有致。

全村位于梵净山AAAAA级旅游景区内，有梵净山四大皇庵之首的护国禅寺、清水江等景点，旅游资源丰富，生态植被保存完好，民俗文化独特。村内良好的生态环境也孕育出了梵净山翠峰茶、野生香菇、野生天麻等高品质土特产品。

传统建筑院落

传统建筑立面

传统建筑

大园址村村落内古建筑和传统建筑多为土家族民居，民居建筑技术上采用土家族民居传统的抬梁式和穿斗式木结构。其特点是依山而建，选用木料，因地就势，采用桶子与吊脚楼的结合，一般将吊脚选在厢房的一端，两厢房相对称，因地势所限则建一边厢房，厢房多为二间面阔，将檐柱作为亮柱，在金柱间装修木板壁，吊脚楼建栏杆和楼层，采用半干阑式和单吊的方法，使用小青瓦屋面。大园址村的民居建筑充分沿袭了传统民族建筑特色，建筑元素包括青瓦屋顶、木墙、木柱、垫柱石、吊脚楼、脊刹、大刀梁、五柱四瓜、门窗雕花等。

大园址村落内古建筑和传统风貌建筑共有30余栋。

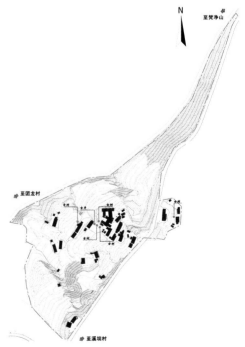

大园址村平面图

村落局部

村落局部鸟瞰

民族文化

土家摆手舞：大园址村的民族摆手舞源远流长，起源于宗教祭祀活动。土家人尊敬祖先、热爱自己的领袖人物，为不忘祖先的功绩，便创造了纪念他们的摆手舞，摆手舞其身体动作主要取材于生产劳动、日常生活，反映了土家人的生产生活。狩猎舞表现狩猎活动和模拟禽兽活动姿态；农事舞主要表现土家人农事活动。摆手舞集舞蹈艺术与体育健身于一体，有"东方迪斯科"之称。

跳花灯：村内于每年的正月初三至十五，一到傍晚花灯队就打起灯笼，敲响锣鼓，走村串寨或登门到户进行拜年活动。土家花灯音乐，讲究字正腔圆，曲式一般是两个或四个乐句的单句段，分正调、杂调。正调多唱传统词，杂调可即兴新编，灵活多变。土家花灯唱词颇具文采，五、七字句居多，灯词轻快活泼。以四季、十二月、数十的数字为逻辑顺序组织唱段，富有浓郁的地方民族特色。

溪流河水

植被花草

蜂蜜蜂桶

人文史迹

红军烈士墓：当年红军独立师和保卫队大部队占领苦竹坝大匹山、营盘顶高地，利用山险与敌周旋，其余在苦竹坝、堰塘、任家寨等地突围。战斗到中午，独立师和保卫队、红九师一部分成三路突围，一路由夏家沟向刀坝，一路由许家坝丰端大山退却，一路由大匹山向六井溪突围。此次战斗打死敌人数十人、副排长一人。该墓即为此次战斗中牺牲的红军烈士所葬之地。

黔东独立师指挥部遗址：1934年10月16日，当红三军主力南下接应红六军团后，队伍到达苦竹坝，后遭遇敌军五个团的兵力将红军包围。敌人占据水川沟高地对红军和游击队进行袭击，红九师一部从龙池向晓景南部到达苦竹坝协助黔东独立师战斗，并利用山险与敌周旋，该遗址即为此次战斗中的指挥部。

护国禅寺及碑林：护国禅寺始建于宋建炎三年（1126年），是明代梵净山四大名庵之一。寺庙前有一片碑石。碑林地势高旷开阔，背靠象鼻山，左右有大小狮子岩拱护，有"双狮拜象"之称，正面极目远眺，群山起伏绵延数百里，周边环境优美，具有历史保护价值。

石井

石磨

红军烈士墓

黔东独立师指挥部遗址

护国禅寺碑林

保护价值

大园址村位于梵净山脚下，村落主要集中在山脚，选址在比较平坦的小盆地，四周都是大片的茶园。村中民居建筑都以瓦檐木房为主，房前屋后古树、古井随处可见。整个村寨房屋布局高低纵横，疏密有致，保存状况良好。大园址村内农田因地形形成层次分明的梯田，与周边植被、巷道、茶园等构成了该村落美丽的乡土自然景观。

大园址传统村落较完整地保留了古朴的土家族村落格局和优美的历史人文景观，村落内建有梵净山四大名庵之首的护国禅寺，以及自然景观清水江等景点，这些元素一起构成了一幅和谐自然的历史空间画卷；该村落还拥有丰富的非物质文化遗产，尤其以土家族摆手舞闻名。

刘俊娟 叶 希 编

土家族摆手舞

村中古树

铜仁市松桃苗族自治县普觉镇干背河村罗溪屯

罗溪屯全貌

罗溪屯区位示意图

总体概况

罗溪屯位于干背河村东侧，属于干背河村的一个自然寨。距镇政府所在地豪口新城0.5公里。罗溪屯是在"江西填湖广"人口大迁移的历史时期建立的。谭、谢两姓祖先就是在这一历史时期搬迁到罗溪屯定居，逐渐受当地仡佬族文化的影响，村民的生活方式、建筑风格、宗教信仰都逐渐融入了仡佬族元素。历经几百年的发展，形成了现在的格局。村内民居有85户，562人，主要为汉族。

罗溪屯自然寨地处武陵山山麓中段，属坝子地形，四周群山围绕，山峦起伏。南侧的野牛坡山势相对高大，至今仍保留其原始森林形态，整体植被茂密，山色葱郁。屯中地势平坦，犀牛河从村寨南侧流过，周边千亩良田相伴，优美的环境塑造了美丽的田园风光。

2016年罗溪屯列入第四批中国传统村落名录。

村落特色

罗溪屯自然寨地处武陵山山麓中段，属坝子地形。整个村落坐落在群山环抱、绿水荫掩之中，水碧山苍，柏深竹翠，石墙土壁，古巷深深。村内建筑风格保存完好，清清的犀牛河从田坝中间静静地流过。村落肌理清晰，格局完整，其轮廓与所在的地形、地貌、山水等自然风光和谐统一。民居古朴典雅、风格别致，龙门、院墙、厢房，相得益彰；门窗上花、鸟、虫、鱼等各种雕刻造型精美，活灵活现；民居内祖先遗留的匾额、屏风及村前的碾坊等其他家居生活用品，完美地见证了历史的遗迹，是不可多得的民俗村。

传统建筑

村落内建筑呈组团状分布，建筑多以传统木结构为主。整体风貌多为"干阑式""穿斗式"和"吊脚楼"木结构，木结构建筑具有三角形住宅的稳定性和拱形建筑的特性，屋面多用"人字形"两面排水，底部用川排连接，在离地二至三尺左右铺设地楼。二吊脚楼、三合院和四合院是典型的仡佬族民居建筑风格。民居建筑技术上采用仡佬族民居传统的"井干式""抬梁式"木构建筑，整个构架均以榫卯相连，无钉无栓。

村落传统建筑用木桩支托、凿木穿枋、斜街扣合、立架为屋、木板为壁、上覆青瓦，屋面多为两坡悬山式屋面，其中宅院有三合院、四合院进行围合形成天井。建筑构造主要以五柱六瓜正房配五柱二瓜或三柱二瓜厢房为主，正房大多以一列三间、一列四间为主，中间为堂屋，堂屋不设门，门窗雕刻了精美雕花，每一个吉祥图案、每一朵花纹，时至今日都能清晰明了，见证了仡佬匠师们精湛的建筑技术和创造精神。整个村寨，建筑布局密集，纵横交错，疏密有致。其形制、结构、风格以及其蕴含的民俗文化韵味独特。

传统民居

传统民居

罗溪屯平面图

窗花

青石地砖

民族文化

滚龙：罗溪屯滚龙距今有600多年历史，经过几百年的演变，滚龙在传统的编扎技术上加以创新，使其雄奇威武，栩栩如生，无论动或静都有一种活力与灵性，舞动时严谨有序，简练明快，一气呵成。

仡佬族傩戏：罗溪屯傩戏历史悠久，仡佬族人以傩戏为逢凶化吉的一种精神寄托，每逢家人及亲朋好友遇灾遇难，都要请傩师前去做法事，以去灾化吉，并保佑长命百岁。

手工艺：罗溪屯木雕、石雕技艺历史悠久，造型生动，装饰性强，多以龙凤、狮虎蝙蝠、麒麟等瑞兽、花草、鸟雀、鱼虫以及神话故事、传说为题材。用浮雕、镂花等技艺刻于木、雕于石、饰于厅堂或石墓牌坊。

人文史迹

古井：清朝年间修建的一口古井，在石壁上修建约1平方米的井口用作引进水源，水质来源于天然泉水，坐落于该村落南部位置，常年储水，是村寨主要水源之一。

石墙：整个村庄内部传统建筑周围分布大约有6处石墙，石墙高约3米，宽度约20厘米，由石块堆砌而成。传统石墙是古代罗溪屯人防止外来匪寇入侵的主要屏障，保障了村民生命和财产的安全。

青石砖院落：均分布在村落传统建筑前方，由石板铺设而成的院落，经历长时间的风吹日晒，局部区域已损坏，缝隙之间长满青草与苔藓。

神龛：罗溪屯人受仡佬族文化的影响，在祭祀礼仪上很重视，每家的主屋都有祭祀神龛，最具代表性的是木刻神龛。

古井

石槽

滚龙

石墙

傩戏

木雕

神龛

保护价值

罗溪屯传统建筑大多以明清时期为主，目前保留有8栋明清时代的建筑，以三、四合院建筑风格为主，现大部分保存完好，具有一定的历史文化价值和少数民族建筑特色。建筑为悬山式屋面，覆盖小青瓦；房屋地基高于院落，以便于雨水和污水的排放，使其建筑干燥通风。仡佬族善于木雕石刻，在横梁上均有不一样的雕刻、绘画、吉祥语言及图案，真所谓"雕梁画栋"。

村落拥有丰富的非物质文化遗产，罗溪屯留存了滚龙、仡佬族傩戏、祭祀、丧葬、哭嫁等典型民族习俗，还保留了青石板院坝、石墙、石门等历史文化要素，这些都具有较高的历史文化价值。

刘 恬 陈 浩 白永彬 编

石雕

石门

铜仁市松桃苗族自治县长坪乡干沙坪村

干沙坪村局部

干沙坪村区位示意图

总体概况

干沙坪村位于松桃苗族自治县长坪乡西部，距乡人民政府4公里。该村始建于明末清初，原名尚水镇，后改名干沙坪村。该村拥有的风景区和宗教名胜古迹——飞灵山寺，初建于明朝嘉庆二十年（1815年）。村内有数百棵百年梨树，俗称"梨花之村"，在梨花盛开时节，村内景色壮观。全村村域面积4.95平方公里，共辖7个村民组，共有194户，779人，居民以苗族、侗族为主，占到全村人口的85%。

2016年干沙坪村列入第四批中国传统村落名录。

村落特色

干沙坪依飞灵山而建，随坡就势、背阴抱阳是干沙坪村落的选址特色。村落坐落于一山腰处，呈南北带状分布，三面环山，坐东向西，西面良田大坝，呈现"后有飞鸟凤凰，左有金钟一口，右有九牛坤堂，七星高照，前有雄狮一樽"的格局。登顶远眺，尖峰盖上日观千里风光，深感人生渺渺；夜窥万家灯火，顿觉超凡脱俗。村落周围植被茂密、风景秀美，这些元素组成了干沙坪村民赖以生存的空间，营造出良好的自然环境，成就了这一生态宜居、景色迤逦的生活栖息地。

窗花

传统建筑院落

传统建筑

村落现有传统建筑一百余栋，一般以当地木材作为主要用材，建筑用木桩支托、凿木穿枋、斜街扣合、立架为屋、木板为壁、上覆青瓦，屋面多为两坡悬山式屋面，其中宅院有三合院、四合院进行围合形成天井。整个村寨建筑布局密集，纵横交错，疏密有致。干沙坪村传统建筑形制、结构、风格以及蕴含的民俗文化具有独特的韵味，村落整体风貌保存情况较好。村落部分房屋风格为单吊式"吊脚楼"，称之为"一头吊"或"钥匙头"，以三、四合院建筑风格为主，现存大部分保存完好，具有少数民族建筑特色。

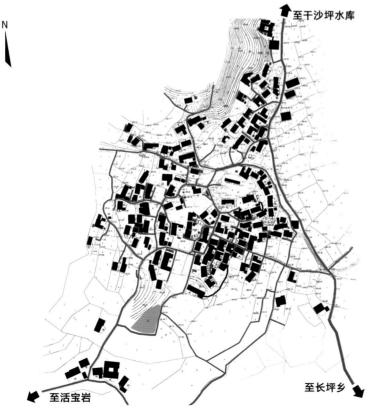

干沙坪村平面图

民族文化

四面花鼓：击鼓者要自击自舞、众击众舞。四面鼓，是花鼓的鼓中之王，表演人数最少有30人，场面气势磅礴，蔚为壮观。干沙坪村四面花鼓表演历史悠久、保存完好，具有很高的研究价值和欣赏价值。

茶灯：花灯的一种，茶灯集花灯、歌舞、杂耍表演于一体，多方面反映社会生活，场面壮观热烈，主要以表现"十二采茶娘子"上山采茶而得名。

椎牛：每年农历四月初八，苗家人就会举办盛大的椎牛祭祖祀典，隆重祭祀苗族祖先蚩尤之英灵。世代承袭下来，也就成了苗族最古老的祭典。

苗绣：干沙坪村苗族居民在旧时女子出嫁都要准备一套刺绣的嫁衣和枕帕、帐帘、床围等用品。女性的围腰、手帕、布鞋等，都讲究绣花。

飞灵山

人文史迹

飞灵山寺：初建于明朝嘉庆二十年（1815年），距松桃县城约5公里，在干沙坪村境内，是著名的风景区和宗教名胜古迹。寺庵最盛时期有和尚、尼姑60多人。飞灵山之顶——金顶，有石屋数幢，有的倒塌，有的依然如故。石屋依地势建筑，远看酷似碉堡和炮楼。1928年10月至第二年的7月，贵州军阀周西城和李晓炎为争夺贵州的统治权，在此投入4万以上的兵力决战，李晓炎占据两坳天险大败周军，至今战壕依稀可见，土地坳上的杉木还留有累累弹痕。站在飞灵山金顶，俯瞰群山，峰波浪谷，此起彼伏颇有几分"一览众山小"的韵味。

古树：村落内古树名木若干，其中梨树最具代表性。早年间种植有将近100棵梨树，至今已有300余年，直径约60厘米、高15米，枝叶繁茂，保持情况非常良好。

龙门：高约3米，由6颗实木圆柱作为支撑，中间用木质实木板作为隔离墙，小青瓦坡屋顶，是富贵与权力的象征，此龙门有防御外来匪寇入侵的作用，同时也体现了苗族、侗族先祖的传统智慧。

龙门

保护价值

干沙坪村历史悠久，拥有丰富的物质文化遗产和非物质文化遗产，承载民族独特的风俗和区域典型的文化，不同时期的遗存能够充分反映民族文化的发展历程，反映了民族历史发展的水平。干沙坪村属于苗族、侗族古村落，居民大部分为苗族、侗族，其传统生活、生产方式保留完好，社会交往模式传承有序，传统节日和风俗保存完好，有着典型的苗族、侗族文化，同时有过屯军和民族融合的社会演变历史，被铜仁市列入武陵名村示范点，具有极高的历史文化价值。

陈　浩　刘俊娟　叶　希编

四面花鼓表演

茶灯表演

椎牛

梨树群

苗绣

梨树群

铜仁市沿河土家族自治县思渠镇马福云村

马福云村全貌

马福云村区位示意图

总体概况

马福云村位于思渠镇南部，距思渠镇区约25公里，由思渠镇区向南沿思渠河经胡家坪村可达。因村庄的东边山地形似一匹马，村庄的西边山地地形似马鞍脊梁，因此得名"马福云村"。该村形成于明朝，据传在明朝时期居住都是当地的苗族土著居民，至清朝肖氏兄弟由江西迁来而定居于此，至今已经历二十代人。村域面积7.5平方公里，总人口1320人，主要民族为土家族。高原组、高峰组处于核心保护区。

2019年马福云村列入第五批中国传统村落名录。

村落特色

马福云村的村落选址依山傍水，山环水绕与中国传统风水学相契合，有九条蜿蜒曲折的山沟汇聚于村落西侧，似九龙归位，村内小河由此发源，至西向东从村落中部谷底延绵流过。村落分南北两个片区，民居顺坡地沿等高线逐级排列，犹如双马饮泉。村落靠山而立，面水而居，村落周围群山环抱，藏风纳气，植被茂密，形成特有的小气候环境。这样一种围合向心的空间构成正是自古以来中国人内敛性格的反映，正所谓人杰地灵，是令人神往的生活环境。

房屋以小青瓦为顶，木房结构为主，建筑总体布局多样，沿街道两旁建造。民居古朴典雅、风格别致，龙门、栓门、院墙、厢房，相得益彰，门、窗上花、鸟、虫、鱼等各种雕刻造型精美，活灵活现。民居内有先民遗留的匾额、屏风及村前的碾房等其他家居生活用品。

马福云村的传统建筑年代久远，随着时间沉淀了深深的民族印记，是村落发展的历史见证者，记录着居民的生活点滴，彰显了村落浓厚的历史文化底蕴。

村寨景观

村寨景观

窗花

传统建筑

马福云村建筑保存完好，现有清代民居约40栋，建筑规模4860平方米，清末民初时期民居建筑数十栋，建筑面积约9600多平方米。建筑风貌主要为传统木房民居建筑风格，风貌特点有木墙青瓦、各种木窗腰门和司檐悬空，建筑工艺精美，建筑群落整体布局协调。不同时期的建筑和规模有所差别，也产生了不同平面与空间的布置形式。民居因地制宜，因材施用，建成不同的体量和形制适应不同的地形地势，在合理使用材料和充分利用空间的基础上，能灵活地布置平面、空间、形态，表现出充满生机、丰富、活泼的民居面貌。

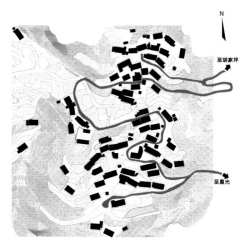

马福云村高原组、高峰组平面图

传统建筑

传统建筑

民族文化

土家面具傩戏：这是思渠镇土家族世代传承下来的民间信仰的表现形式，人们在农闲时戴上面具跳傩戏祈求来年风调雨顺、庄稼有好的收成。主要流传于贵州省沿河县思渠镇、后坪乡、新景乡等北部乡镇土家族，逐渐演变成一种形体舞蹈，演出范围辐射到全县各地舞蹈活动。"土家面具傩戏"以前主要活跃在元宵节期间，村民利用农耕的闲余时间举行一种祭祀活动，表达了土家族对"龙神"的崇拜，祈求来年的风调雨顺、庄稼丰收；根据民国《沿河县志》记载：清末至中华人民共和国成立前夕，"土家面具傩戏"盛行于全县各民族村寨之中。

土家摆手舞：分为大摆手和小摆手两种。小摆手，土家语叫"Sevbax（舍巴）"或"Sevbaxbax（舍巴巴）"；大摆手，土家语称为"Yevtixhhex（叶梯黑）"，它集舞蹈艺术与体育健身于一体。

据传"土家摆手舞"是古时候世代土家族人民为了庆祝丰收聚结在一起跳的一种欢快喜悦的舞蹈，后来逐渐演变成一种集体的舞蹈活动。古代土家族的传承主要是自发传承与自然传承，大多数都是在活动中村民自发自觉参与的一种主动积极的活动，年轻人主动学艺的一种自然传承。其传承方式为"口传心授"，同时通过一些学习者的心得体会表现出了一些文字记录的辅助传承方式。摆手舞反映了土家人的生产生活。如狩猎舞表现了狩猎活动和模拟禽兽活动姿态，包括"赶猴子""拖野鸡尾巴""犀牛望月""磨鹰闪翅""跳蛤蟆"等十多个动作。此舞蹈列入了中国第一批国家级非物质文化遗产名录。

雕刻：马福云村中的雕刻工艺形象逼真、生动可爱、做工精致。现存比较古老的房屋、门窗、庙宇、神龛、家具及傩戏的面具，古墓葬的石碑、石围、石桥、牌坊等都有不少木雕和石雕的精湛图案，内容大多就地取材，如当地的动物、植物、山水等。古镇的雕刻工艺十分精湛，主要是木雕、石雕，制作的家具、花窗、砚池及其他工艺品远近闻名。

人文史迹

龙骨：村中有一地表自然凸起成节状的地理奇观，神似动物脊椎，被当地居民誉为龙骨。

古巷道：村内古巷道结构错落有序，由内向外延伸。由于依山就势，因地制宜的山地建筑和许多木宅大院，造就了纵横交错的巷道网络。古巷道是用石板铺设而成，这些石板历经几百年的岁月沧桑，保留下来的石板已被磨得溜光发亮，而石板巷道间夹杂些许小草，古朴自然。古巷道两侧的民居建筑有些已有上百年历史，与古巷道风格相辅相成，组成了古色古香、原汁原味的村寨。

古墓：据考证是马福云村肖氏祖墓，石碑上刻字已经斑驳不可辨认。

故石墙：是村民古代抵挡流寇和土匪所建，主要起防御作用，历经时代的沧桑，石墙下长满青苔，古香古色，为马福云村增添了一道厚重美丽的景色。

巨石巷道：处于村口入口步道两侧，巨石嶙峋，浑然天成，为村内进出的主要通道。

石保爷：村落西部入口处有一天然巨石，约3米高，巨石上苔藓斑驳，周围草木茂密，被村民称为石保爷，村内儿童拜为保爷，意于挡灾祈福。

土家傩戏及面具

土家摆手舞表演

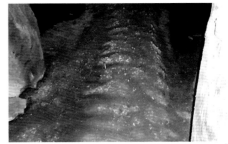

龙骨

古墓

巨石巷道

古巷道

保护价值

马福云村完整地保留了古朴的村落格局和优美的历史人文景观，村落内有山有水、有田有居、有井有木，阴阳交错，和谐自然，这些元素一起构成了一幅和谐自然的历史空间画卷。

村落拥有丰富的非物质文化遗产和众多历史文化要素，这些都记录了村寨的历史发展演变及传统文化的传承，具有较高的文化价值。现存的传统建筑群具有典型地域性及民族性特色，建造工艺独特，建筑细部及装饰十分精美，工艺美学价值高。

陈　浩　刘俊娟　叶　希　编

铜仁市沿河土家族自治县泉坝镇三坝村

三坝村全貌

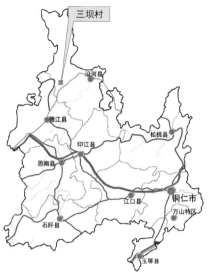

三坝村区位示意图

总体概况

三坝村隶属贵州省铜仁市沿河土家族自治县泉坝镇，位于泉坝镇西南部，主要依托通村路进行对外交通联系，距镇人民政府驻地约15公里。三坝村是一个土家族与汉族杂居的传统村落，国土面积约7.8平方公里。辖10个村民小组，全村约2000人，以土家族居民为主，土家族人口约占村落总人口的80%。

三坝村地处贵州高原沿河土家族自治县西部边缘的斜坡地带，属中亚热带季风湿润气候，地势较高，气候偏冷。

2016年三坝村列入第四批中国传统村落名录。

传统建筑

三坝村传统土家族干阑民居巧妙地与地势相结合，营造手法独具匠心，平面空间多样丰富。住宅正屋一般为一明两暗三开间，以龛子（厢房）作为横屋，形成干阑与井院相结合的建筑形式。从最简单的三开间吊一头的"一字屋""一正一横"的"钥匙头"，到较复杂的"三合水""四合水"，灵活多变。传统建筑正房中间为堂屋，后部设祖坛。

三坝村中传统建筑总体保存较为完好，以土家族"一字屋"建筑为主，部分建筑为清代时期建成。建筑构件窗花雕刻技艺娴熟、造型精美，雕刻的植物色彩鲜明，雕刻的动物惟妙惟肖。

传统建筑

传统建筑

村落特色

三坝村历史悠久，相传明朝时期，三坝先祖冉氏族人迁徙至此，看到这里青山秀水，便定居下来，开荒耕作、繁衍生息。

三坝村以土家族居民居多，是典型的土家族村落。土家族居民喜好傍水而居，三坝村就坐落在一条小河西岸，三面环山，山上古树成群，枝繁叶茂，生态环境良好，景色秀丽。村落建筑顺应山势，依山傍水而建，延绵布局。村落道路崎岖蜿蜒，将村落环绕，构建了"一江碧水穿村过，三面青山半入城"的村落选址格局特征。

村落自然环境

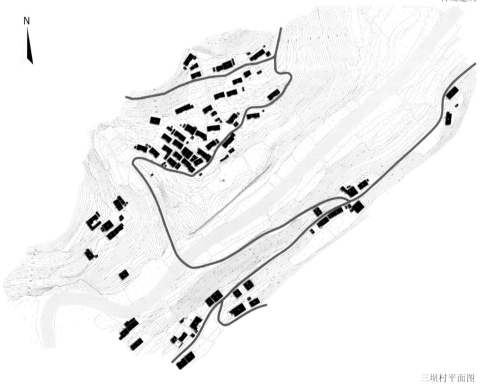

三坝村平面图

民族文化

傩面具：傩堂戏是土家族的一项祭祖活动，具有悠久的历史。傩面具作为傩堂戏的重要组成部分，手工制作工序繁多，共涉及取材、制坯、雕刻、打磨、着色、上漆成品6个流程、20多道工序。

木匠：木匠是村落传统建筑的营造者，土家族木匠口口相传执业准则为"学艺先学法"。法是指木匠在学艺前、学艺过程中以及在他们出师后都要尊崇的行业规矩，包括对鲁班师傅的尊崇、掌握一定的"安启"知识以及做工中的一些禁忌习俗。村落在建造传统民居时，必须要举行"上梁"仪式。"上梁"仪式当天，掌墨师傅拿着自己的斧头，站在房屋的中柱旁边，在中柱上一边画"井"字符号，一边念口诀，表示新房落成，主家大吉大利。村落木匠传统工具有40余种，包括尺类、刨类、锉类、钻类、锯类、砍削类、打压类等几大类工具。

肉莲花：肉莲花又叫莲花十八响，是土家族先民、古代巴人军事乐舞遗风的延续和演变，舞蹈气势雄壮，吼声震天，动作激烈威猛，刚柔相济，噼啪有声，极具观赏性。

民族语言：三坝人说的是毕基语（北部土家语）和孟兹语（南部土家语），是土家族特有的民族语言，属汉藏语系藏缅语族土家语支，现村落内还存有许多土家语地名点。

傩面具

木匠工具

肉莲花

人文史迹

水车：村落水车完全由竹子制作而成，用于提水供全村农业灌溉以及牲畜用水等，水车受水流推理转动，常摩擦受损，需要定期进行维修保养。

溶洞：村落有两处溶洞，一处位于村落西侧，一处位于河岸西侧月亮岩。洞内怪石嶙峋，景观奇特，是夏季避暑胜地。

月亮岩：月亮岩位于河流西岸，三坝村人与众多少数民族一样有着自己的自然崇拜，他们相信月亮岩是被月亮切开而形成特色纹理，因此得名。

古井：村落古井位于村落西侧河流上游，不仅是村民的饮水之井，也是土家人民许愿、祈福之地，现状保存较好。

古树：村落植被茂密、古树丛生，三坝村古树多分布于村落中部入口处，以楠木、柏树为主。

水车

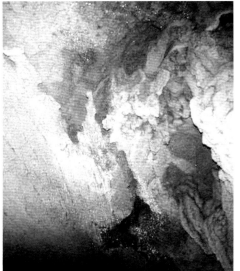

溶洞

月亮岩

古树

保护价值

三坝村保存了区域相对完整的、真实的历史遗存，丰富的历史遗存蕴含着大量的历史文化信息，完整地体现了当地传统民风民俗，见证了该地区的生活方式和文化特色，充分展示了独特的历史风貌和悠久的民族文化，具有极高的历史价值。

村落较为完好地保留了土家族自然、原始的生活状态，村落传统建筑、竹制水车等土家族建筑元素，是典型土家族聚落的代表，具有较高的艺术价值。

村落与周边自然环境构成有机融合的空间格局，是文化遗产与自然遗产的共同载体，体现了人与自然和谐相处的文化精髓和空间记忆，是不可再生的人文景观，具有较高的社会价值、经济价值和科研价值。

白永彬　刘俊娟　季星辰　编

铜仁市思南县瓮溪镇三星村

三星村全貌

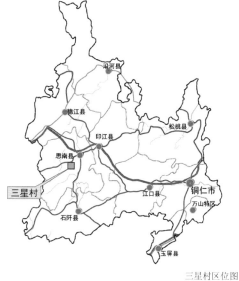

三星村区位图

总体概况

三星村属贵州省铜仁市思南县瓮溪镇，瓮溪镇地处贵州省铜仁市思南县南部，距县城64公里，面积132.41平方公里，其中东与三道水土家族乡接壤，西、南同石阡县川岩坝、本庄共界，北与文家店镇相连。相传元末明初，有三户人家追源于该地。定居庐向火岩、大屋基、新房子，为取福、禄、寿三星吉祥之意，是为三星村。现居住户数为66户，292人。属亚热带季风气候，年平均温度16.2℃。村落是一个传统的土家族自然民族村庄，较好地保存着村落自然山水格局形式，传统民居建筑特色突出，村落物质文化遗产和非物质文化遗产丰富。规划在保持村落传统格局、传统建筑风貌、传统生产生活方式以及村落相关环境要素的基础上，将村庄发展成为以土家族文化保护传承和传统村落生产生活展示的特色民族村落。

2016年三星村列入第四批中国传统村落名录。

村落特色

整个村庄坐落山脚下，背后古木参天，门前是一坝稻田，三星河从寨前穿过。村庄过了迎龙桥即为三间地。村中紧密相接的青瓦木屋群落50余幢，彰显了独具特色的土家族建筑文化风格。远眺这个村庄，一种古老、恬静、优美的田园风光尽收眼底。村落内居民建房依山势从低到高，层递而建，呈组团式，大部分为传统建筑形式。村落发展至今，仍保留了较好的传统建筑风貌及村巷立面，村落、山、农田、三星河相得益彰，共同构成了三星村组团式的田园村落格局形式。

三星村传统村落周边植被茂密，山色葱郁，满目绿意，主要树种有杉、竹松、枫、桐等多种，分布于村落周围，森林覆盖率约为65%，为村落形成了良好的生态自然环境。

传统建筑

三星村村内建筑多为一层，少量二层（厢房），这些木楼多为五柱五（五根柱子五个瓜）或五柱七三开间或五开间的穿斗结构。中间一间为吞口和堂屋，两边为住房和灶房。正房前面是院坝，中间的一间房叫"堂屋"，是作祭祖先、迎宾客和办理婚丧事用的，它的使用面积比其他房间的面积要大得多，是家庭成员的公共集会及重要事件的处理场所和理想空间。堂屋两边的左右间是"人住间"，各以中柱为界分前后两小间，前小间作火房，卧室为防潮都有地楼板，进大门后还必须上几步石阶，才能进到正屋。

传统建筑为纯木结构建筑，以当地的杉木作为建筑承重构件的主要用材，以木板为壁，有单吊式、双吊式、四合院式等不同形状，整个结构不用一钉一铆，梁、柱、枋、板、椽、檩、榫均以木材加工而成，主要有基地平整、木架搭建、上屋梁、盖瓦、饮子五道工序。整个建筑采用穿斗式工艺进行构建，除居中的栋檩外，一般每左右一檩间用一根穿枋连接，瓜柱全部落在锁扣枋上，穿枋全部穿过期间所有的瓜柱，为了防止盗贼，房屋四周用石头、泥土砌成围墙。

传统民居

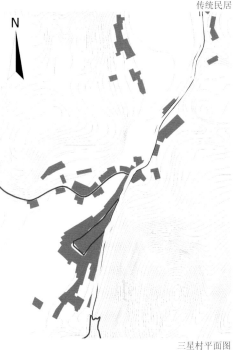

三星村平面图

观音庙

民族文化

花灯：瓮溪镇三星村花灯以歌、舞、说、唱为特点，因起源于劳动中的愉悦和休闲的快乐，易记易学，男女老少搭配即可，深受人们喜爱，持之久远。花灯历史悠久，表现形式灵活独特，不受场地限制，室内室外均可表演。土家族花灯主要表现形式为锣鼓灯、丝弦灯、采茶灯、祭事性的花灯。该花灯融合了故事情节、风趣幽默、优美唱腔等于一体，也是贵州省土家族风俗文化的典型代表，同时也是全国土家文化的缩影，是研究土家文化的重要载体。

三星传说：三星拱照，长发其祥。福，祐也，神灵保护，无所不禄，福也，古代官吏的俸禄；寿，久也，活得长长久久。三星，神仙居住的地方。相传元末明初，有三户人家追溯于此，定居庐香火岩，大屋基，新房子，人丁兴旺，福寿安康，犹如世外桃源。清道光年间，地方大员在大院子组建观音寺、猪市坝莲花穴上建观音阁，从此天鹅栖身不外飞，百姓富庶享长寿，人才辈出，商贸攘然。至中华人民共和国成立，已有街道及住户一万两千余人。

哭嫁：婚嫁主要分为相亲、看家、取同意、下头书、讨庚、过礼（哭嫁）、过门、谢媒、回席几个过程。过礼那天女方就是花园酒，寓意花好月圆，女方常于这天哭嫁，同村亲友的女孩都来陪哭。哭的内容有"哭爹娘""哭哥嫂""哭姐妹""哭媒人""满堂哭""表姐妹哭""堂姐妹哭"等。

人文史迹

古井：三星村有1口古井，位于三星村大院子组，古井出水口修有几口小塘，小塘周边被用石块河石板堆砌，板与板之间并没有使用任何的黏合材料。整体保存较好。

古树：三星村村落东部靠山体位置，有年龄在一百年以上的古树名木共有3棵。保存现状较好也没有挂牌，村民也不知道树木的品种。

观音庙：相传三星村为龙灵所佑之地，为了保住龙不飞走因此修筑了观音庙。观音庙为木质建筑，局部地方以砖、水泥修补，距今已有300年，也是三星村居民用来祭祀与活动的场所。

古墓：三间地以前为三户大户人家所住之地，其中一人便埋葬在此，遗留下来的坟冢。至今已有200多年，保存较好。

保护价值

三星村是典型的土家族聚居村寨，民族文化和旅游资源十分丰富，全村山

三星传说

花灯

青水秀，绿树成荫，村民充分利用地形，所有房屋依山而建，层层叠加，错落别致，村寨四周是可耕种的良田，山涧放羊、溪边捕鱼是村民的生活特点。三星村传统农村脉络保存较好，文化传统、传统建筑、村巷空间、建筑装饰保存完整，具有地方特色，尤其是"土家花灯"特色鲜明，为研究黔东南村庄发展、建筑文化和非物质文化提供了珍贵的资源。村庄内的巷道肌理、建筑格局、环境风貌与外部环境结合形成具有美学意义的人文景观，为美学的研究提供了一个独特的个体。

每一个村落都是独特的个体，三星村以独特的土家族族风情为建筑、制造、自然等科学提供了研究对象。

何成诚 罗永洋 编

传统民居

三星村俯瞰

铜仁市沿河土家族自治县夹石镇山羊村

山羊村全貌

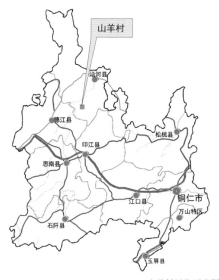

山羊村区位示意图

总体概况

山羊村位于贵州省铜仁市沿河土家族自治县夹石镇东部，是夹石镇池塘办事处下辖行政村。主要依托通村公路进行对外交通联系，距镇人民政府所在地约10公里，国土面积为3.68平方公里，下辖12个村民小组，10个自然寨，全村共518户，2710人，以汉族和土家族居民为主。

村落地势东、南部高，向西倾斜，山峦起伏，纵横交错，构成了低山沟、谷、槽地貌。属中亚热带季风湿润气候，气候温和，农作物可一年两熟。

村落自然环境优良，生物多样性丰富，动植物种类繁多，境内植物以亚热带常绿阔叶林为主，常有野鸡、野兔、野山羊、野猪、穿山甲、竹鼠、喜鹊、斑鸠、麻雀、猫头鹰、松鼠等野生动物出没。

2016年山羊村列入第四批中国传统村落名录。

村落特色

山羊村历史悠久，相传山羊先祖为猎户，狩猎至此后定居开荒，繁衍生息，至明清时期村落初具规模，主要聚居于山上现村落毛坝、后坝两个居民点，随着村落规模不断扩大，逐渐向山脚拓展，形成现山羊村。

山羊村有三条小溪流经，风光秀丽，古朴典雅，村落建筑依山就势而建，建筑朝向以坐北朝南为主，总体呈靠山临水分布。村落内部道路依地形随建筑自由串联形成，石阶路、石板路纵横交错在田园与建筑之间与车行道路相接，村落与田野、山体、河流等相间，互为衬托，交相辉映，浑然一体，构筑了一幅人与自然和谐共生的传统村落人居景观画卷，特色鲜明。

传统建筑

村落传统建筑多为"穿斗式""干阑式"木结构建筑，木结构建筑具有三角形住宅的稳定性和拱形建筑的特性，屋面多用"人"字形两面排水，底部用川排连接，在离地二至三尺左右铺设地楼。房屋构造特色主要以五柱四瓜式、五柱六瓜三开间户型为主，房屋屋基一般高出四周地面一尺以上，地落檐四周设二尺以上宽的阶檐，屋内屋外高矮有别，防水防潮，通风保暖。

村落部分明清时期建筑的堂屋大门有着独特的民族特色，大门为六扇门装置，每扇门上窗户都刻有精美雕花，每一个吉祥图案、每一朵花纹，时至今日仍能清晰可见，见证了工匠师们精湛的建筑技术和创造精神，实现了技术与审美的有效结合。六扇门上方另有窗户，装饰风格由不同的窗格与窗花组合而成。先民善于木雕石刻，在横梁上均有不一样的雕刻、绘画、吉祥语言及图案，真所谓"雕梁画栋"，无论是窗户、梁柱以及支撑柱头的基石都绘有各种吉祥图案，栩栩如生，惟妙惟肖。

传统建筑

窗花

传统建筑

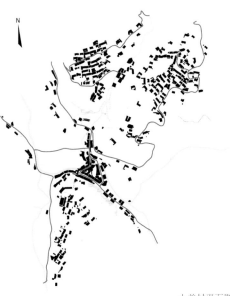

山羊村平面图

民族文化

花灯戏：沿河花灯，是我国西南地区花灯艺术中的一支重要流派，是集宗教、民俗、歌舞、纸扎艺术为一体的民间文化现象和民间表演艺术，是我国宝贵的民族民间文化遗产。每年农历正月，村里便会组织人员排练"花灯戏"节目，跳花灯闹元宵，有大花脸、男扮女装的"花姑娘"、推车的车夫，从村子东边跳到西边，哪里有人放鞭炮就去哪里跳，热闹非凡。

古画："傩堂戏"是山羊村人民的一种祭祖活动，古画是"傩堂戏"的重要组成元素，有着明显的中原文化以及巴、楚文化印记。

土酿天锅酒：土酿天锅酒是采用古法"天锅"蒸馏工艺，纯手工酿造而成，酿造工艺严格遵照"土酿"配比秘方进行选粮、窖池、润粮、制曲、发酵、蒸馏、择酒、勾调、封藏，酿造工序严谨，缺一不可，出酒勾调后需待6个月贮藏自然老熟，使酒体完全达到平衡稳定状态，便可饮用或封藏。

木雕：村落大部分传统建筑正房的窗户都有木雕窗花，窗花做工精细，内容丰富，有钓鱼的、耕田的、饱读诗书做官的、跳摆手舞的、舞刀弄剑的，还有犀牛望月、野鹿含花、喜鹊闹春、鲤鱼跳龙门等一些民间传说及历史典故，通过木雕窗花可以解读出村里土家村民的生产生活情景。

花灯戏

古画

土酿天锅酒

人文史迹

古树：村落周边植被茂密，古树丛生，以楠木、红豆杉、沉香木、柏树、檬子树居多，有一处古树群。

古井：村落古井用石板堆砌而成，板与板之间并没有使用任何的黏合材料。在历经了几百上千年的井水浸泡之后，整体仍然保存较好。井水甘甜醇香、清澈见底。

古墓：村落内有两座古墓，是沿河县县级重点文物保护单位。古墓墓碑整体保存完好，但受风雨侵蚀，墓碑字迹已模糊。

古桥：村落古桥在当地又称"花花桥"，该桥曾是联系村落两个居民点之间的唯一通道，桥上建有廊亭，廊亭木柱间设有座凳和栏杆，廊亭上方盖有青瓦，过往行人可在桥上躲避风雨。

古塔：古塔又称为惜字亭、文峰塔。塔身细长，三层六方，用砂岩垒砌而成。造型半亭半塔，底部中空，上部实心、尖细，其是村落崇拜文字的产物，体现了村落古人对文化学识的重视，是村落人文底蕴的重要标志。

古树群

古井

古墓

古桥

古塔

保护价值

山羊村是汉族、土家族聚居的传统村落，其生产生活的方方面面都体现了村落古人智慧的结晶，村落选址、筑房建屋等极具地域人居特征，充分体现当地工艺水平，具有较高的科学研究价值。

村落社会交往模式传承有序，传统节日和风俗保存完好。村落的建设与发展反映着社会的变迁，山羊村在历史长河中具有较高的社会价值。

村落的传统建筑具有独特的民族特色和地方特征，其艺术、风俗和传统等精神文化也极具特色。土家族传统建筑、古塔、古桥等，承载和体现了民族独特的风俗和区域典型的文化，不同时期的遗存充分反映了民族文化的发展历程，具有较高的文化价值。

白永彬 刘俊娟 季星辰 编

铜仁市松桃苗族自治县蓼皋镇文山村

文山村全貌

文山村区位示意图

总体概况

文山村位于蓼皋镇东北2公里处，南靠松桃县城，东、西、北三面与四昌乡接壤。文山村地处武陵山山麓中段，属高山地形，山峦起伏，绿水环绕，整体植被茂密，山色葱郁。

明末清初，贺姓苗族迁入居住，至今已达300余年。文山村培养出了庚子辛丑科举人——贺增龄，是松桃苗族第一位举人。中华人民共和国成立以后，该寨人才辈出，被苗区称为"尕怪尕都"（苗语意为出官出才之地），1957年乜道改称文山。全村辖4个村民组，156户，802人，均为苗族。全村总面积3.7平方公里，其中传统村落范围8.32公顷。

2016年文山村列入第四批中国传统村落名录。

村落特色

文山村选址很是考究，村寨四周植被葱幽，枯藤倒挂，古树参天，村外还有流水潺潺，溪水三面环抱，体现出山水自然和人居环境的和谐融合。

该村整体为扇形，周长约1.8公里，城墙、封头墙、人行道和排水沟渠，以青料石浆砌，坚固而壮观。村寨内部小巷众多，曲径通幽，完整留存了整个村寨的发展脉络，反映出历代村民生活的烟火气息。

贺举人故居，处于村寨中央，体现出村民对贺举人的尊崇。此外村寨内遗存下来4处两进式四合院，主房两侧均有厢房，整个建筑气势恢宏，隐于山林间形成独特的人文魅力。

传统建筑

传统建筑

文山村始于明清时期，凭借有利的山形地势，贺姓苗族人在此开始定居生产建设，建筑风格为传统木结构。村落内传统建筑一般以当地木材作为主要用材，建筑用木桩支托、凿木穿枋、斜街扣合、立架为屋、木板为壁、上覆青瓦，屋面多为两坡悬山式屋面，宅院以三合院进行围合形成天井。

传统建筑的堂屋大门有着独特的民族特色，每扇门上窗户都刻有精美雕花，手工艺独特。每一个吉祥图案、每一朵花纹、时至今日都能清晰明了，见证了匠师们精湛的建筑技术和创造精神。整个村寨建筑纵横交错，疏密有致，与地形合理结合在一起，其形制、结构、风格以及蕴含的民俗文化韵味独特。

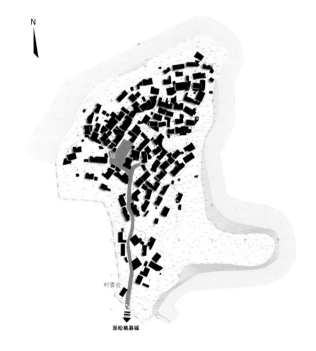

N

村委会

至松桃县城

文山村平面图

古宅

民族文化

傩戏：文山村傩戏被称为戏剧的"活化石"，其常在做大道场中穿插进行，在表演时戴面具扮人物演绎故事。苗傩称面具为"脸子"，共36面不同形态的木质脸子，包括红山太子、和尚、灵官、大鬼、小鬼等。傩戏使用的道具有鼓、锣、牛角、云板、排带、锡杖。苗傩演出的内容大都是反映本民族迁徙、繁衍和苗族民俗故事，如《张兆二郎与王母成亲》《捡斋》等。

祭祀：为了除旧迎新，恭祝祖先神灵的赐福，预祝来年吉祥如意，文山村人对于除夕家祭非常讲究，远方游子也应时而归，合家团聚。每年正月初二至十五为灯节，城乡要玩龙灯、花灯、茶灯、狮子灯等。出灯时要举行"开光"仪式，参拜宗祠、庙堂，然后走村串寨，相互拜访、贺新春、开财门，祈求玉皇大帝、四海龙王、风调雨顺、国泰民安。

丧葬习俗：村内丧事礼仪纷繁复杂，一般有为亡人洗身、换衣、装殓、开路、跷棺、择地、安葬等仪式。孝子在为老人举办丧事时，根据亡灵的意向做出相应安排。洗面沐身、梳头（或剃头）、换上新衣裤（或裙），让亡者干干净净、穿着整齐，犹如过节走亲访友一样去会先祖。

苗绣：文山村刺绣是苗族源远流长的手工艺术，是苗族服饰主要的装饰手段，是苗族女性文化的代表。苗族刺绣的题材选择虽然丰富，但较为固定，有龙、鸟、鱼、铜鼓、花卉、蝴蝶，还有反映苗族历史的画面。苗族刺绣十分美丽，技法有12类，即平绣、挑花、堆绣、锁绣、贴布绣、打籽绣、破线绣、钉线绣、绉绣、辫绣、缠绣、马尾绣、锡绣、蚕丝绣，这些技法中又分若干的针法，其中的变化十分复杂。

人文史迹

贺举人故居：光绪年间庚子辛丑科举人贺增龄是松桃苗族中第一位举人，其曾任松桃书院院长和松桃劝学所所长、江苏布库大使等官职。贺增龄故居坐落于村落中部位置，现在还有村民居住，保存较为完好。

古墓：举人贺增龄之墓处于文山村三组后山上，是村寨的入口处。

牌匾：中国著名书法家严寅亮为贺增龄所题一匾——"文魁"。

古树：文山村入口古树名木若干株，树冠粗壮，枝叶繁茂，是村民成荫纳凉的地方，保持情况良好。

举人故居

举人墓

傩戏

牌匾

古树群

保护价值

文山村苗族民居至今仍然保留着传统的住宅样式，有7栋明代时期建筑。文山传统建筑从屋脊造型到梁柱、走廊栏杆、挑枋头、支柱的下端，再到檐板和门窗的装饰和基石的雕刻，苗族人都特别讲究装饰和雕刻的艺术。整体建筑依山傍水而立，完整地体现了苗族人在征服与改造自然中智慧和血汗的结晶。

文山传统村落较完整地保留了古朴的苗族村落格局和优美的历史人文景观，村落内有山有水、有田有居、有井有木，阴阳交错、和谐自然，这些元素一起构成了一幅和谐自然的历史空间画卷。

文山传统村落保留了完整的村落形态，拥有丰富的非物质文化遗产及历史环境要素，具有重要的历史文化和科学、艺术价值。

刘　恬　陈　浩　刘俊娟　编

苗绣

苗绣

铜仁市印江土家族苗族自治县木黄镇木良村

木良村全貌

木良村区位示意图

总体概况

　　木良村坐落于梵净山山脚，位于镇政府所在地。木良村自明代以来逐渐发展扩大到现在的规模，304省道穿境而过，交通便利。民居主要集中在田坝，选址为比较平坦的小盆地。村中民居建筑都以瓦檐木房为主，房前屋后有古树。整个自然村寨背靠青山，前面有芙蓉河，有八个角，呈"八卦"形分布，故有"八卦"村寨之称。村落西面与车塘村和文昌村相连，南面与锅一村相连，北与本乡五甲村毗邻，东与本乡盘龙村和昔平村相接，平均海拔为796米。全村均为土家族，居民户数为374户，1234人。

　　2016年木良村列入第四批中国传统村落名录。

村落特色

　　木良村整个村寨建筑布局密集，纵横交错，疏密有致。其形制、结构、风格以及其蕴含的民俗文化韵味独特，大多为土家瓦檐木房，房屋多用当地的原石作为基石，体现了土家族民族传统村落与自然一体的建筑文化特色。民族风情浓厚，民族文化流长。

　　"背靠青山，绿水环绕"是对木良传统村落自然格局的真实写照，山体、河流与木良村互相依托，更衬托出了木良传统村落的特色。木良村较完整地保留了古朴的土家族村落格局和优美的历史人文景观，村落内有文昌阁、任氏土司衙门、回龙寺等景点，这些元素一起构成了一幅和谐自然的历史空间画卷；该村落还拥有丰富的非物质文化遗产，尤其以土家族舞龙灯闻名。

传统建筑

传统建筑

传统建筑

　　木良村传统建筑构造一般为正房面阔五间居多，无论正房还是厢房均采用大量的花窗，其月梁、驼峰、撑拱、挂落、雀替、二字板等艺术构件均有极高的艺术价值，正房七间通面阔21米，通进深7米，穿斗结构小青瓦顶，外八型龙门，内外均有门帷，图案有"喜鹊闹梅"等，有花窗及"福、禄、寿"、蝙蝠图案等。

　　木良传统民居结构大多分为正屋、厢房和司檐。正屋一般为三间或五间，居中那间为堂屋，设神龛，当地人把它叫作香火，专作祭祀、喜庆、婚丧、迎宾用，前面有"吞口"；左右两间从中柱直过用木板隔成两小间，前一间为火铺，作炊事、烤火、吃饭、休息用，后一间为卧房。一般是父母住左边，儿媳住右边，兄弟分居后，兄嫂住左边，弟媳住右边；在正屋两头前面并与正屋垂直的为厢房；正屋后面的为司檐，屋前留一块空地作院坝。家庭富裕的建成四合院。

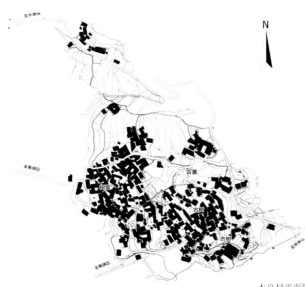

木良村平面图

村寨景观

村寨景观

民族文化

舞龙灯：木良村的舞龙灯是古老的民族民俗活动。"龙灯"由龙头、龙身、龙尾三部分组成，龙头、龙尾的主要制作材料是竹、木、纸、布等。龙头用颜色彩绘，用麻儿和铁丝制作龙须，眼睛有的制作火眼，有的只装龙眼。龙头由纸与竹子、铁丝编织，外皮用纱布包出来，装上眼睛和龙须。龙灯长且重，锣鼓声中昂首摆尾，蜿蜒游走，非数十多壮汉，举竿来回奔走，不足以操御。舞龙人和耍龙人的身着打扮，一般都是头扎彩布，身着绸缎彩衣服饰。

土家族雕刻：木良村雕刻艺术历史悠久，雕刻工艺主要有木雕、石雕，多以龙、虎为题材。石雕常见于石狮、岩门、柱基石、墓碑、牌坊等。其工艺技法与木雕大同小异，只是工具不同。木雕主要用于建筑和用具，例如转角楼、祠堂、桌椅等家具以及门窗。雕刻的图案多为"喜鹊闹梅""双凤朝阳"等。这些图案往往刀法干净、线条流畅、物象传神、构图饱满、生动有趣。殷实人家的大门、亮窗及姑娘嫁妆上雕刻花纹图案，木雕窗花较多，木雕嫁妆最精，如洗脸架、挂衣架、三滴水牙床等。飞禽走兽、人物故事和山水图纹皆为雕刻题材，其中吉祥物崇拜对土家族雕刻艺术发展影响巨大。

木良木雕窗花

舞龙灯

回龙寺

人民公社旧址

人文史迹

文昌阁：文昌阁位于木黄镇木良村，始建于1926年，塔通高26米，占地400平方米，建筑占地41平方米。为七层八角攒尖式阁塔，系砖、木、石结构古建筑，坐北向南，塔基稳固，呈正八边形，边长3米。塔每层都有短檐翘角，翘角为龙、鹤等动物造型。角端系风铃，檐口彩绘蝴蝶及卷枝叶纹、波涛纹。各层皆有门联题咏，顶层置雷公柱支撑屋顶抬梁题记修建年代和承修人等。

任氏土司衙门：土司衙门旧址位于木黄镇木良村，任氏土司衙门，始建于明正统七年（1442年），原址在朗溪司，清康熙九年（1670年）因苗民造反而将衙署迁至该地，建立衙署。土司衙门坐东向西，系木结构瓦房，占地面积1857平方米，建筑占地270平方米，现存大堂、花厅和右厢。大堂面阔15米，二进院落。

回龙寺：遗址位于木黄镇木良村的蜂子坳，始建于明隆庆年间，系砖、木、石结构古建筑，清代重建，原有正殿三间、厢房、天井等，1921年失火将其毁之殆尽。该寺于1948年在旧址上修建木房五间延续香火，后部分建筑遭拆毁，20世纪80年代又于旧址上重建木房。该寺为梵净山48座庵之一。

人民公社旧址：现状为两层砖房、坡屋顶，建筑有外廊，屋顶为小青砖形式，由10根柱子支撑。

古墓：木良土司墓群，现存十多座。主墓为明崇祯十七年袭职朗溪蛮夷长官司副土司官任道通、清雍正五年袭职朗溪蛮夷长官司副土司官任世泽墓。

任氏土司衙门

文昌阁

保护价值

木良传统村落具有完整的村落形态、丰富的非物质文化遗产及历史环境要素，村庄呈现"八卦"形分布，极具研究价值。木良村较完整地保留了古朴的土家族村落格局和优美的历史人文景观，村落内有文昌阁、任氏土司衙门、回龙寺、古墓等多处景点，这些元素一起构成了一幅和谐自然的历史空间画卷。该村落还拥有以土家族传统舞龙灯等丰富的非物质文化遗产，具有较高的保护价值。

叶　希　熊彬淯　编

古墓

古墓

溪流浣衣

铜仁市德江县平原镇杉园社区中坝村

中坝村全貌

中坝村区位示意图

总体概况

平原镇杉园社区中坝村位于铜仁市德江县西南部，东与煎茶相连，南与复兴接壤，西与凤冈县、务川县交界，北与楠杆乡毗邻，距德江、务川、凤岗县城均为45公里左右，距离平原镇镇区2公里。550县道穿境而过，该村传统村落主要由楠木树、大房子两个组组成，现有村民近146户，共511人，均为土家族，核心保护区面积3.35公顷。

村落历史悠久，汉代后裔为了躲避战乱迁移并留守于中坝村，逐渐聚集形成村落。

境内最高海拔1353米，最低海拔650米。属亚热带季风性湿润气候区，年日照时数为1465小时，平均气温14.7℃，有效积温4512℃，无霜期298天，年均降水量1236毫米。

2019年中坝村列入第五批中国传统村落名录。

村落特色

中坝村背靠大山，其形成了良好的天然屏障，村前有河流流经于此，四季流水不断，水声潺潺。村落前方有一大片农田，秀美的田园风光凸显了浓郁的传统乡村气息。村落内村民建房依山势从低到高，层递而建，呈组团状，大部分为土家族传统木质干阑式建筑。村落发展至今，较好地保留了传统建筑风貌及村巷立面，村落、山、水、农田相得益彰，共同构成了村落组团状的山水格局形式。

传统建筑

整个村落民居依山而建，分布较为集中，方位朝向坐南朝北，有院落，层次分明。民居以木质干阑式建筑为主，一些厢房采用吊脚楼形式。

每一正房前面均有院坝，依据地势，有两三栋房屋连在一起的，有的厢房隔着阳台连接，有的连成一个院落，且院坝有青石铺设或保持原始泥土，周围绿树环绕，多植树木。

传统建筑

传统建筑

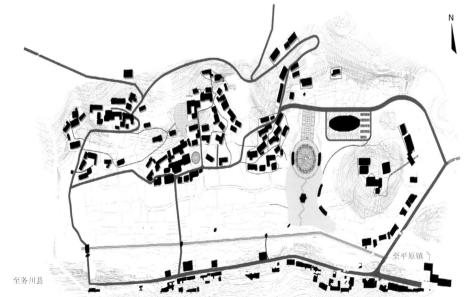

中坝村平面图

传统建筑

民族文化

"傩堂戏"：傩堂戏被认为是中国戏剧史上的活化石。曲六乙先生曾称赞"中国傩戏在贵州，贵州傩戏在德江"。德江主要集中在平原镇、稳坪镇、荆角镇。中坝村傩堂戏有100多年的历史，是傩戏艺术较为古老并且保存比较完好的村落。

中坝村共有傩坛2个，傩具20多个，服装20多套，傩戏艺人10多人。2003年傩堂戏被纳入亚洲太平洋民间文化数据库，被列入第一批国家级非物质文化遗产名目。

熬熬茶：又被称为油茶，是土家人喜爱的饮食之一。主要以茶叶、食油、芝麻、大豆、花生米、腊肉、核桃、花椒、食盐为原料，经炒制等特殊工序加工而成。熬熬茶不仅清香可口，风味诱人，还能充饥解渴，醒脑提神。逢年过节，每当贵宾到来，土家人就制作熬熬茶盛情款待。

土家花灯：每逢春节期间，村落中一些爱好者和民间艺人带头承办，用竹、纸编糊制成各种各样的12盏灯笼，如牌灯、鱼灯、荷花灯、扇子灯、茶灯等多种灯笼，必要时加宝灯，从正月初一至正月二十，每逢受到邀请，便到寨中各户堂屋中跳唱。

傩堂戏

熬熬茶

土家花灯

人文史迹

黔北工委博物馆：1947年冬，全国解放战争正如火如荼地展开。随着刘邓大军挺进大别山，战争已推进到国民党统治区。同年12月，中共川东临委根据党中央指示，决定成立"黔北工委"。受张立指派，地下党员宋至平随先仲虞到德江，发动群众开展武装斗争，建立游击根据地。经中共批准，1948年1月，中共黔北工委在德江平原十字关成立，由宋至平主持黔北工委的日常工作，先仲虞任联络员，负责安排储备、保护外来干部和筹集经费。

古井：村落有古井数处，水质清冽可口，常年水源不断。

古树：村落周边山林植被茂密，生长着不少有历史价值的古树名木，多为楠木树、枫香树、柏树、槭树等，树龄都近一百年以上。其中以楠木树最多，在村落周边有20余棵，树高达30米，树径在0.8～1米左右，常年郁郁葱葱。

竹篱笆：土家族人称为"园干"或"墙篱"。村落内部分院落、农田周围用竹篱笆作为围墙，高约1.2～2米，土黄色，用于防止鸡、狗等小牲畜进园内践踏蔬菜、庄家。夕阳下的篱笆小院，炊烟缭绕，散发着浓浓的乡土气息。

石磨：村落内保存着传统生活所用的石磨。在传统村落生活中，石磨曾是一种最常见的生活工具，是乡村生活的一种象征，也是村落的一道风景。

古树

田园

中共黔北工委博物馆

古井

石磨

保护价值

"楠木古树"和"土家民俗"的独特风貌与丰富的历史遗存、深厚的民俗文化底蕴于一体，在岁月的流逝中逐渐形成古寨整体风貌，显得既丰富多彩又和谐统一。其所蕴涵的土家人居环境营造理论与方法具有重要的历史及科学价值。

曲折的小巷幽深宁静，建筑色彩平淡雅致。该村是历史遗留下来的民族特色的象征，也是当地土家族勤劳智慧的结晶。

村落组团型的格局、枝状的巷道肌理、统一的传统建筑形式以及周围良好的山、水、田自然环境体现了村落整体形态美学的价值。

刘俊娟 王镜舫 编

路林

铜仁市松桃苗族自治县长坪乡地甲司村

地甲司村局部

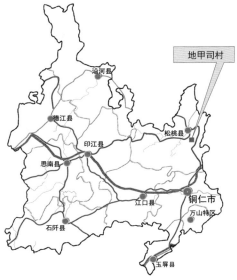

地甲司村区位示意图

总体概况

地甲司村初建于元朝甲子年间，朱元璋削平大江南北后设长官司，地甲司就是当年龙达哥长官司府邸所在位置。清政府意在把汉族文化融入于此处的少数民族文化当中，方才有龙、姜、石、商、胡、刘、严、杨、梁、张十大姓氏齐进地甲司的宏伟史诗。地甲司村位于松桃苗族自治县长坪乡西部，距乡政府驻地4公里。村域面积8.68平方公里，村内共有220户，人口989人，约有65%为苗族。

2016年地甲司村列入第四批中国传统村落名录。

村落特色

地甲司整个村落沿蟠龙坡和凤凰台两个山坡修建，随坡就势，背阴抱阳是地甲司村落的选址特色。村落入口位于七星坡位置，四周为山体，地形比较狭窄，然而过了这一段狭窄之处，便是阡陌纵横，良田大坝，豁然开朗，正所谓"山重水复疑无路，柳暗花明又一村"。村落坐落在对望的两个山坡上，整体坐西向东，正面开阔，后据山巅，高能望远，可退可守，村落四周种植庄稼供生活之需，注重防御和生活结合，充分体现了地甲司村先民"天地人"三者统一的选址观。

传统建筑

地甲司是一处集历史遗存和自然山体为一体的典型苗寨传统村落，传统建筑占村落整体建筑的80%以上。村落建筑沿着等高线向东有序地排列，依山势层层叠起，整个村寨房屋布局密集，纵横交错，疏密有致，保存状况良好。苗族民居通常分五柱七挂、五柱四挂和四柱三挂，外有围墙，木板房上盖小青瓦，梁柱板壁全用桐油反复涂抹，经过常年风吹日晒，乌黑发亮。苗居大多为穿斗式干阑木楼，木柱支托、凿木穿枋、衔接扣合、立架为屋、四壁横板，柱础常雕有美丽的花纹等图案。

地甲司传统民居主要生活空间有街堰、堂屋、火塘间、小卧室，这些构成苗族民居的主要空间。居住层由底层移至楼面，可以最大限度地适应聚居区域的地形地貌，不用改变地形却能获得平整的居住层面，在炎热多雨环境下通风避潮的同时又巧妙满足了对蛇虫、猛兽的防御要求。

地甲司村平面图

传统建筑

民族文化

接龙：接龙实际上就是"然融"（苗文记作：reax rongx），包含四个部分即迎龙、接龙、引龙或招龙。"然融"（接龙）仪式隆重而热闹，寨首或主人的正堂屋点满灯烛，铺开大竹罩摆好红、黄、黑、白、青五匹彩布、五色纸，闪亮的银饰和花绦的苗装……正堂屋遍插彩旗，旗下摆有"龙粑"酒肉等祭品。祭台上摆有一只小猪，祭祀开始时，身着大红袍的觋师一手舞铜铃，一手舞柳巾，绕祭坛狂跳，嘴里念念有词。"龙女"身着盛装，佩戴各种银饰静坐一旁，虔诚地代寨民向龙神祈祷。

椎猪：又称吃棒棒猪，意在祭祀祖先和雷公。在当地的苗族看来，为解除病痛或繁殖后代以及招福纳祥等，都可以许吃猪愿。在杀猪仪式中，不能使用刀杀，必须使用木棍一棒一棒地将猪活活打死，之后烧火燎去猪毛。养猪的主人须回避杀猪，由外姓人（或舅辈）代替杀猪，并视为忌肉。巫师主持祭仪。吃猪肉之时，主人必须邀请族人一起吃，一顿吃完，如果有剩余，则连同骨头一概深埋泥土中。全堂法事以感致和染触这两种巫术为主体，完整地保留了一万多年以前初民时期巫术的原貌，通过祭祀表演的形式流传下来，是巫文化起源弥足珍贵的重要人文资料。

苗歌：苗族的文化传承也主要靠歌乐形式来实现。苗歌以男女情歌为主，可以细分为男女情歌对唱、书句子，集山歌、傩歌、哭嫁歌、故事歌、椎牛鼓舞歌、拦门歌、扛仙歌、跳香歌（辛女歌）八种为一体，歌词多为七言一句，两句组成一联，两联为一首，非常有韵律。至今当地还有用苗歌交流的情况，特别是逢喜事还有昼夜对歌的场面，是村民生活中的重要组成部分。此外还有刺绣、银饰等苗族物质文化符号。

苗族服饰：苗族服饰样式较多，主要特征是镶绣、织布、蜡染工艺精湛，色彩斑斓。女子一般穿大襟或者对襟衣，配百褶裙或长裤。重要的组成部分就是银饰，有银角、银扇、银帽、银围帕、银飘头排、银发簪、银插针、银顶花、银网链、银花梳、银耳环、银童帽饰等。

苗族银饰

婚嫁对歌

椎猪

接龙

苗绣

苗绣

人文史迹

古井：古井位于村寨入口的河边，旁边长有小树一棵，在还没有自来水之前，水井担负着村民的生活用水，水井里的水冬暖夏凉，十分可口，至今仍在使用。此外还保存有古桥。

观音堂：观音堂有一口清末宣统二年铸造的钟，其高约1.2米，直径约50厘米，后在现有位置重建，现状为水泥砖砌就的建筑，上盖琉璃瓦，主要供奉观音菩萨，是地甲司和附近村落庙会的场所。

观音堂

古井

接龙所用信咚

保护价值

地甲司村建置史可追溯到元朝，有600多年的发展历史，具有悠久的历史文化。村落的古建筑群是黔东北民族文化建筑的典型代表，具有独特的工艺水平和建造技艺，村落的发展记载了当时特定的历史，具有较高的历史文化价值。

村落呈组团式沿等高线建设的整体格局与周围良好的山、水、田自然环境，体现了村落整体形态美学，具有较高的摄影艺术价值和建筑艺术价值。

陈 浩 刘 恬 叶 希 编

铜仁市德江县合兴镇龙溪村岩头坝

龙溪村岩头坝全貌

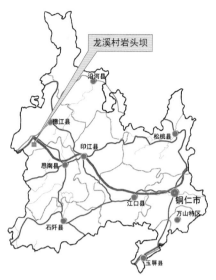

龙溪村岩头坝区位示意图

总体概况

龙溪村岩头坝位于贵州省铜仁市德江县合兴镇西南部，地处德江县与思南县交界处，国土面积13.7平方公里。岩头坝是龙溪村所属自然村寨，距合兴镇13公里，距龙溪村委会所在地2公里。村落由岩头坝、南山两个居民点组成，共88户，416人，以土家族居民为主。

杭瑞高速公路横向穿过村落北侧，村落至杭瑞高速公路匝道车行距离约3公里，内部交通主要依托步行道路进行，步道多为石板、碎石路面，与外部道路相连形成村落道路交通系统。

2016年龙溪村岩头坝列入第四批中国传统村落名录。

村落特色

岩头坝历史悠久，村落初步形成于明代。相传明末年间，本村吴姓高祖吴登选，因通习风水布局，从江西高街阳来贵州寻风水宝地，沿梵净山脉、经香炉山，来到现在龙溪村境内的交溪，经开荒劳作、繁衍生息，到清代已初具规模。

岩头坝村格局背山面水，所处地势在半山腰一平台处，高差起伏较大，为典型的喀斯特地貌区。村落地质发育完好，民居依山势从低到高，层叠而上，农田耕地分布于村落周边，由高至低将村落紧紧环绕。村落较为隐秘，有世外桃源之称，外来人都是进了村才知有村。村落东西两侧各有山脉环抱，内有一处双溪汇集地，象征着青龙、白虎守护着村落的民众。

村落间的串户路、巷道四通八达，耕地土壤肥沃，树林连片集中，自然环境良好，气候宜人，周边山体树木丰茂，郁郁葱葱，构筑了一幅人与自然和谐共生的村落景象。

传统建筑

岩头坝民居建筑多为清末民初时期修建的木质干阑式建筑，屋顶采用青瓦铺盖，色调统一协调，立面配以木质窗花、木门，界面丰富，屋檐多雕刻有地方花纹，大多楼房三面设有栏杆，屋顶有两个翘榫，具有土家族民居独特的建筑风貌。正房前面为院坝，院坝地面多由青石铺设。

村落民居总体呈依山而建布局，分布较为集中，建筑朝向以坐南朝北为主，建筑层次分明，主房为木结构穿斗式青瓦顶房，两边为厢房，部分厢房采用吊脚楼形式，主面门窗为雕刻装饰。

传统建筑

窗花

传统建筑

传统建筑

龙溪村岩头坝平面图

民族文化

岩头坝民族文化厚重，非物质文化遗产丰富，主要包括民族信仰、节庆活动、民俗歌舞、特色美食等。

傩堂戏：傩堂戏起源于商周时期的方相氏驱傩活动，是一种佩戴面具演出的宗教祭祀戏剧，属于傩戏之一，由酬神、插戏和正戏三部分组成。德江傩堂戏是世界上保存最完整、最原始的戏种，曲六乙等国内外傩戏研究专家一致誉为"戏剧活化石"。岩头坝已有100多年的傩文化，是傩戏艺术较为古老并且保存比较完好的村落。村落非物质文化遗产传承人吴贤富杂技绝技表演闻名国内外，20世纪90年代初曾多次出国表演，宣传傩文化。

摆手舞：摆手舞是土家族的传统舞蹈，是村落民众缅怀祖先、追忆民族迁徙之艰辛、再现田园生活之恬静的大型舞蹈史诗，其服装和道具也充分体现了土家族的文化元素。摆手舞动作主要源于生产劳动和日常生活，有"单摆""双摆""回旋摆"等。

熬熬茶：熬熬茶是土家族人民非常喜爱的特色小吃之一，一般只有在逢年过节或是招待贵客时才制作食用。制作过程非常讲究，主要由糯米、芝麻、腊肉、茶叶、花生等十多种原料细火慢熬精制而成，香润可口、美不胜收。

傩技

摆手舞

熬熬茶

人文史迹

古树：岩头坝周边山林植被茂密，古树丛生，多为栗子树、枫香树和柏树，其中以栗子树最多，在村落周边有20余棵，常年郁郁葱葱。在狮子岭西侧有一棵大枫香树，树形优美，十分壮观。

古井：岩头坝有古井数处，有下三步、上三步式两种类型。水质清冽可口，常年水源不断。井前下方有两个石盆和石水池，供人们日常生活使用。

石磨：石磨是一种石制的研磨滚压工具，用于把米、麦、豆等粮食加工成粉、浆。在传统村落生活中，石磨曾是一种最常用的生活工具，村落内至今完好保存着传统生活所用的石磨。

碓窝：碓窝是传统的生活工具，以石碓窝居多，村落内现仍然完好留存着这种古老工具。一般用于将稻米、药材、各类果仁等舂捣成粉或糊、酱状。

古井

石磨

石碓

保护价值

村落历史悠久，汉代后裔为了躲避战乱迁移并留守于岩头坝，逐渐聚集形成村落，其所蕴涵的华夏人居环境营造理论与方法具有重要的历史及科学价值。

村落组团型的格局、枝状的巷道肌理、统一的传统建筑形式以及周围良好的山、水、田自然环境体现了村落整体形态美学的价值。

岩头坝是土家族聚集村落，主要有传统建筑、山体、溪流、水井、古树、竹篱笆、石磨等历史环境要素，以及傩堂戏、土家熬熬茶、摆手歌、摆手舞等非物质文化遗产，具有非常高的可研究及保护利用价值。

白永彬 刘俊娟 季星辰 编

古树

铜仁市印江土家族苗族自治县新寨镇乐洋村

乐洋村全貌

乐洋村区位示意图

总体概况

乐洋村位于印江、石阡、思南三县的交界处，距离乡人民政府25公里。共有3个村民组，593户，2047人，少数民族占全村总人口的95%，是以土家族为主体，少量苗族的少数民族村。乐洋村自清末以来逐渐发展扩大到现在的规模，主要以张、周、王氏为主，村内40%为张姓，40%为王姓，20%为周姓，这几大姓居民主要由古时从江西境内迁入本地。全村有耕地面积1460亩。居民收入渠道主要为畜牧业、种植业、外出务工，主要经济产业以烤烟、茶叶、生态畜牧养殖、水稻、玉米、油菜等为主。乐洋村90%以上的群众都是居住在传统的木构建筑里，仍进行着传统的农耕劳作。

2016年乐洋村列入第四批中国传统村落名录。

村落特色

乐洋村格局主要围绕乐洋河、张氏宗祠、周氏宗祠、王氏宗祠、古庙宇及古树而建，村落周围都是良田。该村寨居住集中，村内房屋依山傍水而建，寨后青山，寨前大坝良田。房屋布局错落有致，为典型的传统村落。村域内高山、河谷、平地相间，属喀斯特岩溶地貌，平均海拔590米。村庄选址体现了古人"择水而居"的传统理念，背山面水，坐西南朝向东南，位于东南方的原始森林又恰好起到天然挡风的屏障作用。乐洋河穿村而过，水质清澈，随着季节变化水量有变化，主要作为乐洋村的灌溉用水。

村落南部有大量周氏入黔始祖古墓、清朝乾隆年间的古墓，现状古墓的主体保存较为完好，部分构件由于长期的风化作用有所缺损。

村落局部鸟瞰

传统建筑

传统建筑

乐洋村落内的古建筑和传统建筑多为土家族民居，民居建筑技术上采用土家族传统民居的抬梁式和穿斗式木结构。其特点是依山而建，建筑选用木料建设，因地就势，多为土家族民居，民居建筑技术上采用土家族民居传统的抬梁式和穿斗式木结构；采用桶子与吊脚楼的结合，一般将吊脚选在厢房的一端，两厢房相对称，如因地势所限则建一边厢房，厢房多为二间面阔，将檐柱作为亮柱，在金柱间装修木板壁，吊脚楼建栏杆和楼层，采用半干阑式和单吊的方法，使用小青瓦屋面。

乐洋村传统木质建筑至今仍得到保存，但多数经历了各个时期的补修、整治建设，集中连片，阁楼外有外廊，依山顺势而建，鳞次栉比。乐洋村内古建筑和传统风貌建筑共有40余栋。

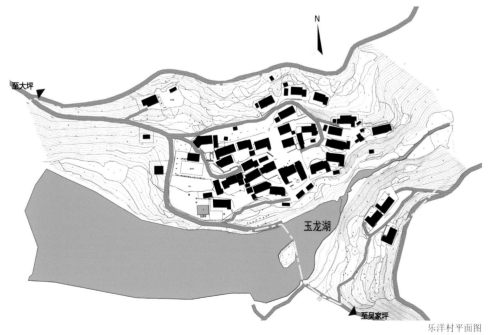

乐洋村平面图

民族文化

舞龙灯：舞龙灯是乐洋村非常古老的民俗活动。舞龙的道具通常都安置在当地的龙王庙中，舞龙之日，以旌旗、锣鼓、号角为前导，将龙身从庙中请出来，接上龙头龙尾，举行点睛仪式。龙身用竹扎成圆龙状，节节相连，外面覆罩画有龙鳞的巨幅红布，每隔五六尺有一人掌竿，首尾相距约有十来丈长。龙前由一人持竿领前，竿顶竖一巨球，作为引导。舞时，巨球前后左右四周摇摆，龙首作抢球状，引起龙身游走飞动。

土家族雕刻：乐洋村村民的雕刻工艺大多用于转角楼屋的门、窗和姑娘的木器嫁妆、新牙床上。最有特色的是三滴水带踢板的雕花床。这种床架有三层滴檐，层层镂花，雕刻下有雕花边缘的踢脚板，另外三面有雕花栏杆，装饰花板嵌有镜屏。满床雕刻的图案多为"喜鹊闹梅""双凤朝阳""龙凤呈祥"等。这些图案往往刀法干净、线条流畅、物象传神、构图饱满、生动有趣。也有不装"三滴水"的雕花牙床，雕工一样精细，虽不如"三滴水"牙床富丽堂皇却显得格外明快鲜亮。土家族的木雕工艺品绝大部分是日常生活中的用具。如雕有各种花、鸟和人物故事的梳妆台、碗柜、洗脸架、八仙桌、小桌子、椅子、衣柜等。

古吊脚楼

风雨桥

大兴寺

张氏宗祠先祖遗训石碑

人文史迹

张氏宗祠：始建于清乾隆八年（1743年），重建于光绪八年（1882年），光绪二十七年（1901年）进行维修。采用以砖、木、石构、封火墙等材质构筑，以四合院围合的古建筑。建筑面积约440平方米。2012年5月列入县级文物保护单位。

大兴寺：始建于清中叶，重建于光绪四年（1878年），再建于民国16年（1927年），占地500平方米，建筑占地378平方米，现存前殿、两厢、正殿、天井等。2012年5月列入县级文物保护单位。

风雨桥：位于乐洋村大兴寺旁的田间，由桥、塔、亭组成，全用木料筑成，桥面铺板，两旁设栏杆、长凳，桥顶盖瓦，形成长廊式走道。

土地庙：土地庙又称福德庙、伯公庙，民间供奉土地神的庙宇，多为自发建立的小型建筑，属于分布最广的祭祀建筑，以至凡有汉族民众居住的地方就有供奉土地神的地方。

古墓：村落南部有大量周氏入黔始祖古墓、乾隆年间和清朝年间的古墓，现状古墓的主体保存较为完好，部分构件由于长期的风化作用有所缺损。

古墓

乐洋河

柱础

石雕

木雕花窗

传统舞龙灯

保护价值

乐洋传统村落较完整地保留了古朴的土家族村落格局和优美的历史人文景观，村落内有大兴寺、张家祠堂、古溶洞、千年栈道、千年关隘等景点，这些元素一起构成了一幅和谐自然的历史空间画卷。该村落还拥有丰富的非物质文化遗产，尤其以乐洋村传统舞龙灯闻名。

乐洋村传统木构建筑至今仍得到保存，村内多为传统干阑式的木构建筑，建筑形制保存较好，村落依山顺势而建，鳞次栉比。村落形态与山体形态一致，较好地保存了山体形态的原生态，保持了建筑与自然环境的有机融合，建筑群体轮廓的走势充分体现了与自然山体坡度形态的一致性。乐洋传统村落具有完整的村落形态、丰富的非物质文化遗产及历史环境要素，这些都具有较高的传统村落研究价值。

叶　希　陈　浩　编

铜仁市松桃苗族自治县世昌乡世昌村底哨

世昌村底哨局部

世昌村底哨区位示意图

总体概况

底哨，一个美丽的苗乡山寨，隶属于松桃苗族自治县世昌乡世昌村。世昌村距离县城0.5公里，世昌乡原名"底哨乡"，为纪念在上甘岭战役中壮烈牺牲的龙世昌同志，后更名"世昌乡"。"底哨"的苗语意思是"长满蕨藤的坝子"，坐落在县城的东北部，距离县城12里多路程。底哨自然寨面积20.4公顷，主要以苗族居民为主，现有户籍人口为1019人，常住人口795人。世昌村底哨的建置史，从文献资料记载中可追溯到宋谆熙八年（1189年）。

该村是苗族二级战斗英雄龙世昌同志的故乡。2007年6月，龙世昌烈士故居被列为爱国主义教育基地。此外，底哨苗族神功绝技"上刀山、下火海"被列入"中华百绝"蜚声海内外。

2016年世昌村底哨列入第四批中国传统村落名录。

村落特色

底哨，是自然风光优美的苗族传统村落。村落古树密布，绿树成荫，民居背山围田而坐，依山而居，层叠而上，村落建筑环绕大坝而立，总体集中而又相对分散。村落四周群山围绕，中间为大片水田，一条蜿蜒的小溪把寨子分为东西两个部分，溪水潺潺，清澈见底。整个村庄山清水秀，环境宜人，自然景观和人文景观得以较好融和，体现了人与自然的和谐。

传统建筑

底哨目前遗存的清朝时期古民居有4000多平方米，整个村落传统建筑占建筑总面积的93%以上。传统建筑整体风貌多为"穿斗式""干阑式"木结构，木结构建筑具有三角形住宅的稳定性和拱形建筑的特性。底哨传统建筑窗户上还刻有精美雕花，惟妙惟肖，见证了苗族匠师们精湛的建筑技术和创造精神。

传统建筑

村落景观

底哨平面图

窗花

龙世昌故居

人文史迹

龙世昌故居：1952年10月19日，在朝鲜上甘岭战役夺取597.9高地主峰的战斗中，龙世昌奋不顾身地用自己的身躯抵住塞进敌军地堡的爆破筒，英勇地炸毁了敌军地堡，壮烈牺牲，时年24岁。中国人民志愿军记功令——"龙世昌在上甘岭战役中创有特殊功勋、对作战胜利起到决定性作用，向堪为全军榜样与旗帜的黄继光等五同志改记特等功或改授英雄称号"。

龙世昌故居是世昌出生时的住所，故居主体建筑物穿斗式悬山青瓦顶。建筑呈一栋五间，两侧配有厢房，前面四柱大门，东朝西，由大门、正房、两厢构成四合院，占地120平方米，正房及厢房相对完好。

古树：底哨有古树名木若干株，其中柏树最具代表性，树干挺拔，树龄上百年，是村民信奉和保护的对象。此外村内还保留有部分石磨、石槽等器具。

石磨

上刀山表演

古树

民族文化

上刀山：也称"上刀梯"，刀梯由一根高12米的铁柱，72把锋利无比的钢刀和顶端上边3把寒光逼人的钢叉组成。在整个上刀山的表演中，表演者要赤脚而上，并在刀梯上表演"金鸡独立""顶天立地""单臂吊刀""倒挂金钩""百猿出洞"等各种高难度空中动作。如此惊险刺激、极富观赏性的表演，对表演者要求极高，如今的表演者已是龙氏家族的第五代和第六代传人。

下火海：也称"闯火海"，俗称踩铧口或踩犁铧，在苗族傩戏活动中为"过关愿"的一种过关程式，是苗族觋师为久病不愈的病者驱鬼祛病的一种巫技，现剥离出来作为一项供人观赏的苗族民间传统绝技艺术。

钢针穿喉：属于苗族民间武术中的气功功夫之一。表演者用一根10几厘米长、竹签粗细的钢针作为表演道具。表演时，表演者会用左手扯起自己咽喉部位的皮肤，右手拿着钢针扎向喉咙，不断转动钢针往皮肤里钻，脸上却没有一丝痛苦的表情。然后运用气功将杆身慢慢地压弯曲之后，再将其慢慢地放回，或将其压弯之后继续用力，直到将其钢针折断。

仙人合竹：将一根长约两米、粗如脚拇指的竹竿破成两半，让相向站立的两个人把持竹片的端头，使两块竹片呈平行状，相距40～50厘米。表演者时而念诵咒语，时而吹响牛号角，时而卜卦祈祷，比画合拢手势。持竹片的人会感觉有一股力量在推动，竹片逐渐向内侧弯曲直到相交合拢，之后，随着表演者念咒并作分离比画，竹片缓缓变直分离，回到开始时的状态。

钢针穿喉

仙人合竹

保护价值

底哨的建置史可追溯至宋谆熙八年（1182年），但其历史可以追溯得更久远，后人在此繁衍生息了700余年，具有悠久的历史文化价值。村落内有山有水、有田有居、有古井有古木，阴阳交错，和谐自然，完整保存了古朴的苗族村落格局和优美的历史人文景观。村落内山水田居阴阳交错，历史遗存丰富，这些元素一起构成了一幅和谐自然的历史空间画卷。底哨承载着松桃苗族发展历程，是区域民族发展和融合历史研究的鲜活实例，具有极高的历史价值。

村落流传有各种绝技绝活和民间技艺，有着浓厚的苗族文化底蕴。底哨作为爱国英雄龙世昌的家乡，龙世昌烈士故居已经列为爱国主义教育基地，具有极高的历史文化价值和保护意义。

陈　浩刘　恬熊彬淯编

铜仁市石阡县龙井乡克麻场村

克麻场村全貌

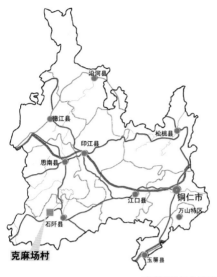

克麻场村区位示意图

总体概况

克麻场村位于龙井乡中心腹地，距石阡县城19公里。东抵本乡狗湾坝村，南接柏杨寨村，西交枫香坪村，北连水溪村。该村传统村落核心区域为大土坪和钟家两个村民组，两个组有114户，415人，以仡佬族为主。村域面积1.57平方公里，核心保护区面积4.74公顷。

克麻场村始建于明朝天启年间，祖籍由江西省为避战乱迁徙至铜仁市印江县，后迁徙到此宝地。建宅今址，人丁兴旺，分为东宅、西宅和麻溪园三地段，各设祠堂，并在村口建严氏大宗。

该村属中亚带热带季风湿润气候区，气候较温和，全年平均气温15℃，年降水量1150毫米，年无霜期250天，农作物一年两熟。

2019年克麻场村列入第五批中国传统村落名录。

传统建筑

克麻场村早期仡佬族的房屋居住形式是"干阑"式建筑，即房屋为两层，人居楼上，楼下养牲畜，一般为木质结构，顶盖树皮或瓦。明清以来，仡佬族居住的房屋有了较大的变化，仡佬族的民间房屋一般有独间、二间、三间、长五间、两座堂、三座堂和三合院、四合院，一至三间的住房比较普遍，通常为四立五柱，有吞口式和非吞口式之分。吞口式于正中一间二合与三合各退进一柱，装壁，开大门，致大门前呈长方形檐廊。正中一间为堂屋，一般是正方形，两侧为火间，为长方形。堂屋平时放置磨、桶、犁、簸、盆、方桌等用具，正堂壁为神龛。左右两间为卧室，并分别隔出半间设灶房与火塘。该村历史建筑有14栋。

传统建筑

传统建筑

村落特色

克麻场村域内以低中山地为主，多属侵蚀地貌，因流水切割强烈，地形破碎，沟垄较多，光、热、水、植被的垂直差异明显，耕地多分布于山间峡谷和缓坡地带。

村寨坐南朝北，寨前是一片农用开阔地，寨口正对远处山脊，恰似一个元宝形状。村落内居民建房依山势从低到高，层递而建，呈组团式，大部分为仡佬族传统建筑形式。寨内居所保持了完美的仡佬族古建筑风格，是石阡县比较能反映石阡仡佬族发展史的一个古老村落。克麻场村处在群山环抱之中，村中百年以上老式古木屋有10多栋。整个寨子，山清水秀，给人一种古老、优雅的感觉。

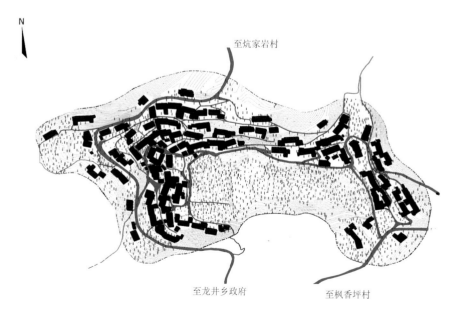

克麻场村平面图

至炕家岩村

至龙井乡政府

至枫香坪村

民族文化

舞毛龙：毛龙是古代传说中龙之一种。大禹治水，曾乘之。其说始见于中国晋代。"仡佬族毛龙"，经历历史长河洗礼仍能将它最完美最精彩瞬间展现给世人，是在元宵节期间被仡佬族人民所热爱的传统祈福活动之一。

葬礼道场：这是仡佬族的一种传统习俗，哪家有人去世，尤其是成年人，操办丧事必唱丧堂歌。据说是为了超度亡魂、给死者洗冤减过，让亡者顺利上路，无惊无扰地在极乐世界生活。

做粑粑：也称作年糕，在过年的时候制作食用，过年前制作糍粑是农村上千年流传下来的习俗。具有浓厚的乡村风味，打糍粑活动成为大家过年前的一项重要准备活动。

祭祀还愿：大年三十，吃年夜饭前每家每户都要烧纸并用猪头祭拜祖先。村庄有一处叫七星岩银虎大洞的地方，村民都会带着自家的猪头去祭拜，寓意保佑来年自己喂养的猪长得肥壮。

人文史迹

古墓：村寨内有一处严氏古墓，至今已有几百年历史。

水缸：克麻场村很多居民院子里还摆放着石头做的水缸，石头上面精细地雕刻着花纹鸟兽。水缸有聚财的意思。

古井：村庄内有两处古井，保存较为完整。

纺花机：纺花机是农村纺花、织布时打筒与打篓秩子的纺线工具。

古树：克麻场古树参天，冠荫覆地，有的已有上百年树龄。

古树

古墓

纺花机

舞毛龙

水缸

保护价值

克麻场村，林木茂盛，视野开阔，四面环山，村中建筑多为木楼。整个寨子保存较完整，具有重要的历史价值和文化价值。

村落历史悠久，保存从明清至今的仡佬族生息发展结构，连同丰富的历史文化遗存，真实地反映仡佬族起步发展鼎盛到衰落的历史过程及社会变迁，是研究社会史、家族史、文化史的史料，具有很高的历史价值。

追寻仡佬族历史渊源和传统文化精髓，村庄中传统文化蕴涵着丰富的历史、道德等多方面的文化价值。

刘俊娟　王镜舫　编

丧礼道场

做糍粑

银虎大洞

村庄一角

铜仁市碧江区川硐镇板栗园村杨家坡

板栗园村杨家坡风貌

板栗园村杨家坡区位示意图

总体概况

板栗园村杨家坡位于铜仁市碧江区北部，距铜仁城区8公里，从村落前的坡顶上可俯瞰整个铜仁市中心城，村落后山顶可看见梵净山。杨家坡的建立源于嘉庆年间，当时的杨家坡只有几户姓杨的农户，又是住在半坡中间，因而得名杨家坡。杨家坡户籍人口约336人，常住人口295人，主要民族为土家族。

2016年板栗园村杨家坡列入第四批中国传统村落名录。

村落特色

板栗园村杨家坡是一个典型的山地聚集型村落，是风水观念中比较理想的村落基地。村落背靠山脉，山脉对村落呈围合之势。村落建筑集中连片，顺应地形呈阶梯式分布，传统建筑整体保护完好。村落周边分布有大量农田，农田依地势逐渐升高，田与田之间形成很深的田坎。村落、山、水、农田相得益彰，共同构成了杨家坡组团状的山水格局形式。而杨家坡功能布局主要以居住和农耕为主，这恰好可以体现出贵州山区"七山一水一分田，一分道路和庄园"的民谚。

传统建筑

杨家坡传统村落现存7栋上百年建筑，始建于清朝，建筑为"一"字型、"L"型，"一"字型建筑没有厢房，"L"型建筑侧边建有厢房，最基本的特点是正屋建在实地上，厢房除一边靠在实地和正房相连，其余三边皆悬空，靠柱子支撑。建筑主体是木质材质，院落用青石板铺装。建筑屋顶为坡屋顶形式，屋面为小青瓦，坡度为30～40度，屋顶高低与地形结合，错落有致，屋顶有铜钱花纹、品字形花纹。建筑的门是传统的"六合门"，"六合门"主门在中间，两边有副门，"六合门"必须是建筑

主入口，不是建筑主入口的门不叫"六合门"，门上还有麒麟、龙、凤等精细雕刻。建筑的窗花大都是"井"字格、"万"字格、"寿"字格图案，有的则精细雕刻有花瓣、动物等图案，栩栩如生。

传统建筑

传统建筑

传统建筑

N

板栗园村杨家坡平面图

民族文化

杨家坡传统村落内非物质文化遗产丰富，主要包括民族技艺、民间信仰、传统习俗、民间音乐、民间舞蹈等。

板栗老戏：在碧江区地方花灯戏、茶灯戏、傩戏的影响下，吸收了京剧、黄梅戏、昆曲的元素，形成了流行于碧江区川硐镇、滑石乡、六龙山乡的地方小戏剧种老戏。

傩堂戏：傩堂戏曲一般分为内坛法事（傩堂神戏）、外坛演出两大类别。内坛法事的驱鬼逐疫酬神还愿为目的，宗教色彩极为浓厚，表演时必须佩戴面具（脸壳）。外坛演出重在娱人，剧目情节复杂，矛盾迭起，剧中人生、旦、净、末、丑行当齐全，表演有程式。音乐有板有腔，宗教色彩淡薄，演出时无须戴脸壳。它已完成了傩仪向戏剧的过渡，成为铜仁边区一个名副其实的民间剧种。

婚嫁习俗：杨家坡男女青年缔结婚姻要经过很多程序。男方要请媒人提亲、送书开青、烧香、请庚、过礼。婚期前一天，女方要举办花园酒、哭嫁、辞祖。佳期这天，男方要发轿迎亲、拜堂、闹新房、回门等。

民间技艺：竹编、刺绣、棕编等。

板栗老戏

狮子灯

唢呐

人文史迹

万宽武墓：明洪武二年（1369），35岁武进士万宽武奉命由江西南昌入黔驻思州宣尉司任定远将军，家族由此逐渐发展庞大起来。

古树：杨家坡内共有6棵上百年古树。其中，4棵为青冈古树，树龄约为200年，树高约20米，树干直径1米左右；2棵为枫木树，树龄约150年。

碓：用石头或木头制成，中间凹下，可将稻谷、苞谷、高粱、小米等原粮加工成米粒或米粉。

万式炯：万宽武后人，民国20年（1931年）进入国民党25军先后任103副团长，12师副师长，中将司令，第13绥靖区副司令兼军长等职。抗战时期，参加上海、南京、武汉等战役，1949年任黔桂边区绥靖司令部中将副司令，12月在贵州安龙率部起义。1950年后历任省人民政府参事秘书，省政协委员、常委，贵州省委常委等职，1991年在贵阳逝世，享年86岁。

万淑芬：有着"外交夫人"美誉的才女，曾赴南京与蒋介石交谈，受到蒋介石夫妇的款待。

万式炯故宅（县级文保单位）：位于板栗园村西侧，始建于清光绪年间，该宅由石库门、围墙及正屋、南北厢房组成，正屋坐东向西，歇山式青瓦顶，面阔五间17米，进深六间8.6米，通高7米，建筑面积150平方米，地面为石板铺墁，装六合花门。

万久平故居（县级文保单位）：建筑坐东向西，为穿斗式悬山青瓦顶，建于清光绪年间，屋前院坝为石板铺墁，面阔三间14米，通进深6间，8.5米，建筑面积120平方米，通高6.8米，明间屋面装遮尘板，前檐装六合花门。万久平宅的结构布局及造型为乡土建筑的典型代表。

万宽武墓

碓

保护价值

杨家坡作为传统村落，其格局肌理、传统民居建筑形式和民族文化在当地都具有较强的代表性。

村落位于半山腰，被山脉环抱其中，其选址符合人类生存发展的需求，具有很高的研究价值。建筑依山势从低到高，层递而建，屋顶青瓦铺盖，色调统一协调，配以木质窗花、木门，雕刻装饰精致，具有一定的历史价值。

村落保存着浓厚的土家族民族气息，流传有土家族特有"板栗老戏""傩戏"等民族文化及竹编、织带、刺绣、木雕等民族技艺，并保存着土家族传统习俗、服饰等非物质文化，具有很高的社会价值。杨家坡各个元素内容丰富，传统村落整体综合特征突出。

董文悦 罗永洋 何成诚 潘秋梅 编

板栗园村杨家坡一角

铜仁市松桃苗族自治县沙坝河乡界牌村

界牌村全貌

界牌村区位示意图

总体概况

界牌村隶属于铜仁市松桃县沙坝河乡，位于沙坝河乡的北部，向南可达X506县道，距离松桃县城约58公里，距离沙坝河乡人民政府11公里，是苗族战斗英雄吴良保的故乡。吴氏始祖最初居于陕西省彬县，其后代移居江苏省苏州梅里县，后又依次迁至江西省永新、湖南怀化市新晃县、凤凰县沅陵、凤凰县腊尔山镇。约300年前，1712年（清朝康熙年间），界牌村先民辗转迁至界牌村，见山清水秀，在此地繁衍生息至今。村寨位于海拔482～589米之间，房屋选址的落差达107米，属典型的喀斯特山地地貌。村寨属亚热带季风性湿润气候区，全村森林覆盖率达78%。全村面积7平方公里，辖7个村民小组，村内民族主要为苗族，在界牌苗寨居住的苗族中，吴姓苗族居多。其中户籍人口1534人，常住人口1378人。

2016年界牌村列入第四批中国传统村落名录。

村落特色

界牌村先民充分利用地形，在村寨周边开垦耕地，利用高山清泉进行灌溉，自给自足。村庄内部保留着大量的原始竹林。远处错落有致的山峦、树林，丰富了景观的层次。村落自然景观总体保存完好，村庄整体与自然融为一体，体现出难得的"天人合一"。

村落主体坐落于"四花山"山腰处，是典型的山地村寨。村寨建筑分布高差达100米以上。寨内古巷道沿等高线布局，村寨四面环山，整体坐西北，朝东南，坡脚有良田百亩，有溪流穿过，形成了"山、水、田、村、路"的自然格局。村域内的溪水源自高山泉水，泉水终年不断，灌溉着沿途的良田菜地。村落四周用地以林地和耕地为主，村域内森林资源丰富，绿树成荫，民居依山而建，错落有致。村庄前有上百棵柏树，高大粗壮，在整个山间显得青翠欲滴，风景优美。村寨体现了界牌村村民尊重自然、和谐为本的精神。

传统建筑立面

雕花窗

传统建筑

界牌村传统民居建筑一般分为主屋、厢房以及其他附属建筑。主屋为一排三间，正中间为堂屋，堂屋一般不设门，为半室外的开敞空间，正中间墙面设置神龛，堂屋两边一般为卧室，有些户型两边的卧室会一分为二，方便更多人居住。有的主屋旁边还会搭配一栋或两栋厢房，与主屋呈垂直关系布置，厢房一般为两层，上层作为居住和晾晒的空间，栏杆做成吊脚形式，下层根据功能需求可以设置为居住、厨房、牲畜棚或者谷仓等。紧挨主屋的一侧一般会布置一座附属建筑作为厨房，厨房连通前后，方便日常的家务操作。

界牌村的民居建筑充分沿袭了传统民族建筑特色，建筑元素包括青瓦屋顶、木墙、木柱、垫柱石、吊脚楼、脊刹、大刀梁、五柱四瓜、门窗雕花等。

界牌村平面图

古驿道

民族文化

苗歌：唱苗歌是界牌村村民日常生活的重要组成部分，界牌村的男女老少都会唱苗歌。每当宾客临门以及节日，甚至在平日里，村民随口就能唱上一段苗歌，曲调抑扬顿挫，悦耳动听。目前界牌村有数十名歌师，界牌完小也有苗歌教授课程，村寨的苗歌传承情况较好。

还傩愿（傩戏）：界牌村村民在远古时代"信鬼不信神"，认为人的灵魂不灭，祖先死后灵魂仍在，可以保佑子孙后代。因此，苗民往往祈求祖先，助其实现心愿，一旦酬愿便要祭祀祖先，俗称"还傩愿"。界牌村的傩戏表演盛行，村里有一个傩戏班子，7人组成，传承至今已经有20代。在新年庆典、村民还愿以及其他重大的场合中有着他们活跃的身影。

椎牛：椎牛亦称"吃牛"，也叫还大牛愿，是苗族祭祀活动中最盛大、最隆重的一项还愿仪式。界牌村有着悠久的"椎牛"历史，由悠久的巫文化形态演化而来，也是我国荆楚文化的重要组成部分。目前村里仍保留着一根游行过三大苗区的椎牛柱，苗族文化专家指出这可能是当今最古老的苗族椎牛柱，对研究苗族的祭祀活动具有重要的价值，是极其珍贵的物质文化遗产。

椎牛

椎牛柱

傩戏

村落植被

传统刺绣

民族服饰

人文史迹

吴氏祖宅民居群：村庄中心位置集中分布着一片300年以上的传统民居建筑群，这些建筑从格局上看，三合院居多。但是由于历经风雨和时间的推移，部分建筑厢房已经消失，由三合院变为了"L"型和"一"字型建筑，建筑之间的院坝连在一块。村落格局基本完好，但部分村居建筑破损严重。这些民居群是界牌村吴氏家族的发源点，相传吴氏祖先都出生在这几座祖宅内。这些建筑对于界牌村村民来说有着极其重要的意义。

吴良保故居遗址：吴良保（1960—2007年），中共党员，松桃苗族自治县沙坝河乡界牌村五组人。在反击入侵云南省的越军战斗中，中央军委授予一等功荣誉。昆明军区授予"战斗英雄"称号并授予"二级英雄"奖章。共青团中央授予他"新长征突击手"称号，先后受到邓小平、李先念、彭真等党和国家领导人的亲切接见。目前沙坝河乡建有"战斗英雄吴良保陈列室"。吴良保故居遗址位于村庄的西部，因地质灾害原因，吴良保故居现已迁往村庄东部的移民安置点，只剩下遗址。

保护价值

界牌村村寨始建于1600~1700年左右，以吴姓为主的家族在此繁衍生息了300余年，具有悠久的历史文化，其村寨的古建筑群是黔东地域民族文化建筑的典型代表，同时也别具一格，将山地建筑的特征体现得淋漓尽致。村落利用周围的自然山体作为天然的保护屏障，并在原有地形的基础上做了一定的改造，较好地利用了现有的地形特征与自然资源，使得村落具有良好的风貌景观。

界牌村村落是典型的苗族聚居村落，村落保存有浓厚的苗族民族气息，完整的苗族传统习俗、服饰、文化等非物质文化，有着很高的社会价值。村中有着丰富的苗族文化底蕴，其中苗歌、竹编、服饰、刺绣、木雕等传统技艺凸显了界牌村丰富的文化价值。尤其是村寨内部保存有一根200年历史的"椎牛神柱"，是界牌村早先椎牛还愿活动的见证，具有极高的历史和文化价值。

石井

古墓

吴氏祖宅民居群

土蜂箱

叶希陈浩编

铜仁市松桃苗族自治县寨英镇凯牌村

凯牌村全貌

凯牌村区位示意图

总体概况

凯牌村位于寨英镇南部，距寨英镇政府所在地8公里，是一处集历史遗存和自然为一体的多民族杂居传统村落，村落中部平坦开阔，大部分房屋靠山而建，布局严谨，周围古树耸立，郁郁葱葱。现状民居建筑呈同心发散状，村落内的传统民居整体风貌保存完好，分布较为集中。凯牌村共14个村民组，全村行政区域面积8.06平方公里，传统村落核心区域范围为上院子、下院子，以及对门河3个组，面积约为26.42公顷。村民主要以"冉"姓及"罗"姓为主，是一个由汉族、亿佬族等民族组成的多民族村寨。

2016年凯牌村列入第四批中国传统村落名录。

村落特色

凯牌村依山傍水，山环水绕与中国传统山水格局相契合，村落东面的青龙嘴是小河与寨英河的交汇处，更有三座横峰如同三条蛟龙从三个不同方向在此汇聚，被村民称为三龙抢宝；西面的老虎山"张牙舞爪"、栩栩如生，凯牌村最早的村寨上院子与下院子组便坐落其中，背靠磨子山而聚，犹如被"太师椅"环抱，村落前大片的农田犹如明堂，更有一条小河环绕如玉带环身，在此安居乐业，可谓灵秀之地必出人杰。

传统民居

传统建筑

凯牌村传统建筑风格受徽派建筑影响，房屋以小青瓦为顶，木房结构为主，沿街道两旁而建，建筑风貌多为"五柱四瓜式三开间平房"的"三合院"，屋顶为坡屋顶结构，屋顶翘角造型体现了当地传统的建筑特色，木墙青瓦、司檐悬空，建筑工艺精美。屋面多用"人字形"两面排水，底部用川排连接，在离地二至三尺左右铺设地楼。

宗祠：该村最早的传统古建筑是冉氏宗祠与罗氏宗祠，均修建于清朝时期，是县级政府认定的历史建筑。木质结构，小青瓦屋顶。原本都为三合院形式，设有石门，并有石墙环绕围砌，但因年代久远，偏房已毁坏拆除，仅剩中间正房，祠堂的门窗、横梁都有古老木雕花式，做工精美，保存完好，极具当地文化特色。

冉氏宗祠

罗氏宗祠

凯牌村平面图

民族文化

传统雕刻： 凯牌村的雕刻工艺十分精湛，工艺形象逼真、生动可爱，制作的家具、花窗、砚池及其他工艺品远近驰名，主要分木雕和石雕两类。现存比较古老的房屋、门窗、庙宇、神龛、家具及傩戏面具、古墓葬的石碑、石围、石桥、牌坊等都有不少木雕和石雕的精湛图案。大多就地取材，如当地的动物、植物、山水等。

古法造纸： 在凯牌村对门河组有一处古法造纸坊，其主要的造纸方法为以当地生长的竹子作为原材料，采用古老的方法造纸，分为斩竹漂塘、煮徨足火、舂臼、荡料入帘、覆帘压纸、透火焙干等步骤。

傩戏： 凯牌村傩戏的演出形式很特别。首先，它的表演大多戴面具，早期的傩戏角色，便是靠面具来区分角色行当。面具又称脸子或脸壳子，多为木质，近年亦多丝质，所绘花纹及色彩各地大同小异。不同角色的面具造型不同，能较为直观地表现出角色性格。傩戏的面具来源甚古，可以追溯至远古先民的纹面，是纹面的再度夸张，既增加了自我狞厉与异状变形后的神秘感，对疫鬼增加了威慑力，又给人审美感受，增添了娱人功能。

织锦： 凯牌织锦与普通织布的基本程序大致相同，所不同的是使用机架较为方便，经纬线均为彩色花线，通常用以制作背面和花带。制作花带的经纬大多数是彩色丝线。凯牌村女性从小就在母亲指导下学习织锦，经过她们的巧妙构思和制作，织锦作品图案多样，形象逼真，五彩斑斓，不仅款式美观，而且广为实用。

面具雕刻

古法造纸

傩戏

土地庙

传统织棉

古石板路

人文史迹

土地庙： 凯牌村三座土地庙分别位于上院子和下院子两个组内，都有100多年的历史。三座土地庙因历代每年一定时节都有村民祭拜祈福，因此维护和管理方面都做得很好，庙宇四周也保存很完善。土地庙是当地村民对土地神的一种敬重，每到过年、春种和每年的六月十九村民都会进行祭拜，意为祈祷土地神保佑每家每户的耕种、农作物的生长都优良，每季粮食作物都能大丰收。

古石板路： 石板路位于凯牌村上院子组中部，由于受到村民的保护，路面尚好，且路两旁全是茂盛的植被，环境优美安静，适宜散步、休憩。石板路用大大小小、宽厚不一的条石铺成。行人的脚板将原本粗糙不平的条石磨得光光溜溜，呈现出种种印迹花纹。石板路经历了许许多多的风风雨雨，给人一种岁月沧桑的感觉，见证了人世间的悲欢离合。

古巷道： 凯牌村的古巷道主要分布在上院子和对门河几处，巷道结构错落有序，由内向外延伸。依山就势的山地建筑和许多木宅大院，造就了纵横交错的巷道网络。古巷道环境优美，是用石板铺设而成，这些石板历经几百年的岁月沧桑，保留下来的石板已被磨得溜光发亮，而石板巷道间些许小草，古朴自然。古巷道两侧的民居建筑与古巷道风格相辅相成，组成了古色古香、原汁原味的凯牌村寨。

古井： 凯牌村古井位于凯牌村对门河组，已有300多年的历史。看似井水，实为溶洞水，冰凉甘甜，在村民的保护下水质干净，清澈见底。古井出水口修有几口小塘，小塘周边被用石块河石板堆砌，板与板之间并没有使用任何的黏合材料。

古巷道

古井

保护价值

从凯牌村的历史沿革可以发现凯牌村有着悠久的历史，是重要的传统村落。具有地域性和民族性的双重特征，完整的村落形态、丰富的非物质文化遗产及历史环境都具有较高的文化价值。其建筑受徽派建筑影响，具有木结构建筑、石板铺地、古道石墙桥等众多的极具当地特色的建（构）筑物元素，同时村落的建筑顺应地势而建，村落景观良好，具有非常丰富的艺术特色。现存的传统建筑群的造型、结构、材料、装修装饰等极具典型地域性和民族性特色，建造工艺独特，建筑细部及装饰十分精美，工艺美学价值高。

熊彬清 刘 恬 叶 希 编

铜仁市思南县许家坝镇坑水村浸底峡组

坑水村浸底峡组全貌

坑水村浸底峡组区位示意图

总体概况

坑水村浸底峡组位于贵州省思南县西南部、许家坝镇西部，东至笔架村，西至许家坝镇区，北接三汇村，南接胡家寨。浸底峡属坑水村自然村，距县城约25公里，距离镇区1.5公里。村落建成区及周边部分山体、河流总面积5.61公顷，核心保护区面积1.34公顷。

据史料记载，明末年间，一谭氏宗亲得知此处山清水秀、人杰地灵，便搬迁该处。由此，该宗亲家族人丁兴旺，官运亨通，便出现了如今还保存完好的明、清民居建筑和建筑物上精美的雕刻工艺、悬挂于中堂及庭前正中的巨幅匾额，以及石墙土壁、古巷道、用于生产生活的屏风、碾坊等。在后来的生活中，谭氏家族繁衍生息，村级规模不断壮大，如今已形成了涵盖谭、张、李、尹、胡、廖等多姓为主的少数民族村。

2019年浸底峡组常住人口41户，149人，以土家族为主。

2019年坑水村浸底峡组列入第五批中国传统村落名录。

村落特色

该村地处沟壑谷地，山体遮蔽度大，地势东南高，由东南向西北倾斜，多丘陵、山地，属亚丘陵山地类型，典型的山地面貌，喀斯特特征极为明显，出露岩层主要为碳酸盐岩类。

坑水村浸底峡古寨四周为山，中间宽阔，恰似一个脸盆，整个村落为圆形状。村民民居依山而建，随坡就势，背阴抱阳；寨前溪水环绕，小桥流水；寨中古树簇拥，苍松翠柏，古木参天；村寨四周是大片良田，梯田层叠，村内历史气息特别浓厚，古寨空间布局呈组团状分布。同时巧妙地因地制宜使村落与山体良田融为一体，建筑格局轮廓形象风貌特色浑然一体，充分体现了天人合一的生态环境观，较好地处理了人与自然共存、声声相息的紧密关系。

传统建筑

传统建筑

传统建筑

土家族民居，其最具土家族特色的为堂屋及位于前"人间"的火铺（屋）。土家族民居的平面布局都是以堂屋为中心来组织房间的功能安排。正房正中的一个开间叫"堂屋"，堂屋两边的开间叫"偏房"，也叫"人间"。偏房分隔成前后两个半间，前半间作"火屋"也称为火铺间。

堂屋是土家民居的中心，更重要的是它是土家人进行宗教活动、社会活动、家庭活动的主要空间。传统的土家族民居，有堂屋不装门的习惯，改土归流后，堂屋设大门，必定是对称的双扇木门，地面不铺地板，直接用素土夯实或青石铺就。火铺功能后逐渐萎缩，保留了修火塘的习俗。通常设置"财门"即为一个较高的门槛，土家人认为堂屋大门既是气口也是财口，家中的财气不能外流。

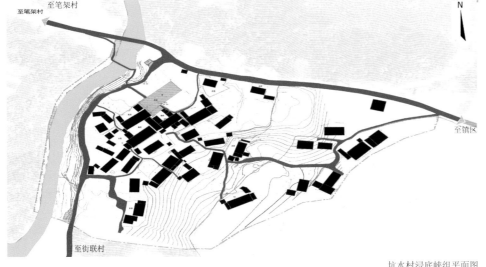

坑水村浸底峡组平面图

民族文化

花灯：坑水村浸底峡组非物质文化遗产最具有影响力的是土家族"花灯"民俗活动。思南县许家坝镇是贵州土家族花灯的故乡，早在1993年，这里就被贵州省文化厅授予了"花灯之乡"的称号。这里的土家族花灯，大约起源于1000多年前的中国唐朝，历史悠久。许家坝花灯内容丰富，程式庞杂，有传统的正灯，还有带武术动作的"扫刀"（也叫扫堂）、"杀花枪"等30多种，许家坝花灯分上半堂锣鼓座台灯、下半堂丝弦则子灯，有27个腔调。

"炸龙"：思南县许家坝镇独特的民俗文化，相传已有几百年历史，尤其以坑水村最为突出，一般由各村青壮年男子组成（也有少数女队）。正月十五那天，来自全镇四面八方的炸龙队伍敲锣打鼓，挥舞长龙，陆续来到镇区，接近傍晚，炸龙活动开始。街上的居民每家都会买上几百上千元钱的鞭炮参加炸龙活动。炸龙期间，人们尽管将鞭炮朝着举龙者和龙身狂炸，却没有任何人有畏惧的感觉，龙炸得越烂，象征来年越吉祥。"炸龙"活动，体现了当地村民，特别是青壮年剽悍、积极向上的精神风貌。

其余非物质文化有传承下来的长号、婚庆、祝寿、丧葬、打糍粑等传统习俗。

花灯

炸龙

村庄一角

人文史迹

坑水村浸底峡古寨遗存的历史环境要素较多，现存古井1处、古墓1处、古碾坊1处、古土墙1处、古碑1处、明代牌匾1处，以及10多棵古树。

古墓

古井

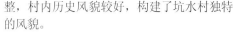

古碑

古碾坊

古土墙

明代牌匾

保护价值

坑水村浸底峡组依山而建，随坡就势，背阴抱阳。自然生态环境较好，寨前溪水环绕，寨中古树簇拥，周围梯田层叠。土家族传统文化符号随处可见，具有很好的历史价值。

坑水村浸底峡组历史传统建筑保存较完整，村内历史风貌较好，构建了坑水村独特的风貌。

刘俊娟 王镜舫 编

长号

铜仁市江口县官和侗族土家族苗族乡泗渡村后溪组

泗渡村后溪组全貌

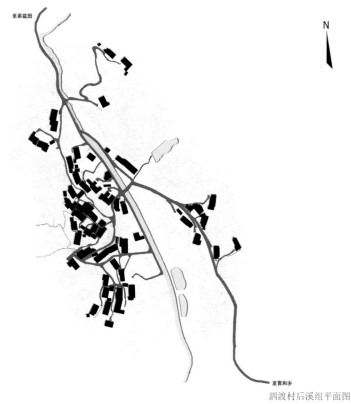

泗渡村后溪组区位示意图

总体概况

后溪组隶属江口县官和乡泗渡村，是泗渡村的一个自然村组，位于江口县南部官和乡西北，距泗渡村委会所在地约1.5公里，距官和乡集镇约4.5公里，主要依托009县道进行对外交通联系。全组共108户，350人，以侗族居民为主，多为罗姓，是"湖广填四川"迁徙过程中在后溪定居下来的。后溪属山地河谷地形，典型喀斯特地貌，亚热带季风湿润气候。

2019年泗渡村后溪组列入第五批中国传统村落名录。

村落特色

后溪周围青山环抱，一条溪流由北向南蜿蜒穿村而过，流入车坝河。整个寨子沿河依山而建，但主要建筑群与河流有一定间距，既方便生产生活用水，又便于村落消防取水。村落内民居多随地形及道路变化分布，呈组团状。溪流两岸，村落及周边植被茂密、古树参天，民居掩映于古树之下、修竹之中、溪流之畔、田园周围，构成了一幅人与自然和谐共生的山水田园生活画卷。

传统建筑

后溪传统建筑平面形式主要有"一"字排屋、"L"型和三合院，以"一"字排屋居多，"L"型和三合院民居是由一字排屋组合演变而形成的。建筑结构为穿斗式木结构，主体建筑层数多为两层，一层是主要的居住活动空间，顶层阁楼通常用于堆放粮食或杂物。"L"型民居附属用房的底层多用于堆放杂物，二层是主要生活层。村落传统建筑用木桩支托、凿木穿枋、斜街扣合、立架为屋、木板为壁、上覆小青瓦，屋面多为两坡悬山式屋面。

建筑规模及构造主要以五柱六瓜正房配五柱二瓜或三柱二瓜厢房为主，正房大多以一列三间、一列四间为主，有极为少数的一列五间或六间，中间为堂屋，建筑构件较为简单朴素。

传统建筑

后溪沟

泗渡村后溪组平面图

民族文化

后溪组是传统的侗族村寨，在漫长的发展演变过程中，形成了以侗族传统文化为核心，兼具罗氏宗族文化和树文化的村落文化体系。主要的表现形式为对祖先和自然神灵的崇拜以及罗氏族人的团结。

后溪民众秉承《罗氏家训》，团结互助。村落每十年举行一次大型的祭祀树神活动，届时后溪外出的族人都会回村团聚，祭树祈福。除祭树外，村落还有祭祖、祭牛、祭桥、祭庙等祭祀活动，充分体现了后溪侗族人民对自然崇拜和祖先崇拜的传统民族文化精神。民族节日有吃新节、七月半等，通常会举行金钱杆、唱山歌、跳花灯等民俗活动。根据节日的不同，各户会筹备（打）糍粑、社饭、刨汤、腊肉、米酒等传统特色食品，邀亲友相聚，共度佳节。

祭祀树神

金钱杆

花灯

打糍粑

人文史迹

古树群：村落自然生态环境良好，植被茂密，古树参天。24棵古树错落分布于村落内，有柏树、杉树、枫树、银杏树和枫香树等树种，形成了一道亮丽的古树群风景线。位于村落中部的"千年古银杏树"，树龄已有3500年，村落十年一次的大型祭树活动就是围绕其开展。

祠堂遗址与祠堂坪墙：民国时期，后溪民众为了抵御匪患，在损毁废弃的祠堂遗址上用石材修筑了墙，故称祠堂坪墙。

古井：村落内共有3口古井，呈三角分布。村落通自来水后，井水已少有人用。

水车磨坊遗址：相传建村后村民便集资修建了后溪第一个碾米坊，20世纪70年代，村民在罗宇华老人的带领下，由黄石匠亲自设计，又建成了磨面、碾米和发电为一体的水车发电作坊，后分别于1983年和1995年被两次山洪损坏和冲毁。水车磨坊遗址位于村落西北侧溪流东北岸，水车磨坊体现了传统农耕生产活动中农民智慧的结晶。

古银杏树

祠堂坪墙

古井

保护价值

后溪相对完整、真实地保存了传统村落的历史遗存，大量的历史文化信息和民族文化活动得到保护和传承，充分体现了该地区的生活方式和文化特色，有较高的历史价值。

后溪家谱完整，族人秉承《罗氏家训》，团结互助、人树相依、屋树相伴。人与自然和谐共生的发展理念和依山而建、择水而居的村落选址格局及就地取材的传统民居，具有较高的文化艺术价值。

后溪自然生态环境良好，植被茂密，古树参天。珍惜苗木古树群错落分布，具有较高的科学价值和社会经济价值。

白永彬 刘俊娟 王镜舫 编

罗氏家谱

铜仁市碧江区六龙山侗族土家族乡瓮慢村

瓮慢村全貌

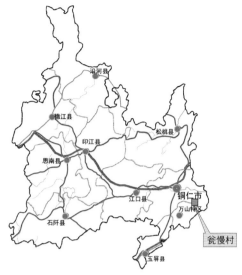

瓮慢村区位图

总体概况

瓮慢村是六龙山侗族土家族乡政府所在地，瓮慢村东与牛场村接壤，南与万山区敖寨乡毗邻，西与万山区岩屋坪居委会交界，北与甘溪坪村相连。距铜仁市市区约35公里。全村总面积23平方公里，有6个村民组，全村296户，约1600人，主要居住有侗族和土家族。该村寨的建立，可追溯到明洪武五年（1372年）刘贵奉诏由江西吉水来黔参加平定夜郎、水西之乱，立功授职思州宣慰司同知，明洪武六年（1373年），思州宣慰司设立施溪长官司，刘贵之子刘道忠任第一任长官，属思州宣慰司。其家族世袭二十七任二十四世至民国初年，在此繁衍生息了600余年，其中一支便来到现在的翁慢村驻地。瓮慢村年均气温14℃，山体由纵横深切的大峡谷和气势磅礴的高山峻岭构成，密林中深掩着许多瀑布、溶洞和奇峰摩崖，令人神往，是探险者的乐园、徒步者的天堂。

2016年翁慢村列入第四批中国传统村落名录。

村落特色

瓮慢村处在群山环抱之中，整个村落依山而建，背山面水，门前翁慢河水流淌而过，景色宜人。在选址上有"负阴抱阳，背山面水"之说，所说的是背靠祖山，左有青龙，右有白虎，二山相辅，前景开阔，远处有案山相对，有水自山间流来，呈曲折绕前方而去。背山面水的风水可以说是绝佳的风水。翁慢村森林植被良好，稻田与青瓦木屋民居错落有致，远远望去木屋散落在金黄的麦田之中，像一幅油画般美妙。整个寨子，山清水秀，青瓦木房一排排纵横交错，给人一种古老、优雅的感觉。村落内居民建房依山势从低到高，层递而建，呈组团式。村落发展至今，仍保留了较好的传统建筑风貌及村巷立面，村落、山、农田、流水相得益彰，共同构成了瓮慢村组团式的田园村落格局形式。

传统建筑

寨内建筑多为一层，少量二层（厢房），这些木楼多为五柱五（五根柱子五个瓜）或五柱七三开间或五开间的穿斗结构。中间一间为吞口和堂屋，两边为住房和灶房。建筑为纯木结构建筑，以当地的杉木作为建筑承重构件的主要用材，以木板为壁，有单吊式、双吊式、三合院式等不同形状，整个结构不用一钉一铆，梁、柱、枋、板、椽、檩、榫均以木材加工而成，木建筑装饰构件主要有挑枋、吊起、吊头、窗花、六合门、栏杆等装饰构件。

新建农房主要有基地平整、木架搭建、上屋梁、盖瓦、钦子五道工序。整个建筑采用穿斗式工艺进行构建，除居中的栋檩外，一般每左右一檩间用一根穿枋连接，瓜柱全部落在锁扣枋上，穿枋全部穿过期间所有的瓜柱。

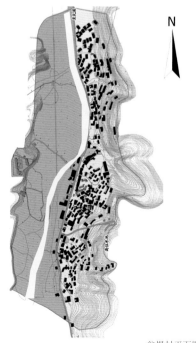

瓮慢村平面图

传统民居

传统民居

民族文化

傩戏：主要有"土师"又称端工或巫神，"傩堂戏"是土家族的一种祭祖活动，又受到中原文化及巴、楚文化的影响，有着比较明显的巴人"俱事鬼神"和楚人笃信巫术的文化痕迹。它的表演形式：演出时少则三五人，多则十来人。这里蕴含着土家族人宽厚、善良的民族本性。有顶礼膜拜、祈祷，用巫术、符咒、舞蹈等仪式，才有可能影响它们，避疫逐鬼，驱邪化凶，降福呈祥。至今，瓮慢村的傩堂戏组成人员约30人，他们传承着民俗文化。

舞龙（俗称玩龙灯）：是一种起源于中国的汉族传统民俗文化活动之一。每逢喜庆节日，舞龙时，龙跟着绣球做各种动作，穿插，不断地展示扭、挥、仰、跪、跳、摇等多种姿势。舞龙是个大节日，舞到任何一处都会受到招待。以舞龙的方式来祈求平安和丰收就成为全国各地少数民族的一种民俗文化。老百姓们把"龙"作为吉祥之物，在节庆、贺喜、祝福、驱邪、祭神、庙会等期间，都有舞"龙"的习俗。

竹编工艺：竹编工艺历史悠久，是民间手工艺的典型代表。制作精良，做工考究，玲珑小巧，美观大方，经久耐用，在编织过程中，需把毛坯竹破成粗篾和细篾，粗篾约为2～3毫米，细篾的细度达到0.3～0.5毫米，每个孔眼大小几乎一样，十分讲究，日晒雨淋，天长日久，绝不褪色。至今，在瓮慢村寨里，还常常能看见一些老人用竹编箩筐、背篓，他们传承着民俗文化。

人文史迹

古井：分别位于村寨的东部1处，中部2处和西部1处，其中中部的古井紧挨古树，但旁边堆放杂物。是全县保存最完整、风格特异、造型独特的水井，具有一定的文物考究及参观旅游价值。

古河道：它伴生的河床相沉积，底部为卵石或粗砂层，向上过渡为沙层或粉砂层。在垂直剖面上，其颗粒大小的顺序是底部粗、上部细。

祠堂：瓮慢村有两座祠堂，保存比较完好，其中黄氏宗祠已经被列为市级文物保护单位，占地面积500平方米，始建年代不详。最后一次修缮为光绪五年（1879年），整栋建筑依山临河而建，由戏楼、东西厢房及正殿组成，四周为青砖封火墙，正殿两端为云跌式马头墙。西楼两侧厢房前为硬山式青瓦，戏楼前院由方形石板铺成，戏楼、厢房均已毁。正殿为穿斗式硬山青瓦顶，面阔13.15米，为三开间前带过廊，西侧有配殿为辅助用房。祠堂内现藏有明代至清代的黄氏祖先牌位十余

傩戏

舞龙

竹编

块。黄氏自明初由江西迁居于此，祠堂作黄氏祭祖之地、宗教活动场所，有时也作为当地戏剧或者傩堂戏演出场地。

保护价值

村落历史悠久，保存从明清至今的土家族生息发展结构，连同丰富的历史文化遗存，真实地反映土家族起步发展鼎盛到衰落的历史过程及社会变迁，是研究社会史、家族史、文化史的史料。

村落利用周围的自然山体作为保护的天然屏障，田畴、道路与山地建筑的结合，形成曲折多变的建筑空间。世代居民生产生活所用的梯田，加上山间泉水的灌溉，较好地利用了现有的自然资源，使得世人有了生存发展的空间，建筑建造的技术让居民有了安居的场所。

村落组团式的格局，台阶式的巷道肌理、统一的传统建筑形式以及周围良好的山、水、田自然环境，体现了村落整体形态美学的价值。

追寻土家族历史渊源、传统文化精髓，蕴涵着丰富的历史、道德、审美等多方面的文化价值。

何成诚 罗永洋 编

祠堂

古河道

铜仁市德江县长堡镇马家溪村岩阡头组

马家溪村岩阡头组全貌

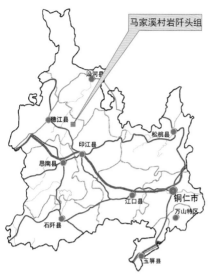

马家溪村岩阡头组区位示意图

总体概况

马家溪村岩阡头组位于贵州省铜仁市德江县长堡镇西北部，距镇政府所在地26公里，国土面积约15平方公里，人口近1500人。村庄自然环境优美，坐落于青山绿水之间，森林覆盖率高。属亚热带季风气候，冬无严寒，夏无酷暑，环境宜人。

岩阡头组是马家溪村自然村组，位于马家溪村北部，以土家族居民为主。主要依托通村路进行对外交通联系，距村委会所在地约2.5公里，距长堡镇人民政府所在地约18公里。

2016年马家溪村岩阡头组列入第四批中国传统村落名录。

村落特色

岩阡头组历史悠久，相传元代末年，岩阡头先祖为躲避战乱迁徙至今址，开荒耕作、繁衍生息，逐渐形成村庄聚落。

岩阡头组选址于山腰处，呈坐西向东状，背靠后头坡，"座椅形"的靠山将村落环抱，形成了天然屏障，东部山脚有后溪河自东北向西南蜿蜒流经，后汇入乌江，四季流水不断。村落周边梯田层层，青山环抱，绿树成荫，古树参天，树木植被种类较多，土壤肥沃，生态环境较好。

村落规模相对较小，内部主要依托巷道进行交通联系，内部巷道依建筑布局而灵活多变，纵横交错、相互连通，巷道多以石板、碎石路面为主，宽约0.5～1米。

村落秀美的梯田风光凸显了岩阡头组古朴浓郁的传统乡村气息，村落发展至今，仍保留了较为完好的传统建筑风貌及村巷立面，村落、山、水、农田相得益彰，共同构成了岩阡头寨组团状的传统村落山水景观格局。

传统建筑

岩阡头民居以木质干阑式建筑为主，部分厢房采用吊脚楼形式，木房依山就势而建，屋顶采用青瓦铺盖，色调统一协调，建筑立面配以木质窗花、木门，屋檐多雕刻有传统花纹。

村落传统建筑多为纯木结构建筑，通常以当地楠木作为建筑承重构件的主要用材，曾以杉树皮、泥瓦甚至石板为瓦，以木板为壁，有"撮箕口式""转角楼式""亭阁式"等不同形状。传统民居朝门，又叫"八"字朝门，多置于庭院外入口处，其定向可以弥补屋场之不足，故有"千斤朝门，四两屋"之说。村落民居的院坝多为二级阶梯，部分为三级，均用青石板镶砌而成，有步步登高之寓意。

传统建筑

窗花

传统建筑

传统建筑

马家溪村岩阡头组平面图

民族文化

狮子灯：狮子灯马家溪村岩阡头组的一项民俗节庆活动，每年春节村落河口都有玩狮子灯的习俗，起源于清末时期。狮子灯额高而宽，眼大而能转动，背宽、鼻塌、面颊饱满，牙齿能隐能露，由雄雌两头狮子组成。舞狮者一般从腊月十五便开始练习，第一次出灯前，先要在河口水府庙祭祀，祭狮子灯师祖，祈求全村人幸福安康，兴旺发达。祭祀完毕要表演一次，然后开始走寨完灯，在雄雌两头狮子灯前有一个手擎排灯的引路人。狮子灯有着浓郁的乡土气息和民族特色。

炸龙灯：炸龙灯原是村落求雨祭祀的活动，后来逐渐演变为春节的民族娱乐活动。每年农历正月初一过后，人们便开始制作"龙头""龙身""龙尾"，龙身通常约十节。通常在正月初十左右"出灯"，到各家各户送祝福。正月十五当天便是"炸龙灯"的日子，当地人会用准备好的竹竿捆上爆竹、烟花炸"龙"，场面惊险刺激、非常壮观。第二天一早龙队便会把龙放到河边，点上火将龙烧掉，预祝神龙归于四海，祈求来年风调雨顺。

春节：村落土家族过春节，一般比汉族提前一两天，也有提前六七天的，称为"赶年"。"赶年"的时间，因姓氏宗支而异，且过"赶年"的方式也不完全一样。有的禁止杀鸡、杀猪，晚上禁点油灯，只能点烛，并通宵不熄；有的清晨得由男子做饭，饭做好，祭祀祖先完毕，再喊女人、孩子起床，饭后全家出门游玩。祭祀时，焚香燃烛，烧钱化纸，三跪九叩，怀念祖先功德，祈求祖先护佑。团年时，要先给果树和犁铧、牛栏、猪圈、鸡舍喂饭，给碓、磨、锄等贴"压岁钱"，以求五谷丰登、六畜兴旺、瓜果丰硕、财源兴隆。

狮子灯

炸龙灯

人文史迹

石林：村落有一处石山群，包括"大石笋""小石笋""猪脑壳""白虎岩"等石山，村民将这些形似神物的石山尊为村落"保护神"，护佑村落世世代代幸福安康。

竹篱笆：村落部分院落、农田周围用竹篱笆作为围墙，高约1.2米，土黄色，用于防止鸡、狗等小牲畜进园内践踏蔬菜、庄家，土家族人称为"园干"或"墙篱"。

杜氏祠堂：村落一处祠堂，保存完整，至今仍在使用，祠堂是族人祭祀祖先或先贤的场所。除了崇宗祀祖外，平时也作为各房子孙筹办婚、丧、寿、喜的场所。此外，宗亲们商议族内重要事务，也多在祠堂聚集。

古树：村落周边山林植被茂密，古树丛生，多为楠木、黄连木、枫香树、柏树等，其中几株楠木、黄连、枫香树龄近千年。其中以柏树最多，在村落周边有20余棵，常年郁郁葱葱。

大石笋

小石笋

竹篱笆

杜氏宗祠

古树

保护价值

岩阡头组历史悠久，其所蕴涵的华夏人居环境营造理论与方法具有重要的历史价值。

村落利用周围的自然山体作为保护的天然屏障，世代居民把山地改造成为生产生活所用的梯田，加上利用溪水或泉水进行灌溉，较好地利用了现有的自然资源，使得村落后人有了生存发展的保障，村落选址布局极具特色，具有较高的可研价值。

岩阡头组是土家族传统村落，村落的组团型的格局、枝状的巷道肌理、统一的传统建筑形式以及周围良好的山、水、田、大笋石、古木等自然环境体现了村落整体形态美学的价值。

白永彬 刘俊娟 季星辰 编

铜仁市思南县胡家湾乡周家桠村

周家桠村全貌

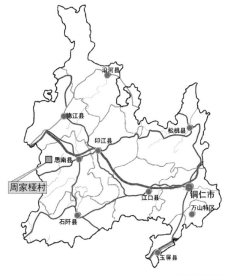

周家桠村区位图

总体概况

周家桠村属贵州省铜仁市思南县胡家湾乡，胡家湾乡位于思南县城西部58公里处，全乡总面积61.6平方公里。周家桠村位于胡家湾乡西南部，与南盆村、黄龙泉村毗邻，西面与亭子坝乡、南面与杨家坳乡接壤。现状居住户数为65户，260人。根据民国思南县志，周家桠村明朝永乐十一年（1413年）以前属思南宣慰司龙泉坪（凤冈）长官司；1413年撤司建府后，隶属石阡府龙泉坪（凤冈）长官司，明万历二十九年（1601年）四月，龙泉坪（凤冈）长官司改置为龙泉县，清代仍为龙泉县，属石阡府。民国3年（1914年），龙泉县改名凤泉县，与思南县互拨插花地。"其由凤泉县拨入者，有土香坝、一碗水、桶口、亭子坝、周家丫、毛坝、黄泥堡、南盆、大坝、坑水。"现属思南县胡家湾乡。周家桠村是一个传统的土家族自然民族村庄，较好地保存着村落自然山水格局形式，传统民居建筑特色突出，村落物质文化遗产和非物质文化遗产丰富。属亚热带季风气候，年平均温度16.2℃。周家桠村周边植被茂密，山色葱郁，满目绿意，主要树种有杉、竹松、枫、桐等多种，分布于村落周围，森林覆盖率约为65%，为村落形成良好的生态自然环境。

2016年周家桠村列入第四批中国传统村落名录。

村落特色

周家桠村古寨群依山而建，聚族而居，山中有坡，坡中有寨，寨有古井，户户栽有风水树，视紫荆树为家族神树，视古树林为"保爷"。梯田台土相间，森林耕地穿插，沟、堡、坪、坡、凼、坝、田、土、林、洞错落有致，秀水青山，村味乡味农味十足，土家风情浓郁。

传统建筑

周家桠村民居以木质干阑式建筑为主，一些厢房采用吊脚楼形式，木房依山势从低到高，层递而建，屋顶青瓦铺盖，色调统一协调，配以木质窗花、木门，建筑一般正房为一层，厢房为二层，多数为一排四扇三间，屋顶有两个翘榫，中部有类似铜钱造型，具有土家族民居的风貌。屋前有院坝，院坝保持原始泥土。依据地势，有的两三栋房屋连在一起，有的厢房隔着。建筑在建造过程中不用一颗钉子，全系卯榫嵌合，高度和长度有不同规格。

"一"字型建筑常见为三间并列，五间并列的较少。居中一间为"中堂"（俗称"堂屋"），面壁内缩一柱形成"吞口"，一般用来作休息、待客和办理喜庆婚丧的地方，堂屋内不铺设地楼板，上部装有楼板，正壁设供奉神位和祖先的神龛；堂屋后部设

传统民居

传统民居

置后间屋，内置火铺；堂屋两侧为卧室（一般铺有地楼板防潮湿），卧室上层为仓库；房室两头搭有偏厦，一头作厨房，一头为牲畜圈。

木建筑装饰构件主要有顶花、窗艺、挂落、壁画、大梁、香龛等装饰构件。

顶花：以铜钱为设计主题，将三个"铜钱"叠在一起，形成类似山坡的形状。

窗艺：晒壁和吞口窗子雕有精致窗花，形式有几何图案和动物，如"十""井""喜""蝙蝠"等。

挂落：建筑外沿挑出的木质受力柱，主要为支撑房屋建筑顶盖，底部雕成圆形并在节点处刻有花纹。

周家桠村平面图

壁画：壁画为在建筑外墙上面绘制的图案，多以迎春为主题，表现出村民对美好事物的向往。

大梁：通常在房屋的堂屋顶部，部分有道教符文，记录了村民的古习俗。

香龛：香龛摆放于堂屋中间，香龛均为木造的竖长方形的小阁子，雕刻吉祥如意图案和帝王将相、英雄人物、神仙故事图像。

民族文化

土家花灯：胡家湾乡周家桠村土家花灯以歌、舞、说、唱为特点。因起源于劳动中的愉悦和休闲的快乐，易记易学，男女老少搭配即可，深受人们喜爱，持之久远。其历史悠久，表现形式灵活独特不受场地限制，室内室外均可表演。土家族花灯主要表现形式：锣鼓灯、丝弦灯、说唱式、采茶灯、祭事性的花灯、扫刀、贺主人。该花灯融合了故事情节、风趣幽默、优美唱腔等于一体，也是贵州省土家族风俗文化的典型代表，同时也是全国土家文化的缩影，是研究土家文化的重要载体。

傩戏：周家桠傩戏具有悠久的发展历史、丰富的文化内涵和艺术表现形式，其对中国戏曲艺术的发展具有重要的影响作用。学界普遍认为，它是我国在演出形式、剧目、唱腔、面具、服饰、道具等方面保存最古老最完整的古戏曲之一，堪称"戏曲活化石"。

庙会：每年的6月19日赶庙会是周家桠村的习俗，每当这天便会香客云集，烟雾缭绕，共同朝佛祈福。

请木马神、祭四官神：周家桠村特有的祭祀习俗，为神灵供奉食物并念经祷告。

人文史迹

古树群：村落周边古树成群，有楠木、香樟、檬梓等多个品种，古树根千姿百态，挺拔耸立，树上勾藤交错，萝蔓拂地。

古墓：古墓为周家桠村特有的顶子墓，坐落于村落北部，高约1.8米，碑上房碑帽，传说为村中当年八品官员的坟墓，至今保存完整，具体年代未知。

古井：村落共有11口古井，其中两口位于村中，较大一口深约三丈，当时村里严重缺水，举全村之力向下挖至三丈，有泉水如涌，村里不再缺水。现古井已经无人使用，周边长满野草，水质比较脏。

古宅：在村庄北部，该建筑为古建筑布局，材料老化严重但保存完好，因年代久远已无法考究其具体年代，被当地村民称作千年古宅。

农具：传统的农业用具，为农民打谷用，在未通电的年代为农民的主要农具。

土家花灯

庙会

傩戏

古树

保护价值

周家桠村传统农村脉络保存较好，文化传统、传统建筑、村巷空间、建筑装饰保存完整具有地方特色，尤其是"土家花灯""驴子灯"特色鲜明，为村庄发展、建筑文化和非物质文化提供了珍贵的资源，具有较高的历史价值及文化价值。

在旅游方面，古村落集合了多元化的旅游价值，以其丰富的历史遗存、朴素的乡土文化、优美的田园风光和与现代社会巨大的文化反差吸引着不同类型的旅游者，再结合周家桠诸多的古遗址，能带来相当大的经济价值。

村庄内的巷道肌理、建筑格局、环境风貌与外部环境结合形成具有美学意义的人文景观，为美学的研究提供了一个独特的个体，具有较高的艺术价值。

何成诚 罗永洋 编

古井

古墓

铜仁市石阡县国荣乡周家寨村

周家寨村全貌

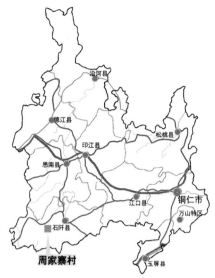

周家寨村区位示意图

总体概况

周家寨村位于铜仁市西部、国荣乡北部，与佛顶山毗邻，东至石阡县城，北接龙井乡。距县城约12公里，距乡政府约7公里。进村主干道为乡道，接611县道。周家寨全村村域面积3.17平方公里，核心保护区面积3.5公顷。该村传统村落主要分布于周家寨村五组和六组（陈家寨组），人口410人，76户，以仡佬族为主。

"义门陈"是一个历史悠久的古老氏族。南朝以来，陈姓子孙大多生息繁衍在大江南北。据陈氏祖辈传说，陈家寨陈氏家族始祖来自江西义门陈。

周家寨村属中亚热带湿润季风气候，气候温和雨量充沛，年平均气温16℃，冬无严寒，夏无酷暑。

2019年周家寨村列入第五批中国传统村落名录。

村落特色

周家寨村背山面水、坐西朝东、前带农田、远有秀峰。民居随着山势起伏依山而建，寨前溪水环绕，寨中古树簇拥，周围梯田层叠，选址及空间形态中仡佬族传统文化符号随处可见。靠山傍山，呈负阴抱阳围合之势，村落空间布局呈现组团状分布，村落选址和建筑群体布局体现了科学性。

寨子四方各有一个小山，名曰前朱雀而后玄武，左青龙而右白虎。寨中的主干道路犹如"S"形中分线，形如太极八卦。同时村落与山体良田融为一体，建筑格局轮廓形象风貌特色浑合成一个整体，充分体现天人合一、道法自然的生态环境观，较好地处理了人与自然共存，声声相息的紧密关系。

传统建筑

传统建筑

传统建筑

周家寨村有历史建筑3栋，传统建筑32栋。传统建筑以木结构为主要结构体系，多是穿斗式的结构形式。

穿斗式构架是当地匠师在长期实践中总结出来的经验，有着很强的合理性，是完全适应这一地区气候、地形等自然条件的。首先，穿斗式构架很灵活，其做法变化多种多样，可适应室内空间的不同变化；其次，山地地形复杂，有的地方更可称为"地无三尺平"，穿斗式构架能完全适应这种地形的变化，创造出了许多与地形环境充分适应的构架体系。

建筑一般坐南朝北，建筑材料采取当地的木头、石材，因地制宜。

N

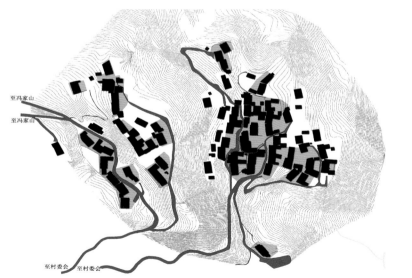

周家寨村平面图

民族文化

"毛龙节"民俗活动：这是周家寨村陈家寨组非物质文化遗产最具有影响力的活动。夜幕深沉之时，村寨各家门口张灯结彩，男女老少聚集在宽大的场坝上观看"喷花"。所谓"喷花"，就是将火药配上硫黄等装在竹筒里，然后点燃，向玩龙队喷射火花。玩龙队在"龙"的眼睛窝、肚腹和尾端装上红灯，玩龙人脱下衣裤，赤身裸体，接受"喷花"。

石阡茶灯：传统民间戏曲形式，曾把它视为贵州东路花灯的重要支系，流传至今已有300多年的历史，活跃在春节元宵期间。以"采茶""制茶"为主题，兼以反映旧社会各阶层人物渴望自由、追求社会快速发展的开放心理。

石阡木偶戏：基本要素包括唱腔、锣鼓牌子、"头子"、戏装、道具、表演等方面。石阡木偶戏历代均以"口传心授"的方式传承，学徒跟班学艺。

草鞋编制工艺：周家寨村村民勤劳踏实，掌握多项技能，尤其草鞋编制工艺堪称精湛。

河流

人文史迹

陈家寨遗存的历史环境要素现存古井4处、古墓1处、祠堂1处、30多棵珍稀古树以及一片古树林。同时在村内还能看见历史传承下来的传统织布机，体现了古代劳动人民智慧的结晶。

古树群

仡佬毛龙节

石阡茶灯

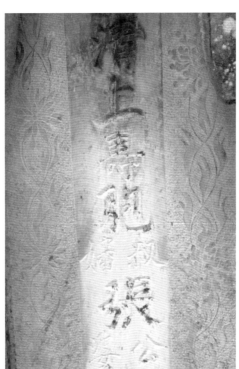
古碑

织布机

木偶戏

古井

保护价值

仡佬族民族文化是周家寨村陈家寨组的核心文化。其民俗文化的传承、传统建筑的民族特征犹如一部凝固的音乐，蕴含着极为丰富的历史文化内涵。

周家寨村现有民居环境成为研究当时建筑风水、建筑工艺的重要依据，同时仡佬族先祖在此繁衍生息，是研究民族文化结合的典型村落。成为研究当时建筑风水、建筑工艺和建筑文化的重要依据，具有较高的艺术和科学价值。

该村传统资源丰富，当地农业、手工业等传统生活方式得以良好传承，具有较高的社会经济价值。

刘俊娟 王镜舫 编

草鞋编制工艺

古墓

铜仁市江口县民和镇韭菜村

韭菜村全貌

韭菜村区位示意图

总体概况

韭菜村位于贵州省铜仁市江口县民和镇南部，村域面积3.4平方公里，常住人口486人，以苗族为主。距江口县26公里，距民和镇政府所在地7公里。南邻岑巩羊桥乡，西连平凼河。

韭菜村建村330余年发展至今，历史文化不断积淀。

韭菜村属于亚热带湿润季风气候，境内最高气温39.2℃，最低气温-4.1℃，年平均气温18.8℃，无霜期280～310天，年平均日照时间1113.5小时。

该村历史文化悠久，底蕴深厚。民居风貌古朴，村中现存的传统民居和古建筑大都是苗家瓦檐木房，体现了苗族传统村落与自然融为一体的建筑文化特色。

村中多种竹林，村落周边古树参天，环境优美。村庄被群山环绕，百年古树成群，风景优美，空气清新，颇有世外桃源之气息。

2016年韭菜村列入第四批中国传统村落名录。

村落特色

韭菜村是一处集历史遗存和山地自然风光为一体的典型的苗族传统村落。

韭菜村依山而建，整个村落内部呈椭圆状。村落民居建筑沿着等高线坐北朝南有序地排列，依山势地形修建，错落有致。村落四周为自然山体和耕地，村落内部多有竹林。同一等高线上民居建筑有乡村土路连接，时宽时窄，与房屋布局一致，弯弯曲曲。主路通常垂直或斜交于等高线，以便将山地苗家族村寨最大限度地组织到路网系统中，支路多以平行于等高线的形式连接住户，是村落整体格局的重要组成部分。

传统建筑

韭菜村历史悠久，源远流长。村内传统建筑主要是清朝时期保留下来的苗族特色的建筑，其鲜明的地方特色、民族特色和艺术特色相互映衬，互为依托，相得益彰。村寨内散落着70多座风貌古朴的清代中后期传统建筑，至今大部分保存完好。

村落内传统民居多为"一"字型，也有部分"L"型和"三合院"，以及少量"四合院"形式。院坝较为狭长，保持原始泥土或者石板铺砌。就建筑单体而言，韭菜村民居以木质建筑为主，仅有的少量厢房采用吊脚楼形式，屋顶青瓦铺盖，色调统一协调。建筑一般正房为一层，厢房为二层。建筑开间一般为四列三间，进深一般为五柱七瓜（二丈四八）穿斗式木构建筑。

雕花窗

建筑及院落

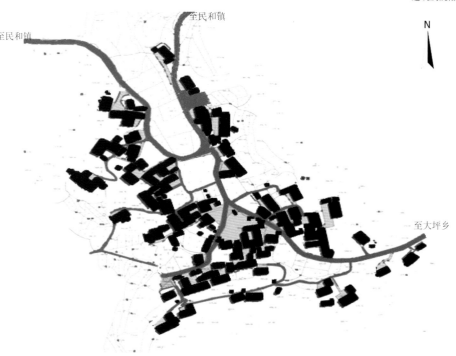

韭菜村平面图

民族文化

花灯戏：历史上每年春节韭菜村村民都要在灯头的带领下组建花灯班子闹元宵；在秋苗返青孕穗前跳"虫蝗灯"，祛虫消灾、祈保丰收；闲暇时，则在庭院三五成群，操琴而唱，曲调欢快，舞姿优美。

哭嫁：大部分韭菜村的女人在结婚时都会哭嫁。哭嫁时，同村亲友的女孩都来陪哭。在婚前哭嫁的时间短则五、六天，长则一两个月。

闹丧歌：又称"孝义歌""跳丧"，是韭菜村丧葬方面的主要内容，长期以来除了形成一套完整的仪式外，还形成了用唱闹丧歌这一特殊形式来表现对死者的感情。进入近代，这一习俗得到传承和完善，形成相对稳定的形式和内容。

韭菜村傩戏："人类戏剧活化石"——傩戏，源自日常生活，傩的表演者古称巫觋、祭师，被视为沟通神鬼与常人的"通灵"者，表演时装扮上各种服饰面具，模仿与扮演神鬼的动作形神，借神鬼之名以驱鬼逐疫，祈福求愿。

花灯戏

哭嫁歌

闹丧歌

傩戏

人文史迹

古树群：韭菜村的群山中拥有较多自然资源，上百年的高大乔木在此处山中也并不罕见，郁郁葱葱的高大乔木映衬着这个村庄的悠久历史以及良好的生活环境。

古井：村中古井水清澈透明，冬暖夏凉，古井宽4米左右，长约8米，源头狭长，水从古井的一条小缝隙里源源不断地涌出，水量稳定。

古祠堂：村中保留一四合院式古祠堂，该祠堂修建于明清时期，历经300多年风雨依然存在。

土地庙：土地神源于远古人们对土地权属的崇拜。土地能生五谷，是人类的"衣食父母"，因而人们祭祀土地。土地庙便是为人们集中祭祀土地神的地方。

土地庙

保护价值

该村落建于1679年左右，曾氏家族在此繁衍生息了300余年，其村寨的古建筑群是梵净山南麓地域民族文化建筑的典型代表，有着悠久的历史，拥有丰富而珍贵的物质与非物质文化遗产，有着独特的历史风貌、悠久的文化，具有极高的历史价值。

韭菜村传统民居主要为穿斗式建筑，不乏三合院、四合院传统民居，部分建筑风格为吊脚楼。韭菜村民居用材极为讲究，包括树种、砍伐季节等都需经过仔细考量，因此，韭菜村传统民居建筑材料抗虫性能和抗腐蚀性能都较其他村寨强，具有较高的科学价值。

曾氏祠堂

古井

古树群

韭菜村最具特色的曾氏祠堂不管是门窗雕刻还是柱础都有着别具一格的艺术造诣，具有较高的艺术价值。

村落有着丰富的苗族文化底蕴，包含花灯戏、傩戏、哭嫁歌等。同时该村落曾姓族谱由曾国藩组织修编，曾氏族谱用到活字印刷技术，具有一定的文化价值。

村落是以苗族人民为主要聚居的村落，村落保存着浓厚的苗族民族气息，保存着苗族传统习俗、服饰、文化等非物质文化，有很高的社会价值。

村内自然人文景观良好，村落山水自然、生态景观优美，土地资源良好，有木材种植，发展养殖业资源优势，具有一定的经济价值。

刘俊娟 王镜舫 编

村庄一角

铜仁市江口县怒溪镇梵星村

梵星村全貌

梵星村区位示意图

总体概况

梵星村位于江口县北部，全村国土面积约11平方公里，传统村落主要为下院子组，核心保护区范围3.2公顷。位于怒溪镇西北部，距县城37公里，距怒溪镇政府所在地6.8公里。东接怒溪村，南邻河口村，西连太平乡，北靠寨英镇。村中有怒溪镇至上院子的通村公路至东向西穿过。

传统村落有158户，708人，均为土家族，是一个具有土家族建筑文化风格、自然环境优美的土家古寨。

村庄建成于明代，因黔蛮陈友谅为王作乱，明朝朱元璋诏书湖广淮、瑚二人随明帝御驾亲征来黔治蛮。官拜"龙湖大将军"，在平定清溪后，明帝朱元璋遣诏下令淮、瑚二人率部来漏旗（现怒溪）镇守教化蛮夷，遵守朝廷王化，通过二人教化，蛮夷俯首宾服。

该村属于典型的喀斯特地貌，气候属亚热带湿润季风性气候区，山峦重叠，冬无寒冷，夏无酷暑，冬长夏短，春秋相连，雨热同季。

2016年梵星村列入第四批中国传统村落名录。

村落特色

梵星古村位于一座龙形山脉的龙头之中，其所在位置恰好位于龙的舌头处。梵星村落地处山间盆地，背山面水，田畴如毡，视野开阔。梵星村森林植被良好，稻田与青瓦木屋民居错落有致，远远望去木屋散落在金黄的麦田之中，如一幅油画般美妙。

村落发展至今，仍保留了较好的传统建筑风貌及村巷立面，村落、山、农田、流水相得益彰，共同构成了梵星村组团式的田园村落格局形式。

传统建筑

梵星村民居以木质干阑式建筑为主，一些厢房采用吊脚楼形式，木房依山势从低到高，层递而建，屋顶青瓦铺盖，色调统一协调，配以木质窗花、木门。建筑一般正房为一层，厢房为二层，多数为一排四扇三间，屋顶有两个翘檐，具有土家民居的风貌。宅基地宽裕的门前有院坝，院坝保持原始泥土。

建筑以当地的杉木作为建筑承重构件的主要用材，以木板为壁，有单吊式、双吊式、三合院式等不同形状，整个结构不用一钉一铆，梁、柱、枋、板、椽、檩、榫均以木材加工而成，主要有基地平整、木架搭建、上屋梁、盖瓦、钦子五道工序。

建筑及院落

建筑及院落

梵星村平面图

民族文化

龙灯："耍龙灯"也叫"舞龙"，是梵星村的一种民间艺术。相传，古人把龙、凤、麒麟、龟称为四灵。造型优美，绚丽多彩，线条刚柔相济。在历史长河中闪耀着独特的艺术光彩。

祭祀：也意为敬神、求神和祭拜祖先。原始时代，人们认为人的灵魂可以离开躯体而存在。在梵星村，祭祀时首先陈列献给神灵或逝去人的食物和其他礼物，并由主持者祈祷，祭祀者则对着神灵或逝去人唱歌、跳舞。

腊肉：梵星村腊肉是指肉经腌制后，再经过烘烤（或日光下曝晒）所制成的加工品。腊肉的防腐能力强，能延长保存时间，并增添特有的风味，这是与咸肉的主要区别。

糍粑：也称年糕，经常在梵星人民过年的时候制作食用，过年前制作糍粑是梵星村流传下来的习俗，具有浓厚的乡村风味，打糍粑活动成为大家过年前的一项重要准备活动。

喀斯特石林

人文史迹

古井：始建于1977年，是全县保存最完整的大水井出水口。水井旁环绕着5个大小不一的蓄水池，汩汩的泉水由山巅流淌入水井中，再由水井流入水池中，再流入全村层层叠叠的梯田中汇入山脚下的小溪中，形成一个完整的水循环系统。

古树：梵星古树参天，冠荫覆地，郁郁枝叶之下，"树老更弥坚，骄阳叶更萌"，道不尽古树的挺拔傲天，铁骨铮铮；欺雪凌霜，伟岸粗犷，说不尽的沧桑之美、传神之韵。

古桥：村庄内有一座明代修建的古桥，都说古桥是岁月的见证，承载的是一种文化，一种精神。

禁赌碑：古桥旁有一处禁赌碑，高1.2米，宽0.83米，厚0.2米，全文共200余字。记叙了光绪年间村民因赌博致倾家荡产，政府为此公立规约，刻石立碑，以示警戒。

石磨、风箱车：风箱车是南方农村古老的机械，稻子晒干后，要把稻子和秕谷、灰屑分离，就得用到风箱车。石磨最初叫硙，汉代才叫作磨，是用于把米、麦、豆等粮食加工成粉、浆的一种机械。

舞龙灯

祭祀还愿

腊肉

糍粑

古井

古道

古桥

禁赌碑

风箱车

保护价值

村落历史悠久，保存了从明清至今的土家族生息发展结构，连同丰富的历史文化遗存，真实地反映土家族起步发展鼎盛到衰落的历史过程及社会变迁，是研究社会史、家族史、文化史的史料，具有极高的历史价值。

整个寨子，山清水秀，土家桶子屋、吊脚楼错落有致，依山傍水，蜿蜒起伏，神韵无限，气度非凡；飞檐翘角、楼栏雕花，青砖灰瓦，石路木栏，都具有极高的美学价值。

刘俊娟 王镜舫 编

451

铜仁市松桃苗族自治县普觉镇高坎村

高坎村局部

高坎村区位示意图

总体概况

高坎村位于松桃县普觉镇东南15公里处，东与尖山、沙坝乡相接，南与江口县相邻，西接山口，北连半坡村。高坎村地处武陵山山麓中段，属高山地形，四周群山围绕，山峦起伏。村外有高坎河绕村而过，村民沿水而居，在溪流两侧形成了带状传统村落。

高坎村始建于元末明初，由于江西战乱不断，且江西当时人多地少的现状使一部分人被迫离开他们居住的土地，张、姜两姓人氏迁徙至此定居。高坎村辖16个自然寨，共计438户，1713人。全村以汉族为主，占总人口的80%，少数民族为仡佬族。全村总面积11.6平方公里，其中传统村落高坎组占地约178亩。

2016年高坎村列入第四批中国传统村落名录。

村落环境

村落特色

高坎村整个村落成背山面水、藏风聚气的格局。箱子山与天子山连排并座，与高坎山遥遥相望，其中高坎山山势相对高大，至今仍保留其原始森林形态，整体植被茂密，山色葱郁。村落坐落在山间平地，有的坐落于山腰之处，居民房屋错落有致，村落与田土、森林错落相间，互为衬托，交辉相应，环境优美。从整体风貌来看，村落至今保留着传统的风貌，没有发生大的变化。

家家户户建筑紧靠，疏密有致，均在靠河边的半坡上。村落景色秀美，空气清新，山间中的村落与周围的山水相依，构成了一幅"远看山有色，近听水无声"的山村俊美图。

高坎村平面图

传统建筑

高坎村建筑风格为典型的"干阑式""穿斗式""吊脚楼"木结构。山林田地于青瓦覆盖的传统民居建筑互为衬托，浑然一体。村寨内以传统建筑为主，均为传统的仡佬族五柱四式瓦屋和吊脚楼结构的建筑。用木桩支托、凿木穿枋、斜街扣合、立架为屋、木板为壁、上覆青瓦，屋面多为两坡悬山式屋面，其中宅院有三合院进行围合形成天井。

民居建筑技术上采用仡佬族民居传统的井干式、穿斗式、抬梁式木构建筑，整个构架均以榫卯相连，无钉无栓，从构思、设计到施工，不用图纸，皆由木匠师傅进行复杂的力学估算，匠师门精湛的建筑技术和创新精神，实现了技术与审美的有效结合。

传统民居

仡佬族吊脚楼

民族文化

傩戏："傩"是古代驱疫纳福、祈福祛灾、消灾聚吉的祭礼仪式。高坎村傩文化至张元法师已经传承28代。傩文化由许多部分组成，其中以"踩刀桥""下火海"最为惊险。法师通过做法式克服常人难及的严酷环境以此来降服魔鬼，给做法式的人们消灾纳吉、驱疫纳福。

仡佬族花灯：包含仡佬族人的曲艺、舞等表演。丑、旦配合有序，是高坎村民正月娱乐的最好方式，全村人民闹元宵，贺新春，体现了仡佬族与汉族人民和谐相处、歌颂国富民安的体现，至今保存有剧本《补缸》《金钱杆》《采茶》等。

祭祀：包括"除夕"祭祀、"新年"祭祀等；丧事礼仪纷繁复杂，一般有为亡人洗身、换衣、装殓、开路、跪棺、择地、安葬等仪式。此外还有哭嫁、滚龙等习俗。

人文史迹

张文将神庙：据传说，清代法师张文将死后，人们为了纪念他，修建了神庙，祈求保佑人们健康长寿、农业丰收等，每逢农历2月19日、6月19日、9月19日全村杀猪宰羊来祭奠，求雨求福。

龙门：高坎组的龙门至今已有上百年历史，高约3米，由六颗实木圆柱为支撑，中间用木质实木板作为隔离墙，小青瓦坡屋顶，代表富贵与权力的象征，此龙门有防御外来匪寇入侵的作用，同时也体现了仡佬先祖传统智慧的结晶。

古墓：张文将古墓位于凉水井组上坡上，坟墓分三座，身躯葬一墓、作法穿的衣服葬一墓、作法书籍葬一墓，身躯墓埋于其他两墓上方，整个墓区形成三角形，保存较完好。村内还有古井和古树名木若干株，其中最具代表性的为构皮树。

古树

古井

保护价值

民居建筑多为"干阑式""穿斗式"，至今仍保留着传统的住宅样式。建筑从屋脊造型到梁柱、走廊栏杆、挑枋头、支柱的下端，再到檐板和门窗的装饰和基石的雕刻，仡佬族人都特别讲究装饰和雕刻的艺术。寨中少数建筑风格为吊脚楼，一般为"一头吊"或"钥匙头"。其特点是：正屋一边的厢房伸出悬空，下面用木桩相撑，节约土地，造价较廉，上层通风、干燥、防潮。充分体现了高坎传统建筑是仡佬族先民在征服与改造自然中智慧和血汗的结晶。

高坎村具有完整的村落形态、丰富的非物质文化遗产及历史环境要素。村落较完整地保留了古朴的仡佬族村落格局和优美的历史人文景观，村落内有山有水、有田有居、有井有木，阴阳交错，和谐自然；村落拥有丰富的非物质文化遗产，傩戏、仡佬族花灯、祭祀、丧葬、哭嫁，以及典型的历史环境要素、阶梯路、龙门等，都具有较高的历史文化价值。

刘 恬 熊彬淯 陈 浩编

仡佬族花灯

张文将神庙

祭祀

哭嫁

傩戏器具

龙门

铜仁市石阡县青阳乡高塘村

高塘村全貌

高塘村区位示意图

总体概况

高塘村位于石阡县东部、青阳乡北部，距青阳乡政府驻地5公里，距县城52公里。村庄北抵石阡石固乡，南接青阳集镇，西与青山村、芹星村相邻。全村面积10.61平方公里，辖7个村民组，该村传统村落主要为上塘、中塘和下塘三个村民组，三个组107户，390人，以侗族为主，核心保护区面积1.83公顷。

村民原籍江西，洪武年间，祖先领兵剿匪，搬迁于此。几百年来随着时代变迁，形成今天集中连片的村落。

村域内以低中山地为主，多属侵蚀地貌，耕地多分布于山间峡谷和缓坡地带，属亚热带季风湿润气候。

2019年高塘村列入第五批中国传统村落名录。

村落特色

高塘村传统村落周边植被茂密，山色葱郁，满目扑绿，环境优美。

高塘村台阶式的巷道肌理与木结构传统民居建筑共同构成了村落传统的巷道立面特点，巷道蜿蜒迂回，纵横交错。

村寨依山而建，属于传统的自然村寨，东靠自然山体，四周良田环绕。秀美的田园风光凸显了浓郁的传统乡村气息。寨内居所保持了完美的侗族古建筑风格，村中百年以上老式古木屋有8栋。

村落发展至今，仍保留了较好的传统建筑风貌及村巷立面，村落、山、农田相得益彰，共同构成了高塘村组团式的田园村落格局形式。

村庄环境

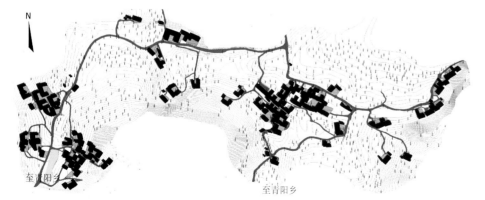

村庄环境

传统建筑

传统建筑

传统建筑

传统建筑

高塘村传统建筑为纯木结构建筑，以当地杉木作为建筑承重构件的主要用材，以木板为壁，有单吊式、双吊式、三合院式等不同形状，整个结构不用一钉一铆，梁、柱、枋、板、椽、檩、榫均以木材加工而成，主要有基地平整、木架搭建、上屋梁、盖瓦、钦子五道工序。

木房依山势层递而建，屋顶青瓦铺盖，色调统一协调，配以木质窗花、木门，建筑一般正房为一层，厢房为二层，屋顶有两个翘檐，具有侗族民居的风貌。

其中，具有一定保护价值，能够反映历史风貌和地方特色的明清建筑有8栋。

高塘村平面图

民族文化

回喜神：回喜神是一种仪式，高塘村侗族娶媳妇迎亲时都要举行回喜神仪式。回喜神时首先要准备好"三片茅草、一只公鸡、一把杀猪刀"三样东西，等到新娘快走进新郎家院子时，"姜太公"就高高举起准备好的三样东西面向新娘念着咒语，做着杀气腾腾的样子，意味着把新娘带在身边的魔鬼驱赶回转，也代表新娘进了婆家后，没有魔鬼缠身，一生好运的美好祝愿。

说春："说春"古名"鞭春"，其风俗渊源甚古，时至今日，每岁"立春"时节前后，春官执木刻春牛，着古衣，手端"春牛"，走村串寨，挨家挨户唱诵吉祥春词，开财门，并派送印制的"二十四节气"春贴，劝及时行农事。说春之人，称为"春官"。

"薅草锣鼓"："薅草锣鼓"为省级非物质文化遗产，从古至今，唱薅草锣鼓歌是侗族几百年的独特传统文化，每到春天，庄稼长得旺盛时，都要唱薅草锣鼓歌，一人打鼓，一人打锣，由打鼓人领唱，打锣人和声，锄草队伍一般50人左右，唱薅草锣鼓歌主要是让薅草队伍振奋精神，精力集中，锄草进度加快。

茶灯：茶灯又叫花灯，玩茶灯祖先至今代代相传，玩茶灯时间主要是正月元宵节，玩灯人员主要是男人，分旦脚和丑角，旦脚是男扮女装，身穿袍裙、头带金叉、手拿宝扇，实行古装打扮，二人领台、二人后跳、三人奏乐、四人演唱、五人换烛、六人举灯，众人观赏。

茶灯

人文史迹

古井：村庄内有两处古井，保存较为完整，汩汩的泉水出山巅流入水井中，再由水渠流入层层叠叠的梯田中汇入门前的古河道中，生生不息，具有一定的文物考究及参观旅游价值。

古树：高塘村古树参天，冠荫覆地，大部分已挂牌，树种以枫香、栗树居多，也有上百年之久国家级香果树。

风箱车、石磨、伏斗、春、苕缸、猪槽：村庄还有几户村民家中能看见风箱车、石磨、伏斗、春、苕缸、猪槽等生产生活工具，都体现了古代劳动人民智慧的结晶。

古井

春

苕缸

猪槽

保护价值

村落利用周围的自然山体作为保护的天然屏障，田畴、道路与山地建筑的结合，形成曲折多变的建筑空间。世代居民生产生活所用的梯田，加上山间泉水的灌溉，较好地利用了现有的自然资源，使得世人有了生存发展的空间，建筑建造的技术让居民有了安居的场所。

村落组团式的格局，以及台阶式的巷道肌理、统一的传统建筑形式，以及周围良好的山、水、田自然环境，体现了村落整体形态美学的价值。

刘俊娟 王镜舫 编

回喜神

说春

"薅草锣鼓"

村庄一角

铜仁市松桃苗族自治县普觉镇真武堡村

真武堡村全貌

真武堡村区位示意图

总体概况

真武堡村位于普觉镇的南部，与该镇的猫猫屯村、水银村、大元村相邻，普觉至江口硬化公路穿越全村各组，交通较为便利。该村地势辽阔，座向大多随地形、道路变化，呈组团状分布。真武堡村位于武陵山山麓中段，属高山地形，四周群山围绕，山峦起伏，水银河贯穿整个村寨，水资源与森林自然植被非常丰富。村域总面积为4平方公里，其中传统村落核心区域为真武堡组，面积为21.93公顷。全村有汉族、土家族、仡佬族等民族，其中以汉族为主，占到全村人口的90%。

2016年真武堡村列入第四批中国传统村落名录。

村落特色

真武堡村村落依山傍水，周围良田千亩便于屯军驻扎。整座村庄建在东面的一座大山脚下，村落坐南朝北而居，村落的前后被大山所包围，村民将民居依山而建，形成四周面对面的建筑布局。各个自然村寨较为整齐地散落在水银河河道的两侧，层次分明，错落有致。

传统建筑

村落建筑风格多为典型的"穿斗式"木结构。一般以当地木材作为主要用材。建筑用木桩支托、凿木穿枋、斜街扣合、立架为屋、木板为壁、上覆青瓦，屋面多为两坡悬山式屋面，其中宅院有三合院、四合院进行围合形成天井。

房屋构造特色主要以五柱六瓜正房配五柱二瓜或三柱二瓜厢房为主，房屋屋基一般高出四周地面一尺以上，地落檐四周设二尺以上宽的阶檐，屋内屋外高矮有别，防水防潮，通风保暖。部分传统建筑的大门为六扇门装置，每扇门上窗户都刻有精美雕花，每一个吉祥图案、每一朵花纹，时至今日都清晰明了，极具当地独特的民族特色。

真武堡村传统建筑

真武堡村传统四合院

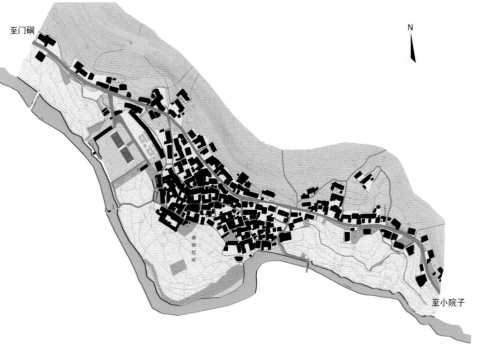

真武堡村平面图

民族文化

傩戏：傩戏在真武堡村历史悠久，村寨族人及周边的村民以此为逢凶化吉的一种精神寄托，每逢家人及亲朋好友遇灾遇难，都要请法师以傩戏的形式道鬼送神去灾化吉，并保佑家人及好友长命百岁。傩戏于2007年5月29日经贵州省人民政府列入第二批省级非物质文化遗产。

花灯：看花灯是真武堡村民正月娱乐的最好方式，全村人民闹元宵、贺新春，充分体现了真武堡村各民族之间相处的和谐气氛，至今保存有剧本《夫妻双双把家还》《金钱杆》《十二月园茶》等。

龙灯：真武堡村龙灯有着独特的舞龙方式，即滚龙。以九根拇指粗的竹篾捆扎连接成龙骨，近500个直径2尺左右的蔑圈等距排列连接成龙身，再以整幅块布条画上斑斓的鳞甲，罩在篾圈上。全长一般为36~40米，用三十多人轮番舞动。舞龙人和耍龙人均头扎彩布，身着绸缎彩衣服饰，脚穿薄底武生快靴。衣服的颜色有红色、黑色、蓝色等。更为别致的是，龙头龙身装满彩灯，夜晚舞动时，晶莹剔透，五光十色，有如彩虹飞舞，蔚为壮观。

人文史迹

文笔塔：真武堡王姓氏族在获封此地之后由武转文，而后重视文化学习，遂办私塾，重教化，大力培养人才。在明清时期出过多位进士，仅同治至光绪年间，就先后出了王仕达、王寿钦、王国治三位进士，称"王府三进士"。其后人为纪念先主丰功伟绩而自发修建其如一只挺立的毛笔一样的塔状建筑。在其建筑之上雕刻记载了先辈的过往以及真武堡的历史。

龙门：真武堡村至今已有上百年历史，其中不乏众多遗留保护下来的古代传统建筑，以入户龙门最具特色。石门高约2米，宽约1.5米，由石块堆砌而成。龙门高约3米，由六颗实木圆柱为支撑，中间用木质实木板作为隔离墙，小青瓦坡屋顶，代表富贵与权力，此龙门有防御外来匪寇入侵的作用，同时也体现了先祖传统智慧的结晶。

传统青石板院坝：大部分青石板分布在村落传统四合院和三合院建筑院落内。由青石板铺设而成的院落，经历长时间的风吹日晒，缝隙之间长满青草与苔藓，散发出古朴的气息。

文笔塔

青石板院坝

保护价值

该村落的传统建筑大多以明清时期为主，部分为民国和新中国成立后所建。由于年代较久远，加之近年来真武堡村整体的快速发展，使得此类传统建筑越来越稀缺。

真武堡传统村落较完整地保留了古朴的传统村落格局和优美的历史人文景观，村落内有山有水、有田有居、有井有木，阴阳交错，和谐自然；该村落还拥有丰富的非物质文化遗产和典型的历史环境要素，具有较高的历史文化和艺术价值。

熊彬洧 刘 恬 叶 希 编

傩戏

龙门

花灯

龙灯

真武堡村环境

铜仁市石阡县河坝场乡深溪村

深溪村全貌

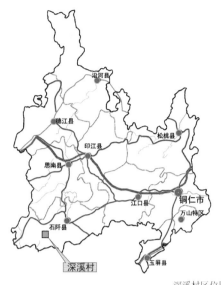
深溪村区位图

总体概况

深溪村位于石阡县河坝场西北部，据乡政府所在地22公里，距余庆县龙溪镇15公里左右。全村辖10个村民小组，381户，总人口1483人，面积7.6平方公里。地势为典型的槽形盆地，地势南北高，中间低，周高中低，最高海拔位于高王的大齐1306米，最低海拔位于永和百家山485米，河坝场管理区海拔较低，高王、永和管理区海拔较高。深溪村属亚热带季风性湿润气候。全年日照多，冰冻少，春冬凉爽，夏秋炎热，全年无年霜期长达320～360天。年度平均气温16～17.5℃，全年气候温和，热量丰富，光照充沛。整个村落坐南向北，东西方向呈"〜"形带状分布。最初从江西搬迁而来，从此在此繁衍。历清、民国、中华人民共和国成立，经过300多年发展，传承至今，人丁兴旺不衰。

2016年深溪村列入第四批中国传统村落名录。

村落特色

河坝场乡深溪村是一个土家族聚居村落。选址为典型的山地特色，位于乌江沿线，距县城100公里；背靠冷家岩，东临大坳，西低砂子坡，北接红林山。村落位于山腰中，地势开阔，稻田连片。深溪河水自东向西蜿蜒流经村落坝上，农业灌溉极为方便。

深溪村是一个典型的山谷洼地形村寨，是风水观念中比较理想的村落基地，村落背靠后背山，位于山腰中间，东西两侧为山脉之间的通道。北面分布大量梯田，田与田之间有很深的田坎。村落、山、水、农田相得益彰，共同构成了深溪组团状的山水格局形式。村落自然景观优美，风景宜人，植物种类繁多。

传统建筑

传统民居大多为干阑式建筑，村民基本上维持干阑式建筑的习俗，建筑主要是"L"型、"一"字型、三合院的布局，每家每户都有院子，大部分建筑中间是堂屋，家畜在两侧，传统建筑以一层为主，有少量的二层建筑。建筑大部分采用"五柱四瓜"的构架，少量比较大的建筑采用"七柱六瓜"的构架。

当地居民为了在土地有限的和地形起伏的地貌环境中合理选择房屋的建造方式，他们在长期的建筑实践中，创造出适应山地自然环境的"占天不占地""天平地不平""天地都不平"的山地民居建筑形态。

这类建筑的平面空间自由多变，善于根据不同山地坡面环境的坡度、山势和自然肌理，采取吊（层、柱）、架空、悬挑、切角等手法，构成建筑基地与坡面不同的接地方式，以适应山区地区起伏不平的地貌特色，取得与山体形态的协调和谐。

深溪传统村落建筑主要采用当地的石

传统民居

传统民居

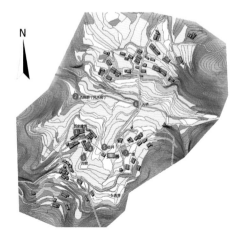
深溪村平面图

材、木材。建筑基础一般用石头砌成，建筑主体用当地山林的木材。

深溪村民居采用架空、悬挂、叠落、错层等处理手法，以开阔视野、改善民居亲切的进人尺度，通过开间的增减和立面富有弹性的变化，形成不同的外部建筑形态。土家民居屋顶变化更为生动活泼，但又保持着朴质的本色，深溪村落的屋顶形式主要包含两坡的悬山顶和少量歇山式的屋顶。不同形式的屋顶在土家族民居中不像汉族一样有等级标志，更多的是反映内在功能用途。道路建筑院落构成了深溪村村落内的传统格局。

民族文化

石阡毛龙：毛龙为石阡独具的一种较为大型的龙灯品种，主要流传于全县大部分乡镇。毛龙其编扎甚是讲究。先以粗而长的竹篾数片扎紧为龙脊，再用蔑条约1.2米长，将剪成鞭炮状的有色纸缠成"火草秆"，两端扎在龙脊上，形成一个连接圈。数圈紧连成为龙身，看上去全身皆毛，有红、黄、青、蓝、紫色等。龙脊每隔两米固定一木棒"灯把"，用以支撑和舞动龙体。一个灯把为一栋，从龙头至龙尾有7栋、9栋、11栋、13栋不等，总长约15~25米。龙体内系若干活动八方彩色灯球，用以装饰和照明，远观龙身丰实美观。尤其是晚间玩舞，龙体被内置八方灯照得通体色彩斑斓，鲜亮明洁。舞动起来，灯球上下翻滚，似蛟龙于夜空中腾闪耀跃动，令观众眼花缭乱，惊叹为艳。

唢呐：唢呐发音高亢、嘹亮，过去多在民间的吹歌会、秧歌会、鼓乐班和地方曲艺、戏曲的伴奏中应用。经过不断发展，丰富了演奏技巧，提高了表现力，已成为一件具有特色的独奏乐器。

婚嫁：自明代"改土归流"以来，石阡男女青年缔结婚姻要经过很多程序。男方要请媒提亲、送书开青、烧香、请庚、过礼。婚期前一天，女方要举办花园酒、哭嫁、辞祖。佳期这天，男方要发轿迎亲、拜堂、闹新房、回门等。但是在深溪村还有一个特别的习俗，不管是嫁女还是娶媳妇都要到贞节牌坊处烧纸、祈祷。

人文史迹

贞节牌坊：位于寨门前，占地80平方米，建于道光二十四年（1884年），为石质、四柱式牌坊，为褒奖任氏守节四十余载而建，该牌坊已经部分损坏，石碑上出现裂纹，急需修补。

字库塔：字库塔是文人图腾崇拜载体，除了古人对文字崇拜外，还与科举考试盛行分不开。是古人专门用来焚烧字纸的建筑。深溪字库塔位于寨西100米处，于道光十九年（1839年）建，目前塔保存较为完好，但是塔由于长期没有得到维护已经长满青苔。

深溪桥：位于村寨北侧，桥建于清代，用石板堆砌而成。目前由于村寨公路修建，桥不能承受，村民在旁边新建了一座拱桥（保护原来深溪桥），作为通村公路使用。目前桥已经荒废，长满青苔。

红豆杉：村寨内有国家重点保护植物红豆杉总计40余棵，其中百年以上的更是比比皆是。红豆杉功效：利尿消肿，治疗肾脏病、糖尿病、肾炎浮肿、小便不利、淋病等；温肾通经，治疗月经不调、产后瘀血、痛经等。

婚嫁

石阡毛龙

贞节牌坊

唢呐

古井：村落内有一口古井，相传刚搬迁来此是祖辈修建的，距今有200多年历史，古井是用石板堆砌而成。

保护价值

该村寨有两三百年历史，从江西由于动乱搬迁而来，当时他们老主公召集21个子孙，把财产分成21份，当时老主公有三个老婆，每个老婆留一个长子照顾，其他的就迁往各地，其中一脉迁到深溪村，从此在此繁衍。村落内名人辈出，村内有自己的风水格局习惯。

村落有着丰富的土家族文化底蕴，其中以歌舞为代表的"龙灯""唢呐"，以民族技艺为代表的有木雕、织布。深溪村传统村落有着丰富的文化价值，有着很浓的自然资源和文化气质。

何成诚 罗永洋 编

深溪桥

字库塔

铜仁市沿河土家族自治县客田镇红溪村

红溪村全貌

红溪村区位示意图

总体概况

红溪村处于客田镇西南，距镇区15公里，由镇区西南沿客田—百合公路经四坪村可达。该村形成于元末明初年间，是先民躲避战乱聚居形成的村落，该村坐落于四面环山的一块盆地中，地势相对平坦。该村庄内有一条古河道，原名干溪。1934年贺龙带领红三军到此居住约半个月，为纪念红军，此条河取名红溪河，红溪村也因此得名。村域总面积13.2平方公里，全村总户数397户，总人口1742人，主要民族为土家族。

2019年红溪村列入第五批中国传统村落名录。

村落特色

红溪村是典型的山地村庄，村寨坐落在红溪河两岸的半山腰上，寨内古巷道随等高线交错，村寨四面环山，分布在红溪河两岸的民居间遍布良田耕地，通过田埂以及巷道彼此相连，与红溪河岸相互交织。村子后面是山，村间交通网络内有连接各家各户的石板路与石阶路，道路外侧及村庄周围是田园风光，建筑掩映在竹林中，形成了其特有的空间肌理。村寨内部分布大面积的原始竹林，与错落有致的建筑景观相互映衬。整个村寨环境形成了"山、水、田、村、路"的自然生态格局。

传统建筑

传统建筑

村内历史建筑主要为木构建、木装修、穿斗式小青瓦悬山顶结构。具有明显的传统建筑元素，门窗的雕花、柱石的雕刻纹样相比其他传统建筑更为复杂讲究。集中体现了古代劳动人民的建筑审美。土家民居建筑一般一户一栋房屋，选址、格局和建筑表现出很深的文化含义。

村落民居的选址、朝向一般都是坐北朝南或坐南朝北，依山而建，为干阑式吊脚楼或转角楼。吊脚楼多为五柱八瓜、七柱十二瓜。柱料粗且直，长度一丈八尺八，或一丈六尺八，门高八尺，猪牛栏尺寸尾数是六。这个八、六是"发""禄"的谐音，寓意发家致富、福禄寿喜、家道昌盛、六畜兴旺。土家族建筑常用木、石雕刻装饰建筑物，在民居修造时，柱头下多用精雕细刻的石磉磴，大门吞口、地面石料和路沿石也为细錾打造。民居建筑雕花有浮雕和镂空雕等不同形式，窗户用小木条做出几何图案花格，或在窗心部位一小块木料上刻出人物、花卉、鸟兽图案，窗户下部或门的上部刻出的图案既美观又寓意吉祥。

红溪村的传统建筑充分沿袭了土家族的特色，村寨内部越久远的建筑，木雕花样越精美复杂，反映出历史上劳动人民的审美观和建造技艺。

村寨景观

村寨景观

红溪村平面图

窗花

民族文化

花灯戏：沿河花灯起源于唐宋，兴盛于清代，是一种集歌、舞、戏剧于一体，以歌舞表演为主的综合性表演艺术。沿河县客田镇是贵州土家族花灯的发源地。1995年，就被贵州省文化厅授予了"花灯之乡"的称号。这里的土家族花灯，大约起源于1200多年前的中国唐朝，历史悠久。客田镇花灯内容丰富，程式庞杂，有传统的正灯，如"金钱干""闹春""探妹调""说姻缘""采花小姑娘""仙女上山""祝寿百戏"。还有带武术动作的"滚地龙""回马枪"等20多种，客田镇花灯分上半堂唢呐座台灯，下半堂锣鼓戏子灯，有27个腔调。每年的重要节日红溪村依然会上演传统花灯戏。

土家族刺绣：当地土家族刺绣、服饰、银饰等制作工艺，其工艺细腻、精湛、图案设计精美，取材与选题多表现土家族传统图腾与民族宗教崇拜和民间习俗，充分展示了沿河土家族民间工艺的魅力，是传承土家文化的重要载体。

人文史迹

古道：红溪村历史建筑众多，村寨内部遍布历史巷道。这些巷道在建筑当初就已经形成，是重要的历史环境要素，目前的古巷道以土路和石板路为主，散布在村落各处。

古牌匾：红溪村田沟组徐氏人家上百年的老宅中有一块"並節雙旌"牌匾，是光绪二十年皇帝为了表彰徐氏两个媳妇张氏和田氏的孝节特赐。该牌匾为全木制作，雕刻字体清晰可见，牌匾正上方有玉玺图纹刻印，以及准确的御赐时间，是历史上真实的皇家御赐牌匾。

红溪桥：红溪桥位于村庄中心位置的红溪河上，是一座典型的土家族风格的木廊桥，有近百年历史。桥身为全木结构，桥面用木板铺设，通道宽约2米。桥边有栏杆围合，桥上立柱盖瓦。该桥造型古朴，制作精巧，至今仍在使用，与红溪河相得益彰。因红溪河的名字，该桥名为红溪桥。

古树：村子里面有众多古树，其中挂牌的古树有3棵，树龄均超过百年。

古道

雕花

银饰

花灯戏

牌匾

古树

花灯戏

牌匾

红溪桥

保护价值

红溪村建置历史悠久，始建于元末明初时期，具有悠久的历史文化底蕴，村寨的古建筑群是黔东地域土家族文化建筑的典型代表，建筑特征别具一格，将山地建筑特征体现得淋漓尽致。村落以组团型依山而建的格局、枝状的巷道肌理、统一的传统建筑形式，以及周围良好的山体自然环境体现了村落整体形态美学的价值。

村落有着丰富的土家族文化底蕴，其中以歌舞为代表的花灯戏、以民族技艺为代表的有竹编、织带、刺绣、木雕。红溪传统村落有着丰富的文化价值。

陈 浩 刘 恬 叶 希 编

461

铜仁市石阡县甘溪乡铺溪村红岩组

铺溪村红岩组全貌

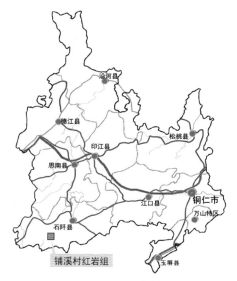

铺溪村红岩组区位示意图

总体概况

红岩组是甘溪乡铺溪村的一个自然村寨，位于甘溪乡北部。东接甘溪乡集镇，毗邻佛顶山自然保护区。江瓮高速位于红岩组南侧，横穿铺溪村。进村主干道为606县道，红岩组距县城约20公里，距乡政府约3.4公里。村落核心保护区面积2.81公顷，以仡佬族为主。

18世纪初，由于蔡氏一族的繁衍，蔡氏一族大部分人分别分散到红岩、大土、罗家坡等地，经过300年风雨，红岩组从当初的1户发展成为了现今的46户，207人。

红岩组属中亚热带湿润季风气候，气候温和、雨量充沛，年平均气温16℃，冬无严寒，夏无酷暑。

2019年列入第五批中国传统村落名录。

村落特色

村庄地处沟壑谷地，山体遮蔽度大，地势东南高，由东南向西北倾斜，多丘陵、山地，属亚丘陵山地类型。属典型的山地面貌，喀斯特特征极为明显，出露岩层主要为碳酸盐岩类。

村寨前由西至东流淌的溪流，带状串联村落。山涧涓流源于山间，汇于铺溪。

由村庄现状可以看出，村落依山顺水而筑，犹如一只栩栩如生的雄鸡；依山傍水，与自然有机融合。民居建筑依山就势、院落规整有序、高低错落，形成坡地山村景观。村落与古树林相互交融，形成典型的有机生长、和谐共生的传统村落格局特色。

传统建筑

该村落房屋均为木构架建筑，小青瓦覆顶，保存均较完好。现完整的三合院有6栋，"L"型的院落有5栋，"一"字型的有17栋。

红岩组传统建筑木作占绝大部分，大木作主要包含建筑的主体结构，房屋多采用穿斗式梁架，悬山式屋顶，一层作为住房，二层多为堆放粮食或杂物。小木作包含的范围很宽泛，主要分为建筑构件和室内家具两大类。建筑构件主要包括门窗、木板墙、栏板等。整体民居建筑群根据台地自然组合，大门、梁、枋、门和窗等做工精细，雕刻的图案古朴大方。

传统建筑

传统建筑

传统建筑

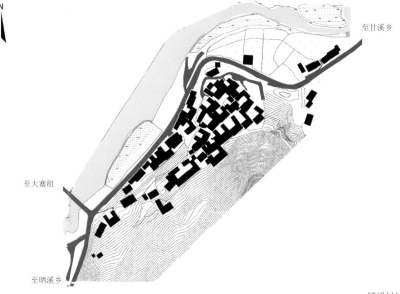

铺溪村红岩组平面图

民族文化

玩毛龙：石阡仡佬族春节传统习俗活动，如果家里有人在外做官，或有新婚夫妇，都要向玩龙队伍送礼，或以酒饭相待。而玩龙队每到一家都要送上一个宝，表示给主人家送宝加官。龙灯来时，有孩子的家庭，大人往往抱上小孩在龙身下从头到尾绕钻一遍，这样，小孩就不会生病或遭遇灾星。

祭祀（祭祀器具）：天上的风云变幻、日月运行，地上的山石树木、飞禽走兽，都被视为有神灵主宰，于是产生了万物有灵的观念。这些神灵既哺育了人类成长，又给人类的生存带来威胁；人类感激这些神灵，同时也对它们产生了畏惧，因而对这众多的神灵顶礼膜拜，求其降福免灾，祭祀神灵。最原始的祭器是青铜器，后来逐渐变成了瓷器。

焚香：是祭祀仪式中必不可少的行为之一。古人认为燃烧有香味的木材所产生的烟雾，会将人们的祈祷和祝愿送至神灵或先祖那里，从而获得神灵或先祖的保佑。因此每每人们在燃香时，总要口中念念有词，希望自己的美好愿望能随着缕缕升起的烟雾传达给自己想要告诉的对象。现保存于石阡万寿宫。

哭嫁婚俗：结婚时女方提前一天开声，由母亲（若母亲去世由最亲的女性代替）母女对哭直到新郎骑马来接，新娘入轿。

玩毛龙

祭祀器具

哭嫁婚俗

人文史迹

蔡其怀：民国时期区长，现照片陈列于石阡万寿宫。

红岩组遗存的历史环境要素主要有卡门1座、古墓1处，以及保存完好的古树群1处、古树多颗。

卡门：位于村寨后山，石砌墙体，用于防御土匪。

古墓：位于村寨内部，建于清嘉庆十一年（1806年），石碑雕刻精致，年代久远。

蔡其怀

古树

卡门

古墓

保护价值

红岩组传统民居依山就势而建，形成了与自然环境和谐相融的聚落形态格局，其格局紧凑完整，街巷空间及民居建筑保存完好，从建筑、村落、田地及生活方式上充分体现了村落历史的真实性、村落社会生活的真实性和历史风貌的完整性，直接体现了中国传统文化之"山水文化"。

村落保存有浓厚的仡佬族民族气息，保存着仡佬传统习俗、服饰、文化等非物质文化，有着很高的社会价值。

刘俊娟 王镜舫 编

村庄河流

铜仁市碧江区云场坪镇路腊村

路腊村全貌

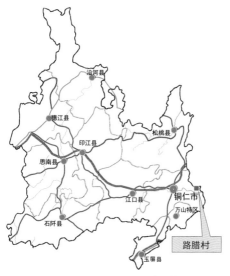

路腊村区位示意图

总体概况

路腊村位于铜仁市碧江区东北部，地处梵净山东麓，距铜仁市区约18公里，距云场坪镇区约4.6公里，主要依托通村路和沙龙路进行对外交通联系。路腊村是一个侗族、苗族、土家族等多民族聚居的村寨，村域国土面积12.19平方公里，全村共305户，1386人，辖路腊、三角岩、罗坳、苦竹坪、茶树井5个村民小组。

路腊村是北宋杨六郎的家将率其部八姓将领为占领路腊一带战略物资朱砂而建，至今已有1100多年。

2019年路腊村列入第五批中国传统村落名录。

村落特色

路腊村地处碧江区东部丘陵状中低山区，地形比较开阔，相对切割较小，地势起伏不大，多呈圆顶丘陵状，侵蚀面保存较好，具有云贵高原特色显著的喀斯特地貌特征。路腊村属亚热带湿润季风气候，热量丰富，雨量充沛，四季分明，冬无严寒，夏无酷暑，气候凉爽宜人。

村落格局神似龙龟状，背靠大山、左右两侧各有一座好似神龙的山脉，呈"八"字形。寨子东面有一座小山，犹如一颗龙珠镶嵌在古寨中央，总体呈现出"双龙戏珠"的村落选址格局特征。

村落内部布局形如"口袋阵"，巧妙地把居住和军事功能有机地结合在一起，形成"路巷为阵，寨阵合一"的坚固堡垒，"进可攻，退可守"，还可诱敌深入，逐个歼灭。村落外围四座山有八个制高点，遗留有烽火台、古战壕，是当时扼守咽喉要道，防御外敌，相互依托、相互协防的前沿阵地。村落建筑沿寿山山脚呈带状集群分布。

传统建筑

村落传统建筑多为"穿斗式""干阑式"木结构建筑，屋面多用"人字形"两面排水，底部用木椽连接，在离地二至三尺左右铺设地楼。房屋构造特色主要以五柱四瓜式、五柱六瓜三开间户型为主，房屋屋基一般高出四周地面一尺以上，地落檐四周设二尺以上宽的阶檐，屋内屋外高矮有别，防水防潮，通风保暖。

明清时期建筑的堂屋大门有着独特的民族特色，每扇门上窗户都刻有精美雕花，每一个吉祥图案、每一朵花纹，时至今日都能清晰明了，见证了匠师们精湛的建筑技术和创造精神，实现了技术与审美的有机结合。窗户雕刻精美，有表现八仙神话故事、有表现学文习武、有表现闲居生活，亦有花草树木及鹿、鹤等吉祥物，栩栩如生、惟妙惟肖。雕刻手法细腻，构图巧妙，特别是镂空雕刻，层次丰富，空间感极强。整幢建筑布局错落有致，把建筑、绘画、雕刻和诗文等多种艺术融为一体。

传统建筑

传统建筑

路腊村平面图

民族文化

路腊村文化底蕴厚重，至今仍有祭祀、哭嫁、丧葬等民俗文化活动和刺绣、织锦、雕刻、竹编等民族民间工艺留存和传承。

祭祀：为纪念古寨杨家祖先杨令婆一家忠良，路腊村每年农历十月二十五都要举行杀猪祭祀杨令婆活动，祈求人畜平安、风调雨顺、五谷丰登。

哭嫁（婚俗）：哭嫁歌有约定俗成的礼仪，表现新娘在出嫁前复杂不安的心情。哭嫁歌植根于特定的历史文化之中，它是每一个女青年婚嫁之前的必修课，是通过每个婚嫁女子及其家庭亲历传承的，至今已传了数百年。

通常新娘出嫁前三五天便开始"哭嫁"，婆亲时新郎不亲迎，于婚期前一日派轿夫天黑时到新娘家，新娘家有专人主持"拦门礼"，要行敬酒、铺毡、恭候等礼数。姑娘出嫁时先给祖宗父母磕头，尔后"强抱"入轿中，表示对娘家恋恋不舍。娘家人把轿子抬出村寨外，才交给男方轿夫。到新郎家拜堂后，新娘要重新梳妆打扮，然后到寨中宽敞处让大家欣赏、逗笑，以便和乡亲们建立友好感情。

丧葬：路腊村丧葬一般为木棺土葬，在死者入棺后都会放入一颗汞石。丧事礼仪纷繁复杂，一般有为亡人洗身、换衣、装殓、开路、跷棺、择地、安葬等仪式。

雕刻：木雕，村落内木雕比较盛行，形象逼真，生动可爱，做工精致。现存比较古老的房屋、门窗、家具等都有不少木雕的精湛图案。石雕，用石头创造出具有一定空间的可视、可触的艺术形象，借以反映社会生活，多以生活器具、墙体呈现。

竹编：竹编工艺大体可分起底、编织、锁口三道工序。在编织过程中，以经纬编织法为主。在经纬编织的基础上，还可以穿插各种技法，使编出的图案花色变化多样。竹编工艺品主要有斗笠、雨帽、箩筐、菜篮、花篮、镰篓等。

织锦：织锦与普通织布的基本程序大致相同，所不同的是使用机架，较为方便，经纬线均为彩色花线，通常用以制作背面和花带。制作花带的经纬也有用白蓝纱线的，但大多数是彩色丝线。织锦作品图案多样，形象逼真，五彩斑斓，不仅款式美观，而且广为实用。

祭祀杨令婆活动

哭嫁

竹编粮仓

人文史迹

路腊村历史悠久，村落内现有古院落、古石门、竹编粮仓、古巷道、土围墙、古井、古墓等大量明清时期古迹遗存。

古院落：主房建筑面积83平方米，两栋厢房建筑面积72平方米，包含院坝、院墙。正房门前过道（街沿）和院坝是用青石板铺成，过道高出院坝0.95米，围墙用土砖砌成，上盖瓦，墙面用石灰浆粉刷，中间一幅大"寿"字，"寿"字两旁各画有一幅山水画。

古石门：古寨内石门共6个，其中石家3个，杨家3个，现保存较好的有5个，均是用巨大整块条形青光岩石做成。

古竹编粮仓：古寨内现存15个，都是建在院坝或室外显眼的地方。用小竹子织成圆柱形，顶上呈锥形，盖黄毛草，顶部压一口铁锅，底部悬空，竹子主骨架延伸到底部作支撑。用稀黄泥、牛粪和寸长稻草制成混合泥糊平内外竹壁，然后用石灰加糯米粉和花椒水粉刷表面。仓门开在粮仓的中上部，门框竖起两根有槽子木柱，门为灵活横向活动木板组合。

古巷道：路腊村内留存有8条古巷道，总长约2000米，巷道宽度在1.5～1.65米之间。

土围墙：墙体骨架由木板及竹条构成，用稀黄泥、牛粪和寸长稻草制成混合泥糊，墙外用石灰加糯米粉粉刷表面，墙上遗存有毛主席语录等宣传标语。

古井：古井由三个水池组成，长2.3米，宽1.2米，深1.5米，内有四步梯级，正面井壁上用朱砂糯米浆雕有"冰青玉壶"四个字。

古墓：村内有5处古墓，由于受百余年的风雨侵蚀，墓碑字迹已损毁严重，有两座古墓于民国时期被盗窃。

古石门

古巷道

保护价值

路腊村经过千年洗礼，明清时期的院落、古石门、古竹编粮仓、古巷道依然留存至今，错落有致，具有极高的历史价值。

路腊村丰富的物质文化和非物质文化遗产，具有极高的文化价值。

路腊村是侗族、苗族、土家族等多民族聚居地，其生产生活方式是各民族智慧融合的结晶，具有较高的科学研究价值。

路腊村村落选址格局特征，具有较高的科学研究价值。建筑及装饰、材料等具有典型地域性和民族性，建造工艺独特，建筑细部及装饰十分精美，工艺美学价值较高。

白永彬 刘俊娟 王镜舫 编

窗花

铜仁市松桃苗族自治县寨英镇蕉溪村

蕉溪村全貌

蕉溪村区位示意图

总体概况

蕉溪村位于铜仁市松桃县寨英镇东北部，地处梵净山旅游环山公路冷孟沿线，渝怀铁路穿村而过，蕉溪村盛产水稻、玉米、油菜，是松桃县粮、油丰产重地，也是中国西南第三军事储备粮基地。村域总面积约为8平方公里，其中传统村落核心区域为拱洞门寨，面积为22.44公顷。村民主要以"杨"姓为主，是一个由汉族、土家族、苗族等民族组成的多民族村寨。

2016年蕉溪村列入第四批中国传统村落名录。

村落特色

蕉溪村地形比较开阔，相对切割较小，地势起伏不大，多呈圆顶丘陵状，平均海拔480米左右。至今仍较好地保留着村落自然山水格局形态，传统民居建筑特色突出，村落物质文化遗产和非物质文化遗产丰富，是集自然和人文景观为一体的传统建筑风貌型传统村落。拱秀壮丽的山水风光，敦厚朴实的乡土民情，成为外省大中专院校学生实习、写生的基地。

蕉溪村传统民居

传统建筑

蕉溪民居以木质干阑式建筑为主，一些厢房采用吊脚楼形式，木房依山势从低到高，层递而建，屋顶青瓦铺盖，色调统一协调，配以木质窗花、木门，建筑一般正房为一层，多数为一排四扇三间，屋顶有两个翘椽，具有汉民居的风貌。宅基地宽裕的面前有院坝，院坝保持原始风貌。依据地势，有两三栋房屋连在一起的，也有的由厢房相隔。

杨小月故居：杨小月生于清末，在民国时期担任松桃的县长，其故居位于蕉溪村拱洞门，属于清代建筑，堂屋敞开无大门，堂屋为迎客间，窗户为木质玻璃窗户，入户大门为石门，极具蕉溪村传统四合院建筑特色，是县级文物保护单位。

杨小月故居

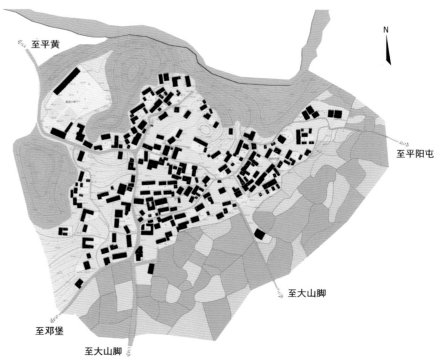

蕉溪村平面图

民族文化

滚龙：蕉溪村每年在春季与夏季都会举行滚龙活动，在春季滚龙是祈祷在新的一年里风调雨顺，在夏季舞龙是为驱赶蝗虫，希望在这一年里五谷丰登。34人轮番舞动，龙身腾跃翻滚，如果在夜间则晶莹剔透，五光十色，犹如彩虹飞舞，蔚为壮观。滚龙的传统招式很多，流传至今的大致有"卧龙猛醒""祥龙出洞""蛟龙抖威""游龙戏水""玉龙闹春""蟠龙戏珠""滚龙奔海""金龙腾飞"等。

哭嫁：哭嫁是蕉溪村当地人民劳动和智慧的结晶，也是当地婚俗文化的重要组成部分，具有鲜明的民族特色，哭嫁歌已成为一种特殊的仪式，不仅具有丰富的内容，而且还有独特的音乐魅力，是亲朋好友对于新娘出嫁不舍的特殊表达方式。

打糍粑：蕉溪糍粑也称年糕，在过年的时候制作食用，过年前打糍粑是蕉溪村代代相传下来的习俗，具有浓厚的乡村风味。糍粑由糯米蒸熟再通过特质石材凹槽冲打而成，手工打糍粑很费力，但是做出来的糍粑柔软细腻，味道极佳。

滚龙

哭嫁

打糍粑

人文史迹

古井：蕉溪村古井位于蕉溪村拱洞门，共4个，分别为凼凼井、大水井、马蹄井、龙家井。修建于明洪武年间，均为石板堆砌而成，板与板之间没有使用任何的黏合材料。蕉溪古井规模大，功能分区明确，保留了蕉溪村珍贵的历史信息，是研究明代以来黔东北地区民俗和生活状态的宝贵实物。

古井

古巷道：古巷道狭长幽深，结构错落有序，由内向外延伸。蕉溪村因地制宜的传统建筑和许多木宅四合院造就了如块状般纵横交错的巷道网络。古巷道环境优美，由古石墙围建而成，这些巷道历经几百年的岁月沧桑，石墙间夹杂些许小草，给人一种古朴自然的厚重历史感。古巷道与蕉溪传统建筑相辅相成，组成了古色古香、原汁原味、民俗风情浓厚的蕉溪村寨。

古石阶：村寨历经多年的历史，在田园中、丘陵山冈上和古色古香的村落里纵横交错着石阶路。石阶路是由质地优良的石灰岩经切割和打磨后铺在泥土路上。这些纵横交错的石阶路是蕉溪村的交通命脉，也是蕉溪村传统村落肌理的体现，形成了其优美的自然风景和人文景观。

神龛：旧时中国民间放置道教神仙的塑像和祖宗灵牌的小阁。神龛大小规格不一，依祠庙厅堂宽狭和神位的多少而定。大的神龛均有底座，上置龛，敞开式。神龛分为祖宗龛和神佛龛，祖宗龛多为竖长方形，神佛龛多为横长方形。龛均木造，雕刻吉祥如意图案和帝王将相、英雄人物、神仙故事图像。蕉溪民居内多放置做工精细、雕花精美的木质神龛，以供放置祖宗灵牌。

神龛

古巷道

古石阶

保护价值

蕉溪传统村落具有完整的村落形态、悠久的历史文化，祖祖辈辈在这里长期居住生活，留下了丰富的非物质文化遗产。长时期多种民族聚集，使其传统生活、生产方式有着独树一帜的风格，充分体现了当地的传统文化以及建筑艺术。它不仅是传承和构成黔东传统文化的"活化石"，更是武陵深处古村落中的又一块瑰宝。

熊彬淯 刘　恬 叶　希 编

蕉溪村环境

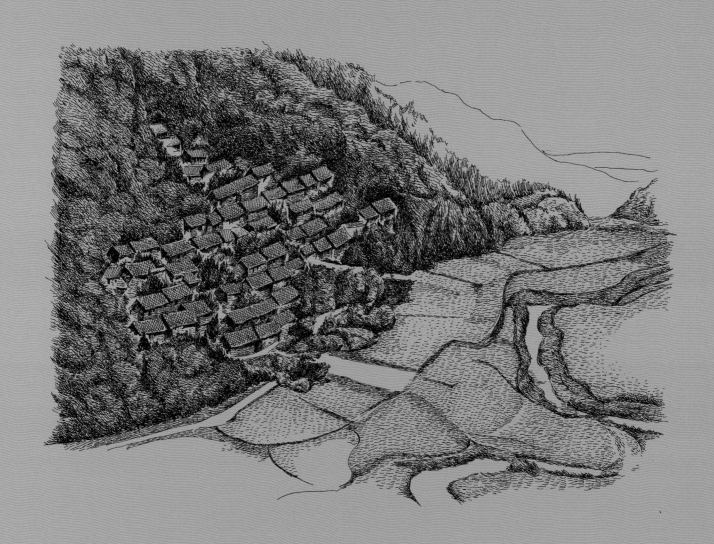

安顺市

AN SHUN SHI

安顺市紫云苗族布依族自治县火花乡九岭村

九岭村全貌

九岭村区位示意图

总体概况

九岭村位于安顺市紫云县西南部，距县城22公里，镇政府驻地13公里。全村面积5.3平方公里，约230原住民生活在其中，是贵州省典型的布依族传统村落。

九岭村历史悠久，始建于唐朝，距今已有1200余年的历史，多年来以纯朴的布依族文化、壮丽的喀斯特自然风光、宜人的气候特征，每年吸引大批游客前去拜访游玩，2019年列入第五批中国传统村落名录。

村落特色

九岭村背山面水而建，整体呈"一"字排开之势。村落选址讲究群山环绕、依山而建、坐北朝南、择险而居，顺山势分层筑台，层层叠叠，坐落有序。故村寨被称为骑龙寨，山也被称为骑龙山。

寨中树林茂密，古树参天，山石镶嵌，竞相攀争。村寨由九座山包围，生态环境优美，动植物种类繁多，完全诠释了"田、林、寨、山"融合一体的村落格局。

村寨环境

传统建筑

九岭村依山而建，坐北朝南，民居建筑均为"半边楼"式竹编房。"半边楼"式竹编房为木结构，以竹编织成墙，在木柱底架上建起高出地面的房屋，就地取材，依地势而建。

"半边楼"式竹编房建筑主要为防潮湿而建，长脊短檐式的屋顶以及高出地面的底架，都是为适应多雨地区的需要。"半边楼"式竹编房的基本骨架是由柱、穿方、落檐、大梁、楼枕、托方等经过精密的打眼、钻榫之后一次性精确地立起来的。

传统街巷

村寨环境

传统民居

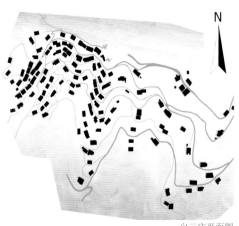

白云庄平面图

传统民居

三月三祭山神

"三月三"祭山神

传统民居

布依族打糍粑迎宾

"布依族三月三"活动现场

传统民居

杀猪祭祀

民族文化

三月三祭山神：此祭祀活动从古流传至今已经传承多年，主要是每年清明前后久旱少雨，村民把希望寄托于山神，希望通过超自然的力量帮助他们改变现状，确保平安。如今，三月三祭山神活动依旧保持定期举行，每个家族派一人来参加，祭祀的时候外人不能进入。剩下的家人，去参加赶坡，庆祝祭山神。主要祈福活动是"送火星"，在祭祀过程中要自带食物，吃过的碗筷不能拿走。

织布刺绣：九岭老粗布是一种传承久远的纯棉手工生态纺织珍品，对皮肤无任何刺激，抗静电、不起球、透气性强，还具有独特的自然按摩特点，能增加人体的微循环，调节神经、改善睡眠质量。

"六月六"风情节：布依族自古以来多居于江河、溪流沿岸的平坝上，以种植水稻为业，素有"水稻民族"之称，农业生产在布依族人民的经济生活中占有极为

重要的地位。每年六月份，水稻耕作大都完成，所以，每逢这个时候都会举行庆祝活动，一来庆祝水稻种植完成，二来祈祷风调雨顺。

人文史迹

九岭村作为紫云县最具代表性的布依族文化村寨之一，保存了真实的历史遗存和文化遗产，同时附带了大量的历史文化信息，见证了唐朝安史之乱时期时该地区的生活方式和文化特色，由于战乱，村寨便建在了山上。一直到清朝之前都过着与世隔绝的世外桃源般的生活。

保护价值

九岭村作为历史悠久且保存状况较好的传统村落十分难得。它在村落的村址选择、建筑格局、建筑风貌、服饰、传统工艺、传统民俗等方面，无一不体现了它所具有的布依族特色文化，九岭村传统民族文化底蕴的深厚，是地域性传统民族文化保护的价值所在。

刘 娟邓 超编

村寨环境

安顺市西秀区大西桥镇九溪村

九溪村全貌

九溪村区位示意图

总体概况

九溪村位于安顺市西秀区东南部，大西桥镇南部，处在黔中大地上的邢江河上游，紧邻安顺市旧州镇，距镇政府4公里。关州公路从北至南沿村而过，交通便利。九溪村村域面积12平方公里。全村人口以汉、苗族为主，共1583户，5729人。

据《九溪村志》记载，600年前明洪武征南开疆，设屯立堡。朱、姚、胡、余、冯、陈、梁、洪、童、吕十大姓氏的军士携家带眷，告别故土江南，入徙贵州。在九溪兴建家园，后屯军、移民纷至，至清代户数逾千，人口近万，为当时最大的屯堡村寨。如今九溪仍是安顺市西秀区历史最悠久、人口最多的屯堡村寨。甚有"九溪是座城，只比安平(平坝)少三人"之说。

2019年九溪村列入第五批中国传统村落名录。

村落特色

九溪村属于典型的屯堡村寨，村落坐西朝东、三面环山、背山面水(九溪河)、地势平坦、视野开阔、水源便利。

整个村落呈"品"字形布局，左、右两边为大、小堡居民组，后面是后街居民组。从大堡至后街的南北向长街贯穿整个村落，村内民居多为沿街而布。曲折、狭窄的石板巷道从长街开始宛若渔网般纵横交错地蔓延至东部河流，有机地连接各家各户，形成幽静、独特的传统街巷。从长街到九溪河可以说是一个开敞性空间向半私密性、私密性空间的过渡，由闹到静的渐变，村落环境既有现世繁华也有传统宁静，有机结合互相促进。

九溪河从九溪顺势而下，两岸风景如画，绿柳成荫，河水清澈，鱼儿成群。走在河边，仿佛走在江南水乡。顺流而下就是下九溪，下九溪在2017年被评为AAA级景区，有百亩的荷花池，每到7月至9月间，百亩荷花竞相开放，美不胜收，可谓世外仙境水连天，乡间景色醉人间。

传统建筑

九溪村传统建筑是典型的屯堡建筑。

屯堡建筑由坚固的条石垒砌而成，源自其防御功能的需要。一户民宅就是一座石头城堡，一个村庄就是一座石头城。屯堡民居具有强烈的军事色彩，村寨内部的巷子相互连接，纵横交错，巷子又直通寨中街道，形成"点""线""面"组合的防御体系。在这个防御体系中，屯堡民居就是组成这个整体的每个细胞，既可以各自为政，又可以互相支援友邻，既保证一宅一户私密性和安全感，同时又维持着各家之间必要的联系。低矮的石门，有一夫当关、万夫莫开的军事功能。同时也是村民交往、聚会的重要场所。这一切无不呈现出当时战争所需的建筑构成和屯军备武的思想。

屯堡建筑把石头工艺发挥到极致，走进屯堡村寨，从高至低放眼望去，所看到的是石头的瓦盖，石头的房，石头的街道，石头的墙，石头的碾子，石头的磨，石头的碓窝，石头的缸，屯堡就是一个石头的世界。

传统建筑

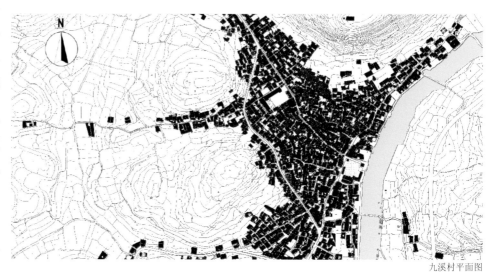

九溪村平面图

九溪村除了众多保留完好的屯堡民居、四合院外，还有许多保留至今的寺庙。

后街的龙泉寺，九溪村内最大的庙宇，主要供奉三大佛。寺内古戏楼至今保存完好。隔天井与大殿相对，两边各有厢房，是一座封闭的庙宇。

小堡的青龙寺，主要供奉大佛，围墙包围，只有正殿没有厢房院落。

大堡的汪公庙，主要供奉汪公，是一座闭合四合院。

还有三座土地庙分别位于大堡、小堡、后街几处路口，逢年过节祭拜者较多。

青龙寺

小堡土地庙

民族文化

九溪地戏：地戏，俗称跳神，是世界上最古老的戏剧之一，其起源可以大致追溯至原始社会的"傩舞"。"傩舞"即先民们戴着神和各种猛兽的面具舞蹈，其目的在于驱邪酬神、消灾避难，乞求神灵赐福保佑，之后出现了在军队当中盛行的军傩，而地戏便是在这种军傩的基础上产生和发展起来的。

九溪村地戏据村里有关传说源于南京应天府，有着极为悠久的历史。在九溪村所演出的地戏主要有三堂，内容多取材于古代的征战故事，以历史故事和英雄人物为线索。演出剧目有《封神演义》《四马投唐》和《五虎平南》。九溪地戏，继承先辈的优良传统和精神，至今不衰。目前，九溪村已通过地戏进课堂等形式，将这一独特的传统民族文化代代传承。

屯堡服饰：屯堡服饰以青、蓝色为主，这是他们对祖辈来自长江一带眷眷依恋之情的叙说。屯堡男人的服饰以短对襟和长衫大襟为主，头包青布头帕或毛线头帕，腰系青布腰带。屯堡妇女始终保持大袖长袍尖头鞋等明代遗风，身着青色、蓝色、粉色或白色的大襟大袖长袍，系"丝头腰带"，后吊长长丝绦，在袖口、衣襟处镶嵌美丽的花边。长发挽髻套上马尾编织的发网，插上银质和玉石发簪，腕戴银手镯，耳吊银质玉石耳坠，脚穿尖头平底绣花布鞋，额扎白布带（老年人多为黑色）。九溪村的张世福老人为市级屯堡服饰传承人。

九溪花灯：屯堡花灯是屯堡人喜爱的古老民间艺术。九溪村有着自己的花灯。花灯唱腔调子较多，一曲戏除几个调子是固定的，其余调子经常变换，演员们称为倒板。其调子有行程调、迎客调、欢喜调等，共十八调。花灯表演的剧目也有很多，传统的有《蟒蛇记》《金铃记》《梁祝》。花灯表演一般在正月和七月。正月花灯为迎春灯，七月花灯为米花灯，带有恭贺村寨平安吉祥、五谷丰登的良好心愿。它的演出开头和结尾都有简单的仪式。

九溪河灯节：每年的七月十四日放河灯民俗成了九溪的河灯节。在河灯节上，九溪河两岸挂上了数十个红灯笼，站满了人。河里各式各样的河灯，烛光闪烁，顺水而飘，充满了神秘的气氛。九溪村河灯节每年举办，活动项目种类繁多涵盖歌舞、游戏、体育竞技、手工艺比拼等，每年吸引周边众多游客参与。

九溪河灯节

人文史迹

顾姓祖坟：东塔山下葬有顾姓祖坟墓，墓高3.11米，直径6.5米，周围20米，前有月台进深7.3米。墓碑三层，中有清代重立之碑。从墓内出土一些文物证实，此墓系顾成儿媳俞氏之墓地。

九溪水井：在后街有一口古井，始建于明洪武年间，已600多年。井口沿被掉索勒磨几百年后，如玉般光滑，其中还产生了几道深深的索痕。后街村民现在还在使用该井。

古树：古树为古银杏和香樟。

顾姓祖坟

九溪地戏《五虎平南》

九溪水井

九溪花灯

保护价值

九溪村具有悠久的历史文化，传统风水理念的村落布局，保存较完整的古建筑群，沿用至今的民族风俗等，能较好地反映当时的历史信息及当地屯堡文化的发展轨迹。

村民传统的衣、食、住、行、娱等行为所折射出的文化现象为人类文化研究提供了鲜活例证。

旷 辛 编

屯堡服饰

安顺市平坝区安平街道办事处大寨村

大寨村全貌

大寨村区位示意图

总体概况

大寨村位于平坝城区至白云镇政府驻地中间地段，东与黎阳村相接，南临白云村、车头村，西接双硐村，北接大硐村，距平坝城区仅 2.5 公里，距街道办所在地3公里。

大寨村为典型的高原盆地地貌，村内地势平坦，村外四周环山，属亚热带湿润型季风气候。全村总面积6.6191平方公里，耕地面积4510亩，辖18个村民小组，共591户，户籍人口2046人，以汉族为主，有少部分为回族。

2016年大寨村列入第四批中国传统村落名录。

村落特色

明洪武二十三年（1390年），明朝开国皇帝为完成统一中国大业，发动调北征南战役迁居于此。村寨沿龙肖公路两侧修建，传统建筑集中连片分布于村西、北部，保存良好，村中有明洪武二年（1369年）修建的莲池寺。大寨村选址充分考虑了生存、发展、环境等因素，村落布局因地制宜，反映了村落的发展过程，其建筑具备明代村落的特征。

村落石桥

传统建筑

大寨村的传统建筑包括具有一定历史的木质建筑和石板房，木结构建筑采用"穿斗式式"结构，又叫"干阑式立木柱架构体系"，凿榫头衔接，结构精密，牢固、耐久，不用一钉一铆。石结构建筑一般就地取石材修建，庭院屋顶以石板建成。村落建筑主要以石木结构为主，大部分保存完好。结构延续江淮建筑风格，并结合贵州山地特色，形成了独具特色的传统民居，成为大寨村的重要历史文化符号。

大部分的民居平面都是以"间"为单位，由相邻两榀房架构成，常见平面是由三至五等单数间组成的长方形，每间开间约3～4米，进深约8～10米，内部垂直方向划分，自上而下可分地层、中间层和阁楼三层。地层即为底层，多用于饲养牲畜、堆放杂物等，也有兼作灶房；阁楼常常设置贮藏间、次卧室和客卧；中间层除了主卧室外，就是堂屋。堂屋中壁上设神龛位，这与汉族、侗族大同小异；堂屋的中心——火塘，即为青石条围筑而成的方形小坑，供取暖和炊煮之用。

堂屋

村落环境

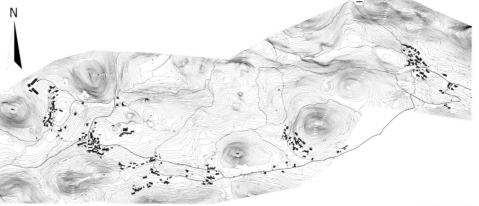

大寨村平面图

传统民居

地戏面具

民族服饰：大寨村妇女日常生活穿着传统屯堡服饰，其特点主要表现在衣着和装扮上，身穿青色或蓝色的大襟大袖长袍，系"丝头腰带"，后币长长丝绦，在袖口、衣襟处镶嵌美丽的花边。长发挽髻套上发网，插上发簪，腕戴银手镯，耳吊银质玉石耳坠，脚穿尖头平底绣花布鞋，头围白帕，一副大明朝江南汉族女子的风韵。屯堡妇女一身靓装还为屯堡人赢得了"凤头笄""凤头鸡""凤头苗"和"等苗夷"等称谓。

大寨村的石头建筑群把石头工艺发挥到了极致，从高向下放眼望去，白白的一片，错落有致。走进村寨所看到的是石板的屋顶，石头的房，石头的街道，石头的墙，石头的碾子，石头的磨，石头的碓窝，石头的缸，简直可以称之为一个石头的世界，具有很高的历史意义和研究价值。

大寨村的屯堡石头建筑群，具有强烈的军事色彩，村落内部的巷子互相连接，纵横交错，巷子又直通镇中的街道，形成"点、线、面"结合的防御体系。

石头建筑群

屯堡花灯是贵州省屯堡传统节日习俗。已被列入贵州省非物质文化遗产保护名录，是贵州西路花灯的代表。分为花灯歌舞和灯夹戏两大类，具有情意缠绵和幽默机智两大特点。上千首花灯曲调多在逢年过节时，在亮灯、盘灯、开财门、贺灯等表演程式中，以张灯结彩舞扇挥帕的载歌载舞形式，给广大人民群众带来了欢乐和对幸福生活的向往。此习俗在大寨村仍然延续传承，每逢过年过节都会演花灯，演出活动多在夜间举行，有着"白天看跳神（地戏）、晚上看花灯"的活动安排，这是屯堡人延续至今的传统。

传统民居

传统民居

民族文化

屯堡地戏："地戏"被称为戏剧活化石，也是屯堡村寨最吸引游客眼球的地方之一。地戏的魅力，很大一部分在于服饰道具的精美。披肩、对襟衣、黑纱帕、战旗、背包、布鞋等，而面具是地戏的核心灵魂。地戏俗称"跳神"，由历代移民搬迁后带到贵州，地戏类型多为武戏，屯堡人把这一古老戏种传承了600年，它寄托了屯堡人对美好生活的向往，对于屯堡人来说，跳地戏是一件极为神圣的事情，只有品行端正、刚直的人，才能学跳地戏。每逢春节和中元节，大寨村村民会组织跳地戏活动，祈求风调雨顺、村寨平安、护佑庄稼丰收。屯堡地戏演出的最大特征是演员头戴木刻假面，演出风格是以讲唱为主，保持了盛行于宋元时代的讲唱文学体例，地戏演唱时也是保留了古老声腔弋阳腔的遗风。

人文史迹

莲池寺位于大寨村中部，现状保存完整，内有白渡母殿、圆通宝殿、三圣殿，建筑为单层建筑，整体外观保存良好，香火鼎盛。每年的农历四月初八日和农历七月十五日，大家聚集于此，虔诚拜佛，保佑一年幸福安康。

屯堡服饰

莲池寺

屯堡花灯

保护价值

大寨传统村落，保存了贵州安顺地区相对完整、真实的历史遗存，并且大寨村的传统建筑是该地区重要的历史文化遗存，再现了屯堡村寨各个时代发展的轨迹及时代特征，记录了地区的发展信息，具有极高的历史价值。

袁棕瑛 肖立红 编

安顺市平坝区乐平镇大屯村

大屯村全貌

大屯村区位示意图

总体概况

大屯村位于平坝区西面，东距离县城及平坝珍珠泉11公里，南距天台山风景区10公里，西距斯拉河风景区13公里，北距平坝县棺材洞9公里，424县道穿村而过，交通便利。村落依山傍水，村内群山环抱，植皮覆盖率高，空气清新，气候宜人，村容整洁，民风淳朴，基础设施比较完善。

大屯村始建于明代，是明初调北征南大将傅友德最早在安顺驻扎的地方，各类街巷保护较好，对研究屯堡文化特别是军屯特色有较好的历史价值。建筑格局主要以军队的"二龙出水阵"布局。

2016年大屯村列入第四批中国传统村落。

村落特色

村民以朱、罗等姓氏居多。村庄建筑沿袭了江南三合院、四合院的特点，由正房、厢房、围墙连成一门一户的庭院，寨院中间有原屯兵操练的操练场遗迹，形成了从

传统民居

燕窝式到城堡式连结体式全封闭式的格局。

传统建筑

村落民居建筑中多以三合院、四合院为主，占比例约有30%左右，是正宗的"江南水乡"式住房。房屋为石木结构，墙体以石头为主，正房最高两楼一底，防贼防盗，冬暖夏凉，财门上方有吊花，门窗雕刻工艺十分讲究，多数保护完好。

传统民居

风格建筑，下石上木结构，窗有雕花，八字门。

民族文化

屯堡地戏：作为一种古老的民间戏剧，在其戏剧本体中就包含着诸多的祭祀因子。当剧中人物被罩上"神"的光晕后，崇尚多神信奉的屯堡人在把地戏看作娱人娱己的艺术样式时，更把剧中人物赋予神性而视为自身命运的主宰者。稼禾的丰歉、村寨的平安、人畜的兴旺等既靠自

村寨环境

罗姓古建筑：原为罗氏居民的院落，为木结构，有精美雕花，风貌保存完整，是质量较好的村落传统历史建筑。

曾家院落（曾氏院落）：主要由曾姓氏为主，清末时期修建的木结构院落群，内部还有一座碉楼，但在民国时期被破坏，后恢复。

朱家院落（朱氏院落）：主要由朱姓氏为主，明代至清代修建的石木结构院落群。

传统建筑结构特点：为典型的屯堡式

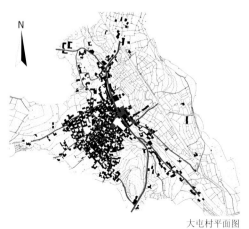

大屯村平面图

屯堡地戏

屯堡服饰

姑娘洞

身的努力，也依赖神灵的保佑。如此，祈福纳吉的祭祀仪式就自然构成地戏演出中的一部分了。

地戏随明朝征南大军来到贵州，是军人的文化活动，也是军事演练，如今只有安顺不多的几个村寨还完整地保存下来，是当年原汁原味的江南味道。

跳花灯：屯堡花灯是贵州省屯堡汉族节日习俗。已被列入贵州省非物质文化遗产保护名录，是贵州西路花灯的代表。

据屯堡人自己说屯堡花灯是屯田人从老家江南带来的，迄今为止没有人对其进行专门的考证，只知道屯堡人节日期间，"白天跳神（地戏），晚上演花灯"的活动安排，很早以前就是这样了。

屯堡服饰：屯堡人的服饰以青、蓝色为主。屯堡人服饰的特点，主要表现在妇女的衣着和装扮上。屯堡妇女始终保持大袖长袍尖头鞋等明代遗风，身着或青色，或蓝色，或紫色，或粉色，或绿色，或白色的大襟大袖长袍，系"丝头腰带"，后吊长长丝绦，在袖口、衣襟处镶嵌美丽的花边。长发挽髻套上马尾编织的发网，插上银质和玉石发簪，戴银手镯，耳吊戴银质玉石耳坠，脚穿尖头平底绣花布鞋，额扎白布带（老年人多为黑色）。

如今，在装束上增添了一块方头巾和彩带黑色围腰（围裙）。年龄较大的屯堡妇女被称作"太婆"，服饰较为朴实，并多以青色为基调，头上插单簪，并包上一块青纱帕或青布。

人文史迹

朱家祠堂：位于村寨中部，为传统的四合院式建筑，建筑一共有两层，建筑中央为主厅，主厅二楼为廊柱式结构，左右厢房均为二层。原村寨为朱姓家族古居，现院落内部有祠堂一座，祠堂内部现有朱姓族谱。

工乡所遗址：位于村中心，始建于中华人民共和国成立初期，总占地面积119.46平方米，是典型的屯堡建筑，石木结构，四周墙体为石木，屋面为石板。原址是乡工所，因火灾部分损坏重新修复后成为妇女协会新址。

古碉堡：始建于中华人民共和国成立初期，总占地面积26平方米，位于中间街，是典型屯堡防御型建筑，石结构，四周墙体为石墙，屋面为石板，建筑三层，建于院落内。

古遗址（姑娘洞）：始建于抗战时期，位于村寨西部。现洞穴遗址保留完好。"姑娘洞"是村民为躲避土匪侵害，在山中洞穴建立的防御工事，当年为妇女儿童躲避的洞穴，洞穴内有河道，有石床及植物。

保护价值

大屯村原名杨官屯，中华人民共和国成立后改名大屯，是一个拥有600年历史文化的传统村落。村寨依山傍水，村内群山环抱，植物覆盖率高，选址讲究。寨子四周有遗留下来用于军用简易防御作用的古围堰遗迹和营盘遗迹，是一个典型的军屯。

村寨以一条主巷道和多条小巷将各家各户连成片，形成屯堡式的村落。村落文物古迹丰富，村寨前后有两颗600多年历史的古银杏树，寨后有简易防御作用的古围堰遗迹，具军用性质，村寨右面有古树龙潭和营盘坡的营盘遗迹，村寨左面有青龙寺遗址。村寨保存了丰富的传统文化因子，有极富屯堡特色的寨门、古朴的屯堡民居建筑、幽秘的巷道等。

村落肌理清晰，格局完整，有苍老的古树、古井、古巷道、中间街、寨墙等良好的环境，具有丰富的非物质文化遗产。大屯村村民从江南家乡迁来，过着自给自足的生活。现统称为"屯堡人"，经过600多年来的继承发展和演变，形成了现在的"屯堡文化"，仍保存着600年前江南人的生活习俗，其民居、服饰、饮食、民间信仰、娱乐方式无不具有600年前的文化因子，造就了现在浓郁的屯堡文化，具有较高的历史价值和审美价值。

周 怡 刘 娟 编

跳花灯

朱家祠堂

碉堡

村寨古街道

古遗迹

安顺市西秀区双堡镇山京村

山京村全貌

山京村区位示意图

总体概况

山京村位于贵州省安顺市西秀区双堡镇南侧，东与花恰村、南与杨武乡接壤，西与鸡场乡相连，北与山京畜牧场毗邻，村委会距镇政府所在地4公里，相距安顺市城区仅为30公里。全村户籍人口1325人，主要居住民族为汉族。

山京村历史可追溯到明朝，明王朝为了制止内患、巩固边睡和减轻驻防军队的粮饷负担，实施屯田制，官兵民众，聚族而居，以丰富的石头资源，建设了石头寨墙或民房，房墙连体，再配上碉楼、碉堡，形成了易守难攻的建筑群体。

2016年山京村列入第四批中国传统村落。

村落特色

山京村是明洪武年间调北征南战争后施行"屯田成边"政策形成的自然村落，村口东北方向一条小河环绕山京村寺庙（水晶阁），为古代军事防汛用地，商贸经济交汇中心，在历史上拥有较高的军事防汛和经济地位。村寨依山傍水，巷道蜿蜒曲折，利于防守，形成"户自为堡"、封闭而具有对抗外部攻击能力的军事防御体系。

目前村庄格局保存完整，三山一水，街巷城堡构成了"一河通贯、三山拱卫，得水藏风、街巷通衢"的山水格局和军事防御特征明显的街巷格局。同时衙门街、门楼街等数条古街古巷纵横交错、顺势依行的格局也体现出中国传统街巷顺应自然、天人合一的布局特色。

山水环境

传统建筑

山京村民居建筑中，三、四合院所占比例约占30%，正宗的"江南水乡"式住房，多姓氏杂居，石木结构，墙体以石头为主，正房最高两楼一底，防贼防盗，冬暖夏凉，财门上方有吊花，门窗雕刻工艺十分讲究，多数保护完好。其中最著名的要属励志社，始建于民国时期，为四合院式建筑，层数为两层，现作为老年活动场地。

村寨内多数房屋为两至三层，村内建筑依托"二龙出水阵"层层排列，形成完美的视觉效果。

吴家大院：主要由吴姓氏为主，为明代时期修建的石木结构院落群。

四世同堂老宅：是民国时期修建的石板结构院落群，风貌完整。

村落环境

山京村平面图

传统院落

佛会：山京佛会，始于僧人深元、深信于清乾隆三十九年(1772年)在此建水晶阁，后传承下来的佛会活动，经过几百年的传承和发扬，山京佛会文明近盛行于各村各寨，远则至其他乡镇甚至县市，佛会中有拜祭菩萨、过河、取水、过学河等程序；每年正月十三来自四面八方的信女聚集于此祈祷祈福。最隆重的佛会属龙年的佛会，之所以龙年最为隆重，是因为中国是龙的传人，到此参会祈祷的人们希望借祥龙的到来之际，能够带来平安、幸福、祥和，子孙发达，财源广进，益寿延年。

水晶阁

传统院落

屯堡地戏

古驿道

吴家大院

屯堡服饰

古河道

民族文化

屯堡地戏：地戏演出的最大特征是演员头戴木刻假面。假面，俗称"脸子"，用丁木或杨木刻制而成。一堂地戏的面具有多有少，根据剧本人物来定。演出内容只有金戈铁马的征战故事，人物角色的分类主要以"将"为主。粗分，有正将和反将；细分，有武将，包括老将、少将、女将；文将，包括君王、文臣，杂扮，有小军老二、歪嘴、笑嘻嘻、和尚、土地等。

屯堡服饰：屯堡人服饰的特点，主要表现为屯堡妇女的青色，或蓝色，或紫色，或粉色，或绿色，或白色的大襟大袖长袍，系"丝头腰带"，后吊长丝绦。长发挽髻套上马尾编织的发网，插上银质和玉石发簪、戴银手镯，耳吊银质玉石耳坠，脚穿尖头平底绣花布鞋，客扎白布带。

人文史迹

古寺庙（水晶阁）：山京寺遗址，坐落于村中心，建于清朝年间，民国《续修安顺府志辑稿·营建志》就明确记载，山京有"长寨营分防山京汛外委署"一座，另一处《经制志》更言，山京汛"光绪初裁去。其废署久毁于贼，刻下署基归山京庙上所有。"具有传统的屯堡建筑风格，门窗、栏杆雕刻技艺十分精湛，雕刻图案丰富。

古驿道：明洪武年间调北征南战争后施行"屯田戍边"政策形成的山京村因其有较高的军事防汛经济地位，古时村落有重要的古驿道连接。

古河道：河道环绕山京村寺庙（水晶阁）和山京金叶小学，保存三山一水村落格局，村落内构成"一河通贯、三山拱卫；得水藏风、街巷通衢"的山水格局。

保护价值

山京村始建于明代，历史悠久，是明初调北征南大将傅友德最早在安顺驻扎的地方，尽管民国后至今军屯功能已逐步丧失，但其格局仍然保留着军屯的痕迹，对研究屯堡文化特别是军屯特色有一定的历史价值。村内文化底蕴深厚，各类街巷保护较好，研究山京村对了解屯堡文化发展有更深刻的意义。

山京村古建筑具有独特的屯堡民居建筑风格，街巷严格按照军队的"二龙出水阵"布局，南向各街巷均可通往后面的大营山，便于迅速集结和撤离，充分表现出村寨的防御功能，是屯堡文化中军屯的典型代表。丰富的文物古迹，独特的屯堡民居，对研究和传承屯堡文化和屯堡建筑的有重要意义。

严　毅　段世得　编

安顺市平坝区乐平镇小屯村

小屯村全貌

小屯村区位示意图

总体概况

小屯村隶属贵州省平坝区乐平镇，距省城贵阳58公里，平坝城区10公里，全村总面积9.6平方公里。小屯村属坝区，冬无严寒，夏无酷暑，气候温和，依山傍水，背山面田，民居坐落在背东面西的山脚缓坡地带上，424县道从中穿过，村中还保留了一条特色古道。

小屯村传统村落始建于明朝，建筑整体为江南风貌，为民居相对集中的自然村寨。四周林木茂盛，全村有600多年历史的传统石头建筑群，保存良好。

2016年小屯村列入第四批中国传统村落名录。

村落特色

建筑整体为江南风貌，石木结构、石砌结构及木结构。古街巷格局保存完好，尺度宜人的古街古巷纵横交错，村寨所处位置的地形蜿蜒曲折，空间收放有致。

村寨环境

小屯村依势布局，或单体式，或三合院式和四合院式，整个村寨由多条古街串联而成。明清时期修建的永兴寺、福寿碉、古井、古巷、古民居以及民国时期、中华人民共和国成立前修建的建筑至今保存较好，共同构成完整的古村落。

传统建筑

全村有600多年的传统石头建筑群，有古庙、石梯、石路、石墙、石门、石井、石桥等古屯堡建筑群等，70%保存完好。

小屯村建筑分为砖木、石木和砖石结构，但主要以石木结构为主，村内有大量石木工匠，他们以石木为主要材料，为村内建造既高雅美观，又具防御性的民居

传统民居

建筑，形成了当地特有的建筑风格，其中以"福寿碉"为代表，其高9层，不用一滴灰沙，砌的严丝合缝，每层四周都有观察孔，上圆下方，可采光，也是枪眼。其余石木结构建筑多为传统穿斗式悬山顶瓦屋建构。

村内传统民居建筑中，三、四合院所占比例约占35%，为正宗的屯堡式典型民居，其中以杨姓民居居多，墙体以石头为主，正房最高两楼一底，防贼防盗，冬暖夏凉，财门上方有吊花，门窗有雕刻，工

传统民居

艺十分讲究，多数保护完好。随着人民生活水平的改善，村内也增加了一些现代建筑。但传统民居仍然需要继续保护、修缮。

民族文化

屯堡对歌：屯堡对歌是少数民族在特定的时间、地点举行的节日性聚会，它是以对歌为主体的民俗活动，是青年男女恋爱的主要方式，恋人们以歌代表、借歌传情。

对歌最先是唱《赞美歌》，接着是女问男答的《盘歌》，有《盘花歌》《盘古歌》《盘八仙》等。

小屯村平面图

屯堡地戏

屯堡饮食

将军墓

屯堡地戏：一种古老的民间戏剧，其戏剧本体中就包含着诸多的祭祀因子，如稼禾的丰歉、村寨的平安、人畜的兴旺等。每次活动至少需要30人以上，已经延续了100多年。

小屯地戏表演不在戏台上，而是在村中空坝上，就地围场而演。演出时间一般为两个节令。一是稻谷扬花时节。以农事为主的屯堡人为了祈求一年的辛劳能获得好收成，在农历七月七日中元节期间开箱跳"米花神"，时间约3～7天，七月十四后结束。另一个演出时间是一年一度的春节。为了欢庆一年所获得的丰收，为了祈祷来年的风调雨顺、户户平安、家家康乐，在新春到来之际，地戏班就"鸣锣击鼓，唱书说段"。演出从农历正月初二开始，要跳半月，年年岁岁，周而复始。

屯堡饮食：屯堡人的饮食文化源于军队。他们把主食制作成干粮，把主菜腌制或熏烤成方便携带和储存的坛子菜。显然，这些食品是当年他们的祖先为适应战争和迁徙的需要而特意制作，而且一直沿袭到今天。

传统食品种类繁多，从主食中的糍粑、糕粑、苞谷粑，到副食中的腊肉、香肠、血豆腐、辣子鸡、风鸡（鹅）、干板鸭、干盐菜、干豆豉、干豇豆、干腌菜、干茄子、糟辣椒、霉豆腐等，无不具备长期存放和行走携带的特点。

人文史迹

原将军主屋旧址（陈姓民居）：位于村寨东部，东西朝向，始建于明末清初，为古时将军主屋，主要为木结构，四周墙体为木墙，屋顶面为石板，穿斗式悬山顶瓦屋建构。

原学校旧址（杨家学堂旧址）：始建于中华人民共和国成立前，位于村庄北部，为原杨家学堂旧址，砖结构，四周墙体为砖墙，屋面为石板及混凝土平顶，中心建筑为穿斗式悬山顶瓦屋建构，两边建筑为普通平房建构。

将军墓（杨忠将军）：现状将军墓是从别处迁移而来，是小屯始祖杨忠将军的墓地。

福寿碉旧址：始建于清末年间，位于村庄东部，东西朝向，典型屯堡石制防御性建筑，石结构，四周墙体为石制，屋面为石板。建筑原来为九层石制建筑，但是受战乱及其他因素的影响，现状建筑只有两层。

茶马古道：为村寨外部主要交通走廊，主要是古时连接平坝县的战事信息通道以及经济贸易通道。

保护价值

小屯村始建于明朝洪武年间，杨忠"调北征南"后而留黔，1390年设平坝卫，自择为居点。始创者择其为善，永定久居，起名为"杨忠屯"。民国时期陈姓家族中曾有人考取黄埔军校。

村落依山傍水，群山环抱，水源丰富，泉水清澈，溪流潺潺，植被覆盖率高，空气清新，气候宜人，民风淳朴。

村寨四周有丰富的旅游资源，东有平坝珍珠泉，南有天龙天台山，西有斯拉何风景区，北有棺材洞旅游景点。村内风景秀丽，水资源丰富。村寨四周重峦叠嶂，独具黔中地域特色的自然风貌，建筑坐落在背东面西的山脚缓坡地带上，民居建筑错落有致，良田阡陌纵横，诗意融融，依山傍水，结合特定环境的需要而加以改进成全封闭式的格局。村内至今保留着当年修建的百年老井（现已重新修建）、龙潭碉楼、古驿道、永兴寺遗址（部分已损坏）、福寿碉遗址、古民居等历史性建筑，共同构成完整的古村落，具有较高的历史价值。

小屯村有着几百年的文化底蕴，特色突出如屯堡服饰、饮食及手工制品。村内每年也都会举办大型的民间活动，如屯堡地戏、跳花灯及对歌等，具有丰富的民族文化价值。

周怡 刘娟 编

屯堡对歌

原将军主屋旧址

杨家学堂旧址

福寿碉旧址

茶马古道

安顺市平坝区白云镇车头村

车头村全貌

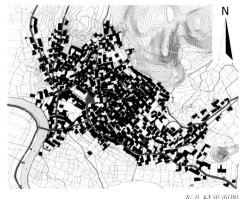

车头村区位示意图

总体概况

车头村地处平坝区西南部5公里处，位于白云镇东端，是白云镇的一个中心村，东邻王下村，南邻猫耳山村，西邻白云村，北邻新场村，全村共有2650余人，耕地面积2312亩，山林面积3150亩，河流绵延约10公里。村寨始建于明朝，具有600余年悠久历史。

村寨文化底蕴深厚，历史悠久，土地肥沃，可比十里江南。

2016年车头村列入第四批中国传统村落名录。

村落特色

车头村选址背山面田，民居坐落在背西面东的山脚缓坡地带上，依山傍水，背山面路，利于防守。民居多为江南水乡四合院三合院格局，是至今保存较完好的历史悠久的传统村寨。村寨始建于明朝，古街巷格局保存完好，尺度宜人的古街古巷纵横交错，顺势地形蜿蜒曲折，空间收放有致，保留有浓郁的生活气息。

村寨依势布局，单体式、三合院式和四合院式，村寨中有公共活动场地，由多条古街串联构成一个整体。与明清时期修建的五仙庙、关帝庙、碉楼、古井、古巷、五孔桥等共同构成完整的古村落。

村落一隅

村落古巷道

暖夏凉，财门上方有吊花，门窗雕刻，工艺十分讲究，多数保护完好。建筑群整体坐西向东，以石木及石砌结构为主，以大青石为基础，墙体用石块干垒工艺砌成，屋面青瓦盖顶。结构多为穿斗式悬山顶瓦屋建构；屋顶铺石板，自然形状的石片铺成"冰裂纹"，方形石片铺成菱形。山墙和后墙为石墙。木、石构件有精美雕刻，柱础、门楼、门窗等是主要装饰部位。在房屋平面布局上，传统民居主要强调中轴对称、主次分明，屋面覆盖的青瓦讲究美学的几何结构，体现了儒家思想的平稳和谐、包容宽纳的审美观念。

传统建筑

民居是车头村古建筑群单体建筑的主要组成部分，也是村寨防御体系的基本组成单元。村落内部建筑和街巷均以石头为主，结构、材料和施工工艺代表了当时当地的建筑成就，整个村寨的营造是古代建筑技术与艺术融合的典范。

民居建筑中，三、四合院所占比例约为33%，正宗的"江南水乡"式住房，基本上为刘姓民居，主要是石木结构，墙体以石头为主，正房最高两楼一底，防贼防盗，冬

村寨环境

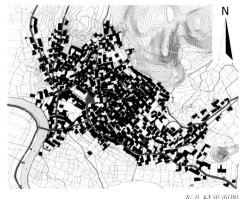

车头村平面图

传统民居

传统民居

传统民居

车头美食：车头村的传统食品种类繁多，从主食中的糍粑、糕粑、苞谷粑，到副食中的腊肉、香肠、血豆腐、辣子鸡、风鸡（鹅）、干板鸭、干盐菜、干豆豉、干豇豆、干腌菜、干茄子、糟辣椒、霉豆腐等，具有便于长期存放和行走携带的特点。现在，车头村家家户户都有熏制腊肉、血豆腐的习惯，是招待贵宾必不可少的菜肴。

传统美食

传统美食

抬菩萨节：农历的正月十八，是车头村"抬菩萨"的盛大日子。这一天，全村无论男女老少，在早上7点钟以前纷纷来到五仙庙前，抬着庙里供奉一年的菩萨前往村里及附近村寨游历，以示为人们带去菩萨的庇护，保佑来年吉祥安康，财源广进。

抬菩萨节

人文史迹

古碉堡：始建于清朝时期，面积约为20平方米，位于村寨中心，石结构，是以前的防御工事，在保卫车头村村民生活安全方面发挥着巨大的作用。随着历史变迁，古碉堡大多被破坏，至今仍保存了一处完整的古碉堡。

古碉堡

五仙庙：始建于清朝，建筑形式采用当地民居形式，做法精致。

五仙庙

水月寺：明朝末年始建，当时仅一个小庙，香火不盛，寺内方丈为重修并扩大庙宇，曾断手化缘以表诚心。经过五六年时间，从各商家铺户和周围各乡村大户人家，化得一笔巨资，同时得到驻防沧州的统领范天贵及梅东益等的大力支持，开始重建扩建，其规模更加壮观。整个水月寺有前殿、次殿、大殿、后殿，各殿均有东西配殿，还有东西两个跨院。山门门匾水月寺三个唐隶大字，为驻沧统领范天贵手书。从重修庙宇之日起，范天贵便悉心习书练字，三年后，寺庙竣工，水月寺三字也挥笔练就。

水月寺遗址

保护价值

车头村古建筑群体现了车头村地方特色和象征意义的内部建筑空间的处理和装饰手法，对了解当地传统民居的文化内涵提供了丰富的信息，与周边环境一起构成了丰富的地域特色人文景观，具有很高的审美价值。

袁棕瑛 肖立红 编

民族文化

地戏：在当地俗称灯夹戏、花戏等。是清末民初在当地民间歌舞基础上发展起来的，后在歌舞中加入小戏，吸收外来戏曲精华演变成为独具地方特色的戏曲。

车头村由于两堡军队入住，所以地戏也随时间分为上下两部，所跳的舞都是出自隋唐演义。每年农历正月初二至正月十八，大家就聚集在村里广场上跳地戏，随着时间的推移大家根据原有曲调和舞蹈动作创造出许多新的地戏。

地戏

安顺市西秀区七眼桥镇仁岗村

仁岗村全貌

仁岗村区位示意图

总体概况

安顺市西秀区七眼桥镇仁岗村自然条件优越，属中亚热带季风湿润气候，冬无严寒，夏无酷暑，周边有国家重点风景名胜区黄果树瀑布、龙宫、九龙山国家森林公园、格凸河景区，旅游区位条件十分优越。距安顺城区10公里，距七眼桥镇6公里，是安顺市西秀区七眼桥镇郑家片区的边远村寨，是一个城乡结合、村民民风淳朴，具有屯堡风格文化的村寨。村庄依山傍水的自然风光、宽广的田野、连绵的山峰，是发展农业及旅游观光的好地方。全村总面积8平方公里，总耕地面积2356亩，其中良田1763亩，旱地593亩，全村总人口2741人，其中少数民族92人。村民经济收入主要来源于农业生产，其次以外出打工为辅，主要经济产业有水稻、油菜、玉米、猪，村民人均年收入四千多元。

2016年仁岗村列入第四批中国传统村落名录。

仁岗村平面图

村寨环境

村落特色

该村是典型的屯堡村寨，村寨坐落在群山环抱的山凹中，左、右两边是大山，后面是大岩石，在历史上拥有较高的军事、经济地位。村寨依山沿河而建，巷道蜿蜒曲折、利于防守，形成"户自为堡"、封闭而具有对抗外部攻击能力的军事防御体系。古村寨内部的巷子、街道互相连接，形成"点、线、面"结合的防御体系。文化底蕴极其深厚，现保存一批以石板房为特色的传统屯堡古民居，至今仍然保持明代传统的生活方式和习俗。村寨周边的山林、水田、溪流、民居、乡间小路等共同构成了典型的田园风光，古建筑群分布集中，景观较为和谐。

传统建筑

始建于明初，建筑整体采用江南风貌，石木结构。古街巷格局保存完好，尺度宜人的古街古巷纵横交错，顺山势地形蜿蜒曲折，空间收放有致，且仍保留有浓郁的生活气息。仁岗村民居依势布局，或单体式，或三合院式和四合院式，或平行排列式，寨中有公共活动场地，如公共建筑、商铺等，整个村寨由多条古街串联而成。仁岗村的后山称屯上，屯上山上有明朝初年建造的古城墙遗址，当年修建的古寺庙、古井、古巷、古民居等至今保存较好，共同构成了完整的古村落。

传统民居

民居建筑中，三、四合院所占比例约占30%，正宗的"江南水乡"式住房，其建筑体量宏大，石木结构，正房最高两楼一底，防贼防盗，冬暖夏凉，财门上方有吊花，石刻木雕精美，工艺十分讲究，其建筑式样保存相对完整，柱础石雕样式在屯堡区域中颇具特点。随着人民生活水平的改善，新式楼房不断增多。但是，古代民居仍然需要继续修缮、保留。

过街楼古建筑

传统建筑

地戏：地戏又称"跳神"，是盛行于屯堡区域的一种民间戏曲。以其粗犷、奔放的艺术个性和深邃的文化内涵，很受屯堡人的欢迎。地戏演出地点不在戏台，或在村中空坝，或在平整田地，就地围场而演。地戏见诸史料记载，最早应是明嘉靖年间的《徽州府志》记歙州一带迎汪公时"设俳优、狄、胡舞、假面之戏"。这里的"假面之戏"与安顺一带农村抬汪公时地戏队参与活动应是一脉相承。屯堡地戏源于借"跳神戏之举，借以演习武事，不使生疏，含有寓兵于农"之初衷，而屯堡人怀乡恋土的心理情愫，以及演武增威、神灵护佑的需要，将这一千年古礼传承至今。

地戏

地戏

仁岗花灯戏：一种古老的汉族戏曲剧种。清末民初在当地民间歌舞基础上发展起来。起初，花灯叫采花灯，只有歌舞，后在歌舞中加入小戏，再以后受外来戏曲影响，发展为演出本戏。花灯戏来自民间，剧本人物少，情节比较简单，唱词和道白，通俗易懂，唱腔都是吸收民歌小调的特点，欢快明朗，表演动作活泼风趣，歌舞味很浓，多以表现生活的小喜剧见长，充满了泥土的芬芳。

地戏

屯堡服饰：屯堡妇女腰饰的丝头系腰是屯堡村落独特的传统技艺，已传承600多年。是鲍姓始祖征南时带到黔中安顺的独特技艺，屯堡人的服饰以青、蓝色为主，不能不认为是他们对祖上来自长江一带的眷眷依恋之情的叙说。屯堡人服饰的特点，主要表现在妇女的衣着和装扮上。屯堡妇女始终保持大袖长袍、尖头鞋等明代遗风，身着或青色、或蓝色、或紫色、或粉色、或绿色、或白色的大襟大袖长袍，系"丝头腰带"，后吊长长丝缘，在袖口、衣襟处镶嵌美丽的花边。长发挽髻套上马尾编织的发网，插上银质和玉石发簪，腕戴银手镯，耳吊银质玉石耳坠，脚穿尖头平底绣花布鞋，额扎白布带（老年人多为黑色）。如今，在装束上增添了一块方头巾和彩带黑色围腰。

屯堡服饰

仁岗山歌：过去的仁岗人谈婚论嫁，虽然也是"父母之命，媒妁之言"，但他们的婚前感情生活照样是丰富多彩，无论是田间小憩，山野邂逅，只要双方"心着意着"，总能通过山歌互诉衷肠，甚者通过山歌传情，冲破封建礼教，成就美满姻缘。行走在屯堡人的聚居区，也许走在你前面的小娘娘就是一个唱山歌的好手，要是你有胆量，也学着哼上一首屯堡山歌，说不定她们就会和你对上一段。屯堡山歌一般是七言四句，有盘歌、飘带歌、滚带歌、排歌、刁歌、结巴歌等之分。其中盘歌和结巴歌最为有趣。

山歌对唱

人文史迹

龙青寺：坐落于村中心，建于清朝年间，正房供奉佛像，是敬神、祭拜的主要场所，门窗、柱，栏杆技艺相对简洁，室内还保存有清朝遗留至今的古碑文和祭神杯盏。2005年对其集资整修过，环境较好，寺庙内有一和尚居住。

龙青寺

古井：四周由石头砌成四方形，加石板盖，全封闭造型，保持良好水质。水井深度10～20米不等，水质环境稳定，作为村寨的主要饮用水源，现状保存完好，另有碑记可考证。

古墓群：葬于汉朝时期的墓葬群，现已破损，但还有石碑可以考证。

古井

古墓

保护价值

仁岗村古建筑群以及其他屯堡村寨构成独特的历史人文环境，各种历史遗存反映出自明代以来民屯文化所产生的物质生产、生活方式、思想观念、风俗习惯和社会风尚，记录了安顺地区的历史发展信息，具有较高的历史价值、艺术价值和经济价值。

郭 进 编

安顺市紫云苗族布依族自治县坝羊镇五星村云上组

五星村云上组全貌

五星村云上组区位示意图

总体概况

五星村云上组位于紫云县北部，隶属于安顺市紫云苗族布依族自治县坝羊镇，距县城29公里，距镇政府驻地11公里。全村面积7.5平方公里，268位原住民居住于此，是典型的布依族传统村落。

"云上"寓意为云端之上，可上天庭的意思。

跟居住环境和风水而言，人住在山顶上，离天最近，能时时得到上天的庇护。云上组形成于明代，距今已经有约600年历史，于2019年列入第五批中国传统村落名录。

村落特色

云上组整个村落枕山环水，面向屏障，依山而建，坐西南朝东北，择险而居。村落建设发展因地制宜，山顶顺势分层筑台、层层叠叠，坐落有序，呈"人"字形分布，主要干道也呈"人"字形建设。先民们"慕山水之盛"，将其住宅选在山清水秀、竹翠林烟、花香鸟语的云上，可谓一举多得，也是先祖们讲求居住意境的体现。

村落环境

传统建筑

整个云上组建筑呈"人"字形分布，主要干道也呈"人"字形。云上组的房屋形式，一般常见的多为全木结构，也有少数砖木、石木结构。

房屋大多是三间或五间，四间的极少。但无论是三间或五间，都以中间一间为中堂，称"堂屋"，其用途是接待客人和供奉祖宗，通常设有神龛。堂屋的左右两间前半部或全部下面是牲畜圈，圈上方有楼板，楼板上面住人，通风较好，干爽凉快，牲畜圈在楼下，既可防御兽害，又可防御盗贼。

堂屋的左右两间分隔为前后两个半间，有的作卧室，有的作客房，有的作厨房不等。而后人们认识到"人畜同居"不卫生，故在楼房之外另起牲畜圈。

传统建筑

传统建筑

民族文化

四月八："四月八"这天耕牛要休息一天，其意是耕牛一年耕作辛苦，以示慰劳。同时每家会杀一只鸡，煨猪腿，做黄、白、黑三种糯米饭祭祖。还要为孩子准备花饭箩送糯米饭，方便上山放牛或读书时食用。

六月六：六月六是云上组村民最为隆重的节日，有"六月六米线出"之说。节日那天，男、女、老、幼均穿着节日的盛装，远乡近邻的亲朋好友都会不约而同地聚集而来参加节日的盛会，犹如赶集般热闹。

元宵节：布依族家家户户都会炖猪脚祭祖。吃完晚饭后，孩子们忙着准备冬青树叶，用稻草包成四～五尺长的草筒，点燃火朝田间高呼"抱革蚤、抱革蚤，对着某寨某户、某家咬"！回家后把冬青树叶放到火坑烧，意在把家里的跳蚤赶出去。

重阳节：是农作物丰收的庆典节日，要用刚收的糯米做成糯米粑供奉祖先。现在少数爱好放蜜蜂的爱好者，会用家养的蜜蜂（大马蜂、二马蜂、白脚蜂、小米蜂）来请亲朋好友品尝、饮酒，外地人也会在这一季节来买蜂蜜。

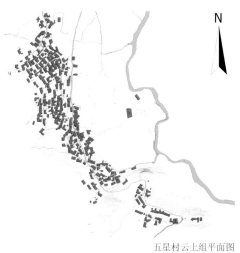

五星村云上组平面图

六月六活动

打糍粑

古井

清代古墓：清代由于战乱，当时的云上组受到了很大的波及，死了很多人，于是便有了现在的墓群。该墓群反映了当时的社会状况与人民生活。

古道

古道：云上古道位于贵州省安顺市紫云苗族布依族自治县五星村云上组北100米处。建于清代。古道长2公里，宽1.5～1.8米。是云上组至板当镇的通道。

古墓

古树：金丝楠木群已有千年树龄，千年下来，依旧屹立不倒，其中最粗的树径已达30多厘米，被村民视为村中的镇村之宝。每逢节日云上村村民就会来到树旁烧香祈福，寄托了云上组人民的希望。而且云上组的金丝楠木独有的是树上都有一种可以治胃病的中药。

人文史迹

建村历史：云上组最初建立于明初期，源于伍氏先祖七兄弟中的一支游历于此。有一支就来到了当时的康佐长官司，隶安顺州（今紫云县）。当时先祖在紫云境内走走停停，最终来到现在的五星村云上组。云上组山下河流环绕而流，似一条巨龙盘踞，庇护着周围生灵，于是便在此定居。因山顶猛兽少，且有两口常年不枯的水井，于是便将落户地选在了山上。因处于地势要塞关口，于是命名为关口寨。关口寨原址于清末被毁，于是重新择地建宅。

明初建立，因处要塞关口，于是命名为关口寨。

1958年坝羊公社时期，因伍氏族人占90%，因此更名为伍家寨。

1972年坝羊区时期，每每有亲戚去伍家寨，都说去坡顶，自此坡顶渐渐取代了伍家寨一名。

2012年坝羊镇时期，更名为云上。布依语俗称"manjiang"，汉语译为："云端之上，可上天庭"的意思。

清代古井：云上组有古井3口，都是云上组在清代的时候为了饮用和灌溉土地建造的，目前均还能正常使用，是村中重要水源之一。

保护价值

云上村始建于明代，是一个有着600余年历史的传统村落，是21世纪研究传承传统木结构建筑特色、民族文化的瑰宝。如今它还保留着自己的民族文化特色，保留着传统古建筑的建筑风貌、格局。在村落的村址选择、建筑格局、建筑风貌、传统工艺、传统民俗等方面，无一不体现它所具有的民族特色文化。

五星村云上组的建房方式、选址等凝聚着布依族人民的创造才能和聪明才智，具有鲜明的民族、地域特色和重要的文化、艺术价值，也是布依族人民重要的精神支柱之一。生活文化折射出布依族人民勤劳、聪慧、淳朴、善良的性格及审美观念，是研究布依族社会历史，传承民族传统文化的一个重要媒介，在维系民族生存和发展等方面起着极其重要的作用。

严　毅　段世得　编

古树

安顺市普定县马场镇云盘村

云盘村全貌

云盘村区位示意图

总体概况

云盘村地处马场镇西面腹地，坐落于洗马河、夜郎湖上游。东靠挖龙村，南接猪场村，西与下关村接壤，北与大坟坝相望，距马场镇镇政府2.5公里。村域交通便利，均为过境村级道路。云盘村村域面积2.31平方公里。全村人口以汉族为主，共160户，950人。

据传云盘村于200多年前建立，早在明朝末年还是一片荒坡。袁氏先祖于清康熙年间自湖南入黔，定居于今普定县马场镇猪场村。后扩居至云盘村（当时叫渡口村，因当时袁家的院落修得工整、精致，便取名为"寓言均和村"，清末寨上普种梨树又称梨花村）。清咸丰年间，湖南苗族起义部队入黔，当地叫苗贼反乱，波及马场，袁氏为防外敌入侵，于今云盘寨顶迅速兴建军事防御体系，在村顶修了一个四面围墙的院落，犹如屯兵之地，亦称营盘，中华人民共和国成立后，改名为"云盘村"。

2016年云盘村列入第四批中国传统村落名录。

村落特色

云盘村是典型的汉族村落，至今仍然保留着较好的传统空间格局和形态。村落地势北高南低，村落民居呈阶梯状层层叠叠依山而建，鳞次栉比。从山顶眺望，形成开合相宜、错落有致、层次丰富的空间布局。整个村落受山地河流影响形成两山相拥、一水贯穿的村落格局。

村落选址按照近水利避水患的思想，靠近河流，因势而居，依山傍水。一方面方便生活生产用水，另一方面有火灾时可方便取用。

村落民居呈东南、西北布置，面向河流延山体缓坡以"扇形"布局，逐步抬高建设，避免洪水带来自然灾害的同时又注重人文景观以及自然景观视线的通透，达到"天人合一"的理想居住环境。

村落道路依山就势呈"树枝"状发展，有机地连接各家各户，形成幽静、独特的传统街巷。

传统建筑

云盘村的传统建筑主要以袁氏古建筑群为代表，由8个四合院组成，建筑面积2900余平方米，建筑风格为中西合并；另有单独建筑6处，建筑面积700余平方米。

袁氏古建筑群以砖瓦结构为主，兼有木质结构和木砖混合结构。步入四合院内，一阵古朴的感觉扑面而来，方正整齐的石块拼砌成的院坝，设计精巧的木质楼梯，处处透着当时中西结合的建筑文化。

其中一座单独的四层建筑，其正面"读书楼"仍清晰可见，是当时袁氏子女读书的专用场所。

袁氏古建筑群按"三"字形排列，院门上"讲信修睦"四字依稀可辨，居室门窗的木雕上，主要以"耕读渔樵""梅兰竹菊""福禄寿喜"和"五子拜寿"等图案构成。

2006年被普定县人民政府批准为县级文物保护单位。

袁氏古建筑

传统建筑

袁氏古建筑全貌

云盘村平面图

民族文化

花灯：花灯戏流传的普定县地处黔中腹地，属安顺市。普定县从唐朝开始建县，有着悠久的历史和丰富的文化沉淀，花灯戏就是其中之一，属于贵州西路花灯，是群众喜闻乐见的一种优秀的艺术形式。花灯戏主要分布在普定县的城关镇、马官镇、马场镇、龙场乡、白岩镇、补郎乡，其中以马场镇、城关镇、马官镇最盛。马场镇的马场村、云盘村有专门的花灯队，一有节庆就表演，云盘村曾荣获过花灯文明村的称号。

作为汉族形式的花灯，云盘花灯的形成与汉族大量进入贵州并带来包括民间艺术形式在内的汉文化有着密切的关系。

云盘花灯戏的总体特色：紧跟形势，剧本内容创新健康，表演艺术性强，耍扇技巧高，动作整齐一致，唱腔标准，乐器齐全，服装讲究，化妆自然大方。花灯戏经常演出的老调有《高腔调》《踩倒妹小脚》《干妈问病》《烟花告状》《梳油头》等。

花灯

传统工艺食品：云盘水磨面精选本地优质小麦，在水轮的驱动下，经石磨加工出面粉，在小麦面粉加工出来后，加入1.5%左右的纯碱，放入适量水拌匀，经过传统的加工工艺出种类不同的面条，这就是传统的"水磨面条"。

水磨面条磨坊

水磨面条

人文史迹

古读书楼：云盘袁氏"读书楼"，一共四层，高十米有余，是一座防御碉楼，墙上的小窗（当时的射口）足以说明。外部粉饰在风雨的侵蚀中大部分已经脱落，唯有"读书楼"三字仍清晰可见。在它建成后的几十年中，走出读书楼后的袁氏子弟遍及当时的军界、政界、教育界。

古读书楼

人物代表：袁氏先祖（"章"字辈）自湘入黔，途经马场佳山佳水，于是在此安家立业，至"士"字辈是第六代，"愈"字辈为第七代。

特别是作为后来传为佳话的"袁氏一门三（女）学士"之一的袁愈婪（袁愈婉、袁愈纯同胞妹妹），生于1908年，20世纪30年代就读于上海大夏大学和南京国立中央大学中文系，毕业后回黔执教，先后任贵州大学先修班教员、贵阳清华中学教员、贵阳六中教导主任，曾获全国劳动模范。著名出版物有：1983年的《诗经全译》、《袁愈婪译诗（唐莫尧译注）》；之后的《诗经艺探》《毛诗文例》《半亩园诗选》等，2000年去世，享年92岁。

大学时代　　摄于20世纪90年代
　　　　　　袁愈婪女士

古河道：小河发源于上游马场龙潭洞，经云盘村流入夜郎河。据《安平县志》记载：此沟起于龙潭口中，流经龙潭、小河头、三岔沟、坟山、下关寨、土牛、兴寨、下坪寨等，灌溉上千亩水田，沟水流经处为马场水稻主产区。《贵州省志·民族志》上载："西堡长官司于万历元年（1573年）开修官沟一条，约长4000米，宽1.5米，深1米，盘旋于群山之间，可灌田700亩。"

风雨和历史的起落中，沟渠开始坍塌了。清朝乾隆三十六年（1772年），云盘、猪场等周边村寨乡民自发组织重开源头，并续修堰坎，蓄水以备春冬两季之用。民国23年（1934年），为保良田丰收，马场袁氏族人袁伟堂召集同族，凑资兴工恢复龙潭口水源。

古河道

古墓：在村落的南面山坡上，现存袁氏古墓一座。

古树：村内存有上百年古树2棵，其中以云杉树年代最为久远。

古墓

古树

保护价值

云盘村具有悠久的历史文化，传统风水理念的村落布局，保存较完整的古建筑群，沿用至今的民族风俗等，能较好地反映当时的历史信息及当地民族文化的发展轨迹。

村民传统的衣、食、住、行、娱等所折射出的文化现象为人类文化研究提供了鲜活例证。

旷　辛　编

安顺市镇宁布依族苗族自治县江龙镇木志河村下院组

木志河村下院组全貌

木志河村下院组区位示意图

总体概况

木志河村下院组位于江龙镇南部,距江龙镇政府所在地13公里,东邻竹王村、马鞍山村,南邻红坪村,西接和谐村、斗糯村,北接夜郎村,进村有柏油公路通达,交通便利。四周青山环抱,林木茂密,环境优美和谐。

全村共有469户,2030人居住着布依族、苗族、汉族等多种民族,其中下院组52户,210人,以布依族为主。

2019年木志河村下院组列入中国第五批传统村落。

村落特色

村寨坐落于青山绿水中,三面环山、河溪环绕,寨前田畴交错,河岸柳树成荫,有着别致的田园风光,素有"水家""水户"之称。"靠山临水,田间辉映"成为下院组传统村落自然格局的写照,也体现着古人"靠山择水而居"的选址理念。

村寨由同宗同姓聚族而居,每一户住

宅建筑在村寨中即是单独的个体家庭,同时又组成宗族的建筑群落,在历历几百年漫长岁月的沉淀洗礼中,逐步形成了如今自由而又有序的建筑空间格局。

传统建筑

木志河村下院组是一个典型的布依族村寨,村内传统民居保存较为良好,村寨共保留传统民居建筑29栋,占总建筑数量的60%。布依族人凭借自己的双手,烧制出质地细腻、工艺精湛的石砖与菱形石板,

传统民居

结合当地的石材和木材,构筑起厚重又不失俊美的"布依族风貌"建筑瑰宝,居住着世世代代的布依族人。

传统民居建筑中三合院居多,是黔中典型的布依族建筑。平面布局上,传统民居建筑强调中轴对称、主次分明。多为三开间,间宽丈许,长2丈余,四壁横装木板,正中间为堂室,设有神龛,左右间一隔二或三,或卧室或储藏或厨房,顶部呈"人"字形,前檐稍翘,后檐微拖,均盖石板,石板屋面是模仿江南水乡中的青瓦屋顶。整个建筑讲究美学的几何结构,体现了儒家思想的平稳和谐、包容宽纳的审美观念。建筑均为一层加阁楼,共两

层,整体空间比较密闭,防贼防盗,冬暖夏凉。

民族文化

木志河村下院组保存了大量民族文化习俗,如六月六传统节庆活动,纺织、蜡染、刺绣等传统工艺,勒尤、铜鼓十二

传统民居

建筑窗花

村寨环境

木志河村下院组平面图

调、古歌等传统艺术，独具特色的婚庆习俗，腊肠、腊肉、糍粑等传统饮食等。

六月六：民间传说是为了纪念布依族祖先盘古，每年农历六月初六，家家户户把房前屋后打扫干净，打糯米粑，烧香敬酒，祭奠盘古，同时也用"祭水"来祈求风调雨顺，稻谷丰收。未婚的青年男女也不失时机，在节日抓住机会，通过对歌、赶表，来寻找自己的意中人。节日当天全寨人参与，是布依族人最重要的一天。

六月六

布依族婚恋习俗：吉日前一天，女方家准备两个糯米粑，俗称"喜粑"。两个壮年男子与两个清秀姑娘接亲，接亲过程中，男子要接受女方家以黑锅灰、连草籽和苞谷糊等作为道具的追逐嬉戏游戏，需在围追堵截中抢走"喜粑"，新娘才可着盛装，在两个姑娘的引导下前往男方家。当晚，女方不能住进男方家，而是就近住在较近的亲戚家，新郎则请老辈人来"等媳妇"，请歌师来唱歌，待到吉日，新娘在姑娘的陪伴下才能步入新房。三日后男方带上两个更大的"喜粑"回到女方家，俗称"回门"，仪式结束。

婚恋习俗

布依族勒尤：勒尤是一种木制的双簧直吹乐器，音色圆润、浑厚，吹奏起来极富思念之情。"夕阳落下山，彩云飘天边，勒尤声声响山寨，带去我心中无尽的思恋"，这是人们对勒尤这件乐器的描述。每当月明星稀的夜晚，一对对青年男女，有的坐在山溪河畔，有的坐在凤尾竹下，勒尤声伴着悠扬而甜美的歌声，曲是爱，声声是情，可谓布依族情歌中的"小夜曲"，煞是撩人情怀。

勒尤

人文史迹

木志河村下院组人文史迹较为丰富，有古"营盘"、古院落等历史建筑，也有"摩经"等非物质文化。

古"营盘"遗址：古"营盘"防御工事，清末年间，江龙匪患猖獗，族长马凤龗为御制匪患，率族人于村后山上修建"营盘"（围墙防御工事）御制土匪，闻匪入村，即率族人退守"云盘"内，匪不得入，退去不返。

古院落：位于村寨东侧，始建于民国，为典型的布依族民居，保存较好。民居西朝向，石木结构，当地石材筑墙，木料装修，悬山式屋顶，石板铺装。

石板巷道：从古至今一直是布依族人走街串巷的小路，以石板铺路，蜿蜒曲折，见证着这座村寨的历史辉煌。

布依族"摩经"：摩经大致形成于唐宋时期，早在"布摩"中口耳相传。随着历史的发展，又有不少新的内容添加进去，到了明清时期，才由本民族中懂汉文的知识分子，用汉字和土俗字将其记录下来，成为书写的民族文化符号。

古"营盘"

古院落

古街巷

布依族"摩经"

保护价值

木志河村下院组内街巷系统及大量的传统民居建筑保存完好，村落四周林木茂盛，古树石墙相辉映，幽静安谧，形成了"沿路而生，依山而建"，与自然环境和谐相融的聚落形态格局，颇具山区乡村的传统韵味，是布依族特色村落的典型代表和实物见证。

木志河村下院组具有丰富的物质文化和非物质文化遗存，是布依族文化的活载体。该村有始建于清朝的古遗址，建设时间久远的精美建筑群，留存至今的古庙、古井、古树等历史环境，又有代代相传的布依族蜡染、刺绣、"摩经"、传统节日等非物质文化，见证了当地悠久的历史变迁，展现了当地独特的民俗风情，寄托着在外打拼儿女的乡愁，记录了安顺镇宁地区优秀的文化和魅力，是乡土建筑学、建筑历史学、民俗学等社会科学的重要研究基地，具有较高的历史文化科学艺术社会经济价值和广阔的旅游发展前景。

初醒的早晨，微微有些凉意，薄雾笼罩在山顶，轻轻地随风飘向山脚古色古香、格外安详的村落，这犹如世外桃源般的画卷便是木志河村下院组这座历史久远、厚重而鲜活的村寨。

陈泳铨 编

村寨环境

安顺市平坝区白云镇白云村白云庄

白云村白云庄区位示意图

白云村白云庄全貌

总体概况

白云庄位于贵州省安顺市平坝区南部，隶属于平坝区白云镇，距平坝城区约5公里，是白云镇所在地白云村的自然村之一。其村庄依山而建，村前是一望无际的万亩田坝，县道从村落旁经过。

白云庄是一个多民族村寨，主要民族有汉族、苗族，产业以农业为主，这里环境优美，气候宜人，民风淳朴。

2016年白云村白云庄被列入第四批中国传统村落名录。

村落特色

白云庄坐落在山脚缓坡地带上，背山面田，防范贼寇与开垦相结合。村寨始建于清朝，建筑整体呈江南风貌，以石木结构及石砌结构为主。古街巷格局保存完好，尺度宜人，顺山势地形蜿蜒曲折，空间收放有致，有浓郁的生活气息。

寨中现在保存有陈法故居、进士第四合院、功在岷江四合院、白云山房三合院等典型的民居院落、古碉楼等建筑。

村寨还保留着许多传统节庆，传承了大量的民间技艺。

村寨环境

传统建筑

白云庄传统建筑群始建于清代并逐步形成规模，整体坐西向东。建筑以石木、石砌结构，以大青石为基础，墙体用石块采用干垒工艺砌成，屋面石板盖顶。

建筑结构多为硬山板顶干阑式，屋顶铺石板，自然形状的石片铺成"冰裂纹"，方形石片铺成菱形，山墙和后墙为石墙。木、石构件有精美雕刻，柱础、门楼、门窗等是主要装饰部位。

白云庄房屋在平面布局上，强调中轴对称、主次分明，屋面覆盖的青瓦讲究美学的几何结构，体现了平稳和谐、包容宽纳的审美观念。

在建筑功能布局上既讲究实用性又充分体现内外、长幼、主宾的儒家纲常伦理，从而制约和维系着家庭和社会的人际关系。建筑最具代表的有进士第四合院、白云山房。进士第四合院修建于清代，位于村落西南部，保存完好。白云山房修建于清代，位于村落南部，保存完好。

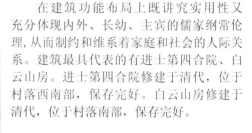

建筑街巷

传统民居

村寨环境

建筑屋顶

白云庄平面图

进士第四合院

地戏表演面具

杀鹅现场

传统民居

传统民居

民族文化

地戏：在当地俗称灯夹戏、花戏等。在春节过后，村民集中在村寨东南面的广场跳地戏，具有关部门统计，白云庄是地戏的始源地，现仍有传承人在发扬这门技艺。

白云庄地戏是清末民初在当地民间歌舞基础上发展起来的。最初的花灯戏演出形式简单，题材多取于农村生活和民间故事，其表演以"扭"为特点，演员常用折扇与手帕为道具表达情感。

地戏

山歌：无现成唱本，皆即兴抒发情感，陈述喜怒哀乐，表达相互爱慕，寻觅体己知音。山歌音调高扬，节奏悠长，调侃诙谐。其唱法有独唱、对唱、盘歌等形式，许多一唱就是一生一世，世代相传。

山歌对唱

山歌对唱

三朝杀鹅取名：白云庄至今依然保留着苗族"三朝杀鹅取名"的习俗，现这一习俗已成功申报为省级非物质文化遗产。该非物质文化的传承必须依托村寨，因此保护好白云庄传统村落对当地非物质文化遗产的传承具有重大意义。

白云庄苗族习俗"杀鹅取名"起源于当地苗族古老的传说《二男争女》。该故事讲述苗族青年祝迪阳通过斗智斗勇战胜非人类的祝迪格赢得苗家女孩姑迪友，后又献出自家的大公鹅给祝迪格，保住妻儿。由此衍生的"杀鹅"给新生婴儿命名习俗，青苗聚集地代代相传至今。

白云庄现在每个家庭第一个小孩出生，无论男女，当满月之时，邀请亲朋好友和寨邻，为小孩举行"杀鹅取名"仪式，在仪式上大家纷纷为婴儿取名，给主人家选择，如果名字被主人家选中，可以得到鹅头。

三朝杀鹅取名

人文史迹

陈法故居建于清朝，至今保存完好，2012年成立了陈法文化研究会，开展陈法文化研究，出版陈法诗文、陈法作品及有关陈法为官、为人、治学精神的相关论述作品，长期开展陈法文化研讨活动，研究其"一门四进士、父子两翰林"的文化奇迹。

陈法故居

保护价值

白云庄古建筑群体现了富有地方特色和象征意义的内部建筑空间处理和装饰手法，对了解当地传统民居的文化内涵提供了丰富的信息。

白云庄村落与周边环境一起构成了丰富的地域特色和人文景观，具有很高的审美价值、历史价值和文化价值。

袁棕瑛 肖立红 编

安顺市紫云苗族布依族自治县猴场镇打哈村

打哈村全貌

打哈村区位示意图

总体概况

打哈村位于紫云苗族布依族自治县猴场镇南部，距县城60公里，距镇政府驻地12公里，东临猴场村，南抵马寨村，西接卡坪村，北靠忠心寨。全村总面积3.52平方公里，总共46户，294人，为苗族聚居村落。

打哈村始建于明朝，陈家祖先为了躲避追捕从江西来到打哈村，随后伍家祖先伍老楼也相继从江西搬入。寨内分布有3个家族，分别为伍氏家族、韦氏家族、陈氏家族。

2019年打哈村列入第五批中国传统村落名录。

村落特色

打哈村三面环山，为低谷洼地、避难而居。村落巧妙利用当地地势环境，建于三座小山包的低洼平坦地带，四周山林、耕地与竹林环绕，互为衬托，环境优美而静谧，典型的人与自然和谐共处。

村落主干道呈"大"字形，传统民居散布于道路两侧，层递而建，错落有致，有机融合于自然之中。此布局既有利于房屋采光，又利于躲避战乱和集合防御。村落内分布古树、古井、古塘、古墓等，古井位于村中西侧道路汇合处，为聚财之地，村落选址和布局反映了村落祖先的智慧和创造力，构筑了古人尊重自然、融于自然的朴实"空间观"。

村落环境

传统建筑

打哈村建筑主要有两类，一类为色彩房屋，墙面为红底蓝条，色彩分明，象征打哈村生活五彩缤纷和红红火火的生活；另一类为原木色房屋，古朴自然，寓意原汁原味。房屋基本为上下两层，一楼用于居住，二楼用于堆放杂物。

红底蓝条色彩建筑

原木色建筑

房屋的骨架首先是柱子，用来做柱子的树枝一般笔直、粗壮、老干、坚硬，以中柱为对称轴，从中柱往两边数，分布对称的柱子分别为二柱、三柱、四柱，最外面的柱为元柱，总共九根，称为九柱房；或共七根柱，称为七柱房。

传统民居侧立面

紧挨地面横穿柱头处称为地脚方，中部横穿柱头处称为腰方。元柱的高度根据屋基决定，一般为1丈5或1丈3，中柱高度也要依地势而定，有1丈8尺8、1丈7尺8、1丈6尺8等规格。相邻两根柱的顶部高差一般为3尺3，柱子之间距离相隔3尺至3尺5左右，一般随房屋部架和柱头的粗细程度而不同。

建房选材根据当地树木种类，多为马尾松、枫香村，上梁多选用椿木。

打哈村平面图

民族文化

打哈村是亚鲁王文化传承地之一，为紫云县最具代表性的苗族文化村寨之一，至今仍保留着传统的苗族文化遗产和民风民俗。其中，最具代表性的民族文化为亚鲁王文化。

亚鲁王文化：《亚鲁王》是有史以来第一部苗族长篇英雄史诗，其创作年代与《诗经》处于同一个时代，多数时候只用于丧葬仪式中对亡灵唱诵。数千年来《亚鲁王》一直在民间流传，没有进行过系统的整理。2009年，中国贵州省安顺市紫云苗族布依族自治县对《亚鲁王》进行非物质文化遗产申报，被文化部列为2009年中国文化重大发现之一，并被纳入中国非物质文化遗产名录。

祭祀亚鲁王活动

《亚鲁王》史诗唱诵

人文史迹

打哈村人文遗迹众多，内容丰富，现存"东朗"若干、古夫妻墓1处、古金丝楠木树2棵、千年酸枣树1棵、古水塘1处。

"东朗"：《亚鲁王》讲述的是西部苗人创世与迁徙征战的历史，主角亚鲁王是苗族同胞世代颂扬的民族英雄。过去没有文字记录，靠苗语口口相传上千年，一般在苗族送灵仪式上唱诵，唱诵《亚鲁王》的歌师被称为"东郎"。

打哈村75岁的"东郎"陈兴华，是村里唯一一位国家级非遗传承人，每次他主持葬礼仪式，都要身着长衫、肩扛宝剑、头戴斗笠，一袭传统装扮唱诵《亚鲁王》。50多年间，他在当地各苗寨主持的葬礼仪式不计其数。陈兴华说，"我很小的时候，家里老人就要求我一定要学唱亚鲁王史诗，他们认为学唱史诗就是学讲话。"

在陈兴华的少年时代，村里人都很向往"东郎"这一神圣的职业，从16岁开始，他便先后拜了三位师父学唱亚鲁王史诗，20岁便成为小有名气的"东郎"。位于猴场镇打哈村打望组他的家，如今是紫云县26个《亚鲁王》传承基地之一，由他亲自教授过的徒弟已有数百人。

《亚鲁王》国家传承人及证书

传承人奖牌

古墓：陈老桌夫妻墓建造于明末清初，葬有他夫妻二人尸骨。陈老桌墓为他自己修建，修建时在墓前留了一个长方形的洞口，死后棺木由此放进。墓穴体现了当时苗族独特的丧葬文化。

古夫妻墓

金丝楠木：两棵金丝楠木已有千年树龄，虽生长在养分不足的山地上，但千年来依旧屹立不倒，成为村中的镇村之宝。每逢佳节打哈村村民就会来到树旁烧香祈福。

千年酸枣树：在打哈村先民来定居前就已存在。原本有两棵，为夫妻树，后被雷劈倒一棵。每年打哈村村民都要摘取树上的酸枣来食用，枣核用来制作手串。

古水塘：打哈村因极度缺水，因而在清朝修建了这个水塘，用来储蓄水资源，防止旱灾。

古金丝楠木

千年酸枣树

古水塘

保护价值

打哈村布局、建房方式、选址及《亚鲁王》文化，凝聚着苗族人民的创造才能和聪明才智，具有鲜明的民族、地域特色和重要的文化、艺术价值，是苗族人民重要的精神支柱之一。其生活文化折射出苗族人民勤劳、聪慧、淳朴、善良的性格及审美观念，是研究苗族社会历史、传承民族传统文化的一个重要媒介，在维系民族生存和发展等方面起着极其重要的作用。

打哈村仍保持着特有的粗犷、真实及原始品质，神秘古朴、原汁原味的苗族原生态文化独树一帜，苗寨人的生活方式在此世代相袭，节庆时欢聚一堂，载歌载舞，在展现美的同时，还充分体现了苗族人民的友谊、团结、忠孝、爱美和较强的群体意识的社会文化精神。

打哈村拥有优美的自然环境，悠远古朴的苗族村落特色以及独具魅力的亚鲁王文化等优势，势必会吸引大量游客来访，具有一定的经济价值。

杨巧梅 编

安顺市西秀区黄腊乡龙青村

龙青村全貌

龙青村区位示意图

总体概况

龙青村村域面积6平方公里，位于平坝县南，长顺县西南边缘，东接玲珑场，南临大庄，西靠深冲。村庄属于安顺市西秀区黄腊乡，位于乡东面，距乡政府12公里。全村人口以布依族为主，共180多户，600多人。

据记载，村寨始建于明清时期，布依族作为当地的原住民，在迁徙过程中，见龙青此地后有山，前有水，符合本族传统的村落选址标准，故在此定居繁衍，至今已有600余年历史。村落背山面水，民居集中布局在村中两座碉楼周围。

2016年龙青村列入第四批中国传统村落名录。

村落特色

龙青村依山傍水，群山环抱，水源丰富，泉水清澈，溪流潺潺，植被覆盖率高，空气清新，气候宜人，民风淳朴。

整个村落呈东西座向，后靠山、前临水、地势干燥、视野开阔、水源方便、左右有山体"关拦"。符合"一沟水，一拳山，左青龙，右白虎""山管人丁水管财"的五行学说要求。

民居坐落在背西面的山脚缓坡地带上，为防范贼寇与开垦相结合，依山傍水，利于防守，背山面路。

整个村落以明清时期修建的两座碉楼为中心，逐渐向周边发展。一条主要道路南北而过，多条支巷道向山脚延伸，将各家各户连成片，形成一种有机生长的树形布局模式。

村庄周边荷花池与田野围绕，阡陌纵横。村寨门口贯穿而过的河流，将乡与自然完美融合。可谓世外仙境水连天，乡间景色醉人间。

村落一隅

传统建筑

龙青村属于典型的布依传统民居，村寨院落以三合院为主要形式。

村内现存建筑结构有砖木结构、石木结构、木结构三类，主要的建筑结构为砖木结构，墙体以砖及木材为主。

传统民居

该村传统建筑都是一层，但是整体空间比较密闭，防贼防盗，冬暖夏凉，财门上方有吊花，门窗雕刻，工艺十分讲究，多数保护完好。

房间按传统一般为三间，中间是堂屋，两边是卧房，按左大右小排序，左边住老人，右边住年轻人。右边床前不远处一般设有火堂，用于冬天取暖、烤茶、聊天、家庭议事。也有一些五间的，总之必须是单数。

还有较有特色的建筑"碉楼"。这种建筑像一座碉堡，一般建在寨子的中央，是用来保护村民财产及人身安全的。

碉楼上放置一口大钟，当有外人侵略时，村里的护卫队会在碉楼上撞响警钟，村民们一听到警钟响就会同心协力抵抗外来侵略，保护村寨的安全。

传统民居

民族文化

布依戏：布依戏产生的历史不长，大约只有100多年。布依戏有两种类型，一种是根据布依族民间故事改编的，反映布依族的社会生活，演员穿布依族服装，用布依语演唱，主要剧目有：《三月三》《六月六》《穷姑爷》《人财两空》《金竹情》

龙青村平面图

《罗细杏》《红康金》《四结亲》《借亲记》等。内容非常丰富，反映了布依族人民的反抗斗争、风俗习惯和男女爱情等。另一种是根据汉族故事或说唱改编的，服装和道具也和汉族戏剧基本相同，用汉语道白，布依语演唱。主要剧目有《红灯记》《蟒蛇记》《百合记》《朱砂记》《鹦哥记》《摇钱记》《玉堂春》《秦香莲》《祝英台》等。

大调是用很高的嗓音和较慢的速度表达，使相隔较远的人都能听到，其尾音较多较长，其演唱形式比较复杂，由1人领唱"头歌"和"合唱"两部分组成，曲调变化丰富，旋律奔腾豪放，一般多在比较大和庄重的场合中表现大调唱法。布依族山歌的小调、大调艺术性很强，在长期的生产生活实践中，形成了"悠扬委婉、稳中有变、清新脱俗、以情带声、声情并茂"的艺术风格，增强了山歌的艺术感染力。

古碉楼：始建于明清时期，总占地面积30平方米，位于村中心，典型石制防御型建筑，石结构，四周墙体为石墙。

古碉楼主要用当地的岩石建造而成，当地石材以沉积岩为主。其石材薄厚多样，硬度适中。选择坚固而又阻燃的石头来建房，不能不认为是布依族人生存智慧的一种选择。

布依戏

布依族山歌对唱

古碉楼

布依舞：布依族民间舞蹈都来自生活，主要以生产劳动和民族习俗为题材。

反映生产劳动的有织布舞、舂碓舞、响篙舞、生产舞、丰收舞、粑棒舞、刷把舞等。

反映民族习俗的有花包舞、铜鼓刷把舞、伴嫁舞、玩山舞、花棍舞、龙舞、狮子舞、板凳舞、铙钹舞、转场舞、回旋舞、红灯舞、刺锤舞、傩舞等。

此外，布依族将明代以"军傩"形式传入贵州省的汉族《傩戏》，从舞台搬到村寨广场，改编为专门以武打场面表演历史战争题材的布依族《地戏》。

人文史迹

原生产大队旧址：始建于明清时期，占地面积314平方米。其建筑体量较大，为三合院，中庭空间较大，有围墙，建筑还有精美的雕花以及窗花等，其内有一座防御性碉楼，传统建筑中极具代表作用。

多姓群居布依族传统民居：始建于明清时期，总占地面积356平方米，位于村寨中部，西北东南朝向，典型布依族风格传统民居，为六户人家群居的连栋建筑，长边跨度较大，其建筑结构为砖木结构，四周墙体为石木混合墙，屋面为瓦制屋顶，其建筑形式为穿斗式悬山顶瓦屋建构。

布依舞

布依族山歌：布依族山歌形式多样，丰富多彩，能歌善舞的布依人常常在不同的场合，用不同的方式演唱各种悦耳动听的山歌，表达自己的爱好和情感。

从布依族山歌的结构形式、演唱方式和传统习惯来看，布依族山歌主要分为小调和大调两种形式。

小调山歌结构简单、用较低的声调和较快的速度来唱，分独唱、对唱、和唱三种格调，女性多用这种唱法。

原生产大队旧址

古巷道：道路宽度为0.8～2米之间，主要的巷道有五条，为旧时连接各家各户的主要交通道路，巷道的宽度较窄也是取决于旧时受战乱影响做防御用。

多姓群居布依传统民居

保护价值

龙青村具有悠久的历史文化和传统风水理念的村落布局，丰富的物质文化和非物质文化遗存，是布依族文化的活载体，能较好地反映当时的历史信息及布依族的发展轨迹。

村寨传统文化相对完好地保存遗留下来，当地布依族人民丰富的节庆活动、独特的传统民居、热情好客的生活态度，展现出贵州布依族多彩的民族文化和魅力，值得后人借鉴、探究、传承和弘扬。

龙青村村民传统的衣、食、住、行、娱行为等所折射出的文化现象为人类文化研究提供了鲜活例证。

古巷道

杨 晓 旷 辛 编

安顺市西秀区大西桥镇西陇村

大西桥镇西陇村全貌

大西桥镇西陇村区位示意图

总体概况

西陇村位于大西桥镇南部，距安顺市28公里，距镇政府7公里，东与木山堡村连接，南与九溪村相邻，西与王家院村接壤，北与小果园相接，全村有307户，1436人，全村面积2.6平方公里。

清代前后（年代不明）西陇形成村落，1897年取名为西陇，隶属安顺县，安顺升市后改为西秀区。

2016年西陇组列入第四批中国传统村落名录。

村落特色

西陇村选址于群山环抱之中，民居坐落在背西面东的山脚缓坡地带上，依山傍水，利于防守，四面环山。民宅多以坐北朝南，民居多为江南水乡四合院、三合院格局，是600年以来保存较完好的屯堡村寨。

西陇村选址位于这样一种山环水抱环境的中央，四面重山围合，前面流水穿过，形成背山面水的基本格局。

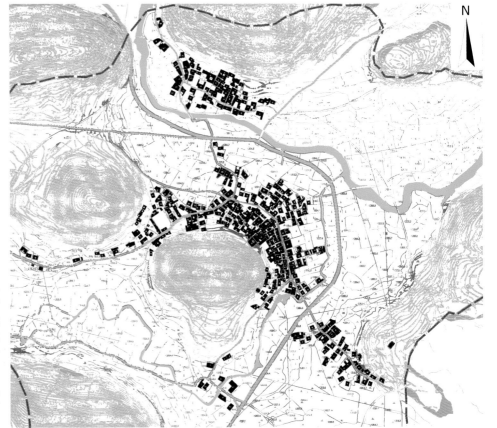

大西桥镇西陇村平面图

传统建筑

传统建筑

民居是西陇村古建筑群单体建筑的主要组成部分，也是村寨防御体系的基本组成单元，古建筑群始建于明代并形成规模。

民居均为石木结构，大青石为基础，墙体用石块采用干垒工艺砌成，屋面石板盖顶。结构多为硬山板顶干阑式，屋顶铺石板，自然形的石片铺成"冰裂纹"，方形石片铺成菱形，山墙和后墙为石墙。木、石构件有精美雕刻，柱础、门楼、门窗等是主要装饰部位。

传统建筑

民居建筑中，三、四合院所占比例约占60%，正宗的"江南水乡"式住房，以吕、刘、谢、鲍姓居多，石木结构，墙体以石头为主，石板盖房，正房最高两楼一底，防贼防盗，冬暖夏凉。财门上方有吊花，门窗雕刻，工艺十分讲究，多数保护完好。随着人民生活水平的改善，新式楼房不断增多。但是，古代民居仍然需要继续修缮、保留。

传统建筑

传统建筑

民族文化

节日：屯堡人的节日都以敬奉神灵和祭供祖宗为主要内容。多神信仰和祖先崇拜的缘由，加上传说的民俗节庆，使屯堡村寨一年四季各种活动不断。

此外，屯堡人还有迎接神赛会、玩龙灯、耍狮子等文娱活动。手工艺术也颇具特色，诸如石木雕刻、铁木制作、编织、背扇花剪纸、绣鞋垫等。

村地戏

屯堡花灯是贵州省屯堡传统节日习俗。分为花灯歌舞和灯夹戏两大类，具有情意缠绵和幽默机智两大特点。上千首花灯多在逢年过节时，在亮灯、盘灯、开财门、贺灯等表演程式中，以张灯结彩舞扇挥帕的载歌载舞形式，给广大人民群众带来了欢乐和对幸福生活的向往。

西陇花灯

地戏：作为国家非物质文化的屯堡文化遗产的屯堡地戏，在此日益发扬光大，吸引了中外游客的目光。600多年前，屯堡人从江南一代把军傩带到了黔中大地，虽几经演变，但形式和内容仍基本不变。地戏是屯堡文化的重要内容，也是屯堡人的精神寄托。

人文史迹

古井：古井四周由石头砌成，水井深度10～20米不等，水质环境稳定，作为村寨的备用饮用水源，现状基本保存完好。从建寨就有，20世纪80年代维修过。

西陇古井

水碾：水碾的设计非常巧妙，它运用地理优势和自然资源，巧妙地将水的动力转换成机械传动，省去了很大的人工劳作，极大地方便了当地老百姓的碾米需求。

从后菁有小溪入邢江河环绕本村，有鲍家水碾1座，金家水碾1座，谢家水碾1座，邢江河水碾1座。

水碾房

城隍庙：始建于明代，总占地面积120平方米，位于村中心，坐南朝北，石木结构，四周墙体为石木，屋面为石板，穿斗式悬山顶瓦屋建构。内部间壁和前沿门庭均用木板装嵌。朝门均有精美雕花。寺庙是全寨祭祀、寺会、开展民俗活动的中心。

城隍庙

古书院：始建于明代中期，总占地面积550平方米，位于村中心，坐南朝北，典型合院组合，石木结构，四周墙体为石木，屋面为石板，穿斗式悬山顶瓦屋建构。

古书院

保护价值

西陇村古建筑群是至今保存较完整的明代民屯村寨，是明代民屯遗存的典型代表和实物见证，反映了明朝的政治、经济发展以及边防军队补给及军需供应的发展历史。西陇组充分体现了屯堡文化的文化价值。传统村落肌理清晰，格局完整，具有较高的历史价值和文化价值。

丁海伟 时 泳 编

安顺市镇宁布依族苗族自治县丁旗街道办事处官寨村官寨组

官寨村官寨组鸟瞰

官寨村官寨组区位示意图

总体概况

官寨村官寨组位于镇宁西北面,丁旗西面,南接镇宁县扁担山乡,西面与六盘水市六枝特区落别乡接壤,再往西有郎岱镇,西南面为安顺市关岭县。村庄辖官寨组1个自然村落,共1314人,村域面积为1平方公里,民族主要为汉族。

官寨始建于明朝,在明朝至清同治五年期间作为(土司府)温氏家族的定居处,由于清咸丰同治年间,贵州爆发长达20年的各族人民大起义,最终土司府被破。近年官寨组(原官寨村)与下落溪村、烂坝村合为官寨村。

2016年官寨村官寨组列入第四批中国传统村落名录。

村落特色

官寨村的选址十分讲究,地处四面环山的凹地处,南侧为洞边田,明沟、暗河、溶洞等形成的河流。利用南面自然山体对门坡,东面自然山体大屯、小庙坡,背面自然山体后坡,西面自然山体大坡上和修建的城墙形成围合之势。村落一旁有可供灌溉的河流,村落内有饮用水源,村落背面有后山靠山,进则可攻,退则可守。

传统建筑

官寨村的传统建筑多为石木结构,以砖墙、砖柱为支撑,材料易得,费用较低,工期较短。整体外观质朴简洁,给人厚重坚实的感觉。墙体用石料垒砌而成,屋顶则采用当地出产的天然石板,在这里,贵州本土建筑和江南建筑风格得到完美的结合。

木结构部分采用"穿斗式"结构,又叫"干栏式立木柱架构体系",凿榫头衔接,结构精密,牢固、耐久,不用一钉一铆。石结构一般就地取石材修建,庭院及屋顶以石板建成。村落目前75%为石木结构建筑,其中50%建筑立面仍保留着结构,风水观遵循江淮传统,并结合贵州山地特色,形成独具贵州山地特色的传统民居,始终保留着官寨的重要文化符号。传统建筑中具有代表意义的有土司衙门遗址、范家大院、大佛寺庙等。

传统民居细部

传统民居

村寨环境

传统民居

官寨村官寨组平面图

传统民居

传统民居细部

民族文化

花灯戏：镇宁花灯是流行于安顺汉族地区及部分汉族与少数民族杂居地区的一种具有广泛群众性的民间歌舞艺术形式和略具雏形的戏剧表演艺术形式。镇宁花灯历史非常悠久，经过几百年来的流传和发展，已成为广大群众喜闻乐见的民间艺术。镇宁花灯的主要特点是载歌载舞，唱跳紧密结合，内容丰富，表演形式多样。

花灯戏

竹艺：作为竹文化的发祥地，华夏民族的竹文化源远流长，最早可追溯到7000多年前。镇宁传统竹编工艺也有着悠久历史，蕴含着中华民族劳动人民辛勤劳作的结晶，竹编工艺品可分为细丝工艺品和粗丝竹编工艺品。镇宁竹编主要有竹制日常生活器物、竹制生产工具、竹制工艺品、竹制乐器等，是一种既精美又实用的工艺。官寨村竹艺文化主要在老年人中保存，在年轻人中不能得到良好传承，须在文化、产业等方面进行正确引导，保证传统技艺的传承。

竹编物品

人文史迹

白骨塔：白骨塔位于村落外围东部，清同治十二年(1873年)六月建，为二层八角攒尖封闭式石塔。塔基6米见方，高约7米。塔前立有石碑一通，中央镌有"白骨塔"三字，碑首镌"同治十二年岁在癸酉闰六月吉日立"15字，尾款处镌"委员张鸣和监造"7个字。塔之右侧又立石碑一通，上镌江苏人缪崇德所撰《官寨白骨塔序》。

白骨塔

避难洞：位于村落东侧名叫大屯的自然山体上，山上的避难洞距离地面垂直距离超过40米，进洞前的上山小路丛林密集，进入避难洞很是费力，且都是沿着非常陡峭的小路进入，洞内却能容百人以上。

避难洞

土地庙：村落目前共保留完整的土地庙3座，土地神置放于土地庙内，以供村民供奉。从古至今村中也一直保留着供奉土地神的习俗。

土地庙

溶洞：官寨村同贵州大部分地区一样，存在着大量的地下溶洞，地形奇特，溶洞内部宽敞，水质良好，洞内冬暖夏凉。

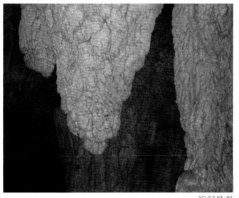

溶洞景观

保护价值

官寨传统村落依托镇宁夜郎洞景区资源，村庄四面环山，绿树成荫，村落前面为成片耕地、气候宜人、物产丰富。井然有序的传统民居整体呈东西向排列，展现其完整的村落组织艺术。村落与周围山体、田园、水域等自然环境完美地融合，传统民居在选址方面与山体地貌协调统一，形成独具特色的建筑肌理。因此，村落的整体形成、建造及发展都具有较好的艺术价值。

刘　娟　袁棕瑛　编

安顺市西秀区蔡官镇罗大寨村

罗大寨村全貌

罗大寨村区位示意图

总体概况

罗大寨村为西秀区蔡官镇茅蕉坡村下辖自然村，位于安顺城区东北18公里，距离贵州省会贵阳市67公里，距离蔡官镇政府6.5公里，毗邻金安大道，距离S86省道西秀区出口9公里，距安顺站、安顺西站1小时，距离安顺黄果树机场40分钟，交通便利。辖区以高原丘陵、山地为主，全村国土面积172.77公顷，其中村宅基地面积2.39公顷，耕地面积93.58公顷，林地面积55.62公顷。民族以汉、苗为主，总户数172户，总人口882人，农业人口751人，非农业人口131人，劳动力560人，外出务工人数270人。农作物种植以水稻、玉米、油菜为主，2015年农业粮食产量306吨，人均粮食产量360公斤，农业总产值247.4万元，人均纯收入达6000余元。

2016年罗大寨村列入第四批中国传统村落名录。

村落特色

整个罗大寨村"负阴抱阳"，南低北高，逐步升起，面向平坝，北靠南斗山，俗称"神仙撒网"。罗大寨村整体布局紧密融合在被称为"狮象地门，螺星塞水"的山水环境之中。罗大寨古村沿南斗山缓坡等高线聚集空间形态充分体现了山地村落与自然山水的密切关系，一方面，山水环境为罗大寨村形态形成与发展提供了物质保障和天然屏障，同时增强了整体村落的景观特色。罗大寨村聚落空间主要呈现三个特点，一是以青龙寺为中心的古银杏神树祭祀空间、南斗青龙寺庙会活动和祭祀信仰空间、私塾学堂文化教育空间、晒场乡村游戏和生产空间、村公所乡村历史行政空间形成的公共空间聚落；二是依山就势形成的以南斗山为代表的军事活动空间、观景空间和生态游憩空间；三是东西走向的传统巷道轴线空间。

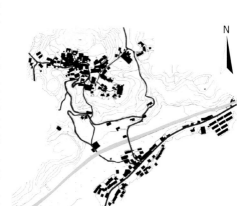

罗大寨村平面图

村寨环境

传统建筑

建筑院落格局：罗大寨的建筑院落符合屯堡建筑风格，根据需要，有二间对三间，三间对四间的三合院、四合院等组合形式。所有三合院、四合院的正房都居于主轴线上，其轴线多采用折线，门洞不会正对，台基较高，体量较大，突出它的主要地位，两边厢房的台基较矮，体量较小，倒座位置最低。

传统民居

传统建筑结构及元素：屯堡建筑的建筑结构形式大多采用穿斗式木构架，延续了江南民居的典型特点，建筑的装饰、雕刻等多以木构件制作。

传统民居

材料：屯堡建筑大量使用石材，其支撑体系仍是以木结构为主。建筑的基础、外墙、屋顶部分所使用的材料在长年的发展演变后都已选用石材。因为当地典型的喀斯特地质地貌，大多数地方地表土层很薄，耕地稀缺，砖瓦的制作和应用很少，建筑材料主要是木材与石材两种，石材占多数，石材的使用贯穿了从基础到屋顶的整个营造过程。

地戏

工艺：屯堡建筑内部构架和装修仍如江南民居建筑一样以木材为之，如木梁、木柱、木隔断等。在建筑的重要部位如门楼、垂花门、挂落、垂柱、风窗、撑拱、隔扇门、隔瓴窗、绦环板、裙板、月梁、雀替、支摘窗、驼峰、卡子花等位置与部件上，通过木雕手段形成与石材外观对比强烈的精美装饰效果。

三月三南斗银杏盛会：每年农历三月三日罗大寨村都会依托古银杏"夫妻树"、南斗青龙寺举办盛大的民俗节日——"三月三南斗银杏盛会"，吸引来自贵阳、六盘水及安顺本地上万名游客前往赏树与祈福。这一民俗活动流传已久，成为当地人的一项精神文化活动。盛会中村民们"搭台"唱戏，游客们品青龙井泉水的甘甜、尝银杏白果的清香、逛南斗青龙寺庙会、摸米斗祈愿五谷丰登，在古银杏树旁感受千年沧桑。

三月三盛会

人文史迹

青龙寺：始建于明朝，清朝咸丰年间重修。据说，罗大寨的山形似莲台，当地人将这种地形称之为"观音坐莲台"，风水很好，但在村子的右侧有一座白虎山，会破坏了村子的整个气韵，当地还流传着一句老话"观音坐莲台，可惜生错了花香岩"，于是老一辈人为了镇住白虎山，就在村口修了青龙寺。青龙寺属中式四合院，外部建筑材料以当地石材为主，其中地基和墙体采用较大石块砌成，屋顶由石板瓦铺就，内部架构以及门窗则有木材搭建，古朴敦实，空间丰富，保存完整。

青龙寺

青龙寺局部

民族文化

地戏：俗称"跳神"，是流行于贵州省安顺市的地方戏，已有600多年的历史，是"调北征南"的明军里盛行的融祭祀、操练、娱乐为一体的军傩，是中原民间传承的民间傩与贵州当地民情、民俗结合的产物，演出时"跳神者首蒙青巾，腰围战裙，戴假面于额前，手执戈矛刀戟之属，随口而唱，应声而舞"。安顺地戏的演出程序一般分为"开箱""请神"、"顶神""扫开场""跳神""扫收场""封箱"等组成。其中的"跳神"是正式演出，又分为"设朝""下战表""出兵""回朝"。其余部分是带有驱邪纳吉成分的傩戏活动。由于屯堡人的神灵观，更给地戏赋予"傩愿"的性质，村民还会在建房求财、祈福求子的时候请地戏队中的"神灵"去进行"开财门""送太子"等活动。罗大寨村每逢重大节庆，都会在晒场表演地戏。

安顺市

古驿道：滇黔驿道是一条从昆明出发，横贯贵州，通达湖南，最便捷、客货流量最大的交通要道。沿途设置驿站，而罗大寨也处在滇黔古驿道沿线，历经元、明、清三朝，一直使用到民国初年。

古驿道

古井：贵州地区降雨充沛，水源丰富，罗大寨村中有很多古井，比较知名的是青龙古井、刘家水井以及村东古井。

古晒场：青龙寺背后的一处晒场，从建村至今一直保留着农时作为晒谷场地，闲时可作为儿童游玩的场地。

古井

古晒场

保护价值

罗大寨择址与布局充分反映出古人"天人合一"的生态环境观，展现出一片山水村落的和谐。相比于其他屯堡传统村落，罗大寨村不仅有建筑、服饰、地戏、民宿、饮食等屯堡文化，还有自身特色的马帮文化、驿道文化、银杏文化，物质文化与非物质文化兼具，其文化价值的开发利用具有很大潜力，具有较高的社会价值、文化价值、景观及生态价值，以及旅游价值。

郭 进 编

503

安顺市镇宁布依族苗族自治县江龙镇陇西村二组、三组

陇西村二组、三组全貌

陇西村二组、三组区位示意图

总体概况

　　陇西村二组、三组位于镇宁县江龙镇东部，与龙潭村、窑上村、朵卜陇村相接壤，与安顺市新场乡相邻。村域面积6.78平方公里。全村共9个村民小组，536户，2251人，以布依族为主。

　　陇西村二组、三组依山而建，因借自然，顺应地势集中成片自由分布，民居错落有致的整体风貌格局体现了布依族村寨典型特色。

　　2019年陇西村列入第五批中国传统村落名录。

村落特色

　　陇西二组、三组的格局基本上按照明代"天地三才阵"布局，正中央为中间街，两侧为古街巷；选址讲究风水堪舆，靠山不近山，临水（陇西河）不傍水，地势干燥，视野开阔，水源方便。

　　陇西村二组、三组在布局上，更注重与地理地形结合，因借自然，自由又严格组织交通体系，村寨中传统轴线、重要公共建筑、公共空间、传统街巷等各要素之间有机紧密联系，历史格局突出。寨门坐落在陇西二组、三组村寨（老寨）中心，是古时进入陇西二组、三组的必经之路，是古时的防御工事。

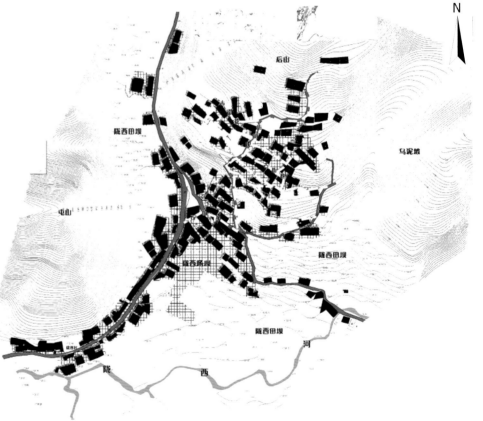

陇西村二组、三组平面图

村落一隅

村落古驿道

传统建筑

　　村寨到现在有600多年的历史，在漫长的岁月中历经沉淀洗礼，历史格局基本完整地保留下来，村寨有传统建筑68栋，其中重要的有3栋，均为布依建筑的精品，陇西村人历来以石木工匠最多，他们以石木为主营造的既高雅美观，又具防御性的民居建筑构成独特风格，特别是古城墙，堪称一绝，是陇西建筑的代表作，高三层，不用一滴灰沙，砌的无丝无缝，矗立在村庄边缘，质地和工艺都具很强的审美感，同时与当地的青石、木材结合使用，厚重中不失俊

美，布依"风"特征突出，是难得的建筑瑰宝。

传统建筑

建筑风格与当地自然环境紧密相关，如居室脱离地面，人居其上，即可避免虫蛇猛兽之害，又避免南方多雨时的气候所产生的潮湿和瘴气对人体的有害影响。

传统建筑

民族文化

村寨中民族文化氛围浓郁，如有传统音乐（铜鼓十二调）、民间音乐（布依族对歌）、民间戏曲（阳戏）、民间传统节日［六月六、四月八（牛王节等）、民间技艺（蜡染）］等。

铜鼓十二调

铜鼓是布依族文化中不可或缺的一部分，布依人称铜鼓为安您(音译)。在其漫长的发展过程中，铜鼓的社会功能在不断转变着。有的被作为乐器、炊具、祭祀活动中的神器、礼具甚至用作葬具。

铜鼓是陇西布依族人的图腾，上面有十二生肖，每逢村寨中有人办事，都会举行铜鼓比赛，寨子与寨子之间比赛打铜鼓，比打铜鼓的节奏、旋律，赢了的寨子把豆子装在鼓中。

布依对歌

人文史迹

陇西村二组、三组主要居住着布依族，明朝洪武年间的"调北填南"为安顺带来了一批来自江西的移民。

村寨坐落于青山绿水中，到现在已有600多年的历史，在漫长的岁月中历经沉淀洗礼，历史格局基本完整地保留下来。村寨传统轴线、重要公共建筑、公共空间、传统街巷及村寨防御体系均得已完好保存和诠释。原始民居自由分布，严谨有序，平面规整，用材考究，工艺精湛，形成集中成片、丰富统一、轮廓清晰的整体风貌。村寨的良好保留，为后人诠释了"人与自然""建筑与环境"和谐共生的精神。

陇西村人历来以石木工匠最多，他们以石木为主营造的既高雅美观，又具防御性的民居建筑构成独特风格，特别是古城墙，堪称一绝，是陇西建筑的代表作，高三层，不用一滴灰沙，砌的无丝无缝，矗立在村庄边缘，是陇西最坚固的堡垒，每隔几米都有观察孔，也是枪眼，枪眼都瞄准路口，对整个寨院的观察一目了然，以防进攻的敌人，可惜后来被拆除。

反映村落历史风貌特征的重要历史环境要素包括河流、古桥、农田、活动场地、古驿道、街巷、古树等。

古水井

河流：村口有陇西河流淌而过，沿着龙潭及月潭两个小河流，是村寨重要的水源和景观。

古桥：陇西村二组、三组周边共有一处古桥，位于村南侧，现基本保存完好。

田园：村前是农田，从南侧村寨边缘一直延伸至东南方向的山脚，视野开阔并具一定规模。

屯

石碑

古桥

保护价值

陇西村二组、三组历史较为悠久，早在明代形成聚落直到今天，村寨历史格局及风貌被保存相对完整，村民基本保留了传统的耕作方式和生活习惯，对于研究布依族村落的社会文化具有极高的历史价值。

丁海伟龙 定编

505

安顺市西秀区龙宫镇油菜湖村小苑组

油菜湖村小苑组全貌

油菜湖村小苑组区位示意图

总体概况

　　油菜湖村小苑组坐落于龙宫风景区内，位于安顺市西秀区西南面，距龙宫镇政府9公里，距安顺市区18公里，007县道从村中穿过，交通十分便利。油菜湖村属于苗族聚居地，村民源于同一支吴姓苗族，共170户，300人。

　　2019年油菜湖村小苑组列入第五批中国传统村落名录。

村落特色

　　油菜湖村小苑组地处亚热带季风湿润气候区，群山环抱，年平均气温15℃，冬无严寒，夏无酷暑，气候宜人。村落周围自然生态环境优越，土壤肥沃，有优美的自然景观和田园风光。村内有苗族丰富多彩的民族文化和民族风情，旅游资源丰富。

　　小苑组坐落于来龙山山脚，村落与龙脉紧紧相连，一条小河从村中部穿流而过，水流曲折，犹如另一条神龙，环绕村子。

　　村落依山傍水而建，负阴抱阳，背山面水。特别是来龙山山脉与石龙河遥相辉映酷似两条守护村庄的"神龙"，龙头处正有一座宝珠山，山峰似一"宝珠"而得名。恰似一幅"二龙戏珠"的造型。村头入口处有一座宗祠，其余房屋依坡而建，顺势延坡而下，再向龙尾延续。

　　村庄中房屋都由石头或木头搭建，再以石板盖顶，村内街道纵横交错，每条街道均以石头铺成，石街两旁是一座座石头或木制房屋，户户相连，井然有序。村寨背山面水，周围绿树环绕，繁花掩映，一派桃源仙境的景象。村子正对一片广袤的田地，田地中有河流缓缓流过，是村民们种植灌溉所用的主要水源。

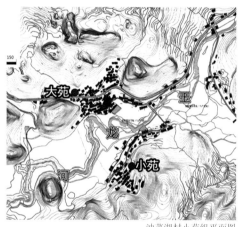

油菜湖村小苑组平面图

传统民居

传统建筑

　　油菜湖村传统民居保存较好，连片且集中于小苑村中心，大多数传统民居沿山体而建，高低错落，形成了别具一格的建筑风貌。

　　油菜湖村的传统建筑以石木结构为主，多用石料。道道密实的石墙，夹着幽深狭窄的小巷，规整的石阶穿过巷门，在石屋间盘绕回环。墙用方块石、条石或毛石堆砌而成，屋顶用石板代瓦，称为"石板房"。屋顶用薄石片代替瓦片，这种石片天然生成、厚薄相均，加工成一样大小的正方形，盖于屋顶构成形状一致、整齐划一的菱形图案，称为"白果型"，或经过盖房艺人的加工造型，从房檐到屋顶步步迭升，观之为"鱼鳞"，称为"鱼鳞型"。

　　村寨中的每一个细胞，既可以各自为政，又可以互相支援友邻，既保证一宅一户私密性和安全感，同时又维系着各家之间必要的联系。屯堡建筑把石头工艺发挥到极致，从高向下放眼望去，错落有致。

传统民居

传统民居

民族文化

苗年：自古以来，这一地区的苗族就使用着与汉族"农历"不同的历法——苗历。苗历的岁首，即为苗年。过"苗年"的日子，有经协商按顺序进行的习惯。时间在农历十月、十一月期间，这种习惯，也使得这些不同的苗寨在各自不同的"苗年"日子里，轮流成为该苗族区域的狂欢中心。"苗年"也是苗族人庆祝丰收的日子，是一年里劳作的结束与欢乐的开始。每到苗年，人们喜爱的芦笙和铜鼓就可以搬出来尽情欢跳了。从这天开始，苗族人便开始了走村串寨，你迎我往，一寨又一寨的芦笙盛会一直欢乐到春天二月里的"翻鼓节"。"苗年"的主要活动，包括杀年猪、打糯米粑、祭祖、吃"团年饭""串寨酒"、跳芦笙等，部分地区还举行斗牛、斗鸟、赛歌等活动。

苗族"六月六"：苗语叫"奏月奏"，又叫赶歌节，苗语叫"够傻"或情人节，是苗族的一个传统节日。每到这一天，苗族男女老幼，特别是年轻人，身穿节日盛装，三五成群，从各个苗寨来到歌场，结伴对歌，互诉衷肠，会亲访友，叙谈家常，是苗族人快乐而美好的日子。正是这与众不同，使苗家的六月六具有独特的民俗文化价值。也有的把六月六当作一年之中晒衣服的最好一天，这一天叫"晒红绿"。也有传说：这一天是晒龙袍。如这天下雨了，把龙袍淋湿了，将会有49天的晴天，意为要天旱。还有一种说法是当地的苗族人民在封建统治下生活十分困苦，有一年六月初六与前来征粮的官兵进行了坚决斗争，打退了官兵，保住了山寨。然而后来在大批官兵的围攻下，苗族人遭到了残酷杀害。以后，每逢这天，他们就聚集在一起，举行歌会，缅怀英烈。另一种说法是为了纪念忠烈的爱情而兴起的。赛歌是赶歌节的主要内容，而对歌是苗家人表达爱情、选择情侣的主要方式。

祭祀崇礼（祭土地庙）：油菜湖村村民祭祀土地庙，每年正月初一、初八要先进行扫寨，清除村子中老旧不干净的东西，扫寨驱邪，除旧迎新，来年才能把好的东西迎进村中，才能使村子祥和安宁。扫寨完毕后进行祭祀，村民要杀猪宰鸡祭祀山神，准备一对香烛，一盘水果，一盘点心。时辰一到，村寨各路口插上禁入标志，外人不得进寨，保持村寨安宁肃静，祈求来年风调雨顺，四季平安。

赛龙舟：每年端午节起至农历五月尾是贵州苗族龙舟节。油菜湖村所处区域在气候上雨旱季十分分明，在旱季里，雨水尤为珍贵。因此，苗人划龙舟多与天气和农事活动密切相关，祈福和庆祝性质较强，龙舟比赛通常都会有驱旱求雨、庆祝插秧成功、预祝五谷丰登等实际意义。

苗年节庆

节庆仪式

人文史迹

月亮镜：位于小苑组东侧山体半山腰处，始建于明朝，主要用于祈福祭祀，村庄的人每年都回去供奉"月亮"，祈求它保护村庄和平安宁。

土地庙：整体结构为石木结构，用于祭拜土地，屋顶为双坡石板。

石龙桥：均始建于清朝。位于玉龙河上，整座桥都用石头筑成，为单拱结构，村中凡有婚嫁喜事，新人们都要走过石龙桥，以求长长久久。

烈士墓：纪念已故的烈士杨朝元，墓地保存较好。

古墓：张氏祖坟，位于小苑，年代为明清时期。

古井：位于大苑组，始建于明朝。古井外为石板堆砌而成，井水干净，当地部分居民依然作为饮用水源。

清朝古官道：位于小苑组南部山体，始建于清朝，为通往镇宁江龙直至广西百色的古官道。

月亮镜

土地庙

石龙桥

清朝古官道

古井

保护价值

油菜湖村村落依山傍水而建，其负阴抱阳、背山面水的村落选址与布局，充分体现了贵州安顺地区传统村落的特点，是研究地域及其村落布局与选址的典范，同时小苑组的山—村—路—田—水的整体格局，优美的沿等高线排布的传统民居肌理，无不体现了贵州山地特色村落的经典特征。

保存完好的古建筑群体现了富有地方特色和象征意义的内部建筑空间的处理和装饰手法，对了解和研究当地传统民居文化内涵提供了丰富的信息和借鉴。

段世凯 编

安顺市西秀区刘官乡周官村

周官村全貌

周官村区位示意图

总体概况

周官村位于安顺市西秀区刘官乡中东部，东与罗陇村接壤，南接刘官乡，北靠大山村，距离安顺市区48公里。周官村是刘官乡历史最为悠久、规模较大、环境较优美的自然传统村寨。地貌以喀斯特地貌为主，自然风光优美，民风淳朴，水源十分丰富，土壤肥沃，有享誉黔中的冰脆李和独具特色的邢江河自然风光和人文景观。全村现共有农户478户，2031人，总面积4.53平方公里，耕地面积4130亩，是一个典型的屯堡历史村寨，居民主要收入为种植业及木雕产业。2011年被文化部授予"中国民间文化艺术之乡"。凤阳汉装大袖子、尖尖鞋，错综复杂的屯堡石头巷，原始古朴的地戏文化，屯堡山歌，600多年前的明代遗风是周官村固有的文化标志。整个村几乎每家每户都会雕刻面具，是一个名副其实的傩雕之乡。

2016年周官村列入第四批中国传统村落名录。

村落特色

周官村选址按照屯堡"左青龙、右白虎、前朱雀、后玄武"的风水观来选址建寨，"靠山临水，田间辉映"是周官村传统村落自然格局的写照，其构成要素主要为山、水、田。村落前面是从西流向东贯穿全村的邢江河，有宽广的田坝，左面是属于丘陵的老虎山，后面是一座石头大山，村落格局的特征为住房以大街为中心线，两旁分别以四合院多户居住，布局上更注重与地理地形结合，因借自然，自由又严格按照风水组织交通体系，村寨中传统轴线、重要公共建筑、公共空间、传统街巷等各要素之间有机紧密联系，历史格局突出，村落整体风貌保存完整。

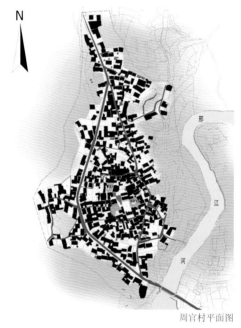

周官村平面图

村寨环境

传统建筑

村寨有传统建筑88栋，其中重要的有4栋，均为屯堡建筑的精品，尤其是屯堡人自己烧制的青砖与青瓦无论是质地和工艺都具很强的审美感，同时与当地的青石、木材结合使用，厚重中不失俊美，屯堡"风"特征突出，是难得的建筑瑰宝。石头的瓦盖，石头的房，石头的街道，石头的墙，石头的碾子，石头的磨，石头的碓窝，石头的缸，屯堡民居就是一个石头世界。

传统民居

石头建筑的屯堡民居，具有强烈的军事色彩，村寨内部的巷子互相连接，纵横交错，巷子又直通寨中的街道，形成"点、线、面"结合的防御体系。靠巷子的墙体，留着较小的窗户，既可以采光，又形成了遍布于巷子中的深邃枪眼。低矮的石门，有一夫当关、万夫莫开的军事功能。这一切无不显示出当时战争所需的建筑构式和屯军备武的思想。现在屯堡村寨中，至今残存着许多垛口、碉楼。

碉楼

民族文化

安顺木雕：周官村雕刻技艺精湛，雕刻历史久远，木雕艺术源于明代。明初，朱元璋的大军出征云南，平定后在安顺屯兵，带来了传统的木雕工艺。雕刻技艺刀法或粗犷或细雅，造型繁多，表现的手法不一，或纯真写实，或夸张抽象。创作生产的傩戏面具、脸柱、傩柱、画筒、花瓶、十二龙鼻、鳄鱼、龙头龟、仿非洲艺术等各类艺术作品，大量销往全国各大城市和海外市场，如今正逐步向产业化、规模化、精品化迈进。

木雕

傩雕

安顺地戏：俗称"跳神"，表演者无战裙者身穿长衫，有战裙者穿短衫足踏自做的布料鞋，背背包，背包有五面三角战旗，跳起来战旗、战袍、面具上凤尾毛摇动，加上粗犷的唱腔、灵活、古朴、原始的动作，展示了军旅人的气魄。主要戏曲曲目为《五虎平西》《杨家将》《二下南唐》《薛丁山征西》等。

地戏

屯堡村刺绣：刺绣在屯堡人的日常生活、节日庆典、择偶、婚丧、宗教仪式中都得到广泛运用，有着很强的实用价值、艺术价值。屯堡刺绣主要用于服装装饰，用彩色丝线在麻质底布上挑绣出规整的图案。屯堡刺绣纹饰常见的有花鸟虫鱼、田园、河流等。屯堡刺绣的针法常见的有平绣、倒针、

绉绣、贴花、插针、辫绣、堆花、缠绣、凸绣等多种。以十字为基本针法，"数纱而绣"，不用底稿，图案尽在心里。先挑出图案的外轮廓，再逐步添加内部花纹，最后填充细部，直至完成。为了不弄脏图案，还采用了"反面挑正面看"的特殊技法。

屯堡刺绣

屯堡服饰：展现着明代遗风的服饰，给初到安顺的人以极强的视觉冲击力。屯堡人的服饰以青、蓝色为主，代表他们对祖上来自长江一带的眷眷依恋之情的叙说。服饰以短对襟和长衫大襟为主。对襟短衣从中系扣，俗称"三个荷包"，因在右上胸前和两个下摆各有一个口袋而得名。对襟短衣一般用青、蓝、白布加工而成，钉5颗或7颗布疙瘩纽扣。穿长衫时，头包青布头帕或毛线头帕，腰系青布腰带。所穿的裤子裤腰和裤脚十分宽大，若把两只裤脚和裤腰扎上，可装百余斤粮食，既凉爽又实用。

屯堡服饰

人文史迹

晒神坝：原为周官寺庙中以大殿为中心的院落，后为周官小学操场，小学停办后作为村内公共空间，村内大小活动常在此举办，村内老少齐聚，人声鼎沸，热闹非凡。

晒神坝

古桥：古桥位于村西南角，原为拱桥，后为修建通村道路保留古桥下半部分，改为平桥，经历多次修缮，保存完好，现在仍可通车。

古桥

古驿道：村落内保留最完整的驿道，古时买卖赶集之处。

功德碑：该功德碑为周官村佛会为颂扬村民善举而立。村民自发捐献钱财物资，用于修建或举行各项事宜。

古驿道

功德碑

保护价值

周官村历史悠久，传统文化丰富多彩，具有较高的历史、文化、艺术、科学、经济、社会价值，是中国传统文化的缩影，整体风貌格局具有一定的科学研究意义，蕴藏着较大的旅游发展前景。

郭　进　编

安顺市西秀区杨武乡顺河村顺河组

顺河村顺河组全貌

顺河村顺河组区位示意图

总体概况

顺河村顺河组位于安顺市西秀区杨武苗族布依族乡西北面，距安顺市区27公里，乡政府所在地9公里。顺河村顺河组依山傍水而建，寨子中间有顺河小河横穿而过，故西南面为顺河小院，东北面为顺河大院，分设寨门，同时沿小河有通乡公路穿过寨子。据村民相传，明初顾成攻打长石村安柞城时，就屯兵驻扎在顺河组，当时称顺河堡，距今已有近600多年历史。

2016年顺河组列入第四批中国传统村落名录。

村落特色

顺河村顺河组位于顺河小河与冷水小河交汇处，村寨选址体现"天人合一"的中国传统哲学思想，强调与自然山水融为一体。村寨依托溪流划分的东北和西南两个部分进行布局建造，形成山环水绕、背山面水的村寨布局格局。村寨内设前后寨门、寺庙，体现出屯堡村落的军事防御功能。

村寨周围丘陵地貌和喀斯特岩溶地貌并存，自然植被丰富，多为常绿落叶混交乔木、灌木、针叶类松、杉等。野生动物繁多，其中有穿山甲、画眉、野鸭等国家二、三级保护动物。

村落环境

传统建筑

建筑群整体依山而建，结构紧凑，街道尺度宜人。传统建筑为石木结构，屋面盖石板或青瓦，房屋由正房、两边厢房、围墙、门洞、场门组成；独门独院，木结构部分有各式木刻图案，窗体和部分围栏由木线条镶成各种方格图案，每户场门与巷道相连，大小院各有一个3.5米高、2米厚的石门洞设在主巷道上。

清代四合院占地面积300平方米，正房120平方米，外墙采用当地石材人工凿成方石块砌筑而成，内部按照传统工艺以木材构筑。正房两侧为厢房，照面外墙1.5米高为石墙，其上用青砖砌筑至顶，中间为1.8米宽、2.5米高门洞，门洞顶呈半圆形，四合院屋顶盖青瓦，中间为天井，为当地石材青石板，面积约80平方米，照面和正房以青石板砌筑石梯进入。建筑细部有石雕柱基，木线条护栏，穿方，青瓦砌筑的翘角、飞檐等。

村落古石巷

顺河村顺河组平面图

石门洞

顺河的丧葬仪式：成年人去世，首先找阴阳先生，根据死者的生辰八字及去世时间，确定入棺时间，入棺后设灵堂，然后再根据死者的生辰八字及去世的时间，确定下葬日期。接着看坟地，看坟地时要根据死者的生辰八字及去世日期，还要根据当年的年份，不同的年份，坟地的方向是不一样的。接着进行报丧、哭丧、做外家、念佛唱孝歌、绕棺、下祭、燃灯、出丧、出殡、佛头清场等传统仪式。整个仪式结构紧密，有条不紊，章法有循，组织有序，可视为村庄运转水平和机制状态的一个缩影。

马头山观察哨：位于村庄东南面500米处马头山山顶，为碳酸盐形成的独峰，以块石砌筑的一条石头小道连接峰顶，峰顶四周砌筑有1米宽、2米高的石墙，设置有双层石门，相隔2米；站在峰顶，视野开阔，四方动静一览无余。古时候马头山观察哨主要用于观察敌情和村民临时避难的场所。

古桥：原名五眼桥，位于顺河小河下游，原有五孔，后因河床变窄，现只存三孔。

石水碾：位于顺河小河中下游，建造时间不详，为村民利用水能碾米的地方。

传统建筑院落

丧葬仪式

马头山观察哨

精美雕花

丧葬仪式

古桥

民族文化

顺河佛会：已婚妇女，在农历正月里在清庵寺举办佛会，每年春节从正月初九开始，已婚妇女们就得到清庵寺里起锅造饭，修行吃斋。她们每天在道士先生引领下磕头，并诵经修行，忏悔自己的罪业。

人文史迹

黄梁洞：位于顺河村后山，黄梁洞分主洞和支洞，主洞设有大门，其余部分用块石砌筑封闭；支洞口用块石封闭，只留炮口和枪眼。黄梁洞是古时候村民临时避难的场所。

石水碾

保护价值

顺河堡这个保持了600多年的古村落是屯堡文化的"活化石"，其独特的村址选择、规划布局、军事防卫、农业生产、建筑风貌、服饰发型、戏剧音乐、民风民俗、语言语音、美食特产等方面，具有特殊的地域性民族文化价值。

严　毅　段世得　编

顺河佛会

黄梁洞

安顺市西秀区蔡官镇格来月村

格来月村全貌

格来月村区位示意图

总体概况

格来月村位于安顺市西秀区蔡官镇北面，距离安顺市区12.5公里，距离镇政府所在地15公里。

格来月村属云贵高原地区小盆地地势，辖区以高原丘陵、山地为主，平均海拔1100~1472米之间，属亚热带高原季风湿润气候，平均气温13.5℃左右。村域面积5平方公里，户籍人口1229人，以苗族和白族、汉族为主。

据历史考证，大明洪武二年（1369年）朱元璋发动"调北征南"战役，后实行留军屯田戍边，选此风水宝地建村。

2019年格来月村列入第五批中国传统村落名录。

村落特色

格来月村坐北朝南，后靠红岩山，前朝大峡谷，山势向前面两侧延伸，群山环抱。全村每家都相连接相拥。以四合院为中心点向四周扩建，村落布局为"米"字形，展出"胡须"巷道格局。

格来月村郁郁葱葱，山村依傍着秀丽的山峦，在山间南北向镶嵌着数条小溪。

村寨周围丘陵地貌和喀斯特岩溶地貌并存，山高险奇，溪水清澈，鸟语花香，植被茂盛，土地肥沃。

传统建筑

格来月村是一个保存完整的石板屯堡村。石头镶嵌的石门、精心雕刻的窗花与坚固的碉堡构成四合院的防御屏障。村内建筑全由石板建造房屋，建筑院落符合屯堡建筑风格，根据需要，有二间对三间，三间对四间的三合院、四合院等组合形式。所有三合院、四合院的正房都居于主轴线上，其轴线多采用折线，避免门洞正对，台基较高，体量较大，突出它的主要地位，两边厢房的台基较矮，体量较小。

格来月村的石头房、石头盖、石头碾子，石头磨，房屋的围墙皆用石头。据当地人说，石头搭建的屋顶像鱼代表着年年有鱼，而屋顶角像猫耳朵，象征着一切都好，这是它极为独特之处。负阴抱阳、背山面水。村民为了防治匪徒，建造了石头门的四合院，石头碉堡，连片石板房。四合院是先建正门，住房再逐步完善，石头碉堡四周留有瞭望台窗户和枪口，是防止匪徒的洗劫，以石头为盾建造的坚固石板房，体现了村民的建造智慧。

村落古石巷

村落环境

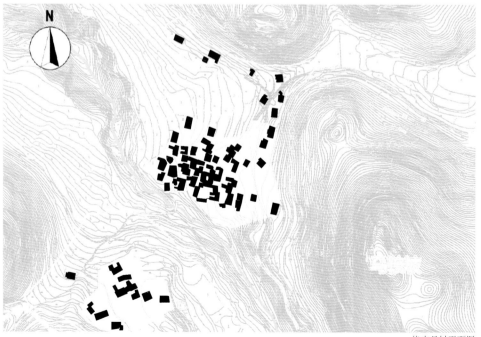

格来月村平面图

传统建筑

传统建筑

民族文化

跳花节：跳花节于每年的农历正月初四开始。跳花期间，青年男女汇集于跳花坡跳芦笙，谓之"跳花"。整个镇的跳花坡都是在鼠场村对面的小坡上。

跳花节

苗族蜡染：苗族蜡染（后汉书）上有西南夷"知染彩纹绣"的记载，这说明至少在汉代，西南少数民族就已经掌握了染、织、绣的技能。

在苗族中，有关蜡染起源的传说有两种。一是苗族先祖蚩尤与黄帝战斗，蚩尤被俘并处以极刑的故事，由此产生了"枫液作防染剂"的染法；二是苗族中流传着的蜡染最早是对铜鼓上的纹样摹取。做法是将布蒙在铜鼓上，用蜡在布上来回摩擦，再经过染，铜鼓上的纹样就转移到了布上，这种做法有点像制拓片。后又改用木板镂空来摹取铜鼓纹样，然后把木板放到白布上，将蜡液倒进镂空的图案中进行靛染，这种方法类似于在衣服上印字。蜡染后来才变成使用铜片制成的蜡刀沾上熔化的蜡液直接在布上绘制。这种方法把蜡

染从复制变成了创作，充分发挥了蜡染工具自身的优势，体现出蜡染的材质美。因而，这种制作方法一直沿用至今。

苗族蜡染

苗族刺绣：刺绣又名"针绣"，俗称"绣花"，是中国优秀的民族传统手工工艺品之一。以绣针引彩线（丝、绒、线），按设计的花样，在织物（丝绸、布帛）上刺缀运针，以绣迹构成纹样或文字，是我国优秀的民族传统工艺之一。

古代称"黹""针黹"，后因刺绣多为妇女所作，故又名"女红"。

苗族刺绣

木雕：在木雕艺术创作中，作者对于形象和空间的处理手法。是心理多变而复杂有意义的过程。优美的刀法之所以形成，是技术达到纯熟的表现，只有掌握技巧并不断地积累经验，才能达到理想真正属于自己的刀法。那种木纹与雕痕、光滑与粗糙、凹面与凸面、圆刀排列、平刀切削所表现的艺术语言魅力是其他材质的雕塑无法达到的。

木雕

人文史迹

王兴科：清道光十二年（1832年），交椅人，前清武生，天保团总甲。光绪时，偕任世明合办团务，后改团名为双合，终其生办团。兴科击匪甚力，以军功论赏，荣膺五品保举。

梁德胜：1957年12月参军，1960年加入中国共产党，1958年春至1960年冬在铁道兵部担任班长、副排长，负责施工组织与工程管理。1961至1963年冬在锦阳铁道兵学校铁工专业学习，中专毕业。1963至1974年冬在铁一师工作，1947年冬至1979年在炮师任指挥连长、参谋。

王玉成：1949年7月参加革命，炮兵营班长，排长，永靖区财助，1950年3月13日到五权乡征收公粮被匪特包围攻打，英勇就义。

古树：村中有一棵800多年香樟树，树围5米余，高10余米，树干笔直，树冠伞形，被列入国家三级保护。

古桥：明朝时期建立的红岩大桥，便于河岸两旁的村民交往及运输，是打通格来月与外界的重要渠道。

此外，村内还有很多人文景观和自然景观，如古井、蟠桃山、天生桥等。

古香樟

红岩大桥

保护价值

格来月村保持了600多年的古村落是屯堡文化的"活化石"，其鲜明的特色表现在村址选择、规划布局、军事防卫、农业生产、建筑风貌、服饰发型、戏剧音乐、民风民俗、语言语音、美食特产等多方面。内容广泛、形式丰富，具有特殊的地域性民族文化价值。

旷 辛 张井洪 编

安顺市紫云苗族布依族自治县格凸河镇格丼村

格丼村全貌

格丼村区位示意图

总体概况

格丼村位于安顺市紫云县格凸河镇（原水塘镇）的东南面，距离镇政府所在地20公里，距离紫云县城35公里。村寨南部连坝寨村，北部临交陆村，西面接于江上坝，东面连平寨村。全村总面积18平方公里，村寨沿着格凸河一侧，依山而建，依山傍水。格丼村下辖16个村民组，10个自然村寨，总户数385户，总人口1895人，主要民族有苗族、布依族和汉族。

2016年格丼村列入第四批中国传统村落名录。

村落特色

格丼村是典型的苗族聚集自然村寨，以格凸河核心景区为中心，四周分布着保存完好的传统村落，包括被称为"亚洲最后的穴居部落"、现代"山顶洞人"的"中洞人家"及大河苗寨等苗族群体。格丼村境内有国家AAAA级旅游景区——格凸河穿洞风景名胜区，有世界第二、亚洲第一大溶洞厅——苗厅，有格凸河攀岩基地，还是国家级非物质文化遗产亚鲁王文化的典型传承区。格丼村是苗族为了躲避战乱，迁徙到这里而形成现在的村落。

村寨环境

格丼村以格凸河风景区为核心载体，以周边山体为依托，传统苗寨建筑嵌入其中，形成村寨的传统格局，大河苗寨沿着格凸河依山而建，房屋采取相对集中而又分散的方式，山水环境为村落形态的形成与发展提供了物质保障和有利条件，村落的空间组织上充分体现着对山水的依存关系。整体布局上顺应环境、地形特点，与自然山水格局吻合。

传统建筑

格丼村传统民居建筑主要集中在村寨中部，始建于清代，整体风貌较为完整。格丼村民宅的平面布局，既沿袭了苗族建筑依山而建与穴居的布局特点，又考虑到在特定条件下的需要而建造的古粮仓建筑，用于储粮和居住。目前洞穴里面还生活着十余户苗族人家，主要是罗、梁、王、吴四姓。通往中洞的只有一条长达2公里的石梯道路，交通十分不便，出行完全靠走，至今仍过着人挑马驮的世外桃源生活。

"中洞人家"位于洞中，宽阔敞亮而且高大的洞顶有着防刮风、下雨和日晒等作用，洞顶可以作为房屋的顶部，因此洞里的建筑搭建十分简易。以中间为界，房屋基本上成两排，为了很好地采光，大部分房屋都以洞口为朝向，建筑形式以苗族传统的木结构建筑样式建房，多为三开间，三柱房，建筑材料基本采用竹木等材料，房屋的建筑工艺十分简单，有的甚至直接用一些木材简单围起来即可。

与"中洞人家"的"无顶房屋"相比，大河苗寨的房屋建筑则要精致很多，由于大河苗寨地处山间，环境优美，木材

资源丰富，因此大部分房屋就地取材，屋顶一般都是用当地烧的青瓦盖在屋顶。大部分的房屋都是沿着山脚而建，留足中间的空地可种植玉米。房屋采取三间为开间，中间为堂屋，堂屋后面为后堂。一般的房屋都比较简陋，较为富裕的人家会用一些比较好的木板来装修或当地烧的火砖围起来，较困难的人家一般都是采用当地的竹子编成整块，然后围在四周作墙使用，油漆在墙壁上涂上一层，可以减缓竹木以及木质物品的腐烂过程。

大河苗寨

格丼村平面图

中洞人家

传统民居

传统民居

民族文化

跳花节：跳花节是格丼村苗族最为隆重、历史最为悠久的传统节日。传说是苗族英雄人物杨鲁兴起的，至今安顺北门外跳花山仍以其名命名。"跳花"一词为汉名，因坡上栽有花树而得名，与苗语意思不尽相同，苗语称跳花为"欧道"，意为"赶坡"。跳花日期全都在农历正月间举行，现仍有24处固定跳花坡。节日期间，苗族人民尤其是男女青年，穿上节日盛装，未婚男子背上十几床甚至几十床精美的背扇扇面，女子则用包裹包上银铃、银珠、银链等装饰品。男子吹笙舞蹈，女子摇铃执帕起舞附和，围绕树翩翩起舞。有爬花杆比赛，有比射弩、比针线手艺，有武术表演、倒牛、斗牛等文体活动。

跳花场

芦笙舞：又名"踩芦笙""踩歌堂"。芦笙是苗族古老的吹奏乐器，苗家人吹奏芦笙，因用芦笙为舞蹈伴奏和自吹自舞得名。从已出土的西汉铜芦笙乐舞俑分析，芦笙舞至少已有两千多年的历史，芦笙舞大多在年节、集会、庆贺等喜庆时刻表演，主要有自娱、竞技、礼仪三种类型。芦笙舞由十几甚至几十人盛装打扮的芦笙手围成圆圈，边吹边跳。智慧的苗家人在传承中不断丰富和发展了芦笙的内涵。

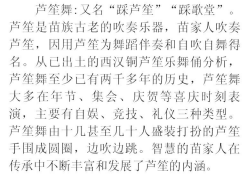

苗族芦笙舞

人文史迹

苗族英雄史诗——《亚鲁王》：《亚鲁王》是有史以来第一部苗族长篇英雄史诗，一般在苗族送灵仪式上唱诵，仅仅靠口头流传，没有文字记录。

这首英雄史诗在紫云苗族地区传唱千年而经久不衰，这一历史文化现象的发现，是贵州乃至全国失落多年的一笔文化财富。"史诗"唱述亚鲁王国17代王创世、立国、创业及其发展的故事和历史。描述了亚鲁王国200余个王族后裔的谱系及其迁徙征战的故事。其语言优美，表现形式灵活多变，以散文诗为主体，全诗共有30000余行，涉及古代人物数万人和400余个古苗语地名，具有很高的文学价值、历史学价值、社会学价值。

《亚鲁王》表演

"蜘蛛人"攀岩技术："蜘蛛人"攀岩是苗族人民为了适应恶劣的生存环境而练就的传统技能。"蜘蛛人"攀岩是我国苗族人民在长期的生活和实践中形成的民族传统体育

活动，"蜘蛛人"不仅可以徒手攀崖，而且还可以在绝壁上做倒立、翻跟头、单手吊挂等一套复杂而惊险的动作。其产生、发展与生存条件与苗族悠久的悬棺、崖葬丧俗文化及独特的喀斯特地貌有着密切的联系。"蜘蛛人"徒手攀岩技艺传承依旧良好，目前，"蜘蛛人"攀岩技艺已被列入贵州省级非物质文化遗产保护名录。

紫云格凸国际攀岩节

"蜘蛛人"攀岩技艺

保护价值

格丼村是苗族先民为躲避战乱迁徙至此形成的，至今保存较完整，是在特定的历史背景下诞生的产物，文化内涵丰富且地域及民族特色突出，承载的历史文化信息厚重，特别是中洞，还保留有穴居生活的习俗，被称为"亚洲最后的洞穴部落"，格丼村处于格凸河景区的核心区，与周边环境一同构成了丰富的地域特色与人文景观，村寨内部建筑和街巷结构、材料和施工工艺精良，是古代建筑技术和艺术融合的典范，极具美学和艺术价值，具有较高的历史价值。

刘　娟　袁棕瑛　编

村落环境

安顺市平坝区白云镇高寨村高寨自然村

高寨村高寨自然村全貌

高寨自然村区位示意图

总体概况

高寨村高寨自然村位于白云镇政府驻地西南侧10公里。东与金坪村相邻，南与西秀区大西桥、浪塘村、九溪村相邻，西与天龙镇天龙村相邻，北与花柱村相邻。村域面积463公顷，村落常住人口1486人，以汉族为主。

据记载，明洪武十四年（1449年），云南梁王叛乱，高寨村始祖郭、蒋两家到此平叛，并建设了海螺屯军事城堡。至今已有600余年历史。村落为典型的屯堡村寨，整体防御功能完备。

2016年高寨村高寨被列入第四批中国传统村落名录。

村落特色

高寨村高寨为典型的屯堡村寨，其村落格局按照"天地三才阵"布局，以中间街至老神树为核心，左右对称，户户相连，相互呼应，防御功能完备。

高寨村高寨选址为背山面水、左青龙、右白虎的格局，背靠后箐山，左有对门坡，右有海螺山和木鱼坡，前有一条"丁"字水渠从高寨穿过，高寨村的中轴线直接面对关东山，环境格局十分讲究。

村内有海螺屯军事城堡遗址、关东山天坑、牛洞、对门坡大洞、邹家碉楼、三个古井（其中两个沿用至今）、枫阳厂遗址等特色资源。

传统建筑

高寨村高寨是一个汉族村寨，村内传统民居保存较为良好，全寨共保留传统民居建筑73栋，占总建筑数量的65%。

高寨村高寨建筑以三、四合院为主，正宗的"石上江南"，以田、邹、朱、宋、黄、郭、蒋、刘等八姓居多。"石头的瓦盖石头的房，石头的街面石头墙，石头的碾子石头的磨，石头的碓窝石头的缸"，这一段道出了屯堡建筑的石头魅力。

高寨村高寨建筑主要为石木结构，墙体以石头为主，门窗为木质结构，大部分保存完好。建筑布局为正房和左右厢房，正房最高两楼一底，防贼防盗，冬暖夏凉，财门上方有吊瓜，门窗雕龙刻凤，工艺十分讲究，多数保护完好。

20世纪60年代，中央做出了"三线建设"的决策，国营枫阳机械厂（又名183

传统民居

厂）就在高寨村地域内建厂，建筑整体保存较为完好，现存建筑类型包括大小车间、办公大楼、职工宿舍等。

民族文化

高寨保存了大量民族文化习俗，如雕花、刺绣等传统工艺，屯堡花灯、屯堡山歌等传统文化习俗。

雕花：高寨村高寨的古建筑大多于明清两代建成，保存至今。

屯堡刺绣：屯堡人服饰的领口、大襟、袖口到鞋子、袜底、鞋垫，以及帽子、

村寨环境

传统民居

高寨平面图

雕花

古树

大洞

背扇、肚兜和口水兜都布满了独特的刺绣纹饰，而且构图完美，内容寓意深刻，是中华民族文化中的瑰宝。

屯堡花灯：花灯是贵州省屯堡汉族节日习俗，已被列入贵州省非物质文化遗产保护名录，是贵州西路花灯的代表。分为花灯歌舞和灯夹戏两大类，具有情意缠绵和幽默机智两大特点。

屯堡山歌：作为一种汉族民间艺术，屯堡山歌是屯堡人在特定的历史背景中创造出来的，是朴实的田间文化，独特的口头文学。2007年，屯堡山歌被列入贵州省第二批非物质文化遗产名录。

屯堡刺绣

屯堡花灯

屯堡山歌

人文史迹

高寨村高寨人文史迹较为丰富，有海螺屯军事城堡遗址、古井、关东山天坑、牛洞（战乱时用来藏牲畜）、对门坡大洞（原为人躲避土匪之用）、老神树（600年以上的香樟树）、三线建设时期的枫阳厂遗址，寨内史迹保存均较为完好。

海螺屯古军事城堡遗址：建在海螺山上，山形因像海螺而得名。遗址共分为三层，城墙上有垛口、观察哨、射击孔、石墙门槛，原有三门土炮，射程可达百米以上，城墙最高处有4米多高，而且是垒砌在悬岩之上，甚为壮观。

古井：高寨村高寨内有3个古井，是建村时的主要吃水地。

大洞和牛洞：都属于喀斯特溶洞，形成已有上万年的历史。

枫阳厂遗址：属于三线建设时期航空军工业，就建设在高寨地域范围内，现存大小车间、职工宿舍、办公大楼等，大部分保存完好。

碉楼：位于目前的高寨村委会附近，是民国时期（1946年左右）修建。

碉堡

保护价值

高寨村高寨南面有后箐山，西面有对门坡，东北有关东山，东面有海螺山、木鱼坡，是一个典型的军屯，文物古迹丰富，保存了极富屯堡特色的民居、古军事遗址、古水利、古井、传统民居、古街道等古建筑、碑刻、古树和丰富的非物质文化。同时，高寨还有三线建设时期的枫阳厂遗址，成为独一无二的屯堡文化和三线文化集中村寨。

时　泳　丁海伟　编

海螺屯遗址

枫阳厂

古井

村落一角

517

安顺市西秀区旧州镇海马村

海马村全貌

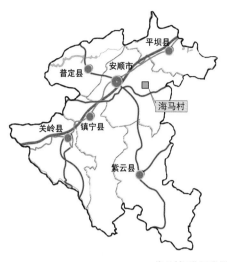

海马村区位示意图

总体概况

海马村隶属安顺市西秀区旧州镇海马村，海马村东与罗陇村接壤，南接旧州镇，北靠大山村，距离安顺市区48公里。海马村东西长1.5公里，南北长1.85公里。村域面积6平方公里，户籍人口共3404人，主要为汉族。

海马村建村于明洪武年间，已有600多年历史。屯堡居民占总人口比例的91%以上，产业主要以农业为主。

2016年海马村列入第四批中国传统村落名录。

村落特色

海马村按照屯堡"左青龙、右白虎、前朱雀、后玄武"的风水观来选址建寨，村落前面是从西流向东贯穿全村的陇灰河，有宽广的田坝，左面是属于丘陵的老虎山，后面是一座石头大山，建于明朝洪武十四年（1381年），村落住房以大街为中心线，两旁分别以四合院多户居住，现如今村落整体风貌保存完整。

村寨环境

海马村在布局上，更注重与地理地形结合，因借自然，自由又严格按照风水组织交通体系，村寨中传统轴线、重要公共建筑、公共空间、传统街巷等各要素之间有机紧密联系，历史格局突出。

传统建筑

村寨有传统建筑80栋，其中重要的有3栋，均为屯堡建筑的精品，尤其是屯堡人自己烧制的青砖与青瓦，无论是质地和工艺都具很强的审美感，同时与当地的青石、木材结合使用，厚重中不失俊美，特征突出，是难得的建筑瑰宝。

传统民居

居民的建筑多为四合院，既有江南四合院的特点，又有华东四合院的布局，但最突出的特点是全封闭的格局。居民建筑分朝门、正房、厢房，朝门成"八"字形，两边巨石勾垒，支撑着精雕的门头，门头上雕有垂花柱或面具等装饰品。正房高大雄伟，在木制的窗棂、门簪上雕刻着许多象征吉祥如意的图案。厢房紧依正房两边而建，前面为倒座，形成四合，中间为天井，天井是用一尺厚的石头拼成，四周有雕刻着"古老钱"的水漏。

传统民居

屯堡民居最大的特点是石头的广泛应用，石头建筑的屯堡民居，具有强烈的军事色彩。

民族文化

海马村保存了大量民族文化习俗，如地戏、屯堡刺绣、屯堡服饰、屯堡饮食等传统文化习俗。

海马地戏：海马称"跳神"，是祖先们远征他乡选材编成剧本，仿"徽戏"之形式在场地上唱跳。

屯堡刺绣：屯堡刺绣主要用于服装装

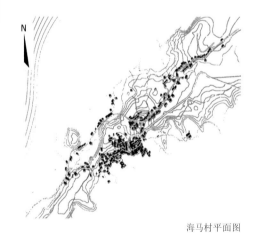

海马村平面图

地戏

古树古庙

渡槽

古街巷

饰，用彩色丝线在麻质底布上挑绣出规整的图案。刺绣在屯堡人的日常生活、节日庆典、择偶、婚丧、宗教仪式中都得到广泛的运用，有着很强的实用价值、艺术价值。屯堡刺绣技艺，是屯堡优秀文化的遗存。

屯堡服饰：屯堡人的服饰以青、蓝色为主，是他们对祖上来自长江一带的眷眷依恋之情的叙说。

屯堡饮食：屯堡人的饮食结构以水稻为主，杂粮为辅，屯堡人食品丰富多样，用干制、炮制、腌制等多种加工方法制成数十种副食品。

屯堡刺绣

人文史迹

海马村是一个典型的军屯，反映村落历史风貌特征的重要历史环境要素有古街巷、古树、古庙、渡槽、石板水缸、古井、古墓等历史要素。

古街巷：村寨保留了多条传统街巷，街巷主要位于古村内部。

古树、古庙：村内有古树3种，总计5棵。土地庙位于海马村起始处，逢年过节祭拜者较多。

渡槽：输送渠道水流跨越河渠、洼地和道路的架空水槽。

石板水缸：农户家旧时用于蓄水之用，为5块方形石板用旧时古法拼接而成，也有防火的公益作用。

古井：村内有古井4口，古井保存完好，水量充足，经历多次修缮，有功德碑位于古井处，之前的重要饮用水源，现在主要作为灌溉用水使用。

古墓：代氏一族老祖墓，修建于明代；邢家古墓群为邢氏祖坟，现主要有4座坟墓构成，保存良好。近年邢氏族人对坟墓有修缮等维护。

保护价值

海马村历史较为悠久，早在明代形成聚落直到今天，村寨历史格局及风貌保存相对完整，现有的街巷空间、公共空间、建筑形制，均在各时代自然生长形成，体现了时代的延续性。同时海马村构建了以血缘、家庭、宗族群体派生而成的群体本位，形成传统中国宗法社会文化的缩影，对于研究屯堡村落的社会文化具有极高的历史价值。

时　泳　编

屯堡服饰

石板水缸

古墓

屯堡服饰

古井

村落一角

安顺市紫云苗族布依族自治县猫营镇黄土村佑卯组

黄土村佑卯组全貌

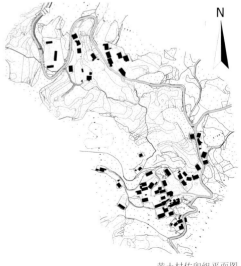

黄土村佑卯组区位示意图

总体概况

黄土村佑卯组位于贵州省紫云县猫营镇西南8公里，距县城约38公里。东连鸡场乡政府驻地，西接关口村，南至长兴村，北抵鸡场乡猛蓬村。村域总面积21.6平方公里，常住人口3503人，佑卯组是一个苗族聚居的村寨。

佑卯组地处云峰之中，四周群山环绕，一口常年水源不断的水井，清凉可口且冬暖夏凉，在供村民饮用之余，灌溉整个村落的田地。

2019年黄土村佑卯组列入中国第五批传统村落名录。

村落特色

佑卯组村落依山而建，岩溶地貌，平均海拔为1443米。森林覆盖率高，原生植被好，有大片的古树森林，森林中集聚着蟒蛇、松鼠、山猪、猴子、兔子等野生动物。

佑卯组村寨选址体现"群山环绕、云峰之中、避难而居"的原则，房屋为东南西北朝向，以点到面地向外扩张，交叉分布，错落有序。佑卯苗寨处万峰丛中，植被茂盛，环境好，气候宜人，地处高处。房屋、建筑不但可抵御土匪的抢劫、偷盗，而且还可以防御洪水自然灾害。

传统建筑

佑卯组房屋主要由石块堆砌而成，房屋朝向坐南朝北，顶部为青瓦叠加而成。具有很好的防风作用，房屋内部有木质夹层将房屋分成了两层，地基由方石垒成。

建筑以点到面地向外扩张，交叉分布，错落有序。房屋外部由石头镶嵌而成，内部由杉树相衬搭建，因地势高、风较大，所以层数主要以一层为主，少量二层。同时为了防止土匪抢劫，房屋窗口设置比较小，且均为两个窗口。街道均为大大小小的石头镶嵌而成，走在村落的任何一个巷子里，都可以感受到古香古色的苗族特色气息。而且还可以防御自然灾害，在清朝时期，无论是地址的选取、房屋的建设都展示了苗族人民的聪明才智。

传统建筑

民族文化

刺绣：以绣针引彩线（丝、绒、线），又名针绣，按设计的花样，在织物（丝绸、布帛）上刺缀运针，以绣迹构成纹样或文字，是我国优秀的民族传统工艺之一。

苗族"跳花节"：跳花节一般在春节期间择日举行庆祝。苗族跳花有两层含意，一是喜庆上年丰收，预祝当年大丰收，祈祷祖先保佑子孙有吃有穿；二是为青年男女提供交往的机会，跳花节苗乡山寨一片欢腾，男青年带上自己的芦笙上跳花场等候自己心爱的姑娘着衣上场，姑娘们则三五成群穿上节日盛装，背上辛勤制作的服饰，请自己爱人或男友着衣展示，以显示自己的富有和高超的工艺。花场上姑娘们和小伙子们围成一个圆圈，尽情欢跳。

活动为期三天，"跳花"前一天，由花坡或花场附近的苗族村寨在花场或花场上立"花树"，苗族人民把花树看成是繁衍后代的标志，跳花未天称为"扫场"天，未生子女的育龄夫妇人家，请族人夜间将"花树""偷走"。待得子后，跳花节来临出资杀猪请酒，请人把"花树"立上。

村落小道

传统建筑

黄土村佑卯组平面图

苗族"四月八"：每年过四月八都比较隆重，过节那天，附近的汉、布依等各族同胞，都被苗家邀请作客。男女老幼穿着节日的盛装，主人以米酒、糯米饭、鸡蛋、鸡肉、腊肉等款待客人，一家客人满寨请，意重情深，热情非凡。主人还将糯米饭捏作一团，戴在每头牛的两只角上，用大米饭喂牛，以示慰劳耕牛。有"四月八，不动耙"的说法。吃过早饭，家家都要包糯米饭、粘米饭、腊肉、鸡腿、鸡蛋等给小孩们，每个孩子一袋，让孩子们背上山或下河玩乐时吃。有"四月八，娃娃要吃八"的说法（即一天吃八顿）。这一天，情侣中男方都要到姑娘家作客。姑娘家的父母会让姑娘陪小伙子吃情意饭，并劝饭劝酒等，互表情谊。第二天，姑娘要将两双布鞋，赠送给自己的情侣，并将男方送出寨边，才依依不舍地相互离去。

刺绣

跳花节

四月八

六月六：全寨会集体组织买牛、猪、狗、鸡来祝贺，并全天集体统一就餐，热闹非凡，全村男女老幼，穿上节日盛装，喜气洋洋，载歌载舞，各显身手，欢度节日。以前是本寨、本民族自己祝贺；现在还会有外寨以及外地的音乐、舞蹈爱好者前来参与。舞场上会敲响木鼓，吹响芦笙、唢呐，拉响二胡、四弦胡等乐器助

兴；舞蹈中有古代舞、现代舞等，最主要的还要祭祀三神（传说夜郎之神是夜郎王的三儿子）。每年六月六，村民们还要举行杀鸡祭祀仪式，把鸡血撒在寨神门前，把鸡毛贴在哨所的石头上。开饭前必须先供祭寨三神，而后再请祖宗，点爆竹、烧香纸，然后才能开饭。

六月六

人文史迹

古井：佑卯古井在村落形成前就已存在，已有一百多年，至今保存完好。

古墓：佑卯苗寨仍然保留的有清代古墓。

古树：百年树一共三棵，一棵香樟树，两棵核桃树。核桃树被人称"神树"，又称为核桃树之祖，每逢过年过节村民们都会举行祭拜，祈求庄稼丰收，百年核桃树所结的百年核桃，据说吃了可长命百岁。

古溶洞：佑卯苗寨有一个万年溶洞，洞内结构独特，熔岩奇特。内部有一根高5米石柱，上端与下端一样大，中部稍小。石柱旁还有多种岩溶石，形状多样。

古井

古墓

保护价值

黄土村佑卯组是深山里的古苗寨，作为紫云县最具代表性的苗族文化村寨之一。其鲜明的特色包括村址的选择、建筑的排布、村寨的防御格局、丰富的自然资源和文化资源、传统建筑风貌、民族服饰、生产生活、民风民俗等广泛的内容、丰富的形式，无不体现出农耕加防御、人与自然的融合特点，具有典型的地域性民族文化价值。

于 鑫 严 毅 编

村落整体环境

安顺市西秀区轿子山镇郭家屯村

郭家屯村全貌

郭家屯村区位示意图

总体概况

郭家屯村地处安顺市西秀区轿子山镇东北部，距镇政府4公里。轿子山往蔡官的通村公路，从西至东通过，是村庄对外的主要交通联络线，交通便利。村域面积9.3平方公里，总户数548户，总人口2447人，是一个多民族的屯堡村寨，主要居住有汉族、苗族、回族。

据记载，1382年朱元璋调北征南，平息元末之乱，各姓先祖随付友德将军挺进西南，转战云南、毕节、普定卫，曾在此地屯兵。因郭姓兵多，遂将郭姓正名，称为"郭家屯"。1457年，由吴、粟、孙、柴、郭、陈、叶、王八大姓首领协商，分为五大支。按"五支八姓"分姓封田封山，把中原文明植根本土，繁衍生息，发展壮大。后清康熙盛世兴起，府赠村民予牛、谷种等，广种扩垦、人丁发大，三百年间此地无战争，乡民安享太平。清末民国之初，商事兴起，郭家屯涌现了众多的赶马帮，往云南、四川经商。此地财源广进，民多富迹，经济兴盛，助推建筑、文化、教育、文艺的兴起，直至民国时期，仍蒸蒸日上。

2016年郭家屯村列入第四批中国传统村落名录。

村落特色

郭家屯村有着400多年的悠久历史，是明洪武年间调北征南战争后施行"屯田戍边"政策形成的自然村落。村落位于轿子山脉与安凤山脉分支处的南麓，北有两大龙脉靠山，南有丘陵坡地、河流，山间盆地，田土肥沃，阳光充足。

村落依山而建，巷道蜿蜒曲折、利于防守，形成"户自为堡"、封闭而具有对抗外部攻击能力的军事防御体系。目前村落格局保存完整，四山一水，街巷城堡构成的"一河通贯、四山拱卫、得水藏风、街巷通衢"的山水格局和军事防御特征明显的街巷格局最具特色。以迎薰寺为中心，十数条古街古巷纵横交错、顺势依行。村北靠山石材丰富，村南永峰河环绕，蜿蜒西流，东西盆地连片。小河南岸丘陵起伏，绿树茵茵，村北树林、竹林、煤产、药材丰厚，是人居理想福地。

传统建筑

郭家屯村传统建筑是典型的屯堡建筑。屯堡建筑由坚固的条石垒砌而成，源自其防御功能的需要，屯堡建筑用材最大的特点是石头的广泛应用，一户民宅，就是一座石头的城堡，一个村庄就是一座纯粹的石头城。黔中多山，大多数石头层次分明，薄厚齐全，聪明的屯堡人就地取材，以石代砖，以石代瓦，将石头的用途发挥到了极致，粗笨厚重又没有口面的盖头石可以用来打基础；细密独层石可用来做门脸、门盖、窗盖、过梁等；条子石用来立柱子、砌坎子；一尺厚的用来砌石墙，拼天井；一寸厚的可用作间隔；一寸以下独层又宽的用来盖屋面；连碎石渣都要用它填墙心，真是做到了"寸石有用"。把独家独户的院落集聚起来形成寨子，这种集合既要保证一家一户的私密性和安全感，同时又要维系各家各户之间必要的联系。这一切无不呈现出当时战争所需的建筑构成和屯军备武的思想。

传统建筑

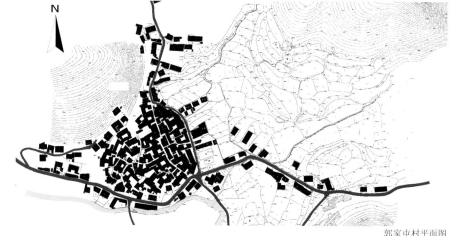

郭家屯村平面图

民族文化

地戏：安顺地戏是屯堡人演武增威驱邪纳吉的民间戏剧，主要以自称"老汉人"的屯堡村寨为主，由"戏头"或"神头"负责。地戏演出地点不在戏台，以寨中空坝围场平地演出。故有"地戏"之名。地戏演出时间分为两个节令：一是新春佳节，为了迎接新的一年的到来，祈求风调雨顺、村寨平安，地戏队就"鸣锣击鼓以唱神歌"；二是农历七月十五中元节，正值稻谷扬花时节，"求神"护佑以获得庄稼丰收。

地戏

屯堡刺绣：郭家屯村有着深厚的历史文化和丰富多彩的民间艺术。其屯堡刺绣尤为独特，尤其是鞋子、袜底、鞋垫，以及帽子、背扇、肚兜和口水兜都布满了独特的刺绣纹饰，而且构图优美，内容寓意深刻，是中华民族文化中的一颗明珠。刺绣作为当地的一种民间技艺，传承良好，郭家屯村中稍上年纪的妇女基本都掌握了刺绣这一传统手工技艺。

屯堡刺绣

芦笙舞：郭家屯村的传统文化，苗族芦笙舞蹈也是一大代表。苗族芦笙舞蹈传承历史悠久，据询问传承人杨明珍得知，他们口口相传，已有数百年历史。他们跳舞表演的日子，也是农历的"三月三""六月六"等少数民族节日。苗族芦笙舞蹈表演的日子，也是全村人聚集的日子，除了苗族村民外，其他民族的村民也纷纷赶来观看，一同参与。因此，苗族芦笙舞蹈不仅是苗族的舞蹈，也是全村人的舞蹈，大家一同翩翩起舞，乐在其中，表达对节日的美好祝福，祈祷未来风调雨顺、阖家幸福。

芦笙舞

唱山歌：屯堡山歌是屯堡人在特定的历史背景和枯燥的业余文化生活中创造出来的，是朴实的田间文化、独特的口头文学。它的曲调以徵调式为主，乐句多为七言四句。用词造句宽泛自由，见物抒情，见事生意，歌词丰富多彩，其中以反映男欢女爱、风花雪月的爱情为主，张口即来，即兴创作，无固定歌本，完全是朴实自如的口头文学。它从各个侧面表达出村民对生活的热爱，对理想的追求。它是屯堡村民一种直率的情感宣泄。

唱山歌

三月三蟠桃会：每年三月三，郭家屯村都会举办祭祀盛会，全村老少都会聚集，点灯、烧香、拜佛，祈求新的一年国泰民安、风调雨顺和许下自己心中美好的愿望。许愿、还愿已经成为当地的一种文化传统，当天，迎熏寺里村民们会聚在一起做斋饭，一片热闹繁华的景象。

三月三蟠桃会

跳花灯：郭家屯村多为汉族，还有苗族、回族等少数民族，他们都有着自己的传统文化，汉族的跳花灯就是其中典型的代表。在各种节日里，村里妇女就会组织在一起"跳花灯"，以庆祝佳节，增加

相邻感情，同时表达对家人、朋友的美好祝愿。借着跳花灯的热闹，全村人欢聚一堂，相互祝福，场景热闹非凡。

跳花灯

人文史迹

迎熏寺：距今已有300多年历史，光绪年间（乙酉年）兴建，占地380平方米，保存较为完好。寺庙内保存有佛教神像、关公像，香火旺盛，是村民集中祭祀的地方。

古井：人们平时生活用水的水源，井水甘甜、醇香、清澈见底，冬暖夏凉。古井用石板堆砌而成，板与板之间并没有使用任何粘和材料，经过了几百年的井水浸泡之后，井壁上的石板大多数都已经风化，但是保存还算完好。

迎熏寺

古井

保护价值

屯堡文化其鲜明的特色表现在村址选择、规划布局、军事防卫、农业生产、建筑风貌、服饰发型、戏剧音乐、民风民俗、语言文化、美食特产等多方面，内容广泛，形式丰富，具有特殊的地域性民族文化价值。村民传统的衣、食、住、行、娱等行为所折射出的文化现象为人类文化研究提供了鲜活例证。

旷辛 编

安顺市西秀区新场乡绿泉村石关组

绿泉村石关组全貌

绿泉村石关组区位示意图

总体概况

绿泉村石关组位于新场乡政府所在地正南面8公里，东与岩腊乡接壤，南抵花石村，北抵六角，西抵龙宫镇，村域面积590公顷，村落常住人口537人，以布依族为主。

村落地形以丘陵为主，是典型的喀斯特岩溶洼地地貌类型，地势较平坦，呈不规则形态。村落主要建筑分布于后山之上，呈阶梯状布局，前后有山体与丘陵包围，四面大部分为耕地、农田。

2016年绿泉村石关组列入第四批中国传统村落名录。

周边山体

古建筑群

村落特色

村落始建于明清时期，整体为传统布依族村落风貌，建筑结构为石木结构。绿泉村石关组是明清时期及民国时期修建的传统古民居，古树、古桥、古巷、古井、古水系等传统元素至今保存较好，共同构成了完整的古村落布局。尺度宜人的古街古巷纵横交错，顺村寨所处位置的地形蜿蜒曲折，空间收放有致，且仍保留有浓郁的传统布依族生活气息。绿泉村石关组传统民居整体依山势而建，其建筑或单体

石关组平面图

式，或三合院式和四合院式，或平行排列式，村寨中有公共活动场地等，整个村寨由多条古街串联而成。

传统建筑

传统布依族民居建筑是绿泉村石关组古建筑群的主要组成部分，也是村寨布局体系的基本组成单元。古建筑群始建于明清时期，并随时间的推移逐步形成规模，整体坐东向西。现状保留的传统民居建

古树

筑结构全部为石木结构，以当地体积较大的石材为基础，墙体则是用木材搭建而成或用石块采取干垒工艺砌成，屋面石板盖顶。结构多为穿斗式悬山顶石屋建构。山墙和后墙为砖墙或石墙。木、石构件有精美雕刻，柱础、门楼、门窗等是主要装饰部位。

布依族戏剧

古桥

布依族戏剧：布依戏内容非常丰富，反映了布依族人民的反抗斗争、风俗习惯和男女爱情等。戏剧主要有《红灯记》《蟒蛇记》《百合记》《朱砂记》《鹦哥记》《摇钱记》《玉堂春》《秦香莲》《祝英台》等。

人文史迹

古巷道：古巷道位于村寨西部，道路宽度为0.8～2米之间，主要的巷道有五条，为旧时连接各家各户的主要交通道路，巷道的宽度较窄也是取决于旧时受战乱影响做防御用。

古井

古水系：古水系从村寨北部河自东向西而流，水质清澈，汛期长，村寨与古水系形成背山面水的整体格局。

古桥：古桥位于村寨最北端，保存相对完整，一直都是作为村寨通往田坝的通道，古桥高约2米，宽约2米左右，历史悠久，有很好的保护价值。

古井：位于村西北部，古水系上游。常年水源不断，水质清澈，一直是石关组甚至周边自然组的水源供给点。

传统建筑

传统建筑

民族文化

绿泉村石关组布依族人的民间艺术丰富多彩，其代表为布依族舞蹈、布依族戏剧，以及布依族音乐等。

布依族舞蹈：布依族民间舞蹈都来自生活，主要以生产劳动和民族习俗为题材。反映生产劳动的有织布舞、舂碓舞、响篙舞、生产舞、丰收舞、粑棒舞、刷把舞等；反映民族习俗的有花包舞、铜鼓刷把舞、伴嫁舞、玩山舞、花棍舞、龙舞、狮子舞、板凳舞、铙钹舞、转场舞、回旋舞、红灯舞、刺锤舞、傩舞等。

古巷道

古水系

保护价值

绿泉村石关组具有悠久的历史文化，不仅体现在其村落布局的合理性、建筑的久远性及完整保存，同时绿泉村石关组也见证着朝代的更迭，传统建筑基本保存完好、生活方式的保持以及传统民俗文化的继承，说明了历史文化的传承也在绿泉村石关组村民的手中得以很好地延续。

吴缘缘 严 毅 编

布依族舞蹈

石关组一角

安顺市西秀区龙宫镇蔡官村

蔡官村全貌

蔡官村区位示意图

总体概况

蔡官村隶属安顺市西秀区龙宫镇，距安顺市区10公里，位于国家AAAAA级风景名胜区龙宫境内。007县道穿村而过，且有花（贵阳市花溪）安（安顺市）高速、镇黄高速经过，交通十分便利。属亚热带湿润季风气候，雨水充足，森林植被好，森林覆盖率高，山地地形为喀斯特地貌。

该村是传统文化地戏的传承地，1986年蔡官村地戏队受法国、西班牙邀请，登上国外舞台，让中国传统文化走向国际。在国家和政府的支持下于1988年4月成立了贵州省第一个民办公助的安顺蔡官村地戏博物馆。精彩的地戏表演，精湛的脸谱雕刻，将蔡官村地戏推向世界各地，因此蔡官村得到了"地戏之乡"和"雕刻之乡"的美誉。

蔡官村有300多户人，常住人口为1380人，其中封、宋、张、刘等为村中大姓，封姓人口占全村总数一半以上，以布依族居多，有少数的汉族、苗族。

2019年蔡官村列入第五批中国传统村落名录。

村落特色

蔡官村坐落于东西走向的山地坡谷之间，依山傍水，以南北坐向构建。所依之山名贵仁山，封不高而雄，脉不绵而透，葱茏的丛林遮掩着错落而建的屯堡建筑。村寨周边是广袤的田园，位于这样一种山环水抱环境的中央，四面重山围合，营造了一种藏风聚气的理想模式。

寨门前一条宽敞大路由东向西而过，路边耸立的碉楼显示了它曾经的军事防御功能。村内有一座苍凉古庙朝阳寺，往昔的暮鼓晨钟，传递着蔡官村人祈福纳吉的朴素心愿。

村外潺潺流过的小河叫蔡官河，由东向西流去，以不甚丰沛的水量，滋养着河岸的上百亩水田。

蔡官村为街巷式村庄肌理，村民房屋根据山地河谷地形及周边公路道路呈树枝状展开，形成统一又有变化的村庄布局形态，主街和次巷脉络清晰，肌理文案性强，随着道路逐步扩大沿路拓展延伸。村中街巷空间较为封闭内向，起着联系和组织村民生活公共空间的作用。

蔡官村平面图

传统建筑

蔡官村中是错落有致的石头建筑。石屋一层层一排排，鳞次栉比、井然有序；道道密实的石墙，夹着幽深狭窄的小巷，层层规整的石阶穿过巷门，在石屋间盘绕回环。建筑造型别致、工艺的精湛，令人耳目一新。墙用方块石、条石或毛石堆砌而成，屋顶石板代瓦，称为"石板房"。

屋顶用薄石片代替瓦盖成，这种石片天然生成、厚薄相均，加工成一样大小的正方形，盖于屋顶构成形状一致、整齐划一的菱形图案，称为"白果型"。从房檐到屋顶步步迭升，观之为"鱼鳞"，称为"鱼鳞型"。前者构图严谨，富有装饰性，后者自然天成，妙趣横生，给人以美感。

传统街巷

传统民居

传统民居

民族文化

蔡官地戏：龙宫镇蔡官屯地戏早年就曾代表中国民间艺术团出访法国、日本等国家表演的蔡官村地戏表演队，以独特的舞蹈和耐人寻味的唱腔深深打动了中外观众——特别是那一个个造型独特、雕刻精细、种类繁多的地戏面具更让人叹为观止。面具不仅是地戏最重要的艺术特征，也是其灵魂所在。在1986年法国巴黎艺术节上，古老的安顺蔡官屯地戏像一颗出土的明珠，以其拙扑粗犷之美，使以"艺术之都"著称的巴黎为之震撼……一次又一次成功的表演，使地戏独特的文化魅力引起了中外媒体的关注。

每年春节和稻谷扬花的时候，都要进行地戏表演，以祈盼来年风调雨顺、丰产丰收。每次演出都会吸引少则上千多则逾万的观众……地戏表演队的演员从男性发展为后面女性也有参与，成员中既有村干部，也有务农的村民。

地戏的剧目只有武戏，如《三国》《隋唐演义》《封神榜》《杨家将》《薛丁山征西》之类。在饰演中又加进了许多青面獠牙的人物，以加强驱邪逐祟的气氛。人们看戏时也是在欣赏地戏脸子(即地戏面具)。图中的地戏脸子武将，连头盔一起雕刻，再配上可以活动的耳翅，构成一个整体。表现手法上夸张突出，刻工精细，特别在眉毛、眼睛、嘴的刻画上表现出独到的性格特征。

民间艺人将地戏脸子概括为文将、武将、少将、老将、女将五种脸谱，称为"五色相"。头盔和耳翅的装饰是安顺地戏脸子的突出特征。男将头盔上多以对称龙纹装饰，根据身份地位的不同，有的四五对，有的多达九对。女将的头盔多用"凤盔"，纹饰有"双凤朝阳""凤穿牡丹"等，有些还装饰有各种各样的花纹。

雕刻：蔡官村雕刻以根雕为主，根雕是汉族传统雕刻艺术之一，是以树根(包括树身、树瘤、竹根等)的自生形态为艺术创作对象，通过构思立意、艺术加工及工艺处理，创作出人物、动物、器物等艺术形象作品。

蔡官村根雕传了一代又一代，传承人封基志、封志豪继承了根雕技艺并不断创新，在2008"瓮福杯"多彩贵州旅游商品两赛一会、中国(贵州)第一届国际民族民间工艺品文化产品博览会中荣获二等奖，《刘备、关羽、张飞》傩面雕塑作品在2009"多彩贵州"旅游商品两赛一会中获得一等奖等。

屯堡地戏

脸谱雕刻

傩面

人文史迹

朝阳寺：位于蔡官村西，坐北朝南，由正殿、两厢与正方形亭式门楼组成四合院。前门有通往国家级风景名胜区——龙宫的主干道经过。1988年"蔡官地戏博物馆"在此建馆。馆内现有大小面具251件，道具252件，服装78套，地戏唱本《薛丁山征西》全套，《征东》《四马投唐》《三战吕布》《潼关遇马超》《返荆州》等折子剧本。寺内塑有观音、牛王、猪王、文殊、斗母等雕塑，飞檐如鹰，曲线流畅自然，壁柱雕龙画凤。朝阳寺大门上方挂有中云溥题写的"蔡官地戏陈列馆"黑底金字匾额。

碉楼：原为防御匪患的建筑工事，为小型碉楼，层高三层，后改建为村内收藏功能建筑，顶部增设四角攒尖亭。

古墓：刘可试墓，位于安顺蔡官刘家小坡，坐东朝西，墓碑于1990年整修。对刘可试有"国正忠良明，仁崇广大昌，高飞月朗还，富贵千万年"记载。刘可试，系安徽籍，授皇清诰封奉直大夫，在云南南宁州任上告老还乡，途经贵州安顺，氏族中部分族人定居于蔡官，繁衍至今。

石板井：井口高0.4米，宽0.8米，该井修于明朝时期，最初井内只有一汪泉水，虽然泉水源源不断，但并未形成深井，村民们为了便于取水，便挖了水槽，再用石板搭建了井口，方便的同时又干净，于是古井就保存了下来。

地戏博物馆

碉楼

古墓

古井

保护价值

蔡官村作为贵州的"地戏之乡"和"雕刻之乡"，其地戏和根雕在贵州历史发展长河中扮演着非常重要的角色。

精彩的地戏表演，精湛的脸谱雕刻，是蔡官村的两张美誉名片，加强对地戏文化和根雕文化的研究与保护，是体现蔡官村地域文化价值的重要举措。

段世凯 编

安顺市西秀区双堡镇骟马牛村

骟马牛村局部

骟马牛村区位示意图

总体概况

骟马牛村是贵州省安顺市西秀区双堡镇下辖村，位于双堡镇西侧，东与山京马场，南与仡佬村，西、北与毛其村接壤，距双堡镇政府所在地7.5公里，村域面积1.03平方公里，户籍人口共2706人，住有苗、汉民族。

该村是典型的屯堡村寨，文化底蕴极其深厚，现保存一批以石板房为特色的传统屯堡古民居，至今仍然保持明代传统的生活方式和习俗。

2016年骟马牛村列入第四批中国传统村落名录。

村落特色

骟马牛村是明洪武年间调北征南战争后形成的自然村落，村寨依山傍水而建，村外土地平阔，水资源丰富，耕种条件优越。村内巷道蜿蜒曲折、利于防守，形成"户自为堡"、封闭而具有对抗外部攻击能力的防御体系。目前村庄格局保存完整，街巷城堡构成"得水藏风、街巷通衢"的山水格局，当地防御特征明显的街

村寨环境

巷格局最具特色，村内数条古街古巷纵横交错、顺势依行。村内现存屯堡传统民居群落、海子学堂旧址、传统石头古街道等古建筑群落，保留较为完好，具有较高的传统保护价值。

传统建筑

骟马牛村民居建筑中，80%传统建筑是明清时期石砌而成的传统建筑。典型的三、四合院，正宗的"江南水乡"式住房，正房最高两楼一底，以石木结构为主，墙体以石头为主，正房最高两楼一底，防贼防盗，冬暖夏凉，财门上方有

传统民居

吊花，门窗雕龙刻凤，工艺十分讲究，有石雕柱基，明清时期古墙体保留有防御箭孔等传统建筑特色，多数保护完好。建筑结构为典型的屯堡风格，下石上木结构，窗有雕花，八字门。传统民居的建筑屋顶的主要功能受气候条件影响在温暖多雨的骟马牛村，主要是避阳、避雨、散热、通风、防潮，因此骟马牛村在房屋的设计上很讲究屋顶的排水。

村寨内多数房屋为二至三层，其中主要为三个通间的二层楼房，村内建筑依

传统民居

托"二龙出水阵"层层排列，形成完美的视觉效果。

民族文化

骟马牛村保存了大量民族文化习俗，如地戏、屯堡服饰、跳花节等传统文化习俗。

地戏：安顺地戏是屯堡人演武增威驱邪纳吉的民间戏剧，主要以自称"老汉人"的屯堡村寨为主。地戏演出的风格是以讲唱为主，保持了盛行于宋元时代的讲唱文学的体例。

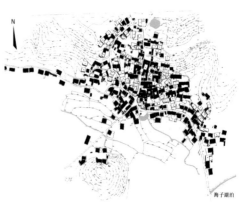
骟马牛村平面图

地戏

古树

五显庙

屯堡服饰：屯堡人服饰（凤阳汉装）的特点，主要表现在妇女的衣着和装扮上。屯堡妇女始终保持长袍大袖、脚穿绣花鞋等明代遗风。这一身奇异的靓装还让屯堡人得到了"凤头笄""凤头鸡""凤头苗"等称谓。

跳花节：海子山寺庙建成后，骟马牛村的跳花节活动每年的正月在海子山举行，届时附近各村各寨能歌善舞的群众呼朋唤友前来参加，人数众多，场面热闹非凡。

人文史迹

骟马牛村是一个典型的军屯，文物古迹丰富，保存了极富屯堡特色的民居、五显庙、海子学堂旧址、古树名木、古井、古驿道、传统民居等古建筑和碑刻，堪称"国宝"级的文物。

特色民居：村里现存有较多的建于明清时期的民居，保存较好。

五显庙：坐落于村寨中心，建于明清时期，为石木结构，三合院落，风貌保存较为完整。

海子学堂旧址：明清时期学堂旧址，风貌保存完整具有较高的保护价值。

古树名木：村内有一棵百年树龄的香樟树。

古井：村内有古井1口，位于村中心，井壁、井盖和前面围墙均为石砌，长年水流不断，过去一直是骟马牛村人的主要饮用水源（现在用自来水）。

古驿道：石板古道由石头铺设，宽约1～1.5米，人工设有简易排水设施，既方便排水，又防滑、美观，与周边石头建筑相得益彰。

古驿道

保护价值

骟马牛村始建于明代，历史悠久，有着丰富的非物质文化遗产，如迎三圣、花灯、唱山歌等屯堡文化习俗传承是较为完整和丰富的，同时还有保存较为完好的各类族谱、墓碑、墓志铭等。传统手工艺有蜡染、刺绣、木雕等，均有传承的艺人。屯堡古建筑群、古驿道等保存较为完整的军屯骟马牛村，对研究屯堡文化具有重要意义。

时 泳 编

屯堡服饰

屯堡服饰

海子学堂旧址

特色民居

跳花节

古井

村落一角

安顺市西秀区旧州镇詹屯村

詹屯村全貌

詹屯村区位示意图

总体概况

詹屯村位于安顺市经济开发区东北面，旧州镇南面，距政府所在地3公里处，东与衡水村毗连，南邻大地坡，西面和西北为松林村及双堡镇，北抵茶岭村。詹屯村总面积4.1平方公里，东西长1.2公里，南北长1.5公里，总体空间呈现为集中型形态，下设4个村民小组，各小组分布较为均衡。屯堡居民占比例为总人口比例的91%以上，耕地面积1400亩，水田1250亩，旱地150亩，主要以农业为主。境内森林覆盖率70%。詹屯文化有屯堡地戏、屯堡技艺、屯堡饮食等，均被国内外熟知。

2019年詹屯村列入第五批中国传统村落名录。

村落特色

詹屯村选址环境优美，依山傍水，在河的两岸平缓地带而建，多为坐东朝西，少部分为坐西朝东，村落无地质危险，因地势有利，村寨空间可扩展。

路网因地形而异，户户通路，取水非常方便，村落布局和风貌保持了原来形态。

詹屯村石头建筑，具有强烈的军事色彩，村寨内部的巷子互相连接，纵横交错，巷子直通寨中的街道，形成"点、线、面"结合的防御体系。靠巷子的墙体，留着较小的窗户，既可以采光，又形成了遍布于巷子中的枪眼。

低矮的石门，有一夫当关、万夫莫开的军事功能。这一切无不显示当时战争所需的建筑构式和屯军备武的思想。屯堡村寨中，至今仍残存着许多垛口和炮台。

传统建筑

詹屯村传统建筑是黔中典型的屯堡建筑，它把石头工艺发挥到极致。

八字四合院：居民的建筑成四合院，既有江南四合院的特点，又有华东四合院的布局，但最突出的特点是全封闭的格局。民居建筑分朝门、正房、厢房，朝门成"八"字形，两边巨石勾垒，支撑着精雕的门头，门头上雕有垂花柱或面具等装饰品。正房高大雄伟，在木制的窗棂、门簪上雕刻着许多象征吉祥如意的图案。厢房紧依正房两边而建，前面为倒座，形成四合，中间为天井，天井是用一尺厚的石头拼成，四周有雕刻着"古老钱"的水漏。

石头之城：屯堡民居最大的特点是石头的广泛应用。一户民宅就是一座石头的城堡，一个村庄就是一座纯粹的石头城，屯堡是一个防御敌人的整体，而屯堡民居就是组成这个整体的每一个细胞，既可以各自为政，又可以相互支援友邻，既保证一宅一户私密性和安全感，同时又维系各家之间必要的联系。

传统建筑

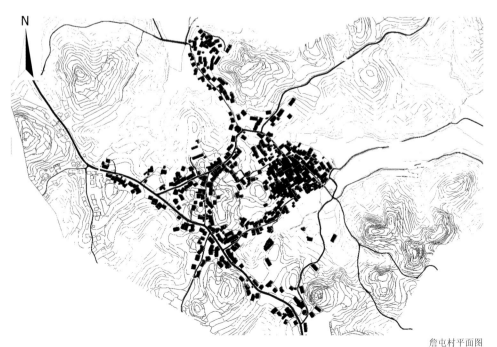

詹屯村平面图

传统建筑

詹屯地戏队

詹氏宗墓

民族文化

詹屯地戏：詹屯地戏俗称"跳神"，是祖先们远征他乡，从戎军旅，在休闲的时候，无以娱乐，所以就从古代的军旅、传记上选材编成剧本，仿"徽戏"之形式在场地上唱跳。初期是在脸上作画，红、黄、白、黑代表正派人物的忠善仁勇，蓝、紫、暗表示反派人物的奸恶软，为了突出地戏的艺术且不单调，又设小童，又叫"小军老二""小歪歪""小顶子"等陪衬戏场，地戏的表演一般在每年的正月，叫"闹正月"，七月半叫"跳米花神"。因为剧中都把这些人物神话了，所以也叫跳神。

开演时要"开箱"，既烧化纸烛进行祷告，方开箱使用脸谱，收场时候要扫场封箱。到外寨表演时，在土地庙，或于佛殿庄严的地方都要参拜，内容都是恭谦、恭贺，祷告风调雨顺、国泰民安、人丁兴旺、大吉大利之词。表演人通过纱帕、面具眼、鼻孔观察周围的一切，加上故意演示的动作非常吸引人。

表演者无战裙者身穿长衫，有战裙者穿短衫足踏自做的布料鞋，背背包，背包有五面三角战旗，跳起来战旗、战袍、面具上凤尾毛摇动，加上粗犷的唱腔、灵活、古朴、原始地动作，展示了军旅人的气魄。

詹屯村刺绣、蜡染、编织技艺：刺绣在屯堡人的日常生活、节日庆典、择偶、婚丧、宗教仪式中都得到广泛地运用，有着很强的实用价值、艺术价值。詹屯村刺绣技艺是屯堡优秀文化的遗存，作为一种历史文化积淀、审美意识反映和生存环境的载体，许多研究刺绣的学者都以屯堡村刺绣为重要的研究对象，并称之为"穿在身上的史书"，是研究屯堡村历史文化的"活化石"。

詹屯村刺绣主要用于服装装饰，用彩色丝线在麻质底布上挑绣出规整的图案。刺绣纹饰常见的有花鸟虫鱼、田园、河流等。屯堡村刺绣的针法常见的有平绣、倒针、绉绣、贴花、插针、辫绣、堆花、缠绣、凸绣等多种，以十字为基本针法，"数纱而绣"，不用底稿，图案尽在心里。

詹屯刺绣

叶氏古嫁妆

古树

詹屯刺绣

人文史迹

古井—马槽井：古井位于詹屯古村小门楼外，通过水管流入白虎穿塘里，再由塘坝流入农田，水量较大，以前是重要的饮用水源，现在主要作为灌溉用水使用。旁边有一农民自搭的菩萨庙。

古墓：为詹氏一族老祖墓，修建于明代，经历多方维护后较好地保存了下来。现有墓碑为近年更换，保存较好。

古树：古树为垂杨柳。

马槽井

保护价值

屯堡文化既有自己独立发展、不断丰富的历程，也有中原文化、江南文化的遗存，既有地域文化特点，又有中国传统文化的内涵。一方面，他们执着地保留着其先民们的文化个性；另一方面，在长期的耕战耕读生活中，他们又创造了自己的地域文化。屯堡人的语言经数百年变迁而未被周围方言同化，至今仍保留着北方语音的特点，屯堡妇女古旧的装束沿袭了明清江南汉民族服饰的特征，屯堡人易于长久储存和收藏的食品有着便于长期征战给养的特性。屯堡人的信仰与中国汉民族的多神信仰一脉相承。屯堡人的花灯曲调带有江南小曲的韵味，原始粗犷的屯堡村地戏被人誉为"戏剧活化石"，屯堡人以石头营造的防御式民居构成安顺特有的地方民居风格。

段世凯 旷 辛 编

531

安顺市西秀区刘官乡嘉穗村大寨组

嘉穗村大寨组全貌

嘉穗村大寨组区位示意图

总体概况

嘉穗村大寨组地处安顺市西秀区刘官乡最北部，东临黄腊乡，与平坝区接壤，距安顺市城区42公里，距平坝城区12公里，距省会贵阳53公里。平坝至旧州、双堡428县道（改造提升后为211省道）公路贯穿全境，交通便利。大寨组居住有汉、布依、苗等民族共计238户，1023人，其中汉族占86.9%，布依族、苗族、仡佬族占13.1%。

据历史考证，大寨组形成于明朝洪武年间，傅友德征南大将军的大本营指挥所就设在今刘官乡嘉穗村大寨组（傅家寨），于此处"据险立寨"作为征南大军大本营所在地。大本营以将军的姓氏修建宅院，取名傅家寨，自此开始，傅家寨一直繁荣发展，成为当地方圆几十里屯堡村寨的民俗文化、军事文化、佛教文化中心。中华人民共和国成立后，傅家寨改名为大寨。

2019年嘉穗村大寨组列入第五批中国传统村落名录。

村落特色

大寨组是典型的喀斯特地貌，四周山地丘陵围绕，中间是平坦地带。整个村寨建筑依山而建，坐西朝东，迎朝避夕，南北空气畅通。沿山聚集部落，依山等高线修建建筑，利于传统军事防御。傅家寨征南官兵驻扎院落由军级从低至高，还具有防御的空间布局特征，俯视犹如一把"太师椅"。

大寨街巷以寨中心"十"字形全面铺开，其余均为"丁"字路口。其中，主街道4条，巷道8条。周边田园围绕，利于屯田屯粮。

村寨从选址到布局都彰显了当时的屯军备武思想。

传统建筑

大寨组传统建筑是典型的屯堡建筑风格，最大的特点就是石头的广泛运用。一户民宅就是一座石头的城堡，一个村庄就是一座纯粹的石头城。屯堡是一个防御敌人的整体，而屯堡民居就是组成这个整体的每一个细胞，既可以各自为政，又可以互相支援友邻，既保证一宅一户私密性和安全感，同时又维系各家之间必要的联系。

屯堡建筑把石头工艺发挥到极致，从高向下放眼望去，白白的一片，错落有致。漫步其间所看到的是石头的瓦盖，石头的房，石头的街道，石头的墙，石头的碾子，石头的磨，石头的碓窝，石头的缸，屯堡民居就是一个石头世界。

大寨组至今保留有完好的"八字四合院"民居多处，这种四合院既有江南四合院的特点，又有华东四合院的布局，但最突出的特点是全封闭的格局。居民建筑分朝门、正房、厢房，朝门成"八"字形，两边巨石勾垒，支撑着精雕的门头，门头上雕有垂花柱或面具等装饰品。正房高大雄伟，在木制的窗棂、门簪上雕刻着许多象征吉祥如意的图案。厢房紧依正房两边而建，前面为倒座，形成四合，中间为天井，天井是用一尺厚的石头拼成，四周有雕刻着"古老钱"的水漏。

村落古街巷

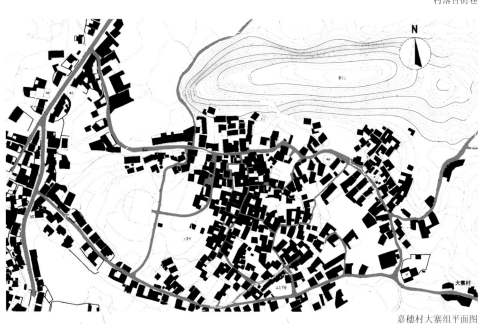

嘉穗村大寨组平面图

传统建筑

花灯剧

口、敌台、防御垛口、射击孔等遗址仍保存。大寨屯上山体西北部，有一当地称之为军饷洞（留洞）的干溶洞，此洞据传因当年傅友德于此处存放军饷、武器等而得名。直至今日，洞内仍经常发现铜钱与瓷片等物。

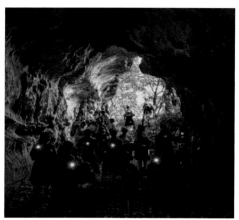

军饷洞

传统建筑

民族文化

地戏：大寨一直传承传统地戏曲目《粉妆楼》，村民们非常重视地戏传承，目前专业演员达35人，作为西秀区剧目保留的地戏队，参加开财门、屯堡重大节日、迎接客人、外出交流，被邀参加省内各种活动。每年清明或春节缅怀纪念傅友德将军是大寨地戏的重要活动。

苗族芦笙舞：芦笙舞，又名"踩芦笙""踩歌堂"。一般由十几甚至几十人盛装打扮的芦笙手围成圈圈，边吹边跳，芦笙是苗族古老的吹奏乐器，苗家人吹奏芦笙，因用芦笙为舞蹈伴奏和自吹自舞而得名。

芦笙舞

迴龙寺：迴龙寺又名观音阁，是个儒释道信仰结合的综合性寺庙。整个寺院以三合院的形式存在，主体建筑以三层阁楼为主，整体朝向为坐北朝南，正中间的阁楼主要以供奉神灵塑像为主。整体建筑以木质结构为主，始建于明代，据说为傅友德夫人所建，清朝道光年间重修，改称迴龙寺，供奉观音、普贤、文殊与地藏王。2016年，迴龙寺被列为"西秀区重点文物保护单位"。

地戏

花灯剧：大寨花灯剧团在安顺屯堡村寨中规模较大，在屯堡社区远近闻名，表演环节保留完整，专业演员20余人，大小剧目几十个，主要以男女之间的爱情为主题。其中大寨自编自导的花灯大戏《大雁传书》讲述洪武年间，一位江南女子不远千里来黔中腹地寻找当兵丈夫的感人故事，生动地演绎了生死、爱恨、别离的感人画面，扣人心弦，催人泪下。观众仿佛被带到600年前"调北征南"30万帝国大军向云贵大举推进的战争年代，以及随后贵州历史上第一次大规模的汉族集团移民留下的生死、爱恨、别离的感人画面，被誉为"安顺屯堡第一花灯剧"。

人文史迹

大寨的历史上曾经出现过傅友德将军、马拔将军、孙国政儒林郎、廖忠奎武举人、廖昌奎进士、陈深进士、王洪儒大木匠，以及抗美援朝的黄登山、吴登成、陈国民等。历史遗迹有衣冠墓、军饷洞、迴龙寺等。

衣冠墓：傅友德被赐死后，当地官兵们就在雷打坡山上给他修建了一座衣冠墓，一则了了傅大将军的夙愿，表达对傅大将军的怀恋，二则是希望能让傅大将军与大本营长存，魂归故里。

衣冠墓

军饷洞：在大寨北侧有一座山，世代称之为"屯上"，意为屯兵之地，因当年傅友德大本营屯军由此而得名，相传傅友德将军府就建在山上。如今，屯上有古城墙、瞭望

迴龙寺

保护价值

嘉穗村大寨组保持了600多年的古村落是屯堡文化的"活化石"。

屯上军事古营盘（古城墙、敌台、点将台）、明朝军饷洞、傅友德衣冠冢、碉楼、古刹迴龙寺等历史文化古迹及花灯、地戏、念佛、歌舞等几十种活态民俗令人目不暇接，完整地体现了当地传统的民风民俗，见证了自明朝以来该地区的生活方式和文化特色，具有较高的历史价值。

旷　辛　张井洪　编

安顺市经济技术开发区幺铺镇磊跨村歪寨组

磊跨村歪寨组全貌

磊跨村歪寨组区位示意图

总体概况

歪寨组距离安顺市国家级经济技术开发区幺铺镇镇政府东南7公里。南邻龙宫风景名胜区，西抵镇宁县长脚寨村，村域面积230公顷，常住人口560人，以布依族为主。

据记载，从古至今称作崴寨的地名在测绘地形图时误写作了歪寨。村落北部与西部是山体，东部与南部是农田，整体形成背山面田的空间格局。

2016年磊跨村歪寨组列入第四批中国传统村落名录。

溶洞

村落特色

歪寨组是一个典型的军屯，文物古迹丰富，保存了极富布依族特色的民居。

歪寨组小路崎岖，山林茂密；歪寨组有后坝河，河宽水清；有油菜湖、打鱼湖两个湖由地下洞穴连通，湖深水阔。歪寨组还有约20个喀斯特溶洞群，其中，地宫洞深长，有地下河流；坎猫洞位于半山腰，底平而宽、长、大厅岔洞相连，空气干净，电离子弱，无噪声污染，异常安静。

村落选址依山不靠山、临水不遮水。村落轮廓与所在地形、地貌、山水等自然风光和谐统一，具有浓厚的地方特色。体现"天地人"三者统一的选址观。

雷打岩洞穴

传统建筑

布依族村寨多聚族而居，歪寨组也不例外，房屋依山层叠建造，为防盗防匪，中华人民共和国成立前村寨在离寨不远的山洞筑门，如遇外来侵犯，听到牛角号声，附近村寨的人跑到洞里去"躲反"，留下身强力壮的磊跨村歪寨组居民。歪寨组其民居大多属于传统的布依族建筑，石木结构，墙体以石头为主，正房最高两楼一底，防贼防盗，冬暖夏凉，财门上方有吊瓜，门窗雕龙刻凤，工艺十分讲究，多数保护完好。布依族修建住房，传统的为七柱或者九柱（俗称七个头或九个头）落脚

N

歪寨组平面图

窗花

领乌突骨统一了各部落，建立了三万人的藤甲军部队。十几人迁至歪寨，这十几人中有喜爱穿藤甲装打猎的猎户。当时看中了歪寨山林茂密，野生动物资源丰盛，生存条件十分优越。于是，在歪寨定居下来，打猎与耕种，其乐融融。

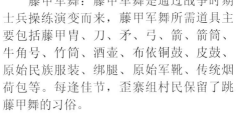

藤甲

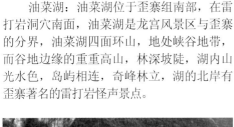

古营盘城墙

油菜湖：油菜湖位于歪寨组南部，在雷打岩洞穴南面，油菜湖是龙宫风景区与歪寨的分界，油菜湖四面环山，地处峡谷地带，而谷地边缘的重重高山，林深坡陡，湖内山光水色，岛屿相连，奇峰林立，湖的北岸有歪寨著名的雷打岩怪声景点。

的木楼瓦房，高"一仗九顶八"（即1.98仗）或"一仗七顶八"（即1.78仗），一般修三间、五间或七间（忌修双间）。中间为堂屋，楼比较高，便于祭祀用，两头为套间。一间前面作火笼（火塘），后面作厨房。另一间前间作为客房，后间作为卧室。

歪寨组的传统建筑还有一个特点是在屋顶的处理上，由于当地气候温暖多雨，屋顶建造充分考虑气候条件的影响，采用木材为构架，排水流畅，起到很好的遮阳、避雨、散热、通风、防潮效果，展现了中国伟大的传统建造技艺。

藤甲军舞：藤甲军舞是通过战争时期士兵操练演变而来，藤甲军舞所需道具主要包括藤甲胄、刀、矛、弓、箭、箭筒、牛角号、竹筒、酒壶、布依铜鼓、皮鼓、原始民族服装、绑腿、原始军靴、传统烟荷包等。每逢佳节，歪寨组村民保留了跳藤甲舞的习俗。

民族文化

布依民族服饰：磊跨村歪寨组有浓厚的布依族文化氛围，有丰富的民族习俗文化，有着丰富的非物质文化遗产。布依族的传统服饰是男着衣衫，女穿衣裙，妇女衣、裙均有蜡染、挑衣、刺绣图案装饰。

藤甲：人类社会有史以来就未停止过战争，战争的残酷导致战争文化的繁荣。盛产青藤的亚热带山区给藤甲的制作与维护提供了无尽的可再生资源，这是藤甲制作发展的基础。东汉末年少数民族部落之间兼并土地的战争蜂起，藤甲军的杰出首

油菜湖

藤甲军舞

人文史迹

络绎山古营盘遗址：遗址位于歪寨组西北部络绎山上，"躲反"时期用于躲避战乱、训练民兵等。络绎山上围墙至山顶有两条阶梯，是明代驻守古驿道的堡垒。由于年代久远，遗迹保存至今无损的不多。

保护价值

磊跨村歪寨组始建于明代，历史悠久，是明初调北征南大将傅友德最早在安顺驻扎的地方，尽管民国后至今军屯功能已逐步丧失，但其格局仍然保留着军屯的痕迹，布依族文化特别是军屯特色有较好的历史价值。

吴缘缘 严 毅 编

民族服饰

歪寨组一角

遵义市

ZUN YI SHI

遵义市务川仡佬族苗族自治县黄都镇大竹村

大竹村全貌

大竹村区位示意图

总体概况

大竹村位于黄都镇西北部，距离黄都县城50公里，东与黄都村接壤，南与丝绵村毗邻，西同培洋镇交界，北与三合村相连。300多年前，大竹村大竹的先人为"闯王"李自成的一名副将，因兵败逃亡至此，率族人建寨，繁衍至今。村辖8个自然寨，传统村落核心区域为大竹寨，辖2个村民小组共96户，全部为张姓仡佬族。占地面积2000亩，中山台地地形地貌。境内属中亚热带湿润性季风气候，冬无严寒，夏无酷夏，气候温和，雨量充沛，水热同季，四季分明。全年无霜期287天，年均降雨量1284.4毫米，平均气温15.6℃，山体气候立体差异明显。大竹村风景秀丽，气候宜人，民族风情浓郁，处于贵州省面积最大的葵花松采种基地内。

2016年大竹村列入第四批中国传统村落名录。

村落特色

大竹传统村落由石井和油沙土两个村民组组成，一南一北形成了炊烟相望、声气相通的传统格局，村落建设较为集中，大体可以分为石井东、石井西、油沙土东、油沙土西、祠堂5个集中区域，有显著的族群聚落特征。村落修建于两山之间的平坝处，沿村路两边呈"一"字形排开。村落总体朝向坐东向西，建设选址以南北延伸为主。大竹村村寨建设对自然环境的影响很小，主要靠农业及林业经济为主。清宣统二年由大竹团首及族长共同竖立的"护蓄森林"及"族规八条"对村落生态环境保护起到了很大作用。

传统建筑

大竹传统民居建筑的格局多为一正两厢或一正一厢平面布局形式，正房四列

三间，厢房为一层或二层吊脚楼，楼上住人，楼下喂养牲畜，其使用功能和建造工艺为典型的西南民族建筑模式。房屋正面装饰讲究，柱头、穿枋涂黑色，装板涂红色，形成红黑的色调，具有浓郁的地方建筑特征。正房为两层木建筑，明间外设退堂，大门上多悬挂匾额，题写吉文颂语，中间堂屋是会客、祭祖等的重要公共空间，两侧次间为日常起居空间，正房建筑结构为穿斗式木结构，墙体主要为木板墙，屋顶为悬山式青瓦双坡顶，正脊正中脊花，窗户为镂空雕花窗、木格窗及木窗；厢房为一层或二层吊脚楼，楼上楼下三面设走廊，楼上住人，楼下喂养牲畜，

传统民居

厢房建筑结构为穿斗式木结构，墙体主要为木板墙，屋顶为悬山式青瓦双坡顶，窗户为镂空雕花窗、木格窗及木窗。

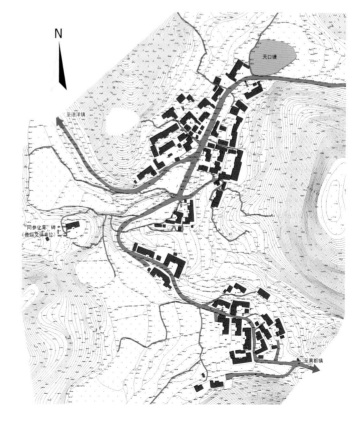

大竹村平面图

传统民居

大竹村是一个典型的仡佬族村寨，村内保留有传统建筑69栋，多为一层，局部二层，占村庄建筑总数的96%，现有90%传统建筑仍在使用。

大竹村地处林区，木材成为得天独厚的建筑材料。屋面材料以小青瓦为主，主柱多采用枫树材质，其余柱梁则采用杉树。

民族文化

仡佬族婚俗：务川仡佬族传统婚嫁习俗源远流长，长期以来一直在当地流传，为绝大部分仡佬人所掌握，一般以押礼先生来主持一场婚礼。大竹村仡佬族的婚嫁习俗是一项程序繁杂、礼制规范的民间礼仪活动，受明代以来婚姻礼制的影响较多。男方的程序为：提亲，交礼，发茶，装香，开庚，报期，迎娶。女方相应为：放话，盘媒，备嫁，哭嫁，发亲。整个婚礼过程和举行各种仪式在男女双方的堂屋之中，如哭嫁、辞别父母、迎亲、拜堂等。

传统木雕技艺：大竹村至今保存有较为完整的传统民间彩绘，包括画建筑木板墙上的和绘制在建筑正脊脊花上的。其中建筑木板墙彩绘具有代表性是以"和为贵"为主题的张氏民居彩绘。"和为贵"是张氏家族倡导的，以"和为贵，礼知用"。即"和"为"贵"，先王之道，斯为美。小大由之、有所不行、知和而和，不以礼节之，亦不可行也。

建筑彩绘：大竹村至今保存有较为完整的传统民间彩绘，包括画在建筑木板墙上的和绘制在建筑正脊脊花上的。其中建筑木板墙彩绘具有代表性是以"和为贵"为主题的张氏民居彩绘。"和为贵"是张氏家族倡导的，以"和为贵，礼知用"，即"和"为"贵"，先王之道，斯为美。小大由之、有所不行、知和而和，不以礼节之，亦不可行也。

人文史迹

三龟祠：即张氏宗祠——三龟祠，位于村西北，始建于清朝中期，整栋建筑高约5米，长18米，宽6.8米，分为5间用房。20世纪90年代因改为小学用地，墙面材质换为青砖，小学搬迁后无人管理，现已荒废。

古井：位于村寨中部、通村公路旁，井身原为当地青石砌筑，局部青石残缺不全，古井碑刻已不见，现由混凝土浇筑而成。局部周边环境保护完好，整体风貌较好。

桅桩：位于村寨中部，为清末状元张文耀所立。桅桩本身为石块雕刻而成，年久缺乏管理，局部破损，整体风貌良好。

古墓：位于村寨南部，古墓葬于清代，墓碑用石头砌成，精雕细琢，雕龙画凤，整个氛围严肃庄重。

同参化育碑：位于村寨中部、三龟祠旁，立于咸丰年间，碑刻本身保存较好，记录了村寨中封山育林村规，其周围环境保护良好，整体风貌良好。

仡佬族婚俗

建筑彩绘

古井

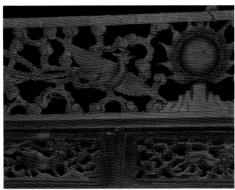

木雕

三龟祠

保护价值

大竹村作为一个传统村落，保存了遵义仡佬族村落相对完整的、真实的历史遗迹，同时附带了大量的历史文化信息，完整地体现了当地传统民风民俗，见证了自明清以来该地区的生活方式和文化特色。大竹村具有丰富的物质文化和非物质文化遗存，是遵义地区仡佬族文化的活载体，是人们了解和体验仡佬族民风民俗的最佳场所，其特有的仡佬族婚俗、传统小吃等民族风俗得以保存及发展，为人们展示了仡佬族文化的魅力。

何成诚 罗永洋 编

同参化育碑

遵义市务川仡佬族苗族自治县镇南镇马拱坡村

马拱坡村全貌

马拱坡村区位示意图

总体概况

马拱坡传统村落位于镇南镇东南，隶属桃符村。由旧屋基、马拱坡两个自然村寨组成，距县政府驻地10公里，距镇政府驻地11公里，是明代中期就形成的一个自然村落，建寨约400余年，现有住户49户，户籍人口266人，常住人口194人，全部为仡佬族，以申姓为主，申姓于明末清初从大坪火炭丫迁入形成。

2016年马拱坡村列入第四批中国传统村落名录。

村落特色

该古村落居于马拱坡半山，房屋依山而建，村落总体朝向坐北朝南。村寨建设对自然环境的影响很小，当地石料丰富，便于就地取材。马拱坡文化繁盛，清代曾培育大量举人、监生、贡生、秀才等文人，文化的繁荣是形成村寨的重要原因。

村落选址的地理环境为群山环绕，背靠双树坪，前有白马岩、贵人山等五峰排列，房屋建筑相对集中，寨内古树参天，四山植被葱郁。村内历史建筑主次有别，传承有序，修造历史清晰，体现了中国传统建筑尊卑有序的文化理念。申允继在村内历史地位最高，故其房屋建于村落最高处，比他低辈分的文、章、尚等字辈的房屋顺坡而下依次修建。村内历史建筑排水简单实用，经过了一定的统一规划，既单独使用，又相互连通。村落生活区与祭祀区结合紧密。申允继墓及申氏先祖群位于村落后山坡双树坪，村民与古墓葬血脉相连，文化脉络清晰。公共建筑功能明显，字塔作为马拱坡村的文风所在和文脉传承的载体，是教育后人读书学习、报效国家的理想之地。

传统建筑

传统建筑依山顺势而建，坐北朝南，大多修建于清至民国时期，为传统的悬山顶、小青瓦木构建筑或砖木建筑，每栋建筑的修造历史脉络清晰、传承有序。该古村落建筑用石丰富为一大特色，建造大量使用石材，无论院坝、台阶、排水设施等，均用凿切整齐的石料规整安装、铺设。其排水设施简单实用，既单独成体，又相互连通。各单体建筑体量较大，出檐深远，屋面举折曲线优美。

传统民居

村落环境

村落与鸡翅岩

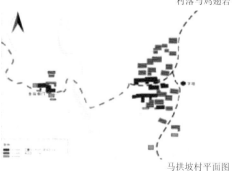

马拱坡村平面图

民族文化

马拱坡村文风盛行，有着丰厚的文化底蕴，素有"秀才之乡"的美誉，其中对务川申姓仡佬族历史发展影响深远的两个历史人物，一是申祐，在龙潭，二是申允继，在马拱坡。马拱坡村的村民为明正统年间四川道监察御史申祐后裔，申祐世居务川火炭垭（即龙潭村，现为中国历史文化名村），正统九年进士，在"土木之变"中以身代帝殉难，赐谥号"申忠节公"，被称为忠、孝、义的化身，申姓堂号即以之为"忠孝堂"。马拱坡申姓族人秉承申祐遗风，于清代共培育出有迹可查者：知府1人、知县2人、贡生1人、监生1人、庠生6人、国学2人、生员4人。村内大量遗存的清代物件如神主牌位、柱联、匾文、桄磴、桌椅、家什等，见证了申姓仡佬族秉承"忠臣孝子一品人，耕田读书两桩事"祖训的历史发展轨迹。乾隆年间马拱坡举人申允继先后官至福建大田县、德化县知县，他主持制定的申氏字辈排行一直使用至今。

仡佬族三幺台："三"，指的是三台席，即茶席、酒席和饭席。"幺台"，为"结束"或"完成"的意思。"三幺台"即指一次宴席，要经过茶席、酒席、饭席才结束，故称"三幺台"，被编入第二批省级非遗名录。

仡佬族油茶：有"三天不喝油茶就打嗑穿"的俗语，表达了人们对油茶的喜爱。传统活态保持达百年以上，被编入第一批市级非遗名录。

仡佬族祭牛节：每年农历四月初八，是当地仡佬族传统节日祭牛节，被编入第一批省级非遗名录。

仡佬族三幺台

仡佬族油茶

仡佬族祭牛节

人文史迹

村西旧屋基有圣旨朝门1座，村东古道旁有字塔1座，村东有古井2口，村内散落清代秀才桅磴8处，村北约300米双树坪有申允继墓及申氏先祖墓4座，村内有柏树、枫树珍稀树木8棵，树下有土地祠1个，古道1处。

字库塔，当地人叫它"字仓"，修建于清道光九年（1816年），距今200余年，系

字库塔

秀才桅磴

当时马拱坡人捐资修建。高约2.5米，底座为方形，高约1.2米。整个形状为八角形圆柱体，柱体中间部分是空的，正面有一长方形小孔。

秀才桅磴：用来固定旗杆插旗的，只有应试中中榜，求得功名的人才有资格做这样的桅墩来插旗，以显示其学有所成，光宗耀祖，激励后人。

村内遗存的匾文

圣旨朝门

官学至镇南古道

保护价值

素有"秀才之乡"美誉的马拱坡村，有丰富的文化底蕴，极具特色的传统民居，保存相对完整的村落格局，保护价值较高。

拥有丰富的物质文化与非物质文化资源，具有较高的历史意义和研究价值。其中字库塔、圣旨朝门等历史遗迹，传承着传统文化的脉络，见证着马拱坡村的发展，值得后人所传承和发展乃至于融入其中深入地感受它、保护它。

董文傥 罗永洋 何成诚 潘秋梅 编

古树与土地祠

遵义市湄潭县高台镇三联村麻凼组

麻凼组全貌

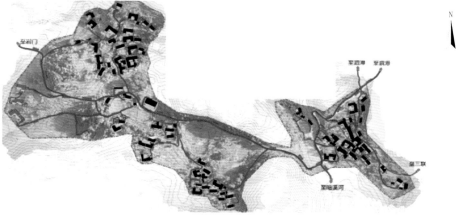

麻凼组区位图

总体概况

湄潭县高台镇三联村麻凼组距高台镇区7公里，湄潭县城33公里，高台至眉毛塘的通村路贯穿全村。麻凼北临塘家林村，南临高坳村，西临青石坳村、东临上水沟村。麻凼周氏大致在清乾隆年间由仡佬坪中寨（今三联集镇）搬迁到此。麻凼周氏始祖周仕文于明末甲申（1644年）与两位叔叔从四川辗转于仡佬坪，数十年后，由于仡佬坪居住人口较多，加上清雍正初周仕文年老病故于仡佬坪，其后裔举家搬迁到磨盘石（今麻凼）居住。麻凼周氏历经近百年繁衍生息，于清嘉庆年间逐渐形成村落。麻凼组共有99户，585人，主要以汉族为主。

2019年三联村麻凼组列入第五批中国传统村落名录。

村落特色

麻凼组是贵州东北部地区典型的汉族聚居村落，至今仍然基本保留着原始的空间格局和形态。整个村落地势南高北低，四面环山，中为谷地，民居建筑围绕古道呈阶梯状层层叠叠依山而建，形成了依山傍路、开合相宜、错落有致、层次丰富的景观界面。村落与周边山林、石梯田融于一体，山中有寨，田里有村，自然景观十分秀美。

村落入口共有四处，主要依托道路靠山而建，所以村落景观主要在道路两侧，即面向东西向的道路，而村落大多的农房均面向道路，成台地逐步向下修建，为农房留出主要景观面。

传统建筑

村庄内分为四个小组团，组团内各户相互毗邻，又独立成户。建筑以三合院或四合院形式为主。明间（堂屋）为双扇对开门，明间或次间窗户木雕图案精美，图案多为传统的"三吊格"和"万字格"。

现存三栋清代建筑，保留有部分雕花窗、堂屋大门和神龛墙壁彩绘装饰，其中一栋有木质结构朝门。

传统建筑

民族文化

傩戏：是从原始傩祭活动中蜕变脱胎出来的戏剧形式，是宗教文化与戏剧文化相结合的孪生子，积淀了各个历史时期的宗教文化和民间艺术。被誉为"中国戏剧活化石"的傩戏，在西南一隅的湄潭得到完好保存，并得到很大发展。湄潭傩戏除保留祭神驱鬼、祈福免灾的含义之外，还被纳入娱乐活动，成为当地农民喜闻乐见

传统建筑

麻凼组平面图

的娱乐形式。

龙灯：始于清末民初，是三联村历史较久的春节期间的主要节目之一，在三联村已存百年历史。每逢春节，三联村都要"耍龙灯"。

花灯：花灯是劳动人民喜闻乐见的一种民间艺术文化形式，麻凼有花灯队，每到冬季农闲时节，排练就开始了，大多聚集在灯头（召集人）家中，围在火坑旁边，边说边唱。

农历正月初二到正月十五是玩花灯的时间，花灯队走村串户，祝福主家新年快乐，人财兴旺。逢场期，则上街游行，伴随游行的有蚌壳灯、鱼灯、船灯、白鹤、乌龟等，热闹非凡。到正月十五化灯后，就不再玩灯，一直等到第二年新年。

嫁婆：结婚要结两天，第一天是杂酒，第二天是正酒。第一天就是男女双方的亲戚朋友在各自一方吃晚饭，吃完晚饭后就聊聊家常，其实也就是相互聚一下，女方亲戚第一天将送给女方的礼物送去，第二天一早男方的亲戚朋友就抬着彩礼来到女方家，这就叫婆亲了。到吉时后女方就被男方婆走了，女方的亲戚朋友也就跟着新娘随亲到男方去（送亲客）。新娘婆到家后男女双方的亲戚朋友在一起吃晚饭，吃完晚饭后女方的亲戚回家，而男方的亲戚就在男方家闹新房。

人文史迹

寨墙：寨墙是由不规则的石墩建筑而成，始建于清乾隆年间。

传统街巷（石巷）：是村落依山就势山乡风貌的具体体现。村落内的石板串户路（含石阶路）有12条，长约970米，至今仍作为村民的生产、生活通道发挥着它的功能。

溶洞：村内共有三处溶洞，一处位于村落西侧的大洞，一处是村落北面的小洞（山羊洞），另一处是村落东面的藏龙洞，溶洞是喀斯特地貌形成的奇观，也是藏身避祸的理想之处，洞内钟乳石林立，水质清澈。

古营盘：供村内村民躲避匪患，彰显家族强盛。共两座，天坑处一座，小洞（山羊洞）处一座，两座营盘皆建于清道光年间。全部采用石头在山顶上修筑营寨，设关卡。若有土匪来犯，全寨老幼进入营寨躲避、防御。

古井：古井3口，长宽均约1米，深约0.5米。井水幽凉清甜，是村落居民传统的饮用水，见证了村落历史的沧桑岁月。

保护价值

麻凼组始建于清初，具有悠远的历史，以周天合民居为代表的传统建筑仍保留了极好的历史风貌，石龙门、石梯田等的建造历程，再现了麻凼在各个时代发展的轨迹及时代特征，记录了地区的发展信息。

麻凼组选址依山而建，古道交汇于村内。村落内的木结构建筑元素等极具当地特色，同时村落的建筑顺应地势而建，建筑根据地势高低错落，与大山、溶洞、农田融为一体，景观良好。村落民居的堂屋神龛、对联及龙门、木雕等也具有非常丰富的艺术特色。

麻凼组民俗文化、建筑木雕工艺、农耕文化、历史文化及传统街巷、营盘、溶洞等历史环境要素具有浓郁的地方特色，具有较高的文化价值。

麻凼组是典型的家族式黔北传统村落，以周氏为主的宗亲在此世代传承数百年，黔北地区所有的风俗在此基本上都能看到，保持着独特、真实、原始的品质，黔北人的生活方式在此世代相袭，故具有极高的社会价值。

何成诚 潘秋梅 编

花灯

溶洞

寨墙

傩戏

遵义市务川仡佬族苗族自治县大坪街道三坑村板场组

三坑村板场组全貌

三坑村板场组区位图

总体概况

三坑村板场组位于务川仡佬族苗族自治县县城东北面，距务川县城15公里，距大坪街道10公里，东接德江县，南邻龙潭村与丹砂街道，西与甘禾村、黄洋村两村接壤，北与红丝乡毗邻。

村落以仡佬族居多，现有户籍人口560人，常住人口282人，85户。

自汉代起，濮人来此采砂，后有麻阳人聚居地，将丹砂作为贡品敬献皇帝，大江南北客商聚集于此，交易丹砂，板场形成集市成村落，一直延续至今。

2019年三坑村板场组列入第五批中国传统村落名录。

村落特色

村落选址特点依据八卦内圆外方排布，形成以大户肖家大院（四合头房屋布局）、李家大院（三合头房屋布局）和邱氏家族大院为主体的建筑群。村落三面环山，村庄坐落低洼处，北面为沟谷，与长沟村寨相连。从三坑村一路过来由宽7米的公路盘山而上再下到板场，从南侧一直到汞矿开采区。

板场组整个处于低洼处，地形平坦。三面青山环抱，森林茂密，以前开采的矿山经过自然的恢复已绿意盎然，呈现出山中有寨、山寨相融的景象，集自然山水、田园风光于一体。

传统建筑

板场组古村落保留下来的传统建筑结构多为四列三间、长五间形制，为传统的悬山顶小青瓦木构建筑。得以保留下来的

传统建筑主要为木结构墙+小青瓦双坡屋顶为主，唯有20世纪60年代期间修建的子弟学校和宿舍楼办公建筑是青砖墙+小青瓦双坡屋顶，当时的标语还保留在墙上。

民族文化

唱花灯：贵州花灯戏是一种古老的汉族戏曲剧种，明末清初在当地民间歌舞基础上发展起来。起初，花灯叫采花灯，只有歌舞，后在歌舞中加入小戏，再以后受外来戏曲影响，发展为演出本戏，人们习惯地简称花灯，它充满着浓郁的乡土气息和民族特色。

哭嫁：在出嫁时，仡佬民族出嫁的姑娘要哭才能出嫁，主要表现姑娘不舍得离开父母、兄弟、姐妹的依依惜别之情。

祭祀：在开采朱砂时要先祭祀宝王，主要用猪头、羊头等祭品，祈祷在开采朱砂过程中平安无事、大吉大利、大富大贵。

传统建筑

传统建筑

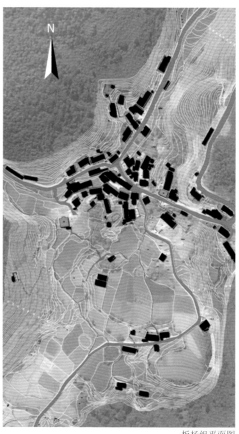

板杨组平面图

人文史迹

土高炉冶汞遗址：位于板场通往长沟村寨通组路的西侧，始建于明清时期，是开采汞矿炼成水银而建的土高炉，通过土高炉高温800°烧制而成水银。现状受山体滑坡破坏的影响，保存较差，目前仅能见其遗址，难以恢复原貌，同时现在当地村民已不再使用和炼制水银。

古矿洞：该遗址分布于村落四周区域，现保区域保存较好的有3处，均位于山腰和山林中，矿洞均为明清前由人工开凿而成，各个矿洞间可自由穿梭，深不可测，板场村落周边山体深处大部分由矿洞环绕，但各个矿洞洞口较小，到夏天炎热天气有村民进入乘凉和取水，是天然的大功率空调。

古桥：板场组村寨内的板场桥和分水桥桥墩，修建年代不晚于明，迄今仍在使用，为省级文物保护单位朱砂采冶遗址的重要组成部分，兼具交通和防洪功能。桥南至甘溪、木悠峰等地，桥北为板场，是古代外地客商进入板场进行朱砂水银交易的必经之地。板场村落内的古路，均为在山腰间人工开凿的石砌路，至甘溪等地，是古代运输朱砂水银的要道。

土高炉冶汞矿遗址

矿洞

古路

保护价值

三坑村板场组作为一个传统村落，与古代朱砂、水银的开采密切相关，历史渊源悠久，文化底蕴厚重，自秦汉以来就有当地土著民族开采朱砂的先例，明清至民国时期达到繁荣。同时，板场作为朱砂水银的重要集散地和工业重地，保存了务川县三坑汞矿遗址相对完整、真实的历史遗迹，同时附带了大量的历史文化信息，较为完整地体现了当地古法炼制朱砂水银的历史文化。

板场组具有丰富的物质文化遗存，是务川汞矿遗址文化的活载体，是人们了解和体验汞矿炼制过程和当时汞矿工业基地繁盛时期的最佳场所，有较高的文化价值。

板场组是一个传统村落，其特有的仡佬族婚俗、仡佬族花灯等民族风俗有一定价值，为人们展示了仡佬族文化的魅力，具有一定的社会价值。

板场组的产业主要为汞矿开采和冶炼，但随着历史的发展和当地产业结构的转型，以及经济水平的提高，进入21世纪以来汞矿开采和冶炼产业逐渐衰退和消失。现状产业主要是种、养殖业和外出务工为主，村寨整体经济水平一般。因此，通过对村落的保护，利用现有资源条件和地理区位，结合乡村旅游的开发，可向人们展示别具一格的三坑汞矿遗址文化。

何成诚 潘秋梅 编

传统建筑

哭嫁

唱花灯

遵义市播州区尚嵇镇乌江村

乌江村一角

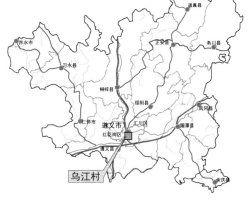
乌江村区位示意图

总体概况

乌江村主要民族为汉族，始建于宋末元初，距尚嵇集镇镇12公里，包括长江村民组、高山村民组、沙湾村民组、中山村民组、龙坑坝村民组、下香坪村民组及周边林地，面积约为4.57平方公里。传统村落核心区域所在的乌江村长江组与高山组等6个村民组69户，282人，面积27公顷。

2016年乌江村列入第四批中国传统村落名录。

村落特色

乌江村属丘陵谷地类型，以鱼塘河为纽带形成的峡谷河流成为村民聚集的核心区域，河谷处海拔770米，山顶海拔最高为1006米，呈西高东低之势，西南面坡陡，东北面平坦，同时山顶亦较为平坦。鱼塘河由北至南贯穿而过，水质较好；建筑布局较为集中，建筑特色明显，风貌统一。

长久以来，乌江村其优异的地形与地貌形成了特色的自然山水风貌，村落建设遵循传统天人合一理念，并形成了田园交汇、碧水环绕的格局。

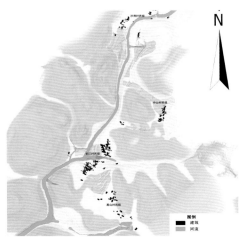
乌江村平面图

传统建筑

乌江村民居是在汉族传统民居及苗族村寨的基础上，结合当地的自然条件，并在当地民族文化影响下形成的。乌江村民居一方面受到民族文化信仰的影响，另一方面在特定的自然环境中，又有了新的特点，它的主体建筑仍有纵轴线，但不一定按南北方向排列，次要建筑也不一定对称，根据需要，有二间对三间，三间对四间的四合院、三合院等组合形式。所有三合院、四合院的正房都居于主轴线上，有较高的台基，较大的体量，突出了它的主要地位；两边厢房的台基较矮，体量也较小，倒座的位置最低，从而体现了上下有别的封建秩序。单家独户的民房，竹木荫蔽，房侧附猪牛圈，有的修成吊脚楼，猪牛圈建在楼下。正房一般为三间，正中一间开大门处凹进，叫"吞口"。中间一间名为堂屋。木结构房屋多为瓦房，四列三间为多，六列五间的称长五间。房高一般为"一丈八顶八、一丈九顶八"，取"要得发，不离八"之意，以图吉利。进深按木排柱的落地数计，常见有五柱、七柱，富户大房有九柱、十一柱的。紧接正房山墙左右的半铺水房屋，左称偏房，右称专蓄。只有单侧厢房的叫"一正一环"，两侧有厢房的称三合头，加建下厅的称四合头或"一颗印"。

传统民居

传统民居

建筑雕花

传统民居

民族文化

乌江村传统村落位于鱼塘河峡谷风光区的核心地区，该地两山夹一水，坐落在青山绿水间。有芦笙、歌舞等苗族风情，清代举人李凤翾墓、囤山营、回龙寺和造纸遗址等人文景观，是一个集人文景观和自然景观的古村落。

祭财神、囤灯习俗、踩山节、采桑节、牛王节等依旧是乌江村的传统习俗，苗族蜡染、挑花、刺绣、银饰等手工作品也具有较高的收藏价值。无论从物质空间，还是从非物质传承来看，乌江村均有其较好的独特性及完整性。

芦笙舞

古树

乌江村传承下来的特有民间小吃，有通流渡酸汤豆花、土蕨粑、土甜酒、土荞面、血豆腐、清明菜糍粑、荞烙粑、锅巴糖、麻糖、漏丝糖、泡粑、米团粑、肠包蛋等。

"芦笙舞"（苗语称"究给"）是种以男子边吹"芦笙"同时以下肢（包括胯、膝、踝）的灵活舞动为主要特征的传统民间舞蹈。笙分葫芦笙与芦笙两大类。葫芦笙用葫芦做笙斗，一般插有5支带簧片的笙管，约16~66厘米；芦笙为木制笙斗，一般插有6支笙管，长约33~333厘米不等。两类统称为"芦笙"。至今吹奏葫芦笙而舞的民族有彝族、拉祜族、傈僳族、纳西族等，吹奏芦笙而舞的民族有苗族、水族、侗族、仡佬族等。

人文史迹

乌江村拥有诸多历史文物古迹，如古桥、古树、庙宇、石阶、青石板、古墓、溶洞、流水瀑等。

古树：乌江村现存百年古树4株，主要位于村落东侧的自然山体中，保存良好。

流水瀑：位于村落西侧的鱼塘河，长约40米，原本功能是蓄水，上面平铺石板，可以作为过河使用，同时也提供了一个清水活动的空间。

回龙寺遗址：位于村落西侧的山坡，是古时候的村落祭祀场所，但因年久失修，保存状况较差，目前已荒废。

古墓：乌江村存在古墓一处，位于村落东侧山坡，是清代乾隆时期的文化名人李凤翾墓园。

保护价值

乌江村是鱼塘河峡谷风光区的核心。村落坐落在鱼塘河两岸，体现古人"择水而居"选址理念，大部分建筑保留原有木质传统风貌；同时村内遗留了大批珍贵的非物质文化遗产，有着鲜明的民族特色，具有极高的历史文化价值和研究价值。

罗永洋 潘秋梅 何成诚 编

乌江村民俗素描图

石阶

遵义市正安县流渡镇白花村

白花村一角

白花村区位示意图

总体概况

白花村位于流渡镇东南方距离集镇10公里，形成于清代，下辖11个村民组，区域面积为24平方公里，现有1033户，4330人，是一个汉族、仡佬族、土家族聚居的聚集村，传统村落核心区域10.66公顷。

2016年白花村列入第四批中国传统村落名录。

村落特色

白花村村落依山而建，濒水而居，村落周围层层叠叠的梯田、茂密的植被、郁郁葱葱的竹林以及珍贵的动植物共同组成了白花村赖以生存的空间，为白花村村落选址营造了良好的自然环境。

村落从油渠风雨桥往南依次递升，直到十里坝龙塘沟口，村落沿油渠沟而建，地势呈沟带状，在村口呈袋口型，向南逐渐扩展，整个村落形如口袋状。村落所处油渠沟上游为严家沟和龙塘沟，两溪于十里坝处汇合流入油渠沟，油渠沟向北流入流渡河直至汇入正安的"母亲河"——芙蓉江。

传统建筑

白花村传统建筑有普通的平房形制建筑、土巴墙形制建筑、石板房形制建筑，以吊脚楼建筑形制最为特殊，属半干阑式木架建筑，多依山就势而建，建在落差大的山坡地带，一般为上下两层，也有三层、四层的。底层阴暗、潮湿，用于猪牛圈或堆放柴草杂物；上层通风、干燥，可防潮，作为人的居室。

白花村民居建筑技术上仍沿袭传统，整个建筑构架底层以当地特有的石材、木材为基地，穿斗式构架结构，三根立柱落地，间以两根短瓜，用三道横向穿枋和前后挑檐枋组成排架，再以开间枋檩等构件组成"间"，整个构件体系为弹性节点，固而不死，整体性强，抗风、抗震能力好，显示出较高的建造工艺，实现了技术与审美的有效结合。白花村核心保护范围内古建筑和传统风貌建筑共有78栋。

传统民居

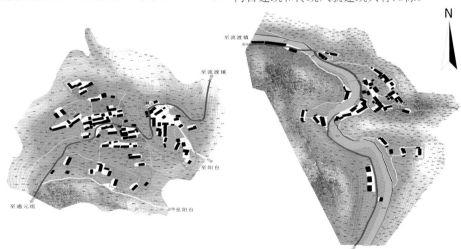

白花村现状平面图

石阶

民族文化

白花村有着丰富的多民族文化底蕴，民间工艺和民间艺术在这里继承和传播，其中有仡佬族高台舞狮、傩戏、哭嫁、钱杆舞、五马棋、马马灯、花灯、高腔大山歌、薅草打闹歌等民风民俗，古法造纸、木雕、石雕、竹编等传统工艺。

高台舞狮：正安地域仡佬族的一种传统习俗，仡家人在春节或重大喜庆的日子都要舞狮助兴。狮子为百兽之尊，形象雄伟俊武，被誉为百兽之王，给人以威严、勇猛之感。人们将它当作勇敢和力量的象征，认为它能驱邪镇妖、保佑人畜平安。因此，正安民间对舞狮有亲切感，把它当成威勇与吉祥的象征，并希望用狮子威猛的形象驱魔赶邪，取狮子威严以镇压或以示威武的神韵，以祈望生活吉祥如意，事事平安。

傩戏：傩戏有着悠久的历史，源于民间信仰的原始宗教，巫觋崇拜、自然崇拜和祖先崇拜的巫傩祭祀仪式，又叫"大傩""跳傩"，俗称"鬼戏"或"跳鬼脸"。具有驱鬼逐疫、祭祀功能的民间舞蹈，一般在大年初一到正月十六期间表演。

哭嫁：旧时婚嫁习俗中不可缺少的一项重要环节。哭嫁的形式也有一人哭、二人对唱哭、多人陪哭三种类型，由于哭唱形式多样化，哭唱的内容就可以涉及社会生活的各个方面，可女人之间相互倾诉，相互勉励；也可互相褒贬，互相取乐；还可相互发泄，更可以鞭挞世间的不公。

傩戏

人文史迹

白花村是历史遗留下来的产物，拥有诸多历史文物古迹，如仙女山观音阁、龙塘沟摩崖石刻造像、古盐道、古巷道、蒸窑遗址、油渠河、古墓、古树、古堡坎、石阶路、古排水沟、石墙、功名碑、石拱桥、辗房遗址等。

龙塘沟摩崖塑像：造像建在高出沟底120米的天然赤壁间。在同一岩面，面朝西分两处而建，相距100米，一处稍高，另一位于左侧稍下一自然洞穴，洞穴内有一清泉，常年不枯，造像因之称灵水洞或灵水庙。塑像气韵生动、个性鲜明、样式各异，根据不同的性格和特点着色处理，形象表现，惟妙惟肖，整体构图结构严谨，根据崖面走向进行统一布局和特殊处理，以达到与自然山体的有机结合，造像周边用色彩图案以岩画形式相互连接成一整体，形成众星捧月格局，使整体崖面既散发肃穆庄严的气氛，又呈现炫耀的光芒。

古盐道：在造像下，沿溪流顺势而上，即为古栈道。油渠古村寨昔时是通湄潭、凤冈、思南、湖南等地的重要交通要道，更是安场盐号盐运栈道重要的交通枢纽之一，北下扶风桥、油渠风雨桥，经流渡、林关、独龙潭、米良渡到正安州城，再经安场、新州下南川至重庆；南下市坪至湄潭、凤冈、务川、思南、湖南等地。地域因是古栈道必经之地，积淀了深厚的文化底蕴，地域文化特征鲜明。

蒸窑遗址：位于白花村南端处，即龙塘沟与严家沟交汇处，共三处，毛石砌垒，其中两个相连，另一处为单体。在古法造纸工序流程中，其中一道程序是将造纸原材料的竹子、楮树皮、构皮等采用蒸煮的过程，使其造纸原材料更加柔软、有韧性。

保护价值

白花村拥有悠久的历史和丰富的文化，村寨遗留了一大批珍贵的物质文化遗产与非物质文化遗产，有着独特的历史风貌和鲜明的民族特色，具有极高的历史文化价值和研究价值。

高腔大山歌、高台舞狮、傩戏、五马棋、马马灯、花灯戏、薅草打闹歌、钱杆舞、建房习俗、婚嫁习俗（哭嫁）和古法造纸、木雕、石雕、竹编等传统手工艺，既充分展示了强大的民族凝聚力，又充分体现了白花村深厚的民族传统文化底蕴。

罗永洋 潘秋梅 何成诚 编

仙女山观音阁

古墓

龙塘沟摩崖塑像

遵义市赤水市大同镇古镇社区

古镇社区全貌

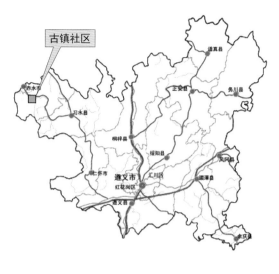

古镇社区区位图

总体概况

大同镇古镇社区位于贵州省北部赤水市西部，距赤水市区9.6公里，平均海拔550米，村域面积0.62平方公里，东与赤水市复兴镇、两河口镇毗邻，西与四川省叙永县、合江县相连，南与赤水市宝源乡接壤，北与四川省合江县交界。大同古镇社区辖4个村民小组，社区户籍人口2094，常住人口2300人，主要民族为汉族，全区以王、红、赵姓氏居多。

大同镇历史悠久，早在西汉末年至东汉初年，就有先人在此聚居繁衍。古镇社区由于便利的区位和水运交通优势成为川盐入黔通道上的重要商贸节点。随着盐运的发展，吸引了四乡农民加入贩盐、运盐的行列，大同镇也成为盐运的重要水路码头，进而形成了繁华的场镇。

大同镇古镇社区处于典型的丹霞地貌区域，这种自然生态环境元素，保持了原始、古朴的形态。

2019年大同镇古镇社区列入第五批中国传统村落名录。

传统建筑

大同镇古镇社区的传统建筑多为青瓦木结构建筑，木柱支托、凿木穿枋、衔接扣合、立架为屋，多为二层。古镇社区是一个典型的汉族社区，社区内保留了传统建筑202栋，占村庄建筑总数的75%，现有95%传统建筑仍在使用。

古镇社区气候温和，具有亚热带生物生存繁衍和活动的优越条件，盛产木材、竹材。大同镇古镇社区传统村落的传统民居一般选择木料作为主要建筑材料，用木柱支托、凿木穿枋、衔接扣合、立架为屋、四壁横板、两端做偏厦。屋面材料为当地小青瓦。社区内居民采用汉族的传统生活方式，底层以生活、会客为主，二层主要是居住休息层，包括客厅、走廊、卧室等单元。地基采用石头泥土夯实，再用石板铺高于街巷，这样设置适应于多雨气候的防水避潮。

传统建筑

村落特色

大同镇古镇社区传统村落由平街路贯穿整个社区，村落呈带形发展，东部靠水，再邻山；西部邻镇，再靠山，使其形成地势良好的"两山一水一建筑"的特色格局。古镇社区建筑多为传统木结构建筑，社区内以平街路为主轴的中部上下具有下码头和上码头，大同镇是一个经历昔日的繁荣而衰败了的码头，更使古镇社区增添了历史的印迹。整个社区形成"山川—河流，古寨—码头，红色文化—人文"的自然与人文环境的传统格局。

传统建筑

古镇社区平面图

民族文化

独竹飘：发源于贵州省赤水河流域，原是当地老百姓在生产生活中渡河的一种方式，具有较高的竞技、健身和观赏价值，近年来在全民健身热潮的推动下，遵义、赤水的许多健身爱好者把它作为健身娱乐项目开展。每年五月初五端午节，大同镇古镇社区都会组织人们进行表演。技巧动作有正划、倒划、转身划、绕弯、换竿、跳竿等，表演形式有单人、双人、多人组合等。

竹编工艺：大同古镇竹编技艺历史悠久。最早可追溯到明清时期，精细竹编是赤水竹编的典型代表，也是赤水竹编技艺最为精华的部分。它是在传统竹编技艺和继承祖传编织法的基础上，经过不懈努力、不断探索、大胆革新而发展起来的一种新型竹编工艺。竹编工艺是大同古镇劳动人民千百年来辛勤劳作的结晶，是一项技巧性较高的工艺绝活。

油纸伞制作：大同古镇油纸伞技艺历史悠久。最早可追溯到明清时期，从原材料到成型，全是纯手工制作，是大同古镇劳动人民千百年来辛勤劳作的结晶，同时也是一项技巧性较高的工艺绝活。

人文史迹

古井：位于古镇老街街角。此井为山泉水，冬暖夏凉，人们以此水为生。相传，此井一年四季都不会枯水，因而得名不老泉。

古码头：上码头从大同镇上街入场口延伸到大同河边，码头为砂质条石砌筑，石梯，便于行人上下。是古镇河流上游部分船只上码头的场所，与下码头功能相似，但规模没有下码头大。下码头从大同镇下街入场口延伸到大同河边，码头为砂质条石砌筑，半边为石梯，便于行人上下，半边为斜坡，便于板车通行。码头道路从河边到街口长33米，宽45米。古镇社区码头是客货运船只的集散地，见证了大同古镇商贸经济的发展历史。

陈贡珊碑：位于古镇社区下码头以北。碑高3.6米，宽1.6米，厚0.4米，碑正中为大字楷书"清封朝仪大夫陈贡珊先生纪念碑"，两旁碑文分十四行，每行四十八字，共六百二十一字。碑文记载了陈贡珊英年积学，洞达事故，为维持地方治安督团练甲，排难解纷，使固结莫解之争而涣然冰释，为保一方平安作出了非凡的业绩。陈贡珊是清末当地有名的人物，他的儿子陈玉生、陈王坤，以及侄子陈念路均为清末留学学生，在日本时曾与革命党孙中山、黄兴等有过交往。碑文为"柳体""楷体"刚劲挺秀，据传为陈王生所书。2003年12月遵义市政府公布大同陈贡珊碑为遵义市第一批市级文物保护单位。

古码头

竹编工艺

陈贡珊碑

红色文化：每逢革命抗战纪念日，在中共赤合特支旧址讲堂，老人们会时常在此讲说抗战革命时期共产党的英勇事迹。在大同河的独木桥上，时常有群众身穿红军军装，重温红色经典。

保护价值

大同镇古镇社区传统村落保存了古村落相对完整的、真实的历史遗存，同时附带了大量的历史文化信息，完整地体现了当地传统民风民俗，见证了自清代以来该地区的生活方式和文化特色。

大同镇古镇社区传统村落拥有丰富的物质文化和非物质文化遗存，并且有大量文化遗产被列入历史文化遗产名录，是赤水历史文化的重要载体之一。

大同镇古镇社区其特有的独竹漂、大同服饰、长街宴、祭水仪式等民族风俗得以保存及发展，为人们展示了古镇社区文化的魅力。

大同镇古镇社区历史久远的民居依山傍水，一排排传统建筑而形成独特的传统街巷，起起伏伏的油纸伞和红灯笼倒挂在屋檐下，与传统街巷形成一幅优美的画卷，散发出历史悠久的文化气息。

何成诚 潘秋梅 编

独竹飘

红色文化

遵义市湄潭县洗马镇团结村程家湾村

程家湾村全貌

程家湾村区位图

总体概况

湄潭县洗马镇程家湾村距洗马镇9公里，距离湄潭县城34公里，X309县道从村落旁经过。北临桂花树村，南临馆山头村，西接南截坝村，东接汪家湾村。

程姓家族在民国时期从四川迁徙到此地，见此地山清水秀，地理位置很好，又地处相对平缓之地，农田之多，绕村而过的水系为人们的生产生活提供便利，因此安家落户，耕田制地，建房造宅，安居乐业。程家湾村共有72户，280人，主要以汉族为主。程家湾村森林覆盖率69%，动植物资源较为丰富。程家湾村主要产业是烤烟种植，亦有辣椒、中药材等经济作物种植。

2019年程家湾村列入第五批中国传统村落名录。

村落特色

程家湾村是贵州东北部地区典型的汉族聚居村落，至今仍然基本保留着原始的空间格局和形态。整个村落地势北高南低，北靠大山，民居建筑面向农田呈阶梯状层层叠叠依山而建，形成了依山傍水、开合相宜、错落有致、层次丰富的景观界面。

程家湾村地处团林河上游，团林河水面宽阔，水流舒缓，碧波澄澈，与四周群山一起成为保护村落安全的天然屏障。村落与周边山林、梯田融于一体，山中有寨，田里有村，自然景观十分秀美。

传统建筑

村庄内分为上下两寨，其中寨内各户相互毗邻，又独立成户，建筑以三合院形式为主。明间(堂屋)为双扇对开门，明间或次间窗户木雕图案精美，图案多为传统"三吊格"。村落传统建筑的住宅为木

质结构建筑，其余为砖混结构。传统建筑集中且连片分布，大部分保存较好，其余有不同程度的损坏和改变。主要传统建造工艺为穿斗式木质结构，小青瓦坡屋顶，正房一般为四列三间。

民族文化

傩戏：在程家湾，有表演傩戏的习惯，傩戏是从原始傩祭活动中蜕变脱胎出来的戏剧形式，是宗教文化与戏剧文化相结合的产物，积淀了各个历史时期的宗教文化和民间艺术。被誉为"中国戏剧活化石"的傩戏，在西南一隅的湄潭得到完好保存，并得到很大发展。湄潭傩戏除保留祭神驱鬼、祈福免灾的含义之外，还被纳入娱乐活动，成为当地村民喜闻乐见的娱乐形式。

花灯：花灯是程家湾组群众喜闻乐见的一种民间艺术文化形式，农历正月初二到正月十五是玩花灯的时间，花灯队走村串户，祝福大家新年快乐，人财兴旺。逢场期，则上街游行，伴随游行的有蚌壳灯、鱼灯、船灯、白鹤、乌龟等，热闹非凡。到正月十五化灯后，就不再玩灯，直到第二年新年。

传统建筑

传统建筑

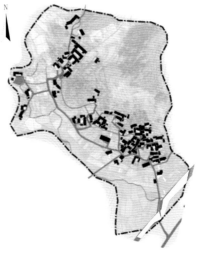

程家湾村平面图

传统建筑

婚嫁：程家湾民间婚事以茶为礼沿袭至今。民间提亲需请媒人撮合，需先由媒人带上礼品女家试探，其礼品叫"问茶"。若女家同意可谈婚事，就由女方到男方家来了解情况，称为"看人"。"看人"后由媒人带上礼品到女方家，其礼品称为"放信茶"，湄潭民间谈婚论嫁的礼仪过程，称为"三回九转"。在这"三回九转"中所用的"茶"又分"干茶""水茶""浑茶""素茶"。

举办婚礼时，结婚酒要摆两天，第一天是杂酒，第二天是正酒。第一天就是男女双方的亲戚朋友在各自一方吃晚饭，吃完晚饭后就聊聊家常，其实也就是相互聚一下，女方亲戚第一天将送给女方的礼物送去。第二天一早男方的亲戚朋友就抬着彩礼来女方，这也叫娶亲了。到吉时后女方就被男方娶走了，女方的亲戚朋友也就跟着新娘随亲到男方去（送亲客）。新娘娶到家后男女双方的亲戚朋友就在一起吃晚饭，吃完晚饭后女方的亲戚回家，男方的亲戚就在晚上闹新房。

人文史迹

传统街巷：是村落依山就势的山乡风貌的具体体现。村落内的石板串户路，长约200米，至今仍作为村民的生产、生活通道发挥着它的功能。

古树：位于上寨陈玉贵宅旁，有百年柏树3株。

古井：古井1口，长宽均约1米，深约1米。井水幽凉清甜，是村落居民传统的饮用水，见证了村落历史的沧桑岁月。

龙门：位于任下寨任远红宅入口处院门，面朝团林河方向。此门反映了人们对美好愿望的寄托。

古营盘：供村内村民躲避匪患和彰显家族强盛标志。营盘建于清咸丰年间。营盘用石头在山顶上修筑营寨，设关卡。古时若有土匪来犯，全寨老幼进入营寨躲避、防御。

保护价值

程家湾始建于清乾隆年间，具有悠远的历史，以程鹏辉民居为代表的传统建筑仍保留极好的历史风貌，龙门等的建造历程和营盘战斗，再现了程家湾在各个时代发展的轨迹及时代特征，记录了地区的发展信息和动乱的时代背景。

程家湾民俗文化、建筑木雕工艺、农耕文化、历史文化及传统街巷、营盘、彩绘等历史环境要素具有浓郁的地方特色。

程家湾是典型的家族式黔北传统村落，以程、徐、任氏为主的宗亲在此世代传承数百年，黔北地区所有的风俗在此基本上都能看到，保持着独特、真实、原始的品质，黔北人的生活方式在此世代相袭。

傩戏

古井

龙门

程家湾选址依山而建，村落内的木结构建筑等极具当地特色的建（构）筑物元素，建筑根据地势高低错落，与大山、河流、农田融为一体，景观良好，村落民居的堂屋神龛及龙门、木雕等也具有非常丰富的艺术特色。

何成诚 潘秋梅 编

婚嫁

村落环境

遵义市湄潭县西河镇西坪村西坪组

西坪村西坪组全貌

西坪村西坪组区位图

总体概况

湄潭县西河镇西坪村距西河镇区3.5公里，距湄潭县城50公里，距银白高速西河出口仅1公里。北临冠子山，南临银白高速西河出口，西接沿西村，东接水浪坝村。

西坪村落依山而建，村庄占地面积约300亩，拥有房屋建筑114余栋，人口480人，以汉族为主。

据刘氏族谱记载，刘姓原籍江西临江府，为中山靖王刘胜第七子刘义之后，明末战乱，由一世祖刘万学带领族人从江西临江迁往四川大足县，1640年大西军入川屠蜀，刘氏被迫迁于贵州正安县，辗转正安柿坪镇刀堂坝，后在三世祖刘奇瑞的带领下于乾隆初年到此定居。

2019年西坪村列入第五批中国传统村落名录。

村落特色

西坪村西坪组落背靠大山，面朝千亩大坝，适宜耕作，村落地势平坦，民居沿等高线依山而建，形成了两纵三横的村落格局。

西坪村是贵州东北部地区典型的汉族聚居村落，至今仍然基本保留着原始的空间格局和形态。整个村落地势北高南低，背靠大山，面朝大坝，村落内溪流潺潺，民居建筑围绕溪流呈阶梯状层层叠叠依山而建，形成了依山傍水、开合相宜、错落有致的"三纵两横"的空间格局，同时村落入口树木繁茂，形成了大隐隐于世的景观界面。

西坪村地处湄潭至正安的古道旁，西侧靠近溪流，溪流常年流淌不息，两岸林木茂密，滋养万千村民。村落与周边山林、良田融于一体，山下有寨，田旁有村，自然景观十分秀美。

传统建筑

西坪村内各户相互毗邻，又独立成户。建筑以三合院形式为主。明间（堂屋）为双扇对开门，明间或次间窗户木雕图案精美，图案多为传统的"三吊格"。

村落有约51%的住宅为木质结构建筑，其余为砖混结构。传统建筑集中且连片分布，大部分保存较好，其余有不同程度的损坏和改变。

主要传统建造工艺为穿斗式木质结构，小青瓦坡屋顶，正房一般为四列三间。

民国时期建筑有5栋，有3栋为清代建筑，保存有部分雕花窗和堂屋大门和神龛墙壁彩绘装饰。

传统建筑

传统建筑

传统建筑

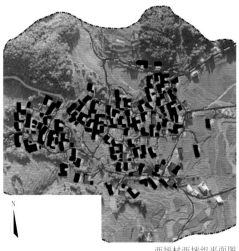

西坪村西坪组平面图

民族文化

阳戏：在西坪，有表演阳戏的习惯，阳戏为古时大户人家所喜好，如有老人寿辰、喜乐之事请唱戏人进门，专场听戏。西坪古装阳戏在村落已传唱了14辈人之久，是根据坊间流传的《桃山救母》《降龙》等作品素材，结合本土的艺术表演形式，所演出的地方戏。该戏的场面壮阔，人物众多，情节紧凑，台词精炼，语言丰富，是吻合历史传说的一部戏曲，尤以下部"降龙"更佳。此戏多在农村为老人祝寿时上演，乐师和演员加起来需要十几个人才能完成。

龙灯：西坪的龙灯每年正月初九出龙，正月十五收龙，十六日化龙。出龙、化龙（燃化）要祭祀，有条件时化龙还要会餐。尤其是正月十五日晚，家家户户燃烛，备上烟花、爆竹接龙，寓意风调雨顺、平安吉祥。

三回九转：湄潭民间谈婚论嫁的礼仪过程，称为"三回九转"。在这"三回九转"中所用的"茶"又分"干茶""水茶""浑茶""素茶"。

湄潭民间婚事以茶为礼一直沿袭至今。民间提亲或媒人撮合，或男家看上女家请媒人，需先由媒人带上礼品女家试探，其礼品叫"问茶"。若女家同意可谈婚事，就由女方到男方家来了解情况，称为"看人"。"看人"后由媒人带上礼品到女方家，其礼品称为"放信茶"，"放信茶"多以白糖代替，同时媒人与女方家商量是否可去"书纸"一事。

人文史迹

寨墙：寨墙是由不规则的石墩建筑而成，始建于清乾隆年间。

龙门：位于村落北部，刘冲、刘大伟修建老宅时所建，老宅原为三合院形式，在南侧入口建木龙门一座，后老宅厢房拆除，龙门得以保存。

古营盘：供村内村民躲避匪患和彰显家族强盛。共两座，老营盘建于清道光年间，防御设施简陋，主要为竹木栅栏。新营盘建于咸丰年间，用石头在山顶上修筑营寨，设关卡。古时若有土匪来犯，全寨老幼进入营寨躲避、防御。

古石桥：位于村落东侧出口的溪流上，古时为方便过往行人前往正安而修建，现已废弃。

保护价值

西坪村的民俗文化、建筑木雕工艺、农耕文化、历史文化及传统街巷、营盘、龙门等历史环境要素具有浓郁的地方特色。

西坪村选址依山而建，古道绕过村内。村落内的木结构建筑具有当地特色的建筑物元素，同时顺应地势而建，建筑根据地势高低错落，与大山、溪流、农田融为一体，景观良好，村落民居的堂屋神龛及龙门等也具有非常丰富的艺术特色。

西坪村是典型的黔北传统村落，以刘氏为主的宗亲在此世代传承数百年，黔北地区所有的风俗在此基本上都能看到，保持着独特、真实、原始的品质，黔北人的生活方式在此世代相袭。

何成诚　潘秋梅　编

阳戏

寨墙

龙门

龙灯

古石桥

遵义市桐梓县花秋镇岔水村河扁组

岔水村河扁组全貌

岔水村河扁组区位图

总体概况

岔水村河扁组属遵义市桐梓县花秋镇，位于桐梓县西南边陲，东临冯大娅村，西接龙塘村，南与仁怀市接壤，距桐梓县城58公里，距镇政府驻地15公里，交通便利。村域面积19.28平方公里，村落人口270人，主要民族为汉族。

河扁古村落是清代中期就形成的一个自然村落，建成于清乾隆年间（1760年），据今250余年。整个村落依地形自然兴建，有通组水泥路连接村落。河扁组由罗氏家族先落户于此，与世隔绝，随后李氏迁入，逐渐发展壮大。村寨依山傍水、风景秀丽、民风淳朴，村寨内传统建筑群保存较为完整。

2019年岔水村河扁组列入第五批传统村落名录。

村落特色

岔水村河扁组是典型的山地聚落，从村落选址和山水环境分析来看，反映了一幅山、水、林、田、寨组成的山地聚落文化景观，独特的风水格局显示着先辈们顺应自然和利用自然的智慧。

整个村落依地形地势自然兴建，风景优美，山清水秀，气候宜人，历史文化源远流长，村落文化底蕴深厚，民俗风情魅力无穷。其聚落与周围自然环境保存完整，自然环境完整性较好，生态环境质量及人工建筑物的和谐程度较高。房屋集中连片，绿树成荫。有雄伟陡峭的悬崖，水库峡谷的清溪长流。

村寨始建清朝时期，历史悠久，文化底蕴丰厚；村寨依山傍水、风景秀丽、民风淳朴，村寨内传统建筑群保存较为完整。

传统建筑

岔水村河扁组民居建筑群体保存完好。建筑形态与山体形态一致，保持了建筑与自然环境的有机融合，建筑群体轮廓的走势充分体现了与自然山体坡度形态的一致性。

大部分建筑为干阑式木结构传统建筑，建筑年限较长，建筑以"一字"屋为主，分布有三合院和四合院等建筑类型。

传统建筑的结构形式以木结构穿斗式为主。建筑层数多为两层，一层为主要的居住活动空间，二层为储藏空间。建筑材料主要包括木材、石材、夯土、小青瓦等。屋顶为硬山顶，檐口装饰较为简单。清朝民居石木雕刻精细，每个石柱子、石雕、石刻、房檐、窗花等都匠心独具。

传统建筑

传统建筑

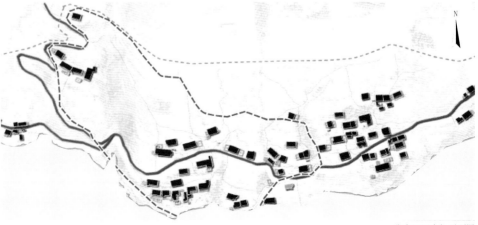

岔水河河扁组平面图

民族文化

唢呐：花秋唢呐相传始于清朝年间，一直以来，农民在没有曲谱的情况下以独特的传承方式即"口传心授"流传至今。在漫长的历史进程中，土生土长的山里老百姓通过自己的智慧把原生态唢呐文化代代相传，并逐渐形成独特的地方文化。

唢呐历史悠久，已有上百年历史，唢呐传承人追溯到能记清的年代数为十一代。目前已抽调音乐专业人才和音乐爱好者下乡收集原生态唢呐曲调并编本成册，已收集唢呐曲调40余首，现有街道唢呐队、校园唢呐队、民间唢呐队等多支唢呐团队。花秋唢呐，作品众多，其中《小姑过河》作品参加桐梓县第一届金秋艺术节比赛获"金杯奖"荣誉。

干粑：主要用面粉、豆粉为原材料制作。在制作中火候把握尤为关键，需文火将黄豆烘炒焦香半小时以上，等其香气四溢时磨粉待用，烘烤干粑时要让锅面受热均匀，文火慢炕，做出来干粑能外酥里香，绵软爽口。

酿酒：主要原材料多以淀粉物质为原料，如高粱、玉米、大麦、小麦、大米、豌豆等，传统酿酒主要工艺流程：原料—浸泡—初蒸—焖粮—复蒸—出甑摊凉—加曲—装箱培菌—配糟—装桶发酵—蒸馏—成品酒。村寨酿酒制作工艺传承较好，村民自己酿酒进行售卖。

棉花制作：村寨村民利用采花机进行棉花制作，棉花制作工艺主要流程：开松除杂（清花）—梳棉（普梳、精梳）—并条—粗纱—细纱—络筒—整经—浆纱—穿筘—织布—后加工。

人文史迹

村域及村落内分布有古树名木2棵、古红军路（古盐道）1处、古祠堂1处、古河道1处，历史遗存保存丰富。

古树：村内分布有古树名木2棵，分别是古银杏、柚子树，树龄都在百年以上。

红军路：村内尚存一段红军路，当年红军长征时人工用铁钎、铁锤凿石，用炸药从悬崖峭壁上炸开一条人行路。

古祠堂：村落内有一处清中期约200多年的建筑名为陈氏宗祠，相传为陈姓祖辈迁居至此时修建。

古河道：村落内存在一条古河道，为桐梓河，桐梓河在河扁村寨段现今称为圆满贯水库。

保护价值

岔水村河扁组作为一个传统村落，保存了相对完整的、真实的历史遗存，同时附带了大量的历史文化信息，完整地体现了当地传统民风民俗，在一定程度上反映了自清代以来黔北地区的生活方式和文化特色。

唢呐

古树

古祠堂

河扁文化遗产丰厚。有百年古树、革命精神古长征路、百年祠堂、民间传统乐器唢呐、干粑制作工艺、传统酿酒工艺等。独特的民情习俗，花灯、唢呐调在地方广泛流传，结合党的心声传播千家万户，构建了美丽村庄的纯朴民情。

河扁是一个汉族迁徙村落，传统乐器的演奏、干粑的制作等传统文化发展和传承较好，这一现象对研究聚落文化传承、族群发展有一定的社会价值。

河扁建筑风格独特，清朝民居石木雕刻精细，优美的雕花把传统的雕刻手艺展现得淋漓尽致。

河扁村寨发展至今，村落保留完整，形态优美，证明其选址、建筑形式、街巷空间和文化遗产颇具科学性，为将来更科学地选择居住地址、抵抗自然灾害的建筑形式风格等，提供科学参考依据。

何成诚　潘秋梅　编

古河道

遵义市仁怀市三合镇两岔村

两岔村全貌

两岔村区位图

总体概况

两岔村位于三合镇政府所在地的西南部，由两个自然村组成。村域面积7.5平方公里，距三合镇集镇约4公里。东面和南面与茅台镇毗邻，西面与红旗村交界，北面与新农村接壤。

村落以汉族为主，辖8个村民组，674户，总人口3140人，传统村落核心区域为中心组。元代以来有村落聚集，清康熙八年（1669年）雷炼经江西过川南入播州至沙坎雷沙坪，见此依山傍水，风光旖旎，草木丰茂，入山可采，临河可渔，适宜隐居，于是定居于此，两岔村由此逐渐兴起。

2019年两岔村列入第五批中国传统村落名录。

村落特色

两岔村山林环绕，呈两山夹一谷的形态，村落周围茂密的植被、秀美的农田以及珍贵的动植物共同组成了两岔村赖以生存的空间，为两岔村落选址营造了良好的自然环境。

该村落建设主要集中于山脚之间和山顶平阔的地带。古村保护完好，依山靠水，独具特色，黔北民居古村落原生态氛围浓厚。

传统建筑

两岔村落内的古建筑和传统建筑多为传统民居，民居建筑风格上以黔北传统的小青瓦屋面、穿斗式木瓦结构的黔北传统民居为主，古风浓郁，青瓦木楼古色古香，显示出超拔、典雅和流畅的形体风格，实现了技术与审美的有效结合。村里建筑的松木梁、雕花窗、青石板院坝等是两岔村古民居之最好体现。还有随处可见的土坯房、木板房，户户必备的石米碾

子、石磨子、石碓窝、石猪槽等石器，这些都有上百年的历史，充分展示了当地居民的智慧。

民族文化

酿酒：三合地区的民间酿酒，大致可分为两种，一种是烧酒，一种是米糟酒。烧酒即是50度左右的白酒，这种酒以前只有极少的人会酿造，它的具体工艺是在山上采一种野草制成曲药，将杂粮或小麦、苞谷（有些将几种粮食混合，有些单一）的原籽粮稍煮后蒸熟，拌上曲药装入土坛子里，将坛口密封发酵，时间至少要在一个月左右，然后起出，用蒸馏的方法进行取酒。三合地方把这种酒称为小作酒，这种酒是地道的绿色食品，酒体醇正，味道甘甜，喝了不上头。以前，每逢过年有很多人家都要请人在家中酿造，以便招待宾客。这种酒，现在人们还在酿造，但户数不多，每一村只有一两户。但现在的发

传统建筑

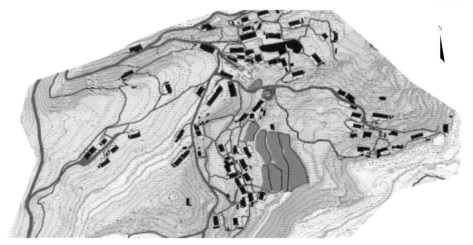

传统建筑

两岔村平面图

酵曲药却不是以前上山采集草药自制，而是用人工制造的发酵曲药，发酵的时间较短，大概只有十多天，烤取时未用蒸馏的方法，而用的叫冷却器制取，酒质和以前相比略有逊色。

传统服饰：清代以来，汉族服装男女老少分别不同，未婚姑娘头包白布帕子，头发梳扎成独辫垂于头后或盘于头顶。清朝女子裹小脚，白布缝袜子，鞋子是"尖尖鞋"，穿时费劲，要用竹片（鞋片）帮助挤压脚跟，用后部插于裹脚处，以方便使用。辛亥革命后，全国妇女改头放脚，服饰也随之有所改变。

雕刻：雕刻在当地比较盛行，分木雕和石雕两类。现存比较古老的房屋、门窗、庙宇、神龛、家具及摊戏面具、古墓葬的石碑、石围、花轿、石桥、牌坊等都有不少木雕和石雕的精湛图案。

人文史迹

雷家大院：雷家大院位于两岔村中心组，是雷氏家族起源地，建于1810年，一层，坡屋顶，木质建构，有房屋15间，期间有两次翻修，至今仍保留有清代时间建筑风格，用于祭拜祖先的香火牌位仍保留完好，至今仍有雷氏子孙居住。

古树：黄桷树又名黄葛树、大叶榕、黄桷榕，为桑科黄桷树，属高大落叶乔木。其茎干粗壮，树形奇特，悬根露爪，蜿蜒交错，古态盎然，枝杈密集，大枝横伸，小枝斜出虬曲。

保护价值

两岔村村落内有较为集中连片的传统民居建筑，大多为民国时期修建，均为典型的土坯、木结构房屋。有保存较为完整的雷家大院等传统建筑，珍藏有400多年前雷氏家族领照落业（按当时规定办理落户及开业）的票照，能够集中反映村落地域特色，是仁怀市为数不多的集中连片传统村落。

两岔村历史悠久，现今保留了大量传统历史民居和文化遗址。这里有悠久的历史文化，见证了雷氏家族的发展。村里有松木梁、雕花窗、青石板院坝等，是两岔村古民居之最。还有随处可见的土坯房、木板房，户户必备的石米碾子、石磨子、石碓窝、石猪槽等石器，都有上百年的历史，充分展示了当地居民智慧。

古村落是人类历史发展的活化石，每个村落的形成都集聚了丰富的人类智慧，蕴藏了各个时期的历史、地理、人文信息，承载了历史变迁，是现代人的根和乡愁。文化景观是村庄表面现象的复合体，可以反映该村庄在该地区的地理特征，以及在村庄整个发展历程中所形成的特有的地域文化。同时也能作为人类乡村活动的历史记录以及文化传承的载体。

两岔村村落历史、文化的保护，是对当地人民世代生活的环境的传承，黔北历史文化村落，保持着特有、独特、真实、原始的品质，黔北人的生活方式在此世代相袭。

何成诚　潘秋梅　编

雷家大院

传统服饰

酿酒

古石墙

古树

雕刻

遵义市凤冈县进化镇沙坝村

沙坝村全貌

沙坝村区位图

总体概况

沙坝村位于遵义市凤冈县进化镇，处于镇区东北部，距离镇政府15公里，距离凤冈县县城38公里。东接蜂岩镇，北与永和镇相连，西接红安村，南连大堰村。

沙坝村以陈姓氏为主，户籍人口为4382人，常住人口为2895人，民族以汉族为主。村寨坐落在半山腰上，森林覆盖率达63.7%，水资源丰富，是野生娃娃鱼的天然栖息地。主要产业有烤烟、太子参、金银花、魔芋等。

沙坝村形成于明洪武年间，当时有一陈姓家族从江西迁入贵州，先后到达务川、德江等地，最后进入凤冈，插草为界，选址于陈家古寨这片有大量古银杏树、林间溪水潺潺、适合人居住的地方。此后定居至今达680多年。

2019年沙坝村陈家古寨列入第五批传统村落名录。

村落特色

村寨选址于山林和梯田间，形成"林在田中，村在林中，林在村中，树在家中，人在画中"的景象。一幢幢"黔北民居"建筑掩映在树林间，在冬日艳阳的照耀下，青瓦、红柱、白墙，飞檐翘角与古树相互映衬，充满着自然和谐的气息，整个村庄显得古朴深幽。

村落空间布局方面，建筑房屋依山而建，并没有刻意规划控制，因而村内道路交错复杂，形成蜿蜒曲折的寨道。民居建设中间较为集中，周边零星分布。建筑建设以基本不破坏自然环境为前提，所采用的处理手法非常丰富，比如筑台、放坡、吊脚、切角、吊柱、悬挑的构架方式等手段，形成了独具特色的传统民居。

传统建筑

沙坝村为汉族和土家族聚居村寨。该村全为穿斗式歇山顶木构民居，木结构房屋占50%。主要特点是小青瓦、坡面屋、穿斗枋、转角楼、雕花窗构筑而成，非常符合黔北农民的住房审美取向，又具有美感和很强的农村实用功能。

传统建筑多为一层建筑，部分为两层，个别为三层。建筑依山而建，起伏不同，形成立体空间，建筑传承中国历史上南方住房的形式，南北墙均有窗子，房顶坡度大，廊檐较宽。建筑由小青瓦、坡屋面、穿斗枋、转角楼、雕花窗、白粉墙构筑而成。小青瓦盖顶，正房多为四榀三间五柱木结构瓦房，少数为六榀五间五柱木结构瓦房。厢房为四榀三间或三榀二间三柱木结构瓦房。

这种外表传统、功能现代的美观舒适民宅，气派大方。符合黔北农民的住房审美取向，又具有现代美感和很强的农村实用功能。

传统建筑

传统建筑

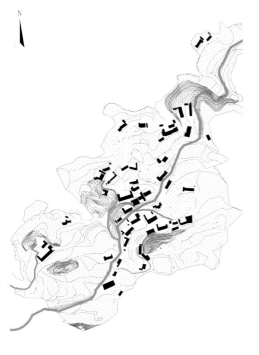

沙坝村平面图

民族文化

舞狮：舞狮是沙坝村优秀的民间艺术，每逢佳节或集会庆典都有舞狮活动。狮子是由彩布条制作而成，每头狮子有两个人合作表演，一人舞头，一人舞尾。表演者在锣鼓音乐下，装扮成狮子的样子，做出狮子的各种形态动作。在表演过程中，舞狮者要以各种招式来表现南派武功，非常富有阳刚之气。

舞龙灯：舞龙的龙，通常都安置在当地的龙王庙中，舞龙之日，以旌旗、锣鼓、号角为前导，将龙身从庙中请出来，接上龙头龙尾，举行点睛仪式。龙身用竹扎成圆龙状，节节相连，外面覆罩画有龙鳞的巨幅红布，每隔五六尺有一人掌竿，首尾相距约莫有十来丈长。龙前由一人持竿领前，竿顶竖一巨球，作为引导。舞时，巨球前后左右四周摇摆，龙首作抢球状，引起龙身游走飞动。

花灯：花灯的产生和演变过程同当地人的迁入历史同步，由于地域差异和风俗习惯的不同，以茶灯为主脉的唱跳乐，在传承过程中，逐渐吸收了当地民歌、时令小调等各种音乐元素，从而形成了风格各异的流派。春节期间，新农村建设创建点的村民们，自己编写歌词，用传统的花灯调和吹打乐编排唱出了他们的心声。据了解，这支花灯队在春节期间，走村串寨深入300余户人家闹新春，丰富了山村文化生活。

剪纸：剪纸是沙坝村历史悠久、流传很广的一种民间艺术形式。剪纸，顾名思义就是用剪刀将纸剪成各种各样的图案，如窗花、门笺、墙花、顶棚花、灯花等。主要是由村里爱好剪纸的村民在逢年过节抑或新婚喜庆时剪出精美的剪纸贴在家门上或玻璃上渲染出浓郁的喜庆气氛。

人文史迹

观音庙：位于村落东北部，修建于清朝年间，虽然已经成为遗址，但是至今仍然有人供奉。

古树：一共有12棵，主要为红豆杉、板栗、银杏、香楠、桂花、猴栗，且长势良好。

古石磨：为清代时的器物，保存至今，依然可以使用。

古对窝：为传统农村器具，主要用于捣碎谷物，保存良好，依然可以使用。

古秤：保存良好，是传统计量重量的工具，长36厘米，秤杆由鱼骨制成，托盘和秤砣为铜质材料，用一木盒子装放。以前主要是用于称取药品。

古砚台：用于研墨，外壳为铜质材料，上刻有图案。

舞狮

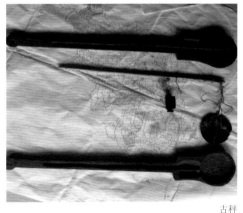
古秤

古磨盘

保护价值

沙坝村距今已有600多年历史，历经时代变迁，村落依旧保持原有的风貌，有着独特的历史风貌和自然格局，劳动人民对于村落的建设选址、建造格局有着自己独到的见解。

作为以汉族为主的村寨，村落的饮食、建筑、生产工具上具有独特的民族特色和地方特性，其艺术、风俗和传统等精神文化也极具特色。它们承载民族独特的风俗和区域典型的文化，不同时期的遗存能够充分反映民族文化的发展历程，反映了民族历史发展的水平。该村落物质文化、非物质文化资源丰富、历史悠久、独具特色，文化内涵丰富，是民族文化和区域文化的杰出代表。

传统民居体现了当地民间传统的建筑艺术水准，其非物质文化如舞龙灯、舞狮、花灯等极具参与氛围和观赏价值，剪纸花纹图案经历几百年的演变，代表不同时期这个民族特有的文化。

何成诚 潘秋梅 编

剪纸

古对窝

遵义市务川仡佬族苗族自治县黄都镇沈家坝村

沈家坝村全貌

沈家坝村区位图

总体概况

　　沈家坝村坐落在黄都镇城西南面，距离县城60公里，离镇政府所在地14公里。东与云丰村、黄都村毗邻，南与凤冈县相邻，西与高洞村接壤，北与大竹交界，东至文启阁东侧民居建筑，西至陈氏宗祠，南至迴龙寺，北至54号民居建筑。沈家坝属中亚热带湿润性季风气候，冬无严寒，夏无酷夏，气候温和，雨量充沛，水热同季，四季分明。沈家坝村共53户，240人，主要民族为仡佬族。沈家坝原名天池，为当地陈姓所建，始建时间不晚于明嘉靖、万历年间。历咸同之乱后，清道光、光绪年间至民国年间屡有扩建。

　　2016年沈家坝村列入第四批中国传统村落名录。

村落特色

　　沈家坝村地处黄都镇大山深处一条幽远狭长的山谷之中。村落紧靠一片带状的阡陌稻田，百禾小河自西蜿蜒而来，纸厂河沟从东顺山而下，二河宛如玉带绕于寨前，汇二为一。沈家坝民居建筑主要分布在山上，清代老屋聚集于此，其建筑布局以合院式布局形式为主。

传统建筑

　　沈家坝选址考究、布局精巧、风格独特、雕刻精美，是黔北仡佬族聚居古村落的典型代表。建筑依山就势而建，沿等高线逐级提升，多呈合院式布局。寨内建筑为传统木构建筑，现存清代公共建筑有文启阁、陈家祠堂等，现存清代民居建筑有"官家厅"民居、"耕读人家"民居等。其中，文启阁、迴龙寺、陈家祠堂、"官家厅"民居、"耕读人家"民居、古井等建筑，2015年被列为遵义市第

二批市级文物保护单位。

　　其他传统民居建筑的格局多为一正两厢或一正一厢平面布局形式，正房四列三间，厢房为一层或二层吊脚楼。

　　正房为两层木建筑，明间外设退堂，大门上多悬挂匾额，题写吉文颂语，中间堂屋是会客、祭祖等的重要公共空间，两侧次间为日常起居空间，正房建筑结构为穿斗式木结构，墙体主要为木板墙，屋顶为悬山式青瓦双坡顶，正脊正中脊花，窗户为镂空雕花窗、木格窗及木窗。

　　厢房为一层或二层吊脚楼，楼上楼下三面设走廊，楼上住人，楼下喂养牲畜，厢房建筑结构为穿斗式木结构，墙体主要为木板墙，屋顶为悬山式青瓦双坡顶，窗户为镂空雕花窗、木格窗及木窗。

传统民居

传统民居

沈家坝村平面图

民族文化

民居建筑木雕艺术技艺：民居建筑木雕艺术技艺是务川仡佬族突出的文化遗产，各乡镇具有不同的特点，沈家坝民居建筑木雕艺术技艺最为突出的作品便是以"官家厅"民居建筑和"耕读人家"民居建筑为代表的建筑细部雕刻，其建筑的门、窗、挂落、枋头、挑、横梁、梁架或精雕细琢或施以彩绘。雕刻手法多样，富于变化，有深浮雕、浅浮雕、透雕等，笔法细润、图案栩栩如生，图案内容主要有戏文人物、花草、动物、云纹等。民居建筑木雕艺术技艺于2014年7月被评为第三批市级非物质文化遗产。

传统小吃制作技艺：务川仡佬族擅长做各种小吃，至今仍然保留传承的有油茶、麻饼、酥食等小吃的制作技艺。饮油茶，是黔北土家族、仡佬族传统的饮食习俗。麻饼是仡佬族待客的佳品，口口留香、营养丰富、风味独特。酥食是务川仡佬族独特小吃，制作技艺精湛、外观精美，是务川人理想的送人礼品，更是老百姓充饥解馋的美食。

人文史迹

寨内传统民居均为木结构建筑，现存公共建筑有迴龙寺、陈氏宗祠、古井等。

古井：村落内有古井1口，曾经担任着沈家坝人重要的饮水水源。古井位于村落内传统建筑集中区西侧的一处高坎之下，位于车行道一旁。古井由石块砌筑而成，且保持其原有的历史风貌，井水清澈、水流源源不断从井内流出。现状保存较好，至今仍在使用。2015年被评为市级文物保护单位

陈氏宗祠：陈氏宗祠位于村落西侧约350米处，是陈氏家族祭拜祖先的地方，也是重要的议事场所。陈氏宗祠是一个合院式高封火山墙建筑。原有牌楼式大门、戏楼、两厢、正堂等单体建筑，现在都被毁坏了，只有那面封火山墙较好地保持着原有风貌。封火山墙为青石墙基，马头墙，彩绘花草。四柱三门牌楼式大门现存券形石门、砖砌圆柱、天官砖雕像。被磨蚀得光滑的石梯，静静地沉淀出一种沧桑的质感，记录着历代陈氏族人在这里活动的痕迹。2015年陈氏宗祠被评为市级文物保护单位。

迴龙寺位于村落正南面，与文启阁隔河相望。迴龙寺是一个四合院落。现存正殿、倒座及东西两厢。正殿面阔五间，为一层穿斗式木结构建筑，墙体主要为木板墙，屋顶为悬山式青瓦双坡顶，正脊正中脊花，窗户为木格窗；倒座面阔五间，为一层穿斗式木结构建筑，墙体主要为木板墙，屋顶原为悬山式青瓦双坡顶，上设四重檐攒尖顶。

陈氏祠堂

迴龙寺

文启阁

窗雕

保护价值

沈家坝古建筑群整体建筑布局合理有序、村寨自然环境优美、聚落空间格局保持完整，是研究中国古代村落选址与建筑布局的重要实物，是中国仡佬族聚居地区典型的、为数不多的仡佬族古村落。沈家坝地区民族民间文化多姿多彩，保留有仡佬族传统婚嫁习俗、祭树等非物质文化遗产，村民作为这些文化遗产的主要传承者，世代相传。综上所述，沈家坝村具有较高的历史价值及文化价值。

何成诚 罗永洋 编

传统民居

村落一角

遵义市道真县阳溪镇阳溪村

阳溪村全貌

总体概况

阳溪村位于道真县阳溪镇南部，村委会位于X340县道旁，与阳溪镇人民政府毗邻，距离道真县城区约39公里，村落于1866年建置，明末清初移民迁居形成。核心区为阳溪古村落，户籍人口共计5065人，常住人口4852人，主要民族为仡佬族、苗族。

2016年阳溪村列入第四批中国传统村落名录。

村落特色

阳溪村历史悠久，古朴典雅，风光秀丽，是一处以宗族血缘关系为纽带，勾姓聚族而居的古村落。村落与田土、森林错落相间，互为衬托，交相辉映，浑然一体；且冬暖夏凉，四季分明，山清水秀，环境优美。村庄地貌为喀斯特地貌，房屋大多依山就势而建，主要聚集区呈现靠山临水分布，且建筑多为坐南朝北。

古建文化、民俗习惯、地域文化特色得以延续，古村落景观的感受、体验非常丰富，传统建筑与山水自然环境水乳交融。

传统建筑

阳溪古村落，是明代就形成的一个自然村落，与大沙河自然保护区相邻，依山傍水而建，植被覆盖率高，村寨传统风貌基本保存完好，依山顺势而建。建筑形态与山体一致，较好地满足了山体形态的原生态，保持了建筑与自然环境的有机融合，建筑群体轮廓的走势充分体现了与自然山体坡度形态的一致性。主要传统建造工艺为穿斗式木质结构，小青瓦屋顶。建筑材料以石材、木料为主要原料。

阳溪古村落现存两处清代传统建筑，一处为四合院民居，一处为祠堂。四合院建造距今约有150年的历史，建筑风格特别，既有西南传统的干阑式结构，又兼具北方四合院围合形式。

传统建筑中正房多为四榀三间七柱，厢房一般为三榀两间五柱。形制为穿斗式歇山顶木构建筑，小青瓦盖顶，多数只有一栋正房，少数为一正一厢或一正两厢。大门以内的空间为接待客人之地。右次间作年轻人的卧室，左次间中部是石砌火坑。坑中有铁三脚架，火坑左方的房屋中柱柱础上是仡佬族的神龛，许多祭祀活动在神龛及铁三角旁举行。

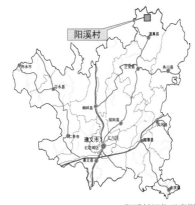

阳溪村区位示意图

传统建筑

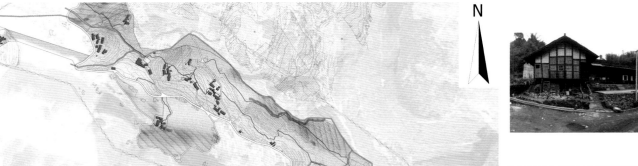

阳溪古村落平面图

传统建筑

勾氏祠堂

民族文化

阳溪村有着丰富的仡佬族文化底蕴，至今仍然可见很多体现仡佬族特色文化的民间工艺和民间艺术在这里继承和传播，其中有傩戏、高台舞狮、打篾鸡蛋、哭嫁歌、三幺台等传统工艺。

傩：傩是发端于远古，以巫文化为内核，以宗教性、仪式性、艺术性、民俗性、人本性等为特征的民族民间文化。

高台舞狮：仡佬族传统体育项目之一。因借助普通农家饭桌搭建高台，并于其上舞"狮"而得名。

打篾鸡蛋：南宋朱辅《溪蛮丛笑》载有古犵狫（今仡佬）人打"飞駝"习俗，与打篾鸡蛋颇为相似。

刺绣：仡佬族姑娘从小学刺绣，在鞋面、围腰、腰带、袜带及衣、裤的花边，以及帘、帷、枕头、裙、荷包、手帕、褡裢、背扇等处，都绣上各种花样，点缀装饰，体现仡佬族文化的审美意识。

祭祀：每逢年过节祭祀祖先，有除夕祭祀、新年祭祀、社日祭祀、清明祭祀、四月八祭祀、端午祭祀、六月朝山和七月半祭祀等，其中以除夕祭祀和新年祭祀最为浓重。

竹编：多为村民生活耕作用品，如斗笠、背篓或箩筐；木雕多为窗花、腰门、古家具等，雕刻细致精美。

人文史迹

犀牛神石：位于下村凌霄河畔，此石头为山洪从山上冲下来落入河床，形态酷似半卧的犀牛。传说此石每到日落时分会自主滚动，危害庄稼，自从村民撬掉了石头上酷似鼻子的凸角后，石头便安稳在路边，在没有移动过。

百年香桂：位于凌霄河畔，枝繁叶茂，树干需要两个人合抱，据树下古墓碑文可推测树龄约300年。树叶狭长，呈椭圆状，叶片有清香甜味，秋季来临满树的黄花，近一里范围内均可闻见香味，此类树种在阳溪村仅有一株。

保护价值

阳溪村拥有丰富而珍贵的物质文化遗产，如有古建筑、勾家祠堂、古井、古树、名木、古石阶、古桥、古墓群等，有着独特的历史风貌、悠久的文化，具有极高的历史价值。

该村落拥有丰富的物质文化和非物质文化。村落的饮食、衣着、建筑、生产工具上具有独特的民族特色和地方特性。

阳溪村是以仡佬族、苗族为主的多民族聚居村落，其生产生活的方方面面都是各民族融合智慧的结晶，具有极高的科学价值。

罗永洋 潘秋梅 何成诚 编

打篾鸡蛋

高台舞狮

仡佬族刺绣

仡佬族祭祀

犀牛神石

百年香桂

遵义市湄潭县石莲镇沿江村细沙组

沿江村细沙组全貌

沿江村细沙组区位图

总体概况

沿江村细沙组地处湄潭县、瓮安县、余庆县三县交界处，距石莲镇8公里。北临旧寨村，南临卜家湾村，西临张家槽村，东临大岭村，距石莲镇区8公里。

村落占地面积约100亩，拥有房屋建筑64栋，人口385人，以汉族为主。

村落形成于明末清初，村民祖籍江西，因明末避战乱村落内王氏起籍于江西临江府，辗转重庆、遵义（播州），于清乾隆年间定居于此，由于细沙地处沿江渡渡口和盐茶古道旁，交通便利，土地肥沃，适宜居住，繁衍至今已有12代。

2019年沿江村细沙组列入第五批中国传统村落名录。

村落特色

村落地处低山丘陵地带，位于大山的斜坡之上，山腰为开阔坝地，乌江从其南面500米处流过，村落内无地表河流，水源匮乏，整个村落依地形地势自然而建，上下两个村寨居于山腰，山腰斜坡和坝地皆开垦为农田，周边群山植被茂密，分布有野鸡、野兔、鸟类等野生动物。

村落入口共有三处，建筑主要靠山面水而建，成台地逐步向下修建，为农房留出鸟瞰乌江的主要景观面，以村落背靠群山山脊为天际线，形成良好的景观视线。

传统建筑

村庄内分为上、中、下三寨和石板坳四个小组团，其中上、中、下寨内各户相互毗邻，又独立成户，石板坳与三寨距离较远。建筑以三合院或四合院形式为主。明间(堂屋)为双扇对开门，明间或次间窗

户木雕图案精美，图案多为传统的"三吊格"和"万字格"。

村落建筑有五分之四为木质结构，其余为砖混结构。传统建筑集中连片分布，大部分保存较好，小部分有不同程度的损坏和改变。主要传统建造工艺为穿斗式木质结构，小青瓦坡屋顶，正房一般为四列三间。有两栋清代建筑，保存有部分雕花窗和堂屋大门和神龛墙壁彩绘装饰，其中一栋有木质结构朝门，残存毛石砌成的寨墙。

传统建筑

民族文化

榨油：在细沙，传承有古法榨油技艺，村内原有一座榨油坊，榨油的六艺之道需要付出相当多的时间和精力，从选料开始就要严格把关，榨油工序更是十分繁复，首先要将精选油菜籽倒入大锅中烘炒，待其自然冷却后便反复碾压，踩压为粉饼。最后便是最为关键的木榨，五、六位师傅叫着口号，在屋内有节奏地来回奔

传统建筑

传统建筑

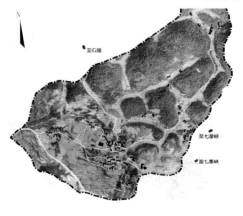

细沙组平面图

走,推动撞锤榨油,为图吉利,榨油撞锤必须对准油坊对面的悬崖。

节庆:每年正月,村落内各家都要全员出动,参加长桌宴,各家带来食材,共同完成宴席菜点,此习俗已延续上百年,至今如此,体现了和睦的邻里关系。

每年农历六月十九,观音菩萨诞辰,细沙人有祭祀观音菩萨的习俗,众人会前往观音庙拜祭菩萨,烧香祈福。细沙人在春节期间有耍狮子灯的习俗,一队狮子灯分别有锣鼓、舞狮、巴三、大头和尚这些人参与。巴三具有倒立、翻筋斗等的武术功底。

婚嫁:在细沙,结婚要结两天,第一天是杂酒,第二天是正酒(农村方言)。第一天就是男女双方的亲戚朋友在各自一方吃晚饭,吃完晚饭后就聊聊家常,相互聚一下,女方亲戚第一天将送给女方的礼物送去。第二天一早男方的亲戚朋友就抬着彩礼来女方,这也叫娶亲。彩礼就看各家的经济条件,到吉时后女方就被男方娶走了,女方的亲戚朋友也就跟着新娘随亲到男方去(送亲客),新娘娶到家后男女双方的亲戚朋友就在一起吃晚饭,吃完晚饭后女方的亲戚就回家,男方的亲戚就在晚上闹新房。

人文史迹

寨墙:寨墙是由不规则的石墩打磨后砌筑而成,始建于清康熙年间,至今依然保存完好。

传统街巷:是村落依山就势山乡风貌的具体体现。村落内的石板串户路(含石阶路)有5条,长约150米,至今仍作为村民的生产、生活通道发挥着它的功能。

古井:村落有古井1口,长宽均约1米,深约1米。石砌梯步深入井内,井水幽凉清甜,是村落居民传统的饮用水源。

溶洞:村内共有一处溶洞,位于上寨至石板坳中段,溶洞规模较小,现用于辣椒的储存。

古营盘:供村内村民躲避匪患和彰显家族强盛,共1座,营盘建于清咸丰年间。营盘用石头在山顶上修筑营寨,设关卡,若有土匪来犯,全寨老幼进入营寨躲避、防御。

保护价值

沿江村细沙组,虽然只是盐茶古道和古渡口旁的一个小山村,但在湄潭商贸发展史上具有重要的历史地位和研究价值,同时它是当地百姓与红军军民融合的历史见证。

地方民俗风俗节庆、传统民间工艺众多,为我们传达了珍贵的历史文化信息,细沙组现存的民居建筑,为我们研究传统民居建筑的发展历史,包括建筑形式布局、功能、气候和结构,与经济、文化的交流融合之间的关系等各方面都提供了丰富的实体资料,阡陌梯田作为古人勤劳耕耘、珍惜宝贵土地的精神载体保留至今。

沿江村细沙组被称为古渡口旁的红色山村,宁静的村落与独特的景观,脚踏三县的细沙为湄潭增添了历史文化的气息,是它最重要的社会价值体现。细沙组依山傍路,基本上保持和延续了村落寨路网的平面格局和空间形态。外部景观和内部空间层次丰富,与七星峡和乌江的自然环境和谐相依,浑然一体,充分体现了王氏先祖的建设智慧和天人合一的生态意识。

何成诚 潘秋梅 编

舞狮

寨墙

古营盘

榨油

遵义市桐梓县高桥镇周市村金鸡水古寨

周市村金鸡水古寨全貌

周市村金鸡水古寨区位图

总体概况

金鸡水古寨位于桐梓县西南部，距县城10公里，距镇政府驻地7.7公里，是清代中期就形成的一个自然村落，建成于清乾隆年间（约1760年），据今250余年。户籍人口共计约537人，常住人口405人，人口主要姓氏为王姓，以汉族为主。

2016年金鸡水古寨列入第四批中国传统村落名录。

村落特色

金鸡水古寨隶属于高桥镇周市村，位于高桥镇驻地东北面。寨子依山傍水，寨子背后就是大顶水库，风景优美，山清水秀，气候宜人，历史文化源远流长，村落处于隆起的山坡之上，呈"金鸡独立"之势，易于防匪防兽，寨后树林茂密，后菁河绕村而过，体现了古人高超的选址智慧，自然山水格局保存完好。

传统建筑

金鸡水古寨始建清朝时期，历史悠久，文化底蕴丰厚，古寨内传统建筑群保存较为完整。传统建筑分布连片，房屋集中，部分建筑因年久失修、损毁，保存完整的约占90%，是黔北民居和黔北文化的缩影。

金鸡水古寨现存五处清代传统建筑，一处为民居，两处为庙宇，一处为书院。清朝民居石木雕刻精细，古庙、神钟、暮鼓历史悠久，书院格调奇异，镌刻金龙戏珠等诸多风采形态，富有动人的古老风韵。

主要传统建造工艺为穿斗式木质结构，小青瓦坡屋顶。建筑材料以石材、木料为主要原料，每个建筑匠心独具，石柱子、石雕、石刻、房檐、窗花等雕工精细，栩栩如生，让人们领阅到古人的淳朴与智慧。踏上青石板，走上青石路，感受着这片肥沃的土地，绿树环绕，听鸟语，闻花香，进入寨中，犹如世外桃源，似乎穿越到了古代。

传统建筑

古盐道

民族文化

文昌戏起源于四川，传入金鸡水已有200余年的历史，以活态方式传承，该戏的第八代传人王光祥老先生，现年82岁，弟子250余人，创作的剧本在全县巡回表演，深受老百姓的喜爱，20世纪80年代就被列为桐梓县非物质文化遗产。

文昌戏具有历史民情风韵，著名的戏曲剧本有"南山割麦""断唧教子"等，其中剧本"南山割麦"重点描述了妇守清规、相夫教子之德；剧本"断唧教子"重

金鸡水古寨平面图

传统建筑

点描述了桑乐儿之母秦雪梅，家境贫困，为了支持孩子学业，将家中的织布机变卖，教育孩子好好读书。总之，文昌戏传承了文昌菩萨从出世到青年求学、执着追求学业，后来被封为文昌菩萨的精神力量。

戏曲一般由7～13人组成，其中角色有文昌菩萨青年时期、天仙、地仙、水仙、文昌菩萨的四个儿子陈宣、陈灯、陈凯、陈甲等角色；乐器有牛角、唢呐、板鼓、梆子等，一般须由3人根据剧情的变化改变节奏，说唱、锣鼓等配合完成。

文昌戏旨在培养学生勤学向上、奋力拼搏的一种精神。金鸡水村落在清朝时期曾出武状元1名，文秀才1名，将军1名，县令1名。在当代，已有58名大学生从这个村寨里走出去，可谓精神的力量，人才辈出。

文昌戏剧本

人文史迹

村落人文景观丰富，民间戏剧传承至今，清代县长题书赠匾至今保存完好，文武人才辈出，代表性的人物有王焕章（武状元）、席成林（文秀才）等。有寺庙（清源庙、青龙观、东岳庙），庙内有古钟（至今200余年），民国6年大鼓，古钟曾被盗走，几经周折被当地村民追回，至今保存完好，也成镇庙之宝。

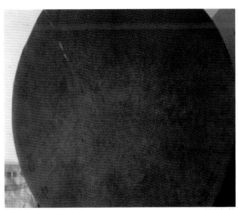

民国大鼓

古钟

光绪年匾

保护价值

现存传统建筑群及其建筑细部和周边环境原貌保存完好，传统建筑分布连片集中，风貌协调统一，且现在还有405人在古村落中居住，保持了传统村落的活态性。

古寨有七孔石和金鸡报晓传说、前辈王氏宗族焕章武举状元之教场"马罩子"场地，有记载宝刀的史册，有科举文秀才席成林父亲七十大寿时县令亲书金匾。传统耕读文化浓郁，千年古树、民间传承戏剧文昌戏、周市手工挂面传统技艺等丰厚遗产。这些文化对研究黔北地区的传统乡土聚落与自然生态共生的关系具有突出的意义。

金鸡水古寨是一个汉族迁徙村落，文昌戏、耕读文化等传统文化发展和传承较好，这一现象对研究聚落文化传承、族群发展有重要的社会价值。

金鸡水古寨作为一个传统村落，保存了相对完整的、真实的历史遗存，同时附带了大量的历史文化信息，完整地体现了当地传统民风民俗，在一定程度上反映了自清代以来黔北地区的生活方式和文化特色，有较高的历史价值。

董文倪 罗永洋 编

珍贵楠木

千年黄桷树

遵义市桐梓县狮溪镇狮溪村

狮溪村全貌

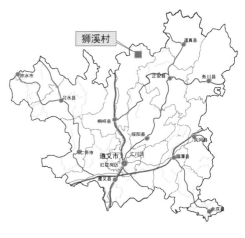

狮溪村区位示意图

总体概况

狮溪村位于桐梓县北部，形成于清代，距狮溪镇镇区仅1公里。村域面积约3.6平方公里，辖13个村民小组，共1306户，5661人。核心保护区13.9公顷。村民以汉族为主，姓氏有代、叶、杨、娄、雷等多个姓氏，其中代姓人口最多，至今已有二三百年。

2016年狮溪村列入第四批中国传统村落名录。

村落特色

狮溪村寨依山傍水、聚族而居，是受山地河流影响形成沿溪谷的组团式村寨。寨内巷道自然分布、纵横交错，呈现出一种自然状态的肌理，村外古树群及村落整体风貌保存完好。"靠山而居，山水辉映"是对狮溪传统村落自然格局的真实写照，其构成要素可概括为山、水、田、寨四要素。村寨中道路顺应等高线延伸，形成自然灵活的街巷脉络。

传统建筑

村寨传统风貌基本保存完好，依山顺势而建，鳞次栉比。建筑形态与山体形态一致，较好地满足了山体形态的原生态，保持了建筑与自然环境的有机融合，建筑群体轮廓的走势充分体现了与自然山体坡度形态的一致性。

主要传统建造工艺为穿斗式木质结构，小青瓦坡屋顶。建筑材料以石材、木料为主要原料。大多为四列三间的三合院，自然融合其间，村民依山而居，依水而栖，流水潺潺，良田沃土，生活恬静，好似家在江南，人居古代，实现了宋词人张潮在《幽梦影》里勾画的"艺花可以邀蝶，累石可以邀云，栽松可以邀风，贮水可以邀萍，筑台可以邀月，种蕉可以邀雨，植树可以邀蝉"的田园美景。其中，万明寺、金竹庙等宗教建筑更是彰显了当地人民的宗教信仰自由。

传统民居

圆形窗花

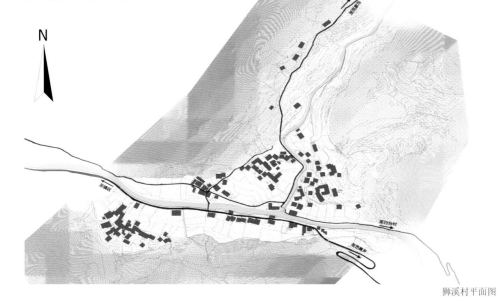

狮溪村平面图

老堂屋的香桌

民族文化

狮溪村是典型的黔北历史文化村落，黔北地区所有的风俗在此基本上都能看到，完整的款约社会形态，丰富多彩的黔北民俗民风，具有黔北特色的建筑形式得以完整保存及发展，具有很高的社会价值。狮溪村的非物质文化包括语言、故事及其传说、歌舞以及传统祭祀活动。

狮溪村手工干米皮：狮溪村手工干米皮相传已有上百年历史，一直以来，早已是本土饮食文化中的重要组成部分，具有食用方便、软糯鲜香、口感切性十足、生态健康等特点。狮溪村米皮制作工艺传统，原材料取本地冷水田种植出的纯天然麻谷米，经浸泡后由石磨碾压成米浆，将其均匀地平铺在筛中，放入较高温度锅中蒸约5分钟，起锅晾干再根据口感爱好，宽、窄不一的切成条皮状即可。

狮溪村油茶：又称"干劲汤""打腰台"，类似于藏族人的酥油茶，旧时长期的耕作生产中人们发现它有提神解乏功效，当地农户通常在下地劳作之前都会满满喝上一碗，以在劳作之时达到"干劲十足"的效果，口不干燥，不口渴，有利于干活。方便、快捷，在农村广为传承，一直延续至今。

舞龙灯：起源于汉代，最初是作为祭祀祖先、祈求甘雨的一种仪式，后来逐渐成为一种文娱活动。到了唐宋时代，舞龙已是逢年过节时常见的表现形式。扎龙舞耍，寓意风调雨顺，五谷丰登，作为黔北边锤世代殷实的狮溪人仍然延续着这个美好而吉祥的民间传统活动。

高腔大山歌：狮溪村高腔大山歌是流传在桐梓县狮溪、水坝塘、芭蕉、羊磴一带的古老而独特的原生态山歌，形成于广袤森林，因演唱强调"高腔"特色，富有"飙歌"风格而得名。在1000多年的历史演进过程中，狮溪村高腔大山歌融合了

达昌中学旧址

巴蜀文化、夜郎文化、中原文化，而形成独特的黔北山地文化，犹如静寂山野飘来的穿越历史的天籁之音。2007年，狮溪村高腔大山歌被列为贵州省第二批省级非物质文化遗产名录，2010年登上中央电视台《中华情》栏目，从此名扬海内外。

人文史迹

狮溪村对村落选址、格局有重要影响的历史环境要素共有3种，包括古桥2座、古树4棵、古河道2条。

狮溪村石阶古巷是有着百年历史的古街巷。村落古桥横跨古河道瓦房河，连接着狮溪村两个寨子，造型简洁而古朴。

村域内4株古树，古树围绕村落生长，是村落重要的环境要素，其中一棵紫荆树拥有上百年的历史，被当地村民看作是镇村古树。

成立于1943年的贵州第一所私立中学达昌中学校址（借用了当时的代家祠堂），也是川东地下党组织进行革命活动的重要基地（李光勋曾任校长），更是今日达昌文化的基石。培养和影响了一代代狮溪人，同时掩护和保护了多位中共南方局派遣的地下党员，包括江竹筠即江姐的入党介绍人戴北辰、李培根夫妇，为狮溪村积淀了丰富的历史文化和红色文化。

高腔大山歌

舞龙灯

保护价值

狮溪村基本保留了原有的村落布局，建筑风貌大部分保持了黔北民局的特色，青石板步道和阶梯穿梭于村落，处处展现着当地人的生产生活景象，村民传承了老辈的传统技艺，丰富的民风民俗文化与娟秀的山水相融合，是物质文化和非物质文化的重要遗存。

另外，狮溪村是典型的黔北历史文化村落，黔北地区所有的风俗在此基本上都能看到，完整的款约社会形态，丰富多彩的黔北民俗民风，具有黔北特色的建筑形式得以完整地保存及发展，具有很高的社会价值。

罗永洋 潘秋梅 何成诚 编

村落现状

遵义市习水县良村镇洋化村白土台组

白土台组全貌

白土台组区位图

总体概况

白土台组位于习水县良村镇南部，距良村镇政府18公里，距习水县城42公里。东抵良村镇茶元村，南接二里乡兴隆村，西靠永安镇润南村，北与良村镇吼滩村接壤。

白土台原属荒郊野岭，明末清朝，始祖张登佐搬迁移居于此，开荒垦地，搭棚栖身，繁衍生息，历经清朝、民国等历史时期，至今约400余年。

白土台村民组，总户数为85户，总人口为254人，以汉族人口为主，村域面积为19.2平方公里。

2019年洋化村白土台组列入第五批中国传统村落名录。

村落特色

村落驻地选择主要为适应农业生产的需要，贵州各族农民多在山间盆地及河谷地落寨，在水源先决的前提下，白土台组坐落于群山之中，梯田成环抱状，酷似靠背椅，错落有致的竹林，构成了村落原生态自然美景。山、田、水是村落选址中不可缺少的元素，民居多沿等高线布局，形成了高低错落、内聚有力的传统聚落空间。

白土台梯田如链似带，高低错落，四面群山环绕，山清水秀。周围植被保护较好，山上森林茂盛，郁郁葱葱。民居沿山脊而建，顺山势而行，鳞次栉比，注重与山体的灵巧结合。村落内巷道自然分布、纵横交错，呈现出一种自然状态的肌理，村外天然树群及村落整体风貌保存完好。

传统建筑

白土台的传统建筑主要包括"一"字形排屋和三合院两种类型，并以"一"字形排屋为主、三合院为辅。"一"字形排屋是白土台民居通常采用的建筑形制，但随着家族的发展和壮大，部分民居会以原本的"一"字形排屋为基本单元，在建筑的左右两侧扩建，形成了长条形的建筑平面。白土台建筑的结构形式多为典型的黔北民居，随着当地瓦厂的发展，青砖在建筑的山墙应用增多，出现了一些砖木结构的建筑。建筑层数多为两层，一层为主要的居住活动空间，二层多用作储藏空间。

白土台住宅建筑传承了中国历史上南方住宅建筑的特点，南北墙均有窗子，房顶坡度大，廊檐较宽。建筑由小青瓦、坡面屋、穿斗枋、转角楼、雕花窗、白粉墙构筑而成。这种"外表传统、功能现代"的美观舒适民宅，气派大方，非常符合黔北农民的住房审美取向，又具有现代美感和很强的农村实用功能。

传统建筑

传统建筑

传统建筑

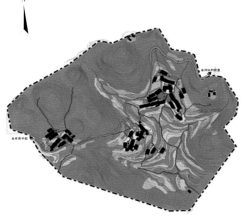

白土台组平面图

古营盘

民族文化

耍龙灯：耍龙灯是白土台一个古老的习俗。在白土台人心目中，龙是吉祥万能的象征，不仅能祛除各种魔障，确保一方安宁，而且能行云布雨，迎来五谷丰登。它是祥和安宁、丰衣足食的保障，所以要想方设法留住巨龙。每年新春佳节，这里都要舞龙耍灯，代代沿袭，流传至今。

打铁水花：耍龙时打铁水花，是我国的民间传统习俗，也是白土台民间艺术中富有文化特色的非物质文化遗产。

夜幕降临，烧铁水的师傅们把高达两米的火炉拉斜，慢慢地倒出熔化的铁水，两个人一组，一前一后用钢桶抬到空地上。拿铁勺舀出来，对准舞动的龙和热闹的人群，用木板使劲向天空打出去，无数双眼睛顿时在夜晚里明亮起来——天上下起了红红的雪，空中绽开了红红的花，人群上方飞舞着火红的"蝶"。打一勺铁水开一树铁花，开一树铁花荡一浪欢笑。场面颇为壮观。

人文史迹

古营盘：位于白土台东北部的山尖上，是白土台村寨村民从山下背运石头在山顶修建的围墙，高约3米，厚约1米，在山顶上呈圆形，面积约100平方米，作用是用来躲藏、防卫。由于过去出现的抢劫较多，村民们就用双手和汗水修建此建筑用于防御，万一来犯，可居高临下，乱石相迎，保护自己，打击敌人，凝聚了古代劳动人民的智慧和汗水。

古井：白土台村古井，造型及雕刻极为精致，采用优质石材建成。用于村民休息避暑、饮水，现在仍处于使用中。

古庙：古庙位于村落东南部，目前靠泥石小道通行，古庙规模不大，内有观音像，是全村祭祀和信仰的核心。

古石磨：用人力或畜力把粮食去皮或研磨成粉末的石制工具。由两块尺寸相同的短圆柱形石块和磨盘构成。一般是架在石头或土坯等搭成的台子上，接面粉用的石制或木制的磨盘上摞着磨的下扇（不动盘）和上扇（转动盘）。

保护价值

白土台传统建筑与周边山体层叠的梯田保持着特有的原始品质。在这里自然古朴、原汁原味的黔北地域原生态文化独树一帜，村民的生活方式在此世代相袭。同时村内还有作为黔北儒学文化优秀代表的"半坎文化"。

村内保存了典型的黔北原生态村落特征、完整而真实的历史遗存，同时附带大量的黔北村落历史文化信息，完整地体现了当地传统民风民俗。

白土台是典型的黔北村落，具有传统

古井

古庙

黔北文化，是传统儒家文化在黔北发芽生根的结果。

白土台村落依山就势，顺应地形，建筑群呈条状布局，结构完整，其建筑极具黔北村落特色，建筑与周边环境协调度较高，潜移默化地融入自然环境，俯瞰村落，更是一幅黔北民居的优美画卷。

何成诚　潘秋梅　编

古石磨

耍龙灯

遵义市正安县芙蓉江镇祝家坪村

祝家坪村全貌

祝家坪村区位示意图

总体概况

祝家坪位于正安县芙蓉江镇合作村，形成于清代，距镇政府驻地15公里，坐落在天楼山北支脉白鱼山脚当坝。全村面积17.77平方公里，下辖10个村民组，全村共有农户1021户，人口4375人，是一个汉、仡佬、土家族聚居的村落。

2016年祝家坪村列入第四批中国传统村落名录。

村落特色

整个村寨房屋建筑时聚时散，围绕坝子、梯田而筑，建筑风格较为统一。其形制、结构、风格以及其蕴涵的民俗文化韵味独特。村落肌理清晰，格局完整，其轮廓与所在的地形、地貌、山水等自然风光和谐统一。村内连户道路纵横交错，把各家各户都紧密地连在一起，村外大片的梯田，形成了浓郁的农耕文化与优美的田园风光。

祝家坪村现状平面图

传统建筑

祝家坪村传统建筑整体风貌分为三合院、印子屋和营寨房三类。

三合院类建筑由正堂、两厢、天井、朝门等组成，墙体普遍采用青石条筑至三分之二高度时，再用砖砌筑，形制有转角吊脚楼、下天吊脚楼、厢房吊脚楼、环房吊脚楼和地脚楼，正堂三开间或五开间，前檐设走廊，板壁上窗棂采用镂空雕或浅浮雕装饰，室内一般用木板壁隔置，建地脚楼住房；两厢多为厢房吊脚楼或转角吊脚楼，二层、三层不等，底层为牲畜用，楼上住人或堆放粮物，在伸出的走廊沿边安置美人靠；天井用青石板铺墁，朝门有垂花朝门、石拱朝门及石柱朝门三种，一栋房一般设一个全木架结构垂花朝门或两个大小石朝门，大朝门建在房子正侧面或厢房底层外侧，然后从朝门处接筑围墙封闭，小朝门建在正堂前檐走廊两侧环房，多为石条柱朝门。

传统民居

印子屋类建筑，外用砖石在四周砌筑高大的硬山顶维护墙，内为全木架结构，系方正四合院，上盖青瓦，中设青石铺墁四方形天井，其形酷似一颗印，故称"印子屋"。印子屋大门在维护墙中开石拱朝门，进门两侧建二层吊脚楼建筑，较天井稍高，颇为宏伟气派，系吊脚楼与印子屋式建筑相结合的一种独特体系，并具有防御功能。

传统民居

营寨房类建筑形如堡垒，其功能主要是防御作用，营寨营墙沿自然山体一周砌筑，高大而坚实，犹如城墙一般，墙上设有垛口、瞭望口及炮台等防御设施，营内建筑按地形依势而建，其建筑取材木石，木结构建筑采用"穿斗式"结构，又叫"干栏式立木柱架构体系"，凿榫头衔接，结构精密，牢固、耐久，不用一钉一铆。石结构一般就地取石材修建，庭院屋顶以石板建成。

窗花

民族文化

祝家坪村落拥有丰富的物质文化和非物质文化。村落的饮食、衣着、建筑、生产工具上具有独特的民族特色和地方特性；其语言、艺术、风俗、宗教和传统等精神文化也极具特色。如高腔大山歌、薅草打闹歌等非物质文化；传统建筑、古巷道、古堡坎、古桥、古塔等物质文化；竹编、雕刻等传统手工艺。

高腔大山歌：歌词以七言为主，其词意境含蓄，在历史的发展进程中通过不断吸收新的文化因子来增其活力，形成了独特的山地文化，具有鲜明的地域性民族文化特色，在人类学、语言学、民俗学、地域学等方面的研究都具有很高的价值。

打闹歌：又称薅草、打闹草歌和薅草打锣歌，是一种在进行农耕作业时由专人敲击锣鼓唱的民歌，它是农耕时代的产物，也是地域民族世代传承的一种农耕文化和生产习俗，目的是起催工和缓解劳动困乏，为田间劳动增添乐趣的作用。同时并兼有替主人监督、指挥劳作，以提高生产效率的职责。

哭嫁：旧时婚嫁习俗中不可缺少的一项重要环节。哭嫁的形式也有一人哭、二人对唱哭、多人陪哭三种类型，由于哭唱形式多样化，哭唱的内容可以涉及社会生活的各个方面，可女人之间相互倾诉，相互勉励；也可互相褒贬，互相取乐；还可相互发泄，更可以鞭挞世间的不公。

高腔大山歌

柱墩

打闹歌

古石墙

人文史迹

祝家坪村是历史遗留下来的产物，拥有诸多历史文物古迹，如古道、古石墙、古墓、古堡坎、字库塔、古石阶、古树等。

古道：祝家坪村串户石板古道和传统农耕生产石板古道，历史久远，是仡佬族和土家族先民们留下来的宝贵财富，贯穿于整个村寨内，为人们的日常生活、生产提供便利，由于年代久远，部分已损坏，大部分保存完好。

古石墙：在祝家坪印子屋外用砖石砌筑高大维护墙，墙体上开设有瞭望口及垛口，并开三道石门以通内外。另外在永清崖营堡寨沿永清崖自然山体一周砌筑高大、厚实而牢固的青石寨墙。寨墙上设有炮台、垛口、瞭望口等防御设施。所有古石墙由石块堆砌而成，石块上布满了青苔。

保护价值

祝家坪村拥有悠久的历史和丰富的文化，村寨遗留了一大批珍贵的物质文化遗产与非物质文化遗产，有着独特的历史风貌和鲜明的民族特色，具有极高的历史文化价值和研究价值。

罗永洋 潘秋梅 何成诚 编

古墓

村落一角

遵义市赤水市元厚镇陛诏村

陛诏村全貌

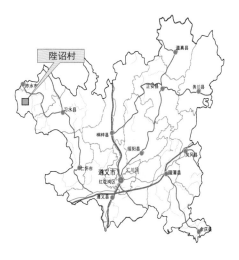

陛诏村区位示意图

总体概况

陛诏村位于赤水河岸，元厚镇北部，其辖区呈线性分布于堰塘沟，距元厚镇政府所在地4.5公里，距赤水市约50公里，离习水县土城古镇约12公里。户籍人口共计约270人，常住人口240人，主要民族为汉族、苗族。

2016年陛诏村列入第四批中国传统村落名录。

村落特色

陛诏村，前临赤水河和堰塘沟，河道本身构成了村落一道天然的外屏障，背靠青山，四山围合，二水环抱，凸显传统山水文化的影响，至今仍保留其原始地形地貌形态，整体植被茂密，山色葱郁。整个村落的选址遵循了依山而寨、择水而居的原则。

村落选址于山体半坡，这是当地风水习俗的需要，同时也使得村落具有良好的视线景观。民居依山而建、层叠错落、临水而居，此为陛诏村选址建寨的特色。登高望远，增添了村落的整体气势和错落层次感，既利于防洪排涝，又能形成较好的村落风貌景观。村落整体风貌及古建、公共空间皆保存良好。

传统建筑

陛诏村民居是在汉族传统民居的基础上，结合当地的自然条件，并在当地民族文化影响下形成的。陛诏村民居一方面受到汉族文化信仰的作用，另一方面在特定的自然环境中，又有了新的特点，它的主体建筑仍有纵轴线，但不一定按南北方向排列，次要建筑也不一定对称，根据需要，有二间对三间，三间对四间的四合院、三合院等组合形式。所有三合院、四合院的正房都居于主轴线上，有较高的台基，较大的体量，突出了

它的主要地位；两边厢房的台基较矮，体量也较小，倒座的位置最低，从而体现了上下有别的封建秩序。

单家独户的民房，竹木荫蔽，房侧附猪牛圈。正房一般为三间，正中一间开大门处凹进，叫"吞口"。中间一间名为堂屋。木结构房屋多为瓦房，四列三间为多，六列五间的称长五间。房高一般为"一丈八顶八、

一丈九顶八"，取"要得发，不离八"之意，以图吉利。进深按木排柱的落地数计，常见有五柱、七柱，富户大房有九柱、十一柱的。紧接正房山墙左右的半铺水房屋，左称偏房，右称专鳌。只有单侧厢房的叫"一正一环"，两侧有厢房的称三合头，加建下厅的称四合头或"一颗印"。

传统建筑

传统建筑

陛诏村平面图

民族文化

陛诏村历史文化悠久，这里是川黔古驿道咽喉要道穿风坳的出入山口、渡口、依山傍河，谷深坡陡，并保存着陛诏红军渡、穿风长征路、天恩桥、升平团卡等一大批万象山水、奇兵古道，同时也是革命传统教育基地与红色旅游胜地。穿风古道形成于明代，兴起于清代，鼎盛于晚清、民国时期与中华人民共和国成立初期，直到1959年赤桐公路通车才退出历史舞台，其盛衰周期的时间跨度长达数百年，堪称一条悠悠古道。漫漫长河、悠悠岁月，使古道沉积、化合了历史上多种文化元素。其中以明清建筑文化、川盐入黔口岸与古道文化、团练文化、红军文化、地下党斗争文化、川黔过渡地带山水文化最为突出。

人文史迹

盐运古道：明清时期，盐运已成为赤水河流域社会、经济的重要支柱，赤水河盐运航道经整治和修整，使得盐运效率成倍提高，收到明显效果。陛诏村位于赤水河畔，为盐运繁荣码头之一，遗址保存至今。

古寨门：清朝末年，随着太平天国内部的内斗、分裂，石达开率领所部入川，咸丰皇帝下圣旨，要将石达开部于此全歼，为防御石达开部队的入侵，陛诏村修建了石寨门，石达开部未到达此处就基本瓦解，石寨门保护至今，当地村民又叫平安门。

摩崖石刻：陛诏村历史文化悠久，当地信仰佛教文化，且多奇峰怪石，在村庄西北角巨石崖壁上刻了一尊观音像，佛教文化与自然的结合，正是村民心中崇拜自然和佛的统一，观音像保存完好，颇具特色。

石敢当：陛诏村佛教文化历史久远，影响深刻。石敢当为当地祭拜的小神，传说小神和当地村民日夜守护，祭拜小神可保一方平安，土地丰收，至今仍在祭拜。

保护价值

陛诏村历史较为悠久，曾是古盐道重要驿站之一，现今保留了大量传统历史民居和文化遗址。大部分村民仍然保留了传统耕作方式与生活习惯，至今已有200年的历史，陛诏传统村落较完整地保留了古朴的传统村落格局和优美的历史人文景观，村落内有山有水、有田有居、有井有木，阴阳交错、和谐自然，这些元素一起构成了一幅和谐自然的历史空间画卷；该村落还拥有丰富的非物质文化遗产和典型的历史环境要素，都具有较高的历史文化价值。

罗永洋 潘秋梅 何成诚 编

天恩桥

丹霞地貌摩崖造像

丹霞地貌石材制作的石敢当

石拱桥

盐运古道

古寨门

陛诏村一角

遵义市凤冈县王寨镇高坝村

高坝村全貌

高坝村区位图

总体概况

高坝村位于遵义市凤冈县王寨镇南部，距离镇政府约8公里，距离凤冈县县城61公里。东与思南县长坝乡接壤，北与桥塘村相连，西接官田村，南连新建村，自然寨坐落在山坡上。古寨的建造乘着与自然环境融为一体、因地制宜、注重风水的原则，从而形成悠然恬静、宜居的村寨。

高坝村是以汉族为主，有少量土家族的村寨，全村人口4310人，共有24个村民小组。

最初由陕西人迁徙而来，当初黔省蛮夷作乱，张氏祖先邀约十余人结为生死兄弟欲到黔省平蛮夷之乱。

农业生产以烤烟、辣椒、水稻、红椿种植为主，畜牧业主要有猪、牛、羊等家禽。

2019年高坝村张家山列入第五批传统村落名录。

村落特色

高坝村选址位于群山之中相对平缓地势之上，地势南高北地，周边山体均有浓郁茂盛的林木，视野开阔。从整体格局来看，整体山地较多，村庄大多依据坡地平台而建。村落建筑沿山势呈带状组团分布，依周围山势呈台地布局，层层叠落，疏密有致，独具特色，体现了山地聚落的建筑智慧。

村落既有宁静又有浓郁的生活气息，位于群山之中平坦之地，免于自然灾害，又能利用大自然的资源。

传统建筑

高坝村是以汉族为主的村寨，该村主要为穿斗式木结构民居，木结构房屋占

80%，主要特点是小青瓦、坡面屋、穿斗枋、雕花窗构筑而成，充分尊重了农民生活、劳作习惯，非常符合黔北农民的住房审美取向，又具有美感和很强的农村实用功能。

传统建筑多为一层建筑，少数为两层，建筑依山而建，起伏不同，形成立体空间，建筑为穿斗式木构建筑，墙体薄，南北墙均有窗子，房顶坡度大，廊檐较宽，建筑由小青瓦、坡面屋、穿斗枋、雕花窗构筑而成。小青瓦盖顶，正房多为四榀三间五柱木结构瓦房，少数为六榀五间五柱木结构瓦房。厢房为四榀三间或三榀二间三柱木结构瓦房。

传统建筑

民族文化

草龙：相传明太祖朱元璋在做皇帝前，被劲敌陈友谅打败，躲进苏庄一带的深山，垦荒种田、休养生息。因农垦丰收，士兵挑稻草垛狂舞，后稻草垛演变为草龙，后有一士兵逃至中华山定居，形成当地风俗，至今传承良好。

传统建筑

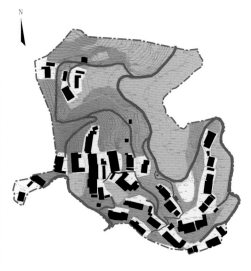
高坝村平面图

舞狮：舞狮是高坝村优秀的民间艺术，每逢佳节或集会庆典都有舞狮活动。狮子是由彩布条制作而成，每头狮子有两个人合作表演，一人舞头，一人舞尾。表演者在锣鼓音乐下，装扮成狮子的样子，做出狮子的各种形态动作。在表演过程中，舞狮者要以各种招式来表现南派武功，非常富有阳刚之气。

舞龙灯：舞龙之日，以旌旗、锣鼓、号角为前导，将龙身从庙中请出来，接上龙头龙尾，举行点睛仪式。龙身用竹扎成圆龙状，节节相连，外面覆罩画有龙鳞的巨幅红布，每隔五六尺有一人掌竿，首尾相距数十来丈长。龙前由一人持竿领前，竿顶竖一巨球，作为引导。舞时，巨球前后左右四周摇摆，龙首作抢球状，引起龙身游走飞动。

闹元宵：锣鼓喧天，鞭炮齐鸣，红红火火闹元宵。高坝村村民自编自演的元宵灯会在爆竹声和锣鼓声中激情上演。据了解，唱茶灯、舞龙灯、狮子灯、山歌对唱等，在这里流传了数百年。年轻小伙继承了祖辈们的文化传统，舞起了茶灯、狮子灯、龙灯"闹元宵"，欢欢喜喜过大年。

草龙

人文史迹

古墓：古墓为张氏祖先，墓碑上字迹破损无法得知具体时间，大致时间为明清时期。古墓由石块堆砌而成。

古树：古树总共有7处共10棵，有香椿、卷子、红豆杉、大叶楠、紫柏，目前均长势繁茂。

古香炉：由泥土烧制而成，祭祀时用于插香、烛等，保存良好。

古石凳：保存于村寨道路边，供村民观赏休憩使用，保存良好，现在依然可以使用。

古秤：保存良好，是传统计量重量的工具，长36厘米，秤杆由鱼骨制成，托盘和秤坨为铜质材料，用一木盒子装放。主要是用于称取药品。

舞狮

舞龙灯

化、非物质文化资源丰富、历史悠久、独具特色，文化内涵丰富，是民族文化和区域文化的杰出代表。

高坝村的艺术价值主要体现在建筑艺术和非物质文化艺术上。民居建筑是典型的黔北民居，也保存着黔北地区的传统习俗，保持着特有独特、真实、原始的品质，黔北人的生活方式在此世代相袭。

随着张家山入选传统村落，其基础设施及公共设施将通过规划建设得到大力改造提升，结合黔北民居的影响力，将吸引更多来自省内、国内甚至海外的大量游客，带来可观的旅游收益，改善了当地居民的生活质量水平。

何成诚 潘秋梅 编

保护价值

高坝村距今已有500来年历史，历经时代变迁村落依旧保持原有的风貌，保存了相对完整的、真实的历史遗存，同时附带了大量的历史文化信息，完整地体现了当地传统民风民俗，在一定程度上反映了自清代以来黔北地区的生活方式和文化特色。

作为以汉族为主的村寨，村落的饮食、建筑、生产工具上具有独特的民族特色和地方特性，其艺术、风俗和传统等精神文化也极具特色。它们承载民族独特的风俗和区域典型的文化，不同时期的遗存能够充分反映民族文化的发展历程，反映了民族历史发展的水平。该村落物质文

古石磨

古香炉

遵义市汇川区高坪街道海龙屯村

海龙屯村一角

海龙屯村区位示意图

总体概况

海龙屯村主要民族为汉族，于明代形成村落。海龙屯村位于高坪街道办事处西南部，地处东经106°51′11.8″、北纬27°48′33.5″之间，海拔高度947米。东邻鸣庄、双狮，西抵沙湾，南邻红花岗区海龙镇，北与沙湾镇和大桥村相接，村域总面积为34.4平方公里，其中，重点保护面积为149.67公顷，海龙屯村户籍人口2749人，常住人口2347人，核心区域149.67公顷。

2016年海龙屯村列入第四批中国传统村落名录。

村落特色

海龙屯村落山林环绕，村落周围茂密的植被、秀美的农田以及珍贵的动植物共同组成了海龙屯村赖以生存的空间，为海龙屯村落选址营造了良好的自然环境。

"靠山而居，田林环绕"是对海龙屯村传统村落自然格局的真实写照，其构成要素可概括为山林、田园、村寨三要素。山林、田园与海龙屯村传统村落互相依托，更衬托出了海龙屯村传统村落的特色。

传统建筑

海龙屯村基本保存了历史原貌，村寨中不论是明代、清代，或是民国年间的建筑，尽管因年代久远，有程度不同的毁损，但绝大部分还保存着当年的面貌，延续着传统海龙屯村文化的遗风。海龙屯村养马城，集中体现了海龙屯村寨依山就势，周边都是良田好土，利于备养军士与战马，并且具备明初历史村寨的时代特征。

村落整体风貌保存基本完整，主要由民居、街巷等构成。

养马城组、教场坝组山势稍矮，山顶周边有逶迤的小山环绕，因而需要沿着周围的山脊砌筑城墙。城墙均为石块垒砌，从有些地段的石构城墙风化较大来看，城墙的年代肯定早于明代。

海龙屯村落内的古建筑和传统建筑多为传统民居，民居建筑技术上采用海龙屯村民居传统的小青瓦屋面、穿斗式木瓦结构的黔北传统民居为主，古风浓郁；青瓦、木楼，古色古香，显示出超拔、典雅和流畅的形体风格，实现了技术与审美的有效结合。

传统民居

传统民居

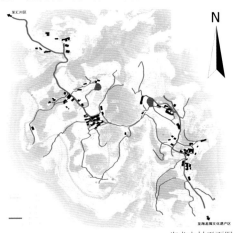

海龙屯村平面图

建筑细部

传统民居

民族文化

龙灯：春节期间，境内有玩龙灯的习俗，一般是正月初九开灯，正月十四谢灯。龙体是竹编纸糊，内点蜡烛。玩时一般需要七八人，一人玩"宝"，逗龙抢宝，龙头紧绕"宝"起伏，龙体随之翻腾。玩龙之前要到民宅堂屋参神，有的主家把门关上，与门外人对"门吉子儿"，待门外说上一段"四季财门"后方为之开门迎入参神，主家要给予利实。扎龙一般采用稻草，稻草扎的"草把龙"被视为"黄龙"，它要大于其他龙，其他龙见草把龙要拜。此习俗自进入21世纪后渐淡，海龙屯村也不再年年举办龙灯会，而是四年举办一次。

狮子灯：一般由一人扮孙猴子，一个扮大头和尚，两人舞狮子，另有打锣队。为闹新春的一种活动。预定演出时，先送帖子，确定在哪家吃夜宵，就送大帖子。来哪家演出时，进堂屋拜四方，给主人家报喜，后开始玩，孙猴东蹿西跳，大头和尚戴面具，摇头晃脑，伸脖缩颈。狮子做摇头、擦腰、舔尾、翻滚动作，后"扫门"出大门而结束。有舞狮队技艺高超者，可翻高台，有用12张桌子重叠搭台，底层3张，二层2张，以上每层各1张，共9层。也有用7张桌子重叠搭台，每层1张，共7层，称一炷香。孙猴、大头和尚、狮子攀登台顶踩斗，舞狮艺人时有台塌人伤之险。此俗流行于20世纪80年代以前，之后已无翻高台者，仅于地面舞狮而已。

人文史迹

播州杨应龙传说：贵州遵义，古称播州，是古时巴蜀地区抵御高原部落侵扰的边境重镇。海龙屯原名龙岩屯，后改名海龙屯，取大海锁龙之意。唐朝末年，西南彝族南诏国叛乱，播州多次沦陷。公元876年，朝廷为平息叛乱，昭告天下，招募骁勇，太原人氏杨端应召率军击败南诏，继而受朝廷册封播州，世袭官位，历经唐、五代十国、两宋、元、明各朝，被视为苗疆土司。明朝末年，到杨氏第29代的杨应龙时，朝廷要削弱土司力量，实行改土归流（改土司制为流官制），杨应龙为了争取自己的利益，选择不从反抗。明万历年间，明朝廷派兵围剿杨应龙，杨应龙积

军事城堡一号城门

播州杨应龙传说

极备战，修复播州以海龙屯为重点的关隘城堡。最终明军攻克海龙屯，播州全境平定，史称平播战役。杨家二十九世承袭，经历经五个朝代，共存续了725年的土司制宣告终结。后有《杨应龙的赶山鞭》《哭夫岩与打眼岩》等民间故事流传。

海龙屯：海龙屯是播州土司的战略军备防御城堡，位于龙岩山巅，海拔1300多米，屯下海拔900多米，相差400米，屯顶平阔，面积约1.6平方公里。杨应龙时期重点修复过海龙屯，在屯上修筑宫殿、库府、关隘，屯前设六关：铜柱关、铁柱关、飞虎关、飞龙关、朝天关、飞凤关；屯后设三关：万安关、二道关、头道关。海龙屯山险谷深，壁切千尺，易守难攻，在当时的历史条件下可谓是铜墙铁壁，固若金汤。现还保留有城墙5838米、城门9处、哨台2处、军营1处、操练场1处、"新王宫遗址"和"老王宫遗址"、天梯等遗存。

海潮寺：又名海朝寺、龙岩或龙崖寺位于明代建筑群遗址的中心位置。1600年，平播战役后的第二年，遵义兵备道傅光宅为安抚在平播战争中死去亡灵，在明代建筑群遗址上修建寺庙一座。2012年5月，贵州省考古研究所海龙屯文物考古队根据调查，对海潮寺右前方猪圈粪坑进行发掘，出土了断作4截的石碑（尚缺一角）。碑通高174厘米、宽98厘米、厚14厘米，两面阴刻文字。

据出土碑、现存碑和海潮寺墨记记载，海潮寺始建于明万历二十八年至三十一年（1600～1603年）间，初为茅庵，由兵备道傅光宅所建。此后至少进行过三次修葺，一次是弘光元年（1645年）的重修，并增设田产；二次是乾隆三十八年（1773年）

军事城堡四号城门

军事城堡城墙

的改造。

三是民国时期。重修后的寺庙形似"一口井"，由上殿、下殿、左右厢房四面围合，中有天井。20世纪60年代四清运动时，海朝寺的左右厢房和下殿被拆除。

养马城遗址：位于海龙屯东部，建在下临沟谷的高山上，距屯3公里，始建于唐末宋初，是播州杨氏土司养马驻军的城池。现城墙保存完好，有城门6座。据《方舆纪要》载：海龙屯东之山顶，建养马城，"周5里，墙高丈余，可容马数万"。

保护价值

海龙屯村历史悠久，是世界文化遗产海龙屯所在地，至今保留了大量传统历史民居和文化遗址。海龙屯是中国唐宋羁縻之制和元明土司制度的产物，见证了中国少数民族政策由羁縻之制到土司制度、再到"改土归流"的演变；是著名的"平播之役"的主战场，见证了杨氏家族统领下播州的辉煌与覆灭。

海龙屯是播州土司的战备军事防御城堡，现存主要为明代土司制度鼎盛时期的遗存，其聚落类型以军事、行政为主，兼有一定的生活性，是综合土司治所的必要补充，海龙屯的功能类型、建设沿革、聚落形态体现了土司制度的系统性、发展历史和管理特点，具有很高的科考价值。

罗永洋 潘秋梅 何成诚 编

军事城堡三号城门

遵义市余庆县白泥镇桂花村榨溪组

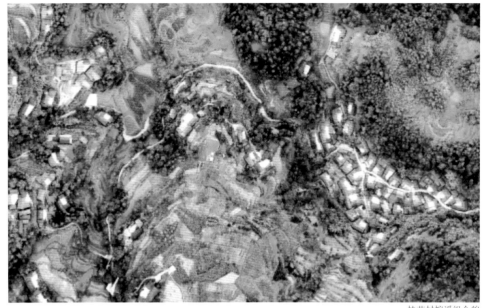

桂花村榨溪组全貌

桂花村榨溪组区位图

总体概况

桂花村榨溪组位于县城西北部，离县城15公里，东至春景村，西邻中关村，南接迎春村，北邻苏羊村。

桂花村总面积14.3平方公里，全村辖9个村民组，5个村居点，共586户，2195人，主要民族为汉族。

清朝年间（18世纪），榨溪谢氏先祖谢文先从湖南来到榨溪。2015年，贵州省人民政府黔府函〔2015〕159号批准同意撤销小腮镇和白泥镇建制，设置新的白泥镇和子营街道，桂花村成为白泥镇的14个行政村之一。

2019年桂花村榨溪组列入第五批中国传统村落名录。

村落特色

榨溪村落双谷纳寨、溪流穿插、梯田相伴、果树环绕，村寨整体分为两个聚落，相对分散却又自成一体，四面山林环绕，山清水秀，景色宜人。其中榨溪在村口山底低洼处，被树林果树环绕的山顶上寨，出门可俯瞰对面、四周山脉。下寨位于上寨左边山腰上，深居于古树林中山脊平缓地带，错落有致。村寨依山而建，水源都是山泉水，旱田和水田分布均匀，水旱相接，山间果树瓜果齐全，野生山林于人工种植树林葱葱郁郁。村民选址于此，是出于水源方便与田地耕种，利于果树生长，体现了人与自然的和谐相处、合理利用。

传统建筑

榨溪有典型的汉族民居建筑风貌，民居建筑整体形成"三合院、影壁墙、主房居中、两翼落敞、左右厢房"的布局形态，

传统建筑

建筑主体以木为一大特色，建造大量使用木结构进行修建，木梁柱为主要承重构件，院坝、台阶等户外基础设施采用石板进行凿切整齐的石板规整安装、铺设，现多为水泥铺装。各个建筑均为木瓦结构，建筑无雕梁画栋，简洁明快，民宅建筑的正中为主房，坐落于石基上，形成"木立面、石屋基、坡屋顶、小青瓦、高门槛、低裙门、双门簪、回纹窗、堂屋居中四入、两侧对称开窗、双坡悬山屋顶、屋脊青瓦重叠"的主室立面形态，堂屋主要用于婚丧嫁娶和祭祀之用，紧邻耳室用于居住休息，落敞用于厨房，两侧厢房用于仓储、牲畜养殖、厕所洗浴等功能，房前附属有基檐坎、晒坝等设施。

民族文化

清明会：清明会自古以来就是村落存在的一种祭祖形式，缅怀先祖的同时团结村民，至今仍在举办。因为是一个宗族、一个姓氏、一个村寨的人集体举办，参加这个活动，清明会内容主要是缅怀先祖，纪念先祖。清明会每十年举办一次，村里面有一个十人小组，选出一个组长，组长和小组成员商议决定大小事务，以及清明

传统建筑

榨溪组平面图

会的事情。清明会上会强调先祖的智慧，建村智慧，传颂先祖，会有一个能说会道的人说明村里的大小事务，对村里有贡献的人，也会在场上表扬，由此缅怀先祖，团结民心。

龙灯：榨溪古寨谢氏对春节玩龙灯情有独钟，虽然玩龙灯在中华大地随处可见，但是能玩上120节长龙可是闻所未闻的。自编传承下来的龙灯乐曲的旋律也与众不同，民间传统的鼓儿、铙儿、锣儿、钹儿打击乐器配合演奏，和谐悦耳，娓娓动听，实属难得。

祭祀崇礼：逢年过节的时候祭祀祖先，对象就是过世了的祖先，祭品有水果、饭、面条、素菜、肉食，场所主要是在堂屋，还有的会在平安洞，现在都还可以看到平安洞门口的祭祀痕迹。

龙灯

人文史迹

古树：榨溪村共有6棵古树，都是村寨的护村树，禁止任何人损坏。时间长了就约定俗成了，村民都自然而然地保护着这些古树，村寨西南部榨溪村正中道路边有一颗柏香树，树龄在150年以上，魏然挺立在道路旁边。

古井：榨溪村口进来不远处道路右边几十米处一户人家后院，有一个全村时间最长的古井，据说自这里有人就有了这口井，以前全村的人都吃这口井的水。这里的水很好喝，这个地址也由此得名为"水井边"。

古墓：古墓位于村子东南方，古墓建造的具体时间不详，这是第一个搬迁至榨溪村人谢文先妻子的墓，以前没有墓碑，2013年清明节时和谢文先的墓一起立碑，碑上刻有："光前裕后，先祖谢石氏墓，生殁于清朝年间吉年吉月吉日吉时，榨溪谢氏众族公元二零一三年岁次癸巳二月清明节立"。墓是用石板堆砌起来的圆形墓堆。

古井：古井3口，长宽均约1米，深约0.5米。井水幽凉清甜，是村落居民传统的饮用水，见证了村落历史的沧桑岁月。

保护价值

榨溪村落历史较为悠久，现存的民族民间文化产生于明代中期，主要是在民族大迁移时期，由中原及湖广一带移民传入本地，然后得以发展和传承。村民仍然保留了传统耕作方式与生活习惯，至今已有100多年的历史；榨溪传统村落较完整地保留了古朴的传统村落格局和优美的历史人文景观，现有的街巷空间、公共空间、建筑形制，均是在各时代自然生长而成，体现了时代的延续性。

灯会、清明会、祭祀、婚丧嫁娶等依旧是榨溪村的传统习俗，榨溪服饰也具有一定的收藏价值。无论从物质空间，还是从非物质传承来看，榨溪村均有较好的独特性及完整性。

古井

祭祀

榨溪村是具有黔北地域特征的历史文化村落，保持着特有、独特、真实、原始的品质，黔北人的生活方式在此世代相袭。

榨溪现存的民间文化产生于明代中期，主要是在民族大迁移时期，由中原及湖广一带移民传入本地，而后得以发展和传承，其特点是种类丰富、形式多样，如榨溪清明会、薅草打闹歌和秧歌、传统手工印花、剪纸等，随着历史的发展、演变，最终形成了具有明显地域特征的乡土文化。科学保护和合理利用榨溪传统文化，对促进该地区乃至贵州省的特色文化旅游、促进地方经济发展，都具有比较重要的意义。

何成诚 潘秋梅 编

古树

遵义市习水县隆兴镇淋滩村

淋滩村全貌

淋滩村区位图

总体概况

淋滩村位于隆兴镇西北部，离镇政府15公里，赤水至遵义的旅游公路绕村而过。东临隆兴新光村，南与陶罐村相邻，西与醒民镇自力村隔河为界，北与土城镇黄金湾村和青杠村相连。

淋滩村区域面积13.2平方公里，共642户，2637人，主要民族为汉族。

从清朝末年起，淋滩就开始成为一个地方的政治中心，其时淋滩为仁怀厅土城里三甲属地。到1956年，淋滩撤乡并入陶罐乡，结束了它作为一个地区政治中心地位，但从清末到中华人民共和国成立初长达近百年时间，淋滩是一个地区举足轻重的政治中心。

2019年淋滩村列入第五批中国传统村落名录。

村落特色

村落选址与自然景观整体形成"一谷、四沟、五埂"的格局形态，一谷是指西南部沿赤水河旅游公路赤水河两侧的区域形成的村庄发源谷。四沟是由山地起伏形成的沟壑区域，主要为生态森林和排水沟。五埂区域是由山峦拱起的相对平坦区域，主要为村民住宅集中地和农田分布区域。

淋滩村村落梯田相伴、果树环绕、坐埂而居、自成一体的组团式村落，四面山谷环绕，山清水秀，景色宜人。民居沿山脊而建，顺山势而行，鳞次栉比，注重与山体地形地势的灵巧结合。传统村落内巷道顺势而成，依水而居，呈现出一种自然状态的肌理，村落周边果树、梯田与村落整体风貌保存完好。

传统建筑

传统村落核心区域为两个自然寨，整体布局以顺应自然为主，与自然环境相呼应，整体呈现典型的传统黔北民居特色，由小青瓦、坡面屋、穿斗枋、转角楼、雕花窗、白粉墙构筑而成。传统建筑主要包括"一"字形排屋和合院两种类别，以"一"字形排屋为主，合院为铺。建筑结构形式以穿斗式土木结构为主，随着近年来建筑材质的更新，部分建筑改建为砖木结构。

传统建筑

民族文化

传统作坊：1913年，刘春和开始用自制的木压榨机榨取甘蔗汁制糖。压榨机的轧滚为硬木制，牛推磨盘似的推着它旋转，通过轮齿传动，带动平行的另一个轧滚也旋转，轧辊与甘蔗的摩擦力带动甘蔗挤过轧辊缝，甘蔗汁就榨出来了。再用铁锅熬制就得到红糖。这是淋滩制糖的最初探路。

传统建筑

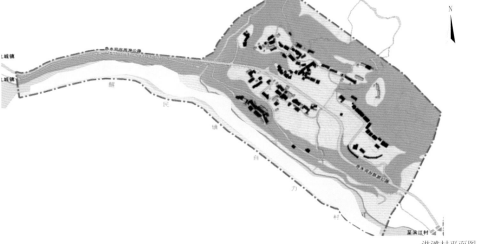

淋滩村平面图

使制糖成为产业，则是刘纯武在20世纪30年代时的作为。1938年，刘纯武派人前往四川内江学习，还请了那里的刘精明、蒋师来指导，将内江甘蔗引种到淋滩（见两县县志之"刘纯武传"）。新种甘蔗亩产量上万斤，而且蔗汁含糖量高，好的时候种甘蔗制红糖收入接近种稻收入的4倍以上。至年关，家家有人将红糖人背马驮，运到几十里外去卖，远到温水、四川东溪、赶水、古蔺等地。当年1斤红糖可换回1升（约7斤）粮食（就是20世纪六七十年代，仍然是1斤红糖的价值能买3斤大米），这一价值回馈刺激了淋滩甘蔗的发展，开辟了淋滩甘蔗制糖之路，使淋滩成为当时黔北唯一的产糖基地。

传统建筑

龙灯：始于清末民初，是淋滩地区历史较久的春节时的主要节目之一，在淋滩已存百年历史。每逢春节后，淋滩一地就开始"耍龙灯"。

人文史迹

传统街巷：清朝末年，淋滩人刘春和在淋滩赤水河旁边开辟一块平地，在此建街房共12间，由此带动众人跟着一起建街房，共得街房40多间。老街与赤水河平行，呈东南向西北的走向，整体长度约160米，街道宽3～4米，街道走势呈"一"字形，街房两侧出入口为单排街房，南北街房（含街道在内）平均宽约30米，占地约5000平方米。两排青瓦木楼街房，整体建筑风格青瓦木楼，古色古香，迄今保留完好率达90%以上。

古树：位于上寨陈玉贵宅旁，有百年柏树3株。

渡口纪念碑：位于村西侧赤水河区域，原为淋滩沱渡口，是红军长征时期二渡、四渡赤水战役的主要渡口。

古井：淋滩内共有1口圆口古井，位于淋滩老街内，采用优质石材建成，保存良好、水质清冽，现在仍处于使用中。

渡口纪念碑

古井

淋滩村依山而建、错落有致的整体格局体现了该村独具特色的典型风貌，为研究黔北地区传统村落的生活空间、生态空间提供了真实依据。民居建筑多为青瓦木楼形式，立面空间与山体坡面融合。淋滩村民居顺应河道、借助地形的做法，是研究黔北地区台地建筑的原型参考。

淋滩村传统村落是遵义黔北地区历史文化的重要组成部分，是向世界展示和传播独特川黔古盐道文化现象的载体。淋

滩村是弘扬长征红色文化和救死扶伤文化的重要区域，普及历史文化知识，激发爱国、爱党、爱乡意识的重要场所。

淋滩村是典型的黔北赤水河流域历史文化村落，赤水河流域所有的风俗在此基本上都能看到，保持着特有、独特、真实、原始的品质，黔北人的生活方式在此世代相袭。

何成诚 潘秋梅 编

保护价值

淋滩村曾是川黔古盐道重要驿站之一，村民仍然保留了传统耕作方式与生活习惯，至今已有300年的历史。淋滩传统村落较完整地保留了古朴的传统村落格局和优美的历史人文景观，现有的街巷空间、公共空间、建筑形制，均为各时代自然生长而成，体现了时代的延续性。淋滩渡口是红军二渡、四渡赤水战役的重要战场之一。川盐古道是重要的文化线路，它有着独特的主题内容，有别于丝绸之路和茶马古道。川盐古道类型众多，结构复杂，给井盐外运所经之地的政治、经济、文化、社会生活等带来了重要影响。盐道上源源不断的盐流，创造了商机，开辟了市场，使位于遵义西北隅的淋滩因此繁荣。

传统作坊

遵义市务川仡佬族苗族自治县丰乐镇造纸塘

造纸塘全貌

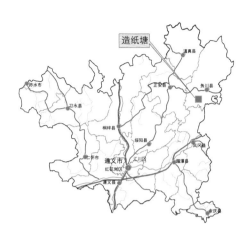
造纸塘区位示意图

总体概况

造纸塘位于丰乐镇政府西北部，距丰乐镇政府5公里，形成于清代，以卢、王二姓为主，仡佬族人口居多。原名枣子塘，清道光年间卢姓从印江迁徙而来，以造纸为业。民国二三十年代，枣子塘造纸业兴盛，家家造纸。1955年，成立新场造纸生产合作社，1958年扩大生产规模，更名为新场造纸厂，村寨名改为"造纸塘"。村域面积约为6.5平方公里，造纸塘村庄占地约3000亩，58户，200人，常住人口70人。核心区域3.35公顷。

2016年造纸塘村列入第四批中国传统村落名录。

村落特色

造纸塘属低山丘陵地形，海拔630~750米，光照充足，植被良好。村落总体呈坐西南朝东北，造纸塘河从村中穿过，将村落分为南北两个寨子；民居临造纸河而建，在斜坡上顺山势起伏层叠分布。

造纸塘河由七龙泉发源，是村民造纸用水水源。村民历史以来以造纸为主要产业，故村落建于河流两岸，造纸生产设施临河而建。

传统建筑

造纸塘是一个典型的仡佬族村寨，村内保留了传统建筑22栋，全部为一层，占村庄建筑总数的63%，现有90%传统建筑仍在使用。

建筑材料特征：造纸塘地处林区，木材成为得天独厚的建筑材料。屋面材料多为小青瓦，主柱多采用枫树材质，其余柱梁采用杉树为多。

居住方式特征：村内民居采用仡佬族合院式建筑的传统生活方式，中间正房（堂屋）是会客、祭祖等的重要公共空间，两侧厢房（次间）为日常起居空间。

建筑装饰特征：造纸塘仡佬族民居建筑艺术最为突出的作品便是以卢朝礼、卢朝忠、胡小刚等民居建筑为代表的建筑细部彩绘，其建筑的门、窗、挂落、枋头、挑、横梁、梁架等施以彩绘。彩绘笔法细润，栩栩如生，图案内容主要有戏文、人物、花草、动物、云纹等。

清代民居

民国民居

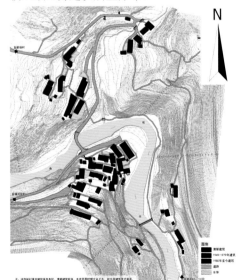
造纸塘现状平面图

脊饰

龙头山庙遗址

民族文化

造纸塘皮纸在历史上久负盛名，为古代务川特产，这种以构树皮为原料手工纸工艺一直流传到现在。传统的皮纸生产技艺有72道工序，每道工序都是人工操作完成，其生产工具有近20种，如竹帘子、纸焙、木榨、滤笼、木槽、甑子、河碓等，其技艺传承则为口传心授。20世纪90年代以前，造纸塘皮纸生产一直兴盛，几乎家家都生产皮纸，鼎盛时，全寨有皮纸作坊40多家，一年可产皮纸400多万张。

造纸塘皮纸生产技艺当地人称为"舀纸"，手工生产一张皮纸，要经过砍构树→刮构皮→晾构皮→泡皮→浆构皮→煮毛料子→洗毛料→泡毛料→踩毛料→蒸扑灰料→出锅→洗扑灰料→踩扑灰料→拆料子→大皮板→切皮板→淘料→挤料→打槽→刮料→掺滑水→抄纸→榨纸→晒纸→揭纸→理纸→打捆流程，共72道工序、25天的生产时间，期间要使用20种生产工具。一年中以9月份、10月份所造皮纸为最好。

造纸塘皮纸制作所保留的手工造纸技艺通过中国科技大学手工纸研究所调查列入了《中国手工纸文库》（国家新闻出版总署"十一五"重点出版计划）。2009年9月30日，贵州省人民政府公布造纸塘皮纸制作技艺为第三批省级非物质文化遗产名录。2011年1月19日，务川县人民政府公布了卢朝松、卢朝辉为造纸塘皮纸制作技艺项目传承人。

造纸遗址

造纸一家人

人文史迹

造纸蒸料遗址：位于村庄中部造纸河旁，始建于清同治年间，用于皮纸制作中的第一个环节——皮板的制作，原为石板堆砌的土窑，现已荒废，石堆上长满了杂草，整体保存状况较差。

凉亭：位于村中部造纸塘河南侧的沟渠之上，始建于清同治年间。为皮纸制作中毛料、灰料反复漂洗时村民们休憩之用，后因年久失修而毁坏，现状4座凉亭均为2015年原址复建时混凝土浇筑的红瓦四角亭，建筑质量较好。

举重石墩：清同治年间的一位武状元锻炼身体时所用，原有1对，现仅存1个，保存状况较好。

造纸作坊：位于村中造纸河边的平坦地带，始建于清同治年间，造纸作坊用于完成皮纸制作中刮晒构皮、毛料制作、打皮板、榨胚纸等多道工序。因年久失修、缺乏管理，破败不堪，现状造纸作坊为2015年原址复建的一层平顶砖房，整栋建筑高约5米，长约28米，宽约11米。

古墓：造纸塘有古墓两处，古墓均葬于清同治年间，墓碑用石头堆砌而成，建于石阶之上，墓身被石板矮墙包围，整个氛围严肃庄重。古墓主人是卢氏祖先，现在隔三五年祭扫一次，同时对损坏的部分进行修缮。

古树：寨内有百年楠木树、古橙子树各1棵，楠木树树高10米，冠幅2米，现状枝干部分被砍伐，保存状况较差；橙子树位于村寨西北部，树高8米，冠幅2.8米，古树长势良好，枝繁叶茂，少有人为破坏。

保护价值

造纸塘作为中国传统村落，保存了遵义仡佬族村落相对完整的、真实的历史遗迹，同时附带了大量的历史文化信息，完整地体现了当地传统民风民俗，见证了自清朝以来该地区的生活方式和文化特色，有较高的历史文化价值以及社会价值。

造纸塘传统产业为造纸业，但是近年来由于工业化纸的普及、农村产业结构的调整和打工浪潮的冲击，以及造纸原材料构皮的缺乏，使造纸业日趋衰落。现状产业主要是种、养殖业和外出务工，村寨整体经济水平较差。通过对村落的保护，向人们展示别具一格的造纸塘皮纸制作技艺、仡佬族婚俗、花灯等仡佬族风情，吸引外来游客了解以及体验当地风俗，从而带来相应的经济效益，作为村落的保护资金来源，使地方经济的收益与地方传统村落的保护相辅相成。

罗永洋 潘秋梅 何成诚 编

舀纸

胚纸

焙纸

遵义市凤冈县新建镇新建社区龙塘溪组

龙塘溪组全貌

龙塘溪组区位图

总体概况

新建社区龙塘溪组位于遵义市凤冈县新建镇，处于镇区中组，距离镇政府仅1公里，距离凤冈县县城43公里。东接太河社区，北与桥塘村相连，西接官田村，南连新建村。

新建社区龙塘溪主要是汉族聚居的村寨，全村人口7596人，共有17个村民小组，龙塘溪传统村落包含龙塘溪和马鞍缺两个自然寨。

元朝末年，朱寿可二房子孙从长碛古寨分出两房，分别定居到永安、土溪官坝，最后朱询祖带领一家人从长碛古寨朱家划分出来，定居在龙塘溪，繁衍生息。

古寨坐落在洪渡河边，依山傍水，环境优美，气候宜人，河中有草鱼、鲫鱼、黄腊丁、娃娃鱼等鱼类，渔业资源非常丰富。

2019年新建社区龙塘溪列入第五批中国传统村落名录。

村落特色

龙塘溪古寨选址三面环水，一面靠山，古寨民居依山而建，傍水而立，独具特色，历史悠久，文化底蕴厚重，人文景观耀眼，自然风光绮丽。村落建筑分布较为集中，依山就势而建，错落有致，由步行道连接形成了自然和谐的村落格局体系。

古寨由两个集中的自然寨组成，中间隔山相望，房屋大都依山而建，形成错落有致的建筑群体。两个寨子背靠大山，三面环水，进出村寨的道路仅有一条，交通险阻、信息闭塞。古寨主要由靠村寨西北面的桥进行连接，为了适应山地地形，遵循因地制宜的设计原则，整体布局顺应自然，主要聚居于半山坡的聚落。

传统建筑

村落建筑分布相对集中，依山就势而建，错落有致，由步行道连接形成了自然和谐的村落格局体系。

村落建筑大部分为穿斗式木结构民居，木结构房屋占79%，主要建筑形式有小青瓦、坡面屋、穿斗枋、转角楼、雕花窗等建筑元素。

传统建筑多为二层建筑，部分为一层建筑，个别为三层建筑。建筑为木结构承重体系，两坡屋顶，墙体底部勒脚部位由石块砌筑而成，其作用一方面是作为基础，防止不均匀沉降，防水防潮；另一方面是立面效果，形成三等分形式，整体建筑简洁大方。屋顶铺设青灰色瓦片。建筑的木质门窗装饰悠久，窗花雕刻精美。

传统建筑

民族文化

打闹歌：打闹歌由原农民在耕种过程中催工的号子演变而来。地名俗歌，为当地老百姓根据当地习俗及文化传统汇编而成。

传统建筑

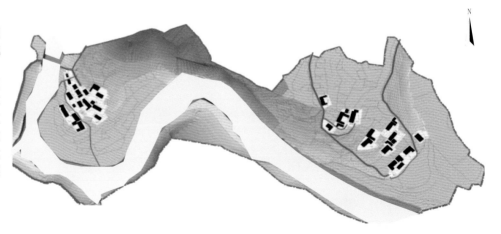

龙塘溪组平面图

节庆活动：春节及每年的腊月，由村民自发组织，全寨100余人参加，以当地农耕文化为主，结合当地文艺特色，如打闹歌、地名俗歌、说春等。清明节，全国各地的朱氏族人都会到长碛宗祠开展祭祖活动。

婚俗：有抬花轿的习俗，由男女双方身穿传统结婚礼服，新娘头戴喜帕，由男方抬着花轿请媒人、吹唢呐前去接亲。

人文史迹

古树：一棵枫香位于村寨西部，两棵小叶楠位于村寨东部，共计3棵。

古河道：位于村寨的西面，为乌江一级支流洪渡河。

古对窝：为村民传统生活用具，作为捣碎谷物使用。

佛像：背靠岩石峭壁，用石头雕刻而成，保存良好。

古磨：为村民传统生活用具，捣碎谷物用，保存良好，依然可以使用。

保护价值

作为以汉族为主的民族村寨，龙塘溪的饮食、建筑、生产工具具有独特的民族特色和地方特性，其艺术、风俗和传统等精神文化也极具特色。它们承载民族独特的风俗和区域典型的文化，不同时期的遗存能够充分反映民族文化的发展历程，反映了民族历史发展的水平。该村落物质文化、非物质文化资源丰富、历史悠久、独具特色，文化内涵丰富，是民族文化和区域文化的杰出代表，具有极高的文化价值。

打闹歌依旧是龙塘溪的传统习俗，这些文化对研究黔北地区的传统乡土聚落与自然生态共生的关系具有突出的意义。

依山就势、临水而居，山、水、田、园、路层次分明、错落有致的整体格局体现了该村独具特色的典型风貌，为研究黔北地区传统村落的生活空间、生态空间提供了真实依据。

龙塘溪的民居建筑是典型的黔北民居，也保存着黔北地区的传统习俗，保持着特有独特、真实、原始的品质，黔北人的生活方式在此世代相袭。

现有的村落街巷空间、公共空间、建筑形制，均由各时代自然生长而成，体现了时代的延续性。

何成诚 潘秋梅 编

打闹歌

古树

古河道

春节

佛像

婚俗

黔西南布依族苗族自治州

QIAN XI NAN BU YI ZU MIAO ZU ZI ZHI ZHOU

黔西南布依族苗族自治州兴仁市新龙场镇冬瓜林村

冬瓜林村全貌

冬瓜林村区位示意图

总体概况

冬瓜林村位于兴仁市新龙场镇西北4公里处，距兴仁市区19公里，村落由原三道沟村、冬瓜林村合并而成。东抵大屯村，南接虎场村，西连普安楼下镇，北邻大洼村。交通较为便利，"兴顶"高等级公路、"兴普"公路、"西北经济"干线三大动脉贯穿整个新龙场镇，而冬瓜林村距离新龙场镇区约3公里，有村级公路与镇区相连。

冬瓜林村整个村落国土面积14.5平方公里，全村共17个村民组，11个自然村寨，1123户，4473人，村民主要以汉族为主。1891年何姓家祖何文仲于盘县民主镇大山丫搬迁于此，后何姓亲宗陆续搬迁于此，并于1952年左右建村，至今已有128年。整个村庄基本是按照何家高祖观察山水地形、结合阴阳八卦学说的思维脉络布局发展而来。

2019年冬瓜林村列入第五批中国传统村落名录。

村落特色

村落古建筑景观和自然生态景观是冬瓜林村最具价值的核心资源。古民居、农田、山林构成了冬瓜林村独特的景观格局。冬瓜林村先人在村庄选址时十分重视审察地理形势，善于利用自然环境，村庄建筑大都沿着山坡拾级而上，形成一条呈"几"字形舒展开来的建筑裙带。中间谷地为村庄最低洼之处。冬瓜河堤穿村而过，将冬瓜坝一分为二。一部分为村庄最早的部分，以何氏民居为核心，建筑布局宛如一只凤凰栖息山麓；另一部分为后来逐渐形成，也基本沿着山麓而建。

传统建筑

冬瓜林村内大多数为屯堡式民居建筑，建筑根据古代河渠流布状况，结合阴阳学排列各幢建筑。传统建筑主要位于冬瓜林村二组，由8栋四合天井建筑组成建筑群，为木、瓦、石结构，整个建筑群系两进两层，四合院，房子中间有天井、厅堂，居室门窗、格扇、栏杆、柱础上都雕刻有花纹，十

何家大院

分精巧。建筑外有封火墙，以青砖砌成，再涂以石灰砂浆，环绕包围木质房，可起到防火、防盗的作用。封火墙外面的大门也多有雕花画梁，其门相、梁柱均饰有龙游凤翔、云纹图案，不少门窗雕刻精致，石墙、石墩、石缸造型独特，雕有花鸟兽图等，雕刻精细，十分考究，大多保存较好，具有较高的历史价值、科学价值、艺术价值。目前，现保留较为完好的何氏民居，也称"何家大院"，为市级文物保护建筑，经过多年的沉淀，建筑主体保留较为完整。

冬瓜林村平面图

建筑屋顶细部

传统建筑及雕刻

传统建筑及巷道

古墓

民族文化

经过多年的历史传承，目前冬瓜林村的民族文化已经走向了较为成熟的阶段，民族节日、民俗活动也逐渐成为村里的重要纪念节日。如农历二月初二献祭村寨保护神和同氏族祖先等民风民俗也得到了较好的传承。每年的二月二祭龙，即献祭村寨保护神和同氏族祖先，地点是在村寨附近的树林中，过去一定要杀猪作祭品，中华人民共和国成立后，有的已简化为用鸡和各种熟菜果品献祭。

竹海造纸术：以竹海新生枝叶的嫩竹为原料，竹海的竹子为这里世代沿袭的古法造纸而生，造纸的传统工艺又因满山遍野的竹子而得以传承。

雕刻技艺：村内的石墙、窗花等展现出精湛的雕刻技艺，具有文化传承、技艺传承等重要价值。

人文史迹

古建筑：冬瓜林村共有8栋建于清朝及民国时期的古建筑，这8栋古建筑形成的古建筑群统称何家大院，为市级文物保护单位。

古墓：立于民国4年（1915年），为何氏家祖古墓，保存完好且墓碑上雕花较为精美，具有一定的历史价值。

保护价值

冬瓜林村的传统资源价值主要体现在历史价值、文化价值和艺术价值上。其中，以何氏民居、精美的石雕和门窗雕画、民族文化等人文历史资源最为突出，具有丰富的历史、文化、科学和艺术内涵。冬瓜林村的民间技艺——竹海造纸，造纸过程历经72道工序，整个工艺流程具有很高的科学价值。此外，何家十分重视教育，先是成立私塾教育家族子弟，后成立小学堂，为当地提供了受教育机会。何氏家族历史上人文荟萃，有文人，有官员，亦有富而好礼者和乐善好施者，宗族文化积淀深厚，留下了丰富的历史人文资源。

潘秋梅 何成诚 罗永洋 编

精美雕刻

竹海造纸

冬瓜林村一角

黔西南布依族苗族自治州贞丰县挽澜镇兴农村

兴农村全貌

兴农村区位示意图

总体概况

兴农村位于黔西南布依族苗族自治州贞丰县挽澜镇中部,村寨西接板赖村,南抵挽澜河,北临长贡山脉。距镇政府所在地4公里,全村国土面积14.2平方公里。全村下辖6个村民小组,全村人口488户,2581人,其中核心保护群落常住500人。明朝洪武年"调北征南"迁徙至此。

2016年兴农村列入中国第四批传统村落名录。

村落特色

兴农传统村落是一处以"王氏"和"赵氏"家族血缘为纽带形成的宗族居住聚落,村落选址秉承了风水学派的传统,可归纳为"龙、穴、砂、向"四个字。"龙"即指村落背后的山势,要求有源有脉,奔驰而来,左右环抱,顾盼有情;"砂"即指村落周围的小山,包括左、右及前面的小山,砂山高度不可超过龙脉,村落前有小山坡,以作为村落前方的对景;"穴"即指营律的基抽,由龙、砂、水所包围的地域称为明堂,村落的穴基定位在明堂上,一般应"地势宽平,局面阔大,前不破碎,坐的方正";"向"即村落布局的朝向。该村坐落于一缓坡上,地势西高东低,村落建筑坐西朝东,村落田园阡陌,风景如画。

传统建筑

兴农村传统建筑历史价值较高。有县级文物1处,县政府认定的历史建筑1处。整体民居建筑以布依族民居为主,大多坐北向南,石木结构悬山穿斗式小青瓦顶,正面为木质结构板壁封顶,门前有石阶晒台,踏步向南开,房屋间由"井"字形石板路通连各户。建筑材质都是取自当地石材和木材。中华人民共和国成立前夕,这里土匪猖獗,布依族同胞们曾筑起高高的城墙和寨门阻击土匪,保卫家园。由此便将其作为民居建筑元素保留下来,现在依然能看到寨门遗址曾经的辉煌。

现存传统建筑及建筑细部和周边环境原貌保存完好,建筑质量良好且分布连片集中,风貌协调统一,仍有原住居民生活使用,保持了传统村落的活态。同时,现存传统建筑的工艺独特,采用当地石材堆砌而成,建筑肌理有序,具有典型的布依族地域特色和民族特色。

传统民居

自然环境

村落街巷

兴农村平面图

土地庙

石堡坎

挽澜河

王氏民居马头墙

为研究当地民族文化及民居建筑提供了实物依据。

石堡坎：坡齐寨西北面有约600米长的石堡坎，为采用当地鹅卵石、石板堆砌而成，保存完好，对研究兴农村布依族历史文化有一定参考价值。

古河道：挽澜河自西向东从坡齐寨南面外围穿过，河面宽度10～20米，河水清澈，基本无污染，村民们在挽澜河的孕育下养育了一代代的兴农儿女。

土地庙：土地庙位于兴农村西北面，是村民的祭祀场所，占地面积约200平方米，年代为清代，保存完好，为了发展的需求，之后又新建了一个祠堂，供村民日常节日祭祀用。

王氏民居：兴农村是以"王氏""赵氏"家族血缘纽带形成的聚落，拥有400年历史的王氏民居建筑是反映兴农村世代建筑融入不同历史文化符号的集合体。

民族文化

兴农村有国家级非物质文化遗产1项，为三月三祭山节。省级非物质文化遗产2项，分别为布依族花灯戏，布依手工织布、布依靛染。

布依族花灯戏：是一种布依族的民间戏曲形式，一般要经过"拜皇恩""报幕"、唱"搭台歌"等程序。主要流传于挽澜镇布依族村寨一带，又称"兴农坡齐布依花灯"，是黔西南民族花灯的代表，历史悠久。距今已在贞丰流传了600余年。

三月三祭山节：是贞丰县布依族传统的民族节日，已有上百年历史。于2011年入选第三批国家级非物质文化遗产名录。

布依族靛染：用蓝靛草加工成蓝靛，用蓝靛作染料，土碱、烧酒等为辅料把布料染成各式各样颜色的传统技艺。

布依族手工织布：布依族手工织布工艺极为复杂，从采棉纺线到上机织布经轧花、弹花、纺线、打线、浆染、沌线、落线、经线、刷线、作综、闯杼、掏综、吊机子、栓布、织布、了机等大小72道工序，全部采用纯手工工艺。

人文史迹

全村有古树20棵，分别为枫香树和梨树。有古河道1条，石堡坎1个，古道1条，古庙1座。

村内古道：古道位于贞丰县挽澜镇兴农村坡齐寨，距挽澜约1公里，形成于明代，长1000米，宽1.5米左右，面积约1500平方米。用当地鹅卵石、磨石质石板砌成，石板路呈"井"字形，通连各户。至今已有300余年历史。井字街有石头铺砌环绕寨子。井子街结构保存完好。该文物点

布依族靛染

布依族花灯戏

三月三祭山节

保护价值

兴农村始建于明代，历史悠久、环境优美，整个村落的格局和建筑保存较好。村内拥有建筑质量良好的石砌建筑群，村落布局包含了中国传统礼制文化的内涵，尊崇规制，讲究严谨的布局模式，以及各式各样的民族文化跟人文史迹，这些对研究这一时期黔西南社会发展和宗法制度下农村社会具有历史和学术价值。

付文豪 陈传炳 编

兴农村环境

黔西南布依族苗族自治州贞丰县平街乡花江村

花江村全貌

花江村区位示意图

总体概况

花江村位于黔西南州贞丰县北部，发源于明清时期茶马古道的花江古驿站，曾是进入云南的必经之路，北部便是北盘江，南接廖家屯和营盘村，西临下岩村。距平街乡20.2公里，以布依族聚居为主，全村712户，总人口4030人，全部为布依族同胞。行政区域面积13平方公里。

2016年花江村列入中国第四批传统村落名录。

村落特色

花江村所处地以喀斯特地貌为主，地势北高南低，北部为山崖，南部为峡谷，村庄分布于山崖与峡谷间的台地上。花江村村落沿等高线呈台地式布置，整个村落在森林的包围中若隐若现，秀美的山形和茂密的植被成为传统村落的绿色背景，将村落映衬得更加优美。花江村村落周边均为生态农田或耕地，具有传统村落农耕文化典型村落的环境要素，加上宜人的气候环境，绿色植被丰富的覆盖，形成了非常适宜人类居住的生态、地理和气候环境。

传统建筑

花江村的传统民居一般采用木石结构，木材为建筑的结构支撑，石材为围护结构，主体框架采用穿斗式木结构，内部房间使用木板隔板。

民居结构：虽然布依族的民居外部看上去都是石头建成的，但是它的真正结构部分却是由木结构支撑的，这也说明了它的石质建筑不同于西方的古建筑，而是继承我国木建筑的优良传统。建筑四周围护看似牢固的墙体并不承重，而是木构架支撑着楼板和屋顶，以传统的立贴屋架为主，单排屋架由柱、瓜柱和穿枋以及卯榫连接组成。

民居建筑装饰：花江布依族民居在建筑装饰上主要分为两个部分，即木作、石作。其中木作主要是窗花和木雕，木雕应用广泛，包括门、窗等木质部位以及家具等。而石作则包括铺地、柱础、石柱等，花江布依族民居装饰艺术一般从自然界获得灵感，也反映了布依族对自然界的原始崇拜，民族文化以及符号融合于建筑各个细节之中。

民居建筑装饰

传统民居建筑

民族文化

花江村有被列为国家级非物质文化遗产1项，为"三月三"，省级非物质文化遗产有2项，分别为"六月六"和布依婚俗。其余县级非物质文化遗产若干。

"三月三"：是贞丰县布依族传统的民族节日，已有上百年历史。于2011年入选第三批国家级非物质文化遗产名录。阳春三月，是春耕将要开始、春旱现象较为严重的时期。布依族每年在三月初三这天自发组织到山神庙前求雨拜神，在寨内举行驱妖魔活动，一来祈求寨内平安，二来祈求风调雨顺。

花江村平面图

三月三

六月六

光绪年间又多次复修，地易三址，三建两毁，直至光绪二十七年（1901年）四月方始建成。

摩崖石刻：临近崖脚古驿道的一段石壁，是由许许多多大小不一摩崖石刻连接而成的书法艺术长廊。

红色文化：花江铁索桥自建成后，兵家就相争不断。1935年4月16日中央红军进入黔西南后，在距离铁索桥不远的平街击溃国民党守敌犹国才部，然后沿官道而下，来到小花江村，与守敌激战三小时，将铁索桥守敌击溃于北盘江北岸，占据铁索桥，保证大部队顺利从黔西南出境。

李晓炎故居：贵州省民国政府省主席李晓炎故居位于贞丰县平街乡李家屯，居高临下、易守难攻的李晓炎故居，是当地文化教育最为集中的一个点。

古驿道："花江古驿道"地处北盘江中上游之花江段，自贞丰城北90里之花江铁索桥至平街乡营盘垭口，全长32里。

摩崖石刻

李晓炎故居

六月六：布依族人民十分重视这个节日，有过"小年"之称。节日来临，各村寨都要杀鸡宰猪，用白纸做成三角形的小旗，沾上鸡血或猪血，插在庄稼地里，传说这样做，"天马"（蝗虫）就不会来吃庄稼。布依"六月六"已有悠久的历史。据清乾隆年李节昌纂的《南龙志·地理志》记载："六月六栽秧已毕，其宰分食如三月然，呼为六月六。汉语曰过六月六也。其用意无非禳灾祈祷，预祝五谷丰盈……"。贞丰布依族六月六被列为贵州省非物质文化遗产名录。

布依族婚俗音乐：布依族婚俗音乐是布依族传统婚姻缔结的各个环节中需要或应用的音乐。按其社会功能，可分为婚恋音乐和婚典音乐。婚恋音乐指布依族男女青年"浪哨"（交朋友、谈恋爱）时唱或奏的山歌调、谷温、勒尤调等。婚典音乐是以唢呐为主奏乐器的吹奏乐。布依族婚恋音乐曲调丰富，旋律优美，不管是演唱，还是用木叶、二胡、勒尤、月琴等演奏，每一首都有相应的寓言。贞丰布依族婚俗音乐2008年被列为《贵州省第二批省级非物质文化遗产名录》，其代表性传承人该村有三人。

人文史迹

花江村拥有丰富悠久的人文史迹。全村共有古树名木1种，共2棵，古驿道3处，铁索桥1处。

"飞虹锁天"之称的铁索桥：铁索桥扣挂两山之间，始建于明代，距水面约70米，上铺数百块大枋作为桥面，铁索桥下江水汹涌澎湃，河流湍急，明代起曾多次在此架桥，桥未建成即被洪水冲垮。清

古树

铁索桥

保护价值

文化价值：花江村是散落在山水之间、具有代表性的物质文化遗产，蕴涵非常丰富的非物质文化，是花江布依村寨文化的源头和根基，堪称北盘江大峡谷的一颗璀璨明珠。

艺术价值：花江村是几百年农耕文化的结晶，具有悠久的历史和深厚的文化底蕴，是物质文化遗产和非物质文化遗产的综合体。

社会价值：花江村历史悠久且文化传承性强。花江传统村落是风貌古雅、民风淳朴的传统村落，为我们了解传统文化，探寻绵延的历史提供了对象，是珍贵的文化遗产。

科学价值：传统村落以传统建筑群、古树、古道等为代表，传统建筑群又是以传统的布依族石木楼为主的建筑群，花江村作为布依族石木楼建筑群的历史沉淀，具有较高的科学价值。

付文豪 叶 茜 编

花江村环境

黔西南布依族苗族自治州兴义市泥凼镇乌舍村

乌舍村全貌

乌舍村区位示意图

总体概况

乌舍村为泥凼镇东部的一个布依族村寨，距镇区8公里，距省级文物保护单位何应钦故居9公里，距省级风景名胜区泥凼石林景点15公里。

该古寨的形成可以追溯到明末清初，乌舍村的祖先来到乌舍一带，看此地群山环抱，绿野肥沃，还有一条河如卧龙绵延于内，具有天然的气势聚集，故定居于此，延续至今。

乌舍村国土面积19.4平方公里，辖26个村民组，主要以韦姓、卢姓、唐姓、查姓为主，全村共945户，4253人。其中，传统村落核心保护区面积3.48公顷。

2019年乌舍村列入第五批中国传统村落名录。

村落特色

乌舍村北靠巍巍龙荫大山，南临万峰湖。田房组村前一条溪流清澈透明，昂甲组村前为巴结河，宛如龙蛇悠然长卧。村寨总体布局依山就势，疏密相间，形成自然生长的村落形态。

村寨内有多棵盘根错节、奇崎遒劲、千姿百态的参天古榕，布依"干阑式"吊脚楼星罗棋布于山林中，若隐若现。村内安静祥和，偶有鸡犬之声相闻。每到三月三寨内就组织浓重的祭祀活动，每家每户都参与，这一习俗已经保留了上百年。直到今天，布依青年情侣的浪哨和坐家，仍让这个具有百年历史的古寨充满了神秘，仍旧那么令人陶醉、令人神往。

传统建筑

乌舍村"干阑式"传统民居建筑群是最为突出的物质文化遗产，建筑的底层养牲畜、储物，一层为生活居住。目前，乌舍村保留有传统建筑100多栋。其中，以乌舍昂甲、田房布依寨子保存最为完好。传统建筑面积大多在120～160平方米左右，一般为"整体建竖"或"半柱建竖"，通常为"五柱八瓜"或"三柱八瓜"，前后出挑，吊柱的下端做雕花处理，纯木结构的外观通常涂刷上黄、蓝、绿、紫等多种颜色，色彩亮丽，建筑雕刻古朴精美，风格各异，形成独具特色的民族色彩。

乌舍村传统建筑色彩

乌舍村平面图

精美雕花

精美雕花

传统建筑

民族文化

乌舍村的民族文化以布依族八音坐唱、三月三传统风情节、"六月六"等传统佳节，以及布依族服饰、布依美食等为代表，具有浓郁的民族特色。

八音坐唱：又叫"布依八音"，亦称"八音坐弹"，是布依族世代生产生活中形成的民间说唱艺术，具有浪漫、普遍、自然的特点。乌舍布依寨组建有自己的布依八音演唱队，土生土长，原汁原味，其古朴淳厚的艺术韵味得到广泛传承。

三月三祭山：布依人敬畏神灵，尊重自然，每年的三月三全村的人都会举行祭山活动，布依族的男女老少都会跳起布依族舞蹈以表示对自然赐予的回赠。这个节日世代相传，至今已有100多年的时间。现活动每年举行。

布依服饰：布依族服饰是乌舍世世代代居住的布依民族生产、生活习俗的反映。

布依歌舞：在节庆日时，乌舍布依村民都会唱起布依歌，跳起布依舞。为了更好地把这些歌舞保存下来，每年春节都会在古寨的活动广场举办春节联欢晚会，并邀请游客一同感受布依风情。

布依蜡染、织布、刺绣：布依蜡染、织布、刺绣等技艺一直传承至今，是乌舍布依族中传承比较完整、普及比较广的技

艺之一。布依族称"刺绣"为"绣花"，刺绣题材内容丰富，绣法多种多样，它不仅绣在衣裤、布鞋、围腰、手帕、挎包上，还绣在枕套、枕巾、被面，乃至桌布、靠垫上、小糠包上。妇女们精心的刺绣，展现了乌舍布依人的聪明智慧和心灵手巧，也记载了本民族的历史和文化。

布依美食：乌舍布依美食比较多，也比较特别。比如"面蒿粑"为"三月三"食用，主要以蒿草加糯米制成；"血灌肠"采取新鲜狗血加薄荷叶、香菜等调味，拌匀后灌入新鲜狗肠，放入烹制狗肉的汤锅里煮熟即可食用；"马脚杆粑"为春节后食用，用糯米加猪肉用粑粑叶包好蒸煮之后即可食用。

八音坐唱

布依蜡染

人文史迹

古河道：村内有两条河道，昂甲组河和田房组河，将村落建筑群一分为二。两条河道常年流水，但水量较小，最终汇入万峰湖，成为万峰林——万峰湖景区源头

的一部分。

古巷道：村内分布有大量用石头、泥巴铺设而成的传统巷道和石台阶，平均宽度为1.2米左右。

古作坊：古作坊为木结构、小青瓦，田房组的古作坊用于红糖制作。

地窖：村内仍保留有多处地窖，用作冬日储存粮食使用，现已闲置。

地窖

古巷道

保护价值

村落坐落在群山之下、河谷之上，周围植被丰富，植物种群繁多，古树参天，河谷景观与村落一同生长。此外，乌舍村拥有丰富而珍贵的物质与非物质文化遗产，具有特殊防御式的村寨选址格局。整个传统村落格局保持完整，自然风貌奇特，时间和空间环境均体现了其较高的历史价值。

潘秋梅 何成诚 罗永洋 编

乌舍村一角

黔西南布依族苗族自治州普安县青山镇青山社区

青山社区区位示意图

青山社区全貌

保持了良好的景观视线。

古村落兴起于明，因屯军、交通和商业而繁盛，建筑上保留了多时期、多民族、多类型融合发展的特征。在长期的发展过程中，青山社区景随时异、仪态万千，在历史的洗涤中沉淀自身，形成了"一心、四街、八巷"的整体村落格局。一心：平街头为中心；四街：指上街、平街头、后街、下街；八巷：指四条主街内八条支巷。其村落格局散发出一种宁静、清逸、斑斓的美，是云贵高原上一道亮丽的风景线。

总体概况

青山镇青山社区兴盛于明代，从明代屯军时算起，目前已有600余年的历史，是历史上重要的商贸名镇、军事名镇、文化名镇、教育名镇，现为国家重点镇、贵州省文明镇、贵州省30个重点在建示范小城镇之一。

青山镇隶属普安县，位于兴仁市和普安县交界处，地理位置优越，交通条件较好。省道313穿镇而过，连接兴仁市和普安县，到兴仁市区约35公里，离普安县城约45公里。青山社区是青山镇政治、经济、文化和商贸中心，总面积6.47平方公里，下辖14个村民组，5113人，1766户，是汉族、回族、苗族等民族的聚集之地。

2019年青山社区列入第五批中国传统村落名录。

村落特色

青山古社区坐落在云贵高原之上，属于典型的喀斯特地貌，青山社区位于山间坝子之内，周边地区地势平坦，内部视野开阔，偶有一两座喀斯特独峰点缀，形态优美，引人入胜。古村落周边有良田千亩，东侧有阿岗河流过，村落外围绿树掩映，山花烂漫，山水相依，整体景观风貌较好。青山社区在山水掩映中，依山势地形而建，村内略有起伏，整体呈现北高南低的走势，

传统建筑

青山社区现保留了各式传统建筑61座，主要有清真寺、四合院民居、源泉义学书院、牌坊等，所具有的造型、结构、材料、装修、装饰等具有典型地域性或民族性特色，建造工艺独特，建筑细部及装饰十分精美，工艺美学价值高。

青山清真寺：既有别于四方八面形塔楼，又不失华夏民族传统古建筑风貌，屋顶采用阿拉伯式绿色圆顶，浑厚饱满、

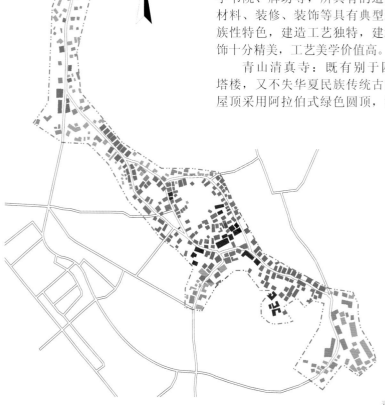

青山社区平面图

挺拔壮美。古色古香的大殿正面，18道镂空六合门精雕细镂、玲珑别透，花鸟造型巧夺天工、栩栩如生。碧绿的柱子、金黄的窗棂、棕黄色的板壁，错落有致，色块分明。大殿仍保持19世纪末盘八木瓦寺院的"高脊翘檐""四面淌水"的古朴风姿。

青山社区的四合院：最早建于明朝初年，但现存的是清朝后修建的。青山社区的四合院、源泉义学书院全为木石瓦结构：木质框架，从柱子到板壁，清一色优质杉木，屋顶青瓦，顶梁两头和中间有雕饰，四周青石封砌，分层过印，厚达两尺；地板也用青石镶嵌，线条明快，接缝严密；山墙多为凸形，飞檐翘角，既美观又有遮挡风雨作用；檐口有一层、两层，两层的俗称二檐滴水；门窗多饰有雕刻，图案内容丰富，生动逼真。牌坊采用石雕，工艺独特。

青山清真寺

平街石牌坊

建筑雕刻

民族文化

青山社区民风敦朴，民族文化绚丽多姿，以回族文化最为丰富。

古尔邦节：每年12月10日为古尔邦节。每年的这一天，形成了宰牲献祭的习俗沿袭至今。

斋月：每年教历9月定为斋月，在斋月里要封斋，要求每个穆斯林在黎明后至落日前的时间里，戒饮、戒食、戒房事等，其目的是让人们在斋月里认真反省自己。到教历10月1日斋戒期满，为开斋节，庆祝斋功完成。开斋节这天人们早早起床，沐浴、燃香、穿戴整齐后到清真寺做礼拜，聆听教长讲经布道。然后去墓地"走坟"，缅怀亡人，以示不忘祖先。

开斋节

人文史迹

在长期的历史发展过程中，青山社区内部分布着大量历史古迹。其中，有国家级文物保护单位1处，市级1处，县级4处，历史建筑6处，第三次全国文物普查新发现不可移动文物3处。

各级文物保护单位：铜鼓山古夜郎遗址、源泉义学书院、平街石牌坊、青山清真寺、青山四合院。

其他历史遗存：青山盐行街、青山铁器社、泽东井、青山古驿道。

周围历史遗迹：铜鼓山古夜郎遗址、泽东井、营山古墓葬、夜郎坝古驿道、阿岗太平湖、黄家桥、陇家桥等历史景观要素。民族文化景观和世界最大的四球古茶树群落、普白原始森林、庞大的溶洞群落等自然景观要素。

古街巷

源泉义学书院旧址

保护价值

青山社区保留有大量保存完整、特色明显、风貌较好的古建筑、古遗迹、古遗址、古井、古树、水道、古墓、古寺等。现存建筑清真寺、四合院民居、源泉义学书院、牌坊所具有的造型、结构、材料、装修装饰等具有典型地域性或民族性特色，建造工艺独特，建筑细部及装饰十分精美，工艺美学价值高。此外，传统人居环境和独特的地方方言、服饰、民居、婚俗等深厚的文化习俗，与当地传统的地名、街巷、商铺名称、传统产业、作坊等共同构成了无形的文化遗产，具有较高的研究价值和旅游价值。社区的核心区外围和周边区域，也保留了大量历史遗存，如铜鼓山遗址是贵州境内经过正式发掘的唯一一处战国至西汉时期青铜冶铸遗址，具有重要的学术科研和保护价值。

潘秋梅 何成诚 罗永洋 编

铜鼓山古夜郎遗址

黔西南布依族苗族自治州兴义市清水河镇雨补鲁村

雨补鲁村区位示意图

雨补鲁村全貌

总体概况

雨补鲁村位于兴义市西北部，是兴义市清水河镇的一个全汉族村落，距兴义市约20公里，距清水河镇约8.1公里。村落西临兴清快线，交通便利。村内现有居民158户，户籍人口653人，常住人口611人。

相传650多年前，陈友谅在鄱阳湖大战中被朱元璋打败，陈氏家眷被朝廷常年追杀，其家眷中的一支历经数代奔波，最终逃到了这个既隐蔽又能休养生息的天坑繁衍下来。

雨补鲁村属于马岭河峡谷——万峰湖风景名胜区，靠近清水河峡谷风景区，古寨有"兴义市民的后花园"之称。正月初五的"古幡会"，九月九的"小黄姜美食节"，当日都会迎来万人旅游的高峰。近年来，雨补鲁村的旅游得到很大程度的发展，2015年雨补鲁村年游人规模为9万人左右，2018年在12万人左右。2017年9月湖南卫视大型亲子栏目《爸爸去哪儿》到雨补鲁村拍摄，吸引了更多的游客。

2019年雨补鲁村列入第五批中国传统村落名录。

村落特色

雨补鲁村是罕见的有人居住的天坑，雨补鲁村由此被称为"坐落在天坑里的古寨"。600多年来，雨补鲁村安静地躺在这个巨大的自然天坑里，像是一个远离喧嚣的世外桃源，四面为喀斯特山林，高低差约600米，整体成喇叭花状。坑内气候宜人、雨水充沛、土地肥沃、风景奇秀，底部平坦，民居排布整齐。村内古树参天、古井泉眼涓流，百年老宅比比皆是，古巷道和茶马古道纵横，地下暗河遍布。整个村落具有神秘的山水林田格局，突出的田园观光，奇异山石的自然景观，以及突显石头筑寨的人文景观。

传统建筑

雨补鲁村最为突出的就是石木结构传统民居建筑群以及古建筑，建设年代为民国到20世纪90年代以前，建筑外观面貌基本完整，建筑石窗花、木窗花等细部构件装饰仍保留着历史文脉肌理。

雨补鲁村传统建筑的石墙主要为块石、乱毛石砌筑，建筑的起居室、厅堂、厨房集中于一栋之内，大部分成四合院形式。建筑大量采用石材，却又不按照结构力学的要求来使用它，其石头不用来承重，房中也无石柱，而是由木柱支撑房屋的垂直重力。

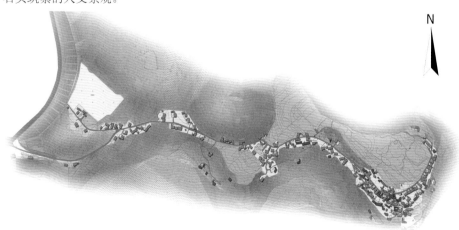

N

雨补鲁村平面图

传统建筑

古幡会

传统建筑

盐水面

民族文化

雨补鲁村民俗文化丰富多彩，村内每月初一和十五做斋、六月祭山、正月十五走幡等民俗活动独具当地特色。此外，民国时期，雨补鲁村家家户户会做盐水面，村民还利用优质的水源，建煮酒坊，古法酿酒。

古幡会：雨补鲁村每年正月十五，陈姓和戴姓通过走幡活动，相互祝福。陈氏古幡会产生于西周时期，盛行唐宋时期，延续于明清时期，近代中断。古幡会文化随着陈氏先祖从中原地区迁徙带到贵州雨补鲁村。其内容有请表文、走幡、伫舞、送圣回宫等内容，是儒释道文化的象征，以天人合一、道法自然、国泰民安为文化精髓，倡导人们崇尚土德、善德善行。2019年6月，雨补鲁陈氏古幡会获省级"第五批非物质文化遗产代表性项目"。

祭山：祭祀对象为山神、青苗土地神，祭品种类为杀猪、马脚杆粑粑、鸡、香蜡纸烛、茶酒，祭祀场所为祭山房、山神庙，祭祀内容有祷告、杀生、回熟、撒幡、颁祚。

天坑歌舞：每当正月十五走幡活动、九月九"小黄姜节"及婚、嫁、娶时表演。其中，以古幡会的伫舞为代表，通常走幡活动时表演。结合旅游发展，表演时让游客参与其中，增加了游客的体验感。

人文史迹

地漏：雨补鲁村地下暗河遍布，位于村落前方的坝子有三个落水洞。2015年，其中一个落水洞由中央美术学院学生创作为艺术作品，赋予了落水洞新的生命，除了具有科普、观赏的作用外还具有排水功能。这件作品直接使用"漏斗"这一概念，将"消水洞"洞口放大呈漏斗状，以此来强化自然地质的特点。

寨门：雨补鲁村的先辈们为了躲避战乱到此定居，为了防范外敌和匪患，在寨子入口建起了一座具有碉堡等防御功能的寨门。寨门、寨墙为一体，寨墙有多处瞄准孔，寨门内能藏粮食、水和武器弹药，寨门顶部原有箭楼、烽火台、瞭望台等构筑物。

古院落：古寨内现保存着几十个格局完整的古院落，大部分为四合院形式的石院落，由院墙、院门、一主房、一侧房围合而成。

石巷道：多为用石头铺设而成的传统巷道及石阶步道，宽度约1.5～2米。

陈氏宗祠：宗祠最早建于1889年，占地面积为80平方米，建筑大门上方有一木雕吞口，建筑前方为120平方米的广场，紧挨着古院门、古院墙与盘根错节的古树。

茶马古道：大约在600年前，陈姓与戴姓互为表亲，陈氏先祖选址于雨补鲁天坑，戴氏先祖选址于山另一边的纳秧寨。陈氏祖先最初为躲避战乱只留出一条与外界联系的道路，后来为了村寨的发展，村民开始经商活动，从天坑东北部沿峡谷往山上走出了一条茶马古道。

古院墙：为一段残墙，是雨补鲁村民居清代以来变化的一个缩影。雨补鲁村的先辈们沿寨子主路整整齐齐地修建了一排用石头砌起来的石墙，几十户人家接在一起，有钱的盖瓦房、贫困的盖茅草屋。中华人民共和国成立前经历了一场土匪浩劫，只剩下残墙断壁，后来村民们重新修建。20世纪70年代，一场大火将这一排排房屋全部烧毁。之后，有的村民把石墙拆了，有的留下当围墙。

古作坊：古寨目前有辣椒面坊、豆腐坊等五个作坊，现作为游客体验场所。

古眺望台：陈氏祖先为了思念故乡，在寨子西北处建有一瞭望台，瞭望故乡，称为望乡台。望乡台建于古树群中，到达台上要走过3米高的台阶，台上的铺装为一个太极图案。

古云盘：雨补鲁村为躲避战乱，利用自然条件修筑具备军事防御的构筑物防范土匪之扰，也称为"营盘"。

地漏

寨门

保护价值

雨补鲁人为躲避战乱，择天坑而居，具有特殊的村寨防御式选址格局，以及600年的建村历史，保留了石寨门、石院墙、石院门、石窗、石院、石阶、石巷道、石广场、石观景台、古幡会、天坑歌舞等丰富而珍贵的物质与非物质文化遗产，从时间和空间环境上，均体现了其较高的历史价值。

雨补鲁是世界迄今为止发现的唯一有人类居住的天坑，曾以其独特的天坑地貌选入国家地理标识，被地质学家称为华夏已发现的天坑之首，具有重要的研究价值。

古幡会文化随着陈氏先祖从中原地区迁徙带到贵州雨补鲁，并在此保留，是雨补鲁诉说历史文化最好的见证。

雨补鲁村作为中国唯一一个天坑里的石头古寨，独特的传统建筑营造工艺以及特有的石头街巷与肌理，体现出重要的艺术价值。

潘秋梅 何成诚 罗永洋 编

黔西南布依族苗族自治州册亨县弼佑镇秧佑村

秧佑村全貌

秧佑村区位示意图

总体概况

秧佑村是黔西南布依族苗族自治州弼佑镇的传统村落，村名秧佑来自布依族语言中的"央优"。秧佑北接伟外村，西面和南面邻八渡镇，东靠秧项村。下辖5个村民组，分为2个自然村寨，全村248户，1127人，是一个以布依族为主的少数民族村，其中少数民族占总人口的94%。

2016年秧佑村列入中国第四批传统村落名录。

村落特色

秧佑村传统村落依山傍水，错落有致。村寨沿地形及道路布局，耕田位于村寨最低处平坝，穿过坝子的河流从山下蜿蜒而过。秧佑村传统村落属于典型的喀斯特地貌，山势险峻，秧佑古寨在选址时避开自然冲沟区域，选择地势较为平缓，且植物繁茂的半山区域作为建村范围，一方面避开山洪可能带来的冲蚀影响，另外繁茂的植物覆盖也增加了地质的安全性。

秧佑村顺应地势保留了部分古老的传统建筑，平面布局以一条主要道路和多条支巷道展开，将各家各户连成片，形成片状的布局结构，在古寨周边有多处古树群，村寨背后有大片油茶森林，同时在村子东边遗留下历史悠久的敬碑亭，上面刻有寨规"八不准，九条禁令"，代代相传。

传统建筑

秧佑自然村现有布依族民居78栋，均为布依"吊脚楼"，保存基本完好。布依族吊脚楼是"干阑式"建筑的一种变体，所有房屋依山而建，结构独特、造型精巧，有浓郁民族特色的吊脚楼是册亨县布依族民居建筑文化之一，它蕴藏着丰富的艺术内涵，其设计和工艺达到很高的水平。

简单、粗放、实用的吊脚楼建筑，是布依工匠巧妙地利用斜坡依山而建，它采取撑低补高，以悬空的形式获取外部空间，柱与柱之间以榫头衔接，形成分下、中、上三层的吊脚楼。第一层隔开用于饲养牛、马和猪；第二层中间为堂屋，堂屋后面有一小间可作卧室或摆放杂物；左侧一分为二，靠山面为卧室，向外则是厨房；右边也有两间，一间作卧室，一间放置农具、舂碓等；第三层由于较高和通风效果好，使储物不致霉变，在房梁上挂钩吊种子、腊肉，有的人家还在楼上铺床休息，三楼靠楼梯架才能上下。

传统民居建筑

民族文化

秧佑村保留了众多民族文化传承，国家级非物质文化遗产2项，分别为布依戏和布依摩经，以及省级县级非物质文化遗产若干。

布依戏：布依戏是布依族人民在长期的生产生活中，吸收其他艺术形式创造的一个戏种，至今已有300年历史。册亨被称为"布依戏之乡"，秧佑布依戏队是册亨县保存最为完好的一支戏队，现有布依戏师12人，主要演员36人。古时当地布依族群众通过布依戏剧演出活动，祈求达到驱邪镇妖、来年风调雨顺的目的。

民居一角

秧佑村平面图

民族庆典

布依摩经

古驿道：秧佑村古寨内部古驿道是村民或牲畜运货物的道路，为泥巴路面，坡度较陡，攀爬难度较大。

古庙宇：树神庙位于秧佑村背后的天然林内，是村民祭祀、朝拜的主要场所。

古树：秧佑村古寨中有众多榉木、金丝楠和罗汉松，大小不等，其中金丝楠和罗汉松被列为国家一级重点保护植物。

敬碑亭：敬碑亭位于古寨中部，历史悠久，是寨规民约篆刻的地方，传说为一位落魄秀才帮助管理寨中事务，受村民尊敬，后为了规范村民言行，寨子里的长辈请他草拟寨规，交予村民讨论后成为全寨人的行为规范记于石碑。石碑高1.5米、宽1米，上面竖排刻着500余字的"寨规"。村民们为了纪念他，就在他当年居住的小木屋旁建起了碑亭，后人称之为敬碑亭。

敬碑亭

古井

布依摩经：布依摩经被称为布依族的"圣经"，是布依族摩师用来超度亡灵、消灾除病的经书，其包含的历史、哲学、文化、自然科学、道德礼仪等，内容十分丰富。秧佑村现存摩经150余部，保存完好。

"三月三""六月六"等节庆、祭祀活动：秧佑村布依族的传统节日有三月三、四月八、六月六、吃新节、七月半等。"三月三"是布依族的传统盛大节日，农历三月初三稻耕开始，要祭山神、土地神和祖先神及稻米魂，制作五色花糯米饭供奉。"六月六"是布依族人民的传统佳节，布依族人民十分重视这个节日，有过"小年"之称。

布依族传统手工织布：秧佑村自古以来，男耕女织，是布依族传统生产劳动的本色。秧佑村布依女性沿袭布依族传统，靠纺织美化生活，保持布依族服饰本色。

人文史迹

秧佑村拥有丰富悠久的人文史迹。全村共有古树名木3种共12棵，古井3处，古巷道1处，古驿道1处，庙宇1处，碑亭1处。

古井：秧佑村内有古井两口，用作村民日常供水，井水清澈甘甜，历史悠久，在村民的日常生活中占有重要的地位，潺潺流水，源远流长。其中，树神庙下面的一口水井，井水呈橘黄色水含有一种雄黄矿物质，"雄黄"布依语叫"yuh（优）"，全寨人都饮用这口井水，因而取名为"qyaanglyuh（央优）"，是秧佑村名字的由来。

古巷道：秧佑村古寨内部巷道均采用当地石材，铺设形成了独具特色的古朴石板街巷，用于连接古寨内各个建筑。

布依戏

民族手工织布

保护价值

历史价值：村内的吊脚楼建筑、古树、碑亭、农耕器具、布依族手工艺（蜡染、酿酒）、秧佑传说、布依戏等具有极高的历史价值。

文化价值：村落较完整地保留了古朴的村落格局、布依族吊脚楼和优美的历史人文景观，这些历史环境要素和非物质遗产是千百年来布依族独特的民俗文化、生产生活方式与周边环境生态系统共同作用的产物，是布依族民族文化的典型代表，具有极高的民族文化价值。

科学价值：秧佑村独特的选址、村落格局、建筑构造等技术对我们研究布依族传统村落的发展具有极高的科学价值。

社会价值：秧佑村不管优美的自然环境，还是富有传奇色彩的历史文化，都是村落与生俱来的天赐之物。与其他村落不同的山水格局和历史文化，必将成为人类的宝贵财富，源远流长。

付文豪 叶茜 编

秧佑村环境

六盘水市
LIU PAN SHUI SHI

六盘水市盘县丹霞镇水塘村

水塘村区位示意图

水塘村全貌

总体概况

水塘村位于贵州省六盘水市盘县丹霞镇镇政府驻地北部1.2公里处，毗邻贵州省著名的旅游名山丹霞山，东临邻园村，南至前所和木龙村，西与郭官接壤，北连板桥镇顺居屯，县道赵威（赵官至乐民威菁）公路穿过村寨，村域面积6平方公里，全村辖7个自然村，14个村民组，以汉族居民居住为主。现居住有汪、李、朱、陈、龚、司马等多姓氏约3000人。

2016年水塘村列入第四批中国传统村落名录。

村落特色

水塘村有明代屯堡建筑群，包括上伍屯、中伍屯和下伍屯。村寨依大山而建，房屋以西南八小佛教名山丹霞山为中轴线，背山面河，多梯田，形成了与自然环境和谐相融的聚落形态格局，其格局紧凑完整，街巷空间及民居建筑保存完好，从建筑、村落、田地及生活方式上充分体现了村落历史与社会生活的真实性、历史风貌的完整性。

田园

建筑群落

传统建筑

水塘村的传统风貌建筑占地面积为1.7万平方米，其中保存完整的四合院有7个，为原始修建的土木结构，与普福寺相连，无论在体量、屋顶式样、屋脊、梁架工艺、门窗式样及周围装饰图案等方面，都显示出精巧、纤秀而不显小气的建筑文化特征。

李氏院落群：所有房屋均为穿斗式梁架结构，硬山式屋顶。大木作做工较为细致，前檐装修形式考究，工艺精湛，其表现为：槅扇门做法符合宋代建筑营造法式规范，腰华板均为镂空雕，涤环板高浮雕居多，槅扇式样多样，中心部位都有透雕

水塘村平面图

四合院落

装饰；整个雕刻图案多样，内容丰富，其中有彰显李氏明代文治武功的内容。大门（朝门、当地称龙门）均为门楼式，朝南开的，利用右厢房明间，前檐升高，另做屋顶。朝北、朝东开的做成悬山顶式。门楼垂瓜均为镂空雕，门墩做成须弥式。有两个大门门额悬匾，一为"进士"匾，一为"武魁"匾，均系清光绪年间贵州巡抚部院颁制。台明、踏跺、地坪等石作工艺精细，至今仍完好。

李氏合院：李氏院子四合院均由正房、左右厢房构成，部分四合院于正房对面设置照壁。除最西端两个四合院因前临高坎正面敞开外，其余四合院均由房屋后檐墙、山墙、大门墙或影壁（照壁）封闭。各四合院正房面阔不同，有的三间，有的五间，有的七间，高度也不同，厢房亦如此，但均为二层。大门朝向也各不相同，有的朝东，有的朝北，有的朝南，但正房均朝东。前檐装修、门窗雕饰图案及窗花式样等方面及各院落个性突出，加上房高、面阔和大门朝向的不同，基本上一个四合院为一个独立的建筑文化单元。在总体格局上，11个四合院紧紧相靠，纵向（东西方向）上有三组共6个四合院前后相通，横向（南北方向）上除最西端两个四合院因地势因素不能相通外，其余的由侧门或大门相通。纵向相通的四合院没有"前堂后室"的关系，前院和后院的正房地位不变。这种关系反映出前后两个四合院修建时间的早晚，也反映出一种在封建社会不可多见的平等相处的父子关系。

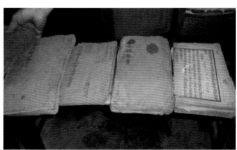

李氏中医传承下来的药书

民族文化

李氏中医药是盘县丹霞镇水塘村李氏家族传承发展的传统中医药。

水塘村北距盘县老城15公里，是明清时期南里的政治文化中心。紧邻明初的前所，曾是盘南的经济中心。在明朝，李氏世袭千户、百户二所职。家传武艺的同时，十分重视文化教育，族中多秀才贡士。因受儒家思想影响，清代多不出仕。经商耕织，或以教书行医为业，认为身体发肤受之父母，宜重医护，医是仁术，事亲爱子者不可不知医。李氏人多知医，形成了李氏独特的中医环境。

李氏中医无门派之分，既勤求古训，亦博采众长。据初步统计，现保存完好的中医药手抄本有：《幼科仙方便览》、陈修园先生《新增七十二种医书》上部卷十、十一和下部卷一、卷五、《外科证治上》《四圣贤书》卷一至四、《温病条辨》、陈修园先生评论《景岳新方八阵》《女科要旨》。

人文史迹

李氏宗祠：李氏宗祠位于李氏院落群前面（东面）30米处，为一封闭式四合院，始建于清光绪三十四年（1908年），1929年重修。总占地面积610平方米，总建筑面积916平方米。大殿和两厢房均为抬梁式梁架，硬山式屋顶，各为二层。大殿通面阔23米，通进深9.7米，高7.6米，就单体体量而言，在盘县古建筑中属少见。民国后期，宗祠作为学校使用，房屋前檐装修依旧存在。1949年后，宗祠一段时期作为学校，一段时期作为区、乡办公场所。

普福寺：普福寺位于盘县丹霞镇水塘村上午屯营盘山麓，始建于明崇祯年间，布局为三进四合院式，前为关圣宫，中为大士庵，后为佛殿，三个院落渐次升高，别具一格。寺周松柏皆为古树，门立双石狮，石坎重叠，殿门悬普陀山西山和尚手书横匾："酒是穿肠毒药，色是杀人钢刀，财是下山猛虎，气是惹祸根苗，算来四字无用，劝君一笔勾销。无酒不成筵席，无色欺，算来四字有用，劝君量体裁衣"。寺内有桂花树，每到中秋前后，清风徐来，清香扑鼻，有"十里香"的美誉。寺内的紫荆花树直径110厘米，树围340厘米，高约7.8米，在盘县极为少有。盘县人民政府于1999年8月将普福寺确定为"盘县文物保护单位"。

李家祠堂厢房

保护价值

以明代屯堡建筑群为主的水塘村，以汉族居住为主。从明代主要居住的汪、李、朱、陈四姓发展到现有的汪、李、朱、陈、龚、司马等多姓氏约3000人。

村内的李氏清代院落群，最早建于清嘉庆年初，最晚建于清道光末年，保存得较好，传统铁器加工作坊仍然存在。

水塘村姓氏的变更、古建筑的保存及非物质文化的传承可以完美地追溯水塘村历史的发展演变，具有很好的保护价值。

陈乙娇 黄 丹 编

普福寺建筑局部图

李氏祠堂窗花

街巷

六盘水市盘县石桥镇乐民村

乐民村全貌

乐民村区位示意图

总体概况

乐民村位于贵州省六盘水市盘县石桥镇镇政府驻地新街居委会西北部1公里处，东与新街居委会接壤，南与欠屯村接壤，西北与关把山村接壤，212县道（小街至鲁底）过境，辖5个自然村寨，16个村民小组，常住人口有2290人，辖区面积为9平方公里，主要以汉族为主。600年前是乐民的"千户所城"。

2016年乐民村列入第四批中国传统村落名录。

村落特色

乐民村建于明洪武二十三年（1390年），600多年来各行政机构都设立于乐民村，是当地的政治经济文化中心。

乐民村村寨依山坐落在半坡中，上为卡斯特石山，下为良田坝子。乐民村为斜坡式，寨后云台山、鳌头山、老云盘高耸入云，古驿道石阶从村中穿向西山口。

村中有街道，街道全长165米，宽10米，南北走向，路面由石板铺成。老街的南起点处有凉亭一座，街的上段、下段各有石牌坊一座，两牌坊相距70米，北止点为厅堂式楼门，是从北面进入乐民的重要入口。村内空间、建筑较为集中，少数零星建筑，其余户户紧靠，居住出入环境相对拥挤和制约，层层叠叠，村寨左右多为梯地，主要以古银杏林风光衬托，有"晨光临彩霞银杏林中炊烟起，云台映夕阳村落古道牧童归"的佳话。

传统建筑

乐民村传统建筑建于明洪武二十三年（1390年），老街两边为明清古建筑，雕花门窗，厅堂布局，装饰古典朴雅，沿街门面为古式铺台。

民居

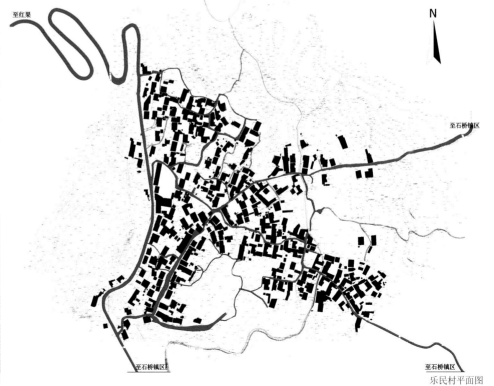

乐民村平面图

乐民村鸟瞰

传统民居

传统民居：明洪武初年起民居的修建层次不一，旺族世家或官宦人家都建为四合院民居，世代传承居住，一般百姓则按自身能力建造各不相同的民居进行居住，普遍为两间、三间、五间、七间等单条延伸之间，且三间以上必须为单数，中间为堂屋，必要时可以从山墙头设矮间或挂厢房为耳间。贫穷百姓建草房居住，随着经济发展，大部分四合院被拆除改造为新房居住，20世纪80年代后，又逐步改造为钢混平房或小楼居住，尽管如此，还是保留了一部分的传统穿斗式青瓦房。

民族文化

木工技艺：村内杨姓木工技艺，清代举人杨元奎辞官隐居学艺，主要以雕梁画栋而精细，雕刻图案为龙飞凤舞、双龙抱柱、人纹花鸟、卷草云彩等。主要显示在婚嫁家具、民居门窗和匾额上。嫡传五代传承人杨大发，至今仍以活态方式传承，此项技艺依托村落存在，至今还留有杨元奎亲手雕刻的住房花窗、家神牌位等。

村内嫡传三代的胡琴曲艺、清代李姓曲艺：主要是胡琴、月琴、箐笛，表演形式以传统民间小调为主。第三代传承人李运煌将胡琴发扬光大。京戏以休闲娱乐形式流传于村寨从而延续至今。京戏曲子

清代木工雕花

清代曲艺传承人艺术交流活动

传统工具

如《孟姜女哭长城》《小白菜》山歌民歌等，中华人民共和国成立后20世纪70年代为夜校文艺宣传革命歌曲，至今仍以活态方式传承。2014年春节石桥镇演出队到县参赛节目《金色狂舞》大合奏荣获奖项。

人文史迹

古城墙：村寨中心古所城城墙，为明代盘县普安卫所辖的七个千户所城之一，是明洪武二十二年（1389年）调北征南明军指挥官戴容创建，千户所城中心古街由南至北有160米，北尽头为千户所城北门，南尽头建古牌坊为南门，村中古驿道由东至西穿越，东起点处建东门，城楼上设古

千户所城保留古城门

传统巷道

乐民村古银杏树

庙为"马王庙"；西尽头山口建西门，城楼上设古庙为"黑神庙"，又名"过滇楼"，其余古"四阁八庙"相继设置在村落中，形成了完整而独特的布局。始为乐民地区的军事指挥、经济贸易及文化发展中心，现被列入盘县县级文物保护单位。

古驿道：村寨中古驿道石阶，全长1.2公里，自村东门向西延伸穿越西门山口，为明代初年建古所城时同建，是当代盘县普安卫所远征云南的唯一通道，驿站为千户所城中的江西会馆，古驿道一直延续至20世纪70年代，80年代时寨中路面被硬化路替代，仅有往西山口的路面200余米依然保存较好。

古树：村寨周边和寨内有百年以上的银杏古树136株。银杏树，别名白果树，被列为国家一级保护植物"活化石"，果实为当地特色产业，明洪武初年村落形成后，才被人们发现开发保护，流传至今，历代为村寨的特色支柱产业，价值为10亩水田一株，为少数富户人家所占有。中华人民共和国成立后至今户户所有，现保护措施为编号挂牌，各户登记管理。银杏果实营养丰富，润肺止咳，是酒席待客的佳肴中不可缺少的特色菜之一，同时是礼尚往来的珍贵礼物。

保护价值

乐民村村寨建于明洪武二十三年（1390年），是当地的政治经济文化中心，600年前是乐民的"千户所城"，老街两边为明清古建筑，雕花门窗，厅堂布局，装饰古典朴雅，沿街门面为古式铺台。

村寨依山坐落在半坡中，上为卡斯特石山，下为良田坝子。民居随着山势起伏而建，村落遍布古银杏树共计136株，周围农田山林环境优美，保留着浓郁的传统特色，具有一定保护价值。

陈乙娇 黄 丹 编

六盘水市六枝特区落别乡长湾村长田组

长湾村长田组全貌

长湾村长田组区位示意图

总体概况

长湾村长田组坐落于落别布依族彝族乡西南部，位于六枝特区县城约18公里，距举世闻名的黄果树瀑布仅20公里。明代洪武年间就有人在此地安家落户，地方僻静风雅，草木丛生，沟坡土地肥沃，自然环境优美舒适，是个建村住人的好地方。

2016年长湾村长田组列入第四批中国传统村落名录。

村落特色

长田村寨前一片田园风光，自然环境优美，大部分民居依山而建，重叠从下而上建设民居，村内路网基本形成，一条巷道从寨中穿越，把寨子分成两半，明清至民国时期原是郎岱至安顺通往外界的主要要道，也是现在的古驿道，村内分若干巷道，再通过"树枝状"通向各家各户，

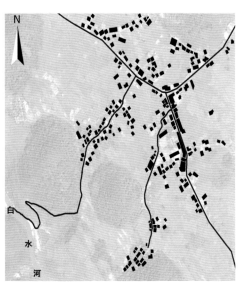

长湾村长田组平面图

道路部分为石板路和泥路，民居院墙都是石木建筑。寨子东面一片樱桃园，西面有黄果树瀑布上游源头河流——白水河和名为"长田桥"，后称"九洞桥"的九孔古老石桥，是六枝特区县级文物保护单位。村内至今还保留着明清时期通往郎岱的500余米古驿道，西北面有风景秀丽的白水河风光和坝湾瀑布群，从寨的底部原有一块长约300米环绕山脚的水田。村的地形是东高西低，形似一条长龙，头在东，尾在西，中间如腿之样形成一个整体。村落至今保留着传统的风貌，没有发生大的变化。

传统建筑

长田寨民居建设布局合理、规划科学、排列错落有致，既独立又相通，高低错落，鳞次栉比，样式各异，其民居尽管经历了岁月的沧桑，如今大部分院落依旧保存完好，保持着当年的风貌，承载了大量的历史文化信息。

房屋的建设依山傍水，坐南朝北，背靠青山，面朝碧峰。靠山是"卧狮拱卫"山势，向山是"万马归槽"形态，房屋主要是木结构和木石结构、土木结构，还有用石头砌造的，楼房一般是三间。民居房屋的布局，中间较大的是堂屋，是全家人活动的中心，是吃饭、待客、休憩和妇女做蜡染的地方。两侧的房屋是卧室、厨房。堂屋正中设有神龛供奉祖先，左右两侧分隔成灶房、寝室、客房。室内设有火坑，供一家聚暖炊薪。房屋用木材建造，屋顶盖瓦，有的盖茅草或稻草；由于本地产石头，住房从基础到墙头都用石头

垒砌，墙垒高5～6米，以石板盖顶，风雨不透，除檩条、椽子是木料外，其余全是石料，朴实无华，固若金汤。这种房屋冬暖夏凉，防潮防火，与山寨的石砌寨墙和山顶的石筑古堡，形成了典型的石头建筑群。全村离不了一个"石"字，堪称"石头王国"，显示出布依族人民匠心独具、工艺精湛、善于就地取材的聪明才智。

传统民居

传统民居

民族文化

布依唢呐：长田布依族村寨保留着自己独特的待客习俗，情趣浓郁，令人瞩目。主要的待客习俗有唢呐迎亲、杀鸡待客、送客等。唢呐是布依族喜欢吹奏的主要乐器，长田布依山寨，自古以来就有唢呐队，每逢节日或是婚丧喜事，唢呐声声有接有送、情趣盎然。

布依蜡染：布依族蜡染是具有独特民族风格的工艺品，布依语称之为"古添"，它的制作，起初是用棉花纺成棉线，后将棉线在古老的织机上织成土白布，遂称之为"布依布"。布依族蜡染大多用来制作妇女的百褶裙和上衣的袖子。从它的染色艺术来看，它有浓郁的民间风情，粗犷明快的图饰，特有的龟纹，不仅有悠久的历史，同时，也有悠久的文化。

人文史迹

九洞桥：原名长田桥，因桥有九孔，后来人们称九洞桥，桥长40余米，宽1.5米余，高约4米，桥东连长田山，西抵虎头岩，雄踞要冲，地势险要，是清雍正至民国年间郎岱厅（县）进出安顺府的咽喉要道，现今保存完好，规模宏大，结构合理，布局协调，风格清新典雅，是贵州境内保存不多的大型石梁桥之一。

古驿道：清雍正至民国年间郎岱厅（县）进出安顺府的咽喉要道。

白水河：黄果树瀑布的源头河流，四季河。

蜡染

唢呐

民族服饰

纺织

古驿道

雕刻的"福寿"字

白水河

九洞桥

保护价值

长田寨子建立至今有几百年的历史，无论是生活环境还是风俗习惯都保留了很好的布依族传统，承载了丰富的历史文化。传统文化的绵长根脉深植于这个村落中，积累了特征鲜明的乡土文化、传统民俗等非物质遗产，构成了传统文化的现实根基，在很大程度上存续、还原了中华传统价值、少数民族多元价值与精神气质，具有很高的保护价值。

谭艳华　黄　丹　编

村寨一角

水田

六盘水市六枝特区木岗镇戛陇塘村

戛陇塘村全貌

戛陇塘村区位示意图

总体概况

戛陇塘村是六盘水市六枝特区木岗镇下辖村，因村落中部一处自然水塘而得名。位于木岗镇区西北，主要依托通村路进行对外交通联系，距木岗镇区约5公里，距安顺西高铁站约29公里。辖12个村民小组，共772户，3420人，以汉族居民为主。

明朝水西陇氏进入夜郎腹地，以戛陇塘为府署置长官司。戛陇塘村地貌以溶丘盆地为主，属亚热带气候。

2019年戛陇塘村列入第五批中国传统村落名录。

村落特色

戛陇塘村坐落于溶丘盆地中，区域山丘众多、盆地平坦，村落民居以村落中部一处自然地下水水塘为中心，沿山谷呈放射状分布。民居建筑依山就势、高低错落镶嵌在山谷之间，形成了寨中有山、山中有寨的村落选址布局特征。村落纵向巷道依山势形成"叶脉"式形态向村落周边山体延伸，是村落与周边区域的主要连接通道，横向巷道贯穿传统民居建筑房前屋后，多为台阶、斜坡形式的铺石路面。巷道系统与传统建筑共同构成了疏密有秩的村庄肌理。

传统建筑

戛陇塘村传统建筑为石木结构建筑，建筑在汉族传统民居的基础上，结合当地自然条件和建筑材料发生了演变，有了新的特点。根据地形及实际需要，有二间对三间，三间对四间的四合院、三合院等组合形式。三合院、四合院的正房都居于主轴线上，台基较高，体量较大，突出了正房的地位；两侧厢房台基较矮，体量也相对较小，倒座的位置最低。建筑的布局形式反映了上下有别的封建社会等级秩序。

村落始祖为了防盗御匪，通常在正房和厢房连接的后墙右侧，砌筑即能作守备又能观望的碉堡（碉楼）。碉堡的大小，取决于地势和经济条件，多为二至四层。院内的其他附属建筑，连同披檐、廊、墙随空间环境和使用功能灵活变化布置，突破了四合院绝对向内围合的形式，丰富了建筑的组合形式和天际线。

传统建筑

传统建筑

传统建筑

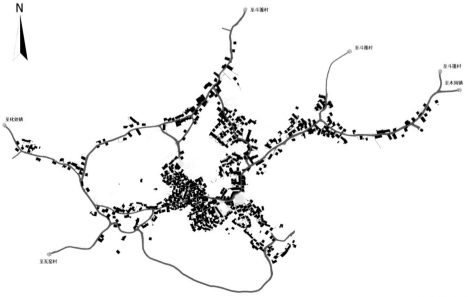

戛陇塘村平面图

民族文化

夏陇塘村是汉族村寨，民族文化为汉族传统文化，民俗活动主要有打醮、吃大肉、滚轮秋和跳花灯。

打醮：打醮是在正月上、中旬举行，全村参与的祈祷平安、五谷丰登的盛大民俗文化活动。原为大明西堡长官司府治夏陇塘庆灵寺旧庙为全堡每年例行的祈祷重大法事活动，当时西堡长官司所属附近村寨都要派人参加，是一项官方活动。清初沙长官司后裔搬迁至沙家马场后，此项活动由庆灵寺新庙例行传承至今。

吃大肉：吃大肉是打醮活动的重头戏，打醮念经必吃大肉。打醮祈祷法事活动当天，选出的12名勇武彪形大汉着古装，画花脸，插雉羽，代表天上地面地下空中各方神圣鬼神受祭尚飨。大肉划成一斤六两方方正正大块，肥瘦不分，还有十盘佳馔，蘸水，专人方盘虔诚托上。

滚轮秋：滚轮秋是夏陇塘又一项特色民俗活动。高大的木架上架着滚轮，滚轮是由多条直径组成的平行对称双圆轮，各轮径端用绳索连接，两轮对称之径端连着横木，横木上系一根"U"形粗绳，一边坐一人，旁人用手转动轮盘，绳上之人随之转动。

跳花灯：跳花灯是从正月初一到十五延续半月的新春文艺活动。有游有跳有乐队，即兴而为，雅俗兼备。晚上唱花灯，白天跳地戏，夏陇塘人不会跳地戏，要请堡子外面的人来跳，条件宽裕的人家各接待一名戏子，演唱结束要给予表演团队钱财，回程路上要敬香土地山神，寨中头人要率众送客，为戏里重要的人物着戏装三里长亭敬酒，互说四局恭贺，三停三饯送别寨外。

滚轮秋

跳花灯

人文史迹

土地庙：土地庙造型简单，位于树下或路旁，以两块石头为壁，一块为顶，俗称"磊"型土地庙，也有简单以石块或砖块砌成的小庙。土地庙是村民供奉土地爷的地方，是村民的一种精神寄托，村民以祭祀土地庙来祈求乡土平安，保佑丰衣足食。村内共有4处土地庙，保存良好。

碉楼：该建筑始建于1942年，是一种集防卫、居住于一体的多层塔楼式建筑，整个地基以石块修砌，以石条或石块砌墙，石板盖顶，风雨不透，共4层，该建筑是国共合作时期所建的抗战碉楼。

古城墙：村落建有三重雄伟石围墙，据《镇宁州志》记载，石围墙为四川提督陈希祥所建，城墙沿村寨四周的山坡而建，将张家后坡、罗家后坡，桐子爷大屯、汪家后坡、陈家小坡、水井大坡合围成天然屏障，各山垭口之间高墙连接，在冷兵器时代固若金汤。部分城墙因年代久远，现已不同程度地破坏。

古井：位于村落中心水塘东侧，保存良好，地下水水源充足，长久以来为夏陇塘村民提供生活用水。

古驿道：古驿道位于村寨东南侧，是清朝时期村民开辟出的一条交通要道，原为土路，后经村民用石块铺砌成为石板路。

古桥：古石拱桥位于村落西南侧，桥高3米，宽2.3米，以石头搭建。

古墓群：古墓群位于村落东部，夏陇塘先祖及清朝时期多位武状元均葬于此。

清代石碑：石碑位于庆灵寺内，上面记载了夏陇塘村的公订约章以及记录修建寺庙捐赠人员的功德榜等，石碑保存良好，石碑上刻的字清晰可见。

古树：村内古树参天，位于彭家后坡的三棵鹅耳枥和位于桐梓园大屯的三棵槐树都已有上百年树龄。

古城墙

碉楼

打醮

吃大肉

古桥

保护价值

夏陇塘村地域文化是汉族文化和仡佬族等少数民族文化融合的结晶，极具地域特征，其传承至今的民俗活动、传统建筑、历史环境要素等都具有极高的历史文化价值。

村落现存丰富、完整、真实的历史遗迹，是研究区域文化、艺术、科学的活态基地，村落选址布局特征、建筑建造技艺和形式特征等都具有较高的科学技术价值。

白永彬 刘俊娟 叶 希 编

六盘水市盘县保田镇鹅毛寨村

鹅毛寨村全貌

鹅毛寨村区位示意图

总体概况

鹅毛寨村位于六盘水市盘县保田镇西面，距镇政府驻地8公里，现有六盘水市盘南产业园区，盘南大道从寨前稻田呈东西方向平坦穿过。村域面积14.5平方公里。其中核心保护区共有158户，474人。主要有彝、苗、回、白、布依五个少数民族及穿青人，约占总人口的5.7%。

2016年鹅毛寨村列入第四批中国传统村落名录。

村落特色

鹅毛寨四面环山、东西偏低，寨前地势平坦，有稻田种植，居民沿稻田以上丘陵地带建房居住，山外不见寨、进寨见全村。寨中雨水流入寨前平坦稻田中由一落洞排出，形成"天人合一"的优美环境。村内街巷呈网格状布局，每年传统节庆活动均在集镇的街道上举行，房前屋后的街巷及院落是人们进行酒宴、晾晒、农事等活动的场所。各家院落大部分是四合院形式，为村民的私密空间，主要承载着家庭活动。

街巷

传统建筑

民居建筑：寨中民居建筑修建于民国时期，以木结构瓦房建筑式样形成四合院，正房三间（中间为正房，设有家神及供柜，为议事场合），正面窗子、房檐等，木结构雕刻艺术精致文雅而优美，入户仅有一道进出口即朝门，安全性极强，功能设计完善，大多数为富裕的大户人家建筑。主要集中于鹅毛寨寺庙周围和营上，居住密集，寺庙周围在中华人民共和国成立初期因火灾毁灭而重建，营上建筑今日可见，仍有少数农户居住其中。

田家合院（林家合院、肖家合院）：田家、林家与肖家的合院建筑形式类似。

皆包含一正房、两耳房，面房都是梁构架，悬山顶，房屋结构较为完整，房屋内部保留着原有传统民居室内格局，富有干阑式建筑特色及黔西民居特色的地域性多民族民居特点。

念经书

鹅毛寨村平面图

民居局部

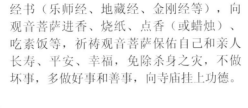

民居四合院

民族文化

彝族左脚舞：彝语称"咕遮"，古名"堕左脚"。是彝族人民在长期的社会生活中形成的以娱乐、交往、健身为目的，并包含了彝族人民对天、地、日、月、火、虎、原始及自然的崇拜，更是诸多文化表现形式的代表性传统舞种。

布依族铜鼓舞：即用铜鼓进行歌舞的形式。在布依族的婚丧嫁娶、节庆祭祀、信仰崇拜中，铜鼓是不可或缺的一个重要组成部分。布依族铜鼓的铸造、演奏、使用方式、传承古训等反映着布依族独特的价值观、生活态度和生活方式，蕴含和体现了布依族特有的精神价值、思维方式、想象力和文化意识。铜鼓文化在布依族文化中占有独特地位，是布依族的一种文化象征。

穿青人跳菩萨：傩戏被称为"戏剧的活化石"，穿青人的庆坛傩戏也被俗称为"跳菩萨"，是在堂屋中进行的，戏场的布置称为"摆坛"，是把五显神的有关神圣的画像挂出，堂屋神壁之下设三层香案，前摆一书桌，用锣鼓、科书、师刀、令牌、牛角、祖师棍等道具进行的一种祭祀活动。

念经书：鹅毛寨庙会属民间信仰（宗教信仰），地处盘县保田镇西面（鹅毛寨村大寨），该寺庙已有100多年历史。在村民多年的辛勤劳碌支持下，该寺庙世代相传，方圆百姓以祈求"平安幸福"来到这里，向寺庙内观音菩萨进香、烧纸、跪拜求福相传百年。近20多年来，寺庙与方圆周边形成每年农历2月19、6月19、9月19的"观音会"，17日起经、18日念经、19日悟经，一共坐会3天，与寺庙主持一起念经书（乐师经、地藏经、金刚经等），向观音菩萨进香、烧纸、点香（或蜡烛）、吃素饭等，祈祷观音菩萨保佑自己和亲人长寿、平安、幸福，免除杀身之灾，不做坏事，多做好事和善事，向寺庙挂上功德。

红军标语墙（魁阁）

告示牌

人文史迹

观音庙：观音庙地处盘县保田镇西面（鹅毛寨村大寨），有100多年历史，通村公路贯通，交通便利。在村民多年的辛勤劳碌与支持下，该寺庙世代相传，方圆百姓以祈求"平安幸福"来到这里，向寺庙内观音菩萨进香、烧纸、跪拜求福，在此举行的庙会属民间信仰（宗教信仰），寄托着人们对命运的期望和对人生的关注。

魁阁："魁"是为首的意思，北斗七星中离斗柄最远的一颗星叫魁星，故魁阁亦称魁星阁，县级文物保护单位，位于寺庙内。始建于清光绪二十年（1898年），以精致独特、文雅优美的雕刻艺术独具风格存在。据我国神话传说中描述，魁星就是主宰文章的神，鹅毛寨魁星阁就是当地百姓为繁荣一方文化、展示一方文明而建造。该魁星阁虽已百年，但其建筑风格堪称一绝，长期以来一直受到乡民们的保护，至今仍保存完好。

红军标语：在民国24年（1935年）4月，中国工农红军第一方面军三军团长征途经保田镇鹅毛寨，在魁星阁石墙上写下"红军优待白军俘虏"标语，标语用土红色正楷书写，每字高15厘米，宽12厘米。

古墓：村内有古墓4座，位于鹅毛寨村北偏西的位置，见证了鹅毛寨的悠久历史，对于后人考察当地文化历史提供了重要依据。

古树：鹅毛寨村现存两棵古树，一颗为位于鹅毛寨村北侧树龄100年的椰树；另一颗为位于鹅毛寨村北侧树龄500年的栗树。

保护价值

鹅毛寨村四面环山，东西偏低沿丘陵狭长排列，寨中雨水流入寨前平坦稻田中由一落洞排出，形成"天人合一"的优美环境。

鹅毛寨村历史悠久、人杰地灵，文化底蕴深厚，民间文艺传承有序，寨中民居建筑修建于民国时期，以木结构瓦房建筑式样，形成四合院，传统民居，土墙深巷，保留着浓郁的民族传统特色，具有一定的保护价值。

陈乙娇 黄 丹 编

彝族左脚舞

布依族铜鼓舞

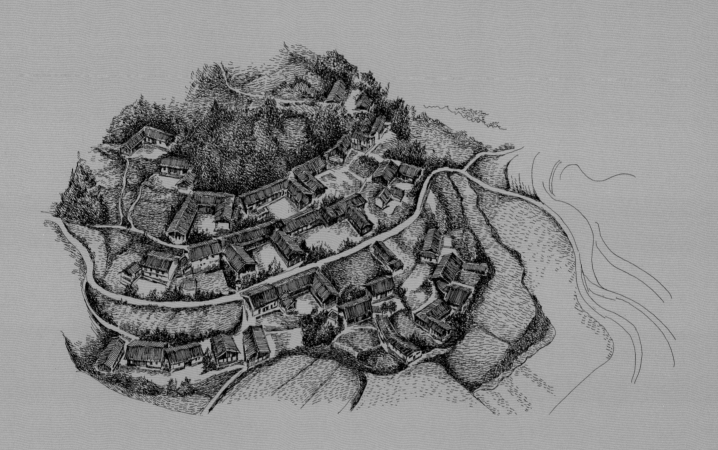

贵阳市
GUI YANG SHI

贵阳市开阳县毛云乡毛栗庄村新庄组

毛栗庄村新庄组全貌

毛栗庄村新庄组区位示意图

总体概况

毛栗庄村新庄组位于贵州省贵阳市开阳县毛云乡集镇所在地，东与簸箕村为邻，东南和南面与黄孔村和鲁底村接壤，西与龙岗相连，西北跨南贡河与南龙毗邻。其交通便捷，紧邻G69银百高速公路。村寨占地5.1公顷，户籍总人口有320人，常住人口246人，以汉族为主。村落当前发展以农业、养殖业为主。

毛栗庄村新庄组建村悠久，道光年间胡氏祖先为避战乱，由江西逃荒至此安居，以姓氏命名取名为胡家寨；光绪年间杨姓祖先以为躲避战乱，不远千里迁徙到此安居。中华人民共和国成立前为毛云乡第六堡，直至1962年"四固定"土改更名为新庄，2000年撤并建合为毛栗庄村管辖。

2019年新庄组列入第五批中国传统村落名录。

村落特色

毛栗庄村新庄组四周山峦环抱，为喀斯特地貌，多系崇山峻岭。整个村落依山而建，背山面田，坐西向东，有利于居住及农田种植。村落呈环抱之势，中间为梯田。

毛栗庄村拥有形态完整、传统风貌延续的历史街巷。在村落中，其街巷空间形态是与当地居民的生产生活以及地势地貌相适应的，顺应了周边自然环境基质，其街巷宽窄相适、高低交错，保存着良好的街巷肌理，具有乡村街巷空间的典型性和独特性，同时街巷的走向也适应了地形和建筑物布局的变化，形成了丰富的视觉体验。

传统建筑

新庄组主要以民居为主，传统建筑集中连片分布，民居沿山势建造。多为五开间穿斗式传统木结构建筑。

全村百分之八十以上民居为传统风

新庄组附近十万溪景观

传统建筑

貌建筑。建筑风格为"干阑式"，历史悠久，最早的建筑可起源于清代。木结构大多以穿斗式木结构为主，基本组成构件是柱与穿枋，柱子之间通过穿枋连接。每列柱一般为5根，柱头直接承檩，柱子中间高，两边低，形成二层坡屋面的立体形态，屋面采用小青瓦盖顶。建筑布局多为

单排间或三合院，主房为三间，两侧分别为两间。

在建筑的门窗等处具有反映当地村民生产生活的精美窗雕花。院坝采用石板铺贴，坎子采用青石砌筑，与院坝高差一般为1.38米，两边分别有青石台阶进入主房。建筑风貌大多完整。

新庄组平面图

传统建筑

地戏

民族文化

毛栗庄村新庄组非物质文化保留丰富，如民间花灯、地戏、阳戏、薅秧歌等。

民间花灯：开阳县花灯剧历史久远，据清康熙至道光年间的地方志记载，当时已有花灯歌舞流行。以前每当上元节，村民便扎各式纸灯，踏歌和乐，谓之"闹元宵"。花灯剧充满着浓郁的乡土气息和民族特色，并在文化的传承中不断融入新时代的元素。

地戏：俗称"跳神"，每逢新春之后、元宵节前，村内随处可见自编自演、世代相传的地戏表演。人们跳地戏主要是为了驱邪禳灾，也是为了娱乐。

人文史迹

佘世举墓碑：佘世举，清咸丰年间开州联保副将，与何德胜（何二王）率领农民起义军（黄号军）决战于鱼梁河畔，为纪念决战之地，迁墓于十万溪畔。

百年栈道：鱼梁河畔有完整的古栈道，是当时官商必经之道。栈道宽2米，长30米，至今已有100余年。

鱼梁河渡口碑：清乾隆年间所立，高1米，宽0.6米，记载征税的范围、额度及方式。

石壁古诗：古诗石刻规模长0.8米，宽0.5米，因风雨剥蚀，多数无法考证，其中一块题曰："何士叶万岁"。

胡氏族谱

佘世举墓碑

胡氏族谱：道光年间胡氏祖先为避战乱，由祖籍江西逃荒至此安居，以姓氏命名取名为胡家寨；胡氏族谱内记载了胡家寨至今胡氏家族的世系繁衍和重要人物事迹，属珍贵的人文资料。

保护价值

毛栗庄村新庄组的传统格局是村落在数百年的发展过程中保留下来的，体现了选址布局的基本思想，记录和反映了村落格局的历史变迁，是当地居民和周围自然环境多年来融合的结果。

村落传承了本地民间花灯、地戏、阳戏等非物质文化遗产以及在节庆时期表演舞蹈的习俗。同时毛栗庄村民传承了自古以来的梯田耕作技术，是中国历史久远的农耕文明技术的传承体现。

村落建村历史悠久，其祖先为避战乱由江西逃荒至此安居，体现了中华民族不断迁移，不断融合的历史，具有历史价值。

陈乙娇 黄 丹 编

民间花灯

新庄组局部

民间花灯

花灯制作工艺

百年栈道

百年栈道

贵阳市开阳县南龙乡东官村湾子寨组

东官村湾子寨组全貌

东官村湾子寨组区位示意图

总体概述

东官村位于贵阳市开阳县南龙乡东南部，距乡政府5公里，毗邻中桥村、土香村、翁朵村。湾子寨组位于东官村北部，毗邻中桥村。乡道从寨子西侧经过，村寨面积约为164公顷，人口约为980人。主要民族为苗族、布依族和汉族。村内农作物以传统种植为主。

村寨建于明代，因明代水东宋氏土司官的庄田而得名。

2019年湾子寨组列入第五批中国传统村落名录。

村落特色

东官村湾子寨组的村落格局与中国传统风水学相契合。村落靠山而立，居于群山环抱之中，坐落在环形盆地之内，环良田而居，是显著的喀斯特地貌，村落中部平坦开阔，东西侧远处山麓围绕，南北部峰峦延绵，群山环抱，藏风纳气，植被茂密，既可涵养水源，保持水土，又能调节气候。这样一种围合向心的空间构成正是自古以来中国人内敛性格的反映，正所谓人杰地灵，是令人神往的生活环境。村落主要构成要素可概括为山、水、田、寨四要素。

村落整体风貌良好，传统苗家寨子坐落在山脚下，村落内建筑沿村庄主要道路分散布置，顺坡地沿等高线逐级排列，这样的选址既有利于抵挡冬季北来的寒风，又可使村民获得开阔视野，享灌溉、养殖之便。

东官村湾子寨组传统街巷为枝状分布，以村庄主干路为主干，向两侧民居延伸，依据山体形势，街巷串联两侧传统建筑，形成了错综交错的街巷空间。建筑之间石巷相连，院落内石板铺设，地势陡峭

湾子寨组环境

处多为"一"字形平房，地势平坦处多为"L"形形式，院落进深在2～4米之间，四周以石墙或栅栏围合。

传统建筑

建筑群

传统建筑

东官村湾子寨组传统建筑分为民居建筑和宗教宗祠建筑，建筑形式多为五柱四瓜平房与"L"形民居，显示出超拔、典雅和流畅的形体风格，实现了技术与审美的结合。

东官村传统建筑大多建于清末民初，以穿斗式木结构为主，基本组成构件是柱与穿枋，柱子之间通过穿枋连接。每列柱一般为5棵，柱头直接承檩，柱子中间高，两边低，形成二层坡屋面立体形态，屋面采用小青瓦盖顶。民居布局多为单排或三院，主房为3间，两侧分别为2间，前院为1间。在建筑窗等处具有反映当地村民生产生活的精美窗雕花。院坝采用石板铺贴，坎子采用青石砌筑，与院坝高差一般为

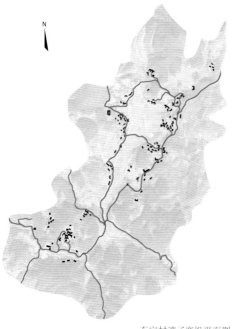

东官村湾子寨组平面图

立新房

刺绣成品

太原郡氏记

1.35米，两边分别有青石台阶进入主房。其中最具有代表性的宗教建筑为长庆寺。

长庆寺：相传大周时（吴三桂之年号）周师皋为开州知州，卸任后夫妇选择此地隐居，死后以其住宅为庙宇，遗产为庙业，创建长庆寺。原寺毁于咸同战乱，现存建筑为光绪二十九年（1903年）所重建。占地约1800余平方米，有清代木结构建筑840余平方米。长庆寺整体为全木穿斗抬梁结构，悬山青瓦顶，上殿面阔七间，包括五间佛寺和两间周家祠，下殿也是七间，钟楼、鼓楼分立左右，左右两厢各两间，上殿、钟鼓楼和两厢形成完整地封闭四合院，这种佛祠组合加钟鼓楼结构不仅在贵州独一无二，就是在全国也极其罕见；长庆寺的木雕主要在上殿，钟鼓楼、两厢窗格和板壁上也有木雕作品，主要雕刻历史人物故事等。山门上有贵阳地区罕见的古代壁画，主要画的是三国故事等。长庆寺是建造工艺精湛的古建筑群，雕刻设计构图精美别致，工艺手法流动自如，飞禽走兽栩栩如生，人物故事含情传神，虽经日月摧残，但仍不失其高贵的艺术品位。长庆寺1985年被开阳县人民政府公布为文物保护单位。2003年被贵阳市政府公布为文物保护单位。

民族文化

东官村湾子寨组非物质物质文化丰富，如刺绣、纺织、木雕等传统手工艺文化，还有东官村特有的民俗文化，如立新房、撒抛粮粑、送门、花灯。

立新房：湾子寨组有多种喜庆活动，尤以立新房最为隆重和热烈，立新房又以上梁为高潮。新房的四排木柱竖好后，将大梁木中心用铜钱（现用镍硬币）把一块长1尺5寸、宽7寸的红布，叠成对角形，钉牢在大梁正中。红巾中间包有一本日历、一支毛笔和象征性的盐、茶、五谷等，祝愿儿孙知书识礼，家庭五谷丰登。

撒抛粮粑：湾子寨组主要为木结构建筑，在立新房的过程中，当木建筑的大梁架上房顶后，便与立房主人的亲族长者手拿"富贵粑粑"登上梁顶，念完"栋梁词"与"福事"后随即撒抛粮粑，头粑落地，谁捡到了就意味着时来运转好事连连，上梁粑纷纷而降，主家的撒完后，就到姑娘姊妹带来庆祝哥兄弟建房的抛粮粑，乐不开怀，一大家都乐在幸福建房上梁的笑声中……

送门：为立新房的最后一个环节，鲁班师在堂屋中（门内），三星、文宿星、老寿星、武宿星在门外，门内与门外进行"福语"对话，为新建房屋增添福气。经过数个对话回合后，鲁班一人对三星，说不赢就把财门开，让三星进入堂屋。三星进入堂屋后和鲁班把主人家请来唱祝酒歌，敬主人家的发财酒，大家都是一醉方休，新建木房的过程就完了。

花灯

人文史迹

太原郡氏记：东官村王氏遗留族谱，内容以表谱形式，记载一个以王氏血缘关系为主体的家族世系繁衍和重要人物事迹，属珍贵的人文资料，对于历史学、民俗学、人口学、社会学和经济学的深入研究，均有其不可替代的独特功能。古树：东官村湾子寨组至今存活着三种类型的古树，主要位于西北部与西南侧的寨子附近，枝繁叶茂，长势良好，与周围环境融合在了一起且不失自身的特色。

古井：在村落内的中部及西南部的寨落内共分布了四处古井，水质清澈，香甜可口，养育着东官村湾子寨组一方百姓。

保护价值

东官村湾子寨组于明代建村，村落历史悠久，对于贵阳苗寨研究具有很高的历史文化参考价值。

村落较完整地保留了古朴的村落格局和优美的历史人文景观，村落内有山有水、有田有居、有井有木，阴阳交错、和谐自然，这些元素一起构成了一幅和谐自然的历史空间画卷；同时还拥有丰富的非物质文化遗产及典型的历史环境要素。记录了村寨的历史发展演变及传统文化的传承，具有较高的文化价值。

东官村湾子寨是典型的喀斯特地貌，自然风光秀丽，古木参天，苍鹭成群，景观生态良好。且湾子寨村内现存开阳县现存规模最大、木雕石雕最精致的古建筑长庆寺，堪称贵州古代艺术精品，而且是中国已发现的唯一集衙、寺、祠为一身的古代建筑。

陈乙娇　黄　丹 编

湾子寨组环境

长庆寺侧面

长庆寺

贵阳市开阳县南龙乡佘家营村营上组

营上组全貌

营上组区位示意图

总体概述

佘家营又名三星营，位于贵州省贵阳市开阳县南龙乡佘家营村，建于清咸丰同治年间，是当地团总佘仕举为了抵御少数民族起义领袖何德胜（又名何二王）而修建。营上组为佘家营村的营盘所在地，北临营脚，南接猴栗弯，X164县道从村落北侧经过。村落占地面积36公顷。营上组共16户，64人。以布依族、苗族、汉族为主。该村以传统农业为主，主要农产品为水稻、玉米。

2019年营上组列入第五批中国传统村落名录。

村落特色

佘家营村营上组森林覆盖率达69.5%。矿产资源丰富，主要矿藏有煤、铁矿石、硅砂等。野生动物有野金丝猴、野猪等，自然环境优美。

佘家营村营上组是咸同之乱时期开州（今开阳）28营之最著名者，在28营中以地势最险要、营墙最坚固，几年未被黄号军攻破而闻名遐迩，是人工营墙与天然绝壁天人合一的军事堡垒，其选址精妙，西、北、南三面均比较陡峭，仅东面稍事平坦，特别是西面和西北部为天然绝壁，故只在东、南和东北建有坚固石墙，西面和西北部以天然绝壁为墙；外墙以条石镶嵌成规范的斜"人"字形，是咸同时期贵阳地区唯一未被攻破的营盘，因此成为咸同军事史上的代表性堡垒和经典军事设施。

传统建筑

佘家营村营上组传统建筑大多建于民国时期，具有悠久的历史，至今这些木结构建筑依旧保留完好。

村落传统建筑主要为传统民居，建筑结构以穿斗式木结构为主，多为一层与两层坡面传统建筑。

建筑由柱与穿枋组成基本框架，并通过穿枋连接柱子，常规为5列柱子。檩由柱头直接承重，柱子中间高、两边低的构造方式形成了坡屋面，建筑屋面采用小青瓦盖顶。

传统建筑

建筑布局多为"L"形，有少量单排。主房为3间，转角为1间。建筑门窗等处的精美雕花完美地反映出当地村民的生产生活。院坝采用青石板铺贴，坎子采用青石砌筑，与院坝高差一般为1.35米。

建筑群落

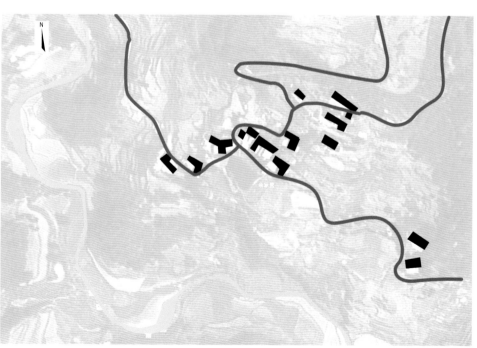

营上组平面图

传统建筑

拦门酒

佘家营石碑

民族文化

三月三：三月三不仅是本地布依族、苗族同胞的传统节日，还是本地弘扬民族文化的盛会，亦是本地经济交流的盛会。本地三月三歌节已有数百年历史，在本地十分盛行。

拦门酒：远方的客人将至，热情好客的布依族人就会等在门口用自己酿造的米酒举行独特而盛大的欢迎仪式——拦门酒。

钱杆舞：钱杆舞的主要表现方法为手握钱杆子中段，绕体打击身体的肩、臂、手、腰、腿和脚等部位。其中有单打、双打、对打和不同的队形变化，边打边唱。整个场面欢快、流畅，给人们一种视觉和听觉上的享受。

人文史迹

佘氏族谱：佘家营内现存佘氏族谱，记录了佘家营佘氏家族的起源以及至今的历程。

"榨油坊"：位于佘家营练兵场旧址附近的一个石洞，貌似防空洞，洞深800余米，长约2000余米，直入阴河。洞口处尚有石磨残留，当地老人说旧时这是佘家营的榨油坊。"这个洞其实是佘家营通往营外一条暗道的必经之路，是一条快速逃生道"。

崖下香火祠：崖下有小型寺庙一座，原为天井寺，是明末清初时期的大庙，香火旺盛。后因战争，庙宇被拆除，现仅存一香火寺庙，每逢重要节日，佘家营及其附近的村民都会来这里供奉香火。

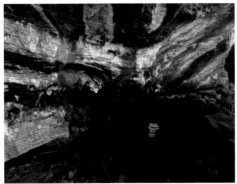
老人口中的"榨油坊"

崖下香火寺

古城墙遗址：古城墙现存残高4.5米、基宽2.2米、周长1000余米；采用"人"字形堆砌，十分坚固。

忠义祠遗址：这是一个十分庞大的祠堂，精致石料砌筑的基础高高在上，有宽大的阶梯通往上面，祠堂的木建筑在"文化大革命"期间被全部拆毁，从基础来看，是两进院落的四合院，现存依山势逐渐向上的四级精美的石基础和石板院坝。这里曾经供奉两任因抗击何德胜起义军阵亡的知州，还曾经在此兴办义学。

后营门：营为青石砌筑，设有4个营门及炮台。原四个营门系石拱门，现存后营门完好无缺，石墙上面有一米多高的档墙。

保护价值

佘家营营上组的人工营墙与天然绝壁天人合一的军事堡垒是咸同军事史上的代表性堡垒和经典军事设施，是贵阳地区唯一未被攻破的营盘，因此具有很好的考察研究意义。

陈乙娇　黄丹编

佘氏族谱

古城墙遗址

后营门遗址

钱杆舞

忠义祠遗址

打仗时的火炮射击口

贵阳市开阳县楠木渡镇黄木村付家湾组

付家湾组全貌

付家湾组区位示意图

总体概述

付家湾组位于贵阳市开阳县楠木渡镇黄木村西北面，南面与西南面与金山村接壤，东面相邻楠木渡村，距离黄木村2公里，距离楠木渡镇政府6公里。X002县道经付家湾组东南面经过。村民建筑依山而筑，坐北朝南。村域面积99.93公顷。户籍人口235人，常住人口210人。主要有布依族、苗族、汉族等民族，其中，少数民族占全村人口总数的45%。

约明末清初时期，族人祖先为躲避战乱，从江西迁往此处定居，由于当时村寨内付姓人氏较多，故取名付家湾。

2019年付家湾组列入第五批中国传统村落名录。

村落特色

黄木村付家湾组选址有着深厚的历史文化内涵，观其山形水势，村落位于丘陵地带，村内水系发达，植被生长较好，地势较为平坦，自然环境优美，环境的大格局构成具有突出的自然人文特征，可谓"山环水抱，藏风聚气；风水宝地，聚族而居"。黄木村付家湾组村落选址，一是房屋随山就势而建；二是以姓氏繁衍起来，形成村落；三是靠近农田，便于农耕。建村时采用山环水抱、藏风聚气的格局，以求不让财气外流，守住自己的家业。

付家湾组局部俯视图

付家湾组农田

黄木村付家湾组拥有形态完整、传统风貌延续的历史街巷。从整个村落街巷格局上看，街巷格局呈现出"分支"的分布形态，以一条穿越村组的公路为主干，枝干向左延伸至古村内，依据山体形势、民居建筑、池塘等蜿蜒逶迤，各街巷相互交叉，四通八达。向右延伸至历史环境要素分布区，道路两旁分布着古树、古井、古洞、古庙、付家大坪等。

在付家湾组中，其街巷空间形态是与当地居民的生产生活以及地势地貌相适应的，顺应了周边自然环境基质，其街巷宽窄相适、高低交错，保存着良好的街巷肌理，具有乡村街巷空间的典型性和独特性，同时街巷的走向也适应了地形和建筑物布局的变化，形成了丰富的视觉体验。

传统建筑

黄木村付家湾组传统建筑集中连片分布，至今保存了较为完好且具有一定规模的古民居共有40多座，其中大部分有70多年的建筑史。

传统民居建筑为穿斗式木结构建筑，基本构成是柱与穿枋，柱子之间通过穿枋连接。柱头直接承檩，柱子中间高，两边低，柱子粗大。屋顶覆有小青瓦。建筑窗

传统建筑

及门等处具有反映当地村民生产生活的窗雕花。建筑主要由座屋、楼屋和堂屋构成，座屋是用于做饭和日常生活的地方，一般在座屋外面设计做饭用的灶头；楼屋是当家主人休息的地方，建在离地面一米左右的高空，与湖南吊脚楼相似；堂屋主要用于祭拜祖先，也可置办家中酒席，其后墙设有香火，即为祭拜祖先的地方。

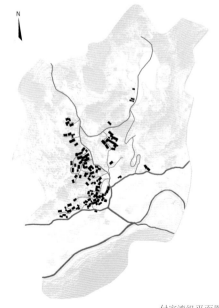

付家湾组平面图

传统建筑

民族文化

唢呐：一种民间乐器，是代代相传下来的一门艺术，声音激情悦耳，听后让人耳目一新的感觉，现多用于农村办婚丧嫁娶等事情时用来增加热闹气氛。村民在沿袭风俗的同时，唢呐这门音乐艺术也很好地传承下来。

跳花灯：是一种古老的民间歌舞说唱艺术，也是当地的传统民俗文化活动，用于祈求平安和吉祥。在花灯与乐器的伴奏中，手持巾、扇，双双起舞，形成了特有的民族文化氛围。

舞龙：舞龙运动是指舞龙者在龙珠的引导下，手持龙具，随鼓乐伴奏，通过人体的运动和姿势的变化完成龙的游戏，由穿、腾、跃、翻、滚、戏、缠、组图造型等动作和套路组成，是充分展示龙的精、气、神、韵等内容的一项传统体育项目。中国人都把"龙"作为吉祥之物，在节庆、贺喜、祝福、驱邪、祭神、庙会等期间，都有舞"龙"的习俗。在古代，中国人就把"龙"看成能行云布雨、消灾降福的神奇之物。数千年来，炎黄子孙都把自己称作是"龙的传人"。

烤烟传统烘烤技艺：传统烘烤工艺能在烘烤中依烟叶变化随时调节工艺条件，确保炕内温湿度状况与烟叶变化相适应。传统烘烤工艺将烘烤过程分为许多段，各段的温湿度条件及烟叶变化要求不同。传统烘烤工艺是随着烟叶变黄程度的增加，逐渐提高烤房内的温度，降低相对湿度，促使烟叶脱水干燥。通俗地说：烟叶边变黄，边升温，边排湿，边干燥。烘烤阶段划分较多、较细，各阶段之间温差较小，维持时间较短，升温较快。其干球温度曲线形成多阶段，故又称为多段式烘烤工艺。

吹唢呐

人文史迹

黄木村付家湾组历史环境要素丰富多样，有古井、古洞、古庙、古树、付家大坪等，这些历史环境要素丰富了付家湾的景观层次和文化底蕴。

古庙：黄木村前面的一座白龙庙缘于一个神话故事，相传在很多年以前，有

跳花灯

一条黑龙在此盘踞，经常兴风作浪淹没良田，人们生活在水深火热之中，此事经当地老者禀报天庭，天庭就派白龙下到凡间，和黑龙苦战了七七四十九天，制服了黑龙，让它服务于人，于是黑龙摇身沉入泥土，化成了煤。白龙制服黑龙有功，天庭就让白龙在此服务于人类，从此风调雨顺，人民过上了安居乐业的生活。人们为了纪念和感谢白龙带来的恩泽，便修建了白龙庙，至今香火不断。

古洞：付家湾组有古洞3处，地处水源点的左侧十几米远，分为：岩洞、刺猪洞、王家洞，每逢春雨或大雨后，岩洞和刺猪洞就相应有大水流淌出来，其中，刺猪洞洞口在半岩上，周围树林浓荫密蔽，空气清新，犹如天然氧吧。"王家洞"发水很大，三面环山。此地是战乱年间隐身的好地方。

付家大坪：根据"付家大坝"地理位置，付家大坪北面叫上营盘；南面叫下营盘；都分别挖有营沟（战壕），东面山脉延伸到村民组；西面也是连绵不断的山脉

古树

舞龙

延伸到胜利村茶山官渡口；中间是一块草坝（付家大坝），是战乱年间扎营练兵场地。是旧时代付氏家族的放牛山，现在是人们休闲时常去的活动场地。每逢春节、回家上坟，人们在草地上烧烤、嬉戏玩耍等活动。

古井：付家湾组有古井3处，多为明清时期所挖，古井类型多样，有方有圆，内圆外方，2处古井仍在使用中。

古树：付家湾组古树有6棵，主要以古楠木、沙塘树、柏树为主。

保护价值

黄木村付家湾组村庄布局紧凑，既体现了人与自然和谐共生的传统观念，又体现出征战不断的历史背景。深山、避世、宁静，是山田相依、民居有机分布的典型聚落，其肌理体现了苗族特有的生活习惯与生活方式，村庄与周边山体关系亲切紧密，有机分布。村内传统民居特色鲜明，带有浓郁的地方色彩。村民延续了当地民俗生活习俗，是民族文化的活态传承。

陈乙娇　黄　丹　编

付家大坝

古庙

毕节市

BI JIE SHI

毕节市大方县雨冲乡油杉河村

油杉河村村貌

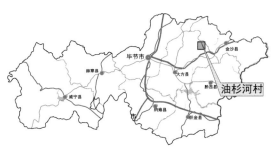

油杉河村区位示意图

总体概况

油杉河村位于毕节市大方县雨冲乡的西面，油杉河国家森林公园内。通过乡村道路可到达雨冲乡政府，通过326国道可以到达大方县县城。油杉河村距离雨冲乡约20公里，距大方县县城约80公里。油杉河村居住的村民全部为彝族，共有61户，200人。最早落户在油杉河村的是一户李姓彝族的村民，这一支彝族最早在江西大河起祖。明朝初期"调北征南"，李家迁徙至贵州，最后在油杉河村落户，世代繁衍，居住至今。油杉河村村域国土面积为25.89平方公里。

2019年油杉河村列入第五批中国传统村落名录。

村落特色

油杉河村是一个地处河谷地带的村落。村寨坐落在山林河谷的深处，依山而建，背山面水，四面环山。从村寨的格局上来说，这样的选址对村寨形成了天然的保护屏障，抵御外族的入侵。村寨内的民居就建在依山傍水、土肥水美之处，形成了"上边有山养羊，下边有地种粮"的生产格局。河流缓缓经过寨前，就如同一条护城河，房屋错落有致，在绿水青山的掩映下，云遮雾罩的装点中，恍如人间仙境。油杉河村恰好充分利用了高山上的流水，穿过村寨的小溪在村寨北面汇聚成一条河流，不仅形成村寨的天然屏障，也给村民提供了饮用水和灌溉用水；排出的水经土壤净化后再进入河流，达到利用自然生态系统的自净能力保护环境的目的。

传统建筑

油杉河村的传统建筑多建于清代，房屋朝向基本为坐北朝南，多为木质结构，屋顶为青瓦。屋脊的正中往往会做一个象征幸福、吉祥的装饰图案，有的也用取源于生活中的动物形体来作为装饰；在屋脊的两端会作一定的翘起，称之为鹰翅。屋檐部分采用出挑的方式，增加了屋檐的进深，也给人们提供了休息或者晾晒东西的空间。有的民居还在建筑细部雕刻上彝族的民族图案，极具民族风情。传统建筑多为两层，一层用于日常生活，二层是一个小小的阁楼，用于堆积杂物。一楼的正房一般为三间，中间为堂屋，两侧为厢房。中间的堂屋用来祭拜祖先和招待客人，左侧的厢房用来生产生活，右侧的厢房则是用来居住休息。彝族崇拜祖先，家里要有供奉祖先的灵牌位，因此会在堂屋正中后壁设供祖先灵牌位，是家庭神圣的精神中心，逢年过节及有凶兆的时候都要祭拜祖先。

传统民居

河边长廊

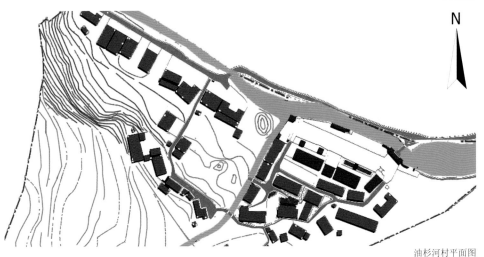

油杉河村平面图

民族文化

油杉河村至今仍然保留着彝族的传统文化和节庆。

彝族火把节：在彝族十月太阳历中，彝族火把节也称为星回节，是彝族最隆重、最盛大、场面最壮观、参与人数最多、最富有浓郁民族风情风俗特征的节日。一般历时三天三夜，分为迎火、玩火、送火三个阶段。油杉河村的火把节，于每年农历六月二十三、二十四、二十五这三天，在聚居地的山野草场举行。节日之前，各家都要准备饮食佳品在节日里食用欢聚，放歌畅饮。过节期间，各村寨以干竹木或松明子扎成大火把竖立寨中，各家门前竖起中火把，入夜点燃，村寨一片通明；同时人们手持小火把，成群结队行进在村边地头、山岭田埂间。远远望去，如火龙蜿蜒起伏，似一天星斗下人间。最后青年男女会聚场坝，将许多火把堆成火塔，火焰熊熊，人们围成一圈，唱歌跳舞，一片欢腾，彻夜不息。

彝族祭火节

彝族祭水节：祭水节是油杉河村人民最重视的节日，祭水主要是祈求风调雨顺，国泰民安，于每年农历三月至五月择吉日举行。祭水程序为设祭坛、圣女取水、毕摩念诵《献水经》、刀手兼坛师宰牲、毕摩行献牲礼、宣读祭水文，同时给人们泼洒圣水、送退水神等。表达对先祖和神灵的感恩与崇拜，对美好生活的感悟，祈祷来年家家户户，平安幸福、万事如意。

彝族祭水节

彝族年：彝族过年节是彝族同胞一年一度的重要节日，彝语称"课海"，也称"课害"。油杉河村彝族传统的过年节是农历十月初一至初三，时间正值五谷丰登、秋收结束后的农闲时节。过年当天，油杉河村人都要吟诵传统的"扫尘词"，并打扫自家房屋前后的卫生，要给辛勤耕耘的老牛吃糯米粑和戴牛角花，把糯米粑插在牛角上，把花戴在牛角上，赶牛到水边喝水，牛看到自己角上的糯米粑和花，高兴得跳起来，到处狂奔乱跳。

彝族年

彝族酒礼歌：酒礼歌是油杉人民接待宾客时的一种文化礼节，只有在大众场合及接待贵宾时才能看到这样的场面，他们用质朴的语言、生动的表情和极具感染力的氛围，生动形象地体现了油杉河村人热情好客的待客方式。

插花节：是彝族颇具特色的传统节日。每年三月初三，彝族民众都会从山上采回漂亮的马樱花，彝语称之为（玛玮），采回后将这些花插在神位、房门、农具及一些常用工具上。

彝族酒礼歌

人文史迹

寨门：寨门样式为彝族风格，寨门上安装6根原始炮管作为迎宾礼炮，当迎接贵宾和游客时，将会紧闭寨门，根据彝族风格响起迎接礼炮后，放下吊桥，彝家女子或男子将会出寨门迎宾，送上彝家水花酒和唱起彝家歌曲。

古银杏：油杉河村内有一颗古银杏树，已有上百年树龄。屹立在村寨之中，每当秋季金黄的树叶挂满枝头，总会引来游客前来观赏拍照。

古河道：村寨中部有一条小溪流，水源来自村寨西南面的山泉。自西南面流下汇至村寨北面的古河道中。水质清澈，为村寨增添无限风光。

银杏古树

油杉河

保护价值

油杉河村位于油杉河国家森林公园内，特有的自然景观结合村寨风貌，形成了其独特的村寨环境。村寨藏于山林之间，背山面水；合理运用自然水系和地形优势，形成利用自然生态系统的自我净化达到水资源循环利用的目的，体现出油杉河村的先民对与村寨选址的科学性，展现了人民的智慧。村寨经过百年的发展，仍然保留着彝族古老的民族文化。无论是彝族的传统节日，还是彝族的手工艺制品，抑或是彝族的传统歌舞，在油杉河村都完好地延续保存至今。油杉河村从各个方面都充分体现了村落历史的真实性、村落社会生活的真实性和历史风貌的完整性。

钱雪瑶 编

油杉古寨寨门

村寨环境

毕节市大方县黄泥塘镇背座村

背座村全景

背座村区位示意图

总体概况

背座村位于毕节市大方县黄泥塘镇的东南部，通过乡村道路连接省道209可到达黄泥塘镇。背座村距离黄泥塘镇政府有17公里，距离大方县城有40公里。背座村传统村落核心区域为中坝组。中坝组为一个水族聚居的村寨，全组共有40户，160人。村民的祖先源于江西，清朝初期迁到了中坝组定居到如今。由此推断，该村落形成于清初时期，距今约345年。背座村村域国土面积为9.2平方公里。

2019年背座村列入第五批中国传统村落名录。

村落特色

中坝组村落主要分布在半山腰的台地上，背靠大山，面朝支嘎阿鲁湖。由于最初建村时郭氏老祖定下了房子只能坐西向东的规矩，所以现状民居多分布在村落的西面，从平面上看整个村寨布局呈现"L"形状。由于地势高差，整个寨子的建筑错落有致，层次感、空间感极强。从远处看，布局十分规整，极富韵律感；近处可以清晰地看出公共生活到私密生活的过渡，即"街-巷-院-宅"的过渡，把这种从闹到静、从公共空间-半公共空间-半私密

支嘎阿鲁湖

空间-私密空间完整的空间组织序列，体现得淋漓尽致。村落内现在还保留着原始的耕种方式，村寨梯田环绕，远离喧嚣纷拢，空气清新，天然静谧。

传统民居

三合院民居

传统建筑

中坝组的民居建筑有着其独具一格的风格。建筑结构主要以穿斗式梁架和土木为主，材质主要为木质和泥质；有三合院、四合院的组合形式，也有单家独户的民房。三合院、四合院的民居正房大都居于主轴线上，通过较大的体量和较高的台基，突出了它的主要地位；两边厢房的台基较矮，体量也较小，倒座的位置最低，从而体现了上下有别的封建秩序。单家独

户的民房，正房一般为三间，中间为堂屋，房侧附牲畜圈。房高一般为"一丈八顶八、一丈九顶八"，取"要得发，不离八"之意，以图吉利。房屋分为上下两层，二楼用来堆积杂物，一楼正中堂屋用来祭拜祖先、招待客人；左侧房屋用来生产生活，右侧房间用来居住休息。屋顶一般覆盖青瓦，透风性好，冬暖夏凉；窗户为木窗镂空雕花，寓意财运亨通。村落内的民居建筑建造都因地制宜、就地取材，真实反映了当时的科学技术、生产力水平。布局严谨又富于变化，巧妙利用地形建造了适应当地环境及人居的建筑，将建筑融于环境之中，达到和谐统一的审美效果及居住效果，反映了人民的智慧和创造力。

背座村平面图

民族文化

背座村中坝组作为水族民族村寨，保留着水族特有的文化风俗。

三月三水神庙祭祀：到了三月三这天，只要是饮用井水的人家，早上都必须每家派出一人带上烟、酒、糖等祭品到水神庙。到了水神庙以后把香烛点燃，然后烧纸祭拜，祈求来年井水不枯，村民都有水喝。祭祀后，把祭品分给到场的人，大家分享吃完后唱歌聊天。

三月三祭水神庙

马尾绣：是水族妇女世代传承以马尾作为重要原材料的一种特殊刺绣技艺。刺绣图案古朴、典雅、抽象，工艺独特，独树一帜，堪称世界一绝。绣品上缀有铜饰，状似古代钱币，薄薄的直径只有黄豆大小，以红线穿贴于马尾绣片里面，如星星点点的小花，除了作为装饰，水族同胞还认为这样的铜片具有驱邪避凶的功能。马尾绣是民间传统工艺，被誉为刺绣的"活化石"，是研究水族民俗、民风、图腾崇拜及民族文化的珍贵艺术资料。

水族马尾绣

传统节日：端节，是以水族的水历推算出来，一般在水历十二月至次年二月（相当于农历八月至十月），每逢亥（猪）日，各地依传统分批过节。时值大季收割、小季播种，也是水族的年末岁首，因此"端节"也是辞旧迎新、庆贺丰收、祭祀祖先的盛大节日。

传统习俗：婚嫁，在水族的婚嫁习俗中，是必须有媒有证，履行三回九转。三回分别为：第一回，是允口酒；第二回，是复媒；第三回，发八字。丧葬，族中老人逝世后，要请祭祀法师按照祭祀法规举行超度亡灵的仪式。在仪式上，法师会吟诵《古谢经》，这样的祭祀方式叫作"嘎"。

水族乐器：水族乐器主要有铜鼓、大皮鼓、芦笙、唢呐、胡琴等。其中铜鼓和大皮鼓最为流行。铜鼓是水族人民传统的民间乐器，有悠久的历史，主要分公鼓和母鼓两种。公鼓的鼓面和鼓体本身做工较为精巧，音色圆润洪亮，母鼓的形体较粗重，声音不如公鼓洪亮。铜鼓多在节日、祭祀、丧葬或者盛大庆贺活动中使用，多由两人共同演奏。

水族铜鼓

人文史迹

水神庙：每年三月三中坝组的村民都会带上祭品来祭水神。据说，如果当年不祭水神当年水井就不会出水。水神庙代表了中坝组的传统信仰。

水族祖碑：位于村寨内，该石碑高1.5米，宽0.5米，碑上记载了陈氏家族的来源及迁移历史，为研究中坝组水族提供了文字记载资料。

古墓群：古墓群共有两处，分别是郭氏墓群和陈氏墓群。墓群占地约50平方米，墓碑雕花精美。从中可以看出水族的文化变迁，具有很高的历史价值。其中，郭氏墓群墓碑各个不同，说明了不同时期水族不同的丧葬文化。陈氏墓群为双墓，左边为男墓，右边为女墓。男墓墓碑精美，具有较高的考古价值。

水神庙

水族祖碑

郭氏墓群

保护价值

背座村中坝组历史较为悠久，曾是三界驿站之一，现今较完整地保留了古朴的传统村落格局和优美的历史人文景观，保留着大量传统历史民居和文化遗址，大部分村民也保留着传统耕作方式与生活习惯，至今已有300年余年的历史。村落内山水田园、林木相结合，阴阳交错、和谐自然，这些元素一起构成了一幅和谐自然的历史空间画卷；村落内的民居形式有效地借助了地形，使立面空间与山体坡面融合，对于研究大方地区山地建筑具有重要的参考意义。村落内还拥有丰富的非物质文化遗产和典型的历史环境要素，都具有较高的历史文化价值。

钱雪瑶 编

村落梯田

附录

《贵州传统村落 第一册》《贵州传统村落 第二册》 《贵州传统村落 第三册》 总目录

中国传统村落名称
(按进入国家名录批次排序)

分册—页码　编写人员

黔东南苗族侗族自治州雷山县西江镇控拜村	1—286	陈铖 黄鸿钰 周祖荣
黔东南苗族侗族自治州黎平县坝寨乡坝寨村	1—158	黄丹 付伟
黔东南苗族侗族自治州黎平县坝寨乡蝉寨村	1—322	黄丹 陈婧姝
黔东南苗族侗族自治州黎平县坝寨乡高场村	1—258	王倩 付伟
黔东南苗族侗族自治州黎平县坝寨乡高兴村	1—264	黄丹 付伟
黔东南苗族侗族自治州黎平县坝寨乡青寨村	1—206	黄丹 付伟
黔东南苗族侗族自治州黎平县大稼乡邓蒙村	1—072	王倩 陈婧姝
黔东南苗族侗族自治州黎平县德顺乡平甫村	1—096	王攀 周祖荣 黄鸿钰
黔东南苗族侗族自治州黎平县地坪乡岑扣村	1—180	张懿 赵晦鸣 李函静
黔东南苗族侗族自治州黎平县地坪乡高青村	1—238	张懿 赵晦鸣 李函静
黔东南苗族侗族自治州黎平县地坪乡滚大村	1—312	李翔 赵晦鸣 李函静
黔东南苗族侗族自治州黎平县洪州镇归欧村	2—282	张成祥 杨健 黄鸿钰
黔东南苗族侗族自治州黎平县洪州镇九江村	2—020	张成祥 任昌虞 黄鸿钰
黔东南苗族侗族自治州黎平县洪州镇平架村	2—082	张成祥 任昌虞 王攀
黔东南苗族侗族自治州黎平县洪州镇三团村	2—030	张成祥 杨健 周祖荣
黔东南苗族侗族自治州黎平县九潮镇高寅村	1—242	白莹 陈佳俊 李函静
黔东南苗族侗族自治州黎平县九潮镇贡寨村	1—176	杨辉智 王晓青 李函静
黔东南苗族侗族自治州黎平县九潮镇呇洞村	1—166	陈佳俊 付家佳 黄鸿钰
黔东南苗族侗族自治州黎平县雷洞瑶族水族乡金城村	1—202	王攀 周祖荣 黄鸿钰
黔东南苗族侗族自治州黎平县茅贡乡蚕洞村	1—248	罗孝琴 陆玲 黄鸿钰
黔东南苗族侗族自治州黎平县茅贡乡冲寨	1—122	罗孝琴 李玉柱 周祖荣
黔东南苗族侗族自治州黎平县茅贡乡登岑村	1—296	陆玲 李玉柱 周祖荣
黔东南苗族侗族自治州黎平县茅贡乡地扪村	1—132	王晓青 白莹 周祖荣
黔东南苗族侗族自治州黎平县茅贡乡高近村	1—254	彭仕林 白莹 周祖荣
黔东南苗族侗族自治州黎平县茅贡乡流芳村	1—260	彭仕林 付晓兰 王攀
黔东南苗族侗族自治州黎平县茅贡乡寨头村	1—318	付晓兰 梁伟 王攀
黔东南苗族侗族自治州黎平县孟彦镇芒岭村	1—136	杨辉智 付家佳 王攀
黔东南苗族侗族自治州黎平县尚重镇高冷村	1—268	陈楚 唐艳 余飞
黔东南苗族侗族自治州黎平县尚重镇纪登村	1—140	陈楚 唐艳 余飞
黔东南苗族侗族自治州黎平县尚重镇绍洞村	1—196	陈楚 唐艳 余飞
黔东南苗族侗族自治州黎平县尚重镇育洞村	2—144	余飞 唐艳 王攀
黔东南苗族侗族自治州黎平县尚重镇朱冠村	2—110	余飞 唐艳 王攀
黔东南苗族侗族自治州黎平县双江乡黄岗村	2—220	梁伟 付晓兰 周祖荣
黔东南苗族侗族自治州黎平县岩洞镇述洞村	2—150	李玉柱 彭仕林 周祖荣
黔东南苗族侗族自治州黎平县岩洞镇岩洞村	2—158	梁伟 罗孝琴 李函静
黔东南苗族侗族自治州黎平县岩洞镇宰拱村	2—202	付家佳 杨辉智 周祖荣
黔东南苗族侗族自治州黎平县岩洞镇竹坪村	2—114	陆玲 王晓青 王攀
黔东南苗族侗族自治州黎平县永从乡豆洞村	1—186	王攀 李函静 黄鸿钰
黔东南苗族侗族自治州黎平县肇兴乡肇兴中寨村	1—070	赵晦鸣 徐胜冰 李函静
黔东南苗族侗族自治州黎平县肇兴乡纪堂村	1—146	张宇环 李函静 黄鸿钰
黔东南苗族侗族自治州黎平县肇兴乡纪堂上寨村	1—150	徐胜冰 赵晦鸣 王攀
黔东南苗族侗族自治州黎平县肇兴乡堂安村	1—276	曾繁秋 李函静 张宇环
黔东南苗族侗族自治州黎平县肇兴乡肇兴村	1—326	李函静 张宇环 周祖荣
黔东南苗族侗族自治州榕江县平江乡滚仲村	2—234	朱洪宇 冯泽
黔东南苗族侗族自治州榕江县兴华乡八蒙村	1—020	朱洪宇 冯泽
黔东南苗族侗族自治州榕江县兴华乡摆贝村	1—310	冯泽
黔东南苗族侗族自治州榕江县栽麻乡大利村	1—034	朱洪宇 冯泽

黔东南苗族侗族自治州榕江县栽麻乡宰荡村	1—240	周尚宏 黄明皓
黔南布依族苗族自治州荔波县瑶山民族乡董蒙村	1—436	张成祥 杨健 李函静
黔南布依族苗族自治州荔波县永康民族乡太吉村	1—426	杨健 张成祥 黄鸿钰
黔南布依族苗族自治州荔波县永康民族乡尧古村	1—430	杨健 张成祥 李函静
黔南布依族苗族自治州平塘县卡蒲毛南族乡场河村交懂组	1—432	于鑫 潘远良
黔南布依族苗族自治州三都水族自治县坝街乡坝辉村	2—398	雷瑜 陈隆诗 汤洛行
黔南布依族苗族自治州三都水族自治县都江镇怎雷村	1—434	雷瑜
黔南布依族苗族自治州三都水族自治县拉揽乡排烧村	2—402	雷瑜 黄文淑 汤洛行
遵义市湄潭县茅坪镇平顺坝	1—446	陈清鋆 周海 易婷婷
遵义市湄潭县西河乡石家寨	1—448	陈清鋆 杜莉莉
遵义市湄潭县抄乐乡群星村石家寨	1—458	陈清鋆 郭海娟
安顺市普定县马关镇下坝屯	1—380	杜佳 余压芳
安顺市镇宁布依族苗族自治县城关镇高荡村	1—412	杜佳
安顺市镇宁布依族苗族自治县扁担山乡革老坟村	1—410	杜佳
毕节市织金县龙场镇阳光村营上古寨	2—434	潘远良 于鑫
铜仁市碧江区漾头镇茶园山	2—332	刘俊娟 周博
铜仁市江口县桃映乡漆树坪	2—366	刘锐 周博
铜仁市江口县民和侗族土家族苗族乡封神懂	2—334	刘俊娟 季星辰
铜仁市江口县怒溪土家族苗族乡黄岩	2—342	季星辰 刘锐
铜仁市石阡县花桥镇施场村	2—336	于鑫 喻萌
铜仁市石阡县五德镇董上村	2—350	于鑫 郭谦
铜仁市石阡县聚凤仡佬族侗族乡指甲坪村	2—328	郭谦 于鑫
铜仁市石阡县青阳苗族仡佬族侗族乡青山寨	2—320	于鑫 郭谦
铜仁市石阡县坪地场仡佬族侗族乡石榴坡村	2—292	郭谦 于鑫
铜仁市石阡县甘溪镇铺溪村	1—366	吴展康 于鑫
铜仁市思南县许家坝镇舟水村	1—350	刘锐 周博
铜仁市思南县文家店镇龙山村	1—346	刘俊娟 季星辰
铜仁市思南县青杠坡镇四野屯村	2—296	刘俊娟 刘锐
铜仁市思南县思林乡金龙村	2—312	刘锐 王镜舫
铜仁市思南县思林乡黑河峡社区	2—354	刘俊娟 王镜舫
铜仁市思南县板桥乡郝家湾古寨	1—356	周博 王镜舫
铜仁市思南县兴隆乡天山村	1—340	刘锐 季星辰
铜仁市思南县杨家坳乡岑头盖村	2—308	刘俊娟 王镜舫
铜仁市印江县永义乡团龙村	2—302	雷瑜 陈隆诗 汤洛行
铜仁市德江县枫香溪镇枫香溪村	2—324	雷瑜 陈隆诗 黄文淑
铜仁市德江县复兴镇棋坝山村	2—358	雷瑜 陈隆诗 汤洛行
铜仁市德江县共和乡焕河村	2—346	雷瑜 陈隆诗 黄文淑
铜仁市德江县沙溪乡大寨村	2—274	雷瑜 黄文淑 汤洛行
铜仁市沿河县思渠镇荷叶村	1—362	刘娟 郭谦
铜仁市沿河县黑獭乡大溪村	1—338	潘远良 刘娟
铜仁市沿河县新景乡白果村	1—344	喻萌 刘娟
铜仁市沿河县后坪乡茶园村	1—360	刘娟 喻萌
铜仁市松桃县普觉镇候溪屯	2—338	雷瑜 陈隆诗 黄文淑
铜仁市松桃县正大乡苗王城	2—326	雷瑜 黄文淑 汤洛行
黔东南苗族侗族自治州黄平县苗陇乡苗陇村	2—154	杨洋 陈隆诗 黄文淑
黔东南苗族侗族自治州三穗县良上乡雅中村	2—232	雷瑜 陈隆诗 汤洛行
黔东南苗族侗族自治州镇远县报京乡报京村	2—140	杨洋 陈隆诗 黄文淑

黔东南苗族侗族自治州岑巩县平庄乡平庄村凯空组	2—138	杨洋 陈隆诗 汤洛行
黔东南苗族侗族自治州剑河县南加镇塘边村	1—314	黄琨 刘宁波
黔东南苗族侗族自治州剑河县柳川镇巫泥村	1—172	杨涵 刘翼
黔东南苗族侗族自治州剑河县革东镇八郎村	1—022	杨涵 叶茜
黔东南苗族侗族自治州剑河县久仰乡基佑村	1—280	余军 付文豪
黔东南苗族侗族自治州剑河县久仰乡久吉村	1—032	黄琨 张奕
黔东南苗族侗族自治州剑河县太拥镇太坪村	1—086	杨涵 刘翼
黔东南苗族侗族自治州剑河县太拥镇九连村	1—028	黄琨 刘宁波
黔东南苗族侗族自治州剑河县南哨乡巫沙村	1—184	余军 刘翼
黔东南苗族侗族自治州剑河县南哨乡反召村	1—092	杨涵 陈传炳
黔东南苗族侗族自治州剑河县南寨乡展留村	1—252	黄琨 刘宁波
黔东南苗族侗族自治州剑河县南寨乡柳富村	1—224	黄琨 付文豪
黔东南苗族侗族自治州剑河县磻溪镇洞脚村	1—214	杨涵 张奕
黔东南苗族侗族自治州剑河县磻溪镇大广村	1—052	杨涵 叶茜
黔东南苗族侗族自治州剑河县敏洞乡沟洞村	1—192	余军 陈传炳
黔东南苗族侗族自治州剑河县观么乡巫包村	1—188	黄琨 刘宁波
黔东南苗族侗族自治州台江县台拱镇展福村	2—196	杨程宏 周子恒
黔东南苗族侗族自治州台江县台拱镇板凳村	1—198	韩磊 王浩
黔东南苗族侗族自治州台江县台拱镇南省村	2—172	杨渊 马勇超
黔东南苗族侗族自治州台江县台拱镇南冬村	2—178	杨程宏 周子恒
黔东南苗族侗族自治州台江县台拱镇排朗村	2—212	王和进 马勇超
黔东南苗族侗族自治州台江县台拱镇桃香村	2—200	周尚宏 龚志武
黔东南苗族侗族自治州台江县台拱镇登鲁村	1—306	杨渊
黔东南苗族侗族自治州台江县台拱镇交片村	2—112	劳巧玲 欧阳丹玲
黔东南苗族侗族自治州台江县台拱镇展下村	1—262	李先通
黔东南苗族侗族自治州台江县施洞镇小河村	1—040	杨渊 李先通
黔东南苗族侗族自治州台江县施洞镇旧州村	1—116	石庆坤 周杨
黔东南苗族侗族自治州台江县施洞镇八梗村	1—026	杨渊 马勇超
黔东南苗族侗族自治州台江县施洞镇黄泡村	2—218	魏琰 王彬
黔东南苗族侗族自治州台江县南宫乡交包村	1—124	石庆坤 周杨
黔东南苗族侗族自治州台江县南宫乡交下村	2—116	马勇超 聂琳
黔东南苗族侗族自治州台江县南宫乡交密村	1—130	劳巧玲 欧阳丹玲
黔东南苗族侗族自治州台江县南宫乡展忙村	1—256	朱洪宇
黔东南苗族侗族自治州台江县排羊乡九摆村	1—030	杨渊 马勇超
黔东南苗族侗族自治州台江县排羊乡上南刀村	2—026	李光阳 马勇超
黔东南苗族侗族自治州台江县台盘乡德卷村	2—250	石庆坤 周杨
黔东南苗族侗族自治州台江县台盘乡南尧村	1—212	杨渊
黔东南苗族侗族自治州台江县革一乡北方村	2—084	余文谦 闫刚
黔东南苗族侗族自治州台江县革一乡排生村	2—224	石庆坤 周杨
黔东南苗族侗族自治州台江县革一乡西南村	1—144	韩磊 王浩
黔东南苗族侗族自治州台江县老屯乡长滩村	1—074	韩磊 王浩
黔东南苗族侗族自治州台江县方召乡反排村	1—078	马勇超 劳巧玲
黔东南苗族侗族自治州台江县方召乡巫脚交村	1—174	杨渊
黔东南苗族侗族自治州台江县方召乡巫梭村	1—168	韩磊
黔东南苗族侗族自治州台江县方召乡交汪村	1—152	劳巧玲 欧阳丹玲
黔东南苗族侗族自治州黎平县孟彦镇罗溪村	2—148	余压芳 赵玉奇 张全
黔东南苗族侗族自治州黎平县孟彦镇岑湖村	1—170	王曦

黔东南苗族侗族自治州黎平县九潮镇高维村	2—204	赵玉奇 徐雯 何丹
黔东南苗族侗族自治州黎平县九潮镇定八村	1—194	王希
黔东南苗族侗族自治州黎平县九潮镇大榕村新寨	1—042	徐雯
黔东南苗族侗族自治州黎平县九潮镇顺寨村	2—174	罗兰 高蛤 王金龙
黔东南苗族侗族自治州黎平县岩洞镇大寨村	1—048	杨钧月 徐雯
黔东南苗族侗族自治州黎平县岩洞镇小寨村	1—064	杨钧月 徐雯
黔东南苗族侗族自治州黎平县水口镇东郎村	1—104	代富红 王希
黔东南苗族侗族自治州黎平县水口镇花柳村	1—162	杨钧月 王希
黔东南苗族侗族自治州黎平县水口镇南江村	1—210	代富红 王希
黔东南苗族侗族自治州黎平县水口镇茨洞村	2—180	王希 何丹 杨泽媛
黔东南苗族侗族自治州黎平县水口镇宰洋村宰直寨	1—250	周捷 徐雯
黔东南苗族侗族自治州黎平县尚重镇岑门村	2—128	余压芳 赵玉奇 张宇辰
黔东南苗族侗族自治州黎平县尚重镇顿路村	2—208	徐雯 王希 杨泽媛
黔东南苗族侗族自治州黎平县尚重镇归德村	1—108	余压芳 王希
黔东南苗族侗族自治州黎平县尚重镇旧洞村	2—088	王艳 杨涵 吴汝刚
黔东南苗族侗族自治州黎平县尚重镇上洋村	1—060	徐雯 王莹
黔东南苗族侗族自治州黎平县尚重镇下洋村	1—036	徐雯 王莹
黔东南苗族侗族自治州黎平县尚重镇西迷村	1—142	徐雯 谢聪
黔东南苗族侗族自治州黎平县尚重镇宰蒙村	2—244	谢聪 高蛤 余正璐
黔东南苗族侗族自治州黎平县雷洞乡岑管村	1—178	代富红 徐雯
黔东南苗族侗族自治州黎平县雷洞乡牙双村	1—068	杨钧月 王希
黔东南苗族侗族自治州黎平县永从乡九龙村	1—024	周捷 徐雯
黔东南苗族侗族自治州黎平县永从乡中罗村	1—080	周捷 徐雯
黔东南苗族侗族自治州黎平县茅贡乡额洞村	1—330	王希 曾增
黔东南苗族侗族自治州黎平县茅贡乡寨南村	1—320	王希 曾增
黔东南苗族侗族自治州黎平县茅贡乡汉寨	2—098	徐雯 王燕飞 唐涛
黔东南苗族侗族自治州黎平县坝寨乡高西村	1—236	王希 王艳
黔东南苗族侗族自治州黎平县坝寨乡器寨村	1—332	余压芳 王希
黔东南苗族侗族自治州黎平县口江乡银朝村	1—292	徐雯 谢聪
黔东南苗族侗族自治州黎平县双江乡四寨村	1—112	余压芳 代富红 王希
黔东南苗族侗族自治州黎平县双江乡寨高村	1—324	周捷 徐雯
黔东南苗族侗族自治州黎平县肇兴镇肇兴上寨村	2—248	杨钧月 高蛤 谢聪
黔东南苗族侗族自治州黎平县肇兴镇厦格村	1—304	周捷 王希
黔东南苗族侗族自治州黎平县肇兴镇厦格上寨村	1—300	代富红 王希
黔东南苗族侗族自治州黎平县龙额乡上地坪村	1—056	杨钧月 王希
黔东南苗族侗族自治州黎平县地坪乡新丰村	2—238	杨钧月 曾增 张全
黔东南苗族侗族自治州黎平县地坪乡下寨村	2—028	王希 杨钧月 罗兰
黔东南苗族侗族自治州黎平县大稼乡高孖村	1—244	徐雯 王曦
黔东南苗族侗族自治州黎平县平寨乡纪德村	1—154	徐雯
黔东南苗族侗族自治州黎平县德化乡高洋村	1—274	徐雯 高蛤
黔东南苗族侗族自治州黎平县德化乡下洋村	2—040	何丹 王艳 张宇辰
黔东南苗族侗族自治州榕江县寨蒿镇票寨村侗寨	1—290	冯泽
黔东南苗族侗族自治州榕江县栽麻乡苗兰村侗寨	1—204	周尚宏
黔东南苗族侗族自治州榕江县三江乡脚车村苗寨	1—284	朱洪宇 冯泽
黔东南苗族侗族自治州榕江县塔石乡怎东村瑶寨	1—222	周尚宏 李先通
黔东南苗族侗族自治州从江县下江镇高良村	1—246	石庆坤
黔东南苗族侗族自治州从江县宰便镇引东村	1—084	杨程宏 周子恒

黔东南苗族侗族自治州从江县西山镇田底村	1—102	杨程宏 周子恒
黔东南苗族侗族自治州从江县停洞镇架里村	1—226	魏琰 李婧
黔东南苗族侗族自治州从江县高增乡岜扒村	1—182	石庆坤
黔东南苗族侗族自治州从江县谷坪乡高吊村	1—270	魏琰
黔东南苗族侗族自治州从江县雍里乡归林村	1—110	李礼 黄明皓
黔东南苗族侗族自治州从江县刚边壮族乡刚边村	1—156	魏琰 李婧
黔东南苗族侗族自治州从江县刚边壮族乡银平村	1—278	周杨
黔东南苗族侗族自治州从江县加榜乡加车村	1—106	周尚宏 周杨
黔东南苗族侗族自治州从江县加榜乡下尧村	1—050	周尚宏
黔东南苗族侗族自治州从江县翠里瑶族壮族乡高华村	1—266	韩磊
黔东南苗族侗族自治州从江县往洞镇朝利村	1—298	魏琰 李婧
黔东南苗族侗族自治州从江县往洞镇增盈村	2—254	李礼 黄明皓
黔东南苗族侗族自治州从江县东朗乡孔明村	1—090	周尚宏 王浩
黔东南苗族侗族自治州从江县加鸠乡加翁村	2—090	王军 欧顺江
黔东南苗族侗族自治州从江县光辉乡加牙村	1—120	李礼 黄明皓
黔东南苗族侗族自治州雷山县丹江镇乌东村	1—082	詹文 李函静 张宇环
黔东南苗族侗族自治州雷山县丹江镇虎阳村	2—162	李人仆 李函静 黄鸿钰
黔东南苗族侗族自治州雷山县丹江镇教厂村	2—226	詹文 李函静 黄鸿钰
黔东南苗族侗族自治州雷山县丹江镇脚猛村	2—222	张宇环 李函静 黄鸿钰
黔东南苗族侗族自治州雷山县丹江镇干皎村	2—036	张宇环 李函静 王攀
黔东南苗族侗族自治州雷山县丹江镇猫猫河村	2—216	张宇环 李函静 王攀
黔东南苗族侗族自治州雷山县西江镇长乌村	2—064	袁兰燕 王攀 周祖荣
黔东南苗族侗族自治州雷山县西江镇黄里村	2—210	袁兰燕 王攀 周祖荣
黔东南苗族侗族自治州雷山县西江镇中寨村	2—052	罗雨 王攀 李函静
黔东南苗族侗族自治州雷山县西江镇开觉村	2—056	罗雨 张宇环 李函静
黔东南苗族侗族自治州雷山县西江镇龙塘村	2—092	罗雨 张宇环 李函静
黔东南苗族侗族自治州雷山县西江镇麻料村	2—170	匡玲 黄鸿钰 周祖荣
黔东南苗族侗族自治州雷山县西江镇乌尧村	2—070	匡玲 黄鸿钰 周祖荣
黔东南苗族侗族自治州雷山县西江镇北建村	2—096	匡玲 黄鸿钰 王攀
黔东南苗族侗族自治州雷山县永乐镇加鸟村	2—102	李岚 周祖荣 王攀
黔东南苗族侗族自治州雷山县永乐镇开屯村	2—074	黄鸿钰 周祖荣 王攀
黔东南苗族侗族自治州雷山县永乐镇乔洛村	2—120	周祖容 王攀 李函静
黔东南苗族侗族自治州雷山县永乐镇乔歪村	2—124	任贵伟 王攀 李函静
黔东南苗族侗族自治州雷山县永乐镇肖家村	2—134	王熇 黄鸿钰 王攀
黔东南苗族侗族自治州雷山县郎德镇杨柳村	1—160	唐艳 余飞 王攀
黔东南苗族侗族自治州雷山县郎德镇乌瓦村	1—088	唐艳 余飞 周祖荣
黔东南苗族侗族自治州雷山县郎德镇乌流村	1—094	唐艳 余飞 周祖荣
黔东南苗族侗族自治州雷山县郎德镇也改村	1—062	唐艳 余飞 李函静
黔东南苗族侗族自治州雷山县郎德镇报德村	1—190	唐艳 余飞 李函静
黔东南苗族侗族自治州雷山县郎德镇也利村	1—054	唐艳 余飞 李函静
黔东南苗族侗族自治州雷山县望丰乡乌迭村	2—048	张宇环 李函静 周祖荣
黔东南苗族侗族自治州雷山县望丰乡三角田村	2—042	张宇环 李函静 黄鸿钰
黔东南苗族侗族自治州雷山县望丰乡公统村	2—060	李人仆 李函静 黄鸿钰
黔东南苗族侗族自治州雷山县望丰乡丰塘村	2—068	张宇环 李函静 王攀
黔东南苗族侗族自治州雷山县望丰乡乌的村	2—050	李函静 黄鸿钰 王攀
黔东南苗族侗族自治州雷山县望丰乡荣防村	2—176	李人仆 李函静 黄鸿钰
黔东南苗族侗族自治州雷山县望丰乡乌响村	2—076	李人仆 李函静 黄鸿钰

黔东南苗族侗族自治州雷山县望丰乡排肖村	2—214	张宇环 李函静 周祖荣
黔东南苗族侗族自治州雷山县大塘乡新桥村	1—316	黄丹 王倩
黔东南苗族侗族自治州雷山县大塘乡掌坳村	1—302	王倩 付伟
黔东南苗族侗族自治州雷山县大塘乡独南村	1—228	黄丹 陈婧姝
黔东南苗族侗族自治州雷山县桃江乡乔王村	1—126	王倩 付伟
黔东南苗族侗族自治州雷山县桃江乡岩寨村	1—200	黄丹 陈婧姝
黔东南苗族侗族自治州雷山县桃江乡掌雷村	1—308	王倩 陈婧姝
黔东南苗族侗族自治州雷山县桃江乡龙河村	1—118	付伟 陈婧姝
黔东南苗族侗族自治州雷山县达地水族乡也蒙苗寨	1—058	李人仆 李函静 周祖荣
黔东南苗族侗族自治州雷山县方祥乡陡寨村	2—182	詹文 李函静 黄鸿钰
黔东南苗族侗族自治州雷山县方祥乡毛坪村	2—078	詹文 李函静 黄鸿钰
黔东南苗族侗族自治州雷山县方祥乡格头村	1—272	李函静 周祖荣 王攀
黔东南苗族侗族自治州雷山县方祥乡提香村	2—236	王熇 李函静 周祖荣
黔东南苗族侗族自治州雷山县方祥乡雀鸟村	2—230	张宇环 李函静 黄鸿钰
黔东南苗族侗族自治州麻江县杏山镇六堡村	2—072	杨洋 陈隆诗 黄文淑
黔东南苗族侗族自治州麻江县龙山乡河坝村	2—166	杨洋 黄文淑 汤洛行
黔东南苗族侗族自治州麻江县龙山乡复兴村	2—188	杨洋 陈隆诗 汤洛行
黔东南苗族侗族自治州丹寨县排调镇麻鸟村	1—288	郭谦 刘娟
黔东南苗族侗族自治州丹寨县长青乡扬颂村	1—134	刘娟 喻萌
黔东南苗族侗族自治州丹寨县雅灰乡送陇村	1—218	刘娟 喻萌
黔东南苗族侗族自治州丹寨县南皋乡石桥村	2—108	刘娟 潘远良
黔南布依族苗族自治州平塘县掌布镇掌布村	2—404	于鑫 潘远良
六盘水市六枝特区梭戛苗族彝族回族乡高兴村	2—424	余压芳 徐雯 王希
六盘水市水城县花戛苗族布依族彝族乡天门村	1—464	陈清鋆 周海 杨斌
六盘水市盘县石桥镇妥乐村	1—466	余压芳 吴茜婷
六盘水市盘县羊场布依族白族苗族乡大中村	1—462	吴茜婷
六盘水市盘县保基苗族彝族乡陆家寨村	1—468	余压芳 吴茜婷
遵义市遵义县枫香镇苟坝村	1—454	陈清鋆 姚秀利 郭海娟
遵义市遵义县毛石镇毛石村	1—444	陈清鋆 郭海娟
遵义市凤冈县琊川镇杨家寨	2—418	赵玉奇 王金龙 王燕飞
遵义市凤冈县土溪镇黑溪古寨	2—420	杨泽媛 余正璐 张全
遵义市凤冈县新建乡长碛古寨	2—412	余压芳 徐雯 王艳
遵义市湄潭县西河镇官寨	1—456	陈清鋆 姚秀利 杜莉莉
遵义市湄潭县洗马镇石笋沟	1—452	陈清鋆 杨斌
安顺市西秀区宁谷镇小呈堡村	1—402	陈清鋆 郭海娟
安顺市西秀区七眼桥镇猴场村	1—418	陈清鋆 郭海娟
安顺市西秀区七眼桥镇雷屯村	1—420	陈清鋆 郭海娟
安顺市西秀区七眼桥镇本寨村	1—392	余压芳 杜佳
安顺市西秀区轿子山镇秀水村	2—382	陈清鋆 张涛 杨秀华
安顺市西秀区新场布依族苗族乡花庆村石头组	1—404	陈清鋆 郭海娟
安顺市西秀区新场布依族苗族乡勇江村勇克组	2—388	陈清鋆 张涛
安顺市西秀区东屯乡高官居委会高官组	2—390	陈清鋆 张涛 陈笛
安顺市西秀区东屯乡金山村山旗组	2—384	陈清鋆 张涛
安顺市平坝县白云镇肖家村	1—406	陈清鋆 郭海娟
安顺市平坝县白云镇平元村元河组	2—376	陈清鋆 张涛 杨秀华
安顺市平坝县天龙镇打磨村虾儿井组	1—388	赵彬 陈清鋆 郭海娟
安顺市平坝县天龙镇二官村	1—376	赵彬 陈清鋆 郭海娟

安顺市平坝县天龙镇合旺村岩上组	2—380	陈清鋆 张涛
安顺市平坝县天龙镇兴旺村双硐组	2—378	陈清鋆 张涛
安顺市平坝县天龙镇天龙村	2—372	陈清鋆 张涛
安顺市普定县城关镇陈旗堡村	1—408	陈清鋆 郭海娟
安顺市普定县猴场苗族仡佬族乡猛舟村	2—392	陈清鋆 张涛 陈笛
安顺市镇宁布依族苗族自治县江龙镇竹王村（原猛正村）	1—400	陈清鋆 王军 易婷婷
安顺市关岭布依族苗族自治县普利乡马马崖村下瓜组	1—378	陈清鋆 王军 易婷婷
安顺市黄果树风景名胜区黄果树镇大三新村大洋溪组	1—382	程炜 陈清鋆 杨斌
安顺市黄果树风景名胜区黄果树镇募龙村	1—414	陈清鋆 杨斌
安顺市黄果树风景名胜区黄果树镇石头寨村偏坡组	1—390	陈清鋆 郭海娟
安顺市黄果树风景名胜区黄果树镇油寨村山岔组	2—386	陈清鋆 张涛
安顺市黄果树风景名胜区黄果树镇石头寨村石头寨组	1—394	陈清鋆 郭海娟
安顺市黄果树风景名胜区黄果树镇白水河村殷家庄	1—396	陈清鋆 郭海娟
安顺市黄果树风景名胜区白水镇大坪地村滑石哨组	1—384	陈清鋆 杨斌
铜仁市碧江区坝黄镇宋家坝村塘边古树园	1—352	陈清鋆 杜莉莉
铜仁市碧江区瓦屋侗族乡克兰寨村	1—354	陈清鋆 杜莉莉
铜仁市玉屏侗族自治县新店乡朝阳村	2—356	陈清鋆 丁呈成 张涛
铜仁市玉屏侗族自治县新店乡大湾村	2—262	张奇云 陈清鋆 张涛
铜仁市思南县合朋溪镇鱼塘村	2—314	陈清鋆 张涛
铜仁市思南县塘头镇甲秀社区	2—290	奚全富 陈清鋆 张涛
铜仁市思南县塘头镇街子村	2—352	陈清鋆 张涛 吕华华
铜仁市思南县大坝场镇官塘坝村	2—318	陈清鋆 张涛
铜仁市思南县大坝场镇尧上村	2—300	奚全富 陈清鋆 张涛
铜仁市思南县瓮溪镇瓮溪社区马家山组	2—268	张奇云 陈清鋆 张涛
铜仁市印江土家族苗族自治县板溪镇渠沟村	2—344	陈清鋆 朱怿然 张涛
铜仁市印江土家族苗族自治县天堂镇中尧村	2—276	陈清鋆 阎欣 张涛
铜仁市印江土家族苗族自治县合水镇兴旺村	2—304	陈清鋆 阎欣 张涛
铜仁市印江土家族苗族自治县缠溪镇方家岭村	2—282	陈清鋆 秦新光 张涛
铜仁市印江土家族苗族自治县新寨乡黔溪村	1—372	程炜 陈清鋆 杨斌
铜仁市印江土家族苗族自治县中坝乡虹穴村	2—330	陈清鋆 秦新光 张涛
铜仁市印江土家族苗族自治县新业乡芙蓉村	2—306	陈清鋆 朱怿然 张涛
铜仁市印江土家族苗族自治县新业乡坪所村	2—322	陈清鋆 阎欣 张涛
铜仁市德江县煎茶镇付家村	2—294	陈清鋆 秦新光 张涛
铜仁市德江县复兴镇稳溪村	2—364	陈清鋆 丁呈成 张涛
铜仁市德江县合兴镇朝阳村	2—360	陈清鋆 张涛
铜仁市德江县高山镇梨子水村	2—340	奚全富 陈清鋆 张涛
铜仁市沿河土家族自治县夹石镇闵子溪村	2—310	陈清鋆 张涛
铜仁市沿河土家族自治县官舟镇木子岭村	2—286	陈清鋆 张涛 吕华华
铜仁市沿河土家族自治县板场乡洋溪村	1—358	陈清鋆 杜莉莉
铜仁市沿河土家族自治县后坪乡下坝村	2—272	奚全富 陈清鋆 张涛
铜仁市松桃苗族自治县普觉镇半坡村	2—298	陈清 丁呈成 张涛
铜仁市松桃苗族自治县寨英镇大水村	1—336	唐历敏 陈清 杜莉莉
铜仁市松桃苗族自治县寨英镇邓堡村	1—342	徐海贤 陈清 杜莉莉
铜仁市松桃苗族自治县寨英镇寨英村	1—370	陈清 杜莉莉
铜仁市松桃苗族自治县孟溪镇头京村	1—348	徐海贤 陈清 杜莉莉
铜仁市万山特区黄道乡瓦寨村	2—280	何丹 杨泽媛 王金龙
铜仁市万山特区敖寨乡石头寨	2—288	张宇辰 曾增 高蛤

黔西南布依族苗族自治州兴义市巴结镇南龙村	1—474	陈清鋆 翟华鸣 易婷婷
黔西南布依族苗族自治州兴义市泥凼镇堵德村	2—430	陈清鋆 朱怿然 张涛
黔西南布依苗族自治州册亨县丫他镇板万村	1—472	陈清鋆 翟华鸣 易婷婷
黔东南苗族侗族自治州凯里市三棵树镇乐平村季刀寨	1—208	朱洪宇
黔东南苗族侗族自治州黄平县重安镇枫香村	2—146	冯泽 龚志武
黔东南苗族侗族自治州黄平县重安镇塘都村	2—240	余文谦 周尚宏
黔东南苗族侗族自治州黄平县重安镇望坝村	2—228	韩磊 王浩
黔东南苗族侗族自治州黄平县谷陇镇平寨村	2—094	欧阳丹玲 李先通
黔东南苗族侗族自治州黄平县野洞河镇新华村	2—242	韩磊 劳巧玲
黔东南苗族侗族自治州施秉县双井镇龙塘村	1—100	张奇云 陈清鋆 杜莉莉
黔东南苗族侗族自治州天柱县高酿镇地良村	1—138	唐历敏 陈清鋆 杜莉莉
黔东南苗族侗族自治州锦屏县彦洞乡瑶白村	2—246	王浩
黔东南苗族侗族自治州剑河县柳川镇返排村	2—136	张全 王燕飞 罗兰
黔东南苗族侗族自治州剑河县柳川镇巫库村	2—132	王希 王艳 王志鹏
黔东南苗族侗族自治州剑河县岑松镇稿旁村	2—256	余压芳 徐雯 颜丹
黔东南苗族侗族自治州剑河县南加镇九旁村	2—024	何丹 杨泽媛 杨涵
黔东南苗族侗族自治州剑河县南加镇柳基村	2—190	王金龙 张宇辰 曾增
黔东南苗族侗族自治州剑河县南明镇小村	2—034	高蛤 张全 吴汝刚
黔东南苗族侗族自治州剑河县革东镇大皆道村	2—046	徐雯 王燕飞 谢聪
黔东南苗族侗族自治州剑河县久仰乡毕下村	2—118	余压芳 王希 芦泉舟
黔东南苗族侗族自治州剑河县久仰乡巫交村	2—142	王希 王艳 罗兰
黔东南苗族侗族自治州剑河县南哨乡高定村	2—194	徐雯 何丹 杨泽媛
黔东南苗族侗族自治州剑河县敏洞乡高垯村	2—198	曾增 王金龙 张宇辰
黔东南苗族侗族自治州剑河县观么乡平下村	2—080	高蛤 张全 王燕飞
黔东南苗族侗族自治州台江县南宫乡石灰河村	2—100	魏琰 刘埥
黔东南苗族侗族自治州台江县排羊乡大塘村	2—032	杨渊 李先通
黔东南苗族侗族自治州台江县台盘乡空寨村	2—152	魏琰 李婧
黔东南苗族侗族自治州台江县台盘乡南瓦村	2—186	李礼 黄明皓
黔东南苗族侗族自治州台江县革一乡江边村	2—122	王军 张立行
黔东南苗族侗族自治州台江县革一乡茅坪村	2—156	韩磊
黔东南苗族侗族自治州台江县老屯乡白土村	2—104	杨程宏 周子恒
黔东南苗族侗族自治州黎平县水口镇平善村	1—098	王希 王曦
黔东南苗族侗族自治州黎平县尚重镇绞洞村	2—184	徐雯 何丹 余正璐
黔东南苗族侗族自治州黎平县尚重镇洋卫村	1—216	徐雯
黔东南苗族侗族自治州黎平县大稼乡岑桃村	2—126	王希 曾增 高蛤
黔东南苗族侗族自治州黎平县德化乡俾翁村	2—252	余压芳 王希 徐雯
黔东南苗族侗族自治州从江县下江镇巨洞村	2—058	欧顺江 王和进
黔东南苗族侗族自治州从江县下江镇中华村	2—066	聂琳 张立行
黔东南苗族侗族自治州从江县西山镇顶洞村	2—160	石庆坤
黔东南苗族侗族自治州从江县高增乡小黄村	2—038	周尚宏
黔东南苗族侗族自治州从江县高增乡占里村	2—106	杨渊 周尚宏
黔东南苗族侗族自治州从江县庆云乡单阳村	2—164	闫刚 王军
黔东南苗族侗族自治州从江县刚边乡三联村	2—044	陈诚 刘埥
黔东南苗族侗族自治州从江县加榜乡党扭村	2—206	周杨
黔东南苗族侗族自治州从江县翠里瑶族壮族乡岑丰村	2—130	刘克权 王彬
黔东南苗族侗族自治州从江县东朗乡苗谷村	2—168	余文谦 闫刚
黔东南苗族侗族自治州雷山县西江镇大龙苗寨	2—022	韩磊 王浩

黔东南苗族侗族自治州雷山县西江镇乌高村	2—054	张奇云 陈清鋆 张涛
黔东南苗族侗族自治州雷山县大塘镇桥港村	1—232	唐历敏 陈清鋆 杜莉莉
黔东南苗族侗族自治州雷山县达地水族乡马路苗寨	1—044	张奇云 陈清鋆 杜莉莉
黔东南苗族侗族自治州雷山县达地水族乡同鸟水寨	1—128	张奇云 陈清鋆 杜莉莉
黔东南苗族侗族自治州雷山县方祥乡平祥村	1—114	唐历敏 陈清鋆 杜莉莉
黔东南苗族侗族自治州雷山县方祥乡水寨村	2—062	张奇云 陈清鋆 张涛
黔东南苗族侗族自治州丹寨县兴仁镇王家寨村	1—076	张奇云 陈清鋆 易婷婷
黔南布依族苗族自治州都匀经济开发区匀东镇洛邦社区绕河村	2—400	陈清鋆 张涛 董向锋
黔南布依族苗族自治州都匀经济开发区匀东镇王司社区新场村	1—438	陈清鋆 杨斌
黔南布依族苗族自治州荔波县玉屏街道办事处水甫村	1—424	闫田华 陈清鋆 易婷婷
黔南布依族苗族自治州荔波县方村乡丙花村者吕组	1—428	闫田华 陈清鋆 易婷婷
黔南布依族苗族自治州平塘县平舟镇乐康村	2—396	陈清鋆 张涛
黔南布依族苗族自治州平塘县塘边镇新建村打鸟组	2—406	陈清鋆 张涛
黔南布依族苗族自治州平塘县塘边镇新街村落辉大寨	2—408	陈清鋆 张涛 董向锋
黔南布依族苗族自治州平塘县新塘乡新营村摆仗组	1—440	陈清鋆 杨斌
六盘水市六枝特区落别乡长湾村长田组	3—612	谭艳华 黄丹
六盘水市盘县石桥镇乐民村	3—610	陈乙娇 黄丹
六盘水市盘县保田镇鹅毛寨村	3—616	陈乙娇 黄丹
六盘水市盘县丹霞镇水塘村	3—608	陈乙娇 黄丹
遵义市汇川区高坪街道海龙屯村	3—580	罗永洋 潘秋梅 何成诚
遵义市播州区尚嵇镇乌江村	3—546	罗永洋 潘秋梅 何成诚
遵义市桐梓县高桥镇周市金鸡水古寨	3—568	董文傥 罗永洋
遵义市桐梓县狮溪镇狮溪村	3—570	罗永洋 潘秋梅 何成诚
遵义市正安县芙蓉江镇祝家坪村	3—574	罗永洋 潘秋梅 何成诚
遵义市正安县流渡镇白花村	3—548	罗永洋 潘秋梅 何成诚
遵义市道真县阳溪镇阳溪村	3—564	罗永洋 潘秋梅 何成诚
遵义市务川县丰乐镇造纸塘	3—586	罗永洋 潘秋梅 何成诚
遵义市务川县黄都镇大竹村	3—538	何成诚 罗永洋
遵义市务川县黄都镇沈家坝	3—562	何成诚 罗永洋
遵义市务川县丹砂街道马拱坡	3—540	董文傥 罗永洋 何成诚 潘秋梅
遵义市赤水市元厚镇陛诏村	3—576	罗永洋 何成诚 潘秋梅
安顺经济技术开发区幺铺镇磊跨村歪寨组	3—534	吴缘缘 严毅
安顺市平坝区安平街道办事处大寨村	3—474	袁棕瑛 肖立红
安顺市平坝区白云镇白云村白云庄	3—492	袁棕瑛 肖立红
安顺市平坝区白云镇车头村	3—482	袁棕瑛 肖立红
安顺市平坝区白云镇高寨村高寨自然村	3—516	时泳 丁海伟
安顺市平坝区乐平镇大屯村	3—476	周怡 刘娟
安顺市平坝区乐平镇小屯村	3—480	周怡 刘娟
安顺市普定县马场镇云盘村	3—488	旷辛
安顺市西秀区双堡镇山京村	3—478	严毅 段世得
安顺市西秀区双堡镇骟马牛村	3—528	时泳
安顺市西秀区大西桥镇西陇村	3—598	丁海伟 时泳
安顺市西秀区七眼桥镇仁岗村	3—484	郭进
安顺市西秀区蔡官镇罗大寨村	3—502	郭进
安顺市西秀区轿子山镇郭家屯村	3—522	旷辛
安顺市西秀区旧州镇詹屯村	3—530	段世凯 旷辛
安顺市西秀区旧州镇海马村	3—518	时泳

安顺市西秀区新场乡绿泉村石关组	3—524	吴缘缘 严毅
安顺市西秀区杨武乡顺河村顺河组	3—510	严毅 段世得
安顺市西秀区黄腊乡龙青村	3—496	杨晓 旷辛
安顺市西秀区刘官乡周官村	3—508	郭进
安顺市镇宁布依族苗族自治县丁旗街道办事处官寨村官寨组	3—500	刘娟 袁棕瑛
安顺市紫云苗族布依族自治县格凸河镇格井村	3—514	刘娟 袁棕瑛
铜仁市碧江区川硐镇板栗园村杨家坡	3—430	董文侥 罗永洋 何成诚 潘秋梅
铜仁市碧江区六龙山侗族土家族乡瓮慢村	3—440	何成诚 罗永洋
铜仁市江口县民和镇韭菜村	3—448	刘俊娟 王镜舫
铜仁市江口县怒溪镇梵星村	3—450	刘俊娟 王镜舫
铜仁市石阡县河坝场乡深溪村	3—458	何成诚 罗永洋
铜仁市思南县瓮溪镇三星村	3—410	何成诚 罗永洋
铜仁市思南县胡家湾乡周家桠村	3—444	何成诚 罗永洋
铜仁市印江自治县新寨乡乐洋村	3—424	叶希 陈浩
铜仁市印江自治县木黄镇木良村	3—416	叶希 熊彬淯
铜仁市印江自治县紫薇镇大园址村	3—400	刘俊娟 叶希
铜仁市德江县合兴镇龙溪村岩头坝	3—422	白永彬 刘俊娟 季星辰
铜仁市德江县长堡镇马家溪村岩阡头组	3—442	白永彬 刘俊娟 季星辰
铜仁市沿河县夹石镇山羊村	3—412	白永彬 刘俊娟 季星辰
铜仁市沿河县泉坝镇三坝村	3—408	白永彬 刘俊娟 季星辰
铜仁市松桃县蓼皋镇文山村	3—414	刘恬 陈浩 刘俊娟
铜仁市松桃县盘信镇大湾村	3—398	刘恬 陈浩 熊彬淯
铜仁市松桃县普觉镇干背河村罗溪屯	3—402	刘恬 陈浩 白永彬
铜仁市松桃县普觉镇高坎村	3—452	刘恬 熊彬淯 陈浩
铜仁市松桃县普觉镇真武堡村	3—456	熊彬淯 刘恬 叶希
铜仁市松桃县寨英镇蕉溪村	3—466	熊彬淯 刘恬 叶希
铜仁市松桃县寨英镇凯牌村	3—434	熊彬淯 刘恬 叶希
铜仁市松桃县世昌乡世昌村底哨	3—426	陈浩 刘恬 熊彬淯
铜仁市松桃县长坪乡地甲司村	3—420	陈浩 刘恬 叶希
铜仁市松桃县长坪乡干沙坪村	3—404	陈浩 刘俊娟 叶希
铜仁市松桃县沙坝河乡界牌村	3—432	叶希 陈浩
黔西南布依族苗族自治州贞丰县挽澜镇兴农村	3—594	付文豪 陈传炳
黔西南布依族苗族自治州贞丰县平街乡花江村	3—596	付文豪 叶茜
黔西南布依族苗族自治州册亨县弼佑镇秧佑村	3—604	付文豪 叶茜
黔东南苗族侗族自治州凯里市三棵树镇朗利村	3—234	谭艳华 黄丹
黔东南苗族侗族自治州凯里市三棵树镇南花村	3—202	陈乙娇 黄丹
黔东南苗族侗族自治州凯里市凯棠乡南江村	3—204	谭艳华 黄丹
黔东南苗族侗族自治州黄平县谷陇镇岩门司村	3—188	杨硕 陆显莉
黔东南苗族侗族自治州镇远县金堡镇爱和村	3—212	王刚 黄丹
黔东南苗族侗族自治州锦屏县三江镇瓮寨村	3—186	付文豪 叶茜
黔东南苗族侗族自治州锦屏县茅坪镇茅坪村	3—184	付文豪 叶茜
黔东南苗族侗族自治州剑河县久仰镇巫溜村	3—166	陆显莉 杨硕
黔东南苗族侗族自治州台江县方召镇方召村	3—054	谭艳华 黄丹
黔东南苗族侗族自治州黎平县顺化瑶族乡高孖村	3—232	陆显莉 杨硕
黔东南苗族侗族自治州黎平县茅贡镇腊洞村	3—266	王刚 黄丹
黔东南苗族侗族自治州黎平县口江乡朝坪村	3—262	王刚 黄丹
黔东南苗族侗族自治州榕江县忠诚镇定弄村	3—176	黄丹 王倩

黔东南苗族侗族自治州榕江县寨蒿镇晚寨村	3—272	黄丹 王倩 周安然
黔东南苗族侗族自治州榕江县寨蒿镇乌公村	3—070	黄丹 王倩 周安然
黔东南苗族侗族自治州榕江县朗洞镇卡寨村	3—116	黄丹 周安然
黔东南苗族侗族自治州榕江县栽麻镇归柳村	3—098	王倩 黄丹
黔东南苗族侗族自治州榕江县计划乡加宜村	3—112	王刚 黄丹 王倩
黔东南苗族侗族自治州榕江县平阳乡丹江村	3—052	王刚 黄丹 王倩
黔东南苗族侗族自治州从江县贯洞镇潘今滚村	3—066	付文豪 叶茜
黔东南苗族侗族自治州从江县洛香镇登岜村	3—214	陈婷婷 余奥杰
黔东南苗族侗族自治州从江县往洞镇高传村	3—218	陈婷婷 余奥杰
黔东南苗族侗族自治州从江县往洞镇信地村	3—210	陈婷婷
黔东南苗族侗族自治州从江县往洞镇秧里村	3—242	陈婷婷
黔东南苗族侗族自治州从江县高增乡美德村	3—180	陈婷婷
黔东南苗族侗族自治州从江县谷坪乡留架村	3—200	陈婷婷
黔东南苗族侗族自治州从江县丙妹镇大塘村	3—036	张奕 刘翼
黔东南苗族侗族自治州从江县庆云镇转珠村	3—194	张奕 刘宁波
黔东南苗族侗族自治州从江县加鸠镇加学村	3—110	张奕 余奥杰
黔东南苗族侗族自治州从江县斗里镇马安村	3—038	张奕 陈硕
黔东南苗族侗族自治州从江县东郎镇党相村	3—216	张奕 杨涵
黔东南苗族侗族自治州雷山县望丰乡羊卡村	3—150	王刚 黄丹 王倩
黔东南苗族侗族自治州丹寨县兴仁镇排佐村	3—244	王刚 黄丹 王倩
黔南布依族苗族自治州荔波县瑶山瑶族乡拉片村一、二组	3—346	杨洋 杨硕
黔南布依族苗族自治州三都水族自治县三合街道高寨村大寨	3—368	莫军强 杨硕
黔南布依族苗族自治州三都水族自治县三合街道姑挂村姑鲁寨	3—352	莫军强 陈隆诗
黔南布依族苗族自治州三都水族自治县三合街道行偿村姑八寨	3—326	僬乾龙 莫军强 杨硕
黔南布依族苗族自治州三都水族自治县三合街道龙台村王家寨	3—316	钱雪瑶 雷瑜
黔南布依族苗族自治州三都水族自治县三合街道牛场村巴卯寨	3—302	莫军强 杨洋
黔南布依族苗族自治州三都水族自治县三合街道排招村排招寨	3—384	莫军强
黔南布依族苗族自治州三都水族自治县大河镇甲照村甲照大寨	3—312	僬乾龙 莫军强 杨洋
黔南布依族苗族自治州三都水族自治县大河镇蕊抹村	3—392	僬乾龙 莫军强
黔南布依族苗族自治州三都水族自治县都江镇摆鸟村	3—370	莫军强
黔南布依族苗族自治州三都水族自治县都江镇达荣村羊告组	3—332	钱雪瑶 杨洋
黔南布依族苗族自治州三都水族自治县都江镇盖赖村	3—374	杨洋 陈隆诗
黔南布依族苗族自治州三都水族自治县都江镇控抗村	3—376	杨洋 向元洪
黔南布依族苗族自治州三都水族自治县都江镇来术村	3—338	杨洋
黔南布依族苗族自治州三都水族自治县都江镇排抱村	3—378	钱雪瑶 雷瑜
黔南布依族苗族自治州三都水族自治县都江镇排怪村	3—380	钱雪瑶 雷瑜
黔南布依族苗族自治州三都水族自治县都江镇排外村	3—382	钱雪瑶 陈隆诗
黔南布依族苗族自治州三都水族自治县都江镇小脑村	3—292	杨洋 陈隆诗
黔南布依族苗族自治州三都水族自治县都江镇小昔村党虾组	3—294	钱雪瑶 杨洋
黔南布依族苗族自治州三都水族自治县都江镇小昔村火烧组	3—296	杨洋
贵阳市开阳县楠木渡镇黄木村付家湾组	3—626	陈乙娇 黄丹
贵阳市开阳县南龙乡佘家营村营上组	3—624	陈乙娇 黄丹
贵阳市开阳县南龙乡东官村湾子寨组	3—622	陈乙娇 黄丹
贵阳市开阳县毛云乡毛栗庄村新庄组	3—620	陈乙娇 黄丹
六盘水市六枝特区木岗镇蔓陇塘村	3—614	白永彬 刘俊娟 叶希
遵义市桐梓县花秋镇岔水村河扁组	3—556	何成诚 潘秋梅
遵义市务川仡佬族苗族自治县大坪街道三坑村板场组	3—544	何成诚 潘秋梅

遵义市凤冈县进化镇沙坝村	3—560	何成诚 潘秋梅
遵义市凤冈县王寨镇高坝村	3—578	何成诚 潘秋梅
遵义市凤冈县新建镇新建社区龙塘溪组	3—588	何成诚 潘秋梅
遵义市湄潭县高台镇三联村麻凼组	3—542	何成诚 潘秋梅
遵义市湄潭县石莲镇沿江村细沙组	3—566	何成诚 潘秋梅
遵义市湄潭县西河镇西坪村西坪组	3—554	何成诚 潘秋梅
遵义市湄潭县洗马镇团结村程家湾村	3—552	何成诚 潘秋梅
遵义市余庆县白泥镇桂花村榨溪组	3—582	何成诚 潘秋梅
遵义市习水县隆兴镇淋滩村	3—584	何成诚 潘秋梅
遵义市习水县良村镇洋化村白土台组	3—572	何成诚 潘秋梅
遵义市赤水市大同镇古镇社区	3—550	何成诚 潘秋梅
遵义市仁怀市三合镇两岔村	3—558	何成诚 潘秋梅
安顺市西秀区龙宫镇油菜湖村小苑组	3—506	段世凯
安顺市西秀区龙宫镇蔡官村	3—526	段世凯
安顺市西秀区大西桥镇九溪村	3—472	旷辛
安顺市西秀区蔡官镇格来月村	3—512	旷辛 张井洪
安顺市西秀区刘官乡嘉穗村大寨村	3—532	旷辛 张井洪 旷辛
安顺市镇宁布依族苗族自治县江龙镇陇西村二组、三组	3—504	丁海伟 龙定
安顺市镇宁布依族苗族自治县江龙镇木志河村下院组	3—490	陈永铨
安顺市紫云苗族布依族自治县猴场镇打哈村	3—494	杨巧梅
安顺市紫云苗族布依族自治县猫营镇黄土村佑卯组	3—520	于鑫 严毅
安顺市紫云苗族布依族自治县坝羊乡五星村云上组	3—486	白程予 段世得
安顺市紫云苗族布依族自治县火花乡九岭村	3—470	白程予 段世得
毕节市大方县黄泥塘镇背座村	3—632	钱雪瑶
毕节市大方县雨冲乡油杉河村	3—630	钱雪瑶
铜仁市碧江区云场坪镇路腊村	3—464	白永彬 刘俊娟 王镜舫
铜仁市江口县官和侗族土家族苗族乡泗渡村后溪组	3—438	白永彬 刘俊娟 王镜舫
铜仁市石阡县五德镇大鸡公村	3—396	刘俊娟 王镜舫
铜仁市石阡县国荣乡周家寨村	3—446	刘俊娟 王镜舫
铜仁市石阡县龙井乡克麻场村	3—428	刘俊娟 王镜舫
铜仁市石阡县青阳乡高塘村	3—454	刘俊娟 王镜舫
铜仁市石阡县甘溪乡铺溪村红岩组	3—462	刘俊娟 王镜舫
铜仁市思南县许家坝镇坑水村浸底峡组	3—436	刘俊娟 王镜舫
铜仁市德江县平原镇杉园社区中坝村	3—418	刘俊娟 王镜舫
铜仁市沿河土家族自治县思渠镇马福云村	3—406	陈浩 刘俊娟 叶希
铜仁市沿河土家族自治县客田镇红溪村	3—460	陈浩 刘恬 叶希
黔西南布依族苗族自治州兴义市泥凼镇乌舍村	3—598	潘秋梅 何成诚 罗永洋
黔西南布依族苗族自治州兴义市清水河镇雨补鲁村	3—602	潘秋梅 何成诚 罗永洋
黔西南布依族苗族自治州兴仁县新龙场镇冬瓜林村	3—592	潘秋梅 何成诚 罗永洋
黔西南布依族苗族自治州普安县青山镇青山社区	3—600	潘秋梅 何成诚 罗永洋
黔东南苗族侗族自治州凯里市湾水镇岩寨村	3—190	吴缘缘 严毅
黔东南苗族侗族自治州凯里市炉山镇角冲村	3—160	吴缘缘 严毅
黔东南苗族侗族自治州凯里市炉山镇六个鸡村	3—058	吴缘缘 严毅
黔东南苗族侗族自治州凯里市下司镇清江村	3—250	吴缘缘 严毅
黔东南苗族侗族自治州黄平县一碗水乡印地坝村	3—126	张奕 余奥杰
黔东南苗族侗族自治州岑巩县凯本镇凯府村	3—178	余奥杰
黔东南苗族侗族自治州天柱县蓝田镇碧雅村和当寨	3—174	刘翼 张奕

黔东南苗族侗族自治州天柱县高酿镇坐寨村	3—170	刘翼 张奕
黔东南苗族侗族自治州天柱县高酿镇木杉村	3—064	刘翼 张奕
黔东南苗族侗族自治州天柱县高酿镇邦寨村	3—152	刘翼 张奕
黔东南苗族侗族自治州天柱县远口镇元田村	3—080	刘翼
黔东南苗族侗族自治州天柱县坌处镇抱塘村	3—172	刘翼 张奕
黔东南苗族侗族自治州天柱县坌处镇三门塘村	3—048	刘翼
黔东南苗族侗族自治州天柱县渡马镇共和村甘溪寨	3—092	刘翼 张奕
黔东南苗族侗族自治州锦屏县启蒙镇腊洞村	3—268	刘翼 张奕
黔东南苗族侗族自治州锦屏县平秋镇圭叶村	3—102	刘翼 张奕
黔东南苗族侗族自治州锦屏县平秋镇魁胆村	3—248	刘翼 张奕
黔东南苗族侗族自治州锦屏县平略镇平敖村	3—118	刘翼 张奕
黔东南苗族侗族自治州锦屏县新化乡新化寨村	3—274	刘翼 张奕
黔东南苗族侗族自治州锦屏县河口乡韶霭村	3—276	刘翼 张奕
黔东南苗族侗族自治州剑河县南哨镇九虎村	3—022	余奥杰
黔东南苗族侗族自治州台江县台拱街道红阳村	3—130	白永彬 刘俊娟 刘恬
黔东南苗族侗族自治州台江县南宫镇交宫村	3—132	白永彬 刘俊娟 刘恬
黔东南苗族侗族自治州台江县排羊乡下南刀村	3—030	白永彬 刘俊娟 陈浩
黔东南苗族侗族自治州台江县台盘乡水寨村	3—068	白永彬 刘俊娟 陈浩
黔东南苗族侗族自治州黎平县中潮镇上黄村兰洞寨	3—042	杨硕 谭艳华
黔东南苗族侗族自治州黎平县水口镇胜利村	3—208	杨硕 谭艳华
黔东南苗族侗族自治州黎平县洪州镇六爽村	3—062	杨硕 谭艳华
黔东南苗族侗族自治州黎平县洪州镇赏方村	3—270	杨硕 陆显莉
黔东南苗族侗族自治州黎平县茅贡镇寨母村	3—278	杨硕 陆显莉
黔东南苗族侗族自治州榕江县古州镇三盘村	3—050	陈浩 刘俊娟 刘恬
黔东南苗族侗族自治州榕江县古州镇高兴村	3—228	陈浩 叶希 白永彬
黔东南苗族侗族自治州榕江县寨蒿镇寿洞村	3—164	陈浩 刘恬 叶希
黔东南苗族侗族自治州榕江县乐里镇乔勒村	3—140	叶希 刘俊娟 白永彬
黔东南苗族侗族自治州榕江县乐里镇大瑞村	3—034	叶希 刘俊娟 白永彬
黔东南苗族侗族自治州榕江县乐里镇本里村	3—084	叶希 刘俊娟 白永彬
黔东南苗族侗族自治州榕江县乐里镇保里村	3—298	叶希 刘俊娟 白永彬
黔东南苗族侗族自治州榕江县朗洞镇高略村	3—222	叶希 刘俊娟 白永彬
黔东南苗族侗族自治州榕江县崇义乡纯厚村	3—154	刘恬 陈浩 白永彬
黔东南苗族侗族自治州榕江县平江乡高鸟村	3—224	刘恬 陈浩 白永彬
黔东南苗族侗族自治州榕江县塔石乡同流村	3—144	刘俊娟 王镜舫 刘恬
黔东南苗族侗族自治州榕江县定威乡计水村	3—056	刘俊娟 王镜舫 刘恬
黔东南苗族侗族自治州榕江县平阳乡硐里村	3—246	陈浩 刘俊娟 刘恬
黔东南苗族侗族自治州从江县丙妹镇大歹村	3—028	王刚 黄丹
黔东南苗族侗族自治州从江县丙妹镇老或村	3—134	王刚 黄丹
黔东南苗族侗族自治州从江县丙妹镇龙江村	3—060	王刚 黄丹
黔东南苗族侗族自治州从江县丙妹镇銮里村岑报寨	3—162	王刚 黄丹
黔东南苗族侗族自治州从江县洛香镇平乐村	3—120	余奥杰
黔东南苗族侗族自治州从江县洛香镇大桥村	3—032	张奕 余奥杰
黔东南苗族侗族自治州从江县西山镇卡翁村	3—114	张奕 余奥杰
黔东南苗族侗族自治州从江县西山镇秋卡村	3—206	余奥杰
黔东南苗族侗族自治州从江县西山镇滚郎村	3—264	余奥杰 张奕
黔东南苗族侗族自治州从江县停洞镇归奶村	3—096	王刚 黄丹
黔东南苗族侗族自治州从江县停洞镇摆也村	3—260	王刚 黄丹

黔东南苗族侗族自治州从江县停洞镇苗朋村	3—182	周安然 黄丹
黔东南苗族侗族自治州从江县往洞镇贡寨村	3—158	周安然 黄丹
黔东南苗族侗族自治州从江县往洞镇德秋村	3—280	周安然 黄丹
黔东南苗族侗族自治州从江县往洞镇德桥村	3—282	周安然 黄丹
黔东南苗族侗族自治州从江县往洞镇往洞村平楼寨	3—124	周安然 黄丹
黔东南苗族侗族自治州从江县高增乡付中村	3—090	周安然 黄丹
黔东南苗族侗族自治州从江县谷坪乡山岗村燕窝寨	3—040	余奥杰
黔东南苗族侗族自治州从江县谷坪乡五一村党苟寨	3—082	余奥杰
黔东南苗族侗族自治州从江县庆云镇广力村归料寨	3—094	陈乙娇 黄丹
黔东南苗族侗族自治州从江县庆云镇佰你村迫面寨	3—196	陈乙娇 黄丹
黔东南苗族侗族自治州从江县刚边乡宰船村	3—236	余奥杰
黔东南苗族侗族自治州从江县刚边乡鸡脸村	3—156	余奥杰
黔东南苗族侗族自治州从江县加榜乡加页村	3—108	谭艳华 黄丹
黔东南苗族侗族自治州从江县秀塘乡打格村	3—088	余奥杰
黔东南苗族侗族自治州从江县秀塘乡下敖村	3—026	余奥杰
黔东南苗族侗族自治州从江县斗里镇台里村	3—122	陆显莉 黄丹
黔东南苗族侗族自治州从江县斗里镇潘里村八组	3—284	陆显莉 黄丹
黔东南苗族侗族自治州从江县翠里乡污牙村	3—148	陆显莉 黄丹
黔东南苗族侗族自治州从江县翠里乡高文村	3—226	陆显莉 黄丹
黔东南苗族侗族自治州从江县翠里乡宰转村	3—240	黄丹 陆显莉
黔东南苗族侗族自治州从江县翠里乡高开村	3—220	黄丹 陆显莉
黔东南苗族侗族自治州从江县加鸠镇白岩村	3—086	谭艳华 黄丹
黔东南苗族侗族自治州从江县加鸠镇加能村	3—104	谭艳华 黄丹
黔东南苗族侗族自治州从江县加勉乡加坡村	3—106	谭艳华 黄丹
黔东南苗族侗族自治州从江县加勉乡污俄村	3—146	谭艳华 黄丹
黔东南苗族侗族自治州从江县加勉乡真由村	3—238	谭艳华 黄丹
黔东南苗族侗族自治州雷山县丹江镇阳苟村	3—168	潘秋梅 何成诚 罗永洋
黔东南苗族侗族自治州雷山县丹江镇排翁村	3—256	潘秋梅 何成诚 罗永洋
黔东南苗族侗族自治州雷山县西江镇小龙村	3—046	潘秋梅 何成诚 罗永洋
黔东南苗族侗族自治州雷山县永乐镇乔配村	3—142	潘秋梅 何成诚 罗永洋
黔东南苗族侗族自治州雷山县永乐镇小开屯村	3—044	潘秋梅 何成诚 罗永洋
黔东南苗族侗族自治州雷山县郎德镇乌肖村	3—076	潘秋梅 何成诚 罗永
黔东南苗族侗族自治州雷山县望丰乡甘益村	3—100	潘秋梅 何成诚 罗永洋
黔东南苗族侗族自治州雷山县望丰乡乌江村	3—072	潘秋梅 何成诚 罗永洋
黔东南苗族侗族自治州雷山县达地乡乌空村	3—074	潘秋梅 何成诚 罗永洋
黔东南苗族侗族自治州雷山县达地乡里勇村	3—138	潘秋梅 何成诚 罗永洋
黔东南苗族侗族自治州丹寨县龙泉镇排牙村	3—258	邓超 刘娟
黔东南苗族侗族自治州丹寨县龙泉镇高要村	3—230	刘娟 袁棕瑛
黔东南苗族侗族自治州丹寨县兴仁镇翻仰村	3—286	刘娟 肖立红
黔东南苗族侗族自治州丹寨县兴仁镇岩英村	3—192	邓超 刘娟
黔东南苗族侗族自治州丹寨县兴仁镇乌佐村	3—078	邓超 刘娟
黔东南苗族侗族自治州丹寨县排调镇排结村	3—254	邓超 刘娟
黔东南苗族侗族自治州丹寨县排调镇刘家寨村	3—136	刘娟 袁棕瑛
黔东南苗族侗族自治州丹寨县雅灰乡夺鸟村	3—128	刘娟 袁棕瑛
黔东南苗族侗族自治州丹寨县南皋乡清江村	3—252	刘娟 袁棕瑛
黔东南苗族侗族自治州丹寨县南皋乡九门村	3—024	刘娟 袁棕瑛
黔南布依族苗族自治州荔波县甲良镇甲良村金对组	3—308	钱雪瑶

黔南布依族苗族自治州平塘县金盆街道苗二河村甲乙寨	3—350	莫军强 陈隆诗
黔南布依族苗族自治州平塘县金盆街道吉古村吉古大寨、小米牙寨	3—324	莫军强
黔南布依族苗族自治州三都县三合街道下排正村下排正寨	3—298	钱雪瑶
黔南布依族苗族自治州三都县大河镇轿山村轿山大寨	3—366	杨洋
黔南布依族苗族自治州三都县大河镇五星村者然大寨	3—306	钱雪瑶
黔南布依族苗族自治州三都县大河镇敖寨村敖寨大寨	3—356	钱雪瑶
黔南布依族苗族自治州三都县普安镇望月村排月寨	3—386	郭进
黔南布依族苗族自治州三都县普安镇野记村	3—388	莫军强 谌妍
黔南布依族苗族自治州三都县普安镇总奖村总奖大寨	3—360	时泳 郭进
黔南布依族苗族自治州三都县普安镇鸡照村鸡照大寨	3—334	时泳 郭进
黔南布依族苗族自治州三都县普安镇合心村的刀大寨	3—320	时泳 郭进
黔南布依族苗族自治州三都县都江镇摆鸟村水坳寨	3—372	钱雪瑶
黔南布依族苗族自治州三都县都江镇达荣村达洛寨	3—330	莫军强 谌妍
黔南布依族苗族自治州三都县都江镇大坝村风柳寨	3—290	莫军强
黔南布依族苗族自治州三都县都江镇高坪村西音寨	3—262	莫军强
黔南布依族苗族自治州三都县都江镇高尧村	3—264	莫军强
黔南布依族苗族自治州三都县都江镇甲雄村	3—310	莫军强
黔南布依族苗族自治州三都县都江镇交德村	3—322	杨洋 陈隆诗
黔南布依族苗族自治州三都县都江镇孔荣村排引寨	3—304	莫军强
黔南布依族苗族自治州三都县都江镇岩捞村万响寨	3—354	杨洋
黔南布依族苗族自治州三都县都江镇羊瓮村大中寨	3—328	杨洋 陈隆诗
黔南布依族苗族自治州三都县都江镇坝辉村里捞寨	3—336	杨洋 陈隆诗
黔南布依族苗族自治州三都县中和镇科寨村	3—358	杨洋
黔南布依族苗族自治州三都县中和镇拉佑村鲁寨组	3—348	钱雪瑶
黔南布依族苗族自治州三都县中和镇板良村	3—340	钱雪瑶
黔南布依族苗族自治州三都县中和镇灯光村	3—318	杨洋
黔南布依族苗族自治州三都县中和镇下岳村	3—300	杨洋
黔南布依族苗族自治州三都县中和镇塘赖村二组、三组、四组	3—390	杨洋
黔南布依族苗族自治州三都县中和镇拉旦村	3—344	莫军强 杨洋
黔南布依族苗族自治州三都县周覃镇和勇村和气寨	3—342	钱雪瑶
黔南布依族苗族自治州三都县九阡镇石板村石板大寨	3—314	杨洋 陈隆诗

索引

土家族

《贵州传统村落 第三册》后记

　　2012 年住建部、文化部、财政部联合出台《关于加强传统村落保护发展工作的指导意见》，贵州省积极组织传统村落申报认定工作，于 2012~2014 年第一、二、三批认定的传统村落共 426 个（第一批 70 个，第二批 202 个，第三批 134 个），2018 年第四批认定 119 个，2019 年 6 月第五批认定 179 个，至此贵州先后五批认定的传统村落共 724 个，居全国第一。传统村落已然成为贵州又一张靓丽的名片。

　　2014 年底贵州省住建厅决定出版"贵州传统村落"丛书，于 2016 年 1 月出版第一册，2016 年 12 月出版第二册，第一册、第二册收录前三批传统村落 426 个。丛书的出版在国内尚属首次，充分展示了贵州传统村落的整体风采，在省内外产生了良好的反响。

　　2017 年底省住建厅决定继续出版丛书，当时第四批传统村落尚在申报认定过程中，至 2018 年贵州第四批认定的传统村落 119 个，随后 2019 年 6 月第五批认定的传统村落 179 个，最后确定将第四批、第五批传统村落共 298 个编入丛书第三册。

　　丛书第一册、第二册编撰单位共有 5 个，分别是贵州省建筑设计研究院、贵州省建筑科研设计院、贵州大学建筑与城规学院、贵州省城乡规划设计研究院、江苏省城乡规划设计研究院。在第三册的谋划和编撰过程中，考虑到工作组织难度、时间周期和经费等因素，最后确定由贵州省城乡规划设计研究院独立承担编撰任务。第三册沿用了前两册的体例，主要的工作包括收集各地编制的传统村落保护发展规划，组织 60 余人参加编撰书稿，同时省住建厅村镇处做了大量的组织协调工作，各地住建部门和各规划设计单位也积极支持，中国建筑出版传媒有限公司（中国建筑工业出版社）艺术设计图书中心的李东禧主任和唐旭主任一如既往地体现出专业和敬业精神。在此对省住建厅、省规划院和参编技术人员、各有关单位的辛勤付出一并表示衷心感谢。

贵州省住建厅历任领导都十分关心传统村落保护发展，支持丛书出版工作，在第三册编撰过程中，经历了张鹏厅长、张集智书记、宋晓路厅长、周宏文厅长、曹鸣凤副厅长几任厅领导的关心和指导，第三册出版时周宏文厅长结合贵州近年传统村落保护发展工作经验和要求，重新撰写了序言，在此对各位领导的信任和支持表示衷心感谢。

贵州传统村落是贵州独特自然资源、人文资源的重要代表，是一笔优秀的文化遗产。"贵州传统村落"丛书的出版有利于系统展示贵州多元的文化风采，树立贵州文化自信，促进贵州经济社会高质量发展，希望本丛书的参编单位和技术人员一如既往地关注贵州传统村落保护发展工作，更希望社会各界有识之士参与到促进贵州传统村落保护发展工作的队伍中。

由于我们学术水平有限，书中难免有不足和疏忽之处，在此特表示歉意，并请批评指正。

执行主编　罗德启　单晓刚

2021 年 10 月

《贵州传统村落 第二册》后记

　　随着《贵州传统村落第二册》的问世，至此，贵州列入第一批、第二批、第三批中国传统村落名录的 426 个传统村落已全部编入《贵州传统村落第一册》《贵州传统村落第二册》。贵州传统村落是一笔优秀的文化遗产，今后如何加强对这些文化遗产资源的保护和合理利用，对构建和谐贵州、塑造贵州精神、促进贵州社会经济文化全面发展必将发挥重要作用。

　　文化遗产反映了一个民族的文化性格和精神追求，贵州传统村落植根于山野、依附于农耕、变化于民族；它原始而神秘、多样而鲜活。形式多样的传统村落和乡土建筑，将是传统农耕文化在贵州高原的永恒记忆。

　　两年来，贵州传统村落编辑工作得到贵州省住建厅及各地州市县乡领导的高度重视，得到相关部门和工作人员的大力支持，更是由于 5 个编写单位的辛勤劳作。总之，两年期间编辑工作的全过程，给我们留下了深刻的印象，也将成为本书所有参与者一个永恒的美好时光的记忆片断。

　　第二册版面总体编排原则延续第一册的方式不变，文尾除索引外，同时增加了第一册、第二册总目录，列出了贵州省进入第一批（90 个）、第二批（202 个）、第三批（134 个）中国传统村落名录的全部 426 个传统村落的名单，并附上各传统村落的编写人员。

　　第二册编写过程中，由于工作变更及承担工作任务的轻重等原因，本书编委会及各单位编写人员排序有一些变动，在此附带说明。

第二册编写过程中，依然得到了我曾经在第一册后记中提及的各位领导、同仁及出版社朋友们的大力支持和帮助，在此不再一一罗列，谨对支持本书编辑工作的各位朋友们再次深表诚挚的谢意，感谢大家的热情支持！

执行主编　罗德启

2016 年 9 月